TRAITÉ

THÉORIQUE ET PRATIQUE

DE DROIT CIVIL

DES DONATIONS ENTRE VIFS

ET DES TESTAMENTS

II

TRAITÉ

THÉORIQUE ET PRATIQUE

DE

DROIT CIVIL

DES DONATIONS ENTRE VIFS
ET DES TESTAMENTS

PAR

G. BAUDRY-LACANTINERIE
DOYEN ET PROFESSEUR DE DROIT CIVIL
A LA FACULTÉ DE DROIT DE BORDEAUX

Maurice COLIN
AVOCAT A LA COUR D'APPEL D'ALGER
PROFESSEUR AGRÉGÉ A L'ÉCOLE DE DROIT

TOME DEUXIÈME

PARIS
LIBRAIRIE DE LA SOCIÉTÉ DU RECUEIL Gal DES LOIS ET DES ARRÊTS
ET DU JOURNAL DU PALAIS
Ancienne Mon L. LAROSE & FORCEL
22, RUE SOUFFLOT, 22
L. LAROSE, DIRECTEUR DE LA LIBRAIRIE
1896

Bordeaux. Ve Cadoret, impr., rue Montméjan, 17.

CHAPITRE V

DE LA FORME DES TESTAMENTS

1819. Le code civil consacre trente-cinq articles à la réglementation de la forme des testaments.

Les règles qu'il précise sur ce point n'ont pas une importance moindre que les règles relatives aux formes des donations entre vifs. Comme la donation entre vifs, le testament est un acte solennel et, à ce titre, soumis à certaines formes que doit nécessairement revêtir la volonté du testateur.

Si les formes prescrites n'ont pas été observées, le testament n'a pas d'existence légale et il ne peut s'agir d'en réclamer l'exécution.

C'est, d'ailleurs, ce que le législateur a cru devoir spécialement décider dans l'art. 1001 du code civil :

« *Les formalités auxquelles les divers testaments sont assu-* » *jettis par les dispositions de la présente section et de la* » *précédente doivent*, porte ce texte, *être observées à peine de* » *nullité* ».

1819 *bis*. Ce caractère que présente le testament dans notre code civil, il l'avait déjà dans le droit romain et dans notre ancien droit français.

Toutes les législations modernes, la législation anglaise elle-même [1], s'accordent également à le lui reconnaître.

Rien de plus juste, du reste.

On ne doit pas oublier, en effet, que l'exécution des dispositions testamentaires n'a lieu qu'après la mort du testateur, alors que celui-ci n'est plus là pour protester contre les volontés inexactes qu'on pourrait lui prêter. C'est précisément à raison du respect que méritent les volontés d'un testateur, qu'on ne peut point considérer comme telles des volontés affirmées d'une façon quelconque.

[1] V. Lehr, *Droit civil anglais*, p. 657, n. 925.

Il ne s'agit point d'en entraver la manifestation, mais bien de demander qu'elles soient affirmées dans des conditions telles qu'on ne puisse les révoquer en doute. Dès lors, comment s'étonner que, dans ce but, le législateur ait fait du testament un acte solennel, c'est-à-dire prescrit l'emploi de certaines formes destinées précisément à donner aux volontés qui en seraient revêtues un indéniable caractère d'authenticité et de certitude?

Loin d'apparaître comme un obstacle à la liberté de tester, les formes prescrites se présentent bien plutôt comme la garantie et la sauvegarde de cette liberté. Sans elles, il aurait fallu abandonner à la décision des juges du fait la solution de la question de savoir si le testateur avait réellement voulu tester, aussi bien que la solution de la question de savoir de quelle manière il avait entendu disposer de ses biens. C'eût été vraiment ouvrir une trop large porte à l'arbitraire des tribunaux pour n'en point craindre les abus.

Les difficultés qu'éprouve la cour suprême à empêcher les juges du fait, sous prétexte d'interprétation, de dénaturer les intentions du testateur, de substituer leur propre volonté à celle du disposant, montrent qu'une semblable crainte n'a rien de chimérique. Que serait-ce donc si le testament pouvait se faire en dehors d'un acte écrit, empruntant une indiscutable autorité aux formes solennelles dont il doit être revêtu?

1820. Au point de vue de la forme, les testaments se divisent en testaments *ordinaires* et en testaments *privilégiés*.

Les testaments ordinaires sont les testaments de droit commun, c'est-à-dire ceux aux formes desquels on doit recourir partout ailleurs que dans les hypothèses exceptionnelles dans lesquelles le législateur autorise l'emploi des testaments privilégiés.

Ceux-ci sont des testaments exceptionnellement permis par la loi dans certains cas particuliers où elle suppose qu'il serait impossible ou tout au moins fort difficile de tester suivant les règles du droit commun. Ils se caractérisent par une simplification des formes requises pour les testaments ordinaires.

1821. Après avoir consacré une première section à l'examen des dispositions communes et aux testaments ordinaires et aux testaments privilégiés, nous nous occuperons des testaments ordinaires, examinant dans autant de sections distinctes : d'abord les différentes formes de testaments ordinaires que le législateur a cru devoir admettre, puis les règles particulières à chacune de ces formes.

Nous parlerons ensuite, dans une section spéciale, des règles relatives aux témoins testamentaires.

Enfin, dans les trois dernières sections de ce chapitre, nous passerons à l'examen des règles applicables aux testaments privilégiés, aux testaments faits à l'étranger par un Français et enfin aux testaments faits par des étrangers.

SECTION PREMIÈRE

DISPOSITIONS GÉNÉRALES

1822. Sous cette rubrique, nous étudierons les art. 967 et et 968 que le législateur du code civil a placés en tête des articles qu'il consacrait aux dispositions testamentaires. Les règles contenues dans ces textes sont communes et aux testaments ordinaires et aux testaments privilégiés. Elles auraient été évidemment mieux à leur place dans un *proœmium* venant en tête du chapitre V du titre II et qu'on aurait pu intituler *Dispositions générales*. Aussi, en les examinant dans une section spéciale et sous la rubrique ci-dessus, ne faisons-nous que réparer une imperfection de méthode dans l'œuvre du législateur du code civil.

1823. Nous diviserons nos explications en deux paragraphes :

Dans un premier, sous la rubrique de l'interprétation des testaments, nous examinerons d'abord la règle de l'art. 967, puis nous nous attacherons à préciser les pouvoirs du juge en ce qui concerne l'interprétation des dispositions testamentaires.

Dans un second paragraphe, nous nous préoccuperons de déterminer le sens et la portée de la prohibition contenue dans l'art. 968.

§ I. *De l'interprétation des testaments.*

1824. Nous avons ici à examiner la règle de l'art. 967, puis à préciser les pouvoirs du juge en ce qui concerne l'interprétation des testaments.

N° 1. La règle de l'art. 967.

1825. La règle que nous trouvons écrite dans l'article 967 du code civil est conçue dans les termes suivants :

« *Toute personne pourra disposer par testament soit sous le titre d'institution d'héritier, soit sous le titre de legs, soit sous toute autre dénomination propre à manifester sa volonté* ».

Ce texte, qu'il est assez difficile d'expliquer si on se borne à l'examiner en lui-même, s'éclaire singulièrement lorsqu'on le rapproche des précédents historiques. Il établit nettement que le législateur du code civil a entendu rompre avec la tradition romaine, recueillie et continuée, dans notre ancienne jurisprudence, par les pays de droit écrit, pour s'en tenir au système qui avait prévalu dans notre ancien droit coutumier.

1826. Quelle était donc la tradition romaine que l'art. 967 entend désormais proscrire?

En droit romain, le testament ne pouvait être valable qu'à la condition de contenir une institution d'héritier, c'est-à-dire la disposition de l'universalité active et passive du patrimoine au profit d'une ou plusieurs personnes qui devaient continuer la personnalité juridique du testateur. C'était là la base nécessaire et essentielle de tout testament, *caput atque fundamentum totius testamenti*, pour employer les expressions énergiques des textes. A Rome, dans la pure théorie du droit classique, on ne pouvait donc faire de libéralités de dernière volonté qu'à la condition d'instituer un héritier à la charge duquel ces libéralités étaient mises.

C'est seulement à partir d'Auguste que la théorie des fidéicommis et des codicilles vint, dans une certaine mesure, écarter et tempérer la rigueur de la règle primitive [1]. A partir de cette époque, il devint possible de faire certaines disposi-

[1] V. notamment *Institutes*, lib. II, tit. XXV, *De codicillis*, pr.

tions de dernière volonté, en dehors d'un testament contenant une institution d'héritier.

Il n'en resta pas moins toujours vrai que, dans le droit romain, le testament ne cessa jamais d'impliquer nécessairement une institution d'héritier à laquelle se trouvaient subordonnées la validité et l'exécution de toutes les dispositions de dernière volonté qui n'avaient point été admises à bénéficier de la législation des codicilles.

1827. Dans notre ancienne jurisprudence, ces règles furent suivies par les pays de droit écrit.

Dans les pays de coutume, au contraire, on s'inspirait d'un principe tout différent. *Dieu seul peut faire des héritiers, l'homme ne le peut,* telle était la règle. De là cette conséquence que le testament ne devait et ne pouvait contenir d'institution d'héritier.

Dans la plupart des coutumes, celle-ci était textuellement prohibée, et Loysel pouvait très justement écrire dans ses axiomes de droit coutumier : *Institution d'héritier n'a de lieu.*

1828. Est-ce à dire que le testament était nul, s'il contenait une institution d'héritier?

Quelques coutumes poussaient la rigueur jusque là. Telles étaient notamment les coutumes de Meaux [1], de Chaumont [2] et de Vitry [3].

Mais ce n'était pas là la solution généralement admise. La plupart des coutumes maintenaient le testament, en dépit de l'institution d'héritier qu'il pouvait contenir. Elles se bornaient à n'accorder à cette institution d'autres effets que ceux-là mêmes qu'elles reconnaissaient au legs universel.

En définitive, le système qui avait prévalu, dans les pays de coutume, consistait avant tout à donner effet aux intentions du testateur, sans s'attacher rigoureusement et exclusivement à la formule employée par lui, pour en faire dépendre la portée et les conséquences de ses dispositions de dernière volonté.

1829. C'est là, à n'en pas douter, le système auquel s'est

[1] V. l'art. 83 de cette coutume.
[2] V. l'art. 28 de cette coutume.
[3] V. l'art. 101 de cette coutume.

référé l'article 967, en décidant qu'on peut disposer par testament soit sous le titre d'institution d'héritier, soit sous le titre de legs, soit sous toute autre dénomination propre à manifester sa volonté.

Les auteurs et les arrêts sont unanimes à le reconnaître (1).

Il nous reste donc seulement à rattacher à la règle ainsi précisée les principales conséquences qu'elle comporte.

1830. Une première conséquence qui résulte nécessairement de l'article 967, c'est qu'aujourd'hui il ne saurait être question de distinguer le testament du codicille. Dès l'instant que, sous l'empire du code civil, l'institution d'héritier n'est pas plus que dans le droit coutumier, une condition nécessaire et indispensable du testament, aucune différence ne saurait subsister entre le testament et le codicille ou tout au moins ce dernier cesse d'être, comme il l'était à Rome et dans les pays de droit écrit, un mode spécial de disposer à cause de mort.

Bien que tout le monde soit d'accord sur ce point, il importe de le constater.

C'est qu'en effet, plus tenaces que les institutions mêmes, les habitudes de langage laissent se continuer l'opposition du testament au codicille. C'était déjà l'observation que faisait Pothier, après avoir constaté que le droit coutumier avait effacé toute différence entre le testament et le codicille : « Néanmoins, disait-il, selon l'usage ordinaire de parler, nous appelons ici testament l'acte qui contient les principales dispositions du défunt ; et codicilles les actes par lesquels il y a ajouté quelques autres dispositions : mais cette différence n'est que dans les mots ; et il n'y a aucune différence selon notre droit coutumier, entre testament et codicille » (2).

L'usage que constatait et critiquait déjà Pothier est aujourd'hui encore fort répandu. Il n'est donc pas inutile de rappeler qu'il n'a d'autre source que d'anciennes habitudes de langage, aujourd'hui sans objet (3).

1831. Une seconde conséquence qu'il y a lieu de rappro-

(1) V. notamment Demolombe, *Don.*, IV, n. 9 ; Huc, *Code civil*, VI, n. 264 ; Aubry et Rau, VII, p. 97, § 665.

(2) Pothier, *Des Don. testam.*, pr.

(3) *Sic*, Demolombe, *Don.*, IV, n. 10.

cher de la précédente et qui, au même titre que celle-ci, se rattache à la règle de l'article 967, c'est que, quelles que soient les dispositions du défunt, elles ne peuvent valoir comme dispositions de dernière volonté qu'à la condition de se présenter sous la forme de dispositions testamentaires. Le testament reste aujourd'hui le seul mode de disposer à cause de mort. Il ne peut donc s'agir de recourir à d'autres formes que celles du testament pour disposer par acte de dernière volonté.

1832. Enfin, une troisième conséquence qui résulte, non moins nécessairement que les deux précédentes, de la règle même de l'art. 967, c'est que, quelles que soient les qualifications qu'une personne peut donner à ses dispositions de dernière volonté, elles doivent être considérées comme des dispositions testamentaires et valoir comme telles, dès l'instant qu'elles se présentent sous une des formes de testament que le législateur a cru devoir admettre.

1833. La jurisprudence a eu bien souvent l'occasion de dégager et d'appliquer cette troisième conséquence de la règle de l'art. 967.

Il est intéressant de rappeler les principales applications qu'elle a cru devoir en faire.

Rien ne saurait être plus propre à préciser la portée de la règle elle-même.

1834. Et d'abord, il est certain qu'on se prévaudrait vainement de l'absence des mots *je donne* ou *je lègue* dans l'acte présenté comme testament. Dès l'instant qu'il a les formes d'un testament, peu importe les termes dans lesquels le testateur a cru devoir faire sa libéralité.

C'est par application de cette règle que la cour de Bordeaux a pu considérer comme un testament olographe, un acte écrit, daté et signé de la main du défunt, dans lequel celui-ci déclarait « qu'il n'a la propriété de rien dans la maison qu'il habite ; qu'en conséquence le propriétaire de cette maison pourra après la mort de lui (testateur) faire ce que bon lui semblera de tous les objets mobiliers qui s'y trouveront, et que telles sont ses bonnes volontés » [1].

[1] V. Bordeaux, 11 juin 1828, S. chr., D., *Rép.*, v° *Dispos.*, n. 2535. — *Sic*,

1835. Il n'est également pas discutable qu'une libéralité de dernière volonté puisse être faite sous forme de charge. Aussi n'a-t-on jamais hésité à considérer comme un legs et à valider à ce titre la disposition par laquelle un testateur imposerait à son légataire universel ou à titre universel, ou même à un de ses légataires à titre particulier, l'obligation de faire au profit d'une personne qu'il détermine une prestation pécuniaire ou autre (1).

1836. Pas de doute non plus qu'on doive valider à titre de legs une disposition conçue en termes précatifs, dès l'instant d'ailleurs que la volonté de disposer est constante.

Les auteurs s'accordent à le reconnaître (2) et c'est ce qui a été souvent décidé par les tribunaux (3).

1837. Un autre point incontestable c'est qu'en dépit des qualifications inexactes que leurs auteurs peuvent leur donner, les dispositions de dernière volonté doivent valoir comme testament dès l'instant qu'elles revêtent les formes exigées par la loi.

C'est ce qui a été jugé même dans une hypothèse où le disposant avait donné à sa libéralité la dénomination d'une libéralité prohibée par la loi : il l'avait appelée donation à cause de mort (4).

1838. Peu importerait, du reste, qu'en employant une qualification inexacte le disposant se fût précisément proposé de déguiser la libéralité qu'il croyait devoir faire, sans vouloir la présenter comme telle.

C'est ce qui a été jugé notamment dans une hypothèse où le disposant avait donné à sa libéralité la forme d'un bail consenti à celui qu'il entendait gratifier (5).

sur le principe Vazeille, sur l'article 967, n. 2; Duranton, IX, n. 6; Demolombe, *Don.*, IV, n. 50.

(1) *Sic*, Cass., 27 nov. 1833, S., 34. 1. 466. D. *Rép.*, v° *Disp.*, n. 3190. — Dans le même sens, v. notamment Laurent, XIII, n. 481.

(2) *Sic*, Laurent, XIII, n. 480; Merlin, *Rép.*, v° *Legs*, sect. II, § 2; Demolombe, *Don.*, IV, n. 51; Aubry et Rau, VII, p. 97, § 665.

(3) V. notamment Angers, 19 mai 1853, D., 53. 2. 204.

(4) *Sic*, Cass., 1er mars 1841, D. *Rép.*, v° *Disposition*, n. 2941. — Dans le même sens Aubry et Rau, VII, p. 97, § 665 et p. 463, § 714; Laurent, XIII, n. 484.

(5) V. sur ce point Liège, 9 juin 1838, D. *Rép.*, v° *Disp.*, n. 2606, *Pasicr.*, 38. 2.

1839. C'est également ce qui a été maintes fois décidé à propos de libéralités déguisées sous forme de reconnaissance de dette.

La reconnaissance de dette apparaît, en effet, comme la forme la plus usuelle sous laquelle les testateurs présentent les libéralités de dernière volonté qu'ils ne veulent point faire ouvertement. Aussi les tribunaux ont-ils eu bien souvent l'occasion de préciser le caractère et les effets des dispositions de ce genre. D'une façon unanime, ils admettent que, faite par testament, la reconnaissance de dette vaut comme legs, mais ne vaut que comme legs, sauf à celui au profit de qui elle est faite à prouver l'existence réelle de la dette qui fait l'objet de la reconnaissance [1].

C'est aussi l'opinion des auteurs [2].

1840. C'est également par application de la règle de l'art. 967 qu'un arrêt a pu voir un legs universel valable dans la clause d'un codicille par laquelle le testateur, en faisant un legs particulier, chargeait du paiement de ce legs une personne qu'il qualifiait son héritier universel, se référant en cela à l'institution qu'il avait précédemment faite dans un testament d'ailleurs annulé après son décès [3].

N° 2. Des pouvoirs du juge en ce qui concerne l'interprétation des testaments.

1841. Avec le sens et la portée que nous venons de lui reconnaître, la règle de l'art. 967 du code civil implique nécessairement, pour le juge chargé de dégager les intentions d'un testateur, de très larges pouvoirs d'interprétation.

Mais si larges que soient ces pouvoirs, ils ne sont point illimités.

146. — *Sic*, sur le principe, Merlin, *Rép.*, v° *Testament*, sect. II, § 4, art. 2, Laurent, XIII, n. 179 et 480; Demolombe, *Don.*, IV, n. 51 ; Aubry et Rau, VII, p. 97, § 665.

(1) V. notamment Dijon, 20 juillet 1832 sous Cass., 27 juin 1833, S., 33. 1. 691 ; D., 33. 1. 283. — Nancy, 14 juillet 1875, S., 76. 2. 232.

(2) *Sic*, Troplong, III, n. 2057 s.; Saintespès-Lescaut, V, n. 1604 ; Demolombe, *Don.*, V, n. 128 s. et les auteurs cités dans Fuzier-Herman, sur l'art. 967, n. 6.

(3) Cass., 25 janv. 1837, S., 37. 1. 428, D. *Rép.*, v° *Disp.*, n. 3422. — *Sic*, Laurent, XIII, n. 479.

Essayons d'en déterminer l'étendue.

Nous venons de voir qu'à la seule condition d'être faites dans les formes légales, les libéralités testamentaires sont valables de quelque manière que soit exprimée la volonté du testateur. Mais cela suppose que, dans l'expression que celui-ci a donnée à sa volonté, puissent se dégager les conditions essentielles à l'existence même du legs. Il faut donc que, d'une façon suffisamment nette et précise, non seulement le testament atteste l'intention libérale du testateur mais encore qu'il désigne à la fois et le bénéficiaire de la libéralité et l'objet même de celle-ci, puisqu'il y a là autant de conditions essentielles à l'existence même du legs.

Une de ces désignations n'est-elle point faite ?

Il ne saurait être question de réclamer l'exécution du legs, puisque, manquant d'une condition qu'implique sa notion même, celui-ci ne saurait exister.

Si grands que soient les pouvoirs qu'on doive reconnaître au juge en ce qui concerne l'interprétation des testaments, il importe néanmoins de remarquer que la notion même du legs impose à ces pouvoirs certaines limites que les juges ne sauraient franchir sans s'exagérer leur mission et dépasser les attributions que celle-ci comporte.

Ces idées générales données, nous arrivons à leur application.

1842. Sur le principe, les auteurs [1], comme les arrêts [2], sont unanimes. Tous s'accordent à reconnaître que les juges du fait ont un pouvoir souverain d'appréciation pour résoudre la question de savoir si le testament atteste l'intention libérale du testateur et désigne d'une façon suffisante et le légataire et la chose léguée.

1842 *bis*. Nous ne voulons évidemment pas suivre les arrêts dans toutes les applications qu'ils ont été amenés à faire du principe ci-dessus.

[1] V. notamment Grenier et Bayle-Mouillard, n. 324 ; Demolombe, *Don.*, III, n. 738 ; Aubry et Rau, VII, p. 462, § 712 ; Huc, *Code civil*, VI, n. 266.

[2] V. notamment, Cass., 2 mars 1874, S., 74. 1. 416, D., 76. 1. 77 ; 25 mai 1875, S., 75. 1. 307, D., 77. 1. 75 ; 25 avril 1877, S., 78. 1. 56, D., 78. 1. 258 ; 10 mars 1880, S., 80. 1. 205, D., 81. 1. 61 ; 8 août 1881, S., 82. 1. 153, D., 82. 1. 221.

Nous nous bornons à en rappeler quelques-unes, uniquement en vue de préciser la portée du principe.

C'est ainsi qu'en ce qui concerne la désignation du légataire, il a été jugé qu'il n'était nullement nécessaire de désigner le légataire par son vrai nom [1].

C'est ainsi également qu'il a été décidé que la désignation de la fonction qu'il exerce et de son domicile peut suffire à désigner le légataire, quand celui-ci exerce seul sa fonction dans la localité qu'indique le testament [2]. On a même décidé que les legs faits à *une femme de chambre*, à *une fille de cuisine*, à *un domestique* pouvaient désigner suffisamment les domestiques de l'emploi déterminé qui se trouvaient en service chez le testateur au moment du testament [3].

En définitive, et d'une façon générale, l'absence de désignation expresse du légataire ne doit emporter la nullité du legs qu'autant que les termes du testament ne permettent point d'y suppléer [4].

1842 *ter*. C'est, la plupart du temps, à raison des appellations générales dont se servent les testateurs pour désigner leurs légataires que la désignation de ceux-ci reste souvent quelque peu incertaine.

Quel est, par exemple, le sens du mot *enfants?*

Doit-on l'entendre de toute la descendance ou seulement des descendants au premier degré?

Evidemment la réponse ne peut être faite d'une façon rigoureuse et absolue. Il n'est pas plus permis d'affirmer que l'expression *enfants* comprend seulement les descendants au premier degré que de dire qu'elle comprend nécessairement, avec ceux-ci, les petits-enfants venant par représentation de leurs parents. Tout dépend de l'intention du testateur et c'est à la détermination de celle-ci que se réduit le débat [5].

La seule observation générale que l'on puisse présenter

(1) V. notamment Douai, 22 août 1878, D., 79. 2. 128.

(2) V. notamment Bruxelles, 16 février 1885, *Pasicr.*, 85. 2. 118.

(3) V. notamment Gand, 8 février 1888, *Pasicr.*, 88. 2. 185. — Cpr. sur une hypothèse analogue à celle visée au texte, Paris, 7 août 1875, rapporté sous cassation, 14 juin 1876, S., 76. 1. 346, D., 77. 1. 360.

(4) *Sic*, Douai, 10 juin 1884, S., 85. 2. 172, D., 85. 2. 156.

(5) V. les différents arrêts rapportés dans Fuzier-Herman, sur l'article 967, n. 66 s.

c'est que, dans le langage usuel, le mot enfants est plus compréhensif quand celui qui l'emploie parle de ses propres enfants que quand il parle des enfants d'un autre.

1843. Ce que nous venons de dire pour le cas où le testateur a disposé au profit de ses enfants ou des enfants d'un tiers, nous devons également le dire alors qu'il a employé tout autre appellation générale : celle de *neveux*, de *frères*, ou de *cousins*, par exemple. Il appartient aux tribunaux de rechercher et de déterminer quelles sont exactement les personnes que le testateur a eu en vue : de dire, par exemple qu'en parlant de neveux, le testateur n'a nullement entendu exclure les nièces [1], de préciser quels sont les légataires qu'il a compris sous la dénomination de cousins ou de cousins issus de germains [2].

1843 *bis*. Quand le testateur a désigné ses légataires par une des appellations générales dont nous venons de parler, ils succèdent par tête ou par représentation suivant l'intention du testateur. Cette intention, qu'il appartient aux tribunaux de dégager, est évidemment souveraine et les règles des art. 739 s. du code civil ne peuvent être invoquées par analogie qu'autant que le testateur n'a point entendu y déroger [3].

1844. A propos de la désignation de la chose léguée, le principe s'applique dans les mêmes conditions qu'au sujet de la désignation du légataire.

Nous nous bornons à renvoyer, pour le détail des espèces qui se sont présentées devant les tribunaux, aux arrêts rapportés dans le code civil annoté de Fuzier-Herman [4].

1845. Si les auteurs et les arrêts sont unanimes sur le principe, nous constatons le même accord sur les tempéraments que le principe comporte. C'est, en effet, une double limitation qu'ils s'accordent à apporter aux pouvoirs souverains qu'ils reconnaissent aux juges, en ce qui concerne l'interprétation des testaments.

[1] V. notamment Aix, 6 mars 1854, D., 56. 2. 40, S., 55. 2. 757. — Bordeaux, 14 juin 1859, S., 60. 2. 231, D., 59. 2. 201.

[2] En ce sens Cass., 11 mars 1890, S., 90. 1. 252, D., 91. 1. 183. — V. cependant Cass., 3 janv. 1888, S., 88. 1. 70, D., 88. 1. 54.

[3] V. notamment Douai, 22 août 1878, S., 78. 2. 283, D., 79. 2. 128. — Dans le même sens Laurent, XIII, n. 494 s.; Huc, VI, n. 317 et 318.

[4] Voyez Fuzier-Herman, sur l'article 967, n. 114 s.

1845 *bis*. La première c'est que, sous prétexte d'interpréter la volonté du testateur, les juges ne sauraient aller jusqu'à créer cette volonté, en tenant pour acquises des indications qu'en réalité le testament ne fournit point.

Le testament ne fournit-il pas d'indications suffisantes pour déterminer si le testateur a entendu léguer, ce qu'il a voulu léguer et à qui il s'est proposé de léguer?

Il ne saurait être question de rechercher en dehors du testament, soit dans des documents ou des actes étrangers à celui-ci, soit dans des témoignages, le véritable sens et la portée exacte des intentions du testateur. En admettant qu'il soit possible de préciser ainsi la volonté du testateur, il resterait toujours vrai que cette volonté ne s'est point exprimée dans les formes légales, qu'on doit, par suite, la considérer comme non avenue [1].

1845 *ter*. La seconde limitation qu'il y a lieu de signaler, c'est que, sous couleur d'interpréter la volonté du testateur, les juges ne pourraient se permettre de la dénaturer, en méconnaissant les indications et les désignations qui résultent du testament.

Vainement allèguerait-on que ces indications et ces désignations ne correspondent point à la volonté du testateur et offrirait-on de le prouver soit par des témoignages, soit par des documents ou des actes étrangers au testament.

Il faudrait nécessairement répondre que les juges ne peuvent reconnaître et valider, à titre de dispositions testamentaires, que les seules volontés revêtues des formes du testament [2].

1846. A s'en tenir au nombre relativement élevé d'arrêts de cassation qui sont intervenus depuis un certain nombre d'années, il faut croire que les juges du fait sont tentés de s'exagérer les pouvoirs d'interprétation qui leur appartiennent et de ne point exactement observer la double limitation que nous venons d'indiquer. Ces arrêts de cassation dénotent manifestement, chez la cour suprême, une volonté très ferme

(1) V. notamment Cass., 18 novembre 1884, S., 85. 1. 125, D., 85. 1. 317. — Cass., 3 janv. 1888, S., 88. 1. 70; 7 janvier 1889, S., 91. 1. 461.

(2) V. notamment Cass., 7 juillet 1886, S., 88. 1. 155, et 9 août 1886, S., 88. 1. 155, D., 87. 1. 40.

de faire respecter les dernières dispositions de ceux qui ne sont plus et d'interdire absolument aux juges du fait, sous couleur d'interpréter les intentions du testateur, de substituer leur propre pensée à celle du défunt [1].

1847. Il ne faudrait pas, d'ailleurs, exagérer la portée du double tempérament qu'il y a lieu d'apporter à la règle qui reconnaît aux juges du fait un souverain pouvoir d'interprétation, en ce qui concerne les dispositions testamentaires.

On ne saurait notamment en conclure que, pour interpréter un testament, il soit interdit aux juges du fait de s'attacher à des preuves extrinsèques, de rechercher, par exemple, les intentions du testateur et le sens de ses dispositions soit dans des documents étrangers au testament, soit dans les circonstances de la cause.

Il est, au contraire, incontestable que si les juges, appelés à interpréter une disposition testamentaire, doivent principalement et d'abord rechercher l'intention du testateur dans le testament, rien ne les empêche de compléter et d'éclairer cette intention, lorsque les termes du testament la laissent douteuse, par des preuves recherchées et obtenues en dehors du testament.

La jurisprudence est en ce sens [2] et c'est aussi l'opinion des auteurs [3].

1848. Ce qui est vrai, c'est qu'on ne saurait permettre aux juges du fait de s'appuyer soit sur des documents étrangers au testament, soit sur les circonstances de la cause, pour créer des dispositions qu'on doit considérer comme non écrites en l'état du testament, ou pour modifier les dispositions parfaitement claires et précises que celui-ci peut contenir.

Il n'y a là, en définitive, que l'application pure et simple du double tempérament par lequel il convient de limiter et

[1] *Adde* aux arrêts cités aux deux notes précédentes Cass., 20 janvier 1868, S., 68. 1. 100; 2 décembre 1879. S., 81. 1. 118; 4 février 1884, S., 84. 1. 129; 15 mai 1889, S., 90. 1. 308; 23 novembre 1892. S., 93. 1. 69.

[2] V. notamment Cass., 31 juillet 1872. S., 72. 1. 406, D., 73. 1. 104; 10 février 1813. S., 73. 1. 106. D., 73. 1. 248; 1er décembre 1879, S., 80. 1. 127. D., 80. 1. 134.

[3] *Sic*, Toullier, VI, n. 316; Duranton, IX, n. 361; Aubry et Rau, VII, p. 460, § 712; Demolombe, *Don.*, IV, n. 751 et les auteurs cités dans Fuzier-Herman, sur l'art. 895, n. 193 s.

de restreindre le pouvoir d'interprétation des juges du fait en ce qui concerne les dispositions testamentaires [1].

§ II. *De la prohibition des testaments conjonctifs.*

1849. La règle en vertu de laquelle sont prohibés aujourd'hui les testaments conjonctifs est contenue dans l'art. 968 du code civil.

Aux termes de ce texte :

« *Un testament ne pourra être fait dans le même acte par* » *deux ou plusieurs personnes, soit au profit d'un tiers, soit* » *à titre de disposition réciproque et mutuelle* ».

1850. Ce texte prohibe les testaments dits *conjonctifs*, c'est-à-dire ceux qui seraient faits par deux ou plusieurs personnes dans un seul et même acte. En d'autres termes, un seul et même testament ne peut pas contenir l'expression de la volonté de plusieurs testateurs.

Quel en est le motif? C'est que, comme le dit expressément l'art. 895 du code civil, le testament est un acte, c'est-à-dire l'œuvre d'une volonté unique. Il participerait à la nature du *contrat*, s'il pouvait contenir l'expression de plusieurs volontés. Il est, en effet, incontestable que les dispositions faites par les divers testateurs dans un seul et même acte pourraient, devraient même être considérées comme étant la condition les unes des autres. Elles se présenteraient, en définitive, comme les clauses d'un contrat convenu et arrêté entre les divers testateurs.

De là résulterait pour l'acte une couleur indécise qui rendrait difficile la détermination de son véritable caractère et de ses effets.

Ainsi, en admettant la validité des testaments conjonctifs, comment décider la question de savoir si chaque testateur conserve le droit de révoquer *ad nutum* les dispositions qu'il a faites?

Si on résout la question négativement, on violera la règle que les testaments sont essentiellement révocables.

[1] V. notamment Cass., 9 août 1886, S., 88. 1. 155, D., 87. 1. 140. — Dans le même sens Aubry et Rau, VII, p. 459, § 712; Demolombe, *Don.*, IV, n. 740; Huc, *Code civil*, VI, n. 266.

Si on la résout affirmativement, on violera cette autre règle que les conventions ne peuvent être révoquées que d'un commun accord (art. 1134).

Il fallait, comme le dit, très justement d'ailleurs, l'exposé des motifs de l'art. 968, interdire une forme incompatible soit avec la bonne foi, soit avec la nature des testaments.

1851. Notre ancien droit avait cru pouvoir autoriser l'usage des testaments conjonctifs.

Mais les plus grandes divergences s'étaient élevées sur le point de savoir quels effets ces testaments devaient produire.

C'est sans doute pour ce motif qu'ils furent proscrits par l'art. 77 de l'ordonnance de 1735.

L'ordonnance apportait toutefois deux exceptions à la prohibition qu'elle croyait devoir édicter.

La première était relative aux partages faits par des ascendants entre leurs enfants et descendants.

Quant à la deuxième, elle concernait les dispositions entre conjoints dans les pays où les époux pouvaient se faire des donations mutuelles à cause de mort.

Ces deux exceptions n'ayant pas été reproduites par le législateur de 1804, la règle de l'interdiction des testaments conjonctifs demeure absolue sous l'empire du code civil.

1852. Mais, précisément à raison de la rigueur de la prohibition qu'édicte l'art. 968, il importe de ne point en exagérer la portée et de préciser exactement ce que ce texte a entendu proscrire.

Pour qu'il y ait lieu à l'application de l'art. 968, il faut que deux ou plusieurs personnes aient testé *dans un seul et même acte*, c'est-à-dire *dans un contexte unique,* de telle sorte que les dispositions faites par les divers testateurs se trouvent enchevêtrées les unes dans les autres et ne forment qu'un seul et même testament.

Tel serait le cas où chaque testateur aurait écrit à tour de rôle ses dispositions, puis, l'œuvre commune une fois achevée, daté et signé le testament.

Tel serait encore le cas où deux testateurs auraient dicté à tour de rôle leurs dispositions à un même notaire qui aurait confondu le tout en un seul et même acte.

1853. Mais dès qu'il n'y a pas un contexte unique, dès que les testaments ne sont pas contenus dans un seul et même acte, la règle de l'art. 968 cesse d'être applicable.

Il n'est pas douteux, par exemple, que deux testaments distincts, parfaits chacun de leur côté, et par lesquels deux personnes disposeraient l'une au profit de l'autre ou au profit d'un tiers, ne constitueraient pas un testament conjonctif.

Il en serait ainsi, alors même que les deux testaments seraient écrits sur la même feuille de papier.

Sur ce point, les auteurs sont unanimes [1].

1854. Quant à la jurisprudence, elle limite également, et avec une grande rigueur, aux seules hypothèses où il y a contexte unique, la portée de la prohibition de l'art. 968.

C'est ainsi que la cour de cassation a refusé de considérer comme testaments conjonctifs deux testaments olographes conçus dans les mêmes termes et renfermant des dispositions réciproques entre époux, bien qu'ils fussent écrits, en face l'un de l'autre, sur la même feuille de papier, l'un au *verso* d'un feuillet et l'autre au *recto* du feuillet suivant.

Il s'agissait là sans doute de testaments faits de concert. Chacun n'en avait pas moins une individualité distincte, et, partant, l'art. 968 devait être écarté [2].

1855. Il ne nous paraît guère douteux que la règle de l'art. 968 constitue non une règle de forme mais une règle de fond. Sans doute, l'art. 968 est bien placé sous cette rubrique *De la forme des testaments*. Mais il faudrait se garder d'attacher trop d'importance à la place qu'occupe l'art. 968. Ce serait supposer que la classification du code est irréprochable. Or, il est loin d'en être ainsi.

Il faut voir, avant tout, le but poursuivi par le législateur, en écrivant l'art. 968. C'est de sauvegarder la révocabilité des testaments. L'art. 1097 le prouve manifestement lorsqu'il édicte une prohibition analogue à celle de l'art. 968, en ce

(1) *Sic*, Aubry et Rau, VII, p. 100, § 667; Demolombe, *Don.*, IV, n. 14; Laurent, XIII, n. 146 s.; Huc, VI, n. 267 ainsi que les auteurs cités dans Fuzier-Herman, sur l'art. 968, n. 4.

(2) *Sic*, Cass., 3 fév. 1873, S., 73. 1. 313, D., 73. 1. 467. — Voyez, sur une espèce à peu près identique, Cass., 21 juill. 1851, S., 51. 1. 570, D., 51. 1. 267.

qui concerne les donations entre époux, c'est-à-dire à propos de donations révocables comme le sont les testaments.

La conclusion s'impose à notre avis.

On doit voir dans l'art. 968 non une simple règle de forme, mais une véritable règle de fond [1].

1856. L'opinion contraire est cependant soutenue [2] et elle a inspiré quelques arrêts.

C'est elle notamment qui justifie un arrêt de la cour de Caen décidant que les testaments conjonctifs faits avant la promulgation du code civil, dans un pays où ils n'étaient pas prohibés, sont restés valables, bien que les testateurs ne soient décédés que postérieurement à la promulgation du code civil et, partant, de l'art. 968 de ce code [3].

C'est à elle également que se rattache un arrêt de la cour de Toulouse portant qu'un testament conjonctif fait par un Français dans un pays dont la législation ne reproduit pas la prohibition de l'art. 968 doit, par application de la règle *Locus regit actum*, recevoir son exécution en France, lorsqu'il est revêtu des formes requises par la loi étrangère [4].

1857. Il n'est d'ailleurs ni discuté ni discutable que l'art. 968 formule une règle générale applicable à toutes les formes de testaments, aux testaments olographes aussi bien qu'aux testaments publics et mystiques [5].

SECTION II

DES DIFFÉRENTES FORMES DE TESTAMENTS ORDINAIRES

1858. Nous avons eu déjà l'occasion de dire qu'au point de vue de la forme, les testaments se divisaient en testaments

(1) En ce sens Laurent, XIII, n. 155; Huc, VI, n. 267; Bertauld, *Quest. doctrin. sur le Code civ.*, I, n. 154; Duguit, *Des conflits de législ. relatifs à la forme des actes*, p. 138. — Comparez, sur la question, un arrêt du tribunal suprême de l'Empire d'Allemagne du 24 avril 1894, S., 95. 4. 12.

(2) Voyez en ce sens Coin-Delisle, sur l'art. 968, n. 5; Aubry et Rau, VII, p. 101, § 668; Demolombe, *Don.*, IV, n. 20 et 476; Weiss, *Traité de dr. intern. privé*, p. 861.

(3) Caen, 22 mai 1850, S., 52. 2. 555, D., 53. 2. 171.

(4) Toulouse, 11 mai 1850, S., 50. 2. 229, D., 52. 2. 64.

(5) Voyez les citations dans Fuzier-Herman, *Code civil annoté*, sur l'art. 968, n. 1.

ordinaires et en testaments privilégiés. Nous ne parlerons ici que des premiers, nous réservant, dans une section ultérieure, de préciser, en même temps que les formes qu'ils doivent revêtir, les circonstances dans lesquelles interviennent les testaments privilégiés.

C'est l'art. 969 du code civil qui énumère les différentes formes de testaments ordinaires que le législateur a cru devoir admettre.

Aux termes de ce texte :

« *Un testament pourra être olographe, ou fait par acte public ou dans la forme mystique* ».

Il existe donc, d'après l'art. 969, trois formes de testaments ordinaires :

1° le testament olographe ;

2° le testament par acte public ;

3° le testament mystique.

1859. Fait dans toute autre forme, le testament serait sans existence légale.

C'est ce qui résulte nécessairement de l'énumération limitative de l'art. 969, alors surtout qu'on rapproche cette énumération des dispositions de l'art. 1001 portant que les formalités auxquelles sont assujetties les testaments par les art. 967 à 1001 doivent être observées à peine de nullité.

1860. Ainsi, sous l'empire du code civil, tout testament implique non seulement un acte écrit, mais encore exige un écrit rédigé suivant certaines formes déterminées.

Notre législation ignore le testament verbal ou nuncupatif. En usage dans notre ancien droit français, le testament nuncupatif avait été emprunté à la législation romaine [1]. Mais, même avant le code civil, cette forme de testament avait cessé

[1] A Rome, les testaments nuncupatifs n'étaient valables qu'à la condition d'avoir été faits devant sept témoins.

Les codes modernes qui ont cru devoir conserver cette forme de testament n'exigent point un si grand nombre de témoins. En Saxe, il faut seulement cinq témoins (art. 2100 du code civil saxon). En Autriche, il suffit de trois témoins et, après le décès du testateur, ses dernières volontés peuvent même être établies par l'affirmation sous serment de deux d'entre eux, si le troisième ne peut plus être entendu (art. 585 s., C. civ. autrichien).

d'être employée. L'art. 1 de l'ordonnance de 1735 en avait en effet proscrit l'usage.

Le testament nuncupatif étant nul, ou pour mieux dire inexistant, il en résulte une série de conséquences qu'il importe d'indiquer, car leur rapprochement permet de déterminer exactement la portée de la proscription du testament verbal.

1861. Et d'abord il est bien certain que l'aveu fait par l'héritier de l'existence d'une déclaration verbale du défunt, le chargeant d'exécuter certaines dispositions de dernière volonté, ne saurait autoriser le bénéficiaire de ces dispositions à se prétendre investi des droits d'un légataire.

1862. Il est plus évident encore que les prétendus bénéficiaires de dispositions de ce genre ne pourraient être admis à déférer le serment à l'héritier sur le point de savoir si le défunt a fait les déclarations verbales dont ils demandent à profiter.

On leur répondrait avec raison : *Frustra probatur quod probatum non relevat.*

1863. Il est non moins incontestable qu'on devrait écarter toute demande tendant à établir par témoins l'existence d'une disposition de dernière volonté. Peu importerait du reste qu'à l'appui de leur demande les intéressés alléguassent un commencement de preuve par écrit.

1864. Il est également d'autres conséquences qu'entraîne la proscription du testament verbal et que nous avons eu déjà l'occasion d'indiquer à propos de la détermination des pouvoirs appartenant aux juges du fait en ce qui concerne l'interprétation des dispositions testamentaires. Dès l'instant que les volontés simplement verbales du testateur doivent être considérées comme non existantes et sans aucune force légale, on doit, par cela même, écarter toute demande tendant à faire intervenir les témoignages pour créer, modifier ou altérer une disposition de dernière volonté.

Ce serait le cas, si, à l'aide de témoignages, on prétendait soit compléter une disposition qui, dans l'état du testament qui la contient, doit être considérée comme inexistante, soit changer une disposition qui, dans l'état du testament, apparaît comme parfaitement claire et précise.

L'emploi de la preuve testimoniale ne devient possible et licite qu'autant qu'il s'agit de préciser le sens et la portée d'une disposition testamentaire assurément valable et complète par elle-même, mais qui, à raison de la forme et des termes sous lesquels elle se présente, laisse quelque peu vague et incertaine la volonté du testateur. Mais il s'agit alors uniquement d'expliquer et d'interpréter une disposition testamentaire, revêtue d'ailleurs de toutes les formes légales, non d'en créer ou d'en modifier une, en dehors de l'emploi des formes que doit nécessairement revêtir la volonté d'un testateur pour qu'on puisse en tenir compte [1].

1865. S'il faut appliquer la prohibition du testament nuncupatif avec toutes les conséquences qu'elle entraîne, il importe d'ailleurs de ne point lui en rattacher qu'elle ne comporte nullement.

C'est ainsi que cette prohibition n'entraînerait nullement l'irrecevabilité d'une action par laquelle on demanderait compte à un héritier des obstacles qu'il aurait apportés à la confection d'un testament dont son auteur avait arrêté les dispositions.

Les intéressés peuvent-ils établir que ces obstacles ont été la seule cause de la non-manifestation dans les formes légales d'une volonté d'ailleurs certaine? Ils prouvent, par là même, que l'héritier leur a, par son fait, causé un préjudice égal à la libéralité dont le *de cujus* voulait les gratifier. Dès lors, rien de plus juste que de leur permettre d'en réclamer l'exécution ou plus exactement d'exiger une indemnité équivalente au bénéfice que leur aurait procuré cette exécution.

Ce n'est là, en effet, nullement demander l'exécution d'un testament purement verbal : c'est demander que, conformément au grand principe posé par l'art. 1382 du C. civ., l'héritier soit tenu de supporter la responsabilité des faits dommageables établis à sa charge.

1866. Vainement objecterait-on qu'en admettant que le testament eût été fait, rien ne démontre que le testateur eût persévéré dans ses intentions; vainement dirait-on que le

[1] V. ci-dessus nos 1845 et suivants.

testament dont la confection a été empêchée pouvait n'être qu'un simple projet, qu'en tout cas, les demandeurs ont été privés non d'un droit mais d'une simple expectative.

Mais n'est-il pas certain que les espérances de fortune ou de gain, en un mot les simples expectatives, ne sauraient être enlevées par des voies dolosives? L'industriel qui subit une expropriation n'a-t-il pas le droit incontestable de faire figurer, dans le calcul de l'indemnité qu'il réclame, les bénéfices sur lesquels il pouvait justement compter dans l'avenir? Le commerçant qu'on détourne de vendre avantageusement ses marchandises par des suppositions et des manœuvres dolosives, n'est-il pas fondé à se prévaloir de l'art. **1382** pour réclamer à ceux qui l'ont trompé le bénéfice dont il a été privé? Enfin, et l'analogie est bien décisive, les héritiers non réservataires, privés de l'hérédité à laquelle la loi les appelait, ne sont-ils pas fondés à attaquer pour captation ou suggestion le testament qui les dépouille? Et cependant, ce testament les prive non d'un droit mais d'une simple expectative que, jusqu'à sa mort, leur auteur était parfaitement libre de leur enlever.

L'objection n'a donc rien de décisif et ne saurait permettre d'écarter l'application de l'art. **1382** [1].

1867. Ce serait également rattacher à la prohibition du testament nuncupatif une conséquence qu'elle ne comporte point que de déclarer irrecevable une action tendant à établir, à l'aide de témoignages, l'existence et le contenu d'un testament régulier en la forme, alors que ce testament a été détruit par cas fortuit, par un incendie par exemple. L'article **1348** du Code civil nous paraît absolument de nature à autoriser et à légitimer, en pareil cas, une semblable prétention.

Sans doute, il faudra non seulement que les intéressés prouvent le cas fortuit qu'ils allèguent mais encore qu'ils rétablissent le contenu du testament et qu'ils démontrent la régularité de celui-ci.

[1] Voyez en ce sens Toulouse, 16 mai 1865, S., 65. 2. 156. — V. cependant en sens contraire un arrêt de la cour de Montpellier du 22 mai 1850, S., 53. 2. 609, dont, dans une savante note rapportée dans le recueil de Sirey, Gilbert s'attache à réfuter la doctrine.

Mais ces preuves une fois faites le testament devra être exécuté comme s'il était représenté.

Il ne s'agit point en effet d'exécuter un testament verbal.

Il s'agit d'assurer l'exécution de volontés qui se sont manifestées dans les formes légales. Le défaut de représentation de l'acte qui les contenait ne saurait être un obstacle insurmontable à l'exécution de ces volontés qu'autant qu'il serait impossible d'y suppléer. Or, tel n'est point précisément le cas, puisque nous supposons qu'à l'aide de témoignages il est possible de reconstituer le testament. C'est en définitive, nous le répétons, le cas d'appliquer les dispositions de l'art. 1348 du C. civ.

1868. Ce que nous disons pour le cas où la destruction du testament est le résultat d'un cas fortuit, nous devons le dire également du cas où la destruction serait le fait de l'héritier ou d'un tiers.

Bien plus, dans le cas où la destruction émanerait de l'héritier, il nous semble incontestable qu'on devrait facilement présumer la régularité du testament détruit. Le fait seul de la destruction par l'héritier nous paraît vraiment de nature à légitimer une semblable présomption. Comment croire, en effet, que l'héritier ait pris soin de détruire un testament irrégulier dont il n'aurait rien eu à craindre? Son acte prouve manifestement qu'il avait à redouter le testament, partant, que celui-ci était régulier [1].

1869. Mais les solutions que nous venons de donner supposent nécessairement que la destruction du testament est postérieure au décès du testateur.

C'est, en effet, un principe incontestable que c'est seulement à ce moment que le testament produit ses effets légaux. Or si, à cette époque, celui-ci n'existe plus, il devient impossible de le faire revivre pour produire des effets qui supposent nécessairement son existence à ce moment.

1870. Ce n'est point à dire que le légataire frustré restera sans ressource lorsque la destruction du testament sera antérieure au décès du testateur.

(1) V. notamment en ce sens Pau, 14 février 1882, S., 84. 2. 129. — Dans le même sens Demolombe, *Don.*, IV, n. 32 et les autorités qu'il cite.

Un autre principe non moins certain peut alors être invoqué par lui et lui assurer, dans bien des cas, le bénéfice même que lui aurait procuré l'existence du testament : nous voulons parler du principe de la responsabilité des auteurs d'un fait dommageable que l'art. 1382 du C. civ. pose dans les termes les plus larges et les plus compréhensifs.

1871. Pour que le légataire puisse s'en prévaloir, il lui faudra sans doute démontrer l'existence du testament, sa régularité, sa teneur, le fait de sa destruction à l'insu du testateur. Toutes ces preuves sont difficiles à administrer. Il est cependant indispensable que le légataire les fournisse, car ce n'est qu'autant qu'il les rapporte qu'il démontre l'existence du préjudice dont il demande réparation. Il est vrai que le juge pourra singulièrement en faciliter l'administration. Tout dépendra, en définitive, des circonstances de la cause, puisque toutes les preuves qu'il y a lieu de fournir se rapportent à des faits qui peuvent s'établir à l'aide de témoignages et de simples présomptions.

Ces preuves sont-elles administrées?

On doit présumer la persistance des volontés du testateur jusqu'au jour de son décès, par cela seul qu'on n'établit pas qu'une révocation de ces volontés s'est produite dans les formes légales. Il en résulte qu'il est par cela même démontré que la destruction du testament cause au légataire qui y était désigné un préjudice égal au bénéfice que son existence au jour du décès du testateur lui aurait procuré. Or, lorsque la destruction est le fait de l'héritier, et c'est bien là l'hypothèse la plus fréquente, la réparation la plus exacte du préjudice causé par son fait consiste naturellement à considérer le testament comme existant encore et à l'exécuter comme s'il était représenté.

C'est bien à ce point de vue que paraissent se rattacher toutes les décisions de justice intervenues en pareille occurrence [1] et telle est également l'opinion des auteurs [2].

(1) V. notamment Cass., 12 juin 1882, S., 83. 1. 127, D., 82. 1. 299 et les arrêts cités en note de l'arrêt de Poitiers, 23 mars 1881, S., 82. 2. 23.

(2) V. notamment Bonnier, *Traité des preuves*, I, n. 175; Aubry et Rau, VII, p. 10, § 647; Laurent, XIII, n. 113 s., 117 s.

1872. Lorsque la destruction sera le fait d'un tiers autre que l'héritier, le légataire, sauf à fournir les mêmes preuves que ci-dessus, sera fondé, non plus sans doute à réclamer l'exécution du testament, mais à se faire payer par le coupable des dommages-intérêts équivalents au bénéfice que lui aurait procuré l'exécution du testament.

1873. Enfin, à supposer que la destruction soit le résultat d'un cas fortuit ou de force majeure, d'un incendie par exemple, nous ne voyons guère comment le légataire pourrait échapper aux conséquences de l'inexistence du testament au jour du décès du testateur.

Sa situation serait exactement la même que s'il avait lui-même égaré ou détruit le testament.

En pareil cas, et par des motifs d'une force incontestable, la cour de Lyon a cru devoir repousser la prétention du légataire qui demandait à faire, par témoins, la preuve des dispositions contenues dans un testament qu'il ne pouvait ensuite représenter (1).

1874. En dehors des hypothèses que nous venons d'examiner, il ne peut être question de réclamer l'exécution d'une disposition de dernière volonté, qu'autant que celle-ci se trouve contenue dans un testament revêtu des formes légales et que l'intéressé peut représenter.

1875. Mais, pour être manifestée dans les formes légales, la volonté du *de cujus* n'est pas toujours très nette et très précise. Aussi la représentation d'un testament soulève-t-elle bien souvent de réelles difficultés et sur le sens et sur la portée des dispositions qu'il renferme.

A s'en tenir à cette idée, d'ailleurs certaine, que la volonté du *de cujus* n'existe légalement qu'autant qu'elle se révèle dans un testament, il semble bien que ce soit dans cet acte seul qu'on puisse rechercher les intentions du testateur.

Ce serait toutefois exagérer le formalisme de la loi que d'appliquer cette règle avec une rigueur excessive.

Il est bien vrai que le juge ne pourrait, en se basant sur des éléments de conviction qu'il puiserait en dehors du testament, créer, révoquer ou modifier les dispositions de celui-

(1) Lyon, 22 fév. 1831, S., 31. 2. 122.

ci, lorsque, par elles-mêmes, ces dispositions ne laissent aucun doute sur la volonté du testateur. Il faut alors les exécuter telles quelles, sans qu'il puisse être question de rechercher si le testateur n'a pas dit autre chose que ce qu'il entendait dire et la cour de cassation n'hésiterait point à casser les décisions qui, sous couleur d'interpréter les intentions du *de cujus,* ne feraient, en définitive, que les dénaturer et substituer la volonté du juge à celle du testateur [1].

Nous n'avons du reste qu'à renvoyer à ce que nous avons déjà dit sur ce point [2].

1876. Mais, en présence de dispositions peu claires et peu précises, le juge est certainement fondé à rechercher la volonté du testateur non seulement dans les termes du testament mais encore en dehors de celui-ci, dans tous les circonstances et les documents de la cause.

C'est ainsi que, bien souvent, la désignation du légataire et la détermination de la chose léguée soulèvent des difficultés que le testament lui-même ne permet pas toujours de trancher.

Il est de jurisprudence constante que le juge peut alors s'aider, pour rechercher la volonté du *de cujus,* de tous les éléments de conviction que peuvent lui fournir les documents et les circonstances de la cause.

C'est également un point fixé en jurisprudence que l'interprétation que donnent alors les tribunaux est une interprétation souveraine qui ne tombe point sous le contrôle de la cour de cassation [3].

Le seul rôle que celle-ci puisse être appelée à jouer consiste uniquement à rechercher si les juges du fait ont attaché aux dispositions par eux interprétées toutes les conséquences légales que comporte l'interprétation à laquelle ils ont cru devoir s'arrêter [4].

(1) V. Cass., 18 nov. 1884, S., 85. 1. 125, D., 85. 1. 317, et 7 janv. 1889, S., 91. 1. 461. — Aubry et Rau, VII, p. 459, § 712.

(2) V. ci-dessus, n. 1847.

(3) *Sic*, Cass., 10 mars 1880, S., 80. 1. 205 ; D., 81. 1. 61. — Aubry et Rau, VII, p. 462, § 712. Demolombe, *Don.*, IV, n. 738.

(4) *Sic*, Cass., 20 janv. 1868, S., 68. 1. 100 ; D., 68. 1. 12 et 4 févr. 1884, S., 84. 1. 429 ; D., 84. 1. 247.

Il y a là autant de points sur lesquels nous avons dû déjà nous expliquer, à propos des pouvoirs d'interprétation qu'il faut reconnaître aux juges du fait, en ce qui concerne les dispositions testamentaires ([1]).

SECTION III

DU TESTAMENT OLOGRAPHE

1877. Après avoir énuméré, dans l'art. 969, les trois formes de testament qu'il croit devoir admettre, le législateur s'occupe d'abord de la plus simple d'entre elles, de la forme olographe.

Aux termes de l'article 970 :

« *Le testament olographe ne sera point valable, s'il n'est* » *écrit en entier, daté et signé de la main du testateur ; il n'est* » *assujetti à aucune autre forme* ».

Ainsi que son nom même l'indique, le testament olographe (de ολος, *tout entier*, et γράφειν, *écrire*) est donc celui qui est écrit en entier, daté et signé de la main du testateur. Œuvre personnelle et exclusive de celui-ci, sa perfection ne nécessite aucune intervention étrangère. C'est précisément là ce qui constitue sa physionomie spéciale et le distingue nettement des deux autres formes de testaments, du testament public comme du testament mystique.

1878. Admis pour la première fois par les empereurs Théodose et Valentinien ([2]), il fut proscrit par Justinien, qui, même pour les testaments écrits de la main du testateur, exigea la présence de témoins, sauf s'il s'agissait de dispositions faites par un ascendant au profit de ses descendants.

Dans notre ancienne jurisprudence, nos provinces de droit écrit, recueillant les traditions romaines, repoussaient la forme olographe, ainsi qu'avait cru devoir le faire Justinien par la novelle 107 et ne l'admettaient que dans les limites restreintes où ladite novelle le validait ([3]), c'est-à-dire pour les dispositions faites au profit des enfants et descendants du testateur.

([1]) V. ci-dessus, n. 1841 s.

([2]) V. au *Code théodosien*, lib. 2, titre IV, *De testamentis*.

([3]) V. L. 21, C., *De Testam.*, nov. 107.

Le testament olographe était, au contraire, valable et usité dans tous les pays de coutume [1].

L'auteur de l'ordonnance de 1629, le chancelier Michel de Marillac, tenta bien d'étendre aux pays de droit écrit les bienfaits du testament olographe et d'en généraliser ainsi l'usage en France. Mais ses bonnes intentions se heurtèrent à la résistance des parlements des pays de droit écrit. Refusant, pour la plupart, d'enregistrer en tout ou en partie les dispositions de l'ordonnance de 1629, ils arrivèrent à la paralyser à peu près complètement et notamment ne tinrent jamais compte de l'innovation qu'avait voulu réaliser l'art. 126 de ladite ordonnance, à propos du testament olographe.

Cet état de choses survécut, d'ailleurs, à l'ordonnance de 1735.

C'était seulement au code civil qu'il appartenait de généraliser, en France, l'usage du testament olographe. L'art. 970 de ce code a réalisé ce qu'avait tenté vainement le chancelier Michel de Marillac.

1879. On ne peut, du reste, qu'applaudir le code civil de son heureux emprunt à la législation des pays de coutume. Le testament olographe est aujourd'hui la forme la plus usitée de tester et son emploi ne peut que se généraliser encore avec les progrès de l'instruction. Ce n'est pas seulement parce qu'il est la forme de tester la plus simple, mais encore et surtout parce qu'il est la forme la plus personnelle, la plus intime, celle qui reflète le mieux la pensée humaine dégagée de toute influence extérieure. Aussi ne doit-on point s'étonner de la rencontrer dans un grand nombre de législations civiles, qui ont cru devoir l'admettre dans les mêmes conditions et avec la même simplicité d'allures que l'art. 970 lui-même [2].

Sans doute, elle n'est pas sans inconvénients. Elle est loin d'assurer à la volonté du testateur la même certitude que la forme publique ou la forme mystique. De là les nombreux

(1) V. Ricard, 1re partie, chap. V, sect. V, n. 1491 ; Pothier, *Don. testam.*, chap. I, art. 2, § I ; Guy Coquille, *Inst. du droit fr.*, *Titre des testaments*.

(2) Telles sont la législation autrichienne, art. 578 C. civ.; la législation italienne, art. 775 C. civ.; la législation espagnole, art. 688 et s. C. civ.; la législation hollandaise et celle de tous les cantons suisses.

procès que son usage entraîne. Mais c'est là la conséquence même des facilités qu'elle donne à la manifestation des dernières volontés.

Tout bien pesé, et quoique les rédacteurs du projet de code civil allemand aient donné raison aux adversaires du testament olographe [1], nous ne pensons point que les inconvénients inséparables de cette forme de testament soient de nature à contrebalancer les incontestables avantages qu'elle présente.

1880. Sur le testament olographe, nous examinerons, dans deux paragraphes distincts, d'abord les conditions de validité que précise l'art. 970, puis la force probante qu'on doit lui reconnaître, quand il est revêtu des formes auxquelles la loi subordonne sa perfection.

§ I. *Des conditions de validité du testament olographe.*

1881. Nous le savons déjà, c'est l'art. 970 du code civil qui précise les conditions de validité du testament olographe.

Aux termes de ce texte :

« *Le testament olographe ne sera point valable s'il n'est* » *écrit en entier, daté et signé de la main du testateur : il n'est* » *assujetti à aucune autre forme* ».

C'est donc seulement aux trois formalités suivantes que la loi subordonne la perfection du testament olographe :

1° L'écriture de la main du testateur ;

2° La date ;

3° La signature.

1882. Il est d'ailleurs certain que, si le testateur doit rigoureusement se conformer à ces trois conditions, point n'est besoin qu'il le constate dans son testament, en mentionnant qu'il a lui-même écrit en entier, daté et signé son testament. En ce qui concerne le testament public, la loi exige sans doute que mention soit faite de l'exacte observation des formalités prescrites. Mais, à propos du testament olographe, elle n'édicte rien de semblable.

[1] V. l'art. 1914 du projet de Code civil allemand, trad. la Grasserie, p. 423.

On doit nécessairement en conclure que des mentions de ce genre n'ont point à être faites.

N° 1. De l'écriture du testateur.

1883. Le testament olographe doit être écrit *en entier* de la main même du testateur.

Telle est la première condition qu'exige formellement l'art. 970.

Nous devons nécessairement en conclure que, pour pouvoir valablement tester dans la forme olographe, il ne suffit point de savoir *signer,* il faut savoir écrire.

Dès l'instant que l'écriture qui forme le corps du testament et en contient les dispositions n'est pas de la main même du testateur, c'est vainement que celui-ci tenterait de se l'approprier par une signature. Si certaine que soit l'intention du testateur, si clairement qu'il l'ait exprimée, sa signature, au bas d'une écriture d'une autre main que la sienne, ne saurait constituer un testament olographe.

On ne pourrait l'admettre qu'en oubliant que l'écriture *en entier* de la main du testateur est exigée par l'art. 970 comme condition spéciale et distincte de la signature même.

1884. Après nous avoir conduits à rechercher les conséquences de l'intervention d'un tiers dans la rédaction d'un testament olographe, l'examen de cette première condition nous amènera à nous demander successivement comment elle doit être matériellement réalisée par le testateur et quelle forme doit avoir l'acte qui contient son écriture.

A. *De l'intervention d'un tiers dans la rédaction d'un testament.*

1885. L'intervention d'un tiers dans la rédaction d'un testament peut revêtir différentes formes qui, cela est d'évidence, doivent être soigneusement distinguées, car toutes ne sauraient avoir une influence identique sur le sort du testament.

Cette intervention peut en effet consister soit à inspirer ou à dicter les dispositions du testament, soit à les écrire, soit enfin à permettre au testateur de les écrire lui-même, quand il lui est difficile ou impossible de le faire sans une assistance étrangère.

1886. Nous écartons de suite l'intervention qui consiste uniquement à inspirer ou à dicter les dispositions du testament, car elle n'est point de nature à empêcher la réalisation de la seule condition dont nous parlions maintenant : l'écriture en entier de la main du testateur.

Nous devons ajouter qu'en dehors de circonstances particulières venant permettre de la considérer comme frauduleuse et autorisant l'annulation du testament pour cause de captation et de suggestion, cette intervention n'a, par elle-même, rien d'illicite ou qui répugne à la notion du testament olographe.

Ainsi le testateur peut très valablement tester dans la forme olographe, en copiant un modèle rédigé par une personne de confiance, qu'il a chargée de ce soin, après lui avoir exprimé verbalement ses volontés. Il fait même œuvre de prudence en employant ce moyen, quand il ignore la loi, ou quand il n'a pas une instruction suffisante pour exprimer clairement sa volonté. En copiant le modèle qu'il a sollicité, le testateur se l'approprie.

1887. Arrivons à l'intervention qui consiste dans le fait par un tiers d'écrire lui-même des dispositions dans le corps du testament.

Il est tout d'abord un point à mettre hors de discussion, car il n'a jamais été contesté et ne saurait l'être ; c'est que, dans quelques circonstances que se produise et de quelque manière que soit réalisée cette intervention, les dispositions écrites d'une main étrangère doivent être considérées comme nulles et non avenues.

Sur ce premier point, les auteurs sont unanimes [1].

1888. Ce qui est discutable, c'est la question de savoir quelle peut être, sur le sort du testament tout entier, l'influence des dispositions qui y ont été écrites d'une main étrangère. Or c'est là, à notre avis, une question qu'on ne saurait résoudre d'une façon absolue et sans distinguer suivant les conditions et les circonstances dans lesquelles cela a pu se produire.

[1] V. notamment Demolombe, *Don.*, IV, n. 64 ; Aubry et Rau, VII, p. 102, § 668 ; Laurent, XIII, n. 178.

1889. Un point qu'il importe d'indiquer tout d'abord, car il ne paraît pas contestable, c'est que les dispositions écrites d'une main étrangère ne sauraient avoir pour résultat de vicier le testament tout entier qu'autant que le testateur en a eu connaissance.

Il faut que ce soit par son ordre, ou tout au moins de son aveu, que ces dispositions aient été écrites dans le testament.

Il va de soi, en effet, qu'un testament olographe, devenu parfait par l'accomplissement de toutes les formalités légales, ne pourrait pas être rendu nul par le fait d'un tiers qui, à l'insu du testateur, viendrait y écrire quelque chose après coup. Comment dire alors que le tiers a participé à la confection du testament et pour quelle raison pourrait-on prétendre que le testament doive tomber?

Aussi s'explique-t-on que, sur ce point, les auteurs soient unanimes (1).

1890. La question de savoir si l'écriture étrangère qui se trouve dans le testament a été apposée au su ou à l'insu du testateur offre donc une importance capitale. Elle devra être résolue en cas de difficulté par le juge du fait, qui trouvera bien souvent dans l'état matériel du testament des éléments certains de décision (2).

1891. Mais supposons que le testateur n'ait point ignoré l'intervention du tiers, que ce soit par son ordre, ou tout au moins de son aveu, que celui-ci ait écrit lui-même certaines des dispositions du testament.

Pothier enseigne « qu'un seul mot qui serait écrit d'une main étrangère rendrait le testament nul, quand même ce mot serait superflu dans le testament » (3).

C'était également la solution de Bourjon (4).

(1) *Sic*, Huc, *Code civil*, VI, n. 269, p. 345; Aubry et Rau, VII, p. 102, § 668; Demolombe, *Don.*, IV, n. 64; Laurent, XIII, n. 172 et les auteurs cités dans Fuzier-Herman, sur l'article 970, n. 49.

(2) V. notamment les considérations qui, sur hypothèse analogue, motivent un arrêt de la cour d'Orléans du 15 mai 1889, S., 89. 2. 207, D., 90. 2. 242.

(3) Pothier, *Traité des donations et testaments*, chap. 1, art. 2, § 2, n. 10.

(4) Bourjon, *Droit commun de la France*, II partie, *Des testaments*, sect., 1, n. 4.

Presque tous les auteurs approuvent cette décision, quoiqu'elle soit rigoureuse [1].

Elle peut se justifier par cette considération, que l'indépendance du testateur ne paraît plus suffisamment garantie lorsqu'un tiers participe à la confection du testament. On peut justement craindre qu'il n'ait exercé quelque influence sur l'esprit du testateur et que le testament ne soit plus l'expression de la libre volonté de celui-ci.

1892. Toutefois, cette considération ne saurait être décisive qu'autant que l'intervention du tiers se produit au moment de la confection du testament.

Lorsqu'elle se produit à ce moment, on conçoit très bien que, par elle-même et par elle seule, l'intervention d'un tiers suffise à établir une suggestion de nature à entraîner la nullité du testament, sans qu'on ait d'ailleurs à se préoccuper de la nature ou de l'importance des clauses illégalement écrites [2].

1893. Au contraire, lorsque cette intervention est postérieure à la confection du testament, on ne peut plus parler de suggestion pour les dispositions que celui-ci contenait dans sa teneur primitive. Aussi, en pareil cas, la jurisprudence incline-t-elle à décider que l'insertion de dispositions d'une écriture autre que celle du testateur ne saurait, nécessairement au moins, entraîner la nullité du testament tout entier [3].

Ne peut-on dire, en effet, que le testament a été fait conformément à toutes les règles légales : il a été écrit en entier de la main du testateur? Au jour de sa confection, il était donc absolument régulier. Qu'importe qu'ultérieurement un tiers soit intervenu? C'est au jour même de sa confection qu'on doit se placer pour apprécier la régularité d'un acte. Dès lors, n'est-ce pas le cas d'appliquer la maxime : *Utile per inutile non vitiatur?*

(1) *Sic* Merlin, *Rép.*, v° *Testaments*, sect. 2, § 4, art. 3, n. 3; Demolombe, *Don.*, IV, n. 62 s.; Aubry et Rau., VII, p. 102 § 668 et les auteurs cités dans Fuzier-Herman, sur l'art. 970, n, 46.

(2) V. cependant en sens contraire, Bayle-Mouillard, sur Grenier, *Don. et Test.*, II, n. 228, note; Demante, IV, n. 115 *bis*. 1.

(3) En ce sens Cass., 14 avril 1874, S., 74. 1. 248, D., 75. 5. 423. — Montpellier, 5 février, 1873, S., 73. 2. 241 et la note de M. Lyon-Caen, D., 73. 5. 442. — V. également, Cass., 16 juillet 1878, S., 79. 1. 119, D., 79. 1. 129.

Il faut, en principe du moins, maintenir le testament et se borner à considérer comme non écrites les clauses que le tiers y a introduites.

1894. La question de savoir à quel moment ont été rédigées les dispositions écrites d'une autre main que celle du testateur nous paraît donc présenter une importance capitale, en ce qui concerne l'influence qu'elles peuvent avoir sur la validité du testament.

Il faut reconnaître qu'en fait elle sera souvent difficile à trancher.

La solution n'est point cependant impossible.

Les arrêts cités à la note précédente le prouvent manifestement. Tout dépendra des circonstances de la cause que les juges du fait pourront souverainement apprécier. Aussi on ne saurait repousser la distinction que nous proposons en prétendant qu'elle est dénuée de toute portée pratique.

1895. Qu'on ne dise pas davantage qu'elle est dangereuse pour la liberté des testateurs.

Ce serait supposer que, d'une façon générale et absolue, nous soutenons que l'insertion après coup de dispositions d'une écriture étrangère est sans influence sur le sort du testament qui les contient.

Or, telle n'est nullement notre prétention.

Nous reconnaissons volontiers, au contraire, que les insertions faites après coup par un tiers, dans un testament écrit tout entier de la main du *de cujus,* peuvent attester d'une façon manifeste la suggestion que celui-ci a subie. C'est là une intervention de fait que les tribunaux apprécient souverainement d'après la nature, l'importance et le caractère des dispositions insérées.

Par l'usage de ce pouvoir ainsi reconnu aux tribunaux, la liberté des testateurs nous paraît très suffisamment sauvegardée. Ce serait donc sans nécessité qu'on s'attacherait à la solution radicale que la jurisprudence a cru devoir repousser. Ce serait, d'ailleurs, en risquant d'annuler, sous prétexte de suggestion, des dispositions faites par des testateurs avec la liberté la plus entière.

1896. En résumé, l'insertion, dans un testament olographe, de dispositions écrites d'une main autre que celle du testateur n'entraîne nécessairement la nullité du testament qu'autant que les deux conditions suivantes se trouvent réunies.

Il faut :

1° Que cette insertion ait été faite sur l'ordre du testateur ou tout au moins de son aveu ;

2° Qu'elle se soit produite au moment de la confection du testament.

1897. Il nous reste à parler du cas où l'intervention du tiers consiste non à insérer dans le testament des clauses écrites de sa main, mais à prêter au testateur une assistance plus ou moins nécessaire, en vue de lui permettre d'écrire lui-même son testament.

Nous ne pensons pas qu'il soit possible d'indiquer, d'une façon générale et absolue, l'influence qu'une intervention de ce genre peut avoir sur la validité du testament.

Tout dépend, à notre avis, des circonstances et des faits de la cause.

1898. Dans les circonstances relevées par les juges du fait peut-on voir une participation directe à la confection du testament, à son écriture par le testateur ?

On ne saurait considérer comme accomplie la condition qui exige que le testament soit écrit en entier de la main du testateur.

Ainsi en serait-il d'une intervention sans laquelle le testateur n'aurait pu écrire son testament, d'une intervention consistant, par exemple, à maintenir la plume entre les doigts du testateur et à la guider sur le papier. Aussi est-ce avec raison que les tribunaux ont refusé de considérer qu'un testament, rédigé dans de semblables conditions était écrit par le testateur [1].

1899. Mais, au contraire, si, dans l'intervention du tiers, telle que la caractérisent les faits relevés par le juge, on ne peut voir une participation directe à la confection du testament, si cette intervention n'a d'autre but que de faciliter au testateur l'accomplissement de la première condition exigée

(1) V. notamment Limoges, 24 janvier 1883, S., 83. 2. 62. — V. également Cass., 20 déc. 1858, S., 59. 1. 389. D., 59. 1. 274.

par l'art. 970, elle ne saurait nuire à la validité du testament. C'est ce qui a été jugé dans une espèce où un testateur, atteint de cécité presque complète, n'avait pu tester qu'avec une assistance étrangère, mais alors que celle-ci s'était bornée à faciliter au testateur la disposition matérielle de son écriture sur le papier (1).

B. *Comment le testateur doit-il écrire son testament?*

1900. Relativement à la réalisation matérielle de la première condition qu'exige l'art. 970, le législateur n'a formulé aucune règle.

Nous devons en conclure qu'il a entendu laisser aux testateurs la plus grande latitude et leur faciliter autant que possible la rédaction, dans la forme olographe, de leurs dispositions testamentaires.

1901. Et d'abord il est bien certain que le testament peut être rédigé en une langue quelconque. L'emploi du français n'est en aucune façon obligatoire (2).

Dès que la langue dont le testateur a cru devoir se servir est intelligible, dès qu'elle est susceptible de manifester clairement et nettement ses volontés, on ne saurait contester la validité du testament (3).

1902. Ce que nous disons de la langue, nous devons également le dire de l'écriture.

Quelle que soit l'écriture employée, il suffit qu'elle soit de la main du testateur, si d'ailleurs elle n'est point indéchiffrable.

C'est ainsi qu'on ne saurait hésiter à valider le testament olographe écrit par un aveugle en se servant de l'écriture en points saillants inventée précisément pour les aveugles.

1903. Il est également incontestable que le testament peut être rédigé sur un papier quelconque, sur papier libre aussi bien que sur papier timbré.

(1) Cass., 28 juin 1847, S., 48. 1. 216, D., 47. 1. 342. — Limoges, 24 janv. 1883 (motifs). — *Sic*, Aubry et Rau, VII. p. 102, § 668; Laurent, XIII, n. 169.

(2) C'est ce qu'a jugé la cour de Bordeaux à propos d'un testament rédigé dans une langue étrangère. Bordeaux, 26 janvier 1829, S. chr., D. *Rép.*, v° *Droit civil*, n. 186.

(3) *Sic*, Bayle-Mouillard sur Grenier, II, n. 228-7°, note *a*; Demolombe, *Don.*, IV, n. 120; Laurent, XIII, n. 170.

Ce qui est vrai, c'est que, lorsque le testament est écrit sur papier libre, une amende sera due lorsque le testament sera présenté à l'enregistrement. C'est donc uniquement dans le but d'éviter cette amende qu'il est utile d'employer des feuilles de papier timbré pour la rédaction des testaments olographes.

1904. L'emploi d'un papier isolé et spécial n'est, d'ailleurs, nullement obligatoire.

C'est ainsi qu'un testament olographe pourrait très valablement être rédigé sur des registres domestiques du testateur, sur ses livres de comptes par exemple [1].

1905. Le testament pourrait même être rédigé sur des feuilles volantes.

En pareil cas, il ne cesserait pas d'être valable alors que la date et la signature se trouveraient seulement sur la dernière des feuilles employées, si, d'ailleurs, il apparaît que, dans l'intention du testateur, ces feuilles ne constituaient bien qu'un seul et même testament [2].

Il y a là une vérification que font souverainement les juges du fait, par appréciation des circonstances de la cause [3].

1906. Le choix du testateur est d'ailleurs aussi libre en ce qui concerne l'instrument dont il se sert pour écrire qu'en ce qui concerne le papier sur lequel il écrit.

C'est ainsi que, pour écrire son testament, le testateur peut employer indifféremment l'encre ou le crayon.

Bien plus, la cour de Besançon a cru devoir maintenir un testament écrit partie à l'encre partie au crayon [4].

1907. Rien n'empêcherait même de valider un testament qui serait gravé sur une vitre avec un diamant, ou charbonné sur un mur ou tracé sur une ardoise.

Il y aurait seulement à examiner si les circonstances dans

(1) *Sic*, Nîmes, 10 janvier 1810, S. chr. — Dans le même sens Demolombe, *Don.*, IV, n. 124; Aubry et Rau, VII, p. 105, § 668 et les auteurs cités dans Fuzier-Herman sur l'art. 970, n. 8.

(2) V. notamment Cass., 17 juillet 1867, S., 68. 1. 35, D., 68. 1. 210. — Nîmes, 30 mars 1892, S., 92. 2. 284.

(3) *Sic*, Cass., 9 juin 1869, S., 69. 1. 347, D., 69. 1. 495.

(4) Besançon, 6 juin 1882, S., 83. 2. 147; D., 83. 2. 60.

lesquelles a été fait un semblable testament permettent de le considérer comme une œuvre sérieuse du testateur.

1908. Les auteurs sont unanimes à reconnaître que le testament olographe ne saurait être soumis soit aux dispositions de l'art. 15 de la loi du 25 ventôse an XI, relativement aux renvois ou apostilles qu'il peut contenir, soit à celles de l'art. 16 de la même loi concernant les surcharges, interlignes, additions ou ratures.

Il est bien évident, en effet, que les dispositions des art. 15 et 16 de la loi du 25 ventôse de l'an XI sont spéciales aux actes notariés. Ce serait donc en dehors de tout texte et même de toute raison d'analogie qu'on les étendrait aux testaments olographes [1].

1909. Quant à la jurisprudence, elle a toujours repoussé les demandes tendant à faire étendre aux testaments olographes les dispositions de la loi du 25 ventôse an XI [2].

C'est ainsi qu'elle a maintes fois décidé que les ratures contenues dans un testament ne devraient pas nécessairement être approuvées par le testateur [3].

La cour de cassation a toujours reconnu qu'il appartenait aux juges du fait d'apprécier souverainement, d'après les circonstances de la cause, les effets que les ratures étaient susceptibles d'entraîner relativement aux dispositions du testament [4].

1910. C'est dans le même sens qu'elle s'est bien souvent prononcée à propos des surcharges ou interlignes. Elle a toujours refusé d'en subordonner la validité à la nécessité d'une approbation spéciale du testateur et, par nombre d'arrêts, la cour suprême a reconnu aux juges du fait, en ce qui con-

[1] *Sic*, Demolombe *Don.*, IV, n. 131 ; Aubry et Rau, VII, p. 105, § 668 ; Laurent, XIII, n. 181, 185, 190 ; Huc, VI, n. 269, p. 345 ainsi que les auteurs cités dans Fuzier-Herman, sur l'art. 970, n. 50.

[2] V. notamment Douai, 2 fév. 1884 et Nancy, 24 mai 1884, S., 84. 2. 187.

[3] V. notamment Paris, 8 mars 1844, S., 44. 2. 498 ; D. *Rép.*, v° *Dispositions entre vifs*, n. 2634.

[4] *Sic*, Cass., 15 janv. 1834, S., 34. 1. 173 ; D. *Rép.*, v° *Dispos.*, n. 2640 ; 21 fév. 1837, S., 37. 1. 132, D. *Rép.*, v° *Dispos.*, n. 2642 et 2 mai 1864, S., 64. 1. 235, D., 64. 1. 265. — V. également sur une hypothèse d'ailleurs curieuse Cass., 29 janv. 1878, S., 78. 1. 212.

cerne les effets des surcharges ou interlignes, le même pouvoir souverain d'appréciation qu'au sujet des ratures [1].

1911. Quant aux renvois et apostilles que peuvent contenir les testaments olographes, la jurisprudence s'est toujours refusée à leur appliquer les dispositions de l'art. 15 de la loi du 25 ventôse an XI et, partant, à les considérer comme nuls par cela seul qu'ils ne sont point signés ou approuvés dans les conditions que précise ce texte.

1912. Est-ce à dire qu'elle considère comme valables tous les renvois que peuvent contenir les testaments olographes, alors que ces renvois ne portent ni date ni signature spéciales de la main du testateur?

Elle n'hésite point à le faire quand les renvois ont été écrits en même temps que le corps du testament, ou tout au moins s'ils y ont été insérés avant que le testateur n'eût daté et signé celui-ci. Ils sont alors partie intégrante du testament, au même titre que toutes les autres dispositions que celui-ci contient. La signature et la date du testament leur sont certainement applicables et, partant, on ne peut exiger qu'ils soient spécialement datés et signés, à moins d'admettre qu'on se trouve régi par la disposition de l'art. 15 de la loi du 25 ventôse an XI [2].

1913. Lorsque le renvoi est postérieur au testament, la jurisprudence, après quelques hésitations, paraît s'être fixée dans le sens de la distinction suivante.

Le renvoi contient-il un legs?

Il doit être daté et signé, car il constitue une disposition nouvelle qui ne saurait emprunter ni la date ni la signature du testament [3].

1914. Au contraire, point n'est besoin d'une date et d'une signature spéciales, lorsque le renvoi a pour objet unique d'expliquer, d'interpréter ou de compléter les dispositions du testament.

(1) V. notamment Cass., 13 nov. 1871, S., 71. 1. 122, D., 72. 1. 183; 11 nov. 1874, S., 75. 1. 453, D., 75. 1. 310; 16 août 1881, S., 83. 1. 19, D., 82. 1. 247.

(2) *Sic*, Cass., 13 juillet 1875, S., 75. 1. 422, D., 76. 5. 420. — V. également Lyon, 27 mai 1874, S., 74. 2. 298.

(3) Cass., 27 juin 1860, S., 60. 1. 773, D., 60. 1. 287 et 16 août 1881, S., 83. 1. 19, D., 82. 1. 247. — Caen, 16 avril 1885, D., 90. 2. 357.

C'est ce qui a été décidé notamment à propos de renvois augmentant ou diminuant le chiffre d'un legs contenu dans le corps du testament [1].

On pourrait peut-être, au nom de la rigueur des principes, protester contre la faveur ainsi faite à ces renvois.

Quoi qu'il en soit, la jurisprudence paraît bien définitivement fixée et presque tous les auteurs s'accordent à l'approuver [2].

1915. Quant à la question de savoir si le renvoi contient une disposition nouvelle ou se rattache, au contraire, à une disposition du testament, c'est là, pour la cour de cassation, une question de pur fait, abandonnée à l'appréciation souveraine des juges du fond [3].

1916. Elle en décide de même, d'ailleurs, en ce qui concerne la question de savoir si le renvoi est contemporain de la confection du testament ou lui est postérieur [4].

1917. Dans le cas, du reste, où les arrêts croient devoir annuler, pour défaut de date ou de signature, les dispositions additionnelles d'un testament, ils sont unanimes à reconnaître que la nullité de celles-ci ne saurait évidemment réagir sur l'acte tout entier. Dès l'instant que les premières dispositions constituent un tout complet, remplissant toutes les conditions de validité d'un testament olographe, on ne voit guère quelle influence pourrait avoir ce fait que le même papier contient, en outre, des dispositions non signées ou dont on ne saurait préciser la date.

Cela a été maintes fois décidé [5].

1918. La cour suprême n'a point hésité à donner la même solution dans une hypothèse soulevant des difficultés identiques.

(1) Cass., 22 novembre 1870, S., 71. 1. 105, D., 72. 1. 272. — Cass. Belgique, 13 avril 1882, S., 82. 4. 43.

(2) V. notamment Demolombe, *Don.*, IV, n. 131 ; Aubry et Rau, VII, p. 106, § 668 ; Laurent, XIII, n. 214 et 213, ainsi que les auteurs cités dans Fuzier-Herman, sur l'article 970, n. 84.

(3) V. notamment Cass., 11 novembre 1874, S., 75. 1. 453, D., 75. 1. 310. — V. également Cass., 22 novembre 1870, S., 71. 1. 105, D., 72. 1. 272.

(4) *Sic.* Cass., 13 novembre 1871, S., 71. 1. 122, D., 72. 1. 183, et 16 août 1881, S., 83. 1. 19, D., 82. 1. 247.

(5) V. notamment Cass., 11 avril 1843, S., 43. 1. 531. — Besançon, 21 janvier 1857, S., 57. 2. 89.

Il s'agissait d'un testament composé de deux parties distinctes, dont l'une était irrégulière pour défaut de date, alors que l'autre satisfaisait à toutes les conditions de validité du testament olographe. La cour de cassation a jugé avec raison que la nullité de l'une des parties du testament ne saurait, nécessairement au moins, entraîner celle de l'autre (1).

1919. Il nous reste à dire, ce que supposent manifestement certaines des solutions que nous avons déjà données, qu'il n'est en rien nécessaire que le testateur écrive toutes les dispositions de son testament en une seule séance, ni même en une seule journée (2).

Quand le testateur aura cru devoir consacrer plusieurs jours à la confection de son testament, il suffira d'ailleurs que celui-ci porte la date du jour où il aura été parachevé. Cette date unique, comme aussi la signature qui la suit, s'applique incontestablement à toutes les dispositions du testament (3).

Aussi ne pourrait-on annuler, sous prétexte qu'il n'a pas de date certaine, un testament portant deux dates différentes, l'une au commencement, l'autre à la fin, alors que l'écart des dates peut s'expliquer et s'explique, du reste, par le temps que le testateur a employé à la rédaction de son testament (4).

C. *De la forme de l'acte contenant le testament olographe.*

1920. La loi ne formule aucune exigence relativement à la forme que doit revêtir l'acte contenant les volontés d'un testateur rédigées conformément aux dispositions de l'art. 970 du code civil.

Nous en devons conclure que, quelle que soit la forme de cet acte, le testament est valable, dès qu'il réunit les seules conditions que précise l'art. 970.

1921. C'est surtout à propos des testaments, rédigés sous

(1) Cass., 12 mai 1890, S., 92. 1. 86.

(2) *Sic*, Rennes, 8 février 1860, D., 61. 2. 3. — Dans le même sens Demolombe, *Don.*, IV, n. 129; Aubry et Rau, VII, p. 106, § 668; Laurent, XIII, n. 173 et 212 et tous les auteurs. — V. du reste les citations dans Fuzier-Herman sur l'art. 970, n. 18.

(3) *Sic*, Cass., 14 avril 1890, S., 90. 1. 264, D., 91. 1. 215.

(4) *Sic*, Cass., 8 juillet 1823, S. chr., D. *Rép.*, v° *Dispositions*, n. 2665.

forme de lettre missive, que la question s'est présentée et a été discutée dans la pratique.

La validité de testaments olographes présentés sous cette forme n'a pas été admise sans difficulté, tant à cause de la nullité dont l'art. 3 de l'ordonnance de 1735 frappait expressément les dispositions testamentaires ainsi rédigées qu'à cause des paroles prononcées par Bigot-Préameneu, dans l'exposé des motifs de la loi.

Elle a cependant triomphé en doctrine [1] comme en jurisprudence [2]. Il ne pouvait, du reste, en être autrement car les paroles prononcées par l'un des rédacteurs du projet de code civil, lors des travaux préparatoires de l'art. 970, ne devaient point évidemment suffire à perpétuer, sous l'empire du code civil, une restriction ancienne que ne reproduisait aucun texte.

1922. La seule condition à laquelle les auteurs et les arrêts s'accordent aujourd'hui à subordonner la validité d'un testament olographe présenté sous forme de lettre missive, c'est que les circonstances de la cause démontrent que le rédacteur de la lettre missive invoquée comme testament avait bien, en la rédigeant, l'intention de faire son testament et non point seulement d'indiquer un simple projet des volontés qu'il comptait ultérieurement faire figurer dans un testament dont il remettait, à plus tard, la réalisation [3].

C'est là, du reste, une question abandonnée à l'appréciation souveraine des juges du fait [4].

1923. Ce que nous venons de dire des lettres missives, nous devons le dire également de toutes les autres formes sous lesquelles il peut plaire à un testateur de disposer, en se soumettant d'ailleurs aux seules exigences que formule l'art. 970. Dès l'instant qu'il a entendu disposer de tout ou

[1] *Sic*, Laurent, XIII, n. 178 et 180; Aubry et Rau, VII, p. 105, § 668; Demolombe, *Don.*, IV, n. 125; Huc, VI, n. 269 et les auteurs cités dans Fuzier-Herman sur l'art. 970, n. 9.

[2] V. notamment, Poitiers, 16 mars 1864, S., 65. 2. 63, D., 64. 2. 117. — Paris, 19 mars 1873, S., 73. 2. 171, D., 73. 2. 113.

[3] V. les auteurs et les arrêts cités aux deux notes précédentes.

[4] *Sic*, Cass., 12 août 1878, S., 80. 1. 73 et 10 février 1879, S., 80. 1. 117, D., 79. 1. 299.

partie de ses biens pour le temps où il ne sera plus, son acte doit valoir comme testament, quelle que soit la forme dont il l'a revêtue ou la qualification qu'il lui a donnée.

Qu'il se présente sous forme de bail, de donation entre vifs ou de billet à ordre, peu importe. Il faut, mais il suffit que son auteur ait entendu faire un testament, pour que l'acte contenant ses volontés soit valable comme testament olographe, dès que les conditions requises par l'art. 970 se trouvent réunies [1].

Mais, par contre, c'est vainement que ces conditions se trouveraient réunies, si les circonstances et les faits de la cause n'établissent point que le rédacteur de l'acte invoqué comme testament, a réellement voulu tester en le rédigeant [2].

N° 2. De la date du testament olographe.

1924. Le testament olographe doit être daté, c'est-à-dire qu'il doit contenir l'indication du temps où il a été fait.

1925. D'après la plupart de nos anciennes coutumes, la date n'était pas nécessaire pour la validité du testament olographe.

L'ordonnance de 1735 (art. 20 et 38) l'exigea à peine de nullité, et le code civil a reproduit avec raison cette disposition.

La date offre, en effet, une importance capitale à plusieurs points de vue.

D'abord elle est nécessaire pour que l'on puisse vérifier si le testateur était capable à l'époque de la confection du testament.

D'un autre côté, lorsque le défunt laisse plusieurs testaments, il serait impossible de savoir, en l'absence de date, dans quel ordre ils ont été faits, quels sont le plus ancien et le plus récent. Or, c'est là un point d'une extrême importance, au moins quand les divers testaments contiennent des dispositions qui ne sont pas susceptibles d'exécution simultanée.

(1) V. notamment Cass., 25 novembre 1890, D., 91. 1. 421. — V. également Rennes, 22 juin 1881, D., 81. 2. 238.

(2) V. sur une hypothèse intéressante, Cass., 10 février 1879, D., 79. 1. 298.

Nous savons, en effet, qu'en pareil cas ce sont les dispositions les plus récentes qui s'exécutent de préférence aux plus anciennes, conformément à la règle *In testamentis novissimæ scripturæ prævalent.*

1926. Si tels sont les motifs qui expliquent l'exigence du législateur en ce qui concerne la date, il ne faudrait nullement en conclure que ce soit à ces motifs de déterminer la portée de l'exigence qu'ils justifient. Les testaments non datés sont nuls, sans qu'il y ait à distinguer s'il y a ou non intérêt à savoir à quel moment le testament à été rédigé.

Evidemment quand le testateur a toujours eu la capacité de tester, quand il ne laisse qu'un testament, la détermination de la date exacte à laquelle son testament a été rédigé ne présente pas grand intérêt.

Mais cette considération ne saurait suffire à faire repousser une action en nullité fondée sur l'absence ou l'inexactitude de date. On ne pourrait décider le contraire qu'en oubliant que l'article 970 du code civil fait de la date une condition essentielle et absolue de validité du testament olographe [1].

1927. Sur la date du testament olographe, nous aurons successivement à nous demander quelles indications elle doit fournir et comment elle doit les fournir; à rechercher ensuite quelle place elle doit occuper dans le testament, enfin, à nous occuper du cas où la date que porte le testament est inexacte ou incomplète.

A. *Des indications que doit fournir la date.*

1928. En exigeant que le testament olographe soit daté, le législateur a voulu qu'on sache exactement à quelle époque le testament a été rédigé, et que celui-ci fournisse à cet égard des indications précises.

Mais le code civil se borne à exiger la date, sans rien dire de ce que doit contenir le testament en vue de la déterminer.

Il est vrai que cette lacune peut être facilement comblée à l'aide des dispositions de l'ordonnance de 1735, à laquelle le

[1] *Sic*, Orléans, 24 janvier 1857, S., 58. 2. 497. — V. également Laurent, XIII, n. 188 et les auteurs cités dans Fuzier-Herman, sur l'art. 970, n. 99.

législateur du code civil a certainement entendu se référer sur ce point. Or, d'après l'article 38 de l'ordonnance de 1735, la date du testament olographe implique nécessairement l'indication des *jour, mois et an.*

On doit, d'ailleurs, hésiter d'autant moins à s'en tenir aux dispositions de l'article 38 de l'ordonnance de 1735 que telle est la signification ordinaire du mot *date*.

Aussi les auteurs [1] et les arrêts [2] sont-ils unanimes à reconnaître que, pour être complète, la date d'un testament olographe doit comprendre le jour, le mois et l'année de sa confection.

1929. Ces indications sont d'ailleurs suffisantes.

C'est ainsi que, de l'avis de tous les auteurs, l'obligation de dater un testament olographe n'emporte nullement l'obligation de mentionner le lieu d'où l'on date et que, par suite, une erreur sur ce point serait sans conséquence [3].

1930. C'est ainsi également qu'on s'accorde à reconnaître que la date d'un testament olographe ne comporte nullement l'indication de l'heure à laquelle il aurait été rédigé [4].

1931. Il y a cependant des circonstances où il y aura intérêt à rechercher ce moment précis.

Il en serait ainsi, par exemple, si le testament a été, d'après sa date, fait le jour où le testateur a atteint sa majorité. En pareil cas, il importe évidemment de savoir si le testament a été fait après le moment où la majorité a été atteinte et, partant, l'indication de l'heure serait manifestement utile.

Mais, comme la loi ne l'exige pas, les juges pourront y suppléer par des présomptions tirées des faits et des circonstances de la cause.

C'est ainsi que, dans un testament daté du jour où le testateur avait atteint sa majorité, la cour de Nancy a pu voir la

(1) *Sic*, Demolombe, *Don.*, IV, n. 75 s.; Aubry et Rau, VII, p. 103, § 668; Laurent, XIII, n. 189 et 192, ainsi que les auteurs cités dans Fuzier-Herman sur l'art. 970, n. 106.

(2) V. notamment Cass., 31 janvier 1859, S., 59. 1. 337, D., 59. 1. 66 et 31 juillet 1860, S., 60. 1. 769, D., 60. 1. 450.

(3) *Sic*, Laurent, XIII, n. 207; Demolombe, *Don.*, IV, n. 78; Aubry et Rau, VIII, p. 107, § 668, ainsi que les auteurs cités dans Fuzier-Herman, sur l'art. 970, n. 120.

(4) V. notamment Cass., 22 novembre 1870, S., 71. 1. 104, D., 72. 1. 272.

preuve que le testament avait été fait à un moment où la minorité avait cessé, dans la déclaration expresse faite par le testateur qu'il était majeur, au moment où il écrivait son testament [1].

1932. Il est intéressant de rapprocher cette première espèce d'une seconde où il n'importait pas moins de connaître le moment précis de la rédaction d'un testament, et dans laquelle la cour de cassation a estimé avec raison qu'il appartenait aux juges du fait de s'attacher aux faits et aux circonstances de la cause, pour suppléer aux indications que le testament ne fournissait point. Il s'agissait de deux testaments datés du même jour et non susceptibles d'une exécution simultanée. L'indication de l'heure eût donc été utile pour savoir celui qui révoquait l'autre. Pour y suppléer, les juges du fait s'étaient attachés à cette circonstance que l'un des deux testaments était sur papier timbré et l'autre sur papier libre. Ils avaient conclu que ce dernier était postérieur à l'autre et le révoquait, en d'autres termes ils jugeaient raisonnable de supposer que, voulant faire son testament, le testateur s'était procuré une feuille de papier timbré sur laquelle il avait écrit ses dispositions, mais que, quelques instants après, ses intentions se trouvant modifiées, il s'était empressé de les consigner sur un papier quelconque, sans prendre soin de se procurer une nouvelle feuille de papier timbré.

Il y avait donc là une interprétation des faits de la cause, suppléant à l'indication précise que le testateur ne fournissait point.

La cour de cassation a pensé avec raison que cette interprétation était souveraine [2].

B. *Comment ces indications doivent-elles être fournies?*

1933. Si le testament olographe doit, pour être daté, indiquer l'année, le mois et le jour de la confection, il n'est pas nécessaire et indispensable qu'il mentionne expressément dans ce but, le quantième du jour, ainsi que le mois et l'année de sa confection.

[1] Nancy, 10 mars 1888, D., 88. 2. 212.
[2] Cass., 18 juillet 1887, S., 90. 1. 219.

Tous les auteurs s'accordent à reconnaître qu'il suffit que la date puisse être précisée à l'aide d'énonciations ne laissant aucun doute [1].

1934. Peu importe, du reste, la formule employée par le testateur. Il faut, mais il suffit qu'elle soit de nature à préciser très nettement le jour, le mois et l'année de la confection du testament.

C'est ce qui arriverait si le testateur avait daté son testament du jour de la Saint-Roch de telle année ou du jour de Noël 1890, ou encore du premier de l'an 1880.

C'est ce qui arriverait également s'il l'avait daté du jour de la naissance de son fils Victor ou du lendemain de la mort de sa mère ou sa femme.

Il est d'ailleurs certain que l'appréciation des juges du fait est souveraine, sur le point de savoir si les énonciations contenues dans le testament précisent d'une façon suffisante la date du testament [2].

1935. Quant aux nombres qu'il y a lieu d'énoncer pour préciser la date, Pothier reconnaissait déjà qu'ils pouvaient être écrits aussi bien en chiffres qu'en toutes lettres [3].

C'est encore là l'opinion de tous les auteurs [4].

1936. Ce que nous avons dit des surcharges que peut contenir le corps de l'écriture d'un testament olographe, nous devons également le dire des surcharges qui peuvent affecter la date.

Les dispositions de la loi du 25 ventôse an XI sont inapplicables à celles-ci comme à celles-là.

Nonobstant les surcharges qui les affectent, les mots ou les chiffres relatifs à la date d'un testament olographe doivent

(1) *Sic*, Aubry et Rau, VII, p. 103, § 668, notes 6 et 7 ; Laurent, XIII, n. 189 ; Demolombe, *Don.*, IV, n. 83 ainsi que les auteurs cités dans Fuzier-Herman sur l'art. 970, n. 116.

(2) V. notamment un arrêt de la cour de cassation de Turin du 4 mars 1881, S., 82. 4. 14.

(3) Pothier, *Don. Testam.*, chap. I, art. 2, § 2, n. 11.

(4) V. notamment Demolombe, *Don.*, IV, n. 81 ; Laurent, XIII, n. 208 ; Aubry et Rau, VII, p. 107, § 668, ainsi que les auteurs cités dans Fuzier-Herman, sur l'art. 970, n. 119.

donc être maintenus, dès qu'ils permettent aux juges du fait de préciser et de reconnaître cette date [1].

1937. Mais, s'il est certain que les surcharges n'ont point à être spécialement approuvées et signées par le testateur, on ne saurait nier qu'en le faisant celui-ci prendra une précaution non seulement toujours utile, mais parfois indispensable [2].

C. De la place que doit occuper la date.

1938. Sur la place que doit occuper la date, le législateur est resté muet. Nous en devons conclure avec la jurisprudence [3] et tous les auteurs [4] que la date n'a aucune place nécessaire et que son efficacité ne saurait dépendre de la place quelle occupe.

On peut donc la placer au commencement aussi bien qu'à la fin du testament.

Rien ne s'opposerait même à ce qu'elle fût placée dans le corps même du testament [5].

Une seule chose est à considérer et à rechercher, c'est le point de savoir s'il résulte bien du contexte du testament que la date s'applique, en réalité, à toutes les dispositions que celui-ci contient.

Si telle est la conviction qui résulte pour les juges du fait soit du contexte, soit de l'état matériel du testament qu'ils apprécient du reste souverainement à ce point de vue, ils doivent sans hésiter maintenir et valider toutes les dispositions du testament.

En est-il autrement ?

Ils doivent nécessairement tenir pour nulles et non avenues

(1) V. notamment Douai, 12 fév. 1884, S., 84. 2. 187. — Nancy, 24 mai 1884, S., 84. 2. 187. — Dans le même sens Demolombe, *Don.*, IV, n. 139; Aubry et Rau, VII, p. 105, § 668.

(2) V. notamment l'espèce à propos de laquelle est intervenu un arrêt de la cour de cassation du 15 juillet 1846, S., 46. 1. 721, D., 46. 1. 342.

(3) V. notamment Cass., 11 mars 1831, S., 31. 1. 189, D. *Rép.*, v° *Dispositions*, n. 2603-2° et 7 juillet 1869, S., 69. 1. 409, D., 70, 1. 76.

(4) *Sic*, Aubry et Rau, VII, p. 107, § 668; Demolombe, *Don.*, IV, n. 115; Laurent, XIII, n. 210, ainsi que les auteurs cités dans Fuzier-Herman, sur l'art. 970, n. 129.

(5) V. notamment Cass., 7 juillet 1869, S., 69, 1. 409, D., 70. 1. 76.

toutes les dispositions qu'il serait impossible de faire participer à la date du testament.

1939. C'est principalement et surtout à propos des dispositions additionnelles, faites au moyen de renvois marginaux ou écrites à la suite de l'acte, sans d'ailleurs porter de date spécialement apposée par le testateur, que se soulève le plus souvent, en pratique, la difficulté que nous venons d'indiquer.

Nous nous sommes déjà occupés de la question.

Aussi nous bornons-nous à renvoyer aux développements ci-dessus fournis, dans lesquels nous avons cherché à dégager les distinctions qui paraissent ressortir des assez nombreux arrêts qui ont été appelés à l'envisager et à la résoudre [1].

1940. Mais si la date n'a, dans le testament, aucune place nécessaire et essentielle, il semble cependant fort naturel d'exiger tout au moins qu'elle précède la signature du testateur.

Ainsi lorsque la date est placée à la fin du testament, ce qui est le cas ordinaire, il semble bien qu'elle doive se trouver au-dessus de la signature, pour le moins avant celle-ci.

Comme le constatait déjà très justement Pothier :

« La signature doit être à la fin de l'acte parce qu'elle en est le complément et la perfection » [2].

Or, la date fait partie intégrante de l'acte; elle doit donc, à ce titre, être certifiée par la signature.

Quelques auteurs n'hésitent point à en conclure que, sous peine de nullité, la date doit précéder la signature, que notamment on ne saurait tenir compte d'une date placée au-dessous de la signature [3].

1941. Mais la jurisprudence atteste une répugnance manifeste à s'associer à cette rigueur, quelque peu formaliste. C'est du moins ce qui résulte de nombre d'arrêts qui ont validé des testaments dans lesquels la date se trouvait placée après la signature, sur la même ligne ou même au-dessous.

D'après ces arrêts, il y a uniquement à rechercher si la si-

(1) V. ci-dessus, n. 1912 s.

(2) Pothier, *Des don. testamentaires*, chap. I, art. 2, § 2.

(3) V. notamment en ce sens Taulier, V, n. 375; Merlin, *Rép.*, v° *Testament*, sect. 2, § 4, art. 3, n. 6; Laurent, XIII, n. 211.

gnature se rapporte à la date et suffit à la certifier. Or, dès que le contexte et l'état matériel du testament, que les juges du fait apprécient souverainement à ce point de vue, permettent de résoudre affirmativement la question, on n'a point à se préoccuper de la place que matériellement occupe la date par rapport à la signature [1].

1942. Il est difficile de critiquer cette jurisprudence, qui trouve son excuse, sinon sa justification complète, dans cette considération que le testament olographe constitue la forme la plus usitée de tester; que souvent il émane de personnes peu lettrées; que, par suite, il convient de se montrer aussi libéral que possible, relativement à l'accomplissement des formalités légales.

Aussi, presque tous les auteurs s'accordent à approuver la jurisprudence qui a prévalu [2].

D. *De la date inexacte ou incomplète.*

1943. Nous avons vu ci-dessus quelles indications devait fournir la date écrite par le testateur et comment elle devait les fournir.

Il se peut que les indications fournies par le testateur soient inexactes et, partant, que la date portée par le testament soit fausse.

Il se peut aussi que les indications que donne le testateur soient incomplètes et, partant, laissent incertaine la date qu'il a voulu préciser.

Dans toutes ces hypothèses, la date que porte le testament est également affectée d'un vice dont il importe de préciser la portée et les conséquences, en ce qui concerne le sort du testament.

a. *De la date inexacte.*

1944. Et d'abord il peut se faire que la date du testament soit inexacte, et que l'inexactitude en soit démontrée.

(1) V. notamment Besançon, 19 décembre 1877, S., 78. 2. 78, D., 79. 2. 64. — Bruxelles, 29 février 1868, *Pasicr.*, 68. 2. 227 et les arrêts cités dans Fuzier-Herman, sur l'art. 970, n. 130 et 131.

(2) *Sic*. Aubry et Rau, VII, p. 107, § 668, note 7; Demolombe, *Don.*, IV, n. 115 et 116 et les auteurs cités dans Fuzier-Herman sur l'art. 970, n. 131.

Ainsi, le testament est daté de 1888, et il est écrit sur un papier timbré qui n'a été émis qu'en 1890, ainsi que le constate le millésime gravé dans le filigrane du papier.

C'est l'*antidate* évidente : le cas s'est souvent présenté.

Ou bien le testament est daté de 1889 et le testateur est mort en 1888.

C'est la *postdate*, évidente encore.

Dans toutes ces hypothèses, le testament sera-t-il valable ?

On ne peut guère hésiter à répondre négativement.

L'inexactitude dans la date équivaut à l'absence de date. Evidemment, quand le législateur exige une date, et fait de la date une condition essentielle et absolue de validité du testament olographe, il n'entend pas se contenter d'une date quelconque : il veut une date exacte.

Tel est le principe que s'accordent à reconnaître et les auteurs [1] et les arrêts [2].

1945. Vainement chercherait-on à en écarter l'application en soutenant que la détermination de la date exacte du testament ne présente pas d'intérêt, soit parce que le testateur a toujours conservé la capacité de tester, soit parce qu'il n'a laissé qu'un seul testament. Dans tous les cas, il est également applicable, puisque l'art. 970 fait de la date, partant de la date exacte, une condition essentielle et absolue de validité pour tous les testaments olographes [3].

Nous ne méconnaissons pas que cela soit parfois rigoureux. Il est néanmoins impossible de décider le contraire, en présence des termes de l'art. 970 du code civil.

1946. Il importe peu, d'ailleurs, de rechercher les causes mêmes de l'inexactitude, de déterminer si elle a été volontairement commise par le testateur, ou ne peut être attribuée qu'à une inadvertance de sa part.

Dans tous les cas, le texte général de l'art. 970 ne saurait

(1) *Sic*, Cass., 11 janvier 1886, S., 86. 1. 337, D., 86. 1. 440; 20 juillet 1886, S., 86. 1. 412, D., 87. 1. 83; 8 janvier 1890, S., 90. 1. 409, D., 90. 1. 495 et les nombreux arrêts rapportés dans Fuzier-Herman sur l'art. 970, n. 95.

(2) *Sic*, Aubry et Rau, VII, p. 103, § 668, note 8; Demolombe, *Don.*, IV, n. 87 s.; Laurent, XIII, n. 191; Huc, VI, n. 272 et les auteurs cités dans Fuzier-Herman sur l'art. 970, n. 95.

(3) Voyez ci-dessus n. 1924 s.

permettre d'écarter l'application du principe que nous avons ci-dessus dégagé.

1947. Mais si, à ce point de vue, il est sans intérêt de rechercher si l'inexactitude est volontaire ou involontaire, il faudrait se garder de croire que cette distinction n'ait point à être faite. Il est, en effet, un autre point de vue auquel elle présente la plus grande importance. C'est en ce qui concerne la question de savoir s'il est possible de réparer l'inexactitude commise par le testateur et de restituer au testament la date que celui-ci devrait porter.

1948. L'inexactitude a-t-elle été volontairement commise par le testateur?

Une jurisprudence constante, affirmée par de très nombreux arrêts, décide qu'il est impossible de la réparer. Quel que soit le mobile auquel ait obéi le testateur en falsifiant la date, qu'il l'ait fait, comme cela s'est vu [1], avec l'intention d'introduire une cause de nullité dans un testament dictée par une influence à laquelle il n'a pas su résister, ou pour tout autre motif, dans tous les cas, le résultat est le même : le testament est nécessairement nul et non avenu.

Vainement les intéressés offriraient-ils de reconstituer la date véritable.

On doit écarter leur prétention, quelle que soit la nature des preuves sur lesquelles ils demandent à l'appuyer. Le testateur a sciemment violé la loi, qui, en imposant la date, exige évidemment une date sincère.

On ne concevrait guère qu'en pareil cas il fût permis aux intéressés de reconstituer la date véritable du testament. Ce serait, en réalité, permettre à un testateur de braver impunément les dispositions de la loi, puisque ce serait l'autoriser à ne pas dater ce que la loi lui ordonne de dater.

1949. Au contraire, l'appréciation des faits et des circonstances de la cause entraîne-t-elle chez les juges du fait la conviction que l'inexactitude de la date est le résultat non d'une erreur volontaire, mais d'une simple inadvertance?

Les arrêts sont alors unanimes à reconnaître que l'inexac-

(1) V. notamment Pau, 9 janvier 1871, D., 72. 2. 96.

titude de la date peut être réparée et qu'il est permis aux intéressés de reconstituer la date véritable du testament.

1950. Telle est, nous le répétons, la distinction dont s'inspire une jurisprudence constante [1], que les auteurs s'accordent, du reste, à approuver [2].

La jurisprudence qui a prévalu a tout au moins cette heureuse conséquence de restreindre, dans une assez large mesure, ce que l'exigence de la date peut avoir d'arbitraire, alors qu'il est indifférent de savoir à quelle époque peut avoir été rédigé un testament. Or, il en est nécessairement ainsi, dès qu'il s'agit d'un testament émanant d'un testateur qui a toujours conservé la capacité de tester ou qui ne laisse pas plusieurs testaments, dont il importe de déterminer la date respective.

1951. Mais si la jurisprudence admet qu'il soit possible de réparer les erreurs involontaires du testateur et de reconstituer la date véritable du testament olographe inexactement daté par son auteur, elle est unanime à reconnaître que tous les modes de preuves ne peuvent être indifféremment employés dans ce but par les intéressés. Ce n'est qu'autant que ceux-ci peuvent invoquer des preuves que leur fournit le testament lui-même, et ne s'aident d'autres éléments de conviction que de ceux que les juges peuvent puiser dans le testament lui-même. On se sert ainsi d'une partie du testament pour corriger l'autre et, par là, on échappe au reproche de méconnaître l'exigence de l'art. 970 en ce qui concerne la date, puisque celle-ci reste, en définitive, précisée et fixée par le testament lui-même.

Tous les arrêts [3] s'accordent à indiquer cette condition

(1) V. notamment Cass., 11 mai 1864, S., 64. 1. 233, D., 64. 1. 294; 4 fév. 1879, S., 79. 1. 102, D., 79. 1. 228. — Aix, 16 février 1881, et Douai, 8 novembre 1881, S., 82. 2. 150, D., 82. 2. 69. — V. également les arrêts cités dans Fuzier-Herman, sur l'art. 970, n. 249 s.

(2) *Sic*, Demolombe, *Don.*, IV, n. 91 s.; Laurent, XIII, n. 194 et 195; Aubry et Rau, VII, p. 104, § 669; Huc, VI, n. 272, et les auteurs cités dans Fuzier-Herman, sur l'art. 970, n. 249.

(3) *Sic*, Cass., 28 juin 1869, S., 70. 1. 16, D., 72. 1. 32; 15 décembre 1879, S., 80. 1. 349, D., 80. 1. 267; 9 juillet 1885, S., 88. 1. 479; 20 février 1889, S., 89. 1. 265 et les arrêts cités dans Fuzier-Herman, sur l'art. 970, n. 262 s.

comme essentielle et c'est aussi l'opinion des auteurs [1].

1952. S'il en est ainsi, il importe grandement de savoir ce que la jurisprudence entend par indications que fournit le *testament lui-même,* tirées, suivant les expressions consacrées, *ex ipsomet testamento, non aliunde, non extrinsecus.*

Ces indications sont, à notre avis, celles que fournissent soit les énonciations du testament, soit son état matériel, soit enfin la combinaison de ces deux éléments.

C'est du moins ce qui ressort des nombreux arrêts intervenus sur la question [2].

1953. Nous ne pouvons évidemment nous attarder à l'indication des différents éléments de nature à baser la conviction des juges, parce qu'on les peut considérer comme tirés *ex ipsomet testamento.*

Nous devons cependant signaler que le millésime, révélé par le filigrane du papier timbré sur lequel est écrit le testament, a été bien souvent retenu par les tribunaux comme un élément de nature à permettre la rectification de la date écrite de la main du testateur, lorsque, par sa combinaison avec d'autres éléments fournis par le testament, il permet de préciser la date à laquelle le testament a été rédigé.

1954. C'est ainsi qu'il a été maintes fois jugé que le rapprochement de la date de l'émission du papier timbré sur lequel était écrit le testament, date indiquée par le millésime du filigrane, et de la date du décès du testateur [3], ou de la date d'autres faits énoncés par le testament [4], pouvait permettre la rectification de la date opposée par le testateur.

Ainsi le testament est daté du 1er juillet 1880.

Mais, d'après le millésime de son filigrane, le papier timbré sur lequel le testament est écrit n'a été mis en circulation que le 1er janvier 1881 et le testateur est décédé avant le 1er juillet

[1] V. notamment Demolombe, *Don.*, IV, n. 91 ; Laurent, XIII, n. 194, 200 et 201 et les auteurs cités dans Fuzier-Herman sur l'art. 970, n. 262.

[2] V. notamment Cass., 4 février 1879, S., 79. 1. 102, D., 79. 1. 228 ; 29 novembre 1882, S., 83. 1. 157, D., 83. 1. 84.

[3] V. notamment Aix, 16 février 1881 et Douai, 8 novembre 1881, S., 82. 2. 150, D., 82. 2. 69.

[4] V. notamment Cass., 8 mai 1855, S., 55. 1. 327, D., 55. 1. 163, 28 juillet 1869, S., 70. 1. 16, D., 72. 1. 32. — Metz, 4 juillet 1867, D., 67. 2. 164.

1882. Il est manifeste que, dans la date que porte le testament, l'indication de l'année est inexacte, puisque le papier sur lequel le testament est écrit n'existait point encore en 1880.

Est-ce à dire que l'inexactitude de cette indication doive réagir sur celle du jour et du mois?

Non évidemment, car aucun lien nécessaire n'existe entre les différents éléments dont la réunion constitue la date. L'inexactitude de l'un ne peut permettre de suspecter l'exactitude des autres.

Il reste donc établi que le testament a été fait le 1er juillet.

Mais ce premier juillet ne peut être ni le 1er juillet 1880, puisque le papier qui le porte n'existait pas encore à cette époque. Ce ne peut être davantage le 1er juillet 1882, puisque le testateur était déjà mort à ce moment. Ce 1er juillet ne peut donc être que le 1er juillet 1881. Dès lors, voilà la date reconstituée par le rapprochement de la date du décès du testateur et du millésime que porte le filigrane du papier timbré sur lequel est écrit le testament.

1955. Puisque nous parlons des indications fournies par le filigrane du papier timbré sur lequel est écrit le testament, mentionnons que leur défaut de concordance avec les indications de la date écrite par le testateur ne peuvent fournir une base certaine à la présomption d'antidate qu'autant qu'il est, en fait, établi que le papier timbré n'a pu se trouver entre les mains du testateur, avant l'année que précise le millésime du filigrane.

Souvent, en effet, il a été constaté que des feuilles de papier timbré sont mises en circulation à une date antérieure à celle dont le millésime est porté au filigrane, parfois plusieurs mois avant le commencement de l'année qu'indique le millésime du filigrane.

Ce sera alors aux déclarations de l'administration de l'enregistrement qu'il appartiendra de préciser le moment de cette mise en circulation et de rectifier ainsi les indications erronées que pourrait fournir le filigrane.

Mais il est d'évidence que les juges ne peuvent faire état de déclarations de ce genre qu'autant qu'elles ont été produites aux débats [1], alors même qu'elles auraient été provoquées, après les débats, par une demande du ministère public [2].

1956. Il faut, d'ailleurs, que les éléments de rectification allégués par les intéressés permettent de rétablir la date précise du testament et non pas simplement l'époque approximative de sa confection, par exemple, qu'il a dû être fait de telle date à telle date.

C'est ce qui a été maintes fois décidé à propos d'espèces dans lesquelles les éléments fournis par le testament lui-même ne permettaient pas de rectifier avec certitude la date apposée par le testateur [3].

Reprenons l'hypothèse ci-dessus indiquée : Supposons un testament daté du 1er juillet 1880 alors que le filigrane du papier timbré sur lequel il est écrit porte le millésime de 1881, et qu'il est en fait établi que le papier a été mis en circulation en 1881. Mais, au lieu de supposer que le testateur soit décédé avant le 1er juillet 1882, supposons qu'il soit décédé après cette date.

En pareil cas, s'il est certain que le testament n'a pas été, comme il l'explique, rédigé le 1er juillet 1880, il n'est nullement établi qu'il l'ait été le 1er juillet 1881, plutôt que le 1er juillet 1882.

En tout cas, cela n'est pas démontré par les indications tirées du testament lui-même. Celui-ci doit donc tomber puisqu'il ne permet pas de rectifier avec certitude l'inexactitude de la date qu'il porte.

1957. Lorsque l'état matériel du testament ou ses énonciations fournissent des éléments suffisants pour rectifier ou compléter la date qui y est portée, les tribunaux peuvent les appuyer et corroborer par des faits ou des documents pris en dehors du testament.

(1) *Sic*, Cass., 8 janvier 1890, S., 90. 1. 409, D., 90. 1. 395.

(2) *Sic*, Cass., 25 mai 1886, D., 87. 1. 488.

(3) V. notamment Cass., 31 janvier 1859, S., 59. 1. 337, D., 59. 1. 66; 14 mai 1867, S., 67. 1. 236, D., 67. 1. 201; 13 mars 1883, S., 83. 1. 317, D., 84. 2. 14. — V. également Lyon, 22 février 1859, S., 59. 2. 545, D., 59. 2. 112; Nancy, 14 février 1880, S., 80. 2. 238, D., 83. 2. 271.

Les auteurs [1] et les arrêts [2] s'accordent à le reconnaître.

1958. Mais dès qu'il ne s'agit plus simplement de corroborer les éléments de conviction puisés par les juges dans le testament lui-même, les indications prises en dehors du testament ne sauraient évidemment suffire.

C'est ainsi, par exemple, qu'avec beaucoup de raison il a été jugé que la date portée sur l'enveloppe renfermant un testament olographe ne pouvait tenir lieu de la date qui manquait à ce testament [3].

1959. Signalons en terminant que la question de savoir si l'état matériel du testament et ses énonciations fournissent ou non des éléments pour rectifier la date que le testateur y a écrite, est une pure question de fait qui, comme telle, échappe à la censure de la cour suprême.

Celle-ci a, du reste, bien souvent affirmé le souverain pouvoir d'appréciation qu'elle reconnaît, sur ce point, aux juges du fait [4].

b. *De la date incomplète ou incertaine.*

1960. Jusqu'ici nous n'avons parlé que de la date inexacte. Les mêmes principes sont également applicables à la date *incomplète*, par exemple, à la date qui indique le mois et l'année, mais non le jour de la rédaction du testament, comme aussi à la date *incertaine*, par exemple, à celle qui est surchargée de telle façon qu'on lit deux dates à la fois.

Une date incomplète ou incertaine ne peut évidemment, pas plus qu'une date inexacte, répondre à l'exigence que formule l'art. 970 du C. civ.

Le testament dont la date est incomplète ou incertaine est donc nul au même titre que le testament non daté ou que celui dont la date est inexacte.

1961. Mais si l'irrégularité reprochée à la date n'a rien de

(1) *Sic*, Aubry et Rau, VII, p. 104, § 668; Demolombe, *Don.*, IV, n. 98; Laurent, XIII, n. 199 et les auteurs cités dans Fuzier-Herman sur l'art. 970, n. 234 et 278.

(2) *Sic*, Cass., 4 nov. 1857, S., 58. 1. 33, D., 58, 1. 76; 11 janvier 1886, S., 86. 1. 337, D., 86. 1. 440. — Lyon, 25 juin 1875, S., 76. 2. 55.

(3) *Sic*, Paris, 3 juin 1867, S., 68. 2. 178. — V. également Lyon, 14 décembre 1875, S., 76. 2. 293, D., 76. 2. 199.

(4) V. notamment Cass., 18 nov. 1856, S., 57. 1. 272, D., 57. 1. 85; 18 août 1859, S., 60. 1. 139, D., 59. 1. 415, et 29 novembre 1882, S., 83. 1. 157, D., 83. 184.

volontaire, il est d'évidence qu'on doit admettre les intéressés à réparer le vice de la date, au moyen des indications que peut leur fournir dans ce but le testament lui-même.

Il faut, en définitive, s'en tenir aux distinctions qui ont prévalu en ce qui concerne la date inexacte.

Nous n'avons donc qu'à renvoyer à ce que nous avons dit au sujet de celle-ci.

1962. Mentionnons cependant que, lorsqu'il s'agit de compléter les éléments d'une date laissée incomplète par le testateur, la jurisprudence exige rigoureusement qu'on s'en tienne aux seules indications que peuvent fournir les énonciations écrites dans le testament de la main même du testateur. C'est à cette condition seulement que, malgré les lacunes de la date que porte le testament, il reste permis de dire que celui-ci est daté de la main du testateur.

Aussi la cour suprême s'est-elle refusée à admettre que le filigrane, qu'elle considère cependant comme un élément permettant de rectifier une date inexacte, puisse former, à lui seul du moins, un moyen de compléter une date incomplète. Les indications de ce filigrane n'émanent à aucun titre du testateur. Le filigrane est, en effet, le fait d'un tiers qui peut, sans doute, fournir un renseignement utile, mais ne peut à lui seul donner au testament une date que le testateur n'a point indiquée ou qu'il a incomplètement précisée. Les indications qu'il fournit ne sauraient donc être invoquées autrement que pour corroborer et fortifier les indications résultant de mentions écrites de la main même du testateur, mais ne sauraient suffire lorsqu'elles sont isolées.

C'est notamment ce qui a été jugé dans une espèce où, le testateur ayant omis d'indiquer le millésime de l'année, on prétendait réparer son omission au moyen des indications fournies, à ce point de vue, par le filigrane du papier timbré sur lequel le testament était rédigé [1].

1963. Ce que nous disons du filigrane, nous devons le dire également de toute autre indication que pourrait fournir le testament, sans qu'elle émanât du testateur lui-même.

[1] V. Cass., 29 mai 1889, S., 91. 1. 261, D., 89. 1. 273.

Nous avons vu qu'un testament peut être fait par simple lettre missive.

On peut supposer que la lettre n'a point été placée dans une enveloppe séparée mais pliée de telle façon que le timbre de la poste porte directement sur la feuille même qui contient le testament. Il est incontestable que l'apposition de ce timbre peut fournir un élément, utile sans doute, pour rectifier les indications de la date écrite de la main du testateur. Mais il est non moins certain que, pas plus que le filigrane, elle ne peut servir à dater un testament dans lequel le testateur aurait omis la date ou n'aurait mentionné qu'une date incomplète.

Admettre que des faits de ce genre puissent servir à dater le testament pour le tout ou pour partie, ce serait manifestement oublier le texte même de l'art. 970.

N° 3. De la signature.

1964. La *signature du testateur* met le sceau au testament qui, jusque là, n'est qu'un simple projet. C'est, d'ailleurs, elle seule qui atteste que le testament est bien écrit et daté de la main même du testateur. Elle constitue une formalité essentielle du testament olographe, et il ne pourrait s'agir de réclamer l'exécution de volontés écrites et datées, mais non signées de leur auteur.

Sur la signature, nous avons à préciser en quoi elle consiste, puis à déterminer la place qu'elle doit occuper.

A. *En quoi consiste la signature.*

1965. Sur ce premier point, le code civil est resté muet. Son silence établit qu'il a entendu s'en référer aux usages et aux habitudes. Or, dans l'usage, la signature consiste dans l'apposition du nom de famille du testateur, avec ou sans ses prénoms.

C'est, d'ailleurs, ainsi que l'entendait l'art. 211 de l'ordonnance de 1629.

Il semble donc qu'on doive rigoureusement s'en tenir à cette notion même de la signature et tenir pour non avenues toutes les signatures qui n'y seraient point conformes.

1966. Mais, si cette conclusion est acceptée par quelques auteurs (1), elle n'a point prévalu en jurisprudence. Celle-ci, soutenue d'ailleurs par la plupart des auteurs, se montre d'une indulgence peut-être excessive, étant donnée l'importance de la signature.

1967. La règle à laquelle la jurisprudence paraît conformer ses décisions, c'est qu'on doit considérer comme valable toute signature mise au bas d'un testament, dès qu'elle est conforme à celle que le testateur avait l'habitude d'apposer dans les actes de la vie civile qu'il était appelé à signer.

C'est également cette règle qu'adopte la majorité des auteurs (2).

1968. Suivons-la dans les principales conséquences que la jurisprudence a cru devoir consacrer.

C'est ainsi qu'il a été maintes fois jugé que la femme mariée pouvait valablement signer de son prénom suivi du nom de famille de son mari. Sans doute, la femme ne perd pas son nom de famille en se mariant. Rigoureusement, c'est lui qui devrait figurer dans sa signature.

Ce serait cependant aller trop ouvertement à l'encontre des usages que de ne point valider le testament qu'une femme mariée aurait signé de son prénom suivi du nom de famille de son mari.

Aussi ne pouvons-nous qu'approuver les arrêts qui ont cru devoir le faire (3).

1969. Mais il est d'autres applications de la même règle qui nous paraissent infiniment plus contestables.

C'est ainsi, par exemple, que la cour de Paris a cru pouvoir valider un testament qu'une personne avait signé non de son nom de famille, mais d'un sobriquet sous lequel elle était généralement connue et dont elle signait habituellement. Le testateur s'appelait *Michallet* et il avait signé *Saint-Ange* (4).

(1) V. notamment Toullier, V, n. 373 et 374 ; Laurent, XIII, n. 222 ; Huc, VI, n. 278.

(2) *Sic*, Merlin, *Rép.*, v° *Signature*, § 3, art. 4 ; Demante, IV, n. 115 *bis*, III et IV ; Demolombe, *Don.*, IV, n. 102 s. ; Aubry et Rau, VII, p. 99, § 666.

(3) V. notamment Rennes, 11 fév. 1830, D. *Rép.*, v° *Dispos. entre vifs*, n. 2603.

(4) *Sic*, Paris, 7 avril 1848, S., 48. 2. 217, D., 48. 2. 90.

1970. C'est ainsi encore que, par application de la même règle, on a pu décider, à propos du testament d'un évêque, que ce testament signé d'une croix, des initiales des prénoms du testateur et du nom de son évêché, devait être maintenu et validé comme étant revêtu d'une signature légale, lorsque le testateur avait l'habitude de signer ainsi.

C'est notamment ce que la cour de Pau a jugé à propos d'un testament signé J. B., évêque de Bayonne, sans que la cour de cassation ait cru devoir admettre le pourvoi dirigé contre son arrêt [1].

Une décision analogue avait d'ailleurs été rendue par le tribunal de Clermont au sujet du testament de Massillon.

1971. Il est difficile de croire que de semblables décisions aient pour elles l'autorité des principes, et notamment, en dépit des dernières, il nous paraît bien certain qu'on ne devrait pas hésiter à considérer comme nul un testament que le testateur aurait signé seulement de son prénom, alors même qu'il aurait fait suivre celui-ci de l'initiale de son nom de famille. C'est ce qu'a jugé la cour de Colmar [2] et presque tous les auteurs s'accordent à approuver son arrêt [3].

1972. Mais dès l'instant que la signature apposée donne l'indication du nom de famille, on n'a pas à s'attacher aux fautes d'orthographe qu'il y a lieu d'y relever [4].

1973. On n'a pas davantage à tenir compte de l'absence de paraphe, car celui-ci n'est nullement une partie essentielle et inséparable de la signature [5].

1974. C'est, du reste, ce qui a permis à la cour de Besançon et à la cour de Pau de considérer comme des signatures suffisantes les mots *fait par moi un tel* ou *fait par moi un tel*

[1] *Sic*, Cass., 23 mars 1824, S. chr., D. *Rép.*, v° *Dispos. entre vifs*, n. 2724 et Pau, 12 juill. 1822, S. chr., D. *Rép.*, *loc. cit.*

[2] Colmar, 5 juill. 1870, S., 70. 2. 317, D., 71. 2. 205.

[3] *Sic*, Aubry et Rau, VII, p. 98, § 666; Demolombe, *Don.*, IV, n. 109; Laurent, XIII, n. 223. — V. cependant, Merlin, *Rép.*, v° *Signature*, § 3, art. 4; Coin-Delisle sur l'art 970, n. 40.

[4] *Sic*, Lyon, 25 juin 1879, S., 80. 2. 197, D., 80. 2. 135. — Dans le même sens Demolombe, *Don.*, IV, n. 110 et 112; Laurent, XIII, n. 226.

[5] *Sic*, Aix, 27 janv. 1846, S., 48. 2. 30, D., 46. 2. 130. — Lyon, 25 juin 1879, précité. — Dans le même sens Demolombe, *Don.*, IV, n. 113; Laurent, XIII, n. 224.

de *telle commune,* placés par le testateur à la fin de son testament [1] et, sur le pourvoi dirigé contre l'arrêt de la cour de Pau, la cour de cassation a estimé que celle-ci n'avait point excédé ses pouvoirs d'interprétation [2].

1975. Terminons en disant qu'une signature illisible, qui ne permettrait pas aux juges du fait de reconnaître le nom du testateur, ne saurait être considérée comme une signature valable.

Il y a là, d'ailleurs, une pure question de fait qui, comme telle, est souverainement appréciée et résolue par les juges du fond [3].

1976. Signalons enfin que le testament n'a pas plus à contenir la mention qu'il est signé par le testateur, qu'il n'a à porter de mentions analogues, relativement à l'écriture ou à la date.

B. *De la place que doit occuper la signature.*

1977. Attestant l'approbation que le testateur donne aux dispositions de dernière volonté qu'il vient d'écrire, la signature du testateur doit naturellement être placée à la fin du testament.

C'est déjà ce que constatait Pothier [4] : « La signature doit, disait-il, être à la fin de l'acte, parce qu'elle en est le complément et la perfection ».

1978. Sans méconnaître le principe, la jurisprudence et les auteurs y apportent un certain nombre de tempéraments. Nous les connaissons déjà et ce que nous en avons dit nous permettra de n'y point insister à nouveau.

Nous avons vu notamment qu'au sujet de la date on admet généralement que celle-ci peut être placée après la signature sur la même ligne ou même un peu au dessous. Il faut mais il suffit que les juges du fait puissent constater que la signature se rapporte à la date [5].

(1) Besançon, 19 déc. 1877, S., 78. 2. 78, D., 79. 2. 64. — Pau, 15 fév. 1876, S., 76. 2. 238.

(2) Cass., 30 mai 1877, S., 79. 1. 399, D., 79. 1. 311.

(3) *Sic*, Demolombe, *Don.*, IV, n. 3 ; Aubry et Rau, VII, p. 99, § 666 ; Huc, VI, n. 278.

(4) Pothier, *Des don. testam.*, chap. I, art. 2, § 2.

(5) V. ci-dessus n. 1940.

1979. C'est la même idée que les arrêts appliquent aux dispositions additionnelles et aux renvois marginaux que peut contenir le testament, sans que ces additions ou renvois portent une signature spéciale.

Sur ce point, comme sur le précédent, nous n'avons, du reste, qu'à renvoyer à des développements déjà fournis [1].

§ II. *De la force probante du testament olographe.*

1980. Se demander quelle est la force probante du testament olographe, c'est rechercher d'abord dans quelle mesure on peut considérer qu'un acte, revêtu en apparence des formalités qu'exige l'art. 970 du code civil, est bien, en réalité, écrit en entier, daté et signé par le testateur. C'est rechercher aussi dans quelle mesure on doit, en présence d'un testament écrit en entier, daté et signé par le testateur, considérer que la date indiquée dans le testament correspond bien à la date exacte de sa rédaction.

Tels sont les deux points de vue auxquels nous allons successivement nous placer.

N° 1. De l'écriture et de la signature du testateur.

1981. Le testament olographe n'est qu'un acte sous seing privé.

Les auteurs [2] et les arrêts [3] s'accordent à le reconnaître.

En effet, outre que l'art. 999 lui donne formellement cette qualification, il est impossible de lui appliquer la définition que l'art. 1317 donne de l'acte authentique.

Si tel est le principe, on doit nécessairement le suivre dans les conséquences qu'il entraîne.

1982. C'est d'abord celle qui résulte du deuxième alinéa de l'art. 1323 du code civil : les héritiers auxquels on oppose un testament olographe, peuvent toujours déclarer qu'ils ne re-

[1] V. ci-dessus n. 1912 s.

[2] *Sic*, Demolombe, *Don.*, IV, n. 142 ; Aubry et Rau, VII, p. 108, § 669 : Laurent, XIII, n. 229 et les auteurs cités dans Fuzier-Herman sur l'art. 970, n. 164.

[3] V. notamment Cass., 23 mars 1885, S., 85. 1. 491, D., 86. 1. 108 ainsi que les arrêts cités dans Fuzier-Herman sur l'art. 970, n. 164.

connaissent point, dans l'écrit invoqué comme tel, l'écriture ou la signature de leur auteur.

1983. C'est ensuite celle que consacre l'art. 1324 du même code : les légataires qui entendent se prévaloir d'un testament olographe, dont l'écriture n'est point reconnue par les héritiers du testateur, sont tenus d'établir la sincérité du titre qu'ils invoquent et de le faire conformément aux règles prescrites par le code de procédure civile, au titre de la vérification d'écriture.

1983 *bis*. La vérification d'écriture d'un testament olographe se fait, comme celle de tous les autres actes sous seing privé, tant par titres et par experts que par témoins et présomptions. Les juges du fait ont, dans la plus large mesure, le choix de s'arrêter à ceux des moyens d'instruction qui leur paraissent présenter le plus de garantie, et donner les meilleurs résultats.

Ils sont toujours libres, par exemple, de refuser d'ordonner une expertise, lorsque celle-ci leur paraît inutile ou frustratoire [1].

Il est également incontestable que, s'ils l'ordonnent, ils ne sont jamais liés par ses résultats [2].

D'ailleurs, d'une façon générale, la cour de cassation reconnaît que l'appréciation que font les juges du fait des moyens d'instruction auxquels ils croient devoir s'arrêter, est une appréciation souveraine, soit qu'ils estiment qu'il y ait lieu de repousser les attaques dirigées contre l'écriture du testament [3], soit, au contraire, qu'ils les jugent fondées [4].

1984. Toutes les conséquences que nous venons de déduire du caractère de simple acte sous seing privé qu'il faut reconnaître au testament olographe continue à s'imposer dans le cas même où le testament aurait été déposé par le testateur chez un notaire. Cela ne lui enlève pas son caractère d'acte sous seing privé. Comme tel, il reste donc nécessairement soumis, le cas échéant, à la vérification d'écriture.

1985. Il en serait ainsi alors même que l'acte de dépôt

[1] *Sic*, Cass., 23 mars 1885, S., 85. 1. 491, D., 86. 1. 108.

[2] *Sic*, Cass., 2 août 1820, S. chr., D. *Rép.*, v° *Dispositions*, n. 2760.

[3] *Sic*, Cass., 10 janv. 1877, S., 77. 1. 103, D., 77. 1. 159.

[4] *Sic*, Cass., 20 mars 1827, S. chr., D. *Rép.*, v° *Disposit.*, n. 2629.

dressé par le notaire contiendrait la déclaration faite par le testateur que le testament a été entièrement écrit, daté et signé de sa main.

Vainement, en sens contraire, invoquerait-on l'article **1322**.

Sans doute, aux termes de ce texte :

« *L'acte sous seing privé reconnu par celui auquel on l'op-* » *pose, ou légalement tenu pour reconnu, a entre ceux qui l'ont* » *souscrit et entre leurs héritiers ou ayants cause la même foi* » *que l'acte authentique* ».

Mais ce texte est sans application possible à l'hypothèse à laquelle on veut l'étendre.

Il exige un acte sous seing privé reconnu par celui auquel on l'oppose ou légalement tenu pour reconnu. Or, il est d'évidence que ce n'est point au testateur mais à ses héritiers qu'on oppose le testament. Celui-ci n'est donc point reconnu par celui ou ceux auxquels on l'oppose et, partant, il ne peut s'agir de se prévaloir de ce que l'art. **1322** dit de l'acte sous seing privé reconnu par celui auquel on l'oppose.

D'autre part, pour que, dans l'hypothèse dont nous nous occupons, le testament olographe soit légalement tenu pour reconnu, il faudrait la décision d'un texte.

Or, ce texte n'existe point.

L'art. **1322** est donc hors de cause et ne saurait fournir un appui sérieux à l'opinion en faveur de laquelle on l'a invoqué.

C'est l'opinion que soutiennent presque tous les auteurs [1].

Quelques-uns se prononcent cependant en sens contraire, suivant en cela du reste l'opinion de Pothier, dont l'autorité n'est pas sans jeter quelque incertitude sur la solution qui prévaut et que nous venons de défendre [2].

1986. L'effet que nous refusons à l'acte de dépôt dressé par un notaire, nous devons également le refuser au procès-verbal dressé par le président du tribunal du lieu où est ouvert le testament.

Quelles que soient les constatations de ce procès-verbal,

[1] *Sic*, Aubry et Rau, VII, p. 109, § 669; Demolombe, *Don.*, IV, n. 143; Laurent, XIII, n. 239.

[2] *Sic*, Duranton, IX, n. 45; Bayle-Mouillard, sur Grenier, II, n. 292, note *a*.

elles sont manifestement impuissantes à conférer au testament olographe l'authenticité qui lui manque.

Le testament olographe reste, après ce procès-verbal, ce qu'il était auparavant, c'est-à-dire un simple acte sous seing privé [1].

1987. Ce que nous disons du procès-verbal d'ouverture du testament olographe ou de l'acte de dépôt de celui-ci dans les minutes d'un notaire, nous devons également le dire de l'ordonnance d'envoi en possession rendue, dans les termes de l'art. 1008, au profit du légataire universel désigné par un testateur qui ne laisse pas d'héritiers réservataires.

Même après cette ordonnance, le légataire universel qui l'a obtenue ne saurait être dispensé de faire vérifier l'écriture du testament qui le désigne, si cette écriture est méconnue par les héritiers.

C'est là du moins l'opinion qui réunit la presque unanimité des auteurs [2].

1988. Mais cette opinion se heurte à une jurisprudence contraire, qui paraît, d'ailleurs, définitivement fixée.

D'une façon presque générale, la jurisprudence s'accorde en effet à admettre une exception à la règle qui met la vérification d'écriture à la charge du légataire, lorsqu'il s'agit d'un légataire universel, qui se trouve *saisi* aux termes de l'art. 1006 parce qu'il n'existe pas d'héritiers réservataires et qui a obtenu de la justice l'envoi en possession conformément à l'art. 1008.

En pareil cas, dit-on, le légataire *possède,* et il joue le rôle de défendeur à l'action qu'intente contre lui l'héritier du défunt pour obtenir la restitution des biens de celui-ci; or, d'après un principe constant, c'est au demandeur à faire la preuve, *actoris est probare;* donc l'héritier qui réclame la restitution des biens du défunt, devra prouver que le titre, en vertu duquel le légataire les détient, est sans valeur, parce qu'il n'a pas été écrit en entier, daté et signé par le testateur.

[1] *Sic*, Demolombe, *Don.*, IV, n. 144; Aubry et Rau, VII, p. 109, § 669; Laurent, XIII, n. 231 et les auteurs cités dans Fuzier-Herman, sur l'art. 970, n. 167.

[2] *Sic*, Demolombe, *Don.*, IV, n. 146 s.; Laurent, XIII, n. 232 s.; Aubry et Rau, VII, p. 109, § 669 ainsi que les auteurs cités dans Fuzier-Herman sur l'art. 970, n. 182.

Tel est l'argument qui a entraîné la cour de cassation [1] et, après quelques résistances [2], les cours d'appel se sont ralliées à la jurisprudence de la cour suprême [3].

1989. Cet effet que, dans l'hypothèse spéciale dont il s'agit, la jurisprudence reconnaît ainsi à l'envoi en possession, elle le lui attribue lorsqu'il a eu lieu nonobstant l'opposition des héritiers, aussi bien que lorsque ceux-ci n'y ont point contredit [4].

La cour suprême n'a même pas cru devoir le lui dénier dans une espèce où les attendus de l'ordonnance du président portaient que l'envoi en possession n'avait d'autre objet que de régler provisoirement l'administration de la succession, sans changer la position des parties et le rôle de l'héritier naturel appelé à défendre ses droits [5].

1990. Presque tous les auteurs protestent contre cette jurisprudence qui attribue à l'ordonnance d'envoi en possession un effet que la loi n'autorise point à lui reconnaître.

Sans doute l'héritier est demandeur, et, à ce titre, il doit prouver le fondement de sa demande. Mais il le prouve en établissant que c'est lui qui est appelé à la succession *ab intestat*, en qualité de parent ou de conjoint du défunt. Le légataire, qui, à son tour, se prévaut du testament pour repousser la prétention de l'héritier, oppose ainsi une exception à la demande de celui-ci. Or, conformément à la règle *Reus in exceptione est actor*, il doit prouver le bien-fondé de son exception : ce qu'il ne peut faire qu'en établissant la sincérité du testament [6].

1990 *bis*. La cour de cassation admet, du reste, à sa théorie une exception, que M. Demolombe trouve avec raison fort com-

(1) *Sic*, Cass., 25 juin 1867, S., 67. 1. 389, D., 67. 1. 217 : 5 août 1872, S., 72. 1. 319, D., 72. 1. 276 et 10 janv. 1877, S., 77. 1. 303 ; D., 77. 1. 159 et les arrêts cités dans Fuzier-Herman sur l'art. 970, n. 185.

(2) V. les arrêts cités dans Fuzier-Herman, sur l'art. 970, n. 182.

(3) V. notamment Lyon, 19 juin 1886 et Amiens, 23 juin 1886, S., 86. 2. 247 et les citations faites dans Fuzier-Herman, sur l'art. 970, n. 185.

(4) V. notamment Cass., 25 juin 1867, S., 67. 1. 389, D., 67. 2. 217.

(5) Cass., 5 août 1872, S., 72. 1. 319, D., 72. 1. 276.

(6) V. en ce sens les auteurs cités à la note 2, p. 66. — V. cependant, dans le sens de la jurisprudence qui a prévalu, Taullier, V, n. 503 ; Duranton, IX, n. 46 : Coin-Delisle, sur l'art. 1008, n. 17 et 18.

promettante : elle laisse la preuve à la charge du légataire universel, saisi et envoyé en possession, *lorsque les circonstances du fait paraissent rendre le testament suspect* [1].

Comme le fait très justement remarquer le savant auteur, cette concession qui transforme en une question de fait ce qui est une question de droit devient elle-même un argument de plus contre la doctrine qui a été forcée de la faire.

En effet, que le testament soit ou ne soit pas suspect, est-ce que les arguments qu'elle invoque ne demeurent pas toujours les mêmes ? Est-ce que le légataire universel ne peut pas toujours se prévaloir et de sa possession de droit et de sa possession de fait? [2].

N° 2. De la date.

1991. A s'en tenir à cette idée que le testament olographe n'est qu'un acte sous seing privé, il semble bien qu'on en doive conclure que sa date ne saurait être assurée et devenir certaine, en dehors des conditions que précise l'art. 1328 du code civil.

Telle est, en effet, la conclusion qu'acceptent quelques auteurs [3].

1992. Mais une jurisprudence constante, qui a rallié du reste presque tous les auteurs [4], décide que le testament olographe dont l'écriture et la signature sont vérifiées ou tenues pour telles, fait, par lui-même, foi de sa date, indépendamment des conditions prescrites par l'article 1328, qui ne reçoit point ici son application [5].

La tradition fournit en ce sens un argument dont il est difficile de méconnaître la portée, puisque le testament olographe est une institution dont le code civil n'a fait qu'emprunter les règles à la législation des pays de coutume [6].

[1] V. notamment Cass., 6 mai 1856, S., 56. 1. 480 et 21 mai 1860, S., 61. 1. 79, D., 60. 1. 434.

[2] Demolombe, *Don.*, IV, n. 149.

[3] V. notamment Laurent, XIII, n. 240 s.

[4] *Sic*, Huc, VI, n. 281 ; Demolombe, *Don.*, IV, n. 155; Aubry et Rau, VII, p. 112, § 669 ainsi que les auteurs cités dans Fuzier-Herman sur l'art. 970, n. 202.

[5] V. notamment les arrêts cités dans Fuzier-Herman sur l'art. 970, n. 201 et 202.

[6] V. notamment d'Argentré sur l'art. 759 de la Coutume de Bretagne.

D'autre part, concevrait-on que le législateur eût exigé que le testament olographe fût daté, si la date ainsi requise n'avait dû, par elle-même, avoir aucune autorité ?

Enfin, les termes mêmes de l'art. 970 nous paraissent difficilement conciliables avec l'application de l'art. 1328 du Code civil. Après avoir décidé que le testament olographe doit être écrit en entier, daté et signé du testateur, l'art. 970 ajoute que ce testament n'est assujéti à aucune autre formalité. Or, le testament olographe serait assujéti à d'autres formalités que celles de l'art. 970, si, après avoir été rédigé conformément aux prescriptions de ce texte, il ne faisait pas foi par lui-même de sa date, qui est un des éléments constitutifs de sa validité. Ne faudrait-il pas, en effet, ou qu'il fût enregistré ou tout au moins qu'il fût déposé chez un notaire pour acquérir date certaine avant le décès du testateur? Appliquer l'art. 1328 au testament olographe, ce serait donc, contrairement à l'art. 970, l'assujétir à d'autres formes que celles-là mêmes que ce texte déclare suffisantes.

1993. Si, par lui-même, le testament fait foi de la date qui y est portée, on doit nécessairement accepter toutes les conséquences qui en découlent.

C'est ainsi que, conformément à l'art. 1036 du code civil, un testament olographe révoquerait un testament par acte public de date antérieure, avec lequel il se trouverait être incompatible [1].

C'est ainsi également qu'entre plusieurs testaments olographes, la date indiquée par le testateur, dans chaque testament, servirait à régler la question d'antériorité.

C'est ainsi enfin que, si le testateur a été frappé d'incapacité pendant une certaine période de son existence, il faudra s'en tenir à la date du testament, pour décider si celui-ci a été fait en temps de capacité [2].

1994. Mais si, par lui-même, le testament fait foi de sa date, celle-ci n'en peut pas moins être contestée.

Bien que le contraire ait été admis par quelques arrêts

(1) *Sic*, Demolombe, *Don.*, IV, n. 155.

(2) *Sic*, Aubry et Rau, VII, § 669 ; Demolombe, *Don.*, IV, 156 et les auteurs cités dans Fuzier-Herman sur l'art. 970, n. 206.

déjà anciens [1], les auteurs paraissent s'accorder à reconnaître que les intéressés qui veulent établir la fausseté de la date d'un testament olographe dont l'écriture est reconnue, n'ont point à recourir à l'inscription de faux [2].

Dire, comme on l'a fait, qu'au moment où il teste, le testateur devient un véritable fonctionnaire imprimant l'authenticité à la date de son testament, c'est affirmer ce que n'établit aucune loi.

1995. Est-ce à dire qu'admis à établir la fausseté de la date portée dans un testament olographe, les intéressés puissent le faire par tous modes de preuve?

Cela nous paraît certain, lorsqu'ils allèguent que la date qu'ils contestent a été frauduleusement calculée, en vue de soustraire le testament aux causes de nullité qui pourraient le menacer, s'il portait la date exacte de sa rédaction.

C'est bien le cas, nous semble-t-il, d'appliquer les dispositions générales des art. 1348 et 1353 du code civil qui déclarent admissibles et la preuve testimoniale et les présomptions, toutes les fois qu'il s'agit d'établir une fraude dirigée contre des personnes qui n'ont pu s'en procurer une preuve écrite.

1996. Tel serait manifestement le cas si le testament était attaqué pour cause de suggestion ou de captation.

Il est alors bien certain que tous les modes de preuve sont recevables en vue d'établir que les dispositions du testament ne sont pas l'œuvre de la libre volonté du testateur. Dès lors comment admettre que la date ne puisse être attaquée de la même manière que toutes les autres dispositions du testament? C'est d'autant moins admissible que l'une des manœuvres les plus usitées, en cas de captation ou de suggestion, consiste précisément à insérer, dans le testament, une date que l'on reporte mensongèrement à une époque, autre que

[1] V. notamment Cass., 4 janvier 1847, S., 47. 1. 357, D., 47. 1. 147 et 22 janvier 1853, S., 53. 1. 328. — Toulouse, 11 juin 1830, S., 31. 2. 103, D. *Rép.*, v° *Faux incident*, n. 72.

[2] *Sic*, Demolombe, *Don.*, IV, n. 162; Huc, VI, n. 281; Laurent, XIII, n. 245 s.; Colmet de Santerre, IV, n. 115 *bis*, IX. — V. cep. Aubry et Rau, VII, p. 113, § 669.

[3] *Sic*, Demolombe, *Don.*, IV, n. 158; Aubry et Rau, VII, p. 113, § 669; Vazeille sur l'art. 970, n. 19 et 20.

celle où les manœuvres dolosives ont été exercées sur le testateur. Dès l'instant que la fraude peut être dévoilée et établie par tous modes de preuve, il en doit être nécessairement ainsi des manœuvres qu'elle emploie pour se dissimuler.

C'est là, du reste, l'opinion qui prévaut en doctrine et en jurisprudence [1].

1997. Ce que nous disons du cas de captation ou de suggestion, nous devons également le dire du cas où on allègue l'incapacité du testateur au jour de la confection du testament.

Prétend-on que celui-ci a été faussement daté en vue d'échapper aux conséquences de l'incapacité qui frappait le testateur?

La preuve de la fausseté de la date peut se faire par tous modes de preuve.

Comment ne pas donner ici la même solution qu'au cas de captation ou de suggestion puisque, dans un cas comme dans l'autre, il s'agit également de démasquer une fraude dont on ne peut songer à exiger une preuve écrite de ceux contre lesquels elle est dirigée [2]?

1998. Mais, en dehors du cas où les intéressés allèguent une fraude qu'ils demandent à démasquer, nous ne pensons pas qu'on puisse leur permettre de contester la date d'un testament olographe par d'autres preuves que celles qu'ils peuvent puiser dans le testament lui-même. Ce sont là, nous le savons déjà, des preuves qui doivent résulter de l'état matériel du testament ou des énonciations qu'il contient. Des preuves extrinsèques peuvent sans doute venir appuyer et corroborer les preuves puisées dans le testament lui-même, mais, à elles seules, ces preuves ne sauraient suffire.

En définitive, nous retrouvons ici la théorie que nous avons indiquée déjà, à propos de la date inexacte ou incomplète [3].

[1] V. notamment Cass., 21 août 1876, S., 77. 1. 157, D., 78. 5. 445 et les arrêts cités dans Fuzier-Herman sur l'art. 970, n. 240 à 245.

[2] V. Demolombe, *Don.*, IV, n. 159 et les citations faites dans Fuzier-Herman sur l'art. 770, n. 246.

[3] *Sic*, Cass., 11 janv. 1886, S., 86. 1. 337, D., 86. 1. 440. — Dans le même sens Demolombe, *Don.*, IV, n. 157 ainsi que les auteurs cités dans Fuzier-Herman, sur l'article 970, n. 234.

1999. Rappelons que, parmi les preuves qui peuvent résulter du testament lui-même, la jurisprudence s'est souvent attachée aux indications fournies par le millésime que porte le filigrane du papier timbré sur lequel est écrit le testament. Ce millésime indique l'époque de l'émission du papier timbré et, partant, l'époque de son emploi possible par le testateur. S'il est postérieur à la date que porte le testament, on en peut conclure que celui-ci est antidaté [1].

Cette conclusion devient surtout décisive alors qu'elle est corroborée par d'autres énonciations du testament, par ce fait, par exemple, que le testament est signé veuve X alors que le mari de la testatrice n'est décédé que postérieurement à la date portée dans le testament [2].

2000. Toutefois, il faudrait se garder de croire que les tribunaux acceptent trop facilement les indications que leur peut fournir l'état matériel du papier timbré employé par le testateur.

C'est ainsi que la cour de Rouen [3] a refusé d'admettre que l'inexactitude de la date, portée dans un testament, pût résulter de ce seul fait qu'elle se trouvait antérieure à l'époque où l'administration avait mis en circulation le papier timbré, revêtu du millésime correspondant à celui du papier employé par le testateur. Pour que la preuve qu'on entendait tirer de cette circonstance fût complète, il eût été en effet nécessaire qu'on démontrât effectivement qu'aucune feuille du papier timbré, portant le millésime de la feuille employée par le testateur, n'avait été mise en circulation avant l'époque qu'on indiquait.

C'est ainsi également que, dans une autre espèce, on entendait établir la fausseté de la date d'un testament par cette unique circonstance que la feuille de papier timbré, sur laquelle il était écrit, portait un contre-timbre indicatif d'une augmentation de droit réalisée par une loi postérieure à cette date. La cour de Nancy [4] a refusé avec raison de considérer cette

(1) *Sic*, Lyon, 25 juin 1875, S., 76. 2. 55.

(2) *Sic*, Cass., 8 janv. 1879, S., 79. 1. 165, D., 79. 1. 79.

(3) Rouen, 11 fév. 1884, S., 85. 2. 174, D., 85. 2. 38.

(4) Nancy, 14 fév. 1880, S., 80. 2. 238, D., 81. 2. 71.

circonstance comme suffisante, alors qu'il n'était pas matériellement démontré que le contre-timbre n'avait pu être apposé après la confection du testament.

SECTION IV

DU TESTAMENT PAR ACTE PUBLIC

2001. C'est l'art. 971 du code civil qui nous donne la définition du testament par acte public.

Aux termes de ce texte :

« *Le testament par acte public est celui qui est reçu par deux* » *notaires, en présence de deux témoins, ou par un notaire,* » *en présence de quatre témoins* ».

La loi, on le voit, est plus exigeante pour les testaments que pour les actes notariés ordinaires.

Aux termes de l'art. 9 de la loi du 25 ventôse an XI, ceux-ci sont reçus par deux notaires sans témoins ou par un notaire assisté de deux témoins.

Ici, il faut un notaire et quatre témoins ou deux notaires et deux témoins.

On s'explique très bien, d'ailleurs, que le législateur ait jugé nécessaire de multiplier le nombre des surveillants, afin d'assurer l'indépendance du testateur, trop souvent assiégé par l'intrigue et la cupidité.

2002. Le code civil ne contient pas, en ce qui concerne les testaments par acte public, un système complet de législation spéciale ; c'est ainsi qu'il ne parle pas de la date de ces testaments ni de la signature du notaire. Aussi est-on d'accord pour admettre que le code civil ne se suffit pas ici à lui-même ; il doit être complété par la loi générale qui régit les actes notariés, la loi du 25 ventôse de l'an XI [1].

Bien entendu, cette loi ne devra être appliquée que sur les points qui n'ont pas été réglementés d'une manière spéciale par le code civil : c'est l'application de la règle *Specialia gene-*

[1] *Sic*, Aubry et Rau, VII, p. 122, § 670 ; Demolombe, *Don.*, IV, n. 164 ; Laurent, XIII, n. 250 et 290 ; Huc, VI, n. 283 et les auteurs cités dans Fuzier-Herman, sur l'art. 971, n. 1.

ralibus derogant. En d'autres termes, la loi du 25 ventôse de l'an XI ne devra être appliquée aux testaments par acte public que dans celles de ses dispositions auxquelles il n'a pas été dérogé explicitement ou implicitement par le code civil.

C'est l'opinion unanime des auteurs [1].

2003. Sur le testament par acte public nous aurons successivement à examiner deux questions identiques à celles que nous avons eu à examiner à propos du testament olographe.

Dans un premier paragraphe, nous rechercherons quelles sont les formalités prescrites pour la rédaction des testaments par acte public.

Nous nous demanderons ensuite quelle est la force probante des testaments ainsi rédigés.

Ce sera l'objet d'un second paragraphe.

§ I. *Des formalités prescrites pour le testament par acte public.*

2004. D'après ce que nous avons dit ci-dessus, les testaments par acte public sont soumis à une double catégorie de formalités : les unes prescrites par les dispositions de la loi du 25 ventôse an XI, les autres imposées par les dispositions spéciales du code civil.

Il importe de ne point les confondre.

Tandis, en effet, que la sanction des formalités édictées par les art. 972 s. du C. civ. est assurée par la disposition générale de l'art. 1001 de ce code, celle des formalités prescrites en vertu des dispositions générales de la loi du 25 ventôse an XI ne saurait être cherchée en dehors des textes mêmes de cette loi.

Nous parlerons successivement des unes et des autres.

Nous dirons ensuite quelques mots de la responsabilité dont sont tenus les notaires, à raison de la rédaction des testaments publics.

[1] V. les auteurs cités à la note précédente.

N° 1. Des formalités auxquelles est soumis le testament par acte public en vertu de la loi du 25 ventôse an XI.

2005. C'est en tant qu'acte notarié et uniquement à ce titre que le testament par acte public se trouve soumis aux dispositions générales de la loi du 25 ventôse an XI. C'est, par suite, l'application pure et simple de ces dispositions qu'on doit lui faire sur tous les points non spécialement réglés par les textes du code civil.

Nous nous bornerons donc à rappeler les principales dispositions de la loi du 25 ventôse an XI qu'il y a lieu d'appliquer au testament par acte public.

2006. C'est d'abord la disposition de l'art. 6 de cette loi qui défend aux notaires d'instrumenter en dehors de leur ressort tel que celui-ci est déterminé par l'art. 5 de la même loi (1).

Voici du reste les dispositions de ces deux textes :

ART. 5. — *Les notaires exercent leurs fonctions, savoir : ceux des villes où est établi le tribunal* (la cour) *d'appel, dans l'étendue du ressort de ce tribunal* (de cette cour) ; *ceux des villes où il n'y a qu'un tribunal de première instance, dans l'étendue du ressort de ce tribunal; ceux des autres communes, dans l'étendue du ressort des tribunaux de paix.*

ART. 6. — *Il est défendu à tout notaire d'instrumenter hors de son ressort, à peine d'être suspendu de ses fonctions pendant trois mois, d'être destitué en cas de récidive et de tous dommages-intérêts.*

2007. Il a été jugé que, bien que reçu par un notaire hors de son ressort, le testament public ne serait pas nul si, par suite d'une erreur généralement accréditée, le notaire, rédacteur de ce testament, était considéré comme ayant le droit d'instrumenter dans le lieu où le testament a été fait (2).

Bien que quelques auteurs approuvent cette application à notre espèce de la règle : *Error communis facit jus* (3), il nous

(1) *Sic*, Demolombe, *Don.*, IV, n. 173; Laurent, XIII, n. 251; Aubry et Rau, VII, p. 114, § 670; Huc, n. 283 et les auteurs cités dans Fuzier Herman sur l'art. 971, n. 3.

(2) Angers, 30 mai 1817, S. chr., D., *Rép.*, v° *Obligations*, n. 3245.

(3) V. notamment Coin-Delisle, sur l'art. 971, n. 5.

semble difficile de l'approuver. Hors de son ressort, le notaire n'est qu'un simple particulier. Dès lors comment son intervention pourrait-elle imprimer l'authenticité au testament [1]?

2008. Mais pourvu que le notaire, rédacteur du testament, instrumente dans son ressort, peu importe le lieu où le testament a été rédigé. Sans doute, c'est habituellement dans leur étude que les notaires reçoivent les testaments qu'on leur demande de rédiger. Mais rien ne les empêche de les recevoir en tout autre lieu, au domicile du testateur par exemple, sans qu'il soit d'ailleurs nullement nécessaire de prouver que le testateur était dans l'impossibilité de se rendre en l'étude du notaire.

2009. Le notaire ou les notaires doivent, dans tous les cas, mentionner leurs noms et résidence en même temps qu'indiquer le lieu où l'acte est passé [2].

Cette obligation, qui résulte pour eux de l'art. 12 de la loi de ventôse, permet facilement de se rendre compte si les dispositions des art. 5 et 6 de la loi du 25 ventôse an XI sont exactement observées.

2010. La mention du lieu où le testament a été passé résulte suffisamment de l'indication de la ville ou de la commune. Point n'est besoin de l'indication de la maison même où l'acte a été reçu. Mais la mention du canton ou du département serait évidemment insuffisante [3].

2011. Comme les dispositions des art. 5 et 6 de la loi du 25 ventôse an XI, celles de l'art. 8 de la même loi doivent également être appliquées au testament public.

Aux termes de ce texte :

« *Les notaires ne pourront recevoir des actes dans lesquels* » *leurs parents ou alliés en ligne directe à tous les degrés et en* » *ligne collatérale jusqu'au degré d'oncle ou de neveu inclusi-* » *vement, seraient parties, ou qui contiendraient quelques dis-* » *positions en leur faveur* ».

(1) *Sic*, Huc, VI, n. 283.

(2) *Sic*, Demolombe, *Don.*, IV, n. 230; Laurent, XIII, n. 291; Aubry et Rau, VII, p. 123, § 670.

(3) *Sic*, Laurent, XIII, n. 293 et les auteurs cités dans Fuzier-Herman sur l'art. 971, n. 11.

Un notaire ne pourrait donc recevoir le testament de son père, de sa belle-mère ou de son oncle. Mais il pourrait très bien recevoir celui de son cousin germain.

Il ne pourrait davantage recevoir un testament contenant des dispositions au profit des parents ou alliés que désigne l'art. 8.

Il ne pourrait enfin recevoir un testament contenant une disposition en sa faveur.

C'est d'évidence s'il s'agit d'un legs, quelles que soient, d'ailleurs, la nature et la forme de ce legs [1].

Mais on est allé jusqu'à décider qu'un notaire ne saurait être nommé exécuteur testamentaire, même non salarié, dans un testament reçu par lui [2]. C'est, à notre avis, méconnaître la véritable nature de l'exécution testamentaire, dans laquelle on doit voir non une libéralité mais un mandat.

Nous reviendrons, du reste, sur ce point.

2012. Il est d'ailleurs certain que lorsqu'un testament contient une disposition au profit du notaire qui l'a rédigé, ce n'est pas seulement cette disposition, mais le testament tout entier qui doit tomber.

Cela résulte nécessairement de la combinaison des art. 10 et 68 de la loi du 25 ventôse an XI [3].

2013. Enfin, il n'est pas douteux que les dispositions de l'art. 12 relatives à la date [4], de l'art. 13 relatives à l'obligation d'écrire les actes en un seul contexte [5], de l'art. 14 relatives à la signature des notaires [6], des art. 15 et 16 relatives aux renvois, apostilles, surcharges, interlignes et additions [7] sont

[1] *Sic*, Bourges, 30 juin 1828, S. chr., D. *Rép.*, v° *Notaire*, n. 374. — Dans le même sens, Demolombe, *Don.*, IV, n. 173 ; Laurent, XIII, n. 252 ; Aubry et Rau, VII, p. 115, § 670 ; Huc, VI, n. 283 et les auteurs cités dans Fuzier-Herman sur l'art. 971, n. 7.

[2] *Sic*, Douai, 15 janvier 1834, S., 34. 2. 115, D. *Rép.*, v° *Notaire*, n. 414.

[3] En ce sens, Demolombe, *Don.*, IV, n. 173 ; Laurent, XIII, n. 252 ; Aubry et Rau, VII, p. 115, § 670 ; Huc, VI, n. 283.

[4] *Sic*, Duranton, IX, n. 53 ; Aubry et Rau, VII, p. 122, § 670 ; Demolombe, *Don.*, IV, n. 230 ; Laurent, XIII, n. 293.

[5] *Sic*, Demolombe, *Don.*, IV, n. 231 ; Laurent, XIII, n. 296 et les auteurs cités dans Fuzier-Herman sur l'art. 971, n. 51.

[6] *Sic*, Huc, VI, n. 283.

[7] *Sic*, Toulouse, 16 juin 1887, S., 88. 2. 141, D., 88. 2. 61. — Dans le même

également applicables au testament par acte public, puisqu'il s'agit là d'autant de points non spécialement réglés par le code civil dans les textes qu'il consacre au testament par acte public.

2014. Spécialement en ce qui concerne la date, nous devons dire qu'elle est constituée dans le testament public par les mêmes éléments que dans le testament olographe.

Elle suppose donc l'indication des jour, mois et année de la rédaction du testament.

2015. Il est d'ailleurs certain que l'erreur dans la date du testament public ou l'omission de l'un des éléments de cette date ne saurait entraîner la nullité du testament, lorsque l'erreur ou l'omission peut être réparée au moyen du testament lui-même.

Les auteurs et les arrêts s'accordent à le reconnaître [1].

Ce n'est qu'autant qu'il n'est point possible de réparer au moyen du testament lui-même, ce qu'il y a d'inexact ou d'incomplet dans la date qu'il contient, que le testament doit être considéré comme nul pour défaut de date [2].

Il n'y a là, du reste, que l'application de règles que nous avons déjà dégagées en ce qui concerne la date du testament olographe [3].

2016. Les textes du code civil ne disent point, comme ils le font pour la donation entre vifs, que le testament par acte public doit être rédigé en minute. C'est donc en se reportant aux règles de la loi du 25 ventôse an XI qu'on doit résoudre la question de savoir si le testament par acte public peut être rédigé en brevet ou s'il doit nécessairement être rédigé en minute.

Or, si on se reporte aux dispositions de la loi de ventôse, il est difficile d'admettre que le testament public puisse être rédigé en brevet. L'art. 20 de cette loi n'affranchit, en effet, de

sens Aubry et Rau, VII, p. 123, § 670; Laurent, XIII, n. 294; Demolombe, *Don.*, IV, n. 231.

(1) *Sic*, Cass., 18 janv. 1858, S., 58. 1. 177, D., 58. 1. 24; Limoges, 13 août 1856, S., 56. 2. 515. — *Sic*, Laurent, XIII, n. 293; Demolombe, *Don.*, IV, n. 230.

(2) V. notamment Cass., 19 mai 1885, S., 85. 1. 297, D., 85. 1. 345.

(3) V. ci-dessus n. 1947 s.

la rédaction en minute que des actes simples et provisoires, avec lesquels le testament ne présente guère d'analogie. Il suffit, pour s'en convaincre, de se reporter à l'énumération de ce texte.

D'ailleurs, à s'en tenir à la définition que le rapporteur de la loi de ventôse au tribunat donne des actes qu'il est possible de rédiger en brevet, il ne semble pas qu'on y puisse faire figurer le testament. Ces actes seraient « ceux dont le contenu, la nature et les effets ne présentent qu'un objet ou un intérêt simple en lui-même et passager ». Or, tel n'est pas évidemment le testament.

Aussi presque tous les auteurs s'accordent-ils à exiger que les notaires rédigent en minute les testaments qu'ils reçoivent [1].

Il y a cependant quelques dissidences [2].

N° 2. Des formalités spécialement prescrites par le code civil.

2017. Les formalités spéciales, prescrites par le code civil, en ce qui concerne les testaments par acte public, sont relatives à la dictée, à l'écriture, à la lecture du testament, à la présence des témoins, à la mention de ces formalités, enfin à la signature du testament.

Toutes ces formalités sont prévues et réglementées par les textes suivants.

ART. 972. *Si le testament est reçu par deux notaires, il leur est dicté par le testateur, et il doit être écrit par l'un de ces notaires, tel qu'il est dicté. — S'il n'y a qu'un notaire, il doit également être dicté par le testateur, et écrit par ce notaire. — Dans l'un et l'autre cas, il doit en être donné lecture au testateur en présence des témoins. — Il est fait du tout mention expresse.*

ART. 973. *Ce testament doit être signé par le testateur : s'il déclare qu'il ne sait ou ne peut signer, il sera fait dans l'acte mention expresse de sa déclaration, ainsi que de la cause qui l'empêche de signer.*

[1] *Sic*, Aubry et Rau, VIII, p. 208, § 755 ; Demolombe, *Don.*, IV, n. 235 ; Laurent, XIII, n. 295, et les auteurs cités dans Fuzier-Herman, sur l'art. 971, n. 69.

[2] V. notamment Merlin, *Répert.*, v° *Notaire*, § 5, n. 6.

Art. 974. *Le testament devra être signé par les témoins; et néanmoins, dans les campagnes, il suffira qu'un des témoins signe, si le testament est reçu par deux notaires, et que deux des quatre témoins signent, s'il est reçu par un notaire.*

2018. Toutes les formalités prescrites par ces articles le sont à peine de nullité.

On ne doit point oublier, en effet, qu'il s'agit là de formalités auxquelles se réfère la disposition générale de l'art. **1001** dont nous avons déjà reproduit les termes [1].

Il importe donc de les étudier avec soin.

A. *De la dictée.*

2019. Le testament doit être dicté par le testateur.

« Dicter c'est prononcer mot à mot ce qu'un autre écrit en même temps ».

Telle est l'acception normale donnée par le dictionnaire de l'Académie à l'expression qu'emploie le législateur, dans l'art. **972** du code civil, pour déterminer la manière dont le testateur peut faire connaître ses volontés au notaire appelé à les rédiger.

Rien ne permet de croire que ce ne soit point avec son acception normale que le législateur ait pris l'expression dont il se sert dans l'art. **972**.

2020. Il s'agit bien là, du reste, d'une formalité spéciale à la rédaction du testament par acte public, car les actes notariés ordinaires ne sont pas assujettis à la formalité de la dictée; le notaire peut les rédiger chez lui, sur des notes qu'il a prises en conversant avec ses clients. S'il en est autrement du testament par acte public, c'est, sans doute, que le législateur s'est préoccupé d'assurer l'indépendance et la spontanéité des dispositions testamentaires. Il a manifestement redouté et voulu exclure les interventions étrangères, celle du notaire plus que celle de tout autre peut-être, qui aurait pu trop facilement être prépondérante.

2021. Le vœu de la loi ne serait donc pas rempli, et le testament devrait être annulé, si le testateur s'était borné à

[1] V. ci-dessus n. 1819.

répondre affirmativement à des interrogations que le notaire lui aurait adressées.

Sur ce point les auteurs [1] et les arrêts [2] sont unanimes.

2022. *A fortiori* la même solution s'imposerait si le testateur s'était borné à répondre par signes à des interrogations du notaire.

Cela a été maintes fois jugé [3].

2023. Hâtons-nous d'ajouter que cela n'exclut pas cependant le droit et même le devoir pour le notaire d'adresser des questions au testateur, qui lui dicte ses dispositions, pour inviter celui-ci à éclaircir sa pensée lorsqu'elle ne paraît pas suffisamment nette.

Ainsi, dans une espèce, où le testateur avait dit : « Rien pour ma sœur et sa fille, tout pour mes autres neveux », la cour de cassation a jugé avec raison qu'avant de procéder à la rédaction du testament, le notaire avait pu légitimement adresser quelques questions au testateur pour lui faire préciser le sens de ses paroles, pour lui demander notamment s'il entendait bien, en s'exprimant comme il le faisait, déshériter sa sœur et la fille de celle-ci, au profit de ses autres neveux [4].

2024. Mais, sous peine de compromettre la validité du testament, le notaire doit se garder soigneusement de poser des questions de nature à gêner la liberté du disposant, à lui suggérer, par exemple, des dispositions auxquelles il n'aurait point songé spontanément.

Les questions posées par le notaire doivent tendre uniquement à faire préciser le sens et la portée des dispositions que le testateur fait de lui-même [5].

[1] *Sic*, Aubry et Rau, VII, p. 124, § 670; Laurent, XIII, n. 303 s.; Demolombe. *Don.*, IV, n. 265 s., ainsi que les auteurs cités dans Fuzier-Herman sur l'art. 972, n. 11.

[2] V. notamment Cass., 6 décembre 1886, S., 87. 1. 165, D., 87. 1. 399.

[3] V. notamment Dijon, 16 février 1872, S., 72. 2. 102, D., 72. 2. 313, et les arrêts rapportés dans Fuzier-Herman sur l'art. 972, n. 12.

[4] V. Cass., 15 fév. 1879, S., 79. 1. 121, D., 79. 1. 84. — V. également Cass., 7 janvier 1890, S., 90. 1. 120.

[5] V. sur la question, les auteurs et les arrêts cités dans Fuzier-Herman, sur l'art. 972, n. 17.

2025. Ce que nous disons des questions et interpellations du notaire nous devons le dire également des questions et interpellations des témoins [1].

2026. La question de savoir si les questions et les interpellations adressées au testateur par le notaire ou les témoins peuvent être, ou non, considérées comme des suggestions de nature à supprimer la spontanéité des dispositions testamentaires, est d'ailleurs une question de fait, dont la solution appartient souverainement aux juges du fond. Aussi dès qu'un arrêt décide, par appréciation des circonstances de la cause, que le testament a été dicté, sa décision échappe, sur ce point, au contrôle de la cour de cassation [2].

2027. Quand le testament est reçu par deux notaires, ils doivent assister tous deux à la dictée :

« Il *leur* est dicté », dit l'art. 972.

Les témoins doivent aussi être présents.

Nous aurons, du reste, bientôt à revenir sur la nécessité de leur présence.

2028. Mais si le législateur exige que le testament soit dicté, il n'a nulle part exigé que cette dictée fût faite en français.

Nous en concluons que la dictée peut être faite en une langue autre que la langue française.

Mais, à notre avis du moins, il faut, dans ce cas, que le notaire et les témoins comprennent l'idiome dans lequel s'exprime le testateur [3].

2029. Plusieurs arrêts ont admis cependant que le testateur peut se servir d'un interprète de son choix, pour dicter ses volontés au notaire, lorsque celui-ci ignore la langue dont il se sert [4].

Mais il faut bien reconnaître que, si cette jurisprudence

[1] V. pour l'application du principe, Bastia, 6 février 1875, sous Cass., 2 mai 1876, S., 76. 1. 460.

[2] Sur ces points, v. Cass., 2 mai 1876, S., 76. 1. 460, D., 77. 1. 247, et 3 mai 1876, S., 76. 1. 422, D., 77. 1. 245. — V. également Paris, 31 janvier 1874, S., 74. 2. 113, D., 75. 2. 121.

[3] *Sic*, Demolombe, *Don.*, IV, n. 251 ; Aubry et Rau, VII, p. 116 et 125, § 670 ; Laurent, XIII, n. 319 ; Huc, VI, n. 284, *in fine*.

[4] En ce sens, cour de Saint-Louis du Sénégal, 26 juill. 1876, S., 79. 2. 73. — Metz, 21 août 1823 et 19 nov. 1828, S. chr., D. *Rép.*, v° *Disp.*, n. 2878.

peut invoquer des raisons d'utilité pratique, elle est difficilement justifiable au point de vue des principes. En appliquant ceux-ci, on arrive sans doute à empêcher le testateur qui ne parle point le français de tester dans la forme publique, s'il ne trouve pas de notaire comprenant sa langue. Mais il y a, en définitive, pour lui rendre inaccessible cette forme de testament, les mêmes raisons qui empêchent le muet d'y recourir, alors que, d'ailleurs, celui-ci serait parfaitement capable de faire entendre ses volontés.

Il est permis de regretter que, dans les colonies du moins, des interprètes officiels n'aient point été attachés au corps des notaires comme auprès des différentes juridictions.

Il y a là peut-être une lacune dans la législation coloniale. Il ne saurait appartenir aux juges de la combler.

2030. La question est plus délicate en ce qui concerne les témoins. Par un arrêt du 5 mai 1887 (1), la cour de cassation belge a décidé qu'il n'était nullement nécessaire que les témoins entendissent la langue dont se servait le testateur pour dicter son testament.

C'est en s'attachant à la mission qu'elle reconnaît aux témoins instrumentaires que la cour a cru pouvoir se prononcer dans le sens de l'opinion qu'elle a admise. D'après elle, les témoins ne sont nullement appelés pour contrôler la fidélité de la rédaction du notaire, mais bien pour protéger la liberté du testateur contre les captations ou suggestions qui pourraient l'entourer. Ce qu'ils doivent faire, c'est veiller à l'accomplissement des formes destinées à assurer la libre expression des volontés du testateur. Or, pour constater que le notaire écrit sous la dictée du testateur, qu'il donne lecture de sa rédaction, que le testateur approuve celle-ci et la signe, point n'est besoin que les témoins entendent la langue dans laquelle le testateur a dicté ses dispositions.

2031. La conclusion est exacte, nous le reconnaissons volontiers, mais on peut contester le principe.

Borner le rôle des témoins aux simples constatations de fait dont on parle, c'est, à notre avis, singulièrement le diminuer

(1) Cass. Belgique, 5 mai 1887, S., 88. 4. 9. D., 88. 2. 120.

et le méconnaître, c'est oublier que la loi en fait des contrôleurs qu'elle place à côté du notaire, pour le surveiller et s'assurer qu'il reproduit fidèlement les volontés du testateur. La loi exige que les témoins soient présents à la dictée du testament, qu'ils assistent également à la lecture qu'en fait le notaire. Est-ce pour voir successivement le testateur et le notaire ouvrir et fermer la bouche? C'est à cela que se réduit leur intervention s'ils ignorent la langue du testateur. Dans ces conditions peuvent-ils même attester que le notaire a écrit sous la dictée du testateur, qu'il a donné lecture de ce qui lui a été dicté? Evidemment non, car ils n'en savent rien. Aussi ne doit-on pas s'étonner des protestations que l'arrêt ci-dessus rapporté a soulevées dans la doctrine.

2032. La jurisprudence est, d'ailleurs, loin d'être fixée dans ce sens.

Un arrêt déjà ancien de la cour de Nancy paraît bien, il est vrai, s'être arrêté à l'opinion consacrée par la cour de cassation de Belgique [1].

Mais, par un arrêt plus récent, la cour de Rennes [2] l'a nettement répudiée, en considérant : « que l'office des témoins requis d'assister à la réception d'un testament consiste non seulement à voir ce qui se fait, mais encore à entendre ce qui se dit, de telle sorte qu'ils puissent témoigner des volontés exprimées par le testateur et contrôler l'exactitude de la rédaction par l'audition de la lecture faite en leur présence ».

2033. La dictée constitue une formalité substantielle du testament par acte public. Elle ne saurait être remplacée par aucun équipollent, car tel est le propre des formalités substantielles.

Aussi, dès l'instant qu'il est justifié qu'elle n'a point eu lieu et que la mention y relative est fausse, le testament doit être annulé, quand bien même il serait constant que celui-ci a été rédigé par le notaire conformément aux volontés du testateur, si clairement manifestées qu'on les suppose [3].

2034. Il en résulte cette conséquence nécessaire que le

[1] Nancy, 28 juill. 1817, S. chr. et, sur pourvoi, Cass., 14 juill. 1818, S. chr.
[2] Rennes, 8 janv. 1884, S., 85. 2. 214.
[3] Cass., 12 août 1834, S., 35. 1. 202, D. *Rép.*, v° *Disposition*, n. 2830.

muet ne peut tester en la forme publique puisqu'il est incapable de dicter ses volontés.

Il en doit être ainsi alors qu'il s'agirait d'un muet qui serait en mesure d'exprimer sa pensée très nettement et très clairement par le langage des signes ou par l'écriture [1].

2035. La même solution ne cesserait pas de s'imposer si, sans être absolument muet, le testateur était presque entièrement privé de l'usage de la parole, s'il ne pouvait guère s'exprimer que par des monosyllabes qui lui permettraient sans doute d'exprimer ses volontés, mais non de les dicter [2].

2036. Il nous paraît même très douteux qu'un sourd-muet auquel l'éducation aurait rendu possible l'usage de son organe vocal puisse valablement dicter.

On objecte que s'il n'entend pas lui-même les sons qu'il émet, il les comprend [3].

Mais peut-on dire qu'il y ait, en pareil cas, entre la volonté du testateur et les sons qu'il émet, cette relation continue et intime que paraît bien exiger le législateur en prescrivant la dictée [4]?

2037. Une autre conséquence non moins certaine du caractère qu'il faut reconnaître à la dictée, c'est que le testament serait nul si le notaire s'était borné à reproduire un projet écrit que lui aurait remis le testateur [5].

Il suffirait même qu'une partie quelconque du testament eût été rédigée dans de semblables conditions, pour entraîner la nullité du testament tout entier, alors que cette partie du testament ne contiendrait aucune disposition de biens [6].

2038. Cela n'exclut nullement le droit pour le testateur de s'aider pour la dictée de notes ou d'écrits qu'il aurait rédigés à l'avance ou fait rédiger par un tiers.

(1) *Sic*, Demolombe, *Don.*, IV, n. 168, 243 et 244; Aubry et Rau, VII, p. 92, § 663; Huc, VI, n. 286.

(2) V. notamment Nîmes, 25 mars 1878, D., 79. 2. 136.

(3) *Sic*, Laurent, XIII, n. 312; Huc, VI, n. 286.

(4) *Sic*, Demolombe, *Don.*, IV, n. 244.

(5) *Sic*, Caen, 17 novembre 1884, S., 85. 2. 171. — Dans le même sens Demolombe, *Don.*, IV, n. 248; Aubry et Rau, VII, p. 124, § 670; Laurent, XIII, n. 302.

(6) *Sic*, Cass., 27 avril 1857, S., 57. 1. 522, D., 57. 1. 365. — V. cependant Cass., 14 juin 1837, S., 37. 1. 482.

Il pourrait même avoir complètement rédigé les volontés qu'il entend exprimer. Pour que le vœu de la loi soit, en pareil cas, satisfait, il nous paraît suffisant que le testateur ait lu lui-même son projet au notaire en présence des témoins et que le notaire, sans désemparer, ait reproduit les dispositions dont il venait d'entendre la lecture, alors même que, pour cette reproduction, il se serait servi du projet rédigé par le testateur. Il y a là, sans doute, une acception large de l'exigence de la loi. Elle n'est toutefois nullement incompatible avec l'esprit et même les termes de l'art. 972 (1), car si la dictée suppose, elle n'implique pas essentiellement la simultanéité de la parole et de l'écriture qui la reproduit. Comme le dit très justement la cour de Nancy dans un arrêt approuvé par la cour de cassation (2), ce serait là créer dans la pratique d'insurmontables difficultés, puisqu'on astreindrait ainsi le notaire à reproduire sans ordre et sans coordination des volontés souvent mal exprimées.

2039. Une dernière conséquence qu'on doit rattacher au caractère de la dictée, c'est que le testament serait nul pour le tout, si le notaire avait omis de reproduire une ou plusieurs des dispositions qui lui ont été dictées par le testateur (3).

B. *De l'écriture.*

2040. Le testament doit être écrit par le notaire ou par l'un des notaires s'il y en a deux; dans ce dernier cas, ils peuvent tenir la plume à tour de rôle. C'est là un point que tous les auteurs s'accordent à reconnaître (4), conformément, du reste, à l'opinion déjà adoptée par nos anciens auteurs (5).

2041. Mais il est certain que le testament serait nul, à la différence d'un acte notarié ordinaire, s'il était écrit par une autre personne, par un clerc par exemple.

2042. D'après l'unique document de jurisprudence existant sur la question, cette règle ne concernerait pas seulement les

(1) *Sic*. Cass., 6 novembre 1889, S., 90. 1. 72.

(2) Nancy, 21 juin 1888, rapporté avec Cassation, 6 novembre 1889, précité.

(3) *Sic*. Pau, 17 mars 1890, S., 91. 2. 124.

(4) *Sic*. Demolombe, *Don.*, IV, n. 263; Aubry et Rau, VII, p. 125, § 670, note 47, ainsi que les auteurs cités dans Fuzier-Herman, sur l'art. 972, n. 30.

(5) *Sic*. Furgole, *Testament*, ch. II, sect. III, n. 8; Bourjon, part. II, ch. I, n. 11 à la note.

dispositions dictées par le testateur, mais toutes les mentions requises pour la validité du testament, celles, par exemple, qui sont relatives au nom et à la demeure des témoins [1].

Mais n'est-ce pas exagérer les rigueurs de la loi qui, lorsqu'elle exige l'écriture du notaire, nous semble viser uniquement, les dispositions dictées par le testateur?

C'est là, tout au moins, l'opinion qui prévaut en doctrine [2].

2043. Ce qui, dans tous les cas, paraît bien certain, c'est que la règle ne saurait s'appliquer au préambule du testament, qui pourrait être d'un autre que le notaire, d'un de ses clercs ou d'un secrétaire par exemple.

2044. L'art. 972 ne dit pas seulement que le notaire doit écrire le testament, mais montre que le notaire doit l'écrire *tel qu'il lui est dicté*.

L'administration de l'enregistrement en a très justement tiré cette conséquence que le notaire, qui, sous la dictée du testateur, emploie d'anciennes dénominations monétaires, ne contrevient point aux dispositions de l'art. 7 de la loi du 25 ventôse an XI [3].

2045. Est-ce à dire que le notaire doive reproduire servilement les expressions mêmes dont le testateur s'est servi?

La négative est certaine.

Au point de vue de la correction et de la clarté, il peut y avoir intérêt à ce que la rédaction du notaire diffère quelque peu de la dictée du testateur. Ce qui doit être reproduit fidèlement, c'est surtout la pensée du disposant. La loi fait du notaire qui tient la plume le secrétaire du testateur, mais elle ne lui défend pas d'être un secrétaire intelligent.

La jurisprudence est depuis longtemps fixée en ce sens [4] et c'est aussi l'opinion unanime des auteurs [5].

(1) *Sic*, Caen, 15 février 1842, S., 42. 2. 199, D. *Rép.*, v° *Disposition entre vifs*, n. 2887.

(2) V. notamment Coin-Delisle sur l'art. 972, n. 18; Demolombe, *Don.*, IV. n. 264; Laurent, XIII, n. 317.

(3) Décision de l'administration de l'enregistrement du 25 janvier 1833, S., 33. 2. 579, D. *Rép.*, v° *Enregistrement*. n. 1775.

(4) *Sic*. Cass., 6 décembre 1875, S., 76. 1. 30, D., 77. 2. 246; 13 juin 1882, S., 82. 1. 472, D., 82. 1. 312, et 7 janv. 1890, S., 90. 1. 120, ainsi que les arrêts rapportés dans Fuzier-Herman sur l'art. 972, n. 47.

(5) V. notamment Demolombe, *Don.*, IV, n. 250; Huc, VI, n. 288; Laurent,

2046. Mais le notaire doit se garder de s'exagérer les pouvoirs qui lui appartiennent à ce point de vue.

S'il peut modifier les termes employés par le testateur, c'est à la condition qu'il se borne à exprimer, autrement que ne l'a fait celui-ci, une pensée qui, d'ailleurs, apparait d'une façon évidente.

Dès l'instant qu'il y a doute sur les véritables intentions qu'entend manifester le testateur, il ne saurait appartenir au notaire de les constater en leur donnant un sens et une portée qui ne ressortent pas nettement des paroles prononcées [1].

2047. Il n'est plus contesté aujourd'hui que la rédaction du testament puisse être indifféremment conçue en faisant parler le testateur à la première personne, ou à la troisième sous forme de rédaction. Sans doute, le testament doit être la reproduction aussi exacte que possible des paroles du testateur. Mais, comme nous l'avons dit déjà, cela doit s'entendre avant tout de la pensée qu'expriment les paroles. Dès lors qu'importe la forme donnée par le notaire à sa rédaction ?

Que celle-ci soit conçue sous forme de récit, ou qu'elle reproduise les paroles mêmes du testateur, dès l'instant qu'elle exprime exactement les intentions du testateur, le testament est également valable.

La jurisprudence [2] et tous les auteurs [3] s'accordent à le reconnaître.

2048. Il a également été jugé, avec raison croyons-nous [4], que le notaire peut, sous la dictée même du testateur, n'écrire qu'un simple brouillon sur papier libre et le transcrire ensuite sur papier timbré, pourvu que la transcription soit faite en présence du testateur et des témoins [5].

XIII, n. 314; Aubry et Rau, VII, p. 125, § 670 et les auteurs cités dans Fuzier-Herman sur l'art. 972, n. 47.

(1) V. notamment Douai, 26 juillet 1876, sous Cass., 12 février 1878, S., 79. 1. 121, D., 79. 1. 84.

(2) *Sic*, Bourges, 26 février 1855, S., 55. 2. 498, D., 55. 2. 295.

(3) *Sic*, Demolombe, *Don.*, IV, n. 253; Aubry et Rau, VII, p. 125, § 670; Huc, VI, n. 288 *in fine*; Laurent, XIII, n. 315 et les auteurs cités dans Fuzier-Herman, sur l'art. 972, n. 40.

(4) C'est aussi l'opinion de presque tous les auteurs. Demolombe, *Don.*, IV, n. 254; Aubry et Rau, VII, p. 125, § 670; Laurent, XIII, n. 316.

(5) *Sic*, Cass., 19 mars 1861, S., 61. 1. 760, D., 61. 1. 100. — Bordeaux, 9 mars 1859, S., 59. 2. 609, D., 59. 2. 220.

Que cette dernière condition, la présence du testateur et des témoins, soit essentielle lors de l'écriture du testament, on ne saurait le contester. Dès l'instant qu'en tout ou en partie, le testament a été écrit hors de la présence du testateur ou des témoins, sa nullité est certaine [1].

Mais, comme nous l'avons dit déjà [2], c'est peut-être exagérer les rigueurs de la loi que d'exiger la simultanéité de l'écriture et de la dictée, alors que ni l'esprit ni même les termes de la loi ne l'exigent d'une façon formelle et absolue.

2049. Si le testateur parle une langue autre que la langue française, comment procèdera le notaire?

Il semble difficile de donner ici satisfaction, d'une part à l'art. **972**, qui exige que le testament soit écrit *tel qu'il est dicté*, et, d'autre part, à un arrêté des consuls du **24** prairial an XI, ayant force de loi, qui prescrit d'écrire tous les actes publics en français, sauf à faire à mi-marge une traduction dans l'idiome des parties, quand elles le réclament.

Toutefois, si l'on observe que la nullité est attachée à la violation de l'art. **972** (art. **1001**), tandis qu'elle ne l'est pas à la violation de l'arrêté du **24** prairial an XI [3], on se trouve naturellement conduit à s'attacher *principalement* à l'observation de l'art. **972**.

Nous conseillerions donc au notaire, dans l'espèce proposée, d'écrire le testament *tel qu'il lui est dicté*, c'est-à-dire dans l'idiome du testateur, et de faire à mi-marge une traduction du testament en français; et, en cas de divergence entre le texte et la traduction, c'est au texte que la préférence nous semblerait devoir être accordée [4].

Cette manière de procéder, qui respecte l'arrêté du **24** prairial an XI dans la mesure du possible, nous paraît à la fois plus simple et plus juridique que celle qui est conseillée par

[1] *Sic*, Cass., 17 juillet 1884, S., 85. 1. 127, D., 85. 5. 414.

[2] V. ci-dessus n. 2038.

[3] Telle est du moins la solution que consacre la cour suprême. V. notamment Cass., 22 janvier 1879, S., 79. 1. 170, D., 79. 1. 219.

[4] *Sic*, Laurent, XIII, n. 318; Demolombe, *Don.*, IV, n. 252 *bis*.

la plupart des auteurs [1] et consacrée par la jurisprudence [2].

2050. D'après l'opinion dominante, le notaire doit écrire le testament en français (ce qui l'oblige à traduire mentalement à mesure qu'il écrit), sauf à faire à mi-marge une traduction dans l'idiome du testateur, traduction dont il est donné lecture au testateur en présence des témoins et qui ne constitue pas le véritable testament; car, en cas de divergence, c'est au texte français qu'on s'en tient.

Il est vrai que cette manière de procéder est conforme à une circulaire du grand juge du 4 thermidor an XII.

Répondant à l'objection que le testament doit être tel qu'il est dicté, cette circulaire porte que : « Lorsque la loi dit que le testateur dictera son testament, elle ne dit pas que ce sera en français : qu'on ne peut forcer quelqu'un de parler une langue qu'il ne sait pas; que le notaire est seulement tenu de rédiger le testament en langue française; que rien n'empêche d'ailleurs qu'il n'en fasse une traduction à mi-marge : l'arrêté même du 24 prairial an XI (art. 2) l'y autorise; mais cette traduction n'aura pas l'autorité de la traduction française ».

Mais, outre que cette circulaire est spécialement adressée aux notaires de Bruxelles, elle n'a pas, en tout cas, force de loi. D'ailleurs la marche qu'elle conseille offre un très grave inconvénient : le testateur ne peut contrôler que la traduction dont il lui est donné lecture, de sorte que, si le notaire a mal interprété sa pensée dans le texte français, le testateur ne pourra pas faire réparer l'erreur, et, en définitive, sa volonté ne sera pas exécutée.

2051. Dans tous les cas, le testament doit être lu au testateur *en présence des témoins* (art. 972).

Il y aurait nullité, si lecture du testament avait été donnée au testateur et aux témoins séparément.

2052. La loi ne disant pas par qui la lecture doit être

(1) *Sic*, Aubry et Rau, VII, p. 98, § 665; Huc, VI, n. 289, ainsi que les auteurs cités dans Fuzier-Herman, sur l'art. 972, n. 36.

(2) V. notamment Cass., 4 mai 1807, S. chr., D. *Rép.*, v° *Dispositions entre vifs*, n. 2874 et 3 août 1891, D., 93. 1. 31. — Cass. belge, 5 mai 1887, S., 88. 4. 9, D., 88. 2. 120. — Bastia, 11 nov. 1889, S., 90. 2. 151.

faite, et bien que le notaire semble tout naturellement désigné pour cet office, il paraîtrait difficile de prononcer la nullité du testament sur ce fondement que la lecture en aurait été donnée par une *autre personne que le notaire, par un clerc par exemple* [1].

2053. Il faut même admettre, quoique ce point soit plus délicat, que le vœu de la loi serait rempli, si la lecture du testament était donnée à haute voie par le testateur lui-même, le notaire et les témoins étant présents : ce qui permettrait à un sourd, qui n'est pas muet, de tester par acte public : autrement il ne le pourrait pas, incapable qu'il est d'entendre la lecture du testament.

La jurisprudence paraît se former en ce sens [2]

2054. Mais le vœu de la loi ne serait pas évidemment rempli si le testateur se bornait à lire, à voix basse et pour lui seul, le testament que vient d'écrire le notaire [3].

2055. Le testament doit être lu en entier, et, comme il s'agit là d'une formalité substantielle, il doit l'être à peine de nullité.

De là, il résulte que si, après avoir lu le testament, le notaire y ajoutait une nouvelle disposition dictée par le testateur, sans en donner lecture, le testament serait nul tout entier.

Il en devrait être ainsi, alors qu'il s'agirait d'un simple renvoi régulièrement fait et signé par le testateur.

Les auteurs [4] et les arrêts [5] s'accordent à le reconnaître.

2056. Tout ce qu'on peut admettre, c'est que si la disposition nouvelle était nulle, son défaut de lecture ne pourrait entraîner la nullité du testament [6].

[1] *Sic*, Bordeaux, 5 juill. 1855, S., 55. 2. 758, D., 56. 2. 9. — Pau, 9 janv. 1867. S., 68. 2. 265. — Dans le même sens, Laurent, XIII, n. 321, ainsi que les auteurs cités dans Fuzier-Herman sur l'art. 972, n. 53.

[2] *Sic*, Cass., 14 fév. 1872, S., 72. 1. 5, D., 72. 1. 457. — Paris, 21 fév. 1879, S., 79. 2. 150.

[3] *Sic*, Cass., 10 avril 1854, S., 54. 1. 353, D., 54. 1. 169. — Montpellier, 1er décembre 1852, S., 53. 2. 7, D., 53. 2. 82.

[4] *Sic*, Aubry et Rau, VII, p. 126, § 770; Laurent, XIII, n. 322 : Demolombe, *Don.*, IV, n. 254.

[5] *Sic*, Cass., 24 nov. 1835, S., 36. 1. 106, D. *Rép.*, v° *Dispos.*, n. 2813 : 18 août 1856, S., 57. 1. 218.

[6] *Sic*, Cass., 24 nov. 1835 précité. — Dans le même sens Demolombe, *Don.*, IV, n. 275 : Aubry et Rau, VII, p. 126, § 670, note 53.

2057. Dans le cas où le testament a été dictée en langue étrangère, la jurisprudence paraît admettre que l'exigence de la loi est satisfaite aussi bien quand le notaire lit le testament tel qu'il lui a été dicté que lorsqu'il donne lecture de la traduction française qu'il en a faite. Mais il faut évidemment, pour qu'il en soit ainsi, que le testateur et le notaire comprennent et le français et l'idiome dans lequel le testament a été dicté [1].

2058. Quant à la question de savoir si, en pareil cas, les témoins doivent également comprendre les deux langues, elle dépend évidemment de la question plus générale de savoir quel est au juste le rôle qu'ils ont à jouer dans le testament.

Admet-on qu'ils sont là uniquement pour constater les faits matériels de la dictée, de l'écriture, de la lecture et de la signature ?

On en doit conclure qu'il n'est nullement nécessaire qu'ils comprennent les deux langues.

Mais, si c'est là l'opinion qui prévaut dans la jurisprudence belge [2], ce n'est pas là, nous l'avons vu [3], l'opinion de la jurisprudence française [4].

D'après celle-ci, les témoins sont appelés pour contrôler l'œuvre du notaire, pour s'assurer *ex propriis sensibus* que sa rédaction est bien conforme aux volontés du testateur. La conconséquence c'est qu'ils doivent comprendre et la langue employée dans la dictée et la langue employée dans la lecture. Leur contrôle n'existe qu'à ce prix [5].

D'après quelques auteurs [6] il suffirait cependant : « qu'il soit constaté que les témoins ont acquis une connaissance exacte et complète des dispositions testamentaires au moyen de la lecture par interprétation que le notaire en a donnée ».

Mais admettre un pareil tempérament, c'est rendre bien

(1) Bruxelles, 17 juillet 1821, S. chr., D. *Rép.*, v° *Disp.*, n. 2874.

(2) V. notamment Cass. belge, 5 mai 1887, S., 88. 4. 9 et les arrêts cités dans Fuzier-Herman, sur l'art. 972, n. 85.

(3) V. ci-dessus, n. 2032.

(4) V. notamment Rennes, 8 janv. 1884, S., 85. 2. 214, D., 85. 2. 96.

(5) En ce sens Demolombe, *Don.*, IV, n. 197 ; Laurent, XIII, n. 268 et les auteurs cités dans Fuzier-Herman, sur l'art. 972, n. 86.

(6) V. notamment Aubry et Rau, VII, p. 115, § 670, texte et note 7.

agile et presque illusoire la garantie du contrôle des témoins, est, dans tous les cas, ouvrir une bien large porte à l'arbitaire du juge,

D. *Présence des témoins.*

2059. L'article 972 exige seulement qu'il soit fait mention presse de la présence des témoins au moment de la lecture ı testament. Mais il est incontestable que ce texte doit être mplété par celui de l'art. 971 spécifiant que le testament ɔit être reçu en présence des témoins.

Il en résulte que toutes les formalités substantielles, non ulement la lecture du testament, mais la dictée et l'écriture ɔivent être accomplies en présence des témoins.

Les auteurs [1] et la jurisprudence [2] sont d'accord sur ce ɔint.

2060. Les arrêts interprètent même cette exigence avec la ɜrnière rigueur. Si courte qu'elle ait été, l'absence de l'un es témoins, pendant la confection du testament, suffit à enaîner la nullité de celui-ci [3].

2061. On ne pourrait pas, d'ailleurs, éviter la nullité enɔurue, en offrant de prouver que rien d'essentiel ne s'est ıssé pendant l'absence des témoins [4]. Dès lors, si l'un des moins est obligé de s'absenter, ne fût-ce qu'un instant, il ut nécessairement suspendre la confection du testament, tant ue dure cette absence.

2062. Il importe toutefois de ne pas exagérer sur ce point ı rigueur de la loi.

Ce qu'elle exige c'est que le testament soit reçu en présence es témoins. Or, ceci ne doit évidemment s'entendre que des arties du testament qui doivent être écrites par le notaire ɔus la dictée du testateur et non du protocole qui, d'après

(1) *Sic*, Laurent, XIII, n. 297; Demolombe, *Don.*, IV, n. 239 *bis*, 265 et 257; Au·y et Rau, VII, p. 125, § 670, et les auteurs cités dans Fuzier-Herman, sur l'art. 72, n. 67.

(2) Cass., 18 janv. 1864, S., 64. 1. 81, D., 64. 1. 139.

(3) Bordeaux, 8 mai 1860, S., 60. 2. 129. — Chambéry, 12 août 1872, S., 73. 2. 72, D., 74. 1. 219.

(4) *Sic*, Bordeaux, 8 mai 1860 précité.

la jurisprudence dominante [1], peut être préparé à l'avance par le notaire en dehors de la présence des témoins. C'est aussi l'opinion des auteurs [2].

2063. Mais que doit-on entendre par protocole?

A notre avis, ce sont seulement les clauses de style par lesquelles débutent tous les testaments comme tous les actes notariés.

On ne pourrait considérer comme protocole un préambule émanant du testateur lui-même, alors que ce préambule ne contiendrait aucune disposition de biens. De même que toutes les autres parties du testament qui sont l'œuvre du testateur, un semblable préambule doit être dicté et écrit en présence des témoins.

C'est la doctrine que la cour de cassation n'a point hésité à appliquer au sujet d'un préambule dans lequel le testateur se bornait à affirmer sa foi religieuse [3].

E. *De la mention des formalités ci-dessus.*

2064. Le testament doit contenir la mention expresse qu'il a été dicté par le testateur, qu'il a été écrit par le notaire ou par l'un des notaires tel qu'il a été dicté, et qu'il en a été donné lecture au testateur en présence des témoins. C'est là ce qui résulte de la disposition finale de l'art. 972 du code civil, qui, après avoir prescrit les différentes formalités dont nous venons de parler, ajoute : « *Il est fait du tout mention expresse* ».

La mention a pour but d'assurer l'accomplissement des formalités prescrites.

Le notaire qui ferait une fausse mention se rendrait coupable d'un faux en écritures publiques et deviendrait comme tel passible de la peine des travaux forcés à perpétuité [4].

Il est donc à peu près certain qu'une formalité a été remplie, lorsque le notaire l'affirme par une mention expresse; il

(1) V. Chambéry, 12 août 1872, S., 73. 2. 172, D., 74. 2. 219 et les arrêts rapportés dans Fuzier-Herman, sur l'art. 972, n. 81.

(2) *Sic*, Demolombe, *Don.*, IV, n. 264; Aubry et Rau, VII, p. 126, § 67 et les auteurs cités dans Fuzier-Herman, sur l'art. 972, n. 81.

(3) Cass., 27 avril 1857, S., 57. 1. 522, D., 57. 1. 365.

(4) Art. 146 du code pénal.

jouerait trop gros jeu en faisant une affirmation contraire à la vérité. La garantie de l'honneur du notaire était la plus forte de toutes; c'est celle que que le législateur a choisie.

2065. C'est le plus souvent pour défaut de mention ou pour mention insuffisante que les testaments par acte public sont annulés. On aurait tort de blâmer les tribunaux de la sévérité qu'ils déploient en cette matière, car c'est le respect dû à l'autorité de la loi qui inspire leurs décisions. Le blâme doit remonter plutôt au législateur, qui a peut-être dépassé la juste mesure, en se montrant si rigoureux à l'endroit des formalités qu'il édictait. Combien de testaments ont été annulés, qui étaient cependant l'expression fidèle de la volonté des testateurs?

Citons quelques espèces qui montrent avec quelle rigueur les tribunaux s'en tiennent aux prescriptions légales.

2066. C'est ainsi que la mention relative à l'écriture du testament par le notaire, et conçue dans ces termes : « Le présent testament... a été *passé et rédigé* par moi, notaire... », a été trouvée insuffisante et le testament qui la contenait annulé. Elle ne prouve pas, en effet, d'une façon absolue, que le testament a été *écrit* par le notaire, ainsi que l'exige l'art. 972; le testament peut avoir été *rédigé* par le notaire et *écrit* par un autre que lui : *rédiger* indique une opération de l'esprit, *écrire* une opération de la main [1].

2067. Il a été jugé de même en ce qui concerne soit la mention que le notaire « a reçu » le testament [2], soit les mots : « fait et passé par... » [3] ou « fait et lu par... » [4] placés à la fin du testament.

2068. La mention relative à la lecture au testateur n'a pas paru suffisante alors qu'il était dit seulement que le testament avait été lu « dans l'appartement et à côté du lit du

(1) Colmar, 11 février 1815, S. chr., D. *Rép.*, v° *Dispos.*, n. 2940. — Dans le même sens Laurent, XIII, n. 343; Demolombe, *Don.*, IV, n. 290.

(2) Turin, 22 mars 1806, S. chr., D. *Rép.*, v° *Dispos.*, n. 2895.

(3) Besançon, 27 novembre 1806, S. chr. — V. également Cass., 4 février 1808, S. chr., D. *Rép.*, v° *Dispos.*, n. 2895.

(4) Turin, 4 mars 1806, S. chr.

testateur » [1], ou encore qu'après lecture le testateur avait persisté dans son testament [2].

2069. Il est incontestatable que le testament doit établir, par lui-même, que sa réception a été faite en présence des témoins qu'exige l'art. 971 C. civ. Tous les auteurs s'accordent à le reconnaître : autrement la garantie résultant de la présence des témoins deviendrait illusoire [3].

Il n'en est pas moins vrai que l'art. 972 n'impose qu'une seule mention relative à la présence des témoins, c'est la mention que la lecture du testament a été faite au testateur en présence des témoins. Donc pas besoin que le testament mentionne qu'il a été dicté et écrit en présence des témoins, mais seulement que ceux-ci ont assisté à la lecture qui en a été faite au testateur.

Cela a été jugé [4] et c'est aussi l'opinion des auteurs [5].

2070. Mais du moins l'unique mention relative à la présence des témoins, la jurisprudence l'exige avec la même rigueur que les mentions relatives à la dictée ou à l'écriture.

C'est ainsi que la cour de cassation la juge insuffisamment faite alors que le testament porte seulement : « qu'il a été lu au testateur et aux témoins ». Cette mention ne prouve pas, dit la cour, que les témoins étaient présents lors de la lecture faite au testateur, comme l'exigent, à peine de nullité, les art. 972 et 1001 combinés, car on peut soutenir, *sans incriminer le notaire de faux,* que le testament a été lu au testateur et aux témoins séparément [6].

2071. Les mentions prescrites sont rigoureusement exigées. Elles sont substantielles et requises à peine de nullité, au même titre que l'écriture ou la lecture.

(1) Aix, 11 mai 1807, S. chr., D. *Rép.*, v° *Disp.*, n. 2954. — *Sic*, Laurent, XIII, n. 345; Demolombe, *Don.*, IV, n. 294; Aubry et Rau, VII, p. 129, § 670.

(2) Cass., 19 frimaire an XIV, S. chr., D. *Rép.*, v° *Disp.*, n. 2932.

(3) *Sic*, Laurent, XIII, n. 302, ainsi v. les citations faites dans Fuzier-Herman, sur l'art. 972, n. 167.

(4) Douai, 24 mai 1853, S., 53. 2. 377, D., 53. 2. 184.

(5) *Sic*, Demolombe, *Don.*, IV, n. 279; Aubry et Rau, VII, p. 127, § 670, note 27; Laurent, XIII, n. 301.

(6) Cass., 10 et 24 juin 1811, S. chr., D. *Rép.*, v° *Disp.*, n. 2947. — *Sic*, Demolombe, *Don.*, IV, n. 290; Aubry et Rau, VII, p. 129, § 670; Laurent, XIII, n. 348.

Est-ce à dire qu'elles doivent être faites exactement dans les termes employés par la loi?

C'est assurément le plus prudent; mais ce n'est pas chose nécessaire, car nous n'avons pas de termes sacramentels dans notre droit.

Il suffit que la mention prouve, d'une manière indubitable, l'accomplissement de la formalité prescrite, quels que soient d'ailleurs les termes dans lesquels elle est conçue [1].

2072. Mais si les mentions ne doivent point être faites en termes sacramentels, au moins doivent-elles être expresses.

La loi l'exige formellement.

En conséquence, il ne suffirait pas qu'on pût induire de l'ensemble des clauses du testament que la formalité a été remplie. Une chose, dit la cour de cassation, peut bien résulter implicitement des clauses d'un acte, mais, de cet ensemble, la chose ne peut pas résulter d'une manière expresse.

2073. D'ailleurs la question de savoir si une mention doit être ou non considérée comme expresse, selon le vœu de la loi, constitue pour la cour suprême, non une simple question de fait, mais une question de droit. Aussi la cour a-t-elle toujours refusé d'en abandonner la solution à l'appréciation souveraine les juges du fond [2] et presque tous les auteurs approuvent sa jurisprudence [3].

2074. Sur la place que doivent occuper les mentions, la loi est restée muette.

On en doit conclure que cette place est indifférente. Il suffit qu'elles figurent avant les signatures afin d'être attestées par celles-ci.

La jurisprudence est en ce sens [4] et c'est l'opinion unanime des auteurs [5].

(1) Cpr. notamment Cass., 14 déc. 1886, S., 87. 1. 166, D., 87. 1. 389, et 10 janv. 1888, S., 88. 1. 215, D., 88. 1. 56.

(2) Cass., 24 mai 1853, S., 53. 1. 406, D., 53. 1. 227 et 22 juin 1881, S., 82. 1. 117. — V. également les arrêts rapportés dans Fuzier-Herman, sur l'art. 972, n. 104.

(3) *Sic*. Laurent, XIII, n. 331; Demolombe, *Don.*, IV, n. 283. — V. cependant Troplong, III, n. 1589.

(4) V. notamment Rennes, 17 février 1879, S., 79. 2. 115, D., 79. 2. 69.

(5) *Sic*. Laurent, XIII, n. 333; Aubry et Rau, VII, p. 130, § 670; Demolombe, *Don.*, IV, n. 298 et les auteurs cités dans Fuzier-Herman, sur l'art. 972, n. 223.

2075. Mais la loi a beau n'avoir point indiqué la place des mentions qu'elle exige, encore faut-il que celles-ci puissent s'appliquer à l'ensemble des clauses du testament.

En supposant, par exemple, que le testament contienne des clauses additionnelles ou des renvois écrits de telle sorte que les mentions requises ne puissent les viser, le vœu de la loi qui les exige ne serait évidemment pas rempli.

Cette réserve a d'ailleurs une portée considérable.

Formalités substantielles, les mentions prescrites par l'art. 972 doivent nécessairement viser l'ensemble du testament. S'il n'en est point ainsi c'est le testament tout entier qui est frappé de nullité.

Les auteurs (1) et les arrêts (2) sont en ce sens.

2076. La jurisprudence n'a même point hésité à appliquer cette doctrine rigoureuse dans des espèces où la clause additionnelle n'avait qu'une portée insignifiante, dans un cas, par exemple, où cette clause imposait uniquement à l'héritier la charge de donner un pain bénit à la paroisse le jour de la Toussaint (3).

2077. Le seul tempérament que paraissent admettre les arrêts concerne le cas où la clause additionnelle serait surabondante et inutile (4).

Ce tempérament nous semble d'ailleurs difficilement contestable (5).

F. *De la signature du testament.*

2078. Nous avons à parler successivement de la signature du testateur, de celle des témoins et de celle du notaire ou des notaires.

(1) *Sic*, Aubry et Rau, VII, p. 135, § 670; Demolombe, *Don.*, IV, n. 274; Laurent, XIII, n. 322 et 334, ainsi que les auteurs cités dans Fuzier-Herman, sur l'art. 972, n. 240.

(2) Cass., 12 nov. 1816, S., chr., D. *Rép.*, v° *Disp.*, n. 2544 et 22 juin 1881, S., 82. 1. 117, D., 82. 1. 180.

(3) Toulouse, 22 juin 1864, D., 64. 2. 167.

(4) Toulouse, 28 janv. 1833, S., 33. 2. 368, D. *Rép.*, v° *Disp.*, n. 2904. — Limoges, 28 août 1839, D., 40. 2. 71.

(5) Demolombe, *Don.*, IV, n. 276.

a. *Signature du testateur.*

2079. Le testament doit être signé par le testateur. L'art. 973 l'exige d'une façon formelle.

Les auteurs s'accordent du reste à reconnaître que, dans les testaments authentiques, la signature se constitue des mêmes éléments que dans les testaments olographes [1].

La jurisprudence est fixée dans le même sens.

Aussi ne doit-on pas s'étonner que des arrêts aient pu tenir pour suffisantes des signatures imparfaites, soit à raison de fautes d'orthographe ou d'erreurs de prénom [2], soit même à raison de ce fait qu'au lieu de signer de son véritable nom, le testateur aurait signé du nom par lequel on le désignait habituellement [3].

Nous avons, en ce qui concerne les testaments olographes, relevé des décisions analogues.

2080. On peut même constater, dans la jurisprudence, une tendance à se montrer plus facile pour la signature du testament public que pour celle du testament olographe. C'est ainsi que de simples initiales ou des caractères illisibles ont pu être considérés comme constituant une signature suffisante dans un testament public [4]. Or, nous hésitons à croire que de semblable décisions eussent pu être rendues en matière de testaments olographes.

2081. Lorsque le testament est écrit sur plusieurs feuilles, il est évident que la signature du testateur ne devra pas nécessairement être reproduite au bas de chaque feuille [5].

2082. Si le testateur ne sait pas signer ou s'il ne le peut pas, il doit le déclarer au notaire. La déclaration, faite par le testateur, qu'il ne sait pas *écrire*, ne donnerait pas satisfaction au vœu de la loi; car il peut très bien ne pas savoir écrire et savoir signer.

(1) Demolombe, *Don.*, IV, n. 101 s. et 305; Laurent, XIII, n. 358; Aubry et Rau, VII, p. 98, § 666 et p. 130, § 670.

(2) Riom, 4 décembre 1809, S. chr., D. *Rép.*, v° *Disp.*, n. 2721.

(3) Cass., 10 mars 1829, S. chr., D. *Rép.*, v° *Disp.*, n. 3008. — V. cependant Laurent, XIII, n. 221 s. et 358.

(4) V. notamment Cass., 19 juillet 1842, D. *Rép.*, v° *Disp. entre vifs*, n. 3019. — Nancy, 1er mars 1831, S., 31. 2. 182, D. *Rép.*, v° *Disp.*, n. 3010.

(5) *Sic.* Aix, 15 février 1871, D., 72. 2. 52.

2083. Si le testateur sachant signer a déclaré qu'il ne le savait pas, cette fausse déclaration équivaut à un refus de signer, refus qui peut, d'ailleurs, s'expliquer quand le testateur a été victime d'obsessions qui lui auraient arraché des dispositions contraires à sa volonté.

Aussi, en pareil cas, la nullité du testament est-elle certaine.

Les auteurs et les arrêts sont unanimes à le reconnaître [1].

2084. Vraie en principe, la règle ci-dessus comporte toutefois une série de tempéraments que la jurisprudence y a très sagement apportés. C'est qu'en effet une fausse déclaration de ne pas savoir signer ne saurait être toujours l'équivalent d'un refus de signer.

Ainsi il peut arriver très bien qu'un illettré se considère de très bonne foi comme ne sachant pas signer, alors qu'il lui arrive parfois de mettre son nom au bas des actes qui le concernent [2].

Il se peut également que, par une déclaration de ce genre, le testateur entende simplement exprimer l'impossibilité actuelle où il se trouve de signer, à raison de la maladie ou des infirmités dont il souffre, au moment de la rédaction de son testament [3].

Dans de semblables circonstances, la déclaration de ne pas savoir signer ne saurait évidemment équivaloir au refus de signer.

De là, en pareille matière, la nécessité de tenir un très large compte des circonstances et des faits de la cause.

2085. Il ne suffit pas que le testateur ait déclaré au notaire ne savoir ou ne pouvoir signer ; le notaire doit mentionner cette déclaration.

Il doit mentionner, en outre, la cause qui empêche le testateur de signer.

2086. Cette cause est suffisamment indiquée, quand la

(1) V. les auteurs et les arrêts cités dans Fuzier-Herman, sur l'art. 973, n. 28.

(2) Cass., 5 mai 1831, S., 31. 1. 199, D. *Rép.*, v° *Disp.*, n. 3059, et 28 janv. 1840, S., 40. 1. 115, D. *Rép.*, eodem.

(3) Cass., 13 mai 1868, S., 68. 1. 357, D., 69. 1. 317, et 13 août 1883, S., 84. 1. 456, D., 84. 1. 118.

mention porte que le testateur a déclaré *ne savoir signer*, mais non, en général du moins, lorsqu'il est exprimé que le testateur a déclaré *ne savoir écrire ;* car il peut savoir signer quoiqu'il ne sache pas écrire.

Mais on doit évidemment réserver le cas où il résulterait du contexte du testament que le mot *écrire* a été pris dans le sens de *signer* [1].

La cour de cassation considère la mention, que le testateur a déclaré *ne savoir ni lire ni écrire*, comme équivalente de la mention qu'il a déclaré ne savoir signer [2].

2087. La mention que *le testateur a déclaré ne pouvoir signer* serait insuffisante comme ne faisant pas connaître la cause qui l'a empêché de signer ; il faut ajouter que le testateur n'a pas pu signer à cause de sa faiblesse, de sa cécité...

2088. Mais il paraît difficile, vu le silence de la loi, d'exiger, à peine de nullité, que la cause soit déclarée par le testateur lui-même ; il suffit qu'elle soit indiquée par le notaire [3].

2089. Il a même été jugé que cette cause n'avait pas besoin d'être expressément mentionnée, qu'elle pouvait résulter suffisamment du rapprochement des diverses énonciations du testament [4].

2090. Le texte de l'art. 973 prouve d'une façon manifeste que la loi exige comme conditions distinctes :

1° Que le testateur déclare ne savoir ou ne pouvoir signer ;

2° Que le notaire fasse mention expresse de cette déclaration, ainsi que de la cause qui empêche le testateur de signer.

Il en résulte que le testament serait nul, si le notaire s'était borné à constater l'impossibilité où est le testateur de signer, sans faire mention de sa déclaration qu'il ne sait ou ne peut signer, s'il était dit par exemple : « et, le testateur n'ayant pu signer vu son état de faiblesse, les témoins ont seuls signé avec le notaire » [5].

(1) *Sic*, Cass., 23 décembre 1861, S., 62. 1. 29, D., 62. 1. 31.

(2) V. les différents arrêts cités dans Fuzier Herman, sur l'article 973, n. 35.

(3) *Sic*, Cass., 12 février 1879, S., 79. 1. 121, D., 79. 1. 85.

(4) *Sic*, Cass., 10 décembre 1861, S., 62. 1. 193, D., 62. 1. 38.

(5) V. sur un certain nombre d'espèces également intéressantes les arrêts cités dans Fuzier-Herman, sur l'article 973, n. 55 à 58.

Il en serait de même si le testament portait uniquement la trace d'un effort fait par le testateur, pour apposer sa signature au bas du testament, alors que le notaire aurait constaté l'impossibilité où se serait trouvé le testateur d'apposer sa signature [1].

La déclaration du testateur *qu'il ne sait* ou *ne peut signer* est essentielle; c'est elle qui remplace la signature, et le testament doit fournir par une mention expresse la preuve que cette déclaration a été faite.

Les auteurs [2] et les arrêts [3] s'accordent à le reconnaître.

2091. C'est, d'ailleurs, aux juges du fait qu'il appartient de décider souverainement si le testament contient ou non une mention suffisante de la déclaration exigée du testateur qui ne signe point son testament [4].

2092. Le code civil ne dit rien de la place que doit avoir la mention que le testateur ne sait ou ne peut signer. Or, comme il ne peut s'agir de le compléter par les dispositions de la loi de ventôse sur un point qu'il a spécialement réglé, les auteurs et la jurisprudence en ont conclu que cette mention est valablement placée là où le notaire juge à propos de la mettre. Elle peut donc être intercalée dans le corps du testament aussi bien qu'apposée après ses dernières dispositions. Tout ce qui est nécessaire c'est qu'elle soit faite avant la clôture du testament [5].

2093. A la différence de l'art. 972, l'art. 973 n'exige pas qu'il soit donné lecture aux témoins de la déclaration faite par le testateur qu'il ne sait ou ne peut signer. On conclut généralement que cette lecture n'est pas nécessaire et qu'il n'y a pas à en faire mention [6].

(1) V. notamment Cass., 29 juillet 1875, S., 75. 1. 465, D., 76. 1. 79.

(2) *Sic*, Demolombe, *Don.*, IV, n. 310; Aubry et Rau, VII, p. 132, § 670, note 84.

(3) V. notamment Cass., 25 avril 1825, S. chr., D. *Rép.*, v° *Disposition*, n. 3081. — Bordeaux, 17 juillet 1845, S., 46. 2. 440.

(4) *Sic*, Cass., 25 avril 1825 précité.

(5) Cass., 18 août 1817, et 10 mars 1824, S. chr., D. *Rép.*, v° *Disp.*, n. 3088; Laurent, XIII, n. 373; Aubry et Rau, VII, p. 133, § 670, note 87.

(6) Cass., 1er juillet 1871, S., 71. 1. 465; Demolombe, *Don.*, IV, n. 315; Aubry et Rau, VII, p. 131, § 670; Laurent, XIII, n. 373. — En sens contraire, Paris, 14 juill. 1851, S., 52. 2. 26, D., 52. 2. 179.

2094. On s'accorde aussi, et pour le même motif, à reconnaître qu'il n'y a pas à mentionner spécialement la présence des témoins, au moment où la déclaration a été faite par le testateur (¹).

2095. L'art. 973 n'exige pas la mention de la signature du testateur quand elle a été apposée; il faut en conclure que cette mention ne serait pas nécessaire. Le code civil, ayant réglé ce qui concerne la signature du testateur, se suffit à lui-même sur ce point; l'art. 14 de la loi de ventôse, qui exige la mention de la signature des parties, ne serait donc pas ici applicable (²).

L'opinion contraire est cependant soutenue par des autorités considérables (³). C'est elle notamment qui prévaut en jurisprudence (⁴).

2096. En tout cas, il ne pourrait s'agir d'étendre à la mention de la signature du testateur les formalités exigées non par la loi de ventôse, mais par le code civil, et notamment la mention que la signature du testateur a été apposée en présence des témoins (⁵).

C'est en ce sens, du moins, que paraît bien fixée la jurisprudence (⁶).

b. *Signature des témoins.*

2097. L'art. 974, dont nous avons ci-dessus reproduit les termes, exige que le testament soit signé par les témoins. Il est d'ailleurs évident que la signature des témoins se compose des mêmes éléments que celle du testateur lui-même (⁷) et qu'elle doit être apposée dans les mêmes conditions (⁸).

(¹) Douai, 24 mai 1853, S., 53. 2. 377, D., 53. 2. 184.

(²) *Sic*, Laurent, XIII, n. 370; Marcadé, sur l'art. 973, n. 1 et les auteurs cités dans Fuzier-Herman, sur l'art. 973, n. 19.

(³) *Sic*, Aubry et Rau, VII, p. 123, § 670; Demolombe, *Don.*, IV, n. 294; Bayle-Mouillard sur Grenier, II, n. 243, note *e*.

(⁴) V. notamment Bastia, 29 décembre 1856, S., 57. 2. 333, ainsi que les arrêts cités dans Fuzier-Herman, sur l'art. 973, n. 20.

(⁵) *Sic*, Aubry et Rau, VII, p. 123, § 670, note 38.

(⁶) *Sic*, Angers, 3 janvier 1855, S., 55. 2. 250, D., 55. 2. 240 et les arrêts cités dans Fuzier-Herman, sur l'art. 973, n. 25.

(⁷) *Sic*, Cass., 4 mai 1841, S., 41. 1. 442. D. *Rép.*, v° *Dispositions entre vifs*, n. 3014. — Dans le même sens, Demolombe, *Don.*, IV, n. 322.

(⁸) V. notamment Aix, 16 février 1871, D., 72. 2. 52.

2098. En principe, tous les témoins doivent signer le testament.

Toutefois le législateur a considéré qu'il pourrait être difficile, dans certaines localités, de se procurer deux ou quatre témoins sachant signer; aussi l'art. 974 décide-t-il que, dans les campagnes, il suffira que le testament soit signé par la moitié des témoins.

Bien entendu, même à la campagne, tous les témoins doivent signer, s'ils le savent et le peuvent.

2098 *bis*. Le tribunat avait proposé de considérer comme campagne toute localité ayant une population de moins de mille âmes.

Cette proposition n'ayant pas été érigée en loi, il en résulte que la question de savoir si telle localité est une campagne, au sens que l'art. 974 attache à cette expression, demeure une question de fait.

Le juge, chargé de la résoudre en cas de contestation, devra tenir compte, non seulement de la population, mais encore et surtout du nombre des personnes sachant signer dans la localité.

Les auteurs et les arrêts sont d'accord sur ce point (1).

Nous ne voulons pas parcourir les différentes espèces dans lesquelles les juges ont eu à se prononcer. Qu'il nous suffise de renvoyer aux nombreux arrêts cités dans le code civil annoté de Fuzier-Herman (2).

2099. Les témoins doivent signer *en présence du testateur*. L'art. 973 ne le dit point. Mais cela résulte de la disposition générale de l'art. 971.

Aussi les auteurs et les arrêts s'accordent-ils à reconnaître que le testament est nul s'il est signé par les témoins hors la présence du testateur (3).

(1) *Sic*, Riom, 5 mars 1873, sous Cass., 1er juillet 1874, S., 74. 1. 465. — Dans le même sens, Demolombe, *Don.*, IV, n. 327; Aubry et Rau, VII, p. 134, § 670; Laurent, XIII, n. 377, ainsi que les auteurs cités dans Fuzier-Herman, sur l'art. 974, n. 10.

(2) V. Fuzier-Herman, *Code civil annoté*, sur l'art. 974, n. 12 à 28.

(3) *Sic*, Cass., 20 janvier 1840, S., 40. 1. 111, D. *Rép.*, v° *Disposition*, n. 2859. — Poitiers, 30 décembre 1872, S., 73. 2. 172, D., 73. 2. 123. — Dans le même sens Laurent, XIII, n. 375.

2100. Le testament n'a pas sans doute à en faire mention. Mais il serait évidemment nul s'il était établi, par exemple, que les témoins n'ont signé qu'après la mort du testateur [1].

Bien plus, quand nous parlons de présence, c'est d'une présence consciente dont il s'agit et le testament devrait être déclaré nul si l'intelligence du testateur s'était éteinte avant la signature des témoins [2].

2101. Du silence du législateur sur ce point, on devrait, à notre avis, conclure qu'il n'est même pas nécessaire que la signature des témoins soit mentionnée [3].

Sans doute, la loi du 25 ventôse exige cette mention dans les actes notariés ordinaires.

Mais comme il s'agit là d'un point réglé par le code civil, on ne saurait s'en référer aux dispositions de la loi organique du notariat.

Nous devons toutefois reconnaître que la jurisprudence, soutenue d'ailleurs par nombre d'auteurs [4], paraît bien fixée en sens contraire [5].

c. *Signature du notaire.*

2102. Les textes du code civil sont muets sur la signature du notaire.

Il en résulte que, si elle est prescrite, c'est à raison des dispositions des art. 14 et 68 de la loi du 25 ventôse an XI, qui, à peine de nullité, exigent que tous les actes notariés soient signés par les notaires qui les rédigent.

2103. Ces mêmes articles exigent aussi à peine de nullité la mention de la signature du notaire ou des notaires.

Mais il résulte d'un avis du conseil d'Etat [6], approuvé par l'empereur le 20 juillet 1810, que cette disposition n'est pas

[1] *Sic*, Laurent, XIII, n. 357; Demolombe, *Don.*, IV, n. 300; Aubry et Rau, VII, p. 130, § 670.

[2] *Sic*, Poitiers, 30 décembre 1872 précité.

[3] *Sic*, Laurent, XIII, n. 376, ainsi que les auteurs cités dans Fuzier-Herman, sur l'art. 974, n. 29.

[4] *Sic*, Aubry et Rau, VII, p. 123, § 670; Demolombe, *Don.*, IV, n. 234.

[5] *Sic*, Bastia, 29 décembre 1856, S., 57. 2. 333, ainsi que les arrêts cités dans Fuzier-Herman, sur l'art. 974, n. 30. — Dans le même sens, Avis du Conseil d'Etat du 20 juin 1810, D. *Rép.*, v° *Notaire*, n. 590.

[6] Avis du Conseil d'Etat, 20 juin 1810, S., Lois annotées, 1re série, p. 822, D. *Rép.*, v° *Notaire*, n. 590.

applicable en matière de testaments. Aussi admet-on, en doctrine et en jurisprudence, que point n'est besoin de la mention de la signature du notaire [1].

2104. Mais si la signature du notaire n'a pas à être mentionnée, il faut nécessairement qu'elle soit apposée par le notaire, en présence du testateur et des témoins [2].

Cela résulte nécessairement, à nos yeux, des dispositions de l'art. 971 du code civil. C'est, en effet, la signature du notaire, et cette signature seule, qui atteste que le testament a été reçu dans les conditions que précise ce texte.

2105. Le testament n'est évidemment parfait qu'après l'apposition de toutes les signatures requises par la loi. Si donc le testateur venait à mourir avant que toutes ces signatures ne fussent apposées, le testament ne pourrait pas recevoir son exécution.

Il en serait de même si le notaire ou l'un des témoins mourait avant d'avoir signé.

N° 3. De la responsabilité des notaires en ce qui concerne l'observation des formalités prescrites.

2106. Soumis à des règles rigoureuses et compliquées, les testaments par acte public sont susceptibles d'engager bien souvent la responsabilité des notaires qui les rédigent, lorsque ceux-ci omettent ou négligent certaines des formalités que la loi leur impose. Cette responsabilité n'est du reste pas autre que celle qui, de droit commun, leur incombe, à raison de la rédaction des actes passés devant eux.

2107. Nous en concluons d'une part que la responsabilité des notaires, en matière de testament, ne saurait être limitée au dol ou à la faute lourde équipollente au dol.

Ce point de vue a pu inspirer un certain nombre d'arrêts déjà anciens [3].

[1] *Sic.* Bastia, 29 décembre 1856, S., 57. 2. 233. — Dans le même sens Laurent, XIII, n. 291 et 380; Aubry et Rau, VII, p. 123, § 670, note 38 ainsi que les auteurs et les arrêts cités dans Fuzier-Herman, sur l'art. 971, n. 58.

[2] *Sic.* Cass., 20 janvier 1840, S., 41. 1. 111, D. *Rép.*, v° *Disposition entre vifs*, n. 2859.

[3] V. notamment Rouen, 7 juin 1808, S. chr., D. *Rép.*, v° *Responsabilité*, n. 428. — Riom, 10 janvier 1810, S. chr.

Il n'est plus soutenu aujourd'hui ni en jurisprudence ni en doctrine.

2108. Nous en concluons, d'autre part, qu'on ne pourrait déclarer les notaires responsables, de plein droit et d'une façon absolue, de toutes les nullités résultant des irrégularités et omissions commises, lors de la confection du testament, car on arriverait ainsi à les rendre responsables de nullités qui peuvent s'introduire dans un testament, sans qu'il y ait vraiment une faute ou même une négligence à leur reprocher.

2109. Acceptant également la double conclusion que nous venons de formuler, la jurisprudence de la cour suprême paraît aujourd'hui fixée en ce sens que les tribunaux ont un pouvoir discrétionnaire pour décider dans quels cas les notaires doivent être déclarés responsables des nullités dont se trouvent entachés les testaments qu'ils ont rédigés [1], en d'autres termes, si les juges du fait ne peuvent déclarer les notaires responsables des nullités qui entachent les testaments par eux rédigés, sans relever à leur charge une faute ou tout au moins une négligence, ils peuvent souverainement apprécier dans quels cas ces fautes ou négligences sont imputables.

2110. Le même pouvoir souverain d'appréciation que la cour de cassation reconnait aux juges du fait pour déterminer dans quels cas les notaires doivent être déclarés responsables, elle le leur reconnait également pour déterminer dans quelle mesure ils doivent l'être.

En ce qui concerne l'étendue de la responsabilité, la règle est donc la même qu'en ce qui concerne le principe de celle-ci. Tout dépend de l'appréciation des juges du fait [2].

C'est ainsi que, dans certains cas, les tribunaux ont pu très légitimement ne condamner le notaire, pour tous dommages-intérêts, qu'aux frais du testament et de l'instance en nullité [3].

[1] *Sic*, Cass., 5 février 1872, S., 72. 1. 386, D., 72. 1. 225 et 19 mai 1885, S., 85. 1. 297, D., 85. 1. 345.

[2] *Sic*, Cass., 31 mars 1885, S., 88. 1. 116, D., 85. 1. 407 et 19 mai 1885, S., 85. 1. 297, D., 85. 1. 345.

[3] *Sic*, Angers, 23 mars 1876, S., 76. 2. 302, D., 78. 2. 15. — Dans le même sens Toulouse, 29 avril 1826, S. chr., D. *Rép.*, v° *Responsabilité*, n. 427.

2111. C'est bien souvent à raison de l'incapacité des témoins que les testaments sont annulés.

En pareil cas, les notaires déclarés responsables ont souvent voulu se retourner contre ceux qui leur auraient présenté ces témoins comme capables, ou contre ces témoins eux-mêmes, alors que ceux-ci auraient affirmé leur capacité.

Nous ne pensons pas qu'un recours de ce genre soit susceptible d'aboutir, ailleurs que dans les cas où le notaire pourrait alléguer et prouver une véritable fraude destinée à le tromper [1].

§ II. *De la force probante du testament par acte public.*

2112. Le testament par acte public est un acte authentique; sa force probante est donc celle des actes authentiques en général. Par conséquent, il fait foi, jusqu'à inscription de faux, de toutes les énonciations qu'il contient, et qu'on ne peut prétendre fausses, sans attaquer la véracité du notaire en sa qualité d'officier public, sans soutenir, en d'autres termes, qu'il a commis un faux en écritures publiques.

On ne pourrait donc, sans s'inscrire en faux, contester les énonciations relatives à la date, à la lecture, à l'écriture, à la signature du testament, à la présence des témoins, car il y a là autant de faits que le notaire peut constater par lui-même, *ex propriis sensibus*, suivant l'expression consacrée [2].

2113. Mais il ne saurait en être ainsi des énonciations relatives à des faits que le notaire doit constater sans doute, mais qu'il ne peut constater par lui-même *ex propriis sensibus* et pour lesquels il doit s'en rapporter aux déclarations qui lui sont faites.

Il est bien évident que, pour contester de semblables énonciations du testament, point n'est besoin de s'inscrire en faux, puisque la contestation n'implique nullement un faux à la charge du notaire.

[1] *Sic*, Montpellier, 31 mai 1870, sous Cass., 5 fév. 1872, S., 72. 1. 386, D., 72. 1. 225.

[2] *Sic*, Laurent, XIII, n. 381 s.; Aubry et Rau, VII, p. 136, § 670, ainsi que des auteurs cités dans Fuzier-Herman sur l'art. 971, n. 138.

Telles sont, par exemple, les énonciations relatives à la capacité ou à la demeure des témoins du testament [1].

Tel serait encore le fait de savoir si le testateur a réellement pu signer, alors que le notaire a mentionné la déclaration que le testateur ne pouvait ou ne savait signer [2].

C'est uniquement par la preuve contraire qu'il y a lieu de combattre de semblables énonciations.

2114. Ainsi en doit-il être également de toutes les appréciations de fait personnelles au notaire, que celui-ci peut constater dans le testament, sans que cela rentre dans ses attributions légales.

Telle serait la constatation de la sanité d'esprit du testateur [3] au moment de la confection du testament, ou du fait que le testateur a entendu la lecture qui lui a été donnée du testament [4].

Il n'en serait autrement qu'autant que le notaire ne pourrait avoir fait des constatations de ce genre, sans altérer sciemment des faits constatés par lui *ex propriis sensibus*.

Alors, mais alors seulement, l'inscription de faux deviendrait nécessaire.

C'est ce qui arriverait, par exemple, si les héritiers demandaient à prouver la surdité du testateur, alors que le testament mentionne un fait attestant que le testateur entendait parfaitement : le fait notamment que le testateur, interpellé de signer, a déclaré ne pas le savoir [5].

2115. Restent les faits matériels non constatés par le testament dont la preuve peut influer sur le sort de celui-ci.

On peut les établir d'après le droit commun par témoins, même par simples présomptions.

2116. Toutes les solutions ci-dessus ne sont que l'applica-

[1] *Sic*, Aubry et Rau, VII, p. 135, § 670; Laurent, XIII, n. 387.

[2] *Sic*, Limoges, 26 nov. 1823, S. chr., D. *Rép.*, v° *Dispositions entre vifs*, n. 3057 et les arrêts cités dans Fuzier-Herman sur l'art. 971, n. 150.

[3] *Sic*, Cass., 5 juill. 1886, S., 88. 1. 431. — Dijon, 8 déc. 1881, S., 82. 2. 238. — Dans le même sens Laurent, XIII, n. 385 : Larombière sur l'art. 1319, n. 7.

[4] *Sic*, Paris, 16 janv. 1874, S., 74. 2. 137, D., 75. 2. 39. — Dans le même sens Laurent, XIII, n. 383; Aubry et Rau, VII, p. 135, § 670.

[5] *Sic*, Poitiers, 10 fév. 1857, D., 57. 2. 126. — Dans le même sens Laurent, XIII, n. 386.

tion pure et simple au testament fait par acte public des règles que dicte d'une façon générale, pour tous les actes authentiques, l'art. 1319 du code civil.

2117. Mentionnons, avant de terminer sur ce point, que, saisis d'une demande en inscription de faux, les juges peuvent la rejeter *de plano,* s'ils estiment que les faits allégués par le demandeur ne permettent point de mettre en doute la sincérité du testament ([1]).

Mais il est évident que les juges ne peuvent le faire qu'en invoquant des considérations qui contredisent manifestement les faits allégués par le demandeur ([2]).

SECTION V

DU TESTAMENT MYSTIQUE OU SECRET

2118. Cette troisième forme de testament, ainsi que son nom l'indique, offre principalement l'avantage d'assurer le *secret* des dispositions testamentaires; elle assure aussi leur *conservation.*

Au premier point de vue, le testament mystique l'emporte sur le testament par acte public, dont le secret est confié à trop de personnes pour être bien gardé.

Au deuxième point de vue il l'emporte sur le testament olographe, sur lequel il offre aussi cet autre avantage de pouvoir être fait par un testateur qui ne sait pas écrire, mais seulement lire.

Malgré cela, le testament mystique est peu usité; la faute en est peut-être au législateur, qui exige pour la perfection de cet acte un trop grand nombre de témoins.

2119. On peut donner du testament mystique la définition suivante : *C'est un testament que le testateur, sachant lire, écrit lui-même ou fait écrire par un autre, et qu'il présente ensuite, clos et scellé, à un notaire assisté de six témoins, qui en dresse l'acte de suscription.*

[1] Cass., 28 nov. 1881, S., 82. 1. 112, D., 82. 1. 69.

[2] *Sic,* Cass., 31 août 1858, S., 59. 1. 48, D., 58. 1. 365, et 6 déc. 1886, S., 87. 1. 165, D., 89. 1. 399.

2120. Inconnu dans les pays de coutume, le testament mystique était en usage dans les pays de droit écrit qui l'avaient emprunté au droit romain, tel qu'il existait dans le dernier état de la législation de Justinien [1].

L'ordonnance de 1735 en règlementa les formes, sans s'écarter d'ailleurs des règles romaines qu'on lui avait appliquées jusqu'alors.

Les dispositions de cette ordonnance ont été presque littéralement reproduites par le code civil, sauf quelques modifications de détail.

2121. Sur le testament mystique nous aurons à examiner successivement les quatre questions suivantes :

1° Quelles sont les formalités prescrites pour la validité du testament mystique ?

2° Quelle est la sanction des formalités prescrites ?

3° Quelles personnes peuvent tester dans la forme mystique ?

4° Quelle est la force probante du testament mystique ?

§ I. *Des formalités prescrites pour la validité du testament mystique.*

2122. Les formalités que le législateur exige pour la validité du testament mystique sont minutieusement précisées et décrites par l'art. 976 du code civil.

Aux termes de ce texte :

« *Lorsque le testateur voudra faire un testament mystique* » *ou secret, il sera tenu de signer ses dispositions, soit qu'il les* » *ait écrites lui-même, ou qu'il les ait fait écrire par un au-* » *tre. Sera le papier qui contiendra ses dispositions, ou le* » *papier qui servira d'enveloppe, s'il y en a une, clos et scellé.* » *Le testateur le présentera ainsi clos et scellé au notaire, et à* » *six témoins au moins, ou il le fera clore et sceller en leur* » *présence ; et il déclarera que le contenu en ce papier est son* » *testament écrit et signé de lui, ou écrit par un autre et signé* » *de lui ; le notaire en dressera l'acte de suscription, qui sera* » *écrit sur ce papier ou sur la feuille qui servira d'enveloppe ;*

[1] V. la loi 21, au code, *De testamentis.*

» cet acte sera signé tant par le testateur que par le notaire, » ensemble par les témoins. Tout ce que dessus sera fait de » suite et sans divertir à autres actes ; et en cas que le testateur, » par un empêchement survenu depuis la signature du testa » ment, ne puisse signer l'acte de suscription, il sera fait men- » tion de la déclaration qu'il en aura faite, sans qu'il soit » besoin, en ce cas, d'augmenter le nombre des témoins ».

Les formalités prescrites par cet article sont relatives :

1° à l'écriture ;

2° à la clôture et au scel ;

3° à la présentation du testament ;

4° à la rédaction de l'acte de suscription ;

5° à l'unité de contexte.

Nous allons nous occuper successivement de chacune d'elles.

A. *De l'écriture.*

2123. Le testament mystique peut être écrit soit par le testateur, soit par une autre personne.

Le choix de cette personne est d'ailleurs indifférent.

Cette personne pourrait être même le légataire universel qu'institue le testament, car, contrairement à ce qui existait dans notre ancien droit, aucune disposition légale ne limite le choix du testateur.

On s'accorde à le reconnaître (1).

2124. Bien plus, rien n'empêcherait que le testament fût écrit en partie par le testateur et en partie par un autre, sauf à déclarer cette particularité au notaire lors de la présentation du testament.

C'est l'opinion de tous les auteurs (2).

2125. Dans le cas où le testateur fait écrire son testament par un tiers, la loi n'exige nullement que le testament soit dicté par le testateur. Celui-ci peut donc très bien confier à

(1) *Sic*, Bordeaux, 6 avril 1854, S., 54. 2. 736. — Dans le même sens Demolombe, *Don.*, IV, n. 333 ; Laurent, XIII, n. 391 ; Aubry et Rau, VII, p. 136 et 140, § 671 et les auteurs cités dans Fuzier-Herman, sur l'art. 976, n. 2.

(2) *Sic*, Aubry et Rau, VII, p. 136, § 671, note 2 ; Laurent, XIII, n. 392 ; Demolombe, *Don.*, IV, n. 334 et 335 ainsi que les auteurs cités dans Fuzier-Herman, sur l'art. 976, n. 4.

la personne qu'il choisit la rédaction de son testament, dont la conformité avec ses intentions sera suffisamment attestée par sa signature et sa déclaration au notaire et aux témoins [1].

2126. Le testateur doit signer ses dispositions [2].

Il est à peine besoin de dire que sa signature se compose ici des mêmes éléments que dans les deux autres formes de testament.

2127. Lorsque le testament est écrit de la main d'un tiers, la loi n'exige point que ce tiers signe avec le testateur [3].

Mais il est évident que l'apposition de sa signature ne saurait nuire à la validité du testament [4].

2128. Mais si la loi exige que les dispositions du testament mystique soient signées, elle n'exige nullement qu'elles soient datées.

Tous les auteurs s'accordent à le reconnaître [5].

C'est qu'en effet jusqu'à la présentation au notaire et à la rédaction de l'acte de suscription le testament mystique reste un simple projet. C'est à ce moment seulement qu'il devient un acte complet et définitif. C'est donc cette date seulement qu'il importe de connaître.

Aussi s'explique-t-on très bien que, contrairement à l'art. 38 de l'ordonnance de 1735, le code n'ait point exigé que les dispositions testamentaires fussent datées par le testateur.

2129. De ce que, jusqu'à la présentation au notaire et à la rédaction de l'acte de suscription, le testament reste un simple projet, la jurisprudence a tiré cette conclusion que les dispositions additionnelles qui y auraient été insérées après coup, par voie d'interligne ou de renvoi, doivent être considérées comme valables, alors qu'elles ne seraient point spécialement approuvées et signées par le testateur, pourvu qu'il soit d'ailleurs établi qu'elles émanent de la volonté du testateur et n'aient pas été introduites à son insu [6].

(1) *Sic*, Demolombe, *Don.*, IV, n. 337.
(2) Nous réservons évidemment l'application de l'art. 977.
(3) *Sic*, Cass., 16 déc. 1834, S., 35. 1. 463, D. *Rép.*, v° *Dispos. entre vifs*, n. 3328.
(4) *Sic*, Cass., 8 avril 1806, S. chr. : D. *Rép.*, v° *Dispos. entre vifs*, n. 3275.
(5) *Sic*, Laurent, XIII, n. 393 ; Aubry et Rau, VII, p. 137, § 671 ; Demolombe, *Don.*, IV, n. 339 ainsi que les auteurs cités dans Fuzier-Herman sur l'art 976, n. 8.
(6) Toulouse, 7 juin 1880, S., 81. 2. 133, D., 81. 2. 53.

B. *Clôture et scel.*

2130. Voici en quels termes la loi prescrit, en la précisant, cette deuxième formalité : « Sera le papier qui contiendra ses » dispositions, ou le papier qui servira d'enveloppe, s'il y en a » une, *clos* et *scellé* ».

Et d'abord le papier qui contient les dispositions doit être *clos*, c'est-à-dire fermé de manière qu'on ne puisse pas lire ce qui est écrit dans le testament, ni l'ouvrir sans qu'il reste trace de l'ouverture ; ainsi le testament sera clos, si l'enveloppe qui le contient est collée avec de la gomme.

Mais outre qu'il doit être clos, ce papier doit être *scellé*, c'est-à-dire revêtu d'un sceau ou cachet portant une empreinte spéciale, telle que des initiales ou des armoiries ; cette empreinte est ordinairement appliquée sur de la cire.

Il n'est pas nécessaire que le testateur se serve d'un cachet à lui appartenant ; il peut en emprunter un, même celui du notaire qui dressera l'acte de suscription.

Les auteurs s'accordent à le reconnaître [1].

Mais il serait imprudent de faire usage d'une empreinte banale, comme celle d'un dé à coudre ou d'une pièce de monnaie.

2131. On voit que la *clôture* et le *scel* constituent deux formalités distinctes. Elles sont requises l'une et l'autre à peine de nullité (art. 1001) ; le testament serait donc nul, s'il était clos sans être scellé.

On l'a toujours entendu ainsi sous l'ordonnance de 1735, et il est bien probable que le législateur, qui a littéralement reproduit sur ce point les termes de l'ordonnance, n'a pas entendu en changer le sens.

La jurisprudence semble cependant incliner vers la solution contraire : mais les raisons qu'elle invoque sont d'une faiblesse extrême. Elle dit que le mot *scellé* n'implique pas nécessairement l'idée de l'apposition d'un cachet portant une empreinte particulière [2].

[1] *Sic*, Demolombe, *Don.*, IV, n. 349 ; Laurent, XIII, n. 395, ainsi que les auteurs cités dans Fuzier-Herman, sur l'art. 976, n. 25.

[2] V. notamment Cass., 2 avril 1856, S., 56. 1. 581, D., 56. 1. 135. — Agen, 27 février 1855, S., 55. 2. 340 ; D., 55. 2. 225.

Mais alors il fait double emploi avec le mot *clos*, car apparemment tout ce qui est scellé est clos, et ce dernier mot demeure ainsi sans explication. Aussi, pensons-nous, avec la majorité des auteurs, qu'on doit critiquer la jurisprudence qui a prévalu [1].

2132. Quoi qu'il en soit, la jurisprudence est aujourd'hui fixée en ce sens qu'il appartient d'apprécier, suivant les circonstances, si les conditions de clôture et de scel peuvent être ou non considérées comme remplies.

Quant à la règle qui doit les guider dans leur appréciation, les tribunaux doivent la puiser dans les motifs mêmes qui ont fait édicter la double condition de l'art. 976. Destinés à assurer le secret et l'identité du testament, la clôture et le scel doivent donc être faits de façon à rendre impossible tout enlèvement ou toute substitution du testament, sans trace de l'ouverture et de la rupture du scel [2].

2133. Bien que, par la double condition de la clôture et du scel, le testateur montre nettement qu'il entend assurer le secret du testament mystique, il faudrait se garder de croire que le secret soit de l'essence de ce testament.

Aussi s'accorde-t-on à décider que la révélation ou même la lecture que le testateur ferait de ses dispositions au notaire et aux témoins, fût-elle même constatée dans l'acte de suscription, n'empêcherait nullement le testament de valoir comme testament mystique [3].

Il en serait de même si, pendant la vie du testateur et à son insu, le testament était ouvert et ses dispositions révélées [4].

C. *Présentation du testament.*

2134. Le testament, rédigé comme il vient d'être dit, doit être présenté par le testateur à un notaire et à *six* témoins au moins (art. 976).

(1) *Sic*, Laurent, XIII, n. 394 et les auteurs cités dans Fuzier-Herman, sur l'art. 976, n. 22.

(2) *Sic*, Cass., 27 mars 1865, S., 66. 1. 354, D., 66. 1. 228.

(3) *Sic*, Demolombe, *Don.*, IV, n. 353 ; Laurent, XIII, n. 389 et les auteurs cités dans Fuzier-Herman, sur l'art. 976, n. 26.

(4) *Sic*, Cass., 20 mai 1812, S. chr., D. *Rép.*, v° *Dispositions entre vifs*, n. 3348.

Pourquoi ce luxe inusité de témoins?

On n'en voit pas d'autre raison qu'une tradition séculaire. Mais quand la tradition est mauvaise, il convient de briser avec elle. C'est ce que fera probablement le législateur de l'avenir. Il supprimera une exigence que rien ne justifie et qui n'a d'autre résultat que de détourner les particuliers de cette forme de testament, presque tombée en désuétude aujourd'hui.

Nous devons cependant reconnaître que les législations civiles récentes qui ont cru devoir conserver le testament mystique ne semblent guère s'être préoccupées d'atténuer, sensiblement tout au moins, la rigueur des exigences de notre code civil. Le code civil italien a sans doute réduit à quatre le nombre des témoins dont l'intervention est nécessaire pour cette forme de testament [1]. Mais, d'après le code civil espagnol [2] et le code civil portugais [3] par exemple, ce sont encore cinq témoins dont la présence est requise.

2135. La présentation du testament doit être faite par le testateur lui-même. La loi veille surtout à ce que l'écrit qui contient les dispositions testamentaires ne soit pas soustrait et remplacé par un autre. C'est ce qui explique que tout intermédiaire serait ici suspect.

2136. Le testateur doit ensuite déclarer « que le contenu » en ce papier est son testament écrit et signé de lui, ou écrit » par un autre et signé de lui ».

Cette déclaration constitue la formalité la plus importante du testament mystique. Les dispositions que contient le papier présenté au notaire peuvent n'être pas écrites en entier, datées et signées de la main du testateur, auquel cas elles ne constituent pas encore un testament puisqu'elles ne réunissent même point les formes que l'art. 970 exige pour le testament olographe. C'est la déclaration dont nous venons de parler qui leur donnera le caractère et l'efficacité qui, jusque-là, leur font défaut.

(1) V. l'art. 783 du C. civ. italien.
(2) V. l'art. 706 du C. civ. espagnol.
(3) V. l'art. 1921 du C. civ. portugais.

D. *Rédaction de l'acte de suscription.*

2137. Après avoir prescrit les trois formalités précédentes, l'art. 976 ajoute.

« Le notaire *en* dressera l'acte de suscription ».

Il nous paraît incontestable que la particule *en* se rapporte aux formalités qui précèdent; on l'a toujours ainsi entendu sous l'empire de l'ordonnance de 1735, dont notre législateur a reproduit fidèlement les termes. L'acte de suscription n'est donc qu'un *procès-verbal,* constatant l'accomplissement des formalités ci-dessus. Son but principal est d'assurer la conservation et le secret des dispositions testamentaires, *ut exteriores scripturæ fidem interiori servent.*

2138. S'il en est ainsi, l'acte de suscription doit à la fois constater :

1° La présentation par le testateur au notaire et aux témoins du papier qui contient ses dispositions testamentaires;

2° La déclaration faite par le testateur que le contenu en ce papier est son testament écrit et signé de lui, ou écrit par un autre et signé de lui, ou écrit en partie par un tiers en partie par le testateur;

3° L'état dans lequel se trouvait le papier au moment de sa présentation : s'il était clos et scellé par avance, ou s'il a été clos et scellé en présence du notaire et des témoins.

2139. A la différence de ce qui a lieu dans le testament par acte public, en vertu de l'art. 972 du code civil, il n'est pas nécessaire que l'acte de suscription mentionne *expressément* l'accomplissement des diverses formalités dont il vient d'être parlé; il suffit que la preuve de cet accomplissement résulte, même implicitement, des termes de l'acte de suscription. En d'autres termes, l'art. 972 exige une *mention expresse;* l'art. 976, une *simple constatation.*

La jurisprudence est en ce sens [1] et les auteurs s'accordent à l'approuver [2].

[1] V. notamment Cass., 22 mai 1817, S. chr., D. *Rép.*, v° *Disp.*, n. 3276. — Toulouse, 19 juin 1830, S. chr., D. *Rép.*, v° *Disp.*, 3278 et S. les arrêts cités dans Fuzier-Herman, sur l'art. 976, n. 60, 62, 64 et 65.

[2] *Sic*, Demolombe, *Don.*, IV, n. 375 s.; Laurent, XIII, n. 407 s.; Aubry et

2140. Il n'est pas nécessaire non plus que l'acte de suscription constate l'accomplissement des autres formalités que la loi prescrit pour la validité du testament mystique, et qui sont indiquées dans la partie finale de l'art. 976, à partir de ces mots : *en dressera l'acte de suscription*. Ces expressions ne peuvent évidemment se référer qu'aux formalités qui précèdent, non à celles qui suivent.

Parmi ces dernières, la seule qui doive être mentionnée, parce que la loi le dit, c'est la déclaration que fait le testateur de ne pouvoir signer l'acte de suscription.

2141. Il résulte de l'art. 976 que l'acte de *suscription* ne peut être écrit que par le notaire lui-même, et sur le papier ou sur l'enveloppe du testament; c'est même de là que lui vient son nom (*supra scribere*). Exception remarquable à la règle que les notaires doivent écrire sur timbre tous les actes qu'ils reçoivent.

2142. Mais, comme la loi ne le prescrit point, on ne saurait exiger que le notaire mentionnât l'accomplissement de cette double formalité.

La jurisprudence [1] et les auteurs [2] s'accordent à le reconnaître.

2143. L'acte de suscription doit être signé par le testateur, par le notaire et par les témoins.

L'art. 976 le prescrit en termes formels.

2144. Tous les témoins doivent signer, même à la campagne : l'art. 974 est inapplicable au testament mystique.

Sauf le dissentiment de Maleville [3], les auteurs sont unanimes à le reconnaître [4] et, depuis longtemps, la jurisprudence est fixée dans le même sens [5].

Rau, VII, p. 138 et 140, § 671, ainsi que les auteurs cités dans Fuzier-Herman, sur l'art. 976, n. 54.

(1) V. notamment Metz, 8 mars 1821, S. chr., D. *Rép.*, v° *Disp.*, n. 3305. — Toulouse, 2 mai 1831, D. *Rép.*, v° *Disp.*, n. 3298.

(2) *Sic*, Aubry et Rau, VII, p. 141, § 671; Laurent, XIII, n. 413 et 414; Demolombe, *Don.*, IV, n. 384.

(3) Maleville, sur l'art. 976.

(4) Laurent, XIII, n. 400; Demolombe, *Don.*, IV, n. 386; Aubry et Rau, VII, p. 138, § 671, note 14 et les auteurs cités dans Fuzier-Herman, sur l'art. 976, n. 79.

(5) V. Cass., 20 juillet 1809, S. chr., D. *Rép.*, v° *Disp.*, n. 3335, ainsi que les arrêts cités dans Fuzier-Herman, sur l'art. 976, n. 79.

2145. Si le testateur, par un empêchement survenu depuis la signature du testament, ne peut signer l'acte de suscription, le notaire mentionne la déclaration qu'il en fait, sans qu'il soit besoin d'augmenter le nombre des témoins.

2146. Autre est le cas où le testateur n'a pas signé ses dispositions, parce qu'il ne le savait ou ne le pouvait ; il faut alors un témoin de plus à l'acte de suscription, et il doit être fait mention de la cause pour laquelle il a été appelé.

C'est ce que dit l'art. 977, dont les dispositions sont ainsi conçues :

« *Si le testateur ne sait signer, ou s'il n'a pu le faire lors-* » *qu'il a fait écrire ses dispositions, il sera appelé à l'acte de* » *suscription un témoin, outre le nombre porté par l'article* » *précédent, lequel signera l'acte avec les autres témoins ; et* » *il y sera fait mention de la cause pour laquelle ce témoin* » *aura été appelé* ».

Il est difficile de dire quelle est l'utilité de ce septième témoin, puisque la loi ne lui donne point une mission distincte de celle des autres. Sans doute, on comprendrait très bien que ce septième témoin fût tenu d'attester l'ignorance ou l'impuissance du testateur. Mais rien dans la loi ne permet de le soutenir. Aussi les auteurs et les arrêts sont-ils unanimes à décider que le rôle du septième témoin dont parle l'art. 977 ne saurait être différent de celui qui appartient aux autres témoins nécessaires en vertu de l'art. 976 [1].

2147. Il doit être fait à l'acte de suscription mention de la cause pour laquelle le septième témoin aura été appelé. Mais, comme la loi ne dit point que cette mention doive être expresse, on admet généralement qu'elle peut résulter de l'ensemble du contexte de l'acte de suscription [2].

Il va de soi que, lorsqu'elle est expressément faite, la mention de la présence du septième témoin comme aussi de

[1] *Sic*, Cass., 16 décembre 1833, S., 35. 1. 463, D. *Rép.*, v° *Disp.*, n. 3328. — Dans le même sens, Coin-Delisle, sur l'art. 977, n. 5 ; Demolombe, *Don.*, IV, n. 365.

[2] *Sic*, Cass., 3 janvier 1838, S., 38. 1. 244, D. *Rép.*, v° *Disp.*, n. 3330. — Dans le même sens, Laurent, XIII, n. 420 ; Demolombe, *Don.*, IV, n. 367 ; Coin-Delisle, sur l'art. 977, n. 6.

la cause pour laquelle il a été appelé, n'a pas de place nécessaire. Il suffit qu'elle soit faite de manière à établir que les exigences de la loi ont été observées [1].

2148. Outre les formalités dont il vient d'être parlé, l'acte de suscription, acte notarié, demeure, comme tel, soumis aux règles générales prescrites par la loi du 25 ventôse de l'an XI, en tant qu'il n'y est pas dérogé explicitement ou implicitement par le code civil.

C'est, en définitive, l'application à l'acte de suscription de la règle identique que nous avons appliquée au testament par acte public.

Bien que, dans un arrêt déjà ancien [2], la cour de cassation ait décidé que l'acte de suscription n'était pas un acte notarié proprement dit, soumis comme tel aux formalités de la loi organique du notariat, l'opinion contraire réunit la presque unanimité des auteurs [3].

2149. Mais il est d'évidence qu'il ne peut s'agir d'appliquer la loi générale du notariat que sur les points non réglés par le code civil.

Pour ceux sur lesquels le code civil a statué, il ne saurait être question de compléter ses dispositions par celles de la loi du 25 ventôse an XI.

C'est ainsi qu'en ce qui concerne la signature de l'acte de suscription, c'est l'art. 976 qu'il faut appliquer, puisque c'est là un point que ce texte règle spécialement.

Au contraire, en ce qui concerne la date ou la capacité du notaire, dont le code civil ne dit rien, il faut en revenir aux règles posées par la loi de ventôse.

2150. Au sujet de la capacité du notaire, il importe de faire remarquer qu'elle doit être appréciée uniquement en ce qui concerne la rédaction de l'acte de suscription.

C'est ainsi que, par application de l'art. 8 de la loi du 25 ventôse an XI, le notaire ne pourrait recevoir l'acte de

(1) V. les citations dans Fuzier-Herman, sur l'art. 977, n. 4.

(2) Cass., 16 déc. 1834, S., 35. 1. 163. D. *Rép.*, v° *Disp. entre vifs*, n. 3328.

(3) *Sic*, Aubry et Rau, VII, p. 132, § 671 ; Demolombe, *Don.*, IV, n. 387 ; Laurent, XIII, n. 415, ainsi que les auteurs cités dans Fuzier-Herman, sur l'art. 976, n. 81.

suscription du testament d'un de ses parents ou alliés au degré prohibé par les dispositions de cette loi.

Par contre, un notaire pourrait très bien dresser l'acte de suscription d'un testament qu'il aurait lui-même écrit, comme simple particulier, à la requête du testateur.

2150 *bis*. Il en serait ainsi alors que le testament contiendrait un legs en faveur du notaire. L'acte de suscription est en effet absolument distinct du testament. Or, d'une part, c'est celui-ci seulement qui contient une disposition en faveur du notaire, et, d'autre part, c'est seulement à la rédaction de celui-là qu'intervient le notaire.

La jurisprudence est en ce sens [1].

2151. Que les actes de suscription doivent figurer au répertoire des notaires, cela n'est pas douteux [2].

Mais il nous paraît difficile d'admettre que les notaires doivent en garder minute.

2152. Il est presque généralement admis, au contraire, que le testateur peut, aussitôt que le testament a été revêtu de l'acte de suscription, exiger que le notaire lui en fasse la remise, et qu'il peut même, après l'avoir laissé entre les mains du notaire, lui en réclamer, à toute époque, la restitution.

Telle était notre ancienne jurisprudence, et la nouvelle paraît se former dans le même sens [3].

En dehors des précédents, la jurisprudence nouvelle trouve un point d'appui non seulement dans l'art. 976, qui dispose que le testament sera *présenté* au notaire et non pas *remis*, comme il aurait fallu dire si le notaire avait dû nécessairement conserver le testament, mais encore dans les art. 1007 et 1008, qui impliquent que le testament mystique n'est pas toujours en dépôt chez un notaire.

Aussi presque tous les auteurs s'accordent-ils à l'approuver [4].

(1) Cass., 4 juin 1883, S., 84. 1. 233, D., 84. 1. 51. — Cass. Belgique, 29 janvier 1873, S., 73. 2. 97, D., 73. 2. 1.

(2) V. Championnière et Rigaud, *Droit d'enregistrement*, IV, n. 3934; Clerc, *Traité du notariat*, I, 356.

(3) V. notamment Bruxelles, 23 mai 1826, D. *Rép.*, v° *Disp.*, n. 3314-2°. — Paris, 10 juin 1848, S., 48. 2. 356, D., 48. 2. 143.

(4) *Sic*, Laurent, XIII, n. 405; Demolombe, *Don.*, IV, n. 356 et les auteurs cités

2153. Ce qui est plus discutable c'est la question de savoir si, lorsque le notaire remet le testament à son auteur, il peut exiger une décharge authentique aux frais du testateur, ou doit se contenter d'un simple récépissé.

Les deux opinions ont été soutenues [1].

E. *Unité de contexte.*

2154. Cette dernière formalité qu'exige l'art. 976 est précisée par ce texte dans les termes suivants :

« *Tout ce que dessus,* dit-il, *sera fait de suite et sans divertir à d'autres actes* ».

C'est l'unité de temps et d'action qu'exigeaient déjà les jurisconsultes romains pour la confection du testament. Celui-ci devait, suivant l'expression des textes, être fait *uno contextu.*

L'art. 5 de l'ordonnance de 1735 reproduisait une exigence identique et c'est de là que celle-ci est passée dans les textes du code civil.

Le testament doit être fait *de suite*, c'est-à-dire en une seule séance, dit l'art. 976.

Et, comme par crainte de n'être point assez précis et rigoureux, le texte ajoute : *sans divertir à autres actes.*

2155. Il importe de ne point se méprendre sur le sens et la portée de ces mots.

Ils signifient sans doute qu'il ne faut pas interrompre la confection du testament pour faire un autre testament ou rédiger un acte de vente.

Mais la séance pourrait être suspendue, pendant quelques instants, pour satisfaire à quelque nécessité pressante, par exemple pour administrer un remède au testateur qui est malade; ce n'est pas là un *acte* dans le sens de l'art. 976, qui n'entend évidemment viser que les actes juridiques [2].

dans Fuzier-Herman, sur l'art. 976, n. 89. — V. cep. en sens contraire, Rolland de Villargues, v° *Testament*, n. 269; Poujol, sur l'art. 976, n. 22.

[1] V. dans le sens de l'affirmative, Paris, 10 juin 1848 précité, et en sens contraire Trib. Seine, 11 déc. 1847, S., 48. 2. 45, D., 48. 2. 143.

[2] *Sic*, Aubry et Rau, VII, p. 138, § 671; Laurent, XIII, n. 416; Demolombe, *Don.*, IV, n. 388 s., ainsi que les auteurs cités dans Fuzier-Herman, sur l'art. 976, n. 85.

2156. On ne peut, d'ailleurs, hésiter à indiquer le but principal et essentiel de la loi en prescrivant l'unité de contexte. C'est manifestement d'empêcher la substitution d'un autre papier à celui qui a été présenté par le testateur et qui contient ses dispositions testamentaires.

Plus l'opération est continue, moins cette fraude est à redouter.

2157. Si tel est le but de l'unité de contexte qu'exige l'art. 976 du C. civ., on en doit nécessairement conclure que les diverses opérations dont l'ensemble est constaté par l'acte de suscription et qui doivent être accomplies sans désemparer, commencent à la présentation du testament.

2158. Il est d'ailleurs certain que, comme on se trouve ici en dehors du domaine d'application de la loi du 25 ventôse an XI, et que, d'autre part, le code civil ne l'exige point, il n'est pas nécessaire que l'acte de suscription contienne la mention expresse qu'il a été fait sans qu'il fût diverti à d'autres actes [1].

§ II. *De la sanction des formalités prescrites pour le testament mystique.*

2159. Il est évident que la disposition générale de l'art. 1001 du code civil vise aussi bien les formalités prescrites pour le testament mystique que celles qui sont exigées pour le testament olographe ou pour le testament par acte public. Aussi aurions-nous purement et simplement à renvoyer à ce texte pour la question qui fait l'objet de ce paragraphe, si l'inobservation des formalités prescrites pour le testament mystique ne laissait à résoudre une question fort importante, qui ne se peut poser, d'ailleurs, ni à propos du testament olographe, ni à propos du testament par acte public, quand il y a lieu d'appliquer les dispositions de l'art. 1001 à l'une de ces deux formes de testament.

2160. Supposons en effet que, par application de l'art.

[1] *Sic*, Cass., 8 fév. 1820, S. chr., D. *Rép.*, v° *Disposition*, n. 3230. — Dans le même sens Aubry et Rau, VII, p. 141, § 671 ; Demolombe, *Don.*, IV, n. 384 ; Laurent, XIII, n. 417 ; Vazeille, sur l'art. 976, n. 21.

1001, un testament mystique soit nul pour inobservation d'une des formalités particulières à cette espèce de testament, par exemple parce qu'il n'est pas *clos et scellé*, ou parce que l'un des témoins n'a pas signé l'acte de suscription. Sa nullité, en tant que testament mystique, ne peut faire doute, en présence de la disposition formelle de l'art. 1001.

Mais il se trouve que les dispositions testamentaires, que le testateur a voulu faire revêtir de la forme mystique sont entièrement écrites, datées et signées de sa main. La question se pose alors de savoir si cet écrit peut valoir comme testament olographe. En deux mots, le testament, qui est nul comme mystique, peut-il valoir comme olographe, s'il satisfait aux conditions de forme prescrites par l'art. 970 ?

L'affirmative, admise aujourd'hui par presque tous les auteurs et par la jurisprudence, trouve un point d'appui d'une solidité inébranlable dans l'art. 1318.

Aux termes de ce texte :

« *L'acte qui n'est point authentique par l'incompétence ou* » *l'incapacité de l'officier, ou par un défaut de forme, vaut* » *comme écriture privée, s'il a été signé des parties* ».

Ce texte ruine par sa base l'unique argument un peu sérieux du système contraire, qui consiste à dire que le testament mystique est indivisible, qu'on ne peut par suite le dédoubler, en quelque sorte, pour en faire un testament olographe, quand l'acte se trouve nul comme testament mystique (1).

La solution indiquée est en outre on ne peut plus conforme à l'intention probable, pour ne pas dire certaine, du testateur. Ne doit-on pas supposer, à moins qu'il n'ait dit le contraire, que le testateur a voulu, avant tout, laisser un testament valable et par conséquent qu'il a voulu tester *omni meliore modo?*

Aussi s'explique-t-on très bien l'opinion qui a prévalu soit en doctrine (2), soit en jurisprudence (3).

(1) V. en ce sens Coin-Delisle, sur l'art. 976, n. 15.

(2) *Sic*, Demolombe, *Don.*, IV, n. 408 et 409; Aubry et Rau, VII, p. 142, § 671; Laurent, XIII, n. 428; Huc, VI, n. 393 ainsi que les auteurs cités dans Fuzier-Herman sur l'art. 1001, n. 4.

(3) V. notamment Cass., 6 juin 1815, S. chr., D. *Rép.*, v° *Dispos.*, n. 3339 et 23 décembre 1828, S. chr., D. *Rép.*, v° *Dispos.*, n. 3344.

§ III. *Quelles personnes peuvent tester dans la forme mystique.*

2161. Pour pouvoir tester dans la forme mystique, il n'est pas nécessaire de savoir écrire, il n'est même pas indispensable de savoir signer. Le testament peut, nous l'avons vu, être écrit par un autre que le testateur, et la signature de celui-ci peut être suppléée aussi bien pour le testament lui-même que pour l'acte de suscription.

Mais l'accomplissement des formalités requises pour la perfection du testament mystique suppose nécessairement un testateur qui sache et puisse lire ainsi que parler.

Il faut un testateur qui sache et qui puisse lire car il faut qu'il ait la possibilité de s'assurer que l'écrit qu'il remet au notaire est bien son testament.

Il faut un testateur qui sache et puisse parler, car autrement comment ferait-il la déclaration prescrite par l'article 976, au moment de la présentation du testament au notaire et de la rédaction de l'acte de suscription ?

De là ces deux conséquences qui paraissent nécessairement résulter de la nature même des formalités que le législateur exige pour la confection du testament mystique.

La première c'est que les personnes qui ne savent ou ne peuvent lire ne peuvent tester dans la forme mystique.

La seconde c'est que les personnes qui ne peuvent parler ne peuvent pas davantage tester en cette forme.

Nous allons voir que si le législateur a accepté la première de ces conséquences, il s'est préoccupé d'écarter la seconde.

A. *Des personnes qui ne savent ou ne peuvent lire.*

2162. Nous venons de dire que ces personnes ne peuvent tester en la forme mystique.

C'est ce que constate l'article 978.

Aux termes de ce texte :

« *Ceux qui ne savent ou ne peuvent lire, ne pourront faire* » *de dispositions dans la forme du testament mystique* ».

Le testateur doit pouvoir lire parce qu'il faut qu'il puisse s'assurer que le papier qu'il présente au notaire contient bien l'expression de ses volontés.

2163. Si tel est le but de la loi, il faut évidemment, pour apprécier la condition qu'exige l'art. 978, se placer au moment de la présentation du testament au notaire et de la rédaction de l'acte de suscription.

Les auteurs s'accordent à le reconnaître [1].

2164. Mais si la loi exige que le testateur puisse lire, elle n'exige pas que le testateur ait lu le testament, et, comme il n'y a pas de nullité sans texte, on doit en conclure que le testament ne pourrait pas être annulé, par cela seul qu'il serait démontré que le testateur n'en a pas pris lecture.

La jurisprudence est en ce sens [2] et c'est aussi l'opinion des auteurs [3].

2165. Il est bien certain que l'art. 978 n'est applicable qu'autant que le testateur est absolument incapable de lire et non s'il éprouve seulement des difficultés à le faire [4].

2166. Si le testateur ne sait lire que l'écriture moulée, rien ne s'oppose à ce qu'il fasse écrire son testament en lettres imitant cette écriture.

De là à admettre que le testateur pourrait faire imprimer ses dispositions testamentaires, il n'y a qu'un pas; et pourquoi ne le ferait-on point? Après tout, l'impression n'est qu'une *écriture* perfectionnée.

2167. Il résulte nécessairement de l'art. 978 que l'aveugle ne peut tester dans la forme mystique.

La forme olographe, s'il sait écrire, et la forme du testament par acte public lui sont seules accessibles [5].

Mais il nous paraît difficile de ne point admettre que l'emploi de procédés substituant à l'écriture et à la lecture pour

(1) *Sic*, Demolombe, *Don.*, IV, n. 392, ainsi que les auteurs cités dans Fuzier-Herman, sur l'art. 978, n. 6.

(2) *Sic*, Cass., 7 mai 1866, S., 66. 1. 329, D., 66. 1. 231, et 27 mai 1868, S., 68. 1. 361, D., 68. 1. 496.

(3) *Sic*, Aubry et Rau, VII, p. 139, § 671; Demolombe, *Don.*, IV, n. 338 et 399; Laurent, XIII, n. 425.

(4) *Sic*, Paris, 30 nov. 1866, D., 67. 5. 435.

(5) V. Cass., 23 mai 1887, S., 87. 1. 221, D., 88. 1. 469. — Toulouse, 13 avril 1886, S., 87. 2. 76, D., 87. 2. 5.

les aveugles l'usage de caractères en relief, ne soit pas de nature à rendre accessible aux aveugles la forme du testament mystique [1].

2168. C'est évidemment une question de fait, abandonnée à l'appréciation souveraine des juges du fond, que la question de savoir si le testateur pouvait ou non lire son testament au moment de la présentation au notaire et de la rédaction de l'acte de suscription [2].

B. *Des personnes qui ne peuvent parler.*

2169. Nous avons dit qu'en ce qui concerne ces personnes le législateur n'avait pas cru devoir accepter, comme en ce qui concerne les personnes qui ne peuvent lire, la conséquence qu'entraîne la nature même des formes qu'il prescrit pour le testament mystique.

Ce n'est en effet qu'autant qu'il ne sait point écrire que le muet ne peut absolument pas tester dans la forme mystique.

Telle est la distinction qui résulte expressément de l'art. 979 du code civil.

Aux termes de ce texte :

« *En cas que le testateur ne puisse parler, mais qu'il puisse* » *écrire, il pourra faire un testament mystique, à la charge* » *que le testament sera entièrement écrit, daté et signé de sa* » *main, qu'il le présentera au notaire et aux témoins, et qu'au* » *haut de l'acte de suscription, il écrira, en leur présence, que* » *le papier qu'il présente est son testament; après quoi le no-* » *taire écrira l'acte de suscription, dans lequel il sera fait* » *mention que le testateur a écrit ces mots en présence du no-* » *taire et des témoins; et sera, au surplus, observé tout ce qui* » *est prescrit par l'art. 976* ».

2170. La déclaration verbale, que l'art. 976 exige du testateur, lorsque celui-ci présente son testament au notaire, est, on le voit, remplacée ici par une déclaration écrite.

Rien de mieux.

(1) V. notamment Coin-Delisle, sur l'art. 978, n. 4 ; Marcadé, sur l'art. 978, n. 1 ; Demolombe, *Don.*, IV, n. 395.

(2) *Sic*, Cass., 11 mai 1811, S. chr., D. *Rép.*, v° *Dispos.*, n. 3230. — Dans le même sens Laurent, XIII, n. 427 ; Demolombe, *Don.*, IV, n. 398.

Beaucoup moins facile à expliquer est la disposition qui exige que le testament soit *entièrement écrit, daté et signé de la main du testateur* : ce qui revient à dire que l'écrit, présenté par le testateur au notaire, doit satisfaire à toutes les conditions requises pour la validité du testament olographe.

Il est difficile surtout de justifier l'exigence de notre article en ce qui concerne la *date*. Quel rapport cette exigence, qui dépasse les termes du droit commun, a-t-elle avec l'infirmité dont le testateur est atteint? Notre législateur a reproduit ici littéralement, par distraction peut-être, la disposition de l'art. 12 de l'ordonnance de 1735. Dans le système de l'ordonnance, les dispositions testamentaires, auxquelles un testateur voulait faire appliquer la forme mystique, devaient dans tous les cas être datées; l'art. 38 de l'ordonnance l'exigeait d'une façon générale. Notre législateur a jugé avec raison cette formalité inutile comme faisant double emploi avec la date de l'acte de suscription, et il l'a supprimée dans l'art. 976. Mais alors il n'y avait aucune raison de la maintenir dans le cas prévu par l'art. 979.

On l'a fait cependant; et comme la loi doit être respectée, même quand elle n'est pas logique, il en résulte que le testament mystique fait par un muet serait nul si les dispositions n'en étaient pas datées. La conséquence est nécessaire en présence de la disposition de l'art. 1001 du code civil.

2071. Celui qui est à la fois sourd et muet peut tester dans la forme prescrite par l'art. 979, s'il sait écrire. Le mutisme est le plus souvent la conséquence de la surdité, et c'est principalement en vue des sourds-muets que notre texte paraît avoir été écrit ([1]).

Quant à ceux qui sont sourds sans être muets, ils peuvent tester dans la forme prescrite par l'art. 976.

2172. L'impossibilité de parler, comme du reste celle de lire, ne doit évidemment s'apprécier qu'au moment de la présentation du testament au notaire et de la rédaction de l'acte de suscription ([2]).

[1] *Sic*, Demolombe, *Don.*, IV, n. 400; Laurent, XIII, n. 422 et tous les auteurs. — Voyez, pour les citations, Fuzier-Herman, sur l'art. 979, n. 1.

[2] *Sic*, Orléans, 17 juill. 1847, S., 47. 2. 614, D., 47. 2. 165. — Dans le même

§ IV. *De la force probante du testament mystique.*

2173. L'acte de suscription du testament mystique est incontestablement un acte authentique, car la définition que donne de celui-ci l'art. 1317 du code civil lui convient exactement.

Il n'est donc pas douteux que sa force probante soit celle des actes authentiques en général.

Nous n'avons, par conséquent, qu'à renvoyer à ce que nous avons dit, à ce point de vue, du testament par acte public ainsi qu'aux développements fournis sur l'art. 1319 du code civil.

2173 *bis*. Mais si l'acte de suscription du testament mystique est un acte authentique, il n'en est pas de même de l'écrit qui contient les dispositions testamentaires; cet acte, qui peut être d'une main autre que celle du testateur, qui peut même ne pas être signé de lui, n'est et ne peut être qu'un acte privé.

On a dit, il est vrai, en sens contraire, que la déclaration faite par le testateur lui imprime le caractère de l'authenticité (1).

Mais c'est là une affirmation purement gratuite.

Elle serait au besoin démentie par l'art. 1008 qui, au point de vue de la force exécutoire, assimile le testament mystique, non au testament par acte public, mais au testament olographe.

2173 *ter*. De là, il résulte notamment que, si la signature du testateur, apposée au bas de l'écrit qui contient ses dernières dispositions, est méconnue par ses héritiers, les intéressés sont tenus d'en poursuivre la vérification en justice. L'acte de suscription peut bien faire foi jusqu'à inscription de faux, en tant qu'il affirme que le testateur a déclaré au notaire avoir signé son testament; mais il ne peut pas faire foi jusqu'à inscription de faux de l'exactitude de cette déclaration que le notaire n'a ni la mission ni la possibilité de contrôler (2).

sens Aubry et Rau, VII, p. 142, § 671, note 32; Demolombe, *Don.*, IV, n. 401; Laurent, XIII, n. 423.

(1) V. notamment Demolombe, *Don.*, IV, n. 411.

(2) Dans le même sens Aubry et Rau, VII, p. 143, § 671, texte et note 34.

La jurisprudence et la majorité des auteurs sont en sen contraire [1].

2173 *quater*. On ne peut nier sans doute que la situation soi quelque peu différente de celle qui se présente à propos d testament olographe. Lorsqu'il s'agit de la forme olographe rien n'indique que le testament produit émane bien du testa teur. En cas de testament mystique, au contraire, il existe un déclaration authentique du testateur portant que le papie produit est son testament.

Mais cela permettrait tout au plus de décider que cette dé claration peut être opposée aux héritiers du testateur, sauf eux de la combattre par tous modes de preuve [2].

Ce qui nous paraît manifestement impossible, c'est d'ad mettre qu'il soit prouvé jusqu'à inscription de faux que l papier remis clos et scellé au notaire est bien le testamen œuvre du testateur. C'est là évidemment, nous l'avons di déjà, une déclaration dont le notaire ne peut vérifier l'exacti tude. Ce serait assez pour refuser de lui reconnaître tout authenticité.

Mais il y a plus.

Nous avons vu que la validité du testament mystique n'im plique nullement que le testateur ait effectivement pris lec ture des dispositions qu'il aurait fait écrire par un tiers. C'es du moins l'opinion dominante [3]. Qu'est-ce à dire sinon que l testateur lui-même n'apporte pas nécessairement à sa décla ration la garantie d'une attestation faite *de visu*? Dès lors comment admettre l'authenticité d'une déclaration dont ni l notaire rédacteur de l'acte de suscription, ni le testateur lui même ne peuvent attester *de visu* la sincérité?

Ce serait, comme le disent Aubry et Rau [4], le renverse ment de tous les principes en matière d'authenticité.

[1] V. notamment Bruxelles, 23 mars 1811, S. chr. — Besançon, 22 mai 1845 S., 46. 2. 288. — Dans le même sens Demolombe, *Don.*, IV, n. 411; Vazeille, su l'art. 976, n. 23; Coin-Delisle, sur l'art. 976, n. 6; Duranton, IX, n. 145; Merlin *Rép.*, v° *Testament*, sect. 2, § 4, n. 29.

[2] En ce sens Laurent, XIII, n. 430 et 431; Huc, VI, n. 304.

[3] V. ci-dessus, n. 2164.

[4] Aubry et Rau, VII, p. 144, § 671, note 34.

SECTION VI

DES TÉMOINS TESTAMENTAIRES

2174. Les témoins appelés à figurer dans les testaments doivent satisfaire à certaines conditions d'aptitude dont l'absence constitue l'incapacité.

Disons de suite que les conditions d'aptitude que doivent réunir les témoins testamentaires sont fixées uniquement par les dispositions du code civil. Celui-ci contient, en effet, un système complet de législation sur ce point.

Il ne peut donc s'agir de compléter les dispositions des art. 975 et 980 par les dispositions que la loi du 25 ventôse an XI consacre à la capacité des témoins instrumentaires.

C'est toujours l'application de la même règle : *Specialia generalibus derogant.*

La jurisprudence est fixée en ce sens [1] et c'est aussi l'opinion des auteurs [2].

2175. L'incapacité d'être témoin dans un testament peut être naturelle ou légale.

Nous aurons donc successivement à parler des incapacités naturelles et des incapacités légales.

Nous aurons ensuite à déterminer la sanction de ces différentes incapacités.

§ I. *Des incapacités naturelles.*

2176. Les incapacités naturelles résultent de l'absence des facultés physiques ou morales, sans lesquelles les témoins ne peuvent être en état de remplir leurs fonctions.

La loi ne dit rien des incapacités naturelles.

2177. Il en résulte que la détermination et l'étendue des incapacités naturelles revient, en définitive, à la question de savoir quelles sont les facultés indispensables à un témoin

[1] V. notamment Grenoble, 12 juillet 1878, S., 80. 2. 137, D., 79. 2. 93. — Agen, 27 juillet 1885, S., 87. 1. 155.

[2] *Sic*, Aubry et Rau, VII, p. 119, § 670, note 13; Laurent, XIII, n. 270 et 277 s.; Demolombe, *Don.*, n. 210; Huc, VI, n. 296, ainsi que les auteurs cités dans Fuzier-Herman, sur l'art. 975, n. 1 et sur l'art. 980, n. 8.

pour qu'il puisse s'acquitter utilement de la mission de surveillance et de contrôle que la loi lui confère en matière de testament. Dès qu'une de ces facultés manque à une personne, elle est, par cela même, frappée d'une incapacité naturelle.

C'est ainsi que les idiots ou les déments ne sauraient être témoins dans un testament, puisqu'ils n'ont point l'intelligence de comprendre la portée des actes auxquels on les ferait assister.

C'est ainsi également que les aveugles ou les sourds ne pourraient pas davantage être appelés comme témoins.

2178. Il en serait de même des personnes qui n'entendraient point la langue dans laquelle le testament authentique est dicté ou écrit ou dans laquelle le testateur fait la déclaration prescrite par l'art. 976 du code civil, lorsqu'il teste dans la forme mystique [1].

2179. Par contre, les muets, lorsqu'ils entendent, sont incontestablement capables d'être témoins.

2180. Si telle est la notion des incapacités naturelles, la détermination des cas dans lesquels elles existent est donc uniquement une question de fait, et, comme telle, entre dans l'appréciation souveraine des juges du fond. C'est en recherchant dans quelle mesure une personne peut voir, entendre ou comprendre ce qui se fait ou se dit devant elle, qu'ils détermineront, par cela même, les incapacités naturelles dont cette personne peut être frappée [2].

C'est l'opinion de tous les auteurs [3].

§ II. *Des incapacités légales.*

2181. Les incapacités *légales* sont celles qui résultent d'un texte de loi.

Elles sont *absolues* ou *relatives*, suivant que celui qui en est frappé est incapable d'être témoin dans un testament quel qu'il soit, ou dans certains testaments seulement.

[1] *Sic*, Rennes, 8 janvier 1884, S., 85. 1. 214, D., 85. 2. 96.

[2] V. notamment Paris, 23 janvier 1874, S., 74. 2. 137, D., 75. 2. 37.

[3] V. notamment Aubry et Rau, VII, p. 115, § 670; Demolombe, *Don.*, IV, n. 192 al. 5; Laurent, XIII, n. 263 s, ainsi que tous les auteurs cités dans Fuzier-Herman, sur l'art. 980, n. 4.

N° 1. Des incapacités absolues.

2182. Les incapacités absolues sont déterminées par l'art. 980 C. civ., dont les dispositions sont évidemment applicables aussi bien au testament mystique qu'au testament par acte public.

Aux termes de ce texte :

« *Les témoins appelés pour être présents aux testaments* » *devront être mâles, majeurs, sujets du roi, jouissant des droits* » *civils* ».

On le voit, les témoins doivent satisfaire aux quatre conditions suivantes :

1° Etre mâles ;

2° Majeurs ;

3° Sujets du roi ;

4° Jouissant des droits civils.

2183. La première condition a pour objet de rendre les femmes incapables d'être témoins dans les testaments. Il n'y a là, sans doute, qu'une application spéciale de l'idée qui a conduit le législateur à exclure les femmes de toute participation à la vie publique. C'est, en effet, dans une certaine mesure, participer à la vie publique que d'être appelé à remplir la mission de contrôle et de surveillance que le législateur confie aux témoins du testament public ou du testament mystique.

2184. Les mineurs sont exclus en vertu de la seconde condition. Plus encore que le sexe, l'âge était à considérer pour la détermination des personnes capables d'être témoins testamentaires. L'attestation de mineurs ne pouvait évidemment avoir le même poids que celle de personnes majeures, ayant, à raison de leur âge, une plus grande maturité d'esprit.

2185. La troisième condition exige que les témoins testamentaires soient *sujets du Roi*. L'ordonnance de 1735 disait *régnicoles* : ce qui signifiait *citoyens français*.

Tel est encore aujourd'hui le sens de l'expression *sujets du Roi*, substituée dans l'édition de 1816 (la dernière édition officielle du code civil) à celle de *sujets de l'Empereur*, qui avait elle-même remplacé, dans l'édition de 1807, l'expression primitive de *républicoles*.

L'étranger est donc incapable d'être témoin dans un testament.

Il n'y a là, en définitive, qu'une conséquence de l'idée qui a également conduit à déclarer les femmes incapables.

2186. Il en serait ainsi alors que l'étranger aurait été admis à fixer son domicile en France.

La naturalisation seule, en lui donnant la qualité de Français, peut conférer à un étranger la capacité d'être témoin dans un testament solennel.

Sur tous ces points, les auteurs [1] et la jurisprudence [2] sont unanimes.

2187. Enfin, il faut, pour être capable d'être témoin dans un testament, *avoir la jouissance des droits civils*. C'est la quatrième et dernière condition qu'exige l'art. 980.

Depuis l'abolition de la mort civile, il n'y a plus de Français qui soient privés, d'une manière générale, de la jouissance de tous leurs droits civils.

Mais, par suite de certaines condamnations judiciaires, un Français encourt quelquefois la perte de certains droits civils, parmi lesquels peut figurer le droit d'être témoin dans un testament.

C'est ce qui arrive pour ceux qui ont été frappés de la dégradation civique [3].

La même incapacité *peut* atteindre ceux qui sont frappés de l'interdiction civique [4].

2188. Mais, si l'art. 980 exige la jouissance des droits civils, il n'exige nullement celle des droits politiques. Il importe, en effet, de remarquer que l'art. 980, à la différence de l'art. 9 de la loi du 25 ventôse an XI, n'exige nullement que les témoins aient la qualité de *citoyens*.

Aussi la privation des droits politiques n'entraîne-t-elle en aucune façon l'incapacité de figurer comme témoin dans un testament. Le failli, par exemple, qui, déchu de ses droits

(1) *Sic*, Aubry et Rau, VII, p. 116, § 670 ; Demolombe, *Don.*, IV, n. 182 ; Laurent, XIII, n. 259 et les auteurs cités dans Fuzier-Herman, sur l'art. 980, n. 14.

(2) V. notamment Cass., 23 janv. 1811, S. chr., D. *Rép.*, v° *Disp.*, n. 3170 ; 23 avril 1828, S. chr., D. *Rép.*, v° *Disp.*, n. 3172. — Colmar, 26 déc. 1860, S., 61. 2. 265.

(3) V. l'art. 34-3° du code pénal.

(4) V. l'art. 42-7° du code pénal.

politiques, conserve la jouissance des droits civils, peut certainement être témoin testamentaire (1).

2189. Enfin si l'art. 980 exige la jouissance, il n'exige point l'exercice des droits civils. Nous devons en conclure que l'interdit et l'individu pourvu d'un conseil judiciaire sont également capables d'être témoins testamentaires. Sans doute le premier n'a plus l'exercice des droits civils et le second n'en a plus le libre exercice. Mais l'un et l'autre conservent la jouissance des droits civils. C'en est assez pour que leur capacité nous paraisse certaine, au point de vue de la quatrième et dernière condition que précise l'art. 980, car il est d'évidence qu'à d'autres points de vue cette capacité pourrait leur être refusée. C'est ce qui arriverait par exemple pour l'interdit, lorsqu'il ne se trouve point dans un intervalle lucide.

Les auteurs sont cependant divisés sur la question, au moins en ce qui concerne l'interdit (2).

N° 2. **Des incapacités relatives.**

2190. Tandis que l'art. 980, qui précise les incapacités absolues, s'applique, nous l'avons vu, aussi bien au testament mystique qu'au testament par acte public, c'est à ce dernier seulement que s'applique l'art. 975, qui détermine les incapacités relatives. La place même qu'occupe l'art. 975 ne permet aucun doute à ce sujet.

Au reste, les incapacités qu'indique ce texte ne se comprendraient guère appliquées à un testament dont les dispositions restent secrètes. C'est le cas, nous le savons, des dipositions du testament mystique.

Enfin, si la place et les termes de l'art. 975 pouvaient, à ce point de vue, laisser subsister quelques doutes, l'historique de sa rédaction serait bien de nature à les faire disparaître. Les dispositions qui constituent aujourd'hui les art. 975 et 980

(1) Cass., 10 mars 1829, S. chr., D. *Rép.*, v° *Disp.*, n. 3005. — Bruxelles, 29 janv. 1872, *Pasicr.*, 72. 2. 41. — *Sic*, Demolombe, *Don.*, IV. n. 187 : Laurent, XIII. n. 261 ; Aubry et Rau, VII. p. 117. § 670 et les auteurs cités dans Fuzier-Herman, sur l'art. 980, n. 8 et 9.

(2) V. dans le sens de notre opinion Demolombe, *Don.*, IV. n. 185 : Laurent, XIII, n. 260 : Aubry et Rau, VII. p. 116, § 670, note 10. — En sens contraire Duranton, IX, n. 106 ; Marcadé, sur l'art. 980, n. 2, ainsi que les auteurs cités dans Fuzier-Herman, sur l'art. 980, n. 2.

étaient primitivement confondues dans un seul texte, l'art. 69 du projet. C'est pour faire droit à une observation de Treilhard, qui fit remarquer qu'une partie des incapacités édictées par ce texte ne devait pas recevoir d'application au testament mystique, qu'on a dédoublé l'article. Qu'en conclure, sinon que le législateur a entendu reconnaître et consacrer le bien fondé de l'observation de Treilhard [1]?

2191. L'art. 975 se borne à une simple énumération des incapacités relatives qu'a cru devoir admettre le législateur.

Aux termes de ce texte :

« *Ne pourront être pris pour témoins du testament par acte* » *public, ni les légataires, à quelque titre qu'ils soient, ni* » *leurs parents ou alliés jusqu'au quatrième degré inclusive-* » *ment, ni les clercs des notaires par lesquels les actes seront* » *reçus* ».

Sont donc frappés d'une incapacité relative :

1° Les légataires ;

2° Les parents ou alliés du légataire jusqu'au quatrième degré inclusivement ;

3° Les clercs des notaires par lesquels les actes sont reçus.

A. *Des légataires.*

2192. La loi déclare les légataires incapables de figurer comme témoins dans le testament par lequel ils sont gratifiés. C'est évidemment qu'elle craint que l'intérêt n'obscurcisse chez eux la notion du devoir.

L'incapacité atteint tous les légataires.

Peu importe la forme que revêt le legs ou les modalités qui l'affectent, peu importe qu'il soit modique ou fait à titre rémunérateur, dans tous les cas celui qui le reçoit est également incapable d'être témoin du testament. Le texte de l'art. 975 est trop général et trop absolu pour ne point obliger à repousser toutes les distinctions qu'on a voulu y introduire [2].

[1] Cpr. Cass., 4 juin 1883, S., 84. 1. 233, D., 84. 1. 51.

[2] *Sic*, Cass., 13 décembre 1847, S., 48. 1. 272, D., 48. 1. 128; Montpellier, 10 déc. 1883, sous Cass., 31 mars 1885, S., 88. 1. 116, D., 85. 1. 406. — Dans le même sens, Demolombe, *Don.*, IV, n. 200 s.; Laurent, XIII, n. 271 ; Aubry et Rau, VII, p. 118, § 670 ainsi que les auteurs et les arrêts cités dans Fuzier-Herman, sur l'art. 975, n. 15 à 20.

2193. Mais si l'incapacité atteint tous les légataires, elle n'atteint que les légataires. Aussi les exécuteurs testamentaires restent-ils parfaitement capables de figurer comme témoins dans le testament qui les désigne, si toutefois ce testament ne contient aucune libéralité à leur profit.

Tous les auteurs s'accordent à le reconnaître [1].

2194. L'application de notre texte soulève donc la question de savoir si telle ou telle disposition du testament constitue ou non une libéralité.

La cour de cassation admet qu'il y a là une appréciation rentrant dans le domaine souverain des juges du fait [2].

2195. Mais, si toute libéralité testamentaire entraîne pour celui qui la reçoit l'incapacité de figurer comme témoin dans le testament, encore faut-il qu'elle lui soit personnellement adressée. C'est là un point que la jurisprudence a eu plusieurs fois à affirmer, à propos de testaments contenant des legs pour messes ou prières et dans lesquels figurait, comme témoin, le curé ou le vicaire de la paroisse où devaient être dites les prières ou les messes. N'étant pas personnellement gratifié, le curé ou le vicaire ne saurait être incapable dans les termes de l'art. 975 [3].

B. *Des parents ou alliés des légataires.*

2196. La loi étend l'incapacité dont elle frappe les légataires à leurs parents ou alliés jusqu'au quatrième degré inclusivement.

Cette incapacité, dont la rigueur dépasse toute mesure, atteint aussi les conjoints des légataires. En effet, si le conjoint n'est pas à proprement parler un allié, il est au moins la source de l'alliance, et on ne comprendrait pas qu'on lui reconnût une capacité qu'on refuse aux alliés.

(1) *Sic*, Demolombe, *Don.*, IV, n. 206; Aubry et Rau, VII, p. 118, § 670, note 17 et les auteurs cités dans Fuzier-Herman, sur l'art. 975, n. 25.

(2) V. Cass., 4 août 1851, S., 51. 1. 662, D., 51. 1. 220, et 10 août 1853, S., 53. 1. 533, D., 53. 1. 341. — V. également Cass., 31 mars 1885, S., 88. 1. 116, D., 85. 1. 407.

(3) V. notamment Riom, 5 mars 1873, sous Cass., 17 juillet 1874, S., 74. 1. 465. — Dans le même sens Laurent, XIII, n. 273; Huc, VI, n. 296.

Sauf le dissentiment de Laurent (1), les auteurs sont unanimes (2).

2197. L'incapacité résultant de l'alliance subsiste alors que celui des époux qui créait l'alliance serait mort sans laisser d'enfants ou aurait convolé en secondes noces.

Spécial à l'obligation alimentaire, l'art. 206 du code civil ne saurait être étendu par voie d'analogie.

C'est du moins l'opinion qui prévaut soit en jurisprudence (3), soit en doctrine (4).

2198. Mais si on doit appliquer l'art. 976 aux parents ou alliés des légataires, avec toute l'étendue que ses termes comportent, ce texte est trop rigoureux pour qu'il puisse s'agir de l'appliquer à d'autres personnes que celles-là mêmes qui y sont désignées.

Il en résulte que les parents ou alliés même les plus proches du testateur ne sauraient être atteints par l'incapacité que l'art. 975 limite aux parents et alliés des légataires (5).

2198 *bis*. Ce que nous disons des parents ou alliés du testateur, nous devons également le dire des parents ou alliés du notaire (6).

2199. Il en résulte aussi que les domestiques des légataires restent capables de figurer comme témoins du testament par lequel leur maître est gratifié (7).

(1) Laurent, XIII, n. 275, *in fine*.

(2) V. notamment Demolombe, *Don.*, IV, n. 207; Marcadé, sur l'art. 975, n. 1 et les auteurs cités dans Fuzier-Herman, sur l'art. 975, n. 10.

(3) *Sic*, Cass., 16 juin 1834, S., 34. 1. 729, D. *Rép.*, vº *Disp.*, n. 3200. — Nimes, 28 janvier 1831, S., 31. 2. 292. — Bordeaux, 14 mars 1843, S., 43. 2. 311, D., 43. 2. 177. — Dijon, 26 décembre 1888, S., 89. 2. 32.

(4) *Sic*, Demolombe, *Don.*, IV, n. 208; Aubry et Rau, VII, p. 118, § 670, note 18; Huc, VI, n. 296 et les auteurs cités dans Fuzier-Herman, sur l'art. 975, n. 12. — En sens contraire Laurent, XIII, n. 275.

(5) *Sic*, Aubry et Rau, VIII, p. 119, § 670; Laurent, XIII, n. 277; Demolombe, *Don.*, IV, n. 211; Huc, VI, n. 296 et les auteurs cités dans Fuzier-Herman, sur l'art. 975, n. 6.

(6) *Sic*, Demolombe, *Don.*, IV, n. 213; Laurent, XIII, n. 278; Aubry et Rau, VII, p. 119, § 670.

(7) *Sic*, Caen, 4 décembre 1812, S. chr., D. *Rép.*, vº *Disp.*, n. 3201. — Dans le même sens Marcadé, sur l'art. 975, n. 2; Laurent, XIII, n. 279 et tous les auteurs cités dans Fuzier-Herman, sur l'art. 975, n. 8.

2199 *bis*. Il en est de même des domestiques du testateur [1] ou de ceux du notaire [2].

2199 *ter*. Enfin, il ne saurait être question de voir une cause d'incapacité dans la parenté ou l'alliance des témoins entre eux [3].

C. *Des clercs des notaires par lesquels les testaments sont reçus.*

2200. A côté des légataires, de leurs parents ou alliés jusqu'au quatrième degré, l'art. 975 du code civil place les clercs des notaires par lesquels les testaments sont reçus.

Il est incontestable que cette incapacité s'explique non seulement par l'état de dépendance du clerc à l'égard de son patron, mais encore et surtout par la crainte que les notaires n'abusent, dans la pratique, de la faculté de prendre leurs clercs comme témoins.

2201. L'application de cette partie de l'art. 975 a parfois soulevé des difficultés en ce qui concerne les individus qui travaillent dans les études de notaire, sans y être assujettis à un travail continu, ou sans être inscrits sur le tableau des aspirants au notariat.

La cour de cassation admet que la question de savoir si une personne qui travaille dans une étude peut être considérée comme clerc, et, partant, se trouve incapable dans les termes de l'art. 975, est une question de fait dont l'appréciation appartient souverainement aux juges du fond [4].

§ III. *Sanction des incapacités.*

2202. La capacité des témoins requis par la loi est évidemment une des conditions substantielles du testament. Cette

[1] *Sic*, Aubry et Rau, VII, p. 120, § 670 et tous les auteurs cités dans Fuzier-Herman sur l'art. 975, n. 7.

[2] *Sic*, Grenoble, 12 juillet 1878, S., 80. 2. 137, D., 79. 2. 93. — Dans le même sens Huc, VI, n. 296 ainsi que les auteurs et les arrêts cités dans Fuzier-Herman, sur l'art. 975, n. 3.

[3] *Sic*, Laurent, XIII, n. 280; Demolombe, *Don.*, IV, n. 216 et tous les auteurs cités dans Fuzier-Herman, sur l'art. 975, n. 9.

[4] Cass., 25 janvier 1858, S., 58. 1. 180, D., 58. 1. 63. — V. également Colmar, 4 novembre 1857, D., 59. 2. 12 ainsi que les arrêts cités dans Fuzier-Herman, sur l'art. 975, n. 44 à 47.

capacité manque-t-elle à l'un d'entre eux, le testament ne saurait être valable. Cela résulte nécessairement des dispositions de l'art. 1001 du code civil.

Comme la loi ne l'exige pas, mention n'a pas à être faite de la capacité des témoins appelés à figurer dans un testament. C'est à celui qui allègue l'incapacité d'un témoin de démontrer l'existence de cette incapacité [1].

2203. La nullité qui résulte de l'incapacité d'un témoin s'applique d'ailleurs au testament tout entier.

A propos des incapacités de l'art. 975 du code civil, on a, il est vrai, prétendu que ce serait dépasser les motifs de la loi que d'étendre à tout le testament la nullité résultant de la présence, parmi les témoins, soit d'un légataire, soit d'un de ses parents ou alliés et on a proposé de limiter la nullité aux seules dispositions adressées soit aux témoins, soit à leurs parents ou alliés au degré prohibé.

Mais la jurisprudence [2] et les auteurs [3] s'accordent avec raison à repousser cette opinion. La présence de témoins capables est en effet, nous l'avons dit déjà, une des solennités essentielles du testament. L'un des témoins est-il incapable, l'acte est vicié dans sa substance et, partant, nul pour le tout.

2204. Tout ce qu'on peut admettre, c'est que, s'il a été appelé au testament un nombre de témoins plus considérable que la loi ne l'exigeait, l'incapacité d'un ou de plusieurs d'entre eux ne saurait entraîner la nullité du testament qu'autant qu'il n'en resterait point un nombre suffisant de capables.

C'est là, du reste, l'opinion générale [4].

2205. Par application de la maxime *Error communis facit jus*, maxime qu'il faudrait se garder d'ériger en une règle impérative et absolue, on admet généralement que la présence au testament d'un témoin incapable ne serait pas une cause

[1] *Sic*, Aubry et Rau, VII, p. 120, § 670; Laurent, XIII, n. 288; Demolombe, *Don.*, IV, n. 219.

[2] V. notamment Cass., 27 novembre 1833, S., 34. 1. 266, D. *Rép.*, vº *Disp., entre vifs*, n. 3190.

[3] *Sic*, Laurent, XIII, n. 289; Aubry et Rau, VII, p. 122, § 670; Demolombe, *Don.*, IV, n. 221 et les auteurs cités dans Fuzier Herman, sur l'art. 975, n. 38.

[4] *Sic*, Toullier, V, n. 406; Duranton, IX, n. 21; Aubry et Rau, VII, p. 122, § 670; Demolombe, *Don.*, IV, n. 223.

de nullité, si ce témoin était universellement considéré comme capable, de telle façon que le notaire et le testateur qui l'ont choisi ou accepté ont été victime d'une erreur invincible [1].

La bonne foi de ceux qui ont employé le témoin incapable ne suffit pas, remarquons-le, pour créer cette capacité putative; il faut que la bonne foi soit fondée sur les documents les plus authentiques, principalement sur des actes de l'autorité publique, tels que l'inscription du témoin sur les listes électorales ou sur celles du jury.

D'une façon générale, on peut dire que la jurisprudence se montre assez sévère sur les conditions constitutives de l'erreur commune. Ces conditions sont, du reste, souverainement appréciées par le juge du fond, dont la décision sur ce point ne peut donner ouverture à cassation [2].

2206. Il est incontestable que la stricte observation des art. 975 et 980 du C. civ. s'impose à la vigilance des notaires, et ceux-ci seraient certainement responsables des fautes ou négligences qu'on pourrait leur imputer dans le choix de témoins incapables, dont la présence entraînerait la nullité du testament [3].

Mais c'est seulement de leurs fautes ou négligences que, en cette matière, les notaires peuvent avoir à répondre. Un témoin est-il incapable sans qu'aucune faute soit imputable au notaire soit parce que le notaire a fait toutes les diligences nécessaires pour vérifier sa capacité, soit parce que c'est le testateur qui l'a lui-même choisi, le notaire ne saurait répondre de la nullité qu'entraînerait la présence de ce témoin.

Il y a, à ce point de vue, une appréciation des circonstances et des faits de la cause qui est souverainement faite par les juges du fond [4].

(1) *Sic*, Cass., 4 fév. 1850, S., 50. 1. 180, D., 50. 1. 108; 1er juill. 1874, S., 75. 1. 254, D., 75. 1. 157 ainsi que les arrêts et les auteurs cités dans Fuzier-Herman, sur l'art. 980, n. 11, 18 à 22. — Voyez également Demolombe, *Don.*, IV, n. 220; Laurent, XIII, n. 281 s.; Aubry et Rau, VII, p. 121, § 670, texte et note 28.

(2) *Sic*, Cass., 24 juill. 1839, S., 39. 1. 653, D. *Rép.*, v° *Disp.*, n. 3216; 6 mai 1874, S., 74. 1. 471, D., 74. 1. 412.

(3) Cass., 15 janv. 1835, S., 35. 1. 535, D. *Rép.*, v° *Resp.*, n. 131 et 5 fév. 1872, S., 72. 1. 386, D., 72. 1. 225.

(4) Voyez sur tous ces points Cass., 15 janv. 1835, S., 35. 1. 535, D. *Rép.*, v°

2207. Dans tous les cas, on s'accorde à reconnaître que le témoin n'encourt lui-même aucune responsabilité, en ne signalant pas l'incapacité dont il peut être atteint. Assistant gratuitement à la confection du testament, il n'est, en aucune façon, tenu de veiller personnellement à la régularité de l'acte qui s'accomplit sous ses yeux et, partant, de vérifier l'aptitude qu'il a à y figurer. Aussi c'est vainement qu'on chercherait une base à la responsabilité qu'on voudrait mettre à sa charge. Cette base ne pourrait exister qu'autant qu'on relèverait à la charge du témoin des déclarations faites sciemment dans le but de tromper la vigilance du notaire [1].

SECTION VII

DES TESTAMENTS PRIVILÉGIÉS

2208. On désigne sous le nom de *testaments privilégiés* certains testaments pour lesquels la loi accorde au testateur, à raison de la situation exceptionnelle dans laquelle il se trouve, le *privilège* de formes particulières généralement plus simples que celles du testament ordinaire.

Il y a trois testaments privilégiés :

1° Le testament militaire (art. 981 à 984);

2° Le testament fait en temps de peste (art. 985 à 987);

3° Le testament fait pendant un voyage en mer (art. 988 à 995).

Nous allons consacrer quelques développements à chacun de ces testaments.

Nous verrons ensuite les règles communes qui leur sont applicables.

Notons, d'ailleurs, que la loi du 11 juin 1893 ayant modifié et remanié les articles 981 à 984 et 988 à 998 C. civ., c'est à la nouvelle rédaction de ces textes que se réfèrent nos explications et nos renvois.

Resp., n. 431 et 5 fév. 1872, S., 72. 1. 386, D., 72. 1. 225. — Chambéry, 8 fév. 1875, S., 75. 2. 143, D., 75. 2. 84.

[1] *Sic*, Cass., 31 mars 1885, S., 88. 1. 116, D., 85. 1. 407.

§ I. *Du testament militaire.*

2209. Les règles spéciales édictées par les art. 981 à 984 ne sont applicables qu'aux militaires. La première condition pour pouvoir les invoquer, c'est donc d'être militaire.

Aux militaires, l'art. 981 assimile très justement ceux qui sont employés à la suite des armées, employés dans les armées disait l'ancien article 981. Du reste, comme il s'agit là d'une disposition traditionnelle, on doit l'interpréter par la tradition.

A ce point de vue, le texte de l'ordonnance de 1735 peut être utilement rappelé.

L'art. 51 de cette ordonnance assimilait aux militaires :

« *Ceux qui n'étant ni officiers ni engagés dans les troupes,* » *se trouveront à la suite des armées ou chez les ennemis, soit* » *à cause de leurs emplois ou fonctions, soit pour le service* » *qu'ils rendront aux officiers, soit à l'occasion de la four-* » *niture des vivres et munitions des troupes* ».

On ne saurait hésiter à interpréter les expressions de l'art. 981 par les dispositions de l'ordonnauce qu'il entendait évidemment reproduire.

On en peut moins douter encore, aujourd'hui que la loi du 11 juin 1893 est revenue aux termes mêmes de l'ordonnance.

2210. La faveur faite aux militaires se justifie par ce motif qu'il leur est impossible, ou tout au moins difficile, de recourir aux formes ordinaires.

C'est là ce qui explique la deuxième condition requise pour l'application de nos textes.

Développée autrefois par l'art. 983 C. civ., cette deuxième condition se trouve aujourd'hui déterminée par le nouvel art. 93 C. civ. auquel renvoie l'art. 981.

L'art. 93 indique dans quels cas la loi répute les formes ordinaires impossibles. C'est donc seulement dans les circonstances que détermine ce texte que s'appliqueront les formes spéciales du testament militaire.

2211. Les art. 981 et 982 précisent les faveurs faites au testament militaire.

En voici les dispositions :

Art. 981. *Les testaments des militaires, des marins de l'Etat et des personnes employées à la suite des armées pourront être reçus dans les cas et conditions prévus à l'art. 93, soit par un officier supérieur en présence de deux témoins, soit par deux fonctionnaires de l'intendance ou officiers du commissariat, soit par un de ces fonctionnaires ou officiers en présence de deux témoins, soit enfin, dans un détachement isolé, par l'officier commandant ce détachement assisté de deux témoins, s'il n'existe pas dans le détachement d'officier supérieur, de fonctionnaire de l'intendance ou officier du commissariat.*

Le testament de l'officier commandant un détachement isolé pourra être reçu par celui qui vient après lui dans l'ordre du service.

Art. 982. *Les testaments mentionnés à l'article précédent pourront encore, si le testateur est malade ou blessé, être reçus dans les hôpitaux ou les formations sanitaires militaires, par le médecin chef assisté de l'officier d'administration gestionnaire.*

A défaut de cet officier d'administration, la présence de deux témoins sera nécessaire.

2212. Etant données les circonstances dans lesquelles il est rédigé, le testament militaire risque, plus que tout autre, d'être détruit ou égaré. De là, les précautions prises pour en assurer la conservation :

Art. 983. *Dans tous les cas, il sera fait un double original des testaments mentionnés aux deux articles précédents.*

Si cette formalité n'a pu être remplie à raison de l'état de santé du testateur, il sera dressé une expédition du testament pour tenir lieu de second original; cette expédition sera signée par les témoins et par les officiers instrumentaires. Il y sera fait mention des causes qui ont empêché de dresser le second original. Dès que la communication sera possible, et dans le plus bref délai, les deux originaux ou l'original et l'expédition du testament seront adressés, séparément et par courriers différents, sous plis clos et cacheté, au ministre de la guerre ou de la marine, pour être déposés chez le notaire indiqué par le testateur ou, à défaut d'indication, chez le président de la Chambre des notaires de l'arrondissement du dernier domicile.

2213. Justifiées uniquement par la nécessité des circonstances, les faveurs faites aux testaments militaires doivent cesser dès qu'elles cesseraient de s'expliquer.

De là, la disposition de l'art. 984 :

Art. 984. « *Le testament fait dans la forme ci-dessus établie* » *sera nul six mois après que le testateur sera venu dans un lieu* » *où il aura la liberté d'employer les formes ordinaires, à moins* » *que, avant l'expiration de ce délai, il n'ait été de nouveau* » *placé dans une des situations spéciales prévues à l'art. 93. Le* » *testament sera alors valable pendant la durée de cette situa-* » *tion spéciale et pendant un nouveau délai de six mois après* » *son expiration* ».

§ II. *Du testament fait en temps de peste.*

2214. Quand les communications sont interrompues avec une localité à raison d'une maladie contagieuse qui y sévit, la loi détermine certaines dispositions de faveur au profit des testateurs qu'elle répute dans l'impossibilité de recourir aux formes ordinaires des testaments.

Voici les dispositions des art. 985 et 986 que la loi du 11 juin 1893 n'a nullement modifiés :

Art. 985. « *Les testaments faits dans un lieu avec lequel toute* » *communication sera interceptée à cause de la peste ou autre* » *maladie contagieuse, pourront être faits devant le juge de* » *paix, ou devant l'un des officiers municipaux de la commune,* » *en présence de deux témoins* ».

Art. 986. « *Cette disposition aura lieu, tant à l'égard de ceux* » *qui seraient attaqués de ces maladies, que de ceux qui seraient* » *dans les lieux qui en sont infectés, encore qu'ils ne fussent* » *pas actuellement malades* ».

2215. Il ne suffit évidemment pas, pour qu'il y ait lieu à l'application de nos textes, qu'une maladie contagieuse sévisse dans une locatité, il faut que cette maladie interrompe les communications, ce qui d'ailleurs doit être officiellement constaté.

C'est ce qu'a jugé avec raison la cour d'Aix [1], à propos d'une invasion de choléra dans un village du midi de la France.

Qu'importe que, par suite de la fuite des notaires, le testateur se trouve dans l'impossibilité de recourir aux formes ordinaires, dès que les communications ne sont pas interrompues, il n'y a pas impossibilité légale et, partant, on ne saurait réclamer le bénéfice des art. 985 et 986.

C'est ce que reconnaissent tous les auteurs [2].

2216. En ce qui concerne le testament fait en temps de peste, l'art. 987 édicte une disposition analogue à celle de l'art. 984 relative au testament militaire.

Aux termes de l'art. 987 :

« *Les testaments mentionnés aux deux précédents articles,* » *deviendront nuls six mois après que les communications* » *auront été rétablies dans le lieu où le testateur se trouve,* » *ou six mois après qu'il aura passé dans un lieu où elles ne* » *seront point interrompues* ».

2217. Indiquons, avant de terminer sur ce point, que, d'après l'art. 19 de la loi du 3 mars 1822, sur la police sanitaire, les individus soumis au régime des lazarets peuvent tester dans les formes des art. 985 à 987.

Voici, en effet, les dispositions de cet art. 19 :

« *Les membres desdites autorités* (les autorités sanitaires) » *exerceront les fonctions d'officiers de l'état civil dans les* » *mêmes lieux réservés* (enceinte des lazarets). *Les actes de* » *naissance et de décès seront dressés en présence de deux* » *témoins et les testaments conformément aux art. 985, 986* » *et 987 du C. civ.* »

Il résulte donc bien des termes de ce texte que, pour les individus soumis au régime des lazarets, les membres des autorités sanitaires remplacent les autorités que désigne l'art. 985 à l'effet de recevoir les testaments. Il ne nous semble pas douteux, en effet, que c'est en ce sens qu'il faut entendre la disposition de l'art. 19 de la loi du 3 mars 1822.

[1] Arrêt du 16 déc. 1836, S., 37. 2. 262, D. *Rép.*, v° *Disp.*, n. 3371.

[2] *Sic*, Aubry et Rau, VII, p. 146, § 673; Demolombe, *Don.*, IV, n. 339 et 340; Laurent, XIII, n. 412.

On en arrive ainsi, il est vrai, à détourner de son sens habituel et précis l'expression d'*officier de l'état civil* dont se sert ce texte. Mais toute autre interprétation aboutirait à une impossibilité, puisque les lazarets sont des lieux de séquestration fermés aussi bien aux juges de paix qu'aux fonctionnaires municipaux.

D'ailleurs ne s'agit-il pas d'un texte ayant un caractère spécial et technique? Ce serait témoigner d'une rigueur excessive que d'exiger que sa terminologie cadre d'une façon parfaite avec celle du code civil [1].

§ III. *Du testament maritime.*

2218. Les art. 988 et 989 précisent à la fois et les circonstances dans lesquelles il y aura lieu au testament maritime et les faveurs qu'ils croient devoir faire à ce testament.

Art. 988 : « *Au cours d'un voyage maritime, soit en route,* » *soit pendant un arrêt dans un port, lorsqu'il y aura impos-* » *sibilité de communiquer avec la terre ou lorsqu'il n'existera* » *pas dans le port, si l'on est à l'étranger, d'agent diplomati-* » *que ou consulaire français investi des fonctions de notaire,* » *les testaments des personnes présentes à bord seront reçus,* » *en présence de deux témoins : sur les bâtiments de l'Etat,* » *par l'officier d'administration, ou à son défaut, par le com-* » *mandant ou celui qui en remplit les fonctions, et sur les* » *autres bâtiments, par le capitaine, maître ou patron, assisté* » *du second du navire, ou, à leur défaut, par ceux qui les* » *remplacent.*

» *L'acte indiquera celle des circonstances ci-dessus prévues* » *dans laquelle il aura été reçu* ».

Art. 989 : « *Sur les bâtiments de l'Etat, le testament de* » *l'officier d'administration sera, dans les circonstances pré-* » *vues à l'article précédent, reçu par le commandant ou par* » *celui qui en remplit les fonctions, et s'il n'y a pas d'officier* » *d'administration, le testament du commandant sera reçu* » *par celui qui vient après lui dans l'ordre du service.*

(1) *Sic*, Demolombe, *Don.*, IV, n. 446. — V. cependant, Breuillac, *Police sanitaire*, p. 41.

» *Sur les autres bâtiments, le testament du capitaine maître* » *ou patron, ou celui du second, seront, dans les mêmes cir-* » *constances, reçus par les personnes qui viennent après eux* » *dans l'ordre du service* ».

2219. Les art. 990 à 993 prescrivent une série de mesures tendant à la conservation des testaments maritimes.

Il nous paraît, d'ailleurs, certain que l'omission de ces mesures ne saurait entraîner la nullité des testaments qui y sont soumis, puisqu'il ne peut s'agir de les considérer comme des formalités constitutives de ces testaments et, partant, de leur appliquer les dispositions de l'art. 1001.

Art. 990. « *Dans tous les cas, il sera fait un double original* » *des testaments mentionnés aux deux articles précédents.*

» *Si cette formalité n'a pu être remplie à raison de l'état de* » *santé du testateur, il sera dressé une expédition du testament* » *pour tenir lieu du second original : cette expédition sera* » *signée par les témoins et par les officiers instrumentaires, il y* » *sera fait mention des causes qui ont empêché de dresser le* » *second original* ».

Art. 991. « *Au premier arrêt dans un port étranger où se* » *trouve un agent diplomatique ou consulaire français, il sera* » *fait remise sous pli clos et cacheté, de l'un des originaux ou* » *de l'expédition du testament entre les mains de ce fonction-* » *naire qui l'adressera au ministre de la marine, afin que le* » *dépôt puisse en être effectué comme il est dit à l'art. 983* ».

Art. 992. « *A l'arrivée du bâtiment dans un port de France,* » *les deux originaux du testament ou l'original et son expédi-* » *tion, ou l'original qui reste, en cas de transmission ou de re-* » *mise effectuée pendant le cours du voyage, seront déposés,* » *sous pli clos et cacheté, pour les bâtiments de l'Etat, au bureau* » *des armements, et pour les autres bâtiments, au bureau de* » *l'inscription maritime.*

» *Chacune de ces pièces sera adressée, séparément et par cour-* » *riers différents, au ministre de la marine, qui en opèrera la* » *transmission comme il est dit à l'art. 983* ».

Art. 993. « *Il sera fait mention sur le rôle du bâtiment, en* » *regard du nom du testateur, de la remise des originaux ou* » *expédition du testament faite, conformément aux disposi-*

» *tions des articles précédents, au consulat, au bureau des arme-*
» *ments ou au bureau de l'inscription maritime* ».

2220. L'art. 994 contient, pour le testament maritime, une disposition analogue à celle que nous avons déjà rencontrée dans les art. 984 et 987 et qui s'explique par les mêmes motifs.

Aux termes de ce texte :

Art. 994. « *Le testament fait au cours d'un voyage mari-*
» *time, en la forme prescrite par les art. 988 et suivants, ne*
» *sera valable qu'autant que le testateur mourra à bord ou dans*
» *les 6 mois après qu'il sera débarqué dans un lieu où il aura*
» *pu le refaire dans les formes ordinaires.*

» *Toutefois, si le testateur entreprend un nouveau voyage*
» *maritime avant l'expiration de ce délai, le testament sera*
» *valable pendant la durée de ce voyage et pendant un nouveau*
» *délai de six mois après que le testateur sera de nouveau*
» *débarqué* ».

§ IV. *Règles générales applicables à tous les testaments privilégiés.*

2221. La loi détermine rigoureusement les personnes auxquelles elle confie la rédaction des différents testaments privilégiés.

Elle fixe le nombre des témoins et le réduit à deux [1].

Elle règle également ce qui concerne la signature du testateur, des officiers publics et des témoins.

Voici les dispositions des art. 997 et 998 qui règlent ce dernier point :

Art. 997. « *Les testaments compris dans les articles ci-des-*
» *sus de la présente section seront signés par le testateur, par*
» *ceux qui les auront reçus et par les témoins* ».

Art. 998. « *Si le testateur déclare qu'il ne peut ou ne sait*
» *signer, il sera fait mention de sa déclaration, ainsi que de*
» *la cause qui l'empêche de signer.*

» *Dans les cas où la présence de deux témoins est requise, le*
» *testament sera signé au moins par l'un d'eux et il sera fait*
» *mention de la cause pour laquelle l'autre n'aura pas signé* ».

[1] V. les art. 981, 985 et 988.

Enfin, et c'est là une heureuse innovation de la loi du 11 juin 1893 :

Art. 996. « *Il sera donné lecture au testateur, en présence* » *des témoins, des dispositions de l'art. 984, 987 ou 994,* » *suivant les cas, et mention de cette lecture sera faite dans* « *le testament* ».

2222. Les dispositions des art. 996, 997 et 998 sont les seules que la loi consacre à la confection des testaments privilégiés.

Certains auteurs en ont conclu que c'étaient là les seules dispositions dont l'inobservation pouvait être sanctionnée par la règle de l'art. 1001 [1].

Nous ne saurions l'admettre.

Evidemment il ne peut s'agir d'exiger, pour la rédaction des testaments privilégiés, l'observation des différentes formalités que la loi de ventôse ou le code civil exige pour la rédaction des testaments.

Il en est une raison décisive.

Les personnes auxquelles la loi confie la rédaction des testaments privilégiés sont presque toutes absolument étrangères aux connaissances juridiques et, en tout cas, à la pratique notariale. Soumettre les testaments qu'on leur donnait à rédiger aux formalités compliquées que les notaires sont tenus d'observer dans la rédaction des testaments publics, c'eût été d'avance frapper de nullité les testaments qu'on se proposait de favoriser.

C'est ainsi que point n'est besoin que le testament soit dicté par le testateur et écrit par celui qui a compétence pour le recevoir; pas davantage qu'il contienne mention des signatures que la loi exige.

Tous les auteurs s'accordent à le reconnaître [2].

2223. Mais il nous paraît impossible d'accepter les conséquences que Laurent notamment n'hésite point à tirer du silence de la loi soit en ce qui concerne la date du testament, soit en ce qui concerne la capacité des témoins qui y figurent.

[1] *Sic*. Laurent, XIII, n. 446 s.

[2] V. notamment Demolombe, *Don.*, IV, n. 431 s.; Aubry et Rau, VII, p. 146, § 672, p. 147, § 673 et p. 148, § 674.

2224. Et d'abord il nous paraît incontestable qu'en dépit du silence de la loi sur ce point, le testament privilégié doit être daté.

Si nous exigeons la date, ce n'est pas seulement parce qu'elle est une formalité substantielle pour tous les actes authentiques, mais encore et surtout parce que, seule, elle permet de constater que le testament privilégié a été rédigé précisément dans les circonstances exceptionnelles où la loi l'autorise [1].

2225. En ce qui concerne la capacité des témoins, nous ne pensons pas davantage que le silence de la loi puisse permettre d'écarter l'application de l'art. 980 du C. civ. Autrement il faudrait dire que des femmes, des mineurs peuvent figurer comme témoins dans les testaments privilégiés. Aussi ne peut-on guère hésiter à admettre l'application de l'art. 980 aux témoins figurant dans les testaments privilégiés.

C'est l'opinion de presque tous les auteurs [2].

2226. Mais plus douteuse est la question de savoir si l'art. 975 règle leur capacité.

A la différence de l'art. 980, l'art. 975 ne saurait être considéré comme une règle applicable à tous les témoins appelés à figurer dans un testament, puisqu'il est inapplicable au testament mystique. De là, les doutes qu'on peut éprouver à considérer comme incapables de figurer, à titre de témoins dans un testament privilégié, les différentes catégories de personnes auxquelles ce texte refuse la capacité de jouer le rôle des témoins dans un testament public seulement.

Les auteurs se prononcent généralement pour l'application de l'art. 975 [3].

C'est également en ce sens que se prononce une circulaire du ministre de la guerre en date du 24 brumaire an XII.

[1] En ce sens Demolombe, *Don.*, IV, n. 434; Aubry et Rau, VII, p. 145, § 670, note 7. — En sens contraire Laurent, XIII, n. 446. — V. également les auteurs cités en sens divers dans Fuzier-Herman, sur l'art. 998, n. 1.

[2] V. notamment Demolombe, *Don.*, IV, n. 432; Aubry et Rau, VIII, p. 145, § 672 et les auteurs cités dans Fuzier-Herman, sur l'art. 998, n. 1. — V. cep. en sens contraire Laurent, XIII, n. 448.

[3] *Sic*, Demolombe, *Don.*, IV, n. 432; Bayle-Mouillard sur Grenier, II, n. 278, note *a*; Troplong, III, n. 173; Demante, IV, n. 127 *bis*, 1.

C'est aussi l'opinion qui nous paraît la plus conforme à la loi. Et en effet, lorsque le législateur exige que deux témoins figurent à la rédaction des testaments privilégiés, il est absolument raisonnable de penser qu'il entend parler de deux témoins capables. Or, pour apprécier cette capacité, il ne peut évidemment s'agir de chercher ailleurs que dans les règles par lesquelles le testateur vient lui-même de la préciser à propos des testaments ordinaires.

Il est vrai que l'art. 975 est spécial aux témoins appelés à figurer dans les testaments publics.

Mais les testaments privilégiés sont des testaments publics. La capacité qu'on doit exiger des témoins qui y figurent, c'est donc la capacité des témoins aptes à figurer dans les testaments publics.

2227. Il ne nous paraît pas d'ailleurs possible de distinguer entre les différentes règles que pose l'art. 975. Ou ce texte est applicable aux testaments privilégiés et alors on doit l'appliquer dans toutes ses parties; ou il leur est étranger et alors on ne peut admettre aucune des incapacités qu'il édicte. Toute distinction serait nécessairement arbitraire [1].

SECTION VIII

DES TESTAMENTS FAITS PAR UN FRANÇAIS A L'ÉTRANGER

2228. Le législateur s'est spécialement occupé de la forme que devaient revêtir les testaments que les Français pourraient faire à l'étranger.

C'est la question qu'envisage et résout l'art. 999 du code civil.

Aux termes de ce texte :

« *Un Français qui se trouvera en pays étranger, pourra » faire ses dispositions testamentaires par acte sous signature » privée, ainsi qu'il est prescrit en l'art. 970, ou par acte au» thentique, avec les formes usitées dans le lieu où cet acte » sera passé* ».

[1] V. cep. Aubry et Rau, VII, p. 145, § 672, note 6.

Un Français qui se trouve en pays étranger peut donc tester de deux manières différentes :

1° dans la forme olographe :

2° dans la forme authentique.

2229. A ces deux formes qu'autorise spécialement l'art. 999, nous devons en ajouter une troisième : le testament fait, conformément à l'ordonnance de 1681, devant les chanceliers de consulat.

Nous allons nous occuper successivement de ces trois formes de testaments, également accessibles aux Français qui testent à l'étranger.

§ I. *Du testament olographe.*

2230. Lorsque le Français qui a testé à l'étranger dans la forme olographe a rédigé son testament conformément aux dispositions de l'art. 970 du code civil, le texte même de l'art. 999 supprime toute difficulté.

Le testament est alors valable, sans qu'il y ait à rechercher si la législation locale permet, ou non, de tester dans la forme olographe, sans qu'il y ait davantage à se préoccuper de la nature et de la situation des biens qui font l'objet du testament.

Sur tous ces points, les auteurs et les arrêts sont également unanimes (1).

2231. Mais que décider si, au lieu d'employer les formes que prescrit l'art. 970 du code civil, le Français a testé dans une autre forme qu'admet la législation locale, sans cependant la considérer comme authentique? En d'autres termes, le Français, testant à l'étranger, peut-il valablement tester dans une forme privée autre que la forme olographe, telle qu'elle est réglée par l'art. 970 du code civil ?

Si l'art. 999 ne laisse point la question entière, il ne lui fournit pas, du moins, une réponse explicite.

Aussi est-elle vivement discutée.

(1) V. notamment Paris, 3 juin 1878, *Gaz. des Trib.*, 17 juin 1878 et *Journ. de dr. intern. pr.*, 1878, p. 613. — V. également Laurent, XIII, n. 158; Demolombe, *Don.*, IV, n. 474; Weiss, *Tr. de dr. intern. pr.*, p. 861; Duguit, p. 138 et 149.

Nombre d'auteurs considèrent qu'on ne saurait contester aux Français, testant à l'étranger, le droit d'employer l'une quelconque des formes qu'admet la législation du pays dans lequel ils testent, sans qu'il soit besoin de rechercher si, d'après la législation locale, cette forme doit être considérée comme une forme authentique ou privée (1).

Les termes de l'art. 999 du code civil ne sauraient être invoqués contre cette solution.

Pour les uns, ce texte ne fait que consacrer expressément le caractère facultatif de la règle : *Locus regis actum* (2).

Pour les autres, qui considèrent la règle : *Locus regis actum* comme impérative, il a pour but d'y déroger en ce qui concerne le testament olographe. Ce serait une faveur spéciale s'expliquant par la préoccupation de faciliter au Français, à l'étranger, l'exercice de la faculté de tester (3).

2232. Nous croyons que, lorsque le Français se trouve dans un pays qui admet un testament privé autre que le testament olographe, tel qu'il est organisé par l'art. 970 du code civil, il ne peut valablement y recourir.

A notre avis, l'art. 999 décide la question.

En effet, ce texte ne dit pas que le Français, se trouvant en pays étranger, peut tester *dans la forme prescrite par la loi de ce pays*, ce qui eût été la consécration pure et simple de la règle *Locus regit actum*, il dit que le Français peut tester « par acte sous signature privée, ainsi qu'il est prescrit en » l'art. 970, *ou par acte authentique, avec les formes usitées » dans le lieu où cet acte sera passé* ».

Le Français n'a donc que le choix entre l'une ou l'autre de ces formes.

S'il veut tester en une forme autre que la forme olographe, il devra nécessairement prendre la forme authentique, et alors se conformer aux prescriptions de la loi étrangère.

Le texte de la loi est clair, et il ne faut pas, sous prétexte

(1) *Sic*, Marcadé, sur l'art. 999 ; Demolombe, *Don.*, IV, n. 475 ; Laurent, XIII, p. 153 ; Weiss, *Tr. élém. de dr. intern. pr.*, p. 861 ; Antoine, p. 117 ; Frénoy, *De l'effet en France des actes faits à l'étranger*, p. 232.

(2) V. notamment Weiss, p. 861.

(3) V. notamment Demolombe, *Don.*, IV, n. 475.

de pénétrer son esprit, que nous ne pouvons connaître qu'imparfaitement, vu le silence des travaux préparatoires, dire, comme le font plusieurs auteurs, que les mots *par acte authentique* de l'art. 999 sont pris par opposition aux mots *par acte sous signature privée,* et désignent toute forme de testament autre que la forme olographe [1].

§ II. *Du testament authentique.*

2233. L'art. 999 décide, d'une façon expresse, que le Français qui teste à l'étranger peut tester dans la forme authentique *avec les formes usitées dans le lieu où cet acte sera passé.*

Dès qu'il en est ainsi, le testament est valable aux yeux de la loi française, quelles que soient la nature et la situation des biens dont il dispose.

C'est, d'ailleurs, la législation locale et uniquement la législation locale qu'il faut considérer pour savoir si le testament répond aux conditions requises pour l'authenticité. Alors que ces conditions seraient beaucoup moins rigoureuses que les conditions auxquelles la loi française subordonne l'authenticité du testament, on devrait s'en contenter, sous peine de méconnaître la disposition formelle de l'art. 999 du code civil.

Les auteurs [2] et les arrêts [3] s'accordent à le reconnaître.

Telle est notamment la doctrine qu'affirme un arrêt de la Cour suprême, en date du 19 août 1858 [4].

Ce dernier arrêt est intervenu dans une espèce où il s'agissait d'un testament fait à Jérusalem par un israélite algérien, conformément à la loi orale des juifs. Indépendamment de la difficulté qu'il pouvait y avoir à connaître exactement la loi orale des juifs, on aurait pu se demander si cette loi consti-

(1) *Sic*, Aubry et Rau, VII, p. 89, § 661, note 1; Troplong, *Testament*, III, n. 1734 et 1735; Duguit, p. 147 et 148; Despagnet, *Précis*, p. 504.

(2) *Sic*, Aubry et Rau, VII, p. 89, § 661; Laurent, *Droit civ. intern.*, IV, p. 680 s.; Demolombe, *Don.*, IV, n. 475; Despagnet, *Précis*, n. 515; Weiss, *Traité élém.*, p. 680.

(3) V. notamment Cass., 30 novembre 1831, S., 32. 1. 52; D. *Rép.*, v° *Disp.*, n. 3412; 6 février 1843, S., 43. 1. 209. D. *Rép.*, v° *Disp.*, n. 3410; 3 juillet 1854, S., 54. 1. 544, D., 54. 1. 313.

(4) Cass., 19 août 1858, S., 59. 1. 396, D., 59. 1. 81.

tuait bien une loi du pays, aux termes de l'art. 999. La question a été résolue affirmativement par ce motif que la Turquie laisse aux populations conquises le droit de se régir d'après leurs propres lois et que, par suite, la loi orale des juifs peut, à Jérusalem, être considérée comme une loi du pays.

2234. Il en serait ainsi alors que la législation locale ne subordonnerait l'authenticité du testament à l'intervention d'aucun officier public.

C'est ce qu'a très justement décidé la cour de cassation, à propos d'un testament rédigé en Angleterre et portant simplement la signature et le sceau du testateur et de quatre témoins, par ce motif que la loi anglaise reconnait l'authenticité du testament rédigé dans ces conditions [1].

C'est également ce qui a été jugé, à propos d'un testament rédigé en Louisiane devant cinq témoins, par cela seul que la législation locale considère comme authentique un testament rédigé dans ces conditions [2].

2235. Il est, d'ailleurs, incontestable que c'est à la loi qui précise les formes du testament, et non à la loi française, de déterminer la force probante qu'on doit lui reconnaître.

C'est également la loi du pays où le testament a été rédigé qui doit fixer la force probante de l'expédition ou de la copie qui serait produite [3].

2236. Le testament fait par un Français en pays étranger en la forme authentique et conformément aux prescriptions de la loi du pays, demeure valable après le retour du testateur en France, et quelle que soit, d'ailleurs, l'époque à laquelle il décède.

Nous n'avons pas ici de disposition analogue à celle des art. 984, 987 et 996 du code civil.

Mais, d'après l'art. 1000, l'exécution en France du testament fait à l'étranger est subordonnée à son enregistrement dans les conditions que précise ce texte.

Aux termes de cet article 1000 :

[1] *Sic*, Cass., 6 février 1873, précité.

[2] *Sic*, Cass., 3 juillet 1854, précité.

[3] V. sur ce point un arrêt de la cour de Palerme, du 25 mars 1887, *Journ. de dr. int. pr.*, 1887, p. 757.

« *Les testaments faits en pays étranger ne pourront être*
» *exécutés sur les biens situés en France, qu'après avoir été*
» *enregistrés au bureau du domicile du testateur, s'il en a con-*
» *servé un, sinon au bureau de son dernier domicile connu en*
» *France; et, dans le cas où le testament contiendrait des dis-*
» *positions d'immeubles qui y seraient situés, il devra être, en*
» *outre, enregistré au bureau de la situation de ces immeubles,*
» *sans qu'il puisse être exigé un double droit* ».

Cette formalité qu'exige l'art. 1000, est, d'ailleurs, une formalité purement extrinsèque, dont le retard ou l'omission reste sans influence sur la validité du testament [1].

§ III. *Des testaments reçus dans les consulats.*

2237. Quelle que soit l'opinion que l'on adopte sur la portée de l'art. 999 en ce qui concerne la règle *Locus regit actum*, on s'accorde généralement à reconnaitre que ce texte n'est point exclusif de la compétence que l'ordonnance de 1681 avait attribuée aux chanceliers du consulat.

L'opinion contraire a été soutenue [2].

Elle est aujourd'hui abandonnée et, d'après l'opinion qui prévaut soit en doctrine [3], soit en jurisprudence [4], il est admis que les Français peuvent recourir au ministère des chanceliers de consulat, pour la rédaction des testaments qu'ils font à l'étranger.

2238. Cela ne nous semble pas douteux. Le code civil, de même, du reste, que la loi de ventôse, n'a pu évidemment porter abrogation que des dispositions antérieures statuant sur des matières qu'il réglait lui-même.

(1) *Sic*, Cass., 25 mai 1864, S., 64. 1. 333, D., 64. 1. 391. — Dans le même sens Laurent, XIII, n. 165; Demolombe, *Don.*, IV, n. 479.

(2) V. trib. Seine, 19 mars 1823, joint à Paris, 17 août 1825, S. chr., D., 1825. 2. 228. — Dans le même sens Duranton, IX, n. 160; Vazeille, sur l'art. 994, n. 2; Duvergier sur Toullier, III, n. 485, note *b*.

(3) *Sic*, Merlin, *Rép*., v° *Testament*, sect. II, § 3, art. 8; Aubry et Rau, VII, p. 89, § 661; Demolombe, *Don.*, IV, n. 425; Fœlix et Demangeat, I, p. 445, note *b*; Duguit, p. 141; Weiss, p. 862; Despagnet, p. 287 et 288.

(4) *Sic*, Cass., 20 mars 1883, S., 83. 1. 249, D., 83. 1. 145. — Dijon, 9 avril 1879, en note sous Cass., 20 mars 1883. — Aix, 30 mars 1881, S., 82. 2. 241. — V. également Cass., 3 juin 1891, S., 93. 1. 401, D., 92. 1. 317.

Or, que l'art. 999 ne vise pas les testaments reçus par les chanceliers de consulat, cela est d'évidence.

Que, d'autre part, ce texte ne soit pas assez formel pour proscrire tout autre mode de procéder que ceux-là mêmes qu'il vise, cela ne nous paraît pas moins certain. Décider le contraire ne serait-ce pas supposer que l'art. 999 a été promulgué pour restreindre les droits des Français à l'étranger et, partant, l'employer contre son but qui paraît être, au contraire, de leur faciliter la constatation de leurs dernières volontés?

D'ailleurs, l'art. 994 ne suppose-t-il pas, d'une façon formelle, qu'un testament peut être reçu sur une terre étrangère par un officier public français?

Il nous semble donc difficile de refuser aux chanceliers compétence pour recevoir les testaments des Français, dans toute l'étendue du consulat auquel ils sont attachés.

2239. Mais si leur compétence est certaine, quelles sont les formalités que doivent, en pareil cas, observer les chanceliers de consulat?

Sur ce point, l'accord cesse.

Il faudrait, d'après certains auteurs, observer les formalités qu'imposent et la loi du 25 ventôse et le code civil pour la rédaction des testaments publics.

En admettant, disent ces auteurs, que le code civil ait abrogé l'art. 24 de l'ordonnance de 1681, il n'en a pas moins laissé subsister les autres textes qui, dans l'intérêt des Français, conféraient aux chanceliers de consulat la capacité notariale.

Tel est notamment l'art. 8 de l'édit de juin 1778.

Aux termes de ce texte :

« *Celui des officiers du consulat commis à la chancellerie* » *remplira sous la foi du serment qu'il aura prêté, les* » *fonctions de greffier, tant en matière civile qu'en matière* » *criminelle, ainsi que celles de notaire* ».

Telles sont aussi l'ordonnance du 24 mai 1728 et l'ordonnance du 3 mars 1781.

De tous ces textes, il résulte bien, dit-on, non seulement que les chanceliers de consulat peuvent toujours recevoir les testaments du Français à l'étranger, mais en outre que, considérés comme notaires de nos nationaux à l'étranger, ils doient nécessairement se conformer à toutes les règles imposées en France, aux notaires rédigeant un testament public. En conséquence, c'est devant quatre témoins que le testament doit être reçu par le chancelier. Celui-ci doit l'écrire tout entier sous la dictée du testateur et le lire à ce dernier en présence des témoins, avec mention de toutes ces formalités, le tout à peine de nullité; en d'autres termes, à part la substitution du chancelier au notaire, on exige toutes les formalités requises et par le code civil et par la loi de ventôse pour la confection des testaments publics [1].

2240. D'après une autre opinion, c'est uniquement à l'art. 24 de l'ordonnance de 1681 qu'il faut se référer pour les formes que doivent observer les chanceliers. Dès l'instant, dit-on, que ce texte n'a point été abrogé par le code civil, on doit l'appliquer non seulement en ce qui concerne les pouvoirs qu'il attribue aux chanceliers, mais encore en ce qui concerne les conditions d'exercice de ces pouvoirs.

La conclusion est que le testament reçu par le chancelier d'un consulat vaut, comme testament authentique, par cela seul qu'il est rédigé conformément aux dispositions des anciens règlements de la matière, sans qu'on ait d'ailleurs à se préoccuper des formalités exigées par la loi du 25 ventôse et par le code civil [2].

2241. L'opinion à laquelle s'est rangée la cour de cassation est, en quelque sorte, intermédiaire.

La cour suprême reconnaît bien que l'art. 999 du code civil a laissé subsister l'art. 24 de l'ordonnance de 1681, avec la compétence spéciale que ce texte reconnaissait aux chanceliers de consulat. Mais elle exige qu'en ce qui concerne les formes de procéder qui s'imposent à ceux-ci pour la réception des testaments, l'ordonnance de 1681 soit complétée par les dispositions du droit commun.

Si, dit-elle, l'ordonnance de 1681 permet aux chanceliers

[1] *Sic*, Coin-Delisle, sur l'art. 999, n. 8-15; Marcadé, sur l'art. 999, n. 4; Bayle-Mouillard sur Grenier, II, n. 280, note *a*.

[2] *Sic*, Dijon, 9 avril 1879, sous Cass., 20 mars 1883, S., 83. 1. 249. — Aix, 30 mars 1881, S., 82. 2. 241. — Dans le même sens Demolombe, *Don.*, IV, n. 477; Aubry et Rau, VII, p. 90, § 661, note 2; Duguit, p. 141.

de consulat de recevoir un testament, en présence du consul et de deux témoins, elle ne s'explique pas sur les formalités à remplir pour la rédaction de l'acte. Or, en ce qui concerne la rédaction des testaments publics, le droit commun se trouve contenu dans le code civil et la loi organique du notariat. Il faut donc s'en référer à leurs dispositions pour toutes les formalités non spécialement prévues et réglées par l'ordonnance [1].

Cette opinion, dans le sens de laquelle la cour de cassation s'est plusieurs fois prononcée, est-elle bien conforme à la maxime : *Specialibus generalia non derogant?*

On pourrait le contester peut-être, et non sans quelque apparence de raison.

Quoi qu'il en soit, elle est approuvée par nombre d'auteurs [2] et on doit, dans tous les cas, reconnaître qu'elle a l'incontestable avantage d'être plus précise et plus facilement applicable que les opinions opposées.

Le testament peut être reçu par les chanceliers de consulat, en présence du consul et de deux témoins.

Il doit l'être suivant les formalités prescrites et par le code civil et par la loi organique du notariat.

2242. Dans les pays où il n'existe pas de consulat, les chanceliers d'ambassade ont la même compétence que les chanceliers de consulat.

C'est le chef de la mission ou un des fonctionnaires placés sous ses ordres et spécialement délégué par lui à cet effet, qui est appelé à remplacer le consul [3].

2243. La question des formes que doivent observer les chanceliers de consulat ou d'ambassade présente, d'ailleurs, pour ceux-ci, le plus haut intérêt. Dès l'instant que la jurisprudence de la cour de cassation leur impose l'observation des formalités prescrites et par le code civil et par la loi de ventôse, ils ne sauraient trop rigoureusement s'y soumettre.

(1) V. en ce sens Cass., 20 mars 1883, S., 83. 1. 249, D., 83. 1. 145 et 3 juin 1891, S., 93. 1. 401, D., 92. 1. 317.

(2) *Sic*, Clercq et de Vallat, *Guide des consulats*, I. p. 322 et 324; Despagnet, p. 288; Weiss, p. 863; Valabrègue, *Rev. prat.*, 1883, p. 193 s.

(3) *Sic*, Rennes, 30 juin 1890, rapporté avec Cass., 3 juin 1891, S., 93. 1. 401, D., 92. 1. 317.

Le tribunal des conflits a admis, en effet, que, lorsque les chanceliers reçoivent un testament, ils remplissent les fonctions notariales et doivent être considérés et traités comme des notaires. Il en a conclu avec raison que, comme ceux-ci, ils sont responsables de l'inobservation des formes prescrites à peine de nullité et que l'action en responsabilité qui pourrait être intentée contre eux est de la compétence des tribunaux judiciaires [1].

SECTION IX

DES TESTAMENTS FAITS PAR LES ÉTRANGERS

2244. Alors qu'il a spécialement prévu, dans l'art. 999, le cas où les tribunaux français auraient à s'occuper d'un testament fait par un Français à l'étranger, le législateur du code civil n'a rien dit de l'hypothèse inverse : le cas d'un étranger ayant fait son testament en France.

Lorsqu'ils sont appelés à se prononcer sur la validité d'un testament émanant d'un étranger, les tribunaux français doivent, avant tout, se préoccuper du lieu de confection du testament.

Nous supposerons d'abord que le testateur a fait son testament en France.

Nous parlerons ensuite du cas où le testament a été fait à l'étranger.

§ I. *Du testament fait par l'étranger en France.*

2245. Nous l'avons déjà dit, le législateur est resté muet sur cette hypothèse, son silence renvoie donc implicitement aux principes de la matière, c'est-à-dire à la règle *Locus regit actum.*

On doit en conclure, sans difficulté, que les étrangers peuvent valablement tester en France soit dans la forme du testament public, soit dans la forme mystique.

2246. Le seul obstacle que puisse rencontrer l'emploi de

[1] *Sic*, Trib. des conflits, 6 avril 1889, S., 91. 3. 48.

l'une ou de l'autre de ces formes est l'ignorance dans laquelle le testateur pourrait être de la langue française.

Si le notaire et les témoins comprennent la langue du testateur, il ne peut y avoir d'autre difficulté que celle que nous avons examinée ci-dessus, au sujet de la question de savoir si un acte notarié peut être rédigé en une langue autre que le français ([1]).

Mais l'obstacle devient, à notre avis, insurmontable lorsqu'on ne peut réunir des notaires et des témoins comprenant la langue du testateur. Celui-ci se trouve alors dans une situation analogue à celle du muet, qui ne peut tester ni dans la forme publique ni même dans la forme mystique, sauf l'application possible de l'art. 978.

Nous n'avons, d'ailleurs, qu'à renvoyer à ce que nous avons déjà dit sur l'impossibilité de faire intervenir un interprète dans le testament public ([2]), et sur l'incapacité, pour ceux qui ne peuvent parler, de tester dans la forme mystique ([3]).

2247. Devons-nous dire du testament olographe ce que nous venons de dire du testament par acte public et du testament mystique?

La question devient ici douteuse, car, d'après certains auteurs, le cercle d'application de la règle *Locus regit actum* ne s'étendrait point aux actes sous seing privé, qui, quant aux règles de leur rédaction, resteraient toujours sous l'empire de la loi personnelle de celui qui les rédige.

Cette opinion a même trouvé un appui dans l'art. 999 du code civil.

Puisque ce texte permet aux Français de tester à l'étranger en la forme olographe, alors que la loi du pays n'admet point cette forme de testament, c'est bien, dit-on, la preuve que la règle : *Locus regit actum* ne s'applique point aux actes sous seing privé ([4]).

[1] V. ci-dessus, n. 2049.

[2] V. ci-dessus, n. 2029.

[3] V. ci-dessus, n. 2169 s.

[4] V. en ce sens Laurent, *Dr. civ. intern.*, VI, p. 687 et 695; Duguit, *Des conflits de législations relatifs à la forme des actes civils*, p. 137. — Consultez également Labbé, note sous Aix, 11 juill. 1881, S., 83. 2. 249.

2248. La juriprudence et la majorité des auteurs ont toujours refusé d'admettre et l'interprétation restreinte que l'opinion précédente donne à la règle : *Locus regit actum,* et la conséquence qu'on veut en tirer, en ce qui concerne le testament olographe fait par un étranger en France.

Quant à la disposition spéciale de l'art. 999 ne l'explique-t-on point d'une façon satisfaisante, en y voyant une disposition de faveur pour le Français qui teste à l'étranger? Dans tous les cas, ne l'explique-t-on point ainsi, tout aussi bien qu'en la considérant comme la conséquence nécessaire et logique de l'inapplicabilité de la règle *Locus regit actum* aux actes sous signature privée [1]?

2249. Si cette opinion est exacte, on doit évidemment l'appliquer, sans distinguer suivant que la loi personnelle du disposant admet ou repousse la forme olographe [2].

2250. On ne comprendrait pas davantage une distinction basée sur la nature des biens dont dispose le testament [3].

2251. Remarquons que, comme nous l'avons fait observer déjà [4], l'emploi du français n'est nullement obligatoire pour la rédaction du testament olographe.

Les auteurs s'accordent à le reconnaître [5].

2252. Reste à savoir si l'étranger, testant en France, peut répudier les formes de testament admises par la loi française et s'en tenir aux formes de sa loi nationale, si différentes qu'elles soient des formes françaises. Le testament fait par un étranger dans ces conditions sera-t-il valable devant les tribunaux français ?

2253. La solution de cette question dépend de la solution

(1) V. en ce sens Paris, 7 juill. 1845 et Cass., 25 août 1847, S., 47. 1. 712, D., 47. 1. 273. — Cass., 9 mars 1853, S., 53. 1. 274, D., 53. 1. 217. — Aix, 11 juill. 1881, S., 83. 2. 249. — Dans le même sens Demolombe, *Don.*, IV, n. 483 ; Aubry et Rau, VII, p. 90, § 661, texte et note 3 ; Brocher, *Cours de dr. civ. intern.*, II, p. 41 s. ; Antoine, *De la succes. légit. et testam.*, n. 110 ; Despagnet, p. 502 ; Weiss, p. 860.

(2) *Sic*, Cass., 25 août 1847, S., 47. 1. 712, D., 47. 1. 273. — Orléans, 4 août 1859, S., 60. 2. 37.

(3) V. cependant les motifs d'un jugement du tribunal de Marseille du 4 déc. 1880, confirmé par un arrêt de la cour d'Aix, du 11 juill. 1881, S., 83. 2. 249.

(4) V. ci-dessus, n. 1901.

(5) *Sic*, Aubry et Rau, VIII, p. 98, § 665 ; Laurent, XIII, n. 170 ; Demolombe, *Don.*, IV, n. 120.

qu'on donne à la question plus générale de savoir si la maxime *Locus regit actum* se présente comme une règle impérative ou si elle doit être considérée comme facultative.

Se rattache-t-on à ce dernier point de vue ?

On ne saurait hésiter à résoudre affirmativement la question ci-dessus posée et c'est, d'ailleurs, l'opinion que soutiennent nombre d'auteurs [1].

C'est toutefois l'opinion contraire qui prévaut dans la jurisprudence française. Celle-ci considère que les formes françaises s'imposent, d'une façon obligatoire, à l'étranger qui teste en France.

C'est ainsi que la cour de cassation, par un arrêt du 19 mars 1853, a rejeté le pourvoi dirigé contre un arrêt de la cour de Paris, du 25 mai 1852 qui déclarait non valable un testament fait en France par un Anglais, conformément à la loi anglaise [2].

C'est ainsi également que, par un autre arrêt du 21 juin 1850, la cour de Paris avait déjà décidé qu'un testament olographe, fait en France par un Anglais dans les formes prescrites par l'art. 970 du code civil, ne pouvait être révoqué par un testament fait postérieurement en France dans les formes de la loi anglaise [3].

Telle est aussi l'opinion qui paraît réunir la majorité des auteurs [4].

§ II. *Des testaments faits par un étranger à l'étranger.*

2254. Lorsqu'il s'agit d'un testament fait par un étranger à l'étranger, les tribunaux français n'ont pas à se préoccuper de la loi française.

Ils doivent, au contraire, déclarer le testament valable, dès

(1) V. notamment Aubry et Rau, VII, p. 90, § 661, note 4; Antoine, p. 113; Weiss, p. 864.

(2) Cass., 9 mars 1853, S., 53. 1. 274, D., 53. 1. 217.

(3) Paris, 21 juin 1850, *Gaz. des Trib.*, du 22 juin 1850. — V. également sur une hypothèse intéressante un arrêt de Riom, du 19 juillet 1871, sous Cass., 5 fév. 1873, S., 73. 1. 107, D., 73. 1. 435.

(4) *Sic*, Demolombe, *Don.*, IV, n. 484; Coin-Delisle, sur l'art. 999, n. 6; Merlin, *Rép.*, v° *Testament*, sect. II, § 4, art. 2; Laurent, XIII, n. 121.

ı'il a été fait conformément à la loi nationale du disposant ı dans les formes autorisées par le pays dans lequel le testa-ent a été rédigé [1].

C'est ainsi que les tribunaux français ne pourraient décla-er valable un testament fait par un étranger dans la forme ographe, en se conformant à toutes les exigences de l'art. 70, si, d'après la loi personnelle ou la loi du pays dans le-uel il a testé, l'étranger ne pouvait tester en cette forme [2]. Ils devraient, au contraire, considérer ce testament comme alable, si la loi personnelle du disposant l'autorise ou si, ors que la loi personnelle du testateur ne l'admet point, la i du pays dans lequel le testament a été rédigé considère le stament olographe comme une forme légale de testament. Il st, en effet, logique que la jurisprudence française qui, lorsque testament est fait en France, ne tient pas compte des dispo-tions de la loi personnelle du testateur prohibant la forme lographe, puisse davantage s'y attacher, lorsque le testateur testé, ailleurs qu'en France, dans un pays où, comme en rance, le testament olographe est admis.

CHAPITRE VI

DES DISPOSITIONS TESTAMENTAIRES

2255. Après avoir indiqué, dans le chapitre précédent, la orme que doivent revêtir les testaments, nous devons nous ccuper, dans celui-ci, de la nature et des effets des disposi-tions que les testaments peuvent contenir.

Dans ce but, nous diviserons nos développements en six ections distinctes.

Dans une première section, nous exposerons quelques rè-les générales applicables à tous les legs.

(1) *Sic*, Paris, 5 août 1886, *Journ. de dr. intern. pr.*, 1887, p. 621. — Dans le ıème sens Demolombe, *Don.*, IV, n. 485 ; Aubry et Rau, I, p. 300, § 78.

(2) V. cependant en sens contraire Duranton, IX, n. 15. Mais cet auteur n'a pu e prononcer en ce sens que parce qu'il considère comme un statut réel la loi qui ègle la forme des testaments.

Dans les trois sections suivantes, nous nous occuperons des règles particulières à chaque espèce de legs : au legs universel, au legs à titre universel et au legs à titre particulier.

Dans une cinquième section, nous parlerons des exécuteurs testamentaires.

Enfin une sixième et dernière section sera consacrée à la nullité, à la révocation et à la caducité des dispositions testamentaires.

SECTION PREMIÈRE

DES INSTITUTIONS D'HÉRITIER OU DES LEGS EN GÉNÉRAL

2256. La première règle que nous donne le législateur, c'est que, quand il s'agit de déterminer la nature et les effets des dispositions testamentaires, on ne doit pas s'attacher étroitement aux termes employés par le testateur et faire dépendre uniquement de ceux-ci la portée des dispositions que contient le testament.

C'est ce qui résulte très nettement de l'art. 1002 du code civil.

Aux termes de ce texte :

« *Les dispositions testamentaires sont ou universelles, ou à* » *titre universel, ou à titre particulier. — Chacune de ces* » *dispositions, soit qu'elle ait été faite sous la dénomination* » *d'institution d'héritier, soit qu'elle ait été faite sous la déno-* » *mination de legs, produira son effet, suivant les règles ci-* » *après établies pour les legs universels, pour les legs à titre* » *universel, et pour les legs particuliers* ».

La loi, on le voit, laisse au testateur le choix des expressions qu'il juge les plus propres à manifester sa volonté. Ainsi le testateur peut disposer sous la dénomination d'institution d'héritier aussi bien que sous la dénomination de legs.

Qu'il ait dit : « J'institue un tel pour mon héritier, » ou qu'il ait dit : « Je lègue ma fortune à un tel », peu importe.

On ne devra pas s'attacher aux termes qu'il a employés, mais bien aux intentions qui l'animaient, pour déterminer la portée et les effets des dispositions du testament.

En définitive, l'art. **1002** ne fait que reproduire, sous une autre forme, une règle déjà proclamée par l'art. 967.

Nous n'avons donc qu'à renvoyer aux développements déjà fournis sur ce premier texte et à constater que l'explication de l'art. **1002**, comme du reste celle de l'art. 967, est, avant tout, une explication historique. Il s'agit de bannir toutes les discussions et les difficultés qui avaient pu exister autrefois à raison de ce fait que, comme le droit romain et sans aucun doute à son exemple, nos anciennes coutumes avaient cru devoir s'attacher aux termes mêmes du testament, pour en faire dépendre la validité et les effets des dispositions qu'il contenait [1].

2257. De l'art. **1002** il résulte, plus manifestement encore que de l'art. 967, que toute libéralité testamentaire constitue nécessairement un legs.

Il en résulte, d'autre part, que toute libéralité testamentaire doit, à ce titre, nécessairement produire les effets d'une des trois classes de legs que croit devoir admettre le législateur : ceux du legs universel, ceux du legs à titre universel ou enfin ceux du legs à titre particulier.

Sous la rubrique générale de cette première section, nous aurons donc successivement à examiner les deux règles suivantes :

1° Toute libéralité testamentaire ne doit et ne peut être considérée que comme un legs ;

2° Tout legs doit nécessairement valoir, ou comme legs universel, ou comme legs à titre universel, ou comme legs à titre particulier.

Enfin, comme il s'agit, dans cette première section, de réunir les règles communes aux différentes classes de legs, nous nous occuperons de l'acceptation et de la répudiation des legs, puisque les règles qu'on peut dégager sur ce point conviennent également à tous les legs.

(1) Voyez ci-dessus n. 1825 et suivants.

§ I. *Du legs envisagé comme forme nécessaire de toute libéralité testamentaire.*

2258. L'application de cette première règle est évidemment simple, puisqu'elle ramène toutes les difficultés susceptibles d'être soulevées, à la solution de l'unique question de savoir si, dans une disposition testamentaire, peuvent se dégager et se relever les deux conditions essentielles à l'existence même du legs : l'indication d'un légataire, la détermination d'une chose léguée.

Quels que soient les termes employés par le testateur, quelle que soit la forme qu'affecte la disposition testamentaire, on doit la considérer comme un legs et la traiter comme telle, dès qu'une personne déterminée, d'une façon suffisamment précise, est appelée à recueillir tout ou partie des biens que le testateur laisse à son décès.

2259. Mais, si l'application de cette première règle est simple, il est permis de penser que la règle elle-même ne procède pas peut-être d'une analyse suffisamment exacte et suffisamment complète des intentions si variées et si complexes que peuvent contenir les testaments.

Sans doute, dans la plupart des cas, on peut facilement revêtir les dispositions testamentaires de la seule physionomie juridique sous laquelle le législateur admet qu'elles puissent légalement se présenter et valoir.

Parfois cependant on ne peut le faire qu'en coulant les intentions du testateur dans un moule bien peu approprié et qui comporte l'application de règles peu compatibles avec les volontés réelles qu'il s'agit d'exécuter.

C'est ce qui arrive, par exemple, lorsqu'il s'agit de fondations testamentaires.

Nous pensons, en effet, que ce n'est que par un expédient heureux que la jurisprudence peut valider, à titre de legs *sub modo,* les fondations faites par testament, partout au moins où le légataire désigné n'est point un établissement public ou d'utilité publique dans la mission duquel rentre l'objet de la fondation. Celle-ci est incontestablement un acte juridique d'une nature spéciale, dont l'analyse exacte et la construction théorique restent encore à faire [1].

Nous n'avons, du reste, sur ce point qu'à renvoyer à ce que nous avons dit déjà, d'une façon générale, des fondations [2].

2260. Quoi qu'il en soit et si fondées que puissent être les critiques qu'elle mérite parfois, la règle est certaine.

Aussi n'est-il pas douteux que, si les deux conditions que nous venons de signaler suffisent à permettre de considérer comme legs et autorisent à traiter comme telles toutes les dispositions testamentaires, elles sont du moins absolument nécessaires, et qu'on ne saurait voir un legs dans une disposition dans laquelle on ne pourrait dégager soit la désignation du légataire, soit celle de la chose léguée.

C'est ainsi, par exemple, qu'on ne pourrait considérer comme un legs la disposition par laquelle le testateur aurait déclaré exhéréder tous ses héritiers légitimes et tous ses successeurs irréguliers, y compris l'Etat, sans désigner aucun légataire pour les remplacer. En effet, cette disposition ne réunit point les deux conditions nécessaires à l'existence du legs : nul légataire n'est désigné. Si elle pouvait être valable, elle aurait pour résultat de mettre les biens du défunt hors du commerce, puisque nul n'en serait propriétaire.

2261. Mais il importe de remarquer que, si la nullité d'une disposition de ce genre s'impose, c'est à la condition qu'on ne puisse y dégager aucune institution implicite.

Supposons, par exemple, que le testateur se soit borné à exhéréder ses héritiers les plus proches, sans mettre personne à leur place. En ce cas, on peut très légitimement supposer que le testateur a entendu désigner implicitement ses héritiers en sous-ordre pour recueillir sa succession à l'exclusion des premiers appelés et, partant, les admettre à se prévaloir de l'institution implicite faite à leur profit.

La jurisprudence est en ce sens [3].

2262. Les institutions implicites, pouvant résulter des exhé-

(1) V. sur ce point une intéressante note de M. Saleilles rapportée dans le recueil de Sirey, sous un arrêt de la cour de Dijon du 30 juin 1893, S., 94. 2. 185.

(2) V. ci-dessus I, n. 342 s.

(3) V. notamment Cass., 15 avril 1885, S., 86. 1. 453.

rédations que prononce le testateur, ne soulèvent guère de difficultés, lorsque les exhérédations ne sont accompagnées d'aucune attribution expresse, au profit d'autres personnes que les héritiers écartés.

Mais le contraire est possible.

Et, par exemple, en même temps qu'il exhérède ses héritiers les plus proches, le testateur peut instituer un légataire universel. Si celui-ci recueille le bénéfice de la disposition faite à son profit, pas de difficulté.

Mais si cette disposition est caduque, l'exhérédation subsiste-t-elle, valant alors comme institution implicite au profit des héritiers non exhérédés?

Par arrêt du 10 février 1869 [1], la cour de cassation s'est prononcée pour l'affirmative.

La cour de Lyon a décidé le contraire par arrêt du 29 juillet 1885 [2].

Mais, en se reportant à ces deux décisions, il est facile de les concilier. La question qu'il s'agit de résoudre dépend, en effet, d'une interprétation de volonté. Le testateur a-t-il entendu subordonner l'effet de l'exhérédation qu'il prononçait à la validité du legs universel par lui fait ou, au contraire, a-t-il entendu la maintenir malgré la caducité de ce legs?

Telle est la seule question qui se pose.

Or, c'est là une question qu'il appartient aux juges du fond d'examiner et de résoudre, d'après les circonstances et les éléments de la cause, sans que leur décision puisse, sur ce point, encourir la censure de la cour de cassation. C'est donc avec raison que celle-ci a cru devoir repousser les pourvois formés contre les arrêts qui avaient eu à statuer sur la difficulté que nous venons d'examiner.

2263. L'application de notre première règle revient donc uniquement à rechercher si la disposition testamentaire qu'il s'agit d'exécuter désigne, d'une façon suffisamment nette et précise, à la fois un légataire et une chose léguée.

Que la désignation soit expresse ou implicite, peu importe.

(1) Cass., 10 février 1869, S., 69. 1. 153, D., 69. 1. 175.
(2) Lyon, 29 juillet 1885, S., 87. 2. 101, D., 86. 2. 229.

Il suffit qu'elle soit certaine.

Dès qu'il en est ainsi, la disposition vaut comme legs et on doit lui appliquer les règles du legs.

Mais si l'une des deux désignations n'est point faite, la disposition ne saurait valoir comme legs, puisque celui-ci ne se conçoit pas sans la détermination et d'un légataire et d'une chose léguée [1].

2264. Nous n'avons point à revenir sur les pouvoirs qui appartiennent aux juges du fond pour résoudre la question de savoir quel légataire le testateur a eu en vue et quelle chose il a entendu lui léguer [2].

2265. Ce que nous avons uniquement à rappeler en terminant sur ce point c'est que, si la double condition que nous avons indiquée est essentielle, elle est d'ailleurs suffisante.

Nous avons déjà longuement insisté sur ce point que la notion même du legs n'impliquait nullement un enrichissement réalisé par le légataire.

Nous nous bornons à renvoyer aux développements déjà donnés [3].

§ II. *De la classification des legs.*

2266. Nous venons de dire que toute disposition testamentaire, en quelques termes qu'elle soit conçue, se trouve nécessairement comprise sous la dénomination générique de legs.

Mais si la dénomination est unique, il faudrait se garder de croire que les effets de tous les legs soient identiques.

A ce point de vue, notre loi distingue trois espèces de legs, savoir : le legs *universel*, le legs *à titre universel* et le legs *particulier* ou *à titre particulier*.

On peut donner une idée superficielle de chacune de ces dispositions, en disant que le legs universel est le legs de l'universalité des biens, le legs à titre universel, celui d'une

(1) V. sur une hypothèse intéressante un arrêt de la cour de Dijon du 1er juin 1883, S., 85. 2. 175.

(2) V. ci-dessus, n. 1841 et suivants.

(3) V. ci-dessus, I, n. 350 s. — *Adde* aux autorités citées. Cass , 19 fév. 1891. S., 91. 1. 406.

partie aliquote de l'universalité, comme la moitié, le tiers, et enfin le legs particulier, celui d'objets déterminés, par exemple le legs de telle maison, de tel fonds de terre.

2267. La question de savoir à laquelle de ces trois catégories appartient une disposition testamentaire déterminée rentre essentiellement dans la compétence de l'autorité judiciaire.

Appelée à autoriser un établissement public à accepter un legs, l'autorité administrative est libre, sans doute, de limiter comme elle l'entend le bénéfice que cet établissement sera autorisé à recueillir de la disposition faite en sa faveur. Mais elle n'a, en aucune façon à décider si, d'après les termes du testament, cette disposition doit être considérée comme un legs universel ou à titre universel, ou comme un legs particulier [1].

2268. Réservée exclusivement à l'autorité judiciaire, cette question est, d'ailleurs, souverainement appréciée et tranchée par les juges du fond.

Il importe toutefois de déterminer exactement les pouvoirs qui leur appartiennent à ce point de vue.

Nous nous bornerons à préciser les règles auxquelles semblent s'arrêter et les auteurs et les arrêts.

2269. Tant qu'il s'agit seulement de rechercher la volonté du testateur, les juges du fond apprécient souverainement toutes les questions de fait ou d'intention que peuvent soulever les clauses du testament et la cour de cassation ne saurait être admise à exercer sa censure sur l'interprétation qu'ils en donnent.

Elle l'a maintes fois reconnu [2].

2270. Mais si, après avoir défini l'intention du testateur, telle qu'elle leur paraît résulter des clauses du testament, les juges du fond en tirent, en ce qui concerne la qualification du legs, une conclusion erronée, il y a violation de la loi, et la cour suprême est en droit d'intervenir.

[1] Cass., 23 fév. 1886, S., 88. 1. 171, D., 86. 1. 242.

[2] *Sic*, Cass., 11 fév. 1880, S., 80. 1. 460, D., 80. 1. 339; 24 avril 1882, S., 83. 1. 295, D., 83. 1. 72; 10 fév. 1885, S., 86. 1. 211, D., 86. 1. 111 ainsi que les arrêts cités dans Fuzier-Herman, sur l'art. 1002, n. 21 s.

Il ne s'agit plus de discuter et de contrôler l'appréciation que les juges ont cru devoir faire des volontés du *de cujus*, mais de préciser la qualification légale qu'il y a lieu de donner à ces volontés, en tenant pour exacte et fondée l'appréciation qui en a été faite.

Si, par exemple, après avoir constaté que, d'après la volonté du *de cujus*, le légataire est appelé, éventuellement au moins, à recueillir l'universalité de la succession, les juges voyaient seulement un legs à titre universel dans la disposition faite en sa faveur, il y aurait violation de la loi et la cour de cassation serait incontestablement en droit d'exercer sa censure.

Tous les auteurs s'accordent à le reconnaître [1].

2271. Il est, d'ailleurs, incontestable que les juges du fond ne sont nullement liés par la qualification que le testateur a donnée à ses dispositions. Tel legs qu'il a qualifié de legs universel, peut n'être qu'un legs à titre universel ou même un legs particulier.

La règle est toujours la même.

Il faut rechercher quelle est, d'après l'intention du testateur, l'étendue des droits conférés au légataire, et déterminer, d'après cette base et en se référant au texte de la loi, la nature de la disposition.

Ainsi un testateur a dit : « J'institue Pierre légataire *universel* de tous mes immeubles » ; cette disposition ne constituera qu'un legs à titre universel, puisqu'il s'agit là d'une disposition que l'art. 1010 du code civil considère expressément comme telle.

§ III. *De l'acceptation et de la répudiation des legs.*

2272. La loi ne dit rien de l'acceptation et de la répudiation des legs.

Nous devons en conclure que, soit en ce qui concerne leur forme, soit en ce qui concerne leurs effets, elles restent soumises aux règles du droit commun.

(1) V. notamment Demolombe, *Don.*, IV, n. 528; Aubry et Rau, VII, p. 470, § 714.

Aussi pensons-nous que les règles que formule le législateur, à propos de l'acceptation ou de la répudiation des successions, ne pourront être étendues à l'acceptation ou à la répudiation des legs qu'en tant que ces règles se trouveront être l'expression du droit commun.

C'est ce que nous allons vérifier en envisageant successivement et l'acceptation et la répudiation des legs.

A. *De l'acceptation des legs.*

2273. L'acceptation d'une succession peut être tacite aussi bien qu'expresse.

L'art. 778 du code civil le décide en termes formels.

Mais, comme il est d'évidence qu'il s'agit là seulement d'une application spéciale à l'acceptation des successions de cette règle générale que les volontés peuvent s'affirmer d'une façon tacite tout aussi bien que d'une façon expresse, on ne saurait hésiter à étendre à l'acceptation des legs ce que l'art. 778 dit de l'acceptation des successions.

Les legs peuvent donc être acceptés expressément et tacitement.

2274. Mais, à propos de l'acceptation expresse, nous devons signaler qu'on ne pourrait étendre à l'acceptation expresse des legs ce que l'art. 778 dit de l'acceptation expresse des successions.

D'après ce texte, l'acceptation expresse n'existe qu'autant qu'elle est consignée dans un acte authentique ou privé. C'est évidemment là une décision d'un caractère exceptionnel. En principe, la volonté, pour être parfaite, ne demande point à être consignée par écrit.

Nous devons donc, pour l'acceptation expresse des legs, nous en tenir au droit commun et ne point subordonner son existence et sa perfection à sa constatation par écrit.

2275. Quant à l'acceptation tacite, elle résulte de tous les faits ou de tous les actes impliquant chez le légataire la volonté de profiter de la disposition à lui adressée [1].

[1] V. notamment Lyon, 2 août 1883, sous Cass., 22 fév. 1886, S., 87. 1. 386, D., 86. 1. 380.

2276. Dans tous les cas, l'appréciation des actes ou des faits d'où peut résulter l'acceptation tacite est souverainement faite par les juges du fond (1).

2277. Pas plus qu'une succession, un legs ne saurait être accepté pour partie, en d'autres termes un légataire ne pourrait être admis à décomposer le legs qui lui est adressé, pour n'en accepter qu'une partie et répudier l'autre (2).

2278. Mais il est bien certain qu'entre les héritiers du légataire qui mourrait après avoir pris parti, le droit d'accepter est parfaitement divisible.

On ne saurait, d'ailleurs, appliquer alors par analogie les dispositions de l'art. 782 du C. civ., dont le caractère est évidemment exceptionnel (3).

2279. Il est également incontestable que, bénéficiaire de deux dispositions distinctes, le légataire peut renoncer à l'une pour s'en tenir à l'autre (4).

Dès que les dispositions sont distinctes, il ne saurait y avoir indivisibilité entre le parti que le légataire peut prendre relativement à chacune d'elles, qu'autant que le *de cujus* en a formellement décidé ainsi ou que cela résulte des clauses mêmes du testament (5).

B. *De la répudiation des legs.*

2280. Le législateur a soumis à des formes solennelles la renonciation aux successions qu'il ne peut être question d'exiger pour la répudiation des legs.

Dans le silence des textes, on doit, à notre avis, s'en tenir au droit commun, qui non seulement ne permet point d'exiger des formes solennelles, mais encore conduit à admettre les répudiations tacites au même titre que les répudiations expresses (6).

(1) *Sic*, Cass., 11 août 1874, S., 74. 1. 473.

(2) *Sic*, Demolombe, *Don.*, V, n. 331. — V. cep. Laurent, XIII, n. 552.

(3) *Sic*, Demolombe, *Don.*, V, n. 332.

(4) *Sic*, Cass., 5 mai 1856, S., 56. 1. 618, D., 56. 1. 218.

(5) V. notamment, Lyon, 27 mars 1874, S., 74. 2. 286, D., 75. 5. 388. — V. également Cass., 5 mai 1856, précité.

(6) V. notamment en ce sens, Nancy, 1er fév. 1884, D., 85. 2. 181.

2281. Cela est admis sans difficulté pour les legs particuliers [1].

2282. En ce qui concerne les legs universels, certains auteurs et quelques arrêts tiennent pour l'application de l'art. 784 et, partant, ne reconnaissent comme valables que les renonciations faites dans les formes que prescrit ce texte [2].

2283. Mais cette opinion, combattue par nombre d'auteurs, n'a pas prévalu en jurisprudence [3].

On ne peut, en effet, méconnaître le caractère exceptionnel des formes qu'exige l'art. 784 pour la renonciation aux successions.

On ne saurait donc étendre l'empire des solutions qu'il donne à d'autres hypothèses que celle-là même qu'il vise.

2284. L'appréciation des faits d'où résulte la renonciation tacite est souverainement faite par les juges du fond. Seulement, comme il s'agit de l'abdication d'un droit, les tribunaux ne doivent la faire résulter que de faits qui l'impliquent nécessairement.

C'est ainsi que la cour de cassation a très justement décidé que l'héritier qui conteste le testament de son auteur, ne renonce pas nécessairement au bénéfice du legs fait à son profit dans ce testament, pour le cas où ce dernier serait reconnu sincère [4].

2285. Mais si, en ce qui concerne les formes de la renonciation au legs, la jurisprudence refuse d'appliquer les dispositions écrites au titre des successions, elle admet, au contraire, qu'on peut emprunter à ce titre les textes qui règlent les effets de la renonciation et notamment l'art. 790. Elle décide, en conséquence, que le légataire peut, après avoir re-

(1) *Sic*, Agen, 19 déc. 1866, S., 67. 2. 180. — Pau, 30 nov. 1869, S., 70. 2. 116 et 22 avril 1884, S., 86. 2. 188. — V. également les autorités citées par Fuzier-Herman, sur l'art. 784, n. 38.

(2) Riom, 26 juillet 1862, S., 63. 2. 1, D., 62. 2. 146; Demolombe. *Don.*, V, n. 327; Aubry et Rau, VII, p. 531, § 726.

(3) Cass., 10 nov. 1874, S., 75. 1. 313, D., 75. 1. 40, et 15 fév. 1882, S., 83. 1. 312, D., 82. 1. 413. — Dans le même sens Laurent, XIII, n. 554; Colmet de Santerre, IV, n. 194 *bis*, II.

(4) Cass., 30 juillet 1861, S., 62. 1. 53, D., 63. 1. 82. — V. également. Cass., 17 mai 1870, S., 71. 1. 198, D., 71. 1. 57.

noncé, revenir sur sa renonciation tant que ceux qui devaient bénéficier de celle-ci n'en ont point profité ou tout au moins n'ont pas déclaré vouloir en profiter (1).

Les auteurs approuvent généralement la jurisprudence qui a prévalu (2).

2286. Il nous paraît également certain, bien qu'un arrêt ait jugé le contraire (3), que l'art. 788 peut être invoqué par les créanciers du légataire comme il peut l'être par ceux de l'héritier.

Tous les auteurs s'accordent en ce sens (4).

Nous aurons d'ailleurs, à propos de la répudiation des legs, envisagée comme cause de caducité, à revenir sur les conséquences de la règle que consacre la jurisprudence.

SECTION II

DU LEGS UNIVERSEL

2287. Le législateur s'occupe de cette première classe de legs dans les art. 1003 à 1009.

Pour faire une étude complète du legs universel, nous aurons à étudier successivement, dans autant de paragraphes distincts, les cinq questions suivantes :

1° Quels legs doit-on considérer comme universels ?

2° Comment le légataire universel acquiert-il la propriété et la possession de son legs ?

3° Quelles formalités doit remplir le légataire universel saisi, avant d'entrer en possession de son legs ?

4° Dans quelle mesure le légataire est-il tenu des legs, dettes et charges de la succession ?

(1) *Sic*, Cass., 23 janv. 1837, S., 37. 1. 393, D. *Rép.*, v° *Disp.*, n. 3562. — Pau, 30 nov. 1869, S., 70. 1. 116, D., 74. 5. 308. — V. également Cass., 15 fév. 1882, S., 83. 1. 312, D., 82. 1. 413.

(2) *Sic*, Demolombe, *Don.*, V, n. 333 ; Aubry et Rau, VII, p. 531, § 726, et les auteurs cités dans Fuzier-Herman, sur l'art. 1002, n. 98. — V. cep. en sens contraire, Laurent, XIII, n. 557.

(3) Rouen, 30 juillet 1866, S., 67. 2. 11, D., 67. 2. 9.

(4) *Sic*, Laurent, XIII, n. 559 ; Aubry et Rau, VII, p. 532, § 726 ; Demolombe, *Don.*, V, n. 337 et les auteurs cités dans Fuzier-Herman, sur l'art. 1002, n. 104.

5° Quelles actions appartiennent au légataire universel pour obtenir l'exécution de son legs ?

§ I. *Quels legs doit-on considérer comme universels?*

2288. C'est l'art. **1003** du code civil qui nous donne la définition du legs universel.

Aux termes de ce texte :

« *Le legs universel est la disposition testamentaire par* » *laquelle le testateur donne à une ou plusieurs personnes* » *l'universalité des biens qu'il laissera à son décès* ».

Ce qui caractérise le legs *universel*, c'est donc, d'après l'art. 1003 du code civil, la vocation du légataire à l'*universalité* des biens qui composeront le patrimoine du testateur à sa mort Telle serait la disposition ainsi conçue : « Je lègue à Paul tous les biens que je laisserai à l'époque de mon décès », puisque, par une disposition de ce genre, le légataire serait évidemment appelé à recueillir l'universalité des biens compris dans le patrimoine du testateur.

2289. Remarquons qu'en fait le légataire universel ne recueillera pas toujours la *totalité* des biens laissés par le défunt.

D'abord, s'il y a des héritiers réservataires, son legs devra forcément subir une réduction [1] ; et puis, il verra souvent son émolument diminué par les charges que le testateur lui aura imposées, sous forme de legs particuliers.

Il pourra même arriver que ces charges absorbent tout l'actif de la succession, et que, par suite, le légataire universel ne recueille rien.

Tel serait le cas où un testateur, qui laisse un patrimoine dont l'actif net s'élève à **10,000** fr., aurait dit dans son testament : « J'institue Paul mon légataire universel : je lègue **10,000** fr. à Pierre ». Obligé de payer les **10,000** fr. légués à Pierre, si celui-ci accepte, Paul se trouvera réduit, en ce cas, à peu près au rôle d'un exécuteur testamentaire.

Il n'en sera pas moins un légataire universel.

En effet, pour apprécier la nature d'un legs, on ne doit pas se préoccuper de savoir ce que le légataire recueillera *en fait*

[1] Art. 920 du Code civil.

à l'époque du décès du testateur ; il faut rechercher ce qu'il est appelé à recueillir *éventuellement,* c'est-à-dire en supposant la réalisation des chances qui lui sont le plus favorables. Tout légataire qui, *dans cette supposition,* est appelé à recueillir tous les biens laissés par le testateur à l'époque de son décès, est un légataire *universel,* et la disposition faite à son profit, un legs *universel.*

Aussi conçoit-on très bien que la présence d'héritiers réservataires, au moment où le testateur dispose, n'empêche pas celui auquel il a légué l'universalité de ses biens d'être un légataire universel, non plus que l'existence de legs particuliers faits par le défunt. En effet, il peut arriver que les héritiers réservataires meurent avant le testateur ou renoncent à sa succession s'ils lui survivent ; il peut se faire de même que les legs particuliers deviennent caducs, par exemple par le prédécès des légataires, ou par leur répudiation s'ils survivent au testateur ; et alors le droit du légataire universel, ne rencontrant plus d'obstacle, s'exercera pleinement ; il recueillera tous les biens.

C'est ce que les arrêts sont unanimes à constater [1].

Comme la jurisprudence, les auteurs s'accordent à faire de cette vocation, au moins éventuelle, à l'universalité de la succession le caractère distinctif et essentiel du legs universel [2].

2290. Cela posé, il semble que l'art. **1003** donne du legs universel une définition défectueuse quand il dit : « *Le legs » testamentaire universel est la disposition par laquelle le tes- » tateur donne... l'universalité...* ».

Pour être exact, n'aurait-il pas fallu dire, *donne* ÉVENTUELLEMENT... *l'universalité?*

Non, la définition de l'art. **1003** est irréprochable.

Elle ne le serait pas si le législateur avait employé l'expression *totalité;* mais il emploie celle d'*universalité,* dont le sens est différent. Le mot *totalité* désigne tous les biens que le tes-

[1] *Sic,* Cass., 25 mai 1831, S., 31. 1. 210, D. *Rép.,* v° *Disp.,* n. 3591. Voyez également Cass., 18 février 1891, S., 94. 1. 405 ; Bourges, 11 janv. 1887, S., 90. 2. 870, D., 87. 2. 80.

[2] *Sic,* Demolombe, *Don.,* IV, n. 540 ; Aubry et Rau, VII, p. 465, § 714 ; Laurent, XIII, n. 514 s. ; Huc, VI, n. 320, et les auteurs cités dans Fuzier-Herman, sur l'art. 1003, n. 8.

tateur laissera à l'époque de son décès, sans exception ni restriction; évidemment le légataire universel peut n'être appelé à recueillir la *totalité* des biens qu'*éventuellement*.

Le mot *universalité*, au contraire, désigne cet être de raison, cet être collectif, qu'on appelle le *patrimoine* et qui contient un actif et un passif : l'actif, comprenant les biens; le passif, comprenant les dettes et les charges imposées soit par la loi (telles que la réserve des héritiers), soit par la volonté de l'homme (telles que les legs particuliers). Eh bien! l'universalité ainsi définie : *tous les biens existant au décès, déduction faite des dettes et des charges imposées par la loi ou par la volonté de l'homme*, le testateur la *donne* au légataire universel, tandis qu'il ne lui donne la totalité qu'éventuellement.

2291. Par application du principe ci-dessus posé, on devrait sans hésiter considérer comme legs universel le legs ainsi conçu : « J'institue Paul mon héritier »; ou « Je l'institue mon légataire », sans aucune restriction.

2292. Il en serait de même du legs de tous les meubles et de tous les immeubles. Une disposition de ce genre comprend nécessairement l'universalité des biens du testateur, puisque l'art. 516 décide que tous les biens sont meubles ou immeubles.

2293. Serait également universel le legs de la *nue propriété* de tous les biens du testateur.

Il y a, dans une disposition de ce genre, vocation à l'universalité; car l'usufruit, étant un droit temporaire, finira toujours par se réunir à la nue propriété.

Les auteurs et les arrêts s'accordent à le reconnaître [1].

C'est ce qui a permis, dans une hypothèse où le testateur avait disposé de la nue propriété de tous ses biens, sans disposer de l'usufruit, de décider que cet usufruit devait appartenir au légataire de la nue propriété, à l'exclusion des héritiers légitimes [2].

2294. Quant au legs d'usufruit, même s'il portait sur tous

(1) *Sic*, Angers, 28 mars 1878, S., 78. 2. 168, D., 78. 2. 231. — Dans le même sens Laurent, XIII, n. 518; Aubry et Rau, VII, p. 465, § 714. — V. également les auteurs et les arrêts cités dans Fuzier-Herman, sur l'art. 1003, n. 15.

(2) *Sic*, Cass., 9 janv. 1877, S., 77. 1. 213, D., 77. 1. 11.

les biens du testateur, il ne saurait jamais être un legs universel.

Nous reviendrons du reste sur ce point, à propos de l'explication de l'art. 1010 du code civil [1].

2295. Devrait encore être regardé comme universel le legs de tous les biens qui seront disponibles à l'époque du décès du testateur. En effet, tous les biens du testateur pouvant être disponibles lors de son décès, s'il ne laisse pas d'héritiers réservataires ou si ceux qu'il laisse renoncent à sa succession, le légataire se trouve appelé éventuellement à la totalité.

2296. Il en serait de même en général du legs de *tous les biens dont le testateur peut disposer,* ou de sa *quotité disponible* (ces deux formules sont équivalentes). En effet, c'est au décès du disposant qu'il faut se placer pour savoir quel est son disponible; or, quel que soit le nombre de ses héritiers réservataires à l'époque où il teste, il peut toujours arriver, par suite du prédécès de tous ces héritiers, ou par suite de leur renonciation ou de leur indignité s'ils survivent au testateur, que la totalité des biens de celui-ci se trouve disponible lors de son décès.

Il y a donc dans une disposition de ce genre, vocation éventuelle à la totalité des biens du testateur au profit du légataire.

C'est, d'ailleurs, ce qui résulte nettement de l'art. 1010 du code civil.

Et, en effet, ce texte ne range dans la catégorie des legs à titre universel que le legs d'une *quote-part* des biens dont la loi permet au testateur de disposer, donnant ainsi à entendre que le legs de la totalité de ces biens constituerait plus qu'un legs à titre universel, c'est-à-dire un legs universel.

2297. Ici toutefois, comme toujours, il faudrait se préoccuper avant tout de l'intention du testateur, et, par suite, la décision qui vient d'être indiquée devrait être modifiée, s'il était démontré, par les termes du testament, qu'en léguant *sa quotité disponible,* le testateur a entendu se référer à l'état de choses existant à l'époque où il a fait ses dispositions, et

[1] V. ci-dessous, n. 2397.

ne léguer que ce qui aurait été disponible, s'il était mort immédiatement après la confection de son testament.

2298. Enfin, doit être considéré comme universel le legs que fait le testateur *du surplus de ses biens*, après avoir fait préalablement d'autres dispositions.

Ainsi un testateur a dit : « Je lègue 20,000 fr. à *Primus*, 10,000 fr. à *Secundus*, le surplus de mes biens à *Tertius* ». Cette dernière disposition constitue un legs universel.

C'est du moins ce qui a été maintes fois jugé [1].

En effet, l'intention bien évidente du testateur est d'exclure ses héritiers légitimes de la succession : ce qui n'est possible qu'à la condition que *Tertius* se trouve appelé à profiter de la caducité des legs faits à *Primus* et à *Secundus*.

On doit d'autant plus facilement l'admettre que, par sa nature même, le legs dont s'agit comporte une certaine élasticité ; il est certain notamment qu'il comprendrait les nouveaux biens dont le testateur ferait ultérieurement l'acquisition [2]. Aussi, dans l'hypothèse que nous avons spécialement envisagée comme dans des hypothèses analogues [3], les auteurs s'accordent-ils à approuver la jurisprudence qui a prévalu [4].

2299. Contrairement à l'opinion générale, nous maintiendrions cette solution, parce que les mêmes motifs nous paraissent toujours exister, même dans le cas où les dispositions qui précèdent le legs du surplus des biens seraient à titre universel, par exemple si le testateur a dit : « Je lègue un tiers de mes biens à *Primus*, le surplus à *Secundus* ».

Mais il est évident que l'interprétation qu'on donne aux termes du testament est ici plus discutable.

D'ailleurs, toutes les décisions à intervenir dans les hypothèses que nous avons spécialement envisagées, comme dans

(1) *Sic*, Cass., 4 fév. 1879, S., 79. 1. 467, D., 79. 1. 220. — Dijon, 11 janv. 1883, S., 83. 2. 270. — Amiens, 9 juill. 1889, S., 90. 2. 140.

(2) *Sic*, Cass., 10 fév. 1885, S., 86. 1. 211, D., 86. 1. 111.

(3) V. notamment, Cass., 12 juill. 1881, D., 82. 1. 374. — Orléans, 4 juill. 1885, D., 86. 2. 195.

(4) *Sic*, Demolombe, *Don.*, IV, n. 542 ; Laurent, XIII, n. 516 ; Aubry et Rau, VII, p. 466, § 714 ; Huc, VI, n. 320 et les auteurs cités dans Fuzier-Herman, sur l'art. 1003, n. 17.

toutes les hypothèses analogues, sont susceptibles de varier d'après les circonstances et les faits de la cause qu'apprécient souverainement les juges du fond.

2300. Ce que nous disons pour le cas où c'est un legs à titre universel qui précède le legs du surplus, nous devons le dire également pour le cas où le testateur laisserait à la fois un légataire universel et un légataire du surplus.

Par interprétation de la volonté du testateur, on pourrait décider qu'il y a, en réalité, deux légataires universels, désignés par le même testament et qu'ils doivent recueillir la succession à laquelle ils sont appelés, dans l'ordre qu'a cru devoir indiquer le testateur [1].

2301. Un legs universel peut être fait au profit de plusieurs personnes. L'art. 1003 le suppose de la façon la plus formelle. C'est ce qui arrive par exemple lorsque le testateur a dit : « Je lègue tous mes biens à *Primus* et à *Secundus* ».

Il y a alors vocation solidaire au profit de chacun des légataires, et leur situation se trouve, à ce point de vue, la même que celle de plusieurs héritiers appelés conjointement par la loi à une même succession.

Si donc les légataires viennent tous, ils partageront, *concursu partes fiunt* ; si un seul vient, son droit s'exercera dans toute sa plénitude, puisqu'il ne rencontre plus d'obstacle dans les legs adressés aux autres légataires.

2302. Mais comme, en définitive, il s'agit là d'une décision fondée sur l'intention présumée du testateur, on ne saurait la maintenir lorsque l'intention contraire paraît ressortir des termes du testament.

C'est là, du reste, un point qu'apprécient souverainement les juges du fond [2].

2303. Quand après avoir institué plusieurs légataires universels, le testateur a opéré entre eux la division de ses biens, cette division fait-elle perdre aux legs leur caractère de legs universels?

Non, en principe, car en la faisant, le testateur s'est peut-

[1] V. notamment l'hypothèse à propos de laquelle a dû se prononcer la cour de cassation, par arrêt du 30 janvier 1878, S., 80. 1. 208.

[2] Cass., 11 fév. 1880, S., 80. 1. 460, D., 80. 1. 339.

être proposé, pour but unique, de prévenirles difficultés auxquelles le partage pourrait donner lieu entre ses légataires. Par elle seule, elle ne saurait donc faire perdre le bénéfice de la vocation éventuelle à recueillir l'universalité [1].

2304. Il pourrait en être ainsi, suivant les cas, alors même que le testateur aurait fait la division d'une manière inégale, s'il est bien démontré que, dans son intention, chaque légataire n'en était pas moins appelé éventuellement à la totalité des biens.

Il y a un arrêt de la cour de cassation en ce sens [2].

2305. Par cela même que doivent être considérés comme universels tous les legs donnant vocation au moins éventuelle à l'universalité de la succession, puisque c'est là le caractère essentiel et distinctif du legs universel, on doit, en sens inverse, en conclure que ne sauraient être considérés comme tels tous les legs qui n'impliquent point une semblable vocation.

C'est ainsi, parexemple, qu'on ne pourrait voir un legs universel dans le legs d'une universalité autre que la succession même du testateur. Alors même que celle-ci ne comprendrait pas autre chose, un semblable legs ne pourrait être qu'un legs à titre particulier [3].

Cela a été jugé notamment à propos du legs de la part devant revenir au testateur dans la communauté ayant existé entre lui et sa femme [4].

Il en a été décidé de même pour le legs de la « généralité des avoirs du testateur, meubles, immeubles, argent en caisse provenant tant des successions maternelle que paternelle, que d'autres bénéfices existant en communauté ou société entre le testateur et le légataire » [5].

2306. On ne pourrait pas davantage considérer comme

(1) *Sic*, Cass., 7 juill. 1880, S., 82. 1. 176, D., 82. 1. 55. — Angers, 28 mars 1878, S., 78. 2. 168, D., 79. 2. 89. — Orléans, 4 juill. 1885, S., 87. 2. 43, D., 86. 2. 195.

(2) Cass., 12 fév. 1862, S., 62. 1. 386, D., 62. 1. 245. — V. dans le même sens, Limoges, 30 nov. 1875, S., 76. 2. 315.

(3) *Sic*, Aubry et Rau, VII, p. 467, § 714 ; Laurent, XIII, 531 ; Demolombe, *Don.*, IV, n. 533 et les auteurs cités dans Fuzier-Herman, sur l'art. 1003, n. 1.

(4) *Sic*, Trib. Soissons, 29 juill. 1868, D., 71. 3. 95.

(5) Cass., 21 nov. 1871, S., 71. 1. 231, D., 71. 1. 255.

universel le legs de tout le mobilier, alors qu'en fait le testateur ne laisserait que des meubles.

Les auteurs s'accordent à le reconnaître [1].

2307. Enfin on ne peut, ainsi que nous l'avons dit déjà, voir un legs universel dans un legs d'usufruit, si étendu qu'on suppose celui-ci.

Nous n'avons, sur ce point, qu'à renvoyer à l'explication de l'art. 1010 du code civil [2].

§ II. *Comment le légataire universel acquiert-il la propriété et la possession de son legs.*

2308. Il y a là deux questions qu'il importe de ne point confondre.

Si la solution de l'une ne présente guère de difficulté, il en est autrement de l'autre dont la solution comporte des distinctions dont on ne saurait méconnaître l'importance.

Nous allons successivement les envisager.

N° 1. Comment le légataire acquiert la propriété des objets compris dans son legs.

2309. La donation testamentaire étant dans notre droit une cause d'acquisition de la propriété [3], il en résulte que le légataire universel devient, en vertu des seules dispositions de la loi, propriétaire des biens compris dans le testament fait à son profit.

S'il est en concours avec un héritier réservataire, son legs se trouvant réduit à la quotité disponible, qui est une quote-part de l'hérédité, il devient copropriétaire des biens de la succession avec l'héritier réservataire.

2310. Quant au moment même où la propriété lui est acquise, c'est le moment où son droit est ouvert.

Nous verrons, sous l'art. 1014, dont la disposition est générale, et qui a été placé à tort dans la section *Des legs à titre particulier*, que le droit du légataire universel, comme

(1) *Sic*, Laurent, XIII, n. 508 ; Aubry et Rau, VII, p. 464 et 466, § 714.

(2) V. ci-dessous n. 2397.

(3) Voyez l'énumération de l'article 711 du Code civil.

de tous les autres légataires, s'ouvre à compter du décès du testateur, si le legs est pur et simple ou à terme [1], et à compter de la réalisation de la condition, si le legs est conditionnel [2].

N° 2. Comment le légataire universel acquiert la possession des biens compris dans son legs.

2311. Le légataire universel, qui est, à dater de l'ouverture de son droit, propriétaire des biens compris dans son legs, *saisi de la propriété*, comme on dit quelquefois, est-il en outre saisi de la possession de ces mêmes biens? A-t-il la saisine de l'art. 724? Ou bien, au contraire, cette saisine appartient-elle à l'héritier du sang, à celui que le testament dépouille, et qui, en son absence, serait venu recueillir la succession, en vertu des dispositions de la loi?

Cette question donna lieu, lors de la confection du code, à une discussion très animée.

Les uns, s'inspirant des principes du droit romain, demandaient que la saisine appartînt, dans tous les cas, à l'héritier institué ou légataire universel, par préférence aux héritiers du sang.

D'autres, attachés aux traditions de notre ancien droit coutumier, voulaient que la saisine fût toujours attribuée à l'héritier du sang.

Le débat se termina par une transaction : si les héritiers qui se trouvent en concours avec le légataire universel sont des héritiers réservataires, à eux la saisine; dans le cas contraire, la saisine appartiendra au légataire universel.

Telle est la distinction qui ressort du rapprochement des art. 1004 et 1006 du C. civ.

Etudions séparément les deux termes de cette transaction.

A. *Le légataire universel est en concours avec des heritiers réservataires.*

2312. C'est l'art. 1004 du C. civ. qui vise cette première hypothèse.

[1] V. l'explication de l'art. 1014.
[2] V. l'explication de l'art. 1040.

Aux termes de cet art. 1004 :

« *Lorsqu'au décès du testateur il y a des héritiers auxquels* » *une quotité de ses biens est réservée par la loi, ces héritiers* » *sont saisis de plein droit, par sa mort, de tous les biens de* » *la succession; et le légataire universel est tenu de leur de-* » *mander la délivrance des biens compris dans le testament* ».

En édictant cette disposition, le législateur paraît surtout s'être préoccupé d'assurer l'intégrité de la réserve, qui aurait pu être compromise par les dilapidations du légataire universel, si la saisine lui eût été accordée. Le droit du réservataire a paru plus sacré que celui de l'héritier institué.

2313. La disposition de l'art. 1004 est fondée, on le voit, sur une considération d'ordre public. Aussi est-on d'accord pour admettre que le testateur ne pourrait pas y déroger. Serait donc nulle la clause d'un testament qui autoriserait le légataire universel à se mettre en possession sans demander la délivrance aux héritiers réservataires ([1]).

2314. On s'accorde également à admettre que le fait de la possession ne saurait dispenser le légataire universel de demander et d'obtenir la délivrance. Seule, en effet, la délivrance peut rendre sa possession légitime, en lui donnant un titre régulier.

Qu'il se soit mis de lui-même en possession, depuis le décès du testateur ou qu'il y fût déjà à ce moment, le légataire universel doit donc, dans tous les cas, demander la délivrance. A défaut de celle-ci, sa possession reste une indue possession et, en différant pendant plus d'une année après la mort du testateur, la demande que la loi lui impose, il s'exposerait à se voir contester le droit aux fruits qu'il aurait perçus avant de faire régulariser sa situation ([2]).

2315. La saisine, que l'art. 1004 accorde aux héritiers réservataires, leur donne le droit d'appréhender tous les biens

([1]) *Sic*, Demolombe, *Don.*, IV, n. 553; Aubry et Rau, VII, p. 478, § 718; Laurent, XIV, n. 8 et 48, ainsi que les auteurs cités dans Fuzier-Herman, sur l'art. 1004, n. 15.

([2]) *Sic*, Riom, 1er déc. 1818, S. chr., D. *Rép.*, v° *Disp.*, n. 3832; Rennes, 5 février 1894, S., 95. 2. 76. — Dans le même sens Aubry et Rau, VII, p. 477, § 718; Laurent, XIV, n. 44; Demolombe, *Don.*, IV, n. 618.

héréditaires, de les administrer et d'en percevoir les fruits, et aussi d'exercer les actions héréditaires contre les débiteurs du défunt ou les détenteurs des biens de la succession.

Le légataire universel n'acquerra ces divers avantages, en ce qui concerne les biens compris dans son legs, que lorsqu'il aura obtenu la délivrance à l'amiable ou en justice.

La délivrance dessaisit donc les héritiers et elle saisit le légataire.

Elle est d'ailleurs absolument nécessaire.

Le légataire qui se mettrait de sa propre autorité en possession de tout ou partie des biens héréditaires commettrait une voie de fait, une usurpation dont il aurait à répondre et qui ne le dispenserait point de demander ultérieurement la délivrance.

2316. Quant au tribunal compétent pour connaître de la demande en délivrance, lorsque celle-ci doit être portée en justice par suite du refus des héritiers de consentir une délivrance à l'amiable, c'est le tribunal du lieu de l'ouverture de la succession.

Sa compétence ne saurait être douteuse en présence des termes de l'al. 6-3° de l'art. 59 du code de procédure civile.

Aussi n'est-elle point discutée [1].

2317. La présence d'un héritier réservataire réduisant le légataire universel à la quotité disponible, il en résulte que l'hérédité se trouve être indivise entre l'héritier réservataire, propriétaire de la quote-part de l'hérédité qui représente sa réserve, et le légataire universel propriétaire du surplus, c'est-à-dire de la fraction qui représente la quotité disponible. Un partage peut seul mettre fin à cette indivision, et le légataire universel le demande implicitement en demandant la délivrance dont le partage est le préliminaire indispensable.

2318. Les héritiers réservataires qui délivrent au légataire universel les biens formant sa part dans la succession, doivent-ils lui tenir compte, en outre, des fruits produits par ces biens depuis l'ouverture du legs?

[1] *Sic*, Aubry et Rau, VII, p. 480, § 718; Laurent, XIV, n. 59 et les auteurs cités dans Fuzier-Herman, sur l'art. 1004, n. 19.

Oui, si la demande en délivrance a été formée dans l'année de l'ouverture du legs ; non dans le cas contraire.

Telle est la distinction qui ressort de l'art. 1005 du C. civ.

Aux termes de ce texte :

« *Néanmoins, dans les mêmes cas, le légataire universel* » *aura la jouissance des biens compris dans le testament, à* » *compter du jour du décès, si la demande en délivrance a* » *été faite dans l'année, depuis cette époque ; sinon cette jouis-* » *sance ne commencera que du jour de la demande formelle* » *en justice ou du jour que la délivrance aurait été volontai-* » *rement consentie* ».

L'hérédité est une universalité qui s'augmente des fruits produits par les biens dont elle se compose, *fructus augent hereditatem*. Le droit du légataire universel, qui porte sur l'universalité tout entière, s'applique donc aussi aux fruits. De là la règle que le légataire universel a droit aux fruits du jour du décès.

Et toutefois, le légataire universel n'a droit aux fruits qu'à compter de sa demande en délivrance, lorsque cette demande a été formée après l'expiration de l'année à compter du jour du décès. Il eût été trop dur d'obliger l'héritier à restituer les fruits par lui perçus antérieurement, fruits que probablement il a consommés, soit parce qu'il ignorait l'existence du legs, soit parce qu'il interprétait le silence du légataire par ce motif que celui-ci n'entendait point se prévaloir du legs fait à son profit.

2319. Sur la distinction des fruits et des produits, comme aussi sur le mode d'acquisition des fruits, la jurisprudence applique les règles que la loi donne en ce qui concerne l'usufruit.

Il en résulte notamment que le réservataire, saisi de la succession, ne peut retenir que les fruits qui lui sont acquis au jour de la demande en délivrance, conformément aux règles de l'usufruit et que, d'autre part, il ne peut prétendre, jusqu'à cette époque, qu'aux seuls fruits dus à l'usufruitier et non aux produits réservés au nu propriétaire [1].

[1] Cass., 21 août 1871, S., 71. 1. 144, D., 71. 1. 213. — Dans le même sens Laurent, XIV, n. 74 et 75.

B. *Le défunt ne laisse pas d'héritiers réservataires.*

2320. Lorsque le testateur ne laisse pas d'héritiers réservataires, la saisine appartient au légataire universel, par préférence aux héritiers légitimes du testateur.

C'est ce que dit l'art. 1006 du Code civil.

Aux termes de ce texte :

« *Lorsqu'au décès du testateur il n'y aura pas d'héritiers* » *auxquels une quotité de ses biens soit réservée par la loi, le* » *légataire universel sera saisi de plein droit par la mort du* » *testateur, sans être tenu de demander la délivrance* ».

Il n'y a plus ici, comme dans l'hypothèse précédente, un droit de réserve à défendre contre les usurpations du légataire.

De là, la différence des solutions.

2321. D'ailleurs, pour que la présence de réservataires puisse faire obstacle à la saisine du légataire universel, c'est à la condition que ces réservataires aient eux-mêmes la saisine des biens héréditaires.

Nous en devons conclure que la présence d'héritiers réservataires renonçants ne ferait pas obstacle à la saisine du légataire universel. L'art. 785 fournit en ce sens un argument décisif.

2322. Il en serait de même du cas où les réservataires que laisserait le testateur ne seraient pas en ordre utile pour succéder.

C'est ce qui arrive, par exemple, lorsque le testateur laisse un aïeul et des frères et sœurs, puisque ceux-ci, qui ne sont pas réservataires, excluent néanmoins l'aïeul. N'étant pas héritier, ce dernier ne saurait disputer au légataire universel la saisine des biens héréditaires [1].

2323. C'est également ce qu'il faudrait décider en présence d'enfants naturels reconnus La loi leur accorde une réserve, il est vrai. Mais elle leur refuse la saisine, et rien

[1] *Sic*, Marcadé, sur l'art. 1006, n. 3; Demolombe, *Don.*, IV, n. 563 et les auteurs cités dans Fuzier-Herman, sur l'art. 1006, n. 3. — V. cependant en sens contraire, Laurent, XIV, n. 7.

ne s'oppose, par conséquent, à ce qu'elle appartienne au légataire universel [1].

2324. Que décider, si les parents légitimes du défunt, que le légataire universel trouve en face de lui, sont, les uns réservataires, les autres non réservataires ? Le défunt laisse, par exemple, son père et un frère, ou un ascendant paternel et un collatéral maternel, et, en outre, un légataire universel.

A qui, en pareille occurrence, appartient la saisine ?

On pourrait être tenté, au premier abord, d'appliquer distributivement les dispositions des art. 1004 et 1006. On refuserait la saisine au légataire universel à l'égard des héritiers réservataires et on la lui accorderait dans ses rapports avec les héritiers non réservataires, de sorte que les héritiers réservataires seraient saisis de leur réserve, et le légataire universel du surplus, c'est-à-dire de la quotité disponible.

Mais cette solution serait difficile à concilier avec l'art. 1004, qui dispose que, s'il y a des héritiers réservataires, ils sont saisis de plein droit de *tous les biens de la succession*. La saisine leur appartiendra donc pour le tout.

2325. Un testateur a institué son fils naturel reconnu légataire universel ; il laisse à son décès, outre cet enfant, des héritiers légitimes non réservataires.

A qui donnerons-nous la saisine ?

A l'enfant naturel.

On pourrait objecter, il est vrai, que le legs fait à l'enfant naturel reconnu n'est pas universel, l'art. 908 ne lui permettant pas de recevoir par testament plus qu'il ne lui est accordé au titre *Des successions ;* or, l'art. 757 ne lui donne jamais qu'une fraction de la succession de son père.

La réponse est que l'enfant naturel peut recueillir par testament tous les biens de son père à défaut de parents au degré successible. Cela résulte de la combinaison des art. 758 et 908 du code civil. Il y a donc, pour ce cas, en vertu du testament, vocation à la totalité : ce qui suffit pour qu'il soit légataire universel et saisi à ce titre, aux termes de l'art. 1006.

[1] *Sic*, Grenoble, 26 septembre 1857, D., 58. 2. 160. — Dans le même sens, Demolombe, *Don.*, IV, n. 564 et les auteurs cités dans Fuzier-Herman, sur l'art. 1006, n. 2.

2326. Les effets de la saisine sont les mêmes pour le légataire universel que pour l'héritier légitime.

Le légataire saisi est donc investi de plein droit de la possession des biens héréditaires; il a le droit d'administrer ces biens et d'en percevoir les fruits; il peut intenter les actions héréditaires actives et on peut intenter contre lui les actions passives.

On voit, en définitive, que le légataire universel saisi est *heredis loco*.

D'où il faut tirer cette conséquence, généralement acceptée par les auteurs, qu'il serait tenu *ultra vires* des dettes et charges de l'hérédité, s'il n'acceptait pas sous bénéfice d'inventaire; la simple confection d'un inventaire ne suffirait pas pour le soustraire à cette responsabilité indéfinie. La question n'est plus discutée ni en doctrine ni en jurisprudence [1].

2327. En serait-il de même du légataire universel non saisi?

La même question se présente, d'ailleurs, pour le légataire à titre universel, que la loi assimile, au point de vue de l'obligation aux dettes, au légataire universel non saisi.

Il existe sur ce point une grave controverse.

Envisageant cette question, Pothier la résout en ces termes, dans son traité *Des successions* : « Les légataires universels, dit-il, ne sont tenus des dettes que jusqu'à concurrence des biens auxquels ils succèdent; ils peuvent, en les abandonnant, se décharger des dettes. La raison en est qu'ils ne succèdent pas à la personne du défunt, mais seulement à ses biens; ils ne sont tenus des dettes que parce qu'elles sont une charge des biens; ils n'en sont pas débiteurs personnels » [2].

Du temps de Pothier, le légataire universel n'était jamais saisi, et c'est pour cela qu'il n'était, en aucun cas, tenu *ultra vires*.

Aujourd'hui le légataire universel est saisi dans l'hypothèse

(1) *Sic*, Poitiers, 16 mars 1864, S., 65. 2. 63, D., 64. 2. 117. — Angers, 1er mai 1867, S., 67. 2. 305, D., 67. 2. 85. — Dans le même sens Aubry et Rau, VIII p. 496, § 723; Laurent, XIV, n. 100; Huc, VI, n. 328.

(2) V. Pothier, *Tr. des succ.*, ch. V, art. 3.

prévue par l'art. 1006, et, par suite, dans cette hypothèse, tenu des dettes *ultra vires*.

Pour le surplus, ce que dit Pothier doit recevoir son application : le légataire universel non saisi n'est donc tenu des dettes qu'*intra vires*, et il en est de même du légataire à titre universel. En effet, l'art. 724, le seul qui soit relatif à l'obligation indéfinie de payer les dettes, rattache cette obligation à la saisine, de sorte que l'on doit considérer tout successeur saisi, et celui-là seulement, comme tenu des dettes *ultra vires*. Le légataire non saisi sera donc quitte envers les créanciers, du moment qu'il leur rendra compte de son émolument, et, pour être à même d'en établir l'importance par un titre régulier, il agira prudemment en faisant dresser un inventaire des biens de la succession [1].

2328. Toutefois l'opinion contraire est soutenue par nombre d'auteurs [2], et c'est celle que consacre la jurisprudence [3].

L'argument capital qui a entraîné la cour de cassation, c'est que, aux termes de l'art. 1009 du code civil, le légataire universel non saisi est tenu *personnellement* des dettes de la succession.

Le légataire universel non saisi, dit la cour, étant tenu *personnellement* des dettes pour sa part et portion, en est tenu dans cette mesure sur tous ses biens, ainsi que cela résulte de l'art. 2092, par conséquent *ultra vires*.

Mais on peut remarquer qu'il n'est pas de l'*essence* de l'obligation personnelle d'être indéfinie. Dans notre ancien droit, on accordait une action personnelle aux créanciers contre les légataires universels, et cependant elle n'était donnée que dans la mesure de leur émolument.

D'autre part, l'art. 1017 dit que les héritiers sont tenus *personnellement* du paiement *des legs*, et cela n'empêche pas la cour de cassation de considérer qu'ils n'en sont pas tenus

[1] *Sic*, Aubry et Rau, VI, p. 256, § 483 et VII, p. 496, § 723 ; Laurent, XIV, n. 100 ainsi que les auteurs cités dans Fuzier-Herman, sur l'art. 1009, n. 7.

[2] *Sic*, Demolombe, *Don.*, IV, n. 570 ; Huc, VI, n. 329 et les auteurs cités dans Fuzier-Herman, sur l'art. 1009, n. 7.

[3] Cass., 13 août 1851, S., 51. 1. 657, D., 51. 1. 281.

ultra vires [1]. Dans l'art. 1009, comme dans l'art. 1017, le législateur a vraisemblablement opposé l'action *personnelle* à l'action *hypothécaire*, sans se préoccuper de l'étendue de la première de ces actions.

2329. Quoi qu'il en soit, en présence de cette jurisprudence de la cour de cassation, on ne peut que conseiller au légataire universel non saisi, ou au légataire à titre universel, de même qu'aux successeurs irréguliers, de ne pas se borner à faire dresser un inventaire, mais d'accepter en outre bénéficiairement, toutes les fois qu'il existera quelque doute sur les forces de l'hérédité.

§ III. *Des formalités à remplir par le légataire saisi avant d'entrer en possession.*

2330. Le légataire universel, saisi aux termes de l'art. 1005, peut-il de suite, et sans remplir aucune formalité préalable, appréhender les biens héréditaires? A la possession de droit que lui donne la saisine, peut-il joindre, de sa propre autorité, la possession de fait?

A cette question, la loi répond par une distinction basée sur la forme du testament qui désigne le légataire.

Nous avons donc, en nous attachant à la distinction légale, à envisager successivement l'hypothèse où le légataire se prévaut d'un testament par acte public et celle où il ne peut invoquer qu'un testament olographe ou mystique.

(1) C'est du moins ce qui résulte des motifs de l'arrêt de la cour suprême que nous venons de citer à la note précédente. Nous lisons, en effet, dans les attendus de l'arrêt du 13 août 1851 : « Que cette assimilation entre les successeurs à titre universel résulte plus spécialement et en termes exprès, en ce qui concerne l'assujettissement aux dettes et charges de la succession, du rapprochement de l'art. 1017, qui, pour le paiement des legs, restreint l'obligation personnelle des héritiers du testateur ou autres débiteurs des dits legs *au prorata de la part et portion dont ils profiteront dans la succession*, des art. 871, 1009 et 1012, suivant lesquels le légataire universel en concours avec un héritier à réserve et le légataire à titre universel sont, sans restriction, tout comme les héritiers eux-mêmes, *tenus des dettes et charges de la succession, personnellement pour leur part et portion et hypothécairement pour le tout* ».

1. Du cas où le légataire universel est désigné par un testament public.

2331. En pareil cas, le légataire saisi n'a aucune formalité remplir pour se mettre en possession. Son titre est authenti- ue et de plus exécutoire; il peut donc le mettre à exécution; est ce qu'il fait en prenant possession des biens.

Cela résulte, implicitement il est vrai, mais très nettement, u silence de l'art. 1007 en ce qui concerne le testament par cte public.

Aussi les auteurs sont-ils unanimes à affranchir le légataire ésigné par un testament authentique, de toute formalité réalable à son entrée en possession [1].

2332. Ce qui est discuté, dans cette hypothèse, c'est la uestion de savoir si les héritiers évincés par le testament ne euvent requérir des mesures conservatoires, l'apposition de cellés par exemple ou la confection d'un inventaire, dans cas au moins où ils attaqueraient ou prétendraient vouloir ttaquer pour faux le testament qu'on leur oppose.

Des arrêts, déjà anciens, ont refusé aux héritiers le droit e requérir de semblables mesures [2].

Mais la solution contraire nous paraît préférable [3].

Il y a, en effet, à nos yeux, identité complète de situation ntre le légataire universel institué par un testament public t le légataire institué par un testament olographe ou mysti- ue, après que ce dernier a obtenu l'envoi en possession. Or, ans cette hypothèse, on admet sans difficulté que, nonobs- ant l'envoi en possession, les héritiers évincés restent par- aitement en droit de requérir l'apposition des scellés au do- nicile du *de cujus*, d'en demander le levée et la confection l'un inventaire [4].

N° 2. Du cas où le légataire universel n'est pas désigné par un testament public.

2333. Lorsque le légataire universel est désigné par un

(1) V. notamment Aubry et Rau, VII, p. 443, § 710; Demolombe, *Don.*, IV, n. 93; Laurent, XIV, n. 14.

(2) V. notamment Riom, 31 décembre 1827, S. chr., D. *Rép.*, v° *Disp.*, n. 3625.

(3) *Sic*, Bruxelles, 28 nov. 1810 et 9 mars 1811, S. chr.

(4) V. notamment Nancy, 6 mars 1885, S., 86. 2. 117, D., 86. 1. 47.

testament olographe ou mystique, son titre n'inspire pas l
même confiance que le testament par acte public : peut-êtr
est-il falsifié; dans tous les cas, il n'est pas exécutoire. Auss
la loi ne permet-elle au légataire d'appréhender les bien
héréditaires qu'après avoir rempli certaines formalités qu
sont prescrites par les art. **1007** et **1008**.

Ces formalités sont au nombre de deux :

1° La présentation du testament; 2° L'envoi en possession
Etudions-les successivement.

A. *De la présentation du testament.*

2334. Cette première formalité est prévue et réglée pa
l'art. **1007** du C. civil.

Aux termes de ce texte :

« *Tout testament olographe sera, avant d'être mis à exécu*
» *tion, présenté au président du tribunal de première instanc*
» *de l'arrondissement dans lequel la succession est ouverte*
» *Ce testament sera ouvert, s'il est cacheté. Le président dres*
» *sera procès-verbal de la présentation, de l'ouverture et d*
» *l'état du testament, dont il ordonnera le dépôt entre le*
» *mains du notaire par lui commis. — Si le testament est dan*
» *la forme mystique, sa présentation, son ouverture, sa des*
» *cription et son dépôt, seront faits de la même manière ; mai*
» *l'ouverture ne pourra se faire qu'en présence de ceux de*
» *notaires et des témoins, signataires de l'acte de suscription*
» *qui se trouveront sur les lieux ou eux appelés* ».

2335. Remarquons de suite que ce texte n'est pas absolu
ment à sa place dans la section *Du legs universel*. Ses dispo
sitions n'ont, en effet, rien de spécial au légataire universel
C'est bien ce que supposent ses termes conçus de la façon l
plus générale. *Tout testament*, dit-il, et par suite, quelle qu
soit la nature des dispositions que le testament peut contenir

2336. Toute personne dépositaire d'un testament olograph
ou mystique, même un notaire, doit, après la mort du testa
teur, faire la présentation du testament, ainsi qu'il est dit e
l'art. **1007**. La loi impose aussi cette obligation au juge d
paix, qui, en apposant les scellés, trouve un testament [1].

[1] V. les art. 916 à 918 du Code de procédure civile.

2337. C'est le président du tribunal qui ouvre le testament s'il est cacheté.

Il résulte de notre article que cette ouverture se fait avec une solennité particulière, si le testament est mystique. Toutefois, c'est par inadvertance que le législateur ordonne de procéder à l'ouverture de ce testament en présence de ceux des notaires signataires de l'acte de suscription qui se trouveront sur les lieux, oubliant que l'acte de suscription du testament mystique est rédigé par un seul notaire [1].

2337 *bis*. Le texte exige qu'on appelle le notaire et les témoins qui se trouvent *sur les lieux*, c'est-à-dire, suivant nous, ceux qui se trouvent dans la ville où siège le tribunal auquel l'ouverture de la succession a donné compétence [2].

La loi ne donne aucune indication sur la manière dont les témoins doivent être appelés.

Le président pourrait donc exiger qu'ils fussent régulièrement assignés par exploit d'huissier.

2338. Le testament une fois présenté et ouvert, le président du tribunal dresse procès-verbal de la présentation, de l'ouverture et de l'état du testament, puis il en ordonne le dépôt entre les mains d'un notaire par lui commis.

2339. La jurisprudence reconnaît que les notaires ne sont pas tenus de dresser acte de dépôt des testaments olographes déposés en leurs études, en exécution d'une ordonnance du président [3].

Il y a, sur ce point, des circulaires administratives contradictoires. Elles n'ont pas peu contribué du reste à faire prévaloir la solution dans le sens de laquelle la jurisprudence paraît fixée.

2340. On a soutenu que l'ordonnance de dépôt rendue par le président ne pourrait être attaquée par la voie de l'appel [4].

(1) Trib. Seine, 26 mai 1853, S., 53. 2. 587, D., 84. 3. 21. — Trib. Lyon, 6 juin 1855, D., 55. 3. 95. — V. également Cass., 5 déc. 1860, S., 61. 1. 133, D., 61. 1. 34.

(2) *Sic*, Laurent, XIV, n. 16; Huc, VI, n. 324.

(3) *Sic*, Trib. Seine, 26 mai 1853, S., 53. 2. 587, D., 84. 3. 21. — Trib. Lyon, 6 juin 1855, D., 55. 3. 95. — V. également Cass., 5 déc. 1860, S., 61. 1. 133, D., 61. 1. 34.

(4) V. en ce sens, Paris, 27 août 1872, S., 85. 2. 185 *ad notam*, D., 75. 2. 73 et les auteurs cités dans Fuzier-Herman, sur l'art. 1007, n. 12.

Cette opinion n'a pas prévalu en jurisprudence.

C'est toutefois dans une mesure assez restreinte que les arrêts admettent les intéressés à frapper d'appel l'ordonnance de dépôt dont parle l'art. 1007. Ils décident, en effet, que cette ordonnance n'est susceptible d'appel qu'autant qu'elle a donné lieu à des contestations devant le président ou que la désignation faite par ce magistrat est de nature à porter grief aux droits des parties [1].

2341. Les formalités prescrites par l'art. 1007 ont principalement pour but d'assurer la conservation du testament et de le préserver de toute altération, dans l'intérêt commun des héritiers et des légataires. Le législateur n'a pas attaché de sanction à leur inobservation; aussi aucune déchéance n'atteindrait-elle le légataire qui aurait ouvert lui-même le testament, si, d'ailleurs, il n'avait commis aucune fraude, ni celui qui l'aurait présenté au président du tribunal de son domicile, au lieu de le présenter au président du tribunal de l'arrondissement dans lequel la succession s'est ouverte.

Sur tous ces points, les auteurs [2] et les arrêts [3] sont d'accord.

B. *De l'envoi en possession.*

2342. C'est l'art. 1008 qui exige et réglemente cette deuxième formalité imposée au légataire universel saisi.

Aux termes de cet article :

« *Dans le cas de l'art. 1006, si le testament est olographe ou » mystique, le légataire universel sera tenu de se faire envoyer » en possession, par une ordonnance du président, mise au bas » d'une requête, à laquelle sera joint l'acte de dépôt* ».

2343. Disons de suite que l'art. 1008, à la différence de l'article précédent, est spécial au légataire universel.

Cela résulte de ses termes mêmes.

2344. Nous venons de voir que le légataire universel saisi peut, lorsqu'il est institué par un testament *authentique*, ap-

(1) Paris, 10 juill. 1886, S., 86. 2. 211. V. aussi Aix, 29 août 1883, S., 84. 2. 9, D., 84. 2. 68 et Bordeaux, 23 juin 1885, S., 85. 2. 185, D., 86. 2. 197.

(2) *Sic*, Laurent, XIV, n. 20; Aubry et Rau, VI, p. 444, § 710; Demolombe, *Don.*, IV, n. 503 et les auteurs cités dans Fuzier-Herman, sur l'art. 1007, n. 5.

(3) Voyez les arrêts cités dans Fuzier-Herman sur l'art. 1007, n. 5, 6 et 7.

préhender de sa propre autorité les biens compris dans son legs : son titre est exécutoire, et il l'exécute en prenant possession.

Il n'en est pas de même du légataire universel saisi, institué par un testament *olographe* ou *mystique :* son titre n'étant qu'un acte sous seing privé, est dépourvu de la force exécutoire : c'est l'*envoi en possession* qui la lui conférera. A dater du moment où il l'aura obtenu, il sera dans la même situation que s'il était institué par un testament authentique; il pourra donc se mettre en possession.

2344 *bis*. Remarquons, du reste, que l'envoi en possession n'a d'autre effet que d'ajouter au titre du légataire la force exécutoire qui lui fait défaut, lorsque le testament n'est plus fait par acte public. C'est donc une simple formalité ne touchant nullement au fond des choses.

Nous aurons bientôt à en tirer d'importantes conséquences.

Disons seulement que le légataire universel qui se mettrait en possession des biens héréditaires, sans avoir demandé et obtenu l'envoi en possession, n'encourrait de ce chef aucune déchéance et ne pourrait même point être condamné à la restitution des fruits perçus par lui, avant qu'ait été rendue l'ordonnance prescrite par l'art. 1008 [1].

2345. Bien qu'elle admette une solution opposée en ce qui concerne l'ordonnance de dépôt, la jurisprudence décide que le président du tribunal civil du lieu d'ouverture de la succession est seul compétent pour rendre l'ordonnance d'envoi en possession. Elle annule, en conséquence, toute ordonnance d'envoi en possession rendue par un autre que par lui.

Sans doute, le texte même de nos articles ne motive pas cette différence.

Elle ne s'en justifie pas moins.

L'irrégularité de la présentation n'empêche pas que le testament ait été vu par un magistrat, décrit par lui et déposé entre les mains d'un notaire de son choix. L'examen d'un juge étranger offre autant de garanties que l'examen du juge du domicile.

(1) V. notamment en ce sens Aubry et Rau, III, p. 446, § 710; Demolombe, *Don.*, IV, n. 516; Laurent, XIV, n. 31.

Au contraire, l'envoi en possession prononcé par un juge étranger n'offrirait nullement la sécurité de celui qu'ordonne le juge du domicile. Seul, celui-ci connaît les relations, la famille, la fortune du testateur ou tout au moins peut, à ces différents points de vue, s'entourer immédiatement de tous les renseignements nécessaires. Seul, il offre toutes les garanties nécessaires pour s'opposer utilement aux tentatives de spoliation que la loi a voulu éviter en exigeant l'envoi en possession [1].

2346. De la différence des solutions adoptées en ce qui concerne l'ordonnance de dépôt et l'ordonnance d'envoi en possession, il résulte que celle-ci peut être demandée à un juge qui n'a pas prononcé celle-là.

En pareil cas, le juge du domicile ne serait point fondé à refuser l'envoi en possession tant qu'on ne lui aurait pas présenté la minute du testament. Il suffirait incontestablement qu'on lui présentât une expédition délivrée par un notaire que le président d'un autre tribunal aurait commis pour recevoir le dépôt du testament [2].

2347. C'est par une requête adressée au président que le légataire demande l'envoi en possession.

S'il y a lieu, le président met au bas de celle-ci l'envoi en possession.

L'acte de dépôt du testament doit, dans tous les cas, être joint à la requête.

2348. C'est une question discutée et discutable que la question de savoir quelle est au juste la nature que, d'une façon générale, on doit reconnaître aux ordonnances rendues sur requête [3].

Sans envisager la question d'une façon générale, nous nous bornons à constater que, à nos yeux, l'ordonnance du président qui accorde l'envoi en possession, est un acte de juridiction *volontaire* ou *gracieuse* : ce qui signifie qu'il ne s'élève

[1] *Sic*. Dijon, 25 mars 1870, S., 70. 2. 175, D., 74. 5. 305. — Dans le même sens Aubry et Rau, VII, p. 445, § 710.

[2] *Sic*, Cass., 22 février 1847, D., 47. 1. 141. — Nancy, 19 mai 1883, S., 84. 2. 124, D., 84. 2. 67.

[3] V. sur ce point la note sous Cass., 10 nov. 1885, S., 86. 1. 9.

aucun débat contradictoire entre les parties intéressées, les héritiers légitimes d'une part et le légataire d'autre part, au sujet de l'envoi en possession. L'ordonnance est rendue sur la demande d'une seule partie, le légataire; les héritiers, au préjudice desquels l'envoi en possession est demandé, ne doivent même pas être appelés : ce qui n'est pas exclusif du droit pour le président d'entendre leurs dires et observations, s'ils se présentent. On ne saurait donc l'assimiler aux décisions qui supposent un débat contradictoire qu'elles ont pour objet de trancher; tel est, par exemple, le jugement qui statue sur la demande en délivrance formée par le légataire non saisi dans le cas de l'art. 1004 du C. civ. Ce dernier, comme tous les jugements analogues, tranche une contestation qui s'agite entre deux parties adverses. Il rentre donc dans la juridiction contentieuse qu'on oppose à la juridiction gracieuse dans laquelle, au contraire, figurent seulement les décisions judiciaires intervenant dans des hypothèses qui ne supposent point une contestation à trancher.

2349. Si tel est le principe, si l'ordonnance d'envoi en possession n'est qu'un simple acte de juridiction gracieuse, nous devons en tirer un certain nombre de conséquences sur lesquelles il importe d'insister, d'autant que certaines d'entre elles sont loin d'être admises d'une façon unanime, à raison surtout des incertitudes qui subsistent encore sur la véritable nature des ordonnances rendues sur requête.

2350. Un premier point nous paraît certain, c'est que l'ordonnance d'envoi en possession, rendue après un examen nécessairement superficiel du testament, n'en préjuge pas la validité et ne porte aucune atteinte au droit qui appartient aux héritiers de l'attaquer soit pour vice de forme, soit pour insanité d'esprit du disposant.

On s'accorde à le reconnaître [1].

Seulement, pendant le cours du procès engagé sur la validité du testament, c'est le légataire envoyé en possession qui conservera la possession des biens, sauf l'application des mesures conservatoires dont il va être parlé bientôt.

[1] V. notamment Cass., 23 mars 1885, S., 85. 1. 491. — V. également Bordeaux, 14 mars 1850, S., 52. 2. 561, D., 53. 2. 178.

2351. Une autre conséquence qui, non moins nécessairement que la précédente, nous paraît également découler du principe que nous avons reconnu, c'est que les héritiers légitimes du testateur n'ont aucune voie de recours contre l'ordonnance d'envoi en possession.

Mais cette deuxième conséquence est loin d'être aussi unanimement admise que la précédente. Aussi devons-nous insister pour établir que l'ordonnance d'envoi en possession n'admet ni opposition, ni appel, ni tierce-opposition, en un mot aucune des voies de recours ordinaires admises contre les jugements.

2352. L'opposition nous paraît tout d'abord inadmissible. Elle ne se conçoit en effet qu'au profit d'une partie défaillante, c'est-à-dire d'une partie qui devait être appelée. Or, comment serait-elle ouverte aux héritiers légitimes dont la loi n'exige nullement la présence, qui n'ont pas à être appelés ni même avertis par le légataire? Si la loi avait voulu que l'envoi en possession donnât lieu à un débat contradictoire, elle l'aurait dit, elle aurait obligé le légataire à mettre les héritiers en cause. Son silence nous paraît significatif.

2353. Quant à l'appel, en dehors du cas où l'ordonnance est attaquée pour incompétence [1], il ne nous paraît pas plus possible que l'opposition. Il n'est ouvert en effet que contre les *jugements* et non comme les décisions qui, comme l'ordonnance d'envoi en possession, ne font grief au droit de personne. Comme nous l'avons dit, l'envoi en possession ne préjuge rien, il réserve les droits de tout le monde et, partant, comment admettre une voie de recours possible seulement contre les décisions de nature à porter atteinte aux droits des parties?

2354. Il en serait ainsi alors qu'en fait les héritiers seraient intervenus pour contester la demande du légataire.

Nous verrons que le président n'accorde l'envoi en possession que *cognita causa* [2]. Les héritiers peuvent lui fournir des renseignements propres à l'éclairer. Leur présence est donc utile et s'explique.

[1] V. notamment Riom, 29 nov. 1879, D., 81. 2. 69.
[2] V. ci-dessous, n. 2362.

Mais elle ne suffit pas à rendre contradictoire un débat que la loi n'a pas voulu tel.

Que les héritiers interviennent ou non, la nature juridique de l'ordonnance reste identique et l'appel est également impossible.

2355. Ce que nous disons de l'appel, nous devons le dire de la tierce opposition.

La raison de décider est la même.

Comme l'appel, la tierce opposition suppose une décision portant grief à un droit. Or, ce n'est point le cas de l'ordonnance d'envoi en possession.

2356. Les solutions que nous venons de présenter sont admises par nombre d'auteurs [1].

Elles ont aussi pour elles l'autorité de nombreuses décisions [2].

2357. Il faudrait cependant se garder de croire acceptées d'une façon unanime ces conséquences que nous tirons de la nature même de l'ordonnance d'envoi en possession, en ce qui concerne les voies de recours dont elle est susceptible.

Mais ceux qui admettent contre cette ordonnance la possibilité de recours sont loin de se mettre d'accord quand il s'agit de les déterminer. Aussi la diversité des solutions auxquelles ils s'arrêtent apparaît vraiment comme un argument nouveau en faveur de l'opinion si nette et si précise que nous avons admise.

Pour les uns, toutes les voies de recours possibles contre les jugements sont également admissibles contre l'ordonnance d'envoi en possession [3].

D'autres, repoussant l'opposition, n'admettent que la tierce opposition et l'appel [4].

(1) *Sic*, Demolombe, *Don.*, IV, n. 510; Laurent, XIV, n. 30; Huc, VI, n. 327, et les auteurs cités dans Fuzier-Herman, sur l'art. 1008, n. 30.

(2) V. notamment Pau, 30 mai 1870, S., 71. 2. 26, D., 71. 2. 84. — Paris, 26 mars 1884, S., 86. 2. 28, D., 85. 2. 158. — Dijon, 14 nov. 1890, D., 92. 2. 49, et 1er juin 1894, S., 94. 2. 280, ainsi que les arrêts cités dans Fuzier-Herman, sur l'art. 1008, n. 30 et 53.

(3) V. notamment Agen, 7 juillet 1869, S., 69. 2. 331, D., 75. 2. 105, et les arrêts cités dans Fuzier-Herman, sur l'art. 1008, n. 35 s.

(4) V. notamment Limoges, 3 janv. 1881, S., 81. 2. 104. — Nancy, 20 déc. 1892.

2357 *bis*. Ce qui nous paraît certain, c'est, d'une part, que, si on admet l'opposition, celle-ci doit être formée devant le président lui-même : c'est, d'autre part, que, si l'appel est possible, il ne peut être question de le porter ailleurs que devant la cour.

Il nous paraît incontestable que l'ordonnance d'envoi en possession n'est susceptible d'aucun recours devant le tribunal présidé par le magistrat qui l'a rendue.

A la différence du juge des référés, le président ne statue point ici comme délégué du tribunal, mais en vertu de pouvoirs propres dont la loi l'investit personnellement. Or, ne serait-il pas contraire et à la dignité de la justice et à l'ordre des juridictions, que le tribunal fût rendu juge de l'exercice que son président fait des pouvoirs dont la loi l'investit?

Aussi, en dépit de quelques décisions contraires (1), les arrêts qui admettent l'opposition décident qu'on doit la former devant le président lui-même (2), et ceux qui admettent l'appel reconnaissent qu'on doit le porter devant la cour (3).

C'est cette dernière solution que vient de consacrer la Chambre civile de la Cour de cassation par un arrêt qui fixera peut-être la jurisprudence sur la question dont nous venons de parler. La Cour suprême a cru devoir admettre que, dans le silence de la loi, l'ordonnance d'envoi en possession était susceptible de toutes les voies de recours qu'admet le droit commun (4).

2358. Une troisième conséquence dérivant toujours du même principe et qui ne forme, pour ainsi dire, que le corollaire de la précédente, est que le légataire universel ne peut frapper d'appel l'ordonnance qui lui refuse l'envoi en possession.

S., 94. 2. 133, ainsi que les arrêts cités dans Fuzier-Herman, sur l'art. 1008, n. 47 s.

(1) Voyez notamment Bordeaux, 29 nov. 1834, S., 35. 2. 138.

(2) Agen, 7 juill. 1869, S., 69. 2. 231, D., 75. 2. 105. — Bourges, 13 mars 1872, D., 72. 2. 208.

(3) Dijon, 25 mars 1870, S., 70. 2. 175, D., 74. 5. 305. — Amiens, 9 juill. 1889, S., 90. 2. 140.

(4) *Sic*, Cassation, 3 avril 1895, S., 95. 1. 221.

En ce qui le concerne, l'ordonnance ne saurait avoir une autre nature juridique qu'au regard des héritiers. Dès l'instant qu'on refuse à ceux-ci toute voie de recours, on doit décider de même pour le légataire [1].

2359. Mais, si l'ordonnance d'envoi en possession n'est point un jugement, elle n'en est pas moins une décision judiciaire ayant force exécutoire.

La jurisprudence en a conclu avec raison qu'émanant d'un juge étranger, elle devait être, comme les jugements, soumise à la formalité de l'exequatur [2].

C'est, dans ce cas, au président seul et non au tribunal qu'il appartient de statuer sur la demande d'exequatur.

2360. C'est enfin toujours au même principe qu'il faut rattacher une conséquence que nous avons déjà envisagée en disant que le légataire universel qui se mettrait en possession, sans avoir obtenu l'ordonnance prescrite par l'art. 1008, n'encourrait aucune déchéance [3].

2361. C'est également de ce principe que découlent les solutions qu'il y a lieu d'admettre en ce qui concerne les mesures conservatoires que peuvent réclamer les héritiers, en cas d'envoi en possession du légataire aussi bien que celui-ci, du reste, est fondé à les demander, lorsque l'envoi en possession lui est refusé.

Nous allons y revenir [4].

2362. Voilà autant de conséquences qui nous paraissent nécessairement dériver de la nature même de l'ordonnance d'envoi en possession.

Mais il faut se garder de lui en rattacher qu'elle ne comporte point : notamment de ce que l'envoi en possession est un acte de juridiction gracieuse, il ne s'ensuit pas que le président du tribunal doive nécessairement l'accorder par cela seul qu'il lui est demandé, et par conséquent sans examen. Le projet, dont la rédaction primitive paraissait condamner

(1) *Sic*, Demolombe, *Don.*, IV, n. 511.

(2) *Sic*, Cass., 9 mars 1853, S., 53. 1. 269, D., 53. 1. 59. — Paris, 2 fév. 1869, S., 69. 2. 103, D., 74. 5. 305.

(3) V. ci-dessus, n. 2344 *bis*.

(4) V. ci-dessous, n. 2365.

le président à jouer ici un rôle purement passif, a été modifié sur les observations du tribunat.

Ce magistrat doit donc statuer *cognita causa*.

Ainsi il ne manquera pas de refuser l'envoi en possession, si le testament est nul pour vice de forme, par exemple si c'est un testament olographe non signé, ou s'il apparait manifestement que le legs n'est pas universel, ou s'il existe des héritiers réservataires... Au surplus, la loi n'ayant pas défini le rôle du président, son pouvoir en cette matière est discrétionnaire.

2363. Toutefois, pour refuser l'envoi en possession, il ne pourrait se fonder uniquement sur ce fait que les héritiers méconnaissent l'écriture du testament, si, d'ailleurs, cette méconnaissance n'est pas corroborée par des circonstances et des faits qui lui ôtent son caractère de simple allégation.

En définitive, il faut, pour qu'il s'y arrête, que les moyens allégués par les héritiers se présentent avec un certain caractère de vraisemblance [1].

2364. Dans les cas douteux, il ne peut d'ailleurs s'agir pour le président de renvoyer l'affaire devant le tribunal. C'est de la loi qu'il tient personnellement le droit de statuer sur l'envoi en possession, ce n'est point comme délégué du tribunal qu'il décide. Aussi ne peut-on lui reconnaître le même droit qu'au juge des référés.

La jurisprudence est en ce sens [2], et c'est aussi l'opinion des auteurs [3].

2365. On admet d'ailleurs soit en jurisprudence [4] soit en doctrine [5], que l'ordonnance d'envoi en possession ne fait pas obstacle à l'application de mesures conservatoires destinées à assurer, le cas échéant, la restitution des biens aux héritiers légitimes qui attaquent le testament.

(1) V. notamment Poitiers, 17 mars 1880, S., 82. 2. 186, D., 82. 2. 36. — Angers, 23 mars 1880, S., 81. 2. 32, D., 81. 2. 139.

(2) V. notamment Lyon, 22 déc. 1848, S., 49. 2. 121, D., 49. 2. 47. — Rennes, 20 janv. 1849, S., 49. 2. 576, D., 49. 2. 234.

(3) *Sic*, Demolombe, *Don.*, IV, n. 505; Aubry et Rau, VII, p. 145, § 710; Laurent, XIV, n. 22.

(4) V. notamment Paris, 26 mars 1884, S., 86. 2. 28, D., 85. 2. 158.

(5) V. les auteurs cités dans Fuzier-Herman, sur l'art. 1008, n. 59.

Parmi ces mesures, les principales sont l'apposition des scellés, l'inventaire et même le séquestre des biens héréditaires.

Telle est du moins la solution qui, sur ce dernier point, nous paraît résulter de l'art. 1961-2° du code civil.

2366. Les auteurs et les arrêts s'accordent à reconnaître que toutes ces mesures peuvent être demandées soit au tribunal saisi de la contestation relative à la validité de testament, soit, en cas d'urgence, au président statuant en référé [1].

2367. Mais s'ils n'attaquent pas le testament, les héritiers sont-ils également fondés à demander ces mesures conservatoires?

Il nous paraît difficile de l'admettre.

Lorsqu'un légataire universel a été envoyé en possession, il est désormais non seulement propriétaire mais possesseur de la succession. Exclus de la succession, les héritiers n'ont donc ni intérêts, ni droits à sauvegarder. Il n'en est autrement qu'autant qu'ils attaquent le testament, car, celui-ci venant à tomber, ce sont eux qui en profitent. Mais, pour que le testament ait des chances de tomber, il faut au moins qu'il soit attaqué. Nous en conclurons que les héritiers n'ont de droits à sauvegarder qu'autant qu'ils attaquent le testament et, partant, c'est dans ce cas seulement qu'ils peuvent demander des mesures conservatoires.

Les articles du code de procédure civile qu'on invoque en sens contraire ne sont nullement décisifs.

Il est bien vrai que l'art. 909 de ce code donne le droit de requérir l'apposition des scellés à quiconque prétend droit dans la succession.

D'autre part, ceux qui sont en droit de faire apposer les scellés sont fondés à en demander la levée et, par là même, à requérir l'inventaire [2].

Mais la question est précisément de savoir si, dans le cas où les héritiers sont exclus de la succession par un testament, ils y prétendent droit lorsqu'ils n'attaquent point le testament

[1] Paris, 26 mars 1884, S., 86. 2. 28, D., 85. 2. 158. — Demolombe, *Don*. IV, n. 512 s.; Laurent, XIV, n. 32; Aubry et Rau, VII, p. 446, § 710.

[2] V. les art. 930 et 941 du code de procédure civile.

qui les en exclut. Dès lors comment trancher la controverse par les textes qu'on invoque, alors qu'il s'agit précisément de savoir si ces textes sont applicables (1)?

On doit toutefois reconnaître qu'il y a, sur ce point, quelque incertitude dans la jurisprudence (2).

2368. Dans le cas cependant où, sans avoir encore demandé la nullité du testament, les héritiers déclarent qu'ils entendent s'en prévaloir, le juge auquel cette déclaration est faite peut, s'il la croit sérieuse, accorder les mesures conservatoires réclamées par les héritiers, sauf au légataire à faire cesser l'effet de ces mesures si les héritiers n'engagent point l'action en nullité.

Mais c'est là, à notre avis, le seul tempérament qu'on puisse admettre.

2369. Par une juste réciprocité, les mesures que peuvent réclamer les héritiers, en cas d'envoi en possession du légataire, peuvent être ordonnées au profit de celui-ci, lorsque l'envoi en possession lui a été refusé et qu'il entend néanmoins se prévaloir du testament fait à son profit. Dès que le testament existe, on ne peut contester au légataire l'intérêt qu'il a à réclamer les mesures conservatoires utiles à la sauvegarde de ses droits (3).

§ IV. *Dans quelle mesure le légataire universel est-il tenu des dettes, legs et charges de la succession?*

2370. Deux situations différentes doivent être envisagées :

1° Celle du légataire universel qui n'a en face de lui aucun héritier à réserve;

2° Celle du légataire universel en concours avec des réservataires.

A. *Du légataire universel qui ne concourt point avec des héritiers à réserve.*

2371. Cette première hypothèse n'a point été spéciale-

(1) *Sic*, Laurent, XIV, n. 33.

(2) Voyez notamment Nancy, 6 mars 1885, S., 86. 2. 117, D., 86. 2. 87.

(3) V. en ce sens Paris, 18 nov. 1871, S., 71. 2. 197, D., 72. 2. 69.

ment envisagée et réglée par le législateur qui, dans l'art. 1009 du code civil, vise uniquement la seconde.

Le silence du législateur n'est d'ailleurs pas de nature à soulever des difficultés.

Le légataire dont nous parlons doit être, nous l'avons dit déjà [1], assimilé de tous points à l'héritier saisi dans les termes de l'art. 724.

Nous devons en conclure que, comme l'héritier, ce légataire est tenu de toutes les dettes et charges de la succession. Il en est même tenu *ultra vires* s'il n'a pas la précaution d'accepter sous bénéfice d'inventaire.

Nous devons en conclure également qu'en ce qui concerne le paiement des legs, il se trouve exactement dans la même situation que l'héritier non réservataire.

Il doit les payer tous, sans pouvoir prétendre exercer aucune retenue, à titre de *quarte falcidie*, comme cela avait lieu autrefois dans les provinces de droit écrit, d'après les traditions du droit romain.

Quant à la mesure de son obligation relativement au paiement des legs, elle est évidemment la même que celle de l'héritier lui-même. Il est donc tenu *ultra vires* du paiement des legs, si on admet que telle est la mesure de l'obligation de celui-ci [2].

B. *Du légataire universel en concours avec des réservataires.*

2372. Cette hypothèse a été spécialement envisagée et réglée par le législateur.

Aux termes de l'art. 1009 :

« *Le légataire universel qui sera en concours avec un héri-*
» *tier auquel la loi réserve une quotité des biens, sera tenu*
» *des dettes et charges de la succession du testateur, person-*
» *nellement pour sa part et portion, et hypothécairement pour*
» *le tout ; et il sera tenu d'acquitter tous les legs, sauf le cas*
» *de réduction, ainsi qu'il est expliqué aux art. 926 et 927* ».

En ce qui concerne le légataire universel qui se trouve en concours avec un héritier réservataire, il faut donc, avec l'art.

[1] V. ci-dessus, n. 2326.
[2] V. *Successions*, I, n. 180 s.

1009, distinguer d'une part les dettes et charges et d'autre part les legs.

a. *Des dettes et charges.*

2373. Rectifiant une expression peu exacte de l'art. 871 du code civil, l'art. 1009 porte que le légataire universel est tenu des dettes et charges dans la proportion de sa vocation héréditaire et non de l'émolument net que lui procure le legs (¹).

Rien de plus légitime.

Les dettes et charges grèvent la succession tout entière, la partie réservée aussi bien que la partie disponible ; par suite tous ceux qui recueillent une quote-part de la succession doivent contribuer proportionnellement aux dettes et charges. Les dettes et charges se répartiront donc entre les héritiers réservataires et le légataire universel proportionnellement à la quote-part que chacun d'eux prend dans la succession.

Ainsi un légataire universel, qui se trouve en concours avec un enfant du défunt, contribuera aux dettes et charges *pour la moitié*, parce qu'il recueille la moitié de la succession (²).

C'est dans la même mesure que les créanciers héréditaires auront une action personnelle contre lui.

Telle est, du reste, la solution spécialement écrite dans l'art. 1009, qui envisage et résout non une question de contribution, mais une question d'obligation aux dettes héréditaires.

2374. Visant aussi le cas où la dette se trouverait garantie par une hypothèque portant sur un des immeubles de la succession, ce même art. 1009 décide que le légataire universel, dans le lot duquel aura été mis l'immeuble hypothéqué à la dette, pourra être poursuivi pour le tout par l'action hypothécaire, à cause de l'indivisibilité de l'hypothèque, mais sauf son recours contre les héritiers réservataires pour leur part contributoire.

2375. C'est, d'ailleurs, seulement après que la délivrance de son legs lui a été consentie par les réservataires que le légataire universel peut être poursuivi par les créanciers héréditaires dans les termes de l'art. 1009. Jusque là, les réserva-

(¹) *Sic*, Laurent, XIV, n. 89 ; Aubry et Rau, VII, p. 496, § 723 ; Huc, VI, n. 328.

(²) C'est ce qui résulte de l'art. 913 du code civil.

taires représentent seuls la succession, et seuls ils ont qualité pour répondre à l'action des créanciers héréditaires.

Quant à la question de savoir si, après la délivrance, les créanciers héréditaires peuvent encore poursuivre les réservataires sans tenir compte de la présence du légataire universel, nous n'avons qu'à renvoyer aux développements fournis sur l'art. 873 [1].

2376. Nous n'avons plus à revenir sur la question de savoir si dans la mesure où il est tenu des dettes héréditaires, le légataire universel non saisi peut être poursuivi *ultra vires emolumenti*.

Il nous suffira, sur ce point, de renvoyer aux développements que nous avons déjà donnés [2].

2377. Toutes les solutions que nous venons de donner sont communes et aux dettes et aux charges, ainsi que cela résulte du reste des termes mêmes de l'art. 1009.

Sous le nom de *charges*, la loi comprend ici les frais funéraires, ainsi que les frais d'inventaire, de liquidation et de partage, en un mot, et d'une manière générale, toutes les dettes posthumes du défunt, *quæ ab herede cæperunt*.

b. *Des Legs.*

2378. A la différence des dettes, les legs sont une charge non de la succession tout entière, mais seulement de la portion disponible. D'où la conséquence que le légataire universel doit les payer tous, puisqu'il recueille toute la quotité disponible ; autrement la réserve de l'héritier serait entamée.

Mais, si le légataire universel est obligé de payer *tous* les legs, il n'est pas tenu de les payer *intégralement*. Subissant lui-même une réduction par suite de la présence des héritiers réservataires, il a le droit d'en imposer une semblable aux autres légataires, tous les legs devant être réduits au marc le franc, quand ils excèdent, dans leur ensemble, la quotité disponible [3].

C'est cette idée qu'exprime l'art. 1009, en disant que le

[1] V. *Succ.*, III, n. 3951 s.
[2] V. ci-dessus, n. 2327.
[3] Voyez, sur ce point, l'article 926 du code civil.

légataire universel est tenu d'acquitter tous les legs, *sauf le cas de réduction*.

2379. La loi dit « *sauf le cas de réduction* », et non pas *sauf la réduction*, parce que le légataire universel ne peut pas *toujours* faire subir aux autres légataires une réduction semblable à celle qu'il subit lui-même.

Il résulte en effet de l'art. 927 que le légataire universel est tenu de payer intégralement les legs que le testateur a déclaré expressément devoir être acquittés de préférence aux autres.

On s'explique ainsi que notre texte ne renvoie pas seulement à l'art. 926 mais aussi à l'art. 927.

2380. La réserve finale de l'art. 1009 est spéciale au cas où le légataire universel se trouve en concours avec un réservataire.

Elle a été invoquée par un légataire qui, se trouvant en concours avec un donataire par contrat de mariage, voulait faire subir aux légataires particuliers une réduction proportionnelle à celle qu'il subissait lui-même.

Sa prétention a été repoussée [1].

Elle devait l'être, car l'application de l'art. 1009 suppose qu'il y a lieu à réduction. Or, c'est seulement la présence d'un réservataire qui peut entraîner la réduction. En présence d'un donataire par contrat de mariage, le légataire universel doit donc acquitter tous les legs mis à sa charge tels qu'ils ont été faits par le testateur.

2281. En disant que le légataire doit payer tous les legs, nous laissons entière la question de savoir s'il doit les payer même *ultra vires emolumenti*.

C'est là une question que nous retrouverons sur l'art. 1017 du code civil.

§ V. *Des actions qui appartiennent au légataire universel pour obtenir l'exécution de son legs.*

2382. Le légataire universel devient propriétaire des biens compris dans son legs aussitôt que son droit est ouvert.

[1] Aix, 16 juill. 1870, S., 72. 2. 193, D., 72. 2. 81.

Cela résulte de l'art. 711 aussi bien que de l'art. 1014.

Par suite, s'il est saisi, il a l'action en pétition d'hérédité contre tous ceux qui détiennent les biens de la succession *pro herede*, et l'action en revendication contre ceux qui détiennent ces mêmes biens à un autre titre.

Il a, en outre, l'action personnelle contre les débiteurs de la succession.

2382 *bis*. Si le légataire universel n'est pas saisi, parce qu'il se trouve en concours avec des héritiers réservataires, il est dans l'indivision avec ceux-ci, et, partant, peut intenter contre eux l'action en partage. Cette action n'est autre chose, dans ce cas, que le mode d'exercice de l'action en délivrance. Le partage opéré, le légataire universel aura l'action réelle contre tous ceux qui détiennent les biens de la succession mis dans son lot, et l'action personnelle contre les débiteurs des créances qui lui ont été attribuées par le partage.

SECTION III

DU LEGS A TITRE UNIVERSEL

2383. Dans notre ancienne jurisprudence, on n'avait point distingué le legs à titre universel du legs universel.

« On appelle legs universel, disait Pothier, le legs de l'universalité de ses biens, ou d'une quotité, comme lorsqu'on lègue le tiers, le quart, le vingtième de ses biens ».

Et il ajoutait : « Le legs d'une certaine espèce de biens soit pour le total, soit pour une quotité, sont aussi des legs universels, comme lorsqu'un testateur lègue à quelqu'un ses biens meubles, ou le tiers, le quart de ses biens meubles, etc... » [1].

En définitive, on appelait donc indifféremment *legs universel ou à titre universel*, tout legs qui avait pour objet l'universalité en tout ou en partie, comme d'ailleurs on appelait et on appelle encore indifféremment *legs particulier ou à titre particulier* tout legs qui a pour objet certains biens considérés d'une manière individuelle et déterminée.

[1] Pothier, *Des donations testamentaires*, chap. II, sect. I, § II. Cpr. Furgole, chap. VIII, n. 24.

2384. A l'imitation de notre ancien droit, le projet du code civil ne distinguait pas le legs *à titre universel* du legs *universel*. La trace de cette confusion entre les deux espèces de legs se retrouve encore dans plusieurs articles. Tels sont notamment les art. 871, 909 et 926, dans lesquels le législateur comprend sous une même dénomination, qui est tantôt celle de *légataire universel,* tantôt celle de *légataire à titre universel,* tous les légataires qui ont vocation soit à l'universalité tout entière, soit à une quote part de l'universalité.

La distinction entre le legs *universel* et le legs *à titre universel* se fit jour au sujet de la question de savoir si le légataire aurait droit à la saisine.

Ne voulant l'accorder (et encore sous certaines conditions) qu'au légataire ayant vocation à l'universalité tout entière, jamais à celui qui n'a vocation qu'à une quote-part de l'universalité, le législateur fut conduit à distinguer le legs à titre universel du legs universel.

2385. Après avoir déterminé quel legs on doit considérer comme legs à titre universel, nous aurons à indiquer comment le légataire acquiert la propriété et la possession de son legs, puis à préciser dans quelle mesure il est tenu des dettes et charges héréditaires.

Ce sera là l'objet de deux paragraphes distincts.

Nous terminerons en recherchant quelles différences existent entre le legs à titre universel et le legs universel et en énumérant les actions qui appartiennent au légataire à titre universel pour obtenir l'exécution de son legs.

§ I. *Quels legs doit-on considérer comme legs à titre universel?*

2386. L'art. 1010 nous donne une définition du legs à titre universel, ou plutôt une énumération des cas dans lesquels une disposition a le caractère de legs à titre universel.

Aux termes de ce texte :

« Le legs à titre universel est celui par lequel le testateur » lègue une quote-part des biens dont la loi lui permet de dis- » poser, telle qu'une moitié, un tiers, ou tous ses immeubles,

» *ou tout son mobilier, ou une quotité fixe de tous ses immeu-* » *bles ou de tout son mobilier. — Tout autre legs ne forme* » *qu'une disposition à titre particulier* ».

2387. Il résulte de ce texte qu'on doit considérer comme legs à titre universel, le legs d'une quote-part de la quotité disponible telle que la moitié, le quart, le tiers.

Nous avons déjà dit que le legs de la quotité disponible tout entière serait un legs universel [1].

2388. Ce que nous disons du legs d'une quote-part de la quotité disponible, nous devons *a fortiori* le dire du legs d'une quote-part du patrimoine.

La loi ne le dit pas, mais cela ne peut faire de doute.

Si le legs d'une quote-part de la quotité disponible, qui est elle-même une quote-part du patrimoine, est à titre universel, à plus forte raison doit-il en être de même du legs d'une quote-part du patrimoine tout entier.

Les auteurs sont unanimes à le reconnaître [2].

2389. Doivent encore être considérés comme constituant des legs à titre universel :

1° Le legs de tous les immeubles;

2° Le legs de tout le mobilier;

3° Le legs d'une quote-part des immeubles;

4° Le legs d'une quote-part du mobilier.

2390. Si ces solutions sont incontestables en présence des termes mêmes de l'art. 1010, on s'accorde à reconnaître qu'elles sont peu justifiables sous l'empire du code civil.

C'est la tradition seule qui peut les expliquer.

Notre ancien droit, dans lequel la succession aux meubles était régie par des règles toutes différentes de la succession aux immeubles, avait été conduit à considérer les immeubles et le mobilier comme constituant des universalités en sous-ordre, *genera subalterna*, dit Pothier, avec leur actif et leur passif, et dont la réunion constituait la grande universalité connue sous le nom de *patrimoine*. Les légataires du mobilier et des immeubles étaient donc des légataires d'universa-

(1) V. ci-dessus, n. 2296.

(2) V. notamment Duranton, IX, n. 207; Aubry et Rau, VII, p. 467, § 714, note 13; Laurent, XIII, n. 521.

lités. Mais le code civil, qui ne considère plus la nature ni l'origine des biens pour en régler la dévolution, aurait peut-être été plus conséquent avec lui-même, en considérant les legs de la totalité ou d'une quote-part des immeubles ou du mobilier comme des legs à titre particulier.

2391. Si peu justifiables que soient les décisions de l'art. **1010**, en ce qui concerne les dispositions dont nous venons de parler, on ne saurait en écarter l'application.

Ce qui est vrai, c'est qu'à aucun point de vue on ne pourrait en étendre l'application par voie d'analogie.

Les auteurs s'accordent à le décider (1) et c'est en ce sens que la jurisprudence est également fixée.

2392. C'est ainsi que le legs d'une quote-part des biens ou d'une nature de biens ne saurait être considéré comme legs à titre universel, dès l'instant que le testateur y a ajouté une limitation non prévue par l'art. **1010**.

Ainsi en a-t-il été jugé pour le legs des biens que le testateur possède dans tel pays (2), pour le legs du mobilier que le testateur laissera dans telle maison (3), pour le legs des immeubles que le testateur laissera dans telle commune (4).

Mais n'est-ce pas exagérer les rigueurs de l'interprétation restrictive que de décider, avec la cour de Rouen (5), que le legs par lequel le testateur laisserait non tout son mobilier, mais tous ses meubles, n'est point un legs à titre universel?

2393. Dans les hypothèses dans lesquelles on doit, aux termes de l'art. **1010**, considérer qu'il y a legs à titre universel, le fait que le legs porterait seulement sur la nue propriété et non sur la propriété pleine et entière ne saurait en changer le caractère (6).

2394. La circonstance qu'au lieu d'être fait directement le legs serait fait sous forme de charge ne serait pas non plus

(1) *Sic*, Demolombe, *Don.*, IV, n. 584; Aubry et Rau, VII, p. 367, § 714; Marcadé, sur l'art. 1010, n. 2.

(2) Pau, 26 juin 1824, S. chr., D. *Rép.*, v° *Disp.*, n. 2704.

(3) Turin, 24 mars 1806, S. chr., D. *Rép.*, v° *Disp.*, n. 2704.

(4) Rouen, 17 novembre 1873, S., 75. 2. 172.

(5) Rouen, 21 février 1842, S., 42. 2. 22.

(6) *Sic*, Cass., 3 décembre 1872, S., 73. 1. 73, D., 73. 1. 233. — Dans le même sens Aubry et Rau, VII, p. 467, § 714.

de nature à influer sur son caractère et sa qualification légale [1].

2395. L'art. 1010, après avoir énuméré les différents cas dans lesquels une disposition est *à titre universel,* définit le legs *à titre particulier* dans les termes suivants :

« *Tout autre legs ne forme qu'une disposition à titre parti-* » *culier* ».

Le legs *à titre particulier* est donc celui qui n'est ni universel ni à titre universel.

Quoique négative, cette définition était peut-être encore la meilleure, le legs à titre particulier comprenant un nombre considérable d'espèces distinctes qu'il eût été difficile d'embrasser dans une définition positive.

2396. D'après notre définition, on doit considérer comme étant à titre particulier le legs de tous les immeubles que le testateur possède dans telle commune, ou de tous ses bois, de tous ses prés, de toutes ses vignes...

Et il importerait peu qu'*en fait* la disposition comprît tous les immeubles dont le testateur se trouve propriétaire lors de son décès, comme il arriverait par exemple si le testateur, ayant légué tous ses immeubles *ruraux,* ne laissait que des immeubles de cette nature.

Cette circonstance, toute de fait, ne saurait influer sur le caractère du legs.

Le légataire n'était pas appelé par son titre à recueillir tous les immeubles : dans l'espèce qui vient d'être proposée en dernier lieu, il n'aurait eu aucun droit aux immeubles urbains dont le testateur aurait pu faire l'acquisition; donc le legs est à titre particulier.

2397. Le legs de l'usufruit de tous les biens du testateur, ou à plus forte raison d'une quote-part de ces biens, n'est également qu'un legs à titre particulier. En effet, il est impossible de le considérer comme universel, le légataire n'ayant pas vocation à l'universalité, puisqu'il n'aura jamais la nue propriété. D'autre part, cette disposition ne rentre dans aucun

[1] *Sic*, Cass., 27 mars 1855, S., 55. 1. 702, D., 55. 1. 257. — Dans le même sens Laurent, XIII, n. 524; Demolombe, *Don.*, IV, n. 579; Aubry et Rau, VII, p. 467, § 714.

des cas prévus par l'art. 1010 qui définit le legs à titre universel. Donc, d'après notre définition, il est à titre particulier.

Qu'importe après cela que les art. 610 du code civil et 942 du code de procédure civile appellent *légataire universel d'usufruit* celui auquel l'usufruit de tous les biens a été légué et *légataire à titre universel* celui auquel a été légué l'usufruit d'une quote-part des biens? Le législateur ne se préoccupait nullement, dans ces articles, de déterminer la nature du legs d'usufruit : il a donc pu se montrer peu scrupuleux dans le choix des expressions qu'il employait.

D'ailleurs, tout le monde reconnaît qu'il est impossible, malgré ces textes, de considérer le légataire de l'usufruit de tous les biens comme un *légataire universel*.

Alors il n'y a pas lieu de se préoccuper davantage de la qualification de *légataire à titre universel* que contiennent ces mêmes articles.

Qu'importe aussi que les art. 610 et suivants obligent le légataire d'un usufruit universel ou à titre universel à supporter l'intérêt de toutes les dettes ou d'une quote-part des dettes du disposant?

Ce n'est qu'une application de ce principe que les dettes qui s'acquittent sur les revenus sont à la charge de ceux qui jouissent des revenus.

2398. Malgré ces raisons, la cour de cassation considère le légataire de l'usufruit *de tous les biens* comme un *légataire à titre universel* (1).

Cette solution n'a même pas, pour elle, le texte de l'art. 610, qui donne au légataire de l'usufruit de tous les biens la qualification de légataire *universel*. Aussi la plupart des cours d'appel ont-elles refusé de suivre la cour de cassation dans la voie où elle s'est engagée (2) et presque tous les auteurs encouragent leur résistance (3).

(1) *Sic*, Cass., 7 août 1827, S. chr., D. *Rép.*, v° *Disp. entre vifs*, n. 3596; 8 déc. 1862, S., 62. 1. 34, D., 63. 1. 73; 31 janv. 1893, S., 93. 1. 438, D., 93. 1. 359.

(2) V. not. Bordeaux, 19 fév. 1853, S., 53. 2. 327, D., 54. 2. 146. — Riom, 26 juil. 1862, S., 63. 2. 1, D., 62. 2. 146. — Nîmes, 21 déc. 1866, S., 67. 2. 320. — Orléans, 13 fév. 1869, D., 69. 2. 109. — Dijon, 14 juil. 1879, S., 79. 2. 261, D., 80. 2. 124. — Rennes, 15 janv. 1880, D., 81. 2. 114. — Pau, 22 avril 1884, S., 86. 2. 188. — Besançon, 18 mai 1892, D., 92. 2. 516. — Amiens, 15 nov. 1892, D., 93. 2. 314.

(3) *Sic*, Demolombe, *Don.*, IV, n. 586; Proudhon, *Usufruit*, I, n. 475 et 476;

2399. Il faudrait considérer également comme étant à titre particulier le legs d'une succession échue au testateur et non encore liquidée à l'époque de son décès ([1]).

Mais il est bien évident que, comme une succession est un *nomen juris* comprenant un actif et un passif, le légataire devrait payer les dettes de la succession léguée. Il ne saurait en être autrement puisque ces dettes diminuent de plein droit le montant du legs.

Nous avons à peine besoin de dire que le légataire ne pourrait en être tenu *ultra vires*.

2400. Ce que nous disons du legs d'une succession, nous devons le dire, et pour les mêmes raisons, du legs d'une communauté ([2]).

II. *Comment le légataire à titre universel acquiert la propriété et la possession des biens compris dans son legs.*

2401. Le légataire à titre universel acquiert la propriété des biens compris dans son legs, au moment même du décès du testateur, si le legs est pur et simple ou à terme, et lors de la réalisation de la condition, s'il est conditionnel.

Il y a là autant de décisions certaines, en présence des art. **711, 1014** et **1040** du Code civil ([3]).

Au point de vue de l'acquisition de la propriété des objets compris dans son legs, sa situation est donc identique à celle du légataire universel ([4]).

2402. Il en est autrement au point de vue de l'acquisition de la possession.

Alors que, dans certains cas, le légataire universel a la sai-

Laurent, XIII, n. 526; Coin-Delisle, sur l'art. 1003, n. 17; Aubry et Rau, VII, p. 468, § 714; Huc, VI, n. 330 et les auteurs cités dans Fuzier-Herman, sur l'art. 1010, n. 22.

([1]) *Sic*, Cass., 21 nov. 1871, S., 71. 1. 131, D., 71. 1. 255. — Dans le même sens Demolombe, IV, n. 533.

([2]) *Sic*, Trib. Soissons, 29 juillet 1868, D., 71. 3. 95.

([3]) *Sic*, Cass., 8 janv. 1870, S., 70. 1. 293, D., 71. 1. 12. — Dans le même sens Laurent, XIV, n. 1 et 2, Aubry et Rau, VII, p. 481, § 718.

([4]) V. ci-dessus, n. 2309.

sine, celle-ci n'appartient jamais au légataire à titre universel. Ce dernier doit donc, toujours et dans tous les cas demander la délivrance.

C'est ce qui résulte de l'art. 1011 du code civil.

Aux termes de ce texte :

« *Les légataires à titre universel seront tenus de demander* » *la délivrance aux héritiers auxquels une quotité des biens* » *est réservée par la loi ; à leur défaut, aux légataires univer*» *sels ; et à défaut de ceux-ci, aux héritiers appelés dans l'ordre* » *établi au titre* des Successions ».

2403. Si ce texte indique bien que le légataire à titre universel doit toujours demander la délivrance, il ne résout qu'incomplètement la question de savoir à qui il doit s'adresser pour l'obtenir.

Parcourons les différentes hypothèses susceptibles de se présenter.

2404. Si le défunt laisse des héritiers réservataires, c'est à eux que le légataire à titre universel devra demander la délivrance, car ils sont saisis.

Il n'en serait autrement qu'autant qu'il y aurait un légataire universel et que la quotité disponible lui aurait déjà été délivrée par les héritiers réservataires. En ce cas, c'est à lui que le légataire à titre universel devra s'adresser, car c'est lui qui, après la délivrance, est en possession des biens sur lesquels porte le droit de tous les autres légataires [1].

Mais, avant la délivrance, la demande ne peut être adressée qu'aux réservataires puisqu'eux seuls sont saisis.

Toutefois, comme c'est le légataire universel qui doit supporter la charge de tous les legs ; que, par suite, il a seul intérêt à les contester, nous pensons qu'il doit concourir à la délivrance volontaire ou forcée qui intervient [2].

2405. Si le défunt ne laisse pas d'héritiers réservataires, c'est évidemment à ceux qui, à défaut de ceux-ci, ont la saisine que doivent s'adresser les légataires à titre universel.

En conséquence, s'il y a un légataire universel, c'est à lui

[1] *Sic*, Demolombe, *Don.*, IV, n. 591 ; Laurent, XIV, n. 50 et les auteurs cités dans Fuzier-Herman, sur l'art. 1011, n. 1.

[2] *Sic*, Laurent, XIV, n. 50.

que la délivrance devra être demandée, car c'est à lui que la loi donne la saisine, et s'il n'y a pas de légataire universel, elle devra l'être aux héritiers légitimes non réservataires, saisis aux termes de l'art. 724.

2406. En cas de renonciation des héritiers les plus proches, la saisine passant sur la tête des héritiers du degré subséquent, c'est à eux que le légataire à titre universel devra s'adresser pour obtenir la délivrance, et ainsi de suite jusqu'à épuisement des héritiers connus; après quoi, s'il n'y a aucun successeur irrégulier qui réclame la succession, le légataire à titre universel fera nommer un curateur à la succession vacante, contre lequel il intentera sa demande en délivrance.

Cette manière de procéder peut offrir d'assez graves inconvénients; aussi quelques auteurs décident-ils que le légataire à titre universel peut faire nommer un curateur à la succession vacante et intenter contre lui sa demande en délivrance, aussitôt après la renonciation des héritiers du premier degré [1].

Mais cette solution nous paraît contraire aux principes.

Il ne peut, en effet, être question de nommer un curateur à succession vacante, aussi longtemps qu'il y a des héritiers connus qui sont saisis de la succession. Or, la renonciation de l'héritier le plus proche fait passer la saisine sur la tête de l'héritier plus éloigné. C'est donc à ce dernier, puisqu'il est saisi, que la délivrance doit être demandée [2].

2407. A défaut de parents légitimes, la délivrance devra être demandée aux successeurs irréguliers (enfants naturels, conjoint ou Etat) qui auraient obtenu l'envoi en possession; et, si l'envoi en possession n'est demandé par aucun d'eux, le légataire fera nommer un curateur à la succession vacante, contre lequel il intentera sa demande [3].

2408. Cette demande de délivrance, que l'art. 1011 pose

[1] *Sic*, Duranton, IX, p. 221, n. 209.

[2] *Sic*, Laurent, XIV, n. 52.

[3] *Sic*, Aubry et Rau, VII, p. 482, § 720; Demolombe, *Donation*, IV, n. 593; Laurent, XIV, n. 53 et les auteurs cités dans Fuzier-Herman, sur l'art. 1011, n. 2 et 3.

comme une règle générale, resterait nécessaire alors que, lors du décès du testateur, le légataire à titre universel serait déjà en possession.

C'est ce qui ariverait par exemple à une veuve légataire à titre universel de son mari et qui, à titre de femme commune, se trouverait déjà en possession. La demande en délivrance n'en reste pas moins nécessaire.

C'est en ce sens déjà que nous avons résolu une question analogue qui se pose en ce qui concerne le legs universel (1).

La sanction serait la même c'est-à-dire la perte du droit aux fruits perçus avant que la délivrance n'eût été demandée et obtenue.

Bien que le contraire ait été plusieurs fois jugé (2), les auteurs se prononcent généralement en ce sens (3).

2409. Il est également certain que, pas plus qu'il ne peut dispenser le légataire universel en concours avec des réservataires de demander la délivrance, le testateur ne saurait valablement ordonner dans son testament que le légataire à titre universel qu'il désigne sera saisi, et partant, dispensé de toute demande en délivrance (4).

§ II. *Dans quelle mesure le légataire à titre universel est tenu des dettes, charges et legs.*

2410. Comme à propos du légataire universel, nous parlerons d'abord des dettes et charges, nous nous occuperons ensuite des legs.

A. *Des dettes et charges.*

2411. L'art. 871 fixe déjà la mesure dans laquelle le légataire à titre universel contribue au paiement des dettes et charges de la succession. Il y contribue, nous dit ce texte,

(1) V. ci-dessus, n. 2314.

(2) V. notamment Nîmes, 5 janv. 1838, S., 38. 2. 289. — Bourges, 27 janv. 1838, D. *Rép.*, v° *Disp.*, n. 3817. — Limoges, 5 juin 1846, S., 46. 2. 578, D., 49. 2. 88. — Rennes, 20 janv. 1873, D., 76. 2. 17.

(3) *Sic*, Laurent, XIV, n. 45 ; Demolombe, *Don.*, IV, n. 618 ; Aubry et Rau, VII, n. 478, § 718. — Voyez dans le même sens, Rennes, 5 février 1894, S., 95. 2. 76.

(4) *Sic*, Bruxelles, 2 décembre 1830, S., 31. 2. 63, D. *Rép.*, v° *Disp.*, n. 3715.

proportionnellement à l'importance des biens qu'il est appelé à recueillir.

Relatif non plus à une question de contribution déjà réglée, l'art. **1012** du C. civ. vise une question d'obligation et il décide que le légataire à titre universel est tenu au regard des créanciers héréditaires dans la mesure même où il doit contribuer [1]. Et, en effet, aux termes de cet art. **1012** :

« *Le légataire à titre universel sera tenu, comme le légataire » universel, des dettes et charges de la succession du testateur » personnellement pour sa part et portion, et hypothécaire- » ment pour le tout* ».

Ainsi le légataire à titre universel du quart des biens sera tenu de payer le quart des dettes.

S'il est obligé, par suite de l'action hypothécaire, de payer plus que sa part contributoire, il a son recours contre qui de droit.

2412. Lorsque le legs à titre universel sera de tous les meubles ou de tous les immeubles ou d'une quote part des meubles ou des immeubles, la part des dettes à la charge du légataire à titre universel sera proportionnelle à la valeur des biens compris dans le legs, comparée à la valeur totale des biens de la succession. Cette valeur comparative sera déterminée à l'aide d'une *ventilation*.

Ainsi le défunt a légué ses immeubles; on trouve par la ventilation que les biens de la succession valent 100,000 fr., et que les immeubles figurent dans cette masse pour 10,000 fr., c'est-à-dire pour un dixième; le légataire à titre universel de tous les immeubles sera tenu d'un dixième des dettes.

Dans aucun cas on ne doit donc tenir compte de la nature et de l'origine des dettes pour modifier les règles de contribution ou d'obligation que le législateur a cru devoir admettre et qui restent toujours applicables [2].

2413. Ce qui est vrai, c'est que rien n'empêche le *de cujus*

[1] Nous n'avons plus à revenir sur une observation déjà faite à propos du legs universel et relative aux expressions de l'art. 871.

[2] V. une conséquence intéressante de cette idée dans un arrêt de cassation du 18 mars 1868, S., 68. 1. 197, D., 68. 1. 253. — *Sic*, sur le principe, Demolombe, *Don.*, IV, n. 60); Laurent, XIV, n. 91; Aubry et Rau, VII, p. 501, § 723.

de modifier les règles légales relatives aux questions de contribution. Il n'est pas douteux, par exemple, qu'il pourrait affranchir son légataire à titre universel de toute part contributoire dans les dettes et charges héréditaires, comme aussi l'y soumettre pour une part supérieure à la quotité par lui recueillie.

2414. Pour la solution de la question de savoir si, après la délivrance, les créanciers héréditaires peuvent encore poursuivre les héritiers saisis sans tenir compte de la présence du légataire à titre universel, nous n'avons qu'à renvoyer à ce qui a été dit au titre des Successions (1).

2415. Quant à l'étendue de l'obligation du légataire à titre universel, elle fait l'objet de la même controverse que nous avons déjà rencontrée à propos de la question de savoir si le légataire universel non saisi n'était jamais tenu qu'*intra vires successionis* ou pouvait, au contraire, à défaut d'acceptation bénéficiaire, être poursuivi même *ultra vires* (2).

B. Des legs.

2416. En ce qui concerne les legs particuliers, il faut distinguer si le légataire à titre universel est ou non en concours avec des héritiers réservataires.

Lorsqu'il n'y a pas d'héritiers réservataires, le légataire à titre universel contribuera au paiement des legs particuliers proportionnellement à la quote-part de l'hérédité qu'il est appelé à recueillir. Ainsi le légataire à titre universel du quart contribuera au paiement des legs particuliers pour un quart. Les autres successeurs universels avec lesquels il se trouve en concours contribueront pour le surplus.

Si, au contraire, il y a un ou plusieurs héritiers réservataires, le légataire à titre universel paiera tous les legs particuliers, si la disposition faite à son profit absorbe tout le disponible, et sauf à les faire réduire conformément à l'art. 926.

L'art. 1009 fournit en ce sens un argument décisif. Autrement la réserve des héritiers serait entamée.

(1) V. *Succ.*, III, n. 3952.

(2) V. ci-dessus, n. 2376 et 2327.

Aussi les auteurs sont-ils unanimes [1].

2417. Au cas où le legs à titre universel ne comprend qu'une partie de la quotité disponible, la charge des legs sera supportée proportionnellement par l'héritier réservataire et par le légataire à titre universel.

C'est ce que dit l'art. 1013 :

« *Lorsque le testateur n'aura disposé que d'une quotité de* » *la portion disponible, et qu'il l'aura fait à titre universel,* » *ce légataire sera tenu d'acquitter les legs particuliers par* » *contribution avec les héritiers naturels* ».

On ne peut méconnaître le caractère éminemment rationnel de l'art. 1013, puisque, dans l'hypothèse qu'il vise, la quotité disponible, sur laquelle doivent être payés les legs particuliers, se répartit entre l'héritier réservataire et le légataire à titre universel.

2418. Comment déterminera-t-on, dans l'hypothèse prévue par l'art. 1013, la part contributoire de l'héritier réservataire et du légataire à titre universel dans le paiement des legs à titre particulier?

Plusieurs auteurs ont dit : C'est la quotité disponible qui seule est affectée au paiement des legs ; par suite l'héritier réservataire et le légataire à titre universel les paieront *proportionnellement à la fraction de la quotité disponible qu'ils recueillent,* sans qu'il y ait lieu de faire contribuer l'héritier réservataire au paiement de ces legs, pour la part de succession qui constitue sa réserve.

Ainsi le défunt, qui laisse un fils, a légué à *Primus* le quart de ses biens : ce qui représente la moitié de sa quotité disponible (art. 913). La quotité disponible se répartit ici par portions égales entre l'enfant et le légataire à titre universel ; ils paieront donc chacun la moitié des legs particuliers. Il est vrai que l'enfant recueille en définitive les trois quarts de la succession ; mais sur ces trois quarts il y en a deux qui repré-

[1] *Sic*, Demolombe, *Don.*, IV, n. 603 ; Marcadé, sur l'art. 1013, n. 1 ; Laurent, XIV, n. 113.

sentent sa réserve et pour lesquels il ne doit pas contribuer au paiement des legs [1].

2419. Mais nous ne croyons pas que cette opinion soit fondée. Nous ne voyons pas, en effet, pourquoi on pourrait dispenser l'héritier réservataire de contribuer au paiement des legs à raison de sa réserve, quand celle-ci est hors de cause. Or, il en est nécessairement ainsi quand le réservataire recueille, outre sa réserve, une fraction de la quotité disponible.

Que l'héritier réservataire ne soit pas tenu de payer les legs *sur sa réserve*, c'est incontestable ; on s'explique ainsi que l'art. 1009 le dispense complètement d'y contribuer, quand il trouve en face de lui un légataire à titre universel qui absorbe tout le disponible.

Que l'héritier réservataire soit tenu de contribuer au paiement des legs particuliers quand il trouve en face de lui un légataire à titre universel dont le legs n'absorbe qu'une fraction de la quotité disponible, c'est tout aussi certain.

Quant au point de savoir comment doit être réglée la contribution dans ce cas, le législateur ne s'est pas expliqué, et il semble dès lors qu'il y ait lieu d'appliquer les règles ordinaires qui résultent du droit commun.

2420. Le testateur pourrait valablement, à la condition de ne pas porter atteinte à la réserve de ses héritiers, déroger aux règles qui viennent d'être établies relativement au paiement des legs.

Il n'est même pas nécessaire que le testateur exprime formellement sa volonté à cet égard; il peut la manifester tacitement.

Elle sera souvent révélée d'une manière non équivoque par la nature même de la disposition.

Ainsi un testateur, après avoir légué tous ses immeubles à Paul, lègue sa maison à Pierre ; le legs de la maison sera à la charge exclusive de Paul, légataire à titre universel des immeubles.

Il y aurait lieu d'admettre une solution analogue, si le tes-

[1] V. en ce sens Bugnet sur Pothier, VIII, n. 295 ; Colmet de Santerre, IV, n. 156 *bis* ; Marcadé, sur l'art. 1013, n. 2.

tateur, après avoir légué tous ses meubles à une personne, a légué un tableau à une autre, ou si, après avoir légué sa bibliothèque à celui-ci, il a légué à celui-là un ouvrage dépendant de cette même bibliothèque.

On voit, par cette dernière espèce, qu'un légataire à titre particulier peut être tenu, contrairement aux règles générales, du paiement d'un autre legs particulier.

2421. Au surplus, la volonté du testateur de déroger au droit commun, en ce qui concerne le paiement des legs particuliers, ne pourrait pas s'induire de faits équivoques, mais seulement de circonstances qui la font *nécessairement* supposer.

Ainsi, comme nous venons de le voir, le légataire à titre universel des meubles devra bien être considéré comme seul chargé du paiement des legs de corps certains dépendant de l'universalité mobilière. Mais on ne pourrait le considérer comme tenu du paiement des legs de sommes d'argent. On ne peut pas dire que les sommes d'argent léguées font partie de l'universalité mobilière ; la preuve en est qu'un testateur fait souvent des legs de sommes d'argent quand il ne possède que des immeubles. Ces legs demeureraient donc à la charge de la succession tout entière, d'après le droit commun, auquel rien ne prouve que le testateur ait entendu déroger.

§ IV. *Différences entre le legs universel et le legs à titre universel.*

2422. Il y a entre le legs universel et le legs à titre universel deux différences certaines qui donnent un intérêt manifeste à la distinction de ces deux catégories de legs.

La première réside dans la notion différente de chacune de ces deux libéralités dont l'une donne vocation, au moins éventuelle, à l'universalité, tandis que l'autre se limite toujours à une fraction de l'universalité du patrimoine laissé par le testateur.

La seconde vient de ce que le légataire à titre universel n'a jamais la saisine, alors qu'au contraire, celle-ci peut appartenir au légataire universel, conformément à la distinction de l'article 1006.

2423. A ces deux premières différences, on a souvent proposé d'en ajouter une troisième qui peut être ainsi formulée : le légataire universel non saisi a droit aux fruits des biens compris dans son legs à compter du jour du décès du testateur, quand sa demande en délivrance a été formée dans l'année qui suit le décès (art. 1005) ; le légataire à titre universel, au contraire, n'a jamais droit aux fruits qu'à compter de sa demande en délivrance, alors même qu'il l'aurait formée dans l'année qui suit le décès du testateur; il est assimilé, à cet égard, au légataire à titre particulier et régi, comme celui-ci, par l'article 1014 du code civil [1].

2424. Nous préférons l'opinion contraire, qui, au point de vue du droit aux fruits, assimile le légataire à titre universel au légataire universel non saisi, et qui, par suite, lui donne droit aux fruits à compter du décès, quand sa demande en délivrance a été formée dans l'année qui suit la mort du testateur.

Inutilement s'efforce-t-on, dans l'opinion adverse, de démontrer que la règle générale, en ce qui concerne l'acquisition des fruits par les légataires, est la règle écrite dans l'art. 1014 qui n'accorde les fruits qu'à compter de la demande en délivrance. Vainement en conclut-on que cette règle doit être appliquée, dans le silence des textes, au légataire à titre universel, l'*exception* que l'art. 1005 a faite à cette règle en faveur du légataire universel ne pouvant pas être étendue d'un cas à un autre.

La vérité est que nous avons ici deux règles différentes : l'une spéciale au légataire universel et écrite dans l'art. 1005, l'autre spéciale au légataire particulier et formulée dans l'art. 1014, et la question est de savoir quelle est celle de ces deux règles qu'il faut appliquer au légataire à titre universel. Or, au point de vue rationnel, comprendrait-on que le légataire à titre universel ne fût point assimilé au légataire universel au point de vue de l'acquisition des fruits? Ce serait oublier que, comme le légataire universel en concours avec des héritiers réservataires, le légataire à titre universel est appelé à

(1) *Sic*, Marcadé, sur l'art. 1005, n. 1 et 2 et sur l'art. 1011, n. 1 ; Troplong, III, n. 1855 ; Laurent, XIV, n. 66.

recueillir une quote-part de l'universalité et que, vu cette parité de situation, il est assimilé par la loi au légataire universel en ce qui concerne le paiement des dettes (art. **1012**) : ce qui paraît bien impliquer entre eux une assimilation en ce qui concerne l'acquisition des fruits. Ce serait oublier également que le légataire à titre universel supporte, à compter de l'ouverture de la succession, les intérêts des dettes qui sont à sa charge : ce qui semble bien exiger que, par une juste compensation, on lui alloue, à partir de la même époque, les fruits des biens compris dans son legs.

Au surplus, si la loi, en principe, attribue les fruits au légataire universel non saisi, à compter du décès, ce ne peut être que par application de la règle *Fructus augent hereditatem* et, par suite, le légataire à titre universel qui prend une quote-part de l'hérédité doit, comme le légataire universel, profiter de l'augmentation produite par les fruits.

L'historique de la rédaction de l'art. **1014** confirme cette solution qui trouve, en outre, un point d'appui dans notre ancien droit où le legs à titre universel était confondu avec le legs universel et régi en conséquence par les mêmes règles. C'est en ce sens que la jurisprudence paraît fixée ([1]) et presque tous les auteurs l'engagent à persévérer dans ses solutions ([2]).

§ V. *Des actions qui appartiennent au légataire à titre universel pour obtenir l'exécution de son legs.*

2425. Nous n'avons ici qu'à nous borner à un renvoi pur et simple aux principes.

Si le legs à titre universel porte sur tous les immeubles de la succession ou sur tous les meubles, le légataire aura une action en délivrance contre les personnes indiquées en l'art. **1011**, puis, la délivrance une fois obtenue, une action réelle

([1]) *Sic*, Cass., 6 avril 1891, S., 92. 1. 515 ; D., 92. 1. 279. — Orléans, 13 avril 1889, D., 90. 2. 84. — V. dans le même sens Bruxelles, 28 avril 1881, *Pasicr.*, 81. 2. 107.

([2]) *Sic*, Demolombe, *Donation*, IV, n. 597 ; Aubry et Rau, VII, p. 484, § 720 ; Colmet de Santerre, IV, n. 154 *bis*, II et III ; Huc, VI, n. 331.

contre les détenteurs et une action personnelle contre les débiteurs des biens compris dans son legs.

Si le legs à titre universel porte sur une quote-part de tous les biens ou sur une quote-part des immeubles ou des meubles, le légataire acquiert alors une propriété indivise et il a les mêmes actions que le légataire universel non saisi.

SECTION IV

DU LEGS PARTICULIER

2426. Le legs particulier ou à titre particulier est, comme nous l'avons déjà dit, celui qui n'est ni universel ni à titre universel. Cette définition purement négative est la seule que nous donne le législateur puisque, après avoir défini le legs universel dans l'art. 1003 et, dans l'art. 1010, le legs à titre universel, il se borne à ajouter, dans le dernier paragraphe de cet art. 1010 :

« *Tout autre legs ne forme qu'une disposition à titre particulier* ».

De cette disposition, on ne peut évidemment conclure qu'à la définition purement négative que nous venons de donner du legs particulier.

2427. Sur le legs particulier, nous aurons successivement à parler, dans autant de paragraphes distincts :

1° De l'ouverture du legs et de la délivrance ;

2° Des actions qui appartiennent au légataire particulier pour obtenir l'exécution de son legs ;

3° Des choses qui peuvent être léguées ;

4° De l'exécution et de l'interprétation des legs ;

5° Enfin de la situation faite au légataire particulier en ce qui concerne les dettes du testateur.

§ I. *De l'ouverture du legs et de la délivrance.*

2428. C'est dans l'art. 1014 que le législateur du code civil précise le moment où s'ouvre le droit du légataire et s'occupe de la demande en délivrance que celui-ci doit former.

Aux termes de ce texte :

« *Tout legs pur et simple donnera au légataire, du jour du » décès du testateur, un droit à la chose léguée, droit trans- » missible à ses héritiers ou ayants cause. — Néanmoins le » légataire particulier ne pourra se mettre en possession de la » chose léguée, ni en prétendre les fruits ou intérêts, qu'à » compter du jour de sa demande en délivrance, formée sui- » vant l'ordre établi par l'art. 1011, ou du jour auquel cette » délivrance lui aurait été volontairement consentie* ».

Nous aurons à nous occuper successivement de l'ouverture du legs et de la délivrance.

N° 1. **De l'ouverture du legs.**

2429. Bien que contenu dans la section des legs à titre particulier, l'art. 1014, dans sa première partie tout au moins relative à l'ouverture du legs, n'a rien de spécial au legs particulier.

Tout legs, quelle qu'en soit la nature, universel, à titre universel ou à titre particulier, s'ouvre au décès du testateur. C'est ce que dit expressément l'art. 1014 pour le cas du legs fait purement et simplement.

Ce que l'art. 1014 dit du legs pur et simple, on doit sans hésiter l'étendre au legs à terme. Il résulte, en effet, de l'art. 1185 que le terme n'influe jamais que sur l'exécution et non sur la naissance de l'obligation.

Enfin, si le legs est conditionnel, l'art. 1040 établit que c'est à dater seulement de la réalisation de la condition que s'ouvre le droit au legs : ce qui ne présente évidemment intérêt qu'autant que la condition n'est point encore accomplie au jour du décès du testateur.

2430. Quant à l'intérêt qui existe à bien préciser le moment où s'ouvre le droit du légataire, il est manifeste.

A partir du moment où le legs est ouvert, le droit qui en résulte figure dans le patrimoine du légataire : il peut désormais être aliéné par lui, saisi par ses créanciers, et, si le légataire meurt, fût-ce quelques instants après l'ouverture de son droit, il le transmet à ses héritiers ou ayants cause qui pourront venir l'exercer de son chef, alors qu'il ne l'a point accepté ou même qu'il n'en a point eu connaissance.

En outre, si le legs a pour objet un corps certain, le légataire en devient propriétaire aussitôt que son droit est ouvert et avant toute prise de possession.

Cela résulte expressément de l'art. 711 du C. civ.

Sur tous ces points, nous le répétons, la situation du légataire particulier est la même que celle du légataire universel ou à titre universel [1].

N° 2. De la délivrance.

2431. Comme le légataire à titre universel, le légataire particulier ne peut jamais, de sa propre autorité, se mettre en possession de la chose léguée.

Il doit toujours, et dans tous les cas, en demander et en obtenir la délivrance.

2432. Sur cette formalité préalable, à laquelle la loi subordonne l'exécution de tous les legs particuliers, nous aurons, après avoir déterminé la portée exacte de la règle qui l'impose, successivement à examiner et à résoudre les questions suivantes :

1° A qui et dans quelle forme la délivrance doit-elle être demandée ?

2° Quels sont les effets de la demande en délivrance?

3° Qui supporte les frais de cette demande?

A. *Portée de la règle.*

2433. Nous venons de dire que la règle qui impose à tout légataire l'obligation de demander la délivrance, avant de prendre possession de l'objet légué, est une règle générale.

Ajoutons que c'est une règle absolue, dont l'application devrait être maintenue alors que le testateur en aurait dispensé le légataire, alors que celui-ci se trouverait déjà en possession de l'objet légué au jour du décès du testateur.

2434. Et d'abord on s'accorde à reconnaître que le testateur ne pourrait dispenser son légataire de l'obligation de demander la délivrance. Celle-ci nous paraît être une conséquence nécessaire et forcée de la saisine. Admettre que le

(1) *Sic*, Laurent, XIV, n. 1 et 62 s ; Demolombe., *Don.*, IV, n. 548 et 631 ; Aubry et Rau, VII, p. 473, § 717.

testateur puisse écarter la nécessité de la demande en délivrance, ce serait admettre que le testateur peut régler, comme il l'entend, les effets de la saisine. Or, il est de règle que le testateur ne peut pas disposer de la saisine et, partant, déroger aux effets de celle-ci. Telle était déjà l'opinion de Pothier : « Quand même, disait-il, le testateur aurait ordonné par son testament que les légataires seraient saisis de plein droit des choses qu'il leur lègue et qu'ils pourraient s'en mettre d'eux-mêmes en possession, ils n'en seraient pas moins tenus de demander la délivrance; car le testateur ne peut pas, par sa volonté, transférer aux légataires la possession des choses que la loi transfère à son héritier, et il ne peut pas non plus permettre une voie de fait, en permettant aux légataires de se mettre, de leur autorité privée, en possession des choses dont l'héritier est saisi » [1].

On objecte que le testateur, dans le cas tout au moins où il ne laisse pas de réservataires, peut bien disposer de la saisine en instituant des légataires universels. Il le peut, sans doute, mais il faut qu'il le fasse et s'il ne l'a pas fait, c'est à ceux que la loi en investit qu'appartient la saisine. Il est impossible d'étendre, plus que la loi ne le fait elle-même, la dérogation qu'elle a permis au testateur d'apporter aux règles de la saisine [2].

2435. Toutefois on admet généralement que la clause dispensant le légataire de demander la délivrance peut, par interprétation de la volonté du *de cujus*, être considérée comme lui donnant droit aux fruits et intérêts des choses léguées à compter du jour même du décès. En dispensant son légataire de la demande en délivrance, le testateur a nettement manifesté qu'il entendait lui assurer la jouissance des biens légués du jour même de son décès. Dès lors pourquoi, dans la volonté du testateur, n'exécuterait-on pas ce qui est licite en repoussant seulement ce qui est contraire à la loi [3]?

[1] Pothier, *Des donations testamentaires*, n. 239.

[2] *Sic*, Chambéry, 11 mars 1884, D., 85. 2. 78. — Dans le même sens, Marcadé, sur l'art. 1014, n. 1; Toullier, V, n. 540; Demolombe, *Don.*, IV, n. 553, 615 et 622. — V. cep. Angers, 3 août 1851, S., 51. 2. 710, D., 51. 2. 155.

[3] *Sic*, Demolombe, *Don.*, IV, n. 646; Marcadé, sur l'art. 1015, n. 2; Colmet de Santerre, IV, n. 159 *bis*, I.

2436. Le légataire que la volonté du testateur ne peut dispenser de la demande en délivrance ne saurait en être dispensé par ce fait qu'au jour du décès du testateur il se trouverait en possession de l'objet légué. A quelque titre qu'il possède la chose léguée, à titre de copropriétaire, d'emprunteur, de locataire ou de fermier, le légataire doit donc, dans tous les cas, en demander la délivrance : ce n'est qu'après l'avoir obtenue que sa possession est régulière et qu'il a droit aux fruits.

On objecterait en vain que la délivrance a pour but de mettre le légataire en possession, et qu'elle est, par suite, inutile lorsqu'il détient la chose.

La réponse est que la délivrance n'est pas seulement une mise en possession du légataire, mais aussi une approbation du legs. A ce dernier point de vue, elle a son utilité, même dans notre hypothèse.

D'ailleurs la possession du légataire a ici besoin d'être intervertie : il possédait d'abord comme locataire par exemple, c'est-à-dire à titre précaire ; il doit posséder maintenant à titre de propriétaire. Cette interversion ne peut pas se produire sans la participation de l'héritier. Il faut donc qu'on mette celui-ci en mesure d'y consentir et, partant, qu'on lui demande la délivrance.

2437. Si l'opinion que nous venons de défendre réunit la majorité des auteurs [1], elle est loin de prévaloir en jurisprudence [2].

On peut même citer un arrêt de cassation en sens contraire [3]. Il est vrai que la décision de cet arrêt repose moins sur cette idée que le légataire déjà en possession des objets légués serait dispensé d'en demander la délivrance que sur cette idée que la continuation non contestée de sa possession laisse supposer une délivrance volontaire.

2438. Nous appliquerions la règle même au legs fait par

[1] *Sic*, Demolombe, *Don.*, IV, n. 618 ; Aubry et Rau, VII, p. 477, § 718 ; Laurent, XIV, n. 44.

[2] V. notamment Limoges, 21 fév. 1839, S., 39. 2. 334, D. *Rép.*, v° *Disposition*, n. 3819. Voyez également ci-dessus n° 2314 et les arrêts qui y sont cités.

[3] Cass., 25 janv. 1865, S., 65. 1. 88, D., 65. 1. 108.

préciput à l'un des héritiers du testateur, même au legs adressé à l'exécuteur testamentaire investi de la saisine du mobilier. Sans doute, dans ces deux hypothèses, le légataire a la posssession des objets légués. Il ne s'ensuit pas qu'il soit dispensé de demander la délivrance à ses cohéritiers dans le premier cas, aux héritiers dans le second, puisque ce n'est pas seulement pour être mis en possession, mais aussi pour obtenir l'approbation de ceux qui peuvent contester le legs que la délivrance doit être demandée [1].

2439. Enfin il faudrait l'appliquer également au legs de libération, c'est-à-dire à la disposition par laquelle un créancier lègue à son débiteur la libération de sa dette.

On le conteste.

En léguant au débiteur sa libération, le créancier a, dit-on, éteint la dette. Dès lors, de quoi le légataire demanderait-il la délivrance?

L'objection n'est que spécieuse.

Le legs de libération n'est autre chose qu'une remise de dette, qui implique nécessairement le consentement du débiteur libéré. Il en résulte que, pour entraîner l'extinction de la dette remise, le legs de libération doit être accepté par le débiteur appelé à en profiter. Il est donc inexact de considérer que la dette, remise par testament, se trouve éteinte par la mort même du testateur et que l'héritier n'en puisse être saisi.

D'ailleurs, est-ce que l'héritier saisi ne peut pas contester le legs de libération comme tous les autres? Dès lors pourquoi la délivrance cesserait-elle d'être nécessaire [2]?

Et cependant les auteurs s'accordent, presque généralement, à écarter ici la nécessité d'une demande en délivrance [3].

(1) *Sic*, Laurent, XIV, n. 45 et 47; Demolombe, *Don.*, IV, n. 619. — V. cep. en sens contraire, pour le cas de l'héritier légataire par préciput, Riom, 11 avril 1856, S., 56. 2. 602, D., 57. 2. 222. — Montpellier, 23 juin 1858, S., 59. 2. 536, D., 60. 2. 38.

(2) *Sic*, Laurent, XIV, n. 46; Huc, VI, n. 351.

(3) V. notamment Demolombe, *Don.*, IV, n. 620; Aubry et Rau, VII, p. 478, § 718, et les auteurs cités dans Fuzier-Herman, sur l'art. 1014, n. 30. — V. dans le même sens Cass. Belgique, 23 juill. 1858, *Pasicr.*, 58. 1. 241; 6 mars 1879, *Pasicr.*, 79. 1. 170.

B. *A qui la délivrance doit-elle être demandée et dans quelle forme?*

2440. La question de savoir à qui les légataires particuliers doivent demander la délivrance se pose, à propos de ceux-ci, dans les mêmes termes qu'en ce qui concerne les légataires à titre universel.

Nous n'avons donc qu'à renvoyer aux développements déjà donnés sur l'art. 1011. La question se pose et se résout dans les mêmes termes. C'est bien, du reste, ce que suppose et décide le renvoi pur et simple que l'art. 1014 fait alors aux dispositions de l'art. 1011.

2441. Si les personnes auxquelles la délivrance doit être demandée consentent à exécuter de bon gré la disposition testamentaire, le légataire obtiendra une délivrance *amiable*; dans le cas contraire, il devra demander une délivrance *judiciaire*.

2442. La délivrance *amiable* résulte soit de la tradition faite volontairement au profit du légataire, soit de l'autorisation qui lui est donnée de prendre possession de l'objet du legs, soit même de tout acte impliquant cette autorisation. Tel pourrait être, pensons-nous, le fait par l'héritier de laisser, sans protestation, le légataire conserver, pendant un certain temps, la possession des objets à lui légués dont il se trouverait déjà possesseur au jour du décès [1].

2443. La délivrance amiable est plus qu'une simple tradition effectuée au profit du légataire; elle implique, de la part de celui qui délivre, l'approbation du legs. En effet, l'héritier qui fait cette délivrance exécute volontairement la disposition testamentaire et renonce, par suite, implicitement au droit de se prévaloir des causes de nullité dont elle peut être atteinte : il la ratifie tacitement.

Et toutefois, pour qu'il en soit ainsi, il faut, conformément au droit commun (art. 1338), que l'héritier ait connu l'existence de la cause de nullité au moment où il fait la délivrance, car il ne peut pas renoncer tacitement au droit de se prévaloir d'une nullité qu'il ignore.

[1] V. notamment Cass., 25 janvier 1865, S., 65. 1. 88, D., 65. 1. 108. Voyez également Cass., 11 août 1874, S., 74, 1, 473.

2444. Si la délivrance amiable n'est point possible, il faut courir à la délivrance judiciaire.

Celle-ci doit, conformément à l'art. 59 du C. Proc. civ., être mandée au tribunal de l'ouverture de la succession [1].

Ce tribunal reste seul compétent alors que, contrairement la disposition de l'art. 1007, le testament qu'il s'agit d'exéter aurait été présenté au président d'un autre tribunal ur en ordonner le dépôt. Nous avons vu, en effet, que exacte observation des dispositions de l'art. 1007 n'était pas escrite à peine de nullité.

2445. Il est d'ailleurs évident que la compétence reconnue tribunal du lieu d'ouverture de la succession existe pour utes les demandes en délivrance, quelle que soit la valeur s legs auxquels elles ont trait. Aussi ne peut-on citer que mme une décision isolée un jugement portant que, si le legs t inférieur à 200 fr., la demande en délivrance doit être ortée devant le juge de paix [2].

2446. Nous mettons la demande en délivrance sur la même gne que la délivrance volontairement consentie.

C'est à la condition, du reste, qu'il s'agisse d'une véritable emande en justice.

De simples sommations extra-judiciaires adressées par le gataire à l'héritier ne sauraient évidemment suffire [3].

C. *Des effets de la délivrance.*

2447. Le premier effet de la délivrance est de permettre u légataire de se mettre en possession de la chose léguée.

2448. Un autre effet non moins important, c'est que, à artir de la délivrance, le légataire peut exercer des actions éelles ou personnelles contre les détenteurs ou débiteurs es biens compris dans son legs. En d'autres termes, si la élivrance ne procure pas toujours au légataire la possession

(1) *Sic*, Demolombe, *Don.*, IV, n. 628; Aubry et Rau, VII, p. 480, § 718; Laurent, XIV, n. 59.

(2) Trib. Saint-Omer, 27 avril 1865, D., 66. 3. 24.

(3) *Sic*, Dijon, 14 mai 1847, S., 48. 2. 95. D., 48. 2. 58. — Dans le même sens ubry et Rau, VII, p. 478, § 718; Laurent, XIV, n. 59; Demolombe, *Don.*, IV, . 627.

même des objets légués, elle lui donne tout au moins les moyens de l'obtenir.

2449. Enfin, le légataire auquel la délivrance a été consentie a le droit de jouir désormais de la chose et, par suite, d'en percevoir les fruits si elle est frugifère.

Le légataire a même droit aux fruits à compter de la demande en délivrance, s'il a été obligé de s'adresser à la justice pour l'obtenir. Cela résulte expressément de l'al. 2 de l'art. 1014.

Jusqu'à la demande en délivrance ou jusqu'à la délivrance volontairement consentie, l'héritier fait siens les fruits de la chose léguée; la loi l'assimile à un possesseur de bonne foi. Les légataires ne peuvent d'ailleurs se plaindre puisqu'il dépend d'eux d'arrêter la jouissance de l'héritier et de se donner droit aux fruits de la chose léguée; ils n'ont qu'à hâter leur demande en délivrance.

2450. On s'accorde à reconnaître que ce sont les principes et les règles posés par la loi à propos de l'usufruit qui doivent servir ici à déterminer quels produits on doit considérer comme fruits et comment l'héritier et le légataire les gagnent [1].

2451. Dans deux cas exceptionnels indiqués par l'art. 1015, les fruits ou intérêts courent de plein droit, au profit du légataire particulier, à compter du décès du testateur.

Voici en quels termes l'art. 1015 formule ces deux exceptions :

« *Les intérêts ou fruits de la chose léguée courront au » profit du légataire, dès le jour du décès, et sans qu'il ait » formé sa demande en justice, — 1° Lorsque le testateur » aura expressément déclaré sa volonté à cet égard dans le » testament; — 2° Lorsqu'une rente viagère ou une pension » aura été léguée à titre d'aliments* ».

2452. La première exception vise le cas où le testateur a expressément déclaré sa volonté à cet égard dans le testament. La loi exige une déclaration *expresse;* donc on ne devrait pas avoir égard à la volonté *tacitement* manifestée par

[1] *Sic*, Laurent, XIV, n. 74.

le testateur : la loi n'en tient compte *exceptionnellement* que dans le second cas dont nous allons parler.

2453. La jurisprudence admet du reste facilement qu'il y a déclaration expresse.

C'est ainsi que la cour de Bourges a estimé qu'il y avait clause expresse dans les termes de l'art. 1015, alors que le testateur a déclaré « qu'il entend que ses légataires soient saisis de leur legs dès l'instant et par le seul fait de sa mort » (1).

La cour de Douai a jugé de même à propos d'une clause par laquelle le testateur déclare que ses légataires « disposeront des objets qu'il leur lègue en toute propriété et jouissance aussitôt après sa mort » (2).

2454. Dans tous les cas, les auteurs s'accordent à reconnaitre que la déclaration exigée par la loi n'est assujettie à aucune formule sacramentelle et qu'elle peut très bien résulter du rapprochement des différentes clauses du testament (3).

2455. A côté de cette première exception, l'article en admet une seconde : c'est le cas d'une rente viagère ou d'une pension léguée à titre d'aliments.

Le legs présentant ici, à raison de sa nature, un caractère particulier d'urgence, la loi présume qu'il a été dans l'intention du testateur que le légataire en bénéficiât, dès le moment même de l'ouverture de son droit et indépendamment de toute demande en délivrance.

2456. Qu'on remarque bien du reste que, dans les hypothèses énumérées par l'art. 1015, le légataire n'est pas dispensé de la demande en délivrance. La loi ne dit point, en effet : Le légataire touchera, prendra les fruits du jour du décès... Elle dit les fruits courront à son profit du jour du décès et sans qu'il ait formé sa demande en justice.

D'où cette double conséquence :

1° Que la délivrance lui permet seule de les recevoir;

2° Que ceux qui seront échus depuis le décès lui seront alors comptés puisqu'ils auront couru à son profit.

(1) Bourges, 3 février 1837, S., 38. 2. 74, D. *Rép.*, v° *Disp.*, n. 3842.

(2) Douai, 8 mai 1847, S., 48. 2. 44.

(3) *Sic*, Demolombe, *Don.*, IV, n. 645 s.; Aubry et Rau, VII, p. 486, § 721, note 3 et les auteurs cités dans Fuzier-Herman, sur l'art. 1015, n. 2.

2457. L'art. 1015 dérogeant au droit commun, d'après lequel le légataire particulier n'a droit aux fruits qu'à compter de la demande en délivrance, il en résulte que sa disposition ne saurait être ni étendue en dehors de ses termes, ni, à plus forte raison, appliquée à des hypothèses qui sont tout à fait en dehors de ses prévisions. *Exceptio est strictissimæ interpretationis.*

Ainsi l'exception, établie au profit du légataire d'une rente viagère ou d'une pension *alimentaire*, ne saurait être étendue au légataire d'une rente ou d'une pension qui n'aurait pas ce caractère; de même notre exception ne profiterait pas au légataire d'un capital, le legs eût-il un caractère alimentaire (1).

2458. Et cependant, malgré le caractère exceptionnel de l'art. 1015 que nul ne songe à contester, les auteurs ajoutent généralement aux hypothèses que ce texte indique, le cas du legs de libération fait par le *de cujus* à un de ses débiteurs.

Lorsque la dette léguée était productrice d'intérêts, ceux-ci cessent, dit-on, de plein droit du jour même du décès. Dès ce jour, en effet, la dette est éteinte. Dès lors, comment concevoir qu'elle puisse continuer à produire des intérêts (2)?

Nous avons eu déjà l'occasion de remarquer que le legs de libération, comme tous les autres legs, nécessitait une demande en délivrance (3). Nous ne voyons pas pourquoi elle n'aurait point ici les mêmes effets qu'en tout autre cas.

On dit que la créance est éteinte *a die mortis*.

Mais est-ce qu'il n'est pas de principe que tout legs produit ses effets dès ce moment? Si, cependant, on retarde le droit du légataire aux fruits de la chose léguée jusqu'au jour de la demande en délivrance, on se demande pourquoi le bénéficiaire d'un legs de libération ne serait pas soumis à la règle commune (4)?

2459. On a également prétendu que le légataire d'usufruit devait bénéficier de la même faveur que l'art. 1015 accorde spécialement dans les hypothèses qu'il vise.

(1) *Sic*, Laurent, XIV, n. 8.

(2) *Sic*, Demolombe, *Don.*, IV, n. 620; Aubry et Rau, VII, p. 478, § 718. — Dans le même sens, Cass. Belgique, 6 mars 1879, *Pasicr.*, 79. 1. 170.

(3) Voyez ci-dessus, n. 2439.

(4) V. en ce sens, Laurent, XIV, n. 46; Huc, VI, n. 351.

On a argumenté en ce sens de la disposition finale de l'art. 605 portant que l'usufruitier a droit aux fruits du jour où l'usufruit est ouvert.

Mais si cela est vrai en thèse générale, il cesse d'en être ainsi quand la loi décide qu'il en sera autrement. Or, c'est précisément ce qu'elle fait en décidant, dans l'art. 1014, que les légataires, le légataire d'usufruit comme tous les autres, n'ont droit aux fruits que du jour de la délivrance.

On ne saurait davantage s'arrêter à une autre objection qui consiste à dire que refuser les fruits à l'usufruitier du jour du décès, c'est contester que ce droit s'ouvre à ce moment, puisqu'il ne consiste précisément que dans le droit aux fruits.

Cette objection repose, en réalité, sur une erreur. Non, l'usufruit ne consiste pas dans le droit aux fruits ou tout au moins ne se confond point avec lui. Autrement, comment concevrait-on qu'on puisse avoir un usufruit sur une chose non frugifère? Du jour du décès, le légataire est usufruitier, il n'a droit aux fruits que du jour de la délivrance [1].

2460. Ce que nous refusons d'admettre pour le legs d'usufruit, nous ne croyons pas davantage qu'on puisse l'admettre pour le legs de nue propriété. Aussi ne penserions-nous pas qu'on puisse légalement décider que le légataire d'une nue propriété a droit aux fruits du jour où cesse l'usufruit portant sur une chose, alors qu'à ce jour, il n'aurait point encore formé une demande en délivrance.

Toutefois ce qui rend ici la question quelque peu douteuse, c'est qu'on prétend que tout legs de nue propriété implique et contient la déclaration que le légataire aura droit aux fruits de la chose léguée du jour où prendra fin l'usufruit qui porte sur elle. C'est notamment ce qu'a décidé la cour de cassation dans un arrêt du 2 août 1880 [2].

Voici d'ailleurs ce que dit à ce sujet le conseiller rapporteur : « Il est évident que la mort de l'usufruitier fait à la fois cesser de plein droit l'usufruit, c'est-à-dire la jouissance de la chose grevée d'usufruit et l'attribution à l'usufruitier des

[1] *Sic*, Proudhon, *Usufruit*, I, n. 394 s.; Laurent, XIV, n. 73; Demolombe, *Don.*, IV, n. 637 et les auteurs cités dans Fuzier Herman, sur l'art. 1014, n. 40.

[2] Cass., 2 août 1880, S., 81. 1. 172, D., 80. 1. 451.

fruits qu'elle produit et naître le droit à ces fruits pour celui sur la tête duquel la pleine propriété se trouve ainsi consolidée. N'est-il pas certain dès lors que, lorsqu'un testateur a légué à l'un l'usufruit et à l'autre la nue propriété d'un domaine, lorsqu'il a dit que l'un en aurait la jouissance toute la vie et la laisserait au nu propriétaire après sa mort, il a *expressément* manifesté sa volonté que la jouissance du second commence au décès du premier?... ».

D. *Des frais de la demande en délivrance.*

2461. Le législateur a spécialement envisagé, dans l'art. 1016 du C. civ., la question des frais de la demande en délivrance.

Aux termes de ce texte :

« *Les frais de la demande en délivrance seront à la charge* » *de la succession, sans néanmoins qu'il puisse en résulter de* » *réduction de la réserve légale. — Les droits d'enregistre-* » *ment seront dus par le légataire. — Le tout, s'il n'en a été* » *autrement ordonné par le testament. — Chaque legs pourra* » *être enregistré séparément, sans que cet enregistrement* » *puisse profiter à aucun autre qu'au légataire ou à ses ayants* » *cause* ».

La loi met les frais de la demande en délivrance à la charge de la succession, parce que c'est elle qui est débitrice du legs, et que les frais du paiement sont à la charge du débiteur. Telle est du moins la règle que formule l'article 1248 du Code civil.

2462. Mais il est bien entendu qu'en mettant ainsi à la charge de la succession les frais de la demande en délivrance, la loi n'entend parler que des frais normaux et justifiés. Le légataire devrait incontestablement supporter les dépens d'une contestation mal fondée qu'il aurait soulevée à propos de la délivrance de son legs [1].

2463. D'autre part, la restriction écrite en faveur de la réserve ne saurait être invoquée par un réservataire qui, à une demande en délivrance, aurait répondu par une demande

(1) Cass., 5 nov. 1883, S., 86. 1. 35. — *Sic*, Demolombe, *Don.*, IV, n. 521.

en nullité du testament. Les frais de celle-ci devraient certainement être mis à sa charge, si elle était jugée mal fondée, quand bien même il en pourrait résulter une atteinte à la réserve [1].

2464. Quant aux droits d'enregistrement et de mutation, ils constituent une dette personnelle au légataire.

Il a même été jugé, et avec raison pensons-nous, que, dans le cas où le testament met à la charge de la succession les droits de mutation et d'enregistrement du legs qu'il contient, les légataires en restent néanmoins débiteurs directs envers le trésor. Celui-ci pourrait donc leur en réclamer le paiement et ils seraient tenus de l'acquitter, sauf leur recours contre les héritiers [2].

2465. Notez que chaque légataire peut faire enregistrer séparément son legs, sans être obligé, comme autrefois, de faire enregistrer le testament tout entier et, par suite, d'avancer les droits dus par les autres légataires.

Toutefois cette disposition ne s'applique qu'au légataire particulier.

Les légataires universels ou à titre universel sont tenus, quand ils font enregistrer le testament, de payer tous les droits, sauf leur recours contre les différents légataires particuliers.

2466. L'art. 1016 est loin de résoudre toutes les questions de frais qui peuvent être soulevées par l'exécution des legs. En l'absence de texte spécial, on doit donc les résoudre par les principes généraux. C'est ainsi que les frais d'inventaire, de partage et de liquidation, qui ont lieu dans l'intérêt commun des héritiers et des légataires, doivent être acquittés par eux dans la proportion de leurs droits, alors qu'il en devrait résulter une atteinte à la réserve légale [3].

2467. En ce qui concerne les honoraires dus au notaire pour la confection du testament, on ne saurait, par analogie

(1) Cass., 4 nov. 1857, S., 58. 1. 33. D., 58. 1. 76. — *Sic*, Aubry et Rau, VII, p. 480, § 718.

(2) *Sic*, Trib. Redon, 23 fév. 1870, S., 70. 2. 275, D., 71. 5. 156. — V. cep. Trib. Rennes, 4 août 1858, S. et D. *eodem*.

(3) Cass., 29 juill. 1861, S., 62. 1. 716, D., 62. 1. 288.

des frais d'enregistrement, les mettre, même pour partie, à la charge des légataires particuliers. Ces honoraires constituent une dette du testateur. Ils doivent donc être acquittés par la succession et non par les légataires particuliers qui, en principe, ne sont pas tenus des dettes du testateur [1].

2468. La question est autre pour les frais des formalités prévues par l'art. 1007.

Il ne s'agit plus là de dettes contractées par le testateur ou dans l'intérêt de la succession. Faites dans l'intérêt unique des légataires, elles doivent être supportées par ceux-ci.

Mais, comme aucune solidarité n'existe entre eux, ils ne les doivent supporter que chacun dans la mesure des droits qui résultent pour eux du testament [2].

§ II. *Des actions que la loi accorde au légataire particulier.*

2469. Trois actions peuvent appartenir au légataire particulier pour obtenir l'exécution de la disposition testamentaire faite à son profit, savoir : une action *personnelle,* une action *réelle* et une action *hypothécaire.*

Nous allons les étudier successivement.

Il est à peine utile de dire que le légataire ne peut pas, après avoir obtenu son paiement par l'une de ces actions, exercer les autres : son droit est épuisé, du moment qu'il est payé.

D'autre part, la nature du legs ne comporte pas toujours ces trois actions ; c'est ainsi qu'on ne concevrait pas l'action réelle pour un legs de somme d'argent.

A. *De l'action personnelle.*

2470. L'action personnelle qui permet aux légataires particuliers d'obtenir le paiement de leur legs, est organisée par l'art. 1017, qui traite aussi de l'action hypothécaire.

[1] Nîmes, 17 juin 1856, S., 57. 2. 225, D., 57. 2. 129.

[2] Trib. Grenoble, 2 juin 1868, S., 68. 2. 320. — Trib. Fontainebleau, 23 juin 1887, S., 88. 2. 164. — V. cep. sur le dernier point Trib. Vienne, 5 nov. 1886, S., 88. 2. 164.

Aux termes de ce texte :

« *Les héritiers du testateur, ou autres débiteurs d'un legs,* » *seront personnellement tenus de l'acquitter, chacun au pro-* » *rata de la part et portion dont ils profiteront dans la succes-* » *sion. — Ils en seront tenus hypothécairement pour le tout,* » *jusqu'à concurrence de la valeur des immeubles de la suc-* » *cession dont ils seront détenteurs* ».

2471. L'obligation de payer les legs, dont sont tenus les héritiers, a sa source dans un quasi-contrat, qui prend naissance par suite de l'acceptation de l'hérédité [1].

C'est de cette obligation que dérive l'action personnelle dont nous nous occupons et qui se confond, d'ailleurs, avec l'action en délivrance.

Il est évident que ce que nous disons des héritiers doit également être dit de tous les autres débiteurs d'un legs, des légataires universels ou à titre universel par exemple. C'est, du reste, ce que suppose expressément la loi dans l'article 1017.

2472. Dans quelle mesure chaque héritier, ou autre débiteur d'un legs, peut-il être poursuivi par l'action personnelle?

Proportionnellement à la quote-part qu'il recueille dans la succession.

Ainsi quand il y aura trois héritiers pour portions égales, l'action personnelle sera donnée contre chacun pour un tiers.

Cela résulte de l'art. 1017 al. 1.

Les mots *au prorata,* qu'emploie ce texte, signifient *proportionnellement à* (*pro rata parte*), et non pas *jusqu'à concurrence de.* C'est à tort par conséquent, nous l'avons déjà remarqué, qu'on s'est prévalu de cette expression, pour soutenir que l'héritier n'est jamais tenu du paiement des legs qu'*intra vires*, même quand il a accepté purement et simplement.

2473. Répartie proportionnellement à la part héréditaire ou testamentaire de chacun des obligés, l'obligation aux legs peut varier sans doute avec les évènements qui, postérieure-

[1] *Sic*, Huc, *Code civil*, IV, n. 342; Merlin, *Rép.*, v° *Légataire*, § 6. — V. cep., Laurent, XIV, n. 171.

ment à l'ouverture de la succession, sont susceptibles de faire varier la part héréditaire ou testamentaire servant de base à la répartition.

A ce point de vue, l'obligation aux legs dépend donc des actes d'acceptation, de renonciation ou de répudiation qui peuvent se produire, mais ne dépend que de ces actes.

Aucun autre évènement ultérieur ne serait de nature à la faire varier, puisque ce sont là les seuls évènements susceptibles de changer la part, proportionnellement à laquelle elle est fixée.

C'est ainsi que l'insolvabilité de l'un des débiteurs des legs ne saurait nuire aux autres. Chacun ne doit que sa part et ne peut être poursuivi pour celle des autres. C'est donc aux légataires, et aux légataires seuls, de supporter les risques d'insolvabilité de ceux entre lesquels la loi répartit la charge du paiement des legs auxquels le testament les appelle (²).

2474. Mais si nous constatons qu'il n'y a, entre les héritiers ou autres débiteurs d'un legs, aucune solidarité, c'est à la condition bien entendu que le testateur n'en ait point décidé autrement.

Il est en effet hors de doute que le testateur pourrait déclarer que ses héritiers seront solidairement responsables du paiement des legs qu'il croit devoir laisser.

2475. Le testateur pourrait, d'ailleurs, aller au delà de l'établissement d'une solidarité, il pourrait modifier complètement les règles que donne l'art. 1017, en ce qui concerne la répartition de la charge des legs. Sauf à respecter les règles de la réserve, le testateur est, à ce point de vue, souverain maître de sa décision (¹).

2476. Si l'art. 1017 nous donne des règles précises en ce qui concerne la répartition de l'obligation aux legs, il n'établit pas nettement les limites de cette obligation. Aussi la question de savoir dans quelle mesure peuvent être poursuivis les différents débiteurs d'un legs est-elle aujourd'hui encore agitée et en doctrine et en jurisprudence (²).

(¹) Cass., 7 juillet 1886, S., 88. 1. 155, D., 87. 1. 75. — Dans le même sens Aubry et Rau, VII, p. 472, § 716 et p. 543, § 726; Laurent, XIV, n. 107 et 115.

(²) V. les autorités citées en sens divers dans Fuzier-Herman, sur l'art. 1017, n. 26.

Peuvent-ils être poursuivis même *ultra vires*, en employant l'expression consacrée, ou, au contraire, ne les peut-on contraindre au paiement des legs mis à leur charge que dans les limites de l'émolument qu'ils ont recueilli?

Il existe sans doute de bonnes raisons pour décider que le débiteur d'un legs, quelle que soit sa qualité, n'est jamais tenu *ultra vires* au paiement d'un legs. Le legs est une libéralité. Dès lors comment comprendre qu'il puisse être exécuté sur d'autres biens que ceux de celui-là même dont il émane? Comment, en d'autres termes, concevoir que celui qui laisse un actif de 1,000 fr. puisse faire valablement pour 2,000 fr. de libéralités testamentaires?

Que l'héritier soit tenu *ultra vires* des dettes de la succession, cela se conçoit. Il prend la place du défunt. Or, celui-ci était tenu indéfiniment, sur tous ses biens, de faire face aux dettes dont il était grevé. L'héritier qui le représente doit donc être également tenu de faire face, sur tous ses biens, aux obligations de celui avec lequel il ne fait qu'un.

Mais, en ce qui concerne les legs dont le *de cujus* n'a jamais été débiteur, on cherche vainement en vertu de quel principe on pourrait imposer à l'héritier l'obligation indéfinie de payer le legs.

2477. Si décisive que semble cette argumentation, elle n'est point généralement suivie.

La jurisprudence et nombre d'auteurs croient devoir s'incliner devant les textes qui leur paraissent la condamner, devant l'art. 724 du C. civ. notamment qui, au moins pour les héritiers saisis, implique bien l'obligation de payer, même *ultra vires*, les legs comme toutes les autres charges de la succession.

2478. On objecte, il est vrai, que le mot *charges* de l'art. 724 ne comprendrait point les legs.

Il est incontestable que, dans une acception restreinte, cette expression ne vise point les legs, qu'elle se réfère seulement aux frais de la dévolution héréditaire, frais de scellés et d'inventaire, droits d'enregistrement et de mutation; c'est dans ce sens notamment que l'emploie l'art. 1009.

Mais, dans un sens plus large, cette expression comprend certainement les legs, qui sont bien, à proprement parler une charge de l'hérédité. Reste donc uniquement à savoir si c'est dans son sens large ou dans son acception restreinte que l'art. 724 emploie le mot charges. Or rien, dans le texte, n'autorise une distinction contre laquelle, du reste, protesterait l'esprit de la loi.

2479. Vainement objecte-t-on encore l'art. 802 relatif aux effets du bénéfice d'inventaire. Ce texte, il est vrai, ne parle que des dettes. On en conclut que son silence, à l'égard des legs, ne pourrait s'expliquer si l'héritier en était tenu de la même manière qu'il est tenu des dettes.

Mais nous n'hésitons pas à répondre que dans l'art. 802 l'expression *dettes* a un sens absolument général. Elle comprend ce que l'héritier peut être tenu de payer à ce titre et, partant, les legs comme les dettes proprement dites. Ce qui le prouve manifestement c'est que, dans le chapitre du bénéfice d'inventaire, la loi s'occupe du paiement des legs aussi bien que du paiement des dettes et détermine les règles qui président à ce paiement. Elle n'a donc pas oublié les legs et, si elle n'en parle pas expressément dans l'art. 802, c'est qu'elle prend l'expression dettes dans un sens absolument général.

2480. Au reste, il y a là, à notre avis, une conséquence logique de la théorie de la saisine. L'héritier continue de plein droit la personne du défunt; il ne fait qu'un avec lui. Si le défunt a disposé par testament au-delà des forces de son patrimoine, c'est une charge qu'il a imposée à son héritier. Libre à celui-ci de la refuser. Il n'a qu'à renoncer à la succession ou même à l'accepter sous bénéfice d'inventaire. Mais s'il accepte purement et simplement, il doit subir les conséquences de la situation que lui crée la représentation du défunt ([1]).

2481. La jurisprudence va même plus loin. Elle admet que le légataire universel non saisi et le légataire à titre universel sont tenus *ultra vires* au regard des légataires, s'ils n'ont point accepté la succession sous bénéfice d'inventaire. En

[1] En ce sens, Aubry et Rau, VI, p. 442, § 617, et VII, p. 496, § 723; Laurent, XIV, n. 108.

d'autres termes, mettant les legs sur la même ligne que les dettes héréditaires, elle décide que, tenus de celles-ci *ultra vires*, ils sont également tenus de ceux-là dans les mêmes conditions [1].

2482. Nous avons ci-dessus critiqué l'opinion de la jurisprudence en ce qui concerne les dettes héréditaires [2]; nous ne pouvons davantage l'admettre en ce qui concerne les legs. Le grand argument qui a entraîné les arrêts ci-dessus cités, c'est que, bien que non saisis, les légataires universels ou à titre universel sont cependant tenus personnellement du paiement des legs (art. 1017). Or, dit-on, l'obligation personnelle est une obligation indéfinie qui pèse sur tous les biens du débiteur, partant, sur les biens personnels du légataire comme sur les biens héréditaires, si leur confusion n'est point évitée par une acceptation bénéficiaire.

2483. On a répondu que, tout en édictant une obligation personnelle, l'art. 1017 la limitait à l'émolument que le débiteur du legs tirait de la succession.

Bien qu'elle ait pour elle l'autorité de la cour de cassation [3], la réponse est rien moins que péremptoire.

Tout d'abord ne tendrait-elle point à établir, s'il fallait l'accepter, que l'obligation au paiement des legs est toujours, et pour tous, limitée aux forces de la succession? Or, il ne peut s'agir de donner à l'art. 1017 un sens et une portée entraînant de semblables conséquences.

D'autre part, elle suppose que l'art. 1017 s'est occupé de déterminer les limites de l'obligation au paiement des legs. Or, tout comme les art. 1009 et 1012, l'art. 1017 est étranger à cette question. Comme ces textes, il s'occupe et il s'occupe uniquement de la répartition de l'obligation dont il parle. Il décide que cette répartition se fait entre les différents successeurs universels, héritiers ou légataires, proportionnellement à la part qu'ils recueillent dans la succession. Il porte sans doute que, dans cette mesure, ils sont tenus personnellement. Mais

(1) En ce sens Poitiers, 16 mars 1864, S., 65. 2. 63, D., 64. 2. 117. — Angers, 1er mai 1867, S., 67. 2. 305, D., 67. 2. 85.
(2) V. ci-dessus, n. 2327 et suivants.
(3) Cass., 13 août 1851, au moins dans ses motifs, S., 51. 1. 657, D., 51. 1. 283.

c'est uniquement pour opposer à l'action personnelle, par laquelle on ne pourra jamais leur demander que leur part, l'action hypothécaire en vertu de laquelle ils pourront être contraints de payer au-delà de cette part. Il est donc absolument étranger à la question de savoir si, dans la mesure où ils sont personnellement tenus de l'acquitter, les débiteurs d'un legs peuvent être poursuivis même *ultra vires*. Autrement il faudrait aller jusqu'à dire que, mettant sur la même ligne tous les débiteurs du legs, l'art. **1017** impose une obligation *ultra vires* même au simple légataire particulier que le testament chargerait de l'acquittement d'un legs.

Nous n'hésitons donc pas à conclure que, pas plus que les art. **1009** et **1012**, l'art. **1017** ne saurait être invoqué dans le débat.

2484. Mais comment trancher la question?

Evidemment par l'application des textes et des principes qui nous ont permis de distinguer parmi les successeurs universels les simples successeurs aux biens des continuateurs de la personne. Or, en refusant la saisine soit aux légataires à titre universel, soit aux légataires universels en concours avec des réservataires, la loi les a évidemment rangés dans les premiers et, partant, il ne peut s'agir de leur imposer les mêmes obligations qu'aux continuateurs de la personne. Même non bénéficiaires, ils ne seront tenus qu'*intra vires successionis*. C'est du moins l'opinion soutenue par nombre d'auteurs qui refusent d'accepter les solutions que consacre la jurisprudence [1].

2485. Cette solution suppose, bien entendu, que les légataires peuvent régulièrement établir quelles sont les forces de la succession par eux recueillie. Si, en fait, ils ont confondu les biens héréditaires avec leurs propres biens, ils pourront, à raison de cette confusion, être tenus *ultra vires*. Mais il n'en sera ainsi qu'à raison même de la confusion qui ne leur permettra plus d'établir précisément les forces de la succession.

[1] V. notamment Laurent, XIV, n. 110 et 112; Aubry et Rau, VII, p. 498, § 723, note 6 et les conclusions de l'avocat général Merveilleux-Duvignaux, rapportées avec Angers, 1er mai 1867, S., 67. 2. 305. — En sens contraire, Demolombe, *Don.*, IV, n. 574 et 603; Huc, VI, n. 329.

B. *De l'action réelle.*

2486. La donation testamentaire, comme la donation entre vifs, est un mode d'acquérir la propriété. L'art. 711 du code civil le dit en termes formels. Le légataire devient donc, dès que son droit est ouvert, propriétaire de l'objet du legs indépendamment de toute tradition, et peut, par conséquent, intenter l'action en revendication (action réelle) contre tout détenteur.

Une seule condition est nécessaire : c'est que, préalablement, le légataire ait obtenu la délivrance de ceux auxquels il doit la demander.

Et toutefois ce résultat n'est possible que lorsque le legs porte sur un corps certain et déterminé ; car il faut nécessairement, pour exercer l'action en revendication, pouvoir dire : « Voilà ce qui est à moi, *aio hanc rem esse meam* ».

Lorsque le legs aura pour objet une somme d'argent ou une chose déterminée seulement quant à son espèce, comme un cheval *in genere,* le légataire ne pourra devenir propriétaire que par la détermination de la chose qui doit lui être livrée, détermination qui aura lieu ordinairement au moment même de la tradition faite au légataire.

Aussi l'art. 1014 dispose-t-il que le légataire acquiert dès le décès du testateur *un droit à la chose léguée ;* la loi ne dit pas : *un droit de* PROPRIÉTÉ, parce que la nature du legs s'opposera quelquefois à ce que le légataire devienne propriétaire de plein droit, dès le jour même du décès du testateur.

C. *De l'action hypothécaire.*

2487. Le légataire à titre particulier a, sur les immeubles de la succession, une hypothèque destinée à assurer l'exécution de son legs. Cette hypothèque est dite *légale,* parce qu'elle a sa source dans la loi (art. 1017 al. 2).

Notre législateur l'a empruntée au droit romain dans lequel elle fut introduite par Justinien, en vue de procurer autant que possible l'exécution des volontés du testateur [2].

[1] *Sic.* Cass., 10 août 1885, S., 88. 1. 470, D., 86. 1. 212. — V. également Caen, 12 nov. 1869, S., 70. 2. 145, D., 69. 2. 225

[2] V. la loi 1, C., *Comm. de leg. et fid.*, VI, 43.

Du droit romain elle passa dans notre ancien droit. Sans doute, dans les pays de coutume, son existence fut contestée par quelques auteurs [1]. Mais elle y était généralement admise aussi bien que dans les pays de droit écrit [2].

C'est donc en se conformant à une tradition, ininterrompue depuis longtemps, que le législateur du code civil a admis, au profit des légataires, l'hypothèque que consacre l'art. 1017-2°.

2488. On peut s'étonner au premier abord que la loi, qui n'accorde pas d'hypothèque aux créanciers du défunt, en accorde une aux légataires. Les droits des créanciers, *qui certant de damno vitando,* ne sont-ils donc pas plus sacrés que ceux des légataires, *qui certant de lucro captando,* et ne devaient-ils pas, par suite, être au moins aussi fortement sauvegardés?

On peut répondre : Les créanciers du défunt ont traité avec lui, ils auraient pu stipuler des garanties; s'ils n'ont pas jugé à propos de le faire, la loi doit-elle être plus prévoyante qu'eux?

Bien différente est la situation des légataires.

Ils tiennent leur droit de la seule volonté du défunt, avec lequel ils n'ont pas contracté et auquel ils n'ont pas pu demander des garanties. Dans ces conditions, la loi a cru devoir veiller pour eux, en créant à leur profit l'hypothèque dont nous venons de parler.

A un certain point de vue d'ailleurs, cette sûreté peut être considérée comme établie dans l'intérêt du testateur lui-même, pour mieux assurer l'exécution de ses dernières volontés, *ut in omnibus voluntati testatoris satisfiat.* Elle permet au légataire de triompher des résistances que les héritiers apportent si souvent à l'exécution du testament.

2489. En dépit du texte de l'art. 1017 al. 2, l'existence, dans nos lois, d'une hypothèque légale au profit du légataire est cependant contestée par un certain nombre d'auteurs. Ils argumentent principalement du silence de l'art. 2121, qui, énumérant les hypothèques légales, ne parle pas de celle du légataire.

(1) V. notamment Choppin, *De moribus paris*, sect. II, t. IV, n. 19.

(2) *Sic*, Pothier, *Des donat. testam.*, ch. V, sect. III, § 2 et *Introd.* au titre XVI de la Cout. d'Orléans, n. 107.

Quant à l'art. 1017 al. 2, ils l'expliquent en disant que ce texte suppose plutôt qu'il ne crée une hypothèque légale au profit du légataire; or supposer n'est pas disposer. L'art. 1017 *in fine* ne serait, dans ce système, qu'une pierre d'attente posée par le législateur, en vue d'un édifice qu'il a négligé de construire plus tard [1].

2490. Quoi qu'il en soit, la jurisprudence a toujours admis l'existence de l'hypothèque légale du légataire. Elle ne pouvait d'ailleurs refuser de l'admettre sans violer manifestement le texte de l'art. 1017-2°. Et en effet, dans le système contraire, il faut effacer le deuxième paragraphe de l'art. 1017, dans lequel les mots « hypothécairement pour le tout » ne peuvent évidemment pas recevoir l'interprétation qu'on leur donne dans les art. 873 et 1009. L'intention du législateur de consacrer l'existence d'une hypothèque légale au profit du légataire paraît d'autant moins douteuse que cette hypothèque existait déjà dans notre ancien droit, qui l'avait empruntée au droit romain.

C'est non seulement l'opinion de la jurisprudence [2], mais aussi celle de la majorité des auteurs [3].

2491. L'hypothèque que la loi accorde aux légataires leur appartient quelle que soit la forme du testament dont ils se prévalent.

2492. L'opinion contraire, soutenue dans notre ancien droit coutumier et d'après laquelle les légataires désignés dans un testament authentique pouvaient seuls se prévaloir de l'hypothèque [4], ne pourrait être admise aujourd'hui, en l'absence de tout texte autorisant une semblable distinction.

Mais ce qui nous paraît certain, c'est qu'elle n'existe qu'au profit des légataires particuliers. Les légataires à titre uni-

[1] V. en ce sens Aubry et Rau, VII, p. 493, § 722 et les auteurs cités dans Fuzier-Herman, sur l'art. 1017, n. 39. — V. également Trib. de l'empire d'Allemagne, 30 déc. 1884, S., 87. 4. 19.

[2] *Sic*, Toulouse, 23 déc. 1870, S., 72. 2. 41, D., 72. 5. 271. — Rennes, 21 mai 1875 sous Cass., 22 janv. 1879, S., 79. 1. 252, D., 79. 1. 121. — Aix, 3 janv. 1883, D., 83. 2. 206.

[3] *Sic*, Demolombe, *Don.*, IV, n. 673; Colmet de Santerre, IV, n. 162 *bis*, III; Huc, VI, n. 343 et les auteurs cités dans Fuzier-Herman sur l'art. 1017, n. 37.

[4] *Sic*, Loiseau, *Déguerpissement*, liv. I, chap. VII, n. 1 à 5.

versel ne seraient pas, à notre avis, fondés à en réclamer le bénéfice. Le légataire de tous les meubles ne pourrait, par exemple, prétendre que tous les immeubles héréditaires sont affectés hypothécairement à la garantie de son legs.

C'est d'abord la place occupée par l'art. **1017**, sous la rubrique des legs particuliers, qui permet bien de soutenir qu'en écrivant ce texte le législateur visait uniquement les légataires à titre particulier.

En outre, la concession d'une hypothèque suppose un créancier en face d'un débiteur. Or, ce ne sont point des relations de créancier à débiteur, mais de copropriétaire à copropriétaire que le legs à titre universel établit entre le légataire et l'héritier [1].

2493. L'hypothèque dont il s'agit ne porte que sur les immeubles de la succession, jamais sur les immeubles qui appartiennent en propre à l'héritier.

C'est ainsi qu'il a été très exactement jugé que l'hypothèque des légataires ne pouvait frapper des immeubles donnés à l'héritier par le défunt. Par l'effet de la donation, ces biens sont sortis du patrimoine de ce dernier et, partant, à aucun point de vue ne sauraient être considérés comme biens de la succession [2].

2494. Tout le monde reconnaît que l'hypothèque des légataires doit être inscrite et qu'elle n'a rang que du jour de son inscription.

2495. Mais quelles doivent être les mentions de l'inscription prise? Celle-ci doit-elle, conformément à l'art. 2148-5°, indiquer la nature et la situation des biens sur lesquels porte l'hypothèque? Frappe-t-elle, au contraire, sans désignation spéciale, tous les biens de la succession situés dans l'arrondissement du bureau où elle est prise?

Cette question dépend, du reste, de la question plus générale de savoir si on doit traiter l'hypothèque des légataires comme une hypothèque générale. Or, telle n'est pas, à notre avis, l'hypothèque des légataires. Qu'elle soit légale, c'est

(1) V. cependant Demolombe, *Don.*, IV, n. 676.

(2) Aix, 3 janv. 1882, D., 83. 2. 206.

l'évidence, mais ce n'est point à dire qu'elle soit, pour cela, nécessairement générale. L'hypothèque générale porte sur tous les biens présents et à venir du débiteur. L'hypothèque des légataires est rigoureusement limitée aux biens de la succession, c'est-à-dire à une catégorie limitée des biens de l'héritier. Nous ne pensons donc point qu'on puisse la considérer comme une hypothèque générale.

2496. Nous en concluons que les inscriptions prises par les légataires doivent indiquer et l'espèce et la situation des biens, conformément à l'art. 2148-5° [1].

2497. Nous en concluons également qu'il est impossible de faire réduire les inscriptions relatives à l'hypothèque des légataires dans les termes des art. 2161 et suivants, puisque ces textes visent seulement les hypothèques générales [2].

2498. Mais, si nous ne pensons pas qu'on puisse faire réduire judiciairement l'hypothèque légale des légataires en vertu des art. 2161 et suivants, nous estimons que le testateur pourrait très bien limiter à certains immeubles héréditaires l'hypothèque destinée à assurer l'exécution de ses dispositions de dernière volonté. Si même, au lieu de désigner lui-même les immeubles que devait frapper l'hypothèque, le testateur s'était borné à dire que les héritiers devraient fournir hypothèque suffisante, ceux-ci pourraient très bien prendre l'initiative d'une action en réduction, à laquelle ne s'appliqueraient pas nécessairement du reste les règles prescrites dans les art. 2161 et suivants du code civil [3].

2499. Nous croyons même que le testateur pourrait aller jusqu'à priver ses légataires de toute hypothèque légale et leur défendre de prendre inscription sur les biens de la succession. Libre de ne leur rien donner, il est, *a fortiori*, maître de fixer l'étendue des droits qu'il entend leur conférer [4].

2500. Toutefois, pour que, par interprétation de la volonté

[1] V. cep. en sens contraire Toulouse, 23 déc. 1870, S., 72. 2. 41, D., 72. 5. 271.

[2] En ce sens Angers, 23 juill. 1880, S., 81. 2. 15. — En sens contraire Rennes, 21 mai 1875 sous Cass., 23 janv. 1879, S., 79. 1. 252.

[3] *Sic*, Bruxelles, 16 juill. 1851, D., 53. 2. 69.

[4] *Sic*, Angers, 22 nov. 1850, S., 51. 2. 318, D., 51. 2. 19.

du testateur, on prive ainsi les légataires d'un droit que la loi leur confère, il faut que les termes du testament soient nets et formels [1].

2501. L'hypothèque que l'art. **1017** accorde au légataire particulier lui confère un triple avantage : elle engendre à son profit, comme toute autre hypothèque, un droit de préférence un droit de suite et le bénéfice de l'indivisibilité.

2502. En vertu du droit de préférence attaché à son hypothèque, le légataire a le droit de se faire payer, sur le prix des immeubles de la succession, par préférence à tous les créanciers personnels de l'héritier. Il peut invoquer son droit de préférence, non seulement à l'égard des créanciers chirographaires de l'héritier, mais aussi à l'égard de ceux qui auraient acquis des hypothèques de son chef sur les immeubles de la succession. Et toutefois, l'hypothèque légale du légataire ne prenant rang qu'à dater de son inscription, conformément aux règles du droit commun (art. **2134**), il serait primé par les créanciers hypothécaires de l'héritier qui seraient inscrits avant lui.

2503. Le légataire ne peut opposer le droit de préférence résultant de son hypothèque qu'aux créanciers personnels de l'héritier, jamais aux créanciers *de la succession.*

Bien plus, ces derniers auraient le droit de se faire payer même sur les immeubles de la succession, par préférence aux légataires, conformément à la règle *Nemo liberalis nisi liberatus* [2].

2504. Comme tout créancier hypothécaire, le légataire peut suivre son gage en quelques mains qu'il passe, et demander le paiement de son legs à quiconque détient un immeuble héréditaire et ce détenteur doit payer si mieux il n'aime délaisser l'immeuble grevé de l'hypothèque. « *Aut cede aut solve* » dira le légataire au détenteur.

L'exercice du droit de suite, comme celui du droit de préférence, est subordonné à l'existence d'une inscription prise en temps utile (art. **2166**).

[1] V. sur une espèce, Poitiers, 2 juill. 1884, S., 85. 2. 63.

[2] *Sic*, Grenoble, 21 juin 1841, S., 42. 2. 355, D., 42. 2. 156. — Rouen, 16 juill 1844, S., 45. 2. 360. — Bordeaux, 26 avril 1864, S., 64. 2. 262, D , 64. 2. 229.

2505. Enfin le légataire est admis à jouir du bénéfice de l'indivisibilité du gage qui résulte de l'hypothèque.

L'hypothèque est indivisible (art. 2114). *Est tota in toto, et tota in qualibet parte* : ce qui signifie que tout détenteur de l'immeuble ou d'une partie de l'immeuble hypothéqué est obligé de payer intégralement la dette hypothécaire, s'il veut conserver la possession de l'immeuble ou de la partie de l'immeuble qu'il détient. En vertu de ce principe, le légataire peut demander le paiement intégral de son legs à tout héritier ou autre débiteur du legs, qui détient en tout ou en partie un immeuble de la succession : par l'action personnelle, il ne pourrait lui demander que sa part; par l'action hypothécaire il peut lui demander le tout, *propter indivisam pignoris causam*.

C'est ce que dit l'art. 1017, al. 2 :

« *Ils* [les héritiers ou autres débiteurs du legs] *en seront* » *tenus hypothécairement pour le tout...* ».

2506. Et toutefois on a accusé, non sans raison, notre législateur d'avoir fait ici une fausse application du principe de l'indivisibilité de l'hypothèque. Le droit romain paraît ne pas l'avoir consacrée : chaque héritier ne pouvait être poursuivi par l'action hypothécaire que dans la mesure pour laquelle il était tenu en vertu de l'action personnelle : « ... *in tantum et hypothecaria unumquemque conveniri volumus, in quantum personalis actio adversus eum competit* », dit la loi 1, C. *Comm. de leg. et fid.*, IV, 43 [1].

C'était fort rationnel.

On comprend très bien que, lorsqu'il s'agit d'une dette hypothécaire *contractée par le défunt*, celui des héritiers qui détient l'immeuble hypothéqué à la dette puisse être pour-

[1] Et toutefois, dans le droit de Justinien, le résultat est le même que chez nous, à cause de l'effet translatif du partage. Sur les immeubles héréditaires qui lui sont advenus par le partage, chaque héritier est, de son chef, tenu seulement dans la mesure où il est personnellement obligé. Mais, du chef de ses cohéritiers, il est tenu de supporter hypothécairement la part de ceux-ci, puisque l'immeuble héréditaire n'est entré dans son lot que grevé de l'hypothèque dont il avait été frappé du chef de ses cohéritiers. Cela ne se fût point produit dans notre droit à raison de l'effet déclaratif du partage.

suivi pour le tout, en vertu du principe de l'indivisibilité de l'hypothèque. Ici, il y a eu à l'origine une dette unique garantie par l'hypothèque; l'étendue de l'hypothèque était exactement mesurée sur celle de la dette. Si le débiteur vient à mourir laissant plusieurs héritiers, son obligation se divisera entre eux, et chacun n'en sera tenu personnellement que pour sa part (art. 1220) ; mais, si l'obligation se divise, l'hypothèque ne se divise pas, parce qu'elle est indivisible (art. 2114). Le créancier pourra donc s'attaquer à celui des héritiers qui détiendra l'immeuble ou une fraction de l'immeuble hypothéqué, et lui demander un paiement intégral; il pourrait même agir par l'action hypothécaire, et par conséquent pour le tout, contre un tiers détenteur qui ne serait pas personnellement obligé à la dette. En un mot, il y a ici en quelque sorte deux dettes : celle de la personne, qui se divise entre ses héritiers, et celle de l'immeuble, qui ne se divise pas.

Autre est le cas de l'hypothèque légale qui garantit le paiement d'un legs. Le défunt n'a jamais été débiteur de ce legs; la dette est née dans la personne de ses héritiers, *ab herede cœpit*, et, au moment même de sa naissance, elle s'est divisée. En supposant que le défunt ait fait un legs de 20,000 fr. et qu'il laisse deux héritiers pour portions égales, chacun devient débiteur de la moitié du legs; personne n'en a jamais dû la totalité. Le légataire acquiert donc dès l'origine deux créances de 10,000 fr. chacune, et rationnellement la loi aurait dû lui accorder deux hypothèques distinctes pour chacune de ces créances, de sorte que chaque héritier aurait été tenu hypothécairement pour 10,000 fr. seulement sur les immeubles mis dans son lot. Le principe de l'indivisibilité de l'hypothèque ne s'y opposait nullement, et la logique encore moins, bien au contraire; car on s'explique difficilement qu'une hypothèque puisse naître avec plus d'étendue que la créance qu'elle garantit. Dans l'espèce proposée, le légataire n'a jamais eu contre personne une créance de 20,000 fr., et cependant il acquiert une hypothèque de 20,000 fr.; il n'aura jamais pu agir contre quelqu'un par l'*action personnelle* pour 20,000 fr., et cependant il peut agir pour cette somme par l'action hypothécaire contre chaque héritier. L'hypothèque naît donc avec plus d'étendue que la créance dont elle est un accessoire.

2507. Quoi qu'il en soit, le texte est formel : celui des héritiers qui détient un immeuble de la succession, peut être poursuivi pour le montant total du legs par l'action hypothécaire. La loi ajoute : « jusqu'à concurrence de la valeur des immeubles de la succession dont ils seront détenteurs ». Cela fait allusion sans doute à la faculté qui appartient à l'héritier, comme à tout détenteur d'un immeuble hypothéqué, d'échapper aux conséquences de l'action hypothécaire en délaissant l'immeuble, c'est-à-dire en l'abandonnant au créancier hypothécaire qui le fera vendre pour se payer sur le prix. Mais, comme le délaissement ne peut être effectué que par le détenteur qui n'est pas personnellement obligé au paiement de la dette, il en résulte qu'un héritier ne pourrait user de cette faculté qu'après avoir payé la portion du legs dont il est tenu personnellement (art. 2172).

2508. Bien entendu, l'héritier, qui, par suite de l'action hypothécaire, aurait payé la totalité d'un legs dont il n'était tenu personnellement que pour partie, aurait le droit d'exercer un recours contre les autres débiteurs du legs, limité, du reste, à la part que chacun doit en supporter.

2509. Indépendamment de son hypothèque légale, le légataire à titre particulier jouit du droit de demander la séparation des patrimoines (art. 2111). Il existe entre l'hypothèque légale et la séparation des patrimoines de nombreuses différences qui seront expliquées sous l'art. 2111, auquel nous nous bornons à renvoyer.

§ III. *Quelles choses peuvent être léguées.*

2510. Toutes les choses qui sont dans le commerce peuvent être léguées, aussi bien les choses mobilières que les choses immobilières, aussi bien les choses corporelles que les choses incorporelles. Une seule condition est nécessaire, c'est qu'elles soient héréditairement transmissibles : ainsi un usufruitier ne pourrait pas léguer son droit d'usufruit puisque, d'après l'art. 617-2°, ce droit s'éteint avec lui.

2511. Il n'est pas nécessaire que l'objet du legs soit déterminé.

Et toutefois, la disposition serait nulle s'il y avait indétermination *absolue* de la chose léguée : tel serait le legs *d'un animal, d'un objet mobilier*. L'indétermination doit nécessairement avoir certaines limites, *finitionem quandam,* de façon que l'exécution du legs puisse présenter quelque avantage pour le légataire. Ainsi, si on ne peut léguer un animal, on peut léguer un cheval (*in genere*) et, si on ne peut léguer un objet mobilier, on peut très bien léguer une barrique de vin.

2512. On ne peut pas seulement léguer des choses déterminées ou indéterminées, on peut également léguer des faits pourvu que ceux-ci soient possibles et licites.

Nous nous bornons à renvoyer au titre *Des obligations* pour la détermination des faits qu'on doit considérer comme impossibles ou illicites. Les principes qui y sont dégagés sont les mêmes en matière de legs.

2513. Quand le testateur a légué une chose déterminée dont il n'a pas la propriété, on dit qu'il y a legs de la chose d'autrui.

Le legs de la chose d'autrui est-il valable?

En droit romain on distinguait.

Le testateur avait-il su que la chose par lui léguée appartenait à autrui? le legs était valable, en ce sens tout au moins que l'héritier devait acheter la chose léguée et la livrer au légataire, ou lui en payer la valeur. si le propriétaire refusait de la vendre ou en demandait un prix exorbitant.

Si, au contraire, le testateur avait ignoré que la chose par lui léguée appartînt à autrui, la disposition était nulle. Peut-être, en effet, le testateur n'eût-il pas fait le legs, s'il eût su que la chose appartenait à autrui, *forsitam enim si scisset alienam non legasset,* disent les institutes de Justinien.

Cette distinction était assez rationnelle; mais son application donnait lieu, dans la pratique, à de grandes difficultés. Comment, en effet, si le testateur ne s'est pas expliqué, résoudre la question de savoir s'il ignorait ou s'il n'ignorait pas que la chose appartînt à autrui?

Il y avait là une source inépuisable de procès que notre

législateur a tarie en déclarant le legs de la chose d'autrui nul dans tous les cas.

C'est ce que décide l'art. 1021 du C. civ.

Aux termes de ce texte :

« *Lorsque le testateur aura légué la chose d'autrui, le legs* » *sera nul, soit que le testateur ait connu ou non qu'elle ne* » *lui appartenait pas* ».

2514. L'application de l'art. 1021 ne saurait faire doute lorsqu'une disposition testamentaire est ainsi conçue : « Je lègue à Paul la maison A », et qu'il se trouve que cette maison appartient à Pierre. Le legs sera certainement nul sans qu'il y ait lieu de rechercher si le testateur savait ou ignorait que la chose fût à autrui.

2515. Supposons maintenant une disposition conçue dans les termes suivants : « Je lègue à Paul la maison A *qui appartient à Pierre ;* en conséquence, je charge mon héritier d'acheter cette maison et de la livrer à Paul et, si le propriétaire ne veut pas la vendre ou s'il en réclame un prix déraisonnable, je veux que mon héritier en paye à Paul la valeur, que je fixe à la somme de 30,000 fr. ».

Ce legs sera-t-il valable?

Il est difficile d'en douter. Le testateur peut imposer à son héritier l'obligation d'accomplir un fait : *non solum res possunt legari, sed etiam facta*. N'est-ce pas là le caractère de la disposition dont il s'agit?

D'ailleurs, un semblable legs n'offre aucun des inconvénients auxquels a pour but de parer la disposition de l'art. 1021.

2516. Mais faudrait-il maintenir la même solution si, sous forme de charge, le testateur avait légué la chose d'un tiers sans en fixer la valeur estimative et si le tiers refusait de s'en dessaisir?

On peut soutenir que, dans ce cas, le légataire n'aura point le droit de réclamer la valeur estimative de la chose léguée.

Le droit romain décidait, il est vrai, le contraire.

Mais, en ce qui concerne le legs de la chose d'autrui, le code civil a ouvertement rompu avec les traditions romaines. Celles-ci ne sauraient donc être invoquées d'une façon décisive.

D'autre part, il n'est nullement sûr qu'à défaut de la chose même, le testateur en ait entendu procurer la valeur au légataire. En l'absence de toute mention du testament, il y aurait là une interprétation tout au moins très incertaine. Aussi nous paraît-il plus sûr de s'en tenir à la règle que le droit commun applique aux hypothèses analogues. Le testateur a imposé à son héritier une charge déterminée. Sans aucune faute qui lui soit imputable, l'héritier se trouve dans l'impossibilité de l'accomplir. Il est par là même affranchi de son obligation. C'est du moins ce qui nous paraît résulter des art. 1042 et 1302 du C. civ. (1).

2517. Supposons enfin que le testateur ait dit : « Je lègue à Paul la maison A *qui appartient à Pierre* », sans ajouter autre chose.

La disposition sera-t-elle valable?

On l'a soutenu (2).

Au fond, dit-on, ce legs ne diffère du précédent que dans la forme; il faut y sous-entendre tout ce qu'exprime la précédente formule. D'ailleurs, ajoute-t-on, ce que le législateur a voulu défendre, c'est uniquement le legs de la chose d'autrui fait dans des termes tels qu'il y ait doute sur le point de savoir si le testateur connaissait que la chose léguée appartînt à autrui. « Le meilleur moyen de faire cesser ces difficultés, a dit Treilhard, était d'exiger que le testateur s'expliquât clairement ». Or, ici, le doute n'est pas possible puisque le testateur s'est expliqué : il a dit que la chose par lui léguée appartenait à autrui. Donc, dit-on, le legs doit être valable.

Néanmoins, de l'avis d'un grand nombre d'auteurs, il paraît difficile d'aller jusque là, car enfin l'art. 1021 est formel : il annule le legs de la chose d'autrui, *soit que le testateur ait connu ou non que la chose ne lui appartenait pas* (3).

2518. On s'accorde, d'ailleurs, à décider qu'il ne faudrait pas considérer comme legs de la chose d'autrui, nul aux ter-

(1) En ce sens Demolombe, *Don.*, IV, n. 684.

(2) *Sic*, Mourlon, *Répét. écrites*, II, p. 374; Bayle-Mouillard sur Grenier, II, n. 319, note *a*.

(3) *Sic*, Demolombe, *Don.*, IV, n. 685; Aubry et Rau, VII, p. 152, §§ 675 et 676, note 11; Colmet de Santerre, IV, n. 166 *bis*, IV.

mes de l'art. **1021**, le legs d'une chose indéterminée qui ne se trouve pas dans la succession.

Ainsi un testateur qui n'a pas de chevaux lègue un cheval *in genere*; c'est un legs d'une chose qui n'appartient pas au testateur, mais ce n'est pas un legs de la chose d'*autrui*; les genres n'appartiennent à personne.

Tous les auteurs s'accordent à le reconnaître [1].

2519. L'art. **1021** ne faisant aucune distinction, il faut en conclure que sa disposition s'applique au legs de la chose qui appartient à l'héritier tout aussi bien qu'au legs de la chose qui appartient à un tiers. Il est bien évident que, tout comme celle d'un tiers, la chose de l'héritier est chose d'autrui vis-à-vis du testateur. Le droit romain décidait, il est vrai, le contraire; mais qu'importe, puisque, dans cette matière, notre législateur ne s'est nullement inspiré des traditions romaines.

Telle est du moins l'opinion qui prévaut en doctrine [2].

2520. Toutefois la jurisprudence et les auteurs admettent avec raison qu'il n'y aurait pas legs de la chose d'autrui, nul aux termes de l'art. **1021**, si un testateur imposait à son héritier ou à son légataire, sous forme de charge ou de condition, l'obligation de donner à un tiers un bien lui appartenant.

Telle serait la disposition ainsi conçue : « Je lègue tous mes biens à Paul, à la condition qu'il donnera sa maison à Pierre » [3].

2521. Mais pour qu'il en soit ainsi, il faut que la charge soit imposée en termes exprès.

Admettre qu'on puisse la faire résulter de l'intention pro-

(1) V. notamment Laurent, XIV, n. 128; Demolombe, *Don.*, IV, n. 680 et les auteurs cités dans Fuzier-Herman, sur l'art. 1021, n. 1.

(2) *Sic*, Aubry et Rau, VII, p. 152, § 675 et 676; Laurent, XIV, p. 132; Demolombe, *Don.*, IV, n. 687 s.; Marcadé, sur l'art. 1021 et les auteurs cités dans Fuzier-Herman, sur l'art. 1021, n. 4. — V. cependant en sens contraire Duranton, IX, n. 251; Coin-Delisle, sur l'art. 1021, n. 17 et les auteurs cités dans Fuzier-Herman, sur l'art. 1021, n. 5.

(3) *Sic*, Cass., 29 mars 1837, S., 38. 1. 685, D., 37. 1. 287. — Orléans, 31 mars 1849, D., 49. 2. 125. — Gand, 9 mai 1879, *Pasicr.*, 79. 2. 371. — Dans le même sens, Aubry et Rau, VII, p. 153, § 675, note 14; Demolombe, *Don.*, IV, n. 684; Laurent, XIV, n. 131. — V. cep. Merlin, *Rép.*, v° *Legs*, sect. II, § 3, n. 4; Marcadé, sur l'art. 1021, n. 2.

bable du testateur, ce serait, en réalité, enlever toute portée effective à la règle de l'art. 1021 [1].

2522. Pour savoir si la chose léguée est, ou non, chose d'autrui, il faut d'ailleurs se placer au jour du décès. Dès l'instant qu'à ce jour le testateur est propriétaire de la chose léguée, on ne peut pas dire qu'il y a legs de la chose d'autrui. Le code civil ignore en effet la règle admise à Rome sous le nom de règle *catonienne*.

Sauf le dissentiment de Zachariæ [2], c'est l'opinion unanime des auteurs [3].

2523. D'ailleurs, pour écarter l'application de l'art. 1021, point n'est même besoin qu'au jour du décès, le testateur ait, sur la chose léguée, un droit certain et définitif. Dès l'instant qu'à ce jour le testateur a un droit quelconque sur la chose léguée, alors que ce droit ne serait point encore définitivement sur sa tête, alors même qu'il serait encore simplement éventuel, la chose cesse de pouvoir être considérée comme chose d'autrui et le legs ne peut être annulé en vertu de la règle écrite dans l'art. 1021 [4].

2524. La cour de cassation a fait une application curieuse de ce principe.

Une testatrice lègue un immeuble qu'elle possédait depuis plus de 30 ans. Mais, dans son testament, elle déclare formellement qu'elle n'entend point se prévaloir de la prescription pour faire écarter la revendication du véritable propriétaire s'il la forme en temps utile après son décès. Dans ces conditions, pouvait-on considérer l'immeuble légué comme chose d'autrui?

La cour ne l'a point pensé.

La propriété de cet immeuble avait en effet été acquise à la testatrice par l'effet de la prescription. Elle renonçait sans

(1) Cass., 19 mars 1822, S. chr., D. *Rép.*, v° *Disposition*, n. 3772. — Dans le même sens Laurent, XIV, n. 137 : Demolombe, *Don.*, IV, n. 685.

(2) Zachariæ, § 676, note 3.

(3) *Sic*, Demolombe, *Don.*, IV, n. 681 *bis* ; Laurent, XIV, n. 129; Colmet de Santerre, IV, n. 166 *bis*. VII : Aubry et Rau, VII, p. 152, § 675 et 676.

(4) V. notamment en ce sens, Laurent, XIV, n. 129 ; Demolombe, *Don.*, IV, n. 690.

doute à s'en prévaloir à l'égard du véritable propriétaire. Mais, à l'égard de tout autre que celui-ci, elle conservait entiers les droits attachés à sa possession. Or, faisant partie de son patrimoine, ces droits pouvaient certainement être légués par elle sous telle condition qu'il lui plaisait de fixer. En d'autres termes, elle léguait des droits susceptibles d'être perdus, mais qui, d'autre part, pouvaient être définitivement acquis en raison de l'absence de toute revendication du propriétaire faite en temps opportun. Elle ne léguait donc point la chose d'autrui [1].

C'est par application du même principe que les auteurs et la jurisprudence permettent au nu propriétaire de léguer valablement l'usufruit qui, au jour de sa mort, n'est point encore réuni à la nue propriété [2].

2525. C'est en appliquant ces idées qu'on doit résoudre la question de savoir quel est l'effet du legs de tout ou partie d'une chose, dont le testateur est, au moment où il dispose, copropriétaire par indivis avec des tiers. Cette question doit être résolue à l'aide des distinctions suivantes.

2526. Et d'abord lorsque l'indivision a pris fin par un partage avant la mort du testateur, il n'y a guère de difficulté.

Si, en effet, ce partage a attribué la chose tout entière au testateur, il en était propriétaire lors de son décès, et dès lors le legs s'exécutera pleinement, c'est-à-dire que le légataire obtiendra la totalité ou une partie de la chose, suivant les termes dans lesquels le legs est conçu.

Si, au contraire, la totalité de la chose a été attribué par le partage à un des consorts du testateur, le legs se trouve porter sur la chose d'autrui, et par conséquent il est nul aux termes de l'art. 1021.

Enfin, si le partage a attribué une partie seulement de la chose au testateur, le legs pourra s'exécuter sur cette partie [3].

(1) Cass., 24 mars 1869, S., 69. 1. 148, D., 69. 1. 351.

(2) *Sic*, Cass., 15 mai 1865, S., 65. 1. 377, D., 65. 1. 431. — Bordeaux, 16 juin 1863, S., 63. 2. 263, D., 63. 2. 157. — Dans le même sens Demolombe, *Don.*, IV, n. 650.

(3) *Sic*, Cass., 28 fév. 1826, S. chr., D. *Rép.*, v° *Disposition*, n. 3787. — Dans le même sens Coin-Delisle, sur l'art. 1021, n. 14; Aubry et Rau, VII, p. 155, §§ 675 et 676; Demolombe, *Don.*, IV, n. 693; Laurent, XIV, n. 137.

2527. Lorsque l'indivision existe encore lors du décès du testateur, il faut distinguer, suivant que la chose léguée fait l'objet exclusif de l'indivision, ou suivant qu'elle dépend d'une universalité appartenant pour partie au testateur.

Dans le premier cas, le légataire acquerra les droits tels quels qui appartenaient au testateur sur la chose indivise, en supposant que le legs comprenne ces droits tout entiers. Ainsi une maison est indivise entre Pierre et Paul qui en sont codonataires ; Pierre meurt avant que le partage de la maison n'ait été effectué, laissant un testament par lequel il lègue cette maison à *Primus*. Le légataire acquerra sur la maison tous les droits qui appartenaient au testateur. C'est donc avec lui que le partage devra être fait, et il aura le droit de conserver ce que lui donnera ce partage, quel qu'en soit le résultat [1].

2528. Arrivons au deuxième cas.

Le chose léguée dépend d'une universalité appartenant pour partie au testateur. Par exemple, le legs porte sur une maison dépendant d'une succession dans laquelle le testateur est héritier pour un tiers et qui se trouve encore indivise lors de son décès.

Ce cas offre plus de difficultés.

Il faut, à notre avis, le résoudre en combinant l'art. 1021 avec l'art. 883. Le partage de la succession va s'effectuer entre les héritiers du testateur d'une part et ses consorts d'autre part. Le légataire de la maison aura le droit d'y assister pour empêcher qu'il ne soit fait en fraude de ses droits; l'article 882 du Code civil le lui permet incontestablement.

Cela posé, de deux choses l'une :

Ou la maison léguée tombera dans le lot des consorts du testateur ou de l'un d'eux ; alors, en vertu de l'effet rétroactif du partage, le testateur sera censé n'avoir jamais eu aucun droit sur cette maison (art. 883), et le legs sera nul comme portant sur la chose d'autrui (art. 1021); le légataire n'aura droit à rien, ni à la chose ni à son prix.

[1] *Sic.* Demolombe, *Don.*, IV, n. 694; Laurent, XIV, n. 137 et les auteurs cités dans Fuzier-Herman, sur l'art. 1021, n. 20.

Ou bien la maison léguée tombera dans le lot des héritiers du testateur, et alors, le testateur étant censé avoir été propriétaire de cette maison depuis l'ouverture de la succession dont elle fait partie (art. 883), le legs sera valable et s'exécutera dans les termes où il est conçu.

2529. Mais si nombre d'auteurs se prononcent dans le sens de cette opinion [1], la jurisprudence se refuse à l'admettre.

Ecartant l'application de l'art. 883 du C. civ., elle décide que, dès l'instant qu'au jour de son décès le testateur est copropriétaire de la chose léguée, il ne saurait y avoir legs de la chose d'autrui, et, partant, application possible de l'art. 1021 [2].

2530. Mais si l'art. 1021 est inapplicable, si, à tout évènement, le legs doit être considéré comme valable, quels en sont les effets?

D'après une première opinion, il faudrait appliquer ici l'art. 1423 du C. civ. et décider, en conséquence, que si, par l'effet du partage, l'objet légué est mis au lot des héritiers du testateur, le légataire a droit à la totalité de cet objet, que, dans le cas contraire, il peut en réclamer la valeur [3].

2531. On décide plus généralement que, dans l'art. 1423, il y a une décision exceptionnelle, s'expliquant par la situation que la loi fait au mari chef de la communauté et qu'il ne peut s'agir d'étendre par voie d'analogie.

Ecartant la solution de ce texte, on reconnaît que le legs vaudra toujours ou pour la part que le testateur avait dans l'objet légué ou pour la valeur de cette part, mais que, quel que soit l'évènement du partage, il ne vaudra jamais au delà de cette part [4].

(1) V. notamment Vazeille, *Succ. et don.*, III, n. 10; Colmet de Santerre, IV, n. 166 *bis*; Marcadé, sur l'art. 1021, n. 2 *in fine* et n. 39; Laurent, XIV, n. 138.

(2) V. notamment un arrêt de cassation du 6 juin 1883, S., 84. 1. 129, D., 84. 1. 33, cassant un arrêt de la cour de Caen du 13 déc. 1880, qui avait admis l'opinion que nous avons soutenue.

(3) En ce sens un arrêt déjà ancien de la cour de Metz du 39 mars 1816, S. chr. D. *Rép.*, vº *Disp.*, n. 3780. — Dans le même sens, Delvincourt, II, p. 93, note 4; Demolombe, *Don.*, n. 695. — Toutefois, pour ce dernier auteur, il y a là, avant tout et surtout, une question d'intention. Le testateur a-t-il, à tout évènement, voulu gratifier son légataire de tout l'objet légué?

(4) *Sic*, Besançon, 16 mars 1857, S., 57. 2. 619, D., 57. 2. 137. — Dans le même

2532. Resterait à rechercher si, dans le cas où l'art. 1021 est applicable, c'est-à-dire dans le cas où il y a réellement legs de la chose d'autrui, le testateur peut, au moyen d'une clause pénale, conjurer la nullité dont la loi frappe sa disposition. Mais, sur ce point, nous n'avons qu'à renvoyer aux explications données sur l'art. 900 [1].

§ IV. *Des règles à suivre dans l'interprétation et dans l'exécution des legs.*

2533. Parlons d'abord des règles à suivre pour l'interprétation des legs. Nous verrons ensuite celles qui sont relatives à leur exécution.

N° 1. Des règles à suivre pour l'interprétation de la volonté du testateur.

2534. Nous n'avons pas ici à revenir sur les pouvoirs que, d'une façon générale, il y a lieu de reconnaître aux juges du fond en ce qui concerne l'interprétation de la volonté du testateur.

Nous savons notamment que l'interprétation que donnent les juges du fond, soit à propos de la détermination de l'objet légué, soit au sujet de l'étendue du legs, est une interprétation souveraine échappant, à ce titre, à la censure de la cour de cassation. Il n'en serait autrement qu'autant que, sous couleur de les interpréter, les juges en viendraient à dénaturer les dispositions du testament [2].

Nous avons déjà indiqué cette réserve et nous savons aussi que, dans l'interprétation qu'ils donnent des dispositions du testament, les juges peuvent certainement s'aider de documents et de circonstances extrinsèques, susceptibles d'éclairer des volontés que laisseraient quelque peu incertaines et douteuses les termes mêmes du testament [3].

sens, Aubry et Rau, VII, p. 154, § 675 et 676, texte et note 18; Saintespès-Lescot, n. 1487; Coin-Delisle sur l'art. 1021, n. 13; Troplong, III, n. 1953; Duranton, IX, n. 248 et 249.

[1] V. ci-dessus, I, n. 141.

[2] V. notamment Cass., 15 mai 1889, S., 90. 1. 308, D., 89. 1. 378.

[3] V. ci-dessus, n. 1841 et suivants.

2535. En ce qui concerne les règles à suivre pour l'interprétation de la volonté du testateur relativement à l'objet ou à l'étendue du legs, le législateur s'est montré très sobre. Il devait l'être sous peine ou de formuler des règles inutiles ou de restreindre dans des limites trop étroites les pouvoirs des juges du fond. Comme le fait très bien remarquer Demolombe [1] : « S'il est une matière essentiellement rebelle à la discipline législative, c'est bien l'interprétation des volontés testamentaires dans l'infinie variété de leurs espèces, et avec toutes ces nuances, si diverses, si mobiles et, pour ainsi dire, ondoyantes qu'elles revêtent incessamment ».

2536. Mentionnons cependant la règle de l'art. 1023, la seule, du reste, que le code civil ait cru devoir formuler.

Aux termes de ce texte :

« *Le legs fait au créancier ne sera pas censé en compensa-* » *tion de sa créance, ni le legs fait au domestique en compen-* » *sation de ses gages* ».

Le legs implique l'idée d'une libéralité ; il est donc naturel de supposer que le testateur qui a fait un legs à son *créancier*, (cette expression comprend le *domestique*, dont la loi aurait pu se dispenser de parler), a voulu l'avantager et de permettre, par suite, au créancier de réclamer à la fois le paiement de sa créance et celui de son legs.

Il en serait ainsi alors même que le montant du legs serait égal à celui de la créance.

2537. Toutefois, tous les auteurs s'accordent à reconnaître que l'art. 1023 cesserait d'être applicable, en présence d'une volonté contraire manifestée par le testateur [2]. Si, par exemple, ce dernier a dit : « Je lègue à Paul les 10,000 fr. *que je lui dois* », il est clair que Paul ne pourra pas réclamer à la fois le legs et la créance, le legs étant évidemment fait en compensation de la créance.

D'ailleurs, une pareille disposition ne sera pas toujours sans utilité. Elle pourra, suivant les circonstances, procurer un titre au créancier qui en est dépourvu, ou conférer au

(1) Demolombe, *Don.*, IV, n. 738.

(2) *Sic*, Demolombe, *Don.*, IV, n. 736 ; Marcadé, sur l'art. 1023, n. 1 ; Duranton, IX, n. 254.

créancier le droit de réclamer purement ou simplement ce qui ne lui est dû qu'à terme ou sous condition, ou enfin améliorer sa situation en lui conférant l'hypothèque de l'art. 1017.

Nous n'insistons pas.

L'examen de la seule règle que le législateur ait cru devoir formuler sur le point qui nous occupe, suffit à établir ce que nous disions tout à l'heure : à savoir que des règles de ce genre seraient ou inutiles ou trop restrictives et, partant, que le législateur a été heureusement inspiré en s'abstenant d'en formuler.

2538. Nous n'hésitons pas d'ailleurs à croire que la plupart des règles que le législateur a consacrées dans les art. 1156 s. C. civ., pour l'interprétation des conventions, seraient applicables par analogie à l'interprétation des testaments.

C'est l'opinion générale [1].

2539. C'est ainsi, par exemple, que la grande règle d'interprétation de l'art. 1156 doit dominer l'interprétation des testaments comme elle domine celle de tous les contrats. Il faut, avant tout, rechercher l'intention des parties, bien plus que s'arrêter au sens littéral des termes qu'elles ont employés.

Sans doute, quand les termes du testament sont clairs, il faut s'y tenir, même si la nullité doit s'ensuivre. Mais quand ils peuvent prêter au doute, on ne saurait hésiter à rejeter les conséquences qui résulteraient du sens littéral des termes employés par le testateur pour s'en tenir à la volonté qu'il a entendu exprimer [2].

2540. Ce que nous disons de la règle de l'art. 1156, nous devons le dire également de la règle de l'art. 1157, comme aussi de toutes les autres que formulent les art. 1158 à 1164, dans les applications dont elles sont susceptibles en matière de testament.

N° 2. Des règles relatives à l'exécution des legs.

2541. Nous avons dit qu'on peut léguer non seulement une chose déterminée, mais aussi une chose indéterminée. Nous savons aussi qu'on peut léguer un fait.

[1] V. notamment Demolombe, *Don.*, IV, n. 739 et les autorités qu'il cite.
[2] *Sic*, Demolombe, *Don.*, IV, n. 740.

Supposons donc successivement, pour déterminer quelles règles gouvernent l'exécution des legs :

A. Le legs d'un corps certain;

B. Le legs d'une chose indéterminée;

C. Le legs d'un fait.

A. *Du legs d'une chose déterminée.*

2542. Lorsque c'est une chose déterminée qui fait l'objet du legs, il s'agit évidemment de savoir dans quel état cette chose doit être délivrée au légataire.

C'est la question qu'envisage et règle le législateur dans l'art. **1018** du code civil.

Aux termes de ce texte :

« *La chose léguée sera délivrée avec ses accessoires nécessaires et dans l'état où elle se trouvera au jour du décès du donateur* ».

2543. *Les accessoires nécessaires* sont ceux qui suivent naturellement la chose et sans lesquels la jouissance de cette chose ne serait pas complète; tels sont la clé, le socle et le globe d'une pendule, le fourreau d'une épée, le jardin d'une maison. Tels sont également les titres d'une propriété, qui doivent incontestablement être compris dans la délivrance qui est faite de la propriété elle-même.

Tous les objets que la loi déclare immeubles par destination sont aussi des *accessoires nécessaires* et devraient être délivrés au légataire avec la chose elle-même.

En définitive, rentre donc dans les accessoires nécessaires de la chose léguée tout ce qui est indispensable pour que cette chose serve à l'usage auquel elle est destinée ou pour que le légataire puisse faire valoir le droit dont le testateur l'a investi [1].

2544. C'est ainsi que, par application de notre principe, on devrait décider que le legs de l'usufruit d'un fonds de terre, enclavé parmi d'autres héritages appartenant au testa-

[1] V. sur la définition des accessoires Marcadé, sur l'art. 1018, n. 1; Demolombe, *Don.*, IV, n. 702; Aubry et Rau, VII, p. 491, § 722; Laurent, XIV, n. 140; Huc, VI, n. 345.

teur, emporte le droit pour le légataire de réclamer gratuitement des héritiers un passage pour arriver à la voie publique. C'est un *accessoire nécessaire* du droit d'usufruit légué, puisque, sans lui, l'exercice de ce droit est impossible. Telle était déjà la solution que donnait Pothier sur cette hypothèse dont il empruntait l'exemple à Ulpien ([1]).

2545. Il est, d'ailleurs, bien certain qu'en cette matière l'intention du testateur est la règle suprême. C'est ainsi qu'au cas de legs d'une armoire, le contenu pourra, suivant les cas, être considéré ou non comme l'accessoire du legs. Il y a là une appréciation que font souverainement les juges du fait, d'après les éléments que leur fournissent et les termes du testament et les circonstances de la cause ([2]).

2546. La chose léguée doit être délivrée, dit la loi, *dans l'état où elle se trouvera au jour du décès du donateur*. Par conséquent, les améliorations que la chose a acquises ou les détériorations qu'elle a subies jusqu'à cette époque profiteront ou nuiront au légataire.

On s'accorde à le reconnaître ([3]).

2547. Mais la formule que nous venons de transcrire ne signifie pas que la chose léguée soit aux risques de l'héritier à dater du décès du testateur, et que, par suite, l'héritier doive subir les conséquences des cas fortuits qui auraient fait périr la chose ou qui l'auraient détériorée dans l'intervalle écoulé entre le décès du testateur et la demande en délivrance. Tout au contraire, ces cas fortuits et leurs résultats sont au compte du légataire, qui profiterait aussi des améliorations naturelles de la chose, par exemple de l'alluvion. Le légataire est devenu propriétaire de la chose léguée, dès le décès du testateur; l'héritier, tenu envers lui à la délivrance, est débiteur d'un corps certain.

Il faut donc appliquer les principes qui gouvernent les

([1]) Pothier, *Donations testament.*, n. 275 et *Introduct. à la Cout. d'Orléans*, tit. XVI, n. 54.

([2]) V. notamment Bourges, 15 mai 1882, sous Cass., 5 novembre 1883, S., 86. 1. 35.

([3]) *Sic*, Coin-Delisle, sur l'art. 1018, n. 7; Demolombe, *Don.*, IV, n. 706; Aubry et Rau, VII, p. 492, § 722; Laurent, XIV, n. 142.

dettes des corps certains et notamment la règle *debitor certæ rei ejus interitu liberatur* [1].

2548. Les changements que vise la formule employée par l'art. 1018 sont ceux qui sont survenus dans la chose léguée avant le décès du testateur. Elle signifie que le légataire doit profiter ou souffrir de tous ces changements, quelle que soit d'ailleurs leur cause, qu'ils soient survenus par cas fortuit, par le fait d'un tiers ou par le fait du testateur.

Pour les changements qui résultent d'un cas fortuit, la question ne saurait être douteuse. Le légataire doit évidemment les supporter, de même qu'il est appelé à en profiter.

C'est également certain pour les changements qui sont le fait d'un tiers.

Ainsi un tiers a détérioré la chose léguée. Tant pis pour le lègataire : il prendra la chose dans l'état où elle est lors du décès, sans avoir droit aux dommages-intérêts que l'auteur de la détérioration a payés ou paiera. L'action en dommages-intérêts est devenue la propriété du testateur aussitôt qu'elle est née; par suite le produit de cette action, si le testateur l'a exercée, ou l'action elle-même, si elle existe encore, appartient à sa succession.

En sens inverse, si un tiers a amélioré la chose léguée avant le décès du testateur, le légataire profitera de l'amélioration, et cela sans avoir d'indemnité à payer. S'il en est dû une à l'auteur de l'amélioration, c'est la succession qui la paiera.

Quant aux changements qui sont le fait du testateur, il est de toute évidence que le légataire doit en profiter ou en souffrir. Ainsi le testateur a détérioré ou détruit partiellement la chose léguée; c'est une révocation partielle du legs. Le légataire prendra la chose telle qu'elle est lors du décès.

Au contraire, si le testateur a amélioré la chose, le légataire profitera de l'amélioration.

2549. Toutefois il faudrait se garder de pousser trop loin cette dernière conséquence qu'implique la formule de l'art. 1018. On pourrait ainsi attribuer au légataire des choses qui

[1] *Sic*, Huc, VI, n. 345 et tous les auteurs.

évidemment ne sont pas comprises dans son legs, sous prétexte qu'elles sont des accessoires de la chose léguée ou qu'elles constituent des améliorations.

A cet égard, le législateur a réglé, dans l'art. 1019, certains cas qui auraient pu faire difficulté.

Aux termes de ce texte :

« *Lorsque celui qui a légué la propriété d'un immeuble, l'a*
» *ensuite augmentée par des acquisitions, ces acquisitions fus-*
» *sent-elles contiguës, ne seront pas censées, sans une nouvelle*
» *disposition, faire partie du legs. — Il en sera autrement des*
» *embellissements ou des constructions nouvelles faites sur le*
» *fonds légué ou d'un enclos dont le testateur aurait augmenté*
» *l'enceinte* ».

Le légataire ne profitera pas des acquisitions, fussent-elles contiguës à l'immeuble légué, que le testateur a faites postérieurement au legs, parce qu'il y a doute sur le point de savoir si le testateur a voulu les attribuer au légataire ; or, en matière de legs, on ne donne pas d'effet aux volontés douteuses.

2550. L'intention de faire bénéficier le légataire des acquisitions nouvellement faites paraît plus certaine, si le legs a pour objet un domaine que le testateur a ensuite augmenté par des acquisitions contiguës ; surtout s'il a soumis les terres nouvellement acquises à la même exploitation que le domaine ou s'il a affermé le tout à un même fermier, pour un seul et même prix.

Mais s'il y a doute cependant, si léger qu'il soit, sur le point de savoir si le testateur a voulu que les acquisitions nouvelles fussent comprises dans le legs, le plus sûr est évidemment de s'en tenir à l'interprétation la plus restricive du legs.

Cela résulte de l'art. 1019 d'abord, dont le texte est absolu et dans lequel le mot immeuble comprend certainement le cas où l'objet du legs serait un domaine. Cela résulte également de la règle plus générale de l'art. **1162** du code civil.

2551. Ce que nous venons de dire pour le legs d'un domaine, nous devons également le dire des autres legs susceptibles de soulever les difficultés analogues, par exemple du legs de tous les immeubles que le testateur possède dans telle commune. Que décider si, depuis le testament, le testateur a fait de nouvelles acquisitions dans la même commune ? Evidemment, dès qu'il y a doute sur la volonté du testateur, le plus sûr est de s'en tenir à la solution qui ressort de l'art. 1019, c'est-à-dire à l'interprétation la plus restrictive du legs [1].

2552. Autre est le cas où le testateur, ayant légué un enclos, aurait ensuite compris, dans l'enceinte de cet enclos, des terrains nouvellement acquis. Le légataire profitera des nouvelles acquisitions, parce que la volonté du testateur de les lui attribuer paraît certaine.

La loi au surplus ne distingue pas si le terrain enclos contient ou non des constructions.

2553. Le légataire profiterait aussi des embellissements ou des constructions nouvelles faites par le testateur sur le terrain légué. Les constructions sont un accessoire du sol qui les porte, et elles appartiennent au légataire du sol, en vertu de la règle *Omne quod solo inædificatur solo cedit.*

2554. Ce motif se rencontrant quelle que soit l'importance des constructions, on doit en conclure qu'elles appartiendraient au légataire, alors même qu'elles couvriraient tout le terrain légué ou à peu près.

On ne peut pas distinguer davantage suivant qu'il s'agit de constructions nouvelles faites sur un terrain précédemment nu ou de constructions ajoutées à des constructions anciennes. Ce serait oublier que, dans tous les cas, le principe *superficies solo cedit* impose la même solution [2].

2555. Il est d'ailleurs bien certain que le légataire, qui profite des constructions faites par le testateur sur le terrain légué, n'est pas obligé d'en payer le prix, alors même que ce prix serait encore dû, lors du décès du testateur. Cette dette serait à la charge de la succession.

2556. De cette solution nous devons évidemment rappro-

(1) *Sic*, Pau, 26 juin 1824, S. ch., D. *Rép.*, v° *Disp.*, n. 3704. — Dans le même sens Laurent, XVI, n. 145; Aubry et Rau, VII, p. 491, § 722; Demolombe, *Don.*, IV, n. 721.

(2) *Sic*, Demolombe, *Don.*, IV, n. 714; Laurent, XIV, n. 146; Duranton, IX, n. 267; Coin-Delisle, sur l'art. 1019, n. 10. — V. cep. en sens contraire, Marcadé, sur l'art. 1019, n. 2; Bayle-Mouillard sur Grenier, II, n. 317, note *a*.

cher celle qu'il y a lieu de donner pour le cas où l'immeuble légué, que viendrait à détériorer un incendie, aurait été assuré par le testateur. C'est, dans tous les cas, aux héritiers du testateur de réclamer l'indemnité due à raison de l'assurance. La loi du 19 février 1889, ne visant dans ses dispositions que les créanciers privilégiés ou hypothécaires, ne saurait être invoquée par le légataire. Celui-ci ne pourrait donc réclamer l'indemnité si l'incendie est antérieur au décès du testateur puisque, n'étant pas compris dans les dispositions spéciales de la loi du 19 février 1889, il ne peut soutenir que, pour lui, l'indemnité représente la chose incendiée. D'autre part, si l'immeuble est postérieur au décès du testateur, le légataire n'a aucune qualité pour réclamer l'indemnité, puisqu'il est étranger aux créances comme aux dettes qui résultent des contrats passés par le testateur [1].

2557. Ce sont des solutions analogues qui doivent être données lorsque l'immeuble légué a été exproprié pour cause d'utilité publique.

L'expropriation est-elle consommée du vivant du testateur? Le légataire n'a évidemment droit ni à la chose, puisqu'elle est désormais hors du commerce, ni au prix, puisque celui-ci ne représente pas la chose.

N'est-elle pas consommée au jour du décès du testateur, par exemple, celui-ci meurt-il dans l'intervalle qui s'écoule entre le jugement déclaratif d'utilité publique et la fixation de l'indemnité? C'est sur la tête du légataire que se fixera le droit à l'indemnité puisqu'au jour du décès, la chose léguée est encore la propriété du testateur et, partant, peut passer sur la tête du légataire.

2558. L'art. 1020 tire une nouvelle conséquence du principe que la chose léguée doit être délivrée dans l'état où elle se trouve lors du décès du testateur.

Aux termes de ce texte :

« *Si, avant le testament ou depuis, la chose léguée a été* » *hypothéquée pour une dette de la succession, ou même pour* » *la dette d'un tiers, ou si elle est grevée d'un usufruit, celui*

(1) Sic, Huc, VI, n. 345.

» *qui doit acquitter le legs n'est point tenu de la dégager, à » moins qu'il n'ait été chargé de le faire par une disposition » expresse du testateur* ».

Quand l'immeuble légué se trouve grevé d'hypothèque, le législateur, sans s'arrêter à aucune des distinctions que l'on faisait à cet égard dans notre ancien droit, décide que l'héritier ne sera jamais tenu de dégager l'immeuble en payant la dette hypothécaire. Le légataire sera donc exposé à être poursuivi par l'action hypothécaire; et si, pour y échapper, il paie la dette dont l'immeuble est grevé, il aura son recours soit contre les héritiers ou autres successeurs à titre universel du défunt, si celui-ci était personnellement tenu de la dette comme débiteur principal ou comme caution, soit contre le tiers pour la dette duquel l'immeuble a été hypothéqué, si le défunt n'était pas tenu personnellement de la dette.

2559. Si la chose léguée est grevée d'usufruit, l'héritier n'est pas tenu non plus de la dégager. L'art. 1020 donne, pour cette hypothèse, exactement la même solution que pour l'hypothèse précédente.

2560. Il est d'ailleurs évident que ce que l'art. 1020 dit de l'hypothèque et de l'usufruit doit être, par analogie de motifs, étendu à tous les autres droits réels immobiliers [2].

2561. Les solutions que donne l'art. 1020 sont purement interprétatives de volonté. Elles ne sauraient donc être maintenues quand le testateur a exprimé une volonté contraire. C'est ce que dit du reste formellement l'art. 1020 lui-même.

2562. Mais voilà que le testateur ayant chargé son héritier de dégrever la chose léguée de l'usufruit auquel elle est soumise, l'héritier fait des offres à l'usufruitier qui refuse de renoncer à son droit, ou qui n'y consent que moyennant des conditions absolument inacceptables, tant elles sont exorbitantes. Alors l'héritier devra payer au légataire la valeur de l'usufruit et lui donner ainsi l'équivalent de l'avantage qu'a voulu lui procurer le testateur.

On objecte que l'héritier, se trouvant, sans sa faute, dans l'impossibilité de remplir la charge qui lui a été imposée par

(²) *Sic*, Laurent, XIV, n. 147; Demolombe, *Don.*, IV, n. 728.

le testateur, doit être libéré et on argumente de l'art. 1302 du Code civil.

Cette objection ne tient pas compte de l'intention du testateur, qui a évidemment voulu que, d'une façon ou de l'autre, le légataire profitât de la valeur de l'usufruit.

2563. Signalons enfin une dernière conséquence du principe que la chose léguée doit être délivrée dans l'état où elle se trouve lors du décès. Si le légataire est évincé de l'objet du legs, il n'a pas droit à la garantie. Le légataire n'acquiert sur la chose léguée que les droits qui appartenaient au testateur.

B. *Du legs d'une chose indéterminée.*

2564. Nous avons vu ci-dessus qu'on pouvait léguer une chose indéterminée, à la condition, bien entendu, que l'indétermination ne soit pas absolue ([1]).

C'est évidemment une question de fait que celle de savoir quand l'indétermination est ou non compatible avec la règle qui exige que tout legs ait un objet fixé par le testateur. Tout dépend donc de l'appréciation des juges du fond : il ne peut s'agir de préciser des règles impératives.

2565. Lorsque le testateur a légué une chose indéterminée, un cheval, une barrique de vin par exemple, à qui appartient-il de déterminer l'objet du legs?

C'est cette hypothèse qu'envisage l'art. 1022 du code civil.

Aux termes de ce texte :

« *Lorsque le legs sera d'une chose indéterminée, l'héritier* » *ne sera pas obligé de la donner de la meilleure qualité et il* » *ne pourra l'offrir de la plus mauvaise* ».

C'est donc à l'héritier, c'est-à-dire au débiteur du legs, que le choix appartient. Il n'y a là que l'application du droit commun. Dans le doute, la loi se prononce en faveur du débiteur ([2]).

Toutefois le législateur a cru devoir, dans l'art. 1022, déterminer certaines limites dans lesquelles doit se tenir le choix de l'héritier.

(1) V. ci-dessus, n. 1841 et suivants et 2486.

(2) V. les art. 1162 et 1190 du Code civil.

2566. L'application de l'art. 1022 suppose que la chose léguée soit réellement indéterminée.

Si le testateur a lui-même limité les choses entre lesquelles l'héritier doit choisir, l'art. 1022 cesse d'être applicable. C'est ainsi, par exemple, que si le testateur a légué un cheval de son écurie, une barrique de vin de sa cave, l'héritier a le droit de choisir ce qu'il croit devoir donner sans que le légataire puisse réclamer une chose de qualité moyenne. L'art. 1022 n'est pas alors applicable.

C'est l'opinion de tous les auteurs [1].

2567. On s'accorde également à reconnaître que le testateur peut déroger à l'art. 1022. En définitive, tout dépend ici de sa volonté.

Il peut conférer à l'héritier un choix illimité au lieu du choix limité que donne l'art. 1022.

Il peut aussi donner au légataire lui-même le choix limité ou illimité qui, en principe, appartient à l'héritier.

Sur tous ces points, il s'agit de l'interprétation de la volonté du testateur, c'est-à-dire d'une pure question de fait [2].

2568. Les questions de choix que soulève le legs d'une chose indéterminée se présentent aussi en cas de legs alternatif. On doit appliquer, par analogie, les solutions que donne le législateur à propos des obligations alternatives, en réservant, bien entendu, les questions d'intention, puisque tout, en cette matière, peut être souverainement réglé par le testateur. Il en résulte que les questions de choix que peuvent soulever les legs alternatifs sont bien plutôt des questions de fait que des questions de droit [3].

2569. Lorsque le legs porte sur une chose indéterminée, un cheval par exemple, et que le légataire vient à être évincé de la chose qui lui a été livrée par l'héritier en exécution du legs, il aura le droit incontestable d'en demander une autre, non pas sans doute qu'il puisse se prévaloir des règles de la

[1] *Sic*, Laurent, XIV, n. 149 et les autorités qu'il cite.

[2] *Sic*, Laurent, XIV, n. 150 et les auteurs cités dans Fuzier-Herman, sur l'art. 1022, n. 1.

[3] V. notamment l'espèce sur laquelle la cour de Pau a été appelée à se prononcer par arrêt du 12 nov. 1872, D., 73. 2. 47.

garantie, mais parce que le paiement fait par l'héritier n'est point un paiement valable. C'est ce qui résulte de l'art. **1238** du code civil [1].

2570. Il en serait de même si, le testateur ayant légué deux choses sous une alternative, ou une chose à prendre parmi plusieurs autres, par exemple un des chevaux qui sont dans son écurie, le légataire était évincé de la chose que l'héritier lui a livrée.

Cela résulte de la combinaison et du rapprochement des art. **1192**, **1193** et **1238** du code civil.

C. *Du legs d'un fait.*

2571. Le legs d'un fait se résout, en définitive, en une obligation de faire imposée par le testateur à celui qu'il charge de l'acquittement du legs.

Il en résulte que l'art. **1142** du code civil devient nécessairement applicable, c'est-à-dire qu'en cas d'inexécution, le legs d'un fait doit nécessairement se résoudre en dommages-intérêts. C'est la seule sanction qui puisse être attachée à une obligation dont l'exécution forcée et directe ne peut être obtenue [2].

C'est l'opinion de tous les auteurs [3].

§ V. *Situation du légataire particulier en ce qui concerne les dettes de la succession.*

2572. A la différence du légataire universel et du légataire à titre universel, le légataire à titre particulier n'est point tenu de contribuer aux dettes de la succession.

C'est ce que dit l'art. **1024** dont la disposition ne fait que reproduire la conséquence de la maxime bien connue : *Æs alienum universi patrimonii, non certarum rerum, onus est.*

Et, en effet, aux termes de cet art. **1024** :

« *Le légataire à titre particulier ne sera point tenu des det-*

(1) *Sic*, Vazeille sur l'art. 1022, n. 10; Aubry et Rau, VII, p. 490, § 722.

(2) V. en ce sens Angers, 19 mai 1853, D., 53. 2. 204.

(3) V. notamment Laurent, XIV, n. 151.

» *tes de la succession, sauf la réduction du legs, ainsi qu'il* » *est dit ci-dessus, et sauf l'action hypothécaire des créan-* » *ciers* ».

2573. Le testateur pourrait toutefois, par une déclaration expresse de volonté, mettre certaines dettes à la charge d'un légataire particulier : auquel cas ce légataire, en acceptant le legs, se soumettrait à l'obligation de les payer.

2574. D'autre part, à raison de la nature même de la chose qui forme l'objet du legs, un légataire particulier pourrait être obligé de supporter certaines dettes qui sont inhérentes à la chose léguée : ainsi le legs d'une succession échue au testateur emporte pour le légataire l'obligation d'en payer les dettes. Ce n'est pas l'actif de la succession seulement que le testateur a légué; c'est la succession tout entière, le *nomen juris,* actif et passif.

2575. Les mots « sauf la réduction du legs, ainsi qu'il est dit ci-dessus » signifient que les dettes de la succession du testateur peuvent atteindre indirectement le légataire à titre particulier en ce sens que l'actif héréditaire, les dettes une fois payées, sera peut-être insuffisant pour l'exécution complète des dispositions testamentaires. Tous les legs doivent alors subir une réduction proportionnelle conformément aux art. 926 et 927. Mais il faut évidemment réserver le cas où l'héritier aurait accepté la succession purement et simplement, puisque nous savons qu'il est tenu, dans ce cas, du paiement des legs même *ultra vires hereditatis.*

2576. Le sens des mots « sauf l'action hypothécaire des créanciers » nous est déjà connu : ils font allusion au cas où l'immeuble légué est grevé d'hypothèque. Le légataire peut alors être poursuivi par l'action hypothécaire; mais s'il paie la dette, il aura son recours contre qui de droit, ainsi qu'il a été expliqué sous l'art. 1020.

2577. Des règles ci-dessus déduites, il résulte que, lorsque le testateur lègue à un de ses débiteurs le montant de sa dette, celle-ci se trouve immédiatement éteinte par l'effet de la compensation ou de la confusion. Aussi a-t-il été très exactement jugé que les créanciers du testateur ne pourraient point saisir-arrêter entre les mains d'un débiteur héréditaire la créance qui lui aurait été léguée par le testateur [1].

2578. Toutefois, lorsque la succession est acceptée sous bénéfice d'inventaire, l'extinction dont nous parlons ne se produit plus, dans le cas au moins où, d'une part, l'actif se trouve inférieur au passif, et où, d'autre part, il y a des créanciers opposants. La nature particulière de son legs ne saurait en effet soustraire le légataire à la réduction proportionnelle que, comme tous les autres, il doit, en pareil cas, subir [2].

SECTION V

DES EXÉCUTEURS TESTAMENTAIRES

2579. Aux termes de l'art. **1025** :

« *Le testateur pourra nommer un ou plusieurs exécuteurs* » *testamentaires* ».

Il n'est pas rare de voir des héritiers plus pressés de se partager les dépouilles du défunt que d'exécuter ses dernières volontés. Le testateur qui prévoit de semblables dispositions chez ses héritiers pourra en prévenir l'effet en usant de la faculté que lui accorde notre article.

Sur cette institution, que le code civil règlemente dans les art. **1025** à **1034**, nous aurons, après avoir précisé son origine et son but, à déterminer sa nature, à parler de la saisine qu'elle peut entraîner, puis des fonctions qui en résultent.

Nous verrons ensuite comme elle prend fin et quelle responsabilité elle entraîne.

Ce sera l'objet de quatre paragraphes distincts.

§ I. *Origine et but de l'institution des exécuteurs testamentaires.*

2580. L'institution des exécuteurs testamentaires est d'origine française.

Le droit romain ne la connaissait point. On trouve bien

[1] *Sic*, Montpellier, 7 août 1850, rapporté sous Cass., 2 mars 1852, S., 52. 1. 262.
[2] *Sic*, Cass., 19 décembre 1871, S., 79. 1. 227, D., 73. 1. 256.

dans les lois romaines des exemples de personnes chargées soit de veiller aux funérailles du testateur, ou de lui faire élever un monument, soit de pourvoir à l'acquittement de legs d'aliments ou de legs pieux. C'est ainsi, par exemple, qu'on peut citer différents textes du Digeste ou du Code où le testateur confie à un tiers le soin de distribuer quelque argent en son nom [1], de pourvoir à ses funérailles [2], d'acquitter des legs alimentaires [3], de racheter des captifs [4]. Mais tout cela ne rappelle que de très loin le mandat dont il est question dans les art. 2025 et s. du code civil, mandat qui a pour objet l'exécution du testament tout entier.

2581. C'est dans nos anciennes coutumes que l'institution a pris naissance et s'est développée.

Il est probable que ce fut d'abord l'Eglise qui, comprenant tout le parti qu'elle pouvait tirer de cette institution, la réglementa et la sanctionna. Il y avait là, en effet, pour elle, un moyen puissant d'assurer le paiement des legs pieux que contenaient si souvent les testaments. Aussi nombreuses sont les dispositions que les papes consacrent aux exécuteurs testamentaires [5].

Approuvée par l'Eglise, l'institution passa de bonne heure dans les coutumes. Déjà, au temps de Beaumanoir, elle existait avec des règles que le savant juriste expose longuement dans ses coutumes de Beauvoisis [6].

Ce qu'il y a de sûr, c'est qu'au xve siècle, lors de la rédaction des coutumes, les principes de la matière sont depuis longtemps précisés. Ce sont ces principes, dont la pratique et les commentateurs ont depuis longtemps déduit les conséquences, que les auteurs du code civil ont reproduits, sans modifications appréciables, dans les art. 1025 et suivants.

2582. Quant au but de l'institution, il reste, sous l'empire

(1) V. la loi 96, D., *De legatis*, 1, XXX.
(2) V. la loi 12, 4, D., *De religiosis*.
(3) V. la loi 3, 8, D., *De alimentis vel cib.*, XXXIV, 1.
(4) V. la loi 28, C., *De episcop. et cler.*, I, 3.
(5) V. notamment deux décrétales de Grégoire IX rapportées dans le recueil de ces décrétales, l. III, tit. XXVI, cap. 17 et 19.
(6) Beaumanoir, *Coutumes de Beauvoisis*, cap. XII.

du code civil, ce qu'il était dans notre ancienne jurisprudence.

Il faut assurer l'exécution des volontés du testateur, à l'encontre d'héritiers souvent peu disposés à s'y prêter. Pour cela, on permet au testateur de choisir certaines personnes spécialement chargées de veiller à l'exécution des dispositions testamentaires et que, dans ce but, le testateur peut investir d'un certain nombre de prérogatives de nature à faciliter leur mission et à neutraliser la mauvaise volonté des héritiers.

§ II. *Nature de l'exécution testamentaire.*

2583. Nous venons d'indiquer le but de l'exécution testamentaire. Cela même nous montre quelle est sa nature. L'exécution testamentaire est, en réalité, un mandat : l'exécuteur testamentaire est un mandataire imposé par le testateur à ses héritiers et que ceux-ci n'ont pas le droit de révoquer.

Il est vrai que cette manière de voir a été contestée par M. Huc.

Mais nous ne voyons guère quelle nécessité il peut y avoir à la repousser pour s'en tenir à la définition que cet auteur croit devoir donner de l'exécution testamentaire. L'exécuteur testamentaire serait, d'après lui, un fonctionnaire d'ordre privé chargé de procurer l'exécution d'une loi également d'ordre privé (1).

Est-ce qu'on ne dit point la même chose en disant que l'exécution testamentaire est un mandat, sauf à tenir compte, pour les règles à lui appliquer, des conditions spéciales dans lesquelles il s'exécute?

2584. Mais si l'exécution testamentaire est un mandat, c'est un mandat d'une nature toute spéciale, offrant une double particularité. D'une part, en effet, il prend naissance par l'évènement qui met fin au mandat ordinaire, savoir la mort du mandant, le testateur (art. 2003). D'autre part, il se forme sans le concours des volontés. Il est bien certain, en effet, que la volonté du mandant, le testateur, ne *devient définitive que par sa mort*. Qu'est-ce à dire, sinon que la volonté

(1) Huc, *Code civil*, VI, n. 357.

du mandataire, l'exécuteur testamentaire, n'a pu s'unir à la volonté du mandant pour former le consentement, base essentielle du mandat comme de tous les contrats? C'est donc, comme nous le disions, un mandat d'une nature toute particulière; on pourrait dire un mandat posthume.

2585. Il en résulte donc que l'exécution testamentaire est à la fois soumise et aux règles générales du mandat, puisque l'exécuteur testamentaire est le mandataire du testateur, et à des règles spéciales exposées par le législateur dans la section que le code civil consacre à la matière des exécuteurs testamentaires.

C'est ce double point que nous allons successivement examiner.

N° 1. Des règles générales du mandat qui s'appliquent à l'exécution testamentaire.

2586. Un premier point nous paraît certain, c'est que, comme un mandataire ordinaire, l'exécuteur testamentaire peut refuser la mission qui lui a été confiée. L'exécution testamentaire est un office d'ami et non une charge publique comme la tutelle. Furgole le constatait déjà [1] et tous les auteurs s'accordent à reconnaître que les obligations d'un exécuteur testamentaire ne commencent qu'au jour de l'acceptation expresse ou tacite qu'il a faite de la mission dont le testateur l'a investi [2].

2587. Lorsque l'exécuteur testamentaire refuse d'accepter la mission que lui donne le testateur, c'est nécessairement aux héritiers que passent ses droits et ses obligations.

Il ne pourrait s'agir de le remplacer par un mandataire de justice.

De droit ce sont les héritiers qui sont les exécuteurs des dernières volontés du *de cujus*. Ils reprennent ce rôle dès qu'ils ne se trouvent plus en face d'un exécuteur testamentaire que leur impose le testateur [3].

[1] Furgole, *Testament*, IV, ch. X, sect. 4, n. 20.
[2] V. notamment Saintespès-Lescot, V, n. 1543; Laurent, XIV, n. 330; Demolombe, *Don.*, V, n. 22.
[3] Caen, 13 janv. 1823, S. chr., D. *Rép.*, v° *Disp.*, n. 3752.

2588. A propos d'une espèce où un exécuteur testamentaire avait refusé les fonctions qui lui avaient été confiées dans une succession échue à des mineurs, il a cependant été jugé que le ministère public pourrait conclure à la désignation d'une autre personne chargée de remplacer l'exécuteur testamentaire [1].

Mais il est évident qu'il ne s'agissait là que d'un surveillant spécialement chargé de contrôler la liquidation de la succession et l'exécution du testament dans l'intérêt des mineurs et non d'une personne pouvant réclamer et le titre et les fonctions d'exécuteur testamentaire, puisque celui-ci ne peut être désigné que par le testateur [2].

2589. Mais si l'exécuteur testamentaire peut librement refuser la mission qui lui est confiée, son acceptation est aussi irrévocable que celle de tout autre mandat. C'est du moins l'opinion généralement admise [3].

2590. Après avoir accepté sa mission, l'exécuteur testamentaire ne pourrait donc s'en démettre que dans les cas mêmes où un mandataire est admis à se démettre d'un mandat précédemment accepté, dans le cas, par exemple, de l'article 2007, lorsqu'il se trouverait dans l'impossibilité de continuer le mandat sans en éprouver un grand préjudice.

2591. Comme le mandat, l'exécution testamentaire est gratuite. Pas plus que le mandataire, l'exécuteur testamentaire ne saurait être admis à réclamer un salaire.

Encore moins peut-on considérer l'exécution testamentaire comme une libéralité.

Il en résulte que ceux qui sont incapables de recevoir un legs du testateur peuvent être choisis par lui comme exécuteurs testamentaires.

C'est ainsi, par exemple, que le tuteur peut être très valablement l'exécuteur testamentaire de son pupille, que les en-

(1) *Sic*, Cass., 3 juin 1872, S., 72. 1. 273, D., 72. 1. 241.

(2) *Sic*, Vazeille, sur l'art. 1025, n. 4; Demolombe, *Don.*, V, n. 41 et 108; Aubry et Rau, VII, p. 457, § 711 et les auteurs cités dans Fuzier-Herman, sur l'art. 1025, n. 13.

(3) *Sic*, Colmet de Santerre, IV, n. 170 *bis*, II; Aubry et Rau, VIII, p. 448, § 711; Demolombe, *Don.*, V, n. 8. — V. cep. en sens contraire Laurent, XIV, n. 330.

fants naturels qui ont reçu de leurs père et mère tout ce dont ceux-ci pouvaient disposer à leur profit peuvent néanmoins être choisis par eux pour exécuteurs testamentaires.

Il en serait de même du conjoint en secondes noces qui aurait reçu de son conjoint tout ce que celui-ci peut lui laisser.

Il en serait de même, enfin, des médecins ou des ministres du culte qui pourraient très bien être désignés comme exécuteurs testamentaires par ceux qu'ils ont traités ou assistés dans leur dernière maladie.

Sur tout ces points les auteurs sont unanimes [1].

2592. Il en résulte également que l'art. 975 du code civil ne saurait s'opposer à ce que, dans un testament public, l'exécution testamentaire soit confiée à l'un des témoins du testament. Ce texte ne s'opposerait pas davantage à ce que l'un des témoins fût parent au degré prohibé avec l'exécuteur testamentaire désigné. Enfin, il paraît bien certain que l'art. 8 de la loi du 25 ventôse an XI ne saurait empêcher de choisir comme exécuteur testamentaire le notaire rédacteur du testament [2].

2593. Mais, bien que l'exécution testamentaire soit gratuite, rien n'empêcherait le testateur de laisser à la personne qu'il investit de cette mission de confiance, qui peut parfois devenir une source de difficultés et d'ennuis, un legs modique à titre de souvenir ou de présent [3]. Comme en matière de mandat, la gratuité est de la nature et non de l'essence de l'exécution testamentaire. Le testateur pourrait donc allouer un salaire à l'exécuteur testamentaire de même qu'il peut en allouer un au mandataire. Or, comme l'idée seule d'un ministère salarié pourrait être blessante pour l'exécuteur testamentaire qui remplit un office d'ami, le testateur, par délicatesse, déguise le plus souvent la rémunération qu'il lui alloue, en lui faisant un legs modique connu, dans la pratique, sous le nom de *diamant*.

[1] *Sic*, Demolombe, *Don.*, V, n. 11; Aubry et Rau, VIII, p. 448, § 711; Laurent, XIV, n. 328 et 329 et les auteurs cités dans Fuzier-Herman sur l'art. 1025, n. 25.

[2] V. notamment Gand, 12 avril 1839, D. *Rép.*, v° *Disposition*, n. 335-4. — Cass., 4 juin 1883, S., 84. 1. 233, D., 84. 1. 51. — V. également les auteurs cités à la note précédente.

[3] *Sic*, Aubry et Rau, VII, p. 448, § 711 ; Demolombe, *Don.*, V, n. 12 et les auteurs cités dans Fuzier-Herman, sur l'art. 1025, n. 16.

2594. Le seul point qui fasse difficulté, c'est la question de savoir dans quelle mesure il y a corrélation entre la libéralité et l'exécution testamentaire.

Faut-il décider qu'il est impossible de refuser l'une pour s'en tenir à l'autre et que, par suite, l'acceptation de l'une implique celle de l'autre ?

Doit-on au contraire, les considérer comme absolument indépendantes l'une de l'autre ?

Quelques auteurs ont proposé de trancher la question d'une façon absolue [1].

A notre avis, il y a là une pure question de fait dont l'appréciation est souverainement faite par les juges du fond. Tout dépend de l'intention du testateur, qu'il leur appartient de dégager des circonstances et des faits de la cause. A ce point de vue, le plus ou moins d'importance de la libéralité permettra souvent de résoudre la question [2].

2595. Mais la distinction que nous faisons ici entre le legs véritable, indépendant, par suite, de l'exécution testamentaire, et le simple présent, considéré comme une sorte de rémunération ou mieux de compensation de l'exécution testamentaire, ne saurait être maintenue lorsque les personnes désignées comme exécuteurs testamentaires sont incapables de rien recevoir du testateur, s'il s'agissait, par exemple, du notaire rédacteur du testament qui le désigne comme exécuteur testamentaire ou de l'un des témoins de ce testament [3].

Les termes de l'art. 8 de la loi du 25 ventôse an XI, comme aussi ceux de l'art. 975 du code civil, nous paraissent également protester contre la distinction qu'on voudrait établir entre le legs véritable et le simple présent adressé à l'exécuteur testamentaire.

C'est toutefois l'opinion contraire qu'admettent presque tous les auteurs, en s'attachant à cette idée qu'un simple présent

(1) V. notamment Delvincourt, II, p. 371 ; Bayle-Mouillard sur Grenier, III, n. 327, note *c*.

(2) *Sic*, Aubry et Rau, VII, p. 449, § 711, note 9 ; Demolombe, *Don.*, V, n. 13 s. ; Laurent, XIV, n. 330 et les auteurs cités dans Fuzier-Herman, sur l'art. 1025, n. 18.

(3) *Sic*, Cass., 4 juin 1883, S., 84. 1. 233, D., 84. 1. 51.

adressé à l'exécuteur testamentaire ne saurait altérer la gratuité du mandat qui lui est confié [1].

Telle était également l'opinion que soutenait Pothier [2], dans notre ancienne jurisprudence, et il faut bien reconnaître que son opinion ne manque pas d'un certain poids dans une matière traditionnelle.

2595 *bis*. Cette idée que, dès qu'il reçoit quelque chose du testateur, l'exécuteur testamentaire le reçoit à titre gratuit et, partant, devient légataire, doit nous conduire à décider que tous ses parents, jusqu'au quatrième degré inclusivement, ne sauraient figurer comme témoins dans le testament qui le désigne, lorsque ce testament lui laisse quelque chose, ne fût-ce qu'un simple cadeau.

C'est l'application pure et simple de l'art. 975 du code civil [3].

2596. Une dernière conséquence à rattacher à la nature même de l'exécution testamentaire, c'est qu'en principe ce sont les règles par lesquelles le législateur précise, dans les art. 1991 à 1996 du code civil, les obligations du mandataire qui doivent aussi déterminer celles de l'exécuteur testamentaire, dès qu'il n'y a point été dérogé dans les art. 1025 et 1032.

Nous aurons maintes fois à le constater [4].

N° 2. Des règles spéciales à l'exécution testamentaire.

2597. Une première règle, que tout le monde s'accorde à reconnaître, c'est que l'exécution testamentaire ne peut être faite que par testament. C'est là une dérogation grave au principe que proclame l'art. 1985, à savoir qu'un mandat peut être donné par acte public, par acte sous-seing privé, par simple lettre missive ou même verbalement.

Il est vrai qu'aucun texte ne proclame cette première règle. Mais elle résulte clairement de la place qu'occupent les art.

(1) V. notamment Demolombe, *Don.*, V, n. 11; Aubry et Rau, VII, p. 711; Laurent, XIV, n. 328 et les auteurs cités dans Fuzier-Herman, sur l'art. 1025, n. 25.

(2) Pothier, *Donations testamentaires*, ch. V, § 2, *in fine*.

(3) *Sic*, Paris, 5 fév. 1883, D. *Rép.*, v° *Disposition*, n. 3185.

(4) *Sic*, Colmet de Santerre, IV, n. 170 *bis*, II.

1025 et suivants dans le code civil. Cela résulte aussi de cette considération que l'effet principal de l'exécution testamentaire est de porter atteinte aux droits des héritiers. Or, c'est seulement par testament qu'il est permis de porter atteinte aux droits des héritiers.

Tous les auteurs s'accordent à le reconnaître [1].

2598. Une seconde règle qui n'est, en réalité, que le corollaire de la précédente, c'est que la nomination d'un exécuteur testamentaire ne peut être révoquée par le testateur que dans les formes admises par l'art. 1035 du code civil, pour la révocation des testaments [2].

Elle n'est pas moins que la précédente contraire aux règles générales du mandat dont la révocation n'est astreinte à aucune forme.

2599. A un autre point de vue, le législateur s'est notablement écarté, dans les art. 1025 et suivants, des règles du mandat ordinaire, c'est au point de vue de la capacité requise chez l'exécuteur testamentaire.

D'après l'art. 1028 :

« *Celui qui ne peut s'obliger ne peut pas être exécuteur testamentaire* ».

Or, d'après l'art. 1990, le mandant peut très bien choisir, comme mandataires, des personnes incapables de s'obliger, par exemple, une femme mariée ou un mineur émancipé.

Cette différence s'explique d'ailleurs facilement par la simple comparaison de la situation de l'exécuteur testamentaire et de la situation du mandataire.

Si le mandant peut, en principe, choisir qui bon lui semble, même un incapable pour mandataire, c'est qu'en agissant ainsi il ne fait de tort qu'à lui-même et supporte seul les conséquences de son choix.

D'ailleurs, il est toujours libre d'arrêter les effets du mandat, s'il est menacé de subir un préjudice par la faute ou l'incapacité du mandataire qu'il a choisi.

Au contraire, ce serait non au testateur mais à ses héri-

(1) V. notamment Aubry et Rau, VII, p. 447, § 711 ; Demolombe, *Don.*, V, n. 21; Laurent, XIV, n. 324 et les auteurs cités dans Fuzier-Herman sur l'art. 1025, n. 1.

(2) *Sic*, Demolombe, *Don.*, V, n. 21.

tiers de subir les conséquences des fautes ou de l'incapacité de l'exécuteur testamentaire. Celui-ci a été imposé aux héritiers par le défunt : ils n'ont sur lui aucun moyen d'action, ils ne peuvent modifier les pouvoirs qu'il a reçus du défunt et doivent assister impassibles à ses actes d'exécution ou de surveillance.

Leur unique droit se borne à lui demander compte de sa gestion ; c'est bien le moins que la loi exige que le choix du testateur se porte sur une personne capable de s'obliger et, par suite, responsable effectivement de toutes les fautes ou négligences qu'elle pourra commettre dans sa gestion.

2600. Les art. 1029 et 1030 du code civ. ne contiennent que de simples applications du principe que vient de formuler l'art. 1029.

L'art. 1029 vise la femme mariée.

Aux termes de ce texte :

« *La femme mariée ne pourra accepter l'exécution testa-* » *mentaire qu'avec le consentement de son mari. — Si elle* » *est séparée de biens, soit par contrat de mariage, soit par* » *jugement, elle le pourra avec le consentement de son mari,* » *ou, à son refus, autorisée par la justice, conformément à ce* » *qui est prescrit par les art. 217 et 219, au titre* du Mariage ».

La loi veut, pour qu'une femme mariée puisse remplir le rôle d'exécuteur testamentaire, qu'elle soit *pleinement capable de s'obliger,* c'est-à-dire que les obligations qu'elle contractera, en qualité d'exécutrice testamentaire, soient susceptibles d'être ramenées à exécution sur la pleine propriété de tous ses biens. Or, cette condition se trouve remplie, sous quelque régime que la femme soit mariée (et sauf une exception relative aux biens dotaux, sous le régime dotal, exception dont le législateur n'a pas d'ailleurs tenu compte), lorsque la femme agit avec l'autorisation de son mari. Donc la femme peut toujours avec cette autorisation accepter une exécution testamentaire. C'est la règle qui ressort de l'art. 1029.

2601. Au contraire, la femme mariée ne peut pas en principe, accepter une exécution testamentaire avec l'autorisation de justice à défaut de celle du mari, parce que l'autorisation de la justice n'habilite la femme à s'obliger qu'*imparfaitement*.

En effet, les créanciers envers lesquels elle s'engage, ainsi autorisée, n'ont pour gage que la nue propriété de ses biens personnels; ils ne peuvent pas s'attaquer à l'usufruit de ces mêmes biens, qui, sous la plupart des régimes, appartient au mari.

2602. Mais, à cette règle, l'art. 1029 apporte lui-même une exception, quand la femme est mariée sous le régime de la séparation de biens, ou quand, mariée sous tout autre régime, elle est séparée judiciairement. C'est qu'en effet, en cas de séparation de biens contractuelle ou judiciaire, le mari n'ayant pas ou n'ayant plus le droit de jouir des biens de sa femme, celle-ci devient capable, avec l'autorisation de justice, de s'obliger pleinement, c'est-à-dire sur la pleine propriété de ses biens, et peut, par suite, avec cette autorisation, accepter une exécution testamentaire.

2603. Ce que la loi dit de la femme séparée de biens, il faut également le dire de la femme mariée sous le régime dotal, dont tous les biens seraient paraphernaux, situation qui offre beaucoup d'analogie avec la séparation de biens contractuelle, ainsi que cela résulte de la comparaison des art. 1449, 1536, 1538 et 1576 du code civil.

Tous les auteurs s'accordent à le reconnaître [1].

2604. Nous pensons même qu'on devrait en dire autant, quoiqu'il y ait quelque difficulté sur ce point, de la femme dotale dont quelques biens seulement seraient paraphernaux. En effet, en pareil cas, l'autorisation de la justice équivaut à peu près à l'autorisation maritale, au point de vue de l'efficacité des obligations contractées par la femme.

2605. L'art. 1030 est relatif aux mineurs.

Aux termes de ce texte :

« *Le mineur ne pourra être exécuteur testamentaire, même* » *avec l'autorisation de son tuteur ou curateur* ».

Remarquez que la loi dit : *Le mineur ne pourra* ÊTRE *exécuteur testamentaire,* elle ne dit point *être nommé*. Et, en effet, la nomination d'un mineur produirait ses effets, s'il était ma-

[1] *Sic*, Aubry et Rau, VII, p. 448, § 711; Laurent, XIV, n. 327; Demolombe, *Don.*, V, n. 27; Huc, VI, n. 360 et les auteurs cités dans Fuzier-Herman, sur l'art. 1029, n. 2.

jeur au moment du décès du testateur. Il suffit que l'exécuteur testamentaire soit capable, au moment où il est appelé à remplir ses fonctions.

La disposition de notre article est générale et atteint aussi bien le mineur émancipé que le mineur en tutelle. Le texte de la loi ne laisse aucun doute; il parle du curateur en même temps que du tuteur et, partant, vise non seulement le mineur qui a un tuteur mais aussi celui qui a un curateur, c'est-à-dire le mineur émancipé. Rien de plus légitime, du reste, puisque le mineur émancipé ne jouit que d'une capacité incomplète.

2606. Bien que la loi ne parle textuellement que des femmes mariées et des mineurs, il ne s'ensuit point qu'on ne doive donner à l'application de l'art. 1029 toute la généralité que ces termes comportent. L'interdit légal ou judiciaire, l'individu pourvu d'un conseil judiciaire ou placé dans un établissement public ou privé d'aliénés seraient également incapables d'être exécuteurs testamentaires.

2607. Mais, par contre, toute personne capable de s'obliger peut-être désignée comme exécuteur testamentaire. Nous avons vu qu'on pouvait confier cette mission soit à une personne incapable d'être légataire, soit au notaire rédacteur du testament, soit à l'un des témoins de ce testament.

Nous devons en conclure aussi qu'un individu, même notoirement insolvable, ne saurait, à raison de cette insolvabilité même, être incapable d'être exécuteur testamentaire.

C'était déjà ce que constatait Furgole : « L'on ne considère pas, disait-il [1], la solvabilité de l'exécuteur testamentaire ; elle peut être remplacée par la fidélité et l'exactitude ».

Autre est la question de savoir si les héritiers ne pourraient point demander à la justice la révocation d'un exécuteur testamentaire en se fondant sur sa faillite ou sa déconfiture [2].

2608. Nous devons en conclure également qu'un étranger, s'il est d'ailleurs capable de s'obliger, peut être désigné comme exécuteur testamentaire. A aucun titre l'exécution testamentaire ne saurait être considérée comme une fonction publi-

(1) Furgole, *Testament*, VIII, ch. X, sect. 4, n. 83 *in fine*.

(2) V. ci-dessous n. 2697.

que ; c'est un mandat d'une nature spéciale, mais ce n'est qu'un mandat [1].

2609. L'unique condition de capacité que précise l'art. 1028 doit d'ailleurs s'apprécier au jour du décès du testateur et non au jour de la confection du testament.

Nous l'avons déjà constaté à propos du mineur, car cela résulte des termes mêmes de l'art. 1030.

Tous les auteurs s'accordent à généraliser cette solution [2].

2610. Si, au double point de vue que nous venons de signaler, au point de vue de la forme dans laquelle elle doit être consentie comme au point de vue de la capacité requise chez celui auquel elle est confiée, l'exécution testamentaire se distingue nettement du mandat ordinaire, elle s'en distingue aussi un autre point de vue qu'il importe de ne pas laisser dans l'ombre car, plus encore que les précédents, il contribue à donner à l'exécution testamentaire une physionomie caractéristique et spéciale.

Quand il s'agit du mandat ordinaire, c'est au mandant qu'il appartient de déterminer librement l'étendue des pouvoirs dont il investit son mandataire. Tout au plus le législateur exige-t-il, dans certains cas, que le consentement du mandant s'affirme dans des formes qu'il précise. Mais, sauf cette réserve, le législateur laisse le mandant absolument libre de fixer la mesure et l'étendue des attributions de son mandataire.

Ici, au contraire, il en est tout autrement.

L'exécution testamentaire est une institution de pur droit civil. Une disposition formelle de la loi était nécessaire pour la créer et en autoriser l'usage. En effet, le testateur se survit pour ainsi dire à lui-même dans la personne du mandataire qu'il a choisi; il commande pour après sa mort, alors que la mort met naturellement fin à tout ici bas.

D'un autre côté, l'exécution testamentaire apporte des entraves au droit de propriété, qui appartient aux héritiers du testateur sur les biens dont celui-ci n'a pas disposé, et con-

[1] *Sic*, Demolombe, *Don.*, V, n. 9 ; Laurent, XIV, n. 325, et les auteurs cités dans Fuzier-Herman, sur l'art. 1028, n. 3.

[2] *Sic*, Aubry et Rau, VII, p. 448, § 711 ; Troplong, IV, n. 2008 ; Demolombe, *Don.*, V, n. 31.

tient ainsi une restriction aux principes fondamentaux de la matière, d'après lesquels tout propriétaire a, sur sa chose, un droit souverain et absolu.

A ce double titre, le mandat que contient l'exécution testamentaire est un mandat d'une nature tout exceptionnelle, dont la loi peut seule fixer l'étendue et les limites.

Il résulte de là que les exécuteurs testamentaires ne peuvent rien faire en dehors de leur mandat légal, et que le testateur lui-même n'a pas le droit d'élargir ce mandat en augmentant les pouvoirs que la loi leur accorde, ni celui de dispenser ses exécuteurs testamentaires de l'accomplissement des formalités qu'elle prescrit dans l'intérêt des héritiers.

Nous avions donc raison de dire qu'il y a là un point de vue auquel l'exécution testamentaire se distingue très nettement du mandat ordinaire.

Lorsque nous nous occuperons des fonctions des exécuteurs testamentaires, nous aurons à tirer de cette différence que l'exécution testamentaire présente avec le mandat ordinaire de nombreuses et importantes conséquences.

Nous devons, d'ailleurs, reconnaître que toutes ces conséquences ne sont point admises par la jurisprudence.

Il semble, au contraire, que celle-ci ait une tendance manifeste à considérer le mandat des exécuteurs testamentaires comme susceptible d'extension en vertu de la volonté du testateur.

§ III. *Des fonctions des exécuteurs testamentaires.*

2611. Un examen, même superficiel, des textes que le code civil consacre à la détermination des fonctions des exécuteurs testamentaires, conduit à remarquer que ces fonctions sont toutes différentes, suivant qu'il s'agit d'exécuteurs investis de la saisine du mobilier ou d'exécuteurs non saisis.

Nous parlerons donc d'abord de la saisine qui peut appartenir aux exécuteurs testamentaires.

Nous déterminerons ensuite les fonctions des exécuteurs testamentaires saisis et celles des exécuteurs testamentaires non saisis.

Nous terminerons ce paragraphe en parlant des complications qui peuvent résulter de la pluralité des exécuteurs testamentaires désignés par le testateur.

N° 1. De la saisine des exécuteurs testamentaires.

2612. Si la saisine des exécuteurs testamentaires était inconnue dans les pays de droit écrit, elle était au contraire la règle dans nos anciennes coutumes. Toutes admettaient en effet que, de plein droit, l'exécuteur testamentaire avait la saisine. Mais elles ne s'accordaient plus quand il s'agissait de fixer le délai pour lequel la saisine était conférée et surtout de déterminer les choses qu'elle comprenait.

C'est ainsi, par exemple, que si certaines coutumes admettaient la saisine pour les meubles et les conquêts [1], d'autres la restreignaient aux meubles [2].

Quelques-unes l'étendaient à la succession entière [3], tandis que d'autres la limitaient aux biens nécessaires à l'acquittement des legs [4].

Quant à la durée de la saisine, c'était généralement la durée de l'an et jour à compter du décès du testateur.

2613. Le code civil a mis fin à toutes ces diversités, en précisant, dans l'art. **1026** du C. civ., et les biens compris dans la saisine de l'exécuteur testamentaire et la durée de cette saisine.

Aux termes de l'art. **1026** :

« *Il* (le testateur) *pourra leur donner la saisine du tout, ou » seulement d'une partie de son mobilier ; mais elle ne pourra » durer au-delà de l'an et jour à compter de son décès. — S'il » ne la leur a pas donnée, ils ne pourront l'exiger* ».

Ainsi l'art. **1026** limite aux meubles la saisine des exécuteurs testamentaires et il en fixe la durée à l'an et jour à compter du décès.

C'étaient là les règles déjà admises par la coutume de Paris.

[1] Telles étaient les coutumes du Berry, tit. XVIII, art. 22 et du Bourbonnais, art. 295.

[2] Telle était notamment la coutume de Paris, art. 297.

[3] Telles étaient les coutumes de Châlons, art. 74 et de Troyes, art. 99.

[4] Telle était la coutume d'Orléans, art. 290.

A ce double point de vue, l'art. 1026 ne consacre donc aucune innovation : il se borne à choisir entre les différentes solutions précédemment admises.

2614. Mais, au lieu d'accorder la saisine de plein droit aux exécuteurs testamentaires, comme le faisaient les coutumes, il ne leur permet de la réclamer qu'en vertu d'une disposition formelle du testateur, qui peut, d'ailleurs, restreindre la saisine à une partie du mobilier.

Il est douteux que le législateur, en réformant notre droit sur ce point, l'ait amélioré. Le rôle de l'exécuteur testamentaire est, comme on le verra, fort effacé, lorsqu'il n'a pas la saisine; il est alors un surveillant plutôt qu'un exécuteur. Est-il raisonnable de supposer, dans le silence du testateur, qu'il n'ait pas voulu conférer à son exécuteur testamentaire un droit sans lequel il ne peut remplir que très imparfaitement sa mission?

2615. Quoi qu'il en soit, on doit nécessairement s'en tenir aux termes de la loi et n'accorder la saisine à l'exécuteur testamentaire qu'autant qu'elle lui a été conférée par le testateur [1].

Tout ce qu'on peut admettre, c'est que la volonté du testateur, à ce relative, n'a pas besoin d'être conçue en termes exprès, encore moins en termes sacramentels.

Il suffit qu'elle résulte de l'ensemble des dispositions du testament [2].

Il a même été jugé qu'elle pourrait résulter de la nature même de la mission donnée à l'exécuteur testamentaire [3].

2616. Ce droit, que la loi reconnaît ainsi au testateur de conférer à un exécuteur testamentaire la saisine de tout son mobilier, lui appartient, d'ailleurs, dans tous les cas, aussi bien quand il laisse des héritiers réservataires que lorsque tous ses biens sont de libre disposition.

Notre ancien droit le décidait ainsi et il ne nous paraît pas douteux que la même solution doive encore être admise, en

[1] *Sic*, Cass. Belgique, 6 juill. 1871, *Pasicr.*, 71. 1. 236. — Dans le même sens, Laurent, XVI, n. 335 ; Demolombe, *Don.*, V, n. 44 et 54 *bis*.

[2] *Sic*, Demolombe, *Don.*, V, n. 54 *bis* ; Laurent, XIV, n. 336.

[3] *Sic*, Pau, 13 janv. 1890, D., 91. 2. 52. — Voyez également Cass., 26 janvier 1886, S., 87. 1. 214, D., 86. 1. 241.

présence de la généralité des termes de l'art. 1026 qui n'autorise aucune distinction. Cette absence de distinction n'est-elle pas significative, alors surtout que, sur une matière analogue, les art. 1004 et 1006 font formellement ce que ne fait point l'art. 1026 dont le texte doit être respecté?

Vainement dit-on qu'on en arrive ainsi à porter atteinte à la réserve. Mais, si atteinte il y a, c'est une atteinte purement provisoire que, d'ailleurs, les héritiers réservataires ont un moyen facile de faire cesser. Il leur suffit, pour cela, d'user de la faculté que l'art. 1027 offre, d'une façon générale, à tous les héritiers.

Enfin, en admettant qu'il y ait atteinte à la réserve, c'est une atteinte que le législateur autorise. N'est-ce pas avec raison, du reste, puisque ce sont souvent les héritiers les plus rapprochés qui montrent le plus de répugnance à acquitter les dispositions testamentaires de leur auteur?

La jurisprudence est en ce sens [1]. Mais la question divise encore les auteurs [2].

2617. Le testateur peut, dit l'art. 1026, donner à l'exécuteur testamentaire la saisine de son mobilier.

Que comprend cette expression?

Déjà, dans notre ancien droit, on lui donnait l'acception la plus large. Il fallait entendre, par là, tout ce qui n'était pas immeuble et notamment, ainsi que le constate Bacquet [3], « les deniers comptants, la vaisselle d'argent, les ustensiles d'hôtel, les habits, linge, bagues et joyaux, les dettes actives, les arrérages de rente, louages de maisons, moissons de grains dues et échues au jour du décès du testateur ».

Telle est également l'acception large qu'on s'accorde à reconnaître [illegible]pression qu'emploie l'art. 1026, pour désigner les biens d[illegible] saisine peut être donnée à l'exécuteur testamentaire [4].

[1] V. notamment, Paris, 18 déc. 1871, S., 72. 1. 169, D., 73. 2. 15.

[2] Dans le sens de notre opinion, Demolombe, *Don.*, V, n. 51; Colmet de Santerre, IV, n. 171 *bis*, V; Laurent, XIV, n. 340. — En sens contraire Duranton, IX, n. 401; Aubry et Rau, VII, p. 453, § 711, note 28.

[3] Bacquet, *Droit de bâtardise*, ch. VII, n. 3.

[4] *Sic*, Laurent, XIV, n. 337.

2618. Mais il ne faudrait pas comprendre dans le mobilier dont parle l'art. 1027 les fruits et revenus des immeubles, échus depuis la mort du testateur. C'était déjà la solution que donnaient nos anciens auteurs pour les pays dont les coutumes n'admettaient point la saisine des immeubles [1]. L'appui que cette solution trouve dans la tradition est, d'ailleurs, confirmé par les art. 520 et 547 du C. civ., qui considèrent comme immeubles et, partant, comme appartenant au propriétaire, par voie d'accession, les fruits et les récoltes non encore recueillis. Or, la saisine, s'appliquant au seul mobilier qui existe au décès du testateur, ne saurait évidemment comprendre ces fruits et revenus [2].

2619. D'ailleurs, le testateur est absolument maître de restreindre, comme il l'entend, à telle ou telle partie de son mobilier la saisine qu'il donne à son exécuteur testamentaire.

C'est ce que dit en termes formels l'art. 1026 du C. civ. A ce point de vue, la volonté du testateur est omnipotente et elle est souverainement interprétée par les juges du fait.

2620. Mais, si le testateur peut ainsi restreindre à une partie de son mobilier la saisine de l'exécuteur testamentaire, il ne saurait y comprendre tout ou partie de ses immeubles. Si formelle que soit la volonté qu'il exprime à ce point de vue, on doit la tenir pour non avenue.

On l'a contesté, au moins pour le cas où le testateur ne laisse pas d'héritiers à réserve.

En pareil cas, dit-on, le testateur aurait pu priver ses héritiers de tout droit dans sa succession. Comment admettre qu'il ne puisse la leur laisser sous telles conditions qu'il lui plait de préciser pourvu qu'elles soient compatibles avec l'ordre public et les bonnes mœurs [3]?

Mais cette opinion nous paraît inadmissible.

C'est, nous l'avons dit, non point au testateur, mais au législa-

[1] *Sic*, Ferrière, sur l'art. 297 de la coutume de Paris; Furgole, *Testament*, IV. ch. X, sect. 4, n. 40; Ricard, partie 2, ch. II, n. 77.

[2] *Sic*, Demolombe, *Don.*, V, n. 53; Aubry et Rau, VII, p. 455, § 711, note 36 et les auteurs cités dans Fuzier-Herman, sur l'art. 1026, n. 6.

[3] *Sic*. Delvincourt, II, p. 95, note 6; Duranton, IX, n. 400; Vazeille, sur l'art. 1026, n. 2.

teur seul qu'il appartient de préciser les limites du mandat spécial qu'est l'exécution testamentaire. Argumenter de la maxime : qui peut le plus peut le moins, c'est oublier le texte formel de l'art. **1026** qui a précisément pour but de déterminer dans quelle mesure la saisine de l'exécuteur testamentaire peut porter atteinte à la saisine des héritiers légitimes ou des légataires universels. Or, les termes de l'art. **1026** ne laissent aucun doute alors qu'on les rapproche des explications qui en ont été données, lors des travaux préparatoires du code civil (1).

La tradition fournit à notre manière de voir un argument dont on ne peut méconnaître la puissance. Et, en effet, dans les coutumes qui n'admettaient point la saisine, on s'accordait à reconnaître que le testateur ne pouvait la donner à ses exécuteurs testamentaires (2).

C'est en ce sens, du reste, que se prononcent presque tous les auteurs (3) et cela été plusieurs fois jugé (4).

2621. Ce que nous venons de dire de l'étendue que le testateur peut donner à la saisine, nous devons également le dire de la durée de celle-ci.

Les raisons de décider sont les mêmes.

En conséquence, si le testateur peut très valablement limiter à un temps moindre que le délai légal la durée de la saisine qu'il accorde à son exécuteur testamentaire, il ne saurait l'étendre au-delà des limites que détermine l'art. 1026.

Sauf quelques contestations (5), c'est en ce sens que se prononcent la jurisprudence (6) et les auteurs (7).

(1) V. notamment les paroles du tribun Jaubert, rapportées dans Fenet, *Trav. prép. du Code civil*, XII, p. 610.

(2) *Sic*, Pothier, *Don. testament.*, chap. V, sect. I, art. 2, § 3 ; Ricard, part. II, ch. II, n. 78.

(3) *Sic*, Demolombe, *Don.*, V, n. 47 ; Aubry et Rau, VII, p. 453, § 711 ; Laurent, XIV, n. 338 et les auteurs cités dans Fuzier-Herman, sur l'art. 1026, n. 13.

(4) V. notamment Lyon, 26 août 1864, S., 65. 2. 254. — Bruxelles, 8 août 1864, *Pasicr.*, 64. 2. 411.

(5) V. notamment Duranton, IX, n. 400.

(6) En ce sens Pau, 7 déc. 1861, S., 62. 2. 257, D., 63. 5. 164. — Alger, 20 janv. 1879, S., 79. 2. 71, D., 79. 2. 143.

(7) *Sic*, Aubry Rau, VII, p. 454, § 711 ; Laurent, XIV, n. 341 s. et les auteurs cités dans Fuzier-Herman, sur l'art. 1026, n. 15.

2622. Le délai d'an et jour que le législateur a assigné comme *maximum* à la durée de la saisine court à compter du décès du testateur. L'art. 1026 le dit en termes formels. Mais on s'accorde à reconnaître que ce point de départ peut être retardé jusqu'au jour où l'exécuteur testamentaire aura pu se mettre effectivement en possession, si, par suite de circonstances indépendantes de sa volonté, par exemple par suite de la découverte tardive du testament, il a été empêché de se mettre de suite en possession.

Cette décision, qui est conforme à la tradition, est conforme aussi au vœu de la loi, qui accorde un an à l'exécuteur testamentaire pour pourvoir à l'exécution des volontés du défunt. Elle a, en outre, l'avantage de rendre inutiles les obstacles que les héritiers tenteraient d'apporter à la prise de possession par l'exécuteur testamentaire des objets dont il a la saisine (1).

2623. Mais, si les juges ont ainsi un moyen indirect de prolonger le délai que la loi fixe pour la durée de la saisine de l'exécuteur testamentaire, on ne saurait reconnaître aux tribunaux le droit de proroger directement ce délai, alors que cela leur paraîtrait nécessaire pour l'exécution du testament. Dès que l'exécuteur testamentaire a pu profiter de la saisine à compter du décès du testateur, il ne saurait être maintenu en possession après l'expiration du délai que fixe l'art. 1026.

C'est l'opinion de presque tous les auteurs (2).

2624. La saisine des exécuteurs testamentaires ne fait pas obstacle à celle que la loi accorde aux héritiers légitimes (art. 724), ou au légataire universel dans le cas de l'art. 1006.

On s'accorde à le reconnaître (3).

En effet la saisine des héritiers légitimes ou des légataires universels est une saisine *de droit,* celle des exécuteurs testa-

(1) *Sic*, Demolombe, *Don.*, V, n. 50; Laurent, XIV, n. 343 et les auteurs cités dans Fuzier-Herman, sur l'art. 1026, n. 17.

(2) V. les citations faites dans Fuzier-Herman, sur l'art. 1026, n. 16.

(3) *Sic*, Demolombe, *Don.*, V, n. 55; Aubry et Rau, VII, p. 455, § 711; Laurent, XIV, n. 339.

mentaires une saisine *de fait*. En d'autres termes, la saisine des héritiers légitimes leur confère la possession *de droit* avec tous les avantages qui y sont attachés; tandis que la saisine des exécuteurs testamentaires ne leur confère que la possession *de fait* : ils possèdent à peu près comme posséderait un dépositaire ou un séquestre, c'est-à-dire non pour eux-mêmes, mais pour les héritiers ou légataires universels auxquels ils seront tenus de rendre compte.

Le principal avantage de cette possession de fait est d'empêcher les détournements qui pourraient être commis par les héritiers au préjudice des légataires d'objets mobiliers et de permettre aux exécuteurs testamentaires de payer directement les légataires.

2625. De la coexistence des deux saisines de l'exécuteur testamentaire et des héritiers, on doit tirer cette conséquence que ni l'exécuteur, ni les héritiers ne peuvent avoir la possession exclusive des papiers de la succession qui peuvent être utiles à tous.

Aussi les héritiers ont-ils le droit de demander la consignation des papiers et des titres de la succession dans un endroit public, pendant toute la durée de l'exécution testamentaire (1).

2626. Quant aux effets qu'entraîne la saisine des exécuteurs testamentaires, ils consistent principalement à leur permettre de se mettre en possession des meubles héréditaires, en tout ou en partie, suivant l'étendue que le testateur a donnée à leur saisine.

Ils peuvent le faire de leur propre autorité, si le testament qui les nomme est un testament authentique.

Mais, si ce testament est olographe ou mystique, il nous paraît indispensable que l'exécuteur se fasse préalablement envoyer en possession conformément aux dispositions de l'art. 1008 du code civil.

Il est difficile de méconnaître l'analogie des situations et, partant, de ne point étendre à l'une ce qui est décidé pour l'autre (2).

(1) *Sic*, Bruxelles, 25 fév. 1818. D. *Rép.*, v° *Disp.*, n. 4025.
(2) V. notamment Huc, VI, n. 358.

2627. Ce droit qu'a l'exécuteur testamentaire de se mettre en possession du mobilier, entraîne nécessairement cette conséquence qu'il peut toucher les sommes dues à la succession et en donner valablement quittance.

2628. Il nous paraît également donner qualité à l'exécuteur testamentaire pour poursuivre les débiteurs héréditaires et les forcer à payer. C'est une conséquence nécessaire de la saisine. Saisi, l'exécuteur testamentaire a le droit et le devoir de se mettre en possession des meubles héréditaires. Or, s'il y a des créances dans la succession, il n'a d'autre procédé, pour se mettre en possession, que de poursuivre en justice les débiteurs lorsqu'ils refusent de payer. On ne saurait donc lui dénier le droit de le faire.

C'est, du reste, ce qu'enseignait déjà Pothier (1).

Il n'hésitait même pas à déclarer l'exécuteur testamentaire responsable de l'insolvabilité des débiteurs héréditaires, lorsque des poursuites, exercées en temps utile, auraient pu éviter que la succession souffrît de cette insolvabilité.

Aussi, bien qu'un arrêt déjà ancien de la cour de Bruxelles ait décidé le contraire (2), les auteurs sont unanimes à reconnaître que l'exécuteur testamentaire peut légalement poursuivre les débiteurs héréditaires (3).

2629. Ce qui est vrai, c'est que, si le débiteur conteste l'obligation, l'héritier doit être mis en cause. On évitera ainsi que le jugement puisse être considéré comme non avenu à son égard et qu'il puisse l'attaquer par la tierce opposition.

2630. Comme le but de la saisine est de faciliter l'exécution du testament, il est évident que, fort embarrassante d'ailleurs pour les héritiers, elle ne saurait survivre à l'exécution du testament.

C'est pourquoi nos anciennes coutumes permettaient aux héritiers de faire cesser la saisine de l'exécuteur testamentaire,

(1) Pothier, *Don. testament.*, chap. V, sect. 1, art. 2, § 4. — Dans le même sens Ferrière, *Institutes coutumières*, liv. III, tit. VI, art. 104.

(2) Bruxelles, 3 janv. 1824, D. *Rép.*, v° *Disp.*, n. 4092.

(3) V. notamment Demolombe, *Don.*, V, n. 56; Aubry et Rau, VII, p. 455, § 711; Laurent, XIV, n. 350 et les auteurs cités dans Fuzier-Herman, sur l'art. 1026, n. 8.

en exécutant eux-mêmes le testament ou en lui fournissan les moyens de l'exécuter.

Le code civil a reproduit les dispositions de nos ancienne coutumes sur ce point.

Aux termes de l'art. 1027 :

« *L'héritier pourra faire cesser la saisine, en offrant d* » *remettre aux exécuteurs testamentaires somme suffisant* » *pour le paiement des legs mobiliers, ou en justifiant de c* » *paiement* ».

Ainsi l'article offre aux héritiers deux moyens de faire ces ser la saisine de l'exécuteur testamentaire :

1° Exécuter le testament et justifier de son exécution ;

2° Offrir aux exécuteurs testamentaires des deniers suffi sants pour l'exécution du testament.

Il nous paraît, du reste, certain que l'offre dont parle l loi doit être réelle et non simplement verbale [1].

2631. Mais les deux procédés qu'indique l'art. 1027 n sont susceptibles d'aucun équivalent. Aussi les auteurs s'a cordent-ils à reconnaître que les héritiers ne sauraient êt admis à remplacer les sûretés dont parle la loi par des sûr tés qu'ils prétendraient équivalentes, l'offre d'une cautic par exemple [2].

2632. Mais, par contre, une fois fournie la sûreté do parle l'art. 1027, l'exécuteur testamentaire n'a plus, en au cune façon, à s'immiscer dans la liquidation de la successic et la vente des biens héréditaires.

Les droits, qu'à ce point de vue il pouvait tenir du test teur, ne lui avaient été concédés que pour veiller au pai ment des legs. Dès que ce paiement est assuré, les droits relatifs, donnés à l'exécuteur testamentaire, doivent nécessa rement disparaître [3].

(1) *Sic*, Laurent, XIV, n. 345.

(2) *Sic*, Demolombe, *Don.*, V, n. 57 et les auteurs cités dans Fuzier-Herma sur l'art. 1027, n. 3.

(3) *Sic*, Demolombe, *Don.*, V, n. 57; Laurent, XIV, n. 345 et les auteurs ci dans Fuzier-Herman, sur l'art. 1027, n. 3.

N° 2. Des fonctions des exécuteurs testamentaires qui ont la saisine du mobilier.

2633. Si, d'une façon générale, on veut caractériser la différence qui existe entre les fonctions de l'exécuteur testamentaire saisi et celles de l'exécuteur testamentaire non saisi, on peut dire que l'exécuteur testamentaire saisi est chargé d'*exécuter* le testament en payant les legs mobiliers, tandis que l'exécuteur testamentaire non saisi est seulement chargé de *veiller à l'exécution* du testament.

L'art. 1031 qui détermine les fonctions des exécuteurs testamentaires n'établit aucune distinction apparente entre les deux catégories d'exécuteurs. Mais certaines de ses dispositions, telles que l'obligation de rendre compte de leur gestion, indiquent suffisamment que l'art. 1031 vise spécialement les exécuteurs testamentaires saisis. L'exécuteur testamentaire non saisi. qui n'a, en aucune façon, le maniement de deniers héréditaires et la disposition du mobilier, ne saurait en effet être soumis à une obligation de ce genre.

Etudions donc les dispositions de l'art. 1031 puisque ce sont elles qui déterminent les fonctions des exécuteurs testamentaires saisis.

Aux termes de ce texte :

« *Les exécuteurs testamentaires feront apposer les scellés,* » *s'il y a des héritiers mineurs, interdits ou absents. — Ils* » *feront faire, en présence de l'héritier présomptif, ou lui* » *dûment appelé, l'inventaire des biens de la succession. Ils* » *provoqueront la vente du mobilier, à défaut de deniers suffi-* » *sants pour acquitter les legs. — Ils veilleront à ce que le* » *testament soit exécuté; et ils pourront, en cas de contestation* » *sur son exécution, intervenir pour en soutenir la validité. —* » *Ils devront, à l'expiration de l'année du décès du testateur,* » *rendre compte de leur gestion* ».

2634. Les fonctions qu'indique l'art. 1031 sont relatives à trois objets principaux :

1° Aux mesures conservatoires que l'exécuteur testamentaire doit prendre, lors de son entrée en fonctions ;

2° A l'exécution du testament;
3° A la reddition du compte de sa gestion.

A. *Des mesures conservatoires.*

2635. Les mesures conservatoires que prescrit l'art. **1031** à l'exécuteur testamentaire, lors de son entrée en fonctions, sont au nombre de deux :

1° L'apposition des scellés;
2° L'inventaire.

a. *De l'apposition des scellés.*

2636. Aux termes de l'art. **1031**, les exécuteurs testamentaires ne sont tenus de procéder à cette formalité qu'autant qu'il y a des héritiers mineurs, absents ou interdits.

Nous en devons nécessairement conclure que c'est non dans l'intérêt des légataires mais dans celui des héritiers incapables que cette formalité est prescrite. Comment, en effet, comprendre la distinction de l'art. **1031** si l'apposition des scellés était édictée dans l'intérêt des légataires? Les scellés ne sont-ils pas aussi nécessaires à ceux-ci quand les héritiers sont présents et capables que lorsqu'ils sont absents ou incapables? La loi ne s'est donc point ici préoccupée de l'intérêt des légataires. Elle a estimé que ceux-ci étaient suffisamment protégés par la saisine de l'exécuteur testamentaire, choisi par le défunt pour veiller à leurs intérêts.

Il est, du reste, bien évident que, si les légataires croient devoir se défier de l'exécuteur testamentaire, ils pourront demander l'apposition des scellés, en vertu de l'art. **910** du code de procédure civile [1].

2637. Si c'est dans l'intérêt des héritiers incapables qu'a statué l'art. **1031**, il en résulte cette conséquence nécessaire, c'est que l'exécuteur n'est tenu de l'obligation que lui impose l'art. **1031**, qu'autant que les héritiers mineurs ou interdits se trouvent sans tuteur, lors de son entrée en fonction. En est-il autrement, c'est le tuteur que cette obligation concerne, c'est à lui de veiller à l'intérêt de ses pupilles et non à l'exécuteur

[1] *Sic*, Demolombe, *Des donations*, V, n. 61.

testamentaire ; cela résulte des dispositions des art. 910 et 911 du code de proc. civ.

Sans doute, nous n'allons pas jusqu'à dire que l'art. 1031-1° a été abrogé par les art. 910 et 911 du code de proc. civ. Mais il est bien certain que la matière de l'apposition des scellés n'avait pas été réglée, d'une façon complète, par le code civil et qu'il appartenait au législateur de 1806 de poser les règles définitives de la matière. Les dispositions du code civil relatives à l'apposition des scellés ne sauraient donc prévaloir sur celles que le code de proc. civ. lui consacre. Qu'est-ce à dire sinon que, dans l'application de l'art. 1031, on doit nécessairement tenir compte des art. 910 et 911 du code de proc. civ. ? On doit donc décider que l'exécuteur testamentaire ne pourra requérir l'apposition des scellés dans l'intérêt des héritiers mineurs et interdits, qu'autant que ceux-ci ne seront pas pourvus de tuteur [1].

b. *De l'inventaire.*

2638. La seconde mesure conservatoire prescrite par l'art. 1031 est l'inventaire des biens de la succession.

En présence de la généralité des termes de la loi, il nous paraît difficile de croire que cet inventaire doive se limiter au seul mobilier sur lequel porte la saisine de l'exécuteur testamentaire.

On l'a soutenu cependant [2].

Mais c'est, nous semble-t-il, tenir peu de compte des termes de l'art. 1031, qui a évidemment eu une intention, en employant ici une expression générale et non, comme dans le paragraphe suivant, une expression plus étroite et plus restreinte.

D'ailleurs, rien de plus juste que l'inventaire de l'exécuteur testamentaire comprenne tous les biens héréditaires. Tout le patrimoine du testateur, les meubles comme les immeubles,

(1) *Sic*, Bayle-Mouillard sur Grenier, III, n. 330, note *a*; Colmet de Santerre, IV, n. 176 *bis*, II ; Boitard et Colmet Daage, *Leçons de proc.*, n. 1132 ; Demolombe, *Don.*, IV, n. 61 ; Laurent, XIV, n. 353 et 354. — En sens contraire Troplong, IV, n. 2020 ; Saintespès-Lescot, V, n. 1561. — Comp. Aubry et Rau, VII, p. 451, § 711, et Marcadé, sur l'art, 1031, n. 1.

(2) Demolombe, *Don.*, V, n. 62.

est affecté à l'exécution du testament. Il est donc naturel que l'exécuteur testamentaire, qui a mission d'assurer l'exécution du testament, établisse, par un inventaire complet, les forces totales de la succession [1].

2639. Ainsi que l'indique l'art. **1031**, cet inventaire doit être fait contradictoirement avec l'héritier ou lui dûment appelé. Nos anciennes coutumes l'exigeaient déjà, ainsi qu'en témoigne Furgole [2].

Cela est tout autant dans l'intérêt des héritiers que de l'exécuteur testamentaire lui-même. D'une part, en effet, les héritiers sont protégés et mis en garde contre tout détournement du fait de l'exécuteur testamentaire et d'autre part, celui-ci trouve, dans un inventaire ainsi rédigé, la meilleure garantie de sa loyauté.

2640. Le testateur peut-il dispenser son exécuteur testamentaire de l'obligation de faire inventaire?

Nous ne le pensons point.

Cela résulte nécessairement, à nos yeux, du caractère que nous avons reconnu à l'exécution testamentaire. C'est un mandat d'une nature spéciale dont les conditions et l'étendue ne dérivent point de la libre volonté du mandant. Celui-ci, s'il veut y recourir, ne peut le donner que dans les conditions et avec l'étendue que le législateur a cru devoir déterminer. Dans ces conditions, figure précisément l'inventaire que prescrit l'art. **1031**. C'est une des garanties que la loi accorde aux héritiers, à l'encontre de l'exécuteur testamentaire. La supprimer ce serait exagérer l'atteinte que l'exécution testamentaire apporte aux droits des héritiers. Nous en concluons que le testateur ne saurait en dispenser l'exécuteur testamentaire qu'il croit devoir désigner [3].

Sans doute, dans notre ancien droit, la question était controversée. Ricard [4] et Furgole [5] tenait pour la validité de

(1) *Sic*, Laurent, XIV, n. 356; Troplong, III, n. 2022 et 2023.

(2) Furgole, *Testament*, IV, ch. X, sect. IV, n. 27.

(3) *Sic*, Bayle-Mouillard sur Grenier, III, n. 337; Coin-Delisle, sur l'art. 1031, n. 31; Demolombe, *Don.*, V, n. 63; Laurent, XIV, n. 358.

(4) Ricard, I. part. 2, n. 87 et 88.

(5) Furgole, *Testament*, IV, ch. X, sect. 4, n. 27.

la dispense. Mais nombre d'auteurs la tenaient pour illégale. C'était notamment l'opinion de Bacquet [1] et de Pothier [2], le guide habituel des rédacteurs du code civil. Ce dernier auteur en donnait cette raison « que l'exécuteur testamentaire tient de la loi la saisine des biens de la succession et non du testateur; il ne peut donc l'exercer que sur les conditions auxquelles la loi la lui accorde ».

C'est la raison que nous venons de donner, en la faisant découler de la nature même de l'exécution testamentaire.

2641. Vainement argumente-t-on, en sens contraire, de la maxime qui peut le plus peut le moins. Le testateur aurait pu léguer à l'exécuteur testamentaire, il peut, *à fortiori*, le dispenser de faire inventaire.

Mais rien n'est moins sûr que les conséquences qu'on veut tirer de cette maxime.

Nous l'avons vu déjà, à propos de la question de savoir si le testateur pouvait prolonger le délai de la saisine de l'art. 1026 ou étendre cette saisine.

2642. D'ailleurs, que de divergences chez les auteurs qui admettent la validité de la dispense!

Pour les uns [3], la dispense n'est valable qu'autant que l'exécuteur testamentaire est capable de recevoir et que le testateur ne laisse pas d'héritiers réservataires.

Pour d'autres [4], le testateur peut toujours dispenser son exécuteur testamentaire de l'obligation de faire inventaire. Mais les héritiers ou les légataires ont le droit de faire, à leurs frais, rédiger un inventaire, sans qu'on doive tenir compte des défenses que pourrait, à ce point de vue, contenir le testament.

D'autres, enfin, estiment qu'une défense de ce genre devrait valoir, pourvu que le testateur ne laissât pas de dettes, que l'exécuteur testamentaire ne fût pas incapable de recevoir et qu'il n'y eût pas d'héritiers à réserve. En définitive, ils interprètent cette défense comme un avantage indirect que rien

(1) Bacquet, *Dr. de bâtardise*, ch. XVII, n. 17.
(2) Pothier, *Don. test.*, ch. V, sect. 1, art. 3, § 1.
(3) *Sic*, Toullier, II, n. 604; Duranton, IX, n. 406.
(4) *Sic*, Marcadé, sur l'art. 1031; Colmet de Santerre, IV, n. 176 *bis*, X.

n'empêche de considérer comme valable, pourvu qu'il ne soit point un moyen d'éluder les règles relatives à la capacité de recevoir ou celles qui déterminent l'étendue de la réserve [1].

Ces dissensions ne sont-elles pas une nouvelle preuve qu'il ne peut s'agir, en cette matière, de repousser la seule solution qui nous paraisse compatible avec la nature même de l'exécution testamentaire? Dès qu'on l'écarte, tout devient incertain et discutable.

D'autre part, en admettant la validité de la dispense d'inventaire, comment l'exécuteur testamentaire rendra-t-il compte de sa gestion aux héritiers? Sur quelle base établira-t-il le compte? Comment s'assurer de la régularité et de la fidélité de sa gestion?

2643. Régulièrement l'exécuteur testamentaire doit donc, au moment de la prise de possession du mobilier dont il a la saisine, faire rédiger un inventaire des biens de la succession. Le testateur ne peut point l'en dispenser.

Si, contrevenant aux dispositions de l'art. 1031, l'exécuteur testamentaire entrait en possession du mobilier, sans avoir fait rédiger un inventaire, nous n'hésitons pas à croire qu'il faudrait, par analogie, lui appliquer les art. 1415 et 1442 du code civil et autoriser les héritiers à établir la consistance des biens héréditaires, même par la commune renommée. C'est là, du reste, la solution généralement admise dans une hypothèse analogue : celle de l'usufruitier entrant en possession, sans avoir fait dresser inventaire des biens sur lesquels porte son usufruit.

2644. Tenu de faire procéder à l'inventaire, l'exécuteur testamentaire doit avoir, semble-t-il, le droit de choisir les officiers ministériels auxquels incombera cette mission.

On l'admettait dans notre ancien droit [2] et cela est encore soutenu sous l'empire du code civil [3].

Il nous semble que c'est peu tenir compte des dispositions de l'art. 935 du code de proc. civ., qui, en termes précis, confie

[1] Merlin, *Rép.*, v° *Exéc. test.*, n. 4.

[2] *Sic*, Nouveau-Denizard, v° *Exécut. testam.*, § 5, n. 7 et 10.

[3] *Sic*, Toullier, V, n. 584; Delvincourt, IX, p. 375, note; Aubry et Rau, VII, p. 451, § 711, note 19.

au président du tribunal de première instance, le soin de nommer d'office les officiers ministériels chargés de procéder à l'inventaire, si les exécuteurs testamentaires et les héritiers ne se mettent point d'accord sur le choix qu'il convient de faire. Or, il nous paraît incontestable que, sur une question de procédure, les textes du code de procédure civile, postérieur du reste au code civil, doivent intervenir d'une façon décisive. Cela a été jugé [1] et c'est aussi l'opinion d'un grand nombre d'auteurs [2].

c. *Des autres mesures conservatoires.*

2645. Les scellés et l'inventaire sont les seules mesures conservatoires dont parle l'art. 1831. Mais il n'est pas douteux qu'il entre dans la mission de l'exécuteur de prendre toutes les mesures conservatoires que paraîtra nécessiter l'exécution du testament.

C'est ainsi qu'en cas d'insuffisance du mobilier pour l'acquittement des legs, l'exécuteur testamentaire pourrait faire inscrire l'hypothèque que les art. 1017 et 2011 du code civil accorde aux légataires sur les immeubles de la succession [3].

2646. C'est ainsi également qu'en cas de vacance de la succession, il pourrait faire nommer un curateur et faire ordonner, contradictoirement avec lui, la délivrance et le paiement des legs [4].

2647. C'est ainsi encore que la cour d'Orléans a très exactement jugé qu'un exécuteur testamentaire, qui ne devait entrer en fonction qu'au décès d'un tiers, institué légataire universel de l'usufruit, pouvait néanmoins, du vivant de ce légataire, procéder à tous les actes conservatoires intéressant l'exécution du testament, et, notamment, exiger du légataire univer-

(1) Bordeaux, 15 avril 1835, D. *Rép.*, v° *Notaire*, n. 361. — Rouen, 21 janv. 1879, S., 79. 2. 101.

(2) *Sic*, Vazeille, sur l'art. 1031, n. 3; Demolombe, *Don.*, V, n. 64; Laurent, XIV, n. 359.

(3) *Sic*, Duranton, IX, n. 416; Aubry et Rau, VII, p. 452, § 711; Laurent, XIV, n. 359.

(4) *Sic*, Duranton, IX, n. 216; Bayle-Mouillard sur Grenier, III, n. 331, note *e*; Demolombe, *Don.*, V, n. 66.

sel d'usufruit la caution que l'art. 601 du code civil oblige tous les usufruitiers à fournir.

B. *De l'exécution du testament.*

2648. Chargé d'une façon générale de veiller à l'exécution du testament, l'exécuteur testamentaire est, avant tout et surtout, tenu d'assurer l'acquittement des legs laissés par le défunt.

C'est une pure mission de contrôle et de surveillance qui lui appartient en ce qui concerne les legs d'immeubles. A raison de la nature même de l'objet qui leur est légué, les légataires d'immeubles n'ont pas besoin d'aussi fortes garanties que les légataires de meubles.

L'exécuteur testamentaire n'a donc que peu de chose à faire à propos des legs d'immeubles. Il ne doit s'en occuper que pour en surveiller l'exécution.

2649. Il en est autrement des legs de meubles ou de sommes d'argent. Saisi du mobilier, c'est lui-même qui doit les acquitter.

Si les legs mobiliers faits par le défunt ont pour objet des meubles héréditaires en nature, l'exécuteur testamentaire les délivrera aux légataires.

Quant aux legs de sommes d'argent, il les paiera sur le numéraire de la succession, et, en cas d'insuffisance, « il *provoquera* la vente du mobilier ». Ces expressions disent assez que l'exécuteur testamentaire n'a pas le droit de vendre le mobilier à l'amiable : ce qui pourrait compromettre les droits des héritiers.

2650. L'exécuteur testamentaire ne doit pas procéder au paiement des legs, sans la participation de l'héritier, qui est intéressé à les contester. En cas d'opposition de celui-ci, la justice sera naturellement appelée à vider le différend. L'exécuteur testamentaire qui paierait un legs sans l'approbation de l'héritier ou l'ordre du juge, s'exposerait aux conséquences d'une action en responsabilité de la part de l'héritier qui soutiendrait que le paiement a été fait à tort, par exemple parce que le legs était nul.

2651. Ce qui vient d'être dit du paiement des legs doit

être étendu à la vente du mobilier, qui se fait, en définitive, pour le compte des héritiers, propriétaires de ce mobilier. L'exécuteur testamentaire ne doit y faire procéder que du consentement de l'héritier, ou, à défaut de ce consentement, sur l'ordre du juge. Si la vente d'une partie seulement du mobilier est nécessaire, c'est à l'héritier qu'il appartient de désigner les meubles qu'il entend conserver [1].

2652. De ce que l'exécuteur testamentaire saisi est chargé du paiement des legs mobiliers, on aurait peut-être tort de conclure que la demande en délivrance doive être formée contre lui. L'exécuteur testamentaire n'est chargé que de l'exécution *matérielle* de la disposition, de la délivrance *de fait*, si l'on peut ainsi dire. C'est à l'héritier, saisi de la propriété et aussi de la possession *de droit* des choses héréditaires, qu'il appartient de faire la délivrance que nous appellerons *de droit*, celle qui implique une approbation du legs. Régulièrement, c'est donc contre l'héritier que doit être formée la demande en délivrance, et il donnera à l'exécuteur testamentaire l'ordre de payer.

On peut donc fort bien soutenir que la demande en délivrance, formée contre l'exécuteur testamentaire, serait irrégulière, et notamment qu'elle serait insuffisante pour faire courir les intérêts [2].

Certains auteurs pensent cependant que les légataires d'objets mobiliers ou de sommes d'argent peuvent former leur demande en délivrance, aussi bien contre l'exécuteur testamentaire que contre l'héritier, sauf à celui des deux qui aura été actionné à appeler l'autre en cause [3].

Mais c'est, à notre avis, donner à la saisine de l'art. 1026 un effet qu'elle ne comporte point. A aucun point de vue, l'exécuteur testamentaire ne peut être considéré comme le représentant de la succession. Or, n'est-ce point cette qualité qu'il faut supposer chez lui, pour admettre qu'il

(1) *Sic*, Coin-Delisle, sur l'art. 1031, n. 4; Demolombe, *Don.*, V, n. 72; Laurent, XIV, n. 363.

(2) *Sic*, Grenier, III, n. 338; Demolombe, *Don.*, V, n. 70 et 71; Laurent, XIV, n. 371.

(3) *Sic*, Aubry et Rau, VII, p. 456, § 711, texte et note 38.

puisse régulièrement répondre à une demande en délivrance?

2653. Nous avons dit, ci-dessus, qu'en cas d'insuffisance de numéraire pour l'acquittement des legs de sommes d'argent, l'exécuteur testamentaire pourrait provoquer la vente du mobilier de la succession.

Mais on ne saurait l'autoriser à provoquer la vente des immeubles héréditaires, si la vente des meubles de la succession ne lui procurait point les deniers nécessaires à l'acquittement des legs.

Le silence de l'art. **1031** sur ce point est décisif, puique ce texte a précisément pour but de déterminer les attributions de l'exécuteur testamentaire.

Vainement objecte-t-on que le droit de provoquer la vente des immeubles rentre dans la mission générale qui incombe aux exécuteurs testamentaires d'exécuter le testament dans l'intérêt des légataires.

Mais, prouvant trop, cet argument ne prouve rien. Il oublie, en effet, que le législateur a nettement déterminé les pouvoirs qui pourraient appartenir à l'exécuteur testamentaire en vue d'assurer l'exécution du testament. En leur donnant seulement le droit de provoquer la vente du mobilier, la loi leur a, par là même, refusé le droit de faire vendre les immeubles [1].

Il y a cependant, en sens contraire, un arrêt déjà ancien de la cour de Pau du **24** août **1825** [2] et c'est aussi l'opinion que soutiennent quelques auteurs [3].

2654. Autre est la question de savoir si le testateur ne pourrait donner à son exécuteur testamentaire le droit que ne lui reconnaît point l'art. **1031**.

Nombre d'auteurs l'admettent [4] et c'est aussi l'opinion qui semble prévaloir en jurisprudence [5].

[1] *Sic*, Coin Delisle, sur l'art. 1031, n. 7; Duranton, IX, n. 410 et 411: Colmet de Santerre, IV, n. 176 *bis*, IV: Laurent, XIV, n. 364.

[2] Pau, 24 août 1825, S., chr., D. *Rép.*, v° *Disposition*, n. 388.

[3] Voyez notamment Toullier, V, n. 593; Troplong, III, n. 2025; Vazeille, sur l'art. 1031, n. 12; Demolombe, *Don.*, V, n. 74.

[4] V. not. Aubry et Rau, VII, p. 450, § 711; Demolombe, *Don.*, V, n. 90: Poujol, sur l'art. 1031, n. 5; Colmet de Santerre, IV, n, 176 *bis*, VII; Saintespès-Lescot, V, n. 1575.

[5] V. not. Cass., 17 avril 1855, S., 56. 1. 255, D., 55. 1. 201. — Douai, 27 janv. 1864, S., 64. 2. 225.

Elle nous paraît inadmissible puisque, nous le savons, on ne peut reconnaître au testateur le droit de fixer, comme il l'entend, l'étendue et les limites de ce mandat d'une nature spéciale qu'est l'exécution testamentaire.

En principe, le propriétaire seul peut vendre. Pour qu'un autre puisse avoir ce droit, il faut une disposition formelle de la loi. Il en faudrait une aussi pour que le testateur pût conférer à son exécuteur testamentaire le droit de faire vendre ses biens à une époque où il ne sera plus propriétaire. La cour de cassation, qui juge le contraire, dit que le testateur, qui aurait pu ne rien laisser à ses héritiers (on les suppose non réservataires), peut, à plus forte raison, ne leur laisser ses biens que sous telle condition qu'il lui plaît d'indiquer, sous cette condition notamment que les exécuteurs testamentaires pourront faire vendre les immeubles pour pourvoir à l'exécution du testament [1].

Mais la règle *Qui peut le plus peut le moins*, n'est pas toujours un guide bien sûr. Souvent le législateur y déroge, par exemple quand il ne permet pas de donner aux exécuteurs testamentaires la saisine des immeubles et quand il défend de leur donner celle du mobilier pour un délai plus long que l'an et jour.

L'interprète doit aussi ne pas tenir compte de cette règle, quand il y a des raisons pour permettre le plus et pour ne pas permettre le moins; or c'est ce qui arrive ici. Que le testateur donne, s'il le veut, ses biens à d'autres qu'à ses héritiers. Mais s'il les laisse à ceux-ci, qu'il n'entrave pas arbitrairement leur droit de propriété, en y apportant toutes sortes de restrictions. Le droit de faire vendre les immeubles n'est-il pas, d'ailleurs, plus exorbitant que le droit d'en conférer la saisine, droit que tout le monde s'accorde à refuser au testateur [2]?

2655. L'exécution du testament ne consiste pas uniquement et exclusivement dans l'acquittement des legs qu'a pu laisser le testateur. La mission générale d'assurer l'exécution

[1] Cass., 17 avril 1855, précité.
[2] En ce sens, Laurent, XI, n. 457 et XIV, n. 365 s.; Huc, VI, n. 362.

du testament s'applique à toutes les dispositions de celui-ci. Tant qu'une de ses dispositions n'est pas exécutée, l'exécuteur testamentaire est en droit d'intervenir, alors que serait expiré le délai légal de la saisine que l'art. **1026** permet de lui conférer. Tous les auteurs s'accordent à le reconnaître [1].

C'est bien, du reste, ce que suppose l'art. **1031** lorsque, d'une façon générale, il décide que les exécuteurs testamentaires pourront, en cas de contestation sur l'exécution du testament, intervenir pour en soutenir la validité.

Il est bien certain que cette intervention est possible, alors que la contestation se produirait après l'expiration du délai pendant lequel l'exécuteur testamentaire est saisi. On ne doit pas hésiter à généraliser cette solution, pour tout ce qui concerne l'exécution du testament [2].

2656. Le droit d'intervention que l'art. **1031** reconnaît à l'exécuteur testamentaire peut être exercé par lui, non seulement dans les contestations relatives à la validité du testament tout entier, mais aussi dans les contestations qui concernent une seule de ses dispositions.

Peu importe également que la contestation concerne un legs mobilier ou un legs immobilier. Le texte de l'art. **1031** est général et on ne saurait arbitrairement en restreindre la portée [3].

2657. Ce qu'il faut mais ce qui suffit, en ce qui concerne l'exercice du droit d'intervention que l'art. **1031** reconnaît à l'exécuteur testamentaire, c'est que celui-ci en use, à propos d'une action concernant soit la validité, soit l'exécution du testament ou d'une de ses dispositions [4].

Mais, dès que tel est le but de l'action engagée, l'exécuteur testamentaire peut intervenir, aussi bien en cause d'appel que devant les juges du premier degré [5].

(1) V. not. Delvincourt, II, p. 373; Colmet de Santerre, IV, n. 176 *bis*; Demolombe, *Don.*, V, n. 83.

(2) V. notamment Trib. Lyon, 30 juin 1877, D., 78. 3. 88.

(3) *Sic*, Aubry et Rau, VII, p. 452, § 711; Colmet de Santerre, IV, n. 176 *bis*, IV; Demolombe, *Don.*, V, n. 78.

(4) *Sic*, Aubry et Rau, *eodem*; Demolombe, *Don.*, V, n. 79; Toullier, V, n. 591; Duranton, IX, n. 415.

(5) *Sic*, Cass., 15 avril 1867, S., 67. 1. 207, D., 67. 1. 295. — Rennes, 12 juill. 1864, S., 64. 2. 181.

2658. Bien que l'art. 1031 reconnaisse aux exécuteurs testamentaires un simple droit d'intervention, la nécessité d'assurer l'exécution du testament conduit à décider que, dans certains cas, les exécuteurs peuvent prendre les devants et agir par voie principale pour obtenir l'exécution de certaines dispositions du testament.

Ce droit d'action offre surtout de l'utilité pour l'exécution des dispositions que le testateur a faites dans son intérêt personnel : comme s'il a ordonné qu'on lui construisît un monument ou qu'on fît dire des messes pour le repos de son âme.

Des dispositions de ce genre resteraient souvent à l'état de lettre morte, si l'exécuteur testamentaire ne pouvait pas prendre l'initiative de leur exécution (1).

2659. De ce que l'art. 1031-4° donne ainsi à l'exécuteur testamentaire le droit d'intervenir en justice pour demander l'exécution du testament et en soutenir la validité, de ce que, dans certains cas, on lui reconnaît même le droit d'agir directement pour en obtenir l'exécution, on ne peut conclure que l'exécuteur testamentaire ait qualité pour représenter la succession en justice.

Les auteurs et les arrêts s'accordent à reconnaître que la conclusion serait inexacte. Pas plus comme demandeur que comme défendeur, l'exécuteur testamentaire ne peut représenter la succession en justice. Aucun texte n'en fait le représentant des héritiers. Or, du jour du décès du testateur, ses héritiers sont les seuls représentants de la succession (2).

Nous avons, il est vrai, permis à l'exécuteur saisi de poursuivre les débiteurs héréditaires.

Mais nous avons supposé des poursuites n'engageant aucune contestation sur le fond même du droit. Dès qu'il en est autrement, l'exécuteur testamentaire est sans qualité. S'il le faisait, le jugement qui serait rendu contre lui ne serait certainement point opposable aux héritiers (3).

(1) *Sic*, Demolombe, *Don.*, V, n. 80.

(2) En ce sens, Lyon, 15 mars 1854, S., 55. 2. 424. — Metz, 13 juill. 1865, S., 66. 2. 29, D., 65. 2. 126. — Dans le même sens Aubry et Rau, VII, p. 453, § 711 ; Demolombe, *Don.*, V, n. 75 et 80 ; Laurent, XIV, n. 361.

(3) *Sic*, Demolombe, *Don.*, n. 69.

Ceux-ci pourraient-ils l'invoquer?

Cela dépend de la question plus générale de savoir si on peut se prévaloir de la chose jugée alors qu'elle ne serait point opposable.

Nous nous bornons à renvoyer, sur ce point, aux développements donnés à propos de l'article 1351 du code civil.

2660. Visant uniquement l'exécution du testament, le mandat de l'exécuteur testamentaire ne saurait comprendre le paiement des dettes héréditaires.

Le nom même d'exécuteur testamentaire le dit suffisamment et la loi le donne à entendre puisqu'elle ne parle que du paiement des legs.

C'est l'opinion unanime des auteurs [1].

Ce qui est vrai, c'est que, comme le fait justement observer M. Colmet de Santerre [2], l'exécuteur testamentaire sera presque toujours obligé de se faire autoriser par l'héritier ou la justice à payer les créanciers de la succession soit, sur le numéraire existant, soit sur le mobilier. C'est, en effet, sur le numéraire et le mobilier qu'en principe ce paiement est effectué. Or, ce numéraire et ce mobilier n'étant pas aux mains des héritiers, ce ne sont point eux qui paieront les créanciers, mais bien l'exécuteur testamentaire, puisque les legs qu'il doit acquitter ne peuvent être payés qu'après le paiement des dettes héréditaires.

Tout ce qu'on peut admettre, et encore pourrait-on contester cette réserve, c'est que l'exécuteur testamentaire aurait le droit de faire les règlements d'importance modique et d'un caractère urgent qui ont trait à l'administration de la succession.

2661. Nous ne pensons pas, d'ailleurs, que le testateur pourrait spécialement charger son exécuteur testamentaire de payer les dettes de la succession.

Telle est cependant la solution que croit devoir admettre un certain nombre d'auteurs [3].

(1) *Sic*, Aubry et Rau, VII, p. 356, § 711 ; Demolombe, *Don.*, V, n. 75 et 76 ; Laurent, XIV, n. 373 et les auteurs cités dans Fuzier-Herman, sur l'art. 1031, n. 25.

(2) Colmet de Santerre, IV, n. 176 *bis*, V.

(3) *Sic*, Toullier, V, n. 591 ; Troplong, III, n. 2205 ; Marcadé, sur l'art. 1031, n. 2.

Elle nous paraît difficilement compatible avec cette idée qu'il ne peut dépendre du testateur d'augmenter les attributions que la loi permet de donner à l'exécuteur testamentaire : c'est à la loi et non au testateur qu'il appartient, nous l'avons dit, de déterminer l'étendue et les limites du mandat que l'exécuteur testamentaire peut recevoir [1].

C. *De la reddition du compte.*

2662. L'exécuteur testamentaire doit rendre compte de sa gestion. Le dernier alinéa de l'art. 1031 lui impose expressément cette obligation. L'intérêt de l'héritier exige évidemment que l'exécuteur testamentaire explique l'emploi qu'il a donné aux fonds dont il a été détenteur, et son propre intérêt demande également qu'il en soit ainsi. Autrement, l'héritier pourrait toujours le soupçonner d'avoir détourné quelque portion du mobilier, dont temporairement il a eu la disposition.

2663. Remarquons de suite que, dans l'art. 1031, les mots « à la fin de l'année du décès », ne sont pas rigoureux et qu'ils signifient seulement à la fin de l'année de la saisine. Nous avons, en effet, expliqué qu'à raison de certaines circonstances, le délai de la saisine pouvait ne commencer à courir que quelque temps après le décès. C'est ce qui arriverait, par exemple, si l'exécuteur testamentaire n'avait connaissance du testament et, partant, de la mission que le testament lui confie, qu'un certain temps après le décès du testateur [2].

2664. Le compte doit être rendu soit aux héritiers légitimes, soit aux légataires universels, soit au curateur de la succession, si celle-ci est vacante.

2665. La loi ne s'occupe point des formes dans lesquelles le compte doit être rendu.

Nous en concluons qu'il peut être rendu soit à l'amiable, soit en justice.

Il pourrait également être rendu devant les arbitres choisis par les parties.

[1] En ce sens, Laurent, XIV, n. 374 ; Aubry et Rau, VII, p. 256, § 711, note 39 ; Demolombe, *Don.*, V, n. 88.

[2] Voyez, ci-dessus, n. 2622.

Le silence de la loi renvoie évidemment à l'application pure et simple des principes généraux.

2666. Lorsque, à défaut de règlement amiable, le compte doit être rendu en justice, quel est le tribunal compétent pour connaître des difficultés susceptibles de s'élever?

Les auteurs sont divisés sur la question.

Par un arrêt déjà ancien, la cour de Paris a admis la compétence du tribunal du lieu d'ouverture de la succession [1].

Mais, par un arrêt plus récent, la même cour s'est prononcée pour la compétence du tribunal du domicile de l'exécuteur testamentaire [2].

Cette dernière opinion nous paraît préférable.

Aux termes de l'art. 59 du code de procédure civile, le tribunal du lieu d'ouverture de la succession connaît de toutes les demandes relatives à l'exécution des dispositions à cause de mort. La demande de reddition de compte formée contre l'exécuteur testamentaire est-elle relative à cette exécution? Non, puisqu'elle suppose que cette exécution est achevée, au moins en tant que l'exécuteur testamentaire en est chargé. C'est donc le droit commun et non la disposition exceptionnelle de l'art. 59 du code de procédure civile qu'il faut appliquer [3].

2667. Comme tout autre compte, le compte de l'exécuteur testamentaire se divise en recettes et en dépenses et se termine par une balance de ces deux articles.

C'est évidemment l'inventaire qui forme la base du compte, puisqu'il permet d'établir tout ce que l'exécuteur testamentaire doit porter en recettes. Tout ce qui est arrivé entre ses mains, par le fait de sa gestion, doit être indiqué par lui, puisqu'il ne doit rien garder de tout ce qu'il a touché.

2668. Mais si l'exécution testamentaire est gratuite, elle ne saurait être pour l'exécuteur testamentaire la source d'un préjudice. C'est le moins qu'il puisse exiger.

(1) Paris, 17 août 1809, S. chr., D. *Rép.*, v° *Compét. civ.*, n. 106. — Dans le même sens Demolombe, *Don.*, V, n. 114, et les auteurs cités dans Fuzier-Herman, sur l'art. 1031, n. 55.

(2) Paris, 2 juillet 1839, S., 39. 2. 372, D. *Rép.*, v° *Disposition*, n. 4123.

(3) *Sic*, Duranton, IX, n. 422; Troplong, III, n. 2029; Chauveau et Carré, *Lois de la proc.*, I, quest. 264-5°; Laurent, XIV, n. 388.

Nemini officium suum debet esse damnosum, il a donc droit au remboursement des frais de toute nature qu'il a pu faire pour l'exécution de son mandat.

On lit à ce sujet dans l'art. 1034 :

« *Les frais faits par l'exécuteur testamentaire pour l'apposition des scellés, l'inventaire, le compte et les autres frais relatifs à ses fonctions, seront à la charge de la succession* ».

2669. En disant que les frais faits par l'exécuteur testamentaire sont à la charge de la succession, l'art. 1034 entend dire uniquement que ce n'est point à l'exécuteur testamentaire de les supporter.

Mais ce serait évidemment l'appliquer en dehors de sa sphère d'application que de l'invoquer pour trancher la question de savoir si, dans le cas où le testateur laisse des héritiers réservataires, c'est la quotité disponible ou la réserve qui doit acquitter les frais dont il fait mention. On ne peut alors l'appliquer qu'en tenant compte de la règle qui veut que les dispositions du *de cujus* ne portent aucune atteinte à la réserve.

2670. Quant à la question de savoir quels sont exactement les frais que l'exécuteur testamentaire peut mettre à la charge de la succession par application de l'art. 1034, il y a là évidemment une appréciation de fait qui appartient souverainement aux juges du fond.

C'est ainsi que si, à propos de sa mission, l'exécuteur testamentaire a soulevé des contestations mal fondées, les dépens en devraient être laissés à sa charge [1].

2671. Le testateur pourrait-il dispenser ses exécuteurs testamentaires de l'obligation de rendre compte de leur gestion ?

Lorsqu'il y a des réservataires ou quand l'exécuteur testamentaire est incapable de rien recevoir du testateur, on s'accorde à reconnaître l'inefficacité d'une semblable dispense.

Mais, en thèse générale, nombre d'auteurs et quelques arrêts la considèrent comme valable [2].

[1] *Sic*, Laurent, XIV, n. 387.

[2] V. notamment Nîmes, 23 mai 1865, S., 65. 2. 285. — Dans le même sens Aubry et Rau, VII, p. 457, § 711; Duranton, IX, n. 406; Toullier, V, n. 604.

On invoque encore ici la maxime *Qui peut le plus peut l moins :* le testateur, dit-on, pourrait léguer à l'exécuteur tes tamentaire le reliquat de son compte ; donc il peut, à plu forte raison, priver ses héritiers de tout contrôle quant à l'ad ministration de l'exécuteur testamentaire, et les obliger à s contenter de ce que l'exécuteur testamentaire voudra bie leur remettre comme représentant le reliquat de son compte

La réponse est toujours la même.

Sans doute, le testateur peut ne pas laisser ses biens à se héritiers ; mais il lui est interdit de les leur laisser et de n pas les leur laisser tout à la fois. En d'autres termes, aprè leur avoir transmis ses biens, il ne peut pas entraver arbi trairement leur droit de propriété sur ces biens. Or, c'est c qu'il fait, en dispensant l'exécuteur testamentaire de l'obliga tion de rendre compte, sans lui léguer le reliquat. Le reliqua appartient alors aux héritiers ; ils doivent avoir le moyen d'e faire fixer le montant d'une manière régulière.

A quoi l'on peut ajouter que la dispense de rendre compte, qui permet à un exécuteur peu délicat de s'approprier u reliquat que le testateur n'a pas voulu lui léguer, est une claus de nature à favoriser la mauvaise foi, partant, une clause immorale et qui doit, à ce titre, être réputée non écrite ([1]).

N° 3. Des fonctions des exécuteurs testamentaires non saisis.

2672. Comme nous l'avons dit, l'exécuteur testamentaire auquel le testateur n'a pas cru devoir donner la saisine de son mobilier n'a, en ce qui concerne l'exécution du testament, qu'un simple rôle de surveillance et de contrôle.

C'est en tenant compte de cette idée essentielle qu'il faut déterminer les fonctions qui appartiennent à l'exécuteur testamentaire non saisi, puisque l'art. **1031** n'a pas cru devoir préciser lui-même celles de ses dispositions qui s'appliquaient à cette catégorie d'exécuteurs testamentaires.

La conséquence c'est que, parmi les dispositions de l'art. **1031**, on doit écarter toutes celles qui supposent une inter-

[1] *Sic*, Douai, 23 juin 1846, S., 46. 2. 364, D., 46. 2. 155. — Dans le même sens Demolombe, *Don.*, V, n. 119 ; Laurent, XVI, n. 386 et les auteurs cités dans Fuzier-Herman, sur l'art. 1031, n. 53.

vention directe de l'exécuteur testamentaire dans l'exécution du testament et maintenir, au contraire, l'application de toutes celles qui rentrent dans une simple mission de contrôle et de surveillance.

2673. Nous en concluons que les deux obligations de faire apposer les scellés et dresser l'inventaire des biens de la succession existent pour l'exécuteur testamentaire non saisi comme pour l'exécuteur testamentaire saisi. Ce sont là de simples mesures de précaution, destinées à protéger le patrimoine du défunt de tout détournement et à établir la consistance exacte de la succession. Il n'y a, entre elles et la détention du mobilier de la succession ainsi que la saisine qui procure cette détention, aucun lien nécessaire. On ne saurait donc les imposer seulement à l'exécuteur testamentaire saisi.

La question est cependant discutée entre les auteurs [1].

2674. Nous en concluons également que, comme l'exécuteur testamentaire saisi, l'exécuteur testamentaire non saisi peut intervenir dans les instances relatives à la validité des dispositions du testament, puisque cette attribution n'a évidemment aucune corrélation nécessaire avec la détention du mobilier héréditaire.

2675. Mais il est d'évidence qu'il ne saurait appartenir à l'exécuteur testamentaire non saisi d'acquitter les legs mobiliers, de provoquer la vente des meubles de la succession ou de poursuivre la rentrée des créances héréditaires, puisqu'il y a là autant d'attributions qui supposent la détention et le maniement des deniers de la succession, en d'autres termes, la saisine du mobilier [2].

2676. Quant à l'obligation de rendre compte, il est bien certain qu'elle ne saurait s'appliquer à l'exécuteur testamentaire non saisi, puisqu'il n'a aucun maniement de fonds et, partant, pas de gestion dont il ait à rendre compte. D'ailleurs, par l'époque qu'il assigne à la reddition du compte, l'art. 1031 a nettement indiqué que les exécuteurs testamen-

[1] Dans le sens de notre opinion Colmet de Santerre, IV, n. 176 *bis*, XII. — En sens contraire Demolombe, *Don.*, V, n. 102.

[2] *Sic*, Colmet de Santerre, IV, n. 176 *bis*, XIII. — V. cep. Demolombe, *Don.*, V, n. 103

taires saisis étaient seuls soumis à cette obligation. Cette époque est, en effet, le moment de l'expiration du délai de la saisine qui peut appartenir à l'exécuteur testamentaire, quand le testateur croit devoir la lui conférer [1].

2677. En définitive, la nomination d'un exécuteur testamentaire auquel le *de cujus* ne donne point la saisine du mobilier, ne fait subir aucune restriction aux droits des héritiers, puisque c'est à eux qu'il appartient d'appréhender tous les biens de la succession et de recevoir et les intérêts et les capitaux héréditaires. La mission de l'exécuteur testamentaire se borne uniquement, nous l'avons dit déjà, à une mission de surveillance et de contrôle.

N° 4. **De la pluralité d'exécuteurs testamentaires.**

2678. Que le testateur puisse nommer plusieurs exécuteurs testamentaires, cela n'est pas douteux en présence des termes de l'art. 1025.

2679. Il est également certain qu'il peut le faire, soit par le même testament, soit par des testaments distincts, sauf à examiner si, en nommant de nouveaux exécuteurs testamentaires, le testateur n'a point entendu révoquer ceux qu'il avait précédemment choisis.

A défaut de déclaration expresse de volonté, cela est évidemment une question de fait que les juges du fond devront résoudre, d'après les principes et les règles qui gouvernent les révocations tacites.

2680. La pluralité d'exécuteurs testamentaires fait naître une série de questions que le législateur s'est efforcé de résoudre dans l'art. 1033 du code civil.

Aux termes de ce texte :

« *S'il y a plusieurs exécuteurs testamentaires qui aient* » *accepté, un seul pourra agir au défaut des autres; et ils se-* » *ront solidairement responsables du compte du mobilier qui* » *leur a été confié, à moins que le testateur n'ait divisé leurs* » *fonctions, et que chacun d'eux ne se soit renfermé dans celle* » *qui lui était attribuée* ».

[1] *Sic*, Colmet de Santerre, IV, n. 99 *bis*, XII; Marcadé, sur l'art. 1031, n. 1; Demolombe, *Don.*, V, n. 102.

Ce texte distingue donc deux hypothèses.

Nous les examinerons successivement.

A. *Le testateur a divisé les fonctions de ses exécuteurs testamentaires.*

2681. Cette hypothèse est assurément la plus simple et ne soulève aucune difficulté.

Chaque exécuteur testamentaire agit dans les limites que lui a fixées le testateur et, dans ces limites, les autres ne peuvent agir en son lieu et place.

Chacun des exécuteurs testamentaires n'est donc tenu et ne répond que de ses actes de gestion et du mobilier qu'il a eu entre les mains. Il ne peut être question d'étendre sa responsabilité à l'administration des autres exécuteurs testamentaires, puisqu'entre ceux-ci et lui-même n'existe aucun rapport nécessaire. Il n'en est autrement qu'autant qu'il est sorti de ses attributions et, alors, l'étendue de sa responsabilité est exactement déterminée par celle de ses empiètements.

B. *Le testateur n'a pas divisé les fonctions de ses exécuteurs testamentaires.*

2682. Lorsque le testateur n'a pas divisé les fonctions de ses exécuteurs testamentaires, la question n'est plus aussi simple et l'interprétation de l'art. 1033 a, dans cette hypothèse, soulevé quelques difficultés.

Un premier point nous paraît certain, c'est que, lorsque le testateur a choisi plusieurs exécuteurs testamentaires, l'efficacité du mandat qu'il leur donne n'est nullement subordonnée à l'acceptation de tous.

Le contraire a été soutenu.

On a prétendu que, si un des exécuteurs testamentaires refusait d'accepter la charge que lui confiait le testateur, les autres se trouveraient désormais dans l'impossibilité de remplir leurs fonctions. En effet, dit-on, le testateur a donné, non pas plusieurs mandats, mais un seul qui doit être rempli suivant les intentions du testateur ou rester sans effet. De plus, le refus d'un des exécuteurs testamentaires diminue notablement les garanties que les héritiers et les légataires doivent trouver dans la solidarité de tous les exécuteurs testamentaires [1].

2683. Mais cette opinion nous paraît inadmissible. Elle suppose, en effet, que l'art. 1033 a pour but de régler la nomination des exécuteurs testamentaires. Or, là n'est pas le but de ce texte qui ferait alors double emploi avec l'art. 1025.

Il ne s'occupe pas davantage des conséquences du refus de l'un ou de plusieurs des exécuteurs testamentaires désignés par le testateur. Rien du moins, dans l'art. 1033, ne l'indique.

Ce que ce texte décide uniquement, c'est qu'un seul des exécuteurs testamentaires pourra agir au défaut des autres, quand bien même tous ceux qui ont été nommés auraient accepté les fonctions que le testateur leur a conférées.

Voilà tout ce qui ressort de l'art. 1033.

Pourquoi prêter gratuitement au testateur l'intention de vouloir que tous ses exécuteurs testamentaires acceptent, pour qu'ils puissent entrer en fonctions ? Non seulement cela est peu probable, mais cela paraît même contraire aux intentions du testateur. Comment admettre que celui-ci entende que le refus d'un seul de ses exécuteurs testamentaires entraîne la révocation de tous, de telle sorte qu'il suffise du mauvais vouloir d'un seul, pour détruire toutes les précautions imaginées par le testateur, en vue d'assurer la fidèle exécution de son testament ?

Aussi presque tous les auteurs se prononcent-ils dans le sens de notre opinion [2], qui prévalait déjà dans notre ancienne jurisprudence [3].

2684. Lorsqu'il y a plusieurs exécuteurs testamentaires, un seul pourra, dit l'art. 1033, agir au défaut des autres. Le législateur a préféré les inconvénients qui peuvent résulter de ce système aux inconvénients des dissentiments et des lenteurs qui n'auraient pas manqué de se produire, si, avant d'agir, tous les exécuteurs testamentaires avaient dû se mettre d'accord.

[1] *Sic*, Delvincourt, II, p. 96, note 6 ; Duranton, VI, n. 423.

[2] *Sic*, Demolombe, *Don.*, V, n. 37 ; Colmet de Santerre, IV, n. 178 *bis* ; Aubry et Rau, VII, p. 458, § 711 ; Laurent, XIV, n. 379 ; Huc, VI, n. 365.

[3] V. notamment Furgole, *Testament, loco citato*, n. 44.

2685. Nous pensons même que chacun pourrait agir malgré l'opposition des autres, car le texte ne distingue pas suivant les causes qui font agir un seul des exécuteurs testamentaires à défaut des autres [1].

Ce serait inadmissible si la solidarité dont parle l'art. **1033** s'étendait à tous les actes faits par l'un des exécuteurs testamentaires. Mais, comme cette solidarité, nous allons le voir, ne s'étend qu'au compte du mobilier, c'est seulement pour les actes qui impliquent l'emploi du mobilier que nous admettrions que, si l'un des exécuteurs peut agir à défaut des autres, il ne saurait agir malgré l'opposition des autres [2].

2686. Il ne nous paraît guère douteux qu'on ne saurait étendre la solidarité dont parle l'art. **1033**, à tous les faits de gestion [3]. Ce serait une dérogation grave à l'art. 1995 du code civil, dérogation qui nous paraîtrait, d'ailleurs, assez peu justifiée, au point de vue rationnel.

Ajoutons que le texte de l'art. **1033** est loin de l'imposer. La solidarité n'existe, d'après le texte, que pour le compte du mobilier. L'étendre à autre chose, c'est oublier la règle de l'art. **1202** du code civil, aux termes duquel la solidarité ne s'étend point d'un objet à un autre [4].

2687. Remarquons, du reste, les expressions dont se sert l'art. **1033** pour préciser la portée de la solidarité qu'il établit.

Les exécuteurs testamentaires sont solidairement responsables non du *mobilier* mais *du compte du mobilier*.

Les formules ont une portée bien différente.

Supposons, par exemple, que l'un des exécuteurs testamentaires ait détourné une partie des valeurs mobilières de la succession. Dire que les autres sont responsables du compte du mobilier, c'est dire uniquement qu'ils seront obligés de prouver ce détournement, d'établir pourquoi l'héritier ne retrouvera pas toutes les valeurs héréditaires. Sans doute,

(1) *Sic*, Demolombe, *Don.*, V, n. 38.
(2) *Sic*, Huc, VI, n. 365.
(3) V. cependant Coin-Delisle, sur l'art. 1033, n. 1 ; Marcadé, sur l'art. 1033, n. 1.
(4) *Sic*, Bayle-Mouillard sur Grenier, III, n. 329, note 3; Troplong, IV, n. 2841 ; Demolombe, *Don.*, V, n. 39; Laurent, XIV, n. .

s'ils ne le peuvent faire, ils seront responsables de tout ce qui manque, car ils ne satisfont point à leur obligation de rendre compte; mais, dès qu'ils établissent le détournement ils satisfont à la seule obligation pour laquelle l'art. 1033 établisse une solidarité; ils montrent, en même temps, qu'ils sont exempts de toute faute et, partant, on ne pourrait les déclarer responsables qu'autant que, d'une façon formelle l'article 1033 le déciderait. Ce n'est point ce que fait ce texte puisque, s'il déclare les exécuteurs testamentaires solidairement responsables du compte du mobilier, il ne dit nullement qu'ils sont solidairement responsables du mobilier [1].

2688. Dire que les exécuteurs testamentaires sont solidairement responsables du compte de mobilier c'est supposer qu'ils doivent compte de ce mobilier et, partant, qu'ils en sont détenteurs. Cela suppose donc des exécuteurs testamentaires saisis.

Il ne saurait donc être question de la solidarité dont parle l'art. 1033, pour des exécuteurs testamentaires auxquels le testateur n'a point conféré la saisine de son mobilier [2].

§ IV. *De la cessation des fonctions des exécuteurs testamentaires et de leur responsabilité.*

N° 1. De la cessation des fonctions de l'exécuteur testamentaire.

2689. La loi n'a pas cru devoir énumérer les différents évènements qui entraînent la cessation des fonctions de l'exécuteur testamentaire. Elle n'en mentionne qu'un seul, dans l'art. 1032 du code civil.

Voyons d'abord cette première cause de cessation de l'exécution testamentaire. Nous verrons ensuite celles qu'il y a lieu de lui ajouter.

A. *De la mort de l'exécuteur testamentaire.*

2690. Cette première cause est, nous l'avons dit, formellement indiquée par l'art. 1032 du code civil.

(1) *Sic*, Demolombe, *Don.*, V, n. 40.
(2) *Sic*, Demolombe, *Don.*, V, n. 39.

Aux termes de ce texte.

« *Les pouvoirs de l'exécuteur testamentaire ne passeront* » *point à ses héritiers.* »

La mort de l'exécuteur testamentaire entraîne donc nécessairement la cessation de ses fonctions.

2691. Mais l'exécution testamentaire étant soumise, ainsi que nous l'avons dit déjà, à toutes les règles du mandat auxquelles la loi n'a pas cru devoir déroger expressément, nous en concluons que les héritiers de l'exécuteur testamentaire seraient tenus, de même que ceux du mandataire, de donner avis du décès de leur auteur aux parties intéressées et de pourvoir, en attendant, à ce que les circonstances exigent, en d'autres termes nous appliquons purement et simplement les dispositions de l'art. 2010 du code civil [1].

2692. Dans un cas particulier, le mandat de l'exécuteur testamentaire peut survivre à la mort de celui-ci.

C'est, nous dit Pothier [2], lorsque « le testateur a considéré dans l'exécuteur moins la personne que la qualité, par exemple, s'il a désigné le doyen des avocats, l'exécution ne finirait pas par la mort de l'exécuteur nommé et serait confiée à celui qui succèderait au doyen choisi primitivement. »

Les auteurs sont unanimes à accepter ce tempérament qu'il y a lieu d'apporter à la règle qui ressort de l'art. 1032 du code civil [3].

B. *De l'exécution complète du testament.*

2693. Lorsque le testament est complètement exécuté, le mandat de l'exécuteur testamentaire n'ayant plus d'objet doit nécessairement prendre fin.

Il en serait ainsi, alors même que ce résultat se produirait avant l'expiration légale de la saisine conférée à l'exécuteur testamentaire.

Cela a été jugé [4] et les auteurs s'accordent à le reconnaî-

(1) *Sic*, Demolombe, *Don.*, V, n. 108.

(2) Pothier, *Don. testament.*, ch. V, sect. I, art. 4.

(3) *Sic*, Demolombe, *Don.*, V, n. 105 et les auteurs cités dans Fuzier-Herman, sur l'art. 1032, n. 1.

(4) *Sic*, Cass., 10 avril 1859, S., 59. 1. 411, D., 59. 1. 277.

tre [1]. Il n'y a là que l'application spéciale à l'exécution testamentaire d'une règle générale applicable à tout mandat.

C. *De la démission volontaire de l'exécuteur testamentaire.*

2694. Même après avoir accepté le mandat dont le testateur l'a chargé, l'exécuteur testamentaire peut refuser d'en continuer l'exercice.

Mais il est bien entendu qu'il ne peut le faire que dans les conditions mêmes où un mandataire est admis à se démettre d'un mandat précédemment accepté, c'est-à-dire dans les conditions que précise l'art. 2007 du code civil.

2695. Il est, d'ailleurs, certain que l'exécuteur testamentaire qui ne veut point conserver la mission que lui a confiée le testateur, ne pourrait songer à s'en décharger sur une personne de son choix. C'est aux héritiers que doit nécessairement revenir l'exécution du testament lorsque l'exécuteur testamentaire ne veut point s'en occuper.

D. *De la destitution de l'exécuteur testamentaire.*

2696. Les héritiers sont, nous l'avons vu, obligés de subir l'exécuteur testamentaire que leur a imposé le testateur.

Toutefois, si sa gestion attestait son incapacité ou son infidélité, nous pensons que les héritiers pourraient s'adresser aux tribunaux et faire prononcer la révocation qu'ils ne peuvent eux-mêmes imposer.

L'art. 444-2° du code civil nous paraît fournir, en ce sens, un argument d'analogie décisif. Vainement dit-on qu'il n'est pas possible d'appliquer, par analogie, une disposition pénale, telle que la disposition de l'art. 444-2°, et que, par suite, aucun texte n'autorise à provoquer et à obtenir la destitution de l'exécuteur testamentaire [2].

Il nous paraît bien plus impossible d'admettre qu'un exécuteur testamentaire puisse conserver ses fonctions, en dépit d'une gestion attestant une incapacité ou une infidélité notoire.

[1] Merlin, *Rép.*, v° *Exécut. testament.*, n. 8; Aubry et Rau, VIII, p. 457, § 711; Demolombe, *Don.*, V, n. 107; Laurent, XIV, n. 381.

[2] V. Laurent, XIV, n. 383.

Vainement objecte-t-on que les héritiers n'ont qu'à exécuter le testament pour rendre sans objet la mission de l'exécuteur testamentaire.

Mais cela ne sera pas toujours facile, car cela peut imposer aux héritiers des avances qu'ils ne seront pas toujours en mesure de faire.

Quant à dire que les héritiers auront toujours un recours contre l'exécuteur testamentaire, c'est oublier que ce recours peut devenir illusoire, par suite de l'insolvabilité de l'exécuteur testamentaire.

Aussi s'explique-t-on très bien que presque tous les auteurs admettent la possibilité, pour les héritiers, de provoquer en justice la révocation de l'exécuteur testamentaire pour incapacité ou infidélité (1).

2697. Mais, si nous reconnaissons aux héritiers ou aux légataires universels le droit de faire prononcer par la justice la révocation de l'exécuteur testamentaire, nous ne pensons nullement qu'il y aurait lieu d'appliquer les dispositions de l'art. 2003 du code civil et de décider que, de plein droit, la faillite ou la déconfiture de l'exécuteur testamentaire entraîne sa révocation. Sans doute, l'exécution testamentaire est un mandat. Mais c'est un mandat d'une nature spéciale, auquel ne s'appliquent les règles générales du mandat qu'autant que le législateur n'y a point dérogé. Or, si le législateur a cru devoir exiger, chez l'exécuteur testamentaire, la capacité de s'obliger, il n'a nullement exigé en même temps sa solvabilité. Aussi pensons-nous que la faillite ou la déconfiture de l'exécuteur testamentaire pourrait simplement autoriser les héritiers ou légataires à demander à la justice de prononcer sa révocation (2).

E. *De l'annulation du testament.*

2698. Il est évident que, disposition testamentaire, l'exécution testamentaire ne saurait survivre à l'annulation du testament qui la contient.

(1) *Sic*, Aubry et Rau, VII, p. 457, § 711 ; Colmet de Santerre, IV, n. 177 *bis* ; Demolombe, *Don.*, V, n. 107 ; Huc, VI, n. 366.

(2) *Sic*, Aubry et Rau, VII, p. 449, § 711 ; Demolombe, *Don.*, V, n. 107-4°.

Mais il est au moins évident que de simples attaques dirigées par les héritiers contre un testament ne saurait entraver et suspendre les fonctions de l'exécuteur testamentaire que ce testament désigne.

N° 2. De la responsabilité de l'exécuteur testamentaire.

2699. Que les exécuteurs soient responsables des fautes ou négligences par eux commises dans la gestion qui leur est confiée, cela ne saurait faire question.

A quoi bon le législateur aurait-il exigé d'eux la capacité de s'obliger, s'ils n'avaient dû être responsables envers personne?

Ils sont donc responsables de l'exécution du testament.

Les auteurs [1] et les arrêts [2] s'accordent à le reconnaître.

Mais, si le principe est certain, il importe de fixer l'étendue de la responsabilité qui leur incombe, en déterminant les fautes dont ils sont tenus et les personnes au regard desquelles leur responsabilité existe.

2700. Pour la détermination des fautes dont l'exécuteur testamentaire doit être responsable, il faut, à notre avis, s'en tenir aux règles générales du mandat, puisque le législateur n'a pas cru devoir fixer de règles spéciales pour la matière de l'exécution testamentaire.

Nous appliquerons donc les dispositions de l'art. 1992 du code civil.

En conséquence, l'exécuteur testamentaire répondra non seulement de son dol mais encore des simples fautes qu'il pourra commettre dans l'accomplissement du mandat qui lui est confié.

D'autre part, sa responsabilité sera plus sévèrement appréciée si sa mission n'est pas purement gratuite, c'est-à-dire s'il a reçu du testateur un legs destiné à lui tenir compte des ennuis que peut lui causer l'exécution du testament.

2701. Nous n'avons pas admis la validité des clauses par

[1] *Sic*. Demolombe, *Don.*, V, n. 109; Laurent, XIV, n. 375 et les auteurs cités dans Fuzier-Herman, sur l'art. 1031, n. 57.

[2] V. notamment Cass., 27 août 1855, S., 55. 1. 695, D., 55. 1. 371 — Paris, 7 fév. 1850, D., 52. 2. 46.

lesquelles le testateur dispense son exécuteur testamentaire de rendre compte.

Observons que ceux-là mêmes qui admettent la validité de clauses de ce genre n'en concluent nullement qu'elles aient pour effet d'affranchir l'exécuteur testamentaire de la responsabilité des faits dolosifs ou des fautes lourdes qui pourraient lui être imputées. C'est seulement de la responsabilité de ses simples fautes et négligences qu'elles pourraient l'exonérer[1].

2702. Quant aux personnes au regard desquelles existe la responsabilité de l'exécuteur testamentaire, ce sont toutes les personnes qui ont intérêt à l'exécution du testament, par conséquent, non seulement les héritiers et les légataires universels mais encore les légataires particuliers.

Les auteurs s'accordent à le reconnaître [2] et c'est dans le même sens que se prononcent les arrêts.

C'est ainsi, par exemple, qu'un exécuteur a été déclaré responsable, envers le légataire particulier d'une rente viagère, de la cessation du paiement des arrérages, parce qu'il n'avait pas surveillé le placement prescrit par le testateur [3].

SECTION VI

DE LA RÉVOCATION DES TESTAMENTS ET DE LEUR CADUCITÉ

2703. *Nullité, révocation, caducité* : trois mots qui éveillent ici des idées tout à fait différentes.

La *nullité* est un vice originel, c'est-à-dire un vice qui entache une disposition testamentaire, du jour même de la confection du testament.

Et, par exemple, une disposition testamentaire est nulle lorsque le testament qui la contient n'a pas été fait dans les formes légales, puisque celles-ci sont, aux termes de l'art. 1001 du code civil, requises à peine de nullité.

Il en est de même quand, lors de la confection du testament, le testateur n'avait point la capacité requise.

(1) *Sic*, Aubry et Rau, VII, p. 457, § 711, note 46 *in fine*.
(2) V. notamment Demolombe, *Don.*, V, n. 3; Aubry et Rau, VII, p. 458, § 711.
(3) Paris, 7 fév. 2850, D., 52. 2. 46.

2704. Au contraire, la *révocation* et la *caducité* supposent, l'une et l'autre, une disposition testamentaire valable à l'origine.

La *révocation* résulte soit de la volonté du testateur qui anéantit une disposition dans laquelle il ne veut plus persévérer, soit d'une décision judiciaire rendue après sa mort et basée sur l'ingratitude ou l'indignité du légataire, ou sur l'inaccomplissement des charges qui lui étaient imposées.

La *caducité* (de *cadere,* tomber) comprend toutes les autres causes qui peuvent empêcher une disposition testamentaire valable de produire son effet; peu importe qu'elles tiennent à la personne du légataire, comme il arrive si le légataire meurt avant le testateur (art. 1039), ou à la chose léguée, par exemple si elle périt par cas fortuit, avant le décès du testateur (art. 1042).

2705. Nous n'avons plus à revenir sur les causes de nullité du testament puisqu'elles tiennent soit à des questions de forme soit à des questions de capacité que nous avons déjà étudiées.

Aussi limiterons-nous nos explications à la révocation et à la caducité du legs.

Nous allons les étudier dans deux paragraphes distincts.

Nous traiterons, dans un troisième, des conséquences de la nullité, de la révocation et de la caducité.

§ I. *De la révocation des testaments.*

2706. La révocation d'un testament peut être volontaire ou judiciaire.

N° 1 De la révocation volontaire.

2707. La révocation volontaire est celle qui résulte de la volonté du testateur.

Les dispositions testamentaires sont essentiellement révocables, *ambulatoria est hominis voluntas usque ad extremum vitæ spiritum.* Le testateur peut donc modifier ses dispositions aussi souvent qu'il le juge à propos. Sa dernière volonté devra seule être exécutée : *in testamentis novissimæ scripturæ prævalent*. Aussi appelle-t-on souvent les dispositions testamentaires des dispositions de *dernière volonté*.

2708. Cette faculté de révocation est tellement essentielle que le testateur ne pourrait pas valablement y renoncer.

2708 *bis*. Il faudrait même déclarer nulle toute clause qui aurait pour but d'en gêner arbitrairement l'exercice.

Telles seraient les clauses que l'on appelait autrefois *dérogatoires* ou *révocatoires*.

En voici un exemple : « Tout testament que je pourrai faire postérieurement à celui-ci sera nul, s'il ne commence pas par ces mots : *Ad majorem dei gloriam* ».

L'art. 76 de l'ordonnance de 1735, qui introduisit tant de réformes utiles dans la législation relative aux testaments, avait déjà proscrit les clauses dérogatoires, assez usitées dans notre ancien droit, où elles étaient devenues la source d'une foule de contestations ruineuses pour les familles.

L'art. 895 de notre code est évidemment conçu dans le même esprit que l'article 76 de l'ordonnance de 1735.

Aussi tous les auteurs s'accordent-ils à considérer ces clauses comme nulles et de nul effet [1].

2709. La révocation, qui émane de la volonté du testateur, peut être expresse ou tacite.

Dans un cas comme dans l'autre, il est d'ailleurs évident qu'on n'en doit tenir compte qu'autant qu'elle émane d'un testateur capable. Il serait inadmissible qu'on n'exigeât point pour révoquer un testament la même capacité que pour le faire. C'est ce qui a été jugé notamment au point de vue de la sanité d'esprit [2].

I. *De la révocation expresse.*

2710. La révocation expresse est celle qui est faite *expressis verbis*, comme si le testateur a dit : « Je révoque tout testament par moi fait antérieurement au présent ».

2711. C'est à cette révocation que se réfère l'art. 1035 du code civil et dont il règle la forme.

[1] V. notamment Saintespès-Lescot, I, n. 44 ; Demolombe, *Don.*, V, n. 123 ; Aubry et Rau, VIII, p. 12, § 647 ; Laurent, XI, n. 101.

[2] V. notamment, Bordeaux, 5 mai 1879, S., 79. 2. 216, D., 81. 2. 144.

Aux termes de ce texte :

« *Les testaments ne pourront être révoqués, en tout ou en par-*
» *tie, que par un testament postérieur, ou par un acte devant*
» *notaires, portant déclaration du changement de volonté* ».

Il résulte de ce texte que la révocation expresse, la seule à laquelle notre disposition s'applique, bien qu'on ait oublié de le dire, est un acte *solennel*, comme le testament qu'elle a pour objet de détruire totalement ou partiellement, c'est-à-dire qu'elle n'existe qu'autant qu'elle revêt les formes qu'a cru devoir préciser le législateur.

2712. Faite en toute autre forme que l'une de celles prescrites par l'art. 1035, la révocation expresse serait nulle.

Il est bien certain, par exemple, qu'une déclaration verbale, si formelle qu'on la suppose, ne saurait suffire à révoquer les dispositions d'un testament antérieur.

Vainement les héritiers en offriraient-ils la preuve : leur prétention devrait être écartée.

2713. Autre serait la question si les héritiers demandaient à prouver des faits de dol ou de violence dont un légataire, par exemple, aurait usé pour empêcher le *de cujus* de révoquer son testament. Une semblable preuve serait certainement admissible. Sans doute, elle ne serait point susceptible d'entraîner la révocation du testament, mais elle permettrait incontestablement aux héritiers d'agir en dommages-intérêts contre l'auteur des manœuvres dolosives ou des actes de violence [1].

On a cependant prétendu [2] que l'administration d'une semblable preuve aurait pour résultat la révocation du testament et on a cité, en ce sens, quelques décisions judiciaires, notamment un arrêt de la cour de cassation du 15 mai 1860 [3] et un arrêt de la cour d'Agen du 30 juillet 1851 [4].

Mais, si le premier de ces arrêts renferme quelques considérants favorables à cette manière de voir, il est loin de contenir une décision formelle.

[1] *Sic*, Demolombe, *Don.*, V, n. 135 ; Laurent, XIV, n. 177.
[2] *Sic*, Aubry et Rau, VII, p. 510, § 715.
[3] Cass., 15 mai 1860, S., 60. 1. 625.
[4] Agen, 30 juillet 1851, D., 52. 2. 99.

Quant à l'arrêt de la cour d'Agen, il ne contient, à la vérité, qu'une simple décision préparatoire, admettant les héritiers à prouver des faits de violence et de dol qu'ils alléguaient. Mais la cour ne dit point si le résultat de la preuve administrée consistera dans des dommages-intérêts ou dans la révocation du testament.

2714. Les formes que la loi croit devoir admettre, et entre lesquelles le testateur peut choisir pour la révocation de son testament, sont indiquées dans l'art. 1035 que nous venons de citer.

Ces formes sont au nombre de deux :

1° Un testament postérieur ;

2° Un acte notarié portant changement de volonté.

A. *Un testament postérieur.*

2715. Quelle qu'en soit d'ailleurs la forme, pourvu bien entendu qu'il soit valable, un testament postérieur peut toujours révoquer un testament antérieur. Ainsi un testament par acte public pourrait être révoqué par un testament olographe, ou même par un testament privilégié.

2716. Mais si, pour révoquer un testament antérieur, le testateur peut employer l'une quelconque des formes de tester qu'admettent les art. 970 s. du C. civ., il est absolument nécessaire que, pour chacune d'elles, toutes les formalités requises à peine de nullité soient rigoureusement observées. Si formelle que soit une clause révocatoire, on doit évidemment la tenir pour non avenue, dès que le testament qui la contient est nul en la forme, sauf à réserver la question en ce qui concerne le testament authentique, nul comme tel, mais valable comme acte notarié ordinaire [1].

Par contre, dès que le testament qui la contient est valable en la forme, la clause révocatoire doit produire ses effets, encore que certaines dispositions du testament seraient entachées d'une nullité de fond, de substitution prohibée par exemple [2].

[1] V. ci-dessous, n. 2721.

[2] V. notamment en ce sens Cass., 23 juillet 1867, S., 67. 1. 369, D., 67. 1. 329.

2717. Toutefois, partout au moins où on se trouve en dehors de la sphère d'application de l'art. **1037** C. civ., il en devrait être autrement, si les juges du fond reconnaissaient que, dans l'intention du testateur, la révocation du premier testament se trouvait subordonnée à l'exécution des dispositions contenues dans le second [1].

2718. On discute la question de savoir si on doit considérer comme valable la révocation d'un testament, contenue dans un acte sous seing privé, entièrement écrit, daté et signé de la main du testateur, bien que cet acte ne contienne aucun legs.

Nous n'hésitons guère à croire qu'il en faut admettre la validité.

On a objecté, contre cette solution, que l'acte dont il s'agit est bien fait dans la forme d'un testament olographe (art. **970**), mais que ce n'est pas un testament, parce que le testateur n'y donne rien à personne; or, d'après l'art. **1035**, la révocation n'est valable qu'autant qu'elle est écrite dans un testament.

Mais, à notre avis, l'objection ne porte pas.

L'acte dont il s'agit est bien un testament, d'après la définition même de l'art. **895**. En effet, le testateur y « dispose de ses biens », quoiqu'il ne les donne pas, puisqu'il les retire à quelqu'un à qui il les avait donnés d'abord : ce qui a pour résultat de les faire revenir à ses héritiers légitimes.

D'ailleurs, la loi se montre moins exigeante, en ce qui concerne la question de forme, pour la révocation que pour le testament lui-même, puisque, comme on le verra tout à l'heure, elle se contente d'un acte notarié ordinaire pour la révocation, tandis qu'elle ne s'en contente pas pour un testament. Comment se pourrait-il, dès lors, qu'elle n'eût pas accepté, pour la révocation, la forme olographe qu'elle accepte pour le testament?

— Dans le même sens Laurent, XIV, n. 196; Demolombe, *Don.*, V, n. 158; Aubry et Rau, VII, p. 503 et 521, § 725.

[1] *Sic*, Cass., 10 juillet 1860, S., 60. 1. 708, D., 60. 1. 454. — Dans le même sens, Aubry et Rau, VII, p. 521, § 725; Demolombe, *Don.*, V, n. 158; Laurent, XIV, n. 190.

La jurisprudence est en ce sens [1] et c'est aussi l'opinion qui prévaut en doctrine [2].

B. *Un acte notarié.*

2719. Quand, dans l'art. 1035, la loi mentionne, à côté d'un testament postérieur, un acte devant notaires, elle entend certainement parler d'un acte notarié ordinaire, et non d'un acte notarié semblable à celui qu'elle exige exceptionnellement pour le testament par acte public (art. 971).

On s'accorde à le reconnaître [3].

L'acte notarié contenant la révocation pourra donc être reçu, conformément au droit commun, par deux notaires ou par un notaire et deux témoins, il ne sera pas nécessaire qu'il soit dicté... [4].

2720. Toutefois l'acte notarié contenant révocation de testament rentre dans la catégorie de ceux pour lesquels la loi du 21 juin 1843, art. 2, exige la présence réelle du notaire en second ou des témoins instrumentaires, au moins au moment de la lecture de l'acte par le notaire et de sa signature par le testateur.

Mais dès qu'il réunit les conditions qu'exigent et la loi de ventôse et la loi du 21 juin 1843, la clause de révocation qu'il contient doit sortir à effet, lorsqu'il ne renferme aucune disposition nouvelle.

Les auteurs et les arrêts sont d'accord sur ce point [5].

2721. Mais voici qu'un testateur, après avoir fait un premier testament dans une forme quelconque, en fait un deuxième *par acte public*. Ce dernier contient différents legs,

[1] V. En ce sens Cass., 17 mai 1817, S. chr., D. *Rép.*, v° *Dispos.*, n. 4155. — Caen, 22 juill. 1868, S., 69. 2. 68. — Bordeaux, 5 mai 1879, S., 79. 2. 216, D., 81. 2. 144.

[2] V. notamment en ce sens Aubry et Rau, VII, p. 511, § 725; Demolombe, *Don.*, V, n. 141. — En sens contraire Laurent, XIV, n. 186. — V. également les autorités citées, en sens divers, par Fuzier-Herman sur l'art. 1035, n. 28.

[3] V. notamment Demolombe, *Don.*, V, n. 143 et les auteurs cités dans Fuzier-Herman, sur l'art. 1035, n. 10.

[4] V. pour les applications du principe, Cass., 1er juin 1870, S., 70. 1. 433, D., 71. 1. 110. — Nîmes, 14 déc. 1827, D., 28. 1. 89.

[5] *Sic*, Cass., 1er juin 1870, précité. — Dans le même sens Laurent, XIV, n. 191; Aubry et Rau, VII, p. 511, § 725, texte et note 6; Demolombe, *Don.*, V, n. 148.

et, en outre, il révoque expressément le premier. Il se trouve que ce deuxième testament est nul, pour inobservation de l'une des formalités particulières au testament par acte public, par exemple pour avoir été reçu par un notaire en présence de trois témoins seulement au lieu de quatre (art. 971). Mais, s'il est nul comme testament, il réunit, d'ailleurs, toutes les conditions requises pour la validité d'un acte notarié ordinaire. De là une incertitude sur la portée qu'on doit lui reconnaître.

Que les legs contenus dans ce testament soient sans valeur, cela ne saurait faire doute.

Le premier testament sera-t-il néanmoins révoqué ?

On l'a soutenu, en raisonnant comme il suit. Le deuxième testament contient ici, dit-on, deux ordres de dispositions d'une nature tout à fait distincte : des legs et une révocation expresse du premier testament. Les legs sont nuls, c'est incontestable, puisque l'acte qui les contient ne vaut pas comme testament. Mais il en est autrement de la révocation. L'acte qui la contient étant valable comme acte notarié ordinaire, cela suffit aux exigences de l'art. 1035. Des deux volontés qu'a exprimées le testateur, il y en a une, celle relative aux legs, qu'on doit considérer comme non avenue, puisqu'il ne l'a pas manifestée dans la forme légale ; mais ce n'est pas une raison pour ne pas exécuter l'autre, celle relative à la révocation, puisqu'elle satisfait aux exigences de la loi, en ce qui concerne la forme. Donc, en conclut-on, le premier testament sera révoqué [1].

2722. Nous ne saurions admettre le raisonnement qui sert de base à cette opinion, puisqu'il arrive à scinder une volonté qui semble bien indivisible. Le testateur n'a voulu qu'une seule chose, tester. La révocation de son premier testament n'était qu'une conséquence des nouvelles dispositions qu'il a faites. Elle doit donc être considérée comme liée au sort de ces dispositions. C'est agir manifestement dans un sens contraire à la volonté du testateur que de reconnaître effet à la

[1] *Sic*, Duranton, VIII, n. 438; Vazeille, sur l'art. 1035, n. 2 et les auteurs cités dans Fuzier-Herman, sur l'art. 1035, n. 17.

révocation, en annulant les dispositions qui, dans sa pensée, y ont donné lieu.

Quel va être, d'ailleurs, le résultat final de cette manière de procéder? C'est qu'en définitive les biens du testateur reviendront à ses héritiers légitimes, qu'il excluait cependant dans son deuxième testament comme dans le premier. Est-ce là ce qu'il a voulu?

2723. On peut faire remarquer, en outre, que l'art. **1035** condamne manifestement l'opinion que nous croyons devoir combattre. Il indique deux modes de révocation absolument distincts : le testament postérieur et l'acte notarié. Le testateur peut librement choisir. Mais, s'il adopte le premier, il doit faire un testament valable en la forme, puisque ce ne peut être que d'un testament valable que le législateur a entendu parler.

Enfin, de la discussion qui eut lieu au conseil d'Etat, sur l'art. **1035**, paraît bien ressortir la condamnation de l'opinion que nous repoussons. Il fut, en effet, question de la consacrer formellement, en déclarant, dans un article additionnel, qu'un testament public portant révocation de dispositions antérieures devait, quoique nul comme testament, opérer la révocation de ces dispositions. Cet article additionnel ne fut pas maintenu dans la rédaction définitive. N'en doit-on conclure qu'avec ce texte le législateur a rejeté le système qui y était consacré? C'est l'opinion qui prévaut en doctrine et en jurisprudence [2].

2724. Autre est la question de savoir si la révocation faite par acte notarié doit nécessairement être l'objet d'un acte notarié spécial. Nous ne le pensons point.

La jurisprudence et les auteurs admettent avec raison qu'elle peut très bien, à titre de clause accessoire, être contenue dans un acte notarié, renfermant d'autres dispositions.

2725. On en a très exactement conclu que la nullité de ces dispositions n'entraînerait pas nécessairement la nullité de la

[2] V. notamment Cass., 10 avril 1855, S., 55. 1. 321, D., 55. 1. 145. — Dans le même sens Demolombe, *Don.*, n. 155; Laurent, XIV, n. 188 s.; Aubry et Rau, VII, p. 511, § 725, note 7. — V. également les auteurs et les arrêts cités dans Fuzier-Herman, sur l'art. 1035, n. 18.

clause révocatoire, si toutes les formes de l'acte notarié ont été rigoureusement observées ([1]).

C. *De la rétractation de la révocation expresse.*

2726. La volonté du testateur étant susceptible de changer jusqu'à son décès, il peut, après avoir révoqué son testament, rétracter sa révocation.

Conformément à cette règle de raison, qu'on peut détruire une volonté par un procédé analogue à celui qui a été employé pour la manifester ([2]), on doit décider que la rétractation d'une révocation pourra être faite dans la même forme que la révocation elle-même, c'est-à-dire non seulement par un testament postérieur (tout le monde est d'accord sur ce point), mais aussi par un acte notarié ordinaire (art. 1035).

D'ailleurs, cette rétractation n'a pas pour but de créer de nouvelles dispositions testamentaires, et on ne voit pas pourquoi elle devrait nécessairement être faite dans la forme d'un testament. Aussi les auteurs ([3]) et les arrêts ([4]) sont-ils d'accord pour reconnaître qu'un acte notarié ordinaire suffit pour rétracter la révocation d'un testament.

2727. En supposant que la révocation soit rétractée, quel sera l'effet de cette rétractation?

Le testament révoqué revivra-t-il?

Telle sera certainement l'intention du testateur, quand la révocation rétractée était pure et simple, c'est-à-dire non accompagnée de legs. Autrement la rétractation n'aurait pas de sens, puisqu'elle laisserait les choses en l'état où elles étaient auparavant : la révocation pure et simple du testament avait eu pour résultat de faire revenir la succession aux

([1]) *Sic*, Cass., 25 avril 1825, S. chr., D. *Rép.*, v° *Dispos.*, n. 4260. — Dans le même sens Coin-Delisle, sur l'art. 1035, n. 5; Demolombe, *Don*, V, n. 47. — V. cep. Laurent, XIV, n. 182.

([2]) C'était déjà la règle que les textes romains posaient en ces termes : *Nil tam naturale est quam eodem genere quidque dissolvi quo colligatum est.*

([3]) *Sic*, Laurent, XIV, n. 197 ; Aubry et Rau, VII, p. 515, § 725 ; Demolombe, *Don.*, V, n. 160 s. ainsi que les auteurs cités dans Fuzier-Herman, sur l'art. 1035, n. 79.

([4]) V. notamment Cass., 26 mars 1879, S., 79. 1. 253, D., 79. 1. 282. — Rennes, 1er juillet 1878, S., 79. 2. 117, D., 79. 2. 15.

héritiers légitimes du testateur, et elle leur resterait encore après la rétractation, si cette rétractation ne faisait pas revivre le premier testament.

Il faut donc dire que le premier testament révoqué revivra.

Rien d'impossible à cela, car ce testament a eu une existence légale; il était seulement paralysé par un obstacle que le testateur a fait disparaître.

2728. Mais la question devient beaucoup plus délicate, si la révocation rétractée était accompagnée de dispositions nouvelles, si l'on suppose, en d'autres termes, qu'après avoir fait un premier testament, le testateur l'a révoqué expressément par un autre testament dans lequel, en outre, il a disposé à nouveau de ses biens. Que décider s'il rétracte ensuite purement et simplement sa nouvelle œuvre, c'est-à-dire la révocation et les legs qui l'accompagnaient? Alors, en effet, il y a doute sur le point de savoir si le testateur, en rétractant le testament qui contient la révocation, a voulu revenir à son premier testament, ou s'il a voulu abandonner à la fois les deux testaments et revenir à la succession *ab intestat*.

C'est au juge du fait qu'il appartiendrait de rechercher quelle a été l'intention du testateur (1).

Dans le doute absolu, il devrait peut-être se décider en faveur des héritiers *ab intestat,* qui ne peuvent être dépouillés qu'en vertu d'une volonté certaine du *de cujus* (2).

II. *De la révocation tacite.*

2729. La révocation tacite est celle qui résulte d'une volonté que le testateur n'a pas exprimée, mais qu'il a clairement manifestée en accomplissant certains actes.

Quels sont ces actes?

La loi en indique deux :

1° La confection d'un nouveau testament, incompatible avec le précédent;

2° L'aliénation de la chose léguée.

(1) *Sic*, Cass., 20 juin 1883, S., 84. 1. 377, D., 84. 1. 159 et les autorités citées sous Dijon, 4 mai 1877, S., 77. 2. 176.

(2) *Sic*, Rennes, 1er juillet 1878, S., 79. 2. 117, D., 79. 2. 15.

Il y a lieu de compléter le texte de la loi, en ajoutant, aux deux actes qu'il indique, la destruction volontaire du testament par le testateur.

A. *Testament postérieur.*

2730. En droit romain, le testament devait nécessairement comprendre toute l'hérédité, d'après la règle *Nemo partim testatus, partim intestatus decedere potest.* Il en résultait que deux testaments successifs étaient forcément incompatibles l'un avec l'autre. On donnait, en ce cas, la préférence au plus récent, comme contenant l'expression de la dernière volonté du testateur. De là cette règle que formulent les Institutes : *Posteriori testamento prius rumpitur.*

Il en est autrement dans notre droit.

On peut par testament ne disposer que d'une partie de ses biens (art. 895); d'où il suit que plusieurs testaments successifs ne sont pas nécessairement incompatibles entre eux, chacun pouvant s'appliquer à des biens qui ne sont pas compris dans les précédents.

Quel que soit le nombre des testaments laissés par un défunt, ces testaments devront tous s'exécuter simultanément, si leurs dispositions peuvent se concilier.

Dans le cas contraire, on donnera la préférence aux dispositions les plus récentes, qui seront considérées comme révoquant tacitement les plus anciennes, d'après la règle *In testamentis novissimæ scripturæ prævalent.*

C'est bien là ce qui résulte des dispositions de l'art. 1036 du Code civil.

Aux termes de ce texte :

« *Les testaments postérieurs qui ne révoqueront pas d'une* » *manière expresse les précédents, n'annuleront, dans ceux-ci,* » *que celles des dispositions y contenues qui se trouveront in-* » *compatibles avec les nouvelles, ou qui seront contraires* ».

Il y a peu d'intérêt à savoir quelle différence existe entre les dispositions *incompatibles* et les dispositions *contraires*, puisque les unes et les autres sont soumises à la même règle. Ces expressions désignent toutes les dispositions qui ne sont pas susceptibles de se concilier les unes avec les autres et qui, par suite, ne peuvent pas être exécutées simultanément. On aurait pu se contenter de l'expression *incompatible*, à l'énergie de laquelle le mot *contraire* paraît ne rien ajouter.

2731. L'application de l'art. 1036 C. civ. suppose nécessairement deux testaments portant des dates différentes.

Comme le fait remarquer Demolombe [1], c'est assurément une hypothèse singulière que celle où on produit plusieurs testaments, portant la même date et contenant des dispositions incompatibles. Elle ne s'en est pas moins présentée plusieurs fois dans la pratique.

La jurisprudence s'est toujours prononcée contre l'application de l'art. 1036, qui entraînerait une révocation réciproque des dispositions incompatibles. Elle décide avec raison que les testaments datés du même jour doivent, dans la mesure au moins où cela est possible, être exécutés simultanément.

Et, par exemple, si, dans plusieurs testaments datés du même jour, le testateur a laissé la même chose à des légataires différents, on devra tous les admettre à se partager la chose à laquelle ils sont appelés avec une vocation identique [2].

2732. L'incompatibilité ou contrariété, dont parle l'art. 1036, peut être matérielle ou intentionnelle.

2733. Il y a incompatibilité matérielle lorsqu'il y a impossibilité absolue d'exécuter simultanément les dispositions contenues dans les différents testaments.

Tel serait le cas où un testateur, après avoir légué une chose *purement et simplement* dans un premier testament, aurait légué cette même chose *conditionnellement* au même légataire par un deuxième testament.

2734. Il y aurait encore incompatibilité matérielle, si le testateur, ayant légué à une personne la pleine propriété d'un bien, lui avait légué, par un testament postérieur, l'usufruit du même bien. Il est matériellement impossible d'exécuter simultanément ces deux dispositions, de donner, d'une part, la pleine propriété au légataire, en exécution du premier testament, et, d'autre part, l'usufruit du même bien, en exécution

(1) Demolombe, *Don.*, V, n. 203.

(2) *Sic*, Cass., 17 août 1876, S., 78. 1. 256, D., 78. 1. 148. — Rouen, 6 mars 1876, S., 77. 2. 9.

du deuxième, ce qui serait lui donner une servitude sur sa propre chose. Il faut donc décider que la dernière disposition devra seule être exécutée; elle abroge la première, comme étant matériellement incompatible avec elle.

2735. Autre serait le cas où le testateur, après avoir légué à une personne tous ses biens en pleine propriété, lui aurait aussi donné l'usufruit par donation entre vifs. Ici le testateur a rendu la disposition irrévocable, en tant qu'elle s'appliquait à l'usufruit. Il l'a laissée subsister telle quelle, en tant qu'elle s'appliquait à la nue propriété, et, par conséquent, s'il meurt sans l'avoir révoquée, le légataire en recueillera le bénéfice et consolidera ainsi l'usufruit qui lui appartenait déjà [1].

2736. Quant à l'incompatibilité intentionnelle, c'est celle qui résulte de l'intention du testateur, manifestée par l'ensemble de ses dispositions testamentaires. A la rigueur, il serait possible d'exécuter simultanément les dispositions contenues dans les divers testaments laissés par le défunt; mais les circonstances de la cause, ou les termes dont le testateur s'est servi, démontrent qu'il a entendu que la dernière disposition fût seule exécutée.

2737. On s'accorde, d'ailleurs, à décider que l'incompatibilité de deux dispositions testamentaires peut résulter de la simple intention du testateur, dès que les circonstances de la cause ou les termes du testament permettent de la dégager [2].

2738. La question de savoir s'il y a incompatibilité intentionnelle entre deux dispositions qui ne sont pas matériellement incompatibles, est donc essentiellement une question de fait, dont la solution rentre dans le domaine souverain des juges du fond [3].

2739. La seule réserve que contiennent, sur ce point, les arrêts de la cour suprême, c'est que les pouvoirs d'interpré-

(1) *Sic*, Douai, 26 décembre 1882, S., 84. 2. 114.

(2) *Sic*, Cass., 18 mars 1879, S., 79. 1. 352; 21 novembre 1888, S., 89. 1. 55 et 3 avril 1889, S., 89. 1. 312, D., 89. 1. 461. — Dans le même sens, Demolombe, *Don.*, V, n. 170; Aubry et Rau, VII, p. 517, § 725; Laurent, XIV, n. 204.

(3) *Sic*, Cass., 18 mars 1879 et 3 avril 1889 précités et les arrêts cités dans Fuzier-Herman, sur l'art. 1036, n. 13.

tation des juges du fond ne sauraient aller jusqu'à dénaturer les clauses du testament [1].

2740. Il ne saurait donc y avoir en cette matière que des difficultés d'espèces.

Voici une première espèce qui s'est souvent présentée.

Par un premier testament, le testateur a légué l'immeuble A à Paul; par un testament postérieur, il lègue ce même immeuble à Pierre. Il n'y a pas d'incompatibilité matérielle entre les deux dispositions; car Pierre et Paul peuvent, à la rigueur, être considérés comme deux colégataires conjoints du même immeuble.

Mais il est bien plus probable que le testateur a entendu révoquer le legs fait à Paul et donner l'immeuble tout entier à Pierre.

Ce serait absolument certain, s'il avait dit dans le deuxième testament : « Je lègue à Pierre l'immeuble A *que j'avais précédemment légué à Paul* ».

2741. Voici une autre espèce, sur laquelle la justice a dû maintes fois se prononcer.

Par un premier testament, le testateur a institué Paul son légataire universel; par un deuxième, il institue Pierre. Pas d'incompatibilité matérielle entre ces deux dispositions, car on peut instituer plusieurs légataires universels (art. 1003).

Toute la question est de savoir si telle a été l'intention du testateur, ou s'il n'a pas voulu substituer Pierre à Paul comme légataire universel.

Cette dernière interprétation paraît bien plus probable, surtout si le testateur est étranger aux connaissances juridiques. Un testateur qui ne sait pas le droit s'imaginera difficilement que lorsqu'il dit : « Je lègue tous mes biens à Pierre », cela puisse signifier que Pierre devra les partager avec Paul, auquel il les avait légués par un précédent testament. Ce n'est pas notamment l'interprétation qu'a cru devoir admettre la cour de cassation, dans un arrêt du 21 novembre 1888 [2], rejetant

[1] V. notamment Cass., 19 avril 1882, S., 82. 1. 272, D., 83. 1. 152 et 7 juillet 1886, S., 88. 1. 155, D., 87. 1. 75.

[2] Cass., 21 novembre 1888, S., 89. 1. 55, D., 89. 1. 181.

le pourvoi dirigé contre un arrêt de la cour de Douai du 8 août 1887 [1].

Mais comme, en définitive, tout dépend d'une interprétation souveraine des juges du fond, il y a des arrêts dans le sens de l'interprétation opposée [2].

2742. Voici, enfin, une autre hypothèse qui se présente fréquemment en pratique.

Le testateur a dit dans un premier testament : « Je lègue l'immeuble A à Paul », puis, dans un testament postérieur : « Je lègue tous mes biens à Pierre ».

Le legs fait à Paul est-il révoqué?

La jurisprudence incline vers la négative, et il est certain qu'il n'y a nulle incompatibilité matérielle entre les deux dispositions [3].

Mais, peut-être, n'est-ce pas tenir un compte suffisant de ce grand principe : que, dans toutes les questions de ce genre, la volonté du testateur doit être le régulateur suprême. Ce principe n'implique-t-il point qu'il ne faut ici se préoccuper que d'une manière secondaire du point de savoir si, *en droit*, telle disposition testamentaire est compatible avec telle autre ? Il est, en effet, bien certain que telle interprétation d'un testament, qui serait excellente si le disposant était un jurisconsulte, court le risque d'être directement contraire à sa volonté, s'il ignore les principes les plus élémentaires du droit. Or, quand un testateur qui est étranger à cette science dit : « Je lègue tous mes biens à Pierre. », il se figurera difficilement que cette disposition puisse laisser subsister un legs fait antérieurement à Paul, dont il ne parle pas. Ne peut-il pas croire que son silence suffit à révoquer ce legs et, en exigeant une révocation expresse que le testateur a jugée inutile, ne s'expose-t-on à méconnaître gravement sa volonté [4]?

[1] Douai, 8 août 1887, S., 88. 2. 62.

[2] V. notamment Cass., 7 juillet 1886, S., 88. 1. 155, D., 87. 1. 75. — V. également Cass., 31 juillet 1876, S., 77. 1. 158, D., 77. 1. 28.

[3] V. notamment Cass., 19 juillet 1847, S., 47. 1. 731, D., 47. 1. 308 et les arrêts rapportés dans Fuzier-Herman, sur l'art. 1036, n. 26. — Dans le même sens Demolombe, *Don.*, V. n. 180 ; Aubry et Rau, VII, p. 518, § 725. — V. cependant en sens contraire Caen, 26 mars 1830 sous Cass., 22 juin 1831, S., 31. 1. 253, D. *Rép.*, v° *Dispos.*, n. 4202.

[4] *Sic*, Laurent, XIV, n. 211 et 212.

2743. Dans tous les exemples précédents, nous avons supposé des dispositions successives adressées à des légataires différents.

Mais il arrive souvent que le même légataire est gratifié par plusieurs testaments successifs.

Pourra-t-il, en pareil cas, cumuler le bénéfice de toutes les dispositions faites en sa faveur?

Ici, comme dans le cas où les dispositions s'adressent à des légataires différents, la jurisprudence et les auteurs reconnaissent que tout dépend d'une question d'intention [1].

C'est ainsi que, sauf intention contraire résultant du testament ou des circonstances de la cause, un légataire peut très bien cumuler le bénéfice de plusieurs legs particuliers, contenus dans des testaments successifs [2].

Les arrêts se prononcent dans le même sens, et pour le légataire universel ou à titre universel appelé ensuite à un legs particulier [3], et pour le légataire particulier gratifié ultérieurement d'une disposition universelle ou à titre universel, dans le cas au moins où l'exécution simultanée des deux dispositions est possible [4].

2744. La jurisprudence a une tendance marquée à étendre les pouvoirs d'interprétation qu'elle tient de l'art. **1036**, en dehors même de la sphère d'application de ce texte. Celui-ci suppose, en effet, qu'il s'agit d'un même testateur, faisant successivement plusieurs testaments qui contiennent des dispositions incompatibles. Il laisse donc, en dehors de ses prévisions, et le cas où le *de cujus* a successivement disposé par testament et par donation et le cas où un même légataire a été successivement gratifié par plusieurs testateurs.

Dans de semblables hypothèses, la jurisprudence a cependant été amenée, par interprétation des intentions du *de cujus*, à appliquer le principe que consacre spécialement l'art. **1036**, pour les hypothèses mêmes qu'il vise.

(1) *Sic*, Cass., 8 juillet 1835, S., 35. 1. 741, D. *Rép.*, v° *Dispos.*, n. 4202. — Dans le même sens, Demolombe, *Don.*, V, n. 199.

(2) V. notamment Bordeaux, 26 janvier 1842, D. *Rép.*, v° *Dispos.*, n. 4228.

(3) V. notamment Cass., 29 mai 1832, S., 32. 1. 436, D. *Rép.*, v° *Dispos.*, n. 4217 et 13 décembre 1869, S., 70. 1. 160, D., 70. 1. 266.

(4) V. notamment Turin, 24 mars 1806, S. chr., D. *Rép.*, v° *Dispos.*, n. 4210.

C'est ainsi que la cour de Caen [1] a cru devoir décider qu'en présence de deux testaments séparés, par lesquels deux époux léguaient la même somme à un légataire unique, les juges étaient fondés à décider que ce légataire ne pouvait cumuler le bénéfice des deux dispositions, étant donné que les circonstances de la cause révélaient que telle n'avait point été l'intention des testateurs.

Plusieurs arrêts ont également décidé qu'au cas où une même personne a été successivement gratifiée d'un legs et d'une donation, les juges peuvent très bien, par interprétation de la volonté du *de cujus*, estimer que l'exécution des deux libéralités ne saurait être cumulée par le bénéficiaire [2].

2745. Mais, pour qu'il en soit ainsi, il est de toute nécessité que les circonstances de la cause démontrent qu'il y a bien réellement incompatibilité entre les deux libéralités.

Aussi est-ce avec raison que la cour de Douai [3] a refusé d'appliquer le principe que consacre l'art. **1036**, dans un cas où le testateur, après avoir légué à une personne tous ses biens en pleine propriété, lui en avait donné l'usufruit par donation entre vifs. Il n'y avait, en réalité, aucune incompatibilité entre les deux libéralités. Par la donation, le *de cujus* s'était borné à rendre irrévocable, en tant qu'elle s'appliquait à l'usufruit, la disposition précédemment faite en pleine propriété. Il l'avait laissée subsister telle quelle, en tant qu'elle s'appliquait à la nue propriété.

2746. A propos de la révocation tacite dont nous parlons, nous devons évidemment dire ce que nous avons dit de la révocation expresse résultant d'un testament postérieur. On ne doit en tenir compte qu'autant que ce testament est valable en la forme et a été fait par un testateur capable.

2747. Mais la révocation des dispositions anciennes est-elle, en outre, subordonnée à l'exécution des dispositions nouvelles qu'il y a lieu de considérer comme incompatibles avec elles ?

(1) Caen, 26 mai 1873, S., 74. 2. 248, D., 74. 2. 132.

(2) V. notamment Cass., 25 juin 1828, S. chr., D. *Rép.*, v° *Dispos.*, n. 4202 et Rouen, 16 novembre 1875, S., 76. 2. 47, D., 76. 2. 154.

(3) Douai, 26 décembre 1882, S., 84. 2. 114.

C'est la question que le législateur a envisagée et résolue ans l'art. **1037** du C. civ.

Aux termes de ce texte :

« *La révocation faite dans un testament postérieur aura tout son effet, quoique ce nouvel acte reste sans exécution par l'incapacité de l'héritier institué ou du légataire, ou par leur refus de recueillir* ».

Le législateur tranche ici, peut-être pour tarir dans leur ource de nombreux procès, une question d'intention dont il urait mieux fait, suivant quelques-uns, de laisser la solution ux juges du fait. Le testateur qui révoque une disposition estamentaire par un testament postérieur entend peut-être ubordonner la révocation qu'il fait à l'exécution de ses nouelles dispositions ; mais peut-être aussi entend-il que la évocation produise son effet quoi qu'il arrive, c'est-à-dire lors même que les nouvelles dispositions demeureraient ans exécution, par suite de l'incapacité du légataire ou de on refus de recueillir. C'est dans ce dernier sens que la loi nterprète, de sa propre autorité, la volonté du testateur, en upposant, bien entendu, que celui-ci ne se soit pas expliqué, ar s'il avait dit que la révocation de son premier testament st subordonnée à l'exécution du deuxième, il est clair que a volonté devrait être suivie.

2747 *bis*. Il n'est pas douteux, en effet, qu'on ne peut voir, lans la solution que consacre l'art. **1037**, autre chose qu'une lécision interprétative de volonté et qu'on ne saurait la mainenir, lorsque le testateur a manifesté une volonté contraire, n subordonnant la révocation de ses dispositions antérieures l'exécution de ses dispositions nouvelles.

La cour de cassation reconnaît qu'il appartient aux juges lu fait d'apprécier souverainement la volonté du testateur à cet égard (¹).

2748. Bien que l'art. **1037** suive immédiatement l'article relatif à la révocation tacite résultant d'un testament postérieur, on s'accorde à reconnaître que sa décision vise aussi bien la révocation expresse que la révocation tacite. C'est, en

(¹) *Sic*, Cass., 18 décembre 1894, S., 95. 1. 125.

effet, surtout au cas de révocation tacite qu'on aurait pu prétendre que, conséquence de la disposition nouvelle, la révocation ne devait s'opérer qu'autant que cette disposition serait exécutée. Le législateur a cru devoir consacrer la solution opposée. C'est donc par *a fortiori* que cette solution doit être appliquée à la révocation expresse.

Aussi la question n'est-elle discutée ni en doctrine, ni en jurisprudence [1].

2749. Au cas où les nouvelles dispositions resteraient sans effet par suite « de l'incapacité de l'héritier institué ou du légataire ou par suite de leur refus de recueillir », il faudrait assimiler celui où elles resteraient sans effet par suite du prédécès du légataire (art. 1039) ou à raison de son ingratitude (art. 1046 et 1047). Il y a même raison de décider, la disposition étant caduque dans toutes ces hypothèses, comme dans celles que vise spécialement l'art. 1037. Ce n'est point, en réalité, appliquer ce texte par analogie, c'est lui donner toute la portée que le législateur a entendu lui reconnaître [2].

2750. Mais on ne saurait oublier qu'en soi la disposition de l'art. 1037 est peu justifiable et, partant, dès qu'on ne pourrait l'appliquer que par voie d'analogie, on doit écarter la règle que pose ce texte.

C'est ainsi qu'on devrait écarter la solution que consacre l'art. 1037 au cas où les nouvelles dispositions demeureraient stériles comme entachées de substitution prohibée (art. 896). Ici la disposition est *nulle* et non pas *caduque*.

De plus, à la différence de ce qui a lieu dans les cas prévus par l'art. 1037, c'est par suite d'un fait personnel au testateur que la disposition reste sans effet.

On est donc en dehors des termes de cet article et, comme sa disposition est exceptionnelle, on ne doit pas l'étendre à cette hypothèse.

(1) *Sic*, Liège, 14 mai 1873, S., 74. 2. 116, D., 74. 2. 36. — Dans le même sens Demolombe, *Don.*, V, n. 204; Laurent, XIV, n. 218; Aubry et Rau, VII, p. 521, § 725, note 29.

(2) Cass., 13 mai 1834, S., 34. 1. 321, D. *Rép.*, v° *Disp.*, n. 4175. — Douai, 8 août 1887, S., 88. 2. 62. — Dans le même sens Aubry et Rau, VII, p. 521, § 725; Demolombe, *Don.*, V, n. 205; Laurent, XIV, n. 194 et les auteurs cités dans Fuzier-Hermann, sur l'art. 1037, n. 4.

Nous en concluons que le juge aurait à apprécier, d'après les circonstances de la cause, quelle a été l'intention du testateur.

La jurisprudence est indécise sur cette question, qui est également discutée entre les auteurs [1].

2751. Par le même motif, l'art. 1037 ne devrait pas être appliqué, si la disposition testamentaire d'où résulte la révocation était nulle, comme faite en violation de l'art. 907 ou de l'art. 909. En pareil cas, la disposition n'est pas simplement caduque, elle est nulle puisqu'il y a non seulement incapacité de recevoir chez le légataire, mais encore incapacité de disposer chez le testateur.

D'ailleurs, le legs fait au tuteur ou au médecin est annulé, parce que la loi présume qu'il est le résultat de l'influence exercée par le légataire sur l'esprit du testateur. C'est à cette même influence qu'on doit attribuer la révocation. Elle doit donc être entachée du même vice que le legs lui-même [2].

B. *Aliénation par le testateur de la chose léguée.*

2752. Le testateur qui aliène la chose léguée manifeste implicitement la volonté de révoquer le legs. Aussi, sans s'arrêter aux distinctions assez subtiles du droit romain et de notre ancien droit, distinction dont l'application engendrait dans la pratique de nombreux procès, notre législateur a-t-il cru devoir s'en tenir à une règle unique et abolue.

Nous la trouvons écrite dans l'art. 1038 du C. civ.

Aux termes de ce texte :

« *Toute aliénation, celle même par vente avec faculté de* » *rachat ou par échange, que fera le testateur de tout ou par-* » *tie de la chose léguée, emportera la révocation du legs pour* » *tout ce qui a été aliéné, encore que l'aliénation postérieure* » *soit nulle et que l'objet soit rentré dans la main du testa-* » *teur* ».

2753. *Toute aliénation,* dit la loi; donc l'aliénation à titre

(1) V. notamment, en sens contraire, Demolombe, *Don.*, V, n. 206 et les arrêts cités par cet auteur au n. 195.

(2) *Sic*, Cass., 11 mai 1864, S., 64. 1. 26, D., 64. 1. 187. — Dans le même sens Aubry et Rau, VII, p. 513, § 725; Laurent, XIV, n. 195; Demolombe, *Don.*, V, n. 208.

gratuit comme celle à titre onéreux, ainsi que s'accordent à le décider et les auteurs et les arrêts [1].

2754. En ce qui concerne les aliénations à titre onéreux, la loi s'explique sur deux cas particuliers qui auraient pu donner lieu à des doutes : c'est le cas où la chose léguée a été échangée par le testateur, c'est, en second lieu, le cas où elle a été aliénée avec clause de rachat.

L'aliénation, par voie d'échange, de la chose léguée entraîne la révocation pure et simple du legs; le légataire n'aura donc pas droit à la chose acquise par le testateur en contre-échange, pas plus qu'en cas de vente il n'aurait droit au prix. Ricard soutenait le contraire, dans notre ancien droit, par ce motif que l'aliénation par voie d'échange ne lui apparaissait point manifester d'une façon suffisante l'intention de révoquer le legs [2].

La loi porte une décision analogue, en ce qui concerne la vente avec faculté de rachat. Ici encore, le legs sera révoqué purement et simplement, sans que le légataire puisse réclamer la chose, si le testateur l'a reprise, en usant de la faculté qu'il s'était réservée dans le contrat. Pothier était d'un avis opposé. Pour que l'aliénation de la chose léguée renfermât la révocation du legs, il fallait, disait-il, que le testateur l'eût faite de son plein gré et sans que rien l'obligeât à la faire. Or, la vente faite avec faculté de rachat, s'expliquant presque toujours par de pressants besoins d'argent, paraissait trop peu souvent satisfaire à cette condition, pour que Pothier ne lui refusât point l'effet révocatoire résultant de l'aliénation [3].

2755. Ce que l'art. **1038** décide ainsi, pour ces deux hypothèses, montre, de la façon la plus manifeste, que le législateur du code civil a bien entendu, ainsi que nous l'avons dit déjà, proscrire toutes les distinctions que le droit romain et notre ancien droit avaient admises. C'est ce qu'il a fait, en atta-

[1] V. notamment Cass., 3 août 1841, S., 41. 1. 621, D. *Rép.*, vo *Dispos.*, n. 4270. — *Sic*, Aubry et Rau, VII, p. 522, § 725; Demolombe, *Don.*, V, n. 214; Laurent, XIV, n. 231.

[2] Ricard, part. III, n. 268 s.

[3] Pothier, *Don. testam.*, ch. VI, sect. II, § 2 et *Introduction au titre XIV de la Cout. d'Orléans*, n. 128.

chant désormais la preuve de la révocation à l'aliénation faite par le testateur de la chose léguée, et nullement aux motifs et aux circonstances qui ont pu porter le testateur à aliéner.

2756. Ce n'est nullement à dire que le principe, sur lequel repose la révocation tacite de l'art. 1038, ait été changé par le législateur moderne ([1]). Si l'aliénation de la chose léguée entraîne, sous l'empire du code civil, la révocation du legs qui en avait précédemment été fait, c'est que, dans cette aliénation, le législateur voit la preuve que le testateur ne persévère point dans ses intentions libérales. Il n'y a, sous ce rapport, aucune différence entre le code civil et l'ancien droit. Seulement, tandis que l'ancien droit admettait la recherche des motifs qui avaient pu porter le testateur à aliéner, le code civil, en vue d'éviter des procès, proscrit d'une façon absolue ces recherches, en décidant que l'intention de révoquer résulte du fait même de l'aliénation.

Si nous insistons sur ce point, c'est que nous avons à y rattacher, par voie de conséquence, la solution de toutes les difficultés qui sont soulevées, en pratique, par l'application de l'art. 1038.

2757. Un premier point nous semble certain c'est que, dans toutes les hypothèses où il y a lieu à l'application de l'art. 1038, il faut évidemment réserver le cas où le testateur aurait formellement exprimé une intention contraire. La disposition de l'art. 1038 n'est, en effet, donnée que par interprétation de la volonté du testateur et, partant, ne saurait prévaloir contre une volonté formellement exprimée en sens contraire ([2]).

2758. Mais au moins faut-il une volonté formellement exprimée; se contenter d'une volonté tacite, qui pourrait résulter des circonstances de la cause, ce serait faire revivre toutes les difficultés qui s'agitaient dans notre ancien droit et que le législateur du code civil a entendu proscrire par la règle de l'art. 1038 ([3]).

([1]) V. notamment Coin-Delisle, sur l'art. 1038, n. 1 et 3.
([2]) Cass., 9 mars 1836, S., 36. 1. 379, D. *Rép.*, v° *Dispos.*, n. 4240. — Dans le même sens Aubry et Rau, VII, p. 522, § 725, note 38; Demolombe, *Don.*, V, n. 230.
([3]) V. notamment Laurent, XIV, n. 220.

2759. Cette réserve faite, nous devons appliquer la règle de l'art. 1038, avec toute la généralité que ce texte comporte. Or, c'est de toutes les aliénations faites par le testateur que parle l'art. 1038. Nous devons donc en conclure que toute aliénation de la chose léguée, dès qu'elle est faite par le testateur, entraîne la révocation du legs.

2760. Nous avons dit déjà qu'il n'y avait point à distinguer suivant que l'aliénation était à titre onéreux ou à titre gratuit [1].

Peu importe également la personne au profit de laquelle l'aliénation est consentie. La loi ne fait aucune distinction à ce point de vue. On en doit conclure que, consentie au profit du légataire lui-même, l'aliénation de la chose léguée entraîne la révocation du legs, tout comme l'aliénation faite au profit d'un tiers.

C'est là un point qu'on s'accorde à reconnaître pour les aliénations à titre onéreux [2].

2761. Il est, au contraire, discuté en ce qui concerne les aliénations à titre gratuit.

Si la donation est faite sous d'autres conditions ou charges que le legs, il est difficile de ne point considérer qu'elle implique une intention révocatoire [3].

Cela est plus douteux lorsqu'elle est consentie dans les mêmes termes que le legs. Elle apparaît alors bien plus comme la confirmation que comme la révocation de celui-ci [4].

Quoi qu'il en soit, la question ne présente intérêt qu'autant que la donation est nulle. C'est alors seulement, en effet, qu'il peut s'agir, pour le légataire, de réclamer l'objet légué.

2762. Les aliénations conditionnelles soulèvent quelques difficultés.

Ce que la loi dit de la vente avec faculté de rachat semble

(1) V. ci-dessus, n. 2753.

(2) *Sic*, Cass., 16 avril 1845, S., 45. 1. 654, D., 45. 1. 293. — Dans le même sens Aubry et Rau, VII, p. 522, § 725 ; Demolombe, *Don.*, V, n. 219 ; Laurent, XIV, n. 223 et les auteurs cités dans Fuzier-Herman, sur l'art. 1038, n. 19.

(3) *Sic*, Cass., 25 avril 1825, S. chr., D. *Rép.*, v° *Dispos.*, n. 4260.

(4) *Sic*, Cass., 6 juin 1814, S. chr., D. *Rép.*, v° *Dispos.*, n. 4253. — Dans le même sens, Laurent, XIV, n. 233 ; Demolombe, *Don.*, V, n. 220.

evoir être appliqué à toutes les autres aliénations faites sous ondition résolutoire.

Les raisons de décider sont les mêmes.

Aussi les auteurs s'accordent-ils à généraliser la solution onnée spécialement pour la vente à reméré [1].

2763. Mais, faite sous condition suspensive, les aliénations e la chose léguée ne nous paraissent point susceptibles d'entaîner la révocation du legs, si la condition ne se réalise oint. En effet, l'aliénation sous condition suspensive n'existe as tant que la condition ne s'est point réalisée, et elle est ensée n'avoir jamais existé si la condition ne se réalise pas : l semble donc que la révocation doive être conditionnelle omme l'aliénation. Autre est le cas de l'aliénation sous condition résolutoire, qui existe immédiatement, et qui, dans la ensée du testateur, a dû entraîner une révocation immédiate du legs [2].

2764. Nous supposons, d'ailleurs, une condition suspensive ormellement exprimée. Si la condition n'est que tacite et résulte seulement de la nature de l'aliénation, il ne nous semble oint qu'on puisse écarter la règle de l'art. 1038. C'est ce qui rrive, par exemple, pour l'institution contractuelle, qui est oujours faite sous la condition de survie de l'institué. Tacite, a condition n'atteint pas la volonté révocatoire comme lorsqu'elle est formelle. Il devient moins sûr que le disposant y ubordonne la révocation de son testament. C'en est assez our maintenir la règle de l'art. 1038 [3].

2765. L'aliénation de la chose léguée entraîne la révocaion du legs, alors même qu'elle est nulle.

L'art. 1038 le dit en termes exprès.

[1] V. notamment Demolombe, *Don.*, V, n. 217 ; Laurent, XIV, n. 225, ainsi que es auteurs cités dans Fuzier-Herman, sur l'art. 1038, n. 12.

[2] *Sic*, Cass., 15 mai 1860, S., 60. 1. 625, D., 60. 1. 277. — Dans le même sens, Demolombe, *Don.*, V, n. 218 ; Aubry et Rau, VII, p. 524, § 725, et les auteurs ités dans Fuzier-Herman, sur l'art. 1038, n. 14. — V. cep. en sens contraire Delincourt, II, p. 97, note 6 ; Coin-Delisle, sur 1038, n. 4.

[3] *Sic*, Besançon, 23 janv. 1867, S., 67. 2. 248, D., 67. 2. 1. — Voyez également Demolombe, *Don.*, V, n. 236 ; Aubry et Rau, VII, p. 523, § 725. — En sens contraire, Caen, 25 nov. 1847, S., 48. 2. 348, D., 48. 2. 129. — Voyez aussi Laurent, XIV, n. 237, *in fine*.

Il atteste ainsi, de la façon la plus formelle et la plus nette, que la révocation se produit, non comme conséquence de l'aliénation faite, mais parce que celle-ci dénote, chez le testateur, l'intention de révoquer le legs précédemment consenti.

2766. La loi ne distinguant point entre les différentes nullités qui peuvent affecter l'aliénation de la chose léguée, on doit, en principe du moins, mettre sur la même ligne toutes les causes de nullités. Peu importe donc que la nullité résulte de l'incapacité de l'aliénateur, de ce fait, par exemple, qu'il est mineur ou femme mariée, ou, au contraire, qu'elle tienne à l'inaliénabilité de la chose, un immeuble dotal par exemple. Dans tous les cas, elle ne fait pas disparaître, elle n'annihile point la volonté de révoquer que manifeste l'aliénation : cette volonté doit donc toujours produire ses effets (1).

2767. La nullité pour vice de forme soulève quelques doutes. Lorque le vice entraîne seulement la nullité de l'aliénation, on s'accorde à reconnaître que la révocation subsiste, nonobstant l'annulation de l'aliénation qui l'impliquait.

Mais en est-il de même s'il emporte l'inexistence de l'aliénation, s'il s'agit, par exemple, d'une donation faite sous seing privé ?

On comprend qu'en pareil cas on hésite à appliquer l'art. 1038 (2).

La majorité des auteurs se prononce néanmoins pour son application. L'argument capital, c'est que la révocation de l'art. 1038 se produit, non point comme conséquence d'une aliénation c'est-à-dire d'un acte juridique valable, mais résulte de l'intention de révoquer que manifeste l'aliénation. Cette intention, on en doit tenir compte, dès qu'elle s'est affirmée et qu'on en peut rapporter la preuve (3).

2768. La question est plus douteuse, si l'aliénation était incomplète, s'il s'agissait, par exemple, d'une donation nulle

(1) *Sic*, Cass., 25 avril 1887, S., 87. 1. 320, D., 88. 1. 169. — Agen, 6 nov. 1867, et Pau, 26 fév. 1868, S., 68. 2. 73, D., 68. 2. 134. — Dans le même sens, sur le principe, Aubry et Rau, VII, p. 523, § 725; Demolombe, *Don.*, V, n. 221; Laurent, XIV, n. 226 et les auteurs cités dans Fuzier-Herman, sur l'art. 1038, n. 24.

(2) V. notamment Laurent, XIV, n. 231 et 232.

(3) *Sic*, Demolombe, *Don.*, V, n. 227; Aubry et Rau, VII, p. 523, § 725.

pour défaut d'acceptation. En pareil cas, peut-on dire, il n'y a pas aliénation, mais projet d'aliénation. Peut-on donner à celui-ci l'effet que l'art. 1038 attache à celle-là seulement [1]?

L'opinion contraire prévaut cependant.

C'est toujours le même argument.

Peu importe le sort de l'aliénation. Ce n'est point à celle-ci, mais à l'intention qu'elle manifeste, que le législateur attache l'effet révocataire. Dès que l'intention de révoquer existe et peut être prouvée, l'art. 1038 doit être appliqué, sans qu'on ait à se soucier du sort de l'aliénation [2].

2769. Toutefois, pour qu'une aliénation nulle entraîne la révocation du legs, il est nécessaire qu'elle suppose et implique, chez le testateur, une intention révocatoire.

Telle ne saurait être l'aliénation consentie par un testateur interdit, chez lequel on ne peut supposer une intention dont on doive tenir compte, à moins de supposer une aliénation faite dans un intervalle lucide. Il faudrait donc établir ce point. Or, il y a là une question dépendant de la question plus générale de savoir si une preuve de ce genre est admissible en matière d'interdiction.

2770. Il semble qu'on doive mettre, sur la même ligne, l'aliénation consentie sous l'empire de la violence, puisqu'une semblable aliénation n'implique aucune intention révocatoire dont on puisse tenir compte [3].

C'est cependant contesté [4].

2771. En ce qui concerne les autres vices du consentement, il semble qu'on puisse difficilement les mettre sur la même ligne que la violence. Supprimant toute liberté et toute initiative chez celui qui la subit, celle-ci ne peut permettre d'attacher un sens quelconque à l'aliénation qu'elle a imposée.

Il en est autrement du dol et même de l'erreur.

A côté et en dehors de l'aliénation dont ils entraînent la

[1] *Sic*, Paris, 11 déc. 1847, S., 48. 2. 28. — Dans le même sens Laurent, XIV, n. 231 : Colmet de Santerre, IV, n. 185 *bis*.

[2] *Sic*, Bordeaux, 3 août 1858, S., 59. 2. 142, D., 59. 2. 119. — Dans le même sens Demolombe, *Don.*, V, n. 228; Aubry et Rau, VII, p. 523, § 725.

[3] *Sic*, Demolombe, *Don.*, V, n. 223.

[4] V. notamment Laurent, XIV, n. 226.

nullité, de semblables vices peuvent très bien laisser subsister l'intention révocatoire. Or, celle-ci suffit pour l'application de l'art. 1038 [1].

2772. Nous venons de voir qu'une aliénation, même nulle, même conditionnelle, suffit à entraîner l'application de l'art. 1038.

Mais, si toute aliénation suffit, au moins une aliénation est-elle nécessaire.

Ainsi il va de soi qu'en se constituant en dot un bien précédemment légué, le testateur ne saurait rendre applicable l'art. 1038, puisque, en réalité, aucune aliénation ne se produit [2].

2773. De plus, si une aliénation, même nulle, suffit à entraîner la révocation du legs de la chose aliénée, c'est, nous l'avons dit, qu'une aliénation de ce genre n'en atteste pas moins, chez le testateur, l'intention de révoquer le legs qu'il avait pu faire antérieurement. C'est donc bien moins l'aliénation elle-même que l'intention qu'elle suppose, chez le testateur, qui entraîne la révocation.

Ce point que nous avons déjà mis en lumière entraîne nécessairement cette conséquence qu'on ne saurait comprendre, dans la règle de l'art. 1038, les aliénations qui n'impliquent nullement chez le testateur l'intention de révoquer un legs précédemment fait.

Telles sont évidemment les aliénations que le testateur est obligé de subir.

D'ailleurs, il s'agit là d'aliénations que ne vise point l'art. 1038. Parlant des aliénations que fera le testateur de la chose léguée, la loi réserve manifestement, nous semble-t-il, les aliénations qui se font sans le consentement du testateur.

2774. Et d'abord l'expropriation de la chose léguée, pour cause d'utilité publique, ou l'expropriation forcée de cette chose, subie par le testateur sur la poursuite de ses créanciers, ne saurait entraîner la révocation du legs. Le testateur

(1) *Sic*, Demolombe, *Don.*, V, n. 223; Laurent, XIV, n. 226.

(2) *Sic*, Cass., 6 fév. 1865, S., 65. 1. 376, D., 66. 1. 131. — Dans le même sens Demolombe, *Don.*, V, n. 232 et les auteurs cités dans Fuzier-Herman, sur l'art. 1038, n. 23.

joue, dans l'un et l'autre cas, un rôle purement passif, qui n'implique pas sa volonté de révoquer le legs. Le légataire aura donc droit à la chose, si le testateur en est redevenu propriétaire, lors de son décès [1].

Dans le cas contraire, le legs sera caduc (art. **1042**), le légataire ne pouvant plus réclamer ni la chose, qui est à autrui, ni le prix, qui ne lui a pas été légué [2].

2775. Les auteurs mettent généralement sur la même ligne l'aliénation résultant d'un partage ou d'une licitation.

Il s'agit là, en effet, d'aliénations forcées et, partant, il est difficile d'y attacher l'effet révocatoire attribué aux aliénations volontaires [3].

2775 *bis*. Une conversion de rentes sur l'Etat ne devrait pas davantage être considérée comme donnant lieu à l'application de l'art. **1038**. A coup sûr, s'il y a là une aliénation, c'est une aliénation que subit le testateur.

Au reste, la conversion est moins une aliénation qu'un acquiescement à une transformation d'intérêts. Aussi pensons-nous que le legs de titres, frappés d'une conversion, devrait être exécuté, à concurrence des titres nouveaux trouvés dans la succession [4].

2776. De même, si le testateur est interdit, l'aliénation de la chose léguée, consentie par son tuteur, n'entraînera pas la révocation du legs.

Mais, comme dans les hypothèses précédentes, le legs sera caduc, si la chose n'est pas redevenue la propriété du testateur lors de son décès, sans qu'on puisse, d'ailleurs, dans le cas contraire, permettre au légataire de réclamer le prix de la chose, puisque ce prix ne lui a point été légué [5].

On voit le danger que court le légataire d'un corps certain, lorsque le testateur est interdit : le tuteur, parent le plus souvent de l'interdit, aura tout intérêt à aliéner la chose léguée, pour rendre le legs caduc. Il est peut-être malaisé d'indiquer

(1) *Sic*, Laurent, XIV, n. 221 ; Demolombe, *Don.*, V, n. 238.
(2) *Sic*, Laurent, *eodem*; Demolombe, *Don.*, V, n. 239.
(3) V. notamment Demolombe, *Don.*, V, n. 238; Huc, VI, n. 381.
(4) *Sic*, Trib. Gand, *Pasicr.*, 81. 3. 282.
(5) *Sic*, Demolombe, *Don.*, V, n. 239; Laurent, XIV, n. 222; Huc, VI, n. 381.

au légataire un moyen légal pour prévenir ce résultat. Mais il paraîtrait difficile de lui refuser, après la mort du testateur, une action en dommages-intérêts contre le tuteur, s'il parvenait à démontrer que celui-ci n'a fait l'aliénation qu'en vue de rendre le legs caduc [1].

2777. Cette première limitation que comporte la règle écrite dans l'art. 1038 n'est pas, du reste, la seule qu'on doive lui apporter.

L'art. 1038 parle de l'aliénation de la *chose léguée :* ce qui suppose que le legs a pour objet un corps certain.

Sa disposition serait donc inapplicable aux legs de choses déterminées seulement quant à leur espèce, par exemple, vingt mesures de blé, un cheval, etc... [2].

2778. La disposition de l'art. 1038 ne s'appliquerait pas non plus aux legs universels ou à titre universel [3].

Il n'y a pas ici de *chose léguée ;* le legs porte sur l'universalité, c'est-à-dire sur le patrimoine du disposant, tel que ce patrimoine se trouvera lors du décès. Les aliénations que fera le testateur pourront modifier la composition de ce patrimoine, mais elles n'entraîneront pas la révocation du legs ; elles pourront transformer le droit du légataire, mais elles ne l'anéantiront pas.

La cour de cassation a même pu décider, par application de ce principe, qu'un legs universel n'avait pas été révoqué par l'aliénation que le testateur avait faite de tous ses biens à charge de rente viagère. Nonobstant cette aliénation, le légataire pouvait, en effet, réclamer tous les biens acquis dans la suite par le testateur et existant encore à l'époque de son décès [4].

(1) Cpr. Demolombe, *Don.*, V, n. 240; Huc, VI, n. 381.

(2) *Sic*, Cass., 6 fév. 1865, S., 65. 1. 376. — Dans le même sens Demolombe, *Don.*, V, n. 234.

(3) *Sic*, Cass., 1er déc. 1851, S., 52. 1. 25, D., 51. 1. 327; 15 mai 1860, S., 60. 1. 625, D., 60. 1. 277 et 2 juill. 1867, S., 67. 1. 437, D., 67. 1. 272. — Dans le même sens Laurent, XIV, n. 228; Demolombe, *Don.*, V, n. 235; Aubry et Rau, VII, p. 524, § 725, ainsi que les auteurs cités dans Fuzier-Herman, sur l'art. 1038, n. 30 s.

(4) Voyez Cass. 17 juin 1824 et 15 février 1827 (S. chr.; D. *Rép.*, v° *Disposition*, n° 4250,

2779. Mais, dès qu'il s'agit d'un legs de corps certain, l'art. 1038 devient applicable.

C'est ainsi qu'on ne devrait pas hésiter à l'appliquer à la cession d'une créance précédemment léguée, tout aussi bien qu'à l'aliénation d'un bien corporel.

Il n'en pourrait être autrement qu'autant que les juges reconnaîtraient qu'en fait le legs de la créance n'avait d'autre objet que de préciser la somme dont le testateur entendait disposer au profit de son légataire, c'est-à-dire qu'autant que le testateur n'avait point envisagé la créance comme corps certain et déterminé [1].

2780. Nous avons, jusqu'à présent, supposé une aliénation ayant trait à la totalité de la chose léguée. La révocation qu'elle entraîne a nécessairement la même mesure et le legs est révoqué pour le tout.

Mais il est d'évidence que, si l'aliénation de la chose léguée n'est que partielle, le legs subsistera pour la partie non aliénée.

La constitution d'un droit d'usufruit, d'usage ou d'habitation, ou d'un droit de servitude sur la chose léguée, équivalant à une aliénation partielle, n'entraînerait qu'une révocation partielle du legs.

2781. Quant à la constitution d'un droit d'hypothèque sur la chose léguée, elle n'entraînerait aucune révocation, même partielle, du legs; mais le légataire serait exposé aux conséquences de l'action hypothécaire, sauf son recours contre qui de droit.

C. *Destruction volontaire du testament par le testateur.*

2782. Un testateur détruit son testament olographe, par exemple, en le livrant aux flammes, ou bien il le lacère, ou encore il le cancelle. Nul doute que ces faits, s'ils ont été accomplis volontairement, n'entraînent la révocation du testament.

2783. Il importe donc, à propos de chaque espèce, de rechercher non seulement si la cancellation ou lacération du

[1] *Sic*, Demolombe, *Don.*, V, n. 237.

testament est l'œuvre du testateur, mais encore s'il a bien entendu, par là, marquer l'intention de révoquer son testament. C'est là une question que tranchent souverainement les juges du fond, par appréciation tant de la nature même de la lacération que des faits et circonstances de la cause [1].

2784. Dans le cas où les lacérations ou cancellations émanent du testateur, il paraît difficile de ne pas présumer qu'il a entendu révoquer les dispositions par lui faites.

2785. Mais à qui incombe la charge d'établir que les lacérations ou cancellations émanent bien du testateur?

Il semblerait assez naturel de distinguer suivant qu'au jour de la mort du testateur, le testament se retrouve dans ses papiers ou dans les mains d'un tiers. Dans le premier cas, on pourrait présumer que les lacérations ou cancellations sont l'œuvre du testateur lui-même, et ce serait la présomption opposée qui prévaudrait dans le cas contraire [2].

2786. Mais il est peut-être plus juridique de décider, d'une façon générale, que, dès qu'un testament est lacéré ou cancellé, les cancellations ou lacérations doivent, jusqu'à preuve du contraire, être considérées comme émanant du testateur lui-même. C'est, en effet, au légataire qu'incombe la charge d'établir que le testament qu'il invoque existe bien légalement. C'est donc à lui de prouver que les cancellations ou lacérations du testament n'empêchent point celui-ci d'exister légalement, ce qui l'oblige à établir qu'elles ne sont point l'œuvre du testateur, ou que ce dernier n'a point entendu, par là, révoquer son testament [3].

2787. D'ailleurs, comme il s'agit là de la preuve d'un fait matériel, la preuve testimoniale et les présomptions sont certainement admissibles, à l'effet d'établir que les lacérations ou cancellations sont le fait non du testateur mais d'un tiers.

2788. Au cas où le testateur aurait raturé ou biffé quelques-unes seulement des dispositions de son testament olographe, ces dispositions seront seules révoquées. C'est aux juges du

(1) *Sic*, Cass., 23 janvier 1888, S., 88. 1. 78, D., 88. 1. 149.

(2) *Sic*, Aubry et Rau, VII, p. 527, § 725.

(3) En ce sens Douai, 26 mai 1838, S., 38. 2. 262, D. *Rép.*, v° *Dispos.*, n. 2643. — Dans le même sens Demolombe, *Don.*, V, n. 254.

fond qu'il appartient d'apprécier souverainement la portée des lacérations ou cancellations faites par le testateur, et partant, de déterminer quelles sont, au juste, les dispositions qu'il y a lieu de considérer comme détruites [1].

Toutefois, si la rature portait sur une des parties essentielles du testament, comme la date ou la signature, le testament serait évidemment révoqué pour le tout [2].

2789. S'il s'agit d'un testament par acte public, les altérations que le testateur aurait fait subir à une *expédition* du testament, ou même la destruction qu'il en aurait opérée, seraient sans influence sur le sort des dispositions testamentaires; car la minute reste chez le notaire, et la minute c'est le testament.

Il en serait autrement, si le testateur avait réussi à se procurer la minute elle-même et l'avait détruite.

2790. S'il s'agit d'un testament olographe fait en plusieurs originaux, la destruction ou la lacération d'un seul des doubles faite par le testateur ne pourrait avoir l'effet d'entraîner la révocation du testament. C'est qu'en effet, dès l'instant qu'un des originaux existe, la volonté du testateur est légalement manifestée. Les présomptions qu'on peut tirer de la lacération ou de la destruction d'un autre original ne sauraient suffire à l'anéantir. Décider le contraire serait ne tenir aucun compte du texte formel de l'art. 1035 C. civ. [3].

2791. Mais il faudrait évidemment réserver le cas où il serait démontré que le testateur a voulu détruire, comme les autres, l'original qu'on présente, et que celui-ci n'a été préservé que parce que le tiers, qui en était dépositaire, a trompé la confiance du testateur [4].

2792. Si, le testament étant fait dans la forme mystique,

(1) *Sic*, Cass., 23 janvier 1888 précité, et Paris, 19 mai 1877, S., 78. 2. 116. — Dans le même sens Demolombe, *Don.*, V, n. 251.

(2) En ce sens Cass., 15 mai 1878, D., 79. 1. 39. — Dans le même sens Demolombe, *Don.*, V, n. 251.

(3) Cass., 5 mai 1824, S. chr., D. *Rép.*, v° *Dispos.*, n. 4291. — Lyon, 14 déc. 1875, S., 76. 2. 293, D., 76. 2. 199. — Dans le même sens Aubry et Rau, VII, p. 526, § 725; Demolombe, *Don.*, V, n. 249; Laurent, XIV, n. 243 et 244.

(4) En ce sens Caen, 4 juin 1841, S., 41. 1. 516. — Dans le même sens Aubry et Rau, VII, p. 527, § 725, note 51; Demolombe, *Don.*, V, n. 250.

le testateur en a rompu le cachet, il n'y a plus de testament mystique.

Mais, si le testateur a laissé subsister l'acte que contenait l'enveloppe, il vaudra comme testament olographe, pourvu qu'il soit entièrement écrit, daté et signé de la main du testateur.

2793. Il va de soi que la destruction, la lacération ou la cancellation d'un testament n'en entraînerait pas la révocation, si elle émanait d'un tiers.

Les intéressés seraient alors admis à prouver, par tous les moyens possibles, même par témoins, l'existence du testament, sa régularité et son contenu, et pourraient, cette preuve une fois faite, en obtenir l'exécution. L'art. **1348** C. civ. fournit, en ce sens, un argument décisif.

Quant à la preuve de la question de savoir si la cancellation émane du testateur ou d'un tiers, nous n'avons qu'à renvoyer à ce que nous avons déjà dit sur ce point [1].

2794. Quelle serait la portée des cancellations ou lacérations que le testateur ferait subir aux actes révocatoires par lui faits dans les termes de l'art. **1035** C. civ.?

Evidemment la question se pose dans les mêmes termes que dans le cas où les lacérations ou cancellations se trouvent sur le testament primitif et, partant, doit se résoudre de la même manière.

Mais, en pareil cas, le testament révoqué revivra-t il?

La jurisprudence paraît fixée en ce sens que, de plein droit et indépendamment de toute manifestation de volonté à cet égard, le testament révoqué doit revivre. C'est qu'en effet une destruction matérielle opère plus radicalement qu'une simple révocation. Elle anéantit complètement l'acte qui en est l'objet, à ce point qu'on ne peut plus en tenir aucun compte. Le premier testament reste seul. Il doit, dès lors, être exécuté tel qu'il est écrit [2].

[1] V. ci-dessus, n. 2785.

[2] V. notamment Cass., 15 mai 1878, S., 79. 1. 169. D., 79. 1. 32. — Dijon, 4 mai 1877, S., 77. 2. 116. — Dans le même sens Demolombe, *Don.*, V, n. 163.

N° 2. De la révocation judiciaire.

2795. La révocation judiciaire est celle qui est prononcée par la justice, après la mort du testateur, sur la demande de ses héritiers ou d'autres intéressés.

A la différence de la révocation volontaire, qui procède du fait du testateur, la révocation judiciaire est encourue par le fait du légataire.

2796. Les causes qui peuvent autoriser la justice à prononcer la révocation d'un legs sont déterminées par les art. 1046 et 1047, dont nous transcrivons les dispositions :

Art. 1046. *Les mêmes causes qui, suivant l'art. 954 et les deux premières dispositions de l'art. 955, autoriseront la demande en révocation de la donation entre-vifs, seront admises pour la demande en révocation des dispositions testamentaires.*

Art. 1047. *Si cette demande est fondée sur une injure grave, faite à la mémoire du testateur, elle doit être intentée dans l'année à compter du jour du délit.*

Il y a donc trois causes de révocation des legs :

1° L'inexécution des charges imposées par le testateur au légataire;

2° L'indignité du légataire;

3° L'ingratitude du légataire.

Nous allons nous occuper successivement de chacune de ces causes de révocation.

A. *De l'inexécution des charges imposées par le testateur au légataire.*

2797. Le principe qui domine la matière, c'est qu'il faut appliquer, de tous points, ce qui a été dit pour cette cause de révocation, à propos des donations entre-vifs. Cela ne résulte pas seulement de l'analogie des situations. Cela nous paraît encore imposé par le texte même de l'art. 1046, qui se borne à un renvoi pur et simple à l'art. 954.

2798. Une première conséquence, sur laquelle tout le monde est d'accord, c'est qu'ici, comme en matière de donation, ce sera aux juges du fait qu'il appartiendra de rechercher et de préciser quelles sont exactement les charges imposées au légataire. Leur appréciation, à ce point de vue, ne permettrait à la cour suprême d'exercer sa censure qu'autant qu'ils en arriveraient à dénaturer les intentions du testateur, à soumettre, par exemple, le légataire à des charges non prescrites [1].

2799. D'autre part, ce sera également aux juges du fait qu'il incombera de déterminer quelles sont, parmi les charges imposées par le testament, celles dont l'inexécution doit, dans l'intention du testateur, entraîner la révocation du legs.

Du reste, sur ce point, leur appréciation est souveraine et ne saurait être soumise à la censure de la cour de cassation [2].

2800. L'opinion contraire est cependant soutenue, notamment par Laurent [3].

Pour cet auteur, dès qu'il y a inexécution d'une charge, la révocation doit être prononcée, sans que l'interprète ait les pouvoirs d'appréciation que la jurisprudence lui reconnait. Sans doute, ajoute-t-il, le législateur aurait pu et dû les lui attribuer. En l'absence d'un texte qui les lui concède, il est difficile de les lui reconnaître.

Mais, comme le fait très bien remarquer la cour suprême, il s'agit, avant tout, de faire prévaloir les intentions du testateur et, sous prétexte de les faire respecter, il faudrait se garder de les violer; ce qui pourrait être, en définitive, la conséquence d'une révocation prononcée pour toute inexécution des charges prescrites par le testateur.

2801. Aussi ces pouvoirs d'appréciation, que la cour suprême reconnaît ainsi aux juges du fait, lui paraissent assez essentiels, au point de vue du respect des volontés du testateur, pour qu'elle les maintienne, même dans le cas où celui-ci a déclaré que, de plein droit, son légataire serait, en cas d'inexécution des charges du testament, exclu du bénéfice du legs fait à son profit.

(1) V. notamment Cass., 24 juin 1828, S. chr., D. *Rép.*, v° *Disp.*, n. 4021. — V. également Trib. Seine, 26 décembre 1888, *Gaz. des trib.*, 27 décembre 1888.

(2) Cass., 27 mars 1861, S., 61. 1. 435, D., 61. 1. 264. — Trib. Châlon-sur-Saône, 27 mars 1888, *Le Droit*, 10 octobre 1888. — Dans le même sens Aubry et Rau, p. 546, § 727.

(3) Laurent, XIV, n. 252.

C'est ainsi, par exemple, que, dans une hypothèse où le estateur avait déclaré qu'à défaut d'exécution des charges rescrites ses héritiers légitimes excluraient, de plein droit, e légataire universel qu'il avait désigné, la cour a jugé qu'il 'en appartenait pas moins aux juges du fait de maintenir a libéralité, s'ils estimaient que l'inexécution alléguée par les arents n'était, en réalité, qu'un simple retard dans l'exécu-on. Elle a ajouté, d'ailleurs, que, sur ce point, l'appréciation es juges du fait était une appréciation souveraine et qu'il e lui appartenait point de la réviser [1].

2802. Avant de prononcer la révocation d'un legs pour nexécution des charges, les juges du fait ont donc toujours recherche si l'inexécution qu'on allègue devait, dans l'in-ntion du testateur, entraîner la révocation du legs.

En pareil cas, ils peuvent, d'ailleurs, avant de prononcer a révocation, accorder au légataire un délai pour procéder l'exécution de la charge non encore remplie [2].

2803. Comme en matière de donation, l'action révocatoire ppartient à tous ceux qui sont appelés à profiter de la révo-ation.

C'est ainsi qu'elle peut être exercée, soit par un substitué u un colégataire conjoint, soit par celui qui était chargé de acquittement du legs grevé des charges non exécutées.

C'est ainsi également qu'elle peut être intentée par les éritiers légitimes, lorsqu'il s'agit des charges imposées à un gataire universel, dans l'intérêt du testateur lui-même ou un tiers [3].

2804. Les différents intéressés que nous venons de signa-r conservent évidemment leur droit, nonobstant la présence un exécuteur testamentaire. L'art. 1046 est absolu et ne stingue nullement suivant qu'il existe ou n'existe pas d'exé-iteur testamentaire [4].

2805. Quant aux bénéficiaires de la charge, on ne saurait

(1) *Sic*, Cass., 27 juillet 1886, S., 89. 1. 295.

(2) *Sic*, Caen, 27 juin 1868, S., 69. 2. 140. — Dans le même sens Coin-Delisle r l'art. 1046, n. 2; Laurent, XIV, n. 252.

(3) *Sic*, Demolombe, *Don.*, V, n. 267.

(4) *Sic*, Demolombe, *Don.*, V, n. 267 *bis*.

leur permettre de demander la révocation. Ce serait oublier manifestement que l'intérêt est la mesure des actions.

Leur unique droit est de réclamer l'exécution de la charge dont ils sont appelés à bénéficier [1].

Mais cette exécution, ils peuvent la poursuivre par toutes les voies de droit et notamment, lorsque l'exécution en nature devient impossible, en demander la transformation en une obligation en dommages-intérêts [2].

2806. L'action personnelle en exécution des charges prescrites appartient, d'ailleurs, non seulement aux bénéficiaires de ces charges, mais encore à tous ceux qui peuvent demander la révocation.

Les auteurs et les arrêts s'accordent à le décider [3].

L'intérêt de toutes ces personnes est évident.

Et, en effet, si le légataire ne remplit pas la charge que le testateur lui a prescrite, le legs peut être révoqué et, partant, revenir à ceux qui sont appelés à profiter de la révocation. Ceux-ci ont donc un intérêt manifeste à provoquer l'exécution de la charge, puisque, si elle n'est point obtenue, ils pourront demander la révocation du legs qui en est grevé.

2807. Il a même été jugé qu'à ce point de vue, le droit des héritiers est indivisible, que, par suite, il peut être exercé par un seul d'entre eux, pour l'exécution totale de la charge imposée au légataire.

Il en résulte notamment cette conséquence qu'il suffit, pour que ce droit puisse être exercé, que la prescription de l'action ne soit pas acquise contre tous les héritiers légitimes, encore qu'elle le fût à l'égard de certains d'entre eux [4].

2808. Quant à la prescription de l'action révocatoire, elle est évidemment, en matière de legs, soumise aux mêmes règles qu'en matière de donations.

[1] *Sic*. Aubry et Rau, VII, p. 546, § 727; Demolombe, *Don.*, V, n. 268; Laurent, XIV, n. 250.

[2] V. notamment Cass., 19 mars 1855, S., 55. 1. 648, D., 55. 1. 297.

[3] *Sic*, Grenoble, 16 mai 1842, S., 43. 2. 279, D. *Rép.*, v° *Disp.*, n. 3539. — Caen, 27 juin 1868, S., 69. 2. 140. — Dans le même sens Demolombe, *Don.*, V, n. 268; Huc, VI, n. 401; Laurent, XIV, n. 250 et les auteurs cités dans Fuzier-Herman, sur l'art. 1046, n. 9.

[4] *Sic*, Caen, 27 juin 1868, S., 69. 2. 140.

Nous en concluons qu'elle s'accomplit par un délai de trente ans, qui ne commence à courir que du jour où la charge a été inexécutée, car c'est de ce jour seulement que l'action en révocation est née au profit de ceux qui ont qualité pour l'exercer.

C'est, par suite, très exactement qu'il a été jugé que la prescription de l'action en révocation d'un legs de nue propriété, pour l'inexécution de charges qui ne devaient être remplies qu'à la cessation de l'usufruit légué à un tiers, ne pouvait commencer à courir contre les héritiers qu'à compter du jour de la cessation de l'usufruit [1].

B. *De l'indignité du légataire.*

2809. Le légataire doit être déclaré indigne, s'il se trouve, nous dit l'art. 1046, dans l'un des deux premiers cas prévus par l'art. 955.

Il résulte donc de ce texte que le légataire doit être déclaré indigne et, à ce titre, privé du bénéfice de son legs :

1° S'il a attenté à la vie du testateur ;

2° S'il s'est rendu coupable envers lui de sévices, délits ou injures graves.

2810. En ce qui concerne l'attentat à la vie du testateur, nous ne pouvons que renvoyer à ce qui a été dit à propos des donations.

Ici, comme en matière de donations, il serait donc évident qu'un attentat à la vie du testateur ne pourrait être une cause de révocation du legs qu'à la condition d'être imputable.

Tel ne serait pas le cas, par exemple, d'un légataire attentant à la vie du testateur, à une époque où il ne jouissait point de sa liberté morale [2].

2811. Le légataire peut encore être privé du bénéfice du legs dont il a été gratifié, s'il s'est rendu coupable, envers le testateur, de sévices, délits ou injures graves.

Tous ces points soulèvent des questions de fait qu'appré-

[1] *Sic*, Cass., 20 nov. 1878, S., 79. 1. 413, D., 79. 1. 304.

[2] *Sic*, Dijon, 11 juill. 1872, S., 73. 2. 10. — Dans le même sens Aubry et Rau, VII, p. 414, § 708 et les auteurs cités dans Fuzier-Herman, sur l'art. 1046, n. 29.

cient souverainement les juges du fond, puisque le législateur n'a rien cru devoir préciser.

Il a été jugé, avec raison d'ailleurs, qu'un délit contre les biens du testateur, un vol, par exemple, pourrait, tout aussi bien qu'un délit contre la personne, être considéré comme une cause de révocation [1].

Mais il faudrait évidemment que ce délit réunît les éléments constitutifs de la culpabilité [2].

2812. Le législateur passe à dessein sous silence la troisième cause prévue par l'art. 955, le refus d'aliments.

En effet, le légataire n'est pas tenu, en cette qualité, de l'obligation alimentaire envers le testateur; il ne reçoit rien du vivant de celui-ci, et, par suite, il ne saurait être privé de son legs, pour avoir refusé des aliments au testateur.

2813. Bien que cela ait été contesté [3], nous pensons que l'action en révocation pour ingratitude peut être intentée non seulement par les héritiers continuateurs de la personne, mais par tous ceux qui ont intérêt à faire révoquer le legs, par le légataire particulier, par exemple, qui serait chargé d'acquitter un legs au profit d'un légataire ingrat. La refuser à des intéressés, sous ce prétexte que c'est une action *vindictam spirans,* c'est, à notre avis, déroger, sans texte, à cette grande règle que l'intérêt est la mesure des actions.

Sans doute, l'art. 957 écarte, dans une certaine mesure, l'application de cette règle quand il s'agit de la révocation des donations.

Mais on ne saurait réclamer l'application littérale de ce texte. Il est bien évident, en effet, que le testateur n'a jamais à user du droit que l'art. 957 accorde au donateur. Ce texte est donc inapplicable, en notre matière, au moins en ce qui concerne les personnes auxquelles il limite le droit d'agir.

A ce point de vue, on retombe donc sous l'empire du droit commun [4].

(1) Cass., 24 déc. 1827, S. chr., *Rép.*, v° *Dispos.*, n. 4300. — Trib. Lyon, 27 déc. 1866, D., 67. 3. 31.

(2) Bordeaux, 25 juin 1846, S., 46. 2. 654, D., 49. 2. 80.

(3) Aubry et Rau, VII, p. 548, § 727, note 8, exposent longuement les raisons qui les conduisent à repousser l'opinion généralement adoptée.

(4) En ce sens, Laurent, XIV, n. 267; Demolombe, *Don.*, V, n. 292 et les auteurs cités dans Fuzier-Herman, sur l'art. 1046, n. 36.

2814. Quelle est la durée de l'action en révocation?

Il est difficile de ne point la limiter au délai qu'indique l'art. 957, pour l'action en révocation des donations.

Sans doute, dans l'art. 1046, la loi ne renvoie point à l'art. 957.

Sans doute aussi, nous venons de nous refuser à faire l'application littérale de ce texte à la révocation des legs.

Nous appliquons néanmoins l'art. 957, en ce qui concerne le délai qu'il précise pour la durée de l'action en révocation, et cela, à raison du renvoi implicite que l'art. 1047 fait, à ce point de vue, à l'art. 957. Si le législateur a limité à un an la durée de l'action en révocation fondée sur une injure grave à la mémoire du testateur, c'est évidemment que, dans sa pensée, tel était le délai normalement assigné aux demandes en révocation pour ingratitude, c'est, en d'autres termes, qu'il entendait, sur ce point, s'en référer au délai indiqué dans l'art. 957.

Telle est, du reste, l'opinion dominante [1].

L'opinion contraire réunit cependant l'adhésion d'un certain nombre d'auteurs [2].

2815. Reste à préciser le point de départ du délai dont nous venons de déterminer la durée.

A notre avis, la solution de cette question résulte, par voie de conséquence, de la solution que nous avons adoptée sur la question précédente.

Dès l'instant qu'en ce qui concerne le délai dans lequel la révocation doit être demandée, on admet qu'il y a renvoi implicite à l'art. 957, il faut accepter toutes les conséquences qui en résultent.

Nous déciderions donc que le délai court du jour du délit, ou, si le testateur l'a ignoré, du jour où il en a eu connaissance, ou enfin, s'il est mort sans le connaître, du jour où ses héritiers en ont eu connaissance.

(1) *Sic*, Amiens, 16 juin 1821, S. chr., D. *Rép.*, v° *Dispos.*, n. 4294. — Dans le même sens Demolombe, *Don.*, V, n. 284; Laurent, XIV, n. 268; Huc, VI, n. 402.

(2) V. notamment Coin-Delisle sur l'art. 1047, n. 5; Marcadé, sur l'art. 1047, n. 1.

C'est là, d'ailleurs, une solution que nous n'hésitons pas à étendre à tous les cas d'application de l'art. **1046** (1).

Et cependant, d'après quelques auteurs (2), si le fait reproché au légataire consistait à avoir, comme auteur ou complice, participé à la mort du testateur, l'action en révocation devrait durer autant que l'action publique naissant du crime.

Mais, si justifiable qu'elle soit au point de vue rationnel, cette exception n'en est pas moins extra-légale. L'art. 957 l'ignore, c'en est assez pour la repousser.

2816. On admet généralement que les articles relatifs aux effets des demandes en révocation des donations doivent, par analogie, être étendus aux demandes en révocation des legs. C'est, par suite, du jour de la demande en révocation et non du jour de l'ouverture du legs que se produisent les effets de la révocation, soit à l'égard des légataires, soit à l'égard des tiers. En d'autres termes, nous appliquons purement et simplement l'art. 958 (3).

2817. Quelques auteurs (4), au moins quand il s'agit d'un legs universel donnant la saisine au légataire, paraissent hésiter à maintenir la même opinion et inclinent à penser qu'en pareil cas, les effets de la révocation se produiront à l'égard des tiers, non du jour de la demande, mais du jour du jugement qui l'admet. Mais, à notre avis, l'analogie que présente alors la révocation pour ingratitude avec la déclaration d'indignité ne saurait fournir une base légale suffisante à une semblable distinction.

2818. Nous venons de dire que l'art. 958 s'applique à la révocation des legs comme à celle des donations entre vifs.

Et toutefois, comme les dispositions testamentaires ne sont pas assujetties à la formalité de la transcription, il ne peut pas être question de rendre la demande en révocation d'un legs publique, par le moyen qu'indique l'art. 985, c'est-à-dire

(1) *Sic*, Demolombe, *Don.*, V, n. 286; Laurent, XIV, n. 269; Huc, VI, n. 402.

(2) *Sic*, Aubry et Rau, VII, p. 551, § 727.

(3) *Sic*, Demolombe, *Don.*, V, n. 294 et 295; Laurent, XIV, n. 273 s.; Aubry et Rau, VII, p. 549, § 727, texte et note 9.

(4) Aubry et Rau, VII, p. 549, § 727, note 10.

par l'inscription de la demande, en marge de la transcription, de la donation.

Il faut en conclure que la demande en révocation serait présumée connue des tiers, indépendamment de toute mesure de publicité.

C. *De l'ingratitude du légataire.*

2819. Le légataire est ingrat quand il s'est rendu coupable d'une injure grave envers la mémoire du testateur.

C'est un cas d'*ingratitude,* parce que c'est après avoir été gratifié que le légataire se rend coupable envers son bienfaiteur.

Au contraire, dans les deux cas précédemment indiqués, le légataire est *indigne* et non ingrat, parce que les faits qui lui sont reprochés sont antérieurs à la libéralité dont il est gratifié.

2820. Pour que la révocation puisse être prononcée, le législateur exige une injure grave.

L'appréciation de la gravité de l'injure est évidemment une question dont l'appréciation rentre dans le domaine souverain des juges du fait.

C'est ainsi qu'il a été jugé avec raison que, commis par le légataire, le vol d'objets appartenant à la succession, ne doit pas être considéré comme une injure à la mémoire du testateur [1].

Il est plus difficile d'approuver, sans réserves, quelques décisions judiciaires, qui refusent ce caractère à l'inconduite, même notoire, de la veuve du testateur, pendant l'année du deuil [2].

Nous croyons, au contraire, qu'il y a là un fait d'ingratitude nettement caractérisé et qui serait parfaitement de nature à légitimer l'application de l'article 1047.

2821. Lorsqu'il s'agit de l'application de l'art. 1047, le texte précise le délai dans lequel la révocation doit être demandée.

Il décide, en même temps, que le point de départ de ce délai doit être fixé au jour du délit.

[1] V. notamment Cass., 25 juin 1882, S. chr., D. *Rép.*, v° *Disp.*, n. 4300.

[2] V. notamment Nimes, 14 fév. 1827, S. chr., D. *Rép.*, v° *Disp.*, n. 4304. — Besançon, 1er août 1844, S., 46. 2. 176, D., 45. 2. 170.

Mais faut-il maintenir ce point de départ si les héritiers ont ignoré l'injure?

La question est controversée.

On décide généralement qu'il faut alors compléter l'art. 1047 par les dispositions de l'art. 957 et décider, en conséquence, que c'est seulement du jour où les héritiers ont eu connaissance du délit que commence à courir le délai de l'art. 1047 (1).

Et toutefois, cette décision peut paraître contestable puisque la question est alors réglée par un texte qui se suffit à lui-même (2).

2822. On voit que, des trois causes de révocation des donations entre vifs, il y en a une qui est inapplicable aux legs, la survenance d'enfant. Le silence que le législateur garde, dans l'art. 1046, à l'endroit de cette cause de révocation, est significatif.

Ainsi donc un legs n'est pas révoqué par la survenance d'un enfant au testateur, qui n'en avait pas, lors de la confection de son testament.

Il y en a une excellente raison : le testament est révocable ; si le testateur, auquel il est survenu un enfant, se repent de la disposition qu'il a faite, quoi de plus facile pour lui que de la révoquer? Il était donc inutile que la loi vînt à son secours.

Au contraire, elle a dû venir au secours du donateur, qui, n'ayant pas d'enfants lors de la donation, en voit survenir; car, la donation étant irrévocable, le donateur eût été impuissant à détruire son œuvre.

2823. Il y a cependant un cas dans lequel le système de la loi peut conduire à un résultat regrettable. Un testateur sans enfant meurt, laissant sa femme dans un état de grossesse qu'il ignore. La naissance de l'enfant posthume du testateur ne révoquera pas son testament. C'était le cas pourtant d'agir pour le testateur, qui n'est plus là pour révoquer

(1) *Sic*, Aubry et Rau, VII, p. 550, § 727, note 11 ; Demolombe, *Don.*, V, n. 282 ; Vazeilles, sur l'art. 1047, n. 1.

(2) V. en ce sens Laurent, XIV, n. 268 : Colmet de Santerre, IV, n. 207 *bis*, III ; Coin-Delisle, sur l'art. 1047, n. 4.

son testament et qui le révoquerait probablement, s'il vivait encore. En négligeant de le faire, le législateur a peut-être manqué de prévoyance. Mais il n'appartient pas à l'interprète d'être plus prévoyant que le législateur et de créer une cause de révocation que celui-ci a peut-être, après tout, volontairement omise.

La jusprudence est fixée en ce sens [1] et c'est l'opinion de presque tous les auteurs [2].

§ II. *De la caducité des legs.*

2824. Une disposition testamentaire devient *caduque* (de *cadere,* tomber), lorsque, valable d'ailleurs, elle tombe, c'est-à-dire devient inutile, en vertu d'une cause tenant soit à la personne du légataire, soit à la chose léguée. La volonté du testateur ne joue donc aucun rôle dans la caducité.

Nous examinerons successivement les causes de caducité tenant à la personne du légataire, puis celles qui tiennent à la chose léguée.

N° 1. Causes de caducité tenant à la personne du légataire.

2825. Les causes de caducité tenant à la personne du légataire sont au nombre de trois.

Il y a :

1° Le prédécès du légataire;

2° Son incapacité;

3° Son refus.

A. *Prédécès du légataire.*

2826. Les donations testamentaires sont personnelles, comme l'affection qui les dicte. Il s'ensuit que le droit résultant d'un legs ne peut s'ouvrir que dans la personne du légataire; il faut donc qu'il vive, au moment de l'ouverture du droit : son décès, avant cette époque, rend le legs caduc.

2827. Il en serait ainsi, alors que le légataire aurait laissé

(1) *Sic,* Limoges, 8 mars 1842, S., 44. 2. 82, D. *Rép.*, v° *Disp.*, n. 4314; Alger, 31 déc. 1878, S., 80. 2. 75, D., 80. 2. 36.

(2) *Sic,* Aubry et Rau, VII, p. 508, § 724 : Demolombe, *Don.*, V, n. 264; Laurent, XIV, n. 246 et les auteurs cités dans Fuzier-Herman, sur l'art. 1046, n. 47.

des enfants, pour lesquels le testateur aurait évidemment les mêmes sentiments d'affection qu'envers le légataire. La représentation n'existe, en effet, que dans les successions *ab intestat* [1].

2828. On devrait même maintenir cette solution, si le testateur avait fait une disposition en faveur d'un tel et de ses enfants. Mais il faudrait évidemment qu'en s'exprimant ainsi, le testateur n'eût point entendu donner une vocation personnelle aux enfants, par l'effet d'une substitution vulgaire, mais voulu simplement s'en référer aux effets ordinaires du legs et indiquer uniquement qu'après avoir été la propriété du père, seul légataire, l'objet légué passerait à ses enfants [2].

2829. La solution serait différente, si on reconnaissait l'existence d'une substitution vulgaire au profit des enfants.

La jurisprudence décide même qu'une semblable substitution n'a pas besoin, pour être admise, de résulter d'une clause formelle du testament, qu'elle peut s'induire de l'ensemble de celui-ci et des circonstances de la cause [3].

2830. Rigoureusement exigée, au moment où s'ouvre le legs, l'existence du légataire n'est essentielle qu'à ce moment même. Dès que le légataire a survécu, ne fût-ce qu'un instant de raison, à l'évènement qui donne ouverture à son legs, le droit s'est fixé sur sa tête et devient, dès lors, transmissible à ses héritiers ou ayants cause. L'art. 1014 le décide expressément.

2831. On voit, par là, qu'il est fort important de savoir à quel moment le droit au legs s'ouvre au profit du légataire, à quel moment a lieu ce que les commentateurs du droit romain appelaient la *diei cessio*. C'était, pour eux, le moment où se fixait le droit au legs sur la tête du légataire, moment qui était loin de coïncider toujours avec le moment où le légataire avait le droit de réclamer l'exécution du legs. Il en est de même en droit français, ainsi que nous allons le constater.

(1) *Sic*, Poitiers, 6 janvier 1864. S., 64. 2. 261. D., 64. 2. 137.

(2) *Sic*, Demolombe, *Don.*, V, n. 301.

(3) V. notamment, Bourges, 28 juillet 1863. S., 64. 2. 261. 2e espèce. — Paris, 14 mai 1864. D., 64. 2. 184. — *Sic*, Laurent, XIV, n. 280; Aubry et Rau, VII, p. 529, § 726.

2832. A quel moment, sous l'empire du code civil, le droit au legs se fixe-t-il sur la tête du légataire?

Il faut, à cet égard, distinguer suivant que le legs est ou non affecté d'une condition.

Et d'abord, s'il s'agit d'un legs pur et simple, le droit au legs se fixe sur la tête du légataire, au jour même du décès du testateur. Il faut donc, mais il suffit que le légataire survive au testateur.

Son prédécès entraînerait la caducité du legs.

C'est, d'ailleurs, ce que décide, d'une façon générale, l'art. 1039 du Code civil.

Aux termes de ce texte :

« *Toute disposition testamentaire sera caduque si celui en* » *faveur de qui elle est faite n'a pas survécu au testateur* ».

2833. Ce que nous disons du legs pur et simple, nous devons le dire également du legs à terme. L'art. 1185 C. civ. établit, en effet, que, s'il suspend l'exécution du droit qu'il affecte, le terme ne retarde nullement sa naissance. Le *dies cedit* du legs à terme se fixera donc, comme celui du legs pur et simple, au jour de la mort du testateur. Il suffira, par conséquent, que le légataire soit vivant à ce moment et si, au jour de l'échéance du terme, il n'est plus là pour recueillir le bénéfice du legs, celui-ci pourra être réclamé par ses héritiers.

2834. Du legs pur et simple et du legs à terme nous devons évidemment rapprocher le legs sous condition résolutoire, puisque la condition résolutoire n'affecte en aucune façon la naissance même du droit. Le *dies cedit* du legs sous condition résolutoire se produit donc, comme celui du legs pur et simple et du legs à terme, au jour même du décès du testateur.

2835. Reste le legs sous condition suspensive.

Pour que le droit au legs affecté d'une condition suspensive se fixe sur la tête du légataire, il ne suffit point que le légataire survive au testateur, il faut encore qu'il survive à la réalisation de la condition à laquelle son legs était subordonné. C'est qu'en effet la condition ne se borne point à reculer l'exécution du droit qu'elle affecte, elle en suspend la naissance et, partant, le droit conditionnel n'existe qu'autant que la condition s'est réalisée.

Cette différence entre les effets du terme et ceux de la condition est traditionnelle. Elle est, d'ailleurs, consacrée par l'art. 1168 C. civ. Nous en devons conclure que le droit au legs affecté d'une condition suspensive ne se fixe sur la tête du légataire qu'au jour de la réalisation de la condition. D'où cette conséquence que, si le légataire est mort avant cette époque, le legs sera nécessairement caduc. C'est, du reste, ce que constate expressément l'art. 1040 du Code civil.

Aux termes de ce texte :

« *Toute disposition testamentaire faite sous une condition* » *dépendante d'un évènement incertain, et telle que, dans* » *l'intention du testateur, cette disposition ne doive être exé-* » *cutée qu'autant que l'évènement arrivera ou n'arrivera pas,* » *sera caduque, si l'héritier institué ou le légataire décède* » *avant l'accomplissement de la condition* ».

2836. On voit, d'après ce qui précède, combien il importe de savoir si un legs est *à terme* ou *conditionnel.*

Dans le premier cas, en effet, il suffit que le légataire survive au testateur, tandis que, dans le deuxième, il doit survivre, en outre, à la réalisation de la condition. Or, parfois, il peut y avoir doute sur le point de savoir si le legs est à terme ou conditionnel. Comment résoudra-t-on la difficulté?

Il faudra, avant tout, rechercher l'intention du testateur, qui est ici le régulateur suprême, et, par suite, ne pas s'attacher exclusivement à la formule du legs, les expressions employées par le testateur ayant pu trahir sa pensée, surtout s'il est étranger aux connaissances juridiques.

Ainsi une disposition, dont la formule semble annoncer un legs conditionnel, devrait être considérée comme un legs à terme, si telle paraît être la volonté du testateur, révélée par l'ensemble des dispositions du testament et les autres circonstances de la cause. Inversement, en présentant une disposition sous la forme d'un legs à terme, le testateur peut très bien avoir voulu faire un véritable legs conditionnel et, dans ce cas, comme dans le précédent, sa volonté devra être respectée.

2837. C'est cette idée qu'exprime, en termes assez obscurs, l'art. 1041 du C. civ.

Aux termes de ce texte :

« *La condition qui, dans l'intention du testateur, ne fait que suspendre l'exécution de la disposition, n'empêchera pas l'héritier institué ou le légataire d'avoir un droit acquis et transmissible à ses héritiers* ».

Ainsi un testateur a dit : Je lègue 20,000 fr. à Pierre, payables *à l'époque de sa majorité*.

Voilà bien une formule qui semble indiquer un legs *à terme* et telle aura été souvent l'intention du testateur : auquel cas le décès du légataire avant sa majorité, en supposant bien entendu qu'il ait survécu au testateur, ne rendra pas le legs caduc.

Mais les juges pourraient fort bien, sur le fondement d'inductions tirées du testament ou des circonstances de la cause, décider que le testateur a entendu faire un legs conditionnel, qu'il a voulu dire : « Je lègue à Pierre *s'il parvient à sa majorité* », et, alors, le legs sera caduc, si le légataire meurt avant d'avoir atteint sa majorité.

2838. D'ailleurs, il n'est pas nécessaire que la condition à laquelle le legs est subordonné soit de nature à ne pouvoir se réaliser qu'après le décès du testateur.

Il y a même des conditions qui ne peuvent se réaliser que pendant la vie du testateur, par exemple, la condition que le légataire entretiendra le testateur jusqu'à son décès.

On a contesté, à tort, la validité d'un legs fait sous une semblable condition, par ce motif que celle-ci transformait le legs en stipulation à titre onéreux. Telle était, du moins, la thèse qu'avait admise la cour de Besançon, dans un arrêt qui, d'ailleurs, a été cassé par la cour de cassation. Celle-ci considère « que l'arrêt attaqué ne constate l'existence d'aucun accord intervenu entre le testateur et ses légataires, d'aucun engagement pris par ces derniers de l'entretenir jusqu'à sa mort à raison du legs fait à leur profit et qu'une convention réciproquement consentie par les parties et dont la disposition litigieuse serait l'exécution pourrait seule enlever à cette disposition son caractère de libéralité en lui imprimant celui d'un contrat à titre onéreux; attendu que la disposition ci-dessus relatée constitue un legs fait sous condition et non un legs soumis à une charge; que, si le testament est un acte de bienfaisance, il n'en résulte nullement qu'il soit interdit au testateur de subordonner sa libéralité à la réalisation d'une condition quelconque, notamment à l'accomplissement par le légataire d'un fait déterminé, pourvu que la condition apposée au legs soit licite; qu'il importe peu, du reste, que cette condition soit de nature à se réaliser pendant la vie du testateur... » ([1]).

2839. La distinction du legs à terme et du legs conditionnel est plus particulièrement délicate quand il s'agit de legs à terme incertain, c'est-à-dire de legs que le testateur a subordonné à un évènement certain quant à sa réalisation, mais incertain quant à sa date. Tel est, par exemple, le legs suivant : « Je lègue à Pierre 10,000 fr. *à la mort de Paul* ». Un semblable legs est manifestement un legs à terme incertain, car la mort de Paul est un évènement certain quant à sa réalisation, mais incertain quant à sa date.

Ainsi présentée, la volonté du testateur reste toujours quelque peu incertaine. Peut-être le testateur a-t-il voulu dire que le legs ne devra s'ouvrir au profit de Pierre qu'à la mort de Paul; en d'autres termes, la disposition, dans l'intention du testateur, était peut-être l'équivalent de celle-ci : « Je lègue à Pierre *s'il survit à Paul* ». Alors le legs sera *conditionnel*. Mais peut-être aussi le testateur a-t-il entendu léguer à Pierre 10,000 fr. *payables à la mort de Paul* : ce qui constituerait un legs à terme.

Les magistrats résoudront la question, d'après les éléments indiqués tout à l'heure, en d'autres termes la question est essentiellement une question de fait qu'on ne saurait résoudre aujourd'hui par l'application de la règle romaine *Dies incertus in testamento conditionem facit*. On s'accorde à reconnaître que cette maxime n'a plus, chez nous, que l'autorité d'une règle de raison, qui ne saurait prévaloir contre une volonté

(1) *Sic*, Cass., 22 mars 1882, S., 85. 1. 59. D., 83. 1. 76. — Dijon, 2 mai 1883 S., 85. 2. 154.

contraire, expressément ou tacitement exprimée par le testateur.

2840. Le législateur n'a point ici édicté de règles spéciales sur la question de savoir quand la condition pourrait être réputée accomplie. Aussi, à défaut d'intention contraire exprimée par le testateur, ne doit-on point hésiter à appliquer ici les règles qu'on applique, d'une façon générale, aux obligations conditionnelles et, notamment, les règles édictées dans les art. 1175 s. du C. civ.

2841. C'est ainsi que la jurisprudence a appliqué, non seulement les art. 1176 et 1177, mais encore l'art. 1178.

Aux termes de ce dernier texte :

« *La condition est réputée accomplie lorsque c'est le débi-* » *teur, obligé sous cette condition, qui en a empêché l'accom-* » *plissement* ».

L'application de ce texte a été faite, maintes fois, à l'héritier qui avait empêché la réalisation de la condition à l'accomplissement de laquelle le legs était subordonné [1].

2842. C'est ainsi également qu'en cas de legs sous condition mixte, c'est-à-dire de legs dépendant de la volonté du légataire et d'un tiers, on doit réputer la condition accomplie, lorsque le légataire a fait tout ce qui dépendait de lui pour obtenir la réalisation de la condition. Telle est, notamment, la doctrine qui a été appliquée à la condition d'épouser une personne déterminée [2].

Nous n'insistons pas davantage, car la solution de la question revient à déterminer le sens d'une disposition testamentaire et, partant, dépend uniquement de l'intention du testateur, interprétée souverainement par les juges du fait [3].

2843. Signalons cependant la difficulté que soulèvent les legs faits sous une condition potestative négative. Par exemple, un legs a été fait à *Primus* sous cette condition qu'il ne se marie pas ou qu'il n'aille pas à Paris. Il est certain que tant que *Primus* vivra, la condition restera en suspens. En

[1] V. notamment Cass., 15 février 1858, D., 58. 1. 196.
[2] V. notamment Lyon, 27 mars 1868, S., 68. 2. 307.
[3] Cass., 21 janvier 1835, S., 35. 1. 455 et 8 décembre 1882, S., 83. 1. 159, D., 83. 1. 464.

devra-t-on conclure que ce sont seulement ses héritiers qui pourront bénéficier du legs?

Cette conclusion serait manifestement contraire à l'intention du testateur, qui s'est évidemment proposé de gratifier *Primus* et non les héritiers de celui-ci.

Aussi s'accorde-t-on à reconnaître qu'on ne doit point, en pareil cas, appliquer l'effet suspensif des conditions et que le légataire peut immédiatement réclamer le legs, sauf à le restituer, si la condition vient à défaillir. En matière de conditions testamentaires surtout, on doit, avant tout, rechercher et faire prévaloir l'intention du testateur. Or, il ne paraît guère douteux qu'on irait à l'encontre des intentions de celui-ci, si l'on s'en tenait aux effets ordinaires de la condition [1].

2844. Telle était déjà, du reste, la solution que donnaient, en pareil cas, les jurisconsultes romains. Mais, afin d'assurer la restitution du legs pour le cas où la condition viendrait à défaillir, ils exigeaient qu'au moment de la délivrance du legs, le légataire fournît une caution qu'on désignait sous le nom de caution Mucienne, du nom du jurisconsulte qui l'avait fait admettre.

Cette caution est-elle encore obligatoire?

Nous ne le croyons point. Les textes romains qui l'imposaient ne sauraient, en effet, suffire à la rendre nécessaire aujourd'hui, en l'absence de toute disposition du C. civ. [2].

Ce qui est vrai, c'est que, dans le cas où les circonstances démontreraient l'utilité d'une semblable garantie, l'héritier, créancier sous condition de la restitution du legs, pourrait la demander, à titre de mesure conservatoire [3].

2845. Quand un legs conditionnel s'est ouvert dans la personne du légataire, la condition rétroagit au jour du décès du testateur, si elle s'est accomplie postérieurement à cette époque. C'est, du moins, la solution qui paraît bien résulter de l'application de l'art. **1179** du C. civ. Il est vrai que, dans

(1) *Sic*, Bayle-Mouillard sur Grenier, II, n. 324, note *b;* Aubry et Rau, VII, p. 475, § 717; Demolombe, *Don.*, V, n. 317. — V. cep. Laurent, XIII, n. 540.

(2) *Sic*, Demolombe, *Don.*, V, n. 317; Huc, VI, n. 388. — V. cep. Aubry et Rau, VII, p. 475, § 717, texte et note 10.

(3) Demolombe, *Don.*, V, n. 317.

notre ancienne jurisprudence, cette solution était loin de réunir l'unanimité des auteurs. Pothier notamment pensait que, dans les legs, l'évènement de la condition n'avait point l'effet rétroactif qu'on devait lui reconnaître dans les conventions [1].

Mais l'opinion contraire était également soutenue et réunissait nombre de suffrages [2].

Aujourd'hui la question ne saurait être douteuse.

Sans doute, il faut que le légataire survive non seulement au testateur, mais à l'arrivée de la condition. Si c'est cela qu'on veut exprimer en déniant à la condition, dans les legs, un effet rétroactif, on énonce une vérité incontestable. Mais, une fois le droit du légataire ouvert par la survie de celui-ci à l'arrivée de la condition, il n'est pas douteux que ce droit remonte rétroactivement jusqu'au décès du testateur et que le légataire succède directement à ce dernier [3].

2846. Nous devons en conclure notamment que, dans le cas d'un legs de corps certain, le légataire, qui a survécu à l'accomplissement de la condition, sera réputé propriétaire de la chose léguée dès le moment du décès, et, par suite, il y aurait lieu de maintenir les aliénations et les constitutions de droits réels qu'il aurait faites, dans l'intervalle du décès à la réalisation de la condition.

Au contraire, les aliénations et les constitutions de droits réels provenant du chef de l'héritier, seraient à considérer comme non avenues [4].

2847. Toutefois, le légataire n'aurait pas droit aux fruits que l'héritier a pu toucher, dans l'intervalle écoulé depuis le décès jusqu'à la réalisation de la condition.

C'est ce que l'on peut induire des dispositions de l'art. 1014, qui n'accorde les fruits au légataire qu'à compter de sa demande en délivrance ou de la délivrance qui lui aurait été volontairement consentie. On ne peut, d'ailleurs, tirer de cette

(1) Pothier, *Obligations*, n. 220. — Dans le même sens Ricard, *Des dispositions conditionnelles*, n. 203.

(2) V. notamment Furgole, ch. VII, sect. 4, n. 144 à 146.

(3) *Sic*, Aubry et Rau, VII, p. 475, § 717; Demolombe, *Don.*, V, n. 324; Huc, VI, n. 388 *in fine*.

(4) *Sic*, Laurent, XIII, n. 537 et les auteurs cités à la note précédente.

solution aucun argument contre la rétroactivité du droit du légataire, puisque, en règle générale, l'effet rétroactif de la condition ne s'applique point aux perceptions de fruits [1].

Une fois la condition accomplie, le légataire aura donc droit aux fruits, conformément aux art. 1005 et 1014-2° du C. civ., en remplaçant le jour du décès du testateur par celui de l'évènement de la condition [2].

2848. Dans l'intervalle qui s'écoule entre le décès du testateur et la réalisation de la condition, le légataire n'a pas qu'une simple espérance, il a un véritable droit conditionnel qui lui permet incontestablement de réclamer la protection accordée par l'article 1180 à tous les créanciers sous condition.

Il pourra donc accomplir des actes conservatoires, par exemple inscrire l'hypothèque légale que lui accorde l'art. 1017 ou le droit de séparation des patrimoines résultant pour lui de l'art. 2111.

Mais on lui refuse généralement le droit d'exiger une caution pour garantir l'exécution de son legs. Dans le silence de la loi et lorsque le testateur n'a pas cru devoir l'imposer, il paraît difficile d'astreindre l'héritier à une semblable obligation [3].

2849. Il y a des legs qui deviennent rarement caducs par le prédécès du légataire; ce sont ceux faits à des personnes morales, telles qu'un hospice, une congrégation religieuse dûment autorisée. La raison en est que ces personnes meurent difficilement. Elles meurent quelquefois cependant, comme il arriverait pour une congrégation religieuse qui se verrait retirer l'autorisation à laquelle elle doit son existence légale. Or, il est clair que, si cet évènement se réalisait avant l'ouverture du legs, le legs deviendrait caduc.

(1) *Sic*, Demolombe, *Don.*, V, n. 324.

(2) *Sic*, Aubry et Rau, VII, p. 475, § 717.

(3) *Sic*, Aubry et Rau, VII, p. 474, § 717; Duranton, IX, n. 307; Laurent, XIII, n. 538 et 541. — V. cep. Bayle-Mouillard, sur Grenier, II, n. 324, note 5; Demolombe, *Don.*, V, n. 316.

B. *De l'incapacité du légataire.*

2850. Cette cause de caducité, ainsi que la suivante, est prévue par l'art. 1042 du C. civ.

Aux termes de ce texte :

« *La disposition testamentaire sera caduque, lorsque l'héri-* » *tier institué ou le légataire la répudiera, ou se trouvera* » *incapable de la recueillir* ».

Ainsi, postérieurement à la confection du testament, le légataire est condamné à une peine afflictive perpétuelle, sous le coup de laquelle il se trouve encore au moment du décès du testateur; le legs est caduc.

2851. Les termes mêmes de l'art. 1043 supposent manifestement que l'incapacité dont parle ce texte n'existait point au jour de la confection du testament, et que, si le légataire se trouve incapable, lors du décès du testateur ou de l'évènement de la condition, c'est en vertu d'une cause postérieure à la confection du testament.

En est-il autrement? le légataire est-il incapable dès le jour de la confection du testament? On ne saurait dire de la disposition faite à son profit qu'elle est caduque, puisque la caducité ne peut évidemment affecter qu'une disposition valablement faite.

Au surplus, il ne s'agit là que d'une question de terminologie. Nulle ou caduque, la disposition est également dénuée d'effets et, sous l'empire du C. civ., on chercherait vainement un intérêt à la distinction.

Il en était autrement à Rome, où il importait grandement de distinguer les legs nuls des legs caducs et c'est, sans doute, aux souvenirs de la tradition romaine que nous devons une distinction, évidemment exacte au point de vue théorique, mais dénuée, il faut le reconnaître, de toute portée pratique [1].

C. *De la répudiation du légataire.*

2852. Le code civil ne s'est pas spécialement occupé de

(1) *Sic*, Demolombe, *Don.*, V, n. 325.

cette troisième cause de caducité des legs, que l'art. **1043** se borne à énoncer, à côté de l'incapacité du légataire.

Il allait de soi que le bénéfice d'un legs ne pouvait être acquis au légataire malgré lui, *invito beneficium non præstatur.* On pouvait, ici, d'autant moins méconnaître cette règle, que le légataire peut avoir bien souvent de bons motifs pour refuser le legs qui lui est adressé.

2853. Mais il résulte du silence même du C. civ. que c'est d'après les principes généraux que doivent être réglés toutes les questions soulevées par la répudiation du légataire.

Nul doute, par exemple, qu'elle ne puisse être valablement faite que par un légataire capable, ou que, si elle émane d'un légataire incapable pour cause de minorité, d'interdiction ou de mariage, on n'en doive tenir compte qu'autant qu'ont été observées les règles auxquelles sont soumises ces différentes incapacités [1].

2854. Quant à la forme que doit revêtir la renonciation, nous n'avons qu'à renvoyer aux développements que nous avons déjà donnés sur la question [2].

Nous rappelons que la seule question douteuse est celle de savoir si les dispositions de l'art. **784** doivent être étendues à la répudiation des legs universels ou à titre universel.

Tous les auteurs s'accordent à reconnaître que la répudiation des legs particuliers n'est astreinte à aucune forme spéciale et peut être faite de toute manière propre à manifester la volonté du légataire [3].

2855. Par application de la règle qui interdit les pactes sur succession future, il y aurait lieu de considérer comme nulle et même inexistante la renonciation que le légataire aurait faite de son legs avant le décès du testateur.

Tous les auteurs s'accordent sur cette application spéciale de la règle qui ressort des art. **791**, **1130** et **1600** du code civil [4].

[1] *Sic*, Merlin, *Rép.*, v° *Légat.*, § 4, n. 4 : Demolombe, *Don.*, V, n. 326 et les autorités qu'il cite.

[2] Voyez ci-dessus, nos 2280 et suivants.

[3] V. notamment Demolombe. *Don.*, IV, n. 560 et V, n. 328 et les autorités qu'il cite.

[4] V. notamment, Demolombe, *Don.*, V, n. 330.

2856. Mais, par contre, il est incontestable que, dès le jour du décès du testateur, la répudiation du légataire peut valablement intervenir, alors même qu'il s'agirait d'un legs conditionnel et que la condition ne serait point encore accomplie. Soutenir le contraire, c'est oublier qu'on peut renoncer à un droit conditionnel, tout comme à un droit pur et simple. Or, nous savons que, du jour du décès du testateur, le légataire sous condition a, non pas une simple espérance, mais un véritable droit conditionnel.

2857. Le principe en vertu duquel nous n'hésitons pas à déclarer inexistante toute répudiation d'un legs antérieure au décès du testateur, doit également nous conduire à considérer comme telle la convention par laquelle les héritiers présomptifs d'une personne s'engageraient, pendant la vie de cette personne, à considérer comme non avenue toute disposition testamentaire ayant pour effet d'avantager l'un d'eux au préjudice des autres [1].

Il est d'ailleurs indiscutable qu'il s'agit là d'une nullité d'ordre public qui ne saurait être couverte par aucune ratification [2].

2858. Les héritiers du légataire qui est mort sans avoir pris parti peuvent répudier le legs adressé à leur auteur, dans les mêmes conditions et les mêmes formes que celui-ci pouvait le faire.

Il nous paraît, du reste, certain que chacun d'eux doit être admis à l'accepter ou à le répudier pour sa part seulement.

Cela a été contesté, au moins pour le legs universel ou à titre universel. Considérant que les légataires universels ou à titre universel sont *loco heredum*, on en a conclu qu'il fallait leur appliquer les règles écrites dans les art. 781 et 782 du C. civ., et décider, en conséquence, que, pour leurs héritiers comme pour eux-mêmes, l'acceptation ou la répudialion du legs était indivisible, au même titre que l'acceptation ou la répudiation de la succession *ab intestat*.

Nous pensons que, sans distinguer entre les différentes ca-

(1) *Sic*, Cass., 13 mai 1884, S., 84. 1. 337.

(2) *Sic*, Cass., 13 mai 1884 précité. — V. également Agen, 13 juill. 1868, S., 68. 2. 316.

tégories de legs, on doit, d'une façon générale, écarter l'application des art. 781 et 782 du C. civ. En matière de succession *ab intestat*, la décision de l'art. 782 paraît assez peu justifiable [1]. Aussi comprendrait-on difficilement qu'on voulût appliquer ce texte, par voie d'analogie, en dehors des hypothèses mêmes qu'il vise.

Le droit d'accepter ou de répudier un legs, dont le bénéficiaire serait mort avant d'avoir pris parti, resterait donc, à notre avis, absolument divisible entre les héritiers du légataire, sauf à réserver le cas où le testateur aurait manifesté une intention contraire. Cette intention contraire pourrait d'ailleurs résulter non seulement des termes du testament, mais encore de la nature ou des charges du legs [2].

2859. Une fois faite, la répudiation n'est définitive qu'autant que ceux qui sont admis à en profiter ont déclaré vouloir accepter le droit qui en résultait pour eux.

Mais, tant que, soit expressément, soit tacitement, ceux-ci n'ont pas déclaré leur intention sur ce point, on s'accorde à reconnaître que le légataire peut revenir sur la répudiation qu'il a faite.

C'est, en définitive, l'application à la répudiation des legs de la solution admise par l'art. 790, en ce qui concerne la renonciation des successions.

Nous avons vu déjà, du reste, que la jurisprudence et les auteurs s'accordent à appliquer à la répudiation des legs les textes du C. civ. qui régissent les effets de la renonciation aux successions [3].

2860. Nous en avons conclu que l'art. 788 devait s'appliquer à la répudiation des legs comme à la renonciation aux successions [4].

2861. Nous devons en conclure également que la répudiation ne pourrait plus valablement intervenir après une acceptation, dans le cas au moins où, par cette répudiation, le

[1] V. *Success.*, I, n. 1503.
[2] *Sic*, Demolombe, *Don.*, V, n. 332.
[3] V. ci-dessus, n. 2285.
[4] V. ci-dessus, n. 2286.

légataire entendrait se soustraire aux charges qu'il aurait assumées par l'effet de son acceptation ([1]).

C'est, en somme, l'application de la règle qui prévaut en matière de successions. Une fois faite, l'acceptation de l'héritier est définitive et, par une renonciation ultérieure, celui-ci ne pourrait se soustraire aux obligations résultant pour lui de son acceptation.

2862. Enfin il est d'évidence que les mêmes causes qui peuvent entraîner la nullité ou la rescision des actes portant renonciation à une succession, doivent également entraîner la nullité ou la rescision de la répudiation des legs, lorsque ces causes ne sont, d'ailleurs, que l'application du droit commun.

Nous l'avons constaté déjà, lorsque la répudiation est nulle pour incapacité du légataire ([2]).

Nous devons le constater aussi, lorsque la répudiation est nulle pour cause de violence ou de dol.

Il nous paraît, d'ailleurs, incontestable qu'ici, comme dans la matière des successions, le dol est une cause de nullité, par quelque personne qu'il ait été pratiqué ([3]).

2863. Il n'est pas douteux davantage qu'on ne doive tenir compte d'une répudiation à un legs qu'autant que cette répudiation paraît sérieuse et n'est pas destinée uniquement à soustraire le légataire à certaines obligations, sans que, d'ailleurs, celui-ci entende nullement être privé des objets compris dans son legs.

Comme la renonciation à une succession, la répudiation à un legs n'est valable qu'autant qu'elle est l'œuvre d'une volonté sérieuse ([4]).

2864. Nous avons dit que, comme la renonciation à une succession et dans les mêmes conditions, la répudiation d'un legs pourrait être annulée pour cause de violence ou de dol.

([1]) *Sic*, Demolombe, *Don.*, V, n. 334 et les autorités qu'il cite.

([2]) V. ci-dessus, n. 2853.

([3]) *Sic*, Demolombe, *Don.*, V, n. 335 et les autorités qu'il cite.

([4]) V. notamment en ce sens Pau, 22 avril 1884, S., 86. 2. 188. — Dans l'espèce le légataire avait renoncé uniquement pour se soustraire au paiement des droits de mutation que son legs rendait exigibles, mais tout en continuant à posséder les objets qui y étaient compris et à en jouir.

Il n'est pas contestable qu'elle pourrait l'être également pour cause d'erreur substantielle.

Mais il faut avouer qu'on conçoit difficilement une erreur de ce genre, à propos de la répudiation d'un legs.

Voici cependant une espèce à propos de laquelle on peut prétendre qu'il y a une erreur substantielle, entachant la répudiation d'un legs.

Primus est appelé à une succession en concours avec d'autres héritiers. Il l'accepte, dans l'ignorance où il est d'un testament par lequel le *de cujus* lui lègue, sans dispense de rapport, une part supérieure à sa part héréditaire. Le testament est ensuite découvert. Primus peut-il demander la nullité de son acceptation, sous prétexte qu'elle constitue, en définitive, la répudiation d'un legs dont il était gratifié sans le connaître et que, par suite, elle est nulle pour cause d'erreur ?

La jurisprudence refuse de l'admettre (1) et c'est aussi l'opinion de presque tous les auteurs (2).

C'est d'ailleurs l'opinion que nous avons admise sur l'art. 783 du C. civ. (3).

N° 2. Des causes de caducité relatives à la chose léguée.

2865. C'est à la perte de la chose léguée qu'on se réfère quand on parle de causes de caducité relatives à la chose léguée.

C'est cette cause de caducité qu'envisage l'art. 1042 du C. civ.

Aux termes de ce texte :

« *Le legs sera caduc, si la chose léguée a totalement péri* » *pendant la vie du testateur. — Il en sera de même, si elle* » *a péri depuis sa mort, sans le fait et la faute de l'héritier,* » *quoique celui-ci ait été mis en retard de la délivrer, lors-* » *qu'elle eût également dû périr entre les mains du légataire* ».

(1) *Sic*, Cass., 3 mai 1865, S., 65. 1. 311, D., 65. 1. 153 et 19 déc. 1888, S., 90. 1. 102, D., 90. 1. 341.

(2) *Sic*. Aubry et Rau, VI, p. 382, § 611, note 15; Laurent, IX, n. 363; Huc, V, n. 172; Vigié, II, n. 190. — V. cependant, en sens contraire, Demolombe, *Don.*, V, n. 336; Le Sellyer, I, n. 645.

(3) V. *Succ.*, II, n. 3325.

Un legs ne peut devenir caduc par la cause qui nous occupe qu'autant qu'il a pour objet une chose certaine et déterminée, par exemple : la maison ou la ferme que vous possédez à tel endroit.

Mais il est d'évidence que cette cause de caducité ne saurait affecter les legs qui portent sur une chose déterminée seulement quant à son espèce (*genus limitatum*), comme un cheval *in genere*, dix mesures de froment. Et, en effet, pour que la chose léguée périt, en pareil cas, il faudrait que le genre auquel elle appartient périt tout entier. Or, au point de vue juridique tout au moins, *genus nunquam perit*.

2866. Pour déterminer les effets que produit la perte de la chose léguée, il faut distinguer avec soin le cas où cette chose a péri avant l'ouverture du legs et celui où elle a péri après.

Nous allons successivement examiner les deux hypothèses.

A. *La chose léguée a péri avant l'ouverture du legs.*

2867. En supposant que la chose léguée a péri avant l'ouverture du legs, nous supposons donc qu'elle a péri avant la mort du testateur, si le legs est pur et simple ou à terme, ou même depuis cet évènement, mais avant la réalisation de la condition, s'il est conditionnel.

En pareil cas, la disposition est alors caduque. En effet, le droit du légataire ne peut pas naître, puisqu'au moment fixé pour son ouverture, l'objet du droit n'existe plus.

2868. Toutefois, pour qu'il en soit ainsi, il faut que la chose léguée ait péri totalement.

Si elle n'a péri que partiellement, le legs produira son effet, quant à la portion qui subsiste.

Ainsi, le troupeau légué ayant été ravagé par une épidémie, le légataire aura droit à la portion qui a été épargnée.

De même, l'immeuble légué est l'objet d'une expropriation partielle pour cause d'utilité publique. Le legs devient évidemment caduc pour la partie expropriée et subsiste pour le reste. On ne saurait, en effet, considérer qu'il y a révocation partielle du legs, puisque l'art. 1038 n'attache l'effet révocatoire, nous l'avons vu, qu'aux aliénations qui procèdent du fait du testateur. Or, telle n'est pas l'expropriation. C'est important à noter, car si, avant la mort du testateur, la partie expropriée rentrait dans son patrimoine, le legs devrait être exécuté tel qu'il a été fait, tandis que, dans les mêmes circonstances, les effets d'une révocation partielle resteraient acquis [1].

2868 *bis*. Il est d'ailleurs certain que, dans l'hypothèse d'une expropriation, le légataire ne pourrait prétendre aucun droit sur l'indemnité allouée du chef de cette expropriation, alors qu'elle serait encore due au jour de l'ouverture du legs.

D'une part, en effet, le prix d'un corps certain ne se substitue point à ce corps dans le patrimoine de l'aliénateur. Nous l'avons vu sur l'art. **1038**. Or, c'est là cependant ce que le légataire devrait soutenir, pour qu'il pût prétendre à l'indemnité encore due.

D'autre part, il n'est pas possible de considérer l'indemnité comme un accessoire de la chose léguée.

A aucun point de vue, le légataire n'est donc fondé à la réclamer [2].

Mais, à notre avis, on pourrait admettre le légataire à user du droit de préemption qu'accordent les art. **60** s. de la loi du **3** mai **1841**, car un semblable droit nous apparaît vraiment comme un accessoire de la partie non expropriée à laquelle a droit le légataire.

2869. Au cas de perte totale de la chose léguée, il est sans difficulté que le legs tombe pour le tout; le légataire n'aura donc pas droit aux accessoires de la chose ni aux débris qui en subsistent.

Ainsi celui auquel a été légué un cheval harnaché ne pourra pas réclamer le harnais ni le cuir de l'animal mort avant l'ouverture du legs.

2870. La perte totale de la chose léguée entraîne la caducité du legs, quelle que soit la nature de cette chose et alors même qu'elle serait incorporelle.

[1] V. sur cette hypothèse un arrêt de la cour de Paris du 27 novembre 1879, S., 81. 2. 233.

[2] V. en ce sens Paris, 27 novembre 1879 précité.

Les chose incorporelles sont même plus exposées à périr, juridiquement parlant, que les choses corporelles.

Ainsi le legs d'une créance deviendra caduc, si le testateur en a touché le montant.

En recevant le paiement d'une créance, on l'anéantit, car le paiement est une des causes d'extinction des obligations.

2871. Mais on s'accorde à reconnaître qu'il devrait en être autrement s'il était démontré que le testateur a entendu léguer *le montant de la créance,* plutôt que *la créance elle-même,* de telle sorte que, dans sa pensée, la créance n'a été indiquée que comme mode de recouvrement du legs. En pareil cas, le legs ne deviendrait pas caduc, par suite de cette circonstance que le testateur aurait touché la créance.

La cour de cassation reconnaît que tout dépend ici d'une appréciation souverainement faite par les juges du fond [1] et c'est aussi l'opinion des auteurs [2].

2872. Ce que nous disons du paiement, nous devons le dire aussi des autres modes d'extinction des obligations. C'est notamment ce que la cour de cassation a décidé dans une espèce où l'extinction résultait non du paiement, mais de la compensation [3].

2873. En parlant de la perte de la chose léguée, nous avons supposé une perte naturelle.

Mais de la perte naturelle on doit rapprocher la perte civile. On entend par là les transformations qui, laissant subsister les éléments matériels de la chose léguée, la font disparaître, au point de vue juridique, parce qu'elles affectent sa substance même, c'est-à-dire, en s'attachant à la notion que les jurisconsultes donnent de la substance, la forme qui fait que chaque chose a son nom particulier et sa destination spéciale. La perte de la substance de la chose léguée équivaut à sa perte totale. Comme celle-ci, celle-là rend le legs caduc.

(1) *Sic,* Cass., 8 décembre 1852, S., 53. 1. 293, D., 53. 1. 218 et 6 janvier 1874, S., 74. 1. 212, D., 76. 5. 395.

(2) V. notamment Aubry et Rau, VII, p. 531, § 726; Demolombe, *Don.*, V, n. 340; Laurent, XIV, n. 290.

(3) *Sic,* Cass., 20 décembre 1865, S., 66. 1. 25, D., 66. 1. 154. — V. également une application intéressante du même principe à un legs de rentes sur l'Etat. Toulouse, 19 juillet 1837, S., 37. 2. 476, D. *Rép.*, vo *Disp.*, n. 4348.

2874. Mais quand peut-on dire qu'une chose a subi des transformations qui affectent sa substance même?

Evidemment c'est là une question de fait, puisqu'il s'agit de savoir si les transformations que subit une chose ont pour résultat d'en faire une chose différente, portant un autre nom et ayant une destination qui n'est plus la même.

Ainsi un testateur a légué du bois de construction : avant sa mort, ce bois a été transformé en un navire. La substance de la chose n'existe plus et, par suite, le legs est caduc ; le légataire n'a pas droit au navire.

Mais il va de soi que les changements de forme accessoires, qui modifient la chose sans la dénaturer, par exemple la transformation d'une terre labourable en une vigne ou réciproquement, n'entraîneraient pas la caducité du legs ; malgré ces changements, la chose conserve sa même nature juridique.

A plus forte raison, en serait-il de même des changements qui laissent subsister la forme de la chose et son nom.

C'est ainsi que le legs d'un bateau ne deviendrait pas caduc par cela seul qu'il aurait été réparé un si grand nombre de fois qu'il ne subsisterait plus une seule planche de sa construction primitive ; malgré ces changements, c'est toujours le même bateau.

2875. C'est par une application exacte des règles ci-dessus qu'on doit considérer que toutes les aliénations de la chose léguée qui n'entraînent pas la révocation du legs, c'est-à-dire toutes les aliénations que ne vise pas l'art. 1038 parce qu'elles ne sont point faites par le testateur, n'en constituent pas moins des causes de caducité du legs, si la chose ne se retrouve pas en nature dans la succession, au jour de l'ouverture du legs.

Vainement le prix en serait-il encore dû.

On ne peut dire de celui-ci qu'il constitue la chose léguée et, partant, le legs est nécessairement caduc [1].

2876. Mais on ne saurait considérer comme une aliénation

[1] *Sic.* Cass., 19 août 1862, S., 62. 1. 923, D., 62. 1. 321. — Dans le même sens, Aubry et Rau, VII, p. 525 et 530, § 726 ; Demolombe, *Don.*, V, n. 238 ; Colmet de Santerre, IV, n. 185 *bis*, I ; Laurent, XIV, n. 221 s.

entraînant la caducité du legs dans les termes de l'art. 1042, une conversion de rentes sur l'Etat qui aurait obligé le testateur à substituer de nouvelles rentes aux rentes anciennes qu'il avait léguées.

Il n'y a vraiment pas là une transformation affectant la substance même de la chose, et, partant, de nature à permettre de dire que les choses léguées n'existent plus dans le patrimoine du testateur au jour de l'ouverture du legs [1].

2877. Quand la chose léguée périt pendant la vie du testateur, il importe peu que ce soit par cas fortuit, ou par le fait du testateur, de l'héritier ou d'un tiers. Le résultat est, dans tous les cas, le même : c'est la caducité du legs.

Il est d'ailleurs incontestable que le légataire n'aurait pas droit aux dommages-intérêts qui peuvent être dus ou qui ont pu être payés par l'auteur de la destruction. Ces dommages-intérêts, ou l'action pour les obtenir, appartiennent à la succession [2].

2878. Si le legs est conditionnel, la perte de la chose, survenue dans le temps intermédiaire entre le décès du testateur et l'accomplissement de la condition, entraînerait aussi la caducité du legs.

Seulement, si la condition se réalise, le légataire aura une action en dommages-intérêts contre l'héritier ou le tiers par la faute ou par le fait duquel la chose a péri [3].

B. *La chose léguée a péri après l'ouverture du legs.*

2879. Lorsque la chose léguée a péri après l'ouverture du legs, il ne peut être question de caducité. Comment en effet le legs pourrait-il devenir caduc, puisqu'il a produit tout son effet au profit du légataire qui est devenu propriétaire de la chose léguée (art. 1014) ? Par définition même, la caducité empêche le legs de produire son effet; en conséquence, un legs qui a déjà produit tout son effet ne saurait devenir caduc.

(1) *Sic*, Trib. de Gand, 26 nov. 1881, S., 81. 4. 48.
(2) *Sic*, Demolombe, *Don.*, V, n. 341 ; Laurent, XIV, n. 288 ; Colmet de Santerre, IV, n. 193 *bis*, II et III.
(3) *Sic*, Demolombe, *Don.*, V, n. 350 ; Aubry et Rau, VII, p. 529, § 726.

L'art. 1042 a donc tort de dire que le legs est caduc, si la chose a péri depuis la mort du testateur. Cela n'est exact que dans le cas assez rare où, s'agissant d'un legs conditionnel, la chose a péri, dans l'intervalle écoulé entre le décès du testateur et la réalisation de la condition.

Ce qui a, sans doute, fait illusion sur l'esprit du législateur, c'est que la perte de la chose, survenue après l'ouverture du legs, est, en principe, pour le compte du légataire. Or, comme la caducité a aussi pour résultat de priver le légataire de la chose léguée, le législateur a pu être conduit à assimiler la première hypothèse à la seconde.

Ce n'est pas une dispute de mots.

En effet, si le legs doit être considéré comme caduc, ainsi que le dit inexactement notre article, le légataire n'a droit ni aux accessoires de la chose ni à ses débris.

Il peut les réclamer, au contraire, en vertu de la règle *Quod ex re mea superest meum est*, si l'on décide conformément à la raison et aux principes que le legs n'est pas caduc.

Evidemment, c'est à cette dernière solution qu'il faut s'en tenir. Les termes employés par le législateur ont certainement trahi sa pensée.

2880. Les mots qui terminent l'art. 1042 ne sont qu'une application particulière du principe posé par l'al. 2 de l'art. 1302 du C. civ., auquel nous nous bornons à renvoyer, car il ne s'agit ici que d'un simple rappel des règles que ce texte consacre [1].

§ III. *Effets de la nullité, de la révocation et de la caducité des legs.*

2881. Nous préciserons d'abord le principe d'où résultent les effets qu'entraînent la nullité, la révocation ou la caducité d'un legs.

Nous verrons ensuite les exceptions que ce principe comporte.

[1] *Sic*, Demolombe, *Don.*, V, n. 351 ; Aubry et Rau, VII, p. 529, § 726, note 7 ; Laurent, XIV, n. 284 et 287.

Remarquons simplement que le principe, comme les exceptions, concerne les cas de nullité aussi bien que les cas de révocation ou de caducité des legs [1].

N° 1. Le principe.

2882. Le principe est très simple. Le legs nul, révoqué ou caduc est réputé non écrit, *pro non scripto habetur*.

En conséquence, la nullité, la révocation ou la caducité profite à celui qui était chargé d'acquitter le legs ou au préjudice duquel aurait eu lieu son exécution.

Ainsi, le défunt laissant un frère comme plus proche héritier et un légataire universel, la nullité, la révocation ou la caducité du legs universel profitera au frère, car c'est à son préjudice que le legs aurait reçu son exécution.

De même, si un testateur a fait un legs universel et un legs à titre particulier, la nullité, la révocation ou la caducité du legs à titre particulier profitera au légataire universel qui aurait souffert de son exécution, sans qu'il y ait à distinguer si le défunt laisse ou non des héritiers réservataires.

Si l'on suppose qu'il y ait un légataire universel, un légataire à titre universel des immeubles et un légataire particulier d'un immeuble déterminé, la nullité, la révocation ou la caducité de ce dernier legs profitera au légataire à titre universel qui est chargé de l'acquitter.

2883. Il pourrait même se faire, en vertu de notre principe, que la nullité, la révocation ou la caducité d'un legs profitât à un légataire particulier.

Ainsi la caducité du legs que le testateur a fait d'un ouvrage de sa bibliothèque profiterait au légataire de la bibliothèque.

2884. Ainsi encore, dans le cas où le testateur a légué à deux personnes l'usufruit et la nue propriété d'une même chose, c'est le légataire de la nue propriété qui profite de la défaillance du légataire d'usufruit.

On a cependant soutenu que c'était non au légataire de la

[1] *Sic*, Laurent, XIV, n. 313 et 314 ainsi que les auteurs et les arrêts cités dans Fuzier-Herman, sur l'art. 1044, n. 2 et 4.

nue propriété, mais à l'héritier que la défaillance du légataire d'usufruit devait profiter [1].

Fondée sur ce que le legs de nue propriété impliquerait une réserve de l'usufruit au profit de l'héritier, cette opinion ne nous paraît point admissible.

Au point de vue juridique comme au point de vue des intentions du testateur, toute disposition en nue propriété implique une disposition virtuelle en usufruit. C'est donc aux dépens du légataire de la nue propriété que s'exécute le legs de l'usufruit, partant, c'est à lui de profiter de la défaillance du légataire de l'usufruit.

L'opinion contraire se heurte d'ailleurs à une objection décisive en cas de concours de deux dispositions universelles, l'une en nue propriété, l'autre en usufruit. Si le légataire d'usufruit défaille, c'est bien le légataire de la nue propriété qui profitera de sa défaillance, à moins de soutenir qu'une disposition universelle en nue propriété ne constitue qu'un legs à titre universel. Or, c'est là ce qu'on ne saurait admettre sans méconnaître la notion même du legs universel [2].

2885. La loi ne dit rien des effets de la caducité d'une disposition principale en ce qui concerne les dispositions accessoires qui auraient pu lui être adjointes par le testateur.

La cour de cassation reconnaît que la solution de cette question dépend d'une appréciation souverainement faite par les juges du fond. C'est notamment ce qu'elle a décidé, à propos d'un legs de rente viagère que le testateur avait adressé à un légataire, avec cette clause qu'au décès de celui-ci la rente serait, pour un tiers, réversible sur la tête de sa femme. En conséquence, elle a rejeté le pourvoi dirigé contre l'arrêt de la cour de Paris qui avait admis la femme à réclamer le bénéfice de la clause de réversion, nonobstant le prédécès du mari au testateur [3].

2886. Il en serait ainsi, alors même que la disposition

(1) *Sic*, Vaugeois, *Rev. crit.*, 1868, XXXIII, p. 361.

(2) *Sic*, Aubry et Rau, VII, p. 534, § 726, texte et note 26; Demolombe, *Don.* V, n. 356.

(3) *Sic*, Cass., 19 novembre 1860, S., 61. 1. 156, D., 61. 1. 265.

accessoire serait adjointe, sous forme de charge, à la disposition principale frappée de caducité [1].

2887. En définitive, bien que quelques arrêts paraissent envisager la question comme une question de droit [2], elle n'est vraiment qu'une simple question de fait, puisqu'il s'agit uniquement de déterminer le sens et la portée d'une disposition testamentaire.

C'est l'opinion qui prévaut en jurisprudence et c'est aussi l'opinion des auteurs [3].

Quant aux éléments de nature à baser l'appréciation des juges du fond, ceux-ci peuvent les puiser dans toutes les circonstances de la cause.

N° 2. Les exceptions.

2888. Le principe que nous venons d'indiquer souffre exception dans les trois cas suivants :

1° En cas de substitution vulgaire ;

2° En cas de substitution fidéicommissaire ;

3° Lorsqu'il y a lieu à l'accroissement.

A. *De la substitution vulgaire.*

2889. Reposant sur la volonté présumée du testateur, le principe que nous venons d'examiner ne saurait s'appliquer au cas de substitution vulgaire, puisque celle-ci consiste précisément, de la part du testateur, à prévoir la caducité des legs qu'il croit devoir faire et à en régler expressément l'attribution.

Le testateur a dit, par exemple : « Je lègue tel immeuble à Paul et, au cas où celui-ci ne pourrait ou ne voudrait recueillir le bénéfice du legs, je le lègue à Pierre ».

Il y a, là, la substitution vulgaire que prévoit et autorise l'art. 898 du C. civ. et, du moment qu'elle est légale, il faut bien s'en tenir à la dévolution qu'elle détermine. Il faut donc,

(1) *Sic*, Pau, 24 juin 1862, S., 63. 2. 134, D., 63. 2. 152. — Dans l'espèce, la caducité résultait de la renonciation du légataire

(2) V. notamment Nimes, 16 août 1865, S., 66. 2. 60, D., 66. 2. 127.

(3) V. notamment Laurent, XIV, n. 298 ; Aubry et Rau, VII, p. 532, § 726 ; Demolombe, *Don.*, V, n. 358.

c'est d'évidence, écarter l'application du principe ci-dessus posé.

B. *De la substitution fidéicommissaire.*

2890. Nous verrons qu'en dépit de la prohibition générale dont les frappe l'art. 896, les substitutions fidéicommissaires sont autorisées, dans certains cas spéciaux que déterminent les art. 1048 s. du C. civ.

Il est incontestable que, là où elles sont possibles, les substitutions fidéicommissaires ne laissent pas place à l'application du principe que nous avons écarté, en cas de substitution vulgaire. Nous verrons, en effet, que toute substitution fidéicommissaire contient et implique une substitution vulgaire. L'exception qu'entraîne celle-ci doit donc nécessairement être étendue à celle-là [1].

C. *De l'accroissement.*

2891. La troisième exception qu'on doit apporter au principe concerne les hypothèses dans lesquelles il y a lieu à l'accroissement.

Pour qu'il y ait lieu à l'accroissement, il faut supposer qu'une même chose a été léguée conjointement à plusieurs et que, parmi les légataires, les uns viennent recueillir le bénéfice du legs, tandis que les autres font défaut. En vertu du droit d'accroissement, ceux qui viennent prendront la part de ceux qui ne viennent pas : la part des défaillants *accroîtra* à la part de ceux qui ne font pas défaut.

Quand il y a lieu au droit d'accroissement, la nullité, la révocation ou la caducité du legs fait à l'un des colégataires profite aux autres, au lieu de profiter, suivant le droit commun, au débiteur du legs.

Ainsi un testateur a dit : « Je lègue ma maison à Pierre et à Paul conjointement ».

Si Paul fait défaut, par exemple s'il meurt avant le testateur, sa part accroîtra à Pierre qui aura droit à toute la mai-

[1] *Sic*, Paris, 11 mars 1836, S., 36. 2. 360, D. *Rép.*, v° *Disp.*, n. 179. — Dans le même sens Aubry et Rau, VII, p. 535, § 726; Demolombe, *Don.*, V, n. 392; Laurent, XIV, n. 299 et 318.

son. La caducité du legs fait à Paul profite donc ici à Pierre, au lieu de profiter à l'héritier, suivant le droit commun.

2892. Pour qu'il y ait lieu au droit d'accroissement entre colégataires, il faut que la même chose ait été léguée tout entière à chaque colégataire, que chacun soit appelé, éventuellement au moins, par son titre, à la recueillir en totalité ; il faut, en d'autres termes, qu'il y ait solidarité de vocation entre tous les colégataires.

Nous verrons que cette solidarité de vocation ne peut résulter que de la volonté expresse ou présumée du testateur.

Quand elle existe, il faut nécessairement, si tous les colégataires répondent à l'appel, opérer entre eux le partage de la chose; car il est impossible de la donner tout entière à chacun, bien que chacun en soit légataire pour le tout : le concours des divers ayants droit amène nécessairement un partage de la chose, *concursu partes fiunt.*

Mais, si l'un des colégataires fait défaut, soit parce que son legs est caduc, soit parce qu'il est nul ou révoqué, il y aura un copartageant de moins; et, si tous font défaut moins un, le droit de ce dernier, ne rencontrant plus, en face de lui, aucun droit rival, pourra s'exercer dans toute sa plénitude, et la totalité de la chose lui appartiendra.

Tel est le droit d'accroissement.

Il a pour base, on le voit, la volonté du testateur, en l'absence de laquelle il y aurait lieu à l'application du droit commun, d'après lequel la caducité d'un legs profite au débiteur de ce legs.

2893. Mais si l'accroissement résulte de la volonté du testateur, comment connaître cette volonté?

Nulle difficulté si le testateur l'a manifestée en termes exprès, s'il a dit par exemple : « La part des colégataires qui feront défaut accroîtra aux autres », ou s'il a dit (formule que la loi considère comme équivalente) que *le legs leur est fait* CONJOINTEMENT, ou si, quelles que soient les expressions dont il s'est servi, sa volonté résulte, d'une manière certaine, des termes du testament.

2894. Mais souvent la volonté du testateur restera douteuse.

Alors le législateur l'interprète d'après la formule du legs.

Pour comprendre les dispositions du code civil sur ce point, il est indispensable de connaître la source à laquelle on les a puisées.

2895. Nos anciens auteurs distinguaient à ce sujet, d'après le droit romain, si les colégataires étaient conjoints *re et verbis*, *re tantum* ou *verbis tantum*.

Il importe, tout d'abord, de fixer le sens de ces expressions, d'ailleurs classiques.

2896. Les colégataires étaient dits conjoints *re et verbis*, lorsqu'une même chose leur avait été léguée par une même disposition, comme si le testateur avait dit : « Je lègue ma maison A à Pierre et Paul ». Les deux légataires sont ici conjoints *re*, parce que c'est la même chose qui leur a été léguée, et *verbis*, parce qu'ils sont compris dans une même disposition.

Les colégataires étaient dits conjoints *re tantum*, lorsque la même chose leur avait été léguée par deux dispositions différentes. Ainsi on lit dans un testament : « Je lègue ma maison A à Paul » ; puis plus bas : « Je lègue ma maison A à Pierre ». Les légataires sont ici conjoints *re*, parce que la même chose leur a été léguée ; mais ils ne sont pas conjoints *verbis*, parce que les legs sont faits par deux dispositions différentes.

Enfin, il y avait, entre les colégataires, conjonction *verbis tantum*, lorsque le testateur avait assigné à chacun d'eux sa part dans la chose léguée, par exemple, s'il avait dit : « Je lègue ma maison A à Pierre et à Paul, *à chacun pour la moitié* ». Ici, ce sont des fractions de la même chose qui ont été léguées à chaque légataire, et non la même chose ; aussi dit-on qu'ils sont conjoints *verbis non etiam re*.

2897. Ces expressions, nos anciens auteurs les avaient, du reste, empruntées au droit romain et c'est à la tradition romaine qu'il faut remonter pour expliquer et comprendre les dispositiens des art. 1044 et 1045. Par ces textes, le législateur du code civil a voulu trancher les controverses que la matière de l'accroissement avait soulevées chez nos anciens auteurs, moins, sans doute, à raison des difficultés qui lui sont inhérentes que de textes romains plus ou moins contradictoires, qu'on entendait concilier.

2898. A Rome, la matière de l'accroissement avait donné lieu à une théorie savante, chef-d'œuvre de rigueur et de logique, comme la théorie des legs avec laquelle elle cadrait.

S'attachant uniquement à la formule employée par le testateur et lui reconnaissant la puissance de déterminer la nature du droit légué, les jurisconsultes romains étaient naturellement amenés à s'attacher au même *criterium*, pour résoudre la question de savoir s'il y avait ou non lieu à l'accroissement.

C'est à ce point de vue qu'ils avaient distingué, d'une part, la *conjunctio re et verbis* et la *conjunctio re tantum*, qui, donnant l'une et l'autre vocation au tout, entraînaient l'accroissement, et, d'autre part, la *conjunctio verbis tantum*, qui ne pouvait y donner ouverture, à raison même de l'absence de vocation au tout.

En définitive, c'était donc à l'intention du testateur qu'on s'attachait, pour savoir s'il y avait lieu à accroissement. Mais, pour connaître cette intention, c'était uniquement à la formule employée par le testateur qu'on avait recours.

2899. La question ne se posait, du reste, que dans les legs translatifs de propriété, le legs *per vindicationem* et le legs *per præceptionem*.

Elle ne se posait pas dans les legs simplement attributifs d'un droit de créance, le legs *per damnationem* et le legs *sinendi modo*.

Dans ces legs, en cas de *conjunctio re et verbis* on appliquait la règle : *Damnatio partes facit ;* la créance se divisait de plein droit entre les cocréanciers; chacun de ceux-ci ne pouvait jamais réclamer que la part à laquelle se bornait sa vocation.

En cas de *conjunctio re tantum*, comme rien ne s'oppose à ce que plusieurs soient également créanciers d'une même chose, on n'avait point à appliquer la règle : *concursu partes fiunt.* Chacun des colégataires pouvait, en vertu de son titre, réclamer l'intégralité du legs et, partant, il n'y avait pas davantage place pour la théorie de l'accroissement.

2900. Telle fut la théorie classique du droit d'accroissement.

Elle fut bouleversée par les lois caducaires rendues, comme on le sait, au temps d'Auguste.

Le but de ces lois est bien connu.

Il s'agissait d'encourager le mariage et la procréation des enfants. Dans ce but, on frappait de déchéances certaines catégories de personnes, les *cælibes* par exemple. Parmi ces déchéances, figurait l'incapacité de recueillir des libéralités testamentaires.

Ces libératités dont la loi privait ainsi les *cælibes,* elle en faisait un encouragement et une prime au profit des pères de famille ayant des enfants.

Mais à quels pères de famille les accorder?

La loi disposait que les parts caduques devaient aller d'abord aux *colegatarii conjuncti patres,* et, à leur défaut, aux *heredes patres.*

D'où question de savoir quels légataires on pouvait considérer comme *conjuncti,* et, à ce titre, faire bénéficier des dispositions de la loi.

Si les lois caducaires s'étaient proposé d'assurer l'exécution des volontés du testateur, pas de doute qu'elles ne s'en fussent référées au fondement naturel du droit d'accroissement : l'intention du testateur.

Mais, se préoccupant uniquement de la prime à accorder à la paternité, ces lois pouvaient régler arbitrairement la dévolution des biens attribués à ceux qu'elles frappaient d'incapacité.

Aussi ne peut-on s'étonner que, sans se soucier des intentions du testateur, elles aient pu considérer comme *conjuncti* tous ceux qui étaient appelés par une même phrase, c'est-à-dire les *conjuncti re verbis* et les *conjuncti verbis tantum,* tandis qu'elles laissaient les *conjuncti re tantum* en dehors de leurs prévisions.

2901. Abrogeant les lois caducaires, Justinien devait revenir et revint effectivement à la base rationnelle du droit d'accroissement : la vocation au tout, résultant de la volonté du testateur.

On peut lui reprocher, cependant, d'avoir introduit dans la matière un certain nombre de distinctions assez peu compatibles avec la base rationnelle à laquelle il revenait (1).

Mais le reproche le plus grave qu'on puisse lui faire, car c'est à cela sans doute que nous devons les art. 1044 et 1045 du code civil, c'est d'avoir laissé subsister, dans le Digeste, un certain nombre de textes relatifs au droit d'accroissement, tel que l'admettaient les lois caducaires (2).

2902. Dans ces conditions, les textes du droit romain, réglant la matière de l'accroissement, ne pouvaient qu'offrir des sources de confusion et d'erreur.

Aussi quand, en présence des questions d'accroissement, nos anciens auteurs s'en référèrent au droit romain, ils n'avaient guère chance d'échapper à des incertitudes et à des contradictions, d'autant plus inévitables, qu'ils ne se croyaient point en droit de soumettre à une critique éclairée et rationnelle les solutions relevées dans les textes. Trouvant dans le Digeste des textes qui, conformes à la théorie classique, admettaient l'accroissement en cas de *conjunctio re tantum*, et rencontrant, d'autre part, des textes qui, se référant aux lois caducaires, proscrivaient l'accroissement en pareil cas, nos anciens commentateurs s'étaient ingéniés à trouver des conciliations qu'ils jugeaient indispensables, étant donné qu'ils ignoraient l'existence de ces lois caducaires dont certains textes se ressentaient encore. Or, l'art. 1045, qui, sous l'empire du code civil, règle la *conjunctio re tantum*, n'est pas autre chose qu'une des conciliations proposées, dans notre ancien droit, en vue de mettre d'accord des textes contradictoires que le droit romain fournissait sur la matière.

Au lieu de s'en tenir à la base rationnelle du droit d'accroissement, les rédacteurs du code civil ont donc reproduit les solutions que nos anciens auteurs avaient cru trouver dans le droit romain.

C'est là, à notre avis, ce qui explique l'art. 1045, qui, nous le verrons, est si peu compatible avec la base rationnelle du droit d'accroissement.

(1) Voir *Lex unica*, § 3 et 11 C. *De caducis tollendis*.
(2) Voir notamment la loi 89 *De legatis*-3°, XXXII.

C'est, dans tous les cas, ce qui nous fait comprendre que, dans une matière où il ne devait pas s'agir d'en donner, le législateur ait cru devoir formuler des règles impératives, au lieu de renvoyer purement et simplement à l'interprétation de la volonté du *de cujus*, souverainement appréciée par les juges du fait.

2903. Ces considérations justifient amplement le peu de faveur dont jouissent les dispositions des art. **1044** et **1045**. Encouragés par la cour suprême, les tribunaux cherchent, autant que possible, à n'y point recourir. Dans toutes les hypothèses qui soulèvent des questions d'accroissement, c'est aux termes du testament et à l'ensemble des circonstances de la cause qu'ils demandent les intentions du testateur. Ces intentions leur paraissent-elles suffisamment claires, ils se prononcent en conséquence et la cour de cassation considère leur interprétation comme souveraine.

C'est donc seulement à défaut d'indications suffisantes fournies par les éléments de la cause, qu'ils se résignent à recourir aux règles des art. **1044** et **1045** dont l'importance se trouve ainsi considérablement réduite.

On ne saurait s'en plaindre.

2904. Cela dit, passons à l'examen des dispositions que le code civil consacre à la matière de l'accroissement.

Elles sont contenues dans les art. **1044** et **1045**, dont voici les termes :

Art. **1044**. *Il y aura lieu à accroissement au profit des légataires, dans le cas où le legs sera fait à plusieurs conjointement. — Le legs sera réputé fait conjointement, lorsqu'il le sera par une seule et même disposition, et que le testateur n'aura pas assigné la part de chacun des colégataires dans la chose léguée.*

Art. **1045**. *Il sera encore réputé fait conjointement, quand une chose qui n'est pas susceptible d'être divisée sans détérioration, aura été donnée par le même acte à plusieurs personnes, même séparément.*

2905. Déterminant les hypothèses dans lesquelles on doit considérer le legs comme fait conjointement, l'art. **1044**, dans son deuxième alinéa, s'occupe à la fois de la conjonction *re* *et verbis*, et de la conjonction *verbis tantum*. Voici ce qu'il décide : Le legs sera RÉPUTÉ fait conjointement et, par suite, il y aura lieu à accroissement, si les colégataires sont conjoints *re et verbis* mais non s'ils sont conjoints *verbis tantum*.

Voilà donc réglés par le texte même de la loi et le cas de la conjonction *re et verbis* et le cas de la conjonction *verbis tantum*.

2906. Mais bien que l'art. 1044 paraisse décider en termes absolus que la conjonction *verbis tantum* ne donne pas lieu à l'accroissement entre les colégataires, la jurisprudence admet cependant, à cet égard, une distinction dont la source se trouve dans les lois romaines.

La conjonction *verbis tantum* ne donne pas lieu à l'accroissement, lorsque l'assignation de parts qui la constitue frappe sur la disposition même, lorsqu'elle est *principale et dispositive*, par exemple si le testateur a dit : « Je lègue tel fonds à Pierre et à Paul, « *à chacun pour la moitié* ». Ici, le testateur n'a légué que la moitié à chaque légataire ; il n'y a donc pas entre eux *solidarité de vocation*, et, par suite, la base de l'accroissement fait défaut.

Mais, au contraire, l'assignation de parts faite par le testateur n'empêche pas l'accroissement de se produire, si elle est relative seulement à l'exécution du legs, si elle est *accessoire et réglementaire*. Telle serait la disposition ainsi conçue : « Je lègue tel immeuble à Pierre et à Paul ; *ils le partageront par moitié* ». Ici, dit-on, la chose a été léguée tout entière à chaque légataire ; le testateur indique seulement dans quelles proportions les légataires devront la partager, s'ils viennent tous recueillir le legs [1].

2907. Nous ne saurions aller jusque-là et admettre, d'une façon absolue, le bien fondé de la distinction qu'on propose.

Que les juges puissent décider qu'il doit y avoir lieu à l'accroissement entre des colégataires conjoints *verbis tantum*, parce que telle est l'intention du testateur résultant des termes du testament ou des circonstances de la cause, ce n'est

[1] *Sic*, Aubry et Rau, VII, p. 536, § 726 et les arrêts qu'ils citent dans les notes 34 et 35.

guère douteux. L'accroissement a pour base la volonté du testateur, et c'est toujours à cette volonté qu'il faut se conformer, lorsqu'il est possible de la découvrir ([1]). Les règles écrites dans les art. **1044** et **1045** ne sont, comme on le verra plus loin, que des présomptions qui tombent devant une volonté contraire, explicitement ou implicitement manifestée par le testateur.

Mais que, en l'absence de tout élément fourni par le testament ou par les circonstances de la cause, les juges doivent admettre ou rejeter le droit d'accroissement entre colégataires conjoints *verbis tantum*, suivant que l'assignation de parts est *accessoire et réglementaire* ou *principale et dispositive*, c'est ce qu'il paraît bien difficile d'admettre, en présence des termes absolu de l'art. **1044** *in fine*, qui, excluant toute distinction, décide que l'accroissement n'aura pas lieu ([2]).

2908. Reste le cas de la conjonction *re tantum*.

Il est régi par l'art. **1045**, duquel il résulte qu'il n'y aura lieu à l'accroissement entre les colégataires, qu'autant que la chose léguée *ne sera pas susceptible d'être divisée sans détérioration :* ce qui est une question de fait à résoudre, en cas de contestation, par les tribunaux.

Ici, le législateur s'est écarté de la tradition, et on en cherche vainemeint le motif. Le droit romain considérait avec raison la conjonction *re tantum* comme plus énergique que la conjonction *re et verbis ;* en conséquence, le droit d'accroissement accordé aux colégataires conjoints *re et verbis* l'était *a fortiori* aux conjoints *re tantum*. Comment se fait-il donc que notre législateur, qui admet l'accroissement entre conjoints *re et verbis*, ne l'admette qu'avec une importante restriction relativement aux conjoints *re tantum?* Comment comprendre surtout qu'entre conjoints *re tantum*, il attache une importance décisive, au point de vue de l'accroissement, à cette circonstance, assez insignifiante en soi, on en conviendra, et

([1]) *Sic*, Coin-Delisle, sur l'art. 1044, n. 7 ; Marcadé, sur l'art. 1044, n. 1 s. ; Colmet de Santerre, IV, n. 199 *bis*, VI ; Demolombe, *Don.*, V, n. 363 et 373 ; Laurent, XIV, n. 300, 304 et 311.

([2]) *Sic*, Demolombe, *Don.*, V, n. 373 ; Mourlon, II, p. 397 : Laurent, XIV, n. 311 ; Huc, VI, n. 396.

dont il ne tient aucun compte au cas de conjonction *re et verbis*, que la chose est ou n'est pas susceptible d'être divisée sans détérioration?

2909. Cela est tellement extraordinaire qu'un auteur a essayé de soutenir que l'art. 1045 est relatif, non pas à la conjonction *re tantum*, mais à la conjonction *verbis tantum*. De la première, le législateur n'avait point, dit-il, à s'occuper. Admettant l'accroissement entre colégataires conjoints *re et verbis*, il devait, *a fortiori*, l'admettre entre colégataires conjoints *re tantum*. En pareil cas, en effet, la vocation au tout, base du droit d'accroissement, est bien plus certaine et bien plus énergique qu'en cas de conjonction *re et verbis*. Ce n'est donc pas la conjonction *re tantum* qu'a pu viser le législateur dans l'art. 1045 : c'est la conjonction *verbis tantum* (1).

2910. Mais pour donner cette interprétation à l'art. 1045, Proudhon est obligé de dire que les mots *par le même acte*, employés par ce texte, signifient *par la même disposition*, tandis qu'ils signifient bien évidemment *par le même testament*. Il est également obligé d'admettre que les mots *même séparément* veulent dire *avec assignation de parts*, tandis qu'ils font allusion, très certainement, au cas de deux dispositions distinctes et séparées se trouvant dans le même testament; ils désignent donc les conjoints *re tantum*. Sous couleur de l'interpréter, c'est, en réalité, méconnaître ouvertement les termes mêmes de l'art. 1045.

Cette interprétation aurait, en outre, pour conséquence de prêter au législateur une répétition, puisqu'il aurait parlé, dans deux textes consécutifs, de la conjonction *verbis tantum*, et une omission, puisqu'il ne parlerait nulle part de la conjonction *re tantum*. Aussi est-elle rejetée par tous les auteurs qui admettent, quoique cette solution ne satisfasse guère la raison, que l'art. 1045 est bien relatif à la conjonction *re tantum* (2).

2911. Mieux vaut, à notre avis, s'en tenir à l'explication historique que nous avons donnée ci-dessus de la disposition de

(1) *Sic*, Proudhon, *Usufruit*, II, n. 734 s.

(2) V. notamment Demolombe, *Don.*, V, n. 377 et les auteurs cités dans Fuzier-Herman, sur l'art. 1045, n. 1.

l'art. 1045 [2]. Cette disposition n'en reste pas moins injustifiable, au point de vue rationnel.

Mais si, comme beaucoup le pensent [1], il y a, dans l'ar 1045, une erreur législative, on peut s'en consoler, en soi geant que la conjonction *re tantum* paraît à peu près incor nue dans la pratique : c'est du moins ce que l'on peut induire presque avec certitude, de l'absence de toute décision jud ciaire sur ce point.

2912. Ainsi, d'après le système admis par notre législa teur, le legs fait à plusieurs de la même chose par le mêm testament est *réputé* fait *conjointement*, c'est-à-dire avec voca tion solidaire à la chose tout entière au profit de tous les le gataires, et donne lieu, par suite, au droit d'accroissement

1° Quand les colégataires sont conjoints *re et verbis;*

2° Quand ils sont conjoints *re tantum,* mais seulement si l chose léguée n'est pas susceptible d'être divisée sans détério ration.

Dans tous les autres cas, le legs n'est pas réputé fait cor jointement; et, par suite, il ne donnera pas lieu, en principe au droit d'accroissement.

2913. Il est important de remarquer que les art. 1044 e 1045 ne contiennent que des présomptions destinées à inter préter la volonté du testateur, quand il ne l'a pas fait connaî tre. Conformément au droit commun, ces présomptions, n rentrant pas dans la catégorie de celles dont parle le deuxièm alinéa de l'art. 1352 du code civil, sont susceptibles d'êtr combattues par la preuve contraire. Elles tomberaient donc si le testateur avait manifesté, expressément ou tacitemen une volonté contraire à celle que la loi lui suppose. Le auteurs [2] et les arrêts [3] s'accordent à le reconnaître.

Au juge, il appartiendra de rechercher cette volonté, prin cipalement en s'inspirant des termes du testement.

L'importance pratique des règles légales qui gouvernen

(1) V. notamment Huc, VI, n. 395.

(2) Sauf le dissentiment de Toullier, c'est l'opinion de tous les auteurs. — V notamment Laurent, XIV, n. 312.

(3) V. notamment Cass., 27 janvier 1868, S., 68. 1. 54, D., 69. 1. 409. — V. éga lement Cass., 10 mars 1880, S., 80. 1. 205, D., 81. 1. 61.

cette matière se trouve ainsi beaucoup diminuée, et il n'y a pas lieu de s'en plaindre.

2914. Quand il y a plus de deux colégataires conjoints, la part de celui qui fait défaut accroît également à tous les autres, à moins qu'il n'apparaisse une intention contraire du testateur.

Cette intention pourrait s'induire de ce fait que le testateur a établi plusieurs groupes parmi les colégataires, par exemple, s'il a dit : « Je lègue mon domaine de Boischarmant *aux enfants de mon frère et aux enfants de ma sœur* ».

Pourquoi le testateur n'a-t-il pas dit plus simplement : *à mes neveux et nièces?*

Probablement parce qu'il a voulu que la part du colégataire défaillant profitât, non pas à tous ses colégataires indistinctement, mais seulement à ceux qui font partie du même groupe que lui; que, par exemple, le prédécès d'un des enfants de la sœur profitât exclusivement aux autres enfants de cette même sœur.

C'est l'interprétation que la cour de Douai a donnée à un testament conçu dans les termes suivants : « J'institue pour mes légataires universels Pierre et Paul d'une part et les enfants de Jacques d'autre part avec accroissement entre eux et représentation dans chaque branche à l'infini ».

Déféré à la censure de la cour suprême, l'arrêt a été maintenu, à raison des pouvoirs souverains d'interprétation appartenant aux juges du fait [1].

2915. Il se peut que le legs devenu caduc soit grevé de charges; le colégataire au profit duquel a lieu l'accroissement sera-t-il tenu de ces charges?

Ainsi le testateur a dit : « Je lègue ma maison de Bordeaux à Pierre et à Paul, à la charge, par Paul, de payer une rente de 500 fr. à ma domestique ».

Si le legs fait à Paul devient caduc, Pierre, au profit duquel a lieu l'accroissement, sera-t-il tenu de payer la rente? En d'autres termes, l'accroissement a-t-il lieu *cum onere* ou *sine onere?*

[1] Cass., 5 décembre 1881, S., 82. 1. 173. — Dans le même sens Aubry et Rau, VII, p. 542, § 726, texte et note 45.

On enseigne généralement qu'il a lieu *cum onere* [1].

Cette solution, qui paraît la plus conforme à l'intention probable du testateur, était déjà enseignée par Pothier [2].

On objecte que la charge n'a été imposée qu'au légataire qui fait défaut, non à celui au profit duquel l'accroissement se produit ; que, par suite, ce dernier a le droit de prendre la chose tout entière, en vertu de la solidarité de vocation qui existe à son profit, sans être tenu de supporter une charge qui ne lui a pas été personnellement imposée.

Il faut répondre que la charge est imposée *au legs* plutôt qu'au légataire, et doit être acquittée, en conséquence, par celui qui recueille le legs, quel qu'il soit.

L'opinion contraire conduit, d'ailleurs, à ce résultat, difficile à admettre, que le colégataire au profit duquel se produit l'accroissement obtient plus que le montant des legs réunis.

La jurisprudence est en ce sens et c'est l'opinion qui nous paraît préférable, sauf à réserver le cas où il résulterait des termes du testament ou des circonstances de la cause que le testateur a entendu imposer une charge personnelle au légataire défaillant.

2916. Nous devons signaler une opinion intermédiaire, d'après laquelle il faudrait distinguer entre la conjonction *re et verbis* et la conjonction *re tantum*. Dans le premier cas, l'accroissement aurait lieu *cum onere*. Au contraire, il se produirait *sine onere* au cas de *conjunctio re tantum*.

C'était déjà la distinction que faisaient, sur ce point, les lois romaines [3] et c'est ce qui explique qu'elle ait été soutenue dans notre ancienne jurisprudence. Mais, déjà, Pothier la traitait de subtile et la repoussait [4].

Elle a été cependant, sous l'empire du code civil, reproduite par quelques auteurs [5]. C'est elle, notamment, que

(1) *Sic*, Colmet de Santerre, IV, n. 199 *bis*, IX ; Proudhon, *Usufruit*, II, n. 642 ; Demolombe, *Don.*, V, n. 396 ; Laurent, XIV, n. 319.

(2) Pothier, *Don. test.*, ch. VI, sect. 5, § 5 *in fine*. Dans le même sens Ricard, *Don.*, p. 3, n. 351 s.

(3) V. la loi unique C., *De caducis tollendis*, VI, 51.

(4) Pothier, *Don. test.*, chap. VI, sect. 5, § 5.

(5) V. not. Duranton, IX, n. 516 ; Aubry et Rau, VII, p. 542, § 726, texte et note 48.

soutiennent Aubry et Rau. En effet, disent-ils [1], « lorsqu'une seule et même chose a été léguée à plusieurs par des dispositions séparées, le légataire qui, à défaut des autres, recueille la totalité du legs, la reçoit bien moins par droit d'accroissement que directement du testateur et en vertu de la nature même de la disposition faite en sa faveur ». Ils en concluent que, n'ayant à se prévaloir que de son propre droit, le colégataire, conjoint *re tantum*, n'a pas à accomplir les charges imposées au défaillant. Au contraire, en cas de *conjunctis re et verbis*, les charges étant contenues dans la disposition même que le colégataire demande à recueillir tout entière, celui-ci doit nécessairement acquitter les charges qui la grèvent.

En dépit des arguments ci-dessus, cette opinion nous semble manifestement inadmissible.

Elle repose tout entière, en effet, sur cette idée qu'en cas de *conjunctio re tantum*, la vocation au tout est plus forte, plus énergique qu'au cas de conjonction *re et verbis*. Est-ce soutenable en présence du texte des art. 1044 et 1045, d'où résulte précisément le contraire?

2917. Remarquons, du reste, que, dans les hypothèses où les auteurs dont nous venons de combattre l'opinion admettent l'accroissement avec charges, c'est-à-dire en cas de *conjunctio re et verbis*, ils reproduisent une réserve identique à celle que nous avons faite nous-mêmes. Cette réserve concerne le cas où il résulte de l'intention du testateur que celui-ci a entendu imposer des charges personnelles au légataire défaillant [2].

2918. Ceux qui admettent que l'accroissement a lieu *cum onere* admettent généralement aussi qu'il est volontaire et non forcé, c'est-à-dire que le colégataire qui a accepté peut répudier la part du colégataire défaillant.

C'était la solution généralement admise dans notre ancien droit, notamment par Pothier. Elle est, d'ailleurs, plus équitable que l'opinion contraire, en ce sens que les prévisions du légataire acceptant ne courent pas le risque d'être dépas-

(1) Aubry et Rau, note 48 précitée.
(2) Aubry et Rau, VII, p. 544, § 727.

sées, par suite de l'accroissement résultant de la caducité d'un legs grevé de charges [1].

2919. Quelques auteurs s'en tiennent encore, cependant, aux distinctions admises, par le droit de Justinien, entre la conjonction *re et verbis* et la conjonction *re tantum*. Ils décident, en conséquence, que l'accroissement résultant de la conjonction *re tantum* est forcé, tandis que celui qui résulte de la conjonction *re et verbis* est volontaire [2].

Mais, fondée sur les mêmes arguments, elle mérite les mêmes critiques que la distinction analogue, déjà repoussée par nous, à propos de la question de savoir si l'accroissement se produit *cum onere* ou *sine onere* [3].

2920. Deux questions nous restent à résoudre parmi les si nombreuses difficultés que soulève la matière de l'accroissement.

La première est relative aux legs d'universalité, la seconde concerne les legs d'usufruit.

2921. Et d'abord les règles écrites dans les art. 1044 et 1045 sont-elles applicables aux legs d'universalité, c'est-à-dire aux legs universels ou à titre universel?

La question présente un très grand intérêt.

En effet, si l'on admet l'affirmative, l'accroissement n'aura jamais lieu (à moins cependant que le défunt n'en ait manifesté la volonté) entre colégataires universels ou à titre universel conjoints *re tantum*. Une universalité est toujours *susceptible d'être divisée sans détérioration*. Or, c'est là une circonstance qui rend l'accroissement impossible, aux termes de l'art. 1045.

Ainsi, quand le testateur a dit : « J'institue Paul mon légataire universel », puis, plus loin : « J'institue Pierre mon légataire universel », l'application de l'art. 1045 empêchera évidemment que l'accroissement se produise au profit de l'un des légataires, dans le cas où l'autre ferait défaut : car l'universalité léguée est susceptible d'être divisée sans détérioration.

(1) *Sic*, Colmet de Santerre, IV, n. 199 *bis*, XII; Laurent, XIX, n. 319 et les auteurs cités dans Fuzier-Herman, sur l'art. 1044, n. 37.

(2) *Sic*, Aubry et Rau, VII, p. 512, § 726.

(3) V. ci-dessus, n. 2916.

Il se produira, au contraire, si l'art. 1045 est inapplicable et cela, en vertu de l'art. 1003, puisqu'il résulte de ce texte que chaque légataire universel a une vocation personnelle à l'universalité tout entière.

L'apparente généralité des termes des art. 1044 et 1045 semble, au premier abord, les rendre applicables même aux legs d'universalité.

Mais si l'on observe, d'une part, que ces articles ont été empruntés à Pothier qui ne formulait les règles relatives à l'accroissement qu'au sujet des legs *particuliers*, si, d'autre part, on remarque que les mots *la chose léguée*, employés par nos textes, semblent indiquer que le législateur ne songeait qu'aux legs particuliers, si l'on considère, enfin, combien est regrettable la solution à laquelle conduit l'opinion opposée, on inclinera à penser que les art. 1044 et 1045 sont sans application aux legs d'universalité.

La jurisprudence est aujourd'hui fixée en ce sens [1]. C'est aussi l'opinion qui prévaut en doctrine [2].

2922. Comme nous l'avons annoncé, la seconde difficulté conserne les legs d'usufruit.

Il s'agit de savoir si l'accroissement peut avoir lieu entre colégataires de l'usufruit d'une même chose, après que chaque légataire a recueilli son legs.

Précisons la difficulté par un exemple.

Un testateur a légué à Pierre et à Paul conjointement l'usufruit d'un fonds de terre.

Si l'un des légataires fait défaut, l'autre aura droit à l'usufruit tout entier, c'est incontestable et cela n'est contesté par personne.

Mais supposons que les deux légataires viennent recueillir le bénéfice du legs, ce qui amènera entre eux un partage de jouissance. Quand l'un d'eux mourra, sa part d'usufruit accroîtra-t-elle à l'autre, ou fera-t-elle retour à la nue propriété?

(1) *Sic*, Cass., 12 fév. 1862, S., 62. 1. 386, D., 62. 1. 245 et 18 juin 1878, S., 79. 1. 193, D., 79. 1. 33.

(2) *Sic*, Demolombe, *Don.*, V, n. 396 ; Laurent, XIV, n. 319. — V. cep. Aubry et Rau, VII, p. 540, § 726, texte et note 43.

Telle est la question dont, aujourd'hui encore, la solution est discutée.

Pour soutenir que, dans ces conditions, l'accroissement devait se produire, on a raisonné comme il suit. L'usufruit, a-t-on dit, a été légué tout entier à chaque légataire. Sans doute, s'ils viennent tous les deux, le droit de jouissance de chacun ne pourra s'exercer que sur une partie de la chose, *concursu partes fiunt;* chacun des légataires fait obstacle à ce que l'autre puisse exercer son droit dans toute sa plénitude. Mais ce n'est là qu'un obstacle temporaire, à la différence de ce qui aurait lieu s'il s'agissait d'un legs de propriété. Vienne le droit d'usufruit d'un des légataires à s'éteindre, rien ne s'opposera plus désormais à ce que l'autre jouisse pleinement, et on doit lui reconnaître ce droit, puisque la jouissance lui a été léguée tout entière. L'accroissement aura donc lieu.

C'était la solution des lois romaines (¹), c'était celle de Pothier (²) et c'est aussi, sous l'empire du code civil, celle de quelques auteurs (³).

2923. Toutefois ce n'est pas la solution qui réunit la majorité des suffrages. Que le résultat qu'elle consacre puisse se produire, en vertu de la volonté du testateur, manifestée par les termes du testament ou par les circonstances de la cause c'est incontestable. Mais, en dehors de ce cas, il paraît difficile de l'admettre. En effet, la place même qu'occupent les art. 1044 et 1045 prouve que l'accroissement a été envisagé par le législateur comme une conséquence de la caducité des legs (ou encore de leur nullité ou de leur révocation). Il ne peut donc y avoir lieu au droit d'accroissement, quand tous les legs ont produit leur effet. Nous en concluons que l'usufruit de chaque légataire fera retour à la nue propriété, aussitôt après son extinction, conformément au droit commun. C'est comme nous l'avons dit, l'opinion de la plupart des auteurs (⁴)

(¹) Voyez notamment les *Fragmenta Vaticana*, § 47 et la loi 1. 53, *De usufructu aure.rendo*, VII, 2.

(²) Pothier, *Donations testamentaires*, chap. VI, sect. V, § 3.

(³) V. notamment Duranton, IV, n. 655 s.; Coin-Delisle, sur l'art. 1044, n. 10 Marcadé, sur l'art. 1044, n. 5; Bayle-Mouillard, sur Grenier, III, n. 353, note *a*

(⁴) *Sic*, Proudhon, *Usufruit*, II, n. 675; Aubry et Rau, VII, p. 545, § 796; Demo

Quant à la cour de cassation, elle admet que, sur le point que nous venons de discuter, les juges du fait apprécient souverainement la volonté du testateur et, en conséquence, elle n'hésite point à rejeter les pourvois dirigés contre leur appréciation [1].

Comme dans toute la matière de l'accroissement, nous pensons, du reste, avec la cour suprême, qu'ici le fait domine le droit. Les discussions de droit qui s'agitent sur ce point comme sur les autres ne sont que les échos affaiblis de traditions, avec lesquelles le code civil aurait dû rompre ouvertement.

APPENDICE I

DES DISPOSITIONS RELATIVES AUX FUNÉRAILLES

2924. Les règles contenues dans les art. 967 à 1048 C. civ. ne concernent que le testament, c'est-à-dire, d'après la définition même qu'en donne l'art. 895, l'acte par lequel le testateur dispose, pour le temps où il ne sera plus, de tout ou partie de ses biens.

Ces règles demeurent donc inapplicables aux dispositions qu'une personne fait pour après sa mort et qui ne sont pas relatives à ses biens, à son patrimoine.

2925. Est-ce à dire que les particuliers aient toute latitude, soit quant au fond, soit quant à la forme, pour des dispositions de ce genre?

On ne peut le soutenir.

Rationnellement, l'homme ne peut pas imposer sa volonté dans ce monde pour une époque où il est désintéressé des choses d'ici-bas. Du moins, il ne le peut qu'en vertu d'une autorisation expresse ou tacite du législateur.

La plupart du temps, le législateur ne concède cette autorisation qu'en imposant des formes spéciales, celles du testament ou toute autre. Ainsi, nous voyons que notre code civil

lombe, *Don.*, V, n. 389; Laurent, XIV, n. 316; Colmet de Santerre, IV, n. 197 *bis*, VIII.

[1] V. notamment Cass., 10 mars 1880, S., 80. 1. 205, D., 81. 1. 61.

autorise le dernier mourant des père et mère, tuteur de ses enfants, à désigner son successeur quant à la tutelle ; mais, d'après la disposition formelle de l'art. 398, cette désignation ne peut être faite que dans la forme prescrite par l'art. 392.

De même, la loi du 15 novembre 1887, sur la liberté des funérailles, soumet à des formes particulières l'exercice du droit qu'elle reconnaît aux particuliers de régler les conditions de leurs funérailles.

On lit à ce sujet dans l'art. 3 de la loi précitée :

« *Tout majeur ou mineur émancipé en état de tester peut* » *régler les conditions de ses funérailles, notamment en ce* » *qui concerne le caractère civil ou religieux à leur donner et* » *le mode de sa sépulture. Il peut charger une ou plusieurs* » *personnes de veiller à l'exécution de ses dispositions. Sa* » *volonté, exprimée dans un testament ou dans une déclara-* » *tion faite en forme testamentaire, soit par-devant notaire,* » *soit sous signature privée, a la même force qu'une disposi-* » *tion testamentaire relative aux biens : elle est soumise aux* » *mêmes règles quant aux conditions de sa révocation* ».

Ainsi, celui qui veut régler les conditions de ses funérailles doit manifester sa volonté, à cet égard, soit dans le testament par lequel il dispose de tout ou partie de ses biens, soit dans un acte passé en la forme testamentaire, c'est-à-dire dans l'une des trois formes déterminées par l'art. 969. La loi distingue ici très nettement, on le voit, le *testament* qui contient des dispositions relatives aux biens et l'*acte testamentaire* qui contient des dispositions d'un autre ordre.

2926. Nous ne revenons pas sur les difficultés que présente la question de savoir quels sont exactement les mineurs qu'a eus en vue le législateur, lorsqu'il parle de mineurs émancipés en état de tester. Nous nous bornons à renvoyer à ce que nous avons déjà dit sur ce point [1].

Mais la partie finale du texte que nous venons de transcrire, relative à la révocation des dispositions réglant les conditions des funérailles, doit attirer quelque temps notre attention.

[1] V. ci-dessus, I, n. 298 et 299.

La loi dit que cette révocation est soumise aux mêmes règles que la révocation des testaments.

Il y a donc lieu d'appliquer les art. 1035 s. du C. civ.

2927. Cela posé, la révocation d'une disposition par laquelle une personne a réglé les conditions de ses funérailles peut être expresse ou tacite.

2928. La révocation expresse ne pourra avoir lieu que dans les formes prescrites par l'art. 1035, c'est-à-dire par un testament postérieur ou par un acte devant notaire, portant déclaration de changement de volonté.

2929. Quant à la révocation tacite, elle pourra résulter de toutes les causes qui, d'après les art. 1036 ou 1038 et par analogie des dispositions de ces textes, attestent implicitement une volonté contraire à une volonté précédemment exprimée.

Elle pourra donc résulter, par exemple, d'une disposition postérieure inconciliable avec celle relative aux funérailles. C'est ce qui arriverait notamment si un testateur, après avoir ordonné dans un premier testament que ses funérailles auraient lieu civilement, léguait par un testament postérieur une somme d'argent à un prêtre, à la charge par celui-ci de dire un certain nombre de messes pour le repos de son âme. Il y a là, évidemment, deux dispositions incompatibles; la dernière seule doit être exécutée. C'est l'application pure et simple de l'art. 1036 du C. civ., auquel renvoie, nous l'avons vu, l'art. 3 de la loi du 15 novembre 1887.

Elle pourra également résulter de tous les faits prouvant, d'une manière indubitable, que le disposant a changé d'avis, car il est évident que l'art. 3 de la loi du 15 novembre 1887 renvoie à l'art. 1038, aussi bien qu'à l'art. 1036 du C. civ.

On a cité comme exemple, dans la discussion de la loi, le cas où, postérieurement à la disposition qu'il a prise pour se faire enterrer civilement, un homme se serait fait prêtre ou aurait fait bâtir une église avec une place réservée pour son tombeau.

2930. Les dispositions relatives aux conditions des funérailles sont de nature à soulever des contestations nombreuses.

Ces contestations peuvent porter soit sur la validité de la disposition, soit sur son sens, soit sur sa révocation. Il importait qu'elles pussent être jugées avec une extrême célérité, car l'inhumation du défunt ne peut pas, sans de graves inconvénients, être indéfiniment retardée. Aussi s'explique-t-on que, dans l'art. 4 de la loi du 15 novembre 1887, le législateur se soit préoccupé d'accélérer, autant que possible, la solution de toutes les difficultés susceptibles de se présenter.

Aux termes de cet art. 4 :

« *En cas de contestation sur les conditions des funérailles,* » *il est statué, dans le jour, sur la citation de la partie la* » *plus diligente, par le juge de paix du lieu du décès, sauf* » *appel devant le président du tribunal civil de l'arrondisse-* » *ment qui devra statuer dans les vingt-quatre heures. — La* » *décision est notifiée au maire qui est chargé d'en assurer* » *l'exécution* ».

APPENDICE II

RÉGIME FISCAL DES SUCCESSIONS TESTAMENTAIRES

2931. Dans la succession *ab intestat*, la transmission, qui s'opère de la tête du défunt sur celle de l'héritier, se réalise en vertu des dispositions mêmes de la loi, indépendamment de tout acte qui la constate. Il ne peut donc être question d'autre droit que celui qui affecte la mutation réalisée. Dans la succession testamentaire, il y a non seulement une transmission analogue à celle qui se produit dans la succession *ab intestat*, il y a, en outre, un acte qui réalise et constate cette mutation, nous voulons parler du testament.

De là, dans les successions testamentaires, l'existence d'un double droit :

1° Un droit d'acte, portant sur le testament lui-même;

2° Un droit de mutation, portant sur la transmission que réalise et constate le testament.

A ce double droit s'en ajoute un troisième, qui porte sur les délivrances volontaires ou judiciaires, auxquelles donne lieu l'exécution des dispositions testamentaires.

Nous allons successivement, dans trois paragraphes distincts, parler de chacun de ces différents droits.

§ I. *Du droit d'acte auquel sont soumis les testaments.*

2932. Le droit d'acte, auquel sont soumis les testaments, est un droit fixe qui, d'après l'art. 68, § 3, n. 5 de la loi du 22 frimaire an VII, était de 3 francs. Ce droit fut élevé à 5 francs par l'art. 45 de la loi du 28 avril 1816.

Il a été porté à 7 fr. 50 par l'art. 4 de la loi du 28 février 1872.

C'est cette dernière loi qui le fixe encore aujourd'hui [1]; avec les décimes, il est exactement de 9 fr. 375.

2933. Ce droit d'acte, qui est ainsi prélevé sur le testament lui-même, est absolument indépendant du droit proportionnel de mutation qui peut être dû par les légataires, à raison des dispositions que le testament contient à leur profit.

2934. Il importe, d'ailleurs, de remarquer que l'exigibilité du droit de 7 fr. 50 est subordonnée à la condition que le testament contienne une libéralité. Un testament qui se bornerait, par exemple, à révoquer des dispositions antérieures, devrait être soumis non au droit de 7 fr. 50, mais au droit fixe de 3 francs. C'est seulement en tant qu'il est un acte de libéralité que le testament est frappé du droit de 7 fr. 50.

Si tel n'est point son caractère, et c'est le cas lorsqu'il contient uniquement la révocation de dispositions antérieures, il est alors, en tant que révocation, soumis au droit que l'art. 68, § 1, n. 41 de la loi de frimaire fixait à 1 franc et que les lois du 28 avril 1816 [2] et du 28 février 1872 [3] ont successivement porté à 2 francs, puis à 3 francs [4].

L'administration de l'enregistrement a, du reste, reconnu elle-même le bien fondé de cette distinction [5].

2935. Le droit de 7 fr. 50, dont nous venons de parler,

(1) *Sic*, Demante, *Principes de l'enregistr.*, II, n. 654; Naquet, *Tr. du dr. d'enreg.*, III, n. 1090, p. 84.

(2) Loi du 28 avril 1816, art. 43, n. 21.

(3) Loi du 28 février 1872, art. 4.

(4) Avec les décimes, ce droit est exactement de 3 fr. 75.

(5) V. en ce sens une solution de l'Adm. de l'enreg., en date du 29 déc. 1879, *Rép. périodique de l'enregistr.*, n. 5423.

doit être acquitté par les héritiers, légataires et donataires, leurs tuteurs et curateurs, et les exécuteurs testamentaires. C'est là l'énumération même de l'art. 29 de la loi du 22 frimaire an VII.

2936. Notons qu'en parlant d'*héritiers*, il semble difficile d'admettre que l'art. 29 de la loi de frimaire ait entendu viser les héritiers légitimes.

Ce sont seulement, à notre avis, les héritiers testamentaires, c'est-à-dire les légataires universels, que veut désigner la loi.

Il serait difficile de comprendre que l'héritier légitime pût être tenu de payer un impôt, à raison d'un acte qui le dépouille et dont, d'ailleurs, il peut ignorer l'existence [1].

L'opinion contraire est cependant soutenue [2].

2936 *bis*. Quant au moment où ce droit doit être acquitté, c'est le moment où il est procédé à la formalité même de l'enregistrement. Or, ce moment se place nécessairement après la mort du testateur. Simple projet, destiné à rester secret pendant toute la vie du testateur, le testament ne saurait être communiqué aux préposés de l'enregistrement, avant l'évènement auquel la loi subordonne son existence et ses effets, c'est-à-dire avant le décès du testateur.

C'est ce qui résulte de l'art. 21 de la loi du 22 frimaire de l'an VII.

Et, en effet, aux termes de ce texte :

« *Les testaments déposés chez les notaires ou par eux reçus* » *seront enregistrés dans les trois mois du décès des testa-* » *teurs à la diligence des héritiers donataires, légataires ou* » *exécuteurs testamentaires* ».

Ainsi donc, même quand il s'agit de testaments déposés chez les notaires ou reçus par eux, l'enregistrement ne doit en être effectué qu'après la mort du testateur.

Si le législateur a cru devoir s'en expliquer formellement, à propos des testaments que vise l'art. 21 précité de la loi de frimaire, c'est qu'il s'agissait de proscrire, en ce qui les con-

(1) En ce sens Demante, II, n. 796. — V., dans le même sens, Nîmes, 17 juin 1856, S., 57. 2. 225, D., 57. 2. 129.

(2) V. notamment Trib. Bagnères, 25 juill. 1887, *Rép. périod. de l'enregistr.*, n. 4794 ; Garnier, *Rép. génér.*, n. 17067.

cernait, la règle d'après laquelle les notaires sont tenus de faire enregistrer tous les actes qu'ils reçoivent, dans un délai assez court après le moment où ils les ont reçus : 10 ou 15 jours, suivant que le notaire habite ou n'habite pas la commune dans laquelle est établi le bureau d'enregistrement.

2937. Au reste, l'art. 21 de la loi de frimaire ne se borne pas à reculer, jusqu'au moment du décès du testateur, le point de départ du délai dans lequel les testaments qu'il vise doivent être enregistrés et à proroger ce délai, en l'étendant à trois mois à compter du décès.

Il affranchit, en outre, les notaires de l'obligation de procéder eux-mêmes à l'enregistrement des testaments reçus par eux ou déposés dans leurs minutes. C'est ce qui résulte des termes mêmes de l'art. 21. Les testaments seront enregistrés à la diligence des héritiers légataires ou donataires et non à la diligence des notaires. D'où cette conséquence, reconnue par l'administration elle-même, qu'elle n'a aucune action pour obliger les notaires à faire enregistrer les testaments [1].

Cette exception se justifie par cette considération que, s'il est choisi par le testateur, le notaire, rédacteur d'un testament, est, par contre, absolument étranger aux héritiers ou légataires et, partant, ne saurait être tenu de faire, pour ceux-ci, l'avance des droits exigibles. Or, c'est bien ce qu'il aurait dû faire, s'il avait été astreint de faire procéder à l'enregistrement des testaments.

2938. L'énumération des personnes à la diligence desquelles le testament doit être enregistré est la même que celle des personnes tenues d'acquitter les droits exigibles. L'énumération de l'art. 21 de la loi de frimaire est, en effet, textuellement reproduite par le dernier paragraphe de l'art. 29. Déterminant les personnes tenues d'acquitter les droits des actes à enregistrer, ce texte dit que, pour les testaments, ce seront les héritiers, donataires et légataires, leurs tuteurs et curateurs, et les exécuteurs testamentaires, c'est-à-dire reproduit l'énumération même de l'art. 21.

Aussi devons-nous dire que les héritiers dont parle l'art. 29

(1) Solution enreg. du 22 janv. 1867, D., 67. 3. 64. — Garnier, *Rép. pér.*, 1314.

in fine sont ceux dont, à notre avis, parle uniquement l'art. 21 : les héritiers testamentaires. Il nous paraît certain, en effet, que, dans ces deux textes qui se réfèrent évidemment l'un à l'autre, le même terme n'a pu être pris dans une acception différente.

2939. Reste à faire une remarque qui, comme la précédente, est commune aux deux énumérations des art. 21 et 29 *in fine* de la loi du 22 frimaire an VII. L'une et l'autre supposent des donataires gratifiés par testament. C'est un vestige de l'art. 3 de l'ordonnance de 1731 qui, tout en assujétissant les donations à cause de mort aux formes des testaments, les distinguait cependant, pour les règles de fond qui leur étaient applicables, des dispositions testamentaires.

Sous l'empire du code civil, il n'en est plus ainsi.

Qu'ils soient qualifiés donataires ou légataires, tous les bénéficiaires d'un testament sont soumis à l'application des mêmes règles et les dispositions faites en leur faveur sont, quant à leurs effets, aussi bien qu'en la forme, soumises à des règles identiques.

2940. Quant à la sanction du délai dans lequel doivent être enregistrés les testaments, elle se trouve dans l'art. 38 de la loi du 22 frimaire an VII, aux termes duquel les testaments non enregistrés dans le délai légal seront soumis au double droit d'enregistrement.

2941. Il importe de remarquer que, si le droit en sus qu'exige l'art. 38 pour inobservation du délai légal est incontestablement une peine, c'est une peine que le législateur n'édicte pas contre une personne déterminée.

Il en résulte que le double droit peut être exigé de quiconque produit le testament.

Mais il est évident que celui des intéressés qui acquitte le double droit a son recours contre ceux qui en sont tenus au même titre que lui.

2942. Ce double droit devrait même, nonobstant son caractère pénal, être acquitté par les héritiers des personnes énumérées aux articles 21 et 29, alors même que ces héritiers n'auraient personnellement à s'imputer aucune contravention. C'est, du moins, ce qui résulte d'un avis du conseil d'Etat du

9 février 1810. Antérieur à la charte de 1814, cet avis a force de loi interprétative et il porte : « que le double droit, dû en exécution de l'art. 38 de la loi du 22 frimaire an VI, peut être exigé à l'enregistrement des actes qui n'ont pas été soumis à cette formalité dans les délais prescrits, lorsque ces actes sont présentés par les héritiers ou représentants de celui qui a contracté ou par tout autre ».

§ II. *Du droit de mutation.*

2943. Sur le droit de mutation auquel sont soumises les libéralités testamentaires nous examinerons successivement trois questions analogues à celles que nous avons examinées déjà, à propos du droit de même nature dont la perception est rendue exigible par les donations entre vifs.

Nous répartirons donc nos explications dans les trois numéros suivants :

1° Nature et quotité du droit;

2° Liquidation du droit;

3° Exigibilité du droit.

N° 1. Nature et quotité du droit.

2944. Les libéralités testamentaires donnent lieu, comme les libéralités entre vifs, à la perception d'un droit proportionnel de mutation.

Ce droit est le droit de mutation par décès qui est établi, d'une façon générale, pour toutes les mutations par décès, quelle que soit la cause en vertu de laquelle elles se réalisent, la loi ou la volonté de l'homme.

2945. Ce droit n'est pas établi d'une façon fixe. Sa quotité varie en raison des liens de parenté qui unissent les personnes entre lesquelles se produit la mutation.

2946. La parenté dont le législateur tient compte pour atténuer les tarifs, c'est aussi bien la parenté naturelle que la parenté légitime. Exceptionnellement, il est vrai, l'art. 53 de la loi du 28 avril 1816 en décide autrement pour l'enfant naturel venant à la succession de ses auteurs, lorsque ceux-ci ne laissent pas de parents au degré successible. Mais ce texte vise uniquement le cas de la succession *ab intestat* et on ne peut en étendre l'application aux autres cas de mutation par décès [1].

2946 *bis*. La jurisprudence s'est prononcée en ce sens, au moins à propos des libéralités adressées à l'enfant naturel par ses auteurs [2].

Toutefois la solution opposée semble avoir été admise, à propos d'un legs adressé par le testateur à son frère naturel [3].

Cela nous paraît contraire à l'esprit comme aux textes de la loi fiscale, qui ne distingue nullement entre la parenté légitime et la parenté naturelle. Or, on ne peut nier que la loi civile reconnaisse une parenté entre les frères et sœurs naturels. Les articles 162 et 766 du code civil en sont la preuve manifeste.

2947. Il faut également tenir compte de la parenté civile résultant de l'adoption et appliquer les tarifs de la ligne directe dans les rapports de l'adoptant et de l'adopté et même des descendants de celui-ci [4].

2948. Par contre, l'alliance ne produit aucune atténuation des tarifs. Pour la perception des droits, les alliés doivent être considérés comme personnes non parentes [5].

2949. Après avoir été également une cause de variation des tarifs [6], la nature mobilière ou immobilière des biens transmis est aujourd'hui indifférente. La loi du 18 mai 1850, sous l'empire de laquelle nous sommes aujourd'hui, décide, en effet, que les transmissions de meubles à titre gratuit seront soumises aux mêmes droits que les transmissions d'immeubles.

2950. Voici les tarifs actuellement en vigueur, en vertu des

(1) *Sic*, Demante, II, n. 653.

(2) *Sic*, Cass., 5 avril 1852, S., 52. 1. 362, et 30 mars 1858, S., 58. 1. 381, D., 58. 1. 151.

(3) Cass., 17 nov. 1868, D., 69. 1. 360.

(4) *Sic*, Demante, II, n. 568.

(5) *Sic*, Demante, II, n. 568.

(6) Il en était ainsi sous l'empire des lois du 22 frimaire an VII, du 28 avril 1816 et enfin du 21 avril 1832.

lois du 22 frimaire an VII, du 28 avril 1816 et du 21 avril 1832, modifiées par la loi du 18 mai 1850.

	En principal pour 0/0.	Avec les décimes pour 0/0.
Entre parents en ligne directe [1]	1	1 25
Entre époux [2].	3	3 75
Entre frères et sœurs, neveux et nièces, oncles et tantes [3]	6 50	8 125
Entre grands oncles et grand'tantes, petits neveux et petites nièces, cousins germains [4].	7	8 75
Entre parents au-delà du quatrième degré et jusqu'au douzième [5]	8	10
Entre personnes non parentes [6]	9	10 25

N° 2. De la liquidation du droit.

2951. Les principes qui dominent la liquidation des droits dus à raison des mutations réalisées par les libéralités testamentaires, sont communs non seulement aux mutations qui résultent des successions *ab intestat,* mais encore aux mutations réalisées par les donations entre vifs.

Ces principes peuvent être ramenés à trois.

Le premier c'est que la valeur de la chose transmise est déterminée, en matière mobilière, par la déclaration estimative des parties.

Le second c'est que, pour les immeubles, cette valeur est fixée par une évaluation faite en capital, d'après le revenu annuel des biens transmis, qu'on multiplie par 20, s'il s'agit d'immeubles urbains, par 25, s'il s'agit d'immeubles ruraux.

Rappelons que si, au lieu de porter sur la propriété, la libéralité porte sur l'usufruit d'un immeuble, l'évaluation se fait en diminuant de moitié les chiffres ci-dessus.

(1) Art. 69, § 3, n. 4 de la loi du 22 frimaire an VII et art. 10 de la loi du 18 mai 1850.

(2) Art. 53 de la loi du 28 avril 1850 et 10 de la loi du 18 mai 1850.

(3) Art. 33 de la loi du 21 avril 1832 et 10 de la loi du 18 mai 1850.

(4) Mêmes textes.

(5) Mêmes textes.

(6) Mêmes textes.

Enfin, dans tous les cas, l'évaluation se fait sans distraction des charges.

2952. Pour l'application du principe relatif à l'évaluation des meubles transmis, on ne pourrait pas cependant, aujourd'hui, se borner à un renvoi pur et simple aux développements que nous avons donnés à propos des donations entre vifs [1].

Cela ne serait plus exact depuis la loi du 21 juin 1875.

Sans doute, même sous l'empire de cette loi, la déclaration estimative des parties reste encore la règle qui sert de base à la liquidation du droit.

Mais elle ne s'applique qu'autant que la valeur des meubles ne se trouve point établie dans les conditions que précise l'article 3 de ladite loi.

D'après ce texte, la valeur des meubles est déterminée :

1° Par l'estimation contenue dans les inventaires ou autres actes passés dans les deux années du décès;

2° Par le prix exprimé dans les actes de ventes, lorsque les ventes ont lieu publiquement et dans les deux années qui suivent le décès. Cette dernière disposition s'applique, du reste, aux objets inventoriés et estimés dont l'évaluation serait inférieure au prix de la vente.

Ce n'est qu'à défaut des inventaires, des actes ou des ventes que vise la loi du 21 juin 1875, qu'on en revient à la règle de la déclaration estimative des parties.

2953. Relativement à l'évaluation des immeubles, nous avons, au contraire, à renvoyer purement et simplement aux développements déjà donnés à propos des donations entre vifs [2].

2954. Quant au troisième principe, l'évaluation sans distraction des charges, nous y insisterons ci-dessous, en parlant de certaines de ses applications [3].

N° 3. De l'exigibilité du droit.

2955. C'est le fait du décès qui rend exigible le droit proportionnel auquel sont soumises les mutations à cause de

(1) Voyez ci-dessus, I, n. 1743 s.
(2) Voyez ci-dessus, I, n. 1732 s.
(3) V. notamment ci-dessous, n. 2964 s.

mort. C'est de ce jour que tout successeur *mortis causâ* est tenu, sous certaines peines, d'acquitter l'impôt dans le délai que la loi lui impartit ou plus exactement de faire, au bureau du receveur compétent, la déclaration détaillée des mutations qui s'opèrent, à son profit, par suite du décès de son auteur.

En fait, c'est cette déclaration qui sert de base à la perception du droit proportionnel, c'est, dans tous les cas, la circonstance caractéristique qui distingue les mutations *mortis causâ* des mutations entre vifs.

2956. Nous aurons donc, après avoir indiqué quelles sont les dispositions testamentaires qui rendent exigibles le droit de mutation, à parler des déclarations qui doivent être faites par les intéressés et à préciser le délai dans lequel ces déclarations doivent intervenir. Nous aurons ensuite à indiquer les actions ouvertes à l'administration pour le recouvrement de l'impôt et, enfin, à déterminer les prescriptions qui peuvent être opposées aux réclamations de l'administration.

I. *Des dispositions testamentaires qui rendent exigibles le droit proportionnel de mutation.*

2957. Frappant les mutations à cause de mort, le droit proportionnel dont nous nous occupons ne peut évidemment frapper que les dispositions testamentaires qui entraînent une mutation, c'est-à-dire qui font passer des objets ou des valeurs de la tête du testateur sur celle du légataire.

Il en résulte que, pour savoir si une disposition testamentaire astreint son bénéficiaire à payer un droit proportionnel de mutation, il y a donc, uniquement, à rechercher si cette disposition entraîne une mutation.

Il en résulte aussi que, dès l'instant qu'une disposition testamentaire rend exigible un droit de mutation, ce droit est nécessairement unique, puisque les choses auxquelles elle se réfère ne peuvent, de la tête du défunt, passer à la fois sur deux têtes différentes.

Chacune de ces deux conséquences découle nécessairement de la nature de l'impôt qu'il s'agit de percevoir et qui ne peut frapper les dispositions testamentaires que dans la mesure des mutations qu'elles réalisent.

2958. Ajoutons que, pour les dispositions testamentaires comme pour les dispositions entre vifs, l'exigibilité des droits de mutation ne dépend nullement de la question de savoir si ces dispositions sont valables ou définitives.

De là, une troisième règle dont l'application doit se combiner avec l'application des conséquences qui résultent de la nature de l'impôt dont nous nous occupons.

2959. Nous avons ainsi expliqué et justifié par avance les trois propositions auxquelles nous allons rattacher les développements qui suivent :

A. Les dispositions testamentaires ne rendent exigibles un droit proportionnel qu'autant qu'elles réalisent une mutation et dans la mesure de la mutation qu'elles réalisent;

B. Une disposition testamentaire ne rend jamais exigibles plusieurs droits de mutation à cause de mort;

C. Le droit proportionnel que rendent exigibles les dispositions testamentaires se perçoivent sur les dispositions nulles ou résolubles comme sur les dispositions valables ou définitives.

A. *Les dispositions testamentaires ne rendent exigibles un droit proportionnel qu'autant qu'elles réalisent une mutation et dans la mesure de la mutation qu'elles réalisent.*

2960. C'est l'application pure et simple de cette première proposition à toutes les dispositions testamentaires qui nous permettra de résoudre une série de difficultés où peut s'agiter la question de savoir si le droit proportionnel est exigible et dans quelle mesure il peut l'être.

2961. Supposons d'abord une disposition testamentaire par laquelle un testateur lègue à un de ses créanciers le montant même de sa créance.

Y a-t-il là un véritable legs ou simplement reconnaissance de dette?

La solution dépend évidemment des circonstances de la cause.

Il y a simple reconnaissance de dette quand la disposition testamentaire ne produit, en réalité, aucun avantage pour le créancier, qui n'a aucun intérêt à s'en prévaloir.

Il y a, au contraire, véritable legs quand, en vertu de la disposition testamentaire, le créancier peut obtenir un paiement qu'il aurait vainement réclamé en vertu de sa seule créance, quand, en définitive, il a intérêt à se prévaloir des avantages que lui confère le testament. C'est, en effet, dans ce dernier cas seulement, que la disposition testamentaire réalise une mutation au profit du légataire, transporte sur sa tête des valeurs que, comme créancier, il n'aurait pu obtenir des héritiers du testateur.

C'est ainsi, par exemple, qu'il a été très exactement jugé que les legs de diverses sommes, faits par une femme dotale à des créanciers de son mari envers qui elle s'était précédemment engagée, ne constituaient point de simples reconnaissances de dettes mais de véritables libéralités rendant exigible le droit de mutation [1]. Les créanciers, devenant légataires, on ne pouvait leur opposer la nullité des engagements de la femme, et, partant, ils avaient intérêt à se prévaloir du legs de leur débitrice.

Mais, en pareil cas, il est bien évident que le droit d'obligation pour reconnaissance de dette ne saurait être dû.

2962. Il n'est pas douteux que la disposition testamentaire par laquelle un créancier fait remise à son débiteur du montant de sa dette, soit soumise non au droit de libération, mais au droit de mutation par décès sur le montant de la créance.

Il en est ainsi, quelle que soit la forme qu'affecte le legs. Que ce soit la libération qui ait été léguée directement au débiteur ou que le testateur ait interdit à son héritier d'exiger le paiement de la dette qu'il entend remettre, peu importe. Dans tous les cas, il y a, au profit du débiteur, mutation du montant de la dette et, partant, le droit proportionnel de mutation à cause de mort est exigible [2].

2693. Nous avons vu que les legs dits rémunératoires n'en constituaient pas moins de véritables libéralités.

Il n'en est autrement qu'autant qu'il y a équivalence entre

(1) *Sic*, Trib. Rouen, 22 fév. 1866. D., 67. 3. 55. — Cpr. sur la question Cass., 18 avril 1883, S., 84. 1. 447, D., 84. 1. 244.

(2) *Sic*, Trib. Moissac, 29 mars 1871 ; Garnier, *Rép. pér. enreg.*, n. 17120 ; *Solution adminis. enreg.*, 13 mai 1876, *Diction. dr. enreg.*, v° *Legs*, n. 133.

le montant du legs et les services en considération desquels il est fait, ce qui suppose que ces services sont appréciables en argent. Ce n'est donc qu'exceptionnellement qu'il peut être question de voir un paiement dans les dispositions testamentaires dites rémunératoires. En principe, toutes rendent exigibles le droit proportionnel de mutation.

C'est notamment le cas des legs adressés aux exécuteurs testamentaires.

Le contraire a parfois été jugé [1], mais dans des hypothèses où le peu d'importance du legs lui enlevait presque son caractère de libéralité.

2964. Nous savons que les legs peuvent être subordonnés à des charges que le testateur impose à son légataire. Mais, quelle que soit l'importance des charges imposées par un testateur à son légataire, comme l'étendue de la mutation qui se produit au profit de ce dernier ne se trouve pas modifiée, il résulte nécessairement de notre première règle que le droit proportionnel de mutation doit se calculer sur toute la valeur des choses transmises, sans qu'on en déduise la valeur des charges.

2965. C'est par application du même principe que, pour calculer le droit proportionnel de mutation dû par les légataires universels ou à titre universel, on ne déduit point de l'actif qu'ils sont appelés à recueillir le montant des dettes héréditaires qu'ils sont tenus d'acquitter. Ces dettes ne diminuent point, en effet, l'étendue de la mutation que le legs réalise et, partant, ne doivent point influer sur le calcul des droits afférents à cette mutation.

2966. Toutefois, la solution donnée pour le legs avec charge devrait être différente lorsque ce legs s'analyse, en définitive, en deux libéralités distinctes, adressées à deux légataires différents, l'une au profit du bénéficiaire de la charge, l'autre au profit du légataire principal.

C'est ce qui arrive toutes les fois que la charge est imposée en faveur d'une personne déterminée, au profit de laquelle elle réalise un mouvement de valeur. Dans ce cas, en effet,

[1] V. notamment Trib. Clermont, 20 nov. 1878, D., 80. 5. 169.

une mutation directe se produit de la tête du testateur sur celle du bénéficaire de la charge. Or, cette mutation, soumise elle-même au droit proportionnel de mutation *mortis causa*, doit nécessairement diminuer d'autant la mutation que réalise le legs principal et, partant, les droits proportionnels afférents à cette mutation.

2967. La question de savoir si on se trouve en présence d'une charge ou d'un legs secondaire présente donc un grand intérêt, au point de vue du calcul des droits de mutation.

La jurisprudence s'accorde à décider qu'il y a nécessairement charge toutes les fois que le testateur ne désigne point lui-même le bénéficaire de la charge qu'il impose et se borne à déterminer les valeurs que l'accomplissement de la charge doit absorber.

C'est, par exemple, ce qui a été décidé dans l'hypothèse où le testateur a disposé que son légataire devrait employer une certaine somme à des œuvres de bienfaisance, sans désigner les établissements auxquels la somme serait remise (¹).

C'est également ce qu'il faut décider pour le cas où le testateur fait une fondation de messes, sans désigner une personne déterminée pour recevoir les sommes afférentes à la fondation (²).

Mais il en serait autrement si, dans la première hypothèse, le testateur avait désigné les établissements auxquels devrait être versée la somme qu'il affecte à des œuvres de bienfaisance (³) ou si, dans la seconde, il avait spécifié la personne chargée de recevoir les sommes destinées à la fondation.

2968. Du reste on peut dire, d'une façon générale, qu'il ne saurait y avoir charge, au point de vue fiscal, dès que le testateur a désigné lui-même la personne au profit de laquelle il l'impose à son légataire ou à son héritier.

En pareil cas, on doit uniquement réserver l'hypothèse où la charge est de telle nature qu'elle ne réalise aucun mouvement de valeur qu'il puisse s'agir de frapper du droit pro-

(¹) *Sic*, Cass., 6 juillet 1871, S., 71. 1. 163, D., 71. 1. 343.
(²) *Sic*, Solution admin. enregist., 6 août 1872, *Dict. de. enreg.*, v° *Legs*, n. 207.
(³) *Sic*, Délibérations adm. enreg., 13 décembre 1880 et 4 avril 1881, *Diction. r. enreg.*, v° *Legs*, n. 206.

portionnel. C'est ce qui a été jugé, par exemple, dans un ca où la charge imposée par le testateur consistait, pour le lég taire, à donner à bail à une personne déterminée les imme bles qui faisaient l'objet du legs [1].

2969. L'application de notre première règle conduit à d cider qu'aucun droit proportionnel n'est exigible sur une di position testamentaire par laquelle un testateur lègue à ur personne déterminée la faculté d'acquérir un immeuble hér ditaire.

Que cette disposition soit valable, cela n'est pas douteu Mais il est également certain que, par elle-même, elle n réalise aucune mutation et, partant, ne saurait rendre exig ble un droit proportionnel. C'est seulement au moment oi usant de la faculté que lui donne le testament, le légatair se rendra acquéreur de l'immeuble héréditaire, que se pro duira la mutation.

Mais cette mutation sera une mutation entre vifs résultar de la vente qui interviendra entre l'héritier et le légataire ce ne sera nullement une mutation *mortis causa*. Le dro exigible sera donc le droit de vente [2].

2970. Toute différente serait la solution à laquelle o devrait s'arrêter, si le testateur avait légué un immeubl héréditaire à une personne déterminée, à charge par celle-c de verser une certaine somme à la succession. En ce cas l'immeuble passant directement de la tête du testateur su celle du légataire, il est bien certain que ce dernier est tenu à cette occasion, d'un droit de mutation à cause de mort.

Selon la formule sous laquelle elle se présente, une dispo sition testamentaire produisant, au fond, des résultats identi ques, peut donc être soumise à un régime fiscal bien différent Au fond, en effet, la disposition par laquelle un testateu lègue à Primus la faculté d'acquérir un immeuble de sa suc cession pour une somme de 100,000 fr. n'est pas sensible ment différente de la disposition par laquelle il lui lèguerait ce même immeuble, à charge de payer 100,000 fr. à sa suc

(¹) S/c. Trib. Compiègne, 6 fév. 1872, D., 72. 3. 54.
(²) Cass., 30 avril 1884, S., 85. 1. 37. D., 84. 1. 420.

cession. Au point de vue du régime fiscal qui leur est applicable, il est essentiel de les distinguer.

2971. L'application de notre première règle aux legs conditionnels conduit à distinguer les legs sous condition suspensive des legs sous condition résolutoire.

Ces derniers, produisant leurs effets au jour même du décès et réalisant à ce moment la mutation qu'ils entraînent, rendent exigibles les mêmes droits proportionnels que s'ils étaient purs et simples.

2972. Il en est autrement des legs sous condition suspensive.

Tant qu'elle n'est point accomplie, la condition suspensive arrête la naissance même du droit qui y est subordonné. Avant ce moment, un legs sous condition suspensive ne peut réaliser aucune mutation et, partant, rendre exigible un droit de mutation quelconque.

C'est ce qui a été décidé, notamment à propos d'un legs fait par un débiteur à son créancier, sous la condition que celui-ci ne réclamera pas la somme que lui doit le testateur. C'est seulement au moment où le légataire renonce à sa qualité de créancier, pour s'en tenir à celle de légataire, que se produit la mutation résultant du legs et que devient exigible le droit portant sur cette mutation (1).

2973. Les seules difficultés qui puissent se présenter à propos des legs conditionnels concernent la distinction, parfois délicate, entre la condition suspensive et la condition résolutoire, distinction dont, nous venons de le voir, l'importance est capitale, au point de vue de l'exigibilité du droit de mutation (2).

2974. Nous avons dit que l'étendue des droits de mutation rendus exigibles par les dispositions testamentaires était exactement déterminée par l'étendue des mutations que réalisaient ces dispositions.

L'application du principe aux légataires particuliers ne

(1) *Sic*, Cass., 18 avril 1883, S., 84. 1. 347, D., 84. 1. 244.

(2) V. notamment les hypothèses au sujet desquelles la cour de cassation a dû se prononcer par arrêt du 9 août 1871, S., 71. 1. 83, D., 71. 1. 314 et par arrêt du 26 nov. 1883, S., 85. 1. 35, D., 84. 1. 178.

souffre pas de difficulté. Chaque légataire particulier n'est évidemment tenu que de déclarer la libéralité même dont il est gratifié et l'étendue de la mutation, que cette libéralité implique à son profit, détermine exactement l'étendue des droits de mutation qu'il doit acquitter.

2975. Au contraire, en ce qui concerne les légataires universels ou à titre universel, la question est délicate, puisqu'il s'agit de savoir si on doit ou non les traiter comme des héritiers. Il résulte, en effet, de l'art. 32 de la loi du 22 frimaire an VII que les cohéritiers sont solidaires pour l'acquittement des droits de mutation que la succession rend exigibles.

Emanant d'un héritier, la déclaration de mutation ne peut donc se borner à la portion héréditaire à laquelle le déclarant est appelé, mais doit nécessairement comprendre la totalité de la succession et le soumet, par là même, à l'obligation de payer non seulement les droits de mutation qu'il doit personnellement mais encore ceux qui sont dus par ses cohéritiers. L'art. 32 précité le décide expressément.

Est-ce là une solution qu'il faille étendre aux légataires universels ou à titre universel?

On pourrait le soutenir.

Tout successeur à titre universel doit nécessairement comprendre, dans sa déclaration, tous les biens sur lesquels il a un droit indivis. Quelle que soit la fraction à laquelle il est appelé, le successeur universel n'en est pas moins tenu de faire une déclaration ayant trait à la totalité du patrimoine, puisque la détermination de la fraction à laquelle il a droit implique la détermination du patrimoine tout entier. Or, s'il doit déclarer le tout, il faut qu'il paye pour le tout.

Si cette manière de voir était exacte, l'art. 32 de la loi du 22 frimaire an VII, en établissant la solidarité entre cohéritiers, n'aurait rien d'anormal et d'exceptionnel.

Il ne ferait que consacrer une solution résultant, pour le successeur à titre universel, de la nature même de son titre et on ne devrait pas hésiter à étendre à tous les successeurs à titre universel la solidarité qu'il établit entre cohéritiers.

2976. Mais cette manière de voir est des plus contestables.

Avec la jurisprudence [1], nous ne pensons nullement qu'on doive considérer la solidarité établie entre cohéritiers par l'art. 32 de la loi de frim., comme une conséquence nécessaire de la déclaration de succession qui leur est imposée. Sans doute, quand il s'agit de droits d'acte, on conçoit que l'impôt soit indivisible et doive nécessairement être acquitté, pour le tout, par celui des intéressés qui fait procéder à l'enregistrement. Cela tient à ce que l'acte lui-même forme un seul tout, dont toutes les stipulations se tiennent et pour lequel la formalité de l'enregistrement ne saurait être remplie pour partie. Dès l'instant que la formalité est indivisible, il faut nécessairement que le droit, au paiement duquel la loi l'a subordonnée, soit acquitté, pour le tout, avant qu'il y soit procédé.

Mais il en est tout autrement des droits de mutation.

L'impôt porte alors sur la mutation elle-même, et, comme celle-ci est, en définitive, un fait personnel à chaque ayant droit, rien n'est plus simple et plus rationnel que de concevoir une déclaration dont la portée soit exclusivement limitée à la mutation dont bénéficie le déclarant et qui ne le soumette au paiement d'autres droits que ceux-là mêmes afférents à cette mutation.

Sans doute, l'art. 32 de la loi de frimaire en décide autrement dans les rapports entre cohéritiers. Mais ce texte apparaît vraiment comme une disposition exceptionnelle et exorbitante dont il ne peut s'agir d'étendre l'application.

Tout revient donc à la question de savoir si les légataires universels ou à titre universel doivent être compris dans les cohéritiers que vise l'art. 32 de la loi de frimaire.

Il faut bien reconnaître que la question est au moins discutable, puisque tout dépend du sens et de la portée qu'on attache à un terme dont l'acception peut être plus ou moins compréhensive.

Mais, à raison des conséquences rigoureuses de la solidarité établie par le texte dont il s'agit, nous croyons plus équitable de nous en tenir à l'interprétation la plus stricte qu'il

(1) V. notamment Trib. civ. du Havre, 29 août 1872, S., 73. 2. 121.

comporte ; ce qui conduit à limiter aux seuls héritiers légitimes la solidarité qu'établit l'art. 32 de la loi du 22 frimaire an VII et, partant, à y soustraire les légataires universels ou à titre universel [1].

2977. En résumé, nous arrivons à cette conclusion : c'est que, pour les légataires universels ou à titre universel comme pour les légataires particuliers, c'est, toujours et dans tous les cas, l'étendue de la mutation réalisée à leur profit par le legs auquel ils sont appelés, qui précise et les déclarations qu'ils doivent faire et les droits qu'ils sont tenus d'acquitter.

B. *Une disposition testamentaire ne rend jamais exigible plusieurs droits de mutation* mortis causa.

2978. La plus importante des applications qu'entraîne cette deuxième règle, c'est évidemment que toutes les dispositions testamentaires réalisant une mutation au profit d'un légataire, ne saurait entraîner d'autres droits de mutation que ceux-là mêmes que doit acquitter ce légataire.

Il en résulte que les héritiers légitimes n'ont à acquitter aucun droit de mutation sur les valeurs comprises dans les différents legs mis à leur charge, ou, en d'autres termes, que toutes ces valeurs doivent être déduites de l'actif héréditaire, sur lequel se calcule le montant des droits de mutation à la charge des héritiers.

C'est là un point aujourd'hui reconnu par l'administration de l'enregistrement elle-même, non seulement pour les legs de corps certains, mais pour les legs de sommes ou de valeurs, alors même que la succession ne contiendrait point les sommes ou les valeurs nécessaires à leur acquittement et que les héritiers devraient les payer soit avec des deniers personnels, soit avec des deniers provenant de la réalisation de biens héréditaires.

Dans tous les cas, il est également certain qu'une mutation directe se produit de la tête du testateur sur celle du légataire et que cette mutation diminue d'autant l'étendue de la mutation qui se produit au profit des héritiers [2].

[1] V. sur la question Demante, *Tr. de l'enregist.*, 3e édit., II, n. 661.

[2] V. notamment en ce sens Cass., 30 mars 1858, S., 58. 1. 381.

2979. Il arrive très souvent qu'en vertu d'une clause formelle du testament, c'est la succession qui doit acquitter les droits de mutation à la charge des légataires.

En pareil cas, le montant de ces droits doit-il s'ajouter au montant du legs, pour la déduction qu'il y a lieu de faire de l'actif héréditaire?

On l'a soutenu et, de prime abord, cela apparaît comme le seul procédé légal et régulier.

En réalité, une clause de ce genre augmente l'étendue du legs dont profite le légataire; l'actif héréditaire est diminué d'autant. Rien de plus juste que de déduire de cet actif héréditaire, avec le legs lui-même, le montant des droits de mutation qu'il rend exigibles et que la succession doit acquitter.

L'administration de l'enregistrement a toujours refusé d'admettre cette manière de voir [1].

C'est avec raison, pensons-nous.

Sans doute, lorsqu'il met à la charge de la succession des droits que le légataire devrait acquitter, le testateur augmente le profit que le légataire retire de la disposition dont il est gratifié.

Il n'en est pas moins vrai que l'étendue de la mutation qui se produit au profit du légataire reste la même.

Si, à l'occasion de cette mutation, le testateur a cru devoir imposer à sa succession une charge spéciale, c'est le cas d'appliquer le principe de la non distraction des charges et non de le méconnaître, par une déduction comprenant autre chose que les objets ou les valeurs qui passent directement de la tête du testateur sur celle du légataire [2].

Récemment portée devant la cour de cassation, la question a été tranchée par elle dans le sens de la solution constamment admise par l'administration [3].

2980. Ce que nous disons des héritiers légitimes, nous devons le dire également, et pour les mêmes raisons, des légataires universels et même des légataires à titre particulier, aux-

(1) V. notamment Solutions admin. du 7 août 1878 et du 10 sept. 1879, *Dict. dr. enregist.*, v° *Legs*, n. 138.

(2) *Sic*, Garnier, *Rép. gén. enreg.*, n. 16770.

(3) V. Cass., 19 déc. 1888, D., 90. 1. 78.

quels le testament impose, non des charges proprement dites, mais de véritables legs, diminuant l'étendue de la mutation qui résulte, en leur faveur, des dispositions dont ils sont gratifiés.

2981. Mais, si une disposition testamentaire ne saurait rendre exigibles plusieurs droits de mutation *mortis causa,* il est, d'autre part, incontestable que toute disposition testamentaire rend exigibles autant de droits de mutation qu'elle entraîne de mutations distinctes.

C'est important à constater pour les dispositions en usufruit.

Le legs d'usufruit entraîne nécessairement la perception de deux droits de mutation distincts : l'un à la charge du légataire et calculé sur la valeur de l'usufruit, l'autre à la charge de l'héritier ou du légataire universel et calculé sur la valeur de la propriété entière, puisque les mutations de nue propriété comprennent implicitement les mutations d'usufruit [1].

Mais il est évident que l'héritier ou le légataire universel n'auront aucun nouveau droit de mutation à acquitter, au moment où, par suite de l'extinction de l'usufruit légué leur nue propriété deviendra une propriété pleine et entière.

2982. Ce que nous venons de constater pour les legs d'usufruit, nous devons le constater aussi pour les legs de sommes payables, par exemple, au décès de l'héritier ou du légataire universel et sans intérêts jusqu'au jour du paiement.

En réalité, ceux à la charge desquels sont mises des dispositions de ce genre sont constitués usufruitiers des sommes léguées. Ils doivent donc acquitter un droit de mutation sur l'usufruit dont ils sont appelés à profiter [2].

D'autre part, les bénéficiaires de ces dispositions sont bien, du jour du décès du testateur, nus propriétaires de la somme qu'ils sont appelés à recueillir ultérieurement et, partant, tenus d'un droit de mutation calculé sur la valeur de la propriété entière.

2983. Il n'en serait autrement qu'autant que la disposition

(1) *Sic*, art. 15, 7° et 8°, loi du 22 frimaire an VII.
(2) *Sic*, Cass., 21 juin 1869, S., 70. 1. 40, D., 70. 1. 129.

faite à leur profit se trouverait soumise à une condition suspensive, auquel cas c'est seulement au jour de l'accomplissement de la condition qu'il pourrait être question d'exiger un droit de mutation.

2984. Toutefois, l'administration elle-même reconnaît que les legs de sommes payables au décès des héritiers ou légataires à la charge desquels ils sont mis, ne doivent pas, nécessairement, être considérés comme impliquant une disposition en usufruit au profit de ceux-ci.

Elle a appelé l'attention de ces agents sur certaines situations spéciales, dans lesquelles il serait vraiment exorbitant de considérer les dispositions dont nous parlons autrement que comme des legs à terme.

Il doit en être ainsi, à notre avis, toutes les fois que c'est non dans l'intérêt de celui à la charge duquel la disposition est mise, mais bien dans l'intérêt de celui qui doit profiter de cette disposition que le paiement en est retardé.

C'est ce qui a été jugé, par exemple, dans une hypothèse où un testateur avait chargé son héritier de remettre une certaine somme à des enfants mineurs le jour de leur majorité ou de leur mariage ([1]).

C. *Les droits de mutation que rendent exigibles les dispositions testamentaires se perçoivent sur les dispositions nulles ou résolubles, comme sur les dispositions valables ou définitives.*

2985. Il n'y a là que l'application spéciale aux dispositions testamentaires d'une règle générale applicable à tous les actes nuls ou résolubles qui entraînent une mutation et sont, à ce titre, soumis à des droits proportionnels de mutation,

2986. Il en résulte par exemple, que l'exécution, par les héritiers, de legs verbalement faits par le *de cujus* rend exigible un droit de mutation, exactement comme s'il s'agissait d'une disposition régulièrement faite par le défunt.

2987. Il en résulte également que les legs soumis à une

([1]) Trib. Nimes, 14 août 1872, S., 73. 2. 152, D., 73. 5. 218. — V. également dans le même sens, et sur une espèce analogue, Trib. Mirande, 29 août 1873, S., 74. 2. 59, D., 75. 5. 202.

condition résolutoire sont considérés comme purs et simples, au point de vue des droits de mutation qu'ils rendent exigibles.

2988. Il est, d'ailleurs, bien certain que l'annulation ou la résolution ultérieure des mutations, produites par des dispositions testamentaires nulles ou résolubles, ne saurait entraîner la restitution des droits perçus.

Il s'agit là, en effet, de droits régulièrement perçus et l'art. 60 de la loi du 22 frimaire an VII condamne manifestement toute réclamation qui serait formulée en ce sens.

2989. Inversement, l'existence de dispositions testamentaires, subordonnées à des conditions suspensives, n'affranchit point l'héritier du paiement des droits de mutation afférents aux choses ou valeurs qui y sont comprises. Il est, d'ailleurs, indiscutable que l'héritier ne pourrait en réclamer la restitution, lorsque la condition s'accomplit au profit du légataire.

2990. Une conséquence intéressante de notre troisième règle c'est que, à l'occasion des legs adressés à un établissement public, l'administration a le droit strict de réclamer un double droit de mutation.

De semblables legs, nous le savons, n'ont d'effet qu'autant qu'ils sont autorisés par le gouvernement et l'acceptation ne peut en être faite avant que l'autorisation gouvernementale soit intervenue ([1]). Jusque là, les biens qui en sont l'objet restent nécessairement dans la succession du testateur et, partant, sont compris dans la mutation qui se produit au profit des héritiers de celui-ci. De là, un premier droit de mutation qui, étant régulièrement perçu, ne serait point restitué, alors que l'établissement public gratifié serait ultérieurement autorisé à recueillir la libéralité faite à son profit ([2]).

En pratique, la régie a renoncé à l'exercice du droit strict qui lui appartient. Avant de réclamer à l'héritier l'impôt dû à raison de la mutation qui se produit sur sa tête, elle attend que l'autorisation ait été refusée ou qu'il soit devenu certain

[1] Art. 910 et 937 C. civ.

([2]) *Sic.* Cass., 7 juill. 1868, S., 68. 1. 436. — Trib. de Nice, 28 août 1871, S., 72. 2. 251.

que l'établissement public gratifié a renoncé à la solliciter du gouvernement [1].

2991. Mais, comme il s'agit là d'une décision de faveur, il importe de remarquer que, si les établissements publics gratifiés ont reçu le droit d'accepter à titre conservatoire, il ne saurait être question, pour l'administration, de réclamer aux représentants de la succession le droit de mutation que, dans le cas contraire, elle a rigoureusement le droit d'exiger. Nous savons, en effet, que l'avantage de l'acceptation à titre conservatoire consiste précisément à pouvoir devancer l'autorisation gouvernementale, à raison des effets rétroactifs qu'on reconnaît alors à celle-ci. Or, comme c'est de la non rétroactivité de l'autorisation gouvernementale que résulte la double mutation dont nous parlions tout à l'heure, cette double mutation ne saurait se produire là où des effets rétroactifs ont été attachés à l'autorisation des pouvoirs publics.

II. *Des déclarations requises à raison des dispositions testamentaires.*

2992. Les déclarations que la loi prescrit, en matière de mutation *mortis causa*, ont pour but de donner à la régie connaissance officielle des valeurs sujettes à l'impôt proportionnel. Ce sont elles qui servent de base légale à la perception de cet impôt, puisqu'elles doivent comprendre l'énumération détaillée des mutations de propriété ou d'usufruit, dont les déclarants sont appelés à bénéficier, à raison du décès de leur auteur.

2993. Ces déclarations doivent être faites au bureau du receveur compétent, suivant les distinctions qui résultent des dispositions de l'art. 27 de la loi du 22 frimaire an VII.

Aux termes de ce texte :

« *Les mutations de propriété ou d'usufruit par décès seront* » *enregistrées au bureau de la situation des biens. Les héritiers* » *donataires ou légataires, leurs tuteurs et curateurs, seront* » *tenus d'en passer déclaration détaillée et de la signer sur le* » *registre. S'il s'agit d'une mutation, au même titre, de biens*

[1] *Sic*, Solut. adm. enreg., 15 nov. 1875, *Rép. pér.*, n. 4597.

» *meubles, la déclaration en sera faite au bureau dans l'arrondissement duquel ils se seront trouvés au décès de l'auteur de la succession. Les rentes et les autres biens meubles, sans assiette déterminée lors du décès seront déclarés au bureau du domicile du décédé. Les héritiers donataires ou légataires rapporteront, à l'appui de leurs déclarations de biens meubles un inventaire ou état estimatif, article par article, par eux certifié s'il n'a pas été fait par un officier public : cet inventaire sera déposé et annexé à la déclaration qui sera reçue et signée sur le registre du receveur de l'enregistrement* ».

2994. Bornons-nous à indiquer que les prescriptions de ce texte, relativement aux bureaux où les déclarations doivent être passées, sont considérées par l'administration comme obligatoires [1].

D'où cette double conséquence :

1° Que les déclarations reçues dans un bureau incompétent n'ont point pour effet de prévenir les peines édictées par la loi, pour défaut d'enregistrement dans le délai qu'elle impartit ;

2° Que les sommes versées, pour l'acquittement du droit, entre les mains d'un receveur incompétent doivent être restituées, car elles ont été irrégulièrement perçues.

2995. Les personnes qui doivent faire les déclarations prescrites par la loi sont précisément celles qui doivent acquitter les droits rendus exigibles par la mutation, c'est-à-dire celles-là mêmes au profit desquelles se produit la mutation.

Ce sont en effet, dit la loi, les héritiers, légataires ou donataires.

2996. Le texte ajoute à ces personnes leurs tuteurs ou curateurs et il parait bien résulter de l'art. 29 qu'il faut y ajouter également les exécuteurs testamentaires.

Faut-il interpréter dans un sens large la disposition de l'art. 27 relative aux tuteurs et curateurs et en faire l'application à toutes les personnes qui ont mission de représenter les héritiers, donataires ou légataires, ou, au contraire, en restreindre l'application aux seuls tuteurs et curateurs?

(1) *Sic*, Naquet, *Principes de l'enregistr.*, II, n. 1186.

Sans doute, à raison de la gravité de la sanction que la loi attache à l'omission des déclarations qu'elle prescrit, il semblerait plus juridique de s'attacher à l'interprétation restrictive et de soustraire à l'application des art. 27 et 39 de la loi de frimaire tous les administrateurs du patrimoine d'autrui n'ayant pas le nom de tuteurs ou de curateurs [1].

L'interprétation contraire a cependant prévalu soit en doctrine [2], soit en jurisprudence.

C'est ainsi, par exemple, qu'il a été maintes fois jugé que le père, administrateur légal, était tenu de la même obligation que le tuteur, bien qu'on ne puisse voir en lui un tuteur [3].

La cour de cassation a cependant décidé le contraire pour le mari administrateur des biens de sa femme [4].

2997. L'obligation qui pèse sur les différentes personnes que nous venons d'énumérer est évidemment limitée aux seules mutations qui se produisent en leur faveur ou en faveur de ceux qu'elles représentent.

Il n'en est autrement qu'en ce qui concerne les héritiers venant à une même succession et cela à raison de la disposition spéciale de l'art. 32 de la loi de frimaire qui déclare les cohéritiers solidaires du paiement des droits dus par leurs cohéritiers.

Nous avons dit déjà qu'il s'agissait là d'une disposition exceptionnelle.

Nous en avons conclu que la solidarité qu'elle impose ne pouvait atteindre que les héritiers légitimes et non les autres successeurs universels ou à titre universel, appelés, en vertu d'un testament, à une même succession [5].

Nous en devons conclure également que cette solidarité est uniquement relative aux déclarations exigées des cohéritiers et aux droits dus par eux. Elle ne concerne nullement les déclarations que doivent faire et les droits que doivent

(1) En ce sens Demante, *Enregistr.*, II, n. 815.

(2) *Sic*, Garnier, *Rép. pér. de l'enreg.*, art. 2954; Naquet, *Tr. de l'enregist.*, III, n. 1238.

(3) *Sic*, Trib. Toulouse, 5 mars 1863, *Rép. pér.*, art. 2954, Trib. Marseille, 12 mars 1869, S., 70. 2. 128; Trib. Pithiviers, 3 janvier 1878, *Rép. pér.*, n. 4903.

(4) Cass., 10 novembre 1874, S., 75. 1. 132.

(5) Voyez ci-dessus, n. 2975 s.

acquitter les autres successeurs *mortis causa,* légataires à titre universel ou à titre particulier, en un mot tous les ayants cause du *de cujus* dans lesquels on ne peut voir les cohéritiers des héritiers légitimes.

2998. Pour procéder aux déclarations qu'elle exige, la loi impartit un délai que précise l'art. 24 de la loi du 22 frimaire an VII.

Ce délai varie suivant les différentes circonstances dans lesquelles se produit le décès du *de cujus* et qu'indique l'article précité.

Aux termes de ce texte :

« *Les délais pour l'enregistrement des déclarations que les* » *héritiers, donataires ou légataires auront à passer des biens* » *à eux échus ou transmis par décès sont, savoir : De six* » *mois, à compter du jour du décès, lorsque celui dont on* » *recueille la succession est mort en France; de huit mois* » *s'il est décédé dans toute autre partie de l'Europe; d'une* » *année, s'il est mort en Amérique; et de deux années si c'est* » *en Afrique ou en Asie. Le délai de 6 mois ne courra que* » *du jour de la mise en possession pour la succession d'un* » *absent, celle d'un condamné si ses biens sont séquestrés, celle* » *qui aurait été séquestrée pour toute autre cause, celle d'un* » *défenseur de la patrie s'il est mort en activité de service* » *hors de son département ou enfin celle qui sera recueillie* » *par indivis avec la nation. Si avant les derniers six mois* » *de délais fixés pour les déclarations des successions de per-* » *sonnes décédées hors de France les héritiers prennent pos-* » *session des biens, il ne restera d'autre délai à courir, pour* » *passer déclaration que celui de 6 mois, à compter du jour* » *de la prise de possession* ».

2999. Le point de départ du délai que précise l'article précédent se place, en règle générale, au jour même du décès du *de cujus*.

Rien de plus juste puisque c'est, en règle générale, à ce moment même que se réalisent toutes les mutations subordonnées à l'évènement du décès et astreintes, en tant que mutation *mortis causa,* aux déclarations prescrites.

3000. Mais il n'est pas douteux que, pour les mutations

mortis causa qui se produisent après le décès du *de cujus*, le point de départ du délai que précise l'art. 24 doit se placer seulement au jour où ces mutations se réalisent.

C'est ainsi, par exemple, que pour les legs subordonnés à une condition suspensive, le point de départ du délai se placera seulement au jour de l'accomplissement de la condition, puisque c'est à ce jour seulement que se réalise la mutation et qu'il peut être question de la déclarer.

C'est ainsi, également, que, pour les legs adressés à un établissement public, le délai ne commence à courir que du jour où est intervenue l'autorisation gouvernementale qu'exige l'art. 910 C. civ., si d'ailleurs les représentants de l'établissement public gratifié ne peuvent accepter à titre conservatoire [1].

3001. Quant à l'observation du délai dans lequel doivent être faites les déclarations prescrites par la loi, elle est rigoureusement sanctionnée par l'art. 39 de la loi du 22 frimaire.

Aux termes de ce texte :

« *Les héritiers, donataires ou légataires qui n'auraient pas* » *fait, dans les délais prescrits, les déclarations des biens à* » *eux transmis par décès paieront, à titre d'amende, un demi-* » *droit en sus du droit qui sera dû par la mutation* ».

Le même texte, dans son paragraphe final, édicte une pénalité identique contre les tuteurs ou curateurs qui ont négligé de faire les déclarations auxquelles les astreint l'art. 27.

3002. Cette sanction, que le législateur édicte, d'une façon générale, contre toutes les personnes qu'il soumet à l'obligation d'une déclaration, ne saurait être écartée par ce motif que lesdites personnes ont ignoré les délais légaux qui leur étaient impartis à cet effet. Il s'agit là d'une loi d'intérêt général qui est censée connue de tous ceux auxquels s'appliquent ses dispositions.

Pour le même motif, on doit décider que les légataires étrangers l'encourent aussi bien que les légataires français.

3003. Il n'est pas douteux que toutes les personnes aux-

(1) *Sic*, Trib. de Nice, 28 août 1871, S., 72. 2. 251. — Dans le même sens, Naquet, *Tr. des dr. d'enreg.*, III, n. 1178-3°.

quelles la loi impose une déclaration sont personnellement responsables de l'omission de celle-ci. Est-il également nécessaire que chacune d'elles s'en acquitte personnellement?

La question présente intérêt, surtout en cas de concours entre héritiers et légataires.

Faut-il alors, pour que la loi soit satisfaite, que les uns et les autres fassent, dans les délais prescrits, la déclaration des biens qu'ils acquièrent ou, au contraire, suffit-il, pour que le légataire soit à l'abri, que les héritiers aient fait une déclaration générale de tous les biens héréditaires, des biens légués comme des biens restés dans la succession?

Il est bien certain que la question ne peut se poser qu'autant que les droits dus par le légataire sont supérieurs aux droits dus par les héritiers.

S'il en était autrement, si les droits dus par ceux-ci étaient identiques ou inférieurs aux droits dus par les héritiers, la question est évidemment sans intérêt. Comprendrait-on que le fisc réclamât, alors qu'il a reçu au-delà de ce qui lui est dû ?

Les peines que la loi édicte pour défaut de déclaration n'ont évidemment d'autre objet que d'assurer le paiement des droits dus au Trésor. Elles sont, par suite, sans application possible, lorsque celui-ci a été intégralement payé de tous les droits qu'il est autorisé à percevoir, à l'occasion de la succession dont il s'agit.

3004. Quand, au contraire, les droits dus par les légataires sont supérieurs aux droits dus par les héritiers, les déclarations et les paiements effectués par ces derniers ne font pas disparaître la créance du fisc, puisqu'il reste dû à celui-ci une somme égale à la différence entre les droits acquittés par les héritiers et ceux qu'auraient dû payer les légataires, s'ils avaient fait les déclarations prescrites.

Aussi, en pareil cas, les dispositions de l'art. 39 sont-elles certainement applicables.

D'une part, en effet, la responsabilité des légataires n'est pas douteuse, puisqu'ils ont contrevenu aux dispositions de la loi. D'autre part, restant créancier, le fisc ne saurait être déchu du droit de se prévaloir des pénalités destinées précisément à lui assurer le paiement de tout ce qui lui est dû.

3005. Le seul point discutable est celui de savoir comment doit se calculer le demi-droit en sus que le fisc est alors fondé à réclamer aux légataires.

Sera-t-il calculé sur le droit simple dont les légataires étaient tenus, du jour de l'ouverture de la succession, à raison de la mutation réalisée à leur profit, ou seulement sur la fraction de droit simple qui reste encore due après le paiement effectué par les héritiers?

Au point de vue logique, la première solution paraît assez séduisante.

La seconde est cependant préférable et plus généralement soutenue [1], car elle cadre beaucoup mieux que la précédente avec la solution qu'il faut admettre, lorsque le paiement fait par les héritiers a éteint toute créance du fisc contre les légataires.

Puisque, dans ce cas, la responsabilité de ceux-ci disparaît complètement, il paraît difficile de ne point admettre qu'elle disparaisse en partie, lorsqu'il y a eu paiement partiel. Ce serait donc seulement sur la partie du droit simple, encore exigible après le paiement effectué par les héritiers, que devrait être calculé le demi-droit en sus dont le fisc peut faire la réclamation aux légataires, pour omission des déclarations prescrites.

3006. Ajoutons que la déclaration à laquelle le législateur astreint les légataires, comme du reste tous ceux qu'il soumet à cette formalité, est une déclaration complète et sincère, c'est-à-dire une déclaration qui fasse connaître exactement la mutation dont ils sont appelés à profiter.

Aussi sanctionne-t-il rigoureusement les omissions ou les insuffisances qui peuvent être relevées dans les déclarations émanant des intéressés.

Aux termes de l'art. 39 de la loi du 22 frimaire :

« *La peine pour les omissions qui seront reconnues avoir*
» *été faites dans les déclarations sera d'un droit en sus de*
» *celui qui se trouvera dû pour les objets omis : il en sera de*
» *même pour les insuffisances constatées dans les estimations*
» *de biens déclarés.*

[1] *Sic*, Garnier, *Rép. gén.*, n. 16175; Naquet, *Traité enreg.*, III, n. 1238.

» Si l'insuffisance est établie par un rapport d'experts, » les contrevenants paieront en outre les frais d'expertises ».

3007. La loi frappe de la même peine l'omission et l'insuffisance dans les déclarations de mutation *mortis causa.*

A ce point de vue, il importe donc peu de savoir si le vice que la régie relève dans une déclaration constitue une omission ou une insuffisance.

3008. La question ne présente intérêt qu'au point de vue des délais de la prescription opposable à la régie. Ces délais sont de deux années lorsqu'il y a insuffisance, et de 5 ans lorsqu'il y a omission.

3009. Sans examiner en détail toutes les difficultés que cette distinction a pu soulever dans la pratique, bornons-nous à constater la règle à laquelle on doit se référer pour les trancher [1].

Il y a omission dans une déclaration de mutation, quand un des biens qui devait y figurer n'y est point mentionné.

Il y a, au contraire, insuffisance, lorsque la déclaration attribue aux biens qu'elle mentionne une valeur inférieure à leur valeur réelle.

3010. Reste à savoir comment la régie peut établir les omissions ou les insuffisances des déclarations qui lui sont faites.

La question ne présente pas de difficulté pour les dispositions testamentaires relatives à des immeubles. Là, en effet, les omissions ne sont guère possibles et, quant à l'insuffisance, l'administration peut toujours, pour l'établir, avoir recours à l'expertise.

3011. En ce qui concerne les dispositions testamentaires relatives à des meubles, on ne saurait évidemment autoriser l'administration à établir, par tous les modes de preuves, les omissions ou les insuffisances préjudiciables au Trésor public. Prétendre que, par des interrogatoires sur faits et articles, des enquêtes, des présomptions simples tirées des faits de la cause, l'administration puisse contrôler et discu-

[1] V. les espèces indiquées dans Garnier, *Rép. génér. de l'enregist.*, n. 16889, 16896, 16897, 16898, 16901, 16908.

ter les déclarations des parties, ce serait, en réalité, mettre à sa disposition de véritables procédés inquisitoriaux, qui nous semblent manifestement contraires à l'esprit et aux tendances de notre législation fiscale.

Aussi, avec la cour de cassation [1], pensons-nous que les seules preuves dont l'administration puisse se servir à l'effet d'établir des omissions ou des insuffisances, sont les preuves ou même les présomptions qu'elle peut puiser dans les actes et documents opposables aux déclarants et régulièrement portés à sa connaissance [2].

3012. Quand, par sa nature, un acte ou un document tombe sous le contrôle de l'administration, il semble bien que celle-ci ne puisse l'invoquer à l'effet d'établir une omission ou une insuffisance, qu'autant qu'il se trouve en contradiction avec la déclaration contre laquelle il est invoqué. Or, il est bien évident que la contradiction n'existe pas par cela seul qu'il est possible de relever des différences entre les actes ou documents invoqués par l'administration et la déclaration faite conformément à la loi, si ces différences peuvent s'expliquer autrement que par des dissimulations imputables aux déclarants.

Prenons un exemple.

Un tableau a été légué à Primus. L'estimant à 1,000 francs, celui-ci le déclare pour ce chiffre, croyant, d'ailleurs, honnêtement le déclarer pour toute sa valeur. Puis, il met le tableau en vente et le tableau est vendu 2,000. La vente est portée à la connaissance de l'administration. Celle-ci pourra-t-elle dire qu'il y a insuffisance dans la déclaration du légataire ?

Rationnellement, il semble bien que, dès l'instant que le légataire a honnêtement déclaré la valeur de l'objet compris dans son legs, on ne saurait prétendre qu'il y ait insuffisance dans sa déclaration.

3013. Mais la question ne se pose plus aujourd'hui sur un terrain purement doctrinal.

(1) V. notamment Cass., 29 fév, 1860, S., 60. 1. 475, D., 60. 1. 139 ; 30 mars 1870, S., 70. 1. 313, D., 70. 1. 317.

(2) En ce sens Demante, II, n. 767. — V. également, Naquet, III, n. 1198.

Elle a été, en effet, spécialement envisagée et résolue par l'art 3 de la loi du 21 juin 1875, dont nous nous bornerons à rapporter les dispositions.

Aux termes de ce texte :

« *La valeur de la propriété et de l'usufruit des biens meu-* » *bles est déterminée pour la liquidation et le paiement des* » *droits de mutation par décès :*

» *1° Par l'estimation contenue dans les inventaires ou au-* » *tres actes pasés dans les deux années du décès ;*

» *2° Par le prix exprimé dans les actes de vente, lorsque* » *cette vente a lieu publiquement et dans les deux années qui* » *suivent le décès. Cette disposition s'applique aux objets* » *inventoriés et estimés conformément au § 1er et dont l'éva-* » *luation serait inférieure au prix de vente ;*

» *3° Enfin à défaut d'inventaire, d'actes ou de vente, par* » *la déclaration faite conformément au § 8 de l'art. 14 de la* » *loi du 22 frimaire an VII, le tout sans distraction de charges.*

» *L'insuffisance dans l'estimation des biens déclarés sera* » *punie d'un droit en sus, si elle résulte d'un acte antérieur à* » *la déclaration. Si, au contraire, l'acte est postérieur à la* » *déclaration, il ne sera perçu qu'un droit simple sur la dif-* » *férence existant entre l'estimation des parties et l'évaluation* » *conforme aux actes.*

» *Les dispositions qui précèdent ne sont applicables ni aux* » *créances, ni aux rentes, actions, obligations, effets publics,* » *et tous autres biens meubles dont la valeur et le mode d'éva-* » *luation sont déterminés par des lois spéciales* ».

III. *Des actions qui appartiennent à l'administrateur pour le recouvrement de l'impôt.*

3014. Pour le recouvrement des droits de mutation *mortis causa*, l'administration a, non seulement une action personnelle contre ceux au profit desquels se sont produites les mutations imposables, mais encore une sorte d'action réelle, qui lui permet de se faire payer les droits dus au Trésor sur les revenus des biens transmis à cause de mort, en quelques mains que ces biens se trouvent.

Disons successivement quelques mots de chacune de ces deux actions.

A. *De l'action personnelle.*

3015. La mesure de l'action personnelle qui appartient à l'administration contre les successeurs *mortis causa* est, en principe, exactement déterminée par l'étendue de la mutation dont chacun profite.

Sans doute, l'art. 32 de la loi de frimaire établit une solidarité entre cohéritiers. Mais nous avons dit qu'il s'agissait là d'une disposition exceptionnelle, dont la portée devait être rigoureusement restreinte aux seuls héritiers légitimes et se limiter, du reste, aux droits dus par leurs cohéritiers.

La solidarité qu'établit l'art. 32 de la loi du 22 frimaire an VII ne reçoit donc aucune application en matière de succession testamentaire. Pas plus aux légataires universels ou à titre universel qu'aux légataires à titre particulier, l'administration ne peut jamais réclamer au delà des droits afférents à la mutation dont ils profitent personnellement (1).

3016. Mentionnons que, dans la mesure où ils sont appelés à profiter d'une mutation, les légataires universels ou particuliers deviennent personnellement débiteurs de l'impôt, quelles que soient, d'ailleurs, les clauses du testament à ce sujet.

Il arrive souvent, en effet, que les testaments contiennent des clauses par lesquelles les testateurs mettent à la charge de la succession l'acquittement des droits exigibles à raison des legs qu'ils ont cru devoir faire. Ces clauses, si formelles qu'elles puissent être, sont certainement inopposables à l'administration et ne sauraient permettre aux légataires de se soustraire au paiement des droits exigibles à raison des mutations réalisées en leur faveur, si l'administration croit devoir s'adresser à eux plutôt qu'aux héritiers. Elles n'ont d'autre effet que de leur ouvrir un recours contre les héritiers qui, en fin de compte, doivent supporter les droits mis à leur charge par le testateur.

3017. Nous avons vu qu'en pareil cas, le montant des

(1) *Sic*, Demante, *Principes de l'enregistrement*, II, 661 ; Naquet, *Tr. de l'enreg.*, III, n. 1221.

droits acquittés par les héritiers ne devait point être ajouté au capital du legs, pour augmenter la mutation dont profitait le légataire et diminuer proportionnellement la mutation réalisée au profit de l'héritier [1].

3018. Comme les légataires eux-mêmes, leurs tuteurs et leurs curateurs peuvent être poursuivis par l'administration et contraints d'acquitter les droits exigibles, sauf leur recours contre les légataires.

3019. Il en est de même des exécuteurs testamentaires.

On l'a contesté cependant, à raison du silence de l'art. 27 de la loi de frimaire qui ne les cite point à côté des tuteurs et curateurs.

Mais c'est à tort, pensons-nous, car le silence de l'art. 27 nous paraît être suppléé par la disposition formelle de l'art. 29. Comme les tuteurs et curateurs, les exécuteurs testamentaires seront donc tenus, si la régie croit devoir l'exiger, de faire l'avance des droits de mutation dus par les légataires.

3020. Quant à la question de savoir si on doit étendre à tous les administrateurs du patrimoine d'autrui, par exemple au mari administrateur des biens de sa femme, au père administrateur légal des biens de ses enfants mineurs, la solution écrite, dans l'art. 27 de la loi de frimaire, pour les tuteurs et curateurs, elle se pose évidemment dans les mêmes termes que sur l'art. 27 de la loi de frimaire, c'est-à-dire sur la question de savoir si les déclarations que la loi impose spécialement aux tuteurs et curateurs doivent être exigées également de tous les administrateurs du patrimoine d'autrui [2].

B. *De l'action réelle.*

3021. Cette action résulte, au profit de l'administration, de la disposition finale de l'art. 32 de la loi du 22 frimaire an VII.

Aux termes de ce texte :

« *La nation aura action sur les revenus des biens à déclarer* » *en quelques mains qu'ils se trouvent pour le paiement des* » *droits dont il faudrait poursuivre le recouvrement* ».

[1] V. ci-dessus, n. 2979.
[2] V. ci-dessus, n. 2996.

3022. A s'en tenir uniquement aux termes de cette disposition, il semble bien qu'il eût fallu reconnaître à l'administration le droit de l'opposer, aussi bien aux tiers acquéreurs des biens à déclarer qu'aux créanciers, soit de la succession, soit des légataires [1].

Il résulte cependant d'un avis du conseil d'Etat en date du 21 septembre 1810 que le privilège concédé à l'administration par l'art. 32 de la loi de frimaire ne saurait, en aucun cas, être opposé aux acquéreurs des biens à déclarer. Or, comme il s'agit là d'un avis ayant force de loi interprétative, puisque telle était, avant la charte de 1814, l'autorité qu'il fallait reconnaître aux avis du conseil d'Etat, la question ne saurait en être une aujourd'hui.

C'est donc uniquement au regard tant des créanciers de la succession que des créanciers des légataires débiteurs de l'impôt que l'administration est fondée à invoquer son privilège.

3023. Elle ne peut, d'ailleurs, l'invoquer que dans la mesure même que lui assigne le texte par lequel il est consacré. Il est limité uniquement aux revenus des biens à déclarer et ne saurait, en aucun cas, atteindre le capital lui-même.

3024. Bien plus, il nous paraît certain que les revenus dont parle l'art. 32 de la loi de frimaire sont seulement les revenus postérieurs au décès. C'est celui-ci, en effet, qui fait naître la créance de l'administration. Ce sont donc seulement les biens ayant le caractère de revenus au jour où cette créance existe, qu'il peut être question d'affecter à sa garantie. Or, tels ne sont pas les revenus antérieurs au décès, puisque, vis à vis de la régie, il y a là, non des revenus, mais de véritables capitaux qui doivent être compris dans les déclarations que la loi exige des intéressés [2].

3025. Quant au rang qu'il faut reconnaître au privilège appartenant au fisc, quand ce privilège se trouve en concours avec des créanciers de la succession ou des légataires ayant eux-mêmes un droit spécial sur les biens dont il s'agit, la question ne peut se poser qu'autant que ce droit spécial se trouve être lui-même un privilège.

[1] *Sic*, Demante, II, n. 669; Naquet, III, n. 1223.
[2] *Sic*, Demante, II, n. 671; Naquet, III, n. 1224.

Le privilège du fisc ne peut, en effet, se trouver en concours avec des hypothèques, puisque l'hypothèque n'atteint les revenus que du jour où ils sont immobilisés, c'est-à-dire à un moment où, ayant perdu le caractère de revenus, ils ne sauraient être soumis au privilège dont nous parlons.

3026. Mais il peut, au contraire, se trouver en concours avec des privilèges généraux ou spéciaux.

Nous n'hésitons pas à considérer que le privilège du fisc doit primer tous ceux qui ont principalement pour objet le capital des biens, objets de la mutation. Cela nous paraît nécessairement résulter de ce fait que, limité spécialement aux revenus, il ne saurait admettre que le concours de privilèges ayant la même assiette que lui.

3027. C'est donc uniquement à propos des créanciers privilégiés, dont le privilège a pour objet les revenus des biens à déclarer, que la question peut se poser. Tel est, notamment, le cas du privilège pour frais de récolte et de celui du créancier antichrésiste qui, comme le privilège du fisc, ont exclusivement pour assiette les revenus.

D'après un arrêt déjà ancien de la cour de cassation, le privilège du fisc devrait primer le privilège pour frais de récolte [1].

A notre avis, la question est cependant discutable, car, dès l'instant qu'on se trouve en présence de privilèges ayant une assiette identique, il semble bien qu'on doive, en l'absence de textes spéciaux, s'en tenir uniquement à la règle qui, de droit commun, permet de classer les différents privilèges.

Or, à ce point de vue, n'est-il pas de principe que les débours, qui ont été utiles pour créer ou conserver une chose, sont garantis par un privilège, primant tous les autres privilèges qui peuvent porter sur cette chose?

3027 *bis*. Ce que nous décidons pour le privilège garantissant les frais de récolte, nous devons le dire aussi pour le privilège du créancier antichrésiste. N'est-il pas, en effet, de principe que les privilèges fondés sur une idée de nantissement, et tel est bien le cas du privilège dont nous parlons,

[1] *Sic*. Cass., 3 janv. 1809, S. chr.

doivent passer avant tous ceux qui ne reposent point sur une idée de création ou de conservation de la chose commune [1].

IV. *Des prescriptions opposables à l'administration.*

3028. Dans le recouvrement des droits proportionnels, dus au Trésor à raison des mutations *mortis causa,* la régie peut se voir opposer quatre prescriptions différentes :

1° Une prescription de trente ans ;

2° Une prescription de dix ans ;

3° Une prescription de cinq ans ;

4° Enfin, une prescription de deux ans.

Nous nous bornerons à indiquer le terrain d'application de chacune de ces prescriptions.

A. *Prescription trentenaire.*

3029. Il résulte de l'art. 26 de la loi du 8 juillet 1852 que « le droit de mutation par décès des inscriptions de rentes sur l'Etat et les peines encourues, au cas de retard ou d'omission de ces valeurs dans la déclaration des héritiers, légataires ou donataires, ne seront soumis qu'à la prescription trentenaire »,

B. *De la prescription décennale.*

3030. L'art. 61-3° de la loi de frimaire établissait une prescription de cinq ans pour le recouvrement des droits de mutation auxquels donne ouverture une succession non déclarée.

La loi du 18 mai 1850 a porté ce délai à dix ans.

Le point de départ de cette prescription se place au jour du décès.

C. *Prescription de cinq ans.*

3031. La loi de frimaire édictait une prescription de trois ans pour les omissions de biens dans une déclaration de succession. La loi du 18 mai 1850 a porté ce délai à cinq ans.

Il est plus facile à la régie de découvrir une omission dans

(1) *Sic*, Naquet, III, n. 1227, p. 281.

une déclaration faite qu'une ouverture de succession non déclarée. Cela explique la différence de délai, admise par la loi, entre la non déclaration et l'omission dans une déclaration.

D. *Prescription de deux ans.*

3032. Cette prescription s'applique à l'action par laquelle la régie peut réclamer un supplément de droit, soit pour perception insuffisamment faite, soit pour insuffisance des déclarations émanant des intéressés.

Il y a perception insuffisamment faite, quand le receveur, par fausse application des tarifs, a perçu moins qu'il ne devait percevoir.

Il y a insuffisance dans les déclarations émanant des intéressés, quand ceux-ci ont évalué les mutations réalisées à leur profit au-dessous de leur valeur véritable.

Il est parfois difficile, dans certains cas, de dire si on se trouve en présence d'une omission ou en présence d'une insuffisance de déclaration. La question s'est souvent présentée devant les tribunaux. Comme il s'agit là, avant tout, d'une appréciation des circonstances nécessairement variables des espèces, nous n'y insistons pas [1].

3033. C'est, nous l'avons dit déjà, au point de vue de l'application respective de la prescription de deux ans ou de celle de cinq ans qu'il importe de distinguer l'omission de l'insuffisance dans les déclarations de succession.

3034. La prescription biennale s'applique également aux amendes et droits en sus, auxquels donne lieu l'inobservation du délai prescrit pour les déclarations, ainsi que les omissions ou les insuffisances relevées dans celles-ci. Le point de départ du délai se place alors au jour où le receveur a pu constater la contravention [2].

Cela résulte, non des dispositions de la loi de frimaire qui était restée muette sur la prescription des amendes et droits en sus, mais d'un avis interprétatif du conseil d'Etat, en date des 18 et 21 août 1810, et de l'art. 14 de la loi du 16 juin 1824,

[1] V. les espèces rapportées dans Naquet, III, n. 1250.

[2] *Sic*, Cass., 3 déc. 1878, S., 79. 1. 86. — V. également deux arrêts de cassation en date du 2 déc. 1873, S., 74. 1. 225.

dont les dispositions sont venues compléter l'avis du conseil d'Etat sur les points que celui-ci n'avait point réglés.

3035. Ajoutons, pour être complet dans l'indication des prescriptions applicables à la matière, que, du jour où l'administration a commencé des poursuites interrompant une des prescriptions commencées contre elle, ces poursuites servent de point de départ a une prescription nouvelle. Remplaçant l'ancienne, celle-ci s'accomplit par l'expiration du délai d'un an, sans l'intervention d'aucun acte continuant les poursuites commencées.

3036. Cette solution, qui résulte de l'art. 61 de la loi de frimaire, vise évidemment toutes les prescriptions établies par cette loi, alors même que des lois nouvelles en aurait étendu le délai. La loi du 18 mai 1850, par exemple, en étendant le délai de certaines des prescriptions de la loi de frimaire, n'a pas évidemment voulu modifier, sur d'autres points le régime de ces prescriptions. Celles-ci sont, par suite, restées soumises à la règle posée par l'art. 61.

3037. Elle vise également, à notre avis, les prescriptions établies, tant par l'avis du conseil d'Etat des 18-22 août 1810, que par l'art. 14 de la loi du 16 juin 1824, car il s'agit là de véritables dispositions interprétatives, destinées à fixer le sens et la portée de certains textes de la loi de frimaire, et non de dispositions nouvelles modifiant ou étendant les règles de cette loi.

3038. De toutes les prescriptions dont nous avons parlé, ce serait donc seulement la prescription trentenaire, résultant de l'art. 26 de la loi du 8 juillet 1852, qui échapperait à la disposition générale de l'art. 61 de la loi du 22 frimaire an VII.

§ III. *Du droit auquel sont soumises les délivrances de legs.*

3039. Nous savons que, sauf le légataire universel non en concours avec des réservataires, tous les légataires universels, à titre universel ou à titre particulier, ne peuvent se mettre en possession des biens dont ils sont gratifiés, sans une délivrance, consentie par les héritiers saisis ou demandée à la justice, en cas de refus de ceux-ci.

La loi de frimaire [1] soumettait les actes de délivrance de legs à un droit fixe de 1 franc, élevé à 2 francs par l'art. 8 de la loi du 18 mai 1850.

La loi du 28 février 1872 transforma ce droit fixe en un droit gradué [2].

La loi du 28 avril 1893, portant fixation du budget général des recettes et des dépenses pour l'exercice 1893, a transformé ce droit gradué en un droit rigoureusement proportionnel.

Aux termes de l'art. 19 de cette loi :

« *Sont soumis au droit proportionnel les actes désignés dans* » *l'art. 1 de la loi du 28 février 1872.*

» *Le droit sera liquidé sur les sommes ou valeurs actuelle-* » *ment passibles du droit gradué.*

» *La quotité en est fixée à quinze centimes pour cent pour* » *les partages et à vingt centimes pour cent pour les autres* » *actes* ».

C'est donc, en vertu de ce texte, à un droit proportionnel de vingt centimes pour cent que sont aujourd'hui soumises les délivrances de legs.

3040. Le droit proportionnel encouru se liquide sur le montant des sommes ou la valeur des objets légués, déduction faite du montant des charges que doivent supporter les légataires.

Sans doute, l'art. 1 de la loi du 28 fév. 1872 ne le dit pas expressément pour les actes de délivrance que vise son paragraphe 6, comme il le dit pour les actes auxquels se réfèrent les 1er, 4e et 5e paragraphes.

Mais l'administration elle-même reconnait aujourd'hui qu'il y a là un oubli du législateur. Cet oubli ne saurait permettre d'adopter, pour les actes de délivrance de legs, un système de liquidation différent de celui que la loi prescrit pour tous les autres actes, visés par l'art. 1 de la loi du 28 fév. 1872 [3].

[1] Art. 68, § 1, n. 25.
[2] Art. 1, § 6.
[3] Solution de l'administration du 18 mai 1881, *Répert. périod.*, n. 5621.

3041. Ce droit, aujourd'hui proportionnel, est un droit dont l'assiette est fixée sur l'acte de délivrance, amiable ou judiciaire, qui intervient entre les légataires et les héritiers.

Il en résulte qu'il ne saurait être exigible que là où intervient un acte de délivrance.

Il est donc sans application possible au cas de legs universel, lorsque le légataire a la saisine, aux termes de l'art. 1006 du C. civ.

L'administration n'a pas fait de difficulté à le reconnaître pour les legs universels contenus dans un testament public.

3042. Au contraire, lorsque le legs se trouve consigné dans un testament olographe ou mystique, elle a soutenu qu'on devait voir un acte de délivrance dans l'ordonnance d'envoi en possession, rendue, au profit du légataire, par le président du tribunal, dans les termes de l'art. 1008 du code civil.

Mais la jurisprudence a refusé, avec raison, d'admettre ce système. Le mot délivrance a, en effet, un sens technique et précis qui ne saurait être étendu à l'envoi en possession. Ne visant que les actes de délivrance, l'impôt ne saurait atteindre les envois en possession qu'en vertu d'une disposition spéciale qu'on ne trouve pas dans la loi [1].

3043. Ce droit proportionnel est, d'ailleurs, le seul à la perception duquel puissent donner lieu les actes de délivrance.

En aucun cas, l'acte de délivrance ne peut rendre exigible un droit de mutation. Sans doute, dans nombre de cas, la délivrance a un effet translatif. Il en est ainsi toutes les fois que le legs porte sur des choses *in genere* dont la propriété n'est effectivement transmise au légataire que par la délivrance. Mais le législateur a pensé que la mutation, purement provisoire, qui se produisait sur la tête de l'héritier avant la délivrance, devait être tenue pour non avenue et ne donner lieu à aucun droit de mutation.

3044. Encore que la délivrance de plusieurs legs se trouverait effectuée par un seul et même acte, il est dû autant de droits proportionnels de délivrance qu'il existe de legs distincts.

[1] *Sic*, Cass., 24 fév. 1875, *Répert. périod. de l'enregist.*, n. 4051.

3045. Enfin, si plusieurs legs sont faits conjointement et nécessitent un partage entre les colégataires, il y aura, en outre, à percevoir un nouveau droit lors du partage.

En pareil cas, chaque légataire aura donc à acquitter un triple droit proportionnel :

1° Un droit proportionnel de mutation;

2° Un droit proportionnel de vingt centimes pour cent sur l'acte de délivrance;

2° Un droit proportionnel de quinze centimes pour cent sur l'acte de partage.

Cela paraît quelque peu excessif.

Mais les legs faits conjointement sont si rares, que, quelque rigoureuse qu'elle soit, la loi n'est pas de nature à soulever de bien nombreuses protestations.

CHAPITRE VII

DES SUBSTITUTIONS

3046. Les dispositions que le code civil autorise et a réglementées dans les art. **1048** à **1075** ne sont pas autre chose que des substitutions. Alors que, d'une façon générale, il les a prohibées et proscrites dans l'art. **896**, il croit devoir les autoriser dans les cas spéciaux que visent les art. **1048** à **1075**. En réalité, ces textes apportent donc une exception au principe de la prohibition des substitutions.

Cela indique pourquoi nous avons à dessein réservé le commentaire de l'art. 896.

Sur ce texte, c'est le principe de la prohibition qu'il y a lieu d'étudier.

Sur les art. 1048 et suivants, ce sont les limitations que ce principe comporte qu'il y a lieu de dégager.

Or, rien n'est plus propre à montrer exactement la portée de la règle que l'étude de l'exception et, réciproquement, la portée de l'exception ne peut être mieux précisée que par l'examen de la règle à laquelle elle est apportée.

De là l'ordre que nous avons adopté dans nos explications.

3047. Nous étudierons d'abord le principe de la prohibition des substitutions. Ce sera l'objet d'une première section consacrée aux substitutions prohibées.

Nous examinerons ensuite la portée et l'étendue de la dérogation que les art. 1048 à 1075 apportent à la règle édictée par l'art. 896. Ce sera l'objet d'une deuxième section consacrée aux substitutions permises.

Enfin, dans une troisième et dernière section, nous indiquerons les modifications qui, depuis la promulgation du code civil, ont été apportées à la règle de l'art. 896. Nous verrons, du reste, qu'aujourd'hui ces modifications n'existent plus guère qu'à l'état de souvenirs historiques.

SECTION PREMIÈRE

DES SUBSTITUTIONS PROHIBÉES

3048. Avant d'examiner la règle même que pose l'art. 896, il importe de donner quelques définitions. Elles ne seront point inutiles pour l'exposé des développements que comporte cette difficile matière.

Fidéicommis, fiducie, substitution, tels sont notamment trois termes sur le sens desquels il y a lieu d'être nettement fixé, avant d'entreprendre l'étude de la prohibition contenue dans l'art. 896. Aussi commencerons-nous par les définir, en ne nous préoccupant, du reste, que de l'exactitude scientifique de la définition.

Nous aurons ensuite à voir, sur l'art. 896, si ces définitions sont en harmonie parfaite avec la terminologie qu'a cru devoir adopter le code civil.

3049. Parlons d'abord du fidéicommis.

Le *fidéicommis* est une disposition par laquelle on charge une personne, gratifiée en premier ordre, de rendre la chose donnée ou léguée à une autre personne, gratifiée en second ordre. C'est, par exemple, une disposition conçue dans les termes suivants : Je lègue tel immeuble à Paul, et je le charge de rendre cet immeuble à Pierre au bout de cinq années.

3050. Avec le fidéicommis ainsi défini, il ne peut s'agir de confondre la *fiducie*. Dans la simple fiducie, comme dans le fidéicommis, on charge bien une personne de restituer à une autre l'objet de la donation ou du legs mais, et c'est là la différence essentielle qui distingue la fiducie du fidéicommis, le fiduciaire n'est pas gratifié, il n'est qu'un simple intermédiaire chargé de rendre.

Ainsi un testateur a dit : « Je lègue mes biens à Paul, avec charge de les administrer, d'en capitaliser les revenus et de remettre le tout à Pierre, lorsque celui-ci aura atteint sa majorité ». Ici Pierre est seul légataire; Paul n'est qu'un intermédiaire, un *nudus minister,* un exécuteur testamentaire investi d'une mission particulière.

Dans nos mœurs, la fiducie n'est guère usitée que pour éluder les dispositions de la loi édictant des incapacités.

Ainsi, on y a fréquemment recours pour gratifier des congrégations religieuses non autorisées.

En somme, ce qui distingue la fiducie du fidéicommis, c'est que, dans le fidéicommis, il y a deux gratifiés successifs, tandis que, dans la fiducie, il n'y en a qu'un, celui au profit duquel la restitution doit être faite.

Notons, cependant, que la doctrine et surtout la jurisprudence ne se conforment pas toujours à cette terminologie. On désigne très souvent la simple fiducie sous le nom de fidéicommis. Mais il n'est pas indifférent de signaler qu'il y a là deux institutions distinctes, auxquelles les mêmes règles ne sauraient convenir.

3051. Quant à la *substitution* en général, c'est uniquement, si l'on s'en tient à l'origine étymologique, *sub institutio,* une institution en sous-ordre, c'est une disposition par laquelle une personne est appelée à recueillir une libéralité, à défaut d'une autre personne ou après elle. C'est, par exemple, une substitution que la disposition conçue dans les termes suivants : « Je lègue tous mes biens à Pierre, et, s'il meurt avant moi, je les lègue à Paul ».

3052. Ces définitions données, nous allons aborder l'étude de la prohibition consacrée par l'art. 896 du code civil, en déterminant, dans un premier paragraphe, quelles sont, au juste, les substitutions que prohibe ce texte.

Nous consacrerons un deuxième paragraphe à préciser les traits caractéristiques des substitutions prohibées par l'art. 896.

Nous verrons ensuite, dans un troisième paragraphe, comment le législateur a sanctionné la prohibition qu'il a cru devoir édicter.

§ I. *Portée de la règle que consacre l'art. 896 du code civil.*

3053. Pour déterminer, aussi exactement que possible, la portée de la règle que pose l'art. 896 du code civil, nous allons nous attacher successivement à déterminer quelles sont les substitutions qu'ont entendu viser les rédacteurs du code civil dans l'art. 896, puis à préciser la notion de ces substitutions, enfin à indiquer le fondement de la prohibition édictée contre elles.

N° 1. Des substitutions que frappe l'article 896.

3054. L'art. 896, dans son premier alinéa, se borne à poser une règle aussi simple que générale :

« Les substitutions sont prohibées », dit-il.

Malgré son apparente généralité, ce texte ne prohibe pas, d'une manière absolue, toutes les dispositions auxquelles peut s'appliquer la dénomination de *substitutions*.

C'est ce que nous allons démontrer, et nous établirons, en même temps, quelle est l'étendue de la prohibition.

3055. Le droit romain distinguait et réglementait trois espèces de *substitutions*.

1° La substitution *vulgaire ;*

2° La substitution *pupillaire ;*

3° La substitution *quasi-pupillaire* ou *exemplaire*.

La substitution *vulgaire* était la substitution par laquelle le testateur désignait un autre héritier, pour le cas où celui qu'il avait institué en première ligne ne pourrait ou ne voudrait être héritier. *Si ille heres non erit ille heres esto.*

Très fréquente à Rome, cette substitution s'expliquait, avant tout et surtout, par la préoccupation manifeste des Romains de s'assurer une hérédité testamentaire ([1]).

Tout autre était la notion de la substitution pupillaire.

Par cette substitution, le père était autorisé, en faisant son propre testament, à faire du même coup celui de son fils impubère, pour le cas où celui-ci mourrait avant d'avoir atteint l'âge de la puberté, par conséquent sans avoir pu se choisir lui-même un héritier.

Quant à la substitution *quasi-pupillaire,* appelée aussi *exemplaire,* parce qu'elle avait été admise *exemplo pupillaris substitutionis,* elle n'était, comme son nom l'indique, qu'une extension de la substitution pupillaire. Elle permettait à un père de choisir un héritier à l'enfant que son état mental mettait dans l'impossibilité de tester.

3056. En nous attachant à la notion que nous venons de donner tant de la substitution pupillaire que de la substitution quasi-pupillaire, il est facile de voir que l'une et l'autre s'analysent, en fin de compte, en des testaments faits pour le compte d'autrui.

Assurément, ce n'est pas à ces deux dernières espèces de substitutions que l'art. 896 fait allusion. Un texte de loi n'était pas nécessaire pour les proscrire; il suffisait de ne pas les autoriser. Cela suffisait d'autant plus qu'elles avaient déjà disparu, au moment de la rédaction du code civil, formellement abolies par l'art. 61 de la loi du 17 nivôse de l'an II.

A bien prendre, d'ailleurs, la définition même que l'art. 895 donne du testament, condamnerait la subtitution pupillaire et la substitution exemplaire. N'implique-t-elle point que le testament est l'œuvre personnelle du testateur et qu'on ne saurait comprendre des testaments faits pour le compte d'autrui?

Tous les auteurs s'accordent à le reconnaître ([2]).

3057. Serait-ce alors la substitution *vulgaire* que l'art. 896, al. 1 entendrait prohiber?

Pas davantage.

([1]) V. Accarias, *Précis de dr. romain,* I, n. 865.

([2]) V. Merlin, *Rép.,* v° *Subst. directe,* § 2, n. 16, et § 3, n. 10; Aubry et Rau, VII, p. 298, § 693; Laurent, XIV, n. 389; Demolombe, *Don.,* I, n. 53, 61 et 73.

Ce serait oublier que l'art. 898 en autorise formellement l'usage.

Et en effet, aux termes de ce texte :

« *La disposition par laquelle un tiers serait appelé à re-* » *cueillir le don, l'hérédité ou le legs, dans le cas où le dona-* » *taire, l'héritier institué ou le légataire, ne le recueillerait* » *pas, ne sera pas regardée comme une substitution, et sera* » *valable* ».

Quand ce texte nous dit que la disposition qu'il vise ne sera pas regardée comme une substitution, il se réfère évidemment à la prohibition que vient d'édicter l'art. 896 et veut simplement dire que la substitution vulgaire ne sera point considérée comme une substitution prohibée.

3058. En autorisant la substitution vulgaire, notre article en donne presque une définition. Aussi n'avons-nous point à en chercher une notion plus exacte et plus complète.

Voici un exemple de cette disposition :

Je lègue tel immeuble à Paul ; et, si celui-ci ne peut ou ne veut le recueillir, je le lègue à Pierre.

Le disposant substitue donc ici un second légataire au premier, pour le cas où le legs fait à celui-ci deviendrait caduc, par exemple à raison de son prédécès ou de son refus de recueillir.

3059. Notre article suppose que la substitution vulgaire peut avoir lieu dans une donation entre vifs aussi bien que dans un testament. Mais la vérité est qu'on ne le rencontrera, en matière de donation entre vifs, que dans des cas infiniment rares. En effet, si, comme il arrivera presque toujours, la donation est pure et simple et acceptée dans l'acte même, le donataire devient immédiatement propriétaire ou créancier ; par conséquent, il ne peut être question de lui substituer quelqu'un pour le cas où il ne le deviendrait pas.

La substitution ne peut se comprendre dans une donation entre vifs que dans l'une des deux hypothèses suivantes :

1° Si, l'acceptation du donataire n'étant pas faite par l'acte même qui contient la donation, le donateur a dit : « Au cas où la donation ne serait pas acceptée par Paul dans tel délai, je donne à Pierre » ;

2° Si la donation a été faite sous condition, et que, pour le cas où la condition ne se réaliserait pas, le donateur ait substitué un second donataire au premier, par exemple s'il a dit : « Je donne à Pierre *s'il se marie dans un délai de cinq ans*, et, dans le cas contraire, à Paul ».

3060. Quelles sont donc alors les dispositions que l'art. 896 al. 1 entend prohiber sous le nom de substitutions?

Tout le monde s'accorde à reconnaître que ce sont celles qui étaient connues, dans notre ancien droit, sous la dénomination de substitutions *fidéicommissaires* ou *indirectes*, en les opposant précisément aux substitutions *vulgaires* ou *directes*.

Telle serait la disposition ainsi conçue :

« Je donne (ou je lègue) tel immeuble à *Primus*, à la charge par lui de le conserver jusqu'à sa mort et de le rendre à cette cette époque à *Secundus*, si celui-ci lui survit ».

L'auteur de la disposition s'appelle le *disposant* ou *substituant, gravans*; le premier gratifié, *Primus* dans notre espèce, s'appelle l'*institué* ou plus ordinairement le *grevé*, *gravatus*, parce qu'il est grevé de restitution; le deuxième gratifié, *Secundus*, porte le nom de *substitué* ou *appelé*. Enfin, les biens qui font l'objet de la disposition s'appellent *biens substitués*, ou quelquefois *fidéicommissés*.

3061. Que la prohibition de l'art. 896 s'applique aux substitutions dites *fidéicommissaires*, c'est là un point qui ne saurait offrir le moindre doute.

Destiné à frapper et à proscrire une institution traditionnelle, l'art. 896 a évidemment dû employer les termes dont il se servait dans leur sens traditionnel. Or, dans notre ancien droit, c'étaient uniquement les substitutions fidéicommissaires qu'on désignait sous la dénomination pure et simple de *substitutions*. « Le mot trivial », dit Thévenot, l'oracle de notre ancien droit en cette matière, « est *substitution* simplement; de manière que, quand nous parlons de substitutions, nous entendons les fidéicommissaires ».

Ce sont elles très certainement que la loi du 14 novembre 1792 entendait frapper, quand elle disait, dans son art. 1 : « Toutes *substitutions* sont interdites et prohibées à l'avenir ».

Nous retrouvons cette formule presque littéralement reproduite dans l'art. 896 : *Les substitutions sont prohibées* ». Mêmes mots, donc aussi même pensée.

Cette interprétation, d'ailleurs, est pleinement confirmée par les travaux préparatoires de la loi.

Tout le monde est d'accord ; nous n'insisterons pas.

N° 2. En quoi consistent les substitutions fidéicommissaires.

3062. Si ce sont seulement les substitutions fidéicommissaires que vise l'art. 896 du code civil, il importe d'en préciser la notion, de déterminer en quoi elles consistent.

La substitution fidéicommissaire que prohibe l'al. 1 de l'art. 896 peut être définie : Une disposition par laquelle un donateur ou un testateur (disposant) charge une personne, qu'il gratifie en premier ordre (grevé), de conserver, pendant toute sa vie, les biens faisant l'objet de la donation ou du legs, et de les rendre, lorsqu'elle mourra, à une autre personne, gratifiée en second ordre (appelé), si celle-ci se trouve vivante et capable à cette époque.

C'est le fidéicommis *post mortem* des Romains.

3063. On voit la différence qui existe entre la substitution vulgaire et la substitution fidéicommissaire.

Dans la substitution vulgaire, le second gratifié tient *directement* ses droits du disposant qui l'a appelé au défaut du premier gratifié, de sorte qu'il n'y a pas d'intermédiaire entre le second gratifié et le disposant.

Au contraire, dans la substitution fidéicommissaire, le second gratifié ne reçoit les biens que par l'intermédiaire du grevé, qui les lui transmet après en avoir été propriétaire pendant sa vie. Il les doit, sans doute, à la libéralité du disposant : c'est de lui qu'il les tient, mais d'une manière *indirecte* ou *oblique*, parce qu'il les reçoit de la main du grevé. Aussi désignait-on souvent, dans notre ancien droit, la substitution vulgaire sous le nom de substitution *directe*, et la fidéicommissaire sous le nom de substitution *indirecte* ou *oblique*.

3064. Il ne faut pas nous en tenir, au sujet de la substitution fidéicommissaire, à la notion superficielle résultant de la définition que nous venons de donner. Un examen plus approfondi de cette institution est nécessaire pour apprécier les motifs qui l'ont fait prohiber.

D'ailleurs, le fruit de cette étude ne sera pas perdu, lorsque nous parlerons des substitutions exceptionnellement permises.

3065. Nous avons dit que la disposition contenant substitution fidéicommissaire renferme une double libéralité : la première au profit du grevé, la deuxième au profit de l'appelé, cette dernière subordonnée à la survie de l'appelé au grevé.

La première libéralité, celle qui s'adresse au grevé, s'ouvre au moment même de la disposition, si elle est faite par donation entre vifs, et seulement à la mort du testateur, si elle est faite par testament.

La deuxième libéralité, qui est à l'adresse de l'appelé, ne s'ouvre seulement qu'au décès du grevé.

De là résultent deux conséquences.

3066. La première c'est que, pour pouvoir recueillir la libéralité qui lui est adressée, il suffit que l'appelé soit conçu au moment du décès du grevé ; il n'est pas nécessaire qu'il le soit au moment où s'ouvre le droit du grevé. Ainsi un testateur a dit : « Je lègue tel immeuble à *Primus*, à la charge de le conserver pendant toute sa vie et de le rendre à son décès à son fils aîné ». *Primus* n'a pas encore d'enfant au moment où s'ouvre son droit, c'est-à-dire au moment du décès du testateur ; mais il lui en survient un plus tard. La disposition pourra profiter à cet enfant.

3067. La seconde c'est que l'appelé ne peut recueillir la libéralité dont il est gratifié qu'à la condition de survivre au grevé, car nul ne peut acquérir un droit, s'il n'est vivant à l'époque de son ouverture. Si donc l'appelé meurt avant le grevé, la substitution ne s'ouvrira pas, et le grevé deviendra propriétaire incommutable, la charge de rendre, dont il était éventuellement tenu, se trouvant définitivement défaillie.

En définitive, tout se passe comme si l'appelé était l'héritier du grevé et venait recueillir, dans la succession de celui-ci, les biens compris dans la substitution.

3068. Mais si, à ce point de vue, il y a vraiment un ordre successif établi entre le grevé et l'appelé, c'est à ce point de vue là seulement qu'il en est ainsi.

A tout autre point de vue, l'analogie n'existe plus.

Si, en effet, la substitution faisait de l'appelé l'héritier du grevé, il faudrait dire qu'il existe entre eux des rapports d'auteur à ayant cause. Or, cela n'est en aucune façon exact. En ce qui concerne les biens compris dans la substitution, l'appelé n'est nullement l'ayant cause du grevé mais bien l'ayant cause du disposant. C'est de ce dernier qu'il tient ses droits et non du grevé qui ne lui transmet rien, qui n'est qu'un simple intermédiaire, au moyen duquel le disposant adresse à l'appelé les biens dont il entend le gratifier. C'est donc à titre de donataire ou de légataire du disposant et non d'héritier du grevé que l'appelé recueillera, dans la succession du grevé, les biens compris dans la substitution.

3069. De là cette conséquence, c'est que la substitution venant à s'ouvrir, le grevé sera considéré comme n'ayant jamais été propriétaire des biens substitués. En effet, en même temps que le droit du grevé, disparaissent nécessairement, sur les biens substitués, tous les droits qui peuvent avoir été constitués par le grevé ou qui sont nés de son chef. L'appelé prendra les biens substitués francs et quittes de toutes charges établies par le grevé ou nées du chef de celui-ci. Il pourra même les revendiquer entre les mains de tiers détenteurs, au profit desquels le grevé les aurait aliénés.

En un mot, la propriété du grevé reste désormais un fait sans conséquences, puisque l'appelé est en droit de méconnaître toutes celles qu'elle pourrait entraîner.

3070. Il n'en serait autrement que dans les cas où, à sa qualité d'appelé, l'appelé joindrait celle d'héritier du grevé. En ce cas, il est d'évidence que, s'il accepte la succession du grevé, il sera tenu, à titre d'héritier, de respecter tout ce qu'il aurait pu méconnaître à titre d'appelé. Il sera tenu non seulement de subir, sur les biens substitués, l'action des créanciers du grevé mais encore de respecter tous les droits réels établis ou nés du chef du grevé, ainsi que toutes les aliénations que celui-ci a pu consentir. S'il voulait les méconnaître et user des droits qui lui appartiennent comme appelé, on lui opposerait avec raison la garantie dont il est tenu en tant qu'héritier du grevé. *Quem de evictione tenet actio eumdem agentem repellit exceptio.*

3071. Pour expliquer, au point de vue juridique, le mécanisme et le fonctionnement de la substitution, on a souvent dit que l'ouverture de la substitution opérait la résolution du droit du grevé. Propriétaire sous condition résolutoire des biens compris dans la substitution, celui-ci est rétroactivement dépouillé, lorsque vient à s'accomplir la condition à laquelle se trouvait subordonnée la résolution de sa propriété.

Il est certain qu'on en arrive ainsi à expliquer très bien comment s'évanouissent, en même temps que la propriété du grevé, tous les droits établis par celui-ci ou nés de son chef sur les biens substitués. *Resoluto jure dantis resolvitur et jus accipientis.* Il n'y a là qu'une application spéciale de la rétroactivité des conditions.

Aussi comprend-on très bien qu'on se soit souvent attaché à cette conception, pour expliquer, au point de vue juridique, le mécanisme de la substitution.

C'est même l'explication à laquelle se sont attachés de préférence nos anciens auteurs, Thévenot [1] notamment et Pothier lui-même [2].

3072. Mais, pour avoir été celle de nos anciens auteurs, cette explication juridique du mécanisme de la substitution n'en manque pas moins d'exactitude, ainsi que nombre d'auteurs le font très justement remarquer [3].

En effet, si le grevé était propriétaire sous condition résolutoire, il devrait être considéré, la condition [4] une fois accomplie, comme n'ayant jamais été propriétaire des biens substitués. Il n'en pourrait être autrement, à raison de l'effet rétroactif attaché à l'évènement des conditions [5]. La disposition faite en sa faveur s'évanouirait donc pour ne laisser subsister que celle faite en faveur de l'appelé. Celui-ci serait considéré comme ayant toujours été seul donataire des biens substitués. Bref, il ne resterait plus qu'une seule donation : celle faite au profit de l'appelé.

(1) Thévenot, *Substitution*, ch. XXIII, n. 583.

(2) Pothier, *Subst.*, sect. 5, art. 2.

(3) V. notamment Demolombe, *Don.*, I, n. 94, *in fine;* Laurent, XIV, n. 562; Huc, VI, n. 17.

(4) Cette condition c'est la survie de l'appelé au grevé.

(5) Art. 1179 du code civil.

Mais n'est-il pas évident qu'on en arrive ainsi à supprimer l'une des conditions qui ont toujours été reconnues nécessaires pour qu'il y eût substitution, l'existence d'une double libéralité, et, par conséquent, le trait de temps, *tractus temporis,* qui doit exister entre elles?

Comme le dit fort bien Demante, « la propriété a fait sur la tête du grevé une impression ineffaçable » ; or, on l'efface, si l'on fait intervenir la condition résolutoire et son effet rétroactif.

3073. Ajoutons qu'on ne peut effacer rétroactivement la propriété du grevé, sans aboutir à de véritables impossibilités.

Il suffit, avons-nous dit, que l'appelé soit conçu au décès du grevé, c'est-à-dire au jour de l'ouverture de la substitution, pour qu'il puisse la recueillir.

Mais le disposant peut être mort depuis longtemps. Or, si on efface rétroactivement la propriété du grevé, sur quelle tête aura reposé la propriété des biens substitués, dans l'intervalle qui va de la mort du disposant à la conception de l'appelé?

Il nous paraît donc impossible d'admettre l'explication juridique qu'on a donnée du mécanisme de la substitution, en voyant, dans la propriété du grevé, une propriété affectée d'une condition résolutoire.

3074. Est-ce à dire qu'on puisse mieux expliquer le fonctionnement de la substitution, en disant du grevé qu'il est propriétaire *ad tempus* des biens substitués?

C'est l'explication de Demolombe;

« Non, dit-il [1], la propriété du grevé n'est pas résoluble, dans la vérité juridique des termes; c'est tout simplement une propriété *ad tempus,* qui finit, qui meurt, lorsque la substitution vient à s'ouvrir, mais qui n'est pas résolue. Elle finit, dis-je, donc elle a duré! elle meurt; donc elle a vécu! Le droit du grevé, en un mot, si j'osais m'exprimer ainsi, a fait son temps! et quand le droit de l'appelé s'ouvre et commence, il lui succède, il le continue, comme un héritier succède au droit

[1] Demolombe, *Don.*, I, n. 94.

de son auteur et le continue; mais il ne l'efface pas et ne le résout pas plus que le droit naissant de l'héritier n'efface et ne résout le droit éteint de son auteur décédé ».

3075. Mais si cette explication ne mérite pas les mêmes reproches que la précédente, il est difficile de la trouver absolument satisfaisante.

Quand un héritier succède au droit de son auteur et le continue, on ne peut pas dire que la propriété continuée par l'héritier a existé seulement *ad tempus* sur la tête de l'auteur, que cette propriété a fait son temps. Dès lors, en disant que le grevé est propriétaire *ad tempus* des biens substitués, on constate sans doute le mécanisme de la substitution, mais il est difficile de croire qu'on en donne l'explication juridique.

3076. Ecartant l'idée de la propriété *ad tempus*, comme celle de la propriété sous condition résolutoire, pour caractériser le droit du grevé, on a aussi cherché à expliquer le fonctionnement de la substitution, en disant que le grevé est propriétaire avec charge de rendre et, par suite, de *conserver;* ce qui a pour résultat de frapper, entre ses mains, les biens d'indisponibilité ou mieux d'inaliénabilité dans l'intérêt des appelés. Les aliénations ou les constitutions de droits réels qu'il aura pu consentir, seront donc *nulles* (et non pas résolues), si la substitution vient à s'ouvrir.

3077. Si cette explication échappe aux critiques que méritent les explications précédentes, il n'est guère permis de croire qu'elle n'en mérite point de spéciales.

D'ailleurs, qu'importe les explications juridiques du mécanisme de la substitution?

Toutes celles qu'on tenterait, à côté de celles qu'on a déjà données, risqueraient fort d'être, sinon inexactes, au moins incomplètes. Il fallait, en effet, pour que la substitution répondît aux besoins en vue desquels elle était organisée, concilier deux choses contradictoires. Il fallait que l'appelé pût recueillir, dans la succession du grevé, et comme s'il était son héritier, des biens auxquels il succédait par la volonté d'un autre que le grevé, en d'autres termes faire qu'une personne vînt exercer, dans une succession, des droits qu'elle tient d'un autre que le *de cujus* lui-même.

Dès lors, comment donner une explication juridique, absolument satisfaisante, d'un résultat qui, rationnellement, paraît inexplicable ?

N° 3. **Fondement de la prohibition des substitutions.**

3078. Nous venons de voir ce qu'est la substitution fidéicommissaire, que nous désignerons désormais sous le nom de substitution, sans épithète, nous conformant, du reste, à l'article 896 du C. civ. qui la désigne ainsi.

Il nous faut rechercher maintenant pourquoi notre ancien droit l'autorisait, la favorisait même, tandis que le code civil la proscrit.

La société ancienne était une société aristocratique, la nouvelle est démocratique. Les substitutions, qui sont un des ressorts les plus puissants d'une société aristocratique, se trouvent, par cela même, en opposition avec les principes qui gouvernent une société démocratique. Sous l'ancien régime, les substitutions avaient pour but de perpétuer la prépondérance des grandes maisons; l'auréole de la fortune paraissait nécessaire pour soutenir, comme on disait alors, la *splendeur d'un grand nom*. Or, le principe de la division des biens entre tous les enfants d'un même père, principe éminemment démocratique, aurait émietté au bout d'un certain nombre de générations les plus gros patrimoines, surtout dans ces familles dont les membres étaient incapables de constituer une fortune par un effort propre, puisqu'ils se faisaient un point d'honneur de vivre sans travailler; plusieurs même se piquaient, *en leur qualité de nobles,* de ne savoir signer. Avec le principe de la division des biens, c'en était fait de la splendeur du nom; il fallait cependant la conserver à tout prix. Le moyen était simple; il consistait à concentrer, de génération en génération, la totalité ou la presque totalité des biens de la famille sur la tête de l'aîné des enfants mâles, le représentant du nom, au risque d'obliger les filles, qui, faute de dot, ne trouvaient pas de maris, à s'enterrer dans un cloître, et les puînés des enfants mâles à vivre d'emplois que l'Etat créait exprès pour eux, et, à défaut, d'expédients.

On obtenait ce résultat impie à l'aide des subtitutions fidéicommissaires.

L'héritier d'un grand nom et d'une grande fortune léguait tous ses biens ou presque tous ses biens à l'aîné de ses enfants mâles, à la charge de les conserver pendant toute sa vie et de les rendre à sa mort à son fils aîné, petit-fils du disposant; c'était la substitution *simple*.

Il y avait aussi la substitution *graduelle,* dans laquelle le premier appelé était lui-même grevé de restitution au profit de son fils aîné, arrière-petit-fils du disposant, celui-ci au profit de son fils aîné, et ainsi de suite. En un mot, dans la substitution graduelle, le disposant établissait plusieurs grevés et plusieurs appelés successifs; on comptait autant de degrés qu'il y avait de restitutions à faire. « Il n'était pas rare alors, dit Rossi, de voir un chétif mortel, déjà affaissé sur son lit de mort, dicter gravement un testament où il disposait de ses biens pour tous les siècles à venir, où il faisait la loi à toutes les générations qui devaient se succéder sur la face du globe, et s'épuisait en hypothèses et en combinaisons pour que la chaîne de ses prévisions ne fût jamais interrompue, pour que, jusqu'à la fin des temps, son patrimoine et son nom ne pussent sortir de la route que sa main débile leur avait tracée ».

Ainsi qu'on le voit par le passage qui vient d'être cité, le nombre des degrés de la substitution paraît n'avoir pas eu, à l'origine, d'autres limites que la fantaisie des disposants.

3079. Au seizième siècle, deux ordonnances, qui ne réussirent, paraît-il, que très imparfaitement à se faire obéir, essayèrent de restreindre cette omnipotence des disposants.

L'ordonnance d'Orléans, du 31 janvier 1560, défendit de faire, à l'avenir, des substitutions pour plus de deux degrés, non compris l'institution. Ses dispositions, sur ce point, furent reproduites par l'art. 90 de l'ordonnance d'août 1747 sur les substitutions.

L'ordonnance d'Orléans ne visait que les substitutions à établir et ne touchait en rien aux effets des substitutions antérieurement créées. Ce fut là l'objet de l'ordonnance de Moulins, du mois de janvier 1566. Cette ordonnance vint limiter à quatre degrés l'effet des substitutions antérieures à 1560.

Ce n'étaient là que des demi-mesures.

La révolution passa son niveau égalitaire sur cette institution comme sur tant d'autres, en abolissant complètement les substitutions par le décret du 14 novembre 1792.

Toutefois il est à remarquer que ce décret n'annule que la *substitution,* c'est-à-dire la charge de rendre, mais non l'*institution,* c'est-à-dire la disposition faite avec cette charge.

Le code civil est allé plus loin, ainsi que nous l'expliquerons bientôt avec détails; il annule tout, l'institution et la substitution.

3080. Quand il n'y aurait eu d'autres motifs, pour prohiber les substitutions, que l'usage auquel on les faisait généralement servir, et qui consistait à établir la plus révoltante inégalité entre ceux que la nature a créés égaux, les enfants d'un même père, cela eût été suffisant.

Mais il y avait bien d'autres griefs à formuler contre les substitutions.

Nous nous bornerons à indiquer sommairement ceux qui touchent à l'intérêt général.

A ce point de vue, il n'est guère douteux que la substitution constitue à la fois :

1° Une entrave à la libre circulation des biens;

2° Une entrave à la bonne culture et aux améliorations;

3° Une entrave au crédit public.

3081. Et d'abord les biens substitués, au moins les immeubles, étaient en fait retirés du commerce, au grand préjudice de l'intérêt général qui exige la libre circulation des biens. Ce n'est pas que les grevés se fissent un devoir de conscience de ne pas aliéner des biens qu'ils étaient chargés de rendre et, par suite, de conserver (nous verrons tout à l'heure qu'ils étaient loin d'être scrupuleux). Mais, pour aliéner, il faut trouver un acquéreur; or, ils n'en trouvaient pas, parce qu'ils ne pouvaient consentir que des droits résolubles, et celui qui achète un bien entend évidemment en devenir propriétaire incommutable.

3082. Il était plus évident encore qu'elles entravaient la bonne culture et les améliorations. Immobilisés souvent dans des mains inhabiles, les biens substitués étaient mal administrés, partant ils produisaient peu.

D'autre part, les grevés, qui, bien que propriétaires, étaient privés en fait des ressources que peut donner l'aliénation ou l'emprunt sur hypothèque, se vengeaient souvent par une jouissance abusive. Loin d'améliorer les biens, ils les épuisaient et les dévastaient.

Le spectacle de ce qui se passe dans les pays où les substitutions fidéicommissaires fonctionnent encore, montre bien que ce grief n'a rien d'imaginaire. Je n'en veux pour preuve que ce passage de la *Revue d'Edimbourg*, cité par Laurent, dans son commentaire du code civil [1] : « Bien des fois, y est-il dit, nos cours d'équité ont présenté le spectacle révoltant d'un père, possesseur à vie de biens substitués en faveur de son fils, condamné, sur les poursuites de ce dernier, à ne point les dévaster ».

3083. Enfin, les substitutions favorisaient de nombreuses fraudes, principalement à l'encontre des créanciers, et, partant, ruinaient les bases mêmes du crédit.

Possesseur d'immenses héritages, le grevé de substitution obtenait le plus souvent un crédit en rapport avec sa fortune apparente ; puis, à sa mort, l'appelé ne se faisait pas faute de répudier sa succession, et il recueillait ainsi les biens substitués sans payer les dettes du grevé. Que de déceptions ainsi causées par les substitutions, « dont l'évènement, dit Guy-Coquille, faisait si souvent l'hérédité coquine de celui que l'on pensait être bien riche »! Autant de générations, autant de faillites. Les créanciers étaient indignement sacrifiés. Mais qu'importe? Ne devaient-ils pas s'estimer heureux d'avoir contribué, par leur argent, à soutenir la SPLENDEUR DU NOM de leurs frauduleux débiteurs?

3084. Il y aurait beaucoup à dire encore, si l'on voulait dresser contre les substitutions un acte d'accusation complet; mais en voilà plus qu'il n'en faut pour justifier leur prohibition. Elles tenaient une très large place dans notre ancien

[1] Laurent, XIV, n. 390.

droit, liées qu'elles étaient aux institutions politiques d'alors. C'est un édifice colossal que ruine par sa base la prohibition absolue de l'art. 896 du code civil.

Quoi qu'il en soit, ce que nous avons dit suffit à établir que la disposition de l'art. 896 est, avant tout et surtout, basée sur des considérations d'intérêt général et se présente, au premier chef, comme une disposition d'ordre public. Il s'agit d'empêcher que de nombreux biens soient retirés du commerce, que la sainte loi d'égalité entre les enfants d'un même père soit violée, que chaque génération, comme l'a dit l'orateur du gouvernement [1], soit marquée par une honteuse faillite, autant de motifs qui sont évidemment d'ordre public et d'intérêt général.

De là il résulte, notamment, que les dispositions entachées de substitution prohibée ne sont pas seulement nulles, mais encore *inexistantes*, ou, pour parler le langage de la jurisprudence, nulles de nullité absolue; ce qui les rend non susceptibles d'être validées par une confirmation ou ratification soit expresse, soit tacite.

§ II. *Traits caractéristiques de la substitution prohibée.*

3085. C'est souvent un point fort délicat que celui de savoir si une disposition est ou non entachée de substitution prohibée.

La question présente une extrême importance, car il y va de la validité de la disposition.

Difficile en elle-même, elle se complique des mille ruses qu'emploient les disposants pour parvenir à éluder une prohibition qui les gêne; souvent, il faut lire entre les lignes pour apprécier le véritable caractère d'une disposition, et, en allant au fond des choses, il n'est pas rare de voir apparaître, avec évidence, la substitution prohibée, sous une enveloppe inoffensive en apparence.

Nous allons essayer d'établir ici les règles qui peuvent servir à résoudre ce difficile problème : en d'autres termes,

[1] Bigot-Préameneu, *Exposé des motifs*, Locré, V, p. 313.

nous allons indiquer les différents signes qui permettent de reconnaître la substitution prohibée.

3086. La substitution prohibée, nous l'avons dit, consiste dans une double libéralité avec ordre successif et avec charge de conserver et de rendre. Les conditions constitutives qu'impliquent cette définition, par nous donnée, de la substitution prohibée, peuvent donc se réduire à trois :

1° Double libéralité ;

2° Charge de conserver et de rendre ;

3° Etablissement d'un ordre successif.

La réunion de ces trois conditions est essentielle pour qu'il y ait substitution prohibée.

Nous allons les étudier successivement.

Ce n'est point à dire, sans doute, qu'on doive les considérer comme indépendantes l'une de l'autre. Le plus souvent, elles coexistent ou manquent en même temps.

S'il est utile de les envisager séparément, c'est surtout dans un intérêt de méthode, puisque cela permet de relier et de grouper les espèces dans lesquelles il peut être question d'appliquer ou d'écarter l'art. 896, suivant que l'une de ces conditions s'accuse davantage ou fait plus spécialement défaut.

N° 1. De la double libéralité.

3087. Pour qu'une disposition constitue une substitution prohibée, il faut nécessairement qu'elle contienne deux libéralités.

Cela résulte non seulement de la notion que nous avons donnée de la substitution fidéicommissaire mais encore du texte de l'art. 896, dans son deuxième paragraphe.

La première libéralité est celle qui est adressée au donataire, héritier institué ou légataire grevé de la charge de conserver et de rendre.

La seconde libéralité est celle qui est adressée au substitué ou appelé, au profit duquel est écrite la charge de conserver et de rendre.

Ces deux libéralités n'ont qu'un seul et même auteur : le grevé et l'appelé tiennent également leur libéralité de l'auteur de la disposition. Au moment où s'ouvre la substitution, le grevé ne transmet rien à l'appelé, celui-ci reçoit du disposant non pas directement sans doute, mais par l'intermédiaire du grevé qui, en définitive, sert de trait d'union entre eux.

3088. Du principe que, pour qu'il y ait substitution, il faut deux libéralités, nous devons nécessairement conclure que, dans la fiducie, on ne saurait voir une substitution. En effet, en nous reportant à la définition que nous avons donnée de la fiducie, il est manifeste qu'on n'y trouve point une double libéralité. Le fiduciaire n'est nullement gratifié. En réalité, le seul gratifié, dans la fiducie, c'est celui auquel le fiduciaire doit restituer les biens compris dans la disposition.

Sans doute, la restitution peut être différée, mais ce n'est point dans l'intérêt du fiduciaire, et moins encore pour rendre éventuel ou même conditionnel le droit du véritable et unique gratifié. C'est dans l'intérêt de celui-ci, parce qu'il est mineur, par exemple, que le disposant ne veut pas immédiatement mettre entre ses mains les biens dont il entend le gratifier, ce n'est nullement pour en faire, pendant ce temps, bénéficier le fiduciaire [1].

Ce ne peut donc être en vertu de la prohibition contenue dans l'art. 896 du code civil qu'on peut contester la validité de la fiducie.

Les auteurs s'accordent à le reconnaître [2].

3089. Est-ce à dire qu'on doive la tenir pour valable?

La question se pose alors sur un autre terrain. Il s'agit de savoir si un disposant peut librement régler l'administration et la jouissance des biens qu'il donne ou lègue, notamment lorsqu'il donne ou lègue à un mineur en tutelle ou soumis à l'administration légale de ses père et mère [3].

3090. Mais si la fiducie ne saurait constituer une substitution, il est bien certain qu'elle peut servir à en masquer une.

En supposant la question posée, ce sera aux juges du fait

[1] *Sic*, Laurent, XIV, n. 402.

[2] *Sic*, Demolombe, *Don.*, I, n. 105; Aubry et Rau, VII, p. 303, § 694 et les auteurs cités dans Fuzier-Herman, sur l'art. 896, n. 124.

[3] V. notamment Laurent, XIV, n. 403 et XI, n. 448 et 449.

de la résoudre par appréciation des circonstances de la cause [1].

3091. Il faut deux libéralités, mais est-il nécessaire que toutes deux soient expressément faites par le disposant ?

Nous allons successivement examiner la question pour la libéralité reçue par le grevé et pour celle qui est recueillie par l'appelé.

Et d'abord, en ce qui concerne la libéralité adressée au grevé, il ne paraît nullement indispensable qu'elle soit faite d'une façon expresse.

Pour nos anciens auteurs, la question n'était pas douteuse.

C'est notamment ce que constate Thévenot, qui n'hésite point à décider qu'on peut grever de fidéicommis tous ceux que l'on gratifie, soit qu'on les gratifie expressément en leur donnant, soit qu'on les gratifie tacitement en ne leur enlevant pas ce qu'on pourrait leur ôter. « Il suit de là, dit-il [2], qu'on peut grever son héritier institué ou son légataire à qui l'on donne expressément, mais aussi son héritier *ab intestat* qu'on gratifie tacitement en ne le dépouillant pas de l'hérédité ». Telle était également l'opinion de Pothier. « Nous sommes censés, disait ce dernier auteur [3], avoir laissé à nos héritiers légitimes, et ils sont censés tenir de nous tout ce que nous pouvions leur ôter par les dispositions que la loi nous permettait de faire ».

3092. La même solution n'est pas douteuse sous l'empire du code civil.

Vainement objecte-t-on les termes de l'art. 896, qui suppose la charge de conserver et de rendre imposée à un donataire, à un héritier institué ou à un légataire et, partant, paraît bien exclure l'héritier *ab intestat*.

L'objection ne tient pas compte de cette considération qui doit, sous l'empire du code civil, entraîner la solution qu'elle justifiait déjà dans notre ancien droit : c'est que, en grevant les héritiers de la charge de conserver et de rendre, le testa-

(1) V. notamment Cass., 16 juillet 1885, S., 85. 1. 103, D., 86. 1. 289. — Dans le même sens Laurent, XIV, n. 404 et les autorités qu'il cite.

(2) Thévenot, *Traité de subs. fidéic.*, chap. VI, § 1, n. 84 et 85.

(3) Pothier, *Traité des subs.*, n. 109.

teur les institue, implicitement il est vrai, mais d'une façon certaine. En définitive, lorsqu'un testateur a dit, par exemple : « Je lègue tous mes biens à Paul pour l'époque de la mort de mon héritier », c'est comme s'il avait dit : « Je charge mon héritier, dont je confirme la vocation légale en lui laissant tous mes biens, de les conserver et de les rendre à sa mort à Paul ». Il n'y a donc plus, en réalité, des héritiers *ab intestat,* mais des héritiers institués qui ont reçu du testateur tout ce que celui-ci ne leur a point ôté.

C'est l'opinion de presque tous les auteurs [1].

3092 *bis*. Mais, argumentant de l'art. 896 al. 2, aux termes duquel la disposition entachée de substitution est nulle, « même » à l'égard du donataire, de l'héritier institué ou du léga- » taire », il ne faudrait pas décider que la nullité de la disposition dont il s'agit aura pour effet de détruire la vocation légale de l'héritier ; cette nullité aboutira, au contraire, à affranchir l'héritier de la charge imposée par le testateur. La disposition tout entière tombe, par conséquent aussi, si l'on veut, l'institution implicite qu'elle contenait au profit de l'héritier légitime; mais il reste à celui-ci sa vocation légale, en vertu de laquelle il viendra recueillir les biens.

3093. De même que la libéralité reçue par le grevé, la libéralité reçue par l'appelé n'a pas besoin d'être faite d'une façon expresse.

C'est ainsi que la stipulation d'un droit de retour, faite par un disposant au profit de ses héritiers nés ou à naître, peut très bien constituer une substitution. N'est-il pas évident que les héritiers du disposant sont, en réalité, gratifiés de tous les biens qui doivent leur faire retour [2] ?

3094. Faut-il tout au moins que, soit expressément, soit tacitement, l'appelé soit désigné par le disposant ?

Cela nous paraît incontestable.

Pour que la charge de conserver et de rendre existe, il faut

(1) *Sic*, Laurent, XIV, n. 397 ; Demolombe, *Don.*, I, n. 91 ; Coin-Delisle, sur l'art. 896, n. 12 et 13 ; Aubry et Rau, VII, p. 304, § 694. — En sens contraire Duranton, VIII, n. 67.

(2) *Sic*, Laurent, XIV, n. 401 et les auteurs cités dans Fuzier-Herman, sur l'art. 896, n. 17.

évidemment qu'elle soit imposée au profit de quelqu'un qui puisse être déterminé. Or, tel ne serait évidemment pas le cas, si le testateur avait institué un légataire, en le chargeant de conserver et de rendre, au profit de qui il voudrait, les biens dont il le gratifiait [1].

La clause doit être considérée comme non écrite mais ne saurait évidemment entraîner la nullité de la disposition principale [2].

3095. Mais, dès que les termes du testament ou de la donation permettent de déterminer ceux au profit desquels la charge est imposée, peu importe qu'ils ne soient pas nommément désignés. L'art. 896 du code civil ne l'exige nullement et il n'y avait aucune raison de prescrire cette condition.

Loin de là, au contraire, il fallait se garder de l'exiger, car elle aurait fourni un moyen facile de tourner la prohibition des substitutions.

3096. D'ailleurs, en matière de substitution, la désignation des appelés ne peut jamais se faire que d'une façon approximative, puisque le disposant dispose, presque toujours, pour des époques postérieures à sa mort.

Dans la plupart des cas, la désignation nominale des appelés serait impossible. Il faut, mais il suffit que le disposant les ait désignés par l'indication de certaines catégories de personnes, pour qu'on cesse de pouvoir les considérer comme personnes légalement incertaines et pour qu'il y ait charge de conserver et de rendre à un tiers, dans le sens de l'art. 896 [3].

C'est notamment ce qui a été jugé dans une espèce où la charge était imposée au profit d'une personne issue de tel ou tel sang [4]. C'est également ce qui a été décidé dans d'autres espèces analogues : dans un cas où la charge était imposée au profit de l'un des plus proches parents du testateur [5] et

(1) V. notamment en ce sens Cass., 2 juillet 1867, S., 67. 1. 437, D., 67. 1. 272. — V. également Cass., 8 nov. 1847, S., 53. 1. 332, *ad ratem*, D., 51. 1. 103.

(2) *Sic*, Aubry et Rau, VII, p. 306, § 694 ; Laurent, XIV, n. 406 et les auteurs cités dans Fuzier-Hermann, sur l'art. 896, n. 27.

(3) *Sic*, Laurent, XIV, n. 406 et les auteurs cités dans Fuzier-Hermann, sur l'art. 896, n. 18.

(4) Cass., 28 février 1853, S., 53. 1. 332, D., 53. 1. 202.

(5) Cass., 30 nov. 1853, S., 54. 1. 27, D., 54. 1. 402.

dans un autre où elle l'était au profit de l'un des membres de sa famille [1].

N° 2. Charge de conserver et de rendre.

A. *Charge de conserver.*

3097. La charge de conserver a pour résultat de mettre les biens auxquels elle s'applique hors du commerce, de les frapper d'indisponibilité ou mieux d'inaliénabilité, en ce sens que les aliénations et les constitutions de droits réels consenties par le grevé ne seront pas opposables à l'appelé ; elles seront nulles par rapport à lui, ou, pour parler le langage généralement adopté par les auteurs, les droits consentis par le grevé seront résolus par l'ouverture de la substitution.

De tous les inconvénients que présentent les substitutions fidéicommissaires, celui-là est le plus grave ; c'est lui qui a engendré la prohibition de l'art. 896.

Aussi faut-il décider hardiment, avec la jurisprudence, que toute disposition qui n'implique pas la charge de conserver, n'est pas une substitution.

De là toute une série de conséquences.

3098. Nous en concluons tout d'abord, avec presque tous les auteurs [2], que la charge de rendre, si elle est stipulée seule et sans impliquer nécessairement l'obligation de conserver, ne saurait constituer une substitution prohibée.

Il est vrai que, même stipulée seule, la charge de rendre paraît bien impliquer l'obligation de conserver, car on ne peut pas rendre si l'on ne conserve pas.

Mais il n'en est ainsi qu'autant que la charge de rendre est conçue en termes absolus. Dès que les termes ou la nature de la libéralité permettent aux juges du fond de décider que son auteur n'a pas entendu rendre indisponibles, entre les mains du gratifié, les biens qu'il lui a transmis avec la charge de rendre, on ne saurait annuler la disposition comme entachée de substitution prohibée.

(1) Cass., 21 août 1866, S., 66. 1. 438, D., 67. 1. 30. — V. égalem. Cass., 27 avril 1874, S., 74. 1. 315, D., 75. 1. 13.

(2) V. notamment Aubry et Rau, VII, p. 311, § 694, texte et note 28.

Cela a été maintes fois décidé (1).

3099. Est-ce à dire que l'obligation de rendre, ainsi imposée au gratifié sans obligation corrélative de conserver, soit simplement potestative pour celui qui en est grevé?

On l'a soutenu, en prétendant que la clause qui l'imposait devait être réputée non écrite, puisqu'elle tombait sous le coup de l'art. 900, en tant que renfermant une disposition sur succession future et impliquant un ordre successif contraire à la loi (2).

3100. Mais cette opinion n'a pas prévalu et on s'accorde aujourd'hui à reconnaître que les héritiers du donataire ou du légataire gratifié avec charge de rendre, sont obligés de restituer au bénéficiaire de la charge tous les objets compris dans la libéralité, lorsque ces objets se retrouvent dans la succession.

Sous des apparences ou des formes différentes, une disposition de ce genre revient toujours, en définitive, à la disposition que nos anciens auteurs désignaient sous le nom de fidéicommis *de residuo* ou *de eo quod supererit,* c'est-à-dire à une disposition faite au profit d'une personne, à charge par celle-ci de rendre à sa mort à une autre personne, désignée par le disposant, ce qui restera des biens donnés.

Déjà admise par le droit romain (3), cette disposition, validée sans conteste par nos anciens auteurs, doit également valoir sous l'empire du code civil, par cette raison décisive qu'elle ne frappe point d'indisponibilité les biens qui en sont l'objet, et, partant, qu'elle ne saurait constituer la substitution que frappe l'article 896.

Les auteurs et les arrêts sont aujourd'hui d'accord pour le reconnaître (4).

(1) V. notamment Cass., 12 mai 1819, S. chr.. D. *Rép.*, v° *Subst.*, n. 119; 3 mars 1864, S., 64. 1. 167, D., 64. 1. 214; 8 juin 1875, S., 75. 1. 423, D., 76, 1. 76.

(2) V. en ce sens Rouen, 29 mai 1845, S., 46. 2. 379, D., 46. 2. 148. — Dans le même sens Rolland de Villargues, n. 233 s.; Demante, IV, n. 8 et 8 *bis*.

(3) La loi 54 D., *ad senatusconsultum trebellianum*, XXXVI, 1, nous en donne un exemple bien significatif, puisqu'il s'agit d'une disposition conçue dans les termes suivants : *Quidquid in hereditate mea superfuerit, rogo restituas.*

(4) V. notam. Cass., 11 août 1864, S., 64. 1. 436, D., 64. 1. 468. — Dans le même sens Aubry et Rau, VII, p. 210, § 694; Demolombe, *Don.*, I, n. 129 s.; Laurent, XIV, n. 175, s., ainsi que les auteurs cités dans Fuzier-Herman, sur l'art. 896, n. 86.

3101. Mais quels sont exactement les effets d'une disposition de ce genre?

La réponse à cette question dépend évidemment de la nature qu'on doit reconnaître au fidéicommis *de residuo*. Or, il nous paraît certain qu'en dépit du nom traditionnel qui lui a été conservé, le fidéicommis *de residuo* ne saurait être validé et valoir à titre de substitution. La raison en est décisive, car elle est dans la prohibition générale dont l'art. 896 frappe les substitutions.

A cette prohibition, les articles 1048 et suivants apportent sans doute quelques restrictions.

Mais il ne peut s'agir de méconnaître le caractère rigoureusement exceptionnel de ces restrictions. Dès qu'on n'est plus dans les termes mêmes des hypothèses que précisent les articles 1048 et 1049, on retombe sous l'empire de la prohibition de l'article 896.

Dans ces conditions, dire du fidéicommis *de residuo* qu'il ne constitue point une substitution prohibée, ce n'est pas dire qu'il peut et doit valoir à titre de substitution permise.

Ce serait, en violation de l'article 896, supposer que le code civil admet la substitution au nombre des modes de disposer à titre gratuit.

L'article 893, d'ailleurs, énumérant ces modes de disposer, n'en reconnaît pas d'autres que la donation et le testament.

Qu'en conclure?

Evidemment que, si le fidéicommis *de residuo* peut valoir, ce ne peut être que comme donation ou comme legs [1].

3102. Et il ne s'agit pas d'une simple question de mots.

Si le fidéicommis *de residuo* devait valoir à titre de substitution, il faudrait lui appliquer les principes qui régissent les substitutions. Ce serait une substitution d'un genre spécial, une substitution dans laquelle le grevé aurait le droit de disposer des biens substitués.

Mais, sauf cela, les principes des substitutions resteraient applicables. Il faudrait décider notamment qu'il y a, dans le fidéicommis *de residuo*, deux gratifiés : un institué et un subs-

(1) *Sic*, Demolombe, *Don.*, I, n. 134; Laurent, XIV, n. 179.

titué ; que le droit de ce dernier s'ouvre seulement au décès de l'institué ; que c'est, par suite, à ce moment seulement qu'on doit examiner la capacité du substitué. En définitive, il y aurait, dans le fidéicommis *de residuo*, création d'un ordre successif comme dans toute substitution.

3103. Dire, au contraire, que le fidéicommis *de residuo* ne peut valoir qu'à titre de donation ou de legs, cela suppose qu'on doit appliquer les principes régissant ces deux modes de disposer à titre gratuit, aux deux libéralités distinctes qu'il implique, aussi bien à celle qui s'adresse au gratifié grevé de la charge de rendre, qu'à celle que reçoit le bénéficiaire de la charge. Celle-ci, sans doute, ne recevra son effet qu'au décès du premier gratifié : elle a trait à un droit futur et éventuel. Elle n'en est pas moins, suivant les cas, une donation au legs, et ce sont les règles de ces modes de disposer qu'il lui faut appliquer [1].

3104. Ajoutons, d'ailleurs, que, donation ou legs, la libéralité adressée au bénéficiaire de la charge n'a rien de conditionnel.

Ce qui est vrai, c'est que son objet est futur et éventuel, c'est que, si le gratifié qui en est grevé dispose des biens qu'elle vise, elle pourra se réduire à rien.

Mais, si le résultat effectif de la libéralité est ainsi subordonné à une chance, elle n'en est point pour cela conditionnelle. Son existence n'a, en effet, rien d'incertain. Or, ne savons-nous pas que la libéralité conditionnelle est celle dont l'existence même reste incertaine, jusqu'à l'arrivée de la condition à laquelle elle est subordonnée [2]?

3105. Nous en devons conclure qu'au point de vue de la capacité requise chez celui qui est appelé à bénéficier de la charge de rendre comme au point de vue du moment où lui sont acquis les droits qui en résultent à son profit, ce sont les règles des libéralités pures et simples qu'il faut appliquer.

Et, par exemple, à supposer que le fidéicommis *de residuo* vaille à titre de legs, il faudra nécessairement que son béné-

(1) *Sic*, Demolombe, *Don.*, I, n. 135 ; Laurent, XIV, n. 479 et 480; Huc, VI, n. 22.
(2) *Sic*, Laurent, XIV, n. 484; Huc, VI, n. 22 et les autorités qu'il cite.

ficiaire soit né ou tout au moins conçu au jour du décès du testateur. Mais, s'il est né et conçu à ce jour et qu'il ne soit pas autrement incapable, il aura, dès ce moment, un droit acquis au bénéfice de la disposition faite à son profit, droit que ses héritiers pourront faire valoir s'il n'est plus là pour le recueillir [1].

3106. Reste à dire un mot d'une objection qu'on a parfois présentée pour contester tout au moins qu'on puisse considérer comme une libéralité valable la charge de rendre qu'on rencontre dans le fidéicommis *de residuo* ; c'est qu'elle dépend, dit-on, du bon plaisir du premier gratifié et qu'on ne saurait admettre la validité de libéralités faites sous condition potestative.

Cette objection n'a rien de décisif.

Se présente-t-elle sous forme de legs ? la libéralité adressée au bénéficiaire de la charge est consentie sous une condition potestative sans doute, mais non purement potestative de la part du légataire.

Assurément, si celui-ci aliène les biens qui en font l'objet, la libéralité ne peut s'exécuter. Mais encore faut-il qu'il les aliène. Dès lors, on ne peut dire que la libéralité dépende d'une charge purement potestative, puisqu'il faut au moins que le légataire ait aliéné.

D'autre part, à supposer qu'elle se présente sous forme de donation entre vifs, et c'est là une hypothèse bien rare, on peut se contenter de remarquer que la règle *Donner et retenir ne vaut* concerne seulement les rapports du donateur et du donataire [2].

3107. Nous avons dit que, si le fidéicommis *de residuo* implique la charge de rendre, il n'impose aucune obligation de conserver.

Il en résulte que celui qui est grevé de la charge de rendre peut librement disposer des biens compris dans le fidéicommis.

[1] *Sic*, Gand, 13 juin 1866, *Pasicr.*, 66. 2. 285. — V. cep. Poitiers, 24 mai 1869, S., 69, 2, 316, D., 70. 2. 35. — Toutefois cet arrêt apparaît plutôt comme une décision d'espèce que comme une décision de principe, puisque la cour se fonde sur l'intention de la testatrice pour motiver sa décision.

[2] *Sic*, Huc, VI, n. 22.

Mais, à notre avis du moins, ce droit de libre disposition ne saurait aller jusqu'à lui permettre d'en disposer par testament.

Pas de doute, si le disposant s'en est formellement expliqué.

3108. Mais on doit décider de même s'il s'est borné à stipuler une charge de rendre, sans d'ailleurs en préciser autrement les effets. Admettre la solution contraire, ce serait, nous semble-t-il, enlever toute portée pratique à la clause et supposer gratuitement que le disposant l'a, sans but, insérée dans sa libéralité. Or, si elle a un but et une portée, c'est bien que le bénéficiaire de la charge soit préféré aux légataires qu'il pourrait plaire au grevé de désigner (1).

3109. A notre avis du moins, pour qu'il puisse être question de reconnaître au grevé le droit de disposer par testament, il faudrait que ce droit lui eût été spécialement conféré par le disposant.

Ce serait, d'ailleurs, aux juges du fait d'apprécier souverainement si cette concession a été ou non faite par le disposant.

3110. Mais, si nous pensons que, par elle-même et par elle seule, la charge de rendre enlève au grevé le droit de disposer par testament, nous croyons qu'elle lui laisse le droit de disposer par donation entre vifs.

Que le donateur ou le testateur puisse lui enlever ce droit, on s'accorde à le reconnaître (2).

Pour ne pouvoir être donnés, les biens restent disponibles puisqu'ils peuvent être librement aliénés à titre onéreux. Or, ce qui importe surtout à l'intérêt général, c'est que les biens puissent être achetés et vendus.

(1) *Sic*, Cass., 1er fév. 1827, S. chr., D. *Rép.*, vo *Subst.*, n. 75-2o et 11 août 1864, S., 64. 1. 436, D., 64. 1. 468. — Laurent, XIV, n. 482. — En sens contraire, Paris, 22 avril 1841, D. *Rép.*, vo *Subst.*, n. 75-4o. — Demolombe, *Don.*, I, n. 136. — V. également Aubry et Rau, VII, p. 611, § 694, note 28. Ces derniers auteurs estiment que la charge de rendre n'emporte pas nécessairement prohibition de disposer par testament, qu'en tout cas c'est là une question d'intention dont la solution dans un sens ou dans l'autre ne saurait donner ouverture à cassation. Dans le même sens, Huc, VI, n. 23.

(2) *Sic*, Demolombe, *Don.*, I, n. 138; Aubry et Rau, VII, p. 310, § 694.

Mais encore faut-il que, sur ce point, le disposant ait manifesté ses intentions [1].

Si on ne peut établir sa volonté de priver le gratifié, grevé de la charge de rendre, du droit de disposer par donation entre vifs, il ne nous semble pas que, par elle seule, la stipulation de la charge l'en puisse priver. Ce serait apporter à son droit de propriété une restriction, licite sans doute, mais trop grave pour qu'on puisse le faire, en dehors d'une volonté nettement manifestée par le disposant [2].

3111. On admet que le disposant qui, d'une façon générale, peut priver le premier gratifié du droit de disposer à titre gratuit, peut également limiter quelque peu son droit de disposer à titre onéreux.

C'est ainsi qu'on peut très bien admettre que la charge de conserver ne résulterait pas de ce seul fait que le disposant n'aurait donné le droit de disposer à titre onéreux qu'en cas de besoin.

Si le gratifié est, en effet, le seul juge de la nécessité où il est d'aliéner, son droit de disposition à titre onéreux reste assez entier pour qu'on le considère comme entravé par une véritable charge de conserver [2].

3112. Mais il importe de ne point aller trop loin dans cette voie. Aussi est-ce avec raison que la cour de cassation a jugé qu'on ne saurait admettre qu'il y ait charge de rendre sans charge corrélative de conserver, lorsque le premier gratifié n'était investi du droit d'aliéner à titre onéreux qu'au cas de nécessité dûment justifiée [3].

En réalité, le premier gratifié est alors tenu de conserver; les biens compris dans la charge de rendre deviennent indisponibles, et on se trouve en présence d'une disposition qui présente tous les inconvénients de la substitution prohibée.

3113. Le fidéicommis *de eo quod supererit* est très usité en

[1] *Sic*, Aubry et Rau, VII, p. 311, § 694, note 28.

[2] *Sic*, Laurent, XIV, n. 478; Demolombe, *Don.*, I, n. 139; Aubry et Rau, VII, p. 312, § 694.

[3] *Sic*, Cass., 24 avril 1860, S., 60. 1. 514, D., 60. 1. 224. — Dans le même sens Aubry et Rau, VII, p. 311, § 694; Laurent, XIV, n. 478.

Belgique entre époux qui n'ont pas d'enfants, et il est étonnant que son usage ne se généralise pas chez nous dans cette même hypothèse. En pareil cas, un legs universel, fait par chaque conjoint au profit de l'autre, paraît dépasser la juste mesure; car la famille du prémourant des époux sera ainsi dépouillée. D'un autre côté, un legs réciproque d'usufruit, portât-il sur tous les biens, n'est peut-être pas suffisant; il expose le survivant à bien des tracasseries et à bien des vexations de la part des nus propriétaires. Dans tous les cas, il ne lui permet pas de se procurer un capital en cas de besoin. Le fidéicommis *de eo quod supererit* semble répondre aux exigences de la situation, en conciliant, dans la mesure du possible, les divers intérêts qui se trouvent ici en présence [1].

3114. En parlant de la charge de rendre stipulée seule et du fidéicommis *de residuo,* nous nous sommes occupés du cas où le disposant n'a point voulu imposer au premier gratifié l'obligation de conserver les biens grevés de la charge de rendre.

De cette hypothèse, il semble qu'on doive rapprocher les hypothèses dans lesquelles le disposant n'a point pu, au moins efficacement, imposer à son gratifié l'obligation de conserver en lui imposant la charge de rendre.

C'est ainsi que, si la disposition grevée de la charge de conserver et de rendre a trait uniquement à des choses fongibles, on ne saurait y voir une substitution.

3115. Ayant trait à des choses fongibles, la charge de conserver et de rendre ne saurait emporter substitution qu'autant qu'elle serait accompagnée de clauses susceptibles de faire respecter les intentions du disposant, de clauses d'emploi, par exemple, car c'est alors, mais alors seulement, que des choses de cette nature peuvent devenir indisponibles.

En est-il autrement?

Il est bien certain que, si le gratifié grevé de la charge de conserver et de rendre a disposé des biens à lui donnés ou légués, le bénéficiaire n'a aucun moyen de les reprendre.

(1) V. sur ce point, Laurent, XIV, n. 475, p. 549.

Comment, dès lors, les considérer comme indisponibles et, partant, comment admettre qu'il y ait substitution? [1]

3116. On peut même fort bien soutenir qu'il n'y aurait pas lieu d'annuler, comme contenant une substitution prohibée, la donation d'objets *mobiliers corporels* faite avec charge de conserver et de rendre. N'est-il pas certain, en effet, que les biens donnés ne seront pas inaliénables entre les mains du donataire, puisque la règle *En fait de meubles la possession vaut titre* lui permettra d'en disposer valablement au profit de tiers de bonne foi. Il y a bien charge de conserver, mais charge destituée de sanction : ce qui revient à dire que la charge n'existe pas.

3117. Enfin, si la charge de rendre s'applique à des choses autres que les choses données ou léguées, il nous paraît évident qu'on ne saurait prétendre qu'il y ait substitution.

Des dispositions de ce genre n'imposent pas l'obligation de conserver les objets donnés ou légués. Ceux-ci ne deviennent point indisponibles. Il y a don ou legs avec charge, il n'y a pas substitution.

C'est ce qu'a maintes fois décidé la cour de cassation, dans les hypothèses où il s'agissait, pour le gratifié, de rendre non les objets légués ou donnés, mais une somme d'argent [2].

3118. Nous croyons également qu'il n'y aurait pas davantage substitution si, au lieu d'avoir trait à une somme d'argent, la charge de rendre s'appliquait à un corps certain, si, par exemple, en léguant l'immeuble A à *Primus*, le testateur lui imposait la charge de conserver et de rendre l'immeuble B à *Secundus*. S'il ne le dit point expressément, l'art. 896 paraît bien supposer, lorsqu'il défend la substitution, que la charge de conserver et de rendre qu'elle implique doit s'appliquer aux choses données ou léguées.

3119. On objecte, il est vrai, que le motif essentiel qui a fait proscrire la substitution, c'est l'indisponibilité dont elle

(1) *Sic*, Cass., 30 avril 1867, S., 67. 1. 329, D., 67. 1. 403. — Nancy, 9 décembre 1871, S., 72. 2. 71, D., 72. 2. 164.

(2) V. notamment Cass., 31 juillet 1866, S., 66. 1. 404, D., 66. 1. 480 et 30 avril 1867, S., 67. 1. 329, D., 67. 1. 403. — Dans le même sens, Demolombe, *Don.*, I, n. 127; Laurent, XIV, n. 408; Aubry et Rau, VII, p. 312, § 694.

frappe les biens qui en sont l'objet. Or, dit-on, la chose que l'institué doit rendre, il doit la conserver. Qu'importe qu'il ne l'ait point reçue du disposant? Elle n'en est pas moins indisponible. On en conclut qu'il faut appliquer l'art. 896 (1).

Nous ne pensons pas, cependant, qu'il puisse être ici question d'appliquer l'art. 896.

Sans doute, dans notre ancien droit, on pouvait substituer non seulement la chose qu'on donnait, mais encore une chose autre (2).

Mais on ne doit point s'en étonner, sous l'empire d'une législation éminemment favorable aux substitutions et qui, par là même, portait à considérer comme substitution toute disposition susceptible d'être considérée comme telle.

Il ne saurait en être ainsi, sous l'empire du C. civ.

Aujourd'hui, la prohibition rigoureuse de l'art. 896 ne saurait être appliquée à d'autres dispositions que celles-là mêmes qui rentrent absolument dans les termes de ce texte.

On objecte qu'il y a alors indisponibilité du bien grevé de restitution.

Sans doute. Mais, comme ce bien n'est pas le bien donné ou légué, comme celui-ci est de libre disposition entre les mains du premier gratifié, on ne peut dire qu'il y ait substitution et, partant, appliquer l'art. 896.

3120. Ce qui est vrai, c'est que, si le disposant a entendu rendre indisponible le bien qu'il grevait de restitution, ce sera le cas d'appliquer l'art. 900 du C. civ. et, partant, de considérer la charge de rendre comme non écrite (3).

3121. D'ailleurs, d'autres règles que l'art. 900 du C. civ. peuvent intervenir pour entraîner la nullité des clauses que nous étudions. Telle est notamment la règle de l'art. 1021 du C. civ. qui prohibe le legs de la chose d'autrui. Quand un testateur lègue l'immeuble A à charge par son légataire *Primus* de conserver et de rendre l'immeuble B à *Secundus*, la charge de conserver et de rendre écrite au profit de ce dernier s'analyse, en définitive, en un legs de l'immeuble B que

(1) *Sic*, Demolombe, *Don.*, I, n. 126.
(2) Thévenot, p. 49, n. 119.
(3) Coin-Delisle, sur l'art. 896, n. 26. — V. également Laurent, XIV, n. 407.

lui fait le testateur. Or, ce legs tombe manifestement sous le coup de la règle de l'art. **1021**, dès qu'on peut voir en lui le legs de la chose d'autrui que frappe ce texte.

B. *Charge de rendre.*

3122. Il résulte de l'art. 896 que la charge de rendre doit être établie au profit d'une personne déterminée par le disposant, au profit d'*un tiers*, dit la loi.

Il n'y aurait donc pas substitution prohibée, si la charge de rendre avait été établie en faveur d'une personne tout à fait indéterminée, par exemple au profit de celui que le donataire ou le légataire jugera le plus digne.

Il n'y aurait pas davantage substitution si le testateur avait légué à la charge par le légataire d'employer les biens légués en bonnes œuvres ou en œuvres pies.

La charge de rendre, telle que la loi la comprend, doit créer un droit en faveur de celui dans l'intérêt duquel elle est établie; il faut un lien de droit qui constitue l'institué débiteur et le substitué créancier. Or, dans les espèces qui viennent d'être citées, qui donc aura action contre l'institué pour obtenir de lui la restitution dont il a été chargé [1]?

3123. Il est évident, du reste, qu'il n'est pas nécessaire que le disposant ait individuellement désigné les bénéficiaires de la charge de rendre. Il suffit que les termes de la disposition permettent de les déterminer.

C'est ce qui arriverait, par exemple, si le disposant a appelé ses héritiers à bénéficier de la charge de rendre. Sans doute, en pareil cas, la désignation faite par le disposant n'a rien d'individuel. Mais la loi permet trop facilement d'ajouter à cette désignation ce qui lui manque, pour qu'on ne la considère point comme une désignation insuffisante [2].

3124. La cour de cassation admet même qu'il y a charge de rendre suffisante pour entraîner l'application de l'article 896, lorsque, sans désigner lui-même les tiers appelés à en bénéficier, le disposant s'est borné à imposer au grevé l'obligation

[1] V. ci-dessus, n. 3094.
[2] V. ci-dessus, n. 3093.

de les choisir dans certaines catégories de personnes qu'il détermine, si par exemple le grevé est tenu de restituer à une personne de la famille du disposant [1].

Le choix que le grevé est, en pareil cas, appelé à faire est certes très libre; il n'est pas illimité. Cela suffit pour que, d'après les termes de la disposition comme aussi d'après l'intention du testateur, il y ait substitution. C'est la jurisprudence maintes fois affirmée par la cour suprême [2].

Les auteurs approuvent généralement cette jurisprudence [3].

3125. Toutefois, si la catégorie de personnes dans laquelle le grevé doit choisir le bénéficiaire de la charge que lui impose le disposant était trop peu précise et trop peu déterminée, il ne paraît pas douteux que ce serait non l'art. 896 mais l'art. 900 qu'il faudrait appliquer [4].

En pareil cas, la charge de rendre devient purement potestative de la part de celui qui en est grevé. En supposant qu'il ne veuille point l'accomplir, on ne voit guère à qui il appartiendrait de l'y contraindre. Il est dès lors impossible de considérer la disposition qui la contient comme entachée de substitution [5].

3126. Quant à la défense d'aliéner, elle ne saurait, par elle-même et par elle seule, équivaloir à la charge de conserver et de rendre.

C'est d'évidence si la défense n'est point absolue, si par exemple elle est limitée à certains modes d'aliénation.

Telles seraient les clauses privant un donataire ou un légataire du droit de disposer à titre gratuit des choses dont il est gratifié. Que le donataire ou le légataire ne puisse pas

(1) V. ci-dessus, n. 3095 et 3096.

(2) V. notamment Cass., 5 mars 1851, S., 51. 1. 261, D., 51. 1. 104 : 30 nov. 1853, S., 54. 1. 27, D., 54. 1. 402 et 27 avril 1874, S., 74. 1. 315, D., 75. 1. 13.

(3) *Sic*, Aubry et Rau, VII, p. 305, § 694; Demolombe, *Don.*, I, n. 106; Laurent, XIV, n. 405 s. — V. cep. Roland de Villargues, *Subst. prohibées*, n. 264.

(4) V. ci-dessus, n. 3094.

(5) *Sic*, Cass., 2 juillet 1867, S., 67. 1. 437, D., 67. 1. 272. — Dans l'espèce à propos de laquelle est intervenu cet arrêt, le testateur avait institué sa femme légataire de l'usufruit de tous ses biens et lui avait laissé la faculté de disposer de la nue propriété, en son âme et conscience, au bénéfice de la personne qu'elle jugerait à propos. — Consultez dans le même sens Laurent, XIV, n. 406 *in fine*; Aubry et Rau, VII, p. 306, § 694.

disposer par testament, qu'il soit même, d'une façon absolue, privé du droit de disposer à titre gratuit, peu importe, puisque les biens dont il s'agit peuvent être aliénés à titre onéreux et, partant, ne sont point indisponibles [1].

Les auteurs s'accordent à le reconnaître [2].

3127. La solution serait la même si, au lieu d'être limitée à certains modes d'aliénation, la défense se bornait aux aliénations faites au profit de certaines personnes [3].

Dans cette hypothèse comme dans d'autres semblables, non seulement la clause dont il s'agit n'implique pas la charge de rendre, mais elle n'implique même point l'obligation de conserver. Il ne saurait donc être question d'appliquer l'art. 896.

3128. Même si la défense d'aliéner est absolue, on ne peut appliquer l'art. 896.

La défense d'aliéner peut bien, dans ces conditions, équivaloir à la charge de conserver, mais elle n'implique par la charge de rendre.

Tout ce qu'on y peut voir c'est une condition illicite tombant sous le coup de l'art. 900 [4].

3129. Il en serait autrement si une semblable défense était faite au profit de personnes déterminées. Dans de semblables conditions, la défense d'aliéner implique non seulement la charge de conserver, mais elle implique également la charge de rendre.

Ainsi ne doit-on point s'étonner qu'en pareil cas les arrêts la considèrent comme équivalente à la charge de conserver et de rendre, caractéristique de la substitution.

La jurisprudence s'est souvent prononcée en ce sens [5] et c'est aussi l'opinion des auteurs [6].

[1] *Sic*, Cass., 11 février 1863, S., 63. 1. 204, D., 63. 1. 232.

[2] Demolombe, *Don.*, I, n. 138 et 150; Laurent, XIV, n. 464 et 465; Aubry et Rau, VII, p. 309, § 694.

[3] *Sic*, Cass., 14 juin 1867, S., 67. 1. 299, D., 68. 1. 20. — Dans le même sens Laurent, XIV, n. 463.

[4] Demolombe, *Don.*, I, n. 147 et 148; Laurent, XIV, n. 462. —Voyez également Cass., 12 juillet 1892, D., 92. 1. 451.

[5] *Sic*, Cass., 7 mai 1862, S., 62. 1. 462, D., 62. 1. 299. — V. également Cass., 27 mars 1889, S., 92. 1. 455 et 10 février 1891. S., 91. 1. 105, D., 91. 1. 294.

[6] Laurent, XIV, n. 462; Demolombe, *Don.*, I, n. 149: Aubry et Rau, VII, p. 308, § 694, note 21.

C. *Observations communes à la charge de conserver et à la charge de rendre.*

3130. L'art. 896 prohibe les dispositions faites avec *charge* de conserver et de rendre. Le mot *charge* est ici synonyme d'*obligation juridique*. Si donc le disposant a adressé à l'institué une simple prière de conserver et de rendre à une personne déterminée, de telle sorte qu'il n'y ait pas, pour l'institué, d'obligation juridique de conserver et de rendre, pas d'action, par conséquent, de la part du substitué pour obtenir la restitution, la disposition ne constituera pas une substitution prohibée [1].

3131. Mais s'il faut que la clause qui impose la charge de conserver et de rendre soit impérative, il est certain qu'elle n'a pas besoin d'être conçue en termes sacramentels.

On s'accorde même à reconnaître qu'il n'est point nécessaire qu'elle soit formellement imposée.

Il suffit qu'on puisse la dégager de l'ensemble de la disposition faite.

Les auteurs [2] et les arrêts [3] s'accordent à le reconnaître.

3132. Il importe donc beaucoup de résoudre la question de savoir si, dans une disposition, les clauses relatives à l'obligation de conserver ou de rendre entraînent ou non, pour celui auquel elles s'adressent, une véritable obligation juridique.

Pour résoudre la question, le juge devra rechercher avant tout quelle a été l'intention du disposant [4].

Les termes de la disposition fourniront, à cet égard, le principal mais non l'unique élément d'appréciation. Une clause

(1) *Sic*, Cass., 16 mars 1875, S., 75. 1. 150, D., 75. 1. 483. — Riom, 30 mai 1881, S., 82. 2. 56, D., 82. 2. 4, ainsi que les auteurs et les arrêts cités dans Fuzier-Herman, sur l'art. 896, n. 50. — V. notamment Aubry et Rau, VII, p. 306, § 694, note 17.

(2) *Sic*, Demolombe, *Don.*, I, n. 143; Aubry et Rau, VII, p. 307, § 694, texte et note 18: Laurent, XIV, n. 460.

(3) *Sic*, Cass., 1er août 1856, S., 56. 1. 893, D., 57. 1. 23 et 2 fév. 1892, S., 92. 1. 341. — Aix, 27 juin 1881, S., 84. 2. 173, D., 84. 2. 5.

(4) V. notamment Cass., 26 juin 1882, S., 82. 1. 403, D., 84. 1. 447 et 2 fév. 1892, S., 92. 1. 341, D., 92. 1. 506.

conçue en termes précatifs ou sous forme de vœu pourrait, suivant les circonstances, être considérée comme imposant, dans la pensée du testateur, une véritable charge, c'est-à-dire une obligation juridique de conserver et de rendre.

3133. Nous avons jusqu'à présent supposé, dans nos explications, que la charge de conserver et de rendre, qu'implique toute substitution, était imposée sous forme de clause pure et simple.

Mais cela n'est nullement indispensable pour qu'il y ait substitution et l'art. 896 du code civil resterait certainement applicable, alors que la charge de conserver et de rendre serait conditionnelle.

Supposons, par exemple, que le testateur se soit exprimé ainsi : « J'institue Paul comme héritier et, s'il meurt sans enfants, je le charge de rendre ma succession à Pierre ». C'est la substitution conditionnelle sous sa forme la plus simple.

Il ne nous paraît pas douteux que, comme la substitution pure et simple, elle tombe sous le coup de la prohibition de l'art. 896. Cette prohibition est, en effet, conçue dans les termes les plus généraux; elle ne distingue nullement entre les substitutions pures et simples et les substitutions conditionnelles. Rien, du reste, n'eût été moins justifiable qu'une semblable distinction. La substitution conditionnelle présente les mêmes inconvénients que la substitution pure et simple. Elles ouvrent toutes deux la même période d'incertitudes et sont également nuisibles à l'intérêt général et au crédit public; si la loi croit devoir prohiber l'une, elle doit nécessairement prohiber l'autre.

D'ailleurs, comme le fait très justement remarquer la cour de Toulouse [1], s'il suffisait que la charge de conserver et de rendre fût conditionnelle pour que, par cela même, la prohibition de l'art. 896 se trouvât écartée, les disposants auraient un moyen facile de tourner cette prohibition : ce serait d'ajouter une condition à la charge de conserver et de rendre.

[1] Toulouse, 19 janv. 1841, rapporté avec Cass., 22 nov. 1842, S., 42. 1. 914, D., *Rép.*, v° *Substitution*, n. 141-3°.

Comme ils pourraient choisir une condition de nature à se réaliser toujours, la charge conditionnelle équivaudrait, au fond, à une charge pure et simple et la prohibition de l'art. 896 deviendrait lettre morte.

Les auteurs [1] et les arrêts [2] sont d'accord pour le reconnaître, lorsque la condition est de nature à ne se réaliser qu'au décès de l'institué.

3134. Mais si la condition à laquelle se trouve subordonnée la charge de conserver et de rendre est de nature à se réaliser pendant la vie du premier institué, si, en d'autres termes, elle peut se consommer à un autre moment que le décès de celui-ci, nous devons nécessairement réserver l'application de l'art. 896. C'est qu'il s'agit, en effet, de savoir si la notion même de la substitution fidéicommissaire que prohibe l'art. 896 n'implique point une restitution qui se place au décès du grevé. Nous allons retrouver la question, en examinant le troisième et dernier trait caractéristique de la substitution : nous voulons parler de l'ordre successif.

N° 3. Etablissement d'un ordre successif.

3135. La substitution fidéicommissaire prohibée par l'art. 896 suppose deux dispositions à titre gratuit des mêmes biens, faites par la même personne avec *ordre successif*, c'est-à-dire pour produire leur effet l'une après l'autre : la première au profit du grevé et pendant toute la durée de sa vie, la deuxième au profit de l'appelé, pour après la mort du grevé et s'il lui a survécu. En un mot, le disposant règle le sort des biens substitués, dans sa propre succession d'abord (au moins quand la disposition est faite par testament), puis dans la succession du grevé, en ce sens qu'il désigne l'héritier du grevé quant à ces biens. La succession du grevé présente donc ce singulier spectacle qu'une partie des biens dont elle se compose est déférée, suivant les règles du droit commun, aux héritiers

(1) *Sic*. Aubry et Rau, VII, p. 314, § 694 ; Laurent, XIV, n. 435 et les auteurs cités dans Fuzier Herman, sur l'art. 896, n. 152.

(2) V. Cass., 31 mai 1865, S., 65. 1. 353, D., 65. 1. 439, 15 mai 1877, S., 73. 1. 264, D., 77. 1. 111 ; 28 déc. 1881, S., 82. 1. 155, D., 82. 1. 246, et 17 avril 1894, D., 94. 1. 323.

désignés par la loi ou à ceux qu'il s'est lui-même choisis par son testament, et l'autre, celle qui comprend les biens substitués, d'après un ordre particulier réglé par le disposant. Eh bien, c'est cet ordre successif, *ordo successivus*, parallèle à celui de la loi, contraire à celui de la loi, qui a toujours formé et qui forme encore le trait le plus caractéristique de la substitution fidéicommissaire prohibée par l'art. 896. Notre loi ne veut pas, et en cela elle a bien raison, que le disposant puisse ainsi régler l'avenir pour des générations entières.

En résumé, l'*ordo successivus* existe, lorsque la propriété des biens, faisant l'objet de la disposition, repose successivement sur deux têtes; l'institué est propriétaire jusqu'à sa mort; à ce moment, les biens passent au substitué, qui en devient propriétaire à son tour, s'il a survécu au grevé. L'un et l'autre tiennent, d'ailleurs, leur droit du disposant, mais avec cette différence que le premier le tient directement, et le deuxième indirectement, obliquement.

3136. Cette troisième condition de l'ordre successif revient donc, en définitive, à dire que, pour qu'il y ait substitution prohibée, il ne suffit pas qu'il y ait charge de conserver et de rendre, mais qu'il faut que la charge de rendre soit reportée *au décès du grevé*. Mais, en exigeant cette condition, n'exigeons-nous pas plus que l'art. 896, qui parle purement et simplement de la charge de conserver et de rendre, sans ajouter, comme nous le faisons, que l'exécution de cette charge doive nécessairement se placer au moment du décès du grevé? Non : car l'art. 896 doit être interprété d'après la tradition; or, dans les dispositions que notre ancien droit autorisait sous le nom de substitutions fidéicommissaires ou *substitutions* tout court, la charge de restitution était reportée au décès du grevé, en d'autres termes dans les dispositions considérées et validées comme substitutions, la charge de rendre impliquait la charge de rendre au décès du grevé. C'est ce que constate Thévenot : « Nos substitutions ne se font communément que pour avoir lieu au décès du grevé », nous dit-il, dans son savant traité des substitutions [1]. Or, il a été dit et répété, dans les discussions

[1] Thévenot, p. 102, n. 285 et 286.

auxquelles l'art. 896 a donné lieu, que ce sont là précisément les dispositions que l'on a entendu prohiber.

Expliquée par la tradition et les travaux préparatoires du code civil, la loi ne saurait être douteuse.

Aussi les auteurs s'accordent-ils à reconnaître que toute disposition entraînant charge de conserver et de rendre, mais dans laquelle l'exécution de la charge ne se place pas au décès du grevé, se trouve, par cela même, en dehors du cercle d'application de l'art. 896 [1].

3137. Vainement objecte-t-on qu'on en arrive ainsi à valider des dispositions qui peuvent présenter, en définitive, les mêmes inconvénients que les substitutions.

L'objection n'a rien de décisif. Il ne s'agit pas, en effet, de savoir si les dispositions dont nous parlons peuvent, partiellement au moins, entraîner les inconvénients des substitutions prohibées. Il s'agit uniquement de préciser les dispositions que, dans l'art. 896, les rédacteurs du code civil ont eu en vue en parlant de substitutions. Nous l'avons dit, en présence de la tradition et des travaux préparatoires du code civil, la réponse ne saurait faire doute. On ne peut s'attacher à autre chose qu'à la lettre même de la loi, alors surtout qu'il s'agit d'une prohibition aussi rigoureuse que la prohibition dont l'art. 896 frappe les dispositions qu'il vise.

3138. Il est, d'ailleurs, bien évident que, pour qu'il y ait ordre successif, il n'est nullement nécessaire que la disposition arguée de substitution fixe en termes exprès, à la mort du grevé, l'époque de la restitution à faire aux appelés. Le texte de la loi ne l'exige point, puisqu'il ne parle même pas de l'époque à laquelle la restitution doit être faite pour qu'il y ait substitution. Aussi ne saurait-on l'exiger, sans aller bien au-delà des termes de la loi. Il faut, mais il suffit qu'il résulte de l'ensemble des clauses de la disposition, souverainement appréciée à ce point de vue par les juges du fait, que l'intention du disposant a bien été de reporter au décès du grevé l'époque de la restitution qu'il lui imposait [2].

[1] *Sic*, Laurent, XIV, n. 446; Demolombe, *Don.*, I, n. 95; Aubry et Rau, VII, p. 314, § 694; Huc, VI, n. 19.

[2] *Sic*, Laurent, XIV, n. 451.

3139. En analysant, au point de vue juridique, la notion de l'ordre successif, on voit qu'en définitive il implique nécessairement deux conditions essentielles qu'on a parfois présentées comme des caractères constitutifs et distincts de la substitution prohibée. C'est d'abord l'éventualité du droit des appelés; c'est, en second lieu, ce que les auteurs appellent, suivant l'expression consacrée, le trait de temps.

A. *De l'éventualité du droit des appelés.*

3140. Avant le décès de leur auteur, les héritiers présomptifs n'ont sur les biens qu'ils sont appelés à recueillir aucun droit, même conditionnel. C'est seulement la mort de leur auteur qui donne ouverture à leur droit. Jusque là, celui-ci reste purement éventuel et ne saurait rétroagir au delà du moment même où il s'est ouvert.

Telle est précisément la situation faite aux appelés, dans la substitution, jusqu'au moment du décès du grevé. Jusque là, leur droit reste purement éventuel. Même s'il s'ouvre, il ne datera jamais que du jour où il s'est ouvert, c'est-à-dire du jour du décès du grevé.

En définitive, pendant la vie du grevé, les appelés sont donc, en ce qui concerne les biens substitués, exactement dans la même situation que les héritiers présomptifs, en ce qui concerne les biens de la succession qu'ils sont appelés à recueillir. Jusqu'au décès du grevé, le droit des appelés reste tout aussi incertain que celui des héritiers présomptifs.

C'est à ce moment seulement que se règle le sort des biens compris dans la substitution, et qu'on sait si ces biens iront aux appelés ou resteront, au contraire, dans la succession du grevé pour être dévolus à ses héritiers.

3141. Il est, d'ailleurs, impossible de caractériser le droit des appelés pendant la vie du grevé, en le qualifiant de droit conditionnel. Ce serait oublier que, dans notre droit, tout droit conditionnel est essentiellement rétroactif, et que tel n'est point le droit des appelés. Aussi, pour le caractériser, doit-on dire de lui ce qu'on dit du droit des héritiers présomptifs, avant que s'ouvre la succession de leur auteur : à savoir qu'il est un droit purement éventuel.

3142. C'est précisément parce qu'il n'y a rien d'incertain et d'éventuel dans le droit qu'il ouvre au profit de ceux qui sont appelés à le recueillir, que le fidéicommis à terme ne saurait être annulé comme entaché de substitution prohibée.

Ainsi un testateur a dit : « Je lègue tel immeuble à Primus, à la charge de le rendre à Secundus au bout de cinq ans ».

C'est un fidéicommis à terme.

Les auteurs s'accordent à reconnaître que ce fidéicommis ne saurait être prohibé en vertu de l'art. 896 [1].

Il ne présente, d'ailleurs, aucun des inconvénients qu'on a voulu éviter en prohibant les substitutions, notamment il ne fait naître aucune incertitude dans la propriété. Quoi qu'il arrive, Primus ne deviendra jamais propriétaire irrévocable; en supposant que Secundus meure avant l'époque fixée pour la restitution, elle devra être faite à ses héritiers.

B. *Le trait de temps.*

3143. Le trait de temps c'est l'intervalle qui, dans l'intention du disposant, sépare la disposition faite au profit du grevé de la disposition faite au profit de l'appelé. Il n'y a substitution qu'autant que la propriété des biens compris dans la disposition doit rester, pendant un certain temps, sur la tête du grevé avant de passer sur celle de l'appelé. Celui-ci reçoit sans doute du disposant, mais il reçoit par l'intermédiaire du grevé et, tout en tenant ses droits du disposant, ce n'est point à ce dernier mais au grevé qu'il succède : c'est la propriété du grevé que, lors de l'ouverture de la substitution, la propriété de l'appelé remplace, sans toutefois l'effacer.

3144. D'ailleurs, pour être caractéristique de la substitution, le trait de temps ne doit pas être quelconque. L'ordre successif qu'établit la substitution suppose nécessairement que le trait de temps doit durer pendant toute la vie du grevé que c'est seulement au moment où s'ouvre la succession de

[1] *Sic*, Laurent, XIV, n. 450; Demolombe, *Don.*, I, n. 68 s.; Aubry et Rau, VII, p. 313, § 694.

celui-ci que doit s'ouvrir le droit des appelés. De là cette conséquence que c'est à ce moment là seulement qu'on aura à se préoccuper de la question de savoir si les appelés sont ou non capables de recueillir la disposition qui a été faite à leur profit.

3145. Nous insistons sur ce caractère de la substitution, car c'est lui qui permet de distinguer la substitution prohibée d'une disposition qui non seulement présente avec elle une grande analogie, mais encore offre une partie de ses inconvénients : nous voulons parler soit des fidéicommis, soit des legs conditionnels.

Qu'on puisse faire des legs ou des fidéicommis sous condition, on ne peut songer à le nier, en présence de l'art. 1040 du code civil qui les autorise positivement. Ce texte décide, en effet, que le testateur peut subordonner à des conditions l'effet des dispositions testamentaires qu'il croit devoir laisser. Sans doute, les legs ou les fidéicommis conditionnels entraînent une partie des inconvénients qui résultent des substitutions. Comme celles-ci, ils laissent incertaine, pendant un temps plus ou moins long, la propriété des biens qui y sont compris. Mais, entre le legs ou le fidéicommis conditionnel et la substitution, subsiste toujours cette différence essentielle, qu'une fois accomplie la condition à laquelle se trouve subordonné le legs ou le fidéicommis, le gratifié succède directement au testateur. Par l'effet de la rétroactivité de la condition, la période d'incertitude est effacée, la propriété du légataire remonte au jour même où a cessé la propriété du disposant. On ne rencontre pas le trait de temps que, dans la substitution, l'intermédiaire du grevé met entre la propriété du substituant et celle de l'appelé.

3146. Lorsque la condition à laquelle se trouve subordonnée la libéralité est de nature à se réaliser à un moment autre que le décès de celui qui est tenu d'en subir les chances, il ne peut guère s'agir d'appliquer l'art. 896 et de parler de substitution prohibée.

C'est, par exemple, un testateur qui a disposé dans les termes suivants : « Je lègue tous mes biens à Pierre, mais, s'il vient à être condamné pour quelque délit, je lui substitue Paul » [1].

De même encore un testateur a légué ses biens à Pierre mais, pour le cas où Pierre viendrait à mourir avant d'avoir atteint sa majorité, il lui substitue Paul [2].

C'est avec raison, croyons-nous, qu'on a refusé d'appliquer à des dispositions de ce genre la prohibition dont l'art. 896 frappe les substitutions. Sans doute, ces dispositions entraînent une période d'incertitude. Mais, d'une part, cette période d'incertitude ne dure pas nécessairement toute la vie de celui dans lequel on pourrait voir un grevé de substitution.

D'autre part, si la condition se réalise, le substitué tiendra directement ses droits du disposant, auquel il succèdera sans intermédiaire. Comment, dans ces conditions, prétendre que les dispositions soient faites dans un ordre successsif et, partant, comment appliquer l'art. 896 du code civil ?

3147. La question est plus délicate si la condition à laquelle est subordonnée la libéralité est de nature à ne pouvoir se réaliser qu'au décès de celui auquel incomberait le rôle de grevé, à supposer qu'on voie une substitution dans la disposition dont il s'agit.

Toutefois, si la condition est suspensive, il paraît impossible de dégager les éléments de la substitution prohibée. Il s'agit, par exemple, d'un testateur qui a légué l'immeuble A à Primus sous la condition suspensive qu'il aura des enfants ; si Primus meurt sans enfants, l'immeuble A est légué à Secundus. Il est certain qu'on ne saurait, en pareil cas, prétendre appliquer l'art. 896. Aucun des légataires n'est tenu de conserver et de rendre à l'autre les biens reçus par lui du testateur. Pour tous, la dévolution de la propriété est suspendue jusqu'à l'arrivée de la condition : il n'y a, parmi eux, ni grevé ni substitué, partant, pas de substitution et pas d'application possible de l'art. 896.

Dira-t-on que le grevé c'est l'héritier éventuellement chargé

(1) V. sur cette espèce Bastia, 22 mai 1854, S., 54. 2. 289, D., 55. 2. 10.

(2) V. notamment Cass., 25 fév. 1885, S., 85. 1. 216, D., 87. 5. 427 et 16 juill. 1885, S., 86. 1. 103, D., 86. 1. 289.

d'acquitter les legs faits à Primus ou à Secundus suivant l'évènement de la condition?

Mais alors c'est un grevé qui est tenu de rendre le bien objet du legs sous une condition qui n'est nullement de nature à ne se réaliser qu'à l'époque de son décès et, partant, nous ne sommes plus dans l'hypothèse que nous examinons.

3148. Que si, au contraire, la condition est résolutoire, la question ne va pas sans soulever de sérieuses difficultés.

Il s'agit, par exemple, d'un testateur qui a légué l'immeuble A à Primus et qui a ajouté que, si Primus mourait sans enfants, il léguait cet immeuble à Secundus.

En pareil cas, il faut bien reconnaître que la disposition présente avec la substitution prohibée, une analogie trop manifeste pour que son maintien puisse toujours paraître compatible avec la prohibition rigoureuse de l'art. 896 du code civil. La seule différence qui puisse alors se dégager entre la substitution prohibée que frappe l'art. 896 et le fidéicommis ou legs conditionnel qu'autorise l'art. 1040, c'est que, dans ce dernier, grâce à la rétroactivité de la condition, le gratifié, appelé à en profiter, succède directement au disposant et tient de lui sa propriété, sans nul intermédiaire. Le trait de temps, caractéristique de la substitution, manque donc en réalité et, partant, il semble qu'on doive écarter l'art. 896.

3149. Mais si l'on songe que la rétroactivité, effaçant la propriété de celui des gratifiés qui avait reçu sous condition résolutoire, n'est qu'une simple fiction, que, par suite, en fait et dans la réalité des choses, ce gratifié paraît bien jouer, entre le disposant et l'autre gratifié, un rôle d'intermédiaire, on comprend les hésitations que peuvent avoir les juges à écarter l'art. 896 et à valider, par application de l'art. 1040, une disposition présentant parfois, avec les substitutions prohibées, de frappantes analogies [1].

En définitive, tout dépend de ce qu'a entendu faire le testateur et ce sont les faits et les circonstances de la cause qui,

[1] V. notamment Cass., 7 mars 1876, S., 77. 1. 17 et 15 mai 1877, S., 77. 1. 264.

rapprochés des termes du testament, permettent de dégager la volonté du testateur et de déterminer si on doit s'attacher à l'application de l'art. 896 ou à celle de l'art. 1040 (1).

N° 4. **Application.**

3150. Nous venons d'indiquer les différents caractères de la substitution prohibée : double libéralité des mêmes biens, faite, avec ordre successif, au profit de deux personnes différentes et avec charge de conserver et de rendre.

Toute disposition qui réunit ces caractères tombe sous le coup de la prohibition formulée par l'art. 896, alors même qu'ils seraient plus ou moins habilement dissimulés dans les replis de l'acte qui contient la libéralité. Autrement il serait vraiment trop facile aux disposants d'éluder la loi (2).

Mais, par contre, dès qu'un de ces caractères constitutifs de la substitution prohibée ne peut être relevé dans la disposition incriminée, il devient impossible d'appliquer l'art. 896.

Nous allons passer en revue un certain nombre d'hypothèses où l'application de l'article 896 peut paraître douteuse, à raison surtout des analogies que certaines institutions peuvent présenter avec la substitution prohibée, sans qu'il puisse être question de leur appliquer les règles de celle-ci.

A. *Substitution vulgaire et substitution prohibée.*

3151. Nous avons vu que la prohibition générale de l'article 896 du code civil ne saurait être appliquée à la substitution vulgaire (3).

Cela n'est pas douteux.

Ce qui l'est parfois, c'est le point de savoir si on se trouve en présence d'une substitution vulgaire ou d'une substitution prohibée. En disant qu'il institue Primus et qu'il lui substitue Secundus, le testateur a-t-il entendu faire une substitution fidéicommissaire ou simplement une substitution vulgaire?

(1) En ce sens Cass., 18 juin 1873, S., 74. 1. 10.
(2) En ce sens Aix, 27 juin 1881, S., 84. 2. 173. D., 82. 2. 5.
(3) Voyez ci-dessus n. 3057 s.

Les termes du testament peuvent laisser la question incertaine.

En traitant de l'interprétation des substitutions, nous examinerons à quelle interprétation il convient de s'attacher en cas de doute sur les intentions du disposant.

Ce que nous nous proposons uniquement d'indiquer ici, c'est le trait essentiel et caractéristique qui distingue la substitution vulgaire de la substitution fidéicommissaire et ne saurait permettre aucune confusion entre elles, dès qu'il est possible de le dégager.

Pour qu'il y ait substitution vulgaire, il faut que le substitué soit appelé à recueillir la libéralité faite à l'institué, dans le cas où ce dernier ne pourrait ou ne voudrait pas la recueillir. Mais si le substitué est appelé à recueillir la libéralité dont il est gratifié, même après que l'institué l'aura lui-même recueillie, il n'y a plus simplement substitution vulgaire; il y a substitution fidéicommissaire et l'article 896 devient applicable. Le seul fait qu'une substitution fidéicommissaire constitue en même temps une substitution vulgaire et peut être validée à ce titre, ne saurait évidemment permettre d'écarter l'art. 896.

Tout dépend donc de la volonté du disposant et c'est aux juges du fait qu'il appartient de dégager cette volonté, en s'attachant à la fois aux termes de la disposition et aux circonstances de la cause [1].

B. *Droit d'accroissement et substitution prohibée.*

3152. Théoriquement, il est facile d'indiquer la différence essentielle qui distingue la substitution du droit d'accroissement.

La substitution suppose deux personnes appelées successivement à recueillir la même libéralité. Au contraire, le droit d'accroissement suppose deux personnes appelées en même temps à recueillir la même libéralité. En cas de défaillance de l'une d'entre elles, l'autre est admise à en profiter et

[1] *Sic*, Cass., 15 janvier 1812, S. chr., D. *Rép.*, v° *Substitution*, n. 106. — Voyez également Cass., 26 décembre 1836, D. *Rép.*, v° *Substitution*, n. 218.

ajoute, à sa propre part, la part que ne peut recueillir le défaillant. Mais, en vertu du droit d'accroissement, jamais l'un des colégataires ne saurait être admis à recueillir ce qui a été déjà été recueilli par ses colégataires.

3153. Pratiquement, la distinction est parfois délicate, à raison de l'ambiguité des termes employés par le disposant et des difficultés qu'on peut avoir à dégager sa volonté.

Ainsi, un testateur a légué une maison à son neveu pour en jouir, lui et ses enfants mâles, en toute propriété. Y avait-il substitution au profit des enfants mâles ou libéralité conjointe appelant à la fois le neveu et ses enfants mâles? Il a été jugé que les enfants mâles étaient institués conjointement avec leur père, ce qui excluait la substitution [1].

Mais supposons un testateur qui aurait fait la disposition suivante : « Je donne mon domaine de N. à mes deux frères, et la portion de celui qui mourra le premier, sans enfants, accroîtra au survivant ».

Comment entendre cette disposition?

Evidemment, il paraît difficile d'admettre que, par elle, le testateur ait envisagé la défaillance possible de l'un de ses frères et ait entendu en régler les effets.

Il est infiniment probable que le testateur a supposé que ses deux frères recueilleraient la libéralité dont il les gratifiait. Dans ces conditions, il ne s'agit plus de libéralités conjointes, mais bien de libéralités successives. Il y a évidemment, pour chaque frère, obligation de conserver jusqu'à son décès le bien donné, et de le restituer à cette époque, s'il n'a pas d'enfants, à son frère survivant. Tout ce qu'il y a de particulier à cette hypothèse, c'est que la substitution est bilatérale; mais on ne voit pas comment cette circonstance pourrait l'*innocenter*, ainsi que le dit Coin-Delisle.

3154. En définitive, dès qu'en parlant d'accroissement le testateur n'entend pas régler la dévolution d'une libéralité caduque, par suite du prédécès ou de la répudiation de celui qui en était gratifié, mais bien la dévolution d'une libéralité déjà recueillie, il n'y a plus accroissement, au sens légal du

(1) *Sic*, Cass., 17 novembre 1818, S. chr., D. *Rép.*, v° *Disposition*, n. 311.

ot. Bien que présentées comme conjointes, les libéralités 'en sont pas moins successives et, partant, il y a lieu d'appliquer l'art. 896, si, d'ailleurs, se trouvent réunis les autres aractères de la substitution prohibée [1].

C. Droit de retour et substitution prohibée.

3155. Il n'est pas douteux qu'une substitution prohibée uisse se cacher sous la forme de la stipulation d'un droit de etour.

Supposons, par exemple, une disposition ainsi conçue : Je donne ma maison à Primus et, si Primus meurt sans nfants, cette maison fera retour à Secundus ». C'est là une isposition dans laquelle il est possible de dégager tous les léments de la substitution prohibée. Ne revient-elle pas, en léfinitive, à la disposition suivante : « Je donne ma maison Primus; je le charge de la conserver jusqu'à sa mort et. 'il ne laisse pas d'enfants, de la rendre à cette époque à Secundus? »

Est-ce à dire que, dans toute stipulation d'un droit de retour aite au profit d'un tiers, on doive voir une substitution prohibée ?

Nombre d'auteurs le pensent et c'est par là qu'ils expliquent a disposition de l'art. 951-2° du code civil [2].

Mais, en étudiant ce texte, nous avons vu que rien n'était noins certain que d'expliquer l'art. 951-2° par la prohibition lont l'art. 896 frappe les substitutions. Toute substitution suppose deux libéralités distinctes faites avec ordre successif. Or, s'il se peut que le disposant ait entendu gratifier successivement deux donataires, il se peut très bien aussi qu'il ait entendu faire des dispositions conditionnelles. Se heurtant à la lisposition de l'art. 951-2°, la stipulation de retour ne pourra, en tout cas, être exécutée, mais ce sera en tant qu'elle est contraire à ce texte et non en tant que constituant une substitution prohibée [3].

(1) V. not. Cass., 18 juin 1873, S., 74. 1. 5 et 25 février 1885, S., 85. 1. 216, D., 87. 5. 427.

(2) *Sic*, Aubry et Rau, VII, p. 305 et 315, § 694 et les auteurs cités dans Fuzier-Herman, sur l'art. 896, n. 31.

(3) V. ci-dessus, I. n. 1508.

En définitive, la question de savoir si, en stipulant un droi de retour, le disposant a entendu faire une substitution o soumettre à une condition résolutoire au profit d'un tiers l libéralité dont il se dépouillait, nous paraît, avant tout, un question de fait que les tribunaux doivent résoudre d'aprè les circonstances de la cause [1].

3156. Ce que nous disons pour le cas où la stipulation d droit de retour est écrite au profit d'un tiers, nous devons l dire également pour le cas où elle est écrite au profit de héritiers.

Le donateur a dit par exemple : « Je donne à Primus m maison mais, s'il meurt sans enfants, cette maison fera retou à mes héritiers ».

L'art. 951 reste formel, cette stipulation est illicite comm la précédente.

Est-ce à dire qu'elle constitue une substitution prohibée

Non, si le donateur ne s'est pas proposé de gratifier succes sivement Primus et ses héritiers, mais s'il a voulu subordon ner à une condition résolutoire la donation qu'il adressait Primus. C'est alors l'art. 900 et non l'art. 896 du code civi qu'il convient d'appliquer [2].

3157. Lorsque le droit de retour a été stipulé au profit d disposant et de ses héritiers, quelques auteurs maintiennen encore l'application de l'art. 896 [3].

Mais la jurisprudence et la majorité des auteurs ne voient dans cette stipulation, qu'une extension illicite du droit d retour.

On dit en ce sens : outre ce qui lui était permis, c'est-à-dir stipuler le retour pour lui-même, le donateur a fait ce qu lui était défendu, en le stipulant aussi pour ses héritiers Cette deuxième partie de la stipulation est illicite et, par con séquent, nulle; mais elle ne viciera pas la première qui es valable. *Utile per inutile non viciatur* [4].

[1] *Sic*, Laurent, XIV, n. 469.

[2] V. ci-dessus, I, n. 1507. — V. également dans le même sens Laurent, XIV, n. 472 ainsi que les auteurs et les arrêts cités dans Fuzier-Herman, sur l'art. 896, n. 39.

[3] V. les autorités citées dans Fuzier-Herman, sur l'art. 896, n. 35.

[4] *Sic*, Aubry et Rau, VII, p. 316, 9694, note 42.

Nous ne pouvons qu'approuver cette manière de voir [1]. Il nous semble seulement qu'elle compromet quelque peu la solution qu'on donne généralement pour le cas où la stipulation est écrite soit au profit d'un tiers, soit au profit des héritiers seulement. Si, en effet, on interprète ici dans le sens d'une condition résolutoire illicite la stipulation du droit de retour faite contrairement à l'art. 951-2°, il semble difficile de ne pas maintenir cette manière de voir, quand la stipulation est écrite au profit d'un tiers ou en faveur des héritiers du disposant sans l'être au profit de celui-ci.

D. *Legs ou fidéicommis conditionnels et substitutions prohibées.*

3158. Il n'est pas douteux que les testateurs peuvent subordonner à des conditions les libéralités de dernière volonté qu'ils croient devoir faire. Or, de même que la substitution, toute libéralité conditionnelle entraîne nécessairement, pour celui qui les détient *pendente conditione,* la charge éventuelle de conserver et de rendre les biens qui y sont compris.

Supposons un legs fait sous condition suspensive, il est indéniable que ce legs impose à l'héritier la charge de conserver les biens légués, afin de pouvoir les donner au légataire si la condition s'accomplit.

La charge éventuelle de conserver et de rendre est plus apparente encore dans le legs sous condition résolutoire. Est-ce que, tant que la condition reste en suspens, le gratifié n'est pas tenu de conserver les biens qu'il a reçus? Autrement, comment pourrait-il les restituer, si la condition s'accomplit contre lui?

Bien mieux, on peut supposer le même bien légué sous condition résolutoire à une personne et légué en même temps à une autre sous la condition suspensive inverse. Il s'agit, par exemple, d'un testateur qui a légué l'immeuble A à Primus. Mais il a décidé que le legs serait résolu si tel évènement venait à se produire et, en prévision de cette éventualité, l'immeuble A est légué à Secundus. Est-ce que de semblables dispositions n'engendrent pas, pour Primus, la charge éven-

[1] V. ci-dessus, I, n. 1504 s.

tuelle de conserver et de rendre à Secundus les biens qui font l'objet du legs?

3159. Lorsque la condition est telle qu'elle ne peut s'accomplir qu'au décès de celui qui, *pendente conditione*, est tenu éventuellement de conserver et de rendre les biens légués, l'analogie devient frappante entre la substitution et le legs conditionnel. C'est alors surtout que la distinction entre celui-ci et celle-là peut sembler délicate.

Ainsi un testateur s'est exprimé dans les termes suivants :

« Je lègue à Primus le domaine de B, mais si Primus meurt sans enfants, je lègue ce domaine à Secundus » ; ou encore, comme cela se rencontre fréquemment : « Je lègue à Primus le domaine de B, mais, s'il meurt sans enfants, je veux que ce domaine revienne à mes héritiers ».

Il est évident que l'exécution de semblables dispositions ne saurait trouver un obstacle dans l'art. 951-2° du code civil, puisque ce texte vise uniquement les dispositions entre vifs.

3160. Mais l'obstacle que de semblables dispositions ne trouvent point dans l'art. 951-2° du code civil, le trouvent-elles dans l'art. 896 de ce même code?

Nous ne le pensons point.

Si délicate que puisse être parfois la distinction entre le legs conditionnel et la substitution, on ne saurait la méconnaître. On le peut d'autant moins que la rigueur, avec laquelle le législateur sanctionne la prohibition qu'il édicte contre les substitutions, exige incontestablement que cette prohibition ne soit point étendue au-delà des limites qu'elle comporte.

3161. Si la distinction entre le legs conditionnel et la substitution devait être cherchée dans l'époque à laquelle doit se faire la restitution éventuelle qui leur est commune, il serait évidemment facile de délimiter le terrain d'application de l'art. 896 du code civil. Dès que cette restitution se placerait à la mort de la personne qui en est éventuellement tenue, il y aurait substitution et l'art. 896 deviendrait applicable.

Mais il suffit de parcourir les arrêts de la cour de cassation, pour se convaincre que telle n'a jamais été l'idée dont se soit inspirée la cour suprême et dont elle ait fait dépendre la solution des espèces à propos desquelles elle était appelée à se prononcer [1].

Ce n'eût été, du reste, rien moins qu'exact.

La charge éventuelle de conserver et de rendre, alors même que son exécution doit se placer au décès de celui qui en est tenu, figure sans doute dans les traits distinctifs de la substitution que prohibe l'art. 896, mais elle ne suffit point à la caractériser. Ce que la substitution suppose également, c'est une double transmission affectant successivement les biens substitués, c'est que, tout en tenant ses droits du disposant, l'appelé ne lui succède point mais succède au grevé; c'est, en d'autres termes, que celui-ci reste toujours un intermédiaire nécessaire entre le disposant et l'appelé.

Or, dans les legs ou fidéicommis conditionnels, il n'en est point ainsi.

Le testateur a, par exemple, légué l'immeuble A à Primus et, si celui-ci meurt sans enfants, il a légué le même immeuble à Secundus.

Il y a là, sans doute, pour Primus, tout comme s'il y avait substitution, charge éventuelle de conserver et de rendre à sa mort l'immeuble qui lui est légué.

Mais là s'arrête l'analogie entre cette disposition et la substitution prohibée.

Si Primus meurt sans enfants, son droit est résolu; non seulement Secundus tient alors son droit du testateur, mais il lui succède directement, leurs droits se touchent sans intermédiaire, puisque grâce à la rétroactivité des conditions, Primus est censé n'avoir jamais été propriétaire. Dès lors où est la double transmission dont la substitution suppose l'intervention successive, où est le *trait de temps* que la substitution implique?

3162. Qu'on le remarque, du reste, dans une disposition du genre de celle que nous examinons, c'est à la mort du testateur qu'il faut se placer, pour savoir si Secundus est capable de recueillir du testateur la libéralité que celui-ci lui

[1] V. notamment Cass., 29 fév. 1864, S., 64. 1. 167; 19 juin 1867, S., 67. 1. 299; D., 68. 1. 20; 28 nov. 1871, S., 71. 1. 223, D., 72. 1. 55 et les arrêts cités ci-dessus, n. 3149, p. 509 à la note.

adresse. Au contraire, quand il s'agit de substitution, c'est non à la mort du testateur mais au moment de la mort du grevé qu'il faut se placer, pour savoir si l'appelé est capable de recueillir la libéralité dont il est gratifié. Il en est ainsi dans les substitutions qu'autorisent exceptionnellement les art. 1048 s. du code civil. Or, il n'est pas douteux qu'il doive en être ainsi dans les substitutions qui restent sous l'empire de la prohibition générale de l'art. 896.

Cela seul suffit à établir entre la substitution prohibée et les fidéicommis ou legs conditionnels une différence essentielle qui permet de les distinguer, en dépit des analogies et des ressemblances qu'ils peuvent parfois présenter.

3163. Il est bien vrai que les legs conditionnels entraînent certains des inconvénients des substitutions prohibées. Comme celles-ci, ils ouvrent une période d'incertitude qui ne cesse qu'au jour de l'accomplissement des conditions auxquelles leur existence est subordonnée. Le législateur aurait pu partir de ce point de vue pour proscrire les legs conditionnels, tout au moins pour limiter les incertitudes qu'ils engendrent et, partant, en diminuer les inconvénients. C'est ce qu'il a fait dans l'art. 951-2° du code civil, à propos de l'hypothèse spéciale que vise ce texte. Il a, dans les donations entre vifs, permis la stipulation du droit de retour au profit du donateur seul; il la prohibe, au contraire, au profit des héritiers du donateur ou d'un tiers. Mais cette restriction, comme aussi celles qui résultent des art. 943 s. du code civil, est spéciale aux donations entre vifs. C'est vainement qu'on chercherait un texte limitant, pour les testateurs, la faculté de subordonner à des conditions les dispositions de dernière volonté. Bien au contraire, l'art. 1040 paraît supposer, chez les testateurs, la liberté la plus entière à ce point de vue.

Dès lors comment, sans qu'un texte y autorise, attenter à une liberté que le législateur a cru devoir laisser entière, en dépit des inconvénients que peut entraîner l'usage de cette liberté?

3164. D'ailleurs, comme on l'a fait remarquer avec raison, les inconvénients de la période d'incertitude qu'ouvre tout legs conditionnel, l'indisponibilité qui en résulte pour les

iens ainsi légués, sont beaucoup moins à redouter que les
nconvénients analogues engendrés par la substitution. Dans
elle-ci, en effet, ces inconvénients se doublent de cette cir-
onstance qu'ils sont le plus souvent irrémédiables. Les appe-
es qui doivent bénéficier de la substitution sont bien souvent
nconnus ; ils ne sont, parfois, pas même conçus, alors que la
ubstitution a produit ses effets au profit du grevé. On ne peut
es faire intervenir dans les actes qui sont passés entre le
revé et les tiers relativement aux biens substitués et rendre
insi ces actes incommutables, en réunissant les consente-
ments de tous les intéressés. Le grevé ne peut donc jamais
onsentir que des droits imparfaits, que des aliénations sou-
mises aux mêmes éventualités que sa propriété même. Les
iens substitués sont vraiment hors du commerce.

Il en est autrement quand il s'agit de la période d'incerti-
ude qu'ouvrent les fidéicommis ou les legs conditionnels. En
e cas, tous les intéressés sont connus. A côté du propriétaire
ont la propriété est éventuellement résoluble, il y a le pro-
priétaire appelé à profiter de cette résolution. Qu'on réunisse
eurs consentements et rien n'empêche de réaliser des alié-
nations définitives et incommutables.

L'indisponibilité des biens compris dans un legs condition-
nel n'est donc pas aussi dangereuse, puisqu'elle n'est point
ussi irrémédiable que celle des biens compris dans une
ubstitution.

3165. Si les observations qui précèdent sont exactes, nous
ne devons point hésiter à formuler la règle qui en résulte.
Lorsqu'un testateur veut se borner à distribuer ses biens
entre des personnes capables de recevoir de lui, il ne trouve
aucun obstacle insurmontable dans l'art. 896 du code civil.

Il peut donner ses biens à l'un sous une condition résolu-
toire, à l'autre sous la condition suspensive inverse. Quelle
que soit la condition, fût-elle de nature à ne s'accomplir
qu'au décès du légataire gratifié sous condition résolutoire,
peu importe, il n'y a pas de nullité dérivant de l'art. 896.

Ce texte n'intervient nécessairement qu'autant que le tes-
tateur a voulu faire ce que la substitution seule permet : faire
parvenir ses libéralités à des personnes qui, directement, ne

peuvent rien recevoir de lui, parce qu'elles ne sont point encore conçues au jour de son décès.

La jurisprudence n'a point encore formulé cette règle avec toute la netteté que nous lui donnons ici.

Mais c'est, à n'en pas douter, le terme d'une évolution qu'il est facile de dégager dans les arrêts de la cour suprême, relatifs à la difficulté que nous venons d'examiner.

Nous aurons l'occasion de le constater, à propos des legs d'usufruit et de nue propriété [1].

Nous pouvons également le constater au sujet des dispositions conditionnelles s'appliquant à la propriété pleine et entière [2].

E. *Dispositions en usufruit et en nue propriété et substitutions prohibées.*

3166. La disposition de l'usufruit d'un bien au profit d'une personne et de la nue propriété de ce même bien au profit d'une autre, ne peut être considérée comme contenant une substitution. Cela paraît si évident qu'on s'étonne que le législateur ait cru devoir le dire expressément.

L'art. 898 vient de décider que la substitution vulgaire ne saurait être comprise dans la prohibition générale que l'art 896 édicte contre les substitutions.

L'art. 899 ajoute :

« *Il en sera de même de la disposition entre-vifs ou testa-* » *mentaire par laquelle l'usufruit sera donné à l'un, et la nue* » *propriété à l'autre* ».

C'était à peine utile à exprimer.

La substitution suppose, comme nous l'avons vu, deux donations successives du *même bien*. Or, il y a bien ici une double donation; mais chacune a pour objet un bien différent : la première l'usufruit, la deuxième la nue propriété.

[1] V. ci-dessous, n. 3170 et les arrêts rapportés en note. — V. notamment Cass. 20 avril 1885, S., 85. 1. 430, D., 86. 1. 9 et 10 avril 1894, S., 94. 1. 503, D., 94. 1. 332

[2] V. notamment Cass., 19 mars, 18 juin et 29 juill. 1873, S., 74. 1. 6 et la savante note de M. Labbé; 25 fév. 1885, S., 85. 1. 216, D., 87. 5. 427; 16 juill 1885, S., 86. 1. 103, D., 86. 1. 289; 1er juill. 1891, S., 91. 1. 337, D., 92. 1. 145 et 20 déc. 1892, S., 94. 1. 501, D., 93. 1. 117.

c'est-à-dire deux droits parfaitement distincts. Il est vrai que le donataire de la nue propriété ne jouira qu'au décès du donataire de l'usufruit, et un examen superficiel pourrait faire croire que le donataire de l'usufruit est chargé de conserver son droit pendant toute sa vie, pour le rendre à l'époque de sa mort au donataire de la nue propriété. Mais ce n'est là qu'une fausse apparence : comment le donataire de l'usufruit pourrait-il être chargé de transmettre à sa mort un droit qui meurt avec lui ?

3167. Il n'y aurait même pas substitution dans la disposition qui établirait deux usufruits successifs.

C'est, par exemple, un testateur qui a fait la disposition suivante : « Je donne l'usufruit de tel immeuble à Paul et, à la mort de celui-ci, à Pierre ».

Il y a bien, ici, deux dispositions successives, mais elles n'ont pas pour objet le même bien : chacune porte sur un usufruit distinct. Comment, dirons-nous encore, le premier usufruitier pourrait-il être considéré comme chargé de conserver son droit pour le rendre à l'époque de sa mort au second usufruitier, puisque son droit meurt avec lui ? C'est donc un nouveau droit d'usufruit qui, lors de la mort du premier usufruitier, prend naissance au profit du second ; celui-ci le tient tout entier du disposant et nullement du premier usufruitier. Le droit du second est tenu en échec par le droit du premier, voilà tout.

3168. Les mêmes principes conduisent à décider que la disposition suivante ne serait pas entachée de substitution : « Je lègue l'usufruit de mes biens à Primus et à Secundus ; le survivant aura l'usufruit de la totalité ». Chaque légataire reçoit à l'ouverture du legs l'usufruit de la moitié du bien. Chacun a droit, en outre, à l'usufruit de l'autre moitié, sous la condition qu'il survivra à son colégataire. Nous sommes donc en face de légataires gratifiés cumulativement d'un legs pur et simple et d'un legs conditionnel.

3169. Thévenot, que nous avons déjà cité plusieurs fois, voyait une substitution dans la disposition suivante : « Je lègue l'usufruit de mes biens à mon neveu, et la nue propriété à ses enfants nés et à naître ».

Mais cette solution, qui pouvait se justifier jusqu'à un certain point à une époque où les substitutions étaient permises et même vues avec faveur, ne saurait être admise sous l'empire d'une législation qui, comme celle du code civil, prohibe les substitutions et annule les dispositions faites en violation de cette prohibition.

On devrait prendre la disposition dont il s'agit pour ce qu'elle est en réalité, c'est-à-dire la considérer comme contenant un double legs, l'un de l'usufruit au neveu, l'autre de la nue propriété à ses enfants. Aussi, le legs de la nue propriété ne pourrait-il profiter qu'aux enfants conçus lors du décès du testateur. Cela résulte nécessairement des termes de l'art. 906 du code civil. Pour être capable de recevoir par testament, il faut au moins être conçu lors du décès du testateur.

3170. D'ingénieux testateurs se sont évertués à employer la combinaison des dispositions en usufruit et en nue propriété, afin d'éviter les chances possibles de nullité que leurs dispositions auraient pu trouver dans l'art. 896 du code civil, si ces dispositions avaient eu trait à la propriété pleine et entière.

Voici, par exemple, la disposition que, sous des formes quelque peu différentes, les tribunaux ont eu le plus souvent à apprécier :

« Je lègue à Paul purement et simplement l'usufruit de tels ou tels biens déterminés. Pour le cas où Paul laisserait en mourant une postérité légitime, je lui lègue la nue propriété des mêmes biens. Dans le cas contraire, je lègue à Pierre la propriété des biens déjà désignés, réserve faite de l'usufruit légué purement et simplement à Paul ».

On peut considérer la jurisprudence comme fixée désormais dans le sens de la validité des dispositions de ce genre [1].

3171. Mais il faut bien reconnaître que, sous cette forme, le testateur arrive aux mêmes résultats qu'avec une disposition conçue dans les termes suivants :

[1] Cass., 30 avril 1855, S., 56. 1. 607, D., 55. 1. 207; 8 fév. 1869, 2me espèce S., 1869. 1. 355, D., 70. 1. 13; 18 juin et 29 juill. 1873, S., 74. 1. 6, D., 74. 1. 53; 20 avril 1885, S., 85. 1. 440, D., 86. 1. 9 et 10 avril 1894, S., 94. 1. 503, D., 94. 1. 332.

« Je lègue à Paul tels biens déterminés, mais s'il meurt sans enfants, je les lègue à Pierre ».

Il est évident qu'entre cette disposition et la précédente il n'y a qu'une simple différence de forme. Léguer à quelqu'un l'usufruit, et vouloir que cet usufruit se transforme en propriété, si le légataire laisse en mourant une postérité légitime, c'est, en d'autres termes, atteindre le même but que léguer à quelqu'un une propriété résoluble pour le cas où il mourra sans enfants. Au fond, on cherche vainement une différence entre ces deux dispositions.

Aussi avions-nous raison de dire que la jurisprudence ne pouvait reconnaître la validité de l'une, sans être nécessairement amenée à consacrer la validité de l'autre [1].

Sans doute, lorsqu'ils auront la volonté très fréquente et très naturelle d'avantager une personne sous la condition qu'elle laissera, à sa mort, des enfants légitimes et lorsqu'ils entendront faire passer les mêmes biens à une autre personne, si cette condition ne se réalise point, les testateurs agiront prudemment peut-être, en employant la forme qui, la première, a prévalu devant les tribunaux : la combinaison des libéralités en usufruit et en nue propriété. Mais nous pensons que la jurisprudence est, dès maintenant, engagée trop avant dans l'évolution que nous avons signalée, pour que l'emploi de cette forme détournée s'impose et que les testateurs risquent de voir annuler leurs dispositions s'ils omettent d'y recourir [2].

F. *Convention aléatoire et substitution prohibée.*

3172. Il semble qu'il soit à peine besoin de dire que la prohibition de l'art. 896 n'a pas d'application possible en matière de conventions commutatives.

Il importe cependant de l'indiquer, à raison de difficultés qui se sont parfois présentées.

C'est ce qui est arrivé dans l'hypothèse suivante : Plusieurs copropriétaires d'un même immeuble conviennent que la

(1) V. ci-dessus, n. 3165.
(2) V. ci-dessus, n. 3165.

part des prémourants accroîtra aux survivants, de sorte que celui qui survivra à tous les autres se trouvera être propriétaire de la totalité de l'immeuble.

On a soutenu que cette convention était entachée de substitution et tombait, à ce titre, sous l'empire de la prohibition générale de l'art. 896.

Mais cela nous paraît manifestement inadmissible.

En effet, la substitution suppose nécessairement une donation, et même une double donation ; or, ici, il n'y a qu'une convention intéressée de part et d'autre, à titre onéreux par conséquent : chaque copropriétaire stipule le droit de recueillir la part des autres, s'il leur survit, comme contre-valeur de la chance qu'il court de perdre la sienne, s'il prédécède. C'est une sorte de *tontine*.

L'art. 896 est évidemment sans application possible [1].

N° 5. Règles à suivre pour l'interprétation des dispositions qui sont attaquées comme contenant une substitution prohibée.

3173. L'interprétation des dispositions attaquées comme contenant une substitution rentre évidemment dans la mission des juges du fait. Ils doivent rechercher ce qu'a voulu le disposant et, si sa volonté est contraire à la loi, si la disposition, telle qu'il a entendu la faire, contient les éléments de la substitution prohibée, ils doivent en déclarer la nullité.

Quant aux éléments que les juges doivent faire entrer dans leur appréciation, ce sont, avant tout et surtout, les termes mêmes de la disposition. Au besoin, les juges doivent combiner et rapprocher entre elles les différentes parties dont la disposition se compose : souvent elles s'éclaireront mutuellement.

Il n'est, d'ailleurs, pas douteux que les juges peuvent, en dehors des termes mêmes de la disposition, chercher et dégager, dans les faits de la cause, toutes les circonstances de nature à les éclairer sur la véritable pensée du disposant.

3174. Mais la décision par laquelle les juges du fait décident que telle disposition est ou non entachée de substitution

[1] V. sur une espèce analogue Riom, 25 fév. 1825, S. chr., D. *Rép.*, v° *Substitution*, n. 199.

prohibée, constitue-t-elle une décision souveraine échappant au contrôle de la cour de cassation ?

Il faut, à notre avis, répondre affirmativement ou négativement, suivant les conditions dans lesquelles se présente la disposition à propos de laquelle la décision est rendue.

3175. Lorsque la clause incriminée est claire et précise, quand ses termes ne présentent aucune ambiguïté qui oblige à rechercher la véritable volonté du disposant, la seule question qui se pose consiste à savoir si cette clause, telle qu'elle est, contient ou non une substitution prohibée.

Or, il est évident qu'il ne s'agit pas là d'une simple question de fait, mais d'une véritable question de droit, consistant à déterminer les effets juridiques et légaux d'une disposition à titre gratuit déterminée.

Dans ces conditions, la cour de cassation est nécessairement amenée à exercer son contrôle, à examiner si, en décidant que, des termes de la clause dont il s'agit de préciser la portée, résulte ou non la charge de conserver et de rendre prévue et prohibée par l'art. 896, les juges ont fait une application exacte de ce texte.

Aussi, dans les nombreux arrêts qu'elle a rendus sur la question, la cour suprême se réserve toujours le droit de contrôler, sur ce point, la décision des juges du fond [1].

3176. Mais si, au lieu d'être claire et précise, la clause arguée de substitution est équivoque, ambiguë, s'il y a lieu de rechercher et de dégager l'intention du disposant, cela rentre dans les attributions souveraines des juges du fond et l'appréciation que ceux-ci font de cette intention est une question de fait, échappant, à ce titre, à la censure de la cour suprême. En d'autres termes, tant qu'il s'agit seulement de rechercher et de dégager les intentions du disposant, la question est de pur fait; dès qu'il ne s'agit plus de déterminer et de fixer ces intentions, mais de décider si, avec la portée qui leur est reconnue, elles tombent ou non sous le coup de la prohibition de l'art. 896, la question devient une question de

(1) V. notamment Cass., 30 avril 1855, S., 56. 1. 607, D., 55. 1. 207 ; 25 janv. 1865, S., 65. 1. 73, D., 65. 1. 74 ; 4 déc. 1865, S., 66. 1. 70, D., 66. 1. 38 ; 10 fév. 1891, S., 91. 1. 105, D., 91. 1. 294.

droit et, partant, la cour de cassation est, par là même, appelée à exercer son contrôle.

La jurisprudence est unanime sur la question [1].

3177. On peut supposer que, malgré tous leurs efforts, les juges du fait ne parviennent point à dégager avec certitude la volonté du disposant et à fixer le sens d'une disposition qui se prête à une double interprétation.

Dans le cas où l'une de ces interprétations conduirait à dire que la disposition est entachée de substitution prohibée, tandis que l'autre conduit à écarter l'art. 896, les juges du fond doivent certainement, toutes choses égales d'ailleurs, s'en tenir à cette seconde interprétation. Celle-ci est en effet favorable, puisqu'elle permet le maintien de la disposition, alors que la première entraîne nécessairement sa nullité. Or, dans le doute, on ne doit pas supposer que le disposant ait entendu violer la loi et introduire, dans sa disposition, une cause de nullité.

C'était déjà le principe d'interprétation que donnaient, en pareil cas, les jurisconsultes romains. *Interpretandus est actus potius ut valeat quam ut pereat* [2].

C'est aussi la règle d'interprétation que donne l'art. 1157 du code civil, en matière de conventions.

Aussi on comprend que la jurisprudence n'ait point hésité à s'y conformer en notre matière.

Les arrêts sont unanimes [3].

C'est aussi l'opinion de tous les auteurs [4].

3178. Le principe d'interprétation que nous venons de dégager nous conduit à parler de la substitution *compendieuse*.

On désignait autrefois, sous ce nom, la disposition qui pouvait être considérée soit comme une substitution vulgaire,

[1] *Sic*, Cass., 4 déc. 1865, S., 65. 1. 73, D., 65. 1. 74; 8 juin 1875, S., 75. 1. 423; 1er juill. 1891, S., 91. 1. 337, D., 92. 1. 145; 8 nov. et 20 déc. 1892, S., 94. 1. 501, D., 93. 1. 117.

[2] V. la loi 12, D., *De rebus dubiis*, XXXIV, 5.

[3] V. notamment en ce sens Cass., 20 avril 1885, S., 85. 1. 440, D., 86. 1. 9; 6 fév. 1889, S., 89. 1. 454, D., 89. 1. 62; 10 fév. 1891, S., 91. 1. 105, D., 93. 117.

[4] *Sic*, Aubry et Rau, VII, p. 317, § 694; Demolombe, *Don.*, I, n. 157 s.; Laurent, XIV, n. 393 et 488 ainsi que les auteurs cités dans Fuzier-Herman, sur l'art. 896, n. 334.

soit comme une substitution fidéicommissaire, *quia sub compendio verborum plures continet subtitutiones*.

Dans notre ancien droit, on interprétait une semblable disposition dans le sens d'une substitution fidéicommissaire : ce qui était tout naturel, puisque cette substitution était vue avec faveur.

Mais aujourd'hui que, loin d'être vue avec faveur, la substitution fidéicommissaire est prohibée avec une extrême rigueur, c'est l'interprétation contraire qui devrait être admise.

Ainsi un testateur a dit : « Je lègue tous mes biens à Primus, et, EN CAS DE DÉCÈS, à ses enfants ».

Peut-être le testateur a-t-il voulu dire que, si Primus meurt avant lui, il institue ses enfants; en ce cas, la disposition ne contient qu'une substitution vulgaire.

Mais peut-être aussi, prévoyant le cas où Primus lui survivrait, le testateur a-t-il voulu lui léguer ses biens à la charge de les conserver pendant toute sa vie et de les rendre à sa mort à ses enfants, en supposant que ceux-ci lui survivent; en ce cas la disposition contient évidemment une substitution fidéicommissaire.

Dans l'hypothèse où rien ne permettrait au juge de fixer le sens que la disposition avait dans la pensée du testateur, c'est la première interprétation qui devrait être admise [1].

3179. Ce que nous avons dit de la disposition dont nous venons de parler, nous devons également le dire de la disposition suivante : « Je lègue tous mes biens à *Primus*, et, S'IL NE SE MARIE PAS, à *Secundus* »; entendez : si *Primus* ne se marie pas avant mon décès [2].

§ III. *Sanction de la prohibition des substitutions.*

3180. C'est le deuxième paragraphe de l'art. 896 qui contient la sanction de la prohibition édictée par le premier paragraphe.

[1] V. En ce sens Cass., 6 février 1889, S., 89. 1. 151, D., 89. 1. 62. V. également Limoges, 23 juin 1886, D., 87. 2. 78.

[2] V. En ce sens Montpellier, 26 mai 1879, S., 80. 2. 167, D., 80. 2. 115. V. également Cass., 24 avril 1882, S., 83. 1. 294, D., 83. 1. 72.

Aux termes de ce texte :

« *Toute disposition par laquelle le donataire, l'héritier ins-» titué ou le légataire sera chargé de conserver et de rendre à » un tiers, sera nulle même à l'égard du donataire, de l'héri-» tier institué ou du légataire* ».

Sur ce texte, nous rechercherons d'abord quelle est, au juste, l'étendue de la nullité qu'il prononce.

Nous nous demanderons ensuite quelles personnes sont appelées à profiter de cette nullité.

Enfin, nous dirons quelques mots de la preuve des substitutions.

N° 1. Étendue et caractères de la nullité qu'édicte l'article 896.

3181. Aux termes du deuxième alinéa de l'art. 896, la disposition entachée de substitution est nulle « même à l'égard » du donataire, de l'héritier institué, ou du légataire ».

Dans toute disposition conçue en violation de l'art. 896, il y a une double libéralité avec ordre successif : l'*institution*, faite au profit du premier gratifié, et la *substitution*, faite en faveur du second. Cette dernière est *éventuelle*, parce qu'elle ne doit s'ouvrir qu'à la mort du grevé, et seulement si l'appelé vit à cette époque. Eh bien! l'art. 896 ne se borne pas à annuler le deuxième terme de la disposition, celui qui est illicite, la charge de conserver et de rendre, la *substitution* en un mot ; il annule aussi l'institution. C'est donc la disposition tout entière qui croule. Exception remarquable, nous l'avons déjà noté [1], à la disposition de l'art. 900. Celle-ci, en effet, aurait conduit à considérer l'institution comme valable, la substitution seule étant anéantie en tant que charge ou condition illicite.

Notre législateur s'est ainsi montré plus sévère que celui de 1792, qui se bornait à annuler la charge illicite de conserver et de rendre, la substitution.

Quel en est le motif ?

On a, sans doute, considéré qu'il existe une sorte d'indivisibilité entre les deux parties de la disposition, l'institution

[1] V. ci-dessus, I, n. 204.

et la substitution. Il n'est, en effet, nullement démontré que, dans la pensée du testateur, l'une des deux fût principale et l'autre accessoire. En tout cas, on ne peut savoir quelle est celle qu'il considérait comme principale. Annuler seulement la substitution sans annuler l'institution, c'est supposer que, dans la pensée du disposant, l'institution était la disposition à laquelle il attachait le plus d'importance, celle qu'il aurait conservée s'il eût été obligé d'opter entre l'une et l'autre.

Mais qui peut savoir s'il ne pensait pas précisément le contraire ?

Du moment qu'on ne pouvait conserver la disposition dans toutes ses parties, il fallait l'annuler tout entière.

D'ailleurs, cette sanction rigoureuse a pu paraître nécessaire pour assurer l'efficacité d'une prohibition contre laquelle le législateur savait qu'on lutterait d'une manière opiniâtre. « Il a voulu, dit Coin-Delisle, couper les substitutions par la racine ». Que serait-il arrivé, en effet, si le législateur avait annulé seulement la charge de conserver et de rendre, en maintenant la disposition faite au profit du premier gratifié ? C'est que beaucoup auraient fait des dispositions à charge de rendre, espérant que les grevés se croiraient tenus en conscience d'exécuter la charge illicite qui leur était imposée. Souvent de semblables prévisions n'auraient pas été trompées, et le succès de la prohibition eût été compromis. Il n'y avait qu'un moyen de la rendre efficace, c'était d'annuler la disposition tout entière.

3182. Les dispositions faites en violation de la prohibition formulée par l'art. 896 sont plus que nulles, elles sont inexistantes, car la prohibition dont il s'agit est fondée, ainsi que nous l'avons vu, sur des considérations d'ordre public au premier chef.

Il nous paraît d'ailleurs évident qu'au point de vue du caractère de la nullité édictée par l'article 896, on ne saurait distinguer entre la libéralité adressée aux appelés et celle que reçoit le grevé. L'une et l'autre sont également nulles, d'une nullité d'ordre public.

On l'a contesté, cependant, pour la nullité qui affecte la

libéralité adressée au grevé. Celle-ci, a-t-on dit, n'a rien de contraire à l'ordre public, c'est une libéralité ordinaire [1].

Cela est vrai sans doute.

Mais il est vrai aussi que c'est une libéralité qui est liée à une libéralité prohibée et, partant, est infectée du même vice que la libéralité à laquelle elle se rattache.

On a jugé que, pour empêcher les substitutions, il fallait annuler à la fois et les libéralités reçues par les grevés et les libéralités adressées aux appelés. Qu'est-ce à dire, sinon que le caractère de la nullité, dont l'institution et la substitution sont frappées, est identique [2] ?

3183. La principale conséquence qu'il y ait lieu de tirer du caractère de la nullité édictée par l'article **896**, c'est que la substitution n'est pas susceptible de confirmation ou ratification soit expresse, soit tacite ; on peut confirmer un acte vicié, imparfait, mais on ne confirme pas le néant. Ainsi, notamment, l'exécution volontaire de la disposition n'engendrerait pas une fin de non-recevoir contre le disposant ou ses héritiers qui pourraient toujours agir en restitution des biens contre le donataire ou le légataire.

Les auteurs [3] et les arrêts [4] s'accordent à le reconnaître.

3184. On devrait en conclure également qu'une transaction, intervenant sur l'exécution d'une libéralité attaquée comme substitution prohibée, ne serait valable qu'autant qu'il y aurait des doutes sérieux sur ce point.

D'ailleurs, il faudrait évidemment que, dans leur transaction, les parties ne laissassent pas subsister la substitution alléguée. Aussi la transaction devrait-elle nécessairement affranchir l'institué de toute obligation de conserver et de rendre [5].

3185. Enfin, il est certain qu'une substitution ne saurait

(1) *Sic*, Bertauld, *Questions pratiques*, I, n. 489 et 490.

(2) V. notamment Laurent, XIV, n. 519 ; Aubry et Rau, VII, p. 327, § 694 ; Huc, VI, n. 30.

(3) V. notamment Laurent, XIV, n. 520 ; Aubry et Rau, VII, p. 327, § 694 ; Huc, VI, n. 30.

(4) *Sic*, Cass., 2 mars 1858, D., 58. 1. 308, et 8 novembre 1892, D., 93. 1. 93. — Amiens, 6 mars 1866, S., 69. 2. 229 ; D., 69. 2. 41.

(5) *Sic*, Cass., 24 avril 1860, S., 60. 1. 514, D., 60. 1. 224. — Dans le même sens, Demolombe, *Don.*, I, n. 186 ; Aubry et Rau, VII, p. 327, § 694 ; Huc, VI, n. 30.

ervir de titre à la prescription de 10 à 20 ans, pas plus que on exécution ne saurait être garantie par un cautionnement u servir de base à une novation.

3186. Ce qui est vrai, c'est qu'on ne devrait pas pousser e caractère d'ordre public de la nullité qui entache les subs-itutions jusque dans ses dernières conséquences et décider, ar exemple, que cette nullité peut être prononcée d'office ar le juge [1].

Aussi peut-il arriver qu'une substitution prohibée soit exé-utée et que son exécution soit maintenue, si aucun des inté-essés ne se prévaut de l'art. 896.

Dans ce cas, la régie, qui, en définitive, n'a à tenir compte ue des situations apparentes, nous paraîtrait certainement ondée à réclamer un double droit de mutation, l'un lors de 'ouverture du droit du grevé, l'autre lors de l'ouverture de a substitution [2].

3187. La prohibition de l'art. 896 est d'une rigueur ex-rême. S'il n'est pas permis d'en restreindre arbitrairement a portée, encore moins doit-on l'étendre au delà de ses justes imites. Or, ce que la loi annule, c'est seulement la disposition entachée de substitution. Si donc, dans un même acte, dans un testament par exemple, il y a des dispositions atteintes de ce vice et d'autres qui en soient exemptes, la nullité des pre-mières ne saurait entraîner la nullité des secondes qu'autant que celles-ci n'en seraient point indépendantes. *Utile per inutile non viciatur.*

C'est l'opinion unanime des auteurs et des arrêts [3].

3188. Bien plus, l'article 896-2° ne s'applique jamais que dans la mesure de la substitution même. En conséquence, si l'institution embrasse à la fois des objets substitués et des objets non substitués, elle doit être annulée seulement quant aux objets substitués.

(1) *Sic*, Demolombe, *Don.*, I, n. 191; Bertauld, *Questions pratiques*, n. 471 et 482.

(2) *Sic*, Solution admin. enregistr., 10 août 1880, D., 81. 3. 56, et, sur une hypo-thèse analogue, Cass., 5 mars 1866, S., 66. 1. 124, 2, D., 66. 1. 124. — Dans le même sens, Huc, VI, n. 30. — V. cep. Laurent, XIV, n. 520, *in fine*.

(3) *Sic*, Caen, 2 décembre 1847, S., 49. 2. 193, D., 49. 2. 85. — Chambéry, 2 jan-vier 1874, S., 74. 2. 55. — Dans le même sens, Aubry et Rau, VII, p. 323, § 694; Demolombe, *Don.*, I, n. 178 s.; Laurent, XIV, n. 511.

A supposer, par exemple, un legs universel dont le légataire soit grevé de substitution seulement pour certains des biens compris dans son legs, celui-ci ne doit être annulé que dans la mesure de la substitution même.

Quelques auteurs ont cependant soutenu l'opinion contraire. Peu importe, suivant eux, l'étendue de la charge de conserver et de rendre prohibée par l'art. 896. Il suffit qu'elle soit écrite comme condition dans une libéralité pour que celle-ci doive tomber, puisque la condition ne peut être légalement remplie [1].

Mais leur opinion n'a prévalu ni en jurisprudence, ni en doctrine [2].

3189. Toutefois, pour qu'il en soit ainsi, il faut nécessairement que l'institution soit indépendante et se dégage nettement de la substitution partielle qui l'entache.

Mais il doit en être autrement et la substitution, même partielle, entraîne la nullité de l'institution tout entière, lorsque, par la volonté du testateur ou la nature des conditions auxquelles elle est soumise, l'institution ne forme avec la substitution qu'un tout indivisible, quand, en d'autres termes, la substitution a été envisagée par le testateur comme une condition à l'accomplissement de laquelle il subordonnait l'institution [3].

3190. Peu importe que l'institution et la substitution soient contenues dans un seul et même acte, ou qu'elles soient contenues dans des actes distincts, si, d'ailleurs, elles ne forment bien qu'un seul tout dans l'intention du disposant [4].

C'est ainsi, par exemple, qu'il a été jugé qu'une disposition testamentaire, confirmée dans un testament postérieur

[1] *Sic*, Marcadé, sur l'art. 896, n. 8; Coin-Delisle, sur l'art. 896, n. 44.

[2] V. notamment Cass., 6 janvier 1863, S., 63. 1. 333, D., 63. 1. 43; 16 mars 1874, S., 74. 1. 299, D., 74. 1. 354; 10 février 1891, S., 91. 1. 105, D., 91. 1. 294. — Dans le même sens Aubry et Rau, VII, p. 323, § 694; Demolombe, *Don.*, I, n. 179; Laurent, XIV, n. 507 s., ainsi que les auteurs cités dans Fuzier-Herman, sur l'art. 896, n. 247.

[3] *Sic*, Cass., 4 décembre 1865, S., 66. 1. 70, D., 66. 1. 38 et 7 mars 1876, S., 77. 1. 17, D., 76. 1. 198.

[4] Cass., 21 juin 1841, S., 41. 1. 603, D. *Rép.*, v° *Subst.*, n. 236. — Dans le même sens Demolombe, *Don.*, I, n. 177; Aubry et Rau, VII, p. 322, § 694, ainsi que les auteurs cités dans Fuzier-Herman, sur l'art. 896, n. 234.

qui, en même temps, grève le legs ainsi confirmé d'une substitution prohibée, pouvait, par interprétation de l'intention du testateur, être considérée comme formant, avec ce second testament, un tout indivisible et, dès lors, être annulée comme entachée de substitution [1].

3191. Toutefois, comme il s'agit là, avant tout, de savoir dans quelle mesure la seconde libéralité a modifié la première et comme c'est là surtout une question d'intention, l'application de l'art. 896 n'a rien de nécessaire. Aussi les juges pourraient-ils très bien se borner à annuler la seconde, tout en maintenant la première qui n'est nullement entachée de substitution.

C'est ce qu'a jugé la cour d'Aix dans l'espèce suivante.

Il s'agissait d'un mari qui, au cours du mariage, avait fait à sa femme donation de tous les biens qu'il laisserait à son décès. Par un testament postérieur, le mari, tout en maintenant la donation faite à sa femme, l'avait grevée de substitution au profit d'un tiers. La cour a estimé que le testament seul devait être frappé en vertu de l'art. 896, sans entraîner la nullité de la donation antérieure. Les faits de la cause lui permettaient d'estimer que l'intention constante du disposant avait été de gratifier sa femme et que la condition de substitution n'avait été ajoutée par lui que parce qu'il la croyait licite [2].

3192. La nullité indivisible prononcée par l'art. 896 suppose nécessairement deux libéralités se produisant dans les conditions que précise ce texte et avec le lien qu'il suppose entre elles. Mais si, au moment même où il pourrait être question d'invoquer la prohibition qu'édicte l'art. 896, les deux libéralités ne coexistent point, si l'une d'elles ne peut naître à raison d'un vice qui lui est propre, il ne saurait être question d'appliquer à l'autre une nullité qui deviendrait inexplicable, frappant une libéralité isolée.

Ainsi, en supposant les deux libéralités qu'implique toute substitution faites par deux actes distincts, il peut arriver

[1] Cass., 2 mars 1858, D., 58. 1. 308.

[2] V. Aix, 27 juin 1881, S., 84. 2. 173, D., 82. 2. 5.

que l'acte qui contient l'une d'entre elles soit nul pour vice de forme. Il s'agit, par exemple, d'une substitution résultant du rapprochement de deux testaments. Un testateur a, par un premier testament, légué à Primus l'immeuble A ; puis, par un testament postérieur, il a décidé que Primus serait grevé de substitution au profit de Secundus. Mais ce second testament est nul pour vice de forme ou se trouve révoqué par un troisième testament qui laisse subsister le premier. Il en résulte qu'au décès du testateur, une seule libéralité existe, la libéralité adressée à Primus et que, dans ces conditions, il ne peut être question de déclarer cette libéralité nulle, en vertu de la prohibition que l'art. 896 édicte contre les substitutions.

3193. Ce que nous décidons pour le cas où la libéralité adressée à Primus existe seule lors du décès du testateur, il faudrait le décider également si, à ce moment, la libéralité adressée à Secundus pouvait seule naître. C'est ce qui arriverait, par exemple, si Primus n'était point encore conçu, lors du décès du testateur et que Secundus substitué se trouvait, à ce moment, capable de recueillir la libéralité dont il est gratifié.

Dans les hypothèses ci-dessus, l'une des libéralités ne peut naître à raison d'un vice qui lui est propre et, partant, ne saurait produire aucun effet. Dès lors, comment admettre qu'elle soit susceptible de compromettre la validité de l'autre [1]?

3194. Nous devrions maintenir la même solution, en cas de dispositions testamentaires faites par un seul et même acte, si l'une des deux libéralités devenait caduque par le prédécès de son bénéficiaire du vivant du testateur ou si, la charge de conserver et de rendre étant subordonnée à une condition, cette condition venait à défaillir avant la mort du testateur.

C'est évidemment une solution inverse qu'auraient consacrée les jurisconsultes romains, à raison de la règle catonienne. Pour qu'une disposition testamentaire fût valable, il fallait, d'après cette règle, que cette disposition, telle qu'elle

[1] *Sic*, Huc, *C. civ.*, VI, n. 30.

avait été conçue et écrite par le testateur et dans l'état des circonstances concomitantes au testament, fût conforme à toutes les lois, en d'autres termes, il fallait qu'elle fût valable et pût être exécutée, à supposer que le testateur fût mort immédiatement après avoir testé. Les jurisconsultes romains n'admettaient point qu'un évènement postérieur au testament, fortuit, non prévu par le testateur, vint donner à une disposition testamentaire une validité de rencontre et de hasard.

La règle catonienne existerait encore sous l'empire du code civil qu'il serait manifestement impossible de s'en tenir à notre solution. Les deux libéralités faites par le testateur constituaient, dans sa pensée, une substitution; elles tombaient, à ce titre, sous le coup de la loi; l'une d'entre elles n'aurait pu devenir valable par la caducité de l'autre et par son isolement accidentel, non prévu par le testateur.

Mais nous avons eu déjà l'occasion de dire que le code civil n'a point maintenu la règle catonienne [1].

On ne saurait donc se préoccuper des conséquences qu'elle eût entraînées dans les circonstances que nous avons supposées.

C'est l'opinion de presque tous les auteurs [2] et c'est aussi la solution qui a prévalu en jurisprudence [3].

3195. Mais la solution, que nous venons de donner d'une façon générale, réserve toujours une question d'intention.

Est-il conforme à l'intention du testateur de laisser subsister l'une des libéralités après la caducité de l'autre? Chacune d'elles ne supposait-elle pas nécessairement l'existence de l'autre et devait-elle être maintenue indépendamment de l'autre?

Evidemment, il y a là une question de fait dont l'appréciation peut conduire à une solution opposée à celle que nous

(1) V. ci-dessus, I, n. 624.

(2) *Sic*, Aubry et Rau, VII, p. 324, § 694, texte et note 65; Demolombe, *Don.*, I, n. 182; Laurent, XIV, n. 513 s.; Huc, VI, n. 29 ainsi que les auteurs cités dans Fuzier-Herman, sur l'art. 896, n. 253.

(3) V. notamment Cass., 19 mars 1873, S., 74. 1. 5, D., 73. 1. 55 et les arrêts cités dans Fuzier-Herman sur l'art. 896, n. 254 et 255.

avons donnée, en examinant la question, abstraction faite de la volonté du disposant.

3196. Du reste, les seuls cas de caducité qui, affectant l'une des libéralités, sont susceptibles de faire disparaître le vice originel de substitution résultant des dispositions du testament, sont les cas de caducité qui se réalisent avant le décès du testateur. C'est à ce moment que les dispositions du testament produisent leurs effets et que la validité de ses clauses se détermine. Aucun fait postérieur ne doit être de nature à introduire un élément nouveau de décision.

S'il en était autrement, la sanction rigoureuse de l'art. 896 deviendrait vite lettre morte. Il suffirait d'une renonciation du substitué pour laisser à l'institution tout son effet utile. Or, cette renonciation ne manquerait pas de se produire toutes les fois que les intéressés demanderaient à se prévaloir de l'art. 896.

Aussi les auteurs s'accordent-ils à établir une distinction nécessaire entre les cas de caducité antérieurs au décès du testateur et ceux qui lui sont postérieurs [1].

3197. Toute clause pénale par laquelle le disposant aurait cherché à assurer l'exécution d'une disposition entachée de substitution prohibée, serait nulle et de nul effet.

Telle serait la clause ainsi conçue :

« Si mes héritiers attaquent mon testament et le font annuler comme fait en violation de l'art. 896, je lègue en ce cas tous mes biens à Paul ».

C'est l'application pure et simple d'une règle ancienne : *Nemo cavere potest ne leges in suo testamento locum habeant* [2].

Les auteurs [3], comme les arrêts [4], n'hésitent point à le reconnaître et à considérer comme non écrite toute disposi-

(1) V. notamment Demolombe, *Don.*, I, n. 184 et 185; Laurent, XIV, n. 516; Aubry et Rau, VII, n. 325, § 694.

(2) Cpr. l'art. 1227 du C. civ.

(3) *Sic*, Aubry et Rau, VII, p. 195, § 692 et p. 326, § 694; Demolombe, *Don.*, I, n. 187 et 283; Laurent, XI, n. 475 et XIV, n. 518 ainsi que les auteurs cités dans Fuzier-Herman, sur l'art. 896, n. 267.

(4) V. notamment Pau, 7 déc. 1861, S., 62. 2. 257, D., 63. 5. 164. — Nancy, 9 déc. 1871, S., 72. 2. 71, D., 72. 2. 174.

tion testamentaire dont l'objet est d'assurer, en tant que clause pénale, l'exécution d'une substitution prohibée.

3198. Nous pensons, toutefois, qu'il en serait autrement, si le testateur avait dit : « Au cas où il arriverait, contrairement à mes prévisions, que telle disposition fût considérée comme entachée de substitution prohibée et frappée de nullité à ce titre, alors je déclare m'en départir et la remplacer par telle autre disposition ».

Nous n'avons plus ici le spectacle d'un testateur qui se révolte contre la loi et veut être plus fort qu'elle, mais d'un testateur qui se montre respectueux de ses prescriptions. Il croit que la loi autorise la disposition qu'il a faite, mais il n'en est pas sûr. Un semblable doute peut exister même dans l'esprit d'un jurisconsulte; car c'est chose fort difficile que de déterminer les limites exactes de la prohibition légale, et il y a ici un grand nombre de dispositions qui côtoient la nullité. Pourquoi, en pareil cas, serait-il défendu au disposant d'échapper à une nullité qu'il croit ne pas commettre, mais dont il redoute cependant l'existence?

La jurisprudence s'est souvent prononcée en ce sens [1] et c'est aussi l'opinion qui prévaut en doctrine [2].

3199. En vertu d'un principe élémentaire, la nullité qui résulte de l'art. 896 peut être demandée par tous ceux qui y ont un intérêt né et actuel. C'est le droit commun pour toutes les nullités d'ordre public et d'intérêt général.

La détermination des personnes appelées à profiter de la nullité qu'édicte l'art. 896 entraîne donc, par voie de conséquence, la détermination des personnes qui peuvent demander cette nullité.

3200. En principe, c'est à l'héritier légitime du disposant qu'il appartient de profiter de la nullité édictée par l'art. 896. Ce texte déclare la disposition entachée de substitution nulle *même à l'égard du donataire de l'héritier institué ou du léga-*

[1] V. notamment Cass., 5 déc. 1865, S., 66. 1. 72, D., 66. 1. 37 et les arrêts cités dans Fuzier Herman, sur l'art. 896, n. 271 et 272.

[2] *Sic*, Marcadé, sur l'art. 896, n. 6; Demolombe, *Don.*, I, n. 188 et 189; Laurent, XIV, n. 517. — V. cep. en sens contraire Duranton, VIII, n. 94; Aubry et Rau, VII, p. 326, § 694.

taire. Or, il est clair que ce ne sont pas ceux contre lesquels la nullité est établie qui peuvent en profiter.

C'est donc, en principe, sur la demande de l'héritier légitime du disposant que sera prononcée la nullité de la substitution, puisque c'est à lui de profiter de cette nullité [1].

3201. Cela ne soulève pas de difficulté quand la charge de conserver et de rendre est imposée à un légataire particulier ou à un légataire à titre universel.

3202. La même solution devrait également être maintenue, même au cas où la charge de rendre aurait été imposée à un légataire universel.

Cela est sans difficulté, quand la charge s'applique à l'universalité tout entière. Ainsi un testateur a dit : « J'institue Paul mon légataire universel, à la charge de conserver tous les biens dont mon hérédité se compose et de les rendre à sa mort à Pierre, si celui-ci lui survit ». Il est certain que la disposition est nulle, aussi bien à l'égard de Paul, l'institué, qu'à l'égard de Pierre, le substitué; les biens reviendront donc à l'héritier légitime du disposant.

3203. Nous ne voyons guère de doute à soulever contre la même solution, si la charge de restituer s'applique à une fraction de l'universalité.

Ainsi la charge de rendre imposée au légataire universel porte sur le quart des biens seulement.

Ce quart reviendra à l'héritier légitime; mais l'institution sera maintenue pour le surplus, c'est-à-dire pour les trois quarts : car, pour cette portion, il n'y a pas charge de rendre, et, par conséquent, l'institution n'est pas viciée.

3204. La question devient beaucoup plus délicate, si la charge de restitution imposée au légataire universel porte sur un objet déterminé, si le testateur a dit par exemple : « Je lègue tous mes biens à Paul, à la charge de conserver mon domaine de X..., pendant toute sa vie et de le rendre à sa mort à Pierre ».

Même dans cette hypothèse, la jurisprudence déclare la

[1] *Sic*, Cass., 16 mars 1874, S., 74. 1. 299, D., 74. 1. 354. — Dans le même sens, Demolombe, *Don.*, I, n. 190; Aubry et Rau, VII, p. 326, § 694; Laurent, XIV, n. 521.

disposition entachée de substitution nulle à l'égard du légataire universel, et elle attribue, par conséquent, à l'héritier légitime le bien qui fait l'objet de cette disposition, le domaine de N. dans l'espèce proposée. On dit en ce sens que l'art. 896 est formel : il déclare la disposition entachée de substitution nulle même à l'égard de l'héritier institué ou légataire universel. C'est l'opinion qui prévaut en jurisprudence [1] et nombre d'auteurs la soutiennent également [2].

3205. Contre cette opinion, on a objecté que, dans son universalité, le legs universel est exempt de toute charge de conserver et de rendre. Or, dit-on, ce legs comprend nécessairement tous les biens que le testateur a laissés, les biens substitués comme tous les autres. Donc, ces biens ne peuvent aller autre part que là où va cette universalité, c'est-à-dire au légataire universel, puisque, en présence de celui-ci, il n'y a plus ni succession *ab intestat*, ni héritiers légitimes [3].

3206. Si puissantes que soient ces raisons, elles ne sauraient prévaloir. Admettre la doctrine qu'elles appuient, ce serait permettre d'éluder facilement la rigueur des prohibitions que la loi édicte contre les substitutions.

Le moyen serait simple. Il suffirait d'instituer un légataire universel et de mettre à sa charge des dispositions particulières grevées de substitution, pour que ces dispositions échappent à l'art. 896, le légataire universel ayant seul le droit de se prévaloir de la nullité qu'édicte ce texte.

Demolombe indique comme remède le droit, pour les juges du fait, d'apprécier si le legs universel est une disposition sérieusement faite ou si elle n'a d'autre but que d'éluder la loi.

C'est purement et simplement abandonner la loi à l'arbitraire du juge [4].

Vainement dit-on qu'il n'y a plus de succession *ab intestat*, ni d'héritiers légitimes.

(1) *Sic*, Cass., 6 janv. 1863, S., 63. 1. 233, D., 63. 1. 43.

(2) V. notamment Aubry et Rau, VII, p. 326, § 694; Proudhon, consultation sous Cass., 24 mai 1837, S., 37. 1. 817; Huc, VI, n. 31.

(3) *Sic*, Demolombe, *Don.*, I, n. 191; Labbé, note sous Cass., 6 janv. 1863, P., 63. 225.

(4) Huc, VI, n. 31 *in fine*.

C'est affirmer précisément ce qui fait question.

Or, ne semble-t-il pas, au contraire, qu'en présence de l'art. 896 qui refuse tout effet aux dispositions grevées de substitution, on doive décider que les choses qui en font l'objet sont censées n'avoir pas été léguées et, partant, appartiennent à l'héritier légitime [1].

3207. C'est la même solution que la cour de cassation a maintenue dans une espèce qui soulevait une difficulté particulière. Le testateur avait attaché la charge de conserver et de rendre à un legs particulier adressé au légataire universel lui-même. Il y avait donc, dans l'hypothèse, deux legs distincts au profit du légataire universel : un legs universel pur et simple, un legs particulier entaché de substitution. Nul pour le tout, celui-ci s'évanouissait et laissait subsister, disait-on, le legs universel valable pour le tout, puisque rien, dans le testament, n'existait qui en restreignît et en limitât la portée. Si le legs particulier eût été valable, le légataire aurait pu choisir entre les deux libéralités qui lui étaient adressées. La nullité du legs particulier n'avait nécessairement d'autre conséquence que d'obliger le légataire à s'en tenir à son titre de légataire universel.

La cour de cassation n'en a pas moins maintenu la doctrine affirmée par son arrêt antérieur du 6 janvier 1863. Elle a considéré que la disposition à laquelle avait eu recours le testateur n'était, en réalité, qu'un artifice destiné à éluder la rigueur de la prohibition édictée contre les substitutions et qu'on ne pouvait le consacrer, sans risquer d'énerver et de détruire l'efficacité de la sanction attachée à cette prohibition.

Bien qu'attachée à un legs particulier, la charge de conserver et de rendre n'en affectait pas moins, indirectement au moins, la portée de l'institution universelle. C'en était assez pour qu'on ne pût permettre au légataire de recueillir, en vertu de son titre universel, le bénéfice du legs particulier. Et, en effet, ce légataire eût été placé ainsi entre son intérêt et le devoir d'exécuter fidèlement les volontés du testateur, c'est-à-dire précisément dans la situation que le législateur a voulu écar-

[1] *Sic*, Laurent, XIV, n. 521 *in fine*.

ter comme étant de nature à compromettre l'efficacité de la sanction donnée à la prohibition des substitutions [1].

3208. Quoi qu'il en soit au sujet de la difficulté sur laquelle nous venons d'insister, ce qui paraît certain, c'est que, lorsque le défunt laisse à la fois un légataire universel et des légataires particuliers, la nullité des dispositions entachées de substitution prohibée dont les derniers seraient gratifiés profitera au légataire universel et non à l'héritier légitime.

Ainsi un testateur a dit : « Je lègue tous mes biens à Primus, je lègue à Secundus mon domaine de N..., à la charge de le rendre à sa mort à Tertius ».

La nullité de cette dernière disposition profitera au légataire universel Primus, c'est-à-dire à l'héritier institué et non à l'héritier légitime. En effet, la loi dit que la disposition est nulle *à l'égard de l'héritier institué ou du légataire*. Elle ne dit pas que la disposition soit nulle à l'égard de l'héritier institué et du légataire tout à la fois, ce qui serait nécessaire pour que la nullité pût profiter à l'héritier légitime.

Cette solution est d'ailleurs très rationnelle.

L'héritier institué n'étant ici grevé d'aucune charge de restitution, on ne voit pas trop comment la disposition pourrait être déclarée nulle par rapport à lui.

La jurisprudence et la doctrine sont en ce sens [2].

N° 3. De la preuve des substitutions.

3209. Il est évident que c'est à celui qui prétend qu'une disposition est entachée de substitution et demande à profiter de la nullité qui en résulte, qu'incombe la charge d'établir que la substitution existe.

3210. Quant aux preuves qu'il doit fournir dans ce but, l'opinion presque générale est qu'il ne peut les puiser que dans les actes mêmes d'où résulte la substitution. Il résulte, en effet, de l'art. 896 du C. civ., combiné avec les art. 893 à 895, que la substitution ne peut se faire que par donation ou

[1] *Sic*, Cass., 16 mars 1874, S., 74. 1. 299, D., 74. 1. 354.
[2] V. notamment Huc, VI, n. 31 *bis*.

par testament. Or, la donation et le testament sont des actes solennels qui ne se prouvent point en dehors des solennités que la loi prescrit.

3211. Si l'on prétend que la charge de conserver et de rendre a été imposée en dehors des solennités requises pour les libéralités entre vifs ou testamentaires, on ne voit guère à quoi pourrait servir l'offre d'en prouver l'existence d'après les règles du droit commun : enquêtes, délation de serment, interrogatoires sur faits et articles.

La substitution n'existe et la loi n'en tient compte qu'autant qu'elle est faite dans les formes prescrites par l'art. 893. En dehors de ces formes, la substitution n'a pas d'existence légale et ne saurait produire d'effets. Donc, en admettant que la preuve fût faite, l'institué resterait propriétaire irrévocable et ne pourrait être privé des biens substitués. *Frustra probatur quod probatum non relevat* (1).

3212. Bien mieux, l'aveu du défendeur qu'il a, en effet, reçu pour rendre et qu'il a l'intention de rendre, ne saurait motiver une condamnation à délaisser les biens, par application de l'art. 896. N'ayant pas reçu ces biens dans les conditions que précise ce texte, c'est-à-dire comme légataire, héritier institué ou donataire avec charge de conserver et de rendre les biens dont il était gratifié, il ne saurait s'en voir appliquer les dispositions (2).

SECTION II

DES SUBSTITUTIONS PERMISES

3213. Un père, dont le fils est dissipateur ou enclin aux folles entreprises, voit d'un œil inquiet le sort réservé aux enfants de ce fils, ses petits-enfants à lui. Après ma mort,

(1) *Sic*, Cass., 28 déc. 1818, S. chr., D. *Rép.*, v° *Dispos.*, n. 3398. — Dans le même sens Laurent, XIV, n. 522; Aubry et Rau, VII, p. 328, § 694, note 64; Huc, VI, n. 31. — En sens contraire, Merlin, *Quest. de dr.*, v° *Substit. fidéic.*, § 14.

(2) *Sic*, Limoges, 11 janv. 1841, S., 41. 2. 265, D. *Rép.*, v° *Subst.*, n. 269. — Dans le même sens Huc, VI, n. 31; Aubry et Rau, VII, p. 328, § 694. — V. cep. Demolombe, *Don.*, I, n. 172.

peut-il se dire, mon fils dévorera en folles dépenses ou en fausses spéculations les biens qu'il aura recueillis dans ma succession, et il laissera ses enfants dans la misère. De là, de justes inquiétudes de nature à troubler ses vieux jours. N'était-il pas éminemment équitable que le législateur se préoccupât de lui fournir le moyen de préserver ses petits-enfants de la misère qu'il entrevoyait pour eux?

C'était également utile au point de vue général, puisque le même moyen ne pouvait manquer de garantir les familles de ces brusques déchéances, qui, de la richesse, les précipitent dans le dénûment et la pauvreté et trop souvent ne vont pas sans faire des déclassés [1].

3214. Mais à quel moyen le législateur devait-il s'arrêter?

Déjà, au titre de la puissance paternelle, les rédacteurs du code civil avaient envisagé la difficulté et, pour la résoudre, ils avaient même alors adopté une combinaison bien différente de celle à laquelle ils devaient s'arrêter plus tard dans l'art. 1048. Les père et mère étaient autorisés à faire une *disposition officieuse*. En vertu de cette disposition, les père et mère pouvaient, s'ils le jugeaient dissipateur, réduire leur enfant à l'usufruit de sa part héréditaire, en laissant la nue propriété au profit de ses enfants nés ou à naître.

Mais, pour que cette disposition fût valable, diverses conditions étaient requises. Il fallait que la dissipation fût notoire, qu'elle fût nettement indiquée comme cause de la disposition, enfin qu'elle existât encore au jour du décès du père ou de la mère, ce qui supposait, bien entendu, que la disposition officieuse ne pouvait se faire que par testament.

L'adoption définitive de la disposition officieuse fut ajournée, lors du vote du titre de la *Puissance paternelle*.

On la retrouva et elle fut représentée, au moment de la discussion du titre des *Donations entre vifs et des testaments*.

Mais alors elle souleva des objections telles qu'elle fut définitivement écartée. N'était-elle point, en effet, manifestement incompatible avec les principes qui avaient prévalu sur la réserve? Si celle-ci est inviolable, si le père de famille ne peut

[1] En ce sens Demolombe, *Don.*, V, n. 402.

y porter atteinte, comment le fils pourrait-il être réduit à un simple usufruit?

3215. Au lieu et place de la disposition officieuse, c'est la combinaison autorisée par les art. 1048 et 1049 C. civ., qu le législateur a cru devoir s'arrêter.

Cette combinaison n'est pas autre chose qu'une substitution exceptionnellement autorisée dans les hypothèses spéciale que visent les textes ci-dessus.

Il est cependant à remarquer que le législateur se gard bien de la qualifier ainsi.

On ne s'aurait s'en étonner.

A l'époque où le code civil était rédigé, il fallait éviter qu l'emploi de certains mots ne fît croire que l'on revenait au institutions de l'ancien régime. Les substitutions étaien encore justement odieuses; le souvenir de leurs inconvénient était encore trop vif dans toutes les mémoires, pour que le rédacteurs du code civil ne se préoccupassent point d'évite d'en prononcer le nom.

Il n'en est pas moins vrai que c'est bien une véritable substitution qu'ils ont autorisée dans les art. 1048 et 1049. Ce qui le prouve c'est que, dans les art. 1050 s., le législateur se sert de toute la terminologie usitée en matière de substitutions. Dans ces textes, n'est-il point sans cesse question du grevé et des appelés? Or, ces termes sont caractéristiques et montrent bien qu'il s'agit d'une substitution.

3216. Mais si c'est une substitution que le législateur autorise dans ces textes, c'est une substitution qui n'a point les vices des anciennes. Celles-ci intervertissaient l'ordre naturel des successions et créaient entre les héritiers d'injustes préférences. Celles qu'autorisent les art. 1048 et 1049 ont uniquement pour but d'empêcher que les prodigalités ou les spéculations du chef d'une famille ne conduisent ses enfants à la ruine. Il n'y a là ni injustices, ni préférences et la loi qui prohibe les substitutions, quand elles doivent fonctionner comme des instruments d'inégalité entre les enfants d'un même père, les admet ici parce qu'elles permettent la réalisation d'un but aussi désirable qu'utile.

3217. Si justifiables que soient les substitutions autorisées par les art. 1048 et 1049, elles n'en dérogent pas moins à la prohibition générale qu'édicte l'art. 896 : ce sont des exceptions à la règle consacrée par ce texte. Il en résulte qu'il faut appliquer aux dispositions permises par les art. 1048 et 1049 le principe que toutes les exceptions sont de stricte interprétation. Les substitutions ne seront licites qu'autant qu'elles seront rigoureusement faites dans les circonstances et dans les conditions que déterminent nos textes. Partout ailleurs, la prohibition de l'art. 896 reprendra son empire.

3218. Il est une autre règle d'interprétation qui s'impose non moins nécessairement.

Les art. 1053 à 1074, qui déterminent les effets des substitutions permises, ont été empruntés presque littéralement à l'ordonnance de 1747. D'où cette conséquence que, pour l'interprétation de ces textes, la tradition revêt une autorité décisive. Dispositions traditionnelles, ces textes doivent évidemment s'interpréter par la tradition [1].

3219. Nous diviserons en cinq paragraphes les explications que nous nous proposons de donner sur les substitutions permises.

Nous déterminerons d'abord dans quels cas elles sont autorisées.

Nous préciserons ensuite les mesures prescrites dans l'intérêt des appelés et des tiers.

Nous indiquerons les droits et obligations du grevé.

Nous nous occuperons ensuite de l'ouverture des substitutions.

Nous parlerons enfin de leurs causes de caducité.

§ I. *Dans quels cas les substitutions sont-elles exceptionnellement permises?*

3220. Les substitutions sont exceptionnellement autorisées dans deux cas spéciaux.

Le premier est prévu par l'art. 1048.

[1] V. notamment le savant commentaire que Furgole a fourni de l'ordonnance de 1747.

Le second est indiqué par l'art. 1049.

Nous nous occuperons successivement de l'un et de l'autre et nous verrons ensuite les dispositions communes qui leur sont applicables.

N° 1. **Du cas prévu par l'art. 1048.**

3221. Aux termes de l'art. 1048 C. civ. :

« *Les biens dont les pères et mères ont la faculté de disposer, pourront être par eux donnés, en tout ou en partie, à un ou plusieurs de leurs enfants, par actes entre-vifs ou testamentaires, avec la charge de rendre ces biens aux enfants nés et à naître, au premier degré seulement desdits donataires* ».

Ce texte détermine également :

1° Quelles personnes peuvent faire une substitution ;

2° Au profit de qui elles peuvent la faire ;

3° Les biens qu'elles doivent y comprendre.

A. *Par qui la substitution peut-elle être faite?*

3222. L'art. 1048 autorise les père et mère à grever de substitution les biens qu'ils donnent ou lèguent à leurs enfants.

Il en résulte que ce sont seulement les père et mère qui peuvent invoquer les dispositions de ce texte.

Il n'est pas douteux, par exemple, qu'un aïeul ne pourrait, en donnant ou léguant à son petit-fils, le grever de substitution au profit de ses arrière petits-enfants.

La jurisprudence [1] et les auteurs [2] sont d'accord sur ce point.

Le texte de l'art. 1048 est formel et, en notre matière, nous savons que l'interprétation stricte s'impose.

D'ailleurs, est-ce que, au point de vue économique, des raisons n'existent pas pour expliquer la différence faite entre

[1] *Sic*, Cass., 29 juill. 1853, S., 53. 1. 520, D., 53. 1. 283. — Besançon, 2 déc. 1853, S., 54. 2. 240, D., 55. 5. 425.

[2] *Sic*, Aubry et Rau, VII, p. 332, § 696 ; Demolombe, *Don.*, V, n. 411 ; Laurent, XIV, n. 525, ainsi que les auteurs cités dans Fuzier-Herman, sur l'art. 1048, n. 5.

les deux hypothèses? La substitution dont l'aïeul aurait pu grever son petit-fils n'aurait-elle pas été de plus longue durée que la substitution dont le père peut grever son enfant?

3223. Mais il ne paraît guère douteux que les père et mère dont parle l'art. 1048 comprennent aussi bien les père et mère naturels que les père et mère légitimes et, par suite, que la charge de rendre peut être imposée à un enfant naturel reconnu aussi bien qu'à un enfant légitime.

La jurisprudence est en ce sens [1] et c'est aussi l'opinion qui prévaut en doctrine [2].

3224. Quant aux beaux-pères et aux belles-mères, ils ne pourraient certainement pas, en faisant des libéralités à leurs gendres ou brus, les grever de la charge de rendre dans les termes de l'art. 1048 [3].

B. *Au profit de qui?*

3225. L'art. 1048 répond que la charge de rendre qu'il autorise ne peut être imposée qu'au profit de tous les enfants du grevé, c'est-à-dire au profit de tous les petits-enfants du disposant.

Elle doit les comprendre tous, mais elle ne peut comprendre qu'eux seuls.

Il a été jugé avec raison que si la substitution était faite à la fois au profit des enfants du grevé et des enfants d'un tiers, elle serait nulle pour le tout, puisqu'elle serait faite en dehors des termes de l'art. 1048 [4].

3226. Les enfants dont parle l'art. 1048, ce sont seulement les enfants légitimes du grevé. La charge de rendre ne pourrait être imposée au profit des enfants naturels du grevé. C'est dans l'intérêt de la famille qu'est exceptionnellement autorisée la substitution. Or, les enfants naturels n'appartiennent pas à la famille.

[1] *Sic*, Cass., 2 mai 1888, S., 88. 1. 217, D., 88. 1. 209. — Paris, 27 avril 1868, S., 68. 2. 173.

[2] *Sic*, Aubry et Rau, VII, p. 333, § 696. — V. cep. en sens contraire, Demolombe, *Don.*, V, n. 412.

[3] *Sic*, Demolombe, *Don.*, V, n. 413.

[4] Cass., 27 juin 1811, S. chr., D. *Rép.*, v° *Substit.*, n. 3[illegible].

Les auteurs [1] et les arrêts [2] sont unanimes à le reconnaître.

3227. La charge de rendre ne pourrait être imposée au profit des petits-enfants du grevé, alors que tous les enfants de celui-ci seraient prédécédés.

Les termes de l'art. 1048 ne le permettent point et nous savons que l'interprétation stricte s'impose en la matière.

La question est cependant discutée entre les auteurs [3].

3228. Mais, ce qui nous paraît certain, c'est que, si le disposant a imposé la charge de rendre au profit des descendants du grevé, on doit présumer qu'il a voulu faire seulement ce que la loi lui permettait, c'est-à-dire désigner seulement ses petits-enfants et ne viser ses arrière-petits-enfants que dans l'hypothèse spéciale prévue par l'art. 1051 dont nous aurons bientôt à donner l'explication [4].

3229. Il en serait de même si, au lieu de parler des enfants ou descendants du grevé, le disposant avait parlé des héritiers du grevé. On doit présumer que les héritiers qu'a entendu désigner le disposant sont ceux-là mêmes au profit desquels la loi autorise la substitution, c'est-à-dire les enfants du grevé [5].

C. *Quels biens peuvent être compris dans la substitution ?*

3230. Il résulte de l'art. 1048 que la substitution n'est valablement imposée que dans les limites de la quotité disponible.

Mais on s'accorde généralement à reconnaître que, si la quotité disponible a été dépassée, il n'y a pas lieu à la nullité, mais simplement à la réduction de la substitution [6].

[1] *Sic*, Demolombe, *Don.*, V, n. 423 ; Laurent, XIV, n. 257 ; Aubry et Rau, VII, p. 353, § 696.

[2] Cass., 21 juin 1815, D. *Rép.*, v° *Dispos.*, n. 304. — Caen, 2 déc. 1847, S., 49. 2. 193, D., 49. 2. 84.

[3] Dans le sens de notre opinion, Demolombe, *Don.*, V, n. 430 ; Laurent, XIV, n. 529. — En sens contraire Aubry et Rau, VII, p. 335, § 696.

[4] V. ce sens Cass., 29 janvier 1878, S., 80. 1. 198.

[5] *Sic*, Cass., 6 février 1835, S., 35. 1. 87, D. *Rép.*, v° *Substit.*, n. 84. — Dans le même sens Demolombe, *Don.*, V, n. 426.

[6] *Sic*, Demolombe, *Don.*, V, n. 434 ; Laurent, XIV, n. 534 ; Aubry et Rau, VII, p. 336, § 696.

3231. Il n'en est pas moins vrai que la règle, limitant à la quotité disponible l'étendue de la substitution autorisée par l'art. **1048**, paraît bien être une règle d'ordre public.

Aussi ne penserions-nous pas qu'on pût admettre la validité d'une clause par laquelle, en recevant de son père une donation, le fils s'engagerait à rendre à ses enfants tous les biens donnés, même si ceux-ci dépassaient la quotité disponible ou la part de cette quotité revenant au donataire.

Du reste, ce n'est pas seulement en tant que contraire à l'art. **1048** mais encore en tant que pacte sur succession future qu'une semblable clause nous paraîtrait devoir être annulée. C'est là l'opinion presqu'unanime des auteurs (1).

3232. Si, au lieu d'être faite par donation, la substitution qui excède les limites du disponible est faite par testament, il ne peut plus être question de prétendre qu'elle est nulle en vertu de la règle qui prohibe les pactes sur succession future.

Elle n'en reste pas moins nulle en vertu des termes de l'art. 1048, puisqu'elle est faite en dehors des limites dans lesquelles ce texte l'autorise (2).

3232 *bis*. Il nous paraît, d'ailleurs, incontestable que, par l'adjonction d'une clause pénale, le disposant ne pourrait contraindre le gratifié à une restitution dépassant les limites que fixe l'art. **1048**.

La clause pénale serait nulle aussi bien que la disposition illicite dont elle aurait pour but d'assurer l'exécution (3).

3233. Mais il va sans dire que le grevé pourrait, en pareil cas, renoncer à faire réduire la disposition aux limites que fixe l'art. **1048**, puisque c'est précisément dans son intérêt et pour empêcher qu'il ne soit privé de sa réserve qu'ont été fixées les limites précisées par l'art. 1048 (4).

3233 *bis*. Pour déterminer si la substitution excède ou non la quotité disponible, il faudra évidemment s'en référer aux règles des art. **922** et suivant du code civil.

(1) V. notamment en ce sens Demolombe, *Don.*, V, n. 437; Aubry et Rau, VII, p. 336, § 696; Laurent, XIV, n. 534.

(2) *Sic*, Demolombe, *Don.*, V, n. 435 et les auteurs cités à la note précédente.

(3) *Sic*, Demolombe, *Don.*, V, n. 436.

(4) *Sic*, Paris, 11 fév. 1813, D. *Rép.*, v° *Substitution*, n. 330.

3234. Mais, dès qu'elle reste dans les limites que fixe l'art. 1048, c'est-à-dire dès qu'elle ne dépasse point la quotité disponible, la substitution peut comprendre toute espèce de biens : des meubles comme des immeubles, des biens corporels comme des biens incorporels ([1]).

3234 *bis.* Il est également certain qu'elle peut être faite à titre universel aussi bien qu'à titre particulier ([2]).

N° 2. **Du cas prévu par l'art. 1049.**

3235. Aux termes de l'art. 1049 du code civil :

« *Sera valable, en cas de mort sans enfants, la disposition* » *que le défunt aura faite par acte entre-vifs ou testamen-* » *taire, au profit d'un ou plusieurs de ses frères ou sœurs, de* » *tout ou partie des biens qui ne sont point réservés par la loi* » *dans sa succession, avec la charge de rendre ces biens aux* » *enfants nés et à naître, au premier degré seulement, desdits* » *frères ou sœurs donataires* ».

Comme l'art. 1048, ce texte détermine rigoureusement et les personnes auxquelles il permet la disposition qu'il vise, et les personnes au profit desquelles cette disposition peut être faite et enfin les biens qui sont susceptibles d'y être compris.

A. *Qui peut substituer ?*

3236. Le frère ou la sœur peut adresser une libéralité à l'un de ses frères ou sœurs, avec charge de rendre au profit de ses neveux et nièces, c'est-à-dire au profit des enfants du gratifié.

3237. Il n'est pas douteux que ce qui est ainsi permis au frère ou à la sœur ne saurait l'être à l'oncle ou à la tante. Un oncle ou une tante ne pourrait donc adresser une libéralité à ses neveux ou nièces, avec charge de rendre à ses petits neveux ou petites nièces.

Cela dérive du texte même de l'art. 4049. Aussi tous les auteurs sont-ils d'accord ([3]).

(1) *Sic*, Demolombe, *Don.*, V, n. 438.
(2) *Sic*, Demolombe, *Don.*, V, n. 439.
(3) *Sic*, Aubry et Rau, VII, p. 332, § 696; Demolombe, *Don.*, V, n. 414.

Nous avons vu une solution analogue, à propos de la disposition permise par l'art. 1048 [1].

3238. La disposition que vise l'art. 1049 n'est d'ailleurs autorisée qu'autant que le disposant meurt sans enfants.

La présence d'enfants au moment du décès du disposant empêche la substitution d'être valable, parce que la loi ne l'autorise qu'en vue d'assurer au profit des neveux et nièces la conservation des biens qui leur sont naturellement et légalement destinés. Or mes biens ne sont naturellement et légalement destinés à mes neveux et nièces qu'autant que je ne laisse pas d'enfants à l'époque de mon décès.

3239. On reconnaît généralement que l'existence d'enfants naturels du disposant, au moment de son décès, ne serait point un obstacle à la validité de la substitution permise par l'art. 1049.

Il paraît bien manifeste, en effet, que ce sont les droits de la famille légitime du disposant que le législateur s'est proposé de sauvegarder [2].

3240. Il y a plus d'indécision en ce qui concerne les enfants adoptifs et les auteurs sont divisés sur la question.

L'opinion dominante est, cependant, que celui qui a un enfant adoptif ne peut user de la faculté accordée par l'art. 1049, puisque l'enfant adoptif a les mêmes droits que l'enfant légitime [3].

3241. Ce qui est certain, c'est que c'est au moment du décès du disposant qu'il faut se placer pour savoir si la condition est ou non remplie.

3242. Mais doit-on tenir compte des enfants renonçants ou indignes ?

Cela ne nous paraît pas douteux, en présence des termes de l'art. 1049 [4].

La question est cependant discutée pour cette raison que les

(1) Voyez ci-dessus, n. 3222.

(2) *Sic*, Laurent, XIV, n. 526 ; Demolombe, *Don.*, V. n. 417 ; Aubry et Rau. VII, p. 333, § 696. — V. cep. Vazeille, sur l'art. 1049, n. 3.

(3) *Sic*, Demolombe, *Don.*, V, n. 416 et 416 *bis* : Laurent, XIV, n. 526. — En sens contraire, Aubry et Rau, VII, p. 333, § 696.

(4) *Sic*, Demolombe, *Don.*, V, n. 420 ; Coin-Delisle, sur l'art. 1049, n. 10.

enfants renonçants ou indignes sont, au point de vue successoral, considérés comme n'ayant jamais existé et qu'il ne peut s'agir de sauvegarder leurs droits [1].

B. *Au profit de qui?*

3243. C'est au profit des enfants des frères et sœurs que l'art. 1049 permet la substitution, c'est-à-dire au profit des neveux ou nièces du disposant.

3244. Mais la substitution ne pourrait être faite au profit des petits-enfants du grevé, c'est-à-dire au profit des petits neveux et petites nièces du disposant et cela aussi bien dans le cas où le disposant en aurait grevé ses frères et sœurs que dans le cas où il en aurait grevé ses neveux ou nièces [2].

C. *Quels biens peuvent être substitués?*

3245. Comme dans l'art. 1048, la possibilité de substituer est limitée, dans l'article 1049, aux biens de la succession du disposant qui ne sont pas réservés par la loi.

Nous n'avons qu'à renvoyer aux solutions que nous avons données sur l'art. 1048 [3].

N° 3. **Dispositions communes à l'art. 1048 et à l'art. 1049.**

3246. Nous avons vu que le principe d'interprétation applicable à l'art. 1048 l'était également à l'art. 1049.

Les dispositions que ces deux textes autorisent ne sont possibles que dans les conditions mêmes où ils les permettent.

Nous l'avons indiqué déjà.

3247. Les substitutions que permettent les art. 1048 et 1049 ne peuvent se faire que par donation entre vifs ou par testament.

Mais elles peuvent se faire aussi bien par disposition entre vifs que par disposition testamentaire.

3248. Quand la substitution est faite par disposition testamentaire, rien ne s'oppose à ce qu'elle résulte de la com-

[1] V. notamment Marcadé sur l'art. 1048, n. 2 ; Laurent, XIV, n. 526.
[2] *Sic*, Aubry et Rau, VII, p. 332, § 696 ; Demolombe, *Don.*, V, n. 414
[3] V. ci-dessus n. 3230 s.

binaison de deux testaments distincts, l'un contenant un legs pur et simple au profit des personnes que les art. 1048 et 1049 permettent de grever de substitution, le second imposant à ces personnes la charge de rendre à leurs enfants nés ou à naître.

3249. Mais il en est autrement lorsque la substitution est faite par donation entre vifs.

Quand une donation entre vifs a été faite purement et simplement par un père à son fils ou par un frère à son frère, le donateur ne peut plus, par un acte postérieur, imposer au donataire la charge de rendre les biens donnés à ses enfants nés ou à naître : ce serait révoquer partiellement la donation, et le donateur n'a pas ce droit.

La charge de restitution ne pourrait même pas valablement être imposée au donataire de son consentement ; ce serait une stipulation pour autrui (au profit des appelés), nulle comme faite en dehors des cas où l'art. 1121 autorise exceptionnellement une stipulation de ce genre.

3250. Toutefois, le consentement mutuel des parties peut avoir pour résultat de grever de restitution, au profit des enfants du donataire, les biens qui ont fait l'objet d'une donation pure et simple, dans l'hypothèse prévue par l'art. 1052.

Aux termes de ce texte :

« *Si l'enfant, le frère ou la sœur auxquels les biens auraient* » *été donnés par acte entre vifs, sans charge de restitution,* » *acceptent une nouvelle libéralité faite par acte entre-vifs,* » *ou testamentaire, sous la condition que les biens, précédem-* » *ment donnés, demeureront grevés de cette charge, il ne leur* » *est plus permis de diviser les deux dispositions faites à leur* » *profit et de renoncer à la seconde pour s'en tenir à la pre-* » *mière, quand même ils offriraient de rendre les biens com-* » *pris dans la seconde disposition* ».

3251. Il va sans dire que la charge de restitution, ainsi imposée après coup, ne porterait aucune atteinte aux droits que des tiers auraient acquis sur les biens substitués, à une époque où ils étaient libres entre les mains du donataire.

Tous les auteurs s'accordent à le reconnaître [1].

[1] *Sic*, Demolombe, *Don.*, V, n. 453 ; Aubry et Rau, VII, p. 338, § 696 ; Laurent, XVI, n. 536.

3252. Ces substitutions, exceptionnellement permises par les art. 1048 et 1049 ne sont valables qu'autant qu'elles sont faites au profit de tous les enfants nés ou à naître du grevé.

Elles seraient nulles s'il en était autrement. C'est ce que décide expressément l'art. 1050 du code civil.

Et, en effet, aux termes de ce texte :

« *Les dispositions permises par les deux art. précédents ne* » *seront valables qu'autant que la charge de restitution sera,* » *au profit de tous les enfants nés et à naître du grevé, sans* » *exception ni préférence d'âge ou de sexe* ».

3253. Mais, s'il est nécessaire que la substitution soit faite au profit de tous les enfants nés ou à naître du grevé, il n'est point indispensable que cela résulte expressément des termes mêmes de la libéralité faite au profit de celui-ci.

Il suffit que, des termes de cette libéralité, on puisse induire que telle a bien été l'intention du disposant.

Les auteurs et les arrêts sont unanimes sur ce point [1].

3254. Nous avons dit que les substitutions permises ne pouvaient être faites qu'au profit des enfants et non des petits enfants du grevé.

Toutefois, dans ces substitutions, la représentation est admise au profit des descendants des petits-fils ou des neveux prédécédés lors de l'ouverture de la substitution.

C'est ce qu'il résulte de l'art. 1051.

Aux termes de ce texte :

« *Si, dans les cas ci-dessus, le grevé de restitution au profit* » *de ses enfants, meurt, laissant des enfants au premier degré* » *et des descendants d'un enfant prédécédé, ces derniers re-* » *cueilleront, par représentation, la portion de l'enfant pré-* » *décédé* ».

3255. Mais, implicitement au moins, il résulte également de ce texte que, si tous les appelés sont décédés avant le grevé, la substitution est caduque, alors même que les grevés auraient laissé des descendants. Pour qu'il en fût autrement, il faudrait qu'elle pût s'ouvrir au profit de ceux-ci. Or, nous avons

[1] *Sic*, Cass., 31 mars 1807, S. chr., D. *Rép.*, v° *Substit.*, n. 306. — Dans le même sens Aubry et Rau, VII, p. 334, § 696, ainsi que les auteurs cités dans Fuzier-Herman, sur l'art. 1050, n. 2.

u qu'elle ne pouvait s'ouvrir qu'au profit des enfants du grevé t non au profit de ses petits-enfants. Jamais, en d'autres ermes, ceux-ci ne peuvent en profiter de leur chef, mais uniquement par représentation dans les circonstances que préise l'art. 1051 ([1]).

3256. Une autre conséquence que comporte l'interprétaion restrictive qui convient à l'art. 1051 comme à tous les extes de la matière, c'est que, si l'un des enfants du grevé est lécédé avant le testateur ([2]), laissant lui-même des enfants, eux-ci ne peuvent profiter de la substitution, qui est permise eulement en faveur des petits-enfants.

Mais, d'autre part, comme la substitution ne comprendra as tous les enfants du grevé, elle sera nulle ([3]).

3257. La disposition autorisée par les art. 1048 et 1049 est nfiniment préférable à la disposition par laquelle le père ou e frère donnerait ou lèguerait l'usufruit des biens composant a quotité disponible à son fils ou à son frère, et la nue proriété de ces biens aux enfants de ce fils ou de ce frère. Et, n effet, la donation ou le legs de la nue propriété ne pourait profiter qu'aux petits-enfants ou aux neveux nés ou au oins conçus au moment de la donation ou du décès du disosant ([4]), tandis que la substitution profite à tous sans xception. La disposition serait même nulle, si elle avait été aite au profit de quelques-uns seulement des enfants du onataire ([5]).

3258. Les substitutions permises par les art. 1048 et 1049 u code civil sont de véritables substitutions fidéicommissaires. 'est-à-dire les substitutions que vise et prohibe l'art. 896 ([6]).

Il en résulte que, dès qu'elles ne remplissent pas exactement les conditions dans lesquelles le législateur les autoise, elles retombent sous l'empire de la prohibition générale

([1]) *Sic*, Rouen, 23 juin 1848, S., 49. 2. 181, D., 49. 2. 147. — Dans le même sens ubry et Rau, VII, p. 356, § 696; Demolombe, *Don.*, V, n. 429; Laurent, XIV, . 530, ainsi que les auteurs cités dans Fuzier-Herman, sur l'art. 1051, n. 1.

([2]) Nous supposons évidemment une substitution faite par testament.

([3]) *Sic*, Trib. Mamers, 30 août 1870, S., 70. 2. 20.

([4]) V. l'explication de l'art. 906 du code civil.

([5]) V. ci-dessus, n. 3225.

([6]) V. ci-dessus, n. 3215.

édictée contre elles [1]. Or, nous savons que cette prohibitio entraîne non seulement la nullité des dispositions faites a profit des appelés, mais encore celle des dispositions faites a profit des grevés [2].

§ II. *Mesures prescrites dans l'intérêt des appelés et dans celui des tiers.*

3259. Le grevé reste, pendant toute sa vie, en possessio des biens substitués.

Il fallait donc se préoccuper d'empêcher qu'il ne p abuser de sa situation pour compromettre les droits éventue des appelés. Il le fallait d'autant plus que les appelés so bien souvent incapables de les défendre eux-mêmes : ils so la plupart du temps mineurs, ils peuvent même n'être p conçus. Aussi s'explique-t-on très bien que la loi ait cru d voir prescrire un certain nombre de mesures conservatoire en vue d'assurer la restitution dont le grevé est éventuell ment tenu au profit des appelés.

D'autre part, l'ouverture de la substitution réfléchit sur l tiers, puisqu'elle entraîne la résolution des droits qu'ils a raient pu acquérir, du chef du grevé, sur les biens substitué

Les tiers ont donc un intérêt manifeste à connaître, lor qu'ils traitent avec le grevé, la charge de restitution do celui-ci est tenu et d'où peut résulter l'anéantissement d leurs droits. De là l'utilité, la nécessité même, de mesures d publicité destinées à faire connaître la substitution, à empêch que, sans la connaître, des tiers ne puissent traiter avec l grevé.

3260. Le législateur du code civil s'est également préoccu de donner satisfaction et à l'intérêt des appelés et à l'intér des tiers.

De là une double catégorie de mesures : les unes dans l'in térêt des appelés, les autres dans l'intérêt des tiers.

Dans l'intérêt des appelés et en vue d'assurer à leur prof

[1] *Sic*, Laurent, XIV, n. 527 s., ainsi que les auteurs cités dans Fuzier-He man, sur l'art. 1048, n. 7.

[2] V. ci-dessus, n. 3180 et suivants.

la restitution éventuelle des biens substitués, le législateur a exigé :

1° La nomination d'un tuteur à la substitution ;

2° L'inventaire des biens substitués ;

3° La vente du mobilier et l'emploi des deniers.

Dans l'intérêt des tiers et en vue de leur faire connaître la chance de résolution qu'ils courent en traitant avec le grevé, le législateur a prescrit une mesure de publicité qui consiste, suivant les cas, en une transcription ou en une inscription.

Nous allons successivement nous occuper de chacune de ces mesures.

N° 1. Nomination d'un tuteur à la substitution.

3261. Les rédacteurs du code civil ont fait, de la nomination d'un tuteur à la substitution, une règle générale applicable à toutes les substitutions.

Il en était autrement sous l'empire de l'ordonnance de 1747. Celle-ci n'exigeait la nomination d'un tuteur qu'autant qu'il n'existait pas d'appelés déjà nés, au moment où il s'agissait de pourvoir à leurs intérêts éventuels. Des appelés existaient-ils déjà? C'était à eux-mêmes s'ils étaient majeurs, à leurs tuteurs dans le cas contraire, que le soin de veiller aux intérêts des appelés était confié.

La règle qui a prévalu sous l'empire du code civil est évidemment plus heureuse que celle qui existait dans l'ancien droit; c'est d'abord parce que le droit éventuel des appelés à naître est distinct de celui des appelés déjà nés; c'est, en second lieu, parce que les appelés, dans le régime des substitutions permises par les art. 1048 et 1049, sont toujours les enfants du grevé. Il leur eût été, dans ces conditions, difficile, sinon impossible, de veiller à la défense de leurs droits sans manquer à la déférence qu'ils doivent à leur père et sans encourir ses ressentiments.

3262. Le tuteur à la substitution est investi d'une mission toute spéciale : assurer l'exécution de la substitution et, dans ce but, veiller à l'accomplissement des mesures conservatoires prescrites par la loi.

Le tuteur à la substitution n'administre pas; aussi n'y a-t-il pas lieu de lui nommer un subrogé tuteur, et ses biens ne sont-ils pas grevés de l'hypothèque légale de l'art. 2121. Tous les auteurs s'accordent à le reconnaître [1].

A vrai dire, c'est un *curateur* plutôt qu'un tuteur : on lui donnait ce titre dans notre ancien droit et notre législateur a peut-être eu tort de ne pas le lui conserver.

3263. Mais, si les attributions du tuteur à la substitution sont plutôt celles d'un curateur ou d'un exécuteur testamentaire que celles d'un tuteur, il n'en est pas moins vrai que le législateur voit en lui un tuteur et lui en donne le titre. Nous devons en conclure que le tuteur nommé à la substitution n'est point libre de refuser le mandat dont il est investi. Il ne peut le faire que dans le cas où il peut invoquer une des causes légales d'excuse que la loi admet pour la tutelle des mineurs et des interdits [2].

3264. En règle générale, le besoin d'un tuteur à la substitution ne se fait pas sentir pendant la vie du disposant; qui donc mieux que celui-ci pourrait surveiller l'exécution de la substitution?

Si, cependant, il ne voulait ou ne pouvait se charger de ce soin, il pourrait le confier à un tuteur de son choix.

Sauf cette rare exception, la tutelle à la substitution ne s'ouvrira que par la mort du disposant.

3265. Les règles relatives à la nomination de ce tuteur sont contenues dans les art. 1055 et 1056.

3266. L'art. 1055 vise et règlemente la nomination du tuteur à la substitution par le disposant lui-même.

Aux termes de ce texte :

« *Celui qui fera les dispositions autorisées par les articles » précédents pourra, par le même acte, ou par un acte posté- » rieur en forme authentique, nommer un tuteur chargé de » l'exécution de ces dispositions : ce tuteur ne pourra être dis- » pensé que pour une des causes exprimées à la section VI du » chapitre II du titre* de la Minorité, de la Tutelle et de l'Eman- » cipation ».

[1] *Sic*, Demolombe, *Don.*, V, n. 465; Colmet de Santerre, IV, n. 217 *bis*, II; Laurent, XIV, n. 538.

[2] *Sic*, Demolombe, *Don.*, V, n. 463; Laurent, XIV, n. 539 *in fine*.

3267. Lorsque le tuteur n'a pas été désigné par le disposant dans l'acte même d'où résulte la substitution, il peut être désigné par un acte postérieur. Mais l'art. 1055 exige que cet acte postérieur soit fait en la forme authentique.

En dépit des termes de ce texte, on admet généralement que cette nomination pourrait aussi être faite dans un acte revêtu des formes du testament olographe : un tuteur ordinaire peut être nommé dans cette forme [1], à plus forte raison un tuteur à la substitution [2].

3268. Lorsque le disposant n'a pas désigné de tuteur à la substitution, l'art. 1056 nous dit comment les choses se passent.

Aux termes de ce texte :

« *A défaut de ce tuteur, il en sera nommé un à la diligence* » *du grevé, ou de son tuteur s'il est mineur, dans le délai d'un* » *mois à compter du jour du décès du donateur ou testateur,* » *ou du jour que, depuis cette mort, l'acte contenant la dis-* » *position aura été connu* ».

3269. Si l'art. 1056 nous dit à la requête de qui doit être nommé le tuteur à la substitution, il ne nous dit point par qui il doit l'être.

Dans le silence de la loi, il paraît impossible d'admettre une autre intervention que celle du conseil de famille, puisque c'est toujours au conseil de famille qu'incombe la désignation des tuteurs.

3270. Mais comment ce conseil de famille doit-il être composé?

Il est évident qu'on doit ici procéder par analogie. Nommé dans l'intérêt des appelés, le tuteur doit évidemment être désigné par un conseil pris dans la famille des appelés.

3271. Quant au juge de paix auquel appartiendra la présidence de ce conseil, ce ne peut être le juge de paix du domicile des appelés. Sans doute, c'est celui que conduit à

(1) C'est ce qui résulte de la combinaison des art. 398 et 392 du C. civ.

(2) *Sic*, Aubry et Rau, VII, p. 339, § 696 ; Demolombe, *Don.*, V, n. 467 ; Laurent, XIV, n. 539 et les auteurs cités dans Fuzier-Herman, sur l'art. 1055, n. 1. — V. cep., en sens contraire, Colmet de Santerre, IV, n. 217 *bis*, III ; Marcadé, sur l'art. 1055, n. 2.

désigner l'application par analogie de l'art. 406 du C. civ.

Mais il ne faut pas oublier que ce n'est point à des incapables, mais, en réalité, à la substitution, c'est-à-dire à des biens, que le tuteur est donné. Nous en concluons qu'il faut s'attacher, pour la désignation du juge de paix, au lieu de l'ouverture de la succession du disposant.

L'art. 1057 nous paraît fournir à l'appui de cette solution une preuve décisive, puisque nous voyons qu'il s'attache au lieu de l'ouverture de la succession pour attribuer compétence aux autorités qui ont mission d'intervenir.

D'ailleurs, comment procèderait-on s'il n'y avait point encore d'appelés, ou s'il y avait plusieurs appelés ayant des domiciles différents?

Aussi les auteurs sont-ils unanimes à repousser ici l'application de l'art. 406 du C. civ. et à attribuer compétence au juge de paix du lieu où s'est ouverte la succession du disposant ([1]).

3272. La loi laisse au conseil de famille pleine liberté pour le choix du tuteur.

Mais il va sans dire que le conseil ne pourrait user de cette liberté pour attribuer au grevé lui-même les fonctions de tuteur. Comment comprendre qu'on choisisse comme surveillant celui-là même qu'il s'agit de surveiller? Aussi, en supposant que le conseil ait cru devoir le faire, sa décision devrait être annulée ([2]).

3273. La loi est sévère pour le grevé qui ne satisfait pas à l'obligation, résultant pour lui de l'art. 1056, de requérir la nomination d'un tuteur à la substitution, lorsque ce tuteur n'a point été désigné par le disposant.

Aux termes de l'art. 1057 :

« *Le grevé qui n'aura pas satisfait à l'article précédent sera* » *déchu du bénéfice de la disposition et, dans ce cas, le droit* » *pourra être déclaré ouvert au profit des appelés, à la dili-* » *gence soit des appelés s'ils sont majeurs, soit de leur tuteur*

[1] *Sic*. Laurent, XIV, n. 540 ; Demolombe, *Don.*, V, n. 470; Huc, VI, n. 409 *in fine*.

[2] *Sic*. Angers, 17 juin 1825, S. chr., D. *Rép.*, v° *Tierce opposition*, n. 148. — Dans le même sens, Laurent, XIV, n. 540.

» *ou curateur s'ils sont mineurs ou interdits, soit de tout pa-*
» *rent des appelés majeurs, mineurs ou interdits ou même*
» *d'office, à la diligence du procureur du Roi près le tribunal*
» *de première instance du lieu où la succession est ouverte* ».

3274. Dans ce texte, la loi nous dit que le grevé sera déchu et que le droit des appelés pourra être déclaré ouvert.

Impérative tout d'abord, cette disposition paraît ensuite devenir facultative. Mais bien que contradictoires en apparence, les termes de cette disposition se concilient parfaitement. Par le mot *pourra*, la loi nous fait entendre qu'il est *facultatif*, pour les personnes auxquelles elle accorde ce droit, de provoquer la déchéance du grevé et, par le mot SERA, elle impose au juge l'obligation de prononcer cette déchéance lorsqu'il en est régulièrement requis. C'est l'interprétation que la jurisprudence [1] et presque tous les auteurs [2] s'accordent à donner de la formule employée par le législateur.

3275. Il est, d'ailleurs, incontestable que la déchéance du grevé et l'ouverture immédiate du droit des appelés n'ont jamais lieu de plein droit et ne peuvent résulter que d'une décision de justice.

Il en résulte que, tant que cette décision n'est point intervenue, les droits du grevé restent entiers, en dépit de la faute qu'il a commise et que tous les actes qu'il fait, à ce titre, sont valables à l'égard des tiers [3].

3275 *bis*. Bien que l'article 1057 soit, nous venons de le dire, conçu en termes impératifs, cela n'exclut pas, pour le juge, le droit et même le devoir d'examiner si le grevé est en faute. Il paraît, en effet, impossible que la déchéance dont il s'agit ait été établie en vue du cas où le grevé se serait trouvé, par suite de circonstances indépendantes de sa volonté, dans l'impossibilité de remplir l'obligation que la loi lui impose.

(1) V. notamment Cass., 17 avril 1843, S., 43. 1. 497, D. *Rép.*, v° *Substit.*, n. 363. — Orléans, 9 avril 1867, S., 67. 2. 277, D., 67. 2. 57.

(2) *Sic*, Aubry et Rau, VII, p. 339, § 696; Laurent, XIV, n. 543; Demolombe, *Don.*, V, n. 474 ainsi que les auteurs cités dans Fuzier-Herman, sur l'art. 1057, n. 6.

(3) V. notamment Caen, 1er juillet 1856, S., 58. 2. 205. — Dans le même sens, Laurent, XIV, n. 542; Aubry et Rau, VII, p. 340, § 696; Demolombe, *Don.*, V, n. 480 et 480 *bis*; Huc, VI, n. 410.

A l'impossible nul n'est tenu.

C'est ce qui arriverait, par exemple, si le grevé avait été empêché de remplir l'obligation que sanctionne l'art. 1057, par un cas de force majeure, par maladie ou autrement, si, notamment, il était mineur non pourvu de tuteur (1).

3276. Mais, par contre, il n'est pas douteux que l'art. 1057 doive être appliqué au grevé mineur ou interdit, dans le cas où il est pourvu d'un tuteur, tout aussi bien qu'au grevé pleinement capable.

On proteste (2).

Mais on ne saurait s'arrêter à des protestations introduisant, dans l'art. 1057, une distinction que ne comportent nullement les termes de ce texte.

L'art. 1057 est la sanction de l'obligation que l'art. 1056 impose au grevé lui-même ou à son tuteur, s'il est en tutelle par suite de sa minorité ou de son interdiction. Il doit donc être applicable partout où l'art. 1056 s'applique lui-même.

C'est bien, d'ailleurs, ce que suppose l'art. 1074, aux termes duquel :

« *Si le grevé est mineur, il ne pourra, dans le cas même de* » *l'insolvabilité de son tuteur, être restitué contre l'exécution* » *des règles qui lui sont prescrites par les articles du présent* » *chapitre* ».

Ce texte prouve non seulement que l'art. 1057 doit être, d'une façon générale, appliqué au grevé mineur ou interdit, mais, en outre, que l'insolvabilité de son tuteur et l'insuffisance du recours ouvert contre lui ne sauraient permettre au grevé de se soustraire à la déchéance qu'édicte l'art. 1057 (3).

3277. Nous pensons même que l'article 1057 ne cesserait pas d'être applicable, alors qu'aucun appelé n'existerait encore au moment où la déchéance serait encourue par le grevé.

Sans doute, il est impossible de déclarer ouvert le droit des

(1) *Sic*, Aubry et Rau, VII, p. 339, § 696; Demolombe, *Don.*, V, n. 474, *in fine;* Huc, VI, n. 410.

(2) V. notamment Coin-Delisle, sur l'art. 1056, n. 6; Troplong, IV, n. 2263.

(3) *Sic*, Demolombe, *Don.*, V, n. 475; Laurent, XIV, n. 545; Aubry et Rau, VII, p. 340, § 696; Huc, VI, n. 410.

appelés, puisque ceux-ci n'existent point encore. Mais le tribunal n'en devra pas moins prescrire les mesures destinées à enlever au grevé la jouissance dont il est déchu. Cette déchéance, est, il est vrai, subordonnée à la condition que des appelés naîtront. S'il n'en naît point, la substitution devient caduque, et les biens qui y étaient compris doivent retourner au grevé ou plutôt aux héritiers du grevé, puisque celui-ci n'en avait été privé que dans l'intérêt des appelés [3].

3278. La déchéance que l'art. 1057 édicte contre le grevé peut être provoquée soit par les appelés, s'ils sont majeurs, soit par leur tuteur, s'ils sont mineurs ou interdits.

Elle peut l'être également soit par tout parent des appelés, s'ils sont majeurs, soit par leur tuteur, s'ils sont mineurs ou interdits.

Elle peut l'être également, soit par tout parent des appelés majeurs, mineurs ou interdits, soit même d'office par le procureur de la République près le tribunal de première instance du lieu où la succession s'est ouverte, car la loi a dû prévoir que les appelés n'agiraient point eux-mêmes, puisqu'ils devraient agir contre leur père.

3279. La déchéance prononcée contre le grevé par application de l'article 1057 est définitive en ce sens que le grevé est définitivement privé de la possession et de la jouissance des biens compris dans la substitution.

Mais il ne faut pas oublier que cette déchéance n'est prononcée que dans l'intérêt des appelés et pour sauvegarder leurs droits sur les biens substitués. Aussi nous semble-t-il que ses effets ne pourraient être maintenus, si, lors de l'ouverture normale de la substitution, c'est-à dire au moment du décès du grevé, il n'existait pas d'appelés pour en recueillir et en conserver le bénéfice.

C'est donc aux héritiers du grevé que devraient revenir les biens compris dans la substitution.

3280. Il est également incontestable qu'au moment où la déchéance du grevé est prononcée, les droits des appelés sur

(3) *Sic*, Marcadé, sur l'art. 1057, n. 3; Laurent, XIV, n. 544. — V. cep. en sens contraire, Demolombe, *Don.*, V, n. 477 et 478; Aubry et Rau, VII, p. 341, § 696.

les biens substitués ne peuvent être réglés que provisoirement, puisque tout dépend, en définitive, de l'état de choses qui existera au décès du grevé, c'est-à-dire au moment où, normalement, la substitution aurait dû s'ouvrir.

C'est ainsi, par exemple, que, s'il survient un nouvel enfant au grevé après la répartition faite entre les appelés, il faudra lui faire sa part.

C'est ainsi également que, si l'un des appelés meurt avant le grevé, sa part accroîtra aux autres [1].

3281. Nous venons de voir combien est rigoureuse la sanction que l'art. 1057 attache à l'observation exacte, par le grevé, de l'obligation que lui impose l'art. 1056.

Nous devons en conclure qu'on ne saurait en étendre la disposition en dehors du cas même qu'il prévoit. C'est donc avec raison qu'il a été jugé que l'art. 1057 était inapplicable au grevé qui aurait négligé de faire pourvoir au remplacement du tuteur à la substitution, puisqu'il vise uniquement le grevé qui n'a pas fait nommer un tuteur dans le mois qui suit le décès du disposant [2].

N° 2. Inventaire des biens substitués.

3282. La seconde mesure que le législateur prescrit dans l'intérêt des appelés, est l'inventaire des biens compris dans la substitution.

C'est l'art. 1058 qui prescrit cette mesure dont l'utilité est manifeste, pour déterminer au juste les biens que le grevé sera éventuellement tenu de restituer.

Aux termes de l'art. 1058 :

« *Après le décès de celui qui aura disposé à la charge de* » *restitution, il sera procédé, dans les formes ordinaires, à* » *l'inventaire de tous les biens et effets qui composeront sa* » *succession, excepté néanmoins le cas où il ne s'agirait que* » *d'un legs particulier. Cet inventaire contiendra la prisée à* » *juste prix des meubles et effets mobiliers* ».

[1] *Sic*, Orléans, 9 avril 1867, S., 67. 2. 277, D., 67. 2. 57. — Dans le même sens Demolombe, *Don.*, V, n. 476 et 621 et s.; Aubry et Rau, VII, p. 341, § 696.

[2] V. Cass., 22 décembre 1875, S., 76. 1. 28, D., 76. 1. 208. — Agen, 12 mai 1875, S., 75. 2. 174.

3283. Ce texte décide lui-même que l'inventaire est inutile lorsque la disposition à charge de rendre résultera d'un legs particulier. Le testament désigne alors suffisamment les choses grevées de substitution.

3284. Toutefois l'esprit même de la loi conduit à décider que la réserve, faite expressément par l'art. 1058, serait inapplicable au legs particulier portant sur une universalité de fait.

Les auteurs s'accordent à le reconnaître [1], car il ne peut s'agir, dans ce cas, de contester l'utilité de l'inventaire.

3285. Par contre, il paraît incontestable que l'inventaire restera inutile partout où la disposition avec charge de rendre déterminera suffisamment les biens grevés de restitution éventuelle.

Cela nous conduit à constater que, hormis le cas d'une donation portant sur une universalité de fait, l'inventaire ne sera jamais nécessaire quand la disposition aura été faite par donation entre vifs, car une donation entre vifs ne peut être qu'à titre particulier.

D'ailleurs, si la donation a pour objet des effets mobiliers, elle sera nécessairement accompagnée d'un état estimatif qui rendra l'inventaire inutile [2].

En définitive, c'est donc seulement quand la disposition à charge de rendre constituera un legs universel ou à titre universel que l'inventaire prescrit par notre article sera, dans tous les cas, nécessaire.

3286. L'article 1059 indique à la requête de qui l'inventaire doit être effectué, le délai dans lequel il doit l'être, ainsi que ceux qui doivent en supporter les frais.

Aux termes de l'art. 1059 :

« *Il* [l'inventaire] *sera fait à la requête du grevé de restitu-* » *tion, et dans le délai fixé au titre* des Successions, *en pré-* » *sence du tuteur nommé pour l'exécution. Les frais seront* » *pris sur les biens compris dans la disposition* ».

Ce texte se réfère au délai fixé au titre des Successions,

(1) *Sic*. Aubry et Rau, VII, p. 342, § 696 ; Demolombe, *Don.*, V, n. 486.
(2) V. l'art. 948 du code civil.

c'est-à-dire au délai que précise l'art. 795 du code civil. C'est dans un délai de trois mois que l'inventaire doit être effectué, sans qu'il y ait lieu, du reste, d'augmenter ce délai des quarante jours accordés pour délibérer, puisqu'il n'y a point ici à délibérer.

Les auteurs s'accordent à le reconnaître (1).

3287. L'art. 1060 prévoit le cas où l'inventaire prescrit n'aurait pas été effectué par le grevé ou son tuteur dans le délai légal.

Aux termes de ce texte :

« *Si l'inventaire n'a pas été fait à la requête du grevé dans* » *le délai ci-dessus, il y sera procédé dans le mois suivant, à* » *la diligence du tuteur nommé pour l'exécution, en présence* » *du grevé ou de son tuteur* ».

3288. On s'accorde à décider que la présence du grevé ou de son tuteur à l'inventaire, rédigé dans les conditions que précise l'article ci-dessus, n'est pas requise à peine de nullité.

Il faut, mais il suffit que le grevé ou son tuteur ait été régulièrement sommé d'y assister (2).

C'est également ce qu'on décide pour la présence du tuteur à la substitution, lorsque l'inventaire est rédigé à la requête du grevé (3).

3289. Le législateur a prévu le cas où l'inventaire qu'il prescrit ne serait rédigé ni à la requête du grevé, ni à la requête du tuteur à la substitution.

C'est l'hypothèse qu'il vise dans l'art. 1061.

Aux termes de ce texte :

« *S'il n'a point été satisfait aux deux articles précédents,* » *il sera procédé au même inventaire, à la diligence des per-* » *sonnes désignées en l'art. 1057, en y appelant le grevé ou* » *son tuteur, et le tuteur nommé pour l'exécution* ».

3290. Si, en dépit de toutes les précautions prises pour assurer la confection de l'inventaire, celui-ci n'est point effec-

(1) *Sic*, Coin-Delisle, sur l'art. 1058, n. 3; Troplong, IV, n. 2268; Demolombe, *Don.*, V, n. 489.

(2) *Sic*, Demolombe, *Don.*, V, n. 493.

(3) *Sic*, Coin-Delisle, sur l'art. 1058, n. 2.

tué, on doit décider que les appelés pourraient faire la preuve de la consistance et de la valeur des biens substitués par témoins et même par commune renommée. C'est la sanction ordinaire de l'obligation de faire inventaire [1].

N° 3. Vente du mobilier et emploi des deniers.

3291. Les meubles perdant de leur valeur par l'usage et même par le seul effet du temps, et pouvant, d'ailleurs, être l'objet de détournements, la loi décide que ceux qui sont compris dans la disposition seront, en principe, vendus, et qu'il sera fait du prix un emploi offrant toutes garanties.

Ainsi l'exigeait l'intérêt des appelés.

A. *De la vente du mobilier.*

3292. Le texte même qui prescrit la vente du mobilier compris dans la substitution, détermine, en même temps, la forme que cette vente doit revêtir.

Aux termes de l'art. 1062 :

« *Le grevé de restitution sera tenu de faire procéder à la » vente, par affiches et enchères, de tous les meubles et effets » compris dans la disposition, à l'exception néanmoins de » ceux dont il est mention dans les deux articles suivants* ».

3293. L'art. 1062 décide que la vente qu'il prescrit doit comprendre tous les meubles et effets compris dans la substitution.

Malgré la généralité de ce texte, les motifs sur lesquels est fondée sa disposition conduisent à décider qu'il s'applique seulement aux meubles corporels. Les meubles incorporels ne dépérissent pas par l'usage ; à quoi bon les vendre ? Et puis il faudrait souvent placer l'argent, qui proviendrait de la vente de ces meubles incorporels, en valeurs de même nature ; autant vaut les conserver.

C'est l'opinion de tous les auteurs [2].

3294. Si cependant les meubles incorporels consistaient en

(1) *Sic*, Demolombe, *Don.*, V, n. 483 et s. ; Laurent, XIV, n. 548.

(2) *Sic*, Laurent XIV, n. 549 ; Aubry et Rau, VII, p. 343, § 696 ; Demolombe, *Don.*, V, n. 495.

titres au porteur, il y aurait lieu de les remplacer par de titres nominatifs [1].

3295. Il n'est pas douteux que, si le grevé négligeait d procéder à la vente prescrite par l'art. **1062**, il devrait y êtr procédé par les soins du tuteur à la substitution, qui, dan ce but, se ferait autoriser par justice.

Tous les auteurs sont en ce sens [2].

3296. Le principe posé par l'art. **1062** souffre deux excep tions dont les art. **1063** et **1064** précisent la portée.

Aux termes de l'art. **1063** :

« *Les meubles meublants et autres choses mobilières qu* » *auraient été compris dans la disposition, à la conditio* » *expresse de les conserver en nature, seront rendus dans l'éta* » *où ils se trouveront lors de la restitution* ».

Aux termes de l'art. **1064** :

« *Les bestiaux et ustensiles servant à faire valoir les terre* » *seront censés compris dans les donations entre-vifs ou testa* » *mentaires desdites terres ; et le grevé sera seulement tenu de* » *les faire priser et estimer, pour en rendre une égale valeur* » *lors de la restitution* ».

3297. Il y a peu de choses à dire sur l'exception que consacre l'art. **1063**, sinon qu'elle doit être expresse, puisqu'il s'agit de déroger à une règle générale établie par la loi.

Cette exception peut, d'ailleurs, se justifier aussi bien par l'intérêt des appelés que par celui du grevé.

Dans tous les cas, le grevé devrait être déclaré responsable des détériorations qui résulteraient de son dol ou de sa faute [3].

3298. De prime abord, on peut s'étonner quelque peu de l'exception que consacre l'art. **1064**. Et, en effet, les articles **522** et **524** du Code civil déclarent immeubles par destination les bestiaux et ustensiles aratoires servant à faire valoir les terres. Cela posé, la première partie de l'art. **1064**, qui les déclare compris dans la disposition relative aux terres, peut

[1] *Sic*, Demolombe, *Don.*, V, n. 296 ; Huc, VI, n. 412.

[2] *Sic*, Laurent, XIV, n. 553 ; Aubry et Rau, VII, p. 343, § 696 ; Demolombe, *Don.*, V, n. 499.

[3] *Sic*, Demolombe, *Don.*, V, n. 501 ; Laurent, XIV, n. 550.

paraître inutile. Il est bien certain que les immeubles par destination suivent nécessairement, en qualité d'accessoires, le sort de l'immeuble auquel ils sont liés. Quant à la deuxième, qui les déclare soustraits à la règle que les MEUBLES doivent être vendus, elle semble être le résultat d'un oubli.

Mais on aurait tort de faire, de ce chef, le procès au législateur.

Le titre *Des Donations...*, qui contient l'art. 1054, a été décrété avant celui *De la distinction des biens,* où se trouvent les art. 522 et 524. L'art. 1074 n'est qu'un écho de l'ancien adage *Instrumentum fundi non est pars fundi,* sur lequel on vivait encore à cette époque et que les art. 522 et 524 devaient bientôt remplacer par un principe opposé : le législateur ne pouvait pas, c'est d'évidence, se référer à ce nouveau principe avant qu'il ne fût décrété.

3299. La deuxième partie de l'art. 1064 ne doit pas être prise à la lettre. Au lieu de porter : *Pour en rendre une égale valeur,* l'art. 6 du titre I de l'ordonnance de 1747 disait : *pour en rendre* D'*une égale valeur.*

Il est fort probable que notre législateur a voulu reproduire l'idée de l'ordonnance, bien qu'il en ait un peu modifié la formule, par inadvertance peut-être.

Ce sont donc des bestiaux d'égale valeur que le grevé devra restituer, et non une valeur égale à celle des bestiaux, en d'autres termes la loi fait au grevé la situation même du preneur à cheptel [1].

3300. Quoi qu'il en soit, la décision de l'art. 1064 se présente avec un caractère assez exceptionnel pour qu'on en limite l'application à l'hypothèse que vise expressément le texte.

S'il s'agissait d'immeubles par destination autres que ceux-là mêmes désignés par la loi, on devrait décider que le grevé, autorisé à les conserver, se libèrerait en les restituant dans l'état où ils se trouvent lors de l'expiration de son droit [2].

3301. A ces deux exceptions, l'ordonnance de 1747 en

[1] V. l'art. 1826 du code civil.

[2] *Sic,* Demolombe, *Don.,* V, n. 504; Laurent, XIV, n. 551 et les auteurs cités dans Fuzier-Herman, sur l'art. 1064.

ajoutait une troisième. Les juges pouvaient autoriser le grevé à conserver en nature une partie des meubles substitués.

Dans le silence de la loi, il nous semble difficile d'admettre cette troisième exception à la règle posée par l'art. 1062 ([1]).

C'est cependant l'opinion contraire que soutiennent presque tous les auteurs ([2]).

B. *De l'emploi des deniers.*

3302. L'emploi des deniers substitués est réglé par les art. 1065 à 1068.

Les dispositions de ces différents textes ne présentent guère de difficultés.

3303. Et d'abord, aux termes de l'art. 1065 :

« *Il sera fait par le grevé, dans le délai de six mois, à* » *compter du jour de la clôture de l'inventaire, un emploi des* » *deniers comptants, de ceux provenant du prix des meubles* » *et effets qui auront été vendus, et de ce qui aura été reçu* » *des effets actifs.*

» *Ce délai pourra être prolongé, s'il y a lieu* ».

Il est évident que si le grevé est mineur l'application de ce texte doit être combinée avec les art. 5 et 6 de la loi du 27 février 1880.

3304. Aux termes de l'art. 1066 :

« *Le grevé sera pareillement tenu de faire emploi des* » *deniers provenant des effets actifs qui seront recouvrés et* » *des remboursement de rentes; et ce, dans trois mois au plus* » *tard après qu'il aura reçu ces deniers* ».

Il semble bien résulter de la comparation de ce texte avec l'art. précédent que le délai qu'il précise ne pourrait être prolongé.

La question est cependant discutée ([3]).

3305. Aux termes de l'art. 1067 :

« *Cet emploi sera fait conformément à ce qui aura été* » *ordonné par l'auteur de la disposition, s'il a désigné la*

[1] *Sic*, Laurent, XIV, n. 552.

[2] V. Demolombe, *Don.*, V, n. 505 et les autorités qu'il cite.

[3] V., dans le sens de notre opinion, Laurent, XIV, n. 554. — En sens contraire, Demolombe, *Don.*, V, n. 507.

« *nature des effets dans lesquels l'emploi doit être fait; sinon,* » *il ne pourra l'être qu'en immeubles, ou avec privilège sur* » *des immeubles* ».

Si le *de cujus* n'a point réglé lui-même le mode d'emploi des deniers substitués, c'est la loi qui le détermine.

A côté de l'emploi en immeubles, l'art. 1063 cite l'emploi avec privilège sur des immeubles.

Comme les privilèges résultent de la loi et ne sont attachés qu'à certaines créances déterminées, il en résulte qu'il n'y a que deux moyens de placer des fonds avec privilèges sur des immeubles : acheter une créance privilégiée sur un immeuble, ou payer un créancier ayant privilège sur un immeuble et se faire subroger dans ses droits.

3306. La rareté relative de ce mode d'emploi des deniers substitués a conduit la plupart des auteurs à décider que les placements sur première hypothèque devaient être mis sur la même ligne que les placements avec privilèges sur des immeubles.

Ce que la loi veut, avant tout, c'est un placement sûr. Or, il n'est pas douteux que les placements sur première hypothèque, à la condition, d'ailleurs, qu'aucun privilège n'existe sur l'immeuble hypothéqué, sont tout aussi sûrs que les placements garantis par un privilège [1].

3307. Il résulte également de la loi de finances du 16 septembre 1871 que l'emploi des fonds substitués peut être réalisé en rentes françaises de toute nature [2].

Il n'en est autrement qu'autant que, par une clause expresse, le disposant a cru devoir bannir ce mode d'emploi.

3308. Mais, à défaut d'emploi conforme au texte ou à l'esprit de la loi, le grevé peut-il s'adresser au tribunal et lui demander la désignation de l'emploi à effectuer ?

La jurisprudence l'admet. C'est ainsi, par exemple, que la cour de Dijon a autorisé un emploi en obligations du crédit Foncier de France [3].

[1] *Sic*, Demolombe, *Don.*, V, n. 513; Laurent, XIV, 555; Aubry et Rau, VII, p. 344, § 696, ainsi que les auteurs cités dans Fuzier-Herman, sur l'art. 1063, n. 1.

[2] V. l'art. 29 de cette loi, alinéas 1 et 2.

[3] Dijon, 16 août 1861, S., 61. 2. 543, D., 61. 2. 239.

C'est aussi l'opinion de la plupart des auteurs [1].

3309. Enfin, aux termes de l'art. 1068 :

« *L'emploi ordonné par les articles précédents sera fait e*
» *présence et à la diligence du tuteur nommé pour l'exécu*
» *tion* ».

N° 4. **Publicité de la substitution.**

3310. Nous ne revenons pas sur le but de la publicité qu la loi exige en matière de substitution.

Nous savons que cette publicité a pour but d'éclairer le tiers sur la situation du grevé et de leur faire connaître qu'i ne peut concéder, sur les biens substitués, que des droit soumis à la même éventualité que le sien.

3311. Sur la publicité des substitutions, nous aurons suc cessivement à examiner les deux questions suivantes :

1° A rechercher comment la substitution est rendue pu blique ;

2° A indiquer les conséquences du défaut de publicité de la substitution.

A. *Comment la substitution est-elle rendue publique?*

3312. L'art. 1069 indique par quel moyen doit être réalisée la publicité qu'il exige.

Aux termes de ce texte :

« *Les dispositions par actes entre vifs ou testamentaires, à*
» *charge de restitution, seront, à la diligence, soit du grevé,*
» *soit du tuteur nommé pour l'exécution, rendues publiques;*
» *savoir, quant aux immeubles, par la transcription des actes*
» *sur les registres du bureau des hypothèques du lieu de la*
» *situation; et quant aux sommes colloquées avec privilège*
» *sur des immeubles, par l'inscription sur les biens affectés*
» *au privilège* ».

3313. Il est à remarquer que le texte ci-dessus met les dispositions testamentaires sur la même ligne que les dispositions entre vifs.

En règle générale, les dispositions testamentaires ne sont

(1) *Sic*, Demolombe, *Don.*, V, n. 510; Aubry et Rau, VII, p. 344, § 696. — V. cependant, en sens contraire, Laurent, XIV, n. 555.

s assujetties à la formalité de la transcription. La loi y met par exception celles qui contiennent une substitution mise. De là cette conséquence quelque peu singulière que tiers sont présumés connaître, indépendamment de la nscription, toutes les dispositions testamentaires, à l'excepn de celles qui contiennent des substitutions.

C'est assez bizarre, pour ne rien dire de plus.

La loi du 23 mars 1855 sur la transcription a laissé subsiscette anomalie. « Il n'est point dérogé, nous dit-elle, aux dispositions du Code Napoléon relatives à la transcription des actes portant donation ou contenant des dispositions à charge de rendre... ».

3314. Si les biens substitués sont des immeubles, la subtution sera rendue publique par la *transcription* de la sposition qui la contient.

Si les biens substitués consistent en créances hypothécaires privilégiées, la substitution sera portée à la connaissance s tiers par la mention de l'acte qui la contient, en marge de nscription du privilège ou de l'hypothèque : c'est en ce ns que doit être entendue la partie finale de l'art. 1069.

3315. Les dispositions que nous venons d'analyser doivent re appliquées par analogie, au cas où des deniers substitués nt employés en immeubles, ou placés avec privilège sur s immeubles, par application de l'art. 1067.

Au premier cas, il faudra, dans la transcription de l'acte acquisition, relater la disposition contenant la substitution.

Au deuxième, on devra mentionner la substitution dans inscription du privilège ou en marge de cette inscription, si lle est déjà prise.

3316. Lorsque la charge de rendre s'applique à des biens aisant l'objet d'une donation entre vifs, l'acte est soumis à a transcription à un double titre : en tant que donation 'abord, en vertu de l'art. 939, en tant que substitution nsuite, en vertu de l'art. 1069.

Il pourrait arriver que l'acte fût transcrit comme donation, ans l'être en tant que substitution ; alors, la donation faite au revé serait opposable aux tiers, mais il n'en serait pas de nême de la charge de restitution.

C'est ce qui arriverait, par exemple, si le conservateur d
hypothèques, par erreur ou par collusion, avait omis, e
transcrivant l'acte de donation, de relater la clause porta
charge de rendre.

C'est ce qui arriverait encore si, une donation ayant ét
faite purement et simplement, et transcrite, les biens compr
dans cette donation se trouvaient grevés de restitution, e
vertu d'une clause d'une donation postérieure acceptée pa
le grevé, et si la substitution résultant de cette donatio
postérieure n'avait pas été rendue publique comme le veut l
loi, c'est-à-dire par une mention de la clause de substitution
en marge de la transcription de la première donation.

3317. Etant donnés les procédés de publicité que la loi
cru devoir admettre, la substitution reste parfois dénuée d
toute publicité effective, au moins à l'égard de certains de
biens qui y sont compris.

Il en est nécessairement ainsi des meubles que le grev
est autorisé à conserver en nature.

C'est ce qui arrive également pour les sommes placées pa
le disposant lui-même, ou par le grevé d'après la volonté du
disposant, en valeurs autres que celles indiquées dans l'art.
1067.

3318. L'art. 1069 précise les personnes qui ont mission de
faire procéder à la transcription, ou à l'inscription exigée par
la loi pour la publicité de la substitution.

C'est d'abord le grevé lui-même.

C'est ensuite le tuteur à la substitution.

3319. Dans les colonies, il faut observer qu'une ordonnance du 14 juin 1829, relative aux Antilles et à la Guyane et étendue à la Réunion par une ordonnance du 22 novembre de la même année, impose aux notaires l'obligation de faire opérer la transcription des actes de transmission grevés de substitution (1).

B. *Conséquences du défaut de transcription.*

3320. Tant que la substitution n'a pas été rendue publique par la voie qui vient d'être indiquée, les tiers sont réputés en

(1) V. Huc, VI, n. 414.

norer l'existence, et, par suite, elle ne leur est pas opposable. s ont donc le droit de considérer le grevé comme propriéire incommutable des biens substitués, et les droits qu'ils quièrent sur ces biens, en traitant avec lui, sont irrévocables, ourvu qu'ils se soient eux-mêmes conformés, en temps utile, ax prescriptions de la loi pour la conservation de ces droits.

3321. Il en serait ainsi, alors même que les tiers qui ont aité avec le grevé auraient eu connaissance de la substituon par une autre voie.

C'est ce que l'art. **1071** décide expressément.

Aux termes de ce texte :

« *Le défaut de transcription ne pourra être suppléé ni regardé comme couvert par la connaissance que les créanciers ou les tiers acquéreurs pourraient avoir eue de la disposition par d'autres voies que celle de la transcription* ».

C'est que, comme le dit Pothier [1], les formalités ne se uppléent pas.

3322. L'art. **1071** ne mentionne que le défaut de transiption et il en est de même, du reste, de l'art. **1070**.

Mais il est évident que ce que ces deux textes disent du déaut de transcription doit être étendu au défaut d'inscription. ela résulte d'abord de l'art. **1072**, qui place textuellement ur la même ligne le défaut d'inscription et le défaut de transription. Cela résulte aussi de l'esprit de la loi, puisque 'inscription est exigée dans le même but et pour les mêmes otifs que la transcription.

C'est ce que reconnaissent tous les auteurs [2].

3323. Reste à savoir quels sont exactement les tiers qui euvent se prévaloir du défaut de transcription ou d'inscripion.

Le code civil consacre à la solution de cette question deux articles qui n'ont peut-être pas une clarté suffisante : ce sont les art. **1070** et **1072**.

Aux termes du premier de ces textes :

« *Le défaut de transcription de l'acte contenant la disposi-*

(1) Pothier, *Don.*, sect. II, art. 3, n. 499.

(2) *Sic*, Demolombe, *Don.*, V, n. 530 et les autorités qu'il cite.

» *tion pourra être opposé par les créanciers et tiers acquéreurs*
» *même aux mineurs et interdits; sauf le recours contre le*
» *grevé et contre le tuteur à l'exécution, et sans que les mi-*
» *neurs ou interdits puissent être restitués contre ce défaut de*
» *transcription, quand même le grevé et le tuteur se trouve-*
» *raient insolvables* ».

Aux termes de l'art. **1072** :

« *Les donataires, les légataires, ni même les héritiers légi-*
» *times de celui qui aura fait la disposition, ni pareillement*
» *leurs donataires, légataires ou héritiers, ne pourront, en*
» *aucun cas, opposer aux appelés le défaut de transcription*
» *ou inscription* ».

L'application de ces deux textes est assez simple quand la disposition à charge de rendre est faite par testament. Nous allons voir qu'il en est autrement, quand elle est faite par donation entre vifs.

3324. Nous avons vu que, lorsque la substitution résultait d'un testament, c'était la substitution seule qui avait à être portée à la connaissance des tiers, puisque, dans notre droit, les transmissions à cause de mort ne sont soumises à aucune publicité.

Il en résulte nécessairement cette conséquence, c'est que les ayants cause du testateur ne peuvent, en aucun cas, se prévaloir du défaut de publicité donné à la substitution. Par l'effet seul du legs consenti au grevé et indépendamment de toute condition de publicité, le bien légué est devenu la propriété du grevé. Qu'importe aux ayants cause du testateur que ce soit définitivement ou à charge de rendre? En d'autres termes, le publicité de la substitution ne les concerne pas.

Au contraire, les tiers intéressés à connaître la substitution, ce sont les ayants cause du grevé ; ce sont eux qui ont intérêt à savoir que le grevé ne peut consentir, sur les biens substitués, que des droits soumis à la même éventualité que le sien. C'est dans leur intérêt que la publicité de la substitution est requise, eux seuls peuvent donc se prévaloir du défaut du publicité.

3325. Mais tous le peuvent-ils également ?

C'est ici qu'interviennent les dispositions des art. **1070** et

1072, d'où résulte une distinction essentielle entre les ayants cause à titre onéreux et les ayants cause à titre gratuit du grevé.

3326. Parmi ceux qui peuvent se prévaloir du défaut de publicité de la substitution, l'art. 1070 cite d'abord les créanciers du grevé. Comme la loi ne distingue pas, on doit en conclure que tous les créanciers du grevé ont le même droit, aussi bien les simples créanciers chirographaires que les créanciers hypothécaires.

C'est l'opinion presque générale des auteurs [1].

3327. L'art. 1070 ajoute aux créanciers les tiers acquéreurs du grevé. Dans son acception ordinaire, cette expression vise uniquement les acquéreurs à titre onéreux. C'est notamment en ce sens que l'emploie l'art. 2184 du code civil qui oppose l'acquéreur au donataire. Tel est le sens qu'on doit lui reconnaître ici. Au reste, si des doutes étaient possibles, l'art. 1072 suffirait à les dissiper.

On ne peut, d'ailleurs, s'étonner de cette différence que le législateur établit entre les acquéreurs à titre onéreux, *qui certant de damno vitando* et les acquéreurs à titre gratuit, *qui certant de lucro captando.*

3328. Il est sans difficulté que, dans notre matière, la loi comprend, sous l'expression générique de tiers acquéreurs, non seulement tous ceux auxquels le grevé a transmis la propriété de tout ou partie des biens substitués, mais aussi ceux auxquels il a transmis des droits réels sur ces biens, une servitude, par exemple, un usufruit ou une hypothèque, pourvu, bien entendu, que ce soit à titre onéreux.

3329. Bien que la loi ne parle, dans l'art. 1070, que du défaut de transcription, il est clair que les créanciers et acquéreurs du grevé pourraient aussi opposer le défaut d'inscription.

Nous n'avons qu'à répéter, sur l'art. 1070, ce que nous avons déjà dit sur l'art. 1071 [2].

3330. Peu importe la capacité des appelés auxquels est opposé le défaut de transcription ou d'inscription.

(1) *Sic*, Demolombe, *Don.*, I, n. 537 ; Colmet de Santerre, IV, n. 233 *bis*, II.
(2) V. ci-dessus, n. 3322.

Dans tous les cas, les créanciers et tiers acquéreurs du grevé sont également fondés à s'en prévaloir.

Les appelés n'auront d'autre ressource que de se retourner contre le grevé et le tuteur à la substitution et de leur demander compte du préjudice qui leur est causé.

C'est, du reste, ce que décide expressément l'art. 1070 dans sa deuxième partie.

3331. Arrivons au cas où c'est par donation entre vifs qu'est faite la disposition à charge de rendre.

Nous avons vu, ci-desssus [1], que c'est à un double titre que la disposition est soumise à un régime de publicité : d'abord comme donation, puis comme substitution. A ce double titre elle doit être portée à la connaissance des tiers par une transcription réalisée dans les conditions que précise la loi.

3332. Si la transcription effectuée concerne à la fois et la donation et la transcription, aucune difficulté n'est possible. Tous les intéressés se trouvent légalement informés de ce qu'ils ont intérêt à connaitre. Tous, aussi bien les ayants cause du donateur que ceux du grevé, doivent s'incliner devant la disposition et la subir.

3333. Mais il se peut que, tout en révélant la donation, la transcription ne dise rien de la substitution dont elle est affectée.

Nous avons indiqué déjà comment cela peut se produire. Nous n'y revenons point [2].

En pareil cas, la situation est exactement la même que celle dont nous avons parlé à propos des substitutions faites par testament.

C'est seulement la substitution qu'affecte le défaut de publicité. En tant que donation, la disposition a été transcrite et, partant, les ayants cause du donateur connaissent tout ce qu'ils ont intérêt à connaître. Ils savent que les biens substitués sont sortis du patrimoine de leur auteur. Que leur importe que le grevé soit propriétaire à charge de rendre au propriétaire définitif? Ils n'ont donc aucun intérêt à connaître

(1) V. ci-dessus, n. 3316.
(2) V. ci-dessus, n. 3316.

substitution et, dès lors, on ne concevrait pas qu'ils pussent prévaloir du défaut de transcription de cette substitution qu'ils fussent fondés à l'opposer aux appelés.

En définitive, si la disposition a été transcrite comme do-tion, conformément à l'art. 939 du code civil, sans l'être mme substitution, conformément à l'art. 1069, les ayants use du disposant ne peuvent, en aucun cas, se prévaloir du faut de publicité de la substitution.

3334. Les seules personnes qui puissent alors invoquer le faut de transcription de la substitution, ce sont ceux qui aient intérêt à savoir que le grevé n'avait pas un droit dé-itif, c'est-à-dire ses ayants cause.

Les art. 1070 et 1072 déterminent, parmi les ayants cause ı grevé, ceux qui peuvent se prévaloir du défaut de trans-iption de la substitution.

Nous nous bornons à renvoyer, dans ce cas, à ce que nous ons dit ci-dessus pour les dispositions à charge de rendre ites par testament [1].

3335. Enfin, il est possible que les dispositions à charge de ndre, faites par donation entre vifs, n'aient été soumises à ıcune publicité, ni comme donation, ni comme substitution.

La question se pose alors de savoir si les art. 1070 et 1072 référent uniquement à la publicité de l'acte envisagé omme substitution, ou si, au contraire, ces textes concernent publicité de l'acte, considéré à la fois et comme substitution comme donation.

L'intérêt de la question est manifeste.

Si les art. 1070 et 1072 visent uniquement la publicité de acte en tant que substitution, c'est l'art. 941 C. civ. qui con-nue à déterminer les personnes admises à se prévaloir du éfaut de transcription de l'acte envisagé comme donation.

Si, au contraire, les art. 1070 et 1072 visent la publicité e l'acte considéré à la fois et comme donation et comme ıbstitution, c'est à ces textes qu'il appartient de déterminer s personnes fondées à invoquer le défaut de transcription. r, nous avons vu que ces personnes ne sont point aussi

[1] V. ci-dessus, n. 3325 et suivants.

nombreuses que celles dont l'art. 941 contient l'énumératio
De là l'intérêt de la question.

3336. A s'en tenir uniquement à l'origine historique d
art. 1070 et 1072, la solution serait certaine. L'art. 1072 n
tamment est la reproduction presque textuelle de l'art. 35 c
l'ordonnance de 1747. N'en doit-on pas nécessairement co
clure que ces textes doivent être entendus exactement comn
nos anciens interprètes entendaient les textes correspondan
de l'ordonnance de 1747? Or, dans le système de l'ordonnan
de 1747, les textes reproduits par les rédacteurs du code civ
visaient uniquement le défaut de publicité donné à l'act
envisagé comme substitution. Cela, dit-on, doit entraîner l
solution sous l'empire du code civil [1].

3337. Mais il n'est pas impossible de répondre à cet argu
ment historique et de lui refuser l'importance décisive qu'o
a voulu lui attribuer dans le débat.

Sous l'empire de l'ordonnance de 1747, les donations con
tenant substitutions étaient soumises à une double publicité
l'insinuation de l'acte en tant que donation, formalité pres
crite par l'ordonnance de 1731, la publication de l'acte e
tant que substitution, publication prescrite par l'ordonnanc
de 1747. L'insinuation concernait les ayants cause du dona
teur, la publication concernait les ayants cause du grev
Chacune de ces formalités avait ainsi un but et une individua
lité distincts.

Il n'en est plus ainsi, sous l'empire du code civil. Qu'o
l'envisage comme donation ou comme substitution, la dispo
sition à charge de rendre n'est astreinte qu'à une conditio
unique de publicité : la transcription. Dans ces conditions
l'argument historique perd singulièrement de sa valeur.

Bien au contraire, aujourd'hui qu'il n'y a qu'un mode uni
que de publication et pour la donation et pour la substitution
n'est-il pas plus rationnel de penser que le législateur n'a
point entendu, vis-à-vis des appelés, soumettre à des princi
pes différents la publicité concernant la donation et la publi
cité concernant la substitution?

[1] *Sic*, Mourlon, *Transc.*, II, n. 430; Pison, *Rev. crit.*, XIV, année 1859, p. 14

Dans ce système, les dispositions des art. 1070 et 1072 concernent aussi bien les ayants cause du donateur que les ayants cause du grevé et ceux-là seuls auxquels ces textes le permettent peuvent opposer aux appelés le défaut de transcription.

C'est l'opinion qui prévaut en doctrine [1].

Au reste, le débat semble plutôt théorique que pratique, puisque la jurisprudence n'a point encore eu à l'examiner et à le trancher.

N° 5. Sanction des dispositions qui précèdent.

3338. La sanction de toutes les mesures que la loi prescrit, soit dans l'intérêt des appelés, soit dans l'intérêt des tiers, se trouve contenue dans les art. 1073 et 1074 du code civil : c'est la responsabilité du tuteur à la substitution ainsi que celle du grevé.

3339. C'est l'art. 1073 qui est relatif à la responsabilité du tuteur à la substitution.

Il la pose dans les termes les plus larges.

Aux termes de ce texte :

« *Le tuteur nommé pour l'exécution sera personnellement* » *responsable, s'il ne s'est pas, en tout point, conformé aux rè-* » *gles ci-dessus établies pour constater les biens, pour la vente* » *du mobilier, pour l'emploi des deniers, pour la transcription* » *et l'inscription, et, en général, s'il n'a pas fait toutes les dili-* » *gences nécessaires pour que la charge de restitution soit bien* » *et fidèlement exécutée* ».

Il résulte donc bien des termes de ce texte que si, dans la mission dont il est investi, le tuteur commet une faute quelconque causant un préjudice aux appelés, il doit en supporter la responsabilité.

3340. Quant à la responsabilité du grevé en ce qui concerne l'exécution de toutes les mesures prescrites pour assurer aux appelés la restitution des biens substitués, elle n'est pas moins générale et absolue que celle du tuteur à la substitution.

[1] *Sic*, Demolombe, *Don.*, V, n. 536 s ; Aubry et Rau, VII, p. 346, § 696 ; Colmet de Santerre, IV, n. 233 *bis*, I ; Huc, VI, n. 415.

Il en est ainsi, alors que le grevé est mineur. On applique alors le principe que le fait du tuteur est le fait du mineur et celui-ci répond des fautes de celui-là.

C'est ce que l'art. 1074 suppose de la façon la plus formelle.

Et, en effet, aux termes de ce texte :

« *Si le grevé est mineur, il ne pourra, dans le cas même de* » *l'insolvabilité de son tuteur, être restitué contre l'inexécution* » *des règles qui lui seront prescrites par les articles du présent* » *chapitre* ».

§ III. *Droits et obligations du grevé.*

3341. Jusqu'à l'ouverture de la substitution, les appelés n'ont qu'un droit *éventuel* aux biens substitués, car il se peut qu'ils meurent avant l'ouverture de la substitution, auquel cas ils seront considérés comme n'ayant jamais eu aucun droit aux biens substitués.

Quel est donc, en attendant, le propriétaire de ces biens?

C'est le grevé; lui seul a ce titre jusqu'à l'ouverture de la substitution, c'est-à-dire ordinairement pendant toute sa vie. Son droit est, il est vrai, susceptible de s'éteindre au profit des appelés; mais cela ne l'empêche pas d'être propriétaire *hic et nunc,* et il peut même devenir propriétaire incommutable s'il survit aux appelés.

3342. On a souvent dit, pour expliquer la situation du grevé, qu'il était propriétaire sous condition résolutoire des biens substitués. Mais nous avons vu combien il était inexact de caractériser ainsi la situation juridique du grevé, puisqu'on en arrivait à méconnaître un des caractères essentiels de la substitution : l'*ordo successivus* [1].

Au reste, il est à remarquer que, dans les derniers arrêts dans lesquels elle a eu à s'expliquer sur la nature des droits résultant d'une substitution, la cour de cassation se garde de parler de résolution et de condition résolutoire. « Attendu, lisons-nous dans un de ces arrêts, qu'il résulte de la combi-

(1) V. ci-dessus, n. 3072 et 3135.

raison des art. 1048 et 1053, que les droits des appelés ne s'ouvrent qu'au moment où ceux du grevé de la charge cessent d'exister ; que la propriété ne pouvant être flottante et incertaine, les droits qui en découlent résident dans les mains du grevé, tant qu'il possède, sauf l'expectative des appelés auxquels n'affère qu'un droit éventuel et subordonné » (1).

Ainsi le langage de la cour suprême est significatif. Il n'est plus question de condition résolutoire, ni d'effet rétroactif. Le droit des appelés n'est plus un droit conditionnel, c'est une simple expectative qui peut s'ouvrir et mettre ainsi fin au droit du grevé, mais qui peut aussi ne pas s'ouvrir et laisser le droit du grevé incommutable. Le droit du grevé n'est pas davantage un droit conditionnel. Mais, à raison de cette chance qu'il a d'être éteint par l'ouverture du droit des appelés, le droit du grevé n'est pas une propriété pleine et incommutable.

3343. Quoi qu'il en soit, il est certain que, tant que n'est point ouvert le droit des appelés, le grevé est propriétaire et peut faire, sur les biens substitués, tous les actes d'un propriétaire. Si tel est le principe, on ne saurait hésiter à en suivre les conséquences.

Nous allons en indiquer quelques-unes.

3344. Et d'abord il n'est pas douteux que le grevé peut aliéner les biens substitués ou établir sur eux des charges réelles.

Ce qui est vrai c'est que les droits qu'il concède sur les biens substitués sont nécessairement soumis à la même éventualité que le sien propre et, partant, doivent s'éteindre si la substitution vient à s'ouvrir.

3345. Il est également incontestable que les créanciers du grevé peuvent saisir sur lui les biens substitués et les faire vendre pour se payer sur le prix. Mais il n'est pas moins certain que la vente ainsi faite ne préjudiciera en rien au droit des appelés (2).

(1) *Sic*, Cass., 7 avril 1886, D., 87. 1. 220. — V. dans le même sens Cass., 18 mars 1884, D., 84. 1. 419.

(2) *Sic*, Orléans, 1er fév. 1876, D., 78. 2. 95. — Bordeaux, 3 mai 1877, S., 77. 2. 236, D., 78. 2. 95.

3346. C'est sur la tête du grevé que résident toutes les actions actives ou passives relatives aux biens substitués. Il peut donc exiger le paiement des créances comprises dans les biens substitués, et les débiteurs sont valablement libérés par un paiement fait entre ses mains.

S'il peut toucher les créances, il doit pouvoir les céder et c'est là aussi l'opinion généralement admise [1].

3347. C'est contre le grevé que court la prescription relativement aux biens substitués.

Ainsi, le grevé reste, pendant trente ans, sans demander le paiement d'une créance comprise dans les biens substitués, la créance sera éteinte par la prescription.

Ou bien un tiers s'empare d'un immeuble substitué et le possède pendant trente ans, il y aura prescription à son profit.

3348. Une fois accomplie contre le grevé, la prescription sera opposable aux appelés, fussent-ils mineurs; leur minorité n'a pas pu suspendre la prescription, parce que ce n'est pas contre eux qu'elle a couru, mais bien contre le grevé. La prescription ne peut courir que contre celui sur la tête duquel le droit réside, contre le propriétaire ou contre le créancier; or ce titre appartenait au grevé. C'était déjà l'opinion de Pothier [2], c'est aussi celle qui prévaut sous l'empire du code civil [3].

Et si l'on objecte que les appelés subiront ainsi la prescription sans avoir pu la conjurer, il faut répondre qu'ils auraient pu l'interrompre soit eux-mêmes, soit par leur tuteur [4]. Sans doute, avant l'ouverture de la substitution, les appelés n'ont point un droit conditionnel, c'est un droit éventuel, une simple expectative. Mais, pas plus indirectement que directement, le grevé ne saurait la compromettre, sans que les appelés aient le droit d'intervenir, par eux-mêmes ou par le tuteur

(1) *Sic*, Huc, VI, n. 418-3°. — V. cep. Demolombe, *Don.*, V, n. 565; Laurent, XIV, n. 569.

(2) Pothier, *Subst.*, n. 155 et 156.

(3) *Sic*, Laurent, XIV, n. 571; Demolombe, *Don.*, IV, n. 555 et les auteurs cités dans Fuzier-Herman, sur l'art. 1053, n. 40 et 41.

(4) *Sic*, Paris, 23 déc. 1873, D., 76. 2. 124.

la substitution. De ce que toute personne ayant un droit conditionnel peut faire des actes conservatoires, il ne s'ensuit point que quiconque peut faire des actes conservatoires ait, par là même, un droit conditionnel (1).

3349. Enfin, si le grevé a le droit, en sa qualité de propriétaire, de disposer des biens substitués, à plus forte raison a-t-il le droit d'en jouir; et il est incontestable que son droit de jouissance n'est pas soumis à la cause de résolution qui menace son droit de propriété. En d'autres termes, si l'évènement qui doit donner ouverture à la substitution se réalise, les actes de disposition accomplis par le grevé seront considérés comme non avenus à l'égard des appelés. Mais il n'en sera pas de même des actes de jouissance : le grevé n'aura pas à restituer les fruits par lui perçus, et les actes qu'il aura accomplis pour l'exercice de son droit de jouissance seront maintenus.

3349 *bis.* Remarquons, du reste, que le droit de jouissance du grevé cesse dès le jour même de l'ouverture de la substitution et non point seulement, comme le soutiennent quelques auteurs, au jour de la demande en restitution formée par les appelés (2).

3350. Que la situation du grevé, sur les biens substitués, soit, à certains points de vue, comparable à celle de l'usufruitier, on ne saurait le nier. Mais il serait manifestement inexact de dire que l'ouverture de la substitution réduit le droit du grevé à un simple usufruit. S'il est utile de rapprocher la situation du grevé de celle d'un usufruitier, c'est, avant tout et surtout, pour dégager les différences que ce rapprochement met en évidence et qui permettent de caractériser mieux encore la situation faite au grevé sur les biens substitués.

3351. Et, d'abord, il est bien certain que le grevé, étant propriétaire, a un droit de jouissance plus étendu que l'usufruitier qui ne l'est pas. C'est ainsi qu'on ne saurait lui contester le droit de faire subir à la substance de la chose cer-

(1) *Sic*, Huc, VI, n. 418; Laurent, XIV, n. 581.

(2) *Sic*, Demolombe, *Don.*, V, n. 617; Laurent, XIV, n. 579. — V. cep., en sens contraire, Aubry et Rau, VII, p. 352, § 696.

taines transformations qu'un usufruitier n'aurait pas le dro d'opérer, par exemple, défricher un bois pour le transforme en une terre labourable.

3352. L'art. 601 du code civil impose à l'usufruitier l'obl gation de fournir caution pour assurer la restitution qu'il e tenu d'effectuer à l'expiration de son droit.

Aucune obligation de ce genre ne pèse sur le grevé, puisqu nulle loi ne la lui impose.

3353. Il résulte également de l'art. 605 du code civil que si l'usufruitier est tenu des réparations d'entretien que peu nécessiter la chose sur laquelle porte son droit, il n'est poin tenu des grosses réparations que peut exiger cette chose.

Toute différente est la situation du grevé. Obligé de con server puisqu'il est tenu de restituer, le grevé doit faire no seulement les réparations d'entretien, mais encore les gros ses réparations qui peuvent devenir nécessaires pour la con servation des biens substitués (¹).

On peut seulement admettre que, lors de l'ouverture de l substitution, le grevé aura le droit de demander le rembour sement des sommes par lui dépensées en grosses réparations si celles-ci profitent aux appelés (²).

3354. L'art. 599-2° du code civil refuse à l'usufruitier tou droit à indemnité pour les impenses d'améliorations par les quelles il aurait pu donner une plus-value aux biens sur les quels portait son droit.

Mais il est d'évidence qu'il y a là une disposition excep tionnelle dérogeant au droit commun, puisque nul, en prin cipe, ne doit s'enrichir aux dépens d'autrui.

Aussi nous paraît-il certain qu'on ne devrait point éten dre au grevé la solution que donne ce texte pour l'usufruitier Il faudrait, au contraire, décider que le grevé pourrait récla mer aux appelés le montant de la plus-value que ses impen ses d'améliorations ont pu donner aux biens substitués (³).

3355. Pas plus que la disposition de l'art. 599-2°, la dispo-

(¹) *Sic*, Laurent, XIV, n. 577.

(²) V., sur ce point, Demolombe, *Don.*, V, n. 567. — En sens contraire, Laurent, XIV, n. 577.

(³) *Sic*, Demolombe, *Don.*, V, n. 568 ; Laurent, XIV, n. 578.

ition de l'art. 585-2°, qui refuse à l'usufruitier tout droit à ndemnité pour frais de semence et de culture des fruits pen-lants au moment de la cessation de l'usufruit, ne nous semble 'expression du droit commun.

Nous ne pensons donc pas qu'on pourrait l'étendre au grevé.

Nous croyons, au contraire, que le grevé aurait droit à une ndemnité pour les frais de labours et de semences qui cor-respondent aux fruits pendants au moment où s'ouvre le droit les appelés [1].

3356. Une autre différence qu'il y aurait encore lieu de relever entre le grevé et l'usufruitier, concernerait les baux qu'ils peuvent consentir sur les choses soumises à leurs droits respectifs.

D'après l'art. 595 du code civil, le nu propriétaire doit res-pecter les baux consentis par l'usufruitier, pourvu que celui-ci les ait faits dans les conditions que précise ce texte.

Au contraire, les appelés n'auraient point à respecter les baux consentis par le grevé, car, dit-on, on ne peut mettre les locataires ou fermiers dans une situation meilleure que celle des tiers acquéreurs. Comme le droit de ceux-ci, les droits de ceux-là doivent s'évanouir lors de l'ouverture de la substitution [2].

3357. Mais cette opinion nous semble inadmissible.

Sa vie durant, le grevé a le droit incontestable de jouir des biens substitués. Le droit de jouir implique nécessairement celui d'administrer, car il n'est pas possible de jouir d'un bien sans l'administrer. Dans la mesure où les baux ont incon-testablement le caractère d'actes d'administration, le grevé a donc le droit de les faire, sans qu'il puisse appartenir aux appelés de s'y soustraire. Tel est le cas des baux d'une durée inférieure à neuf années. A ce point de vue, ce n'est pas un simple argument d'analogie, mais un argument *à fortiori* que peut fournir l'art. 595 du code civil.

Il ne nous paraît donc pas douteux que les appelés soient

[1] *Sic*, Demolombe, *Don.*, V, n. 569; Laurent, XIV, n. 579.
[2] *Sic*, Huc, VI, n. 418-7°.

tenus de respecter les baux de moins de neuf ans consentis par le grevé avant l'ouverture de la substitution.

3358. Quelques auteurs vont même plus loin.

Argumentant par analogie de l'art. 1693 du code civil, ils estiment que, pourvu qu'ils soient faits sans fraude, les baux consentis par le grevé, pour plus de neuf ans, seraient obligatoires pour les appelés [1].

§ IV. *De l'ouverture des substitutions.*

3359. Sur l'ouverture des substitutions, nous aurons successivement à rechercher les causes qui entraînent cette ouverture et les conséquences qu'il en résultent.

N° 1. Des causes d'ouverture des substitutions.

3360. La substitution s'ouvre par tout évènement qui met fin au droit du grevé.

C'est ce que dit l'art. 1053, dans sa première partie.

Aux termes de ce texte :

« *Les droits des appelés seront ouverts à l'époque où, par* » *quelque cause que ce soit, la jouissance de l'enfant, du frère* » *ou de la sœur, grevés de restitution, cessera* ».

Or, le droit du grevé peut cesser :

1° Par sa mort;

2° Par la déchéance qu'il peut encourir;

3° Par la renonciation qui y peut consentir;

4° Par la révocation de la libéralité qu'il a reçue;

5° Par l'arrivée du terme ou l'accomplissement de la condition fixée par le disposant.

Il y a là, à notre avis, autant de causes d'ouverture des substitutions.

Nous allons successivement les examiner.

A. *La mort du grevé.*

3361. La mort du grevé est la cause régulière et normale d'ouverture de la substitution. Et toutefois, un droit quel qu'il

(1) V. notamment Demolombe, *Don.*, V, n. 566.

soit ne pouvant s'ouvrir qu'autant qu'il existe, au moment de son ouverture, une tête sur laquelle il puisse se fixer, il en résulte que le décès du grevé ne donne ouverture à la substitution qu'autant qu'il existe au moins un appelé vivant ou conçu à cette époque; autrement la substitution serait caduque.

Nous reviendrons sur ce point.

Bornons-nous seulement à constater qu'au lieu d'entraîner l'ouverture de la substitution, la mort du grevé peut avoir pour conséquence la consolidation définitive du droit de celui-ci.

B. *Déchéance du grevé.*

3362. Nous avons étudié déjà la déchéance que peut encourir le grevé, pour n'avoir point satisfait à l'obligation que la loi lui impose de faire nommer un tuteur à la substitution.

Nous ne revenons pas sur le commentaire que nous avons donné de l'art. 1057 qui édicte cette déchéance.

Nous savons que cette déchéance n'est point encourue de plein droit. Elle doit être prononcée par le juge et suppose qu'on peut imputer au grevé une faute ou tout au moins une négligence (¹).

3362 *bis.* La cause de déchéance écrite dans l'art. 1057 est-elle la seule que puisse encourir le grevé?

On a prétendu qu'on devait appliquer au grevé l'art. 618 du code civil, en vertu duquel l'usufruitier qui commet des abus graves de jouissance peut être déclaré déchu de son droit (²).

Mais cette opinion nous semble manifestement inadmissible.

Edictant une déchéance rigoureuse, l'art. 618 du code civil ne saurait être étendu au delà de ses termes mêmes. Or, visant uniquement l'usufruitier, il est manifestement inapplicable au grevé qui, nous l'avons vu, ne saurait être considéré comme un usufruitier (³).

(¹) V. ci-dessus, n. 3273 et suivants.
(²) V. notamment Duranton, IV, n. 601 ; Duvergier sur Toullier, III, n. 782, note *i*.
(³) *Sic*, Demolombe, *Don.*, V. n. 756 ; Laurent, XIV, n. 580, et les auteurs cités dans Fuzier-Herman, sur l'art. 1053, n. 29.

C'est là, du reste, une nouvelle différence à signaler entre l'usufruitier et le grevé [1].

3363. Tout ce qu'on pourrait admettre, c'est que, si le grevé se rendait coupable de graves abus susceptibles de compromettre le droit éventuel des appelés, ceux-ci auraient la faculté de demander la mise en séquestre des biens substitués.

C. *Abdication du grevé.*

3364. Sans dire expressément que le grevé peut renoncer à son droit, le législateur le suppose évidemment puisqu'il décide, dans l'art. **1053** *in fine*, que : « *l'abandon anticipé de » la jouissance au profit des appelés ne pourra préjudicier » aux créanciers du grevé antérieurs à l'abandon* ».

L'hypothèse que vise implicitement ce texte est évidemment celle que prévoyait l'art. **42** du titre I de l'ordonnance de **1747**, c'est-à-dire la restitution du fidéicommis, faite avant le terme de son échéance. Se démettant de ses droits, le grevé rend aux appelés, immédiatement, les biens qu'il ne devait leur rendre qu'à sa mort. Il y a bien donc là une véritable cause d'ouverture de la substitution [2].

3365. La loi ne dit rien de la forme dans laquelle cet abandon doit être consenti par le grevé.

On doit en conclure qu'aucune forme n'est nécessaire pour le rendre définitif et obligatoire pour le grevé. Il devient tel dès qu'il a été accepté par les appelés au profit desquels il a été consenti.

Dès l'instant qu'on ne doit voir, dans cet abandon, qu'une cause d'ouverture de la substitution, il ne saurait être question de le soumettre aux formes de la donation entre vifs et de prétendre qu'il fait naître, entre le grevé et les appelés, des rapports d'auteur à ayant cause [3].

3366. Le législateur se préoccupe toutefois d'éviter que le

[1] V. ci-dessus, n. 3350 et suivants.

[2] *Sic*, Cass., 5 juillet 1852, S., 52. 1. 741, D., 52. 1. 181. — Dans le même sens Laurent, XIV, n. 588; Aubry et Rau, VII, p. 357, § 696 ; Demolombe, *Don.*, V, n. 626. — V. cependant Coin-Delisle, sur l'art. 1053, n. 8.

[3] *Sic*, Cass., 5 juillet 1852, S., 52. 1. 741, D., 52. 1. 181. — Dans le même sens, Demolombe, *Don.*, V, n. 628.

revé n'ait le moyen de faire, aux dépens d'autrui, l'abandon nticipé de la jouissance des biens substitués. Ce serait le cas, un grevé insolvable ne faisait abandon qu'en vue de sousaire les biens substitués à l'action de ses créanciers.

C'est précisément pour empêcher un calcul de ce genre que art. 1053 décide, ainsi que nous l'avons vu, que les créanciers du grevé, antérieurs à l'abandon, ne pourraient avoir à uffrir d'un abandon anticipé, consenti par leur débiteur au rofit des appelés. Ces créanciers conserveront donc, sur les iens substitués, tous les droits qui leur appartenaient avant abandon. Cette décision, qui est contenue en puissance dans otre texte, était formulée expressément par l'art. 42 de l'ordonnance de 1747. Ce texte portait que : « La restitution du fidéicommis faite avant le temps de l'échéance par quelque acte que ce soit, ne pourra empescher que les créanciers du grevé de substitution qui seront antérieurs à ladite remise, ne puissent exercer sur les biens substituez les mêmes droits et actions, que s'il n'y avait point eu de restitution anticipée, et ce, jusqu'au temps où le fidéicommis devait être restitué, ce qui aura lieu, même à l'égard des créanciers chirographaires, pourvu que leurs créances ayent une date certaine avant ladite remise ».

3367. Au reste, il résulte des termes mêmes de l'art. 1053, pproché de l'art. 42 de l'ordonnance de 1747, que les créanciers qui demandent à s'en prévaloir n'ont nullement à prouer le caractère frauduleux de l'abandon anticipé. Ils ne sont même pas tenus de le faire révoquer; ils sont autorisés à le méconnaître et à agir comme s'il n'existait point.

Il ne saurait donc être question de voir, dans l'art. 1053, un as spécial d'application de l'action paulienne et de compléer l'art. 1053 par l'art. 1167 du code civil [1].

3368. La disposition finale de l'art. 1053 paraît n'être u'une application particulière de ce principe, que la restituion anticipée faite par le grevé ne doit pas préjudicier aux roits acquis à des tiers. Tel est, dans tous les cas, le carac-

[1] Sic, Demolombe, *Don.*, V, n. 633, ainsi que les auteurs cités dans Fuzier-Herman, sur l'art. 1053, n. 25.

tère que tous les auteurs s'accordent à lui reconnaître. Aussi en généralisent-ils la solution [1].

Cela conduit notamment à décider que l'abandon anticipé fait par le grevé, ne peut pas porter atteinte aux aliénations par lui consenties, ainsi que le décidait l'art. **43** de l'ordonnance de **1747** : « Ne pourra pareillement ladite restitution » anticipée nuire à ceux qui auroient acquis des biens substi» tuez de celui qui aura fait ladite restitution, et ils ne pour» ront être évincez par celui à qui elle aura esté faite qu'après » le temps où le fidéicommis auroit dû lui être restitué ».

3369. L'abandon anticipé qui ne peut nuire aux ayants cause du grevé ne peut pas davantage porter atteinte aux droits des appelés, non encore nés ou conçus à l'époque de l'abandon. Ainsi, le grevé abdique son droit au profit de ses deux enfants; plus tard, il lui en survient un troisième : ce dernier pourra réclamer sa part des biens substitués, s'il est vivant à l'époque où la substitution se serait ouverte en l'absence de l'abandon fait par le grevé [2].

Nous verrons, du reste, qu'une remarque semblable doit être faite à propos de toutes les causes d'ouverture de la substitution autres que le décès du grevé.

D. *Révocation de la libéralité reçue par le grevé.*

3370. Nous savons que les libéralités sont soumises à certaines causes de révocation que déterminent, pour les donations entre vifs, les art. **953** et suivants du code civil, et, pour les legs, les art. **1046** et **1047**.

Si ces causes de révocation s'appliquent à la libéralité reçue par le grevé, il n'est pas douteux que la révocation de cette libéralité aura pour conséquence nécessaire l'ouverture de la substitution au profit des appelés.

Il nous paraît, en effet, impossible d'échapper au texte général et absolu de l'art. **1053** du code civil.

3371. Que la question ne puisse se poser en ce qui concerne la révocation pour cause de survenance d'enfant, cela n'est

(1) *Sic*, Demolombe. *Don.*, V, n. 636; Laurent, XIV, n. 488.
(2) *Sic*, Laurent, XIV, n. 588; Aubry et Rau, VII, p. 357, § 696.

pas douteux. Sans doute, la disposition de l'art. 1049 peut être faite par un donateur qui n'a pas d'enfant au moment de la donation. Mais s'il lui en survient un, il est évident que la révocation qui en est la conséquence frappe, en même temps et du même coup, et la donation faite au grevé et la donation qui s'adresse aux appelés.

3372. Restent les deux autres causes de révocation des libéralités : la révocation pour ingratitude et la révocation pour inexécution des charges, qui s'appliquent aussi bien aux legs qu'aux donations entre vifs. On conçoit très bien que la libéralité faite au grevé soit révoquée pour l'une de ces deux causes, sans que la disposition faite au profit des appelés s'en trouve en rien affectée et que, par suite, il y ait lieu d'appliquer l'art. 1053-1°.

Mais, si ce sont ainsi les appelés qui doivent profiter des révocations prononcées, à qui appartiendra-t-il de provoquer ces révocations ?

Évidemment ce ne peut être aux appelés eux-mêmes, puisque ce n'est point dans leur intérêt que sont organisées ces causes de révocation.

Mais alors conçoit-on que ces révocations puissent être provoquées par le disposant ou ses héritiers, puisqu'ils n'ont aucun intérêt à les obtenir ?

De là des questions qui, en l'absence de textes, ne laissent pas de présenter quelques difficultés.

3373. Supposons d'abord que, par suite de l'ingratitude du grevé, la révocation pour ingratitude soit encourue.

Si la disposition à charge de rendre a été faite par donation entre vifs, le donateur nous paraît certainement fondé à agir, alors qu'il n'a aucun intérêt pécuniaire à obtenir la révocation. Entre ses mains, l'action en révocation pour ingratitude a moins un caractère pécuniaire qu'un caractère de répression morale. Aussi ne pourrait-on, nous semble-t-il, lui contester le droit d'agir, parce que son action doit profiter aux appelés. Qu'elle lui profite personnellement ou qu'elle profite aux appelés, peu importe. L'ingratitude est, en tout cas, punie, et c'est là le but essentiel de l'action en révocation exercée par le donateur.

3374. Exercée par les héritiers du disposant, l'action en révocation pour ingratitude n'a plus ce caractère de répression morale, qui lui appartient entre les mains du disposant. Elle a, avant tout et surtout, un caractère pécuniaire. Aussi faudra-t-il que les héritiers aient à agir un intérêt pécuniaire, pour que leur action soit admissible. C'est ce qui arriverait s'il n'existait pas d'appelés, au jour où se produit l'ingratitude. Les héritiers du disposant ont alors un intérêt manifeste à obtenir la révocation, puisque c'est à eux qu'elle doit définitivement profiter, s'il ne survient pas d'appelés qui puissent ultérieurement en recueillir le bénéfice (1).

3375. Si, au lieu de supposer l'ingratitude du grevé, nous supposons l'inexécution des charges auxquelles la libéralité est subordonnée, il importe de distinguer suivant que les charges affectent seulement la libéralité adressée au grevé, ou frappent la disposition tout entière et, par suite, sont opposables aux appelés aussi bien qu'au grevé.

Dans le premier cas, il est bien certain que le disposant ou ses héritiers n'ont intérêt à agir qu'autant qu'il n'existe pas d'appelé au jour de l'inexécution, car c'est alors seulement que la révocation peut leur profiter.

Dans le second, le disposant ou ses héritiers peuvent toujours agir, même s'il existe des appelés, puisque, si ceux-ci n'exécutent pas les charges de la disposition, la révocation sera prononcée non seulement contre le grevé, mais contre les appelés eux-mêmes (2).

3376. Si la révocation est prononcée contre le grevé pour ingratitude ou inexécution des charges, ce n'est point l'art. 1053-2° qui en déterminera les effets à l'égard des tiers, mais bien les textes qui déterminent les effets à l'égard des tiers, soit de la révocation pour ingratitude, soit de la révocation pour inexécution des charges, c'est-à-dire les art. 958 et 954 du code civil (3).

(1) Comparez sur la question Demolombe, *Don.*, V, n. 638, 639 et 644; Marcadé, sur l'art. 1053, n. 4 et 5; Laurent, XIV, n. 589; Aubry et Rau, VII, p. 358, § 696.

(2) Comparez Laurent, XIV, n. 589; Demolombe, *Don.*, V, n. 642 et les auteurs cités dans Fuzier-Herman, sur l'art. 1053, n. 33.

(3) *Sic*, Demolombe, *Don.*, V, n. 642 *bis* et 643.

E. *De l'arrivée du terme ou de la condition fixée par le disposant.*

3377. De droit commun, le donateur est toujours maître d'apposer aux libéralités qu'il consent soit un terme, soit une condition. Par cela seul que le code ne le défend point, cela est permis en matière de substitution. Sauf le dissentiment de M. Colmet de Santerre [1], les auteurs s'accordent à le reconnaître [2].

Il en résulte que la libéralité consentie au grevé peut être à terme ou sous condition et, partant, s'évanouir par l'effet de l'arrivée du terme ou de la condition qu'a cru devoir fixer le disposant.

Mais comme, aux termes de l'art. 1050, les substitutions ne sont valables qu'autant qu'elles sont faites au profit de tous les enfants nés ou à naître du grevé, le terme ou la condition qui anéantit le droit de celui-ci ne profitera aux appelés déjà nés à cette époque que sous réserve des droits des appelés à naître [3].

N° 2. **Des effets de l'ouverture des substitutions.**

3378. Nous avons, dans le numéro précédent, indiqué les différentes causes qui peuvent entraîner l'ouverture des substitutions et donner aux appelés le droit de recueillir la disposition faite en leur faveur.

Il nous reste à examiner les effets que ces différentes causes entraînent, et notamment à voir si ces effets sont toujours les mêmes, soit au regard des tiers, soit au regard des appelés.

Nous allons successivement examiner la question à ce double point de vue.

A. *Au regard des tiers.*

3379. Nous ne reviendrons pas ici sur les particularités que peut présenter l'ouverture des substitutions dans les effets qu'elle produit à l'égard des tiers, quand cette ouverture

[1] Colmet de Santerre, IV, 212 *bis*, II.
[2] *Sic*, Aubry et Rau, VII, p. 338, § 696 et les auteurs cités dans Fuzier-Herman, sur l'art. 1053, n. 18.
[3] *Sic*, Laurent, XIV, n. 586; Demolombe, *Don.*, V, n. 647. — V. cep. Aubry et Rau, VII, p. 357, § 696.

résulte soit de l'abandon anticipé fait par le grevé dans les termes de l'art. 1053, soit de la révocation pour ingratitude ou inexécution des charges.

Nous n'avons qu'à renvoyer à ce que nous avons dit sur ce point [1].

3380. Le principe qui, à l'égard des tiers, résume les effets ordinaires de l'ouverture des substitutions, est que cette ouverture rend les appelés propriétaires des biens substitués et anéantit le droit de propriété qui appartenait au grevé sur ces biens. De là cette conséquence qu'il ne peut plus désormais s'agir pour les tiers de se prévaloir soit des aliénations consenties par le grevé, soit des droits réels qui s'étaient assis, du chef de celui-ci, sur les biens substitués : *resoluto jure dantis, resolvitur jus accipientis*. Les appelés pourront donc revendiquer les biens substitués entre les mains des tiers détenteurs et méconnaître librement tous les droits constitués par le grevé sur ces biens.

3381. Mais l'application intégrale de ce principe et des conséquences qu'il entraîne comporte un certain nombre de restrictions.

Nous ne voulons pas seulement parler des actes d'administration qu'a pu faire le grevé en ce qui concerne les biens substitués. Nous avons vu que les conséquences de ces actes s'imposent aux appelés, même après l'ouverture de la substitution.

Nous entendons parler uniquement ici des restrictions que comporte le principe, en ce qui concerne la faculté qu'ont les appelés de méconnaître les aliénations consenties par le grevé et les droits réels nés de son chef.

3382. Et d'abord, dans les substitutions exceptionnellement permises par les art. 1048 et 1049, les appelés sont toujours les enfants et, partant, les héritiers du grevé. Il en résulte que, si les appelés ont accepté la succession du grevé purement et simplement, leur action en revendication pourrait être repoussée par application des règles sur la garantie : l'acquéreur pourrait, en pareil cas, leur opposer, comme il

(1) V. ci-dessus, n. 3364 et s., ainsi que n. 3370 et s.

rait pu opposer au grevé lui-même, l'exception de garantie : *em de evictione tenet actio eumdem agentem repellit ceptio,* qui doit garantir ne peut évincer.

Les auteurs sont unanimes sur ce point [1].

3383. D'un autre côté, l'action en revendication des appe- contre les tiers détenteurs des biens substitués pourrait e repoussée par l'invocation de la règle : *En fait de meubles possession vaut titre,* s'il s'agissait d'objets mobiliers cor- rels.

3384. Enfin, dans le naufrage général des droits réels éta- is du chef du grevé sur les biens substitués, il y en a cepen- nt un qui surnage quelquefois : c'est l'hypothèque légale la femme du grevé. Cette restriction résulte du texte formel l'art. 1054 du code civil, qui, en même temps qu'il l'éta- it, en précise l'étendue.

Aux termes de ce texte :

« *Les femmes des grevés ne pourront avoir, sur les biens à rendre, de recours subsidiaire en cas d'insuffisance des biens libres, que pour le capital des deniers dotaux, et dans le cas seulement où le testateur l'aurait expressément ordonné* ».

Il importe de préciser exactement l'étendue de cette der- ère restriction, que délimitent rigoureusement les termes êmes du texte ci-dessus.

3385. Et d'abord l'hypothèque réservée par l'article 1054 est que subsidiaire, c'est-à-dire qu'elle ne peut atteindre s biens substitués qu'autant que les biens libres du grevé trouvent insuffisants.

Ce sera bien entendu à la femme du grevé de démontrer tte insuffisance.

3386. En second lieu, l'hypothèque subsidiaire, accordée nsi à la femme du grevé, ne garantit que certains des droits u'elle peut avoir à exercer contre son mari. Le texte porte, n effet, qu'elle ne garantit que le remboursement des deniers otaux.

Cela ne veut pas dire évidemment que la femme mariée

[1] *Sic*, Colmet de Santerre, IV, n. 214 *bis*, I; Demolombe, *Don.*, V, n. 594 et s autorités qu'il cite.

sous le régime dotal peut seule invoquer l'hypothèque subsidiaire de l'art. 1054.

En parlant de deniers dotaux, le législateur entend vise les biens apportés par la femme au mari pour subvenir au charges du mariage. C'est le sens large du mot *dot* et i n'est pas douteux que telle soit l'acception qu'on doive lu reconnaître dans l'art. 1054 (¹).

Il n'en est pas moins vrai que toute reprise de la femme qui n'aurait point sa source dans un apport réalisé par ell à son mari, ne serait point garantie dans les termes de l'art 1054. Telle serait une libéralité qu'elle aurait reçue de so mari. Telles seraient encore les indemnités qui pourraien être dues à la femme pour prix de ses biens vendus, ou pou obligations contractées par elle avec son mari.

Même pour les deniers dotaux, c'est la restitution seule d capital qui est garantie.

Le législateur se montre donc ici beaucoup moins libéra qu'il ne l'est dans le cas de retour conventionnel (²).

3387. Enfin, l'hypothèque subsidiaire de l'art. 1054 n peut appartenir à la femme qu'en vertu d'une déclaratio expresse du testateur; ajoutez : ou du donateur.

La loi exige une déclaration expresse.

De là cette conséquence qu'il ne suffirait point d'invoque de simples circonstances impliquant, chez le disposant, l volonté d'affecter les biens substitués à la garantie des droit de la femme du grevé. Il en est autrement, sans doute, dan l'hypothèse analogue que vise l'art. 952 du code civil. Mai alors le législateur s'en explique.

Il faudra donc une déclaration.

Mais il est évident que celle-ci n'est soumise à aucune form nécessaire, encore moins doit-elle être faite en termes sacramentels.

3388. En définitive, les conditions rigoureuses auxquelle la loi subordonne l'existence de la faveur accordée par elle à la femme du grevé paraissent bien montrer qu'elle ne l'

(¹) V. not. les art. 1392, 1443 et 1540 du code civil.

(²) V. l'art. 952 du code civil et l'explication de ce texte, I, n. 1520 et s.

faite qu'à regret. Peut-être eût-il mieux valu supprimer cette faveur que de la réduire à des proportions aussi exiguës.

Dans tous les cas, il n'est pas douteux que le disposant ne pourrait étendre la garantie exceptionnelle concédée à la femme du grevé par l'art. 1054 et supprimer certaines des conditions que ce texte exige. La formule de ce texte est trop nettement restrictive pour qu'on puisse passer outre et étendre les limites de la dérogation qu'il apporte aux principes de la matière.

C'est l'opinion presqu'unanime des auteurs [1].

3389. Mais, si restrictive que soit l'interprétation que comporte l'art. 1054, il faut néanmoins l'appliquer à toutes les hypothèses qu'il a en vue, d'après son texte même. C'est ainsi que, si le grevé s'est marié plusieurs fois, toutes ses femmes pourront se prévaloir de l'art. 1054.

C'est ainsi également qu'il ne pourrait être question de refuser le bénéfice de ce texte à la femme, dont le mariage avec le grevé serait antérieur à la donation ou au testament contenant la substitution [2].

Toutes les distinctions qu'on a pu proposer à ces différents points de vue ont le tort capital de se heurter au texte de l'art. 1054.

B. *Au regard des appelés.*

3390. Du jour de l'ouverture de la substitution, les appelés peuvent se prévaloir de tous les droits qui en résultent pour eux, indépendamment de toute demande en délivrance.

La solution contraire était admise sous l'empire de l'ordonnance de 1747 [3] et elle est encore soutenue aujourd'hui [4].

Mais il importe de remarquer que le code civil n'a pas reproduit la disposition de l'art. 40 de l'ordonnance de 1747, qui imposait aux appelés la nécessité d'une demande en délivrance. Tout au contraire, l'art. 1053 paraît bien impliquer qu'aucune condition de ce genre n'est imposée aux appelés, lors de l'ouverture de la substitution.

[1] *Sic*, Demolombe, *Don.*, V, n. 591 ; Laurent, XIV, n. 564, et les auteurs cités dans Fuzier-Herman sur l'art. 1054.

[2] *Sic*, Demolombe, *Don.*, V, n. 585 et 586.

[3] Pothier, *Substitut.*, n. 195 et 196.

[4] V. notamment Aubry et Rau, VII, p. 352, § 696.

D'ailleurs, il ne faut point oublier que, dans les substitutions permises, les appelés sont toujours les enfants du grevé. Dès lors, la nécessité d'une demande en délivrance ne se comprendrait qu'autant que les appelés auraient accepté bénéficiairement ou répudié la succession du grevé. Il faudrait donc, dansuncas, qu'ils formassent la demande en délivrance contre eux-mêmes ou contre un curateur au bénéfice d'inventaire; et dans l'autre, il serait nécessaire qu'ils formassent cette demande contre un curateur à succession vacante ou contre l'Etat. Ne vaut-il pas mieux, dans le silence de la loi, décider que, de plein droit, les appelés sont saisis du jour de l'ouverture de la succession, que, dès ce jour, ils ont droit aux fruits des biens substitués et peuvent agir contre les détenteurs de ces biens [3]?

3391. Lorsque la substitution s'ouvre par le décès du grevé, on sait exactement quels sont les appelés qui doivent en profiter.

Mais quand c'est par toute autre cause, l'attribution qui est faite aux appelés reste nécessairement provisoire. Elle ne peut, en effet, comprendre que les appelés vivants au jour où elle se produit. Or, aux termes de l'art. 1050, les dispositions à charge de rendre ne sont valables qu'autant que la restitution est imposée au profit de tous les enfants nés ou à naître du grevé. Il en résulte que toute répartition des biens substitués, faite aux appelés avant la mort du grevé, réserve toujours nécessairement les droits des enfants à naître de celui-ci. Nous l'avons déjà fait remarquer, à propos de certaines des causes qui entraînent l'ouverture de la substitution à un moment autre que le décès du grevé [4]. Nous devons, sans hésiter, généraliser cette solution.

3392. Mais s'il ne survient pas un enfant au grevé après l'ouverture anticipée de la substitution, la répartition qui a été faite entre les appelés existant à cette époque est-elle définitive, ou reste-t-elle, dans tous les cas, provisoire jusqu'au décès du grevé?

(1) *Sic*, Demolombe, *Don.*, V, n. 617; Laurent, XIV, n. 590; Marcadé sur l'art. 1053, n. 8.

(2) V. ci-dessus, n. 3369.

La question n'est pas sans intérêt lorsqu'un de ces appelés vient à prédécéder au grevé, puisqu'il s'agit de savoir si ce qu'il a recueilli des biens substitués doit rester dans sa succession et passer à ses héritiers, ou, au contraire, à la part de ceux des appelés qui ont survécu au grevé ?

Bien que la question soit délicate et controversée, nous inclinons à croire que, partout ailleurs que dans le cas où il survient des enfants au grevé après l'ouverture anticipée d'une substitution, la répartition faite entre les appelés existant à cette époque doit rester définitive.

C'était déjà l'opinion de nos anciens auteurs et on ne peut contester l'autorité qu'on doit lui reconnaître en une matière traditionnelle ([1]).

Mais c'est aussi la solution qui paraît bien ressortir des textes de notre droit.

De l'art. 1053 d'abord qui, au cas d'abandon anticipé, déclare les droits des appelés ouverts. Or, si leurs droits sont ouverts, si la propriété des biens substitués leur est acquise, comment contester la validité des conventions, qui peuvent intervenir entre les appelés, relativement à cette propriété ?

L'art. 1078 fournit, dans le même sens, un puissant argument d'analogie. Il résulte, en effet, des dispositions de ce texte que le partage d'ascendants fait par donation entre vifs reste valable, malgré le décès de l'un des enfants donataires avant l'ascendant donateur, dès que ce partage comprend tous les enfants existants de celui-ci. N'en doit-il pas être de même du partage effectué entre les appelés ([2]) ?

L'opinion contraire est cependant soutenue par nombre d'auteurs ([3]).

§ V. *De la caducité des substitutions.*

3393. Comme toutes les substitutions, les dispositions à charge de rendre, autorisées par les art. 1048 et 1049, suppo-

([1]) *Sic*, Furgole, sur l'art. 43 du tit. 1, de l'ordonnance de 1747 ; Pothier, *Substitut.*, sect. IV, art. 1, § 2 ; Ricard, *Des Substitut.*, part. II, n. 32-35.

([2]) *Sic*, Cass., 3 mars 1860, D., 60. 2. 65. — Dans le même sens Laurent, XIV, n. 588 ; Duranton, IX, n. 606.

([3]) V. notamment Colmet de Santerre, IV, n. 212 *bis*, IV ; Demolombe, *Don.*, V, n. 631 ; Aubry et Rau, VII, p. 358, § 696.

sent deux libéralités successives que viennent, à tour de rôle, recueillir et le grevé et les appelés.

On doit donc les considérer comme caduques quand, pour une cause quelconque, l'une des deux libéralités ne peut s'exécuter, que ce soit la libéralité adressée au grevé, que ce soit la libéralité adressée aux appelés.

3394. Après avoir dit, et il est du reste à peine besoin de l'indiquer, que la substitution devient caduque par la perte totale des choses qui en faisaient l'objet, nous énumèrerons successivement les causes de caducité qui tiennent à la personne du grevé et celles qui tiennent à la personne des appelés.

N° 1. Des causes de caducité qui tiennent à la personne du grevé.

3395. Lorsqu'elle se présente sous forme de donation entre vifs, la disposition à charge de rendre, faite dans les termes des art. 1048 et 1049, ne saurait devenir caduque du fait du grevé, sans l'être, par cela même, du chef des appelés. Dès l'instant que le grevé donataire n'a pas recueilli la libéralité qui lui était adressée, c'est que la donation entre vifs n'a pas été valablement faite, c'est qu'elle n'a pu se former, soit pour défaut d'acceptation, soit pour un vice de forme, soit enfin pour cause d'incapacité du donataire ou du donateur.

Il est alors évident que l'acte tout entier est vicié dans son principe et ne peut pas plus produire d'effets au profit des appelés qu'au profit du grevé lui-même.

Sauf le dissentiment de Vazeille [1], les auteurs sont unanimes à le reconnaître [2].

3396. Mais, lorsqu'elle est faite par testament, on conçoit très bien que la disposition à charge de rendre ne soit pas recueillie par le grevé, alors que le testament qui la contient est parfaitement valable et régulier.

C'est ce qui arrive notamment dans les deux cas suivants :

1° Si le grevé répudie le legs;

(1) Vazeille, sur l'art. 1053, n. 4.

(2) *Sic*, Coin-Delisle sur l'art. 1053, n. 11; Demolombe, *Don.*, V, n. 654 et les autorités qu'il cite.

2° Lorsqu'il est prédécédé ou incapable.

Il n'est alors pas douteux que la disposition est caduque du chef du grevé et que celui-ci ne recueille point la libéralité dont il est gratifié.

Mais quelle influence cette caducité peut-elle avoir sur la libéralité adressée aux appelés?

La question est discutée et discutable.

3397. Lorsque le grevé a répudié le legs, on a soutenu que la caducité atteignant la disposition principale devait nécessairement réagir sur la charge de rendre dont elle était affectée [1], ou tout au moins que, si cette charge pouvait être valable, c'était à titre de legs ordinaire et non à titre de substitution [2].

Nous pensons, au contraire, que la caducité de l'institution n'entraîne nullement celle de la substitution qui subsiste et reste valable à ce titre.

La tradition est en ce sens.

L'art. 27 du titre Ier de l'ordonnance de 1747 disait formellement que la renonciation de l'héritier institué ne pouvait nuire au substitué.

La même solution doit encore prévaloir aujourd'hui, car il est inadmissible que le sort de la disposition adressée aux appelés dépende absolument de la volonté du grevé [3].

3398. D'ailleurs, si la disposition faite au profit des appelés reste valable, nonobstant la répudiation du grevé, c'est nécessairement à titre de substitution, puisque c'est de la volonté du disposant qu'elle dérive et que celui-ci a entendu faire une substitution.

En conséquence, de deux choses l'une.

Ou il existe des appelés lors de la renonciation du grevé; en ce cas leurs droits seront ouverts et ils recueilleront les biens substitués dans les mêmes conditions que lorsque la substitution s'ouvre à leur profit avant la mort du grevé.

Ou il n'existe point encore d'appelés. Alors les biens pas-

[1] *Sic*, Marcadé, sur l'art. 1053, n. 8.
[2] *Sic*, Duranton, IX, n. 549.
[3] V. en ce sens les auteurs cités dans Fuzier-Herman, sur l'art. 1053, n. 26.

sent aux héritiers *ab intestat* du testateur. Mais ces héritiers devront les rendre aux appelés, s'il en survient [1].

3399. Ce que nous venons de décider au cas de répudiation du grevé, nous le maintiendrons également dans le cas de son prédécès ou de son incapacité.

Tout en admettant que la caducité de la disposition adressée au grevé ne fasse pas disparaître la disposition adressée aux appelés, nombre d'auteurs se refusent à admettre ce qu'ils reconnaissent au cas de répudiation du grevé : à savoir que la disposition faite au profit des appelés reste valable à titre de substitution.

C'est, disent-ils, uniquement à titre de legs direct qu'elle peut valoir et, partant, elle ne saurait profiter à d'autres qu'aux appelés, au moins conçus lors de la mort du testateur [2].

3400. Il faut bien reconnaître qu'au cas de prédécès ou d'incapacité du grevé, il n'y a pas, à un moment quelconque, coexistence de la double libéralité que suppose toute substitution. Au cas de répudiation, la libéralité que le grevé refuse, et ne peut, du reste, refuser qu'après la mort du testateur, coexiste bien, ne fût-ce qu'un instant de raison, avec la disposition faite au profit des appelés; elle peut donc lui servir de base. Il en est tout autrement, en cas de prédécès ou d'incapacité du grevé. Antérieures au moment où naît la libéralité, ces deux causes de caducité empêchent la libéralité de naître. De là, un obstacle radical à la coexistence de la disposition faite au grevé et de la disposition adressée aux appelés et, partant, impossibilité de concevoir une substitution.

D'ailleurs, ajoute-t-on, on n'a pas à craindre, en cas de prédécès ou d'incapacité du grevé, de mettre le sort de la disposition adressée aux appelés à la discrétion du grevé, puisqu'il ne s'agit point là de causes de caducité dépendant de la volonté de celui-ci.

La gravité de ces arguments est incontestable.

Elle s'augmente encore de ce fait que, quand il s'agit de

(1) *Sic*, Demolombe, *Don.*, V, n. 660; Laurent, XIV, n. 583; Aubry et Rau, VII, p. 365, § 696, texte et note 87.

(2) *Sic*, Aubry et Rau, VII, p. 354, § 696, texte et note 86; Laurent, XIV, n. 582.

substitution prohibée, on n'hésite point à dire que le prédécès ou l'incapacité du grevé rend inapplicable la prohibition de l'art. 896, et fait un legs direct de la disposition de second ordre adressée aux appelés [1]. Or, la nature de la substitution permise est identique à celle de la substitution prohibée.

3401. Néanmoins, nous pensons qu'on doit maintenir ici la même solution qu'au cas de répudiation du grevé.

L'autorité de l'ancien droit intervient, ici encore, avec la même puissance qu'au cas de répudiation du grevé. Tous nos anciens auteurs s'accordaient à mettre sur la même ligne toutes les causes de caducité afférentes à la personne du grevé et à les considérer comme sans influence sur le sort de la substitution [2].

C'est, d'ailleurs, le seul moyen de respecter la volonté du testateur, car ce n'est point un legs direct que celui-ci a fait aux appelés mais une substitution, partant, une disposition qui doit comprendre tous les enfants nés ou à naître du grevé, même ceux que le testateur ne pouvait point gratifier directement, parce qu'ils n'auraient point été conçus au jour de l'ouverture de sa succession.

Sans doute, en principe, cela n'est pas possible. Mais c'est précisément ce résultat, impossible en principe, que permet d'atteindre la substitution et que le testateur a voulu et cru pouvoir atteindre, puisqu'il faisait une substitution dans une hypothèse où le législateur la déclare valable et licite. Or, dès l'instant que le testateur a fait une disposition valable à titre de substitution, cette disposition doit produire ses effets comme telle, dès qu'il y a des appelés pour en profiter.

Il en est autrement, nous le reconnaissons, en cas de substitution prohibée. Mais il nous semble manifeste que le principe d'interprétation qui prévaut en matière de substitution prohibée ne saurait être le même en matière de substitution permise [3].

(1) V. ci-dessus, n. 3193 et suivants.

(2) Pothier, *Subst.*, sect. VII, art. 1, § 2; Furgole, sur l'art. 24 de l'ordonnance de 1747; Thévenot, n. 1163 s.

(3) *Sic*, Colmet de Santerre, IV, n. 212 *bis*. X et XI; Troplong, IV, n. 2246 et 2247; Demolombe, *Don.*, V, n. 664 et les autorités qu'il cite.

N° 2. Des causes de caducité qui tiennent à la personne des appelés.

3402. Lorsque le grevé a recueilli la libéralité dont l'a gratifié le disposant, la substitution ne peut être caduque que du fait des appelés.

Mais il est évident que les mêmes causes de caducité qui peuvent atteindre la disposition adressée au grevé, peuvent également atteindre la disposition faite au profit des grevés.

3403. Et d'abord, si tous les appelés prédécèdent au grevé, il n'est pas douteux que la substitution soit caduque.

Elle le serait, même si les appelés avaient laissé des enfants, car c'est seulement dans l'hypothèse spéciale visée par l'art. 1051 que la représentation est admise au profit des enfants de l'appelé.

3404. La substitution serait encore caduque par la répudiation que les appelés en feraient après l'ouverture de la substitution.

3405. La loi ne disant rien de la forme que doit revêtir cette renonciation, nous devons en conclure que, comme la répudiation des legs, elle n'est soumise à aucune forme nécessaire.

3406. Mais est-il nécessaire que cette renonciation intervienne après l'ouverture de la substitution?

La question était controversée dans notre ancien droit et rien n'était moins certain que le sens qu'il fallait reconnaître à l'art. 28 du titre II de l'ordonnance de 1747.

Aux termes de ce texte :

« Celui qui sera appelé à une substitution fidéicommissaire pourra y renoncer, soit après qu'elle aura été ouverte à son profit, soit avant que le droit lui en soit échu ; mais, dans ce dernier cas, la renonciation ne sera valable que lorsqu'elle sera faite par devant notaires, avec celui qui se trouvera chargé de la substitution, ou avec le substitué, qui sera appelé après celui qui renoncera ; duquel acte il restera minute, à peine de nullité ».

D'après certains auteurs, ce texte avait une portée générale et visait toutes les répudiations [1].

[1] V. notamment Furgole, sur l'art. 1 de l'ordonnance de 1747.

Mais l'opinion dominante était que ce texte n'avait entendu viser que les traités intervenant entre le grevé et le substitué; qu'il ne s'appliquait ni aux renonciations purement abdicatives, ni même aux renonciations conventionnelles résultant d'actes passés avec d'autres personnes qu'avec le grevé [1].

3407. On a, sous l'empire du code civil, reproduit la distinction qu'avait faite notre ancien droit entre la renonciation purement abdicative et les traités que les appelés pourraient passer avec le grevé et d'où pourrait résulter, de leur part, une renonciation au bénéfice de la substitution [2].

3408. Mais il nous paraît incontestable que des distinctions de ce genre ne sauraient être admises, en dehors de textes qui les autorisent, et qu'il faut nécessairement choisir entre deux opinions : l'une qui reconnaît aux appelés la faculté de disposer de leur droit même avant l'ouverture de la substitution, la seconde qui ne leur reconnaît cette faculté qu'à compter de ce moment.

Or, il nous semble difficile de nous en tenir à cette seconde opinion.

Il n'est pas douteux qu'avant l'ouverture de la substitution les appelés ont mieux qu'une simple espérance, ils ont un droit, éventuel si l'on veut, mais un droit dont nul ne peut les dépouiller. Dès lors, pour qu'on leur refuse la faculté d'en disposer, il faudrait nécessairement qu'un texte le décidât.

Nous ne méconnaissons point l'analogie que peut présenter la situation de l'appelé avec celle de l'héritier présomptif. Mais cette analogie est loin d'être assez complète, pour qu'on puisse en conclure que les textes qui s'appliquent à l'une soient, par là même, applicables à l'autre. Aussi n'hésitons-nous pas à dire que les art. 791, 1130 et 1600 du C. civ. sont nécessairement hors de cause.

Ce qui prouve bien, d'ailleurs, que la situation des appelés avant l'ouverture de la substitution n'est point exactement celle de l'héritier présomptif, c'est que tout le monde s'ac-

(1) *Sic*, Pothier, *Substit.*, sect. 7, art. 11, §§ 1 et 2; Ricard, 1re part., n. 697 s.; Thévenot, *Substit.*, n. 1146, 1148.

(2) *Sic*, Coin-Delisle, sur l'art. 1051, n. 36; Marcadé, n. 1053, n. 1.

corde à leur reconnaître le droit de faire des actes conservatoires, tandis qu'on refuse ce même droit à l'héritier présomptif.

Notre conclusion est donc qu'en l'absence d'un texte, il est difficile de refuser aux appelés la faculté de disposer de leur droit avant l'ouverture de la substitution, même d'y renoncer purement et simplement [1].

3409. Quant à la forme que doivent revêtir les actes par lesquels l'appelé renonce à son droit ou en dispose avant l'ouverture de la substitution, elle dépend évidemment de la nature même de ces actes.

C'est ainsi que, si l'appelé renonce au profit d'un tiers déterminé ou du grevé lui-même, sa renonciation constitue une véritable donation et, partant, doit revêtir les formes de la donation.

3410. Il est à peine besoin de dire que c'est seulement à ceux dont elles émanent que sont opposables les renonciations consenties par les appelés avant l'ouverture de la substitution; elles ne sauraient modifier en rien la situation de ceux des appelés qui y sont restés étrangers.

3411. Rien de plus simple que la détermination des effets de la caducité de la substitution, lorsque cette caducité vient à se produire du chef des appelés.

On peut les préciser par la formule suivante : Le grevé devient désormais propriétaire définitif et incommutable des biens compris dans la substitution.

SECTION III

DES MODIFICATIONS QU'A SUBIES LA LÉGISLATION DU CODE CIVIL RELATIVE AUX SUBSTITUTIONS

§ 1. *Des majorats.*

3412. En rétablissant les titres héréditaires, Napoléon avait, en même temps, rétabli l'usage des majorats destinés

(1) *Sic*, Aubry et Rau, VII, p. 353, § 696. — En sens contraire, Colmet de Santerre, VI, n. 211 *bis*, III; Demolombe, *Don.*, V, n. 599.

former la dotation de ces titres. Ce fut là l'objet du décret 1 30 mars 1806 et du sénatus-consulte du 14 août suivant.

Le *majorat* n'est pas autre chose qu'une substitution perétuelle d'une nature particulière : chaque titulaire successif u majorat est chargé de conserver les biens dont celui-ci se ompose et de les rendre à sa mort à l'aîné de ses enfants aâles. Les biens compris dans un majorat suivaient donc le tre de noblesse dont ils étaient la dotation ; ils étaient, comme ui et avec lui, transmissibles de mâle en mâle et par ordre e primogéniture.

3413. Les majorats, dont les dispositions législatives pré-itées autorisaient la création, se divisaient en deux catégo-ies :

1° Les majorats *de propre mouvement*, créés par le chef de Etat avec des biens faisant partie du domaine extraordi-aire ;

2° Les majorats *sur demande*, fondés par des particuliers vec des biens à eux appartenant, moyennant l'autorisation u chef de l'Etat.

3414. Dans la deuxième édition officielle du code civil, aite en vertu de la loi du 3 septembre 1807, le rétablisse-nent des majorats donna lieu à l'addition, au texte primitif le l'art. 895, d'un alinéa ainsi conçu :

« *Néanmoins les biens libres formant la dotation d'un titre* » *héréditaire que le Roi aurait érigé en faveur d'un prince ou* » *d'un chef de famille pourront être transmis héréditairement,* » *ainsi qu'il est réglé par l'acte du 20 mars 1806 et par celui* » *du 14 août suivant* ».

3415. Une loi du 12 mai 1835 interdit, pour l'avenir, toute nstitution de nouveaux majorats. C'est, en effet, ce que décide l'une façon aussi précise qu'absolue l'art. 1er de cette loi.

Aux termes de ce texte :

« *Toute institution de majorats est interdite à l'avenir* ».

3416. En ce qui concerne les majorats antérieurement fon-dés, cette même loi distingue.

Elle laisse subsister purement et simplement les majorats de propre mouvement. Elle ne pouvait, en effet, les consolider entre les mains de ceux qui les détenaient, sans priv l'Etat de l'éventualité de recueillir les biens compris dans c majorats, lorsque la dévolution ne s'en pourrait plus fai dans les termes mêmes de l'acte d'investiture.

3417. Quant aux majorats sur demande, elle décide, da son art. 2, qu'ils « *ne pourront s'étendre au delà de de* » *degrés, l'institution non compromise* ».

Cette dernière disposition, qui présentait sans doute que que obscurité, fut interprétée de la manière suivante pa l'art. 1er de la loi du 7 mai 1849 :

« *Les majorats de biens particuliers qui auront été tran* » *mis à deux degrés successifs à partir du premier titulai* » *sont abolis. Les biens composant ces majorats demeuren* » *libres entre les mains de ceux qui en sont investis* ».

Et l'art. 2 de la même loi ajoute une nouvelle restrictio aux effets des majorats de biens particuliers :

« *Pour l'avenir, la transmission, limitée à deux degrés,* » *partir du premier titulaire, n'aura lieu qu'en faveur de* » *appelés déjà nés ou conçus lors de la promulgation de l* » *présente loi. S'il n'existe point d'appelés à cette époque* » *ou si ceux qui existaient décèdent avant l'ouverture de leu* » *droit, les biens des majorats deviendront immédiatemen* » *libres entre les mains du possesseur* ».

Cette loi d'ailleurs, comme celle de 1835, laisse subsiste les majorats de propre mouvement. Ils comprennent encor aujourd'hui, paraît-il, une vingtaine de millions.

3418. Nous n'insistons pas sur les difficultés que peut pré senter la matière des majorats, puisqu'il s'agit là d'un matière qui, de jour en jour, perd de son intérêt pratique.

Nous nous bornons à indiquer que les contestations rela tives au sens et à la portée des clauses de l'acte d'institutio des majorats ne sont pas de la compétence des tribunau judiciaires, mais doivent être portées devant le conseil d'Etat. Les tribunaux judiciaires doivent se borner à consacrer l'appli cation de ces clauses, une fois interprétées par l'autorité com pétente ou lorsqu'elles ne présentent ni doute, ni obscurité (1).

(1) V. en ce sens Cass., 25 avril 1860, S., 60. 1. 635, D., 60. 1. 230.

§ II. *Extension que reçut la faculté de substituer, en vertu de la loi du 17 mai 1826, aujourd'hui abrogée.*

3419. L'article unique de la loi du 17 mai 1826 étendait singulièrement les limites de l'exception consacrée par les articles 1048 et 1049 du code civil.

Et, en effet, aux termes de ce texte :

« *Les biens dont il est permis de disposer aux termes des » articles 913, 915 et 916 du code civil pourront être don- » nés en tout ou en partie, par acte entre vifs ou testamen- » taire, avec la charge de les rendre à un ou plusieurs enfants » du donataire, nés ou à naître, jusqu'au deuxième degré » inclusivement. — Seront observés, pour l'exécution de cette » disposition, les art. 1051 et suivants du code civil, jusques » et y compris l'art. 1074* ».

Cette loi, qui avait pour but de fonder une aristocratie de fortune, auxiliaire puissant d'un gouvernement monarchique, étendait, à plusieurs points de vue, la faculté de substituer :

1° Elle accordait cette faculté à toute personne, tandis que les art. 1048 et 1049, la restreignent aux père et mère, frères et sœurs;

2° Elle ne subordonnait plus, pour les frères et sœurs, la faculté de substituer à la condition de leur décès sans enfants;

3° Elle n'exigeait plus que la charge de restitution fût imposée en faveur de tous les enfants du donataire ; elle pouvait l'être au profit de quelques-uns seulement, ou même d'un seul, l'aîné des enfants mâles par exemple ;

4° Enfin, tandis que les art. 1048 et 1049 n'autorisent qu'une substitution simple, la loi de 1826 autorisait une substitution graduelle : « Je donne à Paul, à la charge de rendre à sa mort à son fils aîné, lequel rendra lui-même à son décès à son fils aîné ».

3420. Mais la loi de 1826 n'abrogeait pas le principe de la prohibition des substitutions, elle étendait seulement les exceptions qu'il comporte. Toute substitution, faite en dehors des limites autorisées par la loi de 1826, demeurait donc nulle et de nul effet. Telle aurait été, par exemple, la substitution qui aurait été faite au profit d'un appelé autre qu'un enfant du grevé, ou celle qui aurait été faite avec charge de restituer au delà du deuxième degré.

3421. Aujourd'hui, la loi du 17 mai 1826 n'appartient plus qu'à l'histoire.

Elle a été abrogée par l'art. 8 de la loi du 7 mai 1849, aux termes duquel :

« *La loi du 18 mai 1826, sur les substitutions, est abrogée* ».

L'article 9 de cette même loi ajoute :

« *Les substitutions déjà établies sont maintenues au profit* » *de tous appelés nés ou conçus lors de la promulgation de la* » *présente loi. Lorsqu'une substitution sera recueillie par un* » *ou plusieurs des appelés dont il vient d'être parlé, elle pro-* » *fitera à tous les autres appelés du même degré, ou à leurs* » *représentants, quelle que soit l'époque où leur existence* » *aura commencé* ».

On voit qu'en définitive nous nous trouvons aujourd'hui ramenés, en matière de substitutions permises, aux dispositions du code civil, c'est-à-dire à l'application pure et simple des articles 1048 et 1049.

APPENDICE I

DES SUBSTITUTIONS AU POINT DE VUE DU DROIT INTERNATIONAL PRIVÉ

3422. Les législations civiles de l'Europe sont loin de régler d'une façon uniforme la matière des substitutions et les principes qu'elles leur appliquent dépendent, dans une très large mesure, des tendances sociales et politiques que favorisent et affirment ces législations.

C'est ainsi que la législation anglaise témoigne d'une faveur marquée pour les substitutions.

Non seulement la faculté de substituer n'y est pas limitée à un certain nombre de degrés [1], mais encore l'établissement en est singulièrement facilité puisqu'on peut les consti-

[1] V. Lehr, *Dr. civ. angl.*, n. 252.

tuer non seulement par testament, mais encore par contrat de mariage ou par tout autre acte [1].

3423. La législation italienne, par contre, se montre plus rigoureuse que la loi française, puisqu'elle n'admet même point le tempérament apporté par les art. 1048 et 1049 à la prohibition générale des substitutions [2].

Il est vrai que, d'autre part, le code civil italien se montre moins rigoureux que le code civil français, puisque la nullité de la substitution n'entraîne point celle de l'institution même [3].

3424. Le code civil portugais, qui, à l'exemple du droit romain, admet et la substitution pupillaire et la substitution quasi-pupillaire [4], n'admet la substitution fidéicommissaire que dans les limites précisées par son art. 1867, dont les dispositions reproduisent celles de nos art. 1048 et 1049 [5].

3425. Comme le code civil portugais, le code civil espagnol admet la substitution pupillaire et la substitution quasi-pupillaire.

Quant à la substitution fidéicommissaire, il l'autorise, mais jusqu'à deux degrés seulement [6].

3426. Les législations allemandes admettent, presque toutes, la validité des substitutions fidéicommissaires. Elles se bornent à en limiter la validité à un certain nombre de degrés, au moins quand il s'agit de substitutions faites au profit de personnes à naître [7].

Le projet du code civil allemand déclare les substitutions fidéicommissaires licites [8], mais en limite l'effet à un degré, lorsque les appelés sont des personnes à naître [9].

(1) V. Lehr, *eodem*, n. 273.

(2) Il est vrai qu'en permettant de léguer aux enfants à naître, le c. civ. italien ne laissait plus grande utilité aux exceptions que précisent les art. 1048 et 1049 du c. Napoléon.

(3) V. l'art. 900 du c. civ. italien. — V. également Huc, *Code civil italien et Code Napoléon*, 227.

(4) V. les art. 1859 et suiv. du c. civ. portugais.

(5) V. l'art. 1867 de ce même code.

(6) V. l'art. 781 du c. civ. espagnol.

(7) V. Lehr, *Traité élém. de dr. civ. germ.*, II, n. 1501.

(8) V. les art. 1804 et suiv. du projet du c. civ. allemand.

(9) V. l'art. 1812 de ce même code.

3427. La différence des règles admises en matière de substitutions est évidemment de nature à soulever un certain nombre de conflits de droit international privé.

Nous parlerons d'abord de ceux qui peuvent être soulevés par la prohibition générale de l'art. 896.

Nous verrons ensuite ceux qui peuvent se présenter en matière de substitutions permises.

Enfin, nous aurons à parler de certaines institutions qui ont, avec les substitutions, de grandes analogies et qui se rencontrent dans les pays où des sujets français ont gardé le bénéfice de leur statut personnel.

§ I. *Des substitutions prohibées.*

3428. Nous n'avons plus à revenir sur les motifs qui ont dicté la prohibition de l'art. 896 du code civil. Ce sont des motifs d'ordre politique, économique et social. Ce sont donc essentiellement des motifs d'ordre public.

Ce point de vue suffit à dicter, nous semble-t-il, toutes les solutions qui doivent prévaloir en la matière, lorsque les tribunaux français se trouvent en présence d'un conflit de législation. Aussi, quelle que soit la nationalité du disposant, quelle que soit celle des bénéficiaires, les tribunaux doivent se refuser à admettre et à consacrer la validité des dispositions contraires à la règle de l'art. 896 du code civil [1].

3429. Si ce point de vue est exact, nous devons en conclure qu'il n'y a pas à distinguer suivant la nature de biens auxquels a trait la disposition entachée de substitution.

Nous devons cependant signaler que, si la jurisprudence n'hésite point à appliquer l'art. 896, lorsque la disposition a trait à des immeubles situés en France [2], quelques décisions paraissent bien admettre que c'est la loi étrangère qu'on doit appliquer lorsque la disposition a trait à des meubles [3]; en

[1] *Sic*, Aubry et Rau, I, p. 84, § 931 et les auteurs cités dans Vincent et Pénaud *Dict. dr. intern. pr.*, v° Testament, n. 102. — Cpr. Laurent, *Droit civ. intern.*, VI, n. 326 et suiv.

[2] V. notamment Cass., 24 juin 1839, S., 39. 1. 577, D., 39. 1. 259.

[3] V. notamment Paris, 1er février 1836, S., 36. 2. 173 et 7 août 1883, *Journ. intern. de Dr. pr.*, 1884, p. 192.

'autres termes, ces décisions consacrent ici la distinction ont s'inspire la jurisprudence en matière de succession.

Mais rien ne nous paraît justifier le point de vue auquel es décisions ont cru devoir se placer.

3430. Nous devons également en conclure que les tribu-aux français auxquels on demande de déclarer exécutoire n jugement étranger doivent nécessairement, avant de le aire, examiner si ce jugement n'assure point, en France, 'exécution d'une substitution prohibée. En admettant, en ffet, que les tribunaux français auxquels on demande de éclarer exécutoire un jugement étranger n'aient pas le droit le réviser ce jugement quant au fond, ils ont toujours le roit et le devoir d'examiner si ce jugement ne valide pas des dispositions contraires aux lois d'ordre public édictées par le législateur français [1].

§ II. *Des substitutions permises.*

3431. Il n'est pas douteux que les substitutions permises par les art. 1048 et 1049 du code civil ne sont pas entachées des mêmes vices que les substitutions prohibées par l'art. 896. Il n'en est pas moins vrai qu'au point de vue économique elles présentent les mêmes inconvénients, puisqu'elles entravent la libre circulation des biens. Par suite, les règles que leur donne le législateur seraient, comme toutes les lois qui règlent la disponibilité des biens, de véritables lois d'ordre public. On pourrait donc, en se plaçant au même point de vue que pour les substitutions prohibées, dire qu'il s'agit là de lois territoriales qu'il faut appliquer en France, sans se préoccuper de la nationalité des parties en cause.

3432. Il est néanmoins incontestable que l'ordre public français n'est point intéressé à l'application des art. 1048 et 1049, comme à celle de l'art. 896. Par suite, il n'est peut-être pas absolument sûr de s'attacher au point de vue ci-dessus indiqué, pour faire de ces textes la loi commune non seulement des Français, mais encore des étrangers en France.

(1) C'est bien là, implicitement au moins, la doctrine qui ressort d'un arrêt de la Cour de Paris du 11 mai 1869, S., 70. 2. 10, D., 71. 2. 119.

Mais, si on écarte ce point de vue, on devra s'attacher à la loi qui règle la dévolution successorale.

Il n'est pas douteux, en effet, que les règles des art. 1048 et 1049 se rattachent au statut des successions; partant, ce sera à la loi qui règle la dévolution successorale dont il sera question, qu'on devra également demander la question de savoir si les art. 1048 et 1049 sont ou non applicables.

En admettant la distinction dont s'inspire la jurisprudence, en matière de dévolution successorale, ce sera donc à la loi territoriale s'il s'agit d'immeubles, à la loi du domicile du disposant s'il s'agit de meubles, qu'on devra demander s'il y a lieu ou non d'appliquer les art. 1048 et 1049 [1].

§ III. *Des règles applicables dans les pays où des sujets français ont conservé leur statut personnel.*

3433. Les pays dans lesquels des sujets français ont conservé leur statut personnel, sont les établissements français de l'Inde, ainsi que nos départements algériens.

Si, en vertu de ce statut personnel, les sujets français, dont il est question, peuvent faire des substitutions fidéicommissaires, il est certain que celles-ci doivent être considérées comme valables, d'après le statut personnel, pourvu, d'ailleurs, que le législateur français n'ait pas pris soin d'en régler spécialement les conditions et les effets.

A. *Des établissements français de l'Inde.*

3434. Aux termes de l'arrêté du gouverneur général de l'Inde, en date du 6 janvier 1819 : « Les Indiens, soit chrétiens, soit maures ou gentils, seront jugés, comme par le passé, suivant les lois et coutumes de leurs castes ».

Ce n'est donc pas, d'après les termes de cet arrêté, à la loi française, mais à la loi personnelle des parties de régler, entre indigènes hindous, les questions de capacité de disposer et de recevoir à titre gratuit [2].

[1] Cpr. sur la question, Laurent, *Dr. civ. intern.*, VI, n. 330.

[2] La législation personnelle de la plupart des hindous se trouve dans le célèbre code des lois de Manou, l'un des plus anciens que l'on connaisse.

En conséquence, la substitution fidéicommissaire n'étant pas prohibée par le droit hindou, on ne saurait annuler, en tant que contraires à la prohibition de l'art. 896, les libéralités entre vifs ou testamentaires que des indigènes se peuvent consentir [1].

B. *De l'Algérie.*

3435. Les observations que nous avons à présenter, en ce qui concerne l'Algérie, sont relatives aux biens habous.

Les biens habous sont des immeubles que, dans un but pieux, le propriétaire place hors du commerce.

En fin de compte, le habous doit toujours arriver entre les mains d'une personne morale d'ordre religieux [2].

Mais, avant d'arriver à cette personne morale, l'immeuble doit être dévolu conformément aux règles fixées par le fondateur et passer successivement entre les mains des différents bénéficiaires qu'il a cru devoir désigner.

3436. Sans doute les règles qui gouvernent le habous ne sont pas identiques dans les différents rites [3].

Mais si des différences peuvent être signalées au point de vue des conditions requises pour la validité et la régularité du habous, les caractères juridiques qui le distinguent sont les mêmes dans tous les rites.

L'indication de ces caractères juridiques suffira à montrer l'analogie profonde qui existe entre le habous et la substitution fidéicommissaire.

3437. Et d'abord le bien habous est inaliénable entre les mains des différents dévolutaires appelés à le recueillir.

[1] *Sic*, Cass., 6 juin 1866, S., 66. 1. 280, D., 66. 1. 215.

[2] Le plus souvent une des villes saintes de La Mecque ou de Médine. Ce peuvent être aussi une mosquée, une zaouïa, un cimetière. On cite même des exemples de habous faits au profit d'une fontaine ou d'un arbre, dont l'ombre apportera le repos aux voyageurs.

[3] Les rites orthodoxes de la religion musulmane sont au nombre de quatre. C'est à deux d'entre eux, au rite malékite et au rite hanafite, que se rattachent la presque totalité de nos sujets algériens. D'ailleurs, les différences que présentent les différents rites au point de vue des conditions de validité requises pour la constitution des habous n'ont guère d'importance pratique. Sans être obligé de renoncer au rite qu'il professe, un musulman peut toujours constituer un habous devant un magistrat d'un autre rite que le sien, et suivant les règles de cet autre rite.

Ceux-ci ne sont, en quelque sorte, que de simples usufruitiers. Ni directement, ni indirectement, ils ne peuvent en disposer.

Tout ce qu'ils peuvent faire, c'est l'échanger contre un immeuble de même valeur, en d'autre termes, faire un remploi, qui nécessite, d'ailleurs, l'autorisation du Cadi [1].

3438. Le habous est non seulement inaliénable mais encore imprescriptible [2].

Prescrire un habous, ce serait le détourner du but pieux auquel il doit finalement concourir. On ne peut permettre aux hommes de prescrire contre Dieu.

3439. Le habous est soustrait à la loi successorale établie par le Koran et se trouve dévolu suivant l'ordre successoral adopté par le fondateur.

Chacun des dévolutaires successifs est donc tenu envers le suivant de la charge de conserver et de rendre. Il n'a d'autre droit que celui de jouir et d'administrer, pendant sa vie, le habous qu'il est appelé à recueillir. D'ailleurs, lorsqu'il le recueille, il le reçoit non du dévolutaire précédent, mais du fondateur : *capit a gravante non a gravato,* peut-on dire comme en matière de substitution.

3440. En définitive, étant donnés les caractères que présente le habous dans le droit musulman, on peut très exactement le comparer à une substitution fidéicommissaire dont l'Eglise eût été le dernier bénéficiaire.

On voit de là les troubles qui en seraient résultés pour le crédit immobilier et la sûreté des transactions immobilières en Algérie, si la loi française avait exactement respecté les règles du habous. Tel n'a pas été le cas et, par une série de dispositions spéciales, le législateur français a cru devoir remédier aux inconvénients du habous.

3441. L'ordonnance du 1er octobre 1844 défendit d'abord d'attaquer aucune transaction entre Indigènes et Européens, pour ce motif que le bien qui en faisait l'objet aurait été frappé de habous.

1 *Sic.* Sauteyra et Charbonneau, *Dr. musulman,* II, p. 396.

2 Sauteyra et Charbonneau, *Dr. musulman,* II, p. 398.

3442. L'art. 17 de la loi du 16 juin 1851 confirme la suppression de l'inaliénabilité du habous à l'égard des Européens.

Aux termes de ce texte :

« *Aucun acte translatif de la propriété d'un immeuble » appartenant à un musulman au profit d'une autre personne » qu'un musulman ne pourra être attaqué pour cause d'ina- » liénabilité fondée sur la loi musulmane* ».

3443. Le décret du 30 octobre 1858 étendit aux indigènes le bénéfice des dispositions de l'art. 17 de la loi du 16 juin 1851.

Aux termes de l'art. 1 de ce décret :

« *Sont applicables aux transactions passées ou à venir de « musulman à musulman et de musulman à israëlite les dis- » positions de l'art. 3 de l'ordonnance du 1er octobre 1844 et » de l'art. 17 de la loi du 16 juin 1851, sur la propriété en » Algérie, portant qu'aucun acte translatif de propriété d'im- » meubles, consenti par un Indigène au profit d'un Européen, » ne pourra être attaqué par le motif que les immeubles » étaient inaliénables aux termes de la loi musulmane* ».

3444. De ces différents textes on doit conclure que le habous est désormais aboli, d'une façon absolue, en Algérie, en tant que cause d'inaliénabilité. Il subsiste seulement en tant qu'il soustrait l'immeuble qui en est l'objet, à l'ordre successoral consacré par le Koran et le soumet à l'ordre de dévolution établi par le fondateur.

Il en résulte qu'aujourd'hui, en Algérie, le habous ne subsiste plus que comme mode de disposition à cause de mort, spécial au droit algérien.

Le bien habous est absolument libre entre les mains du dévolutaire qui le possède. Celui-ci peut le vendre, le léguer, l'engager sans aucune restriction, en d'autres termes, il est affranchi de la charge de conserver et de rendre.

Seulement, si, à sa mort, il n'en a pas disposé, le habous ne passera pas à ses héritiers, mais sera dévolu selon les règles établies par le fondateur.

3445. Cet état de choses, qui existait incontestablement avant la loi du 26 juillet 1873, n'a pas, du reste, été modifié par cette loi, en ce qui concerne les immeubles francisés [1].

Sans doute, l'article 1 de cette loi est absolument général lorsqu'il décide que : « *Sont abolis, tous droits réels, servitu-» des ou causes de résolution quelconques, fondés sur le droit » musulman ou kabyle, qui seraient contraires à la loi fran-» çaise* ».

Il n'est pas douteux que si, en 1873, le habous avait encore subsisté en tant que droit réel, il eût été compris dans la disposition générale de ce texte. Mais précisément les dispositions législatives antérieures à la loi de 1873 lui avaient enlevé ce caractère. Il ne subsistait plus, au moment de la promulgation de cette loi, que comme un mode de dévolution *mortis causa* spécial à certains biens et, à ce titre, étroitement lié au système successoral musulman. Or, loin de proscrire ce système successoral, la loi de 1873 le rappelle et le confirme, puisque, dans son art. 7, elle maintient de la façon la plus formelle, aux indigènes musulmans, le bénéfice de leur loi successorale. Qu'est-ce à dire sinon que, depuis la loi du 26 juillet 1873 comme dans la législation antérieure, le habous est resté ce qu'il était, c'est-à-dire une succession réglée par la volonté de l'homme, et qui continue de fonctionner à côté de celle que règle le Koran, sans que d'ailleurs on puisse en restreindre les effets aux seuls immeubles régis par la loi musulmane ?

C'est en ce sens qu'on peut aujourd'hui considérer la jurisprudence comme fixée [2].

3446. Il nous paraît, d'ailleurs, certain que l'inaliénabilité du habous est aujourd'hui supprimée d'une façon absolue, c'est-à-dire aussi bien à l'égard de l'aliénateur lui-même qu'à l'égard des tiers acquéreurs. Il n'appartiendrait pas, par exemple, à un dévolutaire ultérieur de réclamer, dans la succession du dévolutaire qui a aliéné, le prix de l'aliénation du habous. Ce n'est pas, en effet, seulement dans l'intérêt per-

[1] Ce sont les immeubles soumis à la loi française et régis par cette loi, en ce qui concerne les conditions et les formes des transmissions qui les affectent.

[2] *Sic*, Cass., 5 avril 1882, S., 84. 1. 369, D., 83. 1. 404. — V. dans le même sens, implicitement au moins, Cass., 10 janv. 1877, S., 77. 1. 99, D., 77. 1. 177, et 9 juillet 1878, S., 79. 1. 312.

onnel des acquéreurs, c'est aussi et surtout dans le but général de supprimer ou tout au moins de réduire les biens e main-morte, si nombreux en droit musulman et partant nuisibles à la colonisation, que le législateur a supprimé inaliénabilité du habous.

Or, ce but ne serait point atteint si l'aliénateur ne devait as bénéficier du prix de la vente et devait le rendre comme aurait rendu l'immeuble lui-même, puisqu'il n'aurait aucun ntérêt à aliéner.

D'ailleurs, les textes qui suppriment l'inaliénabilité du habous ne comportent nullement une distinction de ce genre.

Concluons que, dans le régime actuel des habous en Algérie, les dévolutaires ultérieurs n'ont qu'un droit éventuel, ubordonné à la condition que le dévolutaire actuel ne disposera point du habous.

3447. Si en Algérie, à raison des dispositions spéciales ont nous avons parlé, les habous ne se présentent plus avec s caractères et les inconvénients de nos anciennes substitutions fidéicommissaires, il en est autrement en Tunisie, où ces ispositions spéciales ne sont point applicables.

En Tunisie, c'est encore à la loi musulmane de régler intégralement les conditions et les effets des habous, et partant, s habous tunisiens sont inaliénables et imprescriptibles, omme l'étaient autrefois les habous algériens, avant l'ordonance du 1er octobre 1844.

APPENDICE II

RÉGIME FISCAL DES SUBSTITUTIONS

3448. La loi du 22 frimaire an VII est absolument muette ur les substitutions.

Son silence s'explique par cette considération que, lors de on vote, les substitutions étaient frappées d'une prohibition bsolue.

Depuis, le code civil, tout en maintenant le principe de la rohibition, y a apporté une exception notable dans les art. 048 et 1049, sans que d'ailleurs aucune loi postérieure soit venue spécialement régler la perception des droits exigibles.

Il en résulte que, pour déterminer les droits exigibles en matière de substitution, la jurisprudence a dû se borner à prendre, dans la loi de frimaire, les dispositions applicables à raison de la nature juridique de la substitution.

Nous aurons donc d'abord à préciser les conclusions auxquelles a été conduite la jurisprudence.

Nous verrons ensuite les particularités que peut présenter, au point de vue de la perception des droits d'enregistrement, le legs *de eo quod supererit*.

Nous aurons enfin à dire quelques mots du régime fiscal des majorats.

§ I. *Des droits que rendent exigibles les substitutions.*

3449. Qu'elle soit faite par donation entre vifs ou par testament, toute substitution implique nécessairement une double mutation, l'une immédiate au profit du grevé, l'autre éventuelle au profit des appelés.

C'est en nous attachant à ce point de départ incontestable que nous allons déterminer les droits à la charge des grevés et les droits à la charge des appelés.

N° 1. Des droits exigibles des grevés.

3450. La circonstance qu'un donataire, héritier ou légataire est grevé de substitution ne diminue point la mutation qui se produit à son profit. La substitution donne sans doute, à la mutation qui se produit au profit du grevé, un caractère spécial, mais elle ne la fait pas disparaître et, en tout cas, ne la limite nullement à l'usufruit des biens compris dans la substitution. De là cette conséquence que les droits de mutation exigibles du grevé doivent être calculés sur la pleine propriété et non pas seulement sur l'usufruit des biens compris dans la substitution.

3451. Lorsque la substitution est faite par donation entre-vifs, le grevé devra donc acquitter les mêmes droits que tout autre donataire, c'est-à-dire tous les droits de mutation et de transcription que les donations entre vifs rendent exigibles.

3452. Lorsque la substitution est faite par testament, le grevé devra également acquitter les mêmes droits que tout autre légataire, c'est-à-dire non seulement les droits proportionnels de mutation *mortis causa,* mais encore le droit fixe d'enregistrement du testament.

De plus, comme les testaments qui contiennent une substitution doivent être transcrits conformément à l'art. 1069 C. civ., le grevé devra, lorsqu'il y a lieu à transcription, acquitter un troisième droit : le droit proportionnel de transcription [1].

3453. L'adjonction de ce troisième droit ne présente pas de difficulté, quand la substitution est faite dans les termes de l'art. 1048 C. civ.

Dans ce cas, le grevé est nécessairement l'enfant du testateur et la mutation qui se produit en sa faveur est une mutation en ligne directe.

Or, comme le tarif des mutations en ligne directe ne comprend pas le droit de transcription, l'adjonction du droit de transcription au droit proportionnel de mutation et au droit fixe dus par le grevé ne présente pas de difficulté.

3454. Il en est autrement lorsque la substitution est faite dans les termes de l'art. 1049 C. civ. Dans ce cas, la mutation qui se produit au profit du grevé est une mutation en ligne collatérale. Or, le tarif de ces mutations comprend à la fois et le droit de mutation et le droit de transcription. Il semble bien qu'on en doive conclure que le grevé n'aura à payer aucun droit spécial de transcription, puisque ce droit est compris dans le droit de mutation qu'il doit acquitter [2].

La question est cependant controversée.

D'après nombre d'auteurs, le droit proportionnel de transcription doit, dans tous les cas, être acquitté par le grevé, comme droit spécial et distinct du droit de mutation dont il est tenu comme légataire [3].

[1] Ce droit est de 1,50 p. 100; avec les décimes, de 1.875.

[2] En ce sens Demante, II, n. 743, p. 408.

[3] *Sic,* Garnier, *Rép. gén.*, n. 15610.

N° 2. Droits exigibles des appelés.

3455. Au moment de la donation entre vifs ou du décès du disposant, les appelés ne peuvent devoir aucun droit puisqu'à ce moment aucune mutation ne se produit à leur profit.

C'est seulement au moment de l'ouverture de la substitution qu'ils deviennent propriétaires des biens qui y sont compris; c'est, par suite, à ce moment que deviennent exigibles les droits afférents à la mutation dont ils profitent [1].

3456. Mais comment ces droits doivent-ils être calculés? Doit-on les calculer d'après les degrés de parenté existant entre les appelés et le disposant ou d'après le degré de parenté existant entre les appelés et le grevé?

C'est, croyons-nous, d'après le degré de parenté existant entre les appelés et le grevé.

Sans doute les appelés tiennent leurs droits non du grevé mais du disposant. Comme on le disait très bien dans notre ancienne jurisprudence, pour résumer les effets civils de la substitution : *Substitutus capit a gravante non a gravato.*

Il n'en est pas moins vrai que la mutation des biens compris dans la substitution se produit de la tête du grevé sur celle des appelés. Pour qu'elle se produise de la tête du disposant sur celle des appelés, il faudrait admettre que la propriété du grevé fût rétroactivement anéantie par suite de l'ouverture de la substitution. Or, nous savons que c'est là une idée absolument inexacte en matière de substitution.

Ajoutons que, dans notre ancienne jurisprudence, l'impôt du centième denier, auquel donnait lieu l'ouverture de la substitution, se calculait d'après la qualité respective des appelés et des grevés [2]. Or, il s'agit là d'une matière traditionnelle.

C'est en ce sens que se prononcent la plupart des auteurs [3] et c'est aussi l'opinion que paraît adopter la jurisprudence [4].

[1] *Sic*, Cass., 11 déc. 1860, S., 61. 1. 185, et 5 mars 1866, S., 66. 1. 122.
[2] V. notamment Bosquet, *Dict.*, v° *Substit.*, II, p. 512.
[3] *Sic*, Demante, II, n. 743, n. 2; Naquet, II, n. 863, p. 314.
[4] Cass., 11 déc. 1860, *Rép. périod.*, n. 1455, S., 61. 1. 185.

§ II. *Du legs de eo quod supererit.*

3457. Nous avons vu que si la disposition testamentaire, assez fréquente, désignée sous le nom de legs *de eo quod supererit,* peut être rapprochée de la substitution, elle s'en distingue cependant et reste valable nonobstant la prohibition générale de l'art. 896 du code civil.

Mais nous avons vu également que si le legs *de eo quod supererit* pouvait être validé, c'était à titre de legs conditionnel et nullement en tant que substitution.

On doit donc lui appliquer le régime fiscal des legs conditionnels et non celui des substitutions.

Il en résulte cette conséquence que le légataire appelé à en bénéficier devra payer les droits de mutation calculés d'après ses relations de parenté avec le testateur et non d'après ses relations avec le légataire grevé de la charge de rendre [1].

D'autre part, il ne pourra être question de réclamer le paiement du droit proportionnel de transcription, puisque le legs dont nous parlons, n'impliquant pas la charge de conserver, n'a point à être porté à la connaissance des tiers par la voie de la transcription.

3458. L'application au legs *de eo quod supererit* du régime fiscal des legs conditionnels conduit d'ailleurs, sur nombre de points, à des solutions identiques à celles qu'on devrait appliquer si on le considérait comme une substitution.

C'est ainsi, par exemple, qu'au jour du décès du testateur, un seul droit de mutation est exigible : celui qui est afférent à la mutation qui se produit au profit du légataire grevé de la charge de rendre.

C'est ainsi également que le légataire au profit duquel la charge est imposée ne saurait être tenu d'un droit de mutation, avant le moment où il est appelé à en recueillir le bénéfice et dans la mesure, d'ailleurs, de ce qu'il est appelé à recueillir.

C'est ainsi, enfin, que les droits payés par le premier léga-

(1) V. cependant Naquet, II, n. 851, *in fine*.

taire ne sauraient être imputés sur les droits que doit acquitter le second. Il résulte, en effet, des textes de la loi de frimaire que les mutations subordonnées à une condition résolutoire doivent être, au point de vue fiscal, traitées comme des mutations pures et simples et qu'on doit considérer l'accomplissement de la condition comme entraînant une nouvelle mutation. Aussi, le legs *de eo quod supererit* doit-il, en tant que legs conditionnel, entraîner, tout comme la substitution, le paiement d'un double droit de mutation [1].

§ III. *Des majorats.*

3459. Le régime fiscal qu'il y a lieu d'appliquer aux majorats a été spécialement organisé par le législateur.

Il est établi, pour les majorats de propre mouvement, par l'art. 6 du décret du 24 juin 1808 et, pour les majorats sur demande, il résulte de l'art. 7 de la loi du 7 mai 1849.

Du rapprochement de ces textes ressort une différence capitale entre les mutations par décès auxquelles donnent lieu ces deux catégories de majorats.

3460. Les mutations par décès des majorats de propre mouvement ne rendent jamais exigible que le droit perçu sur les mutations d'usufruit, en le calculant sur le tarif de la ligne directe, alors même que la mutation ne s'opérerait point au profit d'un descendant du titulaire décédé.

3461. Les mutations par décès des majorats sur demande rendent, au contraire, exigible le droit de mutation perçu sur les mutations affectant la propriété pleine et entière, en le calculant sur le tarif de la ligne directe.

[1] *Sic*, Trib. civ. Arcis-sur-Aube, 8 juillet 1875, *Rép. périod.*, n. 4322. — Dans le même sens Naquet, II, n. 864. — V. cependant Garnier, *Rép. génér.*, n. 15612.

CHAPITRE VII

ES PARTAGES FAITS PAR PÈRE, MÈRE OU AUTRES ASCENDANTS ENTRE LEURS DESCENDANTS [1].

3462. Aux termes de l'art. 1075 :

« *Les père et mère et autres ascendants pourront faire, entre leurs enfants et descendants, la distribution et le partage de leurs biens* ».

Le partage dont il s'agit et que règlementent les art. 1075 1080 porte le nom de *partage d'ascendant.*

Le but principal que le législateur s'est proposé en l'autoisant, a été de tarir, dans leur source même, les contestations t les procès que fait naître si souvent le partage ordinaire ntre les enfants du même père. C'était déjà le motif donné ar Justinien pour autoriser les ascendants à faire entre leurs nfants le partage de leurs biens *ut a fraterno certamine eos reservent... et occasiones litium dirimantur,* dit la novelle 18, hap. VII.

3463. Le partage d'ascendant offre, en outre, de nomreux avantages.

C'est ainsi qu'il permet, lorsque parmi les enfants il y a les mineurs ou des interdits, d'éviter les frais toujours conidérables du partage judiciaire auquel il faudrait recourir près la mort de l'ascendant.

Il rend, en outre, possible à l'ascendant l'attribution à chaque cohéritier du lot qui lui convient le mieux : l'ascendant 'est pas aveugle, comme le sort qui préside à la distribuion des lots dans le partage judiciaire.

Enfin, au moyen du partage prématuré de ses biens, un scendant vieux et infirme peut se décharger d'une adminis-

[1] Nombre d'ouvrages spéciaux existent sur les partages d'ascendants. — V. otamment Genty, *Tr. des part. d'ascendants*, 1850; Barafort, *Des part. d'ascendants*, 1870; Bonnet, *Tr. th. et prat. des part. d'ascendants*, 1874; Réquier, *Tr. th. et prat.*, 1868; Lyon-Caen, *Des part. d'ascendants*; André, *Tr. prat. des part. d'ascendants.*

tration devenue onéreuse pour lui et compromettante po sa famille : les biens, qui dépérissaient entre les mains déb les de l'ascendant, prospèreront entre les mains jeunes vigoureuses de ses descendants ; à titre de compensation l'abandon qu'il fait, l'ascendant stipulera le plus souvent u rente viagère, qui lui permettra d'attendre paisiblement mort, sans avoir à lutter contre les difficultés matérielles la vie.

3464. Ce sont là de précieux avantages, et le partage d'a cendant, qui, au point de vue théorique, est assis sur u base si solide, semble devoir donner, en pratique, les pl heureux résultats.

Les enseignements que nous fournit la jurisprudenc démentent cette prévision.

Qu'on ouvre un recueil d'arrêts. Au mot *Partage d'ascer dant,* on trouvera toujours un nombre considérable de déc sions judiciaires. Les partages d'ascendant sont donc, e pratique, la source d'une foule de procès ; de sorte qu'un institution qui, par sa nature même, semble devoir être u instrument de paix, est devenue une véritable machine d guerre. Cela tient peut-être, dans une certaine mesure, à c que les ascendants ne procèdent pas toujours au partage ave toute l'impartialité que la loi leur suppose ; ils ont quelqu fois leurs préférences, et quand il en porte la trace, le pa tage devient une source intarissable de discordes et de haine entre les copartagés.

Mais nous croyons qu'il faut attribuer, pour la plus grand partie, ce résultat à la fausseté du mécanisme de l'institutio en elle-même. Le partage est un acte de *liquidation* ; or, l loi permet à l'ascendant de l'opérer par un acte de *disposi tion* (donation entre vifs ou testamentaire) ; n'y a-t-il pas con tradiction entre le but et le moyen ? De là, le caractère tou jours indécis du partage d'ascendant, acte bâtard s'il en fut on ne sait jamais si l'on doit appliquer les principes du par tage ou ceux de la donation ; aussi cette matière est-elle l source de controverses sans fin.

En présence de ces résultats, on se demande si le partag d'ascendant n'est pas un funeste présent de notre législateur

3465. Le partage d'ascendant n'est pas, du reste, une innovation des rédacteurs du code civil.

Aussi, avant d'étudier les règles que lui consacrent les art. 1075 à 1080, nous préoccuperons-nous d'en dégager les précédents historiques, afin de voir surtout si ceux-ci peuvent aider à l'interprétation des textes du code civil.

Nous aurons ensuite, dans autant de paragraphes distincts, à nous demander les cas dans lesquels le partage d'ascendant peut intervenir, à déterminer la forme qu'il doit revêtir et la capacité qu'il exige chez ceux qui y figurent, à indiquer quels biens il peut comprendre, à préciser ses effets et, enfin, à énumérer les causes de nullité ou de rescision qui peuvent l'affecter.

§ I. *Origine historique du partage d'ascendants.*

A. *Droit romain.*

3466. Avant Constantin et Théodose, il n'apparaît pas que le partage d'ascendants ait été spécialement réglementé. Introduit par coutume, on le considérait comme une conséquence de la puissance paternelle, permettant au *paterfamilias* de régler, entre les enfants restés sous sa puissance, la distribution des biens qu'il leur laissait.

Ce fut Constantin qui étendit à la mère le droit jusque là réservé au *pater familias* et Théodose le donna à tous les ascendants.

Dès lors, le partage put être fait non seulement entre les enfants restés en puissance, mais encore entre ceux qui avaient été affranchis de cette puissance [1].

3467. Les formes de ce partage étaient très simples, ou plutôt, à vrai dire, elles n'étaient point spécialement réglementées. Le partage pouvait être fait par un acte quelconque, sans qu'un écrit fût en rien nécessaire.

C'est seulement Justinien qui entra dans la voie d'une réglementation. Afin de prévenir les incertitudes qui pou-

[1] V. l. 2, C. Théodosien, *familiæ erciscundæ*, et l. 21, 1, C. Justin., *De testamentis*.

vaient résulter de la liberté d'allures laissée au partage, il exigea que le partage fût fait par écrit. Cet écrit n'était d'ailleurs soumis qu'à des formalités très simples; il devait être signé de l'ascendant et des descendants et préciser, d'une façon très nette, les biens attribués à chaque descendant [1].

3468. Mais il faut reconnaître que nos anciens auteurs n'ont pas su très bien distinguer, dans les textes romains, l'institution dont nous venons de parler, d'une autre institution assez voisine : je veux parler du *testamentum inter liberos* établi par Constantin [2] et confirmé par Justinien [3].

Il est vrai que ce dernier, dans la novelle où il confirme l'innovation de Constantin, règlemente en même temps le partage d'ascendants. Mais le rapprochement que fait l'empereur de ces deux institutions n'implique nullement qu'il entende désormais les confondre. Bien au contraire, il les distingue et les oppose l'une à l'autre.

Et en effet, dans la législation de Justinien, le *testamentum inter liberos* est sans doute un testament privilégié, mais il reste un testament qui peut contenir toute disposition *mortis causâ*. Ce qui le caractérise, c'est qu'il est valable sans institution d'héritier.

Après comme avant Justinien, le partage d'ascendant, au contraire, n'est nullement un acte de disposition à cause de mort. Dénué de toutes les formes civiles, il n'est nullement attributif de propriété, il est un simple projet qui ne devient définitif que par la sanction que lui donne le juge de l'action *familiæ erciscundæ*. Ce juge est, il est vrai, obligé de respecter les volontés de l'ascendant. C'est néanmoins son *adjudicatio* qui seule donne aux enfants la propriété des biens compris dans leur lot.

En définitive, dans le droit romain, le partage d'ascendant resta toujours une disposition de dernière volonté. Il pouvait arriver sans doute que, de son vivant, l'ascendant distribuât ses biens entre ses enfants. Mais il n'y avait là qu'une attribution provisoire que l'ascendant pouvait toujours révo-

(1) V. la novelle 18, chap. VII.
(2) Cod. Théodosien, l. I. *familiæ erciscundæ*.
(3) Novelle 107, chap. I.

quer et qui, même après sa mort, ne devenait définitive que par l'intervention du juge de l'action *familiæ erciscundæ* (1).

B. *Ancien droit.*

3469. Dans notre ancienne jurisprudence, les pays de droit écrit suivaient le droit romain, tel qu'il résultait des novelles 18 et 107 (2).

Mais la confusion faite par nos anciens auteurs entre le partage d'ascendants et le *testamentum inter liberos* entraînait de nombreuses controverses dont l'ordonnance de 1735 se proposa de tarir la source. Elle décida que les partages d'ascendants ne seraient valables qu'autant qu'ils emprunteraient les formes des testaments entre enfants, formes qui consistaient soit dans un acte public reçu par un notaire assisté de deux témoins, soit dans un acte privé entièrement daté, écrit et signé de la main de l'ascendant (3).

3470. L'intervention de ces formes suffisait à donner au partage une existence légale et à rendre définitives les attributions qu'il contenait, sans que le juge de l'action en partage eût à les sanctionner.

3471. Dans les pays de coutume, les ascendants avaient deux moyens de distribuer leurs biens entre leurs enfants. C'était d'abord le partage d'ascendant, c'était aussi la démission de biens.

Mais il s'en faut de beaucoup que les règles de ces deux institutions aient été fixées d'une façon nette et précise.

3472. Le partage d'ascendant n'était, d'une façon presque générale, permis qu'aux seuls ascendants (4). Il était soumis à des formes très simples. C'est ce qu'atteste Brodeau, dans ses notes sur Louet (5) : « Les partages faits par les père et mère

(1) Comparez l. 20, 3 et l. 39. 1, D., *familiæ erciscundæ* et l. 16 et 21, C., *eodem titulo*.

(2) *Sic*, Lebrun, *Des Successions*, l. IV, ch. I, n. 11 ; Domat, *Lois civiles*, l. III, tit. 1, sect. I.

(3) V. les art. 15, 16 et 17 de l'ordonnance de 1735.

(4) Quelques coutumes, celle d'Artois par exemple, le permettaient aux collatéraux. En sens inverse, quelques autres, celles de Bretagne et du Poitou notamment, le restreignaient aux seuls père et mère.

(5) Brodeau, sur Louet, lettre P, n. 24.

entre leurs enfants, prévenant l'office des experts, des arbitres, sont, dit-il, dispensés des formes, règles et maximes ordinaires, pourvu que la volonté soit certaine ».

On se contentait soit d'un acte public reçu par deux notaires ou un notaire assisté de deux témoins, soit d'un acte sous-seing privé, écrit, daté et signé de l'ascendant.

3473. En principe, le partage restait révocable jusqu'à la mort de l'ascendant. Dans certains cas, cependant, l'ascendant ne pouvait plus le révoquer. Il en était ainsi, lorsque le partage avait été fait par contrat de mariage, du moins en ce qui concernait l'enfant dans le contrat de mariage duquel il avait été inséré.

Notons également que, lorsque les père et mère avaient fait conjointement le partage de leurs biens communs, celui-ci ne pouvait être révoqué que du consentement mutuel des père et mère, et, partant, devenait irrévocable si l'un d'eux était décédé. Enfin, lorsque le partage avait été exécuté, on admettait généralement que l'ascendant ne pouvait plus le révoquer, pourvu qu'au moment de l'exécution il eût formellement déclaré qu'il renonçait à sa faculté de révocation.

3474. Le partage d'ascendant devait, d'ailleurs, comprendre tous les biens de l'ascendant et être fait entre tous ses enfants : autrement il n'aurait pas tenu lieu du partage qu'il était destiné à prévenir et à remplacer, c'est-à-dire du partage entre les héritiers de l'ascendant.

3475. Mais c'était une question fort discutée que celle de savoir si le partage d'ascendant laissait subsister la vocation héréditaire des enfants, si, en d'autres termes, ceux-ci devaient être considérés comme des légataires obligés de se contenter du lot qui leur avait été attribué, sauf allégation et preuve d'une atteinte à leur réserve, ou si au contraire, on devait les considérer comme des héritiers copartagés, entre lesquels le partage d'ascendant devait donner lieu à l'application des règles de tout partage.

Il faut bien reconnaître que les coutumes n'avaient pas nettement envisagé et tranché la question. Toutefois, c'était comme des héritiers co-partagés plutôt que comme des légataires qu'on traitait les enfants.

De là la règle admise pour la répartition du passif héré-litaire. A moins de répartition spécialement faite par l'as-endant, chacun des enfants était tenu du passif, suivant sa part héréditaire et non d'après son émolument.

De là l'obligation de garantie admise dans les rapports des enfants entre eux.

De là l'admission de l'action en rescision pour cause de ésion de plus du quart.

Mais toutes ces conséquences ne prévalaient pas d'une fa-on générale et absolue, et certaines coutumes les repous-aient pour s'en tenir aux conséquences découlant du point le départ opposé [1].

3476. A la différence du partage d'ascendant, dont l'exé-ution ne devait avoir lieu qu'après la mort de son auteur, la émission de biens, dont il nous reste à parler, avait des ffets immédiats et actuels.

Elle constituait, en quelque sorte, une ouverture anticipée e la succession de son auteur, puisque de son vivant celui-i se démettait, en faveur de ses héritiers présomptifs, de universalité de ses biens.

A ce titre, elle devait donc comprendre tous les biens du isposant et être faite entre tous ses héritiers présomptifs.

Elle n'était pas, d'ailleurs, soumise aux formes de la dona-ion entre vifs. Il suffisait que, dans un acte quelconque, elle ût acceptée par les démissionnaires.

Enfin, afin de protéger le démettant contre l'ingratitude es démissionnaires, la démission restait révocable jusqu'à la iort du démettant, et, partant, revêtait ainsi le caractère d'une éritable donation à cause de mort.

3477. La démission de bien pouvait être accompagnée un partage, c'est-à-dire que le démettant pouvait, en même emps qu'il abandonnait ses biens à ses héritiers présomptifs, n régler lui-même le partage entre eux.

3478. En dépit de l'exécution immédiate et actuelle qu'elle ecevait, la démission de biens n'en restait pas moins provi-oire et conditionnelle pendant toute la vie du démettant.

[1] V. notam. sur la question Demolombe, *Don.*, V, n. 682 et s., ainsi que les atorités qu'il cite.

Bien qu'on ait pu dire d'elle qu'elle constituait une ouver-ture anticipée de la succession du démettant, en réalité la succession de celui-ci ne s'ouvrait vraiment qu'au moment de sa mort naturelle. C'était donc à ce moment seulement qu'il était possible d'apprécier les droits des démissionnaires et de vider les difficultés que pouvait faire naître le partage effec-tué par le démettant.

Chacun des démissionnaires avait-il sa réserve ?

L'un d'eux était-il lésé de plus du quart ?

Chacun avait-il, dans son lot, une part égale de meubles et d'immeubles de même nature ?

Il y avait là autant de questions qui ne devaient se poser et se résoudre qu'à la mort du démettant et qui restaient pré-maturées tant que celui-ci vivait encore [1].

3479. Tels sont les précédents historiques de l'institution règlementée par les art. **1075** à **1080** du code civil.

Nous les avons rappelés, surtout pour montrer qu'ils sont loin d'être aussi nets et aussi précis qu'on pourrait le désirer dans une matière où le laconisme du code civil laisse tant de questions incertaines. Ce n'est donc pas sur la tradition qu'il peut s'agir de compter pour lui demander la solution de tou-tes les difficultés inhérentes à l'institution même, tant à rai-son du but qu'elle se propose que des moyens qu'elle emploie en vue d'y arriver. Elle y peut contribuer, sans doute. Mais il nous paraît évident qu'elle ne saurait fournir souvent un point d'appui très sûr, soit à l'interprétation des textes du code civil, soit à la solution des difficultés que ces textes n'ont point envisagées.

§ II. *Des conditions requises pour qu'il y ait partage d'ascendant.*

3480. Un premier point certain c'est que les solutions consacrées par les art. **1076** s. ne sont pas l'application pure et simple du droit commun et qu'il a fallu, au contraire, une disposition législative spéciale pour autoriser le partage d'as-cendant.

[1] *Sic*, Demolombe, *Don.*, V, n. 688 et s., et les autorités qu'il cite.

En effet, ce partage, comme on le verra bientôt, s'effectue soit par donation entre vifs, soit par testament; or, les règles du droit commun n'auraient permis de le faire ni dans l'une ni dans l'autre de ces formes.

Elles auraient proscrit d'abord le partage d'ascendant fait par donation entre vifs; un pareil partage constitue évidemment un pacte sur succession future, qui, en l'absence d'une exception formelle inscrite dans la loi, serait tombé sous le coup de la prohibition générale des art. 791, 1130 et 1600.

Elles auraient proscrit également le partage d'ascendant fait par testament. Le droit de propriété, qui nous appartient sur les biens de ce monde prend naturellement fin avec nous-mêmes. Aussi notre volonté ne peut-elle produire effet sur ces biens, pour le temps qui suivra notre mort, qu'en vertu d'une concession formelle de la loi, et seulement dans les limites de cette concession. En l'absence d'une disposition législative spéciale, les donations testamentaires seraient interdites; et, sous l'empire d'une loi qui autoriserait seulement les donations testamentaires, le partage par testament ne serait pas admis; car autre chose est une donation testamentaire, autre chose un partage fait par testament.

Les art. 1075 s., qui autorisent et règlementent le partage d'ascendant, sont donc des exceptions au droit commun. Or, comme une disposition exceptionnelle n'est pas susceptible d'être étendue d'un cas à un autre, on doit en conclure que nul autre qu'un ascendant n'a le droit de faire entre ses héritiers présomptifs le partage dont il s'agit.

C'est là un point que presque tous les auteurs s'accordent à reconnaître [1].

3481. La première conséquence qu'on en doive tirer c'est que le partage, autorisé et règlementé par les art. 1076 à 1080, n'est accessible qu'à ceux-là seuls auxquels la loi le permet, c'est-à-dire aux ascendants.

Un oncle, par exemple, ne pourrait pas opérer entre ses neveux le partage anticipé de sa succession, dans l'une des

[1] *Sic*, Aubry et Rau, VIII, p. 5, § 729; Laurent, XV, n. 4; Réquier, *Part. d'ascend.*, n. 117; Bonnet, *Part. d'ascend.*, I, n. 127; Demolombe, *Don.*, V, n. 698; Huc, VI, n. 425 et les auteurs cités dans Fuzier-Herman, sur l'art. 1075, n. 1.

formes autorisées par l'art. 1076. Sans doute il peut réparti ses biens entre ses neveux, comme il l'entendra, par donatior entre vifs ou testamentaire. Mais une semblable dispositior produira seulement l'effet d'une donation, et non d'un partage alors même que le disposant lui aurait donné ce nom. Ains l'un des neveux n'aurait pas le droit d'agir en garantie contre l'autre s'il était évincé d'un des biens à lui attribués, ni d'exer cer l'action en rescision pour cause de lésion, quelle que fû la différence de valeur entre sa part et celle de ses frères De même, si l'un des neveux avait été omis par le disposant il ne serait pas fondé à se prévaloir de l'art. 1078.

3482. Tout ce qu'on peut admettre c'est que, par une clause formelle, les disposants, autres que les ascendants pourraient rattacher à leurs libéralités entre vifs ou testa mentaires un ou plusieurs des effets du partage, en tant du moins que leur nature le permettrait.

Ainsi l'oncle, dont nous parlions tout à l'heure, pourrai établir l'obligation de garantie réciproque entre ses neveux

Il pourrait aussi obliger celui auquel il donne le lot le plus fort à payer une soulte à celui qui obtient le lot le plus faible.

Mais ce qu'on ne saurait admettre, c'est qu'il pût grever les biens attribués au premier d'un privilège pour le paie ment de la soulte, car le privilège ne peut être établi que pa la loi [1]. Or la loi l'établit bien pour la garantie de la soulte résultant d'un partage [2], mais elle ne l'établit, ni ne perme de l'établir, pour la garantie d'une soulte imposée par dona tion entre vifs ou testamentaire [3].

3483. Mais, si les art. 1076 s. ne sont pas l'applicatior pure et simple du droit commun, s'ils ne sont applicables que dans les hypothèses mêmes en vue desquelles ils ont été écrits, il importe de préciser exactement les conditions d'ap plication de la législation spéciale que ces textes consacrent.

Ces conditions sont au nombre de trois :

[1] Cela résulte de l'art. 2095 du C. civ.

[2] V. sur ce point les art. 2103 et 2109 du C. civ.

[3] *Sic*, Colmet de Santerre, IV, n. 242 *bis*, II; Demolombe, *Don.*, V, n. 702 Huc, VI, n. 425, *in fine*.

1° Il faut qu'il s'agisse bien d'un partage, c'est-à-dire d'un acte qui contienne une distribution de biens;

2° Il faut que ce partage soit effectué par un ascendant;

3° Il faut que ce partage soit effectué entre les descendants, appelés à partager la succession de l'ascendant.

A. *Il faut qu'il s'agisse d'un partage, c'est-à-dire d'un acte qui contienne distribution de biens.*

3484. Il semble, de prime abord, que cette première condition ait à peine besoin d'être exprimée.

Il importe cependant de l'affirmer, car il faut bien reconnaître que toutes les conséquences qu'elle comporte ne sont pas admises d'une façon unanime.

3485. Nous en conclurons tout d'abord qu'il ne saurait être question de voir un partage d'ascendant dans une donation qu'un père ferait au profit d'un enfant unique. Aussi, en pareil cas, l'enfant donataire ne pourrait-il prétendre bénéficier de la réduction du droit proportionnel de mutation que l'art. 3 de la loi du 16 juin 1824 établit en faveur des partages d'ascendant.

La jurisprudence l'a maintes fois affirmé [1].

3486. Nous devons en conclure également que la législation spéciale des art. 1075 s. n'est applicable qu'autant que l'acte par lequel l'ascendant abandonne ses biens à ses enfants en règle en même temps le partage et la distribution entre eux. A cette condition seulement, on peut dire de cet acte qu'il est un partage et qu'il rentre dans les prévisons de l'art. 1075.

Si donc l'ascendant se bornait à une donation collective au profit de ses enfants, sans d'ailleurs régler entre eux la distribution des biens qui y sont compris, il ne saurait y avoir partage d'ascendant. La donation constituerait alors une donation ordinaire, régie par le droit commun des donations et non par la législation spéciale des art. 1076 s.

[1] *Sic*, Cass., 4 janv. 1847, S., 47. 1. 117, D., 47. 1. 58; 12 mars 1849, S., 49. 1. 437, D., 49. 1. 96; 14 mai 1879, S., 79. 1. 383, D., 79. 1. 244. — Dans le même sens Demolombe, *Don.*, VI, n. 55; Aubry et Rau, VIII, p. 6, § 728; Laurent, XV, n. 13. — V. cependant Championnière et Rigaud, III, n. 2591 s.

Il importe de le constater, car il ne s'agit plus alors seulement de l'application de l'art. 3 de la loi du 16 juin 1824 mais de l'application de l'art. 1078 du code civil. Si, en effet, l'acte dont il s'agit ne constitue qu'une donation ordinaire, et que l'un des enfants du donateur ait été omis, il ne pourra faire annuler la donation consentie au profit des autres enfants, mais seulement agir contre eux en réduction pour obtenir sa réserve.

3487. A notre avis, la question ne saurait être douteuse, en présence des termes mêmes de l'art. 1075.

Vainement invoque-t-on la tradition contre les termes de ce texte [1]. Sans doute, dans notre ancienne jurisprudence, la démission de biens ne supposait pas nécessairement le partage par l'ascendant des biens qu'il abandonnait. Mais le code civil ignore la démission de biens de notre ancienne jurisprudence. Ce qu'il admet et règlemente, dans les art. 1075 s., c'est une opération par laquelle, l'art. 1075 le dit expressément, l'ascendant règle la distribution et le partage de ses biens entre ses enfants. Dès lors comment peut-on voir un partage d'ascendant dans une opération par laquelle l'ascendant ne partage rien [2] ?

3488. Si les auteurs admettent plus généralement l'opinion que nous venons de défendre, il semble que la jurisprudence ait une tendance à consacrer l'opinion contraire.

C'est surtout il est vrai, à propos de l'application de l'art. 3 de la loi du 16 juin 1824, c'est-à-dire sur une question fiscale, que s'est affirmée cette tendance. Par de nombreux arrêts, la cour de cassation a cru devoir admettre qu'un acte portant abandon de biens par un ascendant au profit de ses descendants peut être réputé partage d'ascendant et profiter, à ce titre, de la réduction de droits accordée par la loi du 16 juin 1824, bien qu'il ne renferme aucune division maté-

[1] *Sic*, Demolombe, *Don.*, VI, n. 54 et les auteurs cités dans Fuzier-Herman, sur l'art. 1075, n. 19.

[2] *Sic*, Laurent, XV, n. 9 s. ; Aubry et Rau, VIII, p. 6, § 728 ; Barafort, *Part. d'ascendant*, p. 83 ainsi que les auteurs cités dans Fuzier-Herman, sur l'art. 1075, n. 17.

rielle des biens abandonnés entre les enfants appelés à en profiter [1].

Mais la jurisprudence n'est cependant point unanime sur la question [2].

3489. Il semble, d'ailleurs, qu'on puisse faire à la jurisprudence qui paraît prévaloir une concession importante : c'est que, pour qu'il y ait partage d'ascendant, il n'est point essentiel que l'abandon des biens et leur partage soient confondus dans un seul et même acte. Ils peuvent être distincts et même résulter d'actes différents, à la condition que ces actes aient entre eux un lien assez intime, pour qu'ils ne constituent, en réalité, qu'un seul et même fait juridique.

C'est ce qui arrive si le partage qui suit l'abandon, soit dans un acte unique, soit même dans deux actes différents, se fait sous la direction de l'ascendant, si c'est bien, en réalité, celui-ci qui partage entre ses descendants les biens qu'il vient de leur abandonner. Il y a alors, entre l'abandon et le partage, un lien intime et nécessaire qu'on ne pourrait briser sans méconnaître ouvertement la volonté des parties [3].

3490. Mais, pour qu'il en soit ainsi, il est nécessaire que le partage consécutif à l'abandon se fasse sous la direction et avec le concours effectif de l'ascendant.

Si le partage se faisait en dehors de celui-ci, si, en réalité, il était l'œuvre non de l'ascendant, mais des descendants, il n'y aurait plus partage d'ascendant, mais donation de biens indivis, suivie d'un partage entre codonataires, c'est-à-dire deux actes juridiques distincts, régis chacun par leurs règles propres, sans qu'on ait, d'ailleurs, à se préoccuper du plus ou moins d'intervalle qui se serait placé entre eux.

[1] *Sic*, Cass., 29 mars 1831, S., 31. 1. 310, D. *Rép.*, v° *Enregistr.*, n. 3934 ; 26 avril 1836, S., 36. 1. 499, D. *Rép.*, v° *Enregistr.*, n. 3910 ; 15 avril 1850, S., 50. 1. 357, D., 50. 1. 121. — Rouen, 21 mars 1878, S., 78. 2. 260. — V. également les arrêts cités dans Fuzier-Herman, sur l'art. 1075, n. 22, 25 et 26.

[2] V. notamment Cass., 23 janv. 1828, S. chr., D. *Rép.*, v° *Enregistr.*, n. 3912. — V. également Dijon, 20 nov. 1865, S., 66. 2. 222, D., 66. 2. 86.

[3] *Sic*, Cass., 4 juin 1849, D., 49. 1. 307 ; Colmar, 21 fév. 1855, S., 55. 2. 625, D., 70. 5. 262, et 10 mai 1865, S., 65. 2. 300 ; Amiens, 15 fév. 1869, S., 69. 2. 65 ; Montpellier, 27 juil. 1869, S., 70. 2. 174 ; Rouen, 20 déc. 1873, S., 75. 2. 334 ; Lyon, 6 mars 1878, S., 78. 2. 204, D., 78. 2. 65.

C'est du moins ce que décident de nombreux arrêts (sans qu'on puisse dire, cependant, que la jurisprudence s fixée sur ce point [2].

B. *Il faut que le partage soit effectué par un ascendant.*

3491. Nous avons à peine besoin d'insister sur cet deuxième condition.

Sa nécessité ressort de ce fait même que la législation d art. 1075 et suivants du code civil est une législation spécia et qu'elle ne vise que les ascendants.

Elle ne saurait donc être invoquée et appliquée à prop d'un partage qu'un descendant ferait entre ses ascendan qu'un oncle ferait entre ses neveux.

Nous avons vu que c'est là un point sur lequel presque to les auteurs sont d'accord [3].

C. *Il faut que ce partage soit effectué entre les descendants appelés partager la succession de l'ascendant.*

3492. Cette troisième condition résulte nécessairement cette idée que le partage, effectué par l'ascendant entre s descendants, est précisément destiné à remplacer celui q devrait être fait par ceux-ci à la mort de l'ascendant.

Ce sont donc les descendants, qui, à sa mort, auraient exercer un droit héréditaire dans sa succession, que l'asce dant peut et doit comprendre dans le partage autorisé p l'art. 1075.

3493. Aussi, n'est-il pas douteux que les enfants adopti doivent être assimilés aux enfants légitimes, en ce qui co cerne l'application de nos textes, puisqu'ils ont les mêm droits héréditaires que les enfants légitimes [4].

3494. Il est également certain que l'enfant naturel, lég

[1] *Sic*, Cass., 24 juin 1872, S., 73. 1. 77, D., 72. 1. 472; 2 juil. 1878, S., 79. 117, D., 78. 1. 463; Riom, 4 août 1866, S., 67. 2. 4, D., 66. 2. 153; Bordeaux mars 1870, S., 70. 2. 173, D., 71. 2. 202; Limoges, 2 juil. 1877, S., 78. 2. 203, D., 2. 53; Poitiers, 4 fév. 1878, S., 78. 2. 144, D., 78. 2. 67.

[2] V. notamment Cass., 5 nov. 1877, S., 78. 2. 214, D., 78. 1. 372; Bordeaux déc. 1871, S., 72. 2. 163, D., 72. 2. 177.

[3] V. ci-dessus, n. 3480.

[4] *Sic*, Demolombe, *Don.*, V, n. 704 et les autorités qu'il cite.

lement reconnu, doit être compris dans le partage d'ascendant, effectué par son père ou sa mère, puisqu'il a un droit héréditaire à exercer dans leur succession [1].

3495. Mais il convient de rappeler que l'art. 761 du code civil permettrait au père d'écarter son enfant naturel du partage qu'il voudrait effectuer entre ses enfants légitimes.

3496. Si l'ascendant doit comprendre, dans le partage qu'il effectue, tous ceux de ses descendants qui sont ses héritiers immédiats, il ne peut, d'ailleurs, y comprendre que ceux-là.

Ainsi devrait être considéré comme une donation ordinaire et non comme un partage d'ascendant, l'acte par lequel un ascendant distribuerait ses biens entre ses enfants et ses petits-enfants, ailleurs que dans le cas où ces derniers seraient issus d'enfants prédécédés, et, par suite, auraient le droit de venir à sa succession par représentation.

Il en serait de même si un accendant voulait faire un partage de ses biens entre son fils unique et les enfants de celui-ci.

Destiné à remplacer le partage qui serait effectué à la mort de l'ascendant, le partage réglementé par les art. 1075 et suivants du code civil ne peut évidemment être fait qu'entre ceux-là mêmes qui auraient le droit de figurer au partage qu'il remplace.

La jurisprudence [2] et les auteurs [3] s'accordent à le reconnaître.

3497. Nous ne devons nullement en conclure que seul un descendant héritier de l'ascendant pourrait être compris dans la distribution que celui-ci fait de ses biens. Bien au contraire, en vertu de la même raison qui conduit à exclure du partage tous les descendants non héritiers de l'ascendant celui-ci peut être obligé d'y comprendre des étrangers.

C'est ce qui arriverait si, avant de faire entre ses descen-

[1] *Sic*, Huc, VI, n. 426; Demolombe, *Don.*, V, n. 705 et les autorités qu'il cite.

[2] *Sic*, Cass., 21 juillet 1851, S., 51. 1. 617, D., 51. 1. 201. — Douai, 10 novembre 1853, S., 54. 2. 417, D., 55. 2. 170.

[3] *Sic*, Demolombe, *Don.*, V, n. 707; Laurent, XV, n. 8; Réquier, n. 120; Huc, VI, n. 426.

dants le partage que la loi l'autorise à effectuer, l'ascendant avait donné à un étranger le droit de venir au partage de sa succession. Tel serait le cas d'un ascendant qui aurait donné [1] ou légué sa quotité disponible à un tiers, à son conjoint par exemple.

En vertu de cette libéralité, le gratifié aurait eu le droit de figurer au partage de la succession. On en doit conclure qu'il pourra figurer dans le partage d'ascendant destiné à remplacer le partage ordinaire.

3498. On a objecté que, dans le droit romain et dans notre ancien droit français, le partage d'ascendant ne pouvait contenir aucune disposition au profit d'un étranger.

Mais, outre qu'en notre matière la tradition n'a pas une autorité décisive, on peut faire remarquer qu'au point de vue spécial dont il s'agit, rien de plus justifié que la différence de solution qu'il y a lieu de signaler entre notre ancien droit et le code civil.

Dans notre ancien droit, en effet, le partage d'ascendant n'était pas soumis aux formes solennelles de la donation ou du testament ; il constituait un mode privilégié de disposer, établi uniquement dans l'intérêt des ascendants et des descendants.

Aujourd'hui, au contraire, sous le rapport de la forme tout au moins, le partage d'ascendant ne jouit d'aucune prérogative. Il doit être fait dans la forme de la donation ou du testament. Dès lors, on ne comprendrait pas que le partage d'ascendant ne pût renfermer une attribution au profit d'un étranger, à titre de legs ou de don.

3499. Du reste, si, dans les hypothèses que nous avons prévues, l'ascendant avait omis de faire figurer dans le partage le donataire ou le légataire antérieurement gratifié de la quotité disponible, le sort de ce partage se trouverait singulièrement compromis. Sans doute, le donataire ou le légataire ne pourrait demander la nullité du partage effectué par l'ascendant, pour ce motif que celui-ci l'aurait omis. Mais ne voit-on pas qu'en réclamant l'exécution de la libéra-

(1) Nous supposons évidemment une institution contractuelle.

lité dont il a été gratifié, le donataire ou le légataire de la quotité disponible ferait nécessairement tomber la distribution faite par l'ascendant?

C'est une raison de plus à l'appui de l'opinion que nous venons de soutenir et qui rallie aujourd'hui la plupart des auteurs [1].

3500. Mais quel sera, à l'égard du donataire compris dans le partage d'ascendant, le caractère de cet acte? Devra-t-on y voir un partage et lui en reconnaître les effets ou faudra-t-il voir en lui un acte de disposition?

On a prétendu qu'on ne saurait y voir un partage et lui en appliquer les règles, car ce serait, dit-on, porter atteinte au droit résultant, pour le donataire, de la disposition irrévocable faite à son profit.

En effet, à supposer que l'ascendant ne lui donnât, pour le remplir de sa donation, qu'une portion insuffisante des biens qu'il partage, ce donataire ne pourrait réclamer qu'autant que cette insuffisance lui causerait une lésion de plus du quart. Aussi ne doit-on pas appliquer à l'attribution qui est faite au donataire, les règles du partage, mais y voir l'exécution de la donation faite à son profit. La conséquence, c'est que le donataire sera fondé à réclamer, dès qu'il établira que l'attribution à lui faite ne lui donne pas exactement ce qu'il aurait obtenu par un partage ordinaire, et alors même que la lésion qui en résulterait pour lui serait inférieure au quart.

Cette conséquence paraît bien avoir été acceptée par la cour de Caen dans un arrêt du 21 mars 1838 [2].

3501. Elle nous paraît inadmissible, et, dès l'instant qu'on admet un donataire de la quotité disponible à figurer dans le partage d'ascendant, nous croyons qu'il y doit figurer comme copartagé et qu'il faut appliquer à l'attribution qui lui est faite les règles du partage d'ascendant.

Comment admettre, en effet, que le donataire de la quotité disponible soit, à ce titre, dans une situation plus favorable que les enfants copartagés? Ceux ci, en leur qualité de réser-

(1) *Sic*, Demolombe, *Don.*, V, n. 706; Réquier, n. 121; Huc, VI, n. 426. — V. cep., en sens contraire, Aubry et Rau, VIII, p. 21, § 731, texte et note 13.

(2) Caen, 21 mars 1838, S., 38. 2. 409.

vataires, ne pourraient réclamer contre le partage et contre l'attribution qui leur est faite en représentation de leur réserve qu'autant qu'ils seraient lésés de plus du quart. Le donataire pourrait réclamer, au contraire, s'il venait à subir une lésion quelconque, même de la plus minime importance.

Comment l'admettre, et, partant, comment ne point repousser une opinion qui entraîne une semblable conséquence?

3502. Cela nous paraît évident, lorsque la donation de tout ou partie de la quotité disponible est faite, par préciput, au profit de l'un des enfants qui doit figurer au partage en qualité de réservataire.

Comprendrait-on que l'ascendant, qui peut déterminer la part de l'enfant à titre de réservataire, ne puisse également déterminer la part de celui-ci, en qualité de donataire par préciput? Cela serait manifestement contraire à l'art. 1075.

D'une façon générale, ce texte autorise l'ascendant à faire entre ses enfants le partage de ses biens.

Ce partage doit évidemment être fait par l'ascendant entre ses enfants, suivant les droits que chacun de ceux-ci peut avoir. Si l'un d'eux est donataire par préciput, l'ascendant lui assignera un lot plus fort, mais il le lui attribuera toujours, en vertu du droit que la loi lui a donné de faire entre ses enfants le partage de ses biens. Le partage ainsi fait par l'ascendant, est destiné à remplacer celui qu'aurait effectué les enfants eux-mêmes. Or, si ceux-ci avaient eux-mêmes effectué le partage, l'enfant donataire par préciput de tout ou partie de la quotité disponible, y aurait pris part en la double qualité de réservataire et de donataire. C'est également en cette double qualité qu'il figure et doit figurer dans le partage effectué par l'ascendant [1].

3503. Lorsque la quotité disponible a été donnée à un étranger, la solution de la question est sans doute moins évidente.

On doit cependant se prononcer dans le même sens.

L'ascendant, qui donne à son conjoint ou à un étranger tout ou partie de la quotité disponible, n'a point évidemment l'in-

[1] *Sic*, Réquier, n. 122; Demolombe, *Don.*, VI, n. 78. — En sens contraire, Aubry et Rau, VIII, p. 21, § 731, texte et note XIII.

tention de renoncer au droit, consacré à son profit par l'art. 1075, de procéder au partage de ses biens entre ses enfants. Mais, s'il veut user de ce droit, l'ascendant est nécessairement obligé de déterminer la part revenant au donataire. L'attribution faite à celui-ci apparaît comme la conséquence forcée du droit, pour l'ascendant, de partager ses biens entre ses enfants. Dès lors, comment admettre que le partage, auquel le donataire doit nécessairement intervenir, n'ait pas, à son égard, le même caractère et les mêmes effets qu'à l'égard des enfants? Comment soutenir que la moindre lésion l'autorise à protester contre l'attribution qui lui est faite, alors que les enfants ne peuvent protester qu'en cas de lésion de plus du quart?

En réalité, le partage qu'effectue l'ascendant est destiné à tenir lieu de celui qu'auraient effectué ses héritiers après sa mort. Le donataire de tout ou partie de la quotité disponible serait intervenu dans ce partage et celui-ci aurait eu, en ce qui le concerne, la même nature et les mêmes effets qu'au regard des enfants. Il ne saurait en être autrement du partage effectué par ascendant [1].

3504. Ce que nous devons dire, pour le cas où l'ascendant a donné par préciput à l'un de ses enfants tout ou partie de la quotité disponible, doit entraîner la solution qu'il nous faudrait donner, si nous supposions une promesse d'égalité faite par l'ascendant à ses enfants. Cette promesse a pour effet, nous le verrons, de priver celui dont elle émane du droit de faire des libéralités préciputaires au détriment de ceux de ses héritiers auxquels la promesse a été faite.

Il n'est pas douteux que, nonobstant une promesse de ce genre faite par lui à ses enfants, l'ascendant conserve le droit de faire entre eux un partage, sauf bien entendu à respecter l'égalité qu'il a promis d'observer.

Les auteurs [2] et les arrêts [3] s'accordent à le reconnaître.

[1] *Sic*, Réquier, n. 122; Demolombe, *Don.*, VI, n. 78. — En sens contraire, Aubry et Rau, VIII, p. 21, § 731, texte et note XIII.

[2] *Sic*, Demolombe, *Don.*, VI, n. 78 *bis*; Réquier, n. 133; Bonnet, I, n. 158; Aubry et Rau, VIII, p. 20, texte et note 12.

[3] V. notamment Cass., 26 mars 1845, S., 47. 1. 120. — Dijon, 13 juill. 1870, D., 72. 1. 94.

3505. Nous n'hésitons pas à croire qu'on ne devra considérer l'égalité comme violée entre les enfants, qu'autant que l'un d'eux peut établir, à son préjudice, une lésion de plus du quart.

Dans le partage, en effet, la loi admet qu'on ne peut considérer l'égalité comme violée qu'autant que l'un des copartageants établit qu'il subit une lésion de plus du quart. Si la lésion est de moins du quart, il y a égalité aux yeux de la loi. Or, ce n'est pas évidemment l'égalité mathématique, mais l'égalité légale qui est promise en cas de promesse d'égalité.

Nous en concluons que la promesse d'égalité, à la suite de laquelle intervient un partage d'ascendant, laisse subsister les effets ordinaires du partage et n'oblige point l'ascendant à observer, dans la composition des lots, autre chose que l'égalité légale [1].

3506. Il nous reste à formuler une réserve, relativement aux solutions que nous avons adoptées dans les numéros précédents.

Si les dispositions du partage, fait par l'ascendant dans les différentes hypothèses que nous venons de parcourir, paraissent frauduleusement calculées, en vue, soit d'attribuer au donataire non seulement la quotité disponible mais une portion de la réserve, soit encore, au cas de promesse d'égalité, de violer l'égalité promise, les intéressés pourraient, nous semble-t-il, en établissant la fraude, faire tomber le partage effectué par l'ascendant. Ici comme ailleurs la fraude fait exception à toutes les règles.

Supposons, par exemple, un père ayant deux enfants et 60,000 fr. de fortune. Il a donné à un étranger sa quotité disponible par contrat de mariage. Il fait ensuite le partage de ses biens, de telle façon que le donataire reçoit 30,000 fr. et chacun des enfants 15,000. Ceux-ci n'étant pas lésés de plus du quart ne peuvent pas attaquer le partage.

Seront-ils cependant tenus de le respecter?

Nous hésitons à le croire.

(1) *Sic*, Cass., 15 mars 1827, D. *Rép.*, v° *Disp.*, n. 4457. — Dans le même sens Réquier, n. 123.

Ne paraît-il pas évident, en effet, que les dispositions du partage ont été frauduleusement calculées, en vue de donner au donataire au delà de la quotité disponible ? En réalité, l'ascendant ne s'est servi du partage qu'en vue de déguiser une libéralité dépassant les limites légales. Les réservataires seront incontestablement fondés à critiquer la fraude dirigée contre eux.

Ce sera, dans cette hypothèse comme dans tant d'autres, aux tribunaux de déjouer les calculs de la fraude et d'empêcher que le partage d'ascendant ne puisse servir à violer les règles qui déterminent le montant respectif de la réserve et du disponible. Ils n'auront, pour cela, qu'à rechercher si les attributions faites par l'ascendant sous forme de lotissement ne sont point, en réalité, des libéralités dépassant les limites permises. Si telle est la conviction qui résulte pour eux des circonstances de la cause, ils ne devront point hésiter à les réduire dans les termes de l'art. 920 du code civil [1].

§ III. *Des formes que doit revêtir le partage d'ascendant.*

3507. Les formes que doivent revêtir les partages d'ascendant sont réglées par l'art. 1076.

Aux termes de ce texte :

« *Ces partages pourront être faits par actes entre-vifs ou* » *testamentaires, avec les formalités, conditions et règles pres-* » *crites pour les donations entre-vifs et testaments. — Les* » *partages faits par actes entre-vifs ne pourront avoir pour* » *objet que les biens présents* ».

L'ascendant qui veut opérer le partage de ses biens entre ses descendants a donc le choix entre les deux formes indiquées par notre article, la donation entre-vifs ou le testament. C'est là tout ce que signifie le mot *pourra*, qui indique simplement la faculté pour l'ascendant de recourir à l'une ou à l'autre des deux formes que la loi lui offre.

Mais il n'aurait pas le droit d'en choisir une autre : le partage d'ascendant est un acte solennel, c'est-à-dire que, s'il

[1] V. notamment en ce sens Réquier, n. 122 *bis*.

n'est pas fait dans la forme légale, il est nul et même inexistant.

Il en serait ainsi notamment du partage qu'un ascendant aurait fait entre vifs et par acte sous seing privé.

En un mot, la loi accorde à l'ascendant, en ce qui concerne la forme du partage, non un choix illimité, mais un choix restreint.

3508. Les auteurs désignent généralement sous le nom de *donation-partage* ou *partage-donation* le partage d'ascendant fait par acte entre-vifs, et sous celui de *testament-partage* ou *partage-testament* le partage fait par acte testamentaire.

Nous n'emploierons pas ces expressions, que nous ne trouvons ni dans le code civil ni dans le dictionnaire de l'académie.

Nous préférons celles de *partage par acte entre vifs*, *partage testamentaire*, qui sont reproduites de l'art. 1076.

N° 1. Du partage par acte entre vifs.

3509. Nous avons défini le partage : l'acte qui met fin à l'indivision. Tout partage suppose donc nécessairement une indivision préexistante.

Quelle est la source de l'indivision à laquelle met fin le partage d'ascendant fait par acte entre vifs ?

On dit ordinairement qu'en vertu d'une fiction de droit, la succession de l'ascendant qui opère un semblable partage est réputée ouverte par anticipation, et que, par suite, ses biens sont considérés comme indivis entre ses descendants, de même qu'ils le seraient effectivement, si sa succession était ouverte en réalité. C'est à cette indivision fictive que le partage mettrait fin.

Mais aucune loi n'établit la fiction qui sert de base à ce raisonnement.

Il nous paraît plus juridique et plus simple tout à la fois de dire que l'indivision naît de la donation même, faite par l'ascendant.

L'acte accompli par l'ascendant peut se décomposer de la manière suivante :

1° Donation collective des biens dont il veut opérer le partage, à tous ses héritiers présomptifs : ce qui les rend copropriétaires par indivis de ces biens ;

2° Partage par l'ascendant lui-même des biens qu'il a ainsi rendus indivis.

L'ascendant met donc fin à une indivision qu'il a lui-même créée, et il y met fin par l'acte même qui lui donne naissance.

3510. Le partage par acte entre vifs est une véritable donation quant au fond et quant à la forme. C'est bien ce que suppose l'art. 1076, lorsqu'il décide que le partage d'ascendant peut se faire par acte entre vifs avec les conditions, formalités et règles prescrites pour les donations entre vifs. Il en est ainsi du moins dans les rapports de l'ascendant donateur avec les descendants copartagés ; car nous verrons que, dans les rapports des copartagés entre eux, l'acte doit être envisagé plutôt comme un partage que comme une donation.

Il y a lieu, par suite, d'appliquer au partage d'ascendant par acte entre vifs les règles de fond et les règles de forme des donations.

A. *Des règles de fond.*

3511. La première conséquence qui résulte de l'art. 1076, c'est que ceux-là seuls qui peuvent disposer par donation entre vifs peuvent faire un partage d'ascendant par acte entre vifs.

Ainsi, un interdit ne pourrait faire entre ses enfants le partage de ses biens, pas plus que le condamné à une peine afflictive perpétuelle, puisqu'ils ne peuvent disposer par donation entre vifs.

Ainsi encore, l'individu pourvu d'un conseil judiciaire ne pourrait faire un partage d'ascendant sans l'assistance de son conseil.

Ainsi, enfin, une femme mariée ne pourrait pas partager ses biens par acte entre vifs, entre ses enfants, sans l'autorisation de son mari ou de la justice.

Sur tous ces points, les auteurs sont d'accord [1].

3512. Il n'est pas moins incontestable que tous les descen-

[1] *Sic*, Demolombe, *Don.*, VI, n. 19 ; Aubry et Rau, VIII, p. 8, § 729 ; Laurent, XV, n. 33, et les auteurs cités dans Fuzier-Herman, sur l'art. 1076, n. 2.

dants, qui figurent dans un partage entre vifs doivent avoir la capacité requise pour recevoir par donation.

3513. C'est ainsi que l'enfant qui ne serait point encore conçu au jour du partage ne pourrait y être compris [1].

3514. C'est ainsi également qu'un enfant, en état de démence, et, partant, incapable de consentir, ne pourrait figurer dans un partage d'ascendant. Celui-ci, en pareil cas, ne serait pas seulement annulable mais radicalement nul pour défaut de consentement [2].

3515. C'est ainsi, enfin, que l'enfant du donateur, qui aurait été condamné à une peine afflictive perpétuelle, ne pourrait pas être compris dans un partage par acte entre vifs, puisque l'art. 3 de la loi du 31 mai 1854 lui refuse toute capacité de recevoir par donation entre vifs. Mais comme, d'un autre côté, cet enfant ne perd pas, pour cela, ses droits à la succession de son père, et que le partage, pour être valable, doit nécessairement être fait entre tous les enfants qui existeront lors du décès du disposant [3], il en résulte que le père qui a un enfant condamné à une peine afflictive perpétuelle, est dans l'impossibilité d'opérer par acte entre vifs le partage de ses biens entre ses enfants.

Conséquence rigoureuse, qui trouve son correctif pratique dans la disposition de l'art. 4 de la loi du 31 mai 1854 [4].

3516. Mais ce n'est pas seulement aux règles de capacité, c'est à toutes les autres règles de fond des donations entre vifs qu'est soumis le partage d'ascendant par acte entre vifs.

Il n'est pas douteux, par exemple, que le partage d'ascendant entre vifs soit soumis à la règle *Donner et retenir ne vaut,* et que celle-ci y entraîne les mêmes conséquences qu'en matière de donation entre vifs ordinaires [5].

3517. C'est ainsi que le partage entre vifs ne peut com-

(1) *Sic,* Demolombe, *Don.,* VI, n. 29

(2) *Sic,* Rennes, 19 mai 1884, S., 85. 2. 169. — Dans le même sens, Demolombe, *Don.,* VI, n. 29; Aubry et Rau, VIII, p. 9, § 729.

(3) V. l'art. 1078.

(4) *Sic,* Demolombe, *Don.,* VI, n. 30; Aubry et Rau, VIII, p. 9, § 729; Réquier, p. 44; Bonnet, I, n. 190, s.

(5) *Sic,* Huc, VI, n. 428.

endre les biens à venir et doit rigoureusement se limiter x biens présents de l'ascendant.

Nous aurons, du reste, à revenir sur ce point [1].

3518. C'est ainsi également que le partage ne pourrait e fait sous une condition purement potestative de la part l'ascendant ou sous la condition de payer les dettes à venir l'ascendant [2], c'est-à-dire contrairement aux art. 944 et 5 du code civil.

3519. De même que la règle *Donner et retenir ne vaut*, règles relatives à la révocation des donations s'appliquent partage par acte entre vifs.

C'est ainsi que les partages d'ascendants peuvent, comme donations entre vifs ordinaires, être révoquées pour cause ngratitude ou d'inexécution des charges.

Les auteurs [3] et les arrêts [4] s'accordent à le reconnaître.

3520. Il est, d'ailleurs, évident que, lorsqu'elle est intene contre un partage d'ascendant, l'action en révocation doit e exercée dans les mêmes conditions et qu'elle produit les êmes effets que lorsqu'elle est intentée contre une donation dinaire.

C'est ainsi, par exemple, que l'action en révocation pour exécution des charges passe aux héritiers de l'ascendant et ut être exercée par eux, comme elle pouvait l'être par leur teur [5].

C'est ainsi, également, que les effets de la révocation sont ujours limités à celui des enfants qui n'exécute par les contions prescrites [6]. Il en serait de même des effets de l'acn en révocation pour cause d'ingratitude.

3521. Mais si le partage d'ascendant par acte entre vifs

[1] V. ci-dessous n. 3576 et suivants.

[2] V. sur cette hypothèse, Cass., 4 mars 1878, S., 78. 1. 169 et 8 mai 1878, S., . 1. 395, D., 78, 1, 149.

[3] *Sic*. Demolombe, *Don.*, VI, n. 125; Aubry et Rau, VIII, p. 27, § 733; Launt, XV, n. 74; Réquier, n. 83 ainsi que les auteurs cités dans Fuzier-Herman, l'art. 1076, n. 101.

[4] V. notamment Limoges, 21 juin 1836, S., 36. 2. 392, D. *Rép.*, v° *Disp.*, n. 78; Bordeaux, 5 juin 1850, D., 52. 2. 132.

[5] *Sic*, Demolombe, *Don.*, VI, n. 144.

[6] V. notamment Douai, 25 juillet 1879, S., 81. 2. 44, D., 80. 2. 123; Besançon, mars 1880, S., 81. 2. 92, D., 81. 2. 15.

admet les mêmes causes de révocation que les donation entre vifs ordinaires, il n'en admet point de spéciales qu celles-ci ignorent.

C'est ainsi qu'il ne pourrait être question de prétendre qu le partage d'ascendant serait révocable par suite du prédécè de l'un des copartagés.

La jurisprudence [1] et les auteurs [2] s'accordent à le re connaître.

3522. Nous savons qu'en principe le donateur n'est tenu aucune garantie envers ses donataires.

Nous devons en conclure que l'ascendant qui a fait u partage entre vifs ne peut être valablement appelé en ga rantie des troubles et évictions subis par les copartagés, qu dans les cas très rares où le donateur peut être tenu de ga rantir [3].

B. *Des règles de forme.*

3523. Le partage d'ascendant par acte entre vifs, qui es soumis à toutes les règles de fond des donations, est égale ment soumis à toutes leurs règles de forme.

Les auteurs s'accordent à le reconnaître [4].

3524. C'est ainsi que, conformément à l'art. 931, le par tage d'ascendant doit être fait par acte notarié dans les con ditions que ce texte détermine.

Il n'est pas douteux que, fait par acte sous seing privé, le partage d'ascendant serait aussi radicalement nul que la donation faite dans les mêmes conditions [5].

3525. L'acceptation des descendants est une conditio substantielle du partage par acte entre vifs, comme elle es une condition substantielle de la donation. Le partage d'as cendant n'existe donc qu'autant qu'il est accepté par tous les

[1] *Sic*, Montpellier, 7 février 1850, S., 50. 2. 561, D., 51. 2. 25.

[2] *Sic*, Demolombe, *Don.*, VI, n. 146; Laurent, XV, n. 77; Aubry et Rau, VIII, p. 32, § 733 et les auteurs cités dans Fuzier-Herman sur l'art. 1076, n. 109.

[3] *Sic*, Colmet de Santerre, VI, n. 243 *bis*, IV; Demolombe, *Don.*, VI, n. 127; Genty, p. 228.

[4] *Sic*, Aubry et Rau, VIII, p. 9, § 729; Demolombe, *Don.*, VI, n. 7; Laurent, XV, n. 17 et les auteurs cités dans Fuzier-Herman, sur l'art. 1076, n. 36.

[5] *Sic*, Cass., 5 janvier 1846, S., 46. 1. 122, D., 46. 1. 15. — Bastia, 10 avril 1854, S., 54. 2. 236, D., 54. 2. 216.

intéressés : le refus de l'un d'eux entraîne la nullité du partage [1].

3526. Comme celle des donations, l'acceptation des partages d'ascendant doit être expresse [2].

Mais elle peut avoir lieu par acte séparé, conformément à l'art. 932 du C. civ. [3].

3527. Si, parmi les enfants copartagés, il en est d'incapables, leur acceptation doit être faite dans les formes prescrites par les art. 934 s. du C. civ.

C'est ainsi que si l'une des filles de l'ascendant est mariée, elle ne pourra accepter qu'avec l'autorisation de son mari ou de justice.

C'est ainsi également que si l'un des copartagés est mineur ou interdit, l'acceptation du partage devra être faite conformément à l'art. 935.

3528. Si, comme nous l'avons dit, le partage par acte entre vifs doit nécessairement être accepté par tous les intéressés, on s'explique très bien l'usage de clauses qu'on rencontre fréquemment dans les partages d'ascendant et par lesquelles les copartagés présents et capables se portent forts de l'acceptation de ceux des copartagés qui, lors du partage, sont absents ou incapables.

Quelle est la valeur d'une clause de ce genre?

Qu'elle n'ait pas la valeur d'une acceptation émanant des donataires au nom desquels elle est faite et qu'elle ne suffise point à assurer à la donation tous ses effets légaux, cela n'est pas douteux.

Aussi la cour de cassation en a-t-elle conclu avec raison qu'un notaire serait responsable d'avoir laissé croire aux intéressés qu'une clause de ce genre pouvait équivaloir à une acceptation régulière, si, plus tard, le donateur, se préva-

[1] *Sic*, Cass., 21 novembre 1833, S., 34. 1. 160, D. *Rép.*, v° *Disp.*, n. 4658. — Dans le même sens Demolombe, *Don.*, VI, p. 8; Aubry et Rau, VIII, p. 11, § 730; Laurent, XV, n. 19 et 20; Huc, VI, n. 428.

[2] *Sic*, Bordeaux, 22 mai 1861, D., 61. 2. 196. — Dans le même sens, Laurent, XV, n. 19; Huc, VI, n. 428.

[3] *Sic*, Cass., 11 avril 1838, S., 38. 1. 432, D. *Rép.*, v° *Enreg.*, n. 3918 et 30 décembre 1839, S., 40. 1. 153, D. *Rép.*, v° *Enreg.*, n. 3717.

lant du défaut d'acceptation, venait à reprendre les biens donnés [1].

3529. Est-ce à dire que la clause dont nous parlons soit dénuée de toute portée?

La cour de cassation a jugé que cette clause valait au moins comme promesse de faire approuver et ratifier, par qui de droit, la donation restée imparfaite.

Elle en a conclu que l'inexécution de cette promesse rend celui ou ceux dont elle émane passibles de dommages-intérêts, et, par voie de conséquence, non recevables à attaquer la donation pour défaut d'acceptation [2]. Rien de plus juste.

La promesse de rapporter l'acceptation d'un donataire absent ou incapable étant licite, on ne saurait contester que son inexécution doive se résoudre en dommages-intérêts.

D'autre part, peut-on admettre que l'auteur de cette promesse se prévale de son inexécution et cause lui-même le préjudice qu'il s'est engagé à prévenir et à réparer. C'est bien le cas, semble-t-il, d'appliquer la règle : *Quem de evictione tenet actio eumdum agentem repellit exceptio* [3].

Remarquons seulement que, comme la promesse de ratifier s'applique à un acte solennel, la ratification promise doit nécessairement consister en une acceptation régulière, émanant du donataire absent ou incapable.

3530. Si le partage entre vifs comprend des biens susceptibles d'hypothèques, il devra nécessairement être soumis à la nécessité de la transcription, conformément à la règle posée par l'art. 939.

L'omission de cette formalité rendrait le partage inefficace à l'égard des intéressés que désigne l'art. 941 du C. civ.

Les auteurs sont unanimes à le décider [4].

3531. Si le partage entre vifs comprend les effets mobiliers, l'art. 948 sera certainement applicable, et, partant, la nécessité d'un état estimatif s'imposera [5].

[1] *Sic*, Cass., 27 juillet 1892, S., 93. 1. 121.

[2] *Sic*, Cass., 21 juin 1893, S., 94. 1. 17.

[3] V. cep. la note sous l'arrêt précité.

[4] *Sic*, Demolombe, *Don.*, VI, n. 12; Aubry et Rau, VIII, p. 10, § 729; Laurent, XV, n. 18 et les auteurs cités dans Fuzier-Herman, sur l'art. 1076, n. 52.

[5] *Sic*, Demolombe, *Don.*, VI, n. 13.

3532. Toutefois, si le partage ne comprenait que des effets mobiliers corporels, susceptibles d'être valablement transmis par don manuel, nous ne voyons pas ce qui pourrait s'opposer à ce que l'ascendant opérât le partage par voie de simple tradition, faite à chacun de ses descendants, des objets mis dans leurs lots respectifs. Dès l'instant que les objets mobiliers corporels peuvent être donnés par simple don manuel, on ne comprendrait point qu'ils ne pussent être partagés de la même manière [1].

3533. Nous avons vu que le don manuel n'est pas la seule restriction que la jurisprudence apporte au principe de la solennité des donations entre vifs. Elle admet également la validité des donations déguisées sous la forme d'un contrat à titre onéreux [2].

Nous devons en conclure que, sous peine de manquer de logique, la jurisprudence ne pouvait se refuser à admettre qu'un partage d'ascendant pût valablement se faire sous la forme d'un contrat à titre onéreux.

Aussi bien n'a-t-elle point hésité à le faire [3] et on ne peut que l'approuver de rester logique avec elle-même [4].

N° 2. **Du partage testamentaire.**

3534. Le partage dont il s'agit est une véritable donation testamentaire quant au fond et quant à la forme. Cela résulte avec évidence des termes mêmes de l'art. 1076.

Il faut donc lui appliquer les règles de fond et les règles de forme des donations testamentaires [5].

A. *Des règles de fond.*

3535. La capacité requise pour faire un partage d'ascendant testamentaire est la capacité requise pour faire un testament.

(1) *Sic*, Demolombe, *Don.*, VI, n. 14; Genty, *Partage d'ascendant*, p. 118.
(2) V. ci-dessus, I, n. 1142 et suivants.
(3) V. notamment Cass., 14 novembre 1816, S. chr., D. *Rép.*, v° *Disp.*, n. 4659; 20 juin 1837, S., 37. 1. 746, D. *Rép.*, v° *Disp.*, n. 4509 1°.
(4) *Sic*, Demolombe, *Don.*, VI, n. 15; Bonnet, I, n. 367. — V. cep. Derôme, *Rev. crit.*, II, année 1867, p. 484.
(5) *Sic*, Laurent, XV, n. 22; Aubry et Rau, VIII, p. 9, § 729 et les auteurs cités dans Fuzier-Herman, sur l'art. 1076, n. 117.

Tous les auteurs le reconnaissent.

C'est ainsi qu'un ascendant, qui serait frappé d'une condamnation à une peine afflictive perpétuelle, ne pourrait, pas plus par acte testamentaire que par acte entre vifs, opérer le partage de ses biens entre ses descendants.

3536. Comme la capacité de disposer par testament est plus large que la capacité de disposer par donation, il faut en conclure que certains ascendants, qui ne pourraient faire un partage par acte entre vifs, pourraient faire ce même partage par acte testamentaire.

Ainsi une femme mariée, qui, sans autorisation, ne peut faire un partage entre ses enfants par acte entre vifs, pourrait faire seule ce partage par acte testamentaire, puisqu'elle peut tester sans autorisation (1).

De même, l'individu pourvu d'un conseil judiciaire, qui ne peut faire un partage entre vifs sans l'assistance de son conseil, pourrait, sans l'assistance de ce conseil, faire un partage testamentaire (2).

Ainsi encore le mineur âgé de plus de 16 ans pourrait partager ses biens entre ses enfants, dans la mesure où l'art. 904 lui permet de disposer de ses biens (3).

3537. C'est aussi, conformément au renvoi de l'art. 1076, la capacité de recevoir par testament que nous exigerons chez les descendants copartagés.

Mais il faut reconnaître que cette manière de voir est loin d'être admise d'une façon unanime.

Nombre d'auteurs décident, en effet, qu'il suffit aux descendants copartagés d'êtres capables de recevoir à titre de succession, sans qu'il leur faille nécessairement la capacité requise pour recevoir à titre de donation testamentaire.

On dit, en ce sens, qu'ils recueillent les biens de l'ascendant comme *héritiers* et non comme *légataires*, le testament fait par l'ascendant n'étant pas ici un acte de disposition.

On se trouve ainsi conduit à décider que le partage testa-

(1) *Sic*, Demolombe, *Don.*, VI, n. 21 ; Huc, VI, n. 429.

(2) *Sic*, Demolombe, *Don.*, VI, n. 25 ; Huc, VI, n. 429.

(3) *Sic*, Bonnet, I, p. 150. — V. cep. Demolombe, *Don.*, VI, n. 22 ; Aubry et Rau VIII, p. 9, § 729, texte et note 3.

mentaire est possible, même lorsqu'un des enfants du disposant se trouve frappé d'une condamnation à une peine afflictive perpétuelle ; car, si cette condamnation le rend incapable de recevoir à titre de donation entre vifs ou testamentaire, elle ne le rend pas incapable de recevoir à titre de succession (1).

3538. Mais cette solution nous paraît bien difficile à admettre. Comment! on reconnaît que l'ascendant fait une donation testamentaire, on exige qu'il ait la capacité requise pour disposer à ce titre, et les enfants auxquels cette donation testamentaire s'adresse ne recevraient pas comme donataires! Il y aura donc un donateur sans donataire, un testateur sans légataire?

Il nous paraît plus juridique de reconnaître aux enfants copartagés la qualité de légataires, et de décider, en conséquence, qu'ils doivent avoir la capacité requise pour recevoir à ce titre.

On se trouve ainsi forcé d'admettre, il est vrai, qu'un père sera privé de la faculté d'opérer le partage de ses biens entre ses enfants, lorsque l'un d'eux sera condamné à une peine afflictive perpétuelle. D'une part, en effet, tout partage dont cet enfant se trouverait exclu serait nul (art. 1078), et, d'autre part, il ne peut figurer ni dans un partage par acte entre vifs, ni dans un partage testamentaire.

Mais, quelque regrettable que soit cette conséquence, nous préférons l'accepter que de fausser un principe pour y échapper.

D'ailleurs, nous avons dit déjà qu'elle trouve un correctif pratique dans la disposition de l'art. 4 de la loi du 31 mai 1854 (2).

3539. Une autre conséquence que nous devons nécessairement rattacher au même point de départ, c'est que, si l'un des enfants copartagés est décédé avant le testateur, il ne peut profiter des dispositions prises en sa faveur.

(1) *Sic*, Demolombe, *Don.*, VI, n. 30 *bis*; Colmet de Santerre, IV, n. 243 *bis*, II; Aubry et Rau, VIII, p. 9, § 729, texte et note 2.

(2) *Sic*, Laurent, XIV n. 54; Huc, VI, n. 430; Bertauld, *Questions de droit*, II, n. 43.

Peu importe qu'il laisse des enfants, puisque le bénéfice de la représentation ne concerne que les successions *ab intestat* et non les successions testamentaires [1].

C'est toutefois l'opinion contraire qui semble prévaloir [2].

3540. Mais ce qu'on peut facilement admettre, pour peu que les termes du testament le permettent, c'est que le disposant a entendu que le bénéfice des dispositions, par lui faites au profit de ses enfants, serait, en cas de prédécès de ceux-ci, recueillis par leurs descendants, en vertu d'une substitution vulgaire [3].

3541. Soumis aux règles de fond des libéralités testamentaires, les partages d'ascendant, faits par testament, seront donc révocables dans les termes des art. 1046 et 1047 du C. civ., puisqu'il faut voir des légataires dans les enfants copartagés [4].

Mais c'est là encore une conséquence écartée par les auteurs qui n'admettent pas notre point de départ [5].

3542. Enfin, notre principe que, dans le partage testamentaire, les copartagés recueillent leur part comme légataires et non comme héritiers, conduit aussi à cette conséquence : que le partage testamentaire ne produit ses effets qu'autant qu'il est accepté par tous les copartagés, car les enfants qui ne l'accepteraient pas se trouveraient n'avoir point de part.

On se récrie.

Le refus d'un seul enfant va donc faire tomber le partage fait par l'ascendant ! C'est rendre illusoire le droit que la loi lui accorde d'effectuer un partage testamentaire [6].

M. Laurent répond fort bien qu'on se fait une très fausse idée du partage d'ascendant, quand on le considère comme un droit pour l'ascendant ; c'est bien plutôt une sorte de magis-

(1) *Sic*, Agen, 23 déc. 1847, S., 48. 2. 1, D., 48. 2. 17. — Dans le même sens, Laurent, XV, n. 104 ; Huc, VI, n. 431-5°.

(2) *Sic*, Aubry et Rau, VIII, p. 16, § 730 ; Demolombe, *Don.*, VI, n. 109 et 110 et les autorités qu'il cite.

(3) V. sur la question, Riom, 7 mars 1885, S., 89. 2. 153, D., 87. 2. 8.

(4) *Sic*, Huc, VI, n. 431-3°.

(5) V. Aubry et Rau, VIII, p. 16, § 730 ; Demolombe, *Don.*, VI, n. 112.

(6) V. notamment Demolombe, *Don.*, VI, n. 99 ; Colmet de Santerre, IV, n. 243 *bis*, II ; Genty, p. 199 s. ; Réquier, n. 61 s. ; Aubry et Rau, VIII, p. 34, § 733.

trature domestique, que la loi lui confie pour prévenir les rivalités auxquelles le partage ordinaire de la succession pourrait donner naissance, *ut a fraterno certamine eos præservet*. Mais, pour que ce but puisse être atteint, il faut que le partage fait par l'ascendant soit volontairement accepté par les copartagés; autrement, loin d'assurer entre eux le règne de la paix, il serait souvent la source d'une déclaration de guerre [1].

B. *Des règles de forme.*

3543. Aux termes de l'art. 1076, le partage testamentaire doit revêtir la forme des testaments.

Il pourra donc être fait dans l'une des trois formes prescrites par l'art. 969 : la forme olographe, la forme authentique ou la forme mystique.

3544. S'il constitue un testament, le partage testamentaire est, par là même, soumis à toutes les règles de forme des testaments et, notamment, à la règle qu'édicte l'art. 968 du C. civ.

On sait que l'art. 968 prohibe les testaments conjonctifs.

Un père et une mère ne pourraient donc pas faire, entre leurs enfants communs, un partage testamentaire par un seul et même acte.

Il est vrai que l'art. 77 de l'ordonnance de 1735, auquel notre législateur a emprunté le principe de la prohibition des testaments conjonctifs, y formulait une exception pour le cas qui nous occupe.

Mais précisément notre législateur, en ne reproduisant que le principe, a très nettement manifesté la volonté de rejeter l'exception.

Sauf le dissentiment de Maleville [2], les auteurs sont unanimes sur la question [3].

3545. Il n'est, d'ailleurs, pas douteux que les testaments, contenant des partages d'ascendant, restent révocables comme les testaments et dans les mêmes conditions, c'est-à-dire conformément aux règles que tracent les art. 1035 s. du C. civ.

[1] *Sic*, Laurent, XIV, n. 55 ; Huc, VI, n. 431-2°.

[2] Maleville, sur l'art. 1075.

[3] *Sic*, Aubry et Rau, VIII, p. 10, § 729 ; Demolombe, *Don.*, VI, n. 18 ; Laurent, XV, n. 22 et les auteurs cités dans Fuzier-Herman, sur l'art. 1075, n. 118.

N° 3. Observation commune aux deux formes de partages d'ascendant.

3546. Les ascendants, qui font entre leurs descendants le partage de leurs biens, soit par acte entre vifs, soit par acte testamentaire, ne sont pas privés, pour cela, du droit de faire, au profit d'un ou de plusieurs des copartagés, des libéralités préciputaires dans les limites de la quotité disponible.

Rien ne les empêche même de faire des libéralités de ce genre dans l'acte même qui réalise le partage de leurs biens.

Il est vrai que, tout d'abord, les rédacteurs du code civil n'avaient pas cru devoir le permettre.

L'article 56 du projet portait, en effet, la disposition suivante :

« Le partage sera encore nul si les père et mère, ou autres ascendants, ont fait à titre de préciput, une disposition soit entre vifs, soit par testament, au profit d'un ou de plusieurs de leurs enfants ou descendants » [1].

Mais cet article fut supprimé.

Quant aux raisons de cette suppression, Bigot-Préameneu les expose avec une clarté parfaite :

« Il eût été injuste, dit-il, et même contraire au but que l'on se proposait de refuser au père, qui, lors du partage entre ses enfants, pouvait disposer librement d'une partie de ses biens, l'exercice de cette faculté dans le partage même : c'est ainsi qu'il peut éviter des démembrements, conserver à l'un de ses enfants l'habitation, qui pourra continuer d'être l'asile commun, réparer les inégalités naturelles ou accidentelles : en un mot, c'est dans l'acte de partage qu'il pourra le mieux combiner et en même temps réaliser la répartition la plus équitable et la plus propre à rendre heureux chacun de ses enfants » [2].

En présence de la suppression de l'art. 56 du projet et des raisons que Bigot-Préameneu donne de cette suppression, la question ne saurait donc en être une. L'ascendant peut disposer de sa quotité disponible, dans l'acte même par lequel il fait le partage de ses biens entre ses enfants.

[1] V. Fenet, XII, p. 409.
[2] V. Fenet, XII, p. 567.

Sur ce point, les auteurs sont unanimes [1].

3547. Ils s'accordent également à reconnaître que les libéralités, faites par un ascendant à l'un de ses enfants dans l'acte même de partage, doivent être considérées comme faites à titre de préciput et hors part. C'est bien, en effet, ce qui résulte manifestement de la corrélation établie par l'ascendant entre la libéralité et le partage [2].

3548. Mais dans quelle mesure les libéralités, que l'ascendant fait dans l'acte de partage, sont-elles liées au sort du partage lui-même? Doit-on les considérer comme indépendantes du partage et les maintenir, alors que celui-ci serait annulé en tant que partage, par exemple pour cause de lésion de plus du quart? Doivent-elles, au contraire, tomber en même temps que le partage, si celui-ci vient à être annulé comme tel?

La solution de cette question ne nous paraît point pouvoir être donnée d'une façon générale et absolue.

3549. Lorsque la libéralité est faite par une clause distincte de l'acte de partage, il semble qu'en principe on doive bien décider que le sort de la libéralité ne saurait être lié au sort du partage. La nullité de celui-ci, en tant qu'acte de distribution, ne peut nécessairement entraîner la nullité de la donation, parfaitement régulière, qui peut y être annexée. Il y a, réunies dans le même acte, deux dispositions distinctes, la nullité de l'une ne doit pas nécessairement réagir sur l'autre.

C'est la doctrine que s'accordent à reconnaître les auteurs et les arrêts [3].

3550. Toutefois, il nous paraît évident qu'il faut, ici, réserver l'hypothèse où, des circonstances et des faits de la cause, résulterait la preuve que, dans l'intention du disposant, les diverses dispositions de l'acte de partage formaient un tout indivisible. En pareil cas, toutes doivent tomber lorsque

(1) V. notamment Demolombe, *Don.*, VI, n. 42; Laurent, XV, n. 28.

(2) *Sic*. Aubry et Rau, VIII, p. 7, § 728, texte et note II: Demolombe, *Don.*, VI, n. 241. — V. également *Successions*, III, n. 3613, p. 55.

(3) V. en ce sens Laurent, XV, n. 30; Aubry et Rau, VIII, p. 7, § 728; Demolombe, *Don.*, VI, n. 241 et les autorités qu'il cite.

l'acte est nul en tant que partage. Le respect des intentions du disposant impose cette solution, qui dépend d'une appréciation souverainement faite par les juges du fond [1].

3551. Mais il se peut qu'au lieu de résulter d'une clause distincte de l'acte de partage, la libéralité, faite par le père au profit de l'un des enfants, résulte de l'inégalité même des lots. En pareil cas, la libéralité n'a pas d'existence distincte du partage : elle ne saurait être maintenue, alors que celui-ci est annulé.

Tel est le principe que s'accordent à reconnaître les auteurs [2] et les arrêts [3].

3552. Là encore cependant, il nous paraît indispensable de faire une réserve analogue à celle que nous avons faite dans l'hypothèse précédente et qui se justifie également par le respect des intentions du disposant. Il n'est pas douteux, en effet, que celui-ci pourrait décider expressément que, si l'acte qu'il fait est nul en tant que partage, il entend qu'il soit valable à titre de libéralité au profit de chacun des copartagés. Or, une intention de ce genre n'a pas besoin d'être expresse pour être valable et régulière. Elle peut, nous semble-il, résulter des faits et des circonstances de la cause. Aussi, lorsque les juges du fond estiment qu'il en est ainsi, il nous paraît certain qu'il doivent maintenir, en tant que libéralité, l'attribution qu'ils ne peuvent maintenir en tant que partage [4].

3553. Nous avons supposé une libéralité adressée à l'un des enfants copartagés et c'est généralement le cas des libéralités que contiennent les partages d'ascendants. Mais il se peut très bien que, dans l'acte de partage, une libéralité soit faite à un étranger.

Il faut alors dire d'elle ce que nous avons dit des libérali-

(1) *Sic*, Laurent, XV, n. 30.

(2) *Sic*, Laurent, XV, n. 29; Demolombe, *Don.*, VI, n. 242; Aubry et Rau, VIII, p. 7, § 728.

(3) V. notamment Chambéry, 23 juillet 1873, S., 74. 2. 43.

(4) *Sic*, Agen, 16 février 1857, S., 57. 2. 193, D., 58. 2. 106. — Cpr., sur la question, Cass., 19 novembre 1867, S., 67. 1. 446, et Amiens, 15 février 1869, S., 69. 2. 65.

tés adressées aux enfants copartagés, car les mêmes raisons imposent une solution identique.

En cas de nullité ou de rescision du partage, le maintien ou la nullité de la libéralité dépend, avant tout, des intentions du déposant et, lorsqu'elles n'ont point été expressément formulées, c'est au juge du fond qu'il appartient de les apprécier à ce point de vue, en s'attachant aux circonstances et aux faits de la cause [1].

§ IV. *Des biens qui peuvent être compris dans un partage d'ascendant.*

3554. A s'en tenir à cette idée que le partage a pour but de suppléer au partage que les descendants auraient à faire à la mort de leur ascendant, et de tarir, dans leur source, les contestations que ce partage est susceptible de provoquer entre eux, il semble qu'il eût fallu décider :

1° Que l'ascendant peut comprendre, dans le partage qu'il fait, tous les biens qui doivent constituer sa succession, c'est-à-dire tous les biens qui doivent être partagés entre ses héritiers ;

2° Qu'il est même obligé de le faire, puisque c'est à cette condition là seulement que le partage d'ascendant évite et rend inutile le partage entre héritiers et, partant, écarte les inconvénients que peut entraîner ce partage.

Nous allons voir que le législateur n'a admis ni l'une ni l'autre de ces deux déductions.

La seconde est manifestement inexacte.

Quant à la première, elle comporte de notables restrictions.

C'est ce que nous allons vérifier.

N° 1. L'ascendant n'est pas obligé de partager tous les biens que doit comprendre sa succession future.

3555. L'ascendant n'est nullement astreint à comprendre tous les biens de sa succession future, dans le partage qu'il effectue entre ses descendants.

[1] *Sic*, Rouen, 9 mars 1855, rapporté en note sous Cass., 28 février 1855, S. 55. 1. 785.

Il peut ne distribuer qu'une partie de ses biens et se réserver le surplus ou le laisser indivis entre ses enfants.

Il pourrait même ne partager que quelques objets déterminés.

3556. Sur ce point, le législateur du code civil a donc repoussé la solution qui avait prévalu dans les pays de coutume, pour en revenir à la tradition romaine.

En droit romain, en effet, rien n'empêchait l'ascendant de ne partager entre ses descendants qu'une partie de ses biens et Justinien avait même cru devoir s'en expliquer formellement [1].

La solution contraire avait prévalu dans nos pays de coutume, soit en ce qui concerne le partage d'ascendant, soit en ce qui concerne la démission de biens.

Le partage partiel eût été nul parce que, disait-on, si l'ascendant laisse une partie de sa succession indivise, le partage qu'il effectue ne peut plus atteindre le but en vue duquel il est autorisé : il ne peut plus prévenir les contestations entre héritiers.

Quant à la démission de biens, il en était de même, mais pour un motif différent. On voyait en elle une ouverture anticipée de la succession du démettant ; on en concluait qu'elle devait comprendre tous les biens que possédait le démettant.

3557. On ne trouve pas sans doute, dans les textes du code, une disposition permettant expressément le partage partiel. Mais la disposition de l'art. 1077 prouve manifestement que les rédacteurs du code civil ont abandonné la doctrine coutumière, pour en revenir à la solution romaine.

Et, en effet, aux termes de ce texte :

« *Si tous les biens que l'ascendant laissera au jour de son* » *décès n'ont pas été compris dans le partage, ceux de ces* » *biens qui n'y auront pas été compris seront partagés confor-* » *mément à la loi* ».

Qu'est-ce à dire, sinon que les partages effectués par l'ascendant ne doivent pas nécessairement comprendre tous ses biens ?

(1) V. La Novelle 18, ch. VII.

Au reste, rien de plus justifié que la préférence donnée par le code civil à la solution romaine. Il n'est pas douteux, en effet, que le partage d'ascendant puisse être fort utile, bien que l'ascendant n'y ait pas compris tous ses biens.

Et d'abord, il se peut que l'ascendant ne craigne des contestations entre ses héritiers que relativement à certains de ses biens.

De plus, en obligeant l'ascendant à comprendre tous ses biens dans le partage, on l'eût certainement détourné au moins du partage entre vifs. Il eût souvent renoncé à procéder à ce partage, s'il n'avait pu se réserver certains de ses biens. Aussi tous les auteurs s'accordent-ils à approuver la solution qu'ont cru devoir adopter les rédacteurs du code civil [1].

3558. Il résulte donc de l'art. 1077 que, comme nous le disions ci-dessus, l'ascendant peut ne distribuer qu'une partie de ses biens entre ses enfants, qu'il pourrait même ne diviser entre eux qu'un objet déterminé.

Du reste, en supposant qu'il ait fait un partage de ce genre, l'ascendant pourra toujours le compléter par un nouveau partage, qui, lui aussi, pourra ne comprendre qu'une partie des biens restés en dehors du premier partage.

3559. Les auteurs s'accordent à reconnaître que, pour les nouveaux partages qu'il effectue entre ses descendants, l'ascendant n'est nullement lié par la forme qu'il a donnée aux précédents. Il peut très bien, par exemple, compléter, par un partage testamentaire, un premier partage entre vifs [2].

3560. Les termes de l'art. 1077 ne laissent aucun doute sur la portée qu'on doit lui reconnaître.

L'omission de certains des biens de l'ascendant, dans les partages qu'il a cru devoir effectuer entre ses descendants, n'a jamais d'autre conséquence que de rendre nécessaire un supplément de partage. Qu'elle soit volontaire ou involontaire, elle ne saurait jamais entraîner la nullité du partage [3].

Les biens omis, dit l'art. 1077, devront être partagés confor-

(1) V. notamment Réquier, n. 128, p. 244.

(2) *Sic*, Aubry et Rau, VIII, p. 11, § 729; Demolombe, *Don.*, IV, n. 40; Bonnet, I, n. 355 et 356.

(3) *Sic*, Aubry et Rau, VIII, p. 22, § 731; Demolombe, *Don.*, VI, n. 69 s., ainsi que les auteurs cités dans Fuzier-Herman, sur l'art. 1077, n. 1.

mément à la loi, c'est-à-dire qu'ils devront faire l'objet d'un nouveau partage, qui sera complètement indépendant du premier et qui laissera subsister celui-ci dans son entier.

3561. Les termes généraux de l'art. 1077 comprennent d'ailleurs, toutes les hypothèses où le partage, effectué par l'ascendant, n'a pas trait à l'universalité des biens de celui-ci

Il s'applique aussi bien aux cas dans lesquels l'ascendant a omis ou s'est réservé certains de ses biens qu'aux cas dans lesquels, depuis le partage, il a réalisé des acquisitions nouvelles

3562. On devrait également appliquer l'art. 1077 au cas où, un père ayant par testament partagé ses biens entre ses enfants, l'un de ceux-ci lui prédécède et, partant, ne peut recueillir les biens compris dans son lot.

3563. Toutefois, il n'en est nécessairement ainsi qu'autant que l'enfant prédécédé ne laisse pas de descendants.

Nous croyons, en effet, que, presque toujours, ces derniers doivent recueillir la part destinée à leur auteur, quand celui-ci ne peut la recueillir lui-même.

Mais à quel titre?

On ne peut dire que ce soit à titre de représentation. Cette solution peut sans doute satisfaire ceux qui pensent que les enfants copartagés recueillent, à titre d'héritiers *ab intestat*, les biens à eux assignés par le testament de leur ascendant, puisque la représentation est admise en matière de succession légitime. Mais elle ne peut être acceptée par ceux qui pensent, comme nous, que les copartagés sont des légataires et non des héritiers. Dans la succession testamentaire, la représentation n'est point admise comme en matière de succession *ab intestat*. Aussi, si les descendants de l'enfant prédécédé peuvent venir prendre la part de leur auteur, ce n'est point en vertu des règles de la représentation, mais en vertu d'une substitution vulgaire qu'on pourra facilement supposer, dès que les circonstances et les faits de la cause permettront de dégager, chez le disposant, l'intention d'appeler ses petits-enfants à recueillir la part de leur père, en cas de prédécès de celui-ci [1].

[1] V. ci-dessus, n. 3540. — V. également, sur la question, Riom, 7 mars 1885, S., 87. 2. 153, D., 87. 2. 8.

N° 2. Des restrictions que comporte le principe que l'ascendant peut partager tous les biens qui doivent figurer dans sa succession future.

A. *Le principe.*

3564. Nous avons déjà posé le principe.

L'ascendant peut comprendre, dans le partage qu'il effectue, tous les biens que ses héritiers auront à partager après lui.

Il en résulte que, dans le partage qu'il effectue entre ses enfants, l'ascendant pourra faire figurer des biens dont il a déjà disposé en leur faveur au jour du partage, si ces biens n'ont été donnés par lui qu'en avancement d'hoirie, puisque, dans ce cas, ces biens doivent être rapportés à sa succession et figurer dans la masse que ses enfants ont à partager après son décès.

3565. Et d'abord, il n'est pas douteux que l'ascendant puisse, dans un partage entre vifs, faire entrer les biens donnés en avancement d'hoirie.

C'est sans difficulté si l'ascendant comprend dans le lot de l'enfant donataire les biens que celui-ci a reçus en avancement d'hoirie.

3566. Mais l'ascendant pourrait également comprendre ces biens dans le lot des frères ou sœurs du donataire si, d'ailleurs, celui-ci validait cette attribution, en acceptant le partage qui lui assigne d'autres biens, en échange de ceux qu'il avait reçus en avancement d'hoirie.

3567. Remarquons, toutefois, qu'une opération de ce genre ne pourrait nuire aux droits que des tiers auraient, avant le partage, acquis, sur les biens donnés, du chef du donataire. Cette opération, qui n'est, en définitive, qu'une rétrocession de biens donnés, ne saurait, en effet, être assimilée au rapport que vise l'art. 845 du code civil. Sans doute, aux termes de ce texte, les biens qui font l'objet d'un rapport doivent être rapportés francs et quittes de toute charge créée par le donataire.

Mais ce texte vise uniquement le rapport qui s'effectue à la succession du donateur.

Si le rapport ne s'effectue pas à la succession du donateur, l'art. 845 est inapplicable. Rien de plus juste, du reste, puisque la solution contraire mettrait les tiers, qui ont traité avec le donataire, à la discrétion de celui-ci.

3568. Il est également certain que l'ascendant peut comprendre dans un partage testamentaire les biens par lui donnés en avancement d'hoirie.

On a protesté.

C'est, dit-on, permettre à l'ascendant de porter atteinte à l'irrévocabilité des donations qu'il a consenties.

Mais cette objection peut être facilement écartée.

Lorsque l'ascendant fait entre ses descendants un partage testamentaire, c'est le partage de sa succession qu'il effectue entre ses héritiers. Ce partage ne peut produire d'effets qu'après la mort de l'ascendant, c'est-à-dire à un moment où les donations en avancement d'hoirie se trouvent résolues et, par l'effet du rapport, doivent rentrer dans la masse commune. En comprenant dans le partage testamentaire les biens qui ont fait l'objet de donations en avancement d'hoirie, l'ascendant ne porte donc aucune atteinte au principe de l'irrévocabilité des donations.

Les auteurs (1) et les arrêts (2) sont d'accord sur ce point.

3569. Ce qui est vrai, c'est que le donataire peut s'affranchir de l'obligation au rapport, en répudiant la succession. Il en résulte que le donataire peut ainsi rendre nulle l'attribution des biens donnés en avancement d'hoirie, que l'ascendant aurait faite à d'autres qu'au donataire lui-même.

3569 *bis*. Une semblable attribution serait également nulle si, avant le décès de l'ascendant, le donataire avait aliéné les biens qu'il a reçus en avancement d'hoirie, puisque, dans ce cas, l'art. 860 dispense le donataire du rapport en nature.

3570. Aussi l'ascendant qui a fait des donations en avancement d'hoirie agira-t-il prudemment en plaçant les biens ainsi donnés dans le lot du donataire qui les a reçus. C'est, pour lui, le moyen d'assurer l'efficacité du partage qu'il effectue, puisque l'économie de ce partage ne pourra pas être modifiée, soit par la renonciation que le donataire ferait à sa

(1) *Sic*, Demolombe, *Don.*, VI, n. 77 ; Genty, p. 135 ; Réquier, n. 131. — V. cependant, Laurent, XV, n. 58.

(2) Cass., 9 juillet 1840, S., 40. 1. 806, D. *Rép.*, v° *Disp.*, n. 4552.

ccession, soit par les aliénations que celui-ci aurait consen-s en ce qui concerne les biens donnés [1].

3571. Quant aux biens que l'ascendant a pu donner à ses scendants par préciput et hors part, il ne pourra les com-endre dans les dispositions de son partage, puisqu'il s'agit de biens dont la propriété est définitivement acquise à lui qui les a reçus, et qui n'ont point à être compris dans le rtage des biens héréditaires [2].

3572. Toutefois, il n'est pas impossible que des biens nnés par préciput à l'un des enfants soient compris dans opérations d'un partage entre vifs, si l'enfant donataire ut bien y consentir pour faciliter le partage qu'entend effec-er l'ascendant. Il est bien évident, en effet, que l'enfant dona-re est libre de renoncer au droit de propriété qu'il a reçu r tel ou tel objet, pour accepter en échange ceux que lui ribue le partage.

Mais il est bien entendu que cela pourrait se faire seule-ent sous réserve des droits que les tiers avaient acquis, r les biens donnés, du chef du donataire.

3573. On peut même supposer que des biens donnés par éciput puissent se trouver compris dans un partage testa-entaire. C'est ce qui arriverait, par exemple, si l'enfant ait reçu, par préciput, une quote part des biens de l'ascen-nt, sans que d'ailleurs, au jour du décès de celui-ci, le oit du donataire se fût fixé sur des biens déterminés. Il est ors sans difficulté que l'ascendant pourra comprendre tous s biens dans un partage testamentaire, sauf bien entendu à tribuer au donataire un lot représentant à la fois son préci-t et sa part dans la succession.

B. *Les restrictions.*

3574. Arrivons aux restrictions de ce principe que l'ascen-nt peut comprendre, dans le partage autorisé par les art. 75 et suivants, tous les biens de sa succession.

Ces restrictions sont au nombre deux :

[1] *Sic*, Demolombe, *Don.*, VI, n. 77 ; Réquier, n. 131.
[2] Demolombe, *Don.*, VI, n. 76 ; Réquier, n. 130.

La première concerne les biens à venir.

La seconde est relative aux biens dont l'ascendant n'a pas le droit de disposer.

a. *Des biens à venir.*

3575. Le partage d'ascendant *par acte entre vifs* ne peut comprendre que les biens *présents* du disposant; c'est, en matière de donation entre vifs, le droit commun qui résulte de l'art. 943 du code civil. Or, ce droit commun, l'art. 1076, al. 2 le déclare applicable ici.

3576. Au contraire, le partage testamentaire peut comprendre les biens à venir du disposant. Cela résulte, *a contrario,* des disposition de l'art. 1076 *in fine*.

L'ascendant peut donc, dans un partage testamentaire, faire ce qu'un de nos anciens auteurs, Bannelier, appelait des lots *d'espérance,* c'est-à-dire des lots composés de biens qu'il espère acquérir, par exemple, à titre de succession. Comme tout autre acte de dernière volonté, le partage testamentaire ne produit son effet qu'au jour de l'ouverture de la succession de l'ascendant.

Il suffit donc que les biens qui y sont compris figurent, à ce moment, dans le patrimoine du testateur.

3577. Que décider si, dans un partage par acte entre vifs, l'ascendant a compris à la fois des biens présents et des biens à venir? Le partage sera-t-il nul à l'égard des biens à venir seulement? ou le sera-t-il, même pour les biens présents, par conséquent, pour le tout?

Il n'est pas douteux qu'une donation ordinaire qui comprend à la fois des biens présents et des biens à venir, est nulle seulement en ce qui concerne les biens à venir.

L'art. 943 le dit en termes absolus.

On a prétendu que cette règle ne saurait s'appliquer dans notre hypothèse.

Un partage, dit-on, est un acte indivisible : toutes ces dispositions se tiennent; elles sont solidaires les unes des autres, et, par conséquent, la nullité de quelques-unes doit entraîner la nullité de l'acte tout entier [1]. Aussi est-il remarquable

[1] *Sic,* Demolombe. *Don.*, VI, n. 67.

que l'art. 1076 ne dit pas, comme l'art. 943, que le partage comprenant des biens à venir « sera nul à cet égard », mais bien : « Les partages faits par actes entre vifs ne pourront avoir pour objet que les biens présents ». Or, cette disposition ne serait qu'une répétition inutile de l'art. 943, si on ne l'entendait pas en ce sens que le partage tout entier est nul, quand il comprend des biens à venir [1].

3578. Cette opinion nous paraît, en tout cas, trop absolue; à coup sûr elle ne nous semble pas trouver dans l'art. 1076 une base bien solide. Il y a bien des dispositions dans le code civil qui sont inutiles, et celle-là nous paraît être du nombre. Après tout, l'art. 1076 *in fine* ne s'explique pas sur la question de nullité; il faut donc appliquer le droit commun; or, le droit commun est contenu dans l'art. 943.

3579. Mais, si elle ne peut se fonder sur l'art. 1076, peut-elle davantage se baser sur la nature même du partage qu'on doit considérer comme indivisible et qui ne saurait être maintenu dans certaines de ses parties, alors que les autres doivent tomber?

Cela supposerait, tout au moins, des lots formés de telle façon qu'il soit vraiment impossible de scinder, dans le partage, ce qui a trait aux biens présents de ce qui a trait aux biens à venir. C'est ce qui arriverait s'il était impossible de supprimer les dispositions relatives aux biens à venir, sans détruire l'économie du partage tout entier, sans rompre toutes les proportions établies par l'ascendant.

Cela peut arriver sans doute, mais cela n'a rien de nécessaire et on peut très bien concevoir que les dispositions relatives aux biens à venir puissent être supprimées, sans que le partage se trouve par cela même détruit.

En définitive, la validité ou la nullité du partage qui comprend des biens à venir dépendrait donc de la question de savoir si les circonstances de la cause, dont l'appréciation est souverainement faite par les juges du fond, permettent de ne maintenir, dans le partage, que les dispositions relatives aux biens présents, ou si, au contraire, elles obligent à considérer

[1] En ce sens Genty, p. 133.

ces dispositions comme formant un tout indivisible avec les dispositions relatives aux biens à venir [1].

3580. S'il fallait un argument de plus, pour établir que la nullité des clauses relatives aux biens à venir n'entraîne pas nécessairement la nullité du partage tout entier, nous ferions remarquer que le partage ne serait certainement pas nul, si l'ascendant y avait compris, par erreur, un bien appartenant à autrui; seulement le descendant dans le lot duquel ce bien aurait été mis aurait l'action en garantie contre ses cohéritiers. Or, la situation n'est-elle pas exactement la même, lorsque l'ascendant a compris, dans le partage, des biens à venir? Les biens à venir dont il a disposé ne sont-ils pas, au moment où il dispose, des biens appartenant à autrui?

Inutilement objecterait-on que la donation, étant nulle quant aux biens à venir, ne peut pas engendrer l'obligation de garantie.

Nous répondrions que ce n'est pas la donation qui engendre la garantie, mais le partage; en acceptant le partage fait par acte entre vifs, les copartagés contractent réciproquement l'obligation de garantie les uns envers les autres.

B. *Des biens dont l'ascendant ne peut disposer.*

3581. Il est manifeste que l'ascendant ne peut comprendre, dans le partage qu'il effectue, que les biens dont il peut disposer.

Tel est le principe dont nous allons suivre les principales applications.

3582. C'est ainsi, par exemple, que la femme mariée sous le régime dotal ne pourrait certainement pas, par acte entre vifs, faire un partage d'ascendant de ses biens dotaux entre ses enfants, sauf dans les cas prévus par les art. 1555 et 1556 C. civ., puisque c'est seulement dans les cas prévus par ces textes qu'elle peut disposer entre vifs de ses biens dotaux [2].

3583. La possibilité, pour la femme, de faire entre vifs un

[1] *Sic*, Laurent, XV, n. 37; Huc, VI, n. 437; Réquier, n. 125; Aubry et Rau, VIII, p. 21, § 731, texte et note 14. — V., sur une question analogue, Toulouse, 31 déc. 1883, S., 84. 2. 113, D., 84. 2. 81.

[2] *Sic*, Aubry et Rau, VIII, p. 17, § 731.

partage de ses biens dotaux se trouverait donc subordonnée à la condition que tous ses enfants s'établissent en même temps par mariage ou de toute autre manière.

Cela, sans doute, pourra se rencontrer.

Mais, si tous les enfants ne s'établissent pas en même temps, le partage devra être considéré comme nul. Il vaudra seulement comme donation à l'égard de l'enfant qui s'établit [1].

3584. Mais, si elle ne peut comprendre ses biens dotaux dans un partage entre vifs, la femme mariée sous le régime dotal pourrait très bien les comprendre dans un partage testamentaire, car la femme dotale, qui ne peut disposer entre vifs de ses biens dotaux, est parfaitement capable d'en disposer à cause de mort.

3585. La femme commune est, relativement aux biens communs, dans une situation analogue à celle de la femme dotale en ce qui concerne ses biens dotaux.

Tant que dure la communauté, la femme ne pourrait certainement pas, par acte entre vifs, partager entre ses enfants les biens qui lui appartiennent dans la communauté, ou, plus exactement, la part qui doit lui revenir dans la communauté.

Même avec l'autorisation de justice, la femme commune reste radicalement incapable de disposer entre vifs des biens communs, tant que dure la communauté [2].

3586. Ce que la femme commune ne peut faire, même avec l'autorisation de justice, le mari commun ne peut pas davantage le faire seul, autrement que dans les termes de l'art. 1422 C. civ.

S'il a disposé dans les conditions que précise ce texte, l'efficacité du partage qu'il a effectué ne saurait être mise en doute, même si la femme accepte la communauté.

A-t-il disposé autrement que dans les termes de l'art. 1422, l'efficacité du partage qu'il a effectué se trouve nécessairement subordonnée à la condition que la femme renoncera à la communauté [3].

[1] *Sic*, Réquier, n. 132; Demolombe, *Don.*, VI, n. 73; Aubry et Rau, VIII, p. 17, § 731.

[2] *Sic*, Aubry et Rau, VIII, p. 18, § 731.

[3] *Sic*, Aubry et Rau, VIII, p. 17, § 731; Bonnet, I, n. 253 et 254.

3587. Afin de se donner la possibilité de partager entre leurs enfants les biens de la communauté avec la même efficacité que leurs biens propres, les époux communs pourraient-ils procéder à un partage anticipé des biens communs?

Quelques décisions judiciaires ont admis la légalité d'un semblable procédé [1].

Mais la cour de cassation a toujours refusé de s'associer à cette jurisprudence.

Le partage de la communauté, fait par les époux communs avant sa dissolution, est nécessairement dénué de valeur.

Il est nul à l'égard du mari, car, tant que la communauté n'est point légalement dissoute, le mari ne peut valablement renoncer aux droits que la loi lui a conférés, en tant que chef de la communauté.

Il est nul à l'égard de la femme, car, tant que la communauté n'est point légalement dissoute, la femme ne peut se priver du droit d'y renoncer.

3588. Vainement, les époux auraient-ils pris la précaution de dire que le partage auquel ils procédaient avait pour unique motif de leur permettre le partage testamentaire de leur succession entre leurs enfants. Une déclaration de ce genre serait manifestement impuissante à valider le partage intervenu entre les époux.

Qu'importe, en effet, que cette déclaration ait pour conséquence de rendre ce partage purement provisionnel? Tant que subsiste la communauté, les époux ne peuvent pas plus procéder à un partage provisionnel qu'à un partage définitif des biens communs. L'un comme l'autre portent également atteinte aux droits respectifs des époux et, à ce titre, doivent être également prohibés. D'ailleurs, si le partage était purement provisionnel, comment pourrait-il servir de base aux attributions que les époux veulent faire entre leurs enfants, puisque le survivant aurait toujours le droit de demander un partage

(1) V. notamment Douai, 19 février 1828, S. chr. et 3 août 1846, S., 46. 2. 512. — Amiens, 9 décembre 1847, S., 49. 1. 53, D., 48. 2. 69. — Bourges. 15 février 1860, S., 61. 2. 70.

(2) V. notamment Cass., 13 novembre 1849, S., 49. 1. 755, D., 49. 1. 311 et 23 décembre 1861, S., 62. 1. 29, D., 62. 1. 31.

définitif et, partant, de réduire à néant les attributions faites par son conjoint [1].

3589. C'est d'ailleurs vainement que le survivant des époux prétendrait ratifier l'opération précédente survenue entre lui et son conjoint.

Cette ratification ne pourrait priver les enfants de demander, du chef de l'époux prédécédé, la nullité du partage anticipé de la communauté et, partant, ne saurait entraîner la validité du partage d'ascendant, qui a été la suite du partage anticipé [2].

3590. Est-ce à dire que les père et mère ne puissent valablement partager entre leurs enfants les biens dépendant de la communauté ou de la société d'acquêts qui existe entre eux?

Non, car ils pourront toujours procéder à un partage conjonctif, c'est-à-dire à un partage dans lequel ils figureront, l'un et l'autre, en qualité de disposants.

Impossibles par testament, à raison de la prohibition de l'art. 968 [3], ces partages peuvent être faits par donation entre vifs.

3591. On n'a jamais contesté leur validité lorsqu'ils ne comprennent que des biens personnels aux époux qui y figurent.

Ils présentent, en effet, les plus grands avantages.

D'une part, en effet, ils permettent de composer plus facilement les lots des enfants et d'éviter souvent des morcellements regrettables.

D'autre part, ils rendent inutile la liquidation des reprises ou indemnités que les époux peuvent avoir à exercer l'un contre l'autre, et tarissent ainsi la source de contestations nombreuses.

3592. Lorsque ces partages comprennent des biens communs, on doit reconnaître qu'ils présentent les mêmes avan-

(1) *Sic*, Demolombe, *Don.*, VI. n. 87; Réquier, n. 135; Aubry et Rau, VIII, p. 18, § 731 et les auteurs cités dans Fuzier-Herman, sur l'art. 1076, n. 21.

(2) *Sic*, Cass., 23 décembre 1861, S., 62. 1. 29, D., 62. 1. 31. — Orléans, 5 juin 1862, S., 63. 2. 66, D., 63. 2. 159. — Dans le même sens Aubry et Rau, VIII, p. 18, § 731; Réquier, n. 135; Demolombe, *Don.*, VI. n. 88.

(3) Voyez ci-dessus, n. 1849 s.

tages que dans l'hypothèse où ils ne comprennent que des biens propres.

Aussi les auteurs s'accordent-ils aujourd'hui à les considérer comme licites et réguliers.

Les objections qu'on a présentées [1] ne tiennent pas compte de ce fait que c'est dans l'intérêt de la femme que le législateur a cru devoir limiter le droit, pour le mari, de disposer par donation entre vifs des biens communs. Mais, quand la femme agit conjointement avec le mari, les limitations de l'art. **1422** cessent de se comprendre, puisqu'on ne se trouve plus alors en présence du mari agissant comme mandataire légal de l'association, mais des deux époux, copropriétaires du fond social et en disposant à ce titre.

Nous n'insistons pas, car la question paraît aujourd'hui tranchée, soit en doctrine [2], soit en jurisprudence [3].

3593. Les partages conjonctifs dont nous venons de parler ne présentent pas de difficulté, quand ils sont faits par des époux au profit de leurs enfants communs. C'est l'hypothèse en vue de laquelle nous avons raisonné jusqu'à présent.

Mais les époux ayant des enfants de différents lits peuvent-ils également faire, entre tous ces enfants, le partage de leurs biens confondus en une seule et même masse?

Quelques auteurs l'ont pensé.

Rien de plus simple, dit-on, lorsqu'il s'agit de faire un partage cumulatif des biens propres aux époux. Il sera seulement nécessaire d'établir préalablement la valeur respective des biens propres de chaque époux et de n'attribuer, à chacun des enfants, qu'une part proportionnelle à leur droit dans le patrimoine de leur auteur [4].

S'il s'agit de partager les biens communs, c'est plus simple

(1) Voyez notamment Marcadé, sur l'art. 1422-2°. — Voyez également, pour la réponse à ces objections, Réquier, n. 134.

(2) Voyez en ce sens, Aubry et Rau, VIII, p. 19, § 731, texte et note VII; Demolombe, *Don.*, VI, n. 83; Réquier, n. 134; Bonnet, I, n. 270 à 272 et les auteurs cités dans Fuzier-Herman, sur l'art. 1076, n. 78 — Voyez cependant Laurent, XV, n. 49; Bertauld, *Quest. prat.*, II, n. 179.

(3) Voyez notamment Cass., 5 fév. 1850, S., 50. 1. 337, D., 50. 1. 97; Caen, 28 janv. 1888, S., 89. 2. 171.

(4) *Sic*, Genty, p. 153.

encore. On procède comme dans le cas où une succession ordinaire se subdivise en deux lignes. Les enfants communs seront apportionnés, et du chef de leur père, et du chef de leur mère ; les autres le seront du chef de leur auteur seulement [1].

3594. Mais cette opinion nous semble également inadmissible, et lorsque les époux ont seulement des enfants issus d'un précédent mariage, et lorsqu'ils ont à la fois des enfants communs et des enfants issus d'un précédent mariage.

3595. Et d'abord, s'il n'y a pas d'enfants communs, la question ne paraît guère douteuse.

En pareil cas, les enfants de l'un des époux sont, pour l'autre, des étrangers non successibles. Ils n'ont aucun droit d'hérédité à la succession du conjoint de leur auteur. A aucun titre, par conséquent, ils ne pourraient figurer dans le partage de sa succession. Et cependant, si les époux confondaient leurs biens en une seule masse pour la répartir entre leurs enfants, il pourrait arriver que les biens de l'un des conjoints aillent aux enfants de l'autre. Dès lors, comment reconnaître le caractère de partage d'ascendant à des attributions de biens qui seraient ainsi faites aux enfants sur un patrimoine auquel ils seraient totalement étrangers ? On se trouve alors certainement en dehors des termes de l'art. 1075, qui permet seulement aux ascendants de partager, entre leurs descendants, les biens que ceux-ci seront appelés à recueillir plus tard dans leur succession.

3596. Lorsque les époux ont à la fois des enfants communs et des enfants d'un premier lit, il ne saurait être question, pour les époux, de comprendre leurs biens propres dans une masse unique qu'ils partageraient entre tous leurs enfants. Les mêmes raisons que nous venons de dégager dans l'hypothèse précédente peuvent être ici invoquées avec une autorité non moins décisive.

3597. Mais ne pourraient-ils, tout au moins, faire un partage conjonctif de leurs biens communs ?

A première vue, on pourrait être tenté de l'admettre, c'est qu'en effet tous les enfants, aussi bien les enfants com-

(1) *Sic* Genty, p. 153 ; Demolombe, *Don.*, VI, n. 85.

muns que les enfants d'un précédent mariage, sont appelés à prendre part au partage de ces biens, après le décès de leurs auteurs. Sans doute, ils sont appelés à y prendre part dans des proportions différentes : les enfants communs y prennent part du chef des deux époux, les autres du chef de leur auteur seulement. Tous n'en ont pas moins à figurer dans le partage des biens communs et, partant, il semble bien que les époux puissent alors faire, entre eux tous, le partage qu'autorisent les art. 1075 s.

3598. Aussi bien, n'est-ce pas à ce point de vue qu'il faut se placer pour repousser, en ce cas, le partage conjonctif.

Mais nous croyons que ce partage trouve alors un obstacle insurmontable dans les principes qui régissent l'association conjugale.

Tant que dure la communauté, la femme commune ne peut faire aucune stipulation portant directement ou indirectement atteinte au droit qu'elle a d'y renoncer; toute stipulation de ce genre doit être considérée comme nulle et non avenue.

Le partage conjonctif des biens de la communauté, lorsqu'il est fait entre des enfants communs aux deux époux, n'affecte en rien le droit de renonciation de la femme. Que la femme accepte ou renonce, peu importe. La distribution faite par les deux époux sera en tout cas valable, puisque, si la femme renonce, les enfants seront censés avoir recueilli de leur père tous les objets dépendant de la communauté.

Il en est autrement, lorsqu'il y a des enfants de lits différents.

En pareil cas, les biens de la communauté doivent être partagés dans des conditions bien différentes, suivant que la femme accepte ou renonce. Si la femme accepte, la communauté devra tout d'abord être partagée par moitié.

Les enfants que chacun des époux a eus d'un précédent mariage partageront avec les enfants communs la moitié revenant à leur auteur. Si la femme renonce, les enfants du mari prendront seuls part aux biens de la communauté avec les enfants communs; les enfants de la femme n'y pourront prétendre aucun droit.

Dans ces conditions, il est impossible aux époux de faire

un partage conjonctif de la communauté entre d'autres enfants que les enfants communs, sans préjuger l'acceptation ou la renonciation de la femme, sans que, par suite, le partage effectué se heurte à la règle qui prohibe toute stipulation par laquelle la femme commune pourrait, pendant la durée de la communauté, porter directement ou indirectement atteinte au droit qu'elle a d'y renoncer [1].

3599. Il arrive souvent que, dans le partage conjonctif qu'ils font entre leurs enfants communs, soit de leurs biens propres, soit des biens de la communauté, les père et mère se réservent l'usufruit des biens donnés et stipulent que cet usufruit sera réversible sur la tête du survivant d'entre eux.

Nombre de cours d'appel ont estimé que cette stipulation devait être considérée comme valable [2].

La cour de cassation a refusé d'accepter cette jurisprudence [3], contre laquelle protestent également presque tous les auteurs [4].

Il paraît, en effet, difficile de ne point reconnaître, à une stipulation de ce genre, tous les caractères d'une libéralité mutuelle et réciproque. C'est un véritable gain de survie que les époux se concèdent au cours du mariage et, partant, l'art. 1097 du code civil est manifestement applicable.

3600. Mais quelles doivent être les conséquences de l'annulation de la clause de reversibilité ?

La cour de cassation s'est, à plusieurs reprises, prononcée en ce sens que la clause de réversibilité doit être considérée comme non écrite, mais sans avoir pour effet d'entraîner la nullité du partage lui-même [5].

(1) En ce sens Paris, 1er juin 1836, D. *Rép.*, v° *Cont. de mar.*, n. 1279. — V. également, Réquier, n. 135; Aubry et Rau, VIII, p. 19, § 731, texte et note 10.

(2) *Sic*, Poitiers, 10 juin 1851, S., 51. 2. 609, D., 53. 2. 11 et 20 fév. 1861, S., 61. 2. 465, D., 61. 2. 94. — Nîmes, 16 déc. 1865, S., 66. 2. 216, D., 66. 2. 332. — Douai, 13 fév. 1866, S., 66. 2. 216. — La cour de Metz a rendu une décision analogue, dans une espèce où les deux époux s'étaient réservé une rente viagère réversible sur la tête du survivant. — Metz, 18 juin 1863, S., 63. 2. 211.

(3) V. notamment Cass., 26 mars 1855, S., 55. 1. 355, D., 55. 1. 64; 19 janv. 1881, S., 81. 1. 108, D., 81. 1. 181.

(4) *Sic*, Bonnet, I, n. 276; Réquier, n. 137; Aubry et Rau, VIII, p. 19, § 731 et p. 102, § 744.

(5) V. notamment Cass., 26 mars 1855, S., 55. 1. 355, D., 55. 1. 64 et 25 fév. 1878, S., 81. 1. 73, D., 78. 1. 449.

C'est, en effet, une clause illicite insérée dans une donation. Or, l'art. 900 porte que les conditions illégales, insérées dans les donations, sont réputées non écrites.

3601. La cour d'Amiens a cependant décidé que la nullité de cette clause devait entraîner la nullité du partage tout entier [1].

Nombre d'auteurs, qui n'hésitent point à approuver la doctrine adoptée par la cour de cassation dans le cas où la clause de réversibilité peut être retranchée du partage sans détruire l'économie de l'acte, l'écartent, au contraire, et soutiennent la solution de la cour d'Amiens, lorsque le retranchement de la clause de réversibilité pourrait détruire l'équilibre du partage.

Voici, notamment, ce que dit à ce sujet M. Bonnet [2] :

« Si l'on se borne à effacer la clause de réversibilité au profit du conjoint survivant, il arrivera, si, suivant ce qui se pratique le plus habituellement (ce partage conjonctif n'a pas d'autre but), les biens paternels et maternels ne sont pas également répartis dans tous les lots, il arrivera nécessairement qu'au décès du premier mourant des deux donateurs, l'égalité du partage sera complètement détruite. A ce moment, en effet, les lots composés de biens provenant du chef du prédécédé se trouveront affranchis de toutes charges, tandis que l'usufruit réservé continuera de grever ceux composés de biens ayant appartenu au survivant. La clause de réversibilité devra donc toujours, hors le cas exceptionnel où les biens provenant du père et de la mère ont été répartis également dans chaque lot, être considérée comme une condition essentielle de l'égalité du partage » [3].

3602. Jusqu'à quel moment peut-on invoquer la nullité de la clause de réversibilité ?

La solution de cette question est étroitement liée à la solution de la question précédente.

Si, comme l'admet la cour de cassation, la clause doit être réputée non écrite, il est évident que l'action en nullité ne

(1) Amiens, 10 nov. 1853, S., 53. 2. 690, D., 54. 2. 92.

(2) Bonnet, II, n. 662.

(3) Dans le même sens Réquier, n. 137.

saurait être exercée après la mort des deux ascendants; à ce moment, en effet, tout intérêt à la nullité a disparu, puisqu'il n'y a plus d'usufruit. Au contraire, l'action en nullité devrait être déclarée recevable, même après le décès des deux ascendants, si, comme l'admet la cour d'Amiens, la nullité de cette clause doit entraîner celle du partage.

3603. Nous avons jusqu'à présent supposé que l'ascendant comprenait, dans le partage, des biens dont il n'avait pas la libre disposition.

Il est évident que l'ascendant, qui ne peut partager entre ses enfants que des biens dont il a la libre disposition, ne pourrait, dans un partage, y comprendre des biens qui ne lui appartiennent point ou qui ont cessé de lui appartenir.

3604. Après la mort de l'un des époux, il arrive bien souvent que le survivant opère entre ses enfants un partage dans lequel il comprend non seulement ses propres biens, mais encore la succession du prédécédé.

Ce mode de partage présente incontestablement des avantages, puisqu'il évite de liquider les droits respectifs des époux.

Mais on ne saurait nier qu'il va manifestement à l'encontre de cette règle si simple qu'il semblait à peine utile d'indiquer : à savoir que l'ascendant ne peut partager que les biens qui lui appartiennent.

3605. Sans doute, si un semblable partage est fait par acte entre vifs, si tous les enfants sont majeurs et capables de contracter, on ne saurait contester sa validité. En l'acceptant, les enfants ont consenti à ce que l'époux survivant fasse une masse commune de ses biens et de ceux du prédécédé, dont ils étaient saisis comme héritiers. Ils se sont inclinés devant la distribution réglée par l'ascendant, et, partant, se sont rendus non recevables à l'attaquer (1).

3606. Mais ce qui est possible, lorsque tous les enfants sont capables de contracter, ne saurait évidemment l'être, lorsque certains d'entre eux sont incapables. En effet, les art. 838 et 840 du code civil soumettent à des formes rigoureuses

(1) *Sic*, Réquier, n. 138; Bonnet, I, n. 250; Aubry et Rau, VIII, p. 17, § 731.

le partage des successions, quand, parmi les héritiers, se trouvent des mineurs ou d'autres incapables. Si ces formes ne sont pas observées, le partage ne saurait valoir, au moins comme partage définitif. Il est donc impossible d'admettre que le partage fait par l'ascendant puisse valoir autrement que comme partage provisionnel. L'acceptation des tuteurs ou autres représentants des incapables ne suffirait point évidemment à lui imprimer un caractère que la loi lui refuse, en dehors de l'observation des formes du partage judiciaire.

3607. Il en résulte que, si l'époux survivant a réuni et confondu dans une même masse ses propres biens et ceux de son conjoint prédécédé, le partage entre vifs qu'il en a effectué entre ses enfants, dont quelques-uns se trouvent incapables, doit nécessairement tomber pour le tout.

Si, au contraire, l'époux survivant avait formé deux masses distinctes, l'une de ses propres biens, l'autre des biens du conjoint prédécédé, le partage pourrait n'être annulé qu'en ce qui concerne les biens du conjoint prédécédé, s'il résultait des dispositions du partage que l'ascendant n'a établi aucune corrélation nécessaire entre les distributions qu'il effectuait dans les deux masses.

C'est l'opinion générale des auteurs [1].

3608. Tout en admettant le principe [2], la jurisprudence y apporte certains tempéraments, d'ailleurs très discutables.

C'est ainsi que la cour de cassation [3] a jugé qu'un partage d'ascendant, dans lequel l'ascendant donateur a confondu en une même masse ses biens propres et ceux de son conjoint prédécédé, quoique nul en principe quant à ces derniers biens, peut être maintenu, s'il est constant que ces mêmes biens sont impartageables, qu'il y aurait nécessité de les aliéner et que l'intérêt bien entendu des enfants est de maintenir l'œuvre de l'ascendant [4].

[1] *Sic*, Genty, p. 159; Réquier, n. 138; Bonnet, I, n. 248 et 249; Demolombe, *Don.*, VI, n. 89 et 90; Aubry et Rau, VIII, p. 17, § 731; Laurent, XV, n. 52 et 57.

[2] V. notamment Besançon, 16 janvier 1846, S., 47. 2. 267, D., 47. 2. 127. — Caen, 9 juin 1874, S., 76. 2. 233, D., 76. 2. 33.

[3] Cass., 7 août 1860, S., 60. 1. 977, D., 60. 1. 499.

[4] V. également Agen, 1er juin 1858, S., 58. 2. 417.

3609. Ce que nous venons de dire du partage d'ascendant entre vifs, lorsqu'il y a des incapables parmi les enfants, nous devons le dire également du partage testamentaire.

Si l'époux survivant a confondu dans une même masse ses biens et ceux du prédécédé, ses dispositions sont entièrement nulles.

Elles peuvent, au contraire, être maintenues pour ses propres biens, s'il a fait deux masses distinctes de biens et que les distributions faites par lui dans ces deux masses n'ont entre elles aucune corrélation nécessaire [1].

3610. Nous avons supposé, jusqu'à présent, que l'époux survivant avait confondu en une même masse ses biens personnels et ceux du prédécédé.

Il faudrait maintenir les mêmes solutions dans l'hypothèse où il se serait borné à confondre ses biens propres avec ceux de la communauté encore indivise qui aurait existé entre lui et son conjoint prédécédé.

Evidemment, si ce partage est fait entre vifs et que tous les enfants soient capables, il sera validé par l'acceptation des enfants.

Mais s'il est fait par testament ou si, fait par acte entre vifs, il ne comprend point que des copartagés capables, on ne saurait en admettre la validité. Le survivant des époux ne peut comprendre, dans un semblable partage, les biens qui lui reviennent dans la communauté qu'après que le partage en a été légalement opéré entre lui et ses enfants, en tant qu'héritiers de son conjoint prédécédé.

3611. Toutes les solutions que nous venons de donner doivent être maintenues, alors que l'époux prédécédé aurait, par testament, délégué au survivant le soin de faire le partage de sa succession entre ses enfants.

Dans notre ancien droit, quelques coutumes autorisaient expressément le prémourant des époux à conférer ce droit au survivant. Telle était notamment la coutume du duché de Bourgogne [2].

(1) *Sic*. Réquier, n. 138; Aubry et Rau, VIII, p. 17, § 731 et tous les auteurs.

(2) V. les anciens auteurs cités dans Demolombe, *Don.*, VI, n. 90 *bis*, V.

Mais, en l'absence d'un texte autorisant le prémourant des époux à user d'une semblable prérogative, il paraît impossible de reconnaître qu'il puisse valablement le faire. L'art. 1075 accorde à tout ascendant la faculté de partager ses biens entre ses enfants. Mais il ne lui permet point de déléguer l'exercice de cette faculté.

Si l'ascendant décède sans l'avoir exercé lui-même, ses descendants sont immédiatement saisis de sa succession en vertu de leur droit héréditaire. La conséquence c'est que le partage de cette succession ne peut désormais être effectué que par les héritiers qui en sont légalement investis. Sans doute, si tous sont majeurs et capables, ils peuvent la partager comme bon leur semble et, partant, charger leur ascendant du partage ou accepter qu'il le fasse. Mais, si certains d'entre eux sont incapables, la loi exige que le partage se fasse en justice, conformément aux règles qu'elle a cru devoir tracer ([1]).

3612. Il arrive souvent qu'en comprenant, dans un même partage testamentaire, ses propres biens et ceux de son conjoint prédécédé, l'ascendant stipule une clause qui devra frapper ceux de ses enfants qui attaqueront le partage ainsi effectué. Il décide, par exemple, que ceux-ci seront privés de toute part dans la quotité disponible, qu'il lègue par préciput à ceux qui respecteront le partage.

Lorsque tous les enfants sont majeurs et capables, il est difficile de contester la légitimité d'une stipulation de ce genre. Elle ne touche, en effet, qu'à l'intérêt privé des enfants, et ceux-ci sont libres de choisir le parti qui leur paraîtra le plus avantageux ([2]).

3613. Mais si, parmi les enfants, il y a des incapables, l'ascendant pourrait-il valablement stipuler la clause pénale dont nous parlons?

La négative nous paraît certaine ([3]).

La loi, qui donne aux héritiers mineurs la garantie du par-

([1]) *Sic*, Demolombe, *Don.*, VI, n. 6 *bis*, V; Réquier, n. 138.

([2]) *Sic*, Demolombe, *Don.*, I, n. 280 et les autorités qu'il cite. — V. cep. Caen, 9 juillet 1874, D., 76. 2. 33.

([3]) V. cep. Besançon, 16 janvier 1846, S., 47. 2. 267.

tage judiciaire, n'est pas une loi d'intérêt privé, c'est une loi d'ordre public et d'intérêt général dont l'ascendant ne peut repousser l'application. Les clauses par lesquelles il tenterait de le faire nous paraissent devoir tomber sous le coup de l'art. 900 du code civil. Aussi, nous n'hésitons pas à croire que les enfants mineurs pourraient attaquer le partage fait par l'ascendant dans les conditions que nous avons supposées, sans encourir, d'ailleurs, la clause pénale adjointe à ce partage. Par application de l'art. 900, on doit alors la considérer comme non écrite [1].

§ V. *Des effets du partage d'ascendant.*

3614. Les effets du partage d'ascendant doivent être envisagés successivement : d'abord dans les rapports de l'ascendant et des descendants copartagés; puis, dans les rapports de l'ascendant et des descendants avec les tiers; enfin, dans les rapports des descendants entre eux.

Sous les deux premiers points de vue, comme on va le voir, le partage d'ascendant est un acte de *disposition*, sous le troisième, un acte de *distribution*.

N° 1. Des effets du partage considéré comme acte de disposition.

3615. Les effets du partage, considéré comme acte de disposition, varient suivant que le partage est fait par acte entre vifs ou par acte testamentaire, c'est-à-dire suivant l'acte de disposition qui le réalise.

Aussi examinerons-nous la question successivement, à propos de chacune des formes que peut revêtir le partage d'ascendant.

A. *Du partage entre vifs.*

3616. Le principe qui domine et précise les effets du partage d'ascendant par acte entre vifs résulte des termes mêmes de l'art. 1076. Ce texte nous dit, en effet, que le partage fait par acte entre vifs est soumis à toutes les règles des dona-

(1) *Sic*, Demolombe, *Don.*, VI, n. 90 *bis*, IV. — Cpr., sur une question analogue, Cass., 22 juillet 1874, S., 74. 1. 479.

tions. C'est implicitement sans doute, mais très certainement, dire qu'il en produit les effets.

Dès qu'on envisage le partage entre vifs comme acte de disposition, et c'est à ce point de vue qu'on se place quand on se demande les effets qu'il produit, soit dans les rapports de l'ascendant avec ses descendants, soit dans les rapports de l'ascendant et des descendants avec les tiers, il faut dire qu'il produit les effets d'une donation ordinaire.

3617. Nous devons en conclure que, comme toute donation, le partage entre vifs aura pour effet de dépouiller l'ascendant, actuellement et irrévocablement, de la propriété des biens compris dans le partage. Chacun des enfants sera désormais propriétaire incommutable des biens compris dans son lot, comme il le serait, si ces biens avaient fait l'objet d'une donation ordinaire.

De là cette conséquence que, si l'un des enfants compris dans le partage venait à mourir avant l'ascendant, les biens que lui avait attribués le partage ne reviendront pas à l'ascendant mais seront transmis aux héritiers ou autres successeurs universels de l'enfant prédécédé, en même temps que les autres biens de son patrimoine.

Il n'en serait autrement qu'autant que l'ascendant pourrait se prévaloir du droit de retour de l'art. 747 du code civil : ce qui suppose, bien entendu, que se trouvent réunies toutes les conditions auxquelles ce texte subordonne l'ouverture du droit de retour qu'il consacre.

3617 *bis*. D'ailleurs, quels que soient les héritiers de l'enfant prédécédé, ils prendront, à ce titre, son lieu et place dans le partage, et, partant, succèderont à tous les droits aussi bien qu'à toutes les obligations que ce partage avait fait naître sur la tête de leur auteur.

3618. Mais, pour être aussi irrévocable qu'une donation ordinaire, le partage d'ascendant entre vifs ne l'est davantage.

Il est incontestable, en effet, que chacun des enfants peut être privé du bénéfice de l'attribution, consentie à son profit pour l'une des causes ou plutôt pour l'une des deux premières causes de révocation des donations que consacrent les art.

953 s. du C. civ., car la troisième, la révocation pour survenance d'enfant, n'a pas d'application possible en la matière.

L'enfant pourra donc être privé des biens dont l'ascendant l'a gratifié, et pour cause d'inexécution des conditions, et pour cause d'ingratitude.

Il est, du reste, certain que les effets de l'une quelconque de ces causes de révocation devront toujours être limités à celui des enfants qui l'aura encourue; lui seul, par suite, sera privé de son lot, tandis que les autres enfants garderont ceux dont ils sont nantis [1].

3619. Il n'en est pas moins vrai que, lors du décès de l'ascendant, cette révocation partielle aura pour effet d'entraîner la nullité du partage tout entier, puisque celui-ci ne sera pas fait entre tous les enfants existant au moment du décès [2].

Pour qu'il en soit autrement, il faudrait donc que l'enfant contre lequel la révocation a été prononcée fût mort avant l'ascendant, sans d'ailleurs laisser de postérité.

3620. Quant aux dettes, dont les descendants peuvent être tenus du chef de l'ascendant qui a opéré entre eux le partage de ses biens par acte entre vifs, il faut également s'en tenir aux règles posées pour les donations ordinaires.

Il s'ensuit qu'il faudra appliquer aux enfants, figurant dans le partage, les dispositions de l'art. 945 du C. civ. On devra donc décider qu'ils ne peuvent être tenus d'acquitter d'autres dettes que celles qui existaient au moment de la donation ou qui seraient exprimées, soit dans l'acte de donation, soit dans l'état qui y serait annexé.

La donation serait nulle, et, partant, nul aussi le partage, si l'ascendant imposait à ses enfants l'obligation de payer ses dettes futures.

3621. Lorsque l'ascendant a lui-même réparti son passif entre ses enfants, chacun de ceux-ci sera tenu des dettes mises à sa charge.

Les créanciers de l'ascendant pourront agir directement contre les enfants chargés de les payer.

[1] V. ci-dessus, n. 3520 et les autorités citées à la note 6.
[2] *Sic*, Réquier, n. 83; Demolombe, *Don.*, VI, n. 141. — V. cep. Aubry et Rau, VIII, p. 27, § 733, texte et note 4.

Il est, d'ailleurs, incontestable qu'ils conserveront, même après le partage, le droit d'agir contre l'ascendant lui-même à moins qu'ils ne l'aient expressément affranchi de son obligation, en acceptant l'un des enfants pour débiteur.

3622. Mais que décider si l'acte de partage ne fait aucune mention du passif?

Il faut en revenir aux règles tracées à propos des donations ordinaires [1].

Un donataire n'est jamais, en cette qualité, tenu de payer les dettes du donateur. Il ne peut l'être qu'en vertu d'une convention intervenue entre lui et le donateur. Conformément au droit commun, cette convention peut être expresse ou tacite. En cas de difficulté, c'est au juge qu'il appartient de décider si la convention existe.

D'après ces règles, il faut décider que les enfants, entre lesquels un ascendant partagera entre vifs l'universalité de ses biens ne seront jamais tenus, de plein droit, des dettes qui grevaient l'ascendant au moment du partage. Mais on doit facilement présumer qu'il a été tacitement convenu entre les parties, que le paiement de ces dettes serait à la charge des enfants. Autrement les créanciers de l'ascendant pourraient faire rescinder le partage comme fait en fraude de leurs droits [2].

3623. Dans tous les cas, ce n'est jamais que dans les limites des biens par eux recueillis que les enfants peuvent être tenus de payer les dettes de l'ascendant.

Les formalités que la loi exige pour la perfection des donations entre vifs permettront toujours aux enfants d'établir facilement l'émolument qu'ils ont retiré du partage. Dès lors, il serait inutile de subordonner à la confection d'un inventaire la faculté pour les enfants de limiter à leur émolument les paiements qu'ils seraient tenus d'effectuer aux créanciers de l'ascendant [3].

6324. Enfin, il n'est pas contestable que, dans les rapports de l'ascendant et des descendants avec les tiers, les effets du

(1) V. ci-dessus, I, n. 1332 s.

(2) *Sic*, Réquier, n. 104.

(3) *Sic*, Réquier, n. 105.

partage entre vifs soient ceux de la donation entre vifs ordinaire [1].

3625. Ainsi, il est bien certain que, relativement aux immeubles qu'il peut comprendre, le partage ne sera opposable aux ayants cause de l'ascendant qu'après la transcription.

3626. De même, les créanciers de l'ascendant qui voudraient, en vertu de l'art. 1167 du C. civ., attaquer le partage, devront seulement fournir les preuves qu'on exige d'eux, lorsqu'ils attaquent une donation émanant de leur débiteur [2].

3627. De même encore, le partage entre vifs constitue, pour les enfants, un titre d'acquisition analogue à la donation. Il est la cause et le principe d'une possession nouvelle et distincte de celle de l'ascendant ; partant, l'enfant pourrait prescrire, là où l'ascendant ne l'aurait pas pu lui-même [3].

3627 *bis*. Enfin, il n'est pas douteux que les biens, compris dans un partage d'ascendant entre vifs, doivent, dans l'intérêt des donataires et des légataires de l'ascendant, être fictivement réunis à la masse des biens de celui-ci, pour le calcul de sa quotité disponible [4].

B. *Du partage testamentaire.*

3628. Un premier point certain c'est que, comme le testament dont il emprunte les formes, le partage testamentaire ne produit d'effets qu'à compter du décès de l'ascendant.

En conséquence, c'est seulement à compter du jour de la mort de l'ascendant que les enfants copartagés deviennent propriétaires des biens compris dans le lot que l'ascendant leur a attribué.

3629. Jusqu'à son décès, l'ascendant conserve, d'ailleurs, le droit de révoquer le partage testamentaire qu'il a effectué entre ses enfants. A ce point de vue, il en est du partage comme de toutes les autres dispositions testamentaires.

De plus, comme le législateur n'a pas spécialement régle-

(1) *Sic*, Aubry et Rau, VIII, p. 32, § 733.

(2) *Sic*, Réquier, n. 85; Demolombe, *Don.*, VI, n. 130; Aubry et Rau, VIII, p. 32, § 733.

(3) *Sic*, Demolombe, *Don.*, VI, n. 136; Réquier, n. 90.

(4) V., sur ce point, ci-dessus, I, n. 898 et les autorités qui y sont citées.

menté la question, il faut, pour la révocation des partages, s'en référer aux règles générales sur la révocation des testaments, c'est-à-dire aux dispositions des art. **1035** s. C. civ.

3630. Sur la révocation expresse, pas de difficulté ; il suffit d'appliquer purement et simplement les dispositions de l'art. 1035 C. civ. (¹).

3631. Quant à la révocation tacite, elle pourra résulter, conformément à l'art. **1036**, des dispositions d'un testament postérieur, incompatibles avec le maintien du partage.

Elle pourra également résulter, conformément à l'art. **1038**, de l'aliénation de tous les biens partagés par l'ascendant.

3632. Mais quel serait l'effet de l'aliénation de quelques-uns des objets compris dans le partage ?

C'est là, croyons-nous, une question de pur fait, qui doit se résoudre d'après les circonstances et les faits de la cause.

Si l'aliénation est assez importante pour bouleverser toute l'économie du partage et en détruire l'équilibre, il n'est pas douteux qu'elle implique, chez le testateur, la volonté de renoncer à l'exécution du partage qu'il avait effectué et, par suite, celui-ci devra être considéré comme révoqué.

Si, au contraire, l'aliénation partielle consentie par l'ascendant, n'a nullement pour effet de bouleverser l'économie du partage, si elle se borne à modifier la composition des lots sans détruire entre eux l'équilibre et l'égalité que suppose tout partage, elle n'implique nullement l'intention de révoquer le partage, et, partant, elle ne saurait le faire considérer désormais comme non avenu.

En définitive, tout dépend d'une appréciation souverainement faite par les juges du fond (²).

3633. Si tout le monde est d'accord sur le moment où se produisent les effets du partage, il est loin d'en être ainsi quand il s'agit de préciser quels sont, au juste, les effets qu'il entraîne.

Deux opinions sont en présence, qui conduisent à des résultats diamétralement opposés.

(¹) V. ci-dessus n. 2711 et suivants.

(²) V., sur ce point, Réquier, n. 57 ; Huc, n. 435.

Pour les uns, c'est à titre d'héritiers que les enfants sont appelés à recueillir les biens mis dans leur lot par l'ascendant.

Pour les autres, c'est à titre de légataires.

En dépit des autorités qui soutiennent la première opinion [1], il nous paraît difficile de la considérer comme légale.

Et en effet, cette première opinion se heurte de front au texte même de la loi. L'art. 1076 le dit en termes formels, le partage testamentaire est un testament. Or, dans le système du code civil tout testament est essentiellement un acte de disposition de biens. A côté de la donation, la loi le range dans les modes d'acquisition de la propriété. La conclusion s'impose, à notre avis, que, comme le partage par acte entre vifs, le partage testamentaire est un véritable acte de disposition et qu'il en produit les effets dans les rapports de l'ascendant et des descendants.

Sans doute le législateur aurait bien pu décider que, venant à la succession de l'ascendant en vertu des dispositions d'un testament, les enfants y viendraient néanmoins à titre d'héritiers légitimes. C'eût été là une fiction, mais qui ne dépassait point les pouvoirs du législateur. Aussi, faudrait-il s'incliner devant le texte qui l'aurait consacrée.

Mais c'est vainement qu'on cherche, dans les articles du code civil, un texte de ce genre.

Loin de là, en rapprochant, dans l'art. 1076, le partage par acte entre vifs et le partage testamentaire, le législateur ne suppose-t-il pas que, comme le premier, le second est un acte de disposition, que ceux qui s'en prévalent sont des légataires, de même que ceux qui invoquent le premier sont des donataires?

Aussi, en l'absence d'un texte formel qui permette de le faire, ne pensons-nous qu'on puisse considérer autrement que comme des légataires les enfants qui invoquent les dispositions d'un testament et demandent à en profiter.

Bien que la majorité des auteurs se prononce en sens con-

[1] V. notamment Demolombe, *Don.*, VI, n. 97 s.; Marcadé, sur l'art. 1075; Genty, p. 196; Réquier, n. 59; Aubry et Rau, VIII, p. 34, § 733; Troplong, IV, n. 2302.

traire, l'opinion que nous venons de soutenir est loin d'être isolée en doctrine [1].

3634. Quant à la jurisprudence, elle n'est point fixée sur la question. Le partage testamentaire est peu usité dans la pratique. Sans être inutile, il est loin de présenter les mêmes avantages que le partage par acte entre vifs. Aussi, n'a-t-il soulevé, devant les tribunaux, que trop peu de procès et de controverses, pour que la jurisprudence ait été amenée à se prononcer nettement dans le sens de l'une des deux opinions qui divisent les auteurs.

3635. Quoi qu'il en soit, si l'on s'attache au point de départ que nous croyons devoir adopter, il faut en suivre les conséquences.

Nous allons indiquer les principales, pour montrer toute l'importance des intérêts pratiques qui s'attachent à la solution du débat que nous venons d'examiner.

3636. Et d'abord, ainsi que nous l'avons dit déjà, c'est la capacité de recevoir par testament qu'il faut exiger chez les enfants copartagés et non celle de recevoir à titre de succession.

Nous ne revenons pas sur les conséquences qui en dérivent et que nous avons déjà indiquées [2].

3637. Le partage testamentaire étant, pour nous, une simple réunion de legs, nous en devons conclure que chacun des enfants a le droit de répudier son titre d'héritier, pour s'en tenir uniquement aux droits que lui confère le partage.

Inversement, chacun des enfants peut refuser d'accepter le partage, pour s'en tenir à des droits d'héritier légitime [3].

En définitive, nous reconnaissons aux enfants, compris dans un partage testamentaire, le droit d'option que l'art. 845 du code civil consacre au profit de tout héritier qui est en même temps légataire [4].

Il est évident que, dans l'opinion que nous avons combat-

(1) *Sic*, Laurent, XV, n. 53 ; Huc, VI, n. 430.

(2) Voyez ci-dessus, n. 3537 et suivants.

(3) Voyez ci-dessus, n. 3542 et les autorités qui y sont citées.

(4) *Sic*, Huc, VI, 421-2°-8° ; Laurent, XV, n. 55 et suiv.

tue, c'est là un droit qu'il ne peut s'agir de reconnaître aux enfants [1].

3638. Une conséquence non moins certaine de notre opinion, c'est que les enfants copartagés ne peuvent être exclus du bénéfice du partage que par application de l'art. 1046, c'est-à-dire en tant que légataires ingrats [2].

Dans l'opinion inverse, les règles de la révocation pour ingratitude n'ont point ici à être appliquées; il faut s'en tenir aux règles des art. 727 et suivants du code civil, sur les causes et les effets de l'indignité des héritiers [3].

3639. Une autre conséquence, c'est que, si l'un des enfants compris dans le partage vient à mourir avant l'ascendant, ses enfants ne pourraient, en invoquant les règles de la représentation, recueillir, en son lieu et place, les biens compris dans le lot que lui avait attribué l'ascendant [4].

Rien de plus juste puisque le bénéfice de la représentation est limité par la loi à la succession *ab intestat* et ne saurait profiter aux enfants d'un légataire.

Aussi ne devons-nous pas nous étonner de voir la solution contraire donnée par tous les auteurs qui admettent les enfants à recueillir, à titre d'héritiers, le lot qui leur est attribué dans un partage testamentaire [5].

3640. Ajoutons d'ailleurs que, tout en repoussant ici les règles de la représentation, il n'est pas impossible d'arriver à une solution identique, par l'application des règles de la substitution vulgaire.

Nous avons déjà indiqué la question [6].

Bornons-nous seulement à constater que l'intervention des règles de la substitution vulgaire peut très souvent permettre aux tribunaux d'écarter la conséquence qui résulte de

(1) Voyez notamment, Aubry et Rau, VIII, p. 34, § 733 et les autorités qu'ils citent.

(2) *Sic*, Huc, VI, n. 431-3°.

(3) *Sic*, Réquier, n. 67; Genty, p. 204 et 207; Demolombe, *Don.*, VI, n. 112.

(4) *Sic*, Huc, VI, n. 431-5°; Laurent, XV, n. 104.

(5) *Sic*, Demolombe, *Don.*, VI, 110; Réquier, n. 74; Bonnet, II, n. 431; Aubry et Rau, VIII, p. 13-14, § 730, texte et note 7.

(6) V. ci-dessus n. 3540.

notre opinion, sans pour cela reconnaître et consacrer le point de départ de l'opinion contraire [1].

3641. Avant de terminer sur les effets du partage testamentaire, il importe de remarquer que ce partage ne détruit nullement, chez les descendants entre lesquels il est opéré, la qualité d'héritiers *ab intestat*.

Il en résulte qu'ils auront, à ce titre, la saisine des biens héréditaires que leur qualité de légataires pourrait être insuffisante à leur assurer.

Il en résulte également qu'ils pourront être tenus, même *ultra vires*, des dettes de l'ascendant, s'ils n'ont point la précaution d'accepter sa succession sous bénéfice d'inventaire.

Ce sont là autant de points où nous ne devrions cesser de nous rencontrer avec les partisans de l'opinion que nous avons combattue, qu'autant que l'enfant répudierait la succession de l'ascendant, pour s'en tenir uniquement au titre de légataire qu'il puise dans le partage.

N° 2. Des effets du partage considéré comme acte de distribution.

3642. Si, dans les rapports de l'ascendant et des descendants, c'est avec le caractère d'acte de disposition que se présente le partage d'ascendant, il n'en est plus ainsi dans les rapports des enfants copartagés entre eux. C'est alors le caractère d'acte de distribution qui s'affirme et ce sont les effets d'un partage qu'il faut lui reconnaître.

C'est ce que nous allons voir successivement, soit en ce qui concerne le partage testamentaire, soit en ce qui concerne le partage par acte entre vifs.

A. *Du partage testamentaire.*

3643. Si, dans les quelques articles qu'il consacre au partage d'ascendant, le code civil ne lui a pas expressément attaché tous les effets du partage, il n'est pas douteux qu'on les lui doive reconnaître.

Cela ne résulte pas seulement du nom que la loi lui donne et du but en vue duquel il a été admis.

[1] V. not. Riom, 7 mars 1885, S., 87. 2. 153, D., 87. 2. 8.

Cela résulte également, soit de l'art. 1078, soit de l'art. 1079, qui, l'un et l'autre, appliquent formellement au partage d'ascendant les règles édictées par le législateur pour le partage des successions; de l'art. 1078, qui déclare le partage d'ascendant nul, s'il ne comprend pas tous les héritiers appelés à la succession de l'ascendant; de l'art 1079, qui déclare le partage d'ascendant rescindable pour cause de lésion de plus du quart.

Aussi tous les auteurs s'accordent-ils à décider qu'on doit reconnaître au partage d'ascendant tous les effets ordinaires du partage [1].

3644. C'est ainsi que tous les auteurs admettent, au profit des enfants copartagés, l'existence du privilège que les art. 2103 et 2109 du code civil accordent aux copartageants, pour la sûreté des actions en garantie et du paiement des soultes ou retours de lots [2].

3645. C'est ainsi, également, que tous étendent au partage d'ascendant l'application de l'art 884, qui rend les copartageants respectivement solidaires des évictions qu'ils viendraient à subir en vertu d'une cause antérieure au partage [3].

3646. C'est ainsi, enfin, que tous s'accordent à décider que, pas plus que le partage ordinaire, le partage d'ascendant ne peut être révoqué, à la demande des co-partagés, pour cause d'inexécution des conditions [4].

C'est aussi l'opinion maintes fois affirmée par la jurisprudence [5].

3647. Une autre règle qu'on a aussi proposé d'étendre au partage d'ascendant, c'est le principe général consacré par l'art. 883 du code civil, aux termes duquel chaque héritier est censé avoir succédé directement au défunt pour tous les objets mis dans son lot [6].

Que cela soit vrai des enfants co-partagés, nous ne son-

(1) *Sic*, Aubry et Rau, VIII, p. 33, § 733.

(2) *Sic*, Réquier, n. 70; Demolombe, *Don.*, VI, n. 116; Laurent, XV, n. 83; Genty, p. 203.

(3) *Sic*, Réquier, n. 69; Demolombe, *Don.*, VI, n. 115; Laurent, XV, n. 85.

(4) *Sic*, Demolombe, *Don.*, VI, n. 114; Laurent, XV, n. 84; Réquier, n. 71.

(5) V. notamment Cass., 7 août 1860, S., 61. 1. 977, D., 60. 1. 498.

(6) V. notamment, Laurent, XV, n. 82; Demolombe, *Don.*, VI, n. 118.

geons point à le nier. Mais nous ne pensons point qu'il soit nécessaire, pour cela, de faire intervenir la règle de l'art. **883**, alors que cela résulte de la réalité même des faits.

Dans le partage de succession, la fiction de l'art. **883** est indispensable pour effacer l'indivision qui, en réalité, a existé entre les cohéritiers du jour de l'ouverture de la succession jusqu'au jour du partage. Mais, dans le partage d'ascendant, il n'y a aucune période d'indivision à effacer. Dans la réalité des faits, chaque enfant succède seul et directement aux objets compris dans son lot et, partant, point n'est besoin de la fiction que consacre l'art. **883** ([1]).

3648. Nous ne voyons pas, du reste, dans quel but il serait utile de faire intervenir, dans le partage d'ascendant, la fiction d'une indivision qu'effacerait rétroactivement la règle de l'art. **883**.

On a dit que cela était indispensable, au moins dans le partage avec soulte, pour déterminer le véritable caractère qu'on devait reconnaître à la soulte.

Ainsi, l'un des copartagés est marié sous le régime de la communauté et il s'agit de savoir si la soulte que lui attribue le partage d'ascendant doit tomber en communauté ou rester propre.

De même l'un des copartagés est une femme mariée sous le régime dotal, avec stipulation que le mari devra faire remploi des propres aliénés, et il s'agit de savoir si le mari est tenu ou non d'effectuer le remploi de la soulte dont le partage contient l'attribution à la femme.

Dans le partage ordinaire, la question ne fait pas de difficulté. On examine si la soulte est donnée en représentation d'un meuble ou d'un immeuble. C'est ce qu'on fera également pour le partage d'ascendant.

Vainement objecte-t-on que l'examen de cette question suppose qu'il y a eu, avant le partage, une indivision au cours de laquelle le droit du copartagé a porté sur des biens d'une nature autre que celle des biens compris dans la soulte.

Cela ne nous semble en rien nécessaire. Si, pour éviter le

[1] *Sic*, Aubry et Rau, VIII, p. 30, § 728, note 7 ; Réquier, n. 72 ; Huc, VI, n. 43

morcellement d'un immeuble, l'ascendant le met tout entier dans le lot d'un de ses enfants, avec charge de payer aux autres une soulte en argent, est-ce que cette soulte ne représente point, pour ceux qui la reçoivent, une part immobilière, tout aussi bien que si c'étaient les cohéritiers eux-mêmes qui eussent fait le partage dans des conditions identiques? En réalité, nous ne voyons pas qu'une différence puisse exister entre les deux cas, puisque, dans l'un comme dans l'autre, c'est également au jour même de l'ouverture de la succession que remontent les effets du partage ([1]).

3649. Les effets que nous venons de reconnaître au partage testamentaire ne dépendent nullement de la question de savoir si l'enfant accepte ou répudie la succession de l'ascendant.

Dès qu'il accepte le partage, il acquiert les droits qui en résultent, de même qu'il se soumet aux obligations qui en dérivent, car ces droits et ces obligations ne peuvent évidemment dépendre d'autre chose que de l'acceptation même du titre auquel la loi les attache.

B. *Du partage entre vifs.*

3650. Il n'est pas douteux que, dans les rapports des co-partagés entre eux, on doive reconnaître au partage d'ascendant par acte entre vifs des effets analogues à ceux que nous venons de reconnaître au partage testamentaire. Les mêmes arguments qui nous ont conduits à attribuer à celui-ci les effets ordinaires du partage, doivent nécessairement nous amener à une conclusion identique en ce qui concerne le partage d'ascendant entre vifs. Qu'il soit fait par testament ou par acte entre vifs, peu importe. Le partage d'ascendant est, dans tous les cas, un acte de distribution de biens, un partage et, à ce titre, doit produire les effets du partage.

Aussi bien, les auteurs ne font-ils aucune difficulté à admettre le principe et les conséquences qu'il entraine.

([1]) *Sic.* Réquier, n. 72 et 73; Aubry et Rau, VIII, p. 31, § 733. — V. cep., en sens contraire, un arrêt de la cour de Caen du 5 nov. 1845, S., 46. 2. 246, D., 46. 2. 144.

3651. C'est ainsi que tous s'accordent à reconnaître que, comme le partage testamentaire, le partage entre vifs entraîne, au profit des enfants, l'existence du privilège que consacrent les art. 2103-3° et 2109 du code civil [1].

3652. C'est ainsi, également, que tous admettent que les enfants copartagés sont soumis, les uns envers les autres, à la garantie dont les art. 884 et suivants du code civil déterminent l'étendue et les effets [2].

3653. Pas plus que le partage testamentaire, le partage entre vifs ne saurait être soumis à l'action résolutoire pour défaut de paiement des soultes qui y sont stipulées, puisque, d'une façon générale, le principe de l'art. 1184 du code civil ne s'applique point au partage.

La jurisprudence [3] et les auteurs [4] s'accordent à le reconnaître.

3654. Quant à la fiction de l'art. 883, le partage d'ascendant entre vifs n'en comporte pas plus l'application que le partage d'ascendant testamentaire, puisque, dans l'une comme dans l'autre, cette fiction correspond à la réalité des faits.

En réalité, chaque enfant, dans le partage d'ascendant, succède seul et directement à l'ascendant, pour tous les objets compris dans son lot.

3655. Il n'en résulte pas que, si le partage comporte des soultes établies par l'ascendant, on ne puisse et on ne doive, le cas échéant, rechercher en représentation de quels biens ces soultes sont établies, afin de déterminer le caractère qu'on doit leur reconnaître, soit, par exemple, au point de vue de l'application des règles de la communauté, soit encore en ce qui concerne l'application des règles du régime dotal [5].

3656. Mais, si on ne peut guère signaler de divergences entre les auteurs quand il s'agit de déterminer les effets du

(1) *Sic*, Aubry et Rau, VIII, p. 30, § 733; Réquier, n. 86; Bonnet, II, n. 482-484.

(2) V. les auteurs cités à la note précédente.

(3) V. notamment Cass., 7 août 1860, S., 61. 1. 977, D., 60. 1. 498; Grenoble, 8 janvier 1851, S., 51. 2. 305, D., 51. 2. 188; Besançon, 8 juin 1857, S., 57. 2. 688, D., 58. 2. 66.

(4) *Sic*, Aubry et Rau, VIII, p. 31, § 733; Réquier, n. 87; Laurent, XV, 89.

(5) *Sic*, Aubry et Rau, VIII, p. 31, § 733; Réquier, n. 89. — V. également ci-dessus n. 3648.

partage d'ascendant entre vifs, il est loin d'en être ainsi quand il s'agit de préciser à partir de quel moment ces effets lui sont attachés.

Trois opinions sont en présence, qui conduisent à des résultats diamétralement opposés, car elles diffèrent profondément sur la nature même qu'il convient de reconnaître au partage d'ascendant fait par acte entre vifs [1].

3657. Nous n'insisterons pas sur l'une de ces trois opinions, car on ne la soutient plus guère aujourd'hui.

On devait, d'après cette opinion, considérer le partage d'ascendant entre vifs comme une ouverture anticipée et partielle de la succession de l'ascendant.

On en concluait que les biens compris dans ce partage n'avaient plus à figurer dans le calcul de la quotité disponible qui se faisait au décès de l'ascendant, et, partant, ne pouvaient être soumis au rapport fictif des biens donnés prescrit par l'art. 922 du code civil pour le calcul de cette quotité.

On en concluait également que, du jour même du partage, les enfants qui y étaient compris pouvaient agir, non pas seulement en tant que donataires et en tant que copartagés, mais encore en tant qu'héritiers et, par suite, intenter, même du vivant de l'ascendant, des actions qui ne pouvaient leur appartenir qu'à titre d'héritiers de celui-ci.

Ce système a paru, un moment, triompher devant la cour de cassation [2].

Mais elle l'a aujourd'hui abandonné.

Il se heurtait trop ouvertement à la règle *Nulla est viventis hereditas*, pour qu'il eût chance de s'affirmer et de prévaloir.

Il était, d'autre part, en contradiction manifeste avec les dispositions de l'art. 1078.

Aussi la cour de cassation a-t-elle cru devoir repousser les conséquences qu'il entraînait, soit au point de vue du calcul du disponible [3], soit en ce qui concerne les ac-

[1] V. notamment, sur ces différentes opinions, Demolombe, *Don.*, VI, n. 121 s.; Aubry et Rau, VIII, p. 2, § 728, note 2; Laurent, XV, n. 86 s.

[2] V. notamment Cass., 4 février 1845, S., 45. 1. 305, D., 45. 1. 49.

[3] V. notamment Cass., 13 février 1860, S., 60. 1. 552, D., 60. 1. 109, ainsi que les arrêts cités dans Fuzier-Herman, sur l'art. 922, n. 40.

tions qui supposent chez les enfants la qualité d'héritiers [1].

C'est aussi l'opinion générale qu'affirment les auteurs, à propos de la première [2] comme de la seconde [3] des conséquences qu'entraînent cette première opinion.

3658. Deux opinions restent en présence, entre lesquelles se partagent aujourd'hui les auteurs.

D'après la première, le partage d'ascendant entre vifs renfermerait deux éléments : l'un actuel, la donation faite par l'ascendant; l'autre simplement éventuel, le partage que l'ascendant ne fait entre ses enfants qu'en vue de leur qualité d'héritiers présomptifs et pour le règlement de leurs droits successifs éventuels.

Ce qui existe immédiatement, dans le partage d'ascendant entre vifs, c'est une donation; les droits qui en résultent, pour l'enfant qui l'a reçue, sont les droits d'un donataire en avancement d'hoirie.

Quant au partage et aux effets qu'il est susceptible d'entraîner entre les enfants, ils n'existeront qu'au jour où les enfants auront définitivement acquis la qualité en vue de laquelle le partage a été fait par l'ascendant, c'est-à-dire au moment où, après la mort de l'ascendant, les enfants seront devenus ses héritiers en acceptant sa succession.

Jusque là ils ne sont et ne peuvent être que de simples donataires en avancement d'hoirie.

Si tel est le point de départ, les conséquences s'imposent.

Il faut décider, non seulement que, pendant la vie de l'ascendant, les enfants copartagés ne peuvent attaquer le partage pour cause de lésion de plus du quart, mais encore que l'enfant auquel a été attribuée une soulte ou qui est évincé des objets placés dans son lot ne jouit pas du privilège de l'art. 2103, pas plus qu'il n'est admis à former contre les autres un recours en garantie.

(1) V. notamment Cass., 31 janvier 1853, S., 53. 1. 153, D., 53. 1. 31 et les arrêts cités dans Fuzier-Herman, sur l'art. 1079, n. 172.

(2) V. notamment Aubry et Rau, VII, p. 189, § 684; Laurent, XII, n. 72 et s. Demolombe, *Don.*, II, n. 321. V. au surplus, ci-dessus, I, n. 898 et suivants.

(3) *Sic*, Aubry et Rau, VIII, p. 51, § 734; Colmet de Santerre, IV, n. 247 *bis* VII. à IX; Demolombe, *Don.*, VI, n. 219 et 220; Réquier, n. 234; Bonnet, II, 62. à 625; Laurent, XV, n. 152.

Il faut également admettre que, même après la mort de l'ascendant, l'enfant qui renonce à sa succession reste ce qu'il est, c'est-à-dire un simple donataire et, partant, ne saurait être soumis aux obligations, ni invoquer les droits résultant du partage.

Ce sont là autant de conséquences qui nous paraissent nécessairement découler du point de départ une fois admis.

Cependant, si quelques auteurs n'hésitent point à les accepter intégralement ([1]), presque tous se tiennent à certaines d'entre elles et refusent d'accepter les autres ([2]).

Mais les distinctions faites par ces auteurs nous paraissent manifestement incompatibles avec le point de départ qu'ils acceptent. Rejeter certaines des conséquences qu'il impose, c'est nécessairement le rendre précaire et incertain; partant, c'est saper, dans sa base même, l'opinion que nous venons d'exposer.

3659. Aussi bien nous pensons que la loi l'ignore. En réalité, cette opinion divise et sépare ce qui, dans l'intention des parties, ne forme qu'un tout unique et indivisible ; elle dénature ainsi le caractère du partage d'ascendant par acte entre vifs. L'ascendant n'a point voulu d'abord faire une donation, qui, en prévision de certaines éventualités, doit devenir un partage. Il fait, d'ores et déjà, un partage et c'est un partage qu'acceptent ses enfants.

Sans doute, du vivant de leur ascendant ceux-ci ne peuvent être considérés comme des héritiers et, à ce titre, avoir des droits qu'ils pourraient immédiatement exercer. Il n'en est pas moins vrai que, du vivant de l'ascendant et par l'effet immédiat de l'acte qui est intervenu, les enfants sont des copartagés et qu'ils peuvent, en cette qualité, exercer, les uns à l'égard des autres ainsi qu'à l'égard des tiers, les droits et obligations inhérents aux attributions qui leur ont été faites et qu'ils ont acceptées à titre de partage.

Dire que c'est seulement à la mort de l'ascendant que le partage entre vifs peut valoir comme partage et en produire

[1] *Sic*, Genty, p. 214 s.

[2] V. not. Demolombe, *Don.*, VI, n. 122 et 123, 133 et 134.

les effets, c'est méconnaître le texte même de la loi, c'est déclarer impossible ce que la loi autorise et sanctionne. Comment admettre, en effet, que le législateur ait autorisé l'ascendant à faire entre ses enfants le partage de ses biens par acte entre vifs, si cet acte n'avait pu produire les effets d'un partage et n'avait pu, avant la mort de l'ascendant, valoir autrement que comme donation en avancement d'hoirie ?

Nous en concluons que, même pendant la vie de l'ascendant et du jour où il est effectué, le partage d'ascendant entre vifs doit être considéré comme un partage et en produire les effets.

C'est du reste en ce sens que se prononcent aujourd'hui la grande majorité des auteurs [1].

3660. Mais il faut reconnaître que tous les auteurs qui admettent cette troisième opinion reculent cependant devant certaines de ses conséquences.

Les distinctions qui ont été présentées nous paraissent aussi inadmissibles, dans cette dernière opinion, qu'elles nous paraissent l'être dans l'opinion opposée. Il faut choisir entre les deux points de vue que nous avons indiqués, mais, dès l'instant qu'on a choisi, il nous semble impossible de ne point rester fidèle au point de départ adopté et de ne point admettre toutes les conséquences qu'il entraîne.

Aussi, en dehors de ceux qui supposent ouverte la succession de l'ascendant, doit-on reconnaître au partage d'ascendant entre vifs tous les effets du partage, à compter du jour où l'ascendant l'a effectué entre ses enfants.

3661. C'est ainsi que, du jour où il est effectué, le partage d'ascendant entre vifs donne naissance et au privilège et à la garantie dont nous avons parlé ci-dessus [2].

C'est l'avis unanime des auteurs qui admettent l'opinion que nous avons soutenue.

3662. Ainsi encore, les effets qu'entraîne le partage entre vifs doivent subsister, indépendamment du parti que prendront les enfants, en face de la succession de l'ascendant.

Même s'ils répudient cette succession, ils resteront ce qu'ils

(1) *Sic*, Laurent, XV, n. 86 s.; Aubry et Rau, VIII, p. 3, § 728, note 2; Réquier, n. 91 s.; Huc, VI, n. 434; Bonnet, I, n. 107 s.

(2) V. ci-dessus n. 3651 et suivants.

sont, c'est-à-dire des enfants copartagés et non de simples donataires en avancement d'hoirie ; par suite, le partage continuera à produire entre eux les effets qui dérivent de sa nature même et qu'il a entraînés du jour même où il a été effectué.

C'est aussi l'opinion générale [1].

3663. Mais l'accord cesse quand il s'agit de l'action en rescision pour cause de lésion de plus du quart.

Nombre d'auteurs reculent alors devant la conséquence qui nous paraît nécessairement découler du point de départ adopté, et décident que c'est seulement du jour du décès de l'ascendant que l'action en rescision pour lésion peut être intentée [2].

Nous devons même constater que c'est en ce sens que paraît aujourd'hui fixée la jurisprudence de la cour de cassation [3].

Nous n'en pensons pas moins que la conséquence inverse paraît imposée par le point de départ que nous avons adopté.

Il s'agit là d'un effet du partage qui, à notre avis, ne suppose pas nécessairement, chez les enfants qui l'invoquent, la qualité d'héritiers. Dès lors, comment admettre qu'on le retarde jusqu'au jour de l'ouverture de la succession de l'ascendant [4]?

Nous aurons, du reste, à revenir sur la question, lorsque nous étudierons spécialement l'action en rescision pour cause de lésion [5].

§ VI. *Des causes de nullité et de rescision du partage d'ascendant.*

3664. Aux termes de l'art. 1076 C. civ., les partages d'ascendants sont, suivant qu'ils sont faits entre-vifs ou à cause

[1] *Sic*, Laurent, XV, n. 91 et 92; Réquier, n. 98; Aubry et Rau, VIII, p. 2, § 728, note 2 *in fine*.

[2] V. not. Aubry et Rau, VIII, p. 41, § 734, texte et note 19; Régnier, n. 231 s.

[3] *Sic*, Cass., 7 janvier 1863, S., 63. 1. 121, D., 63. 1. 226 et 27 novembre 1865, S., 66. 1. 104, D., 66. 1. 217.

[4] *Sic*, Laurent, XV, n. 110 et 119; Huc, VI, n. 434 et 435.

[5] V. ci-dessous n. 3710 et suivants.

de mort, soumis aux formalités, conditions et règles prescrites pour les donations ou pour les testaments. De là, un certain nombre de causes de nullité qui pourront atteindre les partages d'ascendants dans les mêmes conditions qu'elles peuvent atteindre des donations ou des testaments ordinaires.

C'est évidemment aux règles du droit commun qu'il faudra se référer, pour savoir quand ces nullités sont encourues et quelles conséquences elles entrainent.

3665. Il est également certain que, si le consentement des parties qui y figurent a été vicié par l'erreur, le dol ou la violence, les partages d'ascendants pourront être rescindés, dans les mêmes conditions que tout acte juridique impliquant le consentement de ceux qui y interviennent.

Là encore, ce sont les règles du droit commun qui détermineront les conditions et les effets des nullités dont les partages d'ascendants pourront être entachés.

3666. Mais, à côté de ces causes de nullité qui dérivent du droit commun et que le législateur n'a pas spécialement réglementées à propos du partage d'ascendant, il en est d'autres dont il convient de s'occuper particulièrement, soit parce que le législateur a cru devoir expressément les mentionner, soit à raison des difficultés spéciales qu'elles peuvent soulever en la matière.

Cela nous amènera à examiner successivement :

1° La nullité résultant de l'omission d'un enfant, nullité dont parle l'art. 1078;

2° La nullité dont parle l'art. 1079-1° : la rescision pour cause de lésion de plus du quart;

3° La nullité dont il est question dans l'art. 1079-2° ;

4° La nullité qui résulte de l'inobservation des art. 826 et 832 C. civ.

N° 1. De l'omission d'un ou de plusieurs enfants.

3667. Cette cause de nullité est prévue et réglementée par l'art. 1078.

Nous aurons, sur cette cause de nullité, à examiner successivement les deux questions suivantes :

1° Quand peut-on dire qu'elle est encourue ?
2° Quelles sont les conséquences qu'elle entraîne ?

A. *Quand peut-on dire qu'est encourue la nullité de l'art. 1078 ?*

3667 *bis*. Aux termes de l'art. 1078 :
« *Si le partage n'est pas fait entre tous les enfants qui existeront à l'époque du décès et les descendants de ceux prédécédés, le partage sera nul pour le tout. Il en pourra être provoqué un nouveau dans la forme légale, soit par les enfants ou descendants qui n'y auront reçu aucune part, soit même par ceux entre qui le partage aurait été fait* ».

Le partage d'ascendant doit donc nécessairement comprendre tous les descendants qui se trouvent appelés à la succession de l'ascendant lors de son décès, par conséquent, non seulement les enfants légitimes alors existants, mais aussi les descendants des enfants prédécédés, et les enfants adoptifs [1].

3668. Presque tous les auteurs s'accordent à placer l'omission d'un enfant naturel, légalement reconnu, sur la même ligne que celle d'un enfant légitime [2].

C'est là, du reste, une solution qu'il est difficile de contester. Si, en effet, la loi refuse à l'enfant naturel le titre d'héritier, elle ne lui en reconnaît pas moins, dans la succession de ses père et mère, un droit héréditaire de même nature que celui de l'enfant légitime et qui ne s'en distingue que par sa quotité.

Il y a cependant quelques oppositions [3].

3669. Peu importe, d'ailleurs, la cause pour laquelle ait été omis l'enfant qui devait figurer au partage.

Que cette omission soit intentionnelle ou qu'elle soit involontaire, elle a, dans tous les cas, pour effet d'entraîner la nullité du partage [4].

3670. A l'omission d'un enfant, il faudrait assimiler le cas

(1) *Sic*, Réquier, n. 161 ; Bonnet, II, n. 547 ; Aubry et Rau, VIII, p. 14, § 730 ; Demolombe, *Don.*, VI, n. 161 *bis* ; Laurent, XV, n. 101.

(2) V. les auteurs cités à la note précédente.

(3) V. notamment Genty, p. 101 ; Troplong, IV, n. 2324.

(4) *Sic*, Aubry et Rau, VIII, p. 12, § 730 et tous les auteurs. — V. également Cass., 5 nov. 1877, S., 78. 1. 214, D., 78. 1. 372.

où un enfant se trouverait compris au partage, à un titr héréditaire autre que celui qui lui appartient au moment d décès de l'ascendant.

C'est ce qui arriverait, par exemple, si un enfant naturel loti en cette qualité par son père, se trouvait, au moment d décès de celui-ci, légitimé par mariage subséquent [1].

3671. C'est uniquement à l'époque du décès de l'ascen dant qu'il faut s'attacher pour l'application de l'art. 1078.

Ce texte le dit en termes formels, ce sont seulement le enfants qui existeront au décès dont l'omission entraînera nullité du partage.

On n'aurait donc point à se préoccuper de l'omission d'u enfant qui serait mort avant l'ascendant, sans laisser, d'ai leurs, de postérité.

3672. Il est à peine besoin de dire qu'on doit considére comme existant au décès, les enfants simplement conçus cette époque [2].

3673. Tous les auteurs s'accordent à reconnaître qu'on r saurait prendre au pied de la lettre le texte de l'art. 1078 quand il exige que le partage soit fait entre tous les enfan existant au moment du décès de l'ascendant. C'est, en effe en se plaçant au point de vue des droits héréditaires de enfants que statue le législateur dans l'art. 1078. Aussi n doit-on considérer comme existant, au point de vue de l'appl cation de ce texte, que les enfants existant par rapport à l'héré dité de l'ascendant, c'est-à-dire ceux qui ont le droit de veni prendre part, en tant qu'héritiers, au partage de la succes sion de l'ascendant [3].

3674. Il en résulte qu'on ne doit point considérer comm existant au point de vue de l'art. 1078, les enfants qui, pa suite de leur renonciation ou de leur exclusion pour caus d'indignité, se trouvent privés de toute participation à l'héré dité de l'ascendant et n'ont point à figurer au partage d cette hérédité.

[1] *Sic*, Huc, VI, n. 442-6°.
[2] *Sic*, Laurent, XV, n. 160 et tous les auteurs.
[3] *Sic*, Demolombe, *Don.*, VI, n. 161 ; Réquier, n. 169 ; Bonnet, II, n. 545 ; Au bry et Rau, VIII, p. 12, § 730, note 4 ; Laurent, XV, n. 160.

3675. Il en résulte également qu'on ne pourrait pas davantage considérer comme existant, au point de vue de l'art. 1078, l'enfant naturel vis-à-vis duquel l'ascendant aurait usé de la faculté résultant à son profit de l'art. 761 du code civil, puisque, au moyen de ce texte, les père et mère de l'enfant naturel peuvent le rendre complètement étranger au partage de leur succession [1].

3676. C'est précisément parce que le partage d'ascendant doit comprendre tous les descendants qui, au jour du décès de l'ascendant, ont le droit de venir, à titre d'héritiers, au partage de sa succession, que l'art. 1078 place, à côté de l'omission des enfants existant à l'époque du décès, celle des descendants des enfants prédécédés [2].

3677. L'omission des descendants de l'enfant prédécédé est une cause certaine de nullité du partage, lorsque l'enfant prédécédé était lui-même omis.

Mais en sera-t-il de même, si l'enfant prédécédé était compris dans le partage?

Lorsque le partage est fait entre vifs, on ne peut dire des descendants de l'enfant prédécédé qu'ils soient omis dans le partage, si leur auteur y était compris. L'enfant prédécédé a, en effet, recueilli sa part des biens de l'ascendant et, à sa mort, il l'a transmise à ses descendants. Dès lors, comment ceux-ci pourraient-ils se prétendre omis?

Il est vrai qu'ils peuvent avoir renoncé à la succession de leur auteur et venir néanmoins à celle de l'ascendant. Mais, s'ils y viennent en concours avec des enfants du même degré que leur auteur, c'est par le bénéfice de la représentation. Or, les représentants n'ont d'autres droits que ceux du représenté, et, partant, ne peuvent se prétendre omis dans le partage, puisque le représenté y était compris.

C'est l'opinion unanime des auteurs [3].

3678. Si le partage est fait par testament, doit-on s'en tenir à la solution que nous venons de donner pour le partage entre vifs?

(1) *Sic*, Réquier, n. 161.
(2) *Sic*, Laurent, XV, n. 102; Réquier, n. 162.
(3) *Sic*, Demolombe, *Don.*, VI, n. 162 s.; Réquier, n. 162; Aubry et Rau, VIII, p. 14, § 730; Laurent, XV, n. 103.

La question est controversée.

Si l'on admet que les enfants copartagés recueillent, à titre d'héritiers légitimes, la part que leur alloue le partage fait par testament, leurs descendants sont certainement admis à les représenter, s'ils prédécèdent à l'ascendant.

Aussi, pas plus que dans le partage entre vifs, on ne peut considérer comme omis des descendants dont l'auteur est compris dans le partage.

Si, au contraire, on considère les enfants copartagés comme des légataires, les règles de la représentation ne s'appliquent plus et les descendants de l'enfant prédécédé doivent être considérés comme omis, bien que leur auteur soit compris dans le partage. Mais il faudrait évidemment réserver le cas où il serait possible de dire que le partage contient une substitution vulgaire au profit des descendants de l'enfant prédécédé.

Nous avons déjà examiné la question [1].

3679. Nous avons à peine besoin de dire que l'application de l'art. 1078 ne dépend point de la forme revêtue par le partage d'ascendant. Dès qu'il y a partage d'ascendant et que l'un des enfants qui doivent y figurer est omis, l'art. 1078 doit être appliqué [2].

3680. Enfin, il n'est pas douteux que l'art. 1078 resterait applicable, alors que l'ascendant aurait fait à l'enfant omis des libéralités préciputaires, destinées à lui procurer, dans son patrimoine, une part équivalente à celle qu'il aurait dû recevoir en tant que copartagé [3].

B. *De la nullité qu'entraine l'omission d'un enfant.*

3681. L'omission d'un descendant qui aurait dû être compris dans le partage, fût-ce d'un enfant posthume, a pour résultat de le rendre *nul pour le tout*.

Ces expressions, que la loi n'emploie pas ordinairement, signifient, sans doute, que le partage est alors *nul de nullité*

[1] V. ci-dessus n. 3540 et n. 3640.

[2] V., sur une espèce intéressante, Cass., 5 novembre 1877, S., 78. 1. 214, D. 78. 1. 372.

[3] V. notamment Limoges, 8 mars 1843, S., 44. 2. 82, D., 44. 2. 100.

absolue ou mieux *inexistant*. Cela se conçoit à merveille, car il est de l'essence du partage qu'il soit fait entre tous les ayants-droit, par conséquent, lorsque l'un de ceux-ci a été omis, le partage manque d'une condition nécessaire à son existence.

Cette induction est fortifiée encore par la partie finale de l'art. **1078**, déjà citée, où on lit :

« *Il en pourra être provoqué un nouveau dans la forme* » *légale, soit par les enfants ou descendants qui n'y auront* » *reçu aucune part, soit même par ceux entre qui le partage* » *aurait été fait* ».

Ainsi nous voyons : d'une part, qu'un nouveau partage peut être demandé sans qu'il soit nécessaire de faire prononcer la nullité de l'ancien (la loi ne parle pas d'une action en nullité à intenter contre le partage); et, d'autre part, ce nouveau partage peut être demandé par tous les intéressés, même par ceux qui ont été compris dans l'ancien (1).

Ce sont bien là les caractères auxquels on reconnaît l'acte inexistant (2).

3682. La conséquence la plus importante qui résulte de l'inexistence du partage concerne la prescription.

Dès l'instant qu'aucune action en nullité ne doit être intentée pour faire tomber le partage, les enfants qui demandent à se prévaloir de l'art. **1078** ne peuvent se voir opposer aucune prescription autre que celle qui atteint l'action en pétition d'hérédité elle-même, ou, plus exactement, l'action en partage, puisque c'est sous cette forme que doit se présenter l'action en pétition d'hérédité dans l'hypothèse dont il s'agit (3).

3683. Une autre conséquence non moins certaine de l'inexistence du partage tombant sous le coup de l'art. **1078**, c'est qu'il ne serait point susceptible de confirmation ou de ratifica-

(1) V. notamment Aubry et Rau, VIII, p. 14, § 730, note 9. Ces auteurs abandonnent, sur ce point, une distinction qu'ils avaient précédemment faite, et que condamnait, du reste, le texte même de l'art. 1078.

(2) *Sic*, Laurent, XV, n. 94 ; Huc, VI, n. 443.

(3) *Sic*, Besançon, 23 mars 1880, S., 81. 2. 92, D., 81. 2. 15. — *Sic*, sur la règle, Demolombe, *Don.*, VI, n. 217 ; Aubry et Rau, VIII, p. 14 et 15, § 730 ; Requier, n. 230 ; Laurent, XV, n. 95 ; Huc, VI, n. 443.

tion, soit expresse, soit tacite; on ne confirme pas le néant [1].

3684. S'il est inexistant comme partage, le partage d'ascendant qui contrevient aux dispositions de l'art. 1078 ne pourrait-il être maintenu à titre de donation?

On l'a soutenu.

L'art. 1078, dit-on, vise uniquement le partage effectué par l'ascendant : il n'attache à l'omission d'un enfant d'autre conséquence que la possibilité de provoquer un nouveau partage. Donc, il ne concerne que les rapports des enfants qui viennent effectivement à la succession de l'ascendant. Pour ceux qui restent en dehors de cette succession, à raison d'une renonciation ou d'un prédécès, l'acte inexistant comme partage reste et doit rester valable à titre de donation [2].

3685. Mais cette opinion nous semble manifestement inadmissible.

Nous avons vu que le partage d'ascendant entre vifs ne se constituait pas par la juxtaposition d'une donation et d'un partage, mais qu'il fallait voir en lui un acte unique. C'est cet acte unique que la loi déclare inexistant, et, partant, il ne peut s'agir de le décomposer, pour échapper aux conséquences de cette inexistence. Même s'ils restent étrangers à la succession de l'ascendant, les enfants compris dans un partage entre vifs qui tombe sous le coup de l'art. 1078 ne sauraient donc être admis à conserver, à titre de donataires, les biens que ce partage leur avait attribués [3].

C'est en ce sens que se prononcent les derniers arrêts qui ont eu à se prononcer sur la question [4].

Nous reviendrons, du reste, sur la question à propos des effets de la rescision pour cause de lésion [5].

3686. Autre est la question de savoir si l'application de l'art. 1078 doit entraîner la nullité des libéralités que peut contenir l'acte de partage, lorsque ces libéralités sont indépendantes du partage lui-même.

[1] *Sic*, Besançon, 23 mars 1880, précité. — V. également Laurent, XV, n. 95; Huc, VI, n. 443.

[2] V. notamment Demolombe, *Don.*, VI, n. 169 et s.

[3] *Sic*, Laurent, XV, n. 97.

[4] V. notamment Lyon, 6 mars 1878, S., 78. 2. 201, D., 78. 2. 65.

[5] V. plus loin, n. 3739 et suivants.

Nous nous bornons à renvoyer aux développements que nous avons déjà consacrés à la question [1].

3687. Nous avons à peine besoin de dire que l'inexistence du partage qui contrevient aux dispositions de l'art. 1078 entraîne l'anéantissement de tous les droits constitués par les copartageants sur les biens mis dans leur lot. La jurisprudence n'hésite point à l'admettre, quand il s'agit de la rescision pour cause de lésion [2] ; *à fortiori*, doit-il en être de même ici. Il importe de le constater à propos des partages entre vifs, puisque les biens qui font l'objet de ces partages figurent dans le patrimoine des enfants du jour où le partage a été effectué.

3688. Toutefois, si, par l'effet du nouveau partage, les biens aliénés par l'un des copartagés se trouvaient replacés dans le lot de l'aliénateur, nous n'hésitons pas à croire qu'il faudrait maintenir l'aliénation.

C'est l'opinion qui prévaut en jurisprudence, au moins quand il s'agit de la rescision pour cause de lésion, et elle est trop manifestement équitable pour qu'on hésite à la généraliser [3].

N° 2. De la rescision pour cause de lésion.

3689. Le partage d'ascendant, comme tout autre partage, est rescindable pour cause de lésion de plus du quart. Le principe n'est pas douteux, puisqu'il est formellement écrit dans l'art. 1079-1°.

Aux termes de ce texte :

« *Le partage fait par l'ascendant pourra être attaqué pour* » *cause de lésion de plus du quart* ».

L'égalité est de l'essence de tout partage. Lorsqu'elle est ouvertement violée, le partage est vicié dans son essence même et ne saurait être maintenu. Aussi, même en dehors de la disposition de l'art. 1079, on aurait pu soutenir qu'on devait appliquer au partage d'ascendant la disposition de l'art.

(1) V. ci-dessus n. 3539 et suivants.

(2) V. notamment Riom, 14 décembre 1886, S., 88. 2. 158, D., 88. 2. 21, et les arrêts cités en note. — V. en outre ci-dessous, n. 3737.

(3) V. notamment Cass., 26 juillet 1887, S., 87. 1. 377, D., 89. 1. 71.

887-2° du code civil, comme on lui applique celles des art. 884 et suivants, relatives à la garantie entre copartageants.

3690. Quoi qu'il en soit, la disposition de l'art. 1079-1° évite toute difficulté sur le principe même de l'action. Mais il est permis de regretter que le législateur se soit borné à poser le principe de l'action, sans d'ailleurs en réglementer les conditions d'exercice.

Son laconisme, sur ce point, est la source de sérieuses difficultés.

C'est ce que nous allons vérifier en recherchant successivement :

1° Les cas d'application de l'art. 1079-1° ;

2° Les règles relatives à l'estimation des biens ;

3° L'époque de l'ouverture de l'action en rescision que l'art. 1079-1° permet d'exercer contre le partage et en quelle qualité cette action peut être exercée ;

4° La durée de cette action ;

5° Sa nature et les effets qu'elle entraîne.

A. *Des cas d'application de l'art.* 1079-1°.

3691. Le principe qui domine l'application de l'art. 1079-1°, c'est que, pour apprécier s'il y a ou non lésion de plus du quart, on doit s'attacher uniquement aux attributions que fait le partage à chacun des enfants copartagés.

C'est donc uniquement par rapport aux biens compris dans le partage que la lésion doit s'apprécier.

On ne saurait, dans cette appréciation, faire entrer en ligne de compte les biens qui sont restés en dehors de l'opération : par exemple, les biens dont l'ascendant a disposé au profit d'étrangers, ou ceux qu'il a donnés par préciput et hors part à l'un de ses successibles.

En d'autres termes, pour qu'un des descendants copartagés ait le droit d'attaquer le partage pour cause de lésion, il faut et il suffit que sa part soit inférieure de plus d'un quart à celle qu'il aurait dû obtenir dans une distribution *des biens partagés*, faite sur le pied de la plus stricte égalité. L'action en rescision pour cause de lésion est la sanction du principe d'égalité entre les copartageants, et il est clair qu'il ne peut être question d'observer cette égalité que relativement aux biens compris dans le partage. Le principe n'est pas douteux : il est admis par presque tous les auteurs [1].

3692. Et d'abord cette circonstance, que la part attribuée à l'un des copartagés est égale ou même supérieure à sa réserve, ne saurait faire obstacle à ce qu'il intente l'action en rescision, s'il a été lésé de plus du quart dans le partage.

Ainsi un père a deux enfants et une fortune égale à 24,000 f. : la réserve de chaque enfant est donc de 8,000 fr., et la quotité disponible est de pareille somme (art. 913) ; dans le partage qu'il fait de tous ses biens entre ses deux enfants, le père attribue à l'un un lot valant 15,500 fr., et à l'autre un lot valant 8,500 fr. Ce dernier, bien qu'il ait reçu 500 fr. de plus que sa réserve, pourra cependant demander la rescision du partage, parce qu'il est lésé de plus du quart. En effet, dans un partage où l'égalité aurait été observée, il aurait dû obtenir 12,000 fr.; or, il n'en a obtenu que 8,500 ; il est donc lésé de 3,500 fr., par conséquent de plus du quart.

3693. Il est également certain qu'un enfant ne pourra pas toujours, pour cause de lésion, demander la rescision d'un partage dans lequel il a reçu un lot d'une valeur inférieure au montant de sa réserve.

Ainsi, en reprenant l'espèce qui précède, supposons que le père ait disposé au profit d'un étranger de sa quotité disponible, qui est égale à 8,000 fr.; il partage le surplus, soit 16,000 fr., entre ses deux enfants ; le lot qu'il attribue à l'un vaut 9,000 fr. ; par conséquent, celui qui revient à l'autre vaut 7,000 fr. seulement. Bien que ce dernier ait reçu en définitive, 1,000 fr. de moins que sa réserve, il ne pourra pas faire rescinder le partage pour cause de lésion, parce qu'il n'est pas lésé de plus du quart, par rapport aux biens compris dans le partage. En effet, ces biens valant 16,000 fr., une distribution rigoureusement égale aurait dû donner 8,000 fr. à chaque enfant ; or, pour être lésé de plus du quart, il faudrait qu'un d'eux eût obtenu moins de 6,000 fr. La seule action qui, en

[1] *Sic*, Huc, VI, n. 444 ; Laurent, XV, n. 107 ; Aubry et Rau, VIII, p. 36, § 734 ; Demolombe, *Don.*, VI, n. 176. — V. cep. Bonnet, II, n. 572 à 576 ; Barafort, *Part. d'ascend.*, p. 50.

pareil cas, pourrait appartenir à l'enfant lésé serait une action en réduction pour atteinte à la réserve. La jurisprudence et les auteurs s'accordent à le reconnaître [1].

3694. Enfin, l'action en rescision pour cause de lésion pourra quelquefois être intentée par un enfant qui se trouve avoir, en définitive, plus que la part qu'il aurait dû obtenir dans une distribution rigoureusement égale de tous les biens de son ascendant.

Ainsi, en revenant toujours à notre espèce, le père, après avoir donné par préciput et hors part sa quotité disponible, égale à 8,000 fr., à l'un de ses enfants, opère entre eux le partage du surplus de ses biens, ayant une valeur de 16,000 fr.; le lot attribué à l'enfant préciputaire se trouve ne valoir que 5,000 fr., tandis que le lot de l'autre en vaut 11,000. L'enfant préciputaire pourra demander la rescision du partage, car il est lésé de plus du quart. Et cependant, en réunissant la valeur du lot que le partage lui a attribué à la valeur des biens qui lui ont été donnés par préciput, on arrive au chiffre de 13,000 fr. (8,000 + 5,000), somme supérieure de 1,000 fr. à la moitié de tous les biens composant le patrimoine du père.

La jurisprudence s'est plusieurs fois prononcée en ce sens [2] et c'est aussi l'opinion des auteurs [3].

3695. Il en serait d'ailleurs ainsi, non seulement si la libéralité préciputaire était antérieure au partage, mais même si elle était faite dans l'acte même de partage ou par acte postérieur, à moins que, dans ces derniers cas, la libéralité préciputaire n'eût été faite par l'ascendant précisément en vue de réparer l'inégalité du partage [4].

3696. Si un ascendant a fait plusieurs partages partiels, on

(1) *Sic*, Cass., 30 juin 1852, S., 52. 1. 735, D., 54. 1. 434; 17 août 1863, S., 63. 1. 529, D., 64. 1. 29. — Dans le même sens Aubry et Rau, VIII, p. 37, § 734; Demolombe, VI, *Don.*, n. 176.

(2) V. notam. Caen, 21 nov. 1838, S., 38. 2. 419, D. *Rép.*, v° *Disp. entre vifs*, n. 4601. — Nîmes, 8 novembre 1864, S., 65. 2. 74.

(3) *Sic*, Aubry et Rau, VIII, p. 37, § 734, texte et note 8. — Demolombe, *Don.*, VI, n. 177; Genty, p. 306. — V. cep. Réquier, n. 179.

(4) *Sic*, Montpellier, 5 juillet 1853, S., 53. 2. 692, D., 54. 2. 63. — Dans le même sens, Aubry et Rau, VIII, p. 38, § 734, texte et note 9; Demolombe, *Don.*, VI, n. 177 *bis*.

ne doit pas les isoler les uns des autres, pour apprécier si l'un des cohéritiers a été lésé de plus du quart; car il est possible que la lésion subie par un des cohéritiers dans l'un de ces partages ait été réparée dans les autres.

Il faudra donc apprécier la lésion sur l'ensemble des opérations. C'est l'opinion unanime des auteurs [1] et des arrêts [2].

3697. Le principe posé par l'art. 1079-1° est, d'ailleurs, absolument général et s'applique à tous les partages d'ascendant, sous quelque forme qu'ils se présentent. C'est ce que le législateur décide expressément pour le partage ordinaire [3]. C'est ce que nous devons décider, par analogie, pour le partage d'ascendant.

Il n'est pas douteux, notamment, que les partages cumulatifs faits par deux ou plusieurs ascendants sont, comme les partages émanant d'un seul, rescindables pour cause de lésion de plus du quart.

3698. Le partage d'ascendant ne pourrait échapper à l'application de l'art. 1079-1° qu'autant qu'il se présenterait avec le caractère d'un contrat aléatoire, librement accepté par les enfants entre lesquels il a été effectué.

En pareil cas, il faudrait, à notre avis, appliquer par analogie l'art. 889 du C. civ. [4].

C'est, bien entendu, aux juges du fait qu'il appartiendrait d'apprécier la portée et les effets des stipulations invoquées pour établir le caractère aléatoire d'un partage d'ascendant et le soustraire ainsi à l'application de l'art. 1079-1° [5].

3699. Nous ne pensons d'ailleurs pas que la portée de la règle de l'art. 1079-1° soit plus absolue que celle de la règle posée dans l'art. 887.

Aussi n'hésitons-nous pas à croire qu'il faut étendre au partage d'ascendant les dispositions de l'art. 891 du C. civ.

[1] *Sic*, Laurent, XV, n. 108; Aubry et Rau, VIII, p. 38, § 734; Demolombe, *Don.*, VI, n. 179; Réquier, n. 176; Bonnet, II, n. 571.

[2] V. not. Cass., 18 déc. 1854, S., 55. 1. 572, D., 55. 1. 55.

[3] V. l'art. 888 du code civil.

[4] V. sur ce point, l'art. 889 du code.

[5] V. sur une hypothèse intéressante, Cass., 24 oct. 1888, S., 89. 1. 172. — V. également Agen, 21 janv. 1836, S., 36. 2. 266, D., 36. 2. 121.

et décider que les copartagés peuvent arrêter le cours de l'action en offrant à l'enfant lésé de réparer le préjudice que lui cause le partage.

La décision de l'art. 891 est trop équitable et trop utile pour qu'on refuse d'en faire l'application au partage d'ascendant.

C'est l'opinion de tous les auteurs (1) et la jurisprudence est fixée dans le même sens (2).

3700. Quant au supplément qui doit être offert au copartagé lésé, il doit comprendre l'intégralité de ce qui manque à son lot pour assurer l'égalité du partage entre les différents copartagés.

C'est ainsi que, dans un partage comprenant l'universalité des biens de l'ascendant, l'action en rescision pour lésion ne pourrait être arrêtée par l'offre qu'on ferait au copartagé lésé de compléter sa réserve, mais seulement par l'offre du complément d'une part héréditaire égale à celle que recueillent les autres copartagés (3).

3701. Enfin, l'action en rescision pour cause de lésion de plus du quart ne pourrait permettre aux copartagés lésés de demander la rescision du partage, si l'ascendant avait décidé qu'en cas d'inégalité dans la composition des lots, il donnait ou léguait, par préciput et hors part, aux copartagés appelés à bénéficier des lots plus avantageux, l'excédant de valeur que ces lots pouvaient présenter sur les lots des autres copartagés.

Que, par une clause de ce genre, l'ascendant ne puisse arriver à priver l'un de ses descendants d'une portion quelconque de sa réserve, cela nous paraît incontestable et cela n'est point contesté (4).

Mais, par contre, il ne nous paraît pas douteux que, si les inégalités résultant du partage laissent à chacun des copartagés l'intégralité de leur réserve, la clause dont nous par-

(1) V. notamment Réquier, n. 183; Aubry et Rau, VIII, p. 40, § 734; Demolombe, *Don.*, VI, n. 181; Huc, VI, n. 446.

(2) V. notamment Cass., 17 août 1863, S., 63. 1. 529, D., 64. 1. 29. — Toulouse, 13 juin 1836, S., 36. 2. 556.

(3) *Sic*, Cass., 22 juill. 1879, S., 80. 1. 399, D., 80. 1. 213.

(4) *Sic*, Cass., 22 juill. 1879 précité ainsi que les arrêts cités en note. — V. également ci-dessous, n. 3787.

lons doive être considérée comme légale et obligatoire. On ne pourrait la tenir pour non écrite qu'autant qu'elle apparaîtrait comme contraire à une loi d'ordre public. Or, n'est-il pas évident que, dans le partage d'ascendant, ce caractère ne saurait appartenir à la loi de l'égalité, autrement que dans la mesure où elle oblige l'ascendant a donner à chacun de ses enfants la part de réserve à laquelle il a droit? En dehors de cette mesure, la volonté de l'ascendant est souveraine, puisque les dispositions susceptibles de troubler l'égalité entre ses enfants ne peuvent alors se heurter à aucune loi d'ordre public qui oblige à les considérer comme non écrites.

La jurisprudence est en ce sens [1] et c'est aussi l'opinion des auteurs [2].

3701 *bis*. Il est également certain, et pour les mêmes raisons, que les clauses pénales édictées par l'ascendant contre ceux de ses descendants qui attaqueraient le partage pour cause de lésion de plus du quart seraient licites et obligatoires, pourvu qu'elles ne tendissent point à protéger les attributions d'un partage portant atteinte aux règles de la réserve [3].

B. *Des règles relatives à l'estimation des biens compris dans le partage.*

3702. Pour savoir si l'ascendant a violé entre ses enfants la règle de l'égalité des partages, il faut nécessairement procéder à l'estimation des biens partagés. C'est aux résultats de cette estimation qu'est subordonnée la question de savoir si l'un des copartagés est lésé de plus du quart et si le partage doit être rescindé pour cause de lésion.

Il importe donc de préciser les règles qui doivent dominer cette estimation.

3702 *bis*. Rappelons auparavant que, si ces règles s'imposent aux tribunaux, l'application qu'ils en font est une ques-

(1) V. notamment Montpellier, 6 mars 1871, D., 71. 2. 252.

(2) *Sic*, Laurent, XV, n. 127; Réquier, n. 188.

(3) *Sic*, Cass., 22 juill. 1874, S., 74. 1. 479, D., 75. 1. 453. — Chambéry, 8 juill. 1873, S., 74. 2. 12, D., 74. 2. 12. — V. également la note détaillée sous Caen, 9 juin 1874, S., 76. 2. 233.

tion de pur fait échappant, à ce titre, au contrôle de la cou de cassation [1].

a. *Du partage testamentaire.*

3703. Lorsque le partage d'ascendant est effectué par tes tament, la règle est certaine.

On applique le principe posé par l'art. 890 du C. civ. : le biens sont appréciés d'après leur état et leur valeur au mo ment du décès de l'ascendant.

C'est à ce moment seulement que le partage testamentair existe et produit ses effets. Jusque là le partage reste u simple projet.

Il ne peut s'agir de se placer à un autre moment pour esti mer les biens qui y sont compris et résoudre la question d savoir si l'ascendant a violé l'égalité qu'il devait observer [2]

b. *Du partage entre-vifs.*

3704. Lorsque le partage d'ascendant est fait par act entre vifs, la jurisprudence de la cour de cassation peut êtr considérée comme définitivement fixée sur les trois point suivants :

1° Les biens compris dans un partage entre vifs doiven être estimés d'après leur état au jour du partage [3] ;

2° Les biens compris dans un partage d'ascendant doiven être estimés d'après leur valeur au moment du décès de l'as cendant [4] ;

3° Ces règles d'estimation sont communes et aux meuble et aux immeubles [5].

Telles sont les trois règles que la jurisprudence constant de la cour suprême a fait prévaloir dans le domaine de la

(1) *Sic*, Cass., 16 juillet 1883, S., 85. 1. 419, D., 84. 1. 390.

(2) *Sic*, Demolombe, *Don.*, VI, n. 182 ; Aubry et Rau, VIII, p. 38, § 734 et tous les auteurs.

(3) V. notamment Cass., 4 juin 1862, S., 62. 1. 785, D., 62. 1. 401 ; 29 août 1864 S., 64. 1. 433, D., 64. 1. 345 ; 24 juin 1868, S., 68. 1. 330, D., 68. 1. 289 ; 15 ma 1876, S., 76. 1. 420, D., 76. 1. 322, ainsi que les arrêts cités dans Fuzier-Herman sur l'art. 1079, n. 25.

(4) V. notamment Cass., 18 février 1851, S., 51. 1. 340, D., 51. 1. 294 ; 4 juin 1862, précité ; 24 juin 1868, précité ; 15 mai 1876, précité, ainsi que les arrêts cités dans Fuzier-Herman, sur l'art. 1079, n. 31.

(5) V. notamment Cass., 16 décembre 1878, S., 79. 1. 373, D., 79. 1. 223.

pratique. Mais elle n'a pu encore les imposer dans le domaine des discussions théoriques.

3705. Sur la première règle, tout le monde est d'accord. C'est d'après leur état au moment du partage que doivent être estimés les biens compris dans un partage d'ascendant entre vifs (1).

Sur l'art. 922 du C. civ., nous avons rencontré une règle d'estimation identique.

Nous n'avons qu'à renvoyer aux explications que nous avons fournies à ce sujet (2).

3705 *bis*. Mais si, sur cette première règle, tout le monde est d'accord, il est loin d'en être ainsi sur la seconde. Après une longue résistance (3), les cours d'appel ont fini par se ranger à l'opinion constamment affirmée par la cour de cassation (4). Quelques auteurs s'y sont ralliés (5) ; mais la plupart protestent encore contre la solution qu'a fait prévaloir la cour suprême (6).

C'est avec raison, pensons-nous.

L'égalité doit évidemment être l'œuvre de l'ascendant. Or comment admettre que l'ascendant qui partage ses biens entre vifs ne s'attache pas à leur valeur au moment où il les partage ? Comment admettre qu'un partage, parfaitement légal et régulier au moment où l'ascendant y procédait, puisse ultérieurement devenir illégal et irrégulier, par suite de changements survenus dans la valeur des biens partagés ? L'ascendant a établi une égalité parfaite entre ses enfants et le partage qu'il a régulièrement effectué deviendrait ultérieurement rescindable pour cause de lésion ?

(1) V. notamment Demolombe, *Don.*, VI, n. 217 s. ; Aubry et Rau, VIII, p. 38, § 734 et les auteurs cités dans Fuzier-Herman, sur l'art. 1079, n. 25.

(2) V. ci-dessus, I, n. 904 s.

(3) V. notamment Agen, 8 juillet 1868, S., 68. 2. 250, D., 68. 2. 241 et 31 décembre 1868, S., 69. 2. 17, D., 69. 2. 9, ainsi que les arrêts cités dans Fuzier-Herman, sur l'art. 1079, n. 27.

(4) V. notamment Bourges, 22 décembre 1879, S., 80. 2. 200, D., 80. 2. 118.

(5) *Sic*, Demolombe, *Don.*, VI, n. 182 et 183, 217 s. ; Aubry et Rau, VIII, p. 39, § 734 et les auteurs cités dans Fuzier-Herman, sur l'art. 1079, n. 33.

(6) V. notamment Réquier, n. 186 ; Laurent, XV, n. 122 s. ; Huc, VI, n. 445 ; Labbé, *Journ. du Pal.*, 1863, p. 934 s. et 1878, p. 369 ; Larombière, *Des oblig.*, IX, art. 1304, n. 41 à 43.

Sans doute, s'il fallait considérer avec certains auteurs que, pendant la vie de l'ascendant, le partage entre vifs ne peut être considéré comme un partage, qu'il ne peut devenir tel qu'à la mort de l'ascendant, on pourrait facilement admettre la règle d'estimation que nous combattons (1). Mais si, au contraire, comme nous l'avons soutenu (2), le partage d'ascendant doit être, du jour où il est effectué, considéré comme un partage et en produire les effets, il paraît bien difficile de se ranger à l'opinion de la cour de cassation qui, dans la pratique, aboutit parfois à consacrer de déplorables résultats (3).

3706. En réalité, ce qui paraît avoir entraîné la jurisprudence de la cour suprême, c'est la solution qu'elle donne sur une question que nous allons avoir bientôt à examiner l'époque de l'ouverture de l'action en rescision pour lésion contre les partages entre vifs.

Elle admet, nous le verrons (4), que cette action s'ouvre seulement au moment du décès de l'ascendant. Elle a été amenée à en conclure que c'était à ce moment seulement qu'il fallait se placer pour savoir s'il y avait lésion.

Qu'il y ait, entre ces deux questions, une certaine corrélation, nous ne songeons point à le nier.

Mais cette corrélation n'a rien de nécessaire. On conçoit très bien que l'exercice de l'action en rescision soit impossible et sa prescription suspendue pendant la vie de l'ascendant, sans que, pour cela, le partage n'existe point encore Les art. 1075 et 1076 nous paraissent établir, jusqu'à l'évidence, que le partage d'ascendant entre vifs doit être considéré comme un partage, du jour même où il est effectué. Or c'est au moment où il y a partage que l'égalité doit être observée, et c'est seulement si elle est violée à ce moment, que le partage peut être rescindable pour cause de lésion.

Qu'importe que les enfants lésés ne puissent agir qu'après

(1) V. ci-dessus, n. 3658.

(2) V. ci-dessus, n. 3659.

(3) V. notamment Laurent, XV, n. 122; Réquier, *Observ. sur l'arrêt de cassation du 24 juin 1868*.

(4) V. ci-dessous, n. 3710.

le décès de l'ascendant, cela n'implique nullement qu'ils ne puissent et ne doivent pas se reporter au moment du partage, pour savoir si celui-ci doit être ou non considéré comme légalement égal.

Nous n'insistons pas davantage, car, au moins en pratique, le débat paraît tranché.

3707. Quant à la troisième règle, elle n'est point également admise par tous les auteurs.

Les auteurs qui ne voient dans le partage entre vifs qu'un ensemble de donations en avancement d'hoirie ont été naturellement conduits à établir ici la distinction que les art. 859 et 868 du C. civ. établissent, en matière de rapport, entre les meubles et les immeubles; ceux-ci seuls doivent être estimés d'après leur valeur au jour du décès, ceux-là d'après leur valeur au jour de la donation [1].

Cette distinction est, au contraire, repoussée par les auteurs qui n'admettent pas le point de départ dont on la fait découler; ces auteurs maintiennent une règle commune, et pour les meubles, et pour les immeubles : la règle que pose l'art. 922 du C. civ. [2].

3708. Nous savons que, par acte entre vifs, les père et mère peuvent faire, entre leurs enfants communs, un partage cumulatif de tous leurs biens.

En pareil cas, la jurisprudence admet que, sans distinction d'origine, les biens qui figurent dans un de ces partages doivent tous être estimés d'après leur valeur au moment du décès du survivant des père et mère [3].

C'est, du reste, à ce moment-là seulement, nous le verrons, qu'il est possible d'attaquer, pour cause de lésion [4], de semblables partages.

Aussi ne doit-on pas s'étonner de la règle qui a prévalu en ce qui concerne l'estimation.

Il serait, d'ailleurs, peu rationnel et peu conforme à la volonté des père et mère que des biens, confondus par eux

[1] *Sic*, Genty, p. 319; Demolombe, *Don.*, VI, n. 222.
[2] Aubry et Rau, VIII, p. 39, § 734; Bonnet, II, n. 649.
[3] *Sic*, Cass., 26 déc. 1876, S., 77. 1. 153, D., 77. 1. 171.
[4] V. ci-dessous, n. 3715.

en une masse unique, fussent estimés d'après des règles différentes, suivant leur origine paternelle ou maternelle, et que, d'après cette origine, on dût estimer les uns d'après leur valeur au moment du décès du père, les autres d'après leur valeur au moment du décès de la mère [1].

C. *De l'époque de l'ouverture de l'action et en quelle qualité peut elle être exercée.*

3709. Lorsque le partage est fait par acte testamentaire, l'action en rescision ne peut s'ouvrir que lors du décès de l'ascendant; cela est sans difficulté, car, jusqu'à cette époque, le partage constitue un simple projet, que l'ascendant peut modifier ou abandonner à son gré [2].

3710. En est-il de même lorsque le partage est fait par acte entre vifs?

La jurisprudence a varié sur ce point.

La cour de cassation a commencé par juger que l'action en rescision résultant d'un partage fait par acte entre vifs, s'ouvrait immédiatement après le partage; elle juge maintenant, et depuis de longues années, que cette action s'ouvre seulement au décès de l'ascendant [3].

La cour assimile donc, au point de vue qui nous occupe, l'action en rescision pour cause de lésion qui naît d'un partage entre vifs, à celle qui naît d'un partage testamentaire.

3711. Bien que la plupart des auteurs se prononcent dans le même sens que la cour suprême [4], il nous paraît douteux qu'en réformant sa première jurisprudence, la cour se soit montrée plus scrupuleuse observatrice de la loi.

En principe, l'action en rescision d'un contrat s'ouvre dès que ce contrat est devenu parfait, dès qu'il produit ses effets.

[1] V. cep. Bordeaux, 28 avril 1875, S., 75. 2. 217. — V. également Laurent, XV, n. 118.

[2] *Sic*, Demolombe, *Don.*, VI, n. 214; Aubry et Rau, VIII, p. 41, § 734; Laurent, XV, n. 40.

[3] *Sic*, Cass., 14 juillet 1852, S., 52. 1. 749. D., 52. 1. 203; 23 mars 1887, S., 87. 1. 152, D., 87. 1. 400, et les arrêts cités en note.

[4] V. notamment Demolombe, *Don.*, VI, n. 220; Bonnet, II, n. 627; Aubry et Rau, VIII, p. 41, § 734 et les auteurs cités dans Fuzier-Herman, sur l'art. 1079, n. 47.

:ela résulte de l'art. 1304 du code civil. Or, du jour où il est ffectué, le partage entre vifs devient parfait. La conclusion nécessaire c'est que, de ce jour même, l'action en rescision, qui menace son existence, doit s'ouvrir contre lui.

Sans doute, s'il fallait admettre que le partage entre vifs n'existe en tant que partage qu'à compter du décès de l'ascendant qui l'a effectué, il serait exact de reculer jusqu'à ce moment l'époque de l'ouverture de notre action.

Mais nous avons rejeté le principe; nous avons vu, au conraire, que, fait entre vifs, le partage d'ascendant est un parage et en produit les effets du jour où il a été consenti par 'ascendant et accepté par les enfants (1). En même temps que e principe, il faut rejeter la conséquence.

3712. Nous reconnaissons volontiers qu'il y aurait eu de bonnes raisons pour reculer jusqu'au jour de la mort de 'ascendant l'époque de l'ouverture de l'action en rescision pour cause de lésion. Incontestablement, cette solution eût été plus en harmonie avec l'art. 1078 que la solution que nous croyons devoir soutenir. Mais nous ne pouvons, dans l'art. 1079, suppléer une solution qui se trouve seulement dans 'art. 1078 (2).

Dira-t-on que c'est seulement en qualité d'héritiers que les enfants peuvent avoir droit à un partage égal des biens de leur père entre eux? C'est oublier que, de son vivant, celui-ci peut donner à ses enfants, sur ses biens, les droits qu'il lui plaît de leur concéder. Or, quand, de son vivant, il fait entre eux le partage de ses biens, il s'agit précisément de savoir s'il ne leur donne pas d'avance ce droit à l'égalité du partage qu'ils n'auraient pu réclamer qu'en qualité d'héritiers.

Restent des considérations morales que les arrêts developpent avec beaucoup de force. L'ascendant ne doit rien à ses enfants tant qu'il vit, il se dépouille pour eux volontairement. Quand bien même le partage est inégal, les enfants n'en doivent pas moins tout à leur père, et l'on veut qu'ils demandent la nullité d'un acte qui les gratifie, qu'ils accusent

(1) V. ci-dessus, n. 3659.
(2) V. cependant Demolombe, *Don.*, VI, n. 220.

leur père de les avoir lésés, alors qu'en réalité il les a avantagés?

Nous ne méconnaissons pas la force morale de ces considérations. C'est précisément parce qu'elles nous paraissent fondées, que nous pouvons regretter que la loi n'en ait pas tenu compte et n'ait point adopté, dans l'art. **1079**, la solution écrite dans l'art. **1078**.

Mais, en l'absence d'un texte, il faut nécessairement s'en tenir à la solution que les principes imposent. Cette solution c'est que l'action en rescision est possible contre le partage du jour où celui-ci est devenu parfait [1].

3713. Quoi qu'il en soit, dans la pratique, le débat est tranché en sens contraire : Un partage d'ascendant entre vifs ne peut être attaqué pour cause de lésion qu'après le décès de l'ascendant qui l'a effectué.

Toute action en rescision intentée pendant la vie de l'ascendant doit être écartée par une fin de non recevoir absolue qui ne serait même pas détruite par le décès de l'ascendant survenu depuis l'introduction de l'instance [2].

3714. Il est, d'ailleurs, bien évident que, pendant la vie de l'ascendant, les juges saisis de l'action en rescision pour lésion doivent se borner à la juger non recevable. Ils ne pourraient pas la déclarer définitivement mal fondée [3].

3715. La jurisprudence n'hésite point à appliquer aux partages cumulatifs faits par plusieurs ascendants la même règle qu'elle applique aux partages dans lesquels un seul ascendant figure.

Il en résulte que, dans les partages cumulatifs, c'est seulement au décès du dernier mourant des ascendants que s'ouvre l'action en rescision [4].

3716. Il en est ainsi du moins quand le partage cumulatif est fait d'une façon conjointe et indivisible par les ascendants qui y prennent part.

[1] *Sic*, Laurent, XV, n. 119 s.; Huc, VI, n. 445; Labbé, *Journ. du Palais*, 1878, p. 369.

[2] *Sic*, Limoges, 25 juin 1855, S., 55. 2. 511, D., 56. 2. 135.

[3] *Sic*, Cass., 18 déc. 1848, S., 49. 1. 257, D., 49. 1. 17.

[4] *Sic*, Cass., 2 janv. 1867, S., 67. 1. 60, D., 67. 1. 111; 18 juin 1867, S., 67. 1. 297, D., 67. 1. 274; 16 nov. 1885, S., 86. 1. 454, D., 86. 1. 395.

C'est, d'ailleurs, aux juges du fait qu'il appartient de vérifier souverainement si le partage cumulatif présente précisément ce caractère (¹).

3717. Mais, si la jurisprudence reste fidèle à la solution qu'elle a cru devoir adopter partout où elle se trouve en présence d'un partage d'ascendant, elle la rejette dès qu'il ne s'agit plus d'un partage qu'elle peut qualifier tel.

C'est le cas des partages dans lesquels l'ascendant se borne à abandonner à ses enfants des biens que ceux-ci se partagent ensuite.

A supposer qu'un semblable partage soit rescindable pour cause de lésion, les arrêts s'accordent à reconnaître qu'il ne saurait être question de retarder l'ouverture de l'action jusqu'au décès de l'ascendant (²).

3718. Ce sont les juges du fait qui apprécient souverainement, d'après les circonstances de la cause, le rôle joué par l'ascendant dans le partage, et qui décident, en conséquence, si ce partage peut ou non être considéré comme un partage d'ascendant (³).

3718 *bis*. La question de savoir en quelle qualité l'action en rescision peut être exercée par les enfants, est, en quelque sorte, liée à la solution de la question précédente.

Pour nous, c'est en qualité de copartagés que les enfants peuvent l'exercer. Or, à nos yeux, cette qualité ne suppose nullement la qualité d'héritier, pas plus dans le partage entre vifs que dans le partage testamentaire. Elle résulte de l'acceptation de la libéralité qui réalise le partage.

Nous ne pensons pas, du reste, qu'on puisse distinguer entre les droits et les obligations que comporte la qualité de copartagé. Dès l'instant que les enfants sont tels, de par la volonté de l'ascendant, ils ont, par cela même et par cela seul, droit à l'égalité légale des attributions réalisées par le partage, et peuvent se prévaloir de ce droit, comme ils doivent le subir.

(¹) V. Cass., 29 août 1864, S., 64. 1. 433, et les arrêts cités à la note précédente.

(²) *Sic*, Cass., 24 juin 1872, S., 73. 1. 77, D., 72. 1. 472. — Poitiers, 4 fév. 1878, S., 78. 2. 144, D., 78. 2. 67.

(³) V. notamment Cass., 23 mars 1887, S., 87. 1. 152, D., 87. 1. 400. — V. également Besançon, 11 fév. 1882, S., 82. 1. 107.

Aussi admettrions-nous que les enfants qui restent étrangers à la succession de l'ascendant peuvent exercer l'action en rescision pour lésion tout aussi bien que ceux qui viennent à cette succession [1].

3718 *ter*. Ce n'est pas là l'opinion dominante. C'est en qualité d'héritiers que les enfants peuvent avoir droit à l'égalité du partage des biens de la succession de l'ascendant. Ce ne peut être en vertu d'une libéralité, qu'ils doivent accepter ou refuser telle qu'elle est faite par l'ascendant. L'action, sanctionnant cette égalité à laquelle ils ont droit seulement en qualité d'héritiers, ne leur peut appartenir, en conclut-on, qu'autant qu'ils viennent à la succession et puisent dans leur qualité d'héritiers, des droits qui ne pourraient leur appartenir ni en qualité de donataires, ni en qualité de légataires copartagés. Cette qualité peut leur suffire, sans doute, quand il s'agit seulement d'assurer l'exécution du partage, effectué par l'ascendant entre eux. De là cette conséquence que, même renonçant à la succession de l'ascendant, les copartagés peuvent invoquer la garantie ou le privilège qui résultent du partage.

Mais on ne peut aller plus loin et leur simple qualité de copartagés ne saurait leur permettre de puiser, dans le partage même, le droit de l'anéantir et de détruire ainsi l'œuvre de l'ascendant, c'est-à-dire le seul titre qu'ils puissent invoquer [2].

La conclusion c'est que ce sont seulement les copartagés venant à la succession de l'ascendant qui peuvent intenter l'action en rescision pour cause de lésion, puisque c'est seulement en qualité d'héritiers de l'ascendant qu'ils peuvent exercer cette action.

D. *Durée de l'action.*

3719. Nous venons de voir à quel moment s'ouvre l'action en rescision pour cause de lésion.

[1] *Sic*, Bonnet, II, n. 522 s.

[2] *Sic*, Aubry et Rau, VIII, p. 35, § 734, note 5; Réquier, n. 181. — Comp. Demolombe, *Don.*, VI, n. 178.

Il nous reste à rechercher pendant combien de temps elle peut être exercée, à compter du moment où elle s'est ouverte.

Nous allons voir que le délai de la prescription susceptible de l'éteindre n'est pas le même suivant qu'il s'agit d'un partage entre vifs ou d'un partage testamentaire.

3720. Il est à peine besoin de dire que, si le délai de la prescription diffère, le point de départ en est le même, quelle que soit la forme du partage : c'est toujours, et dans tous les cas, le décès de l'ascendant.

C'est incontestable en ce qui concerne le partage testamentaire, même si le testament qui le contient n'était découvert qu'après le décès. Nulle part, en effet, notre législateur n'a sanctionné le prétendu principe qu'on voudrait appliquer ici : *Contra non valentem agere non currit præscriptio* (1).

3721. Ce n'est pas moins certain en ce qui concerne le partage entre vifs, au moins dans l'opinion d'après laquelle l'action en rescisions s'ouvre seulement au jour du décès de l'ascendant.

Il faudrait, dans notre opinion, placer le point de départ de la prescription au jour même du partage.

Nous ne revenons point sur le débat (2).

3722. Le point de départ de la prescription serait le même, alors que le partage serait seulement partiel, et qu'il resterait, au décès de l'ascendant, des biens indivis à partager entre les enfants.

On a dit que le point de départ de la prescription devait, dans ce cas, être retardé jusqu'au jour du partage des biens restés indivis, puisque ce nouveau partage peut réparer le vice de l'ancien.

La jurisprudence a refusé de l'admettre (3).

Et en effet, du jour du décès de l'ascendant, le partage existe et si, tel qu'il existe, il est rescindable, c'est à compter de ce moment que doit courir la prescription de l'action en rescision (4).

(1) *Sic*, Laurent, XV, n. 115.
(2) V. les citations dans Fuzier-Herman sur l'art. 1079, n. 112.
(3) *Sic*, Cass., 27 nov. 1865, S., 66. 1. 104, D., 66. 1. 216.
(4) V. sur ce point les observations de Laurent, XV, n. 117.

3723. Lorsqu'il s'agit d'un partage cumulatif, il ne peut s'agir de placer le point de départ de la prescription ailleurs qu'au décès du dernier mourant des ascendants, dès l'instant qu'on admet qu'avant ce moment l'action en rescision pour lésion ne saurait être exercé par les enfants copartagés [1].

Mais là encore, comme nous l'avons vu déjà, à propos de la question de savoir à quel moment s'ouvre l'action en rescision [2], il faut rechercher si le partage présenté comme cumulatif est bien réellement tel. Nous l'avons dit, ce caractère ne lui peut appartenir qu'autant que les ascendants ont réuni tous leurs biens en une masse unique.

C'est alors seulement que le partage et les attributions qui le constituent doivent être considérés comme indivisibles.

Mais il n'en serait point ainsi du cas où les ascendants se seraient bornés, par exemple, à réunir dans un même acte deux partages en réalité distincts.

Il y a alors deux prescriptions spéciales dont chacune a un point de départ différent : le décès de chacun des ascendants [3].

3724. Quant à la durée même du délai, il faut s'en tenir aux dispositions du droit commun, puisque nous ne trouvons dans la loi aucune décision spéciale.

Aussi ne nous paraît-il pas douteux que, lorsque le partage a été fait par acte testamentaire, l'action en rescision pour cause de lésion se prescrira seulement par trente ans, conformément au droit commun de l'art. 2262 du code civil. On ne peut pas songer à appliquer ici la prescription de dix ans. Cette prescription spéciale n'est établie par l'art. 1304 qu'en vue des *contrats*, et ne peut, par conséquent, s'appliquer au testament, qui est un *acte*.

Sauf quelques dissidences [4], les auteurs sont unanimes sur la question [5] et la jurisprudence est dans le même sens [6].

(1) *Sic*, Orléans, 29 juillet 1880, S., 84. 1. 259, D., 81. 2. 161.

(2) V. ci-dessus, n. 3716.

(3) V. Cass., 16 janv. 1867, S., 67. 1. 177, D., 67. 1. 153.

(4) Duranton, IX, n. 646; Genty, p. 328.

(5) V. notamment Réquier, n. 229; Demolombe, *Don.*, VI, n. 216; Laurent, XV, n. 114; Aubry et Rau, VIII, p. 42, § 734.

(6) V. notam. Cass., 25 nov. 1857, S., 58. 1. 209, D., 57. 1. 425.

3725. Lorsque le partage d'ascendant est effectué par acte ntre vifs, le délai de la prescription est fixé par l'art. 1304, ont les dispositions deviennent alors certainement appliables.

Les auteurs et les arrêts sont unanimes à le décider (1).

Quant au point de départ de ce délai, nous avons vu qu'on e plaçait au jour du décès de l'ascendant.

3726. Il est, d'ailleurs, incontestable qu'on ne pourrait le eporter à une époque ultérieure, en s'attachant à cette cironstance que la lésion n'aurait été découverte que plus ard (2).

3727. Il est également certain que, bien avant l'expiration les délais ci-dessus, l'action en rescision peut être éteinte ar l'effet des renonciations dont elle serait l'objet de la part les intéressés.

Nous verrons, en effet, que la nullité résultant de l'art. 079-1° est une nullité simplement relative, introduite uniquement dans l'intérêt des copartagés lésés. Il suffira donc ue ceux-ci confirment le partage rescindable, pour que celui-i soit désormais à l'abri de l'action en rescision.

3728. Les confirmations de nature à entraîner l'extinction les actions en rescision pour lésion des partages d'ascenlants sont soumises au droit commun des renonciations.

C'est ainsi que, pour être valable, la confirmation d'un artage rescindable doit nécessairement émaner d'un coparagé capable d'aliéner les biens compris dans le partage. La emme dotale, par exemple, qui a cependant qualité pour oncourir au partage de ses biens dotaux, serait néanmoins ncapable de confirmer un partage rescindable intervenu elativement à ces biens (3).

3729. C'est ainsi, également, que la confirmation d'un parage rescindable pour cause de lésion peut être tacite aussi ien qu'expresse.

(1) *Sic*, Cass., 25 nov. 1865, S., 66. 1. 104, D., 66. 1. 217, ainsi que les arrêts et es auteurs cités dans Fuzier-Herman sur l'art. 1079, n. 102.

(2) *Sic*, Aubry et Rau, VIII, p. 41, § 734; Demolombe, *Don.*, VI, n. 231 *bis*; Réquier, n. 236.

(3) *Sic*, Cass., 2 juill. 1866, S., 66. 1. 399, D., 66. 1. 389. — Dans le même sens, Réquier, n. 249; Aubry et Rau, VIII, p. 43, § 734; Laurent, XV, n. 133.

L'efficacité de l'une et de l'autre est, d'ailleurs, subor donnée à des conditions identiques, en ce sens du moins qu'o ne doit les considérer comme efficaces qu'autant qu'elle supposent nécessairement et établissent la connaissance d vice ainsi que la volonté de le réparer.

C'est l'opinion unanime des auteurs et des arrêts [1].

3730. C'est aux juges du fait qu'il appartient d'apprécie souverainement les faits invoqués comme emportant confir mation tacite du partage rescindable.

Mais il appartient incontestablement à la cour de cassatio de vérifier si les actes d'exécution, tels qu'ils sont constaté par les juges du fait, réunissent les conditions nécessaire pour entraîner la confirmation du partage.

C'est la jurisprudence constante de la cour suprême [2].

3731. On s'est demandé s'il fallait appliquer l'art. 892 a partage d'ascendant.

Nous avons vu, au titre *Des successions*, qu'il s'agissait l d'une disposition exceptionnelle et dérogatoire au droit com mun. On discute même, nous l'avons dit, la question de savoi si elle s'applique à l'action en rescision pour lésion du par tage de successions [3].

Il ne saurait donc être question, à notre avis, de l'étendr au partage d'ascendant.

3732. Quand il s'agit d'un partage testamentaire, il ne peu évidemment être confirmé que par des actes ou des faits pos térieurs au décès de l'ascendant.

Mais le partage entre vifs, rescindable pour lésion, ne pour rait-il être confirmé pendant la vie de l'ascendant qui l' effectué ?

Logique avec elle-même, la jurisprudence ne l'admet point Elle décide que, même sous forme de transaction, un partag

[1] V. notamment en ce sens Cass., 29 fév. 1888, S., 88. 1. 453, D., 88. 1. 224 5 mars 1889, S., 90. 1. 12 ; 7 mars 1894, S., 94. 1. 240. — V. dans le même sen Aubry et Rau, VIII, p. 43, § 734 ; Laurent, XV, n. 136 et s.

[2] V. notamment Cass., 29 fév. 1888, précité et les arrêts cités en note ; 7 mar 1894, S., 94. 1. 24.

[3] V. *Succ.*, III, n. 4686.

entre vifs, rescindable pour lésion, ne peut être confirmé du vivant de l'ascendant donateur [1].

C'est donc vainement qu'on opposerait aux enfants copartagés les approbations expresses ou tacites qu'ils auraient données au partage effectué entre eux par l'ascendant, si ces approbations sont antérieures au décès de celui-ci [2].

Cette jurisprudence est nécessairement approuvée par les auteurs admettant, avec la cour de cassation, que c'est seulement au décès de l'ascendant que s'ouvre l'action en rescision [3].

Nous avons contesté le principe ; nous devons également contester les conséquences [4].

3733. En ce qui concerne le partage cumulatif, la jurisprudence était nécessairement conduite à considérer comme non avenue toute confirmation expresse ou tacite, antérieure au décès du survivant des ascendants, c'est-à-dire au moment où s'ouvre l'action en rescision qui pourrait permettre d'attaquer ce partage.

Aussi bien s'est-elle maintes fois prononcée en ce sens [5].

E. *De la nature et des effets de l'action en rescision.*

3734. Il est incontestable que la nullité qui entache le partage rescindable pour lésion est une nullité purement relative.

Nous en avons conclu déjà que les intéressés pouvaient librement y renoncer.

Nous devons en conclure également que l'action en rescision doit appartenir aux seuls copartagés qui peuvent se plaindre de la lésion. La jurisprudence est en ce sens [6] et c'est aussi l'opinion des auteurs [7].

(1) *Sic*, Cass., 6 fév. 1860, S., 60. 1. 428, D., 60. 1. 89 et 9 juill. 1872, S., 73. 1. 169, D., 73. 1. 72.

(2) V. notamment Bourges, 22 déc. 1879, S., 80. 2. 200, D., 80. 2. 118.

(3) *Sic*, Aubry et Rau, VIII, p. 43, § 734 : Demolombe, *Don.*, VI, n. 225 et les auteurs cités dans Fuzier-Herman, sur l'art. 1079, n. 74.

(4) V. notamment Laurent, XV, n. 135.

(5) *Sic*, Cass., 27 juill. 1874, S., 75. 1. 64, D., 75. 1. 266. — Bordeaux, 28 avril 1875, S., 75. 2. 217.

(6) *Sic*, Cass., 30 juin 1852, S., 52. 1. 735, D., 54. 1. 434.

(7) *Sic*, Aubry et Rau, VII, p. 35, § 734 ; Demolombe, *Don.*, VI, n. 175. Réquier, n. 172.

3735. Mais il est bien évident que, si les copartagés lésés font rescinder le partage, cette rescision profitera également à tous les autres, puisque, nous allons le voir [1], cette rescision a pour effet de rétablir l'indivision entre tous ceux qui avaient figuré au partage, et pour tous les biens qui y avaient été compris.

Tous les copartagés auront donc également le droit de demander qu'il soit procédé à un nouveau partage [2].

3736. Quant aux effets de la rescision, on peut les résumer en disant que le partage rescindé doit être considéré comme non avenu. L'indivision se trouve, par là même, rétablie entre tous les ayants droit et il y a lieu de procéder à un nouveau partage. Ce nouveau partage doit comprendre tous ceux qui ont figuré dans le partage rescindé, même ceux des copartagés qui auraient été précédemment déboutés d'une demande en rescision formée par eux [3].

3736 *bis*. Les effets de la rescision ne se limitent pas, du reste, aux rapports des copartagés entre eux; ils réagissent au regard des tiers.

Toutes les aliénations consenties par les copartagés, tous les droits réels constitués par eux ou nés de leur chef sur les biens compris dans leur lot, tombent par l'effet de la rescision du partage. C'est l'application pure et simple de la maxime *Resoluto jure dantis, resolvitur et jus accipientis*.

On peut aujourd'hui considérer la jurisprudence comme fixée en ce sens [4].

3737. Le seul tempérament admis par elle à la rigueur de la règle qu'elle pose, en ce qui concerne les effets de la rescision au regard des tiers, c'est que ces effets restent subordonnés à l'évènement du nouveau partage.

Si celui-ci remet au lot de chacun des copartagés les biens qui y figuraient en vertu des attributions du partage rescindé,

(1) V. ci-dessous, n. 3736.

(2) *Sic*, Demolombe, *Don.*, VI, n. 175; Régnier, n. 172.

(3) V. notamment en ce sens Cass., 6 août 1884, S., 85. 1. 369, D., 85. 1. 49.

(4) *Sic*, Cass., 22 août 1877, S., 78. 1. 145, D., 77. 1. 481; 21 juin 1882, S., 84. 1. 259, D., 83. 1. 353. — Montpellier, 10 janvier 1878, S., 78. 2. 313, D., 84. 2. 35. — Riom, 14 décembre 1886, S., 88. 2. 158, D., 88. 2. 21.

on ne tiendra pas compte de la rescision, et les tiers ne devront, en définitive, subir l'application de la règle *Resoluto jure dantis, resolvitur et jus accipientis* qu'autant que les biens sur lesquels portaient leurs droits ne seront pas remis dans le lot de leur auteur [1].

Il est difficile de ne point approuver ce tempérament, qui est de nature à diminuer, dans une très sensible mesure, les inconvénients de la rescision des partages.

3738. Mais l'opinion qui prévaut en jurisprudence est loin de réunir l'unanimité des auteurs.

Nous croyons qu'elle est légale [2].

Nous devons néanmoins envisager l'opinion qui rallie, du reste, la majorité des auteurs. D'après ces auteurs, lorsqu'un partage d'ascendant entre vifs est rescindé pour cause de lésion, il doit être considéré comme non avenu en tant que partage. Mais il doit subsister en tant que donation en avancement d'hoirie. Le partage est annulé, sans doute, mais il n'en est point ainsi de la donation, sur laquelle ne peuvent réagir les vices qui entachent le partage.

La conséquence c'est que la rescision du partage pour cause de lésion conduit à appliquer aux attributions que, pendant sa vie, l'ascendant avait faites, à ce titre, à ses enfants, la législation des donations en avancement d'hoirie, c'est-à-dire les règles du rapport [3].

De là cette conséquence que, même en cas de rescision du partage, les enfants, qui ont renoncé à la succession, peuvent néanmoins retenir jusqu'à concurrence de la quotité disponible, l'attribution dont ils ont été nantis.

De là, l'application des articles 855 et suivants du code civil aux restitutions que les enfants doivent faire.

De là encore, l'application de l'art. 860 aux aliénations que les copartagés ont pu consentir, relativement aux biens mis dans leur lot.

De là, enfin, l'impossibilité pour les créanciers de la succes-

(1) *Sic*, Cass., 26 juillet 1887. S., 87. 1. 277.

(2) V. dans le même sens Laurent, XV, n. 129.

(3) *Sic*, Réquier, n. 194 s. ; Demolombe, *Don.*, VI, n. 233 s. ; Genty, p. 319. — V. également la note Labbé, sous Cass., 22 août 1877, S., 78. 1. 145.

sion de profiter de la rescision du partage, pour se faire payer les dettes de la succession (art. 857).

3738 *bis*. Mais cette opinion, si justifiable qu'elle paraisse, se heurte, à nos yeux, à une objection décisive et capitale : c'est qu'elle décompose, en deux opérations distinctes, une opération unique dans l'intention de l'ascendant. Il n'y a pas, dans l'opération faite par celui-ci, une donation et un partage, il y a un partage qu'il effectue dans les formes de la donation. Si l'acte est rescindé, il doit nécessairement tomber tel qu'il a été fait. Or, il a été fait comme partage et non comme donation, et, partant, en cas de rescision, il doit nécessairement tomber en même temps, et comme partage, et comme donation.

Que cela présente des inconvénients pour les tiers qui traitent avec des donataires copartagés, cela n'est pas contestable. Mieux vaudrait peut-être, pour le crédit public, l'application des règles du rapport, de l'art. 860 notamment.

Il n'en est pas moins vrai que ceux qui traitent dans ces conditions savent ou doivent savoir à quoi ils s'exposent, en traitant avec un propriétaire dont le titre est menacé des causes de rescision dont est susceptible le partage d'ascendant.

3739. Ajoutons que, pour se soustraire aux conséquences de la rescision du partage, les tiers qui ont traité avec un des copartagés ne pourraient invoquer la prescription de dix à vingt ans, organisée par les art. 2265 et suivants du code civil [1].

La raison en est décisive à nos yeux, c'est que le tiers acquéreur, ayant traité avec un donataire copartagé, ne saurait avoir de juste titre dans les termes de l'art. 2265.

Nous supposons, en effet, que c'est en vue de se soustraire aux conséquences de la rescision du partage, que le tiers acquéreur entend se prévaloir de la prescription.

Or, la rescision du partage a précisément pour effet d'anéantir le titre en vertu duquel le tiers acquéreur possède.

Dans ces conditions, comment pourrait-il l'invoquer comme

[1] *Sic*, Cass., 22 août 1877, S., 78. 1. 145, D., 77. 1. 481. — Montpellier, 10 janvier 1878, S., 78. 2. 313, D., 81. 2. 35. — Riom, 14 décembre 1886, S., 88. 2. 158, D., 88. 2. 21.

iste titre ? En réalité, le juste titre lui manque ; partant, ne peut se prévaloir de la prescription qui le suppose et implique (1).

3739 *bis*. Mais si, une fois la rescision admise, le partage oit être considéré comme non avenu, il ne saurait en être nsi des libéralités préciputaires que celui-ci peut contenir u profit de certains des enfants. Cela suppose évidemment u'elles soient distinctes et indépendantes du partage luiême, ou, tout au moins, que leur exécution ne soit pas liée, une façon nécessaire et indivisible, au maintien du partage ême.

Nous n'insistons pas sur la question, pour laquelle nous envoyons aux développements déjà fournis (2).

3740. Nous avons déjà dit que la disposition de l'art. 891 evait être appliquée au partage d'ascendant.

Il en résulte que les copartageants qui veulent éviter la escision du partage, ont toujours un moyen facile de le faire; leur suffit d'offrir aux copartageants lésés la réparation du réjudice que leur a causé l'inégale composition des lots (3).

3741. Il est, d'ailleurs, certain que le droit de recourir à art. 891 n'a rien de personnel ; les ayants cause des copargeants pourraient donc en user, en leur lieu et place, s'ils aient intérêt à éviter la rescision du partage.

3741 *bis*. Rappelons, enfin, que l'ascendant pourrait mettre partage qu'il effectue à l'abri de la rescision pour lésion; our cela, il devait simplement décider qu'il entend attriuer, à titre de préciput, à ceux des copartageants appelés à n bénéficier, les avantages qui peuvent résulter de l'inégale omposition des lots (4).

N° 3. De la rescision pour atteinte à la réserve.

3742. Nous transcrivons de nouveau la seconde partie de art. 1079, qui organise cette cause de rescision, toute spéciale u partage d'ascendant.

(1) *Sic*, Labbé, note sous Montpellier, 10 janvier 1878, S., 78. 2. 313.
(2) V. ci-dessus, n. 3548 s.
(3) V. ci-dessus, n. 3699.
(4) V. ci-dessus, n. 3701.

En voici les termes :

« ... *il* [le partage] *pourra l'être aussi* [attaqué] *dans le cas* » *où il résulterait du partage et des dispositions faites par* » *préciput, que l'un des copartagés aurait un avantage plus* » *grand que la loi ne le permet* ».

Il s'agit du cas où un ascendant, après avoir donné toute sa quotité disponible par préciput et hors part à l'un de ses enfants, l'avantage encore dans le partage des biens réservés, en lui attribuant une part plus forte qu'à ses cohéritiers de sorte que cet enfant se trouve avoir, en définitive, plus que sa part de réserve réunie à la quotité disponible. C'est là l'*avantage plus grand que la loi ne le permet*, dont parle notre texte, et sur le fondement duquel il permet d'attaquer le partage.

Nous ne pouvons mieux faire, pour éclaircir ce point, que de reproduire l'exemple proposé par le rapporteur du tribunat.

Un père a 60,000 francs de biens et deux enfants. Il donne à l'un, par préciput et hors part, le tiers disponible, 20,000 fr. puis il partage entre eux deux le surplus, valant 40,000 francs et qui représente leur réserve ; le lot qu'il attribue, dans ce partage, à l'enfant préciputaire vaut 24,000 francs, tandis que celui qu'il donne à l'autre enfant vaut seulement 16,000 fr.

Ce dernier n'est pas lésé de plus du quart par la distribution des biens compris dans le partage ; il est lésé d'un cinquième seulement, puisqu'il obtient 16,000 francs au lieu de 20,000. Il ne peut donc attaquer le partage, en vertu de l'art. 1079-1° qui exige une lésion de plus du quart.

D'autre part, cet enfant aurait-il pu faire sauvegarder sa réserve au moyen de l'action en réduction ?

La négative nous paraît certaine.

L'action en réduction n'est possible que contre les libéralités excessives. Or, nous supposons précisément que les libéralités préciputaires faites par l'ascendant ne dépassent point les limites du disponible. L'action en réduction n'eût donc pas été possible.

Il fallait donc, en dehors de l'action en rescision pour cause de lésion de plus du quart et de l'action en réduction assurer aux enfants une protection spéciale, en vue d'empêcher que l'ascendant ne puisse se servir du partage pour avantager un de ses enfants au delà des limites de son disponible.

C'est ce qu'a fait le législateur, en permettant d'attaquer le partage lorsque l'un des enfants a obtenu, par la combinaison du partage et de dispositions préciputaires, un avantage plus grand que la loi ne le permet.

Rien de plus juste, du reste.

Lorsqu'un père, après avoir donné toute sa quotité disponible à l'un de ses enfants, l'avantage encore dans le partage des biens représentant la réserve, tout porte à croire que ce second avantage est, comme le premier, le résultat d'un calcul de la part du père et non d'une erreur dans l'appréciation de la valeur des biens. Aussi la loi, qui croit découvrir ici la trace d'une partialité évidente de la part de l'ascendant, permet-elle à l'enfant lésé d'attaquer le partage, quelque minime que soit la lésion. Il ne faut pas que la latitude accordée à l'erreur devienne un moyen d'éluder la règle qui défend d'avantager un héritier au delà des limites de la quotité disponible.

3743. Sur cette action que règlemente l'art. 1079-2°, nous aurons successivement à examiner les trois questions suivantes :

1° Dans quels cas elle existe ;

2° Quels sont sa nature et ses effets ;

3° A quel moment s'ouvre-t-elle et quelle est sa durée ?

A. *Dans quels cas existe l'action visée par l'art.* 1079-2°.

3744. L'action visée par l'art. 1079-2° du code civil a une sphère d'application spéciale qu'il importe de préciser, car elle se place, nous l'avons dit déjà, en dehors du cercle d'application, et de l'action en rescision pour cause de lésion de plus du quart, et de l'action en réduction qu'ouvre l'art. 920 du code civil.

Les travaux préparatoires de l'art. 1079 offrent, sur ce point, d'utiles éclaircissements.

L'action de l'art. 1079-2° n'existait pas dans le projet de code civil. Ce projet se bornait à déclarer nul le partage dans lequel l'ascendant aurait fait une libéralité préciputaire au profit d'un ou de plusieurs des copartagés. On avait craint que la préférence, témoignée par l'ascendant à l'un de ses enfants en lui faisant une libéralité préciputaire, ne le conduisit à introduire encore, dans le partage, des inégalités nouvelles en faveur du même enfant.

Cette rigueur fut jugée excessive. On crut devoir laisser à l'ascendant qui avait fait des libéralités préciputaires à l'un de ses enfants, le droit d'effectuer entre ses enfants le partage de ses biens, et on se borna à décider que, lorsque l'ascendant avait disposé de son disponible au profit de l'un des enfants, il ne pourrait, dans la composition des lots, assurer à cet enfant le moindre avantage.

Telle est l'explication de l'art. 1079-2°.

En définitive, le but de la loi est bien net. Joubert le constate formellement dans son rapport au tribunat. Il faut « empêcher qu'un père ne puisse avantager son enfant de deux manières : 1° en lui donnant la quotité disponible ; 2° en faisant un partage inégal avec la précaution de ne point excéder le quart [1].

3745. Le but poursuivi par le législateur détermine exactement les conditions d'application de l'art. 1079-2°. Aussi ne doit-on pas hésiter à déclarer ce texte inapplicable, dès qu'on ne se trouve point exactement dans l'hypothèse en vue de laquelle il a été rédigé.

3746. Ainsi, par exemple, il ne peut être question d'appliquer l'art. 1079-2°, lorsque l'atteinte portée à la réserve résulte uniquement des inégalités du partage, alors même qu'il serait impossible d'expliquer cette atteinte par une erreur d'appréciation ou d'estimation commise par l'ascendant dans la composition des lots.

Tel serait le cas, si les biens à partager se composaient uniquement de sommes d'argent ou de créances, également bonnes et faciles à recouvrer. Bien que, dans ce cas, on se

[1] V. Locré, XI, p. 481.

trouve en présence d'une atteinte à la réserve, préméditée et voulue par l'ascendant, l'art. 1079-2° serait certainement inapplicable. Il n'a pas été écrit en vue de cette hypothèse [1].

3746 *bis*. Mais il nous paraît incontestable que, dans un cas semblable, on se trouve en présence d'une véritable fraude, employée par l'ascendant en vue de violer les règles de la réserve. Aussi nous semble-t-il que l'enfant pourrait faire considérer les lotissements inégaux comme de véritables libéralités déguisées et exercer contre eux l'action en réduction, conformément aux règles du droit commun.

C'est l'opinion générale des auteurs [2].

3747. Il faudrait également écarter l'art. 1079-2°, lorsque les libéralités préciputaires, dont la combinaison avec les attributions du partage entraîne une atteinte à la réserve de l'un des copartagés, ont été adressées, soit à un étranger, soit à un enfant autre que l'enfant avantagé par les attributions du partage.

Les auteurs s'accordent à le reconnaître [3].

3748. Enfin, l'art. 1079-2° serait également inapplicable, lorsque l'atteinte à la réserve résultant de l'inégale composition des lots est subie par celui des enfants qui a reçu la quotité disponible. Celui-ci ne pourrait se plaindre qu'autant que la lésion subie par lui serait de plus du quart. Mais ce serait alors en vertu de l'art. 1079-1° et non de l'art. 1079-2° qu'il agirait.

C'est l'opinion des auteurs [4] et des arrêts [5].

3749. Mais, pour que l'art. 1079-2° soit applicable, peu importe le moment où ont été faites les libéralités préciputaires

(1) V. notamment Bordeaux, 17 décembre 1875, D., 77. 2. 211.

(2) *Sic*, Réquier, n. 221 *bis*; Demolombe, *Don.*, VI, n. 196; Aubry et Rau, VIII, p. 48, § 734; Bonnet, II, n. 597.

(3) *Sic*, Réquier, n. 221; Demolombe, *Don.*, VI, n. 195; Aubry et Rau, VIII, p. 47, § 734; Laurent, XV, n. 147; Huc, VI, n. 448-2°. — V. cependant Montpellier, 14 juin 1865, S., 66. 2. 125.

(4) *Sic*, Colmet de Santerre, IV, n. 247 *bis*, III; Laurent, XV, n. 147; Aubry et Rau, p. 47, § 734, texte et note 39.

(5) *Sic*, Cass., 30 juin 1852, S., 52. 1. 735, D., 54. 1. 434. — Toulouse, 10 juillet 1862, S., 63. 2. 66.

taires. Qu'elles soient contenues dans l'acte même de partage ou qu'elles soient faites par des actes séparés, antérieurs ou postérieurs, l'art. 1079-2° est, dans tous les cas, applicable. Ce qu'il faut mais ce qui suffit, d'après le texte même de l'art. 1079-2°, c'est qu'un des enfants copartagés ait reçu une libéralité par préciput et qu'en outre ce même enfant ait obtenu dans le partage, par l'effet de l'inégale composition des lots, un avantage qui, réuni au don préciputaire, excède la quotité disponible.

B. *Nature et effets de l'action.*

3750. Mais, si les auteurs sont d'accord sur les cas d'application de l'action qu'ouvre l'art. 1079-2°, cet accord cesse quand il s'agit d'en préciser la nature.

C'est, à notre avis, une action en rescision pour cause de lésion.

Cela nous paraît nécessairement résulter des termes mêmes de l'art. 1079-2°.

Ce texte décide, en effet, que le partage, dans lequel un des copartagés a reçu un avantage plus grand que la loi ne le permet, peut être *attaqué* par les autres copartagés.

Attaqué par quelle action?

Si l'on rapproche cette disposition de celle qui précède, on ne peut guère douter que ce ne soit par l'action en rescision pour cause de lésion. En effet, la loi dit d'abord : « Le partage fait par l'ascendant pourra être attaqué pour cause de lésion de plus du quart »; c'est bien une action en rescision qu'elle accorde dans ce cas; nul n'en doute. Quand elle ajoute ensuite : « il pourra l'être aussi... », il paraît bien certain que l'action qu'elle va accorder dans le second cas, est la même que celle qu'elle vient d'accorder dans le premier, donc une action en rescision pour cause de lésion.

C'est en ce sens que se prononcent nombre d'auteurs [1].

3751. Mais cette opinion, qui nous paraît imposée par le texte même de la loi, n'est pas admise d'une façon unanime.

[1] *Sic*, Duranton, IX, n. 644 s.; Genty, n. 50; Bonnet, II, n. 599 s.; Colmet de Santerre, IV, n. 247 *bis*, VIII et XII; Demolombe, *Don.*, n. 189 et 189 *bis*; Huc, VI, n. 149.

ans voir, dans l'action ouverte par l'art. **1079-2°**, une action en éduction ordinaire, un certain nombre d'auteurs se refusent ependant à y voir une action en rescision du partage pour ause de lésion.

D'après eux, il s'agit là d'une action *sui generis*, d'une na-ure complexe sans doute, mais qui, par son but, se rappro-he bien plus de l'action en réduction que de l'action en res-ision pour lésion.

Elle diffère sans doute de l'action en réduction ordinaire, uisque celle-ci a pour effet de faire rentrer dans la succes-ion et partager, entre tous les cohéritiers, les libéralités exces-ives émanant du *de cujus*. Mais on ne saurait y voir une ction en rescision du partage, puisque, comme celui de l'ac-ion en réduction, son but consiste à faire réparer l'atteinte qui a pu être portée à la réserve de certains des héritiers. Elle doit, dès lors, se rapprocher de l'action en réduction, bien plus que de l'action en rescision pour lésion.

Le texte de l'art. **1079-2°** ne saurait, d'ailleurs, contraindre à y voir une action en rescision du partage. Dès l'instant que, par elle, on arrive à modifier les attributions du partage, il est bien permis de dire que, par elle, on attaque le partage, alors qu'elle ne peut permettre de le faire considérer comme non avenu [1].

3752. Ces deux points de départ opposés conduisent à des résultats tout différents, quand il s'agit de déterminer les effets de l'action.

Nous devons reconnaître que la jurisprudence semble s'attacher de préférence à consacrer les effets de l'opinion que nous avons cru devoir combattre [2].

Elle consacre, cependant, certaines des conséquences qu'en-traîne notre opinion [3].

Aussi n'est-il guère permis de considérer qu'elle ait pris parti sur la nature qu'il convenait de reconnaître à l'action de l'art. **1079-2°**.

[1] V. notamment Aubry et Rau, p. 48, § 734; Réquier, n. 208 à 215; Laurent, XV, n. 141 s.

[2] V. ci-dessous, n. 3753 s.

[3] V. ci-dessous, n. 3782.

3753. Il n'est pas douteux, par exemple, que, si l'action d l'art. 1079-2° est une action en rescision du partage, elle do être nécessairement dirigée contre tous les copartagés et no pas seulement contre celui qui a obtenu l'avantage excédan la limite légale.

Si au contraire elle est uniquement destinée à permett au copartagé qui n'a point sa réserve, d'en obtenir le complé ment de celui des copartagés qui a reçu un avantage excessi ce dernier seul doit être actionné et il n'y a pas lieu de mett les autres en cause [1].

3753 *bis*. Si l'action de l'art. 1979-2° est une action en re cision du partage, son admission entraîne l'anéantissement d celui-ci. L'indivision sera donc rétablie entre les copartag et ils devront procéder à un nouveau partage. Bien entend celui-ci ne portera que sur les biens compris dans le partag rescindé, par conséquent sur les biens réservés seulement non sur ceux donnés par préciput à l'enfant avantagé.

En rejetant cette conséquence, en admettant que l'actio de l'art. 1079-2° laisse subsister le partage et se borne seul ment à modifier certaines des attributions qu'il contient, jurisprudence paraît bien se refuser nettement à considér l'action de l'art. 1079-2° comme une action en rescision d partage [2].

3754. Si l'action ouverte par l'art. 1079-2° est une actic en rescision, il faut incontestablement admettre que, confo mément à l'art. 891 du code civil, le cours de cette action pe être arrêté par la réparation de la lésion dont se plaint copartagé qui la met en mouvement.

Avec ce tempérament, notre opinion se rapproche bea coup, il est vrai, de l'opinion opposée. En fait, les copartag qui auront intérêt à éviter la rescision du partage usero de la ressource que leur ouvre l'art. 891 du code civil, et copartagé qui se plaint d'une atteinte à la réserve n'obtie dra, en définitive, que le complément de celle-ci, c'est-à-di

[1] *Sic*. Agen, 28 mai 1850, S., 51. 2. 177. D., 51. 2. 8. — Dans le même se Réquier, n. 219 ; Aubry et Rau, VIII, p. 50, § 734.

[2] V. notamment en ce sens Cass., 30 juin 1852, S., 52. 1. 735; 1er mai 186 S., 61. 1. 481. D., 61. 1. 323 et 17 août 1863, S., 63. 1. 529, D., 64. 1. 29.

ce que lui permettent de demander les auteurs qui refusent de voir une action en rescision dans l'action de l'art. 1079-2°.

Il faudrait cependant se garder de croire que, même à ce point de vue, il soit indifférent de s'attacher à l'une ou à l'autre des deux opinions en présence.

Si l'action qu'ouvre l'art. 1079-2° est une action en rescision du partage, l'indemnité offerte, conformément à l'art. 891, en vue d'éviter la rescision du partage, est une indemnité pécuniaire que le copartagé lésé doit accepter, dès qu'elle est suffisante [1].

Si au contraire cette action est une action en complément de la réserve, le copartagé lésé peut exiger qu'on lui complète sa réserve en biens héréditaires. Hormis le cas exceptionnel de l'art. 866, le réservataire a droit à sa réserve en nature et ne peut être contraint d'accepter l'équivalent de celle-ci en valeur.

Or, en permettant au copartagé qui agit en vertu de l'art. 1079-2° d'exiger le complément de sa réserve en nature, les arrêts paraissent bien établir qu'ils ne considèrent point cette action comme une action en rescision, dont le cours puisse être arrêté, conformément à l'art. 891 du code civil [2].

3755. Au reste, quel que soit le parti adopté sur la nature qu'il convient de reconnaître à l'action de l'art. 1079-2°, il faut bien admettre que, dès l'instant que l'art. 891 est applicable, on peut arriver, dans tous les cas, à ce résultat étrange de ne laisser, en définitive, à l'héritier qui a obtenu un avantage excessif, qu'un lot inférieur à celui de tous les autres, dans le partage des biens réservés.

Que l'on suppose trois enfants et un patrimoine de 120,000 fr.: le père, après avoir donné par préciput et hors part sa quotité, 30,000 fr., à Primus, l'un de ses enfants, partage les 90,000 fr. de biens représentant la réserve, de la manière suivante : 33,000 fr. à Primus, donataire par préciput de la quotité disponible, 33,000 fr. également à Secundus; 24,000 fr. à

(1) *Sic*, Demolombe, *Don.*, VI, n. 189 *bis*; Huc, VI, n. 449, *in fine*.

(2) *Sic*, Cass., 17 août 1863, S., 63. 1. 529, D., 64. 1. 29; 16 avril 1873, S., 73. 1. 317, D., 73. 1. 200. — Dans le même sens, Aubry et Rau, VIII, p. 50, § 734; Laurent, XV, n. 158.

Tertius. Ce dernier, qui n'est pas lésé de plus du quart, ne pourrait pas, dans l'opinion que nous combattons, demander la rescision du partage, mais seulement le complément de sa réserve,

A qui ?

Sans doute à Primus seulement, car celui-ci est le seul qui ait obtenu un avantage excessif. Primus devrait donc payer les 6,000 fr. nécessaires pour parfaire la réserve de Tertius, et il ne lui resterait plus que 27,000 fr.; de sorte qu'il serait, en définitive, plus mal traité que tous les autres, dans le partage des biens réservés.

3756. Si on admet, avec nous, que l'action de l'art. 1079-2° est une action en rescision, nous devons en conclure que son admission entraîne nécessairement les mêmes conséquences que l'admission de l'action en rescision pour cause de lésion de plus du quart.

Nous n'avons qu'à renvoyer à ce que nous avons dit des effets de cette action, quand elle n'est point arrêtée par l'exercice de la faculté qu'ouvre l'art. 891 [1].

C. *A quel moment s'ouvre l'action de l'art.* 1079-2° *et quelle est sa durée?*

3757. Nous avons vu à quelle controverse donne lieu la détermination du moment où s'ouvre l'action en rescision pour cause de lésion de plus du quart.

Cette controverse ne se rencontre plus, en ce qui concerne l'action de l'art. 1079-2°.

Les auteurs et les arrêts fixent, d'une façon unanime, au décès de l'ascendant, le moment où s'ouvre cette action [2].

Cette solution, qui est sans difficulté pour le partage testamentaire, doit être admise aussi pour le partage fait par acte entre vifs, et elle s'impose, même à ceux qui pensent que l'action en rescision pour cause de lésion de plus du quart prend naissance du vivant de l'ascendant [3].

[1] V. ci-dessus, n. 3736 et suivants.

[2] V. les auteurs et les arrêts cités dans Fuzier-Herman, sur l'art. 1079, n. 172.

[3] V. notamment Laurent, XV, n. 152; Huc, VI, n. 449.

Et, en effet, cette action a comme fondement une atteinte à la réserve. Elle suppose donc la détermination possible de celle-ci et, partant, le décès de l'ascendant, puisque c'est seulement après le décès d'une personne, que peuvent s'agiter et se résoudre les difficultés relatives à la détermination de la quotité de biens dont elle a pu librement disposer. Elle ne peut donc s'ouvrir et être exercée avant le décès de l'ascendant.

On ne pourrait soutenir le contraire qu'en admettant que le partage entre vifs entraîne l'ouverture anticipée de la succession de l'ascendant qui l'effectue.

Mais ce point de vue, qui a inspiré quelques arrêts [1], n'est plus aujourd'hui soutenu [2] et le débat peut être considéré comme définitivement vidé.

3757 *bis*. Nous avons à peine besoin de dire que l'action de l'art. 1079-2° ne peut être exercée que par ceux des copartagés qui acceptent la succession de l'ascendant. Pour se plaindre d'une atteinte à la réserve, il faut évidemment avoir droit à cette réserve.

3758. Lorsqu'il s'agit d'un partage cumulatif effectué par deux ascendants, il faut reculer, jusqu'à la mort du survivant, l'ouverture de l'action de l'art. 1079-2°, partout au moins où les ascendants ont réuni leurs biens en une masse unique, et considéré comme indivisible l'opération à laquelle ils procédaient de concert [3].

Dès l'instant qu'on admet la validité d'un partage de ce genre, il faut nécessairement attendre le moment de la mort du survivant des ascendants, pour savoir si les attributions de ce partage portent atteinte à la réserve des enfants qui y figurent, puisque cette réserve doit se calculer sur l'ensemble des deux patrimoines, réunis et confondus dans les opérations d'un même partage.

La jurisprudence est fixée en ce sens [4].

[1] V. notamment Cass., 4 février 1845, S., 45. 1. 305. D., 45. 1. 49.
[2] V. ci-dessus, n. 3657.
[3] C'est là une question dont la solution est souverainement donnée par les juges du fait. *Sic*, Cass., 18 juin 1867, S., 67. 1. 297. — V. également ci-dessus, n.
[4] *Sic*, Cass., 6 mars 1855, D., 55. 1. 101 ; 18 juin 1867, S., 67. 1. 297 ; 16 novem-

3759. Mais nous supposons évidemment qu'il s'agit, pour les copartagés, d'intenter l'action de l'art. **1079-2°**. Tout autre serait la question s'il s'agissait d'une action en réduction ordinaire, intentée conformément aux dispositions des art. **920** s. C. civ. : ce qui supposerait, de la part de l'ascendant prédécédé, une libéralité préciputaire excessive, adressée à l'un des copartagés, et distincte du partage lui-même.

Dès l'instant que la preuve de l'excès peut être fournie conformément aux principes ordinaires de la réduction, nous ne pensons pas que l'exercice de l'action qui en résulte doive être retardé jusqu'au décès du survivant des ascendants. S'attaquant uniquement aux dispositions préciputaires, cette action laisse subsister le partage et ne modifie nullement les attributions qui le constituent. Il n'y a donc point, pour en suspendre l'exercice jusqu'à la mort du survivant, les mêmes raisons qui existent, lorsqu'il s'agit d'actions s'attaquant au partage lui-même, comme celles de l'art. **1079** C. civ. [1].

3760. Quant à la question de savoir comment se calcule la lésion spéciale que suppose l'art. **1079-2°**, elle ne soulève pas les difficultés que présente le calcul de la lésion, lorsqu'il s'agit de l'action en rescision visée par l'art. **1079-1°**.

Comment savoir si l'un des copartagés a reçu un avantage plus grand que la loi ne le permet? Evidemment, c'est là une question dont la solution est liée au calcul de la réserve et de la quotité disponible ; partant, il faut incontestablement s'en tenir aux dispositions des art. **922** s. C. civ., et, notamment, estimer les biens compris dans un partage entre vifs, conformément aux règles que pose l'art. **922**.

Les auteurs et les arrêts sont d'accord sur ce point [2].

3761. La détermination de la durée de l'action qu'ouvre l'art. **1079-2°**, n'offre pas de difficulté, si l'on admet que cette action est une action en rescision du partage.

bre 1885, S., 86. 1. 454, D., 86. 1. 395. — Orléans, 29 juin 1880, sous Cass., 21 juin 1882, S., 84. 1. 259, D., 81. 2. 161. — V. cep. Laurent, XV, n. 154.

(1) V. en ce sens Poitiers, 13 décembre 1887, S., 88. 2. 113 et la note de M. le Courtois, D., 90. 1. 345.

(2) *Sic*, Cass., 24 juin 1868, S., 68. 1. 330, D., 68. 1. 289 et 25 août 1869, S., 69. 1. 454, D., 69. 1. 466. — Dans le même sens Réquier, n. 226 ; Laurent, XV, n. 157 ; Aubry et Rau, VIII, p. 51, § 734.

Elle est soumise à la prescription de 10 ans de l'art. 1304 C. civ., si le partage est fait par acte entre vifs.

Elle est, au contraire, soumise à la prescription trentenaire, s'il s'agit d'un partage testamentaire. Il faut, en définitive, appliquer les règles relatives à la durée de la prescription de l'action en rescision pour cause de lésion de plus du quart [1].

3762. Il doit en être autrement, nous semble-t-il, s'il faut voir, dans l'action de l'art. 1079-2°, une action en réduction, d'une nature spéciale il est vrai, mais à laquelle on ne pourrait appliquer les dispositions de l'art. 1304 du code civil [2].

La jurisprudence se prononce en sens contraire [3], et c'est aussi l'opinion de quelques auteurs qui, comme la jurisprudence, refusent de voir, dans cette action, une action en rescision du partage pour cause de lésion [4].

C'est, nous semble-t-il, au prix d'une véritable inconséquence.

3763. Le point de départ de cette action doit, dans tous les cas, être fixé au jour même du décès, puisque c'est à ce jour seulement que s'ouvre l'action, aussi bien pour le partage testamentaire que pour le partage fait par acte entre vifs.

C'est l'opinion unanime des auteurs et des arrêts [5].

3764. Il ne faudrait pas, du reste, reculer ce point de départ à une date ultérieure, et le placer seulement à la date, à laquelle le copartagé lésé a connu l'atteinte portée à sa réserve [6].

Ce serait supposer que le législateur ait admis la prétendue règle *Contra non valentem agere non currit præscriptio*.

Nous savons qu'il n'en est rien.

3765. La jurisprudence paraît fixée en ce sens, que l'action de l'art. 1079-2° peut être éteinte, avant l'expiration des délais de la prescription, par l'application des règles relatives à la confirmation des actes annulables [7].

(1) *Sic*, Huc, VI, p. 449 *in fine*.
(2) V. notamment Demolombe, *Don.*, VI, n. 231 *bis*; Laurent, XV, n. 150.
(3) *Sic*, Cass., 1er mai 1861, S., 61. 1. 481, D., 61. 1. 323.
(4) V. notamment Aubry et Rau, VIII, p. 51, § 734, note 53.
(5) V. les auteurs et les arrêts cités dans Fuzier-Herman, sur l'art. 1079, n. 172.
(6) *Sic*, Cass., 27 novembre 1865, S., 66. 1. 104, D., 66. 1. 216.
(7) *Sic*, Cass., 22 février 1854, S., 54. 1. 173, D., 54. 1. 239; 14 mars 1866, S.,

Rien de mieux, si l'on considère cette action comme une action en rescision pour lésion.

C'est bien peu logique, si l'on n'y voit qu'une action en complément de la réserve, car il n'y a pas, en ce cas, un partage nul ou rescindable qu'il s'agisse de confirmer, mais une action à laquelle il est permis de renoncer [1].

3766. Au reste, il y a là surtout une question de mots.

Il est, en effet, certain que, comme la confirmation, la renonciation peut être expresse ou tacite.

Il n'est pas douteux que, comme la confirmation tacite, la renonciation tacite ne peut facilement être présumée; elle n'existe que là où la volonté de renoncer est certaine.

Enfin, comme la confirmation, la renonciation ne peut valablement intervenir qu'après la mort de l'ascendant, même s'il s'agit d'un partage entre vifs.

Ce sont donc, en définitive, des règles identiques qu'il y a lieu d'appliquer et, partant, c'est, comme nous le disions, avant tout et surtout une question de mots.

3767. Nous avons vu, à propos de l'action en rescision pour cause de lésion de plus du quart, que l'ascendant pouvait l'écarter en déclarant qu'il donnait par préciput et hors part à ceux des copartagés appelés à en bénéficier les avantages résultant de l'inégale composition des lots [2].

Il est évident que, par des clauses de ce genre, même acceptées par les enfants, l'ascendant ne pourrait, directement ou indirectement, entraver l'exercice de l'action qu'ouvre l'art. 1079-2°, puisque cette action a pour but d'assurer l'application des règles de la réserve, c'est-à-dire de règles d'ordre public, auxquelles l'ascendant ne peut déroger.

C'est ainsi, par exemple, que les clauses pénales, qui auraient pour objet d'entraver l'exercice de cette action, devraient être considérées comme non écrites, par application de l'art. 900 du code civil.

66. 1. 353. D., 66. 1. 173; Agen, 28 mai 1850, S., 51. 2. 177, D., 51. 28; Toulouse, 26 juillet 1878, S., 79. 2. 49, D., 79. 2. 177.

[1] V. Laurent, XIV, n. 159.

[2] V. ci-dessus, n. 3701.

La jurisprudence est fixée en ce sens [1], et c'est aussi l'opinion des auteurs [2].

Mais il est bien évident qu'il ne saurait en être ainsi qu'autant que le partage attaqué porte, en réalité, atteinte à la réserve [3].

N° 4. Disposition commune aux deux actions qui résultent de l'art. 1079.

3768. Une disposition, commune aux deux actions par lesquelles l'art. 1079 permet d'attaquer le partage, est contenue dans l'art. 1080 C. civ.

Aux termes de ce texte :

« *L'enfant qui, pour une des causes exprimées en l'art.* » *précédent, attaquera le partage fait par l'ascendant, devra* » *faire l'avance des frais de l'estimation ; et il les supportera* » *en définitive, ainsi que les dépens de la contestation, si la* » *réclamation n'est pas fondée* ».

C'est, on le voit, une disposition de procédure, obligeant celui qui attaque un partage d'ascendant à faire l'avance des frais nécessaires pour l'estimation des biens compris dans le partage, en vue d'établir la lésion qui sert de base à son action.

3769. Cette disposition a principalement pour but de détourner les enfants de la pensée d'attaquer témérairement le partage d'ascendant.

Elle contient une dérogation à l'art. 131 du C. pr. civ., dont la disposition aurait permis au juge, dans le cas dont il s'agit et en raison du lien de parenté existant entre les plaideurs, de compenser les dépens entre le demandeur qui a follement attaqué le partage et les défendeurs qui ont résisté à sa demande : le demandeur, débouté de sa prétention,

(1) *Sic*, Cass., 7 juillet 1868, S., 69. 1. 125, D., 68. 1. 446; 31 mars 1869, D., 69. 1. 521 : 22 juillet 1874, S., 74. 1. 479, D., 75. 1. 453 ; 11 juillet 1883, S., 84. 1. 323, D., 83. 1. 444 ; Chambéry, 8 juillet 1873, S., 74. 2. 12, D., 74. 2. 198 ; Caen, 27 juillet 1878 sous Cass., 22 juillet 1879, S., 80. 1. 399, D., 80. 1. 213.

(2) *Sic*, sur le principe, Demolombe, *Don.*, I, n. 286 et s.; Aubry et Rau, VII, p. 295, § 692 et VIII, p. 52, § 734 ; Réquier, n. 78 ; Laurent, XI, n. 488.

(3) *Sic*, Cass., 18 janvier 1858, S., 58. 1. 177, D., 58. 1. 24 ; Bordeaux, 9 juin 1863, S., 63. 2. 219, D., 63. 2. 207 ; Nancy, 13 février 1867, S., 67. 2. 253, D., 67. 2. 36.

devra nécessairement être condamné à tous les frais; on lui applique, dans toute sa rigueur, la règle de l'art. 130 C. pr., sans lui permettre de bénéficier du tempérament autorisé par l'art. 131. C'est en ce sens du moins que les auteurs s'accordent à interpréter la disposition de l'art. 1080 [1].

3770. L'exception établie par notre article n'est formulée qu'en vue du cas, où le demandeur en rescision succombe dans sa prétention.

Le droit commun reprendra donc son empire si le demandeur triomphe, et le juge pourra, dans ce cas, opérer la compensation des dépens, conformément à l'art. 131 du C. pr. civ. [2].

3771. Consacrant une exception, l'art. 1080 doit être strictement interprété.

Aussi le texte parlant seulement de l'enfant qui attaque le partage « pour une des causes exprimées en l'article précédent », ne serait-il pas applicable à celui qui l'attaquerait pour tout autre motif [3].

3772. D'autre part, c'est simplement l'avance des frais que l'art. 1080 impose au demandeur. Il ne l'astreint pas à l'obligation de consigner la somme destinée à les acquitter. Aussi ne pourrait-on lui imposer cette obligation [4].

3773. Mais il nous paraît incontestable que les tribunaux seraient certainement fondés à ordonner les mesures qui leur sembleraient nécessaires, suivant les circonstances, en vue d'assurer l'application de l'art. 1080, par exemple le dépôt préalable au greffe [5].

Nous doutons toutefois qu'ils puissent aller jusqu'à ordonner la consignation, car il s'agit là, nous semble-t-il, d'une mesure exceptionnelle qui ne peut être ordonnée qu'autant que la loi l'autorise [6].

[1] *Sic*, Réquier, n. 190; Genty, p. 330; Marcadé, sur l'art. 1080; Demolombe, *Don.*, VI, n. 209; Huc, VI, n. 451.

[2] *Sic*, Demolombe, *Don.*, VI, n. 210, et les auteurs cités à la note précédente.

[3] *Sic*, Demolombe, *Don.*, VI, n. 212.

[4] *Sic*, Riom, 10 mai 1851, S., 51. 2. 598, D., 52. 2. 255. — Dans le même sens Réquier, n. 190; Demolombe, *Don.*, VI, n. 211; Huc, VI, n. 451.

[5] *Sic*, Demolombe, *Don.*, VI, n. 211; Réquier, n. 190.

[6] *Sic*, Réquier, n. 190. — V. cep. Lyon, 18 avril 1860, S., 60. 2. 406.

N° 5. De la nullité résultant de l'inobservation des art. 826 et 832 du code civil.

3774. Sur cette dernière cause de nullité des partages, nous aurons à rechercher d'abord les règles dont on admet l'application, puis les restrictions qu'on apporte à ces règles.

Nous aurons ensuite à préciser à quel moment s'ouvre l'action en nullité, quelle est la durée de cette action et quels en sont les effets.

A. *De l'application des art.* 826 *et* 832.

3774 *bis*. Il est incontestable que, lorsque l'ascendant use de la faculté que lui donne l'art. 1075, il doit, en principe, attribuer à chacun de ses enfants une part en nature des biens qui composent son patrimoine.

C'est ce qu'impliquent nécessairement les termes mêmes de l'art. 1075. Ce texte permet, en effet, à l'ascendant la distribution et le partage de ses biens. Or, la distribution et le partage de tout ou partie des biens d'un patrimoine supposent nécessairement que ces biens sont répartis en nature entre les personnes appelées au partage.

On ne pourrait donc considérer comme un partage l'acte par lequel l'ascendant donnerait tous ses biens à l'un de ses enfants, à charge par celui-ci de payer une certaine somme à ses frères et sœurs. Ce serait là une donation avec charge, ce ne serait pas un partage, et, lors du décès de l'ascendant, les enfants qui n'ont rien reçu de son patrimoine seraient certainement fondés à réclamer le rapport des biens donnés, pour en effectuer entre eux le partage conformément à la loi.

3775. Il n'en serait autrement qu'autant que le patrimoine de l'ascendant se composerait uniquement de biens dont la division en nature serait impossible ou préjudiciable à tous les enfants.

Dans cette hypothèse, en effet, l'acte fait par l'ascendant peut réellement être considéré comme un partage, puisqu'il n'est, en définitive, que l'image de celui qu'auraient dû effectuer les enfants eux-mêmes. A supposer que l'ascendant n'ait point usé de la faculté que lui concède l'art. 1075, ses enfants auraient dû, à sa mort, faire liciter les biens de l'ascendant, puisque nous supposons ces biens impartageables en nature; partant, ils auraient dû se contenter de recevoir l'équivalent de leur part héréditaire en argent. Ce qu'ils auraient dû faire, l'ascendant lui-même le fait. Comment contester que l'opération par lui faite ne puisse être considérée comme un partage, puisque tel eût été le caractère de l'opération identique que ses enfants auraient été contraints d'effectuer après son décès?

Sur le principe, comme sur la restriction qu'il comporte, la jurisprudence paraît aujourd'hui définitivement fixée [1].

C'est aussi l'opinion de la majorité des auteurs [2].

3776. Mais, si le partage d'ascendant suppose nécessairement une distribution en nature des biens compris dans le partage, doit-on décider, en outre, que l'ascendant est libre de faire cette distribution comme il l'entend, ou, au contraire, faut-il admettre que les règles des art. **826** et **832** du code civil s'imposent à lui et l'obligent à comprendre, dans chaque lot, la même quantité de meubles et d'immeubles, de droits ou de créances de même nature et valeur?

Par une jurisprudence constante qui a triomphé des résistances longtemps opposées par les cours d'appel [3], la cour de cassation affirme que les art. **826** et **832** sont applicables aux partages d'ascendant comme à tous les partages. Elle juge, en conséquence, que ces partages sont annulables, s'ils ne sont point faits conformément aux dispositions des articles **826** et **832**, c'est-à-dire si chaque lot ne comprend point une égale quantité de meubles et d'immeubles [4]. On peut considérer que sa jurisprudence, sur ce point, n'est plus discutée devant les tribunaux [5].

(1) *Sic*, Cass., 11 août 1856, S., 56. 1. 781. D., 57. 1. 21; 7 août 1860, S., 61. 1. 977, D., 60. 1. 498; 7 janvier 1863, S., 63. 1. 121, D., 63. 1. 226.

(2) *Sic*, Réquier, n. 142; Demolombe, *Don.*. VI, n. 204. — V. cependant Genty, p. 146; Colmet de Santerre, IV, n. 213 *bis*, XIX.

(3) V. notamment Agen, 12 décembre 1866, S., 68. 2. 37, D., 67. 2. 17, et les arrêts cités dans Fuzier-Herman, sur l'art. 1075, n. 63.

(4) *Sic*, Cass., 11 août 1856, S., 56. 1. 781, D., 57. 2. 21; 24 juin 1868, S., 68. 1. 330, D., 68. 1. 289; 25 février 1878, S., 81. 1. 72, D., 78. 1. 149; 16 novembre 1885, S., 86. 1. 454, D., 86. 1. 395.

(5) V. notamment Toulouse, 31 décembre 1883, S., 84. 2. 113, D., 84. 2. 81 et les arrêts cités dans Fuzier-Herman, sur l'art. 1075, n. 54.

Cette jurisprudence a même rallié la majorité des auteurs [1].

3777. Elle nous paraît soulever cependant des objections d'une extrême gravité.

Écoutons ses défenseurs :

« Les dispositions des art. 826 et 832, fondées sur le principe de l'égalité à maintenir entre copartageants, tiennent à l'essence même des partages et s'appliquent même, par conséquent, à ceux dont s'occupent les art. 1075 et suiv. Bien que l'ascendant qui veut faire, entre ses descendants, le partage de ses biens, réunisse dans sa main tous les pouvoirs nécessaires pour y procéder, il ne peut cependant, dans l'exercice de cette faculté, se placer au-dessus des règles établies par les art. 826 et 832, règles à l'observation desquelles il se trouve virtuellement soumis, par cela même qu'il n'en a pas été dispensé ».

Voilà tout ce que disent MM. Aubry et Rau, pour justifier leur adhésion à la jurisprudence qui a prévalu [2].

3778. On ne peut s'étonner que cela ne suffise point à vaincre les hésitations de nombre d'auteurs, qui ne se sont point résignés à suivre la jurisprudence de la cour suprême [3].

On peut faire remarquer, tout d'abord, que notre chapitre ne fait aucune mention de la cause de nullité dont il s'agit.

D'un autre côté, l'art. 832 n'établit pas une règle générale pour tous les partages, mais une règle exceptionnelle pour les partages judiciaires.

Est-ce que l'ascendant fait un partage judiciaire ?

Il est certain que l'art. 832 n'est pas applicable au partage d'*attribution*, c'est-à-dire au partage que les parties, majeures et capables, font *sans tirage au sort* et en *attribuant* à chaque copartageant un lot déterminé : ce qui permet de tenir compte des convenances réciproques des intéressés. Eh bien ! c'est

(1) V. notamment Aubry et Rau, VIII, p. 22, § 734, texte et note 1 ; Bonnet, I. n. 283 à 290 ; Demolombe, *Don.*, VI, n. 199 s. ; Huc, VI, n. 447, ainsi que les auteurs cités dans Fuzier-Herman, sur l'art. 1075, n. 54.

(2) Aubry et Rau, VIII, p. 22, § 732, note 1.

(3) V. notamment Réquier, n. 144 s. ; Laurent, XV, n. 69 ; Barafort, p. 9 ; Jerôme, *Rev. prat.*, année 1866, p. 353.

un partage d'attribution que fait l'ascendant, et on le prive d'une faculté essentielle dans un semblable partage.

Le partage d'ascendant est surtout usité à la campagne, c'est le partage des cultivateurs. Souvent, il sera de l'intérêt bien entendu des enfants que le père donne la terre à ses fils et de l'argent à ses filles, ou même, s'il n'a que des terres, qu'il les donne en totalité à ses fils, à la charge par eux de payer une somme d'argent à leurs sœurs. Le système que nous combattons rend ce mode de répartition impossible. La loi a voulu, c'est Bigot-Préameneu qui en témoigne, que les père et mère, qui, mieux que personne, connaissent la valeur, les avantages et les inconvénients des biens qu'ils délaissent, pussent « composer les lots en tenant compte des besoins et même des prédilections de leurs enfants », et on soumet les ascendants à une entrave, qui rend impossible l'accomplissement de leur mission !

Enfin, le système de la jurisprudence conduit à un morcellement infini de la propriété foncière : ce qui, au point de vue de l'intérêt général, est on ne peut plus regrettable, la propriété foncière ne pouvant être exploitée d'une manière fructueuse qu'à la condition d'avoir une certaine étendue. Si la cause de nullité qui nous occupe existait dans la loi, il faudrait solliciter le législateur de l'en faire disparaître ; à plus forte raison, ne doit-on pas l'y introduire, quand elle ne s'y trouve pas.

Nous souhaiterions vivement que la cour de cassation fût appelée à statuer sur la question, toutes chambres réunies.

3779. Quoi qu'il en soit, nous ne pouvons que répéter ce que nous avons dit déjà : à savoir que, dans le domaine de la pratique, le débat était tranché. Si nous l'avons renouvelé, c'est pour l'honneur des principes.

Il importe, d'ailleurs, d'ajouter que, si la jurisprudence proclame le principe, elle y apporte un certain nombre de restrictions que nous devons maintenant indiquer.

3780. La première concerne le cas où le partage en nature, conformément aux art. 826 et 832, serait impossible, à raison de l'impartageabilité des biens, compris par l'ascendant dans le partage qu'il effectue.

Cette première restriction n'est pas contestable.

Elle résulte du texte de l'art. 832, qui, même pour les partages judiciaires, n'édicte la règle qu'il pose que dans la mesure du possible, c'est-à-dire qu'autant que les biens à partager peuvent être divisés commodément et sans dépréciation.

Aussi la jurisprudence [1] et les auteurs [2] sont-ils unanimes à admettre cette première restriction, qui, d'ailleurs, n'est pas spéciale aux immeubles et doit être étendue aux meubles.

3781. C'est aux juges du fait qu'il appartient d'apprécier dans quels cas, d'après les circonstances de la cause, on peut considérer que les biens ne peuvent être divisés commodément et sans dépréciation, et, partant, écarter l'application des art. 826 et 832 [3].

Mais la présomption est en faveur de la possibilité du partage en nature et les juges ne peuvent estimer que celui-ci doit être écarté qu'après avoir constaté l'impartageabilité des biens [4].

3782. Mais il est évident que l'impartageabilité des biens, compris dans le partage ne pourrait résulter de la seule déclaration de l'ascendant, constatant que ses biens sont impartageables [5].

3783. Elle ne résulterait pas davantage de la reconnaissance qu'en aurait faite les enfants, au moment du partage effectué entre eux par l'ascendant [6].

3784. A côté de cette première restriction, la jurisprudence tend à en admettre une seconde : elle considère que

[1] *Sic*, Cass., 8 avril 1873, S., 73. 1. 316, D., 73. 1. 196; 24 décembre 1873, S., 74. 1. 487, D., 74 1. 432; 26 décembre 1876, S., 77. 1. 153, D., 77. 1. 171, et les arrêts cités dans Fuzier-Herman, sur l'art. 1075, n. 67 s.

[2] *Sic*, Aubry et Rau, VIII, p. 23, § 732, et les auteurs cités dans Fuzier-Herman, sur l'art. 1075, n. 67.

[3] *Sic*, Cass., 9 juin 1857, S., 57. 1. 685, D., 57. 1. 294; 2 décembre 1862, S., 63. 1. 124, D., 63. 1. 228.

[4] *Sic*, Aubry et Rau, VIII, p. 24, § 732 et les auteurs cités dans Fuzier-Herman, sur l'art. 1075, n. 83.

[5] *Sic*, Lyon, 20 janvier 1837, S., 38. 2. 63, D. *Rép.*, v° *Disp.*, n. 4487.

[6] *Sic*, Cass., 24 juin 1868, S., 68. 1. 330, D., 68. 1. 289.

l'intérêt bien entendu des enfants peut permettre à l'ascendant d'écarter l'application des art. **826** et **832** [1].

Mais cette seconde restriction, qui serait de nature à porter à la règle une atteinte plus grave encore que la précédente, n'est pas admise d'une façon absolument unanime [2].

3785. Dans tous les cas, l'ascendant n'est pas seul juge de l'intérêt des enfants à ne point être copartagés conformément à l'art. 832.

C'est aux juges du fait qu'il appartient de contrôler, souverainement d'ailleurs, l'appréciation faite par l'ascendant et d'estimer si l'intérêt des enfants exigeait un partage conforme à celui qui a été effectué [3].

3786. Pas plus qu'ils ne sont liés par l'appréciation de l'ascendant, les juges ne peuvent l'être par la déclaration faite par les enfants, lors du partage, que celui-ci était conforme à leurs intérêts [4].

3787. A côté de ces deux premières restrictions, qui, dans une très large mesure, diminuent les inconvénients de la règle, on s'accorde à en admettre une troisième.

Elle consiste à reconnaître la légitimité des clauses pénales, par lesquelles l'ascendant tend à imposer à ses enfants le respect des attributions qu'il leur a faites, sans observer les règles des art. 826 et 832.

Il n'est pas douteux, en effet, que, dans ces règles, on ne saurait voir des règles d'ordre public. Or, tel devrait être leur caractère, pour qu'on puisse les considérer comme non écrites, par application de l'art. 900 du C. civ.

Aussi la jurisprudence [5] et les auteurs [6] s'accordent-ils à écarter l'application de ce texte et à décider qu'un enfant ne peut critiquer le partage effectué par l'ascendant, sans

[1] *Sic*, Cass., 26 mars 1845, S., 47. 1. 121, D., 46. 1. 374. — Nîmes, 20 novembre 1854, S., 54. 2. 689, D., 55. 2. 107 ; Poitiers, 20 février 1861, S., 61. 2. 465, D., 61. 2. 94 et les arrêts cités dans Fuzier-Herman sur l'art. 1075, n. 90 s.

[2] V. notamment Toulouse, 31 décembre 1883, S., 84. 2. 113, D., 84. 2. 81.

[3] *Sic*, Cass., 8 mars 1875, S., 75. 1. 301, D., 75. 1. 278.

[4] *Sic*, Toulouse, 31 décembre 1883, S., 84. 2. 113, D., 84. 2. 81.

[5] *Sic*, Cass., 27 novembre 1867, S., 68. 1. 65 et 26 juin 1882, S., 85. 1. 118, D., 83. 1. 70.

[6] *Sic*, Aubry et Rau, VIII, p. 26, § 732.

tomber sous le coup de la clause pénale édictée par celui-ci dans cette prévision, alors même qu'il ferait annuler le partage pour contravention aux règles des art. 826 et 832.

3788. Il est généralement admis que les règles des art. 826 et 832 du C. civ., comme aussi les restrictions que ces règles comportent, sont indifféremment applicables, et aux partages testamentaires, et aux partages entre vifs effectués par l'ascendant.

On a cependant proposé de limiter l'application des art. 826 et 832 aux seuls partages testamentaires, par cette raison que, dans les partages entre vifs, l'intervention des enfants, au moment du partage, les rendait irrecevables à se prévaloir de la composition vicieuse des lots [1].

Mais la jurisprudence [2] et la plupart des auteurs [3] repoussent cette argumentation. Elle nous paraît inadmissible. Elle suppose, en effet, que les enfants peuvent, au moment de leur acceptation du partage, renoncer aux droits qui leur appartiendront plus tard en qualité d'héritiers. C'est bien à ce titre, et à ce titre seulement, qu'ils sont fondés à invoquer les art. 826 et 832. Or, si c'est seulement au décès de l'ascendant que s'ouvre pour eux le droit de critiquer le partage fait en violation de ces textes, comment admettre qu'ils puissent y renoncer du vivant de l'ascendant?

3789. Il nous reste à observer que, si les art. 826 et 832 s'appliquent aussi bien aux partages entre vifs qu'aux partages testamentaires effectués par l'ascendant, ils ne s'appliquent, du reste, qu'aux seuls partages effectués par l'ascendant lui-même. Si celui-ci s'était borné à abandonner ses biens à ses enfants, qui en auraient eux-mêmes ultérieurement réglé le partage entre eux, il ne s'agit plus, en réalité, d'un partage d'ascendant [4]. Les enfants, qui l'ont effectué eux-mêmes et ont librement réglé la composition des lots, sont, par la suite,

[1] V. notamment Duranton, IX, n. 658; Genty, p. 147; Colmet de Santerre, IV, n. 234 *bis*, XVII et XVIII.

[2] *Sic*, Cass., 18 août 1859, S., 60. 1. 64, D., 59. 1. 410; Toulouse, 31 décembre 1883, S., 84. 2. 113, D., 84. 2. 81.

[3] *Sic*, Aubry et Rau, VIII, p. 24, § 732, note 3; Demolombe, *Don.*, VI, n. 200 et 201; Troplong, II, n. 2305. — Cpr. Laurent, XV, n. 70.

[4] V. ci-dessus, n. 3490.

respectivement irrecevables à critiquer leur propre ouvrage, en se fondant sur l'inobservation des art. 826 et 832.

La jurisprudence est fixée en ce sens [1].

3790. Mais il n'en est ainsi qu'autant que l'ascendant est resté étranger au partage effectué par ses enfants. Dès qu'il est intervenu dans le règlement des lots, dès que la composition de ceux-ci n'est pas l'œuvre exclusive des enfants, les art. 826 et 832 restent applicables.

C'est aux juges du fait de résoudre souverainement, d'après les circonstances de la cause, la question de savoir si l'ascendant est resté ou non étranger à la composition des lots que les enfants paraissent avoir eux-mêmes réglée [2].

B. *De l'ouverture, de la durée et des effets de l'action en nullité pour inobservation des art.* 826 *et* 832.

3791. Si les partages d'ascendants peuvent être annulés pour inobservation des art. 826 et 832, il importe de préciser à quel moment s'ouvre l'action en nullité, quelle est la durée de cette action et quels en sont les effets.

3792. D'une façon unanime, on admet que c'est seulement à compter du décès de l'ascendant que s'ouvre l'action en nullité pour violation des articles 826 et 832, même si le partage d'ascendant est fait entre vifs. C'est seulement en qualité d'héritiers que les enfants peuvent se prévaloir de ces textes; ils ne sauraient donc, avant le décès de l'ascendant, intenter une action qui implique l'ouverture de la succession de celui-ci [3].

3793. Quant à la durée de la prescription susceptible d'éteindre l'action en nullité, elle doit être fixée d'après les règles du droit commun.

Elle sera donc de 10 ans, si le partage d'ascendant est entre vifs. Elle sera, au contraire, de 30 ans, si le partage est testamentaire, car l'art. 1304 est alors inapplicable.

(1) *Sic*, Cass., 29 janvier 1877, S., 77. 1. 199, D., 77. 1. 105; 16 juillet 1883, S., 85. 1. 419, D., 84. 1. 390; Limoges, 2 juillet 1877, S., 78. 2. 203, D., 78. 2. 53.

(2) V. notamment Cass., 16 novembre 1885, S., 86. 1. 454, D., 86. 1. 395.

(3) *Sic*, Cass., 14 avril 1852, S., 52. 1. 749. — Dans le même sens Aubry et Rau, VIII, p. 25, § 732, texte et note 7; Genty, p. 260 à 267.

C'est l'opinion unanime des auteurs.

3794. Qu'il s'agisse de la prescription décennale de l'art. 1304 ou de la prescription trentenaire, son point de départ se placera toujours au décès de l'ascendant.

Cela est d'évidence, puisque c'est à ce moment seulement que, dans tous les cas, s'ouvre l'action.

Les auteurs et les arrêts s'accordent à le reconnaître [1].

3795. Il n'est, d'ailleurs, pas douteux que, conformément au droit commun, l'action en nullité puisse être éteinte par une confirmation expresse ou tacite du partage.

Il n'y a de difficulté que sur le point de savoir dans quels cas on peut dire qu'il y ait confirmation.

C'est là, du reste, une difficulté de pur fait, puisqu'il s'agit uniquement de savoir si, lors de l'acte confirmatif ou invoqué comme tel, le copartagé auquel on l'oppose avait connaissance de la nullité et a entendu y renoncer [2].

3796. Les auteurs et les arrêts s'accordent à admettre que l'action en nullité, pour inobservation des art. 826 et 832, ne saurait être arrêtée par l'offre d'une indemnité pécuniaire, représentant le préjudice qui résulte, pour le demandeur, de l'inégale composition des lots [3].

Spécial à l'action en rescision pour cause de lésion, l'art. 891 ne saurait être étendu à l'action en nullité pour inobservation des art. 826 et 832.

3797. Quant aux effets de l'action en nullité, ce sont exactement les effets de l'action en rescision pour lésion.

Dans un cas comme dans l'autre le partage est annulé : les copartagés sont remis dans l'indivision et doivent procéder à un nouveau partage [4].

Dans un cas comme dans l'autre, il faut également déci-

(1) *Sic*, Cass., 28 février 1855, S., 55. 1. 785, D., 55. 1. 81 ; 7 janvier 1863, S., 63. 1. 121, D., 63. 1. 226. — Dans le même sens, Aubry et Rau, VIII, p. 25, § 732.

(2) *Sic*, Cass., 28 février 1855 précité ; Bordeaux, 23 mars 1853, S., 53. 2. 403, D., 53. 2. 233. — Dans le même sens, Demolombe, *Don.*, VI, n. 225 ; Aubry et Rau, VIII, p. 28, § 732.

(3) *Sic*, Cass., 18 décembre 1855, S., 56. 1. 305, D., 56. 1. 28, et 25 février 1856, S., 56. 1. 305, D., 56. 1. 113. — Dans le même sens, Aubry et Rau, VIII, p. 25, § 732 ; Demolombe, *Don.*, VI, n. 206 ; Genty, p. 325.

(4) *Sic*, Cass., 25 février 1856, S., 56. 1. 305, D., 56. 1. 113.

der que, lorsqu'il s'agit d'un partage entre vifs, l'acte annulé comme partage ne pourrait continuer à produire des effets en tant que donation [1].

3798. De même, il est certain que, pas plus que la rescision pour lésion, l'annulation du partage, pour contravention aux art. **826** et **832**, ne fait point disparaître les libéralités préciputaires que ce partage pouvait contenir [2]. Il n'en serait autrement qu'autant que ces libéralités ne seraient point distinctes des attributions mêmes du partage [3], ou que, dans l'intention de l'ascendant, elles se trouvaient liées à l'exécution du partage [4].

3799. Les tiers doivent subir les conséquences de l'annulation du partage, pour inobservation des art. **826** et **832**, dans les mêmes conditions qu'ils subissent les conséquences de la rescision pour lésion [5].

3800. Quand le partage est annulé, de même que lorsqu'il est rescindé [6], les copartagés doivent-ils remettre dans la masse à partager, non seulement les biens eux-mêmes, mais les fruits qu'ils ont perçus?

Un premier point nous semble certain, c'est que, dans le partage entre vifs, aucune restitution de fruits ne peut être due pour les perceptions antérieures au décès de l'ascendant, puisque, avant cette époque, le partage devait nécessairement subsister tel qu'il avait été fait par l'ascendant.

3800 *bis*. Pour les perceptions postérieures au décès, on s'attache généralement à la distinction des perceptions faites de bonne foi et des perceptions faites de mauvaise foi, celles-ci seules devant être restituées [7].

(1) V. ci-dessus, n. 3738 s.

(2) *Sic*, Agen, 16 février 1857, S., 57. 1. 193, D., 58. 2. 186 et 1er juin 1858, S., 58. 2. 417.

(3) *Sic*, Chambéry, 23 juillet 1873, S., 74. 2. 43. — Dans le même sens, Demolombe, *Don.*, VI, n. 242.

(4) *Sic*, Rouen, 9 mars 1855, S., 55. 1. 785 *ad notam*.

(5) V. ci-dessus, n. 3736 *bis* et s.

(6) D'après certains auteurs, les règles relatives à la restitution des fruits seraient cependant différentes, suivant qu'il y aurait nullité ou rescision. — V. notamment Genty, p. 321.

(7) V. notamment Cass., 11 juillet 1866, S., 66. 1. 399. — Dans le même sens, Demolombe, *Don.*, VI, n. 240; Réquier, n. 206 *bis*; Aubry et Rau, VIII, p. 26, § 732.

Nous croyons que, sans distinction, on doit décider que les fruits ne sont jamais dus qu'à compter du jour de la demande en nullité ou en rescision. Pratiquement, c'est d'ailleurs le résultat auquel arrivent les auteurs et les arrêts, en soutenant la distinction que nous jugeons inapplicable ici, puisqu'ils s'accordent à décider que la bonne foi se présume jusqu'au jour de la demande [1].

Nous n'insistons pas, du reste, car les solutions qui doivent prévaloir ici dépendent nécessairement du parti qu'on adopte sur la portée d'application des articles 549 et 550 du code civil.

APPENDICE

DE LA LÉGISLATION FISCALE APPLICABLE AU PARTAGE D'ASCENDANT

3801. Pour exposer les règles qui constituent la législation fiscale des partages d'ascendant, il convient de distinguer suivant que le partage est fait par acte entre vifs ou par testament.

Nous parlerons donc successivement de la législation fiscale applicable au partage entre vifs, puis de celle qui est applicable au partage testamentaire, en n'insistant, bien entendu, que sur les particularités de cette législation.

§ I. *Du partage entre vifs.*

3802. La loi du 22 frimaire an VII ne disait rien des partages d'ascendant. On avait conclu de ce silence, que les actes par lesquels, de son vivant, l'ascendant abandonnait ses biens à ses enfants, devaient être soumis aux droits ordinaires des donations entre vifs.

Cette conclusion, que la jurisprudence et la doctrine tiraient du silence de la loi de frimaire, fut, du reste, expressément confirmée par la loi du 27 ventôse an XI, dont l'art. 10 assi-

[1] *Sic*, Cass., 11 juillet 1866 précité; Rouen, 9 mars 1855, D., 56. 2. 36, ainsi que les auteurs cités à la note précédente.

mile, au point de vue fiscal, le partage d'ascendant entre vifs à la donation entre vifs [1].

C'est seulement en **1824** que la législation fiscale du partage d'ascendant entre vifs devint une législation spéciale.

Ce sont les règles constituant cette législation spéciale qu'il nous faut tout d'abord indiquer.

Nous aurons ensuite à déterminer à quels actes elle est applicable, en d'autres termes à préciser quels sont les actes qui, au point de vue de la loi fiscale, doivent être considérés comme des partages d'ascendant, et qui, à ce titre, sont régis par la législation spéciale de la matière.

Nous aurons, enfin, à indiquer les particularités que présentent les partages avec soulte.

N° 1. Des particularités de la législation fiscale des partages d'ascendant entre vifs.

3803. Nous venons de dire que, jusqu'en **1824**, la législation fiscale des partages d'ascendant entre vifs ne se distinguait nullement de la législation fiscale des donations entre vifs ordinaires.

La législation spéciale qu'introduit, en matière de partages d'ascendant entre vifs, la loi du **16** juin **1824**, résulte de l'art. **3** de cette loi.

Aux termes de ce texte :

« *Le droit d'enregistrement fixé par les paragraphes 4 et 6* » *de l'art. 69 de la loi du 12 décembre 1798 (22 frimaire* » *an VII), pour les donations entre vifs en ligne directe, à* » *1 fr. 25 c. par 100 fr. sur les biens meubles, est réduit, en ce* » *qui concerne les donations portant partage, faites par actes* » *entre vifs, conformément aux art. 1075 et 1076 C. civ., par* » *les père et mère ou autres ascendants, entre leurs enfants et* » *descendants, au droit de 25 cent. par 100 francs sur les biens*

[1] Avant la promulgation du code civil, les démissions de biens seules produisaient des effets immédiats. C'était donc à elles seules que s'appliquait l'art. 10 de la loi du 27 ventôse an XI. Quand, supprimant la démission de biens, le code civil eut donné à tous les partages d'ascendants entre vifs les effets immédiats que la démission de biens comportait seule autrefois, l'art. 10 de la loi du 27 ventôse an XI devint évidemment la loi commune de tous les partage entre vifs.

» *meubles et de 1 franc par 100 francs sur les immeubles, ainsi* » *qu'il est réglé pour les successions en ligne directe.*

» *Le droit de 1 1/2 pour cent, ajouté au droit d'enregistre-* » *ment par l'art. 54 de la loi du 28 avril 1816, ne sera perçu* » *pour lesdites donations que lorsque la transcription en sera* » *requise au bureau des hypothèques* ».

3804. Les particularités qu'introduit ce texte sont au nombre de deux : l'une est relative au droit d'enregistrement que le partage entre vifs rend exigible, l'autre concerne le droit de transcription qu'il peut être question de percevoir.

Nous les examinerons successivement, à propos de chacun de ces deux droits.

3805. Mais, avant de les examiner, il importe d'indiquer que le droit d'enregistrement et le droit de transcription, dont il est question dans l'art. 3 de la loi du 16 juin 1824, sont les seuls droits que rendent exigibles les partages d'ascendant entre vifs.

Outre le droit d'enregistrement et le droit de transcription, quand ce dernier est exigible, il ne peut s'agir de percevoir le droit de partage [1].

L'administration de l'enregistrement a, depuis longtemps, reconnu que le droit d'enregistrement fixé par l'art. 3 de la loi du 16 juin 1824, vise la donation portant partage et s'applique à la fois, et à la donation, et au partage qui l'accompagne.

Cette solution est, du reste, conforme à la nature que nous avons nous-mêmes reconnue au partage d'ascendant entre vifs, au point de vue du droit civil. Nous avons dit, en effet, que le partage d'ascendant entre vifs ne devait pas seulement être considéré comme la juxtaposition d'une donation et d'un partage. C'est, nous l'avons vu, un acte unique, produisant des effets spéciaux, empruntés les uns aux effets de la donation, les autres aux effets du partage. Mais, tels quels, ils n'en donnent pas moins à l'acte qui les entraîne une physionomie spéciale et ne permettent pas d'y voir la juxtaposition de

[1] Droit fixe jusqu'en 1872, le droit de partage a été transformé en un droit gradué par la loi du 28 février 1872. La loi de finances du 28 avril 1893 (art. 19) en a fait, aujourd'hui, un droit exactement proportionnel de 15 centimes pour 100.

deux actes distincts, conservant leur nature propre et leurs effets spéciaux.

On peut, du reste, d'autant moins songer à la contester que, lorsque la loi du 16 juin 1824 a été votée, la théorie dominante, dans la jurisprudence et la doctrine, celle par conséquent dont a dû s'inspirer le législateur de 1824, consistait à considérer le partage d'ascendant entre vifs comme l'ouverture anticipée de la succession de l'ascendant qui l'effectuait [1].

Aussi la question n'est-elle plus discutée aujourd'hui [2].

A. *Du droit d'enregistrement.*

3806. Le droit d'enregistrement, auquel est soumis le partage d'ascendant entre vifs, est un droit proportionnel de mutation, évidemment de même nature que le droit portant sur les donations entre vifs ordinaires.

La loi du 16 juin 1824 n'a touché qu'à la quotité même de ce droit.

Elle a considéré que, le partage entre vifs se présentant, en définitive, comme la dévolution anticipée de la succession de l'ascendant, il était équitable, en même temps que logique, d'appliquer, à la mutation réalisée par ce partage, le tarif des mutations à cause de mort et non le tarif des mutations entre vifs.

3807. Le tarif fixé à 25 centimes p. 100 pour les meubles et à 1 p. 100 pour les immeubles par l'art. 3 de la loi du 16 juin 1824, a été uniformément porté à 1 p. 100, pour les meubles et pour les immeubles, par l'art. 10 de la loi du 18 mai 1850, sous l'empire de laquelle nous sommes encore aujourd'hui. Le tarif est donc exactement le même que celui du droit de mutation à cause de mort en ligne directe, c'est-à-dire, avec les décimes, 1 fr. 25 p. 100.

3808. La quotité spéciale du droit proportionnel de mutation qu'entraîne le partage entre vifs est, au point de vue du droit d'enregistrement qu'il rend exigible, l'unique particularité de la législation fiscale de ce partage.

[1] V. ci-dessus, n. 3657.

[2] *Sic*, Demante, II, n. 732.

Quant à la liquidation du droit exigible et aux effets qui découlent, au point de vue de sa perception, soit des clauses particulières que le partage peut contenir, soit des causes de rescision ou de nullité qui peuvent affecter ce partage, nous devons nous borner à renvoyer aux règles du droit commun.

B. *Du droit de transcription.*

3809. La partie finale de l'art. 3 de la loi du 16 juin 1824 contenait une autre faveur, spéciale aux partages d'ascendant entre vifs comprenant des immeubles et, à ce titre, soumis à la nécessité de la transcription.

D'après l'art. 54 de la loi du 28 avril 1816 le droit de transcription doit être perçu, au moment de l'enregistrement des mutations soumises à transcription et non point au moment où il est procédé à cette formalité. L'art. 3 de la loi du 16 juin 1816 écartait cette nécessité en faveur des partages d'ascendant entre vifs et décidait que le droit de transcription ne serait perçu, dans ces partages, qu'au moment même où il serait procédé à cette formalité.

3810. Cette disposition permettait ainsi aux enfants de s'affranchir du paiement du droit de transcription, en ne faisant pas transcrire le partage.

Elle a été remplacée par l'art. 1 de la loi du 21 juin 1875, qui règle aujourd'hui la question.

Aux termes de ce texte :

« *Le droit sur la transcription des actes de donation contenant partage, faits entre vifs, conformément aux art. 1075 et 1076 du C. civ., est réduit à 50 centimes par 100 francs.*

« *Ce droit sera perçu lors de l'enregistrement de l'acte de donation, mais la formalité de la transcription au bureau des hypothèques ne donnera plus lieu qu'au droit fixe déterminé par l'art. 61 de la loi du 28 avril 1816 (1 franc).*

» *Dans le délai d'une année, à compter de la promulgation de la présente loi, les donations contenant partage, faites dans les conditions ci-dessus, avant cette promulgation, seront admises à la transcription moyennant le paiement de 50 centimes par 100 francs* » [1].

[1] L'art. 6 de la loi du 26 mars 1878 a prorogé d'un an, à partir de sa promul-

Aujourd'hui, la faveur spéciale faite aux partages d'ascendant entre vifs, en ce qui concerne le droit de transcription, concerne donc uniquement le taux de ce droit, qui est réduit à 50 centimes pour cent.

3811. Au point de vue du droit de transcription comme au point de vue du droit d'enregistrement, la législation spéciale du partage d'ascendant consiste donc en une réduction des droits qui lui seraient applicables, si on le considérait comme une donation entre vifs.

De là l'intérêt qu'il y a à bien préciser le terrain d'application de cette législation spéciale.

N. 2. **Des actes qui, au point de vue fiscal, doivent être considérés comme des partages d'ascendant, et, à ce titre, bénéficier des réductions édictées par la loi.**

3812. L'administration de l'enregistrement n'admet l'application des réductions de droits dont nous venons de parler, aux actes par lesquels les ascendants se démettent de leurs biens au profit de leurs enfants ou descendants, qu'autant que les trois conditions suivantes se trouvent réunies :

1° Il faut que le partage ne soit fait par l'ascendant qu'au profit des descendants qui, à ce jour, sont ses héritiers présomptifs ;

2° Il faut que, lors du partage, l'ascendant ait plusieurs descendants ayant cette qualité d'héritiers présomptifs ;

3° Il faut, enfin, que le partage comprenne tous les enfants qui, au jour du partage, ont la qualité d'héritiers présomptifs.

Ces conditions sont, aux yeux de l'administration, à la fois nécessaires et suffisantes.

3813. La première condition paraît peu contestable : elle est admise, et par les auteurs [1], et par les arrêts [2].

gation, le délai fixé par la loi de 1875 pour la transcription, au droit réduit, des partages d'ascendant non encore soumis à cette formalité.

[1] *Sic.* Réquier, *Partage d'ascendant*, n. 120 ; Naquet, *Traité d'Enregistr.*, II, n. 953 s. ; Dalloz, *Supplément au Rép.*, v° *Enregistr.*, n. 2119.

[2] V. notamment Cass., 21 juillet 1851, S., 51. 1. 617, D., 51. 1. 201 ; Trib. Arras, 27 mars 1887, *Journ. enregist.*, art. 22900.

En admettant qu'au point de vue civil on puisse considérer comme un partage d'ascendant un acte par lequel l'ascendant distribue ses biens à d'autres qu'à ses successibles en ligne directe, ayant au moment du partage la qualité d'héritiers présomptifs, cela est inadmissible au point de vue fiscal. Il résulte des termes mêmes de l'art. 3 de la loi du 16 juin 1824 que, dans le partage entre vifs, le législateur ne réduit le droit de mutation que parce qu'il voit, dans ce partage, le règlement anticipé de la succession de l'ascendant, et qu'il juge équitable d'exiger seulement le droit de mutation qui eût été exigible, si la succession de l'ascendant s'était réellement ouverte. Mais cela n'implique-t-il pas que la réduction ne se conçoit qu'autant que le partage est effectué entre ceux-là mêmes qui y auraient figuré, si réellement la succession de l'ascendant s'était ouverte? Ce que l'ascendant donne à d'autres qu'à ses héritiers présomptifs est donc reçu par eux à titre de donataires, non à titre de copartagés ; partant, le droit de mutation applicable est le droit ordinaire de donation.

3814. La deuxième condition est plus certaine encore.

Le partage d'ascendant implique nécessairement un partage, une distribution des biens que l'ascendant abandonne. Cela est impossible si, lors du partage, l'ascendant n'a qu'un seul descendant ayant la qualité d'héritier présomptif.

Aussi la jurisprudence a-t-elle toujours refusé de faire bénéficier l'abandon qu'un ascendant faisait de ses biens à son enfant unique, de la législation spéciale de la loi du 16 juin 1824 [1].

C'est aussi l'opinion des auteurs [2].

3815. Quant à la troisième condition, elle est contestée, et, d'ailleurs, fort contestable.

La jurisprudence paraît se refuser à l'admettre [3] et pres-

[1] *Sic*, Cass., 13 août 1838, S., 38. 1. 715 ; 12 mars 1849, S., 49. 1. 437, D., 49. 1. 96 et 14 mai 1879, S., 79 1. 383, D., 79. 1. 244.

[2] *Sic*, Demante, II, n. 726 : Naquet, II, n. 945.

[3] V. Cass., 26 avril 1836, S., 36. 1. 499, D. *Rép.*, v° *Enregistr.*, n. 3910 et 15 avril 1850, S., 50. 1. 358, D., 50. 1. 121.

que tous les auteurs approuvent la résistance qu'elle oppose aux prétentions de l'administration [1].

Sans doute, l'art. 1078 considère comme nuls et non avenus les partages qui ne sont pas faits entre tous les enfants existant au décès de l'ascendant. Mais l'éventualité de cette nullité peut-elle permettre de ne point considérer comme un partage d'ascendant un acte qui, en définitive, sera tel si l'enfant omis n'existe pas au décès de l'ascendant?

Cela semble peu compatible avec cette idée, d'ailleurs certaine, que la régie n'est point juge de la validité des actes rendant une perception exigible.

On peut cependant faire remarquer, en faveur de la thèse soutenue par l'administration, que la question n'est point de savoir si l'administration peut ou non se prévaloir de la nullité, résultant de l'omission d'un enfant. On devrait alors, sans hésiter, déclarer sa prétention inadmissible.

Mais telle n'est point, peut-on-dire, la question qui se pose.

Il s'agit uniquement de savoir si le partage qui ne comprend pas tous les descendants ayant, au jour où il intervient, la qualité d'héritiers présomptifs de l'ascendant, est bien le partage que vise l'art. 1075 et surtout celui qu'envisage la loi du 16 juin 1824. Cette loi applique incontestablement l'idée que le partage d'ascendants entre vifs ouvre, d'une façon anticipée, la succession de l'ascendant. Qu'est-ce à dire sinon que le partage visé par elle doit comprendre tous les descendants ayant, au moment où il intervient, la qualité d'héritiers présomptifs de l'ascendant, de même qu'il ne peut comprendre que des descendants ayant, à ce moment, la même qualité ?

3816. Les trois conditions que nous venons d'examiner sont, dans tous les cas, les seules conditions que la régie considère comme nécessaires et essentielles, pour l'application de l'art. 3 de la loi du 16 juin 1824.

C'est ainsi qu'elle n'exige nullement, pour que ce texte soit applicable, que le partage comprenne l'universalité des biens présents de l'ascendant.

(1) V. notamment Garnier, *Rép. génér. enregistr.*, n. 12571 ; Demante, II, n. 728 ; Naquet, II, n. 955.

Il est incontestable, au point de vue civil, qu'un partage d'ascendant entre vifs peut ne comprendre qu'une partie des biens de l'ascendant donateur. C'est également certain au point de vue fiscal. Ce qu'il faut mais ce qui suffit, pour qu'il y ait partage d'ascendant, c'est que l'ascendant ait entendu user de la faculté que lui donnent les art. 1075 du code civil et non point faire seulement des donations en avancement d'hoirie [1].

3817. C'est ainsi, également, que l'art. 3 de la loi du 16 juin 1824 serait applicable, sous quelque forme que se présente le partage d'ascendant, même sous la forme d'un contrat à titre onéreux, dès qu'il est constant que les parties ont fait et voulu faire un partage d'ascendant [2].

3818. Il en serait ainsi quelles que soient les nullités dont serait entaché l'acte qui est intervenu, car le receveur n'a pas mission de contrôler et d'apprécier l'efficacité des actes soumis à l'impôt, mais seulement d'assurer le recouvrement de l'impôt auquel donnent lieu ces actes [3].

3819. Au point de vue civil, nous avons vu qu'on ne pouvait considérer comme un partage d'ascendant l'acte par lequel l'ascendant se bornait à abandonner ses biens à ses enfants, sans faire entre eux aucune répartition matérielle des biens abandonnés. L'acte est valable sans doute, mais ne produit pas les effets du partage d'ascendant : c'est une donation ordinaire [4].

Au point de vue fiscal, la solution contraire est généralement admise. La jurisprudence notamment n'hésite pas à dire qu'un acte de ce genre doit bénéficier de la législation de l'art. 3 de la loi du 16 juin 1824 [5].

A première vue, cela paraît inadmissible. La loi de 1824 n'a édicté le tarif de faveur qu'elle contient qu'au profit des

(1) V. notamment en ce sens Trib. Seine, 15 mars 1873, D., 74. 5. 219.

(2) V. notamment Cass., 16 février 1874, S., 74. 1. 279, D., 74. 1. 365; 16 décembre 1885, S., 86. 1. 485.

(3) *Sic*, Cass., 13 janvier 1890, S., 91. 1. 38.

(4) Voyez ci-dessus, n. 3486.

(5) *Sic*, Cass., 29 mars 1831, S., 31. 1. 310; 16 mars 1833, S., 33. 1. 265; 26 avril 1836, S., 36. 1. 499; 11 avril 1838, S., 38. 1. 432.

donations contenant partage. Or, elle n'a pas donné une définition spéciale de ces donations; elle s'est, au contraire, référée au droit civil. Dès lors, comment appliquer cette loi à une donation que la loi civile ne considère pas comme un partage d'ascendant [1]?

Aussi la régie a-t-elle longtemps, en pareil cas, repoussé l'application de la loi de 1824 et ne s'est-elle inclinée que devant la persistance avec laquelle la cour suprême a rejeté ses réclamations.

3820. La raison qui a entraîné la jurisprudence c'est que la réduction accordée par la loi du 16 juin 1824 s'explique par cette considération que l'ascendant se borne à remettre, par anticipation, sa succession aux héritiers appelés à la recueillir un jour. Or, cette considération justifie l'application de la loi de 1824 à tous les actes qui ne constituent, en définitive, de la part de l'ascendant, qu'une remise anticipée de sa succession à ceux de ses descendants qui étaient appelés à la recueillir.

Dès l'instant que la mutation qui se produit au profit des enfants, est celle-là même qui se serait produite en leur faveur au moment du décès de l'ascendant, la loi de 1824 est applicable [2].

3821. Mais si, dans l'hypothèse que nous venons d'examiner, la loi du 16 juin 1824 est applicable, il nous paraît au moins incontestable que le droit de partage devra être perçu sur l'acte par lequel les enfants effectueront entre eux la division matérielle des biens abandonnés.

C'est incontestable, si l'ascendant n'intervient pas dans le partage qui suit l'abandon de ses biens, alors même que le partage et l'abandon seraient contenus dans un seul et même acte. Le partage effectué par les enfants est alors non seulement distinct mais indépendant de l'abandon réalisé par l'ascendant. Aussi doit-il être soumis au droit auquel sont actuellement soumis tous les partages : le droit proportionnel de 15 centimes pour cent, par lequel l'art. 19 de la loi de

[1] *Sic*, Genty, p. 108 s. — V. également, Naquet, II, n. 946.

[2] *Sic*, Garnier, *Rép. génér.*, 1278 ; Demante, II, n. 725 ; Dalloz, *Supplément au Rép.*, v° *Enreg.*, n. 2136.

finances du 18 avril 1893 a remplacé le droit gradué de la loi du 28 février 1872 [1].

C'est au moins discutable, si le partage, bien que distinct de l'abandon, est, en réalité, effectué sous la direction et d'après les indications de l'ascendant. On peut dire alors que l'acte, par lequel les enfants procèdent au partage, rentre dans la catégorie des actes de complément et d'exécution, que l'art. 68, § 1, n. 6 de la loi du 22 frimaire an VII assujétit à un simple droit fixe, aujourd'hui de 3 francs.

3822. Le droit de partage devrait encore être perçu toutes les fois que l'ascendant ne se contente pas de partager ses propres biens, mais répartit également, entre ses enfants, des biens indivis, soit entre ses enfants et lui, soit entre ses enfants seulement.

C'est, le plus souvent, le survivant de deux époux qui comprend, dans un même partage, ses propres biens et ceux de son conjoint prédécédé.

L'administration décide que le droit de partage doit être perçu sur les biens du conjoint prédécédé.

Il y a, en réalité, deux actes indépendants et distincts, réunis en un seul, mais qui n'en conservent pas moins leur caractère propre. A côté du partage d'ascendant fait par le survivant, il y a le partage de la succession du prédécédé.

Les droits afférents à chacun de ces deux actes doivent être acquittés par les parties. Ils comprennent : 1° le droit proportionnel de mutation qui est le même pour tous les biens, puisque la loi de 1824 a appliqué aux mutations résultant du partage entre vifs le tarif des mutations par décès; 2° le droit proportionnel de partage de 15 centimes pour cent pour tous les biens de l'ascendant prédécédé.

C'est la solution de l'administration, aussi bien quand le partage est effectué dans l'acte même de donation, que lorsqu'il est effectué par un acte distinct [2].

3823. D'après la jurisprudence dominante, une donation entre vifs ne peut avoir, au point de vue fiscal, le caractère

(1) *Sic*, Demante, II, n. 732.

(2) V. en ce sens *Solution de l'admin. de l'enreg.*, 15 mai 1873, Garnier, *Rép. gén. enreg.*, n. 12328 et 12589 et 10 février 1890, *Rép. périod. enreg.*, art. 7418.

de partage d'ascendant et ne peut, à ce titre, jouir du tarif réduit de la loi de 1824 qu'autant que les enfants sont, au moins quant à la nue propriété, réellement saisis des biens qui leur sont attribués par l'ascendant, comme il le seraient par l'ouverture de la succession de celui-ci.

Elle en a conclu qu'on ne saurait voir un partage d'ascendant dans l'acte par lequel l'ascendant se borne à donner à ses enfants ou à certains d'entre eux des sommes payables soit à son décès, soit à une époque ultérieure quelconque.

Tel serait le cas d'époux qui, déclarant qu'ils font un partage d'ascendant, donneraient à certains de leurs enfants des lots en argent dont ils s'engageraient seulement à servir les intérêts, le paiement du capital se trouvant reporté à une époque ultérieure (le plus souvent le décès du prémourant des ascendants) et devant s'imputer alors sur la succession de celui-ci [1].

3824. Bien que cette jurisprudence soit approuvée par certains auteurs [2], il est permis de croire qu'elle n'est pas peut-être l'application même de la loi.

L'argument qui a entraîné la jurisprudence de la cour suprême, c'est que la stipulation d'une somme payable à une date ultérieure n'a pas pour effet de retrancher cette somme du patrimoine de l'ascendant; celui-ci reste libre d'en disposer. Des attributions de ce genre restent soumises à toutes les éventualités de l'avenir : ce qui, d'après la cour, est inconciliable avec les effets définitifs et immédiats, inhérents à un partage d'ascendant entre vifs.

Mais il faut bien reconnaître que si l'argument prouve, il prouve trop. La jurisprudence reconnaît qu'on peut faire donation entre vifs d'une somme payable au décès [3]. Comment concilier cette jurisprudence avec celle qui prévaut sur le point qui nous occupe? Comment admettre que la règle du

[1] V. notamment en ce sens Cass., 5 avril 1852, S., 52. 1. 360, D., 52. 1. 108; 10 décembre 1855, S., 56. 1. 351, D., 56. 1. 163; 21 août 1876, S., 77. 1. 37, D., 77. 1. 38.

[2] *Sic*, Garnier, *Rép. gén. enreg.*, n. 12598; Réquier, *Part. d'ascendant*, n. 108.

[3] V. notamment Demolombe, *Don.*, VI, n. 60; Dalloz, *Suppl. au Rép.*, n. 2132; Naquet, II, n. 948.

dessaisissement irrévocable et actuel ait des conséquences différentes, suivant qu'il s'agit d'une donation ordinaire ou d'un partage d'ascendant? C'est bien plutôt le contraire qui résulterait de l'art. 1076 du C. civ., à moins d'admettre qu'en se référant à l'art. 943, l'art. 1076 n'ait entendu en modifier sens et la portée.

Quoi qu'il en soit, dans la pratique, le débat est tranché en le sens contraire.

3825. Mais il importe de remarquer que la jurisprudence et l'administration elle-même apportent certains tempéraments à la règle qu'elles appliquent.

Et d'abord, si la somme payable à terme est de peu d'importance relativement aux biens compris dans le partage; si elle n'en forme qu'une clause accessoire, on ne peut la séparer du partage, pour la soumettre à une perception distincte et différente de la perception à laquelle le partage donne lieu [1].

3826. L'application de l'art. 3 de la loi du 16 juin 1824 serait également incontestable, si les sommes payables à terme, mises au lot d'un des enfants étaient dues par des tiers, puisque, dans ce cas, le dessaisissement de l'ascendant est aussi complet que possible [2].

L'administration l'a elle-même reconnu [3].

N° 3. **Des partages avec soulte.**

3827. Appliquant la loi du 16 juin 1824, la jurisprudence s'était toujours refusée à admettre que les soultes, stipulées dans les partages d'ascendants entre vifs, impliquassent une transmission de propriété et fussent soumises au droit proportionnel de mutation qu'elles rendaient exigible dans les partages ordinaires [4].

[1] *Sic, Solution adm. enreg.*, 23 juin 1863, D., *Sup. au Rép.*, v° *Enregist.*, n. 2133. — V. également le rapport de M. le conseiller Tardif rapporté avec l'arrêt du 21 août 1876, S., 77. 1. 37, D., 77. 1. 38.

[2] *Sic*, Trib. Seine, 28 juin 1878, D., *Sup. au Rép.*, v° *Enregist.*, n. 2133.

[3] *Sic*, *Solution adm. enreg.*, 31 mai 1881, D., 8. 3. 70.

[4] V. en ce sens Cass., 11 décembre 1838, S., 38. 1. 955 et 22 mai 1844, S., 44. 1. 552.

C'était là, au profit du partage d'ascendant entre vifs, un privilège peu justifié, et concordant peu, d'ailleurs, avec le but même de la loi de 1824 : l'assimilation du partage d'ascendant entre vifs au partage de succession, en ce qui concerne les droits de mutation exigibles.

3828. C'est précisément dans le but d'effacer ce privilège existant au profit du partage d'ascendant entre vifs, qu'a été voté l'art. 5 de la loi du 18 mai 1850.

Aux termes de ce texte :

« *Conformément à l'art. 3 de la loi du 16 juin 1824, les » donations portant partage faites par actes entre vifs par les » père et mère ou autres ascendants ne donneront ouverture » qu'aux droits établis pour les successions en ligne directe; » mais les règles de perception concernant les soultes de par- » tage leur seront applicables, ainsi qu'aux partages testamen- » taires également autorisés par les art. 1075 et 1076 du C. » civ.* ».

Voici comment le rapporteur de la loi du 18 mai 1850 s'explique sur le but et la portée du texte ci-dessus :

« L'article 3 de la loi du 16 juin 1824 assimile aux successions en ligne directe les donations contenant partage et faites conformément aux art. 1075 et 1076 C. civ. Ces actes sont, avec raison, considérés comme l'ouverture d'une succession, et, sous ce rapport, l'art. 1er du projet de loi ne propose aucun changement (1); il s'agit seulement de réparer une omission de la loi du 16 juin 1824, en rendant entière l'assimilation qu'elle établit, c'est-à-dire en soumettant les partages contenus dans les démissions de biens aux mêmes règles de perception, concernant les soultes imposées au partage d'une succession. L'identité de ces deux cas une fois admise, il est juste effectivement qu'elle existe dans la perception de tous les droits qui la frappent ».

3829. Le but et la portée de l'art. 5 de la loi du 18 mai 1850 consistent donc à compléter l'assimilation, au point de vue fiscal, du partage d'ascendant entre vifs au partage de

(1) Cet art. 1 du projet, auquel se réfère le rapporteur, est devenu l'art. 5 de la loi du 18 mai 1850.

succession, en leur rendant communes les règles relatives aux droits proportionnels que les soultes rendent exigibles.

C'est donc d'après les mêmes principes que, dans un cas comme dans l'autre, on décidera si on se trouve en présence d'une soulte entraînant le paiement du droit spécial de mutation que précise l'art. 68, § 3 n. 2, de la loi du 22 frimaire an VII.

3830. Qu'on remarque, du reste, que l'art. 5 de la loi du 18 mai 1850 s'applique uniquement aux partages anticipés, visés par l'art. 3 de la loi du 16 juin 1824; par suite, le paiement du droit de soulte suppose nécessairement qu'on se trouve en présence d'une donation contenant partage d'ascendant et non d'une donation avec charge.

§ II. *Du partage d'ascendant testamentaire.*

3831. A la différence du partage d'ascendant entre vifs, le partage d'ascendant, fait par testament, n'est soumis à aucune législation spéciale, au point de vue des droits d'enregistrement.

Nous devons donc lui appliquer, purement et simplement, les dispositions du droit commun, en partant de ce point de vue qu'il est, en réalité, un véritable partage de succession.

3832. Nous devons en conclure d'abord que, sans distinguer suivant la forme du testament qui l'effectue, le partage est passible du droit gradué établi par la loi du 28 février 1872 [1] et transformé en droit proportionnel de 15 centimes pour cent par la loi du 28 avril 1893 [2].

Il est certain, en effet, que, pour être fait par testament, le partage n'en perd point son caractère propre. Il reste un acte de partage et doit, comme tel, être soumis aux droits afférents aux actes de partage. Le considérer uniquement comme un testament et ne pas le soumettre à d'autres droits que ceux-là mêmes que rendent exigibles les testaments, c'est admettre à tort, croyons-nous, que la forme dont il est revêtu peut absorber le caractère propre d'un acte.

[1] V. l'art. 1, § 5 de la dite loi.
[2] V. l'art. 19 de cette loi.

D'ailleurs, après quelques hésitations [1], la jurisprudence est aujourd'hui fixée en ce sens que le droit de partage est exigible sur le partage testamentaire [2].

C'est aussi l'opinion des auteurs [3].

3833. Ce droit de partage concourt naturellement avec le droit de succession, exigible à raison de la mutation par décès, qui se produit au profit des enfants copartagés, relativement aux biens compris dans le partage.

Il y a lieu à l'application pure et simple des règles relatives à l'évaluation et à l'exigibilité des droits de succession.

3834. Lorsque le partage testamentaire est un partage avec soulte, la loi du 18 mai 1850 l'a soumis, par son art. 5, aux règles de perception concernant les soultes de partage, dans les mêmes conditions qu'elle l'a fait pour les partages d'ascendant entre vifs. Antérieurement à cette loi, la cour de cassation refusait, en effet, l'application du droit de soulte aux partages testamentaires comme aux partages entre vifs.

La soulte, dans les partages testamentaires, est donc désormais soumise aux règles qui résultent de l'art. 68, § 3, n. 2 de la loi du 22 frimaire an VII. Elle est considérée comme le prix d'une acquisition qui s'opère de copartageant à copartageant; à ce titre, elle se trouve soumise au taux de mutation réglé pour les ventes.

3835. Voilà les différents droits exigibles à raison des partages testamentaires.

Si l'on considère le partage testamentaire comme un acte imposé par le défunt, les enfants ne peuvent éviter le paiement de ces droits qu'en renonçant à la succession.

Il en est autrement, s'il faut admettre l'opinion que nous avons soutenue, d'après laquelle le partage testamentaire ne peut être exécuté qu'autant qu'il est accepté par les enfants entre lesquels il est effectué. Ce n'est que par leur acceptation du partage qu'ils deviennent débiteurs des droits y afférents, c'est-à-dire outre le droit de mutation à cause de mort,

[1] V. Trib. Lesparre, 24 août 1876, D. *Sup. au Rép.*, n. 2148.

[2] *Sic*, Cass., 8 juillet 1879, S., 80. 1. 177, D., 80. 1. 116.

[3] *Sic*, Naquet, II, n. 941; Demante, II, n. 732; Garnier, *Rép. gén. enreg.*, n. 12614.

e droit proportionnel de partage et, s'il y a lieu, le droit de soulte.

3836. Lorsque, dans le testament par lequel il distribuait ses biens entre ses enfants, l'ascendant a donné tout ou partie de la quotité disponible à un étranger, il y a là, nous semble-t-il, une disposition indépendante du partage. A ce titre, elle doit être soumise aux droits qui lui affèrent à raison de sa nature. Outre le droit de mutation, cette disposition devrait donc donner lieu au droit fixe de 7 fr. 50, exigible lors de l'enregistrement des testaments contenant des legs [1].

3837. Mais, si les partages testamentaires sont, en définitive, soumis, au point de vue fiscal, aux règles de perception applicables aux partages de succession, c'est à la condition qu'on puisse voir en eux des partages d'ascendant. Tels sont seulement, nous le savons, les partages effectués par les ascendants entre leurs descendants.

En dehors de ce cas, les prétendus partages effectués par un testateur ne pourraient être considérés et traités comme tels. Si donc une personne, qui, par exemple, laisse seulement des héritiers collatéraux, a distribué ses biens entre ses héritiers et mis à la charge de certains d'entre eux des soultes pour égaliser les lots, il ne pourra être dû ni droit proportionnel de partage, ni droit de soulte, puisque cela suppose qu'on se trouve en présence d'un partage. Les prétendus lots devront être traités comme des legs ordinaires, et les soultes comme des charges dont quelques-uns des legs seront grevés.

L'administration de l'enregistrement s'est maintes fois prononcée en ce sens [2].

(1) *Sic*, Garnier, *Rép. gén. enreg.*, n. 12644. V. cependant Demante, II, n. 732, p. 399.

(2) *Sic*, *Sol. admin. enregist.*, 17 juillet 1876 et 28 juillet 1879, *Dict. des enreg.*, v° *Part. ascendant*, n. 358.

CHAPITRE VIII

DES DONATIONS FAITES PAR CONTRAT DE MARIAGE AUX ÉPOUX ET AUX ENFANTS A NAÎTRE DU MARIAGE

3838. Notre législateur favorise le mariage, qui est l'une des bases de l'ordre social ; il devait, par cela même, favoriser les donations qui le facilitent et l'encouragent, et on s'explique ainsi qu'il ait affranchi ces donations, en partie au moins, des entraves du droit commun ; peut-être aurait-il dû les en affranchir tout à fait.

Les donations en faveur du mariage peuvent être faites, soit à l'un des futurs époux par l'autre, soit aux futurs époux ou à l'un d'eux par un tiers, parent ou non.

Il n'est question que de ces dernières dans le chapitre VIII ; les premières ont trouvé place dans le chapitre IX, où il est traité, en même temps, des donations que les époux peuvent se faire pendant le mariage et de la quotité disponible entre époux.

3839. Pour jouir des immunités dont nous allons parler, il ne suffit pas qu'une donation soit faite *en faveur du mariage*, il faut, en outre, qu'elle soit faite *par le contrat de mariage* des futurs époux.

Tous les auteurs s'accordent à le reconnaître [1].

Cela résulte, en effet, non seulement de la rubrique des chapitres VIII et IX, mais encore du texte même des art. 1082, 1084, 1091 et 1093, où la loi spécifie toujours qu'il s'agit de donations faites *par contrat de mariage*.

Il ne s'agit pas là, du reste, d'une règle nouvelle introduite par le code civil.

Cette règle est ancienne dans notre droit, et déjà Dumoulin la formulait en ces termes :

« *Nec sufficit quod fuerint in favorem, sed quod in ipso contractu et sint pars pactorum dotalium* ».

[1] *Sic*, Aubry et Rau, VII, p. 54, § 735 ; Demolombe, *Don.*, VI, n. 258 et les auteurs cités dans Fuzier-Herman, sur l'art. 1081, n. 1.

En exigeant que la donation fût revêtue de cette étiquette, on a peut-être voulu couper court à toute contestation sur le point de savoir si elle est ou non faite en faveur du mariage; le doute aurait été possible, dans certains cas, pour une donation faite en dehors du contrat de mariage.

3840. Il semble qu'il soit à peine besoin de dire que la donation par contrat de mariage est une véritable libéralité.

A un point de vue spécial, la jurisprudence de la cour suprême la considère cependant comme un acte à titre onéreux; c'est en ce qui concerne les conditions d'admission de l'action paulienne. Elle décide que, faite en fraude des créanciers du donateur, une donation par contrat de mariage ne peut être annulée, sur la demande des créanciers, qu'autant que ceux-ci établissent la complicité du donataire dans la fraude commise par le donateur.

Bien que cette jurisprudence se soit depuis longtemps affirmée [1], elle n'a pas encore, d'une façon absolue, triomphé de la résistance de toutes les cours d'appel [2].

Nous nous bornons, du reste, à indiquer la question qui se retrouve et se discute à propos des constitutions de dot.

3841. Les donations faites aux futurs époux dans leur contrat de mariage *par des tiers,* sont, nous l'avons dit, les seules dont s'occupe le chapitre VIII.

Elles peuvent être de trois sortes :

1° Ce peut être une donation de biens présents (art. 1081);

2° Ce peut être une donation de biens à venir ou institution contractuelle (art. 1082 et 1083);

3° Ce peut être, enfin, une donation de biens présents et à venir (art. 1084 et 1085).

Il y a des règles communes à ces diverses donations; d'autres sont particulières à chacune d'elles.

Nous en traiterons dans deux sections dictinctes.

[1] V. notamment Cass., 18 janvier 1887, S., 87. 1. 94. — Voyez également Cass., Palerme, 6 août 1891, S., 92. 4. 10.

[2] V. notamment Paris, 27 juillet 1894, S., 95. 2. 158.

SECTION I

RÈGLES COMMUNES AUX DIVERSES DONATIONS DONT IL EST QUESTION DANS LE CHAPITRE VIII

3842. Les règles communes à toutes les donations que des tiers font par contrat de mariage aux futurs époux, sont contenues dans les art. 1086 à 1090 et 1093 du code civil.

Nous allons successivement les envisager, en nous attachant à chacun des différents textes d'où ces règles résultent.

A. *L'article* 1087.

3843. L'art. 1087 est relatif à l'acceptation des donations faites par contrat de mariage.

Aux termes de ce texte :

« *Les donations faites par contrat de mariage ne pourront » être attaquées, ni déclarées nulles, sous prétexte de défaut » d'acceptation* ».

Ce texte ne signifie pas, comme on pourrait le croire à première vue, que les donations dont il s'agit sont dispensées d'acceptation. Comme tout autre contrat, la donation exige nécessairement, pour sa perfection, le consentement des deux parties contractantes ; or, le consentement du donataire consiste dans son acceptation ; cette acceptation est donc indispensable. Seulement (et c'est la faveur particulière qu'accorde ici l'art. 1087), elle n'est pas soumise aux formes solennelles prescrites par le droit commun qui résulte de l'art. 932 du code civil. Ainsi, elle pourrait avoir lieu tacitement, et, par suite, elle résulterait suffisamment de la présence du donataire à l'acte et de sa signature. En deux mots, les donations dont il s'agit sont dispensées, non de l'acceptation, mais seulement de la solennité de l'acceptation.

Tel est le sens de l'art. 1087.

Les auteurs s'accordent à le reconnaître [1].

3844. De cette faveur, ainsi faite à la donation par contrat

[1] V. notamment Demolombe, *Don.*, VI, n. 250 ; Laurent, XV, n. 161 ; Aubry et Rau, VIII, p. 54, § 735 *bis*.

de mariage, naît une difficulté spéciale, pour le cas où viendrait à être annulé un contrat de mariage contenant des donations en faveur de mariage.

L'annulation du contrat entraîne-t-elle nécessairement la nullité de la donation?

Il paraît difficile qu'il en puisse être autrement.

N'étant pas acceptée dans les formes prescrites par les art. 932 et suivants du code civil, la donation ne peut valoir qu'à raison de ce fait qu'elle se trouve contenue dans un contrat de mariage. Si celui-ci vient à être annulé, la donation qu'il contient ne saurait être validée en tant que donation ordinaire.

C'est ce qui a été maintes fois décidé [1].

3845. Mais, comme c'est là un résultat souvent regrettable, on comprend très bien que les tribunaux cherchent à y échapper. Or, lorsqu'il s'agit d'une donation de meubles corporels et lorsque cette donation a été exécutée, c'est ce qu'ils ont pu souvent faire, en validant, à titre de don manuel, la donation qu'ils ne pouvaient maintenir comme donation notariée [2].

B. *L'article* 1090.

3846. L'art. 1090 ne fait que rappeler une règle qu'il eût été, du reste, facile de suppléer.

Aux termes de ce texte :

« *Toutes donations faites aux époux par leur contrat de* » *mariage, seront, lors de l'ouverture de la succession du dona-* » *teur, réductibles à la portion dont la loi lui permettait de* » *disposer* ».

D'ailleurs, comme les donations faites par contrat de mariage restent des donations entre vifs, il n'est pas douteux qu'on leur doive appliquer les règles relatives à la réduction des donations entre vifs.

Nous devons en conclure qu'elles ne sauraient être réduites qu'après les dispositions testamentaires.

[1] V. notamment Cass., 11 juillet 1853, S., 54. 1. 39, D., 53. 1. 281; 12 juin 1872, S., 72. 1. 251, D., 72. 1. 346. — Dans le même sens Aubry et Rau, V, p. 234, § 502.

[2] V. notamment Toulouse, 5 mars 1852, S., 52. 1. 257, D., 53. 2. 122; Pau, 1er mars 1853, S., 54. 2. 53, D., 33. 2. 124.

Nous devons en conclure également qu'elles doivent être réduites, conformément à l'art. 923 du code civil, c'est-à-dire par ordre de date.

C'est ce que nous aurons, du reste, à constater, à propos des différentes catégories de donations qui peuvent être faites par contrat de mariage (¹).

3847. Bien que l'art. 1090 renvoie simplement aux règles de la réduction, il est incontestable que les règles du rapport n'en sont pas moins applicables aux donations faites par contrat de mariage.

C. *L'article* 959.

3848. Quoique faites par contrat de mariage, les donations n'en restent pas moins révocables pour inexécution des charges ou pour survenance d'enfant.

Mais nous avons vu que les donations, faites par des tiers en faveur du mariage, ne sauraient être révoquées pour cause d'ingratitude (²).

Il est à remarquer, du reste, que l'art. 959 du code civil ne parle pas seulement des donations faites par contrat de mariage mais de toutes les donations faites en faveur de mariage. Il serait donc applicable à des donations faites en dehors d'un contrat de mariage, s'il était démontré que ces donations étaient faites en faveur d'un mariage déterminé (³).

D. *L'article* 1088.

3849. Aux termes de l'art. 1088 :

« *Toute donation faite en faveur du mariage sera caduque,* » *si le mariage ne s'ensuit pas* ».

La loi considère avec raison la donation faite en vue d'un mariage déterminé, comme tacitement subordonnée, dans l'intention du donateur, à la conclusion de ce mariage. Si donc cette condition vient à défaillir, la donation tombera, *deficiente conditione deficit donatio.*

3850. Il ne faudrait pas conclure de là que, jusqu'à la

(¹) V. ci-dessous, n. 3972.
(²) V. ci-dessus, I, n. 1587.
(³) V. ci-dessus, I, n. 1588.

célébration du mariage, la donation ne confère aucun droit au futur époux ou aux futurs époux donataires. Elle fait naître à leur profit un droit conditionnel, que le donateur ne pourrait pas leur ravir en révoquant la donation ; car il s'est lié sous la condition *si nuptiæ sequantur*.

Les auteurs et les arrêts s'accordent à le reconnaître [1].

3851. Ce n'est donc pas du donateur mais des futurs époux que dépend la formation définitive de la donation, puisqu'elle dépend de la conclusion du mariage.

Peu importe, d'ailleurs, l'époque à laquelle le mariage sera célébré, fût-ce même après la mort du donateur.

Il n'en serait autrement qu'autant qu'un délai fatal aurait été apposé par le contrat. Ce serait alors le cas d'appliquer l'art. 1176 du code civil.

3852. La célébration du mariage ne rend, du reste, la donation définitive qu'autant que le mariage lui-même est valable.

Si celui-ci venait à être ultérieurement annulé, son annulation entraînerait, par voie de conséquence, celle des donations faites en sa faveur, en réservant bien entendu l'application des art. 201 et 202 du code civil [2].

3853. L'application de l'art. 1088 à une donation suppose résolue la question de savoir si elle est bien réellement faite en faveur de mariage

Cela va de soi quand la donation est faite par contrat de mariage.

Est-elle faite par acte distinct et séparé, l'art. 1088 ne s'applique qu'autant qu'il est établi que l'union projetée était la seule cause de la donation. Or, c'est là une preuve que le demandeur doit fournir dans les termes du droit commun [3].

E. *L'article* 1089.

3854. L'intention de celui qui fait une donation en faveur

[1] V. notamment Cass., 16 février 1875, S., 75. 1. 297, D., 77. 1. 177. — Dans le même sens, Demolombe, *Don.*, VI, n. 254 et 255.

[2] *Sic*, Laurent, XV, n. 170 et 299 ; Demolombe, *Don.*, VI, n. 254 et 255 ; Aubry et Rau, VIII, p. 57, § 737.

[3] V. Toulouse, 4 août 1881, S., 82. 2. 242, D., 82. 2. 94. — Demolombe, *Don.*, VI, n. 259 ; Laurent, XV, n. 168.

d'un mariage est de faciliter ce mariage et de fonder l'avenir de la famille dont il sera la source. Ce but ne pouvant plus être atteint lorsque l'époux donataire et les enfants issus de son mariage meurent avant le donateur, la loi décide que dans ce cas, la donation demeurera sans effet. Telle a probablement été la volonté du donateur : la loi du moins l'interprète en ce sens.

C'est ce qui résulte de l'art. 1089, aux termes duquel :

« *Les donations faites à l'un des époux, dans les termes des* » *art.* 1082, 1084 *et* 1086 *ci-dessus, deviendront caduques, si* » *le donateur survit à l'époux donataire et à sa postérité* ».

3855. Bien que nous présentions l'art. précédent parmi les règles communes à toutes les donations faites par contrat de mariage, il importe cependant de remarquer qu'il ne saurait être appliqué à la donation de biens présents faite par contrat de mariage dans les termes du droit commun, c'est-à-dire à la donation faite par un donateur, qui entend se dépouiller, actuellement et irrévocablement, des biens dont il gratifie l'un des futurs époux.

Cela résulte des termes mêmes de l'art. 1089 qui, précisant la portée d'application de la règle qu'il pose, la limite aux donations faites à l'un des époux dans les termes des art. 1082, 1084 et 1086. Ce sont donc seulement les donations, affranchies par les textes précités de la règle *Donner et retenir ne vaut,* qui sont visées par l'art. 1089.

Quant à la donation de biens présents, dont parle l'art. 1081 du C. civ., elle reste en dehors de la règle de l'art. 1089. Celui qui fait une semblable donation est dépouillé, actuellement et irrévocablement, dans les mêmes conditions que tout autre donateur. S'il entend reprendre les biens donnés, au cas où il survivrait à l'époux donataire ou à sa postérité, il faut qu'il stipule le retour conventionnel dans les termes des art. 951 et 952 du C. civ. Mais la loi ne sous-entend plus ici, en sa faveur, cette stipulation [1].

3856. Quand nous parlons de la donation de biens présents, il est bien entendu que nous visons la donation de biens présents dont il est question dans l'art. 1081 et nulle-

[1] *Sic*, Limoges, 6 novembre 1893, D., 94. 2. 491.

ment celle qui peut résulter de l'option qu'exerce le donataire, gratifié d'une donation cumulative de biens présents et à venir.

Il n'est pas douteux, en effet, que, dans une donation de ce genre, la caducité résultant du prédécès du donataire est encourue pour les biens présents comme pour les biens à venir. L'option accordée au donataire ne peut, nous le verrons, avoir lieu qu'au décès du donateur; partant, elle devient impossible si le donateur survit.

C'est l'opinion unanime des auteurs [1] et des arrêts [2].

3857. L'art. 1089 subordonne la caducité qu'il édicte à la survie du donateur au donataire et *à la postérité de* celui-ci.

Tous les auteurs s'accordent à reconnaître qu'il faut entendre par là la postérité issue du mariage en faveur duquel la donation a été faite.

C'est bien ce qui résulte manifestement, soit de l'art. 1082, soit de l'art. 1086, qui, l'un et l'autre, ne comprennent, dans le bénéfice des donations qu'ils visent, que les enfants à naître du mariage.

Il suffira donc, pour que la donation soit caduque, que le donateur survive à l'époux donataire et aux enfants que celui-ci a eus du mariage en faveur duquel la donation avait été faite. La présence d'un enfant du donataire, issu d'un autre mariage, n'empêcherait pas la caducité de se produire [3].

3858. Ce que nous disons des enfants légitimes issus d'un autre mariage, nous devons le dire également, et pour la même raison, soit des enfants adoptifs, soit des enfants naturels que pourrait laisser le donataire [4].

3859. Comme l'art. 1089 n'apporte aucune dérogation aux règles ordinaires des preuves, il est bien certain que ce ne sera point aux héritiers du donateur à prouver que celui-ci a survécu au donataire et à sa postérité; ce seront les ayants

(1) *Sic*, Laurent, XX, n. 265; Aubry et Rau, VIII, p. 94, § 740 et les auteurs qu'ils citent à la note 2.

(2) V. notamment Cass., 3 février 1835, S., 35. 1. 184, D. *Rép.*, v° *Dispos.*, n. 2344; 28 juillet 1856, D., 56. 1. 428.

(3) *Sic*, Aubry et Rau, VIII, p. 87, § 739 et les auteurs cités dans Fuzier-Herman, sur l'art. 1089, n. 1.

(4) V. les auteurs cités à la note précédente.

cause du donataire qui devront faire la preuve contraire [1]. C'est, en effet, en matière de preuve, une règle générale que quiconque demande à se prévaloir d'un droit subordonné à une condition de survie, doit prouver la survie qu'il allègue, puisque celle-ci sert de fondement à sa demande. Cela est vrai des donations faites par contrat de mariage, tout aussi bien que des legs.

F. *L'article* 1086.

3860. La règle *Donner et retenir ne vaut*, dont le législateur indique les conséquences dans les art. **943** à **946**, est sans application aux donations qui nous occupent.

L'art. **947** nous l'avait déjà annoncé dans les termes suivants :

« *Les quatre articles précédents ne s'appliquent point aux* » *donations dont est mention aux chapitres VIII et IX du pré-* » *sent titre* ».

Les articles de notre section ne font, en définitive, que reprendre et développer les dispositions de l'art. **947**.

En effet, nous voyons, d'une part, que les art. **1082** à **1085** autorisent ici les donations de biens à venir, par exception à la règle formulée dans l'art. **943**, et, d'autre part, que l'art. **1086** lève les entraves résultant des art. **944**, **945** et **946**.

3861. Nous aurons spécialement à revenir sur les donations de biens à venir. Nous nous bornons à étudier ici l'art. **1086**, parce que ses dispositions sont applicables à toutes les donations faites par le contrat en faveur du mariage.

Aux termes de ce texte :

« *La donation par contrat de mariage en faveur des époux* » *et des enfants à naître de leur mariage, pourra encore être* » *faite, à condition de payer indistinctement toutes les dettes* » *et charges de la succession du donateur, ou sous d'autres* » *conditions dont l'exécution dépendrait de sa volonté, par* » *quelque personne que la donation soit faite : le donataire* » *sera tenu d'accomplir ces conditions, s'il n'aime mieux re-* » *noncer à la donation ; et en cas que le donateur, par contrat*

[1] *Sic*, Demolombe, *Don.*, VI, n. 387 ; Laurent, XV, n. 294 et les auteurs cités dans Fuzier-Herman, sur l'art. 1089, n. 12.

» *de mariage, se soit réservé la liberté de disposer d'un effet* » *compris dans la donation de ses biens présents, ou d'une* » *somme fixe à prendre sur ces mêmes biens, l'effet ou la* » *somme, s'il meurt sans en avoir disposé, seront censés com-* » *pris dans la donation, et appartiendront au donataire ou à* » *ses héritiers* ».

3862. Nous disons que l'art. 1086 vise toutes les donations faites par contrat de mariage, non seulement la donation de biens à venir et la donation cumulative de biens présents et à venir, mais même la donation de biens présents.

On l'a contesté [1].

Mais les arguments qu'on a fait valoir n'ont pas prévalu et ne pouvaient prévaloir, en face du texte si net et si formel de l'art. 947, dont l'art. 1086 ne fait, en somme, que tirer les conséquences.

Il en résulte, sans doute, que, lorsqu'elle est consentie sous des conditions potestatives, la donation faite par contrat de mariage s'adresse non seulement à l'époux donataire mais encore aux enfants à naître du mariage.

Cela prouve uniquement que, lorsqu'elle est faite sous des conditions potestatives de la part du donateur, la donation de biens présents est essentiellement modifiée dans sa nature et ses effets. Le donateur ayant donné et retenu, la donation ne deviendra parfaite, ou tout au moins définitive, que par la mort du donateur, puisque jusque-là celui-ci peut toujours reprendre ce qu'il a donné.

C'est aujourd'hui l'opinion unanime [2].

3863. Et d'abord la donation peut être faite *à condition de payer indistinctement toutes les dettes et charges de la succession du donateur*.

Il s'agit là d'une stipulation que prohibe textuellement l'art. 945 du C. civ., puisqu'elle permet au donateur d'anéantir complètement le bénéfice de la donation, en contractant de nouvelles dettes.

[1] V. notamment Coin-Delisle sur l'art. 1086, n. 3 à 7.

[2] *Sic.* Cass., 27 déc. 1815, S. chr., D. *Rép.*, v° *Disp. entre vifs*, n. 2195. — Dans le même sens, Demolombe, *Don.*, VI, n. 368 s.; Laurent, XV, n. 283; Aubry et Rau, VIII, p. 56, § 736 et les auteurs cités dans Fuzier-Herman, sur l'art. 1086, n. 5.

La loi l'autorise spécialement ici, montrant bien ainsi qu'elle entend rejeter toutes les conséquences de la règle *Donner et retenir ne vaut,* quand il s'agit des donations dont elle parle.

3864. Mais il ne fallait pas qu'en usant de ce procédé, le donateur eût le moyen d'enlever au donataire plus que celui-ci n'a reçu.

Pour éviter qu'un semblable résultat ne soit possible, la loi laisse, dans tous les cas, le donataire juge de la question de savoir s'il doit rester ou non lié par la donation qu'il a acceptée. Aussi l'autorise-t-elle à se soustraire aux conséquences de son acceptation, dès qu'il estime que la donation devient pour lui une source de préjudice.

Sans doute, il semble vraiment étrange que le donataire puisse se soustraire aux conséquences d'un contrat qu'il a librement et valablement accepté.

Il fallait bien l'admettre, pour rester fidèle à l'idée que le législateur entendait appliquer : la faveur due aux donations faites par contrat de mariage.

On l'eût évidemment appliquée à rebours, si on avait obligé le donataire à respecter des donations que le donateur pouvait rendre onéreuses [1].

3865. La donation peut aussi être faite *sous d'autres conditions dont l'exécution dépendrait de la volonté du donateur.*

Il n'est pas douteux que les conditions dont la loi autorise ici l'insertion dans la donation sont celles que prohibe, en principe, l'art. 944; par conséquent, il ne s'agit pas de la condition purement potestative, de la condition *si voluero,* mais bien de la condition potestative ordinaire.

Les auteurs s'accordent à le reconnaître [2].

3866. Enfin, la disposition finale de notre article autorise le donateur à faire, à son profit, la réserve du droit de disposer d'un effet compris dans la donation, sans que cette réserve rende la donation nulle quant à l'effet réservé, comme le décide l'art. 946.

[1] V. sur la question, Laurent, XV, n. 287.

[2] *Sic,* Demolombe, *Don.*, VI, n. 376 et les autorités qu'il cite.

Ainsi le donateur peut dire : « Je donne mon domaine de N. et je me réserve le droit de disposer de la futaie comprise dans ce domaine ».

Si le donateur n'a pas disposé de la futaie, elle reviendra, lors de son décès, au donataire, tandis que, s'il s'agissait d'une donation ordinaire, la disposition serait nulle quant à la futaie, alors même que le donateur n'en aurait pas disposé.

3867. Autre serait le cas où l'acte contenant la donation porterait : « Je donne mon domaine de N. et *je me réserve* la futaie ».

Ici la futaie serait exclue de la donation, car le donateur ne s'est pas seulement réservé le droit d'en disposer, il s'est réservé la futaie et, par conséquent, ne l'a point comprise dans la donation.

3868. Cette distinction présente la plus grande importance.

C'est qu'en effet, dans le premier cas, la réserve faite par le donateur n'apporte à l'irrévocabilité de la donation qu'une limitation bien déterminée. Du jour de la donation, il est dessaisi des biens donnés, sauf à pouvoir les reprendre, mais seulement dans la mesure même où il s'est réservé la possibilité de le faire.

Dans le second, au contraire, la chose réservée ne sort point du patrimoine du donateur et passe ensuite à ses héritiers.

Ce sont les termes employés et les circonstances de la cause qui permettent de décider quelle interprétation doit prévaloir [1].

3869. L'art. 1086 semble n'autoriser la réserve qu'il permet dans sa partie finale, qu'autant qu'elle a trait seulement à un des effets compris dans la donation et non à la totalité des biens qui la constituent.

Mais on admet généralement que le donateur peut même se réserver, d'une façon absolue, le droit d'anéantir pour le tout la donation par lui faite [2]. C'est avec raison, croyons-

[1] *Sic*, Aubry et Rau, VIII, p. 56, § 736, note 4; Laurent, XV, n. 289; Demolombe, *Don.*, VI, n. 379.

[2] V. notamment Pau, 20 juillet 1881, S., 81. 2. 262. — V. également Agen, 21 novembre 1860, D., 61. 2. 34. — Aubry et Rau, VIII, p. 56, § 736. — V. cep. Laurent, XV, n. 288.

nous, puisque, d'une façon générale, la règle *Donner et retenir ne vaut* n'a point à être appliquée en la matière.

3870. C'est aux juges du fait qu'il appartient de dégager la portée exacte des réserves stipulées par les donateurs, soit en ce qui concerne les personnes au profit desquelles la réserve peut être exercée, soit en ce qui concerne la manière dont elle peut l'être, soit, enfin, en ce qui concerne les biens qui y sont compris.

Il s'agit là uniquement de questions d'intention dont la solution dépend des circonstances et des faits de la cause et, partant, doit rester dans le domaine de l'appréciation souveraine des juges du fait.

Les auteurs sont unanimes à le constater [1].

3871. La disposition finale de l'art. 1086 doit, suivant l'opinion générale, subir une rectification. La loi dit que, si le donateur n'a pas usé du droit qu'il s'était réservé de disposer d'un effet compris dans la donation, l'effet appartiendra « au donataire *ou à ses héritiers* ». Il faut lire : *ou à sa postérité,* le mot *héritiers* devant être entendu *secundum subjectam materiam.* En effet, la donation est faite seulement « en faveur des époux et des enfants à naître de leur mariage » ; l'art. 1086 le dit en termes formels et l'art. 1089 ajoute que cette donation sera caduque « si le donateur survit à l'époux donataire et *à sa postérité* ». Les descendants du donataire sont donc les seuls héritiers qui, à la mort du donateur, peuvent avoir droit à l'effet dont il s'agit.

Les mots qui terminent l'art. 1086 ont été maladroitement copiés dans l'art. 18 de l'ordonnance de 1731, où ils avaient un sens, parce que, sous l'ordonnance, les donations qui nous occupent n'étaient pas, comme elles le sont aujourd'hui, caduques par le prédécès du donataire et de sa postérité. C'est du moins ce que presque tous les auteurs s'accordent à reconnaître [2].

3872. Nous nous bornons à rappeler qu'ici, comme dans toutes les autres donations qui ne deviennent point définitive

[1] *Sic*, Demolombe, *Don.*, VI, n. 385 ; Laurent, XV, n. 291.
[2] *Sic*, Demolombe, *Don.*, VI, n. 383 ; Laurent, XV, n. 290.

avant la mort du donateur, c'est aux héritiers du donataire qu'il incombe d'établir que leur auteur a survécu au donateur.

Faute par eux de fournir cette preuve, la donation est caduque et ce sont les héritiers du donateur qui sont appelés à en profiter [1].

3873. Ajoutons, enfin, que le caractère particulier, résultant pour une donation de l'adjonction des conditions dont parle l'art. 1086, se limite exactement à la partie de la donation qui en est affectée.

Quant à l'autre partie, elle conserve le caractère et les effets qui lui appartiennent d'après le droit commun, c'est-à-dire que ce caractère et ces effets varient, suivant qu'elle constitue une donation de biens présents, une donation de biens à venir ou une donation cumulative [2].

SECTION II

RÈGLES SPÉCIALES A CHACUNE DES DONATIONS DONT S'OCCUPENT LES ART. 1081 A 1890.

3874. Nous aurons à parler successivement :

1° De la donation de biens présents ;

2° De la donation de biens à venir ;

3° De la promesse d'égalité ;

4° De la donation cumulative de biens présents et à venir.

Ce sera l'objet de quatre paragraphes distincts.

Dans un cinquième paragraphe, nous aurons à nous prononcer sur la nature qu'il convient de reconnaître aux donations faites par contrat de mariage.

§ I. *De la donation des biens présents.*

3875. Le donateur aura recours à la donation de biens présents lorsqu'il entendra se dépouiller actuellement et irrévocablement. Cette donation, quoique faite par contrat de

(1) V. ci-dessus, n. 3859.
(2) *Sic*, Demolombe. *Don.*, VI. n. 390.

mariage, sera soumise à toutes les règles prescrites pour les donations entre vifs. C'est, du reste, ce que dit expressément le législateur dans l'art. 1081 du code civil.

Aux termes de ce texte :

« *Toute donation de biens présents, quoique faite par con-* » *trat de mariage aux époux ou à l'un d'eux, sera soumise* » *aux règles prescrites pour les donations faites à ce titre* ».

Il résulte donc bien de ce texte qu'en dehors des dispositions de faveur qui lui sont applicables, en tant que donation faite par contrat de mariage, la donation de biens présents reste régie par toutes les règles de fond et de forme des donations entre vifs ordinaires.

C'est ainsi que, conformément à l'art. 939, elle devra être transcrite, si elle a pour objet des immeubles susceptibles d'hypothèque.

C'est ainsi également que, par application de l'art. 948, elle doit être accompagnée d'un état estimatif, lorsqu'elle a pour objet des meubles corporels.

C'est ainsi, enfin, qu'elle n'est point caduque par le prédécès du donataire, soit qu'il laisse, soit qu'il ne laisse pas des enfants du mariage. Bien que nous ayons placé la règle posée par l'art. 1089 dans les règles communes à toutes les donations faites par contrat de mariage, nous avons indiqué que cette règle ne saurait être appliquée aux donations de biens présents, par lesquelles le donateur se dépouillait actuellement et irrévocablement au profit de l'un des époux [1].

3876. Nous devons aussi mentionner que la donation de biens présents, dont parle l'art. 1081 du code civil, ne saurait être faite au profit des enfants à naître du mariage.

Le législateur croit devoir le dire expressément dans le deuxième alinéa de l'art. 1081.

Aux termes de ce texte :

« *Elle* [la donation des biens présents] *ne pourra avoir* » *lieu au profit des enfants à naître si ce n'est dans les cas* » *énoncés au chapitre VI du présent titre* ».

Il est difficile d'expliquer que le législateur ait cru devoir

[1] V. ci-dessus, n. 3855.

se prononcer spécialement sur ce point, s'il n'eût eu la préoccupation évidente de repousser la solution contraire, qui avait prévalu dans notre ancien droit. Celui-ci, en effet, avait poussé la faveur des donations par contrat de mariage, jusqu'à permettre les donations de biens présents au profit des enfants à naître [1].

C'était une exagération manifeste que rien ne motivait et que le code civil ne pouvait maintenir [2].

Les seules hypothèses dans lesquelles la donation par contrat de mariage pourra comprendre les enfants à naître seront donc seulement, comme le dit l'art 1081-2°, les hypothèses où il s'agirait de donations faites dans les termes des art. 1048 et 1049 du code civil [3].

3877. Nous venons de dire que la donation de biens présents, faite par contrat de mariage, reste soumise à toutes les règles des donations entre vifs ordinaires, sauf celles que le législateur a cru devoir spécialement écarter en sa faveur.

Que penser des règles prescrites par les art. 944, 945 et 946 du code civil?

Nous n'hésitons pas à croire que la donation de biens présents est, en principe, régie par ces différentes règles.

Mais alors comment expliquer que l'art. 947 décide, d'une façon générale, que ces articles ne sont pas applicables aux donations dont il est mention aux chapitres VIII et IX, parmi lesquelles figurent notamment la donation de biens présents faite par contrat de mariage?

Il est facile de répondre à cette objection, qui, de prime abord, paraît embarrassante.

Sans doute, les art. 944, 945 et 946 ne s'appliquent point aux donations de biens présents faites par contrat de mariage, en ce sens du moins que l'insertion, dans ces donations, des clauses prévues par ces articles ne les rendent point nulles. Elles restent valables, nonobstant l'adjonction de clauses qui, de droit commun, en entraîneraient la nullité.

Mais il est bien évident qu'elles ne peuvent, en pareil cas,

(1) V. notamment Furgole, sur l'art. 10 de l'ordonnance de 1731.

(2) *Sic*, Demolombe, *Don.*, VI, n. 267.

(3) *Sic*, Aubry et Rau, VIII, p. 58, § 738; Demolombe, *Don.*, VI, n. 268.

valoir comme des donations de biens présents proprement dites et produire tous les effets des donations de ce genre. Le donateur ayant un moyen indirect de révoquer la donation qu'il a consentie, celle-ci ne devient parfaite que par son décès. Aussi la loi la déclare-t-elle caduque, si le donataire survit à l'époux donataire et à sa postérité, tandis que la donation de biens présents proprement dite n'est pas soumise à cette cause de caducité. En résumé, si l'adjonction des clauses prévues par les art. **944**, **945** et **946** du code civil n'a pas pour résultat d'annuler la donation de biens présents faite par contrat de mariage, elle entraîne tout au moins une altération profonde de son caractère et de ses effets. Au lieu d'être régie par l'art. **1081**, elle est régie par l'art. **1086** et, à ce titre, soumise à l'application de l'art. **1089** ([1]).

3878. Mais, pour cesser d'être une donation de biens présents proprement dite, une semblable donation n'en reste pas moins nettement distincte de la donation de biens à venir. Dans celle-ci, le donateur ne se dessaisit point actuellement. Au contraire, dans les libéralités dont nous parlons, le donateur se dépouille immédiatement, sauf à pouvoir révoquer dans la mesure où il s'en est réservé la faculté. Il n'en est pas moins vrai que, du jour de la donation, il est dessaisi, et qu'il reste définitivement dessaisi des biens donnés, s'il ne les reprend point ([2]).

§ II. *Donation de biens à venir ou institution contractuelle.*

3879. Eusèbe de Laurière définit de la manière suivante la donation qui va nous occuper : « un don irrévocable de succession ou d'une partie de succession, fait par contrat de mariage au profit de l'un des deux époux ou des enfants qu'ils doivent avoir ensemble » ([3]). Ainsi un oncle intervient au contrat de mariage de sa nièce, et déclare *donner à la*

[1] *Sic*, Demolombe, *Don.*, VI, n. 270 ; Laurent, XV, n. 283.

[2] *Sic*, Laurent, XV, n. 283, *in fine*.

[3] *Sic*, Laurière, *Traité des instit. contractuelles*, chap. I, n. 21.

uture épouse, en considération du mariage projeté, la totalité les biens qu'il laissera à l'époque de son décès.

La donation de biens à venir est une sorte de moyen terme ntre la donation entre vifs et la donation testamentaire.

Elle se sépare de la première pour se rapprocher de la econde, en ce qu'elle a pour objet des biens *à venir :* tout u partie des biens que le disposant laissera à l'époque de son lécès.

Au contraire, elle se sépare de la donation testamentaire, our se rapprocher de la donation entre vifs, par son caracère d'irrévocabilité.

Elle emprunte donc ses deux traits les plus caractéristiues à deux institutions, entre lesquelles il semble exister ne sorte d'incompatibilité juridique : la donation entre vifs, t la donation testamentaire. Aussi Furgole la qualifie-t-il de *lisposition* AMPHIBIE, et un autre, de *libéralité* HERMAPHRODITE. Mais ce sont là des dénominations de fantaisie.

Dans le langage sérieux, nos anciens appelaient la dispoition dont il s'agit *institution contractuelle :* expression mercilleusement choisie parce qu'elle équivaut à une définition. ussi, bien que cette dénomination n'ait pas trouvé place ans le code civil, la doctrine moderne l'emploie-t-elle fréuemment. La donation de biens à venir est, en effet, comme n vient de le voir, une *institution d'héritier faite par contrat le mariage;* c'est un don irrévocable de succession, *datio sucessionis,* dit Cujas.

3880. Ainsi qu'on le voit clairement par notre définition, institution contractuelle est un pacte sur une succession fuure, que le législateur autorise ici en faveur du mariage, ar dérogation à la grande règle qui, d'une manière générale, roscrit, dans notre droit, les conventions de ce genre [1].

Ce n'est pas, du reste, le seul point de vue sous lequel institution contractuelle s'éloigne du droit commun : elle y léroge encore en ce qu'elle porte sur des biens *à venir,* conrairement à la règle de l'art. 943.

Nous sommes donc en présence d'une institution de nature out à fait exceptionnelle. Aussi les textes qui l'organisent doi-

[1] V. les art. 791, 1130 et 1600 du C. civ.

vent-ils recevoir l'interprétation restrictive, d'après la règle *Exceptio est strictissimæ interpretationis.*

3881. Son utilité n'est pas contestable.

Sans doute, la donation de biens présents est, pour les époux, la plus avantageuse. Seule, elle leur assure les ressources qui leur sont nécessaires, pour subvenir aux charges du ménage.

Mais, impliquant un dessaisissement actuel et irrévocable des biens donnés, elle dépouille le donateur. Or, quelle que soit sa bienveillance pour les futurs époux, celui-ci hésitera souvent devant un sacrifice apportant à sa situation une trop sensible atteinte.

D'autre part, s'il se borne à faire au profit des futurs époux une disposition testamentaire, quelle garantie ceux-ci peuvent-ils y trouver? Essentiellement révocable, une disposition de ce genre n'existe, en réalité, que du jour de la mort du testateur jusque là elle ne peut asseoir qu'une simple espérance. Comment croire que les charges d'un mariage puissent être acceptées sur la foi d'une libéralité aussi précaire ?

L'institution contractuelle consiste précisément dans une combinaison qui n'a point, pour le donateur, l'inconvénient de la donation de biens présents, sans d'ailleurs présenter pour le donataire, les risques d'une disposition testamentaire. Sans dessaisir immédiatement le donateur des biens qui en font l'objet, elle ne laisse pas le donataire exposé à toutes les chances de révocabilité qu'il aurait à courir, s'il recevait simplement une disposition testamentaire.

A ce point de vue, son utilité semble bien manifeste ; on ne peut que s'étonner de ne pas la voir d'un usage plus fréquent dans les contrats de mariage [1].

3882. Ignorée des lois romaines, l'institution contractuelle paraît puiser son origine dans les lois barbares.

D'abord admise dans les pays de coutume, elle passa ensuite dans les pays de droit écrit, malgré l'opposition des romanistes [2].

[1] *Sic*, Demolombe, *Don.*, VI, n. 272 *in fine*.

[2] V. les citations faites dans Aubry et Rau, VII, p. 59, § 739, note 1 et dans Demolombe, *Don.*, VI, n. 271.

L'ordonnance de 1731 la consacra; c'est de là qu'elle a passé dans le code civil, après avoir été momentanément supprimée par la loi du 17 nivôse an II. Il est très vrai que le nom même de l'institution ne se retrouve pas dans les textes du code civil. Mais il faut bien reconnaître que la donation, prévue et autorisée par l'art. 1082, présente tous les caractères de l'ancienne institution contractuelle et qu'elle n'est pas autre chose que celle-ci, dont le nom seul n'a point été conservé. Jaubert le suppose de la façon la plus explicite quand, dans son rapport au tribunat, il constate que : « les institutions contractuelles continueront d'être autorisées en faveur du mariage ». Aussi n'est-il pas douteux que les principes qui régissaient l'ancienne institution contractuelle, peuvent et doivent utilement intervenir, pour l'interprétation et le règlement des difficultés susceptibles d'être soulevées par les donations de biens à venir qu'autorise l'art. 1082 du code civil [1].

3883. Sur la donation de biens à venir, nous aurons successivement à examiner les quatre points suivants :

1° Par qui et au profit de qui peut-elle être faite ?

2° Dans quelle forme doit-elle être faite et quels biens peut-elle comprendre ?

3° Quels en sont les effets ?

4° Quelles causes de caducité peuvent l'affecter?

N° 1. Par qui et au profit de qui l'institution contractuelle peut-elle être faite.

A. *Par qui !*

3884. Aux termes de l'alinéa 1 de l'art. 1082 du code civil : « *Les pères et mères, les autres ascendants, les parents collatéraux des époux, et même les étrangers, pourront, par contrat de mariage, disposer de tout ou partie des biens qu'ils laisseront au jour de leur décès, tant au profit desdits époux, qu'au profit des enfants à naître de leur mariage, dans le cas où le donateur survivrait à l'époux donataire* ».

A s'en tenir aux termes de ce texte, toute personne, parente

[1] *Sic*, Demolombe, *Don.*, VI, n. 273.

ou non des futurs époux, peut donc faire à leur profit la disposition qu'il autorise.

3885. Mais, si l'art. 1082-1° n'exige aucune condition spéciale de la part des personnes qui font la disposition qu'il autorise, il en est au moins une qui dérive de la nature même de cette disposition : c'est que ceux-là seuls peuvent la faire qui ont la capacité de disposer par donation entre vifs.

Bien que présentant quelques analogies avec le testament, l'institution contractuelle s'en différencie essentiellement, à raison des effets irrévocables qu'elle entraîne, nous le verrons, du jour même de sa confection. Il est, par suite, impossible d'exiger seulement de l'instituant la capacité de disposer par testament.

Tous les auteurs s'accordent à le reconnaître [1].

3886. L'application du principe ne souffre aucune difficulté en ce qui concerne les mineurs. Tout le monde reconnait que, même au-dessus de seize ans, ils ne peuvent faire une institution contractuelle, puisqu'ils ne peuvent faire qu'un testament.

Quant aux femmes mariées, il est aussi admis, d'une façon unanime, qu'elles ne peuvent faire une institution contractuelle sans l'autorisation de leur mari ou de justice.

Le dissentiment de Grenier n'est qu'une erreur évidente [2].

Il est, enfin, hors de discussion que les faibles d'esprit ou les prodigues pourvus d'un conseil judiciaire ne peuvent faire une institution contractuelle sans l'assistance de ce conseil.

3887. Il nous paraît également certain que la femme mariée sous le régime dotal ne peut disposer de ses biens dotaux par institution contractuelle, au profit d'autres personnes que ses enfants.

D'assez nombreuses contestations se sont cependant produites sur ce point, soit en doctrine [3], soit en jurisprudence [4].

[1] *Sic*, Aubry et Rau, VIII, p. 65, § 739; Demolombe, *Don*., VI, n. 283; Laurent, XV, n. 197, et les auteurs cités dans Fuzier-Herman, sur l'art. 1082, n. 13.

[2] V. dans Duranton, IX, n. 723, la réfutation de l'opinion de Grenier.

[3] V. notamment Duranton, IX, n. 724 et les auteurs cités dans Fuzier-Herman, sur l'art. 1082, n. 17.

[4] V. notamment Grenoble, 11 juin 1851, S., 52. 2. 227, D., 52. 2. 272; Nîmes, 1er février 1867, S., 67. 2. 135, D., 68. 2. 134.

Mais elles n'ont point prévalu, et c'est l'opinion contraire que consacre la jurisprudence la plus récente [1], et qui rallie aujourd'hui presque tous les auteurs [2].

Vainement, en effet, veut-on se prévaloir de la solution qui dominait, sur ce point, dans notre ancienne jurisprudence. Cette solution se heurte aux termes absolus de l'art. 1554 du code civil. Si limités que soient ses effets, l'institution contractuelle n'en est pas moins une aliénation; à ce titre, elle est prohibée par l'art. 1554, dès qu'elle s'adresse à d'autres qu'aux enfants de l'instituante, puisque c'est seulement au profit de ceux-ci qu'est levée la prohibition générale de l'art. 1554.

3888. De ce que l'institution contractuelle ne saurait être considérée comme un testament, nous ne devons pas seulement en conclure que la capacité de l'instituant doit être celle de disposer par donation entre vifs, mais, en outre, que cette capacité doit s'apprécier au jour du contrat de mariage et non au jour de l'ouverture de la succession du disposant [3].

3889. Il est également certain que l'art. 968 est inapplicable à l'institution contractuelle. C'est là encore une conséquence dérivant du même principe. Aussi n'est-il pas douteux que, dans le même contrat de mariage, deux ou plusieurs personnes peuvent faire une institution contractuelle cumulative au profit des futurs époux, sans qu'on puisse en contester la validité, en vertu de la règle qui prohibe les testaments conjonctifs [4].

3890. On s'est demandé si un étranger pourrait valablement faire une institution contractuelle en France, alors que sa loi nationale ne permettrait point ce mode de disposition.

(1) *Sic*, Cass., 8 mai 1877, S., 77. 1. 252, D., 77. 1. 32 et 25 avril 1887, S., 87. 1. 320, ainsi que les nombreux arrêts rapportés dans Fuzier-Herman, sur l'art. 1082, n. 15.

(2) *Sic*, Demolombe, *Don.*, VI, n. 284; Aubry et Rau, VIII, p. 62, § 739; Laurent, XV, n. 194.

(3) *Sic*, Aubry et Rau, VIII, p. 65, § 739; Demolombe, *Don.*, VI, n. 394; Laurent, XV, n. 296.— Voyez également les autorités citées dans Fuzier-Herman, sur l'art. 1082, n. 20.

(4) *Sic*, Demolombe, *Don.*, VI, n. 378; Aubry et Rau, VIII, p. 64, § 739; Laurent, XV, n. 187, ainsi que les auteurs cités dans Fuzier-Herman, sur l'art 1082, n. 12.

L'affirmative nous paraît peu discutable.

Et, en effet, l'institution contractuelle est un contrat.

Or, il est de règle que les effets d'un contrat se déterminent d'après la législation que les parties ont envisagée au moment du contrat. Dès qu'il ne s'agit plus de questions de capacité ou d'ordre public, c'est la règle qu'il faut appliquer aux contrats passés par des étrangers en dehors de pays régis par leur loi nationale. Appliquée à l'institution contractuelle, cette règle conduit à décider que l'institution est valable et doit s'exécuter, quelle que soit la nationalité des parties, dès l'instant que celles-ci se sont référées à la loi française.

C'est le point de vue adopté par la cour de cassation dans un arrêt du 20 février 1882 [1].

3891. Mais nombre d'auteurs se placent à un autre point de vue, pour envisager et résoudre la question.

L'institution contractuelle est, disent-ils, le règlement anticipé de la succession du disposant. On doit en conclure que ses effets doivent nécessairement se régler d'après la loi qui est applicable à la succession du disposant [2].

Cette manière de voir conduit à décider que, quelles que soient la nationalité de son auteur et les dispositions de la loi personnelle de celui-ci, l'institution contractuelle vaudra toujours pour les biens situés en France.

Elle paraît avoir inspiré un arrêt de la cour de cassation du 2 avril 1884 [3].

B. *Au profit de qui l'institution contractuelle peut-elle être faite?*

3892. Nous venons de voir que toute personne ayant la capacité de disposer entre vifs peut faire une institution contractuelle.

Au contraire, celle-ci ne peut être faite qu'au profit de

(1) Cass., 20 février 1882, S., 82. 1. 145, D., 82. 1. 119.

(2) *Sic*, Demolombe, I, n. 83; Aubry et Rau, II, p. 84, § 31; Labbé, note sous Cass., 20 février 1882, S., 82. 1. 145.

(3) Cass., 2 avril 1884, S., 86. 1. 121, D., 84. 1. 277. — V. d'ailleurs, sur la question, les autorités citées en sens divers par Vincent et Pénaud, *Dict. dr. intern. pr.*, v° *Testament*, n. 109, s.

certaines personnes, limitativement déterminées : ce sont les futurs époux ou l'un d'eux, ainsi que les enfants à naître du mariage.

C'est ce qui résulte des dispositions du deuxième alinéa de l'art. **1082.**

Aux termes de ce texte :

« *Pareille donation, quoique faite seulement au profit des futurs époux ou de l'un d'eux, sera toujours, dans ledit cas de survie du donateur, présumée faite au profit des enfants et descendants à naître du mariage* ».

3893. L'institution contractuelle est, nous l'avons vu, une donation faite en faveur du mariage. La loi en conclut que, dans l'intention du donateur, elle s'adresse à la famille que le mariage va fonder, non moins qu'aux époux eux-mêmes.

Le donateur, qui entend que la libéralité profite, le cas échéant, aux enfants à naître du mariage, n'a donc pas besoin de s'expliquer sur ce point ; la loi parle pour lui : elle admet, on l'a contesté à tort [1], l'existence d'une substitution vulgaire tacite au profit des enfants [2].

En un mot, elle suppose que la disposition faite par le donateur équivaut à celle-ci : « J'institue le futur époux ou les futurs époux mes héritiers ; et, pour le cas où ils se trouveraient, par suite de leur prédécès, dans l'impossibilité de recueillir le bénéfice de la disposition, j'institue leurs enfants à naître du mariage ».

3894. Mais ce n'est là, du reste, qu'une présomption, qui tomberait devant la manifestation d'une volonté contraire du donateur. Cela résulte manifestement des termes mêmes de l'art. **1082** : « *La donation*, dit-il, *sera présumée faite...* » Le donateur pourrait donc, par une clause formelle de la donation, exclure les enfants à naître du bénéfice de la disposition, en disant, par exemple, que le prédécès de l'époux donataire, avec ou sans postérité, rendra la donation caduque.

(1) V. notamment Coin-Delisle, sur l'art. 1082, n. 40 s. ; Marcadé, sur l'art. 1082, n. 3.

(2) *Sic*, Demolombe, *Don.*, VI, n. 329 ; Aubry et Rau, VIII, p. 69, § 739 ; Laurent, XV, n. 203 et les auteurs cités dans Fuzier-Herman, sur l'art. 1082, n. 28.

Presque tous les auteurs s'accordent à le reconnaître [1].

3895. La loi, dans le silence du donateur, ne présume la substitution vulgaire, dont nous venons de parler, qu'au profit des enfants et descendants *à naître du mariage*.

Aux enfants nés du mariage, on s'accorde à ajouter les enfants légitimés par ce mariage, car ils en sont considérés comme le fruit anticipé. C'est, du moins, ce qui résulte formellement de l'art. 333 du code civil [2].

3896. Mais, dans les enfants que vise l'art. 1082-2°, on ne saurait comprendre les enfants que le donateur a eus d'un mariage antérieur ou qu'il pourrait avoir d'un mariage postérieur. Tous ces enfants ne seraient point appelés à profiter du bénéfice de l'institution.

L'art. 1089 dit, il est vrai, que l'institution contractuelle ne devient caduque qu'autant que le donateur survit à l'époux donataire et *à sa postérité*. On pourrait être tenté d'en conclure que l'existence d'une postérité *quelconque* fait obstacle à la caducité. Mais il est manifeste que la loi fait allusion à la postérité, en vue de laquelle la donation est présumée faite, c'est-à-dire à la postérité issue du mariage [3].

3897. Non seulement les enfants du donataire, nés ou à naître d'un mariage autre que celui en vue duquel l'institution contractuelle est faite, ne sont pas présumés compris dans la disposition, mais le disposant ne pourrait même pas les y comprendre, en vertu d'une déclaration formelle ; la loi ne l'y autorise pas, et il n'y a de permis, dans cette matière exceptionnelle, que ce qui est autorisé.

3898. Le même motif conduit à décider que les enfants à naître du mariage, eux-mêmes, ne pourraient pas être institués *principaliter*, en passant, comme le dit un de nos anciens, par dessus la tête des conjoints, c'est-à-dire sans que ceux-ci fussent institués en première ligne ; car la loi n'autorise leur

(1) *Sic*, Demolombe, *Don.*, VI, n. 288 ; Aubry et Rau, VIII, p. 68, § 739 ; Laurent, XV, n. 205 et les auteurs cités dans Fuzier-Herman, sur l'art. 1082, n. 30.

(2) *Sic*, Demolombe, *Don.*, VI, n. 292.

(3) *Sic*, Laurent, XV, n. 206 et 244, ainsi que les auteurs cités dans Fuzier-Herman, sur l'art. 1082, n. 31.

institution que subsidiairement à celle de leurs parents [1].

3899. Il implique également qu'une institution contractuelle ne pourrait pas être faite valablement au profit d'autres personnes que les époux et les enfants à naître de leur union, par exemple, au profit du frère de l'un des époux.

Le disposant chercherait vainement à éluder cette prohibition, en instituant le futur époux lui-même et en déclarant qu'il associe une tierce personne au bénéfice de l'institution. La clause d'*association*, tolérée dans notre ancien droit, devrait être déclarée nulle aujourd'hui, en vertu de ce principe, qu'on ne peut pas faire indirectement ce que la loi défend de faire directement. En conséquence, la part attribuée à l'associé resterait dans la succession *ab intestat* du disposant, et reviendrait à ses héritiers légitimes [2].

3900. Une autre conséquence, qui nous paraît non moins certaine, c'est que l'institution ne pourrait pas être faite au profit des époux et d'un seul ou de quelques-uns seulement des enfants à naître du mariage, par exemple, au profit de l'aîné. Les enfants doivent être tous appelés à profiter du bénéfice de la disposition ou en être tous exclus [3].

3901. Il n'est également pas douteux que l'instituant ne pourrait pas attribuer des parts inégales aux enfants à naître.

Dans ce cas comme dans le précédent, la disposition qui déroge à la loi serait réputée non écrite; le cas échéant, les enfants viendraient tous également [4].

3902. Tout ce qu'on peut admettre c'est qu'en cas de prédécès du donataire, l'instituant peut se réserver de distribuer, comme il l'entendra, entre les enfants de l'institué, les biens compris dans l'institution.

En définitive, en pareil cas, il limite au seul institué le bénéfice de l'institution, et, si celle-ci devient caduque par le prédécès de son bénéficiaire, l'instituant se réserve expressé-

[1] *Sic*, Aubry et Rau, VIII, p. 70, § 739; Demolombe, *Don.*, VI, n. 678; Laurent, XV, n. 201, et les auteurs cités dans Fuzier-Herman, sur l'art. 1082, n. 27.

[2] *Sic*, Demolombe, *Don.*, VI, n. 294; Laurent, XV, n. 207; Aubry et Rau, VIII, p. 66, § 739 et les auteurs cités dans Fuzier-Herman, sur l'art. 1082, n. 23.

[3] *Sic*, Laurent, XV, n. 204; Aubry et Rau, VIII, p. 69 et 85; Demolombe, *Don.*, VI, n. 291 et les auteurs cités dans Fuzier-Herman, sur l'art. 1082, n. 32.

[4] V. les auteurs cités à la note précédente.

ment de disposer comme il voudra des biens compris dans l'institution.

Ce qui est défendu c'est que, par avance, dans l'acte de donation, le donateur règle un partage inégal entre les enfants à naître du mariage. Alors, mais alors seulement, il y a un pacte successoire, défendu par cela seul qu'il n'est point expressément autorisé [1].

N° 2. Dans quelle forme l'institution contractuelle doit-elle être faite et sur quels biens peut-elle porter?

3903. La donation de biens à venir ne peut trouver place que dans le contrat de mariage des futurs époux ou, tout au moins, dans un acte se référant à un contrat de mariage antérieur, et dressé conformément aux art. 1396 et 1397 du C. civ.

On a soutenu cependant que pourvu qu'elle fût faite en faveur du mariage, elle pouvait être faite par acte authentique antérieur au mariage.

Mais c'est là une opinion qui se heurte au texte formel de l'art. 1082-1°. Ce texte, en effet, n'autorise l'institution contractuelle que dans le contrat de mariage des futurs époux.

Or, nous savons que le texte de la loi ne comporte point ici l'interprétation extensive, puisqu'il s'agit d'une institution, dérogeant non seulement à la règle de l'art. 943 du C. civ. mais encore à la règle qui prohibe les pactes sur succession future.

3904. Dès l'instant que c'est seulement par contrat de mariage que peut être faite l'institution contractuelle, il en résulte que son sort est lié à celui du contrat de mariage; elle devient une des clauses de celui-ci et, s'il vient à être annulé, elle tombe nécessairement avec lui [2].

3905. La donation de biens à venir est-elle, quant aux immeubles, soumise à la nécessité de la transcription qu'exige l'art. 939 du C. civ.?

(1) *Sic*, Aubry et Rau, VII, p. 70, § 739, note 30; Demolombe, *Don.*, VI, n. 290; Laurent, XV, n. 204. — V. cep. en sens contraire Colmet de Santerre, IV, n. 255 *bis*, III.

(2) *Sic*. Nîmes, 8 janvier 1850, S., 50. 2. 91, D., 50. 2. 189. — Dans le même sens Laurent, XV, n. 186 et 187; Demolombe, *Don.*, VI, n. 276; Aubry et Rau, VIII, p. 63, § 739 et les auteurs cités dans Fuzier-Herman, sur l'art. 1082, n. 10.

On l'a soutenu [1].

Mais cette opinion n'a prévalu ni en doctrine [2], ni en jurisprudence [3].

En admettant, ce qui est discutable, que notre ancien droit ait exigé l'insinuation de l'institution contractuelle [4], on n'en devrait pas moins repousser la nécessité de la transcription sous l'empire du C. civ. C'est qu'en effet la transcription implique l'idée d'un acte actuellement translatif de propriété ou de droit réel immobilier.

Elle suppose non moins manifestement une mutation qui s'opère entre vifs. Or, à ce double point de vue, l'institution contractuelle ne saurait entrer dans le système de la transcription qu'organise le C. civ. Non seulement la transmission qu'elle entraîne n'est pas actuelle, mais encore cette transmission n'a jamais lieu qu'à la mort de l'instituant; partant, elle ne saurait être considérée comme une transmission entre vifs.

Il est à peine besoin de dire que ce qui était vrai sous l'empire du C. civ. est resté vrai depuis la loi du 23 mars 1855.

3906. Lorsqu'elle a pour objet des meubles corporels, l'institution contractuelle ne saurait pas davantage être soumise à la nécessité de l'état estimatif qu'exige l'art. 948 du C. civ.

Cela supposerait qu'il puisse être question d'assurer l'irrévocabilité d'une donation qui n'a rien d'irrévocable. Aussi les auteurs s'accordent-ils à écarter ici l'application de l'art. 948 [5].

3907. Reste à déterminer quels sont les biens dont on peut disposer par voie d'institution contractuelle.

La loi répond, dans l'art. 1082, que l'institution contrac-

(1) *Sic*, Bonnet, *Disposit. par contr. de mar.*, II, n. 686; Mourlon, *Transcrip.*, II, n. 1117.

(2) *Sic*, Aubry et Rau, VII, p. 383, § 704; Demolombe, *Don.*, VI, n. 277; Laurent, XV, n. 188 et les auteurs cités dans Fuzier-Herman, sur l'art. 939, n. 22.

(3) V. notamment Cass., 4 février 1867, S., 67. 1. 121, D., 67. 1. 65 et 15 mai 1876, S., 77. 1. 52, D., 77. 1. 195.

(4) V. notamment les autorités citées dans Demolombe, *Don.*, VI, n. 277.

(5) *Sic*, Aubry et Rau, VII, p. 88, § 660; Demolombe, *Don.*, VI, n. 277; Laurent, XV, n. 189 et les auteurs cités dans Fuzier-Herman, sur l'art. 948, n. 2.

tuelle peut comprendre « *tout ou partie* » des biens à venir de l'instituant. Ces mots ont ici le même sens que dans l'art. 895, qui donne la définition du testament. Le mot *partie* ne désigne donc pas seulement une *partie aliquote,* comme le tiers, le quart, mais aussi les biens particuliers dépendant de la masse.

En un mot, l'institution contractuelle peut être :

1° *Universelle,* par exemple, si le disposant a dit : « Je donne aux futurs époux tous les biens que je laisserai à l'époque de mon décès ».

2° *A titre universel,* si elle a pour objet une partie aliquote du patrimoine de l'instituant, par exemple, s'il a dit : « Je donne le tiers des biens que je laisserai à mon décès ». L'institution contractuelle serait encore à titre universel, si elle portait sur tous les immeubles, ou sur tous les meubles, ou sur une partie aliquote des uns ou des autres. Cela résulte de l'art. 1010.

3° *A titre particulier,* si elle porte sur des biens déterminés, *singulæ res.* Telle serait la disposition ainsi conçue : « Je donne 20,000 fr., à prendre sur les biens que je laisserai à l'époque de mon décès ».

3908. Toutefois, on est forcé de reconnaître que le nom d'*institution contractuelle* convient assez mal à une disposition faite à titre particulier, car le mot *institution* éveille l'idée d'un titre universel. C'est peut-être pour ce motif que le C. civ. n'a pas reproduit cette ancienne dénomination. Cela explique, dans tous les cas, les hésitations que quelques auteurs ont pu éprouver à admettre la validité d'une institution contractuelle faite à titre particulier [1].

Quoi qu'il en soit, l'opinion générale des auteurs est aujourd'hui fixée en ce sens qu'une institution contractuelle peut très bien ne comprendre qu'un bien déterminé [2].

C'est également l'opinion de la jurisprudence [3].

(1) V. notamment Duranton, IX, n. 676.

(2) *Sic.* Demolombe, *Don.,* VI, n. 279; Colmet de Santerre, IV, n. 254 *bis,* II; Laurent, XV, n. 193; Aubry et Rau, VIII, p. 61, § 739 texte et note 8.

(3) V. notamment Rouen, 11 juillet et 20 décembre 1857, D., 57. 2. 169; Besançon, 9 juin 1862, D., 62. 2. 116.

3909. Les distinctions que nous venons d'établir présentent une très grande importance, au point de vue du règlement des dettes de l'instituant. Elles sont toutes à la charge de l'institué si l'institution est universelle ; il ne les supporte que proportionnellement à la fraction qu'il est appelé à recueillir, si l'institution est à titre universel ; enfin, il ne doit nullement y contribuer, si l'institution est à titre particulier.

Toutes ces solutions sont autant de conséquences de la maxime : *Æs alienum universi patrimonii, non certarum rerum, onus est.*

N° 3. **Des effets de l'institution contractuelle.**

3910. Nous avons dit que l'institution contractuelle est un don irrévocable de succession, *datio successionis.*

De ce qu'elle est un don *de succession,* il résulte qu'elle ne confère à l'institué aucun droit *actuel,* mais seulement un droit *éventuel :* c'est le propre de tous les droits successifs.

De ce qu'elle est un don *irrévocable,* il suit que l'instituant ne peut pas donner à un autre ce qu'il a déjà donné à l'institué ; il ne peut pas faire de donation au préjudice du droit qu'il lui a conféré.

Il en résulte que, pour avoir une idée complète des effets de l'institution contractuelle, il faut succesivement examiner les effets qu'elle produit :

1° Pendant la vie de l'instituant ;

2° Après la mort de celui-ci.

A. *Des effets de l'institution contractuelle pendant la vie de l'instituant.*

3911. Le seul effet, produit par l'institution contractuelle pendant la vie du donateur, est précisé par l'art. 1083 du code civil.

Aux termes de ce texte :

« *La donation dans la forme portée au précédent article,*
» *sera irrévocable, en ce sens seulement que le donateur ne*
» *pourra plus disposer, à titre gratuit, des objets compris dans*
» *la donation, si ce n'est pour sommes modiques, à titre de*
» *récompense ou autrement* ».

3912. Comme la loi ne distingue pas, nous en concluons que l'instituant ne peut pas plus disposer par testament que par donation entre vifs, au préjudice de l'institué.

3913. Bien entendu, l'instituant ne perd le droit de disposer à titre gratuit que relativement aux biens compris dans la disposition, et encore ne le perd-il pas complètement. La loi l'autorise, en effet, à faire des donations « pour sommes modiques, « à titre de récompense ou autrement ».

Ce sont là les termes mêmes de la loi.

Celle-ci précise donc, par une double condition, les libéralités qu'elle croit devoir autoriser. Il faut que ces libéralités soient modiques et qu'elle soient faites à titre de récompense ou autrement.

3914. La modicité doit être appréciée, bien évidemment, eu égard à la fortune du disposant; par conséquent, elle est chose essentiellement relative et c'est aux juges du fait qu'il appartient de la déterminer [1].

3915. Ce sont également de simples difficultés de fait que soulève la deuxième condition. La libéralité doit être faite à titre de récompense ou autrement, dit la loi. Les mots *ou autrement* laissent au juge une grande latitude d'appréciation; ils lui permettent de maintenir les donations modiques, faites non seulement *pour cause pie*, comme on le décidait autrefois, mais aussi à d'autres titres, par exemple, les présents d'usage.

3916. D'ailleurs, rien n'empêcherait l'instituant d'étendre la portée de la réserve légale de l'art. **1083** *in fine* par des réserves conventionnelles, expressément stipulées dans le contrat de mariage de l'institué.

Ce sont alors les termes mêmes de ces réserves qui précisent les atteintes que l'instituant peut apporter à sa libéralité [2].

3917. Les auteurs s'accordent même à reconnaître que les

[1] *Sic*, Riom, 4 août 1820, S. chr., D. *Rép.*, v° *Succession*, n. 366; Bruxelles, 10 juillet 1867, *Pasicr.*, 67. 2. 320. — Dans le même sens Demolombe, *Don.*, VI, n. 317 et 318; Laurent, XV, n. 221; Aubry et Rau, VIII, p. 74, § 739 et les auteurs cités dans Fuzier-Herman, sur l'art. 1083, n. 57.

[2] *Sic*, Demolombe, *Don.*, VI, n. 370 s.; Aubry et Rau, VIII, p. 75, § 739; Laurent, XV, n. 222 et les auteurs cités dans Fuzier-Herman, sur l'art. 1083, n. 61.

réserves conventionnelles, stipulées par l'instituant, laissent subsister la réserve légale de l'art. 1083 *in fine*.

Après avoir disposé de ses réserves conventionnelles, l'instituant pourrait encore disposer, au préjudice de l'institué, de sommes modiques à titre de récompense ou autrement [1].

3918. L'interdiction de disposer à titre gratuit des biens compris dans l'institution, telle est la seule atteinte que l'institution contractuelle apporte aux droits de l'instituant. Celui-ci demeure donc propriétaire de tous les biens compris dans l'institution; il conserve le droit illimité d'en disposer à titre onéreux; il peut les échanger, les grever d'hypothèque et les vendre, même à charge de rente viagère, car l'aliénation à charge de rente viagère est une aliénation à titre onéreux. A plus forte raison, l'instituant conserve-t-il le droit d'emprunter et de transiger.

3919. L'instituant ne pourrait même pas, suivant l'opinion générale, renoncer à son droit d'aliéner à titre onéreux. Il y a, en effet, pour proscrire une semblable clause, une double raison.

C'est d'abord que le donateur s'interdit une faculté d'ordre public : la faculté d'aliéner; c'est ensuite qu'il stipule sur des biens à venir, dans d'autres conditions que celles-là mêmes que précise la loi [2].

3920. La seule ressource qu'ait l'institué, en présence d'aliénation à titre onéreux qui le dépouillent, c'est de rechercher si elles ne masquent point des libéralités, faites en fraude de ses droits. Car c'est alors, mais alors seulement, qu'il peut les méconnaître [3].

3921. En résumé, l'instituant ne peut pas disposer à titre gratuit, au préjudice de l'institué, des biens compris dans la

(1) *Sic*, Riom, 15 novembre 1819, S. chr. — Dans le même sens Demolombe, *Don.*, VI, n. 381; Laurent, XV, n. 290. — Voyez cependant Bonnet, *Dispos. par contr. de mar.*, II, n. 430.

(2) Laurent, XV, n. 215; Demolombe, *Don.*, VI, n. 314; Aubry et Rau, VIII, p. 76, § 739. — Voyez cependant Troplong, IV, n. 2349 et les auteurs cités dans Fuzier-Herman, sur l'art. 1083, n. 14.

(3) *Sic*, Cass., 31 juillet 1867, S., 68. 1. 32, D., 68. 1. 209. — Dans le même sens Demolombe, *Don.*, VI, n. 312 et 313; Aubry et Rau, VIII, p. 75, § 739, note 52; Laurent, XV, n. 221.

disposition, sauf l'exception relative aux dons modiques. Mais il conserve le droit illimité de disposer à titre onéreux. Il peut, par suite, rendre la donation stérile, en vendant tous ses biens et en dissipant le prix de la vente, ou en se ruinant par de fausses spéculations. C'est ce qui a fait dire au tribun Jaubert qu'il faut distinguer, en cette matière, le *titre* et l'*émolument*; le *titre* de l'institué est irrévocable, mais son *émolument* est incertain, tant que vit l'instituant.

B. *Des effets de l'institution contractuelle à la mort de l'instituant.*

3922. L'institution contractuelle est un don de succession, *datio successionis;* elle s'ouvre donc comme s'ouvrent les successions, c'est-à-dire par la mort de l'instituant.

Il en résulte que, conformément à l'art. 725 du code civil, ceux au profit desquels elle est établie, les *héritiers contractuels,* comme on les appelle, n'en peuvent profiter qu'autant qu'ils existent au moment où elle s'ouvre. L'institution contractuelle devient donc caduque, si l'instituant survit à tous ses héritiers contractuels, c'est-à-dire à l'époux ou aux époux institués et aux enfants ou descendants nés de leur union.

Il nous faut examiner successivement le cas où l'institution contractuelle s'ouvre au profit de l'institué et celui où elle s'ouvre au profit de ses enfants.

3923. L'institution contractuelle s'ouvre au profit de l'institué, lorsqu'il survit à l'instituant. L'institué peut alors, comme le pourrait un héritier, accepter l'institution purement et simplement, l'accepter bénéficiairement, ou la répudier; il prendra ce dernier parti, lorsque le bénéfice de l'institution sera absorbé par les dettes.

On peut trouver étonnant, au premier abord, que l'institué puisse répudier l'institution, puisqu'il l'a déjà acceptée, expressément ou tacitement, dans le contrat de mariage qui la contient. Mais un peu de réflexion suffit pour expliquer cette anomalie apparente. Ce que l'institué a accepté, c'est le titre d'héritier *présomptif* que lui donnait l'institution, mais non le titre d'héritier *définitif*.

3924. On admet presque généralement que, dès l'instant qu'ils ont à choisir entre les trois partis ouverts par la loi aux héritiers, les institués doivent observer les formes qu'elle prescrit à ceux-ci. Dès lors, c'est au greffe du tribunal civil du lieu de l'ouverture de la succession que les institués doivent ou accepter bénéficiairement l'institution ou y renoncer, s'ils ne veulent point l'accepter purement et simplement [1].

3925. Pendant toute la vie de l'instituant, la situation de l'institué est celle d'un héritier présomptif. Par conséquent, il ne pourrait, avant la mort de l'instituant, ni renoncer à son droit, ni le céder [2]. Ce serait contraire à la règle qui prohibe les pactes par succession future [3].

3926. Encore moins pourrait-il aliéner les biens compris dans l'institution ou les grever de droits réels, car il n'en est pas propriétaire.

Enfin, ses créanciers ne pourraient pas davantage les saisir et les faire vendre [4].

3927. Lorsque l'institué est mort avant l'instituant, laissant des descendants issus du mariage en faveur duquel l'institution a été faite, l'institution s'ouvre au profit de ceux-ci. Ils peuvent donc, comme l'aurait pu l'institué lui-même, accepter ou répudier l'institution.

Ce droit leur appartient de leur propre chef, comme donataires de l'instituant, et non comme héritiers de l'institué qui n'a jamais eu aucun droit : par conséquent, ils peuvent recueillir le bénéfice de la disposition, alors même qu'ils auraient renoncé à la succession de l'institué ou seraient indignes de la recueillir [5].

3928. Si les descendants de l'institué sont tous au premier degré, ils se partagent par tête les biens compris dans la disposition.

[1] *Sic*, Poitiers, 12 décembre 1887, S., 88. 2. 32. D., 89. 2. 112 : Trib. Dreux, 9 septembre 1884, sous Cass., 14 décembre 1885, S., 86. 1. 481. — Dans le même sens Huc, VI, n. 458. — V. cependant Laurent, XV, n. 235.

[2] *Sic*, Toulouse, 15 avril 1842, S., 42. 2. 385. D. *Rép.*, v° *Disposition*, n. 817. — Dans le même sens Aubry et Rau, VIII, p. 78, § 739 : Demolombe, *Don.*, VI, n. 324.

[3] V. les art. 791, 1130 et 1600 du C. civ.

[4] *Sic*, Paris, 9 février 1875, S., 75. 2. 129. D. 75. 2. 155. — Dans le même sens Aubry et Rau, VIII, p. 79, § 739 : Demolombe, *Don.*, VI, n. 322 : Laurent, XV, n. 224.

[5] *Sic*, Demolombe, *Don.*, VI, n. 329.

Il y a lieu, au contraire, à un partage par souche, si un ou plusieurs des enfants de l'institué sont prédécédés laissant des descendants : ces derniers viennent par représentation de leur auteur prédécédé. Cela est de tradition, et cette considération est décisive dans une matière toute traditionnelle.

Les auteurs s'accordent à le reconnaître [1].

3929. Les descendants de l'institué sont-ils appelés à recueillir le bénéfice de l'institution, si celui-ci y renonce? En d'autres termes, la renonciation de l'institué donne-t-elle ouverture au droit de ses enfants, de même que son prédécès?

L'affirmative est généralement admise, et avec raison, ce nous semble.

L'art. 1082, il est vrai, n'appelle les enfants qu'au cas de prédécès de l'époux donataire; mais ici, comme ailleurs, *lex statuit de eo quod plerumque fit*. Les descendants de l'institué, nous l'avons dit, lui sont substitués vulgairement; ils sont donc appelés à recueillir le bénéfice de l'institution, pour le cas où l'institué ne le pourrait ou ne le voudrait point, peu importe que ce soit par suite de son décès ou de sa renonciation [2]

3930. L'indignité de l'institué soulève la même question que sa renonciation. On ne saurait la résoudre autrement, si l'on admet, d'ailleurs, que l'institué puisse être écarté pour cause d'indignité [3].

3931. Les institués contractuels ont-ils, comme les héritiers légitimes, la saisine légale?

Quelques auteurs paraissent avoir admis que les institués contractuels ont, dans tous les cas, la saisine, à raison de leur titre même, qui en fait de véritables héritiers [4].

On pourrait, il est vrai, invoquer en ce sens l'autorité de Pothier. L'héritier contractuel, disait-il [5], étant un vrai hé-

(1) V. notamment Demolombe, *Don.*, VI, n. 328; Laurent, XV, n. 234; Aubry et Rau, VIII, p. 85, § 739.

(2) En ce sens Demolombe, *Don.*, VI, n. 329; Aubry et Rau, VIII, p. 69 et 87 § 739. — En sens contraire, Laurent, XV, n. 234.

(3) V. sur la question, Demolombe, *Don.*, VI, n. 330.

(4) *Sic*, Chabot, *Des Successions*, sur l'art. 724, n. 13; Merlin, *Rép.*, v° *Instit. contract.*, § 10, n. 2 et § 2, n. 2.

(5) Pothier, *Introd. au titre XVII de la Coutume d'Orléans*, n. 23.

tier lorsqu'il accepte la succession, il est censé saisi, de même que tout héritier, dès l'instant de la mort de l'instituant.

Mais, bien que nous soyons ici en une matière traditionnelle, l'autorité de Pothier ne saurait prévaloir sur les dispositions formelles des textes du code civil. Il n'est pas douteux, en effet, qu'un texte seul peut donner le bénéfice de la saisine. Or, le seul texte général, d'où pourrait résulter ce bénéfice au profit des institués contractuels, est l'art. 724 du code civil. Mais il n'est pas douteux que les héritiers, dont parle ce texte, sont les héritiers légitimes et nullement les héritiers contractuels.

3932. Si on ne peut assimiler les institués contractuels à les héritiers légitimes et leur donner la saisine à ce titre, il me paraît impossible de ne point les assimiler à des légataires et de leur refuser la saisine, lorsqu'ils se trouvent dans les conditions que précise l'art. 1006 du code civil, c'est-à-dire lorsque l'institution est universelle et qu'il n'y a pas de réservataire [1].

C'est par *à fortiori* qu'on doit étendre aux institués contractuels ce que l'art. 1006 décide pour les légataires.

3933. En dehors du cas où ils ont la saisine, les institués contractuels doivent-ils demander la délivrance?

Il semble que, dès l'instant qu'on applique, par analogie, l'article 1006, on doit appliquer également les art. 1011 et 1014 et en tirer cette double conséquence :

1° Que les institués ne peuvent entrer en possession des biens, compris dans l'institution, qu'après une demande en délivrance, formée dans les termes des art. 1011 et 1014;

2° Que les institués n'ont droit aux fruits et intérêts des biens compris dans l'institution, que dans les conditions mêmes où un légataire a droit aux fruits et intérêts des choses qui lui sont léguées.

3934. Tout en n'étant pas adoptée d'une façon unanime [2], la première de ces conséquences est cependant reconnue

(1) V. en ce sens Aubry et Rau, VIII, p. 82, § 739; Demolombe, *Don.*, VI, n. 334; Laurent, XV, n. 237 et s.; Huc, VI, n. 459. — V. cep. Colmet de Santerre, IV, n. 256 *bis*.

(2) V. notamment Bordeaux, 6 avril 1892, D., 93. 1. 274. — V. également Aubry et Rau, VIII, p. 82, § 739; Demolombe, *Don.*, VI, n. 334.

par nombre d'auteurs. Il est, en effet, difficile d'admettre que, de leur propre autorité, les institués puissent se mettre en possession; partant, il faut bien leur imposer la nécessité d'une demande en délivrance (1).

3935. Quant à la seconde, elle est généralement repoussée (2).

Presque tous les auteurs, même ceux qui admettent la nécessité d'une demande en délivrance, croient devoir décider que, dès le jour du décès du disposant, les institués ont droit aux fruits et intérêts des biens compris dans l'institution, sans, d'ailleurs, apporter à l'appui de cette solution des raisons bien décisives (3).

3936. Acceptant l'institution, l'institué ou ses descendants sont tenus de respecter toutes les aliénations à titre onéreux consenties par l'instituant, mais non les aliénations à titre gratuit, sauf cependant l'exception indiquée en l'art. 1083. Ils auraient donc une action en revendication contre les tiers détenteurs des biens aliénés à titre gratuit par l'instituant; et, dans le cas où cette action ne serait pas possible à raison de la nature du bien donné, par exemple, s'il s'agit d'une somme d'argent, ils auraient une action personnelle en restitution contre le donataire.

L'une ou l'autre action durerait pendant trente ans, à compter du décès de l'instituant (4).

3937. L'institué ou ses descendants, qui acceptent l'institution, sont tenus, dans la mesure qui a été précédemment indiquée, du paiement des dettes de l'instituant (5).

3938. En sont-ils tenus *ultra vires*, au cas d'acceptation pure et simple ?

La solution de cette question dépend de celle de savoir si l'institué contractuel est *saisi*; car nous avons vu que la loi rattache l'obligation de payer les dettes *ultra vires* à la

(1) *Sic*, Laurent, XV, n. 238; Huc, VI, n. 459; Duranton, IX, n. 719.

(2) V. cep. Duranton, IX, n. 719 et 720.

(3) *Sic*, Laurent, XV, n. 238; Huc, VI, n. 459. — Cpr. Aubry et Rau, VIII, p. 82, § 739; Demolombe, *Don.*, VI, n. 334.

(4) *Sic*, Besançon, 2 juin 186[illegible], D., 64. 2. 61. — Dans le même sens Aubry et Rau, VIII, p. 76, § 737; Laurent, XV, n. 24[illegible].

(5) V. ci-dessus, n. 3909.

saisine. Or, nous estimons, mais il y a controverse sur ce point, que l'institué contractuel est saisi et tenu, à ce titre, *ultra vires*, si l'institution est universelle et que le disposant ne laisse pas d'héritier réservataire ([1]).

Dans tous les autres cas, il paraît certain qu'il n'a pas la saisine, et, par suite, ne peut être tenu qu'*intra vires*.

N° 4. De la caducité de l'institution contractuelle.

3939. Les causes de caducité de l'institution contractuelle nous sont à peu près connues d'après les explications qui précèdent; il suffira de les grouper ici.

L'institution contractuelle devient caduque :

1° Si le mariage, en vue duquel elle a été faite, ne se réalise pas (art. 1088);

2° Si le donateur survit à l'époux donataire et à sa postérité (art. 1089);

3° Enfin, par la renonciation de l'institué et de tous ses descendants.

Tous les auteurs s'accordent à reconnaître l'existence de ces différentes causes de caducité de l'institution contractuelle ([3]).

3940. Il est bien entendu, du reste, qu'en présentant la renonciation de l'institué parmi les causes de caducité, nous entendons parler d'une renonciation purement abdicative. On ne pourrait, en effet, présenter comme telle une renonciation, faite en faveur d'une personne déterminée. Une renonciation de ce genre constituerait moins une renonciation proprement dite qu'une véritable cession du bénéfice de l'institution et, partant, une acceptation de celle-ci. Il faut, en définitive, appliquer par analogie les dispositions de l'art. 780 du code civil ([4]).

([1]) V. ci-dessus, n. 3932.

([2]) *Sic*, Aubry et Rau, VIII, p. 84, § 739. — En sens contraire Demolombe, *Don.*, VI, n. 337 et Laurent, XV, n. 241. — Le premier admet que dès que l'institution est universelle ou à titre universel, l'institué est tenu *ultra vires*, tandis que le second se prononce toujours et dans tous les cas pour l'obligation *intra vires*.

([3]) V. notamment Aubry et Rau, VIII, p. 86, § 739; Laurent, XV, n. 243 s.; Huc, VI, n. 461.

([4]) *Sic*, Aubry et Rau, VIII, p. 87, § 839, note 94.

3941. Quant aux effets de la caducité d'une institution contractuelle, on peut les résumer en disant que la caducité profite à tous ceux au préjudice desquels se serait exécutée l'institution, en d'autres termes, on doit réputer celle-ci non écrite. Les biens qui en faisaient l'objet doivent donc être recueillis par ceux qui les auraient recueillis, si elle n'avait point été faite.

Il en résulte que la caducité de l'institution ne profite pas toujours uniquement aux héritiers de l'instituant.

Dans la mesure du disponible, elle profite, en effet, aux donataires postérieurs ou aux légataires, puisqu'elle rend efficaces les dispositions faites à leur profit, alors que, si elle ne s'était point produite, ces dispositions seraient, en tout ou en partie, restées sans effet, comme portant atteinte soit aux droits de l'institué, soit à ceux des réservataires (1).

3942. On a cependant prétendu qu'il devait en être autrement, lorsque la caducité résultait de la renonciation de l'institué. On a soutenu qu'il fallait alors appliquer l'art. 786 du code civil et dire, en conséquence, que la part des institués renonçants devait profiter exclusivement aux héritiers *ab intestat*.

Cette opinion n'a pas trouvé faveur; la jurisprudence et les auteurs s'accordent aujourd'hui à la repousser (2).

C'est avec raison, d'ailleurs, car l'application de l'art. 786 suppose nécessairement des cohéritiers appelés à une succession *ab intestat*. L'institué n'est évidemment pas le cohéritier des héritiers légitimes, dans le sens que l'art 786 attache à ce terme, puisqu'il n'est point appelé en vertu d'un titre de même nature.

Si l'art. 786 doit être écarté, les effets de la caducité, résultant de la renonciation de l'institué, doivent évidemment être réglés comme ceux qui dérivent de tout autre cause de caducité.

(1) *Sic*, Aubry et Rau, VIII, p. 87, § 739; Huc, VI, n. 460; Laurent, XV, n. 266; Demolombe, *Don.*, VI, n. 339.

(2) *Sic*, Cass., 20 déc. 1843, S., 44. 1. 214. — Agen, 22 avril 1844, S., 44. 2. 391. — Dans le même sens Laurent, XV, n. 246; Demolombe, *Don.*, VI, n. 340; Aubry et Rau, VIII, n. 87, § 739, note 95 et les autorités qu'ils citent.

§ III. *De la promesse d'égalité.*

3943. La promesse d'égalité est la clause par laquelle un père, en mariant un de ses enfants, lui promet, dans son contrat de mariage, de ne pas avantager ses frères à son préjudice. En un mot, le père promet à l'enfant qu'il marie de ne pas le dépouiller de sa part héréditaire dans la quotité disponible, pour la donner à un de ses frères.

La promesse d'égalité équivaut à une institution contractuelle au profit de l'enfant, pour sa part dans la quotité disponible. Toutefois, elle implique, pour le père, la réserve du droit de disposer, même à titre gratuit, dans les termes du droit commun, au profit d'étrangers, et aussi de celui de disposer au profit de ses autres enfants ou descendants de tout ce qui exécède la part héréditaire de l'institué dans la quotité disponible : double réserve qu'autorise l'art. 1086.

Ainsi un père a trois enfants, Primus, Secundus et Tertius; en mariant Primus, il lui a promis l'égalité dans son contrat de mariage; puis il meurt, laissant 120,000 fr., ce qui porte la quotité disponible à 30,000 fr. Si le père a légué 30,000 fr. à un étranger, Primus ne pourra pas se plaindre. Il n'aura pas le droit de se plaindre non plus, si son père lui laissant sa part héréditaire dans la quotité disponible, 10,000 fr., a légué le surplus par préciput et hors part à Secundus. Mais Primus aura le droit de réclamer, si le legs fait par préciput et hors part à Secundus s'élève à 25,000 fr.

3944. L'interprétation, que nous donnons ainsi à la promesse d'égalité, est celle qui prévaut, soit en jurisprudence [1], soit en doctrine [2].

Nous devons cependant signaler que, d'après quelques

[1] *Sic*, Cass., 11 février 1879, S., 80. 1. 201, D., 79. 1. 297; 22 février 1887, D., 88. 1. 128. — Bordeaux, 12 mai 1848, S., 48. 2. 417; 48. 2. 155. — Riom, 2 mars 1882, S., 83. 2. 140, D., 83. 2. 15.

[2] *Sic*, Demolombe, *Don.*, VI, n. 306; Aubry et Rau, VIII, p. 89 et 91, § 739 : Bonnet, *Disp. par contr. de mar.*, I, n. 275 : Huc, VI, n. 461 et les auteurs cités dans Fuzier-Herman, sur l'art. 1083, n. 22.

arrêts [1] et certain auteurs [2], la promesse d'égalité équivaudrait absolument à l'institution contractuelle faite en termes formels. Ils en concluent qu'elle entraînerait, pour le disposant, l'impossibilité de disposer à titre gratuit, tant au profit des étrangers qu'au profit des frères et sœurs de l'institué, autrement que dans les termes de l'art. **1083** du C. civ.

3945. Au reste, il y a là moins une question de droit qu'une difficulté de fait, puisque la portée même des clauses, qu'on qualifie promesses d'égalité, ne saurait être fixée d'une façon générale et absolue. Tout dépend, en effet, de l'intention du disposant, telle que la révèlent les circonstances de la cause ou telle qu'elle ressort des termes mêmes de la disposition.

C'est aux juges du fait qu'il appartient de rechercher cette intention et de déterminer, en conséquence, la portée qu'on doit reconnaître à la promesse d'égalité.

Ils décideront souverainement si celle-ci doit équivaloir à une institution contractuelle faite en termes formels, ou, au contraire, avoir les effets plus restreints d'une simple promesse d'égalité.

C'est l'opinion qui prévaut, soit en jurisprudence [3], soit en doctrine [4].

3946. Ce que tout le monde reconnaît aujourd'hui c'est que, dans la mesure où elle peut être opposée par celui qui en bénéficie, elle produit les mêmes effets que l'institution contractuelle proprement dite, c'est-à-dire qu'elle interdit seulement les aliénations à titre gratuit, autres que les dispositions exceptionnellement permises par l'art. **1083** *in fine*.

3947. On s'accorde également à décider qu'une promesse d'égalité, faite par un ascendant, ne saurait l'empêcher de faire entre ses descendants un partage de ses biens, sauf à ne

(1) V. notamment Limoges, 23 juillet 1862, S., 63. 2. 98, D., 62. 2. 213. — Bordeaux, 20 janvier 1863, S., 63. 2. 98, D., 63. 5. 126.

(2) V. notamment Merlin, *Rép.*, v° *Instit. contract.*, § 6, n. 3; Coin-Delisle, sur l'art. 1083, n. 4.

(3) *Sic*, Cass., 3 janv. 1843, S., 43. 1. 329, D. *Rép.*, v° *Dispos.*, n. 1984; 10 mars 1884, S., 85. 1. 351, D., 85. 1. 108. — Riom, 21 fév. 1883, rapporté avec l'arrêt de cassation précité. — Orléans, 30 mars 1892, D., 93. 2. 330.

(4) *Sic*, Laurent, XV, n. 250; Huc, VI, n. 461; Aubry et Rau, VIII, p. 89, § 739; Demolombe, *Don.*, VI, n. 304 s.

point violer l'égalité au détriment de celui ou de ceux de ses enfants auxquels il l'a promise [1].

Nous avons déjà, du reste, envisagé la question [2].

§ IV. *Donation cumulative de biens présents et à venir.*

3948. L'institution contractuelle ne confère à l'institué qu'un droit très incertain. En effet, l'instituant, conservant la faculté illimitée de disposer de ses biens à titre onéreux, peut se ruiner par de fausses spéculations ou dissiper son patrimoine et laisser une succession obérée. En ce cas, l'institué n'aura qu'un titre illusoire.

C'est là le côté faible de l'institution contractuelle.

La loi permet de la fortifier, à l'aide d'une modalité d'une nature particulière, qui, à tout événement, assure à l'institué tout ou partie des biens que le disposant possède au moment de l'institution.

L'institution contractuelle, ainsi perfectionnée, porte le nom de *donation de biens présents et à venir*.

Elle est organisée par l'art. 1084 du code civil.

Aux termes de ce texte :

« *La donation par contrat de mariage pourra être faite* » *cumulativement des biens présents et à venir, en tout ou en* » *partie, à la charge qu'il sera annexé à l'acte un état des* » *dettes et charges du donateur existantes au jour de la dona-* » *tion; auquel cas, il sera libre au donataire, lors du décès* » *du donateur, de s'en tenir aux biens présents, en renonçant* » *au surplus des biens du donateur* ».

On voit en quoi consiste le perfectionnement, qui transforme l'institution contractuelle en une donation de biens présents et à venir. Le donataire a le droit, au décès du donateur, « de s'en tenir aux biens présents en renonçant au surplus des biens du donateur », c'est-à-dire qu'il peut prendre

[1] *Sic*, Cass., 26 mars 1845, S., 47. 1. 129, D., 46. 1. 374 et 25 février 1878, S., 81. 1. 73, D., 78. 1. 445. — Dijon, 8 mars 1878, S., 78. 2. 74, D., 79. 2. 78. — Dans le même sens Aubry et Rau, VIII, p. 20, § 731 ; Demolombe, *Don.*, VI, n. 76 ; Laurent, XV, n. 46.

[2] V. ci-dessus, n. 3504.

le patrimoine du donateur dans l'état où il se trouvait lors de la donation. Il peut, en d'autres termes, réclamer les biens qui appartenaient au donateur à l'époque de la donation, en payant les dettes dont le donateur était alors tenu et qui sont constatées par l'état annexé à la donation.

Le donataire prendra ce parti, lorsque le donateur aura diminué son patrimoine, dans l'intervalle écoulé entre la donation et son décès, soit par des dissipations, soit par de fausses spéculations.

Si, au contraire, le donateur a augmenté sa fortune, l'institué n'usera pas de la faculté dont nous venons de parler ; il exercera son droit sur les biens composant le patrimoine du donateur lors de son décès, absolument comme si la disposition, faite à son profit, était une institution contractuelle pure et simple.

3949. En somme, le donataire de biens présents et à venir peut exercer, lors du décès du disposant, un droit d'option dont voici les deux termes :

1° S'en tenir aux biens présents, en répudiant les biens à venir ; le donataire doit, dans ce cas, payer les dettes présentes ;

2° Opter pour les biens à venir, et alors la libéralité produit purement et simplement les effets d'une institution contractuelle.

On peut donc définir la donation de biens présents et à venir : une institution contractuelle, avec faculté pour l'institué d'opter pour les biens présents du donateur.

3950. Si telle est la définition qui convient à la donation de biens présents et à venir, il importe d'observer, dès maintenant, que cette donation n'est nullement une donation de biens présents, à laquelle vient s'adjoindre une donation de de biens à venir. Autrement, il faudrait décider que, du jour même de la donation, le donataire devient immédiatement propriétaire des biens présents, sauf, plus tard, à acquérir les biens à venir.

Tel n'est point le cas dans la donation que vise l'art. 1084 du code civil.

C'est, comme le dit la loi, une donation cumulative de

biens présents et à venir, c'est-à-dire une donation unique, qui n'est, en définitive, qu'une variante de l'institution contractuelle [1].

3951. Mais, si la donation que vise l'art. 1084 n'est nullement une donation de biens présents, à laquelle le donateur ajoute une donation de biens à venir, il se peut très bien que telle soit la libéralité que le donateur ait entendu faire. Il n'est pas douteux qu'il faudrait alors s'incliner devant sa volonté.

C'est aux juges du fait qu'il appartiendra de dégager souverainement cette volonté des termes du contrat de mariage et des circonstances de la cause. La cour suprême l'a maintes fois reconnu [2].

3952. En supposant que la libéralité, voulue par le donateur, soit bien la donation cumulative dont parle l'art. 1084 du code civil, les règles qu'on lui doit appliquer découlent toutes de cette idée qu'elle n'est, comme nous l'avons dit déjà, qu'une simple variante de l'institution contractuelle.

A. *De la donation cumulative de biens présents et à venir envisagée comme institution contractuelle.*

3953. Pas plus que la donation de biens à venir, la donation cumulative de biens présents et à venir ne donne au donataire des droits sur les biens du donateur, du vivant de celui-ci. Le donateur conserve donc l'entière disposition de ses biens et peut en disposer, comme bon lui semble, sans que le donataire s'y puisse opposer. A la mort du donateur et s'il lui a survécu, le donataire aura seulement la faculté de critiquer, dans tous les cas, les aliénations à titre gratuit faites par le donateur autrement que dans les termes de l'art. 1083 [3]. En outre, s'il opte pour les biens présents, il pourra critiquer même les aliénations à titre onéreux relatives à ces biens [4].

[1] *Sic*, Limoges, 26 nov. 1872, S., 74. 2. 10, D., 73. 2. 104. — Dans le même sens Aubry et Rau, VIII, p. 72, § 740; Huc, VI, n. 462.
[2] V. notamment Cass., 19 nov. 1890, S., 93. 1. 454, D., 91. 1. 473.
[3] *Sic*, Cass., 29 nov. 1858, S., 59. 1. 573, D., 59. 1. 132.
[4] *Sic*, Aubry et Rau, VIII, p. 97, § 739; Demolombe, *Don.*, VI, n. 349; Laurent, XV, n. 279.

3954. Comme la donation de biens à venir, la donation cumulative de biens présents et à venir ne peut être faite que par contrat de mariage.

Il en résulte que la nullité d'un contrat de mariage emporte nécessairement celle des donations de biens présents et à venir, que des tiers, intervenant à cet acte, ont pu y faire en considération de l'union projetée [1].

3955. Comme la donation de biens à venir, la donation cumulative de biens présents et à venir est censée faite aux enfants et descendants à naître du mariage, lorsque l'époux donataire prédécède au donateur [2].

3956. Comme la donation de biens à venir, la donation cumulative de biens présents et à venir est caduque par le prédécès du donataire et de sa postérité.

L'art. 1089 le dit, du reste, en termes formels.

3957. Comme l'institution contractuelle, la donation de biens présents et à venir peut être universelle, à titre universel ou à titre particulier.

Nous n'avons qu'à renvoyer à ce que nous avons dit sur ce point [3].

3958. Enfin, pendant la vie du donateur, le donataire ne peut nullement disposer, soit de son titre de donataire, soit même des biens pour lesquels il pourrait plus tard avoir le droit d'opter.

On a contesté ce dernier point, au moins pour le cas où, plus tard, le donataire opterait effectivement pour les biens présents [4].

Mais cela même nous paraît inadmissible.

Et en effet, tant que le donateur existe, la faculté d'option qui pourra s'ouvrir au profit du donataire, lors du décès du donateur, conserve le caractère d'un droit éventuel à la succession de celui-ci. Les actes, par lesquels le donataire en

(1) *Sic*, Cass., 19 juin 1872, S., 72. 1. 281, D., 72. 1. 346. — Dans le même sens Aubry et Rau, VIII, p. 64, § 739.

(2) *Sic*, Cass., 11 janv. 1827, S. chr., D. *Rép.*, v° *Disp.*, n. 2035. — Dans le même sens Aubry et Rau, VIII, p. 93, § 740; Demolombe, *Don.*, VI, n. 352; Laurent, XV, n. 259.

(3) V. ci-dessus, n. 3907.

(4) *Sic*, Bonnet, *Des disp. par contr. de mar.*, II, n. 526.

userait prématurément, nous paraissent donc tomber sous le coup des art. 791, 1130 et 1600 du code civil [1].

B. *De l'option pour les biens présents.*

3959. Nous n'avons rien à dire du cas où, lors du décès du donateur, le donataire accepte la donation en tant qu'institution contractuelle. Il nous suffit, en effet, de renvoyer à ce que nous avons dit ci-dessus, pour la donation de biens à venir.

Nous n'avons à nous préoccuper ici que des particularités présentées par l'option pour les biens présents.

Cette option pour les biens présents, nous venons de le voir, le donataire ne peut l'exercer qu'après la mort du donateur.

3960. Elle appartient aussi bien aux enfants et descendants de l'époux donataire prédécédé qu'à celui-ci même, lorsqu'il survit au donateur.

Si tous les enfants ne s'accordaient point à l'exercer, on a prétendu que ce serait à la justice de trancher le différend.

Mais il nous paraît plus conforme aux principes de décider que chacun des enfants peut s'en tenir, pour sa part, au parti qu'il juge bon d'adopter [2].

3961. Une fois exercée, l'option reste, d'ailleurs, irrévocable et le donataire ne pourrait pas, après avoir opté pour les biens présents, revenir sur sa décision.

Les auteurs s'accordent à le reconnaître [3].

3962. Optant pour les biens présents, le donataire a droit à tous les biens qui ont été considérés comme tels, lors de la donation. Il a donc droit à tous les biens qui appartenaient, à ce moment, au donateur, si on suppose la donation universelle.

Aussi peut-il revendiquer, entre les mains des tiers détenteurs, les immeubles qui auraient été aliénés, même à titre onéreux, par le donateur, et n'est-il pas obligé de respecter les droits réels dont celui-ci les aurait grevés.

[1] *Sic*, Demolombe, *Don.*, VI, n. 350.

[2] *Sic*, Demolombe, *Don.*, VI, n. 353; Bonnet, *Disp. par contr. de mar.*, II, n. 573.

[3] *Sic*, Demolombe, *Don.*, VI, n. 356; Laurent, XV, n. 270 et 276, ainsi que les auteurs cités dans Fuzier-Herman, sur l'art. 1084, n. 31. — V. cependant Grenoble, 28 juin 1823, S. chr., D. *Rép.*, v° *Disp.*, n. 2166.

Le tout, pourvu que la donation ait été transcrite, car les tiers sont présumés en ignorer l'existence, tant que la formalité de la transcription n'a pas été remplie.

3963. Pour s'assurer l'efficacité du droit d'option que lui ouvre la loi, le donataire doit donc, en ce qui concerne les immeubles considérés comme biens présents, avoir le soin de faire transcrire la donation, dès qu'elle lui est faite.

Autrement il risquerait, lorsqu'il opterait, plus tard, pour les biens présents, de se voir opposer le défaut de transcription, dans les termes de l'art. 941 du code civil [1].

3964. Si la donation comprend des meubles, on discute la question de savoir s'il faut y annexer un état estimatif.

Celui-ci est évidemment inutile, lorsque le donataire opte pour les biens à venir [2].

Mais, si le donataire s'en tient aux biens présents, il paraît difficile de ne point appliquer l'art. 948 du code civil [3]. La donation, en pareil cas, devient alors une donation de biens présents. A ce titre, comment pourrait-elle échapper à la règle générale que formule ce texte pour toutes les donations d'effets mobiliers [4]?

3965. Lorsque le donataire opte pour les biens présents, il doit payer toutes les dettes présentes; celles-ci viennent, de plein droit, en déduction des biens présents, *non sunt bona nisi deducto ære alieno*. Or, comme, en l'absence d'une constatation régulière, il ne manquerait pas de s'élever des difficultés sur le point de savoir quelles étaient les dettes présentes du donateur, la loi exige qu'il en soit joint un état à l'acte de donation.

Si cette formalité avait été omise, la disposition ne pourrait valoir que comme institution contractuelle.

C'est ce qui résulte de l'art. 1085 du code civil.

Et, en effet, aux termes de ce texte :

(1) *Sic*, Laurent, XV, n. 260; Demolombe, *Don.*, VI, n. 363; Aubry et Rau, VIII, p. 97, § 740; Huc, VI, n. 462.

(2) *Sic*, Angers, 12 déc. 1889, sous Cass., 19 nov. 1890, S., 93. 1. 454, D., 91. 1. 30.

(3) *Sic*, Cass., 19 nov. 1890 précité.

(4) V. cependant Laurent, XV, n. 261.

« *Si l'état dont est mention au précédent article n'a point* » *été annexé à l'acte contenant donation des biens présents et* » *à venir, le donataire sera obligé d'accepter ou de répudier* » *cette donation pour le tout. En cas d'acceptation, il ne* » *pourra réclamer que les biens qui se trouveront existants* » *au jour du décès du donateur, et il sera soumis au paie-* » *ment de toutes les dettes et charges de la succession* ».

3966. En disant que le donataire qui opte pour les biens présents doit payer toutes les dettes présentes, nous supposons évidemment un donataire de tous les biens présents. Si son titre ne l'appelait qu'à une quotité de ces biens, il ne devrait payer qu'une quotité équivalente des dettes (1).

3967. L'état qu'exige l'art. 1085 est prescrit à peine de nullité.

D'autre part, comme il est exigé pour éviter la difficulté de savoir quelles sont les dettes présentes, il ne saurait être suppléé par une déclaration d'absence de dette ou par une déclaration indiquant simplement le montant total des dettes présentes, puisque cela ne supprimerait nullement les difficultés qu'a voulu éviter la loi, en exigeant un état, c'est-à-dire une indication détaillée des dettes (2).

3968. Toutefois l'état exigé par l'art. 1084 deviendrait inutile, si le donateur croyait devoir exonérer son donataire de toute charge. Rien ne nous paraît, en effet, s'opposer à ce que le donateur, qui donne, par exemple, la moitié de ses biens, puisse décider que les charges, correspondant à cette moitié, seront acquittées par ses héritiers et non par son donataire (3).

(1) *Sic*, Limoges, 16 déc. 1835, S., 36. 2. 92. D. *Rép.*, v° *Disp.*, n. 2182; Aubry et Rau, VIII, p. 96, § 704; Laurent, XV, n. 274. — V. cep. Cass., 12 nov. 1818, S. chr., D. *Rép.*, v° *Disp.*, n. 2184.

(2) *Sic*, Cass , 11 juill. 1831, S., 31. 1. 362. D. *Rép.*, v° *Disp.*, n. 1530. — Limoges, 26 nov. 1872, S., 74. 2. 10. D., 73. 2. 104. — Dans le même sens Aubry et Rau, VIII, p. 95, § 740; Laurent, XV, n. 268; Demolombe, *Don.*, VI, n. 360 et les auteurs cités dans Fuzier-Herman, sur l'art. 1084, n. 21.

(3) *Sic*, Demolombe, *Don.*, VI, n. 361; Laurent, XV, n. 269.

§ V. *Nature de l'institution contractuelle et de la donation de biens présents et à venir.*

3969. L'institution contractuelle, nous l'avons dit, est un mélange de la donation entre vifs et de la donation testamentaire : elle touche à la première par son irrévocabilité, à la seconde, en ce qu'elle a pour objet des biens à venir.

Mais l'art. 893, aux termes duquel : « On ne pourra disposer de ses biens à titre gratuit, *que par donation entre vifs ou par testament...* », ne permet pas de considérer l'institution contractuelle comme un mode de disposer à part, distinct de la donation ou du testament : il faut nécessairement qu'elle soit l'un ou l'autre. Lequel des deux?

Le choix ne saurait guère être douteux. La nature contractuelle de la disposition dont il s'agit ne permet pas de l'assimiler aux dispositions testamentaires, et son irrévocabilité lui assigne tout naturellement sa place dans la catégorie des *donations*. C'est sous ce nom, d'ailleurs, que le code civil la désigne; nous avons déjà noté qu'il évite avec une sorte d'affectation de se servir de l'ancienne expression *institution contractuelle*. Enfin, Pothier, guide ordinaire des rédacteurs du code civil, lui assignait ce caractère.

Nous dirons donc que l'institution contractuelle (et à plus forte raison la donation de biens présents et à venir) est une donation entre vifs et nous lui appliquerons les règles des donations de cette nature, toutes les fois que le législateur n'y aura pas dérogé.

3970. Nous devons tout d'abord en tirer cette conséquence que la capacité, requise pour faire une institution contractuelle, est la capacité de donner entre vifs et non celle de donner par testament.

Il importe de le constater en ce qui concerne tous ceux qui, pouvant donner par testament, ne peuvent donner entre vifs : par exemple, la femme mariée ou l'individu pourvu d'un conseil judiciaire, qui peuvent tester seuls, ne pourront seuls faire une institution contractuelle [1].

[1] V. notamment sur ce point, pour l'individu pourvu d'un conseil judiciaire, Cass., 21 juin 1892, S., 94. 1. 449.

De même le mineur, âgé de plus de 16 ans, ne pourra faire une institution contractuelle.

3971. Nous devons également en tirer cette autre conséquence que le donateur et le donataire devront être capables, l'un de disposer, l'autre de recevoir, *à l'époque de la donation*. Il n'est pas nécessaire que le donateur ait encore la capacité de disposer à l'époque de son décès.

Quant au donataire, il suffit qu'il ait alors la capacité requise pour recevoir *à titre de succession*, car il est héritier contractuel : ce qui lui permet de recueillir le bénéfice de la disposition, même lorsqu'il se trouve sous le coup d'une condamnation à une peine afflictive perpétuelle.

3972. Nous devons également en conclure que les donations de biens à venir ou de biens présents et à venir ne devront être réduites, le cas échéant, qu'après les dispositions testamentaires et après les donations entre vifs de date postérieure. En un mot, au point de vue de la réduction, on les traite comme des donations entre vifs : on leur applique le principe de la réduction par ordre de dates.

APPENDICE

DE LA LÉGISLATION FISCALE APPLICABLE AUX DONATIONS FAITES PAR CONTRAT DE MARIAGE

3973. Au point de vue de la législation fiscale qui leur est applicable, il importe de soigneusement distinguer en deux catégories les donations faites par contrat de mariage. Ce sont, d'une part, les donations qui ne sont pas subordonnées au prédécès du donateur ; ce sont, d'autre part, les donations subordonnées au prédécès de celui-ci.

§ I. *Des donations qui ne sont pas subordonnées au prédécès du donateur.*

3974. Ces donations restent, de tous points, soumises à la législation fiscale des donations entre vifs ordinaires, sauf le bénéfice d'un tarif de faveur pour le calcul des droits de mutation exigibles.

Voici le tableau du tarif applicable aux donations faites par contrat de mariage :

	En principal pour 0/0.	Avec les décimes pour 0/0.
Entre parents en ligne directe :		
Pour les donations non soumises à transcription.	1 50	1,87 1/2
Pour les donations soumises à transcription.	3	3,75
Entre frères, sœurs, neveux et nièces, oncles et tantes.	4 50	5,62 1/2
Entre grands-oncles, grand'tantes, petits-neveux, petites-nièces et cousins germains. .	5	6,25
Entre collatéraux au delà du 4e degré. . .	5 50	6,87 1/2
Entre étrangers	6	7,50

§ II. *Des donations qui sont subordonnées au prédécès du donateur.*

3975. En pratique, on désigne généralement, sous le nom de donations éventuelles, les donations dont l'existence est subordonnée au prédécès du donateur. Cette dénomination n'a, du reste, rien de légal, puisque la loi de frimaire et, après elle, la loi du 28 avril 1816 se bornent, lorsqu'elles se réfèrent à ces donations, à parler d'actes contenant des dispositions soumises à l'événement du décès.

La loi fiscale assimile ces donations à des testaments, au point de vue de la quotité de l'impôt exigible ; elle considère la mutation qu'elles entraînent comme une mutation à cause de mort ; ce sont, par suite, les droits que ces mutations rendent exigibles qui doivent être perçus sur les donations éventuelles.

C'est ce que nous allons vérifier en parlant successivement :

1° De la donation éventuelle ordinaire ;

2° De l'institution contractuelle ;

3° De la donation cumulative de biens présents et à venir ;

4° De la promesse d'égalité.

A. *De la donation éventuelle ordinaire.*

3976. La donation éventuelle ordinaire est une donation

de biens présents faite par le donateur sous la condition suspensive de son prédécès au donataire. Comme celle de l'institution contractuelle, et pour la même raison, son existence reste donc incertaine jusqu'au moment du décès du donateur.

Par là, elle se distingue nettement, en droit, de la donation, dont l'existence est certaine du jour où elle a été faite, mais dont l'exécution se trouve reportée au moment du décès du donateur.

3977. En fait, la distinction peut être parfois délicate, surtout pour les donations de somme d'argent.

Tout dépend de l'intention du donateur qu'il faut rechercher dans les circonstances et les faits de la cause. Pour qu'il y ait donation éventuelle, ce n'est pas seulement l'exécution de la donation, mais son existence même et sa formation définitive qui doivent être subordonnées au prédécès du donateur. Dès qu'il n'en sera point ainsi, il faudra écarter la législation fiscale des donations éventuelles et appliquer celle des donations entre vifs ordinaires [1].

3978. Si elle se différencie de la donation actuelle dont l'exécution seule est reportée au décès du donateur, la donation éventuelle ordinaire ne se distingue pas moins de l'institution contractuelle.

A la différence de l'institution contractuelle, cette donation dépouille le donateur, aussi bien du droit de disposer à titre onéreux des objets donnés que du droit d'en disposer à titre gratuit; si le donataire survit au donateur, il aura, à tout événement, le droit de prendre les biens donnés.

Aussi aurait-on très bien pu comprendre que le droit, exigible lors du décès du donateur, fût le droit de donation et non le droit de succession. La loi fiscale n'a pas fait cette différence; elle a traité sur le même pied toutes les donations dont l'existence se trouvait subordonnée au prédécès du donateur au donataire.

3979. Comme l'institution contractuelle, la donation éventuelle ordinaire donne donc lieu à un double droit :

1° Un droit fixe de 7,50, perçu lors du contrat [2], qui,

[1] *Sic*, Demante, II, n. 609, III.

[2] Art. 45 de la loi du 28 avril 1816 et art. 4 de la loi du 28 février 1872.

d'ailleurs, n'est exigible qu'autant qu'il y a réellement libéralité et non pas simple promesse de libéralité [1];

2° Un droit proportionnel de mutation à cause de mort, perçu lors du décès du donateur.

3980. Mais il faudrait se garder de croire qu'il n'y ait, au point de vue fiscal, aucun intérêt à distinguer la donation éventuelle ordinaire et l'institution contractuelle.

Dans l'institution contractuelle, l'institué peut renoncer au bénéfice de l'institution et échapper ainsi au paiement du droit proportionnel.

Dans la donation éventuelle ordinaire, le refus par le donataire de recueillir la donation le laisserait, au contraire, débiteur du droit proportionnel et rendrait même un nouveau droit exigible, à raison de la rétrocession résultant de la renonciation [2].

B. *De l'institution contractuelle.*

3981. Il est souvent difficile de distinguer l'institution contractuelle de la donation éventuelle ordinaire.

Le meilleur critérium consiste à se demander si le disposant a entendu se dépouiller, ou non, de la faculté de disposer à titre onéreux.

Si oui, la donation est une donation éventuelle ordinaire.

Si non, c'est une institution contractuelle.

Nous venons de voir, du reste, le seul intérêt qu'il y ait à distinguer celle-ci de celle-là.

Par ailleurs, les mêmes droits sont exigibles :

1° Un droit fixe de 7,50 lors de l'enregistrement du contrat;

2° Un droit proportionnel de mutation *mortis causa*, perçu lors du décès du donateur.

C. *De la donation cumulative de biens présents et à venir.*

3982. Au point de vue fiscal, la législation applicable à la donation cumulative de biens présents et à venir dépend du parti que prendra le donataire à la mort du donateur.

(1) *Sic*, Dalloz, *Sup. du Rép.*, v° *Enregistr.*, n. 21110; Garnier, *Rép. gén. enregistr.*, n. 5327.

(2) *Sic*, Naquet, II, n. 959.

S'il opte pour les biens présents, la donation devient une donation de biens présents ordinaire; le droit de mutation exigible sera le droit de mutation entre vifs à titre gratuit.

Si, au contraire, il opte pour les biens à venir, la donation est une institution contractuelle; c'est le droit de mutation *mortis causa* qu'il faut percevoir [1].

Jusqu'à l'option, le contrat doit être assujetti au droit fixe de 7 fr. 50 [2].

D. *De la promesse d'égalité.*

3983. Nous avons vu qu'on discutait, en droit civil, sur la portée et les effets qu'on devait reconnaître aux promesses d'égalité qu'un père de famille pouvait faire au profit d'un de ses enfants lors de son contrat de mariage [3].

La cour de cassation a estimé que, quels que soient les effets qu'on lui doive reconnaître, la promesse d'égalité n'en constitue pas moins, dans tous les cas, un avantage subordonné à l'événement du décès; à ce titre, elle doit être, lors de l'enregistrement du contrat de mariage, soumise au droit perçu sur les avantages de ce genre, c'est-à-dire au droit fixe de 7 fr. 50, qui s'ajoutera au droit perçu pour l'enregistrement du contrat [4].

CHAPITRE IX

DES DISPOSITIONS ENTRE ÉPOUX, SOIT PAR CONTRAT DE MARIAGE, SOIT PENDANT LE MARIAGE

3984. Le législateur s'occupe ici, non seulement, ainsi que nous l'annonce la rubrique, des donations entre époux, mais aussi de la quotité disponible entre époux.

Nous traiterons ces matières dans deux sections distinctes.

(1) *Sic*, Demante, II, n. 611; Naquet, II, n. 961.
(2) Art. 45-4° de la loi du 28 avril 1816 et art. 4 de la loi du 28 février 1872.
(3) V. ci-dessus, n. 3943 s.
(4) *Sic*, Cass., 3 août 1871, S., 71. 1. 164, D., 71. 1. 343.

SECTION I

DES DONATIONS ENTRE ÉPOUX

3985. Les donations entre époux sont régies par des règles toutes différentes suivant qu'elles sont faites par contrat de mariage ou pendant le cours du mariage.

Nous parlerons successivement des unes et des autres.

§ 1. *Des dispositions entre époux par contrat de mariage.*

3986. En ce qui concerne les dispositions que les époux se peuvent faire par contrat de mariage, le principe est posé par l'art. 1091 du Code civil.

Aux termes de ce texte :

« *Les époux pourront, par contrat de mariage, se faire* » *réciproquement, ou l'un des deux à l'autre, telle donation* » *qu'ils jugeront à propos, sous les modifications ci-après* » *exprimées* ».

Les époux peuvent donc se faire l'un à l'autre, par contrat de mariage, avec ou sans réciprocité, toutes les donations qui pourraient leur être faites par des tiers, c'est-à-dire des donations de biens présents, des donations de biens à venir ou des donations de biens présents et à venir.

3987. Les juges du fait ont, d'ailleurs, pour déterminer la nature des donations, qu'ont entendu se faire les futurs époux, un pouvoir souverain d'appréciation [1].

C'est là une détermination souvent difficile.

Dans le doute, les juges doivent plutôt considérer de semblables libéralités comme des donations de biens à venir. Devant vivre en commun, les futurs époux n'ont, que très exceptionnellement, des motifs pour se faire des libéralités actuelles. On doit donc présumer que les donations qu'ils se

[1] *Sic*, Cass., 24 janvier 1822, S. chr., D. *Rép.*, v° *Disposit.*, n. 1543 et 11 décembre 1832, D. *Rép.*, v° *Disposit.*, n. 2319. — Dans le même sens Laurent, XV, n. 309.

font, par contrat de mariage, sont des donations de biens à venir.

C'est ainsi, notamment, que la jurisprudence interprète presque toujours les donations entre époux par contrat de mariage, quand elles ont trait à des sommes payables au décès [1], ou à des biens à prendre sur la succession du prémourant des époux [2].

3988. Ajoutons qu'en ce qui concerne l'étendue de la donation, les juges du fait jouissent du même pouvoir d'appréciation qu'en ce qui concerne sa nature.

La cour suprême l'a maintes fois reconnu [3].

3989. En principe, les dispositions entre époux, par contrat de mariage, sont gouvernées par les mêmes règles de fond et de forme que les dispositions de même nature, faites aux futurs époux par des tiers. L'art. 1092 le dit pour les donations de biens présents ; l'art. 1093 le répète pour les donations de biens à venir et pour les donations de biens présents et à venir.

3990. Toutefois, faites entre futurs époux, ces diverses donations se distinguent par certaines particularités.

C'est ainsi qu'aux termes de l'art. 960, elles ne sont pas révocables pour cause de survenance d'enfant.

D'autre part, nous avons vu qu'elles échappent à la règle de l'art. 959, qui déclare les donations faites en faveur du mariage non révocables pour cause d'ingratitude ; mais, nous l'avons vu, ce dernier point, est contesté [4].

3991. Deux autres particularités nous sont signalées par les art. 1093 et 1095 du Code civil.

La première concerne la capacité du mineur. Celui-ci, en principe, ne peut pas faire de donations entre vifs. Nous

[1] V. notamment Cass., 16 mai 1855, S., 55. 1. 490. D., 55. 1. 245. — Aix, 8 juin 1888, S., 89. 2. 137 et les arrêts cités dans Fuzier-Herman, sur l'art. 1092, n. 21 et 22.

[2] V. notamment Cass., 14 décembre 1885, S., 86. 1. 481, D., 86. 1. 189. Cpr. Cass., 27 décembre 1859, S., 61. 1. 87, D., 60. 1. 105.

[3] *Sic*, Cass., 26 mai 1835, S., 35. 1. 833, D. *Rép.*, vo *Contrat de mar.*, n. 3455, et 9 avril 1872, S., 72. 1. 178, D., 73. 1. 28.

[4] V. ci-dessus, I, n. 1589 s.

l'avons constaté, en étudiant les art. **903** et **904** du Code civil [1].

La faveur du mariage a fait admettre une exception à cette règle : l'époux mineur peut disposer par contrat de mariage, au profit de son conjoint, sous la seule condition d'être assisté des personnes dont le consentement est requis pour la validité de son mariage.

On lit, à ce sujet, dans l'art. **1095** :

« *Le mineur ne pourra, par contrat de mariage, donner à* » *l'autre époux, soit par donation simple, soit par donation* » *réciproque, qu'avec le consentement et l'assistance de ceux* » *dont le consentement est requis pour la validité de son* » *mariage ; et, avec ce consentement, il pourra donner tout ce* » *que la loi permet à l'époux majeur de donner à l'autre con-* » *joint* ».

Nous retrouverons cette disposition sous l'art. **1398**, au titre *Du contrat de mariage*. C'est là qu'est le siège de la matière Nous y renvoyons.

3992. La seconde particularité résulte de l'art. **1093**.

A la différence de la précédente, qui est applicable à toutes les donations, celle-ci n'a trait qu'aux donations de biens à venir et aux donations de biens présents et à venir.

La loi s'exprime en ces termes :

« *La donation de biens à venir, ou de biens présents et à* » *venir, faite entre époux par contrat de mariage, soit sim-* » *ple, soit réciproque, sera soumise aux règles établies par le* » *chapitre précédent, à l'égard des donations pareilles qui* » *leur seront faites par un tiers ; sauf qu'elle ne sera point* » *transmissible aux enfants issus du mariage, en cas de décès* » *de l'époux donataire avant l'époux donateur* ».

Ainsi, aux termes de l'art. **1093**, les donations de biens à venir, ou de biens présents et à venir, ne sont pas transmissibles aux enfants issus du mariage, en cas de décès de l'époux donataire avant l'époux donateur. Le contraire a lieu, lorsque la donation est faite par un tiers aux futurs époux ou à l'un d'eux. L'art. **1082** du Code civil le décide expressément.

(1) V. ci-dessus, I, n. 277 s.

Quel est le motif de cette différence?

Lorsque la donation de biens à venir, ou de biens présents et à venir, est faite *par un tiers* aux futurs époux ou à l'un d'eux, les enfants à naître du mariage ne peuvent être appelés à profiter de la disposition, en cas de prédécès de leurs parents, qu'autant qu'ils sont eux-mêmes donataires. N'étant pas héritiers du disposant, ils ne sauraient avoir d'autre titre que celui de donataires pour recueillir ses biens. La loi présume que le disposant a eu l'intention de le leur conférer, parce que la donation est faite *en faveur du mariage*, et, par conséquent, en vue de la postérité des époux, aussi bien que des époux eux-mêmes. En d'autres termes, le législateur, interprétant ici la volonté du disposant, admet, au profit des enfants, l'existence d'une substitution vulgaire tacite, sans laquelle le bénéfice de la donation serait perdu pour eux, au cas de prédécès de l'époux donataire.

Mais cette présomption n'avait plus sa raison d'être, lorsque la donation est faite par l'un des époux à l'autre. En effet, les enfants à naître du mariage, étant ici héritiers du donateur comme du donataire, n'ont plus besoin que la donation s'étende jusqu'à eux pour recueillir un jour les biens donnés; si la donation devient caduque par le prédécès de l'époux donataire, ils retrouveront plus tard les biens donnés, dans la succession du donateur. Pourquoi donc supposer alors l'existence d'une substitution vulgaire à leur profit? Autant cette présomption est rationnelle, quand la donation est faite par un tiers, autant elle le serait peu lorsque la donation est faite par l'un des époux à l'autre.

En définitive, la règle formulée par l'art. 1082 et l'exception consacrée par notre article ont le même fondement : la volonté présumée du donateur.

3993. Mais la loi, croyons-nous, se borne à interpréter ici la volonté de l'époux donateur, quand il ne l'a pas exprimée. Or, sur l'art. 1082, qui présume l'existence d'une substitution vulgaire tacite au profit des enfants quand la donation est faite par un tiers, nous avons vu que rien ne s'oppose à ce que le donateur manifeste efficacement une volonté contraire [1]. De même l'art. 1093 nous paraît ne pas faire obstacle à ce que la substitution, dont il ne présume pas l'existence, soit établie par une déclaration expresse du donateur.

La question est controversée [2].

Nous n'insistons pas, parce que nous doutons que le cas se présente jamais dans la pratique.

3994. Sauf les particularités qui viennent d'être signalées, les donations, faites par l'un des époux à l'autre dans le contrat de mariage, demeurent soumises aux mêmes règles que les donations dont il est question au chapitre précédent.

Ainsi, comme ces dernières, elles sont affranchies des entraves de la règle *Donner et retenir ne vaut;* l'art. 947 du Code civil le dit, d'ailleurs, en termes formels.

Ainsi encore, les art. 1087, 1088 et 1090 sont incontestablement applicables.

3995. L'art. 1092, qui semble, au premier abord, signaler une particularité en ce qui concerne la donation de biens présents, ne fait, en définitive, que la déclarer soumise aux règles ordinaires.

Aux termes de ce texte :

« *Toute donation entre-vifs de biens présents, faite entre* » *époux par contrat de mariage, ne sera point censée faite* » *sous la condition de survie du donataire, si cette condition* » *n'est formellement exprimée; et elle sera soumise à toutes* » *les règles et formes ci-dessus prescrites pour ces sortes de* » *donations* ».

On peut se demander, d'abord, pourquoi le législateur du code civil a cru devoir dire expressément que la donation entre vifs de biens présents, faite entre époux par contrat de mariage, ne sera point censée faite sous la condition de survie du donataire.

C'est le droit commun.

Mais le législateur a jugé utile de s'expliquer, parce qu'il y avait controverse sur ce point, dans notre ancien droit.

[1] V. ci-dessus, n. 3894.

[2] *Sic*, Laurent, XV, n. 311 ; Aubry et Rau, VIII, p. 99, § 741 et 742; Huc, VI, n. 468. — En sens contraire Demolombe, *Don.*, VI, n. 416. — V. également les autorités citées en sens divers dans Fuzier-Herman, sur l'art. 1094, n. 45.

Plusieurs auteurs, et notamment Furgole [1], pensaient que la condition de survie était sous-entendue dans les donations dont il s'agit. On ne peut plus reproduire la même opinion sous l'empire du code civil, en présence des termes de l'art. 1092 [2].

3996. On s'accorde à reconnaître que la condition de survie peut être stipulée suspensive aussi bien que résolutoire [3]. Le plus souvent, elle sera suspensive et c'est en ce sens, du reste, qu'il faudrait l'interpréter en cas de doute, sans que cela implique qu'on doive nécessairement considérer, comme donation de biens à venir, la donation à laquelle elle est adjointe [4].

Mais qu'elle soit suspensive ou résolutoire, elle doit toujours être formellement exprimée.

Cela n'implique nullement qu'elle doive être stipulée en termes sacramentels. La jurisprudence admet même que les juges la peuvent rechercher et dégager, dans l'ensemble des stipulations et des clauses du contrat de mariage [5].

§ II. *Des donations entre époux pendant le mariage.*

N° 1. Historique et législation.

3997. La question de savoir si, pendant le mariage, les donations entre époux doivent être permises ou interdites, est certainement un des problèmes les plus complexes du droit civil. Aussi ne faut-il point s'étonner que les législations civiles ne se soient pas accordées et ne s'accordent point encore sur la solution qu'il convient de lui apporter.

L'ancien droit romain permettait aux époux de disposer, l'un au profit de l'autre, par testament ou par donation à cause

(1) Furgole, Quest. 49, n. 27.

(2) *Sic*, Demolombe, *Don.*, VI, n. 411 s.; Aubry et Rau, VIII, p. 98, § 741 et 742 : Laurent, XV, n. 303; Huc, VI, n. 467.

(3) V. notamment Demolombe, *Don.*, VI, n. 414 et 415; Laurent, XV, n. 305 et les auteurs cités dans Fuzier-Herman, sur l'art. 1092, n. 10.

(4) V. notamment Toulouse, 24 mai 1855, S., 55. 2. 491, D., 56. 2. 104. — Riom, 12 novembre 1856, S., 57. 2. 183.

(5) V. en ce sens Cass., 20 décembre 1854, S., 56. 1. 207, D., 55. 1. 117; 9 juill. 1889, S., 92. 1. 338. D., 89. 1. 366.

de mort, mais non par donation entre vifs. On craignait que l'un des époux n'abusât de son influence sur l'autre, pour s'enrichir à ses dépens. *Moribus apud nos receptum est, ne inter virum et uxorem donationes valerent. Hoc autem receptum est, ne mutuato amore invicem spoliarentur, donationibus non temperantes, sed profusa erga se facilitate* (1).

Sous Septime Sévère et Antonin Caracalla, un sénatus-consulte décida que la donation entre vifs, faite par l'un des époux à l'autre, deviendrait rétroactivement valable à l'encontre des héritiers du donateur, si celui-ci était mort sans révoquer la donation. *Ait oratio, fas esse, eum qui donavit pœnitere : heredem vero eripere forsitan adversus voluntatem supreman ejus qui donaverit, durum et avarum esse* (2). On admettait, en vertu d'une fiction, que la donation non révoquée était une donation à cause de mort, permise entre époux, et on la déclarait valable à ce titre.

3998. Les règles du droit romain, sur cette matière, furent consacrées dans nos pays de droit écrit.

Dans les pays de coutume, au contraire, les donations entre époux, même celles faites par testament, étaient, en général, prohibées d'une manière absolue. On n'admettait d'exception que pour le don mutuel de l'usufruit des biens de la communauté, lorsqu'il n'y avait pas d'enfants (3).

Cette règle avait surtout pour fondement le principe de la conservation des biens dans les familles, qui jouait un rôle si important dans notre ancien droit coutumier; on aurait porté atteinte à ce principe, en autorisant les donations entre époux, puisque les deux époux appartiennent le plus souvent à deux familles différentes (4). Subsidiairement on ajoutait, pour justifier la prohibition, que l'affection entre époux doit être désintéressée (5).

Toutefois, quelques coutumes limitaient la prohibition aux

(1) Ce sont les termes de la loi 1 au D., *De Donationibus inter vir. et ux.*, XXIV, 1.

(2) V. la loi 32. 2. D., *De Don. inter. vir. et ux.*

(3) Art. 280 de la coutume de Paris.

(4) V. notamment Ferrières, glose 2. n. 6 sur l'art. 282 de la coutume de Paris.

(5) Guy Coquille, *Inst. dr. franç.*, p. 66.

donations entre vifs, et autorisaient, par conséquent, entre époux, les dispositions testamentaires.

La coutume d'Auvergne se signalait par une remarquable distinction entre le mari et la femme : le mari pouvait donner à sa femme même la totalité de ses biens; la femme, au contraire, ne pouvait rien donner à son mari [1].

3999. La loi du 17 nivôse an II prit sur ce point le contrepied de notre ancien droit coutumier : elle autorisa les donations entre époux, et les déclara irrévocables, quand elles seraient faites par acte entre vifs.

4000. Prohiber d'une manière absolue les donations entre époux, comme le faisait notre ancien droit coutumier, c'eût été blesser les conjoints dans leurs affections les plus vives. Il y aurait eu à craindre, d'ailleurs, qu'en pratique, on n'employât mille moyens détournés pour éluder la prohibition.

D'un autre côté, assimiler les donations entre époux aux donations ordinaires, en les déclarant irrévocables, comme le faisait la loi de l'an II, c'était ne pas tenir un compte suffisant de l'influence conjugale, qui permettra souvent à l'époux le plus fort d'arracher une donation au plus faible.

Ici, comme dans bien d'autres circonstances, notre législateur a pris un moyen terme entre les deux extrêmes : il autorise les donations entre époux, mais il les déclare toujours révocables.

4001. Néanmoins, il est difficile d'affirmer que ce soit là la solution la meilleure. Ce serait oublier que les législations civiles les plus récentes, qui se sont inspirées du code civil, ont généralement repoussé sa solution sur ce point, et ont préféré s'en tenir à la règle de la prohibition absolue. Telle est notamment la législation italienne [2]; telle est aussi la législation espagnole [3]. C'est seulement dans le code civil portugais qu'ont été maintenues les solutions de notre code civil [4].

Du reste, il faudrait se garder de croire que ces divergences

[1] Coutume d'Auvergne, ch. XIV, art. 28.
[2] V. l'art. 1504 du C. civ. italien.
[3] V. l'art. 1334 du C. civ. espagnol.
[4] V. les art. 1178 et 1181 du C. civ. portugais.

soient propres aux législations qui se sont inspirées de notre code civil. C'est ainsi, par exemple, que, prohibées par le droit anglais [1] et le droit commun germanique [2], les donations entre époux pendant le mariage sont, au contraire, permises en Prusse et en Autriche [3].

4002. Sans insister autrement sur la question, on peut se borner à remarquer que, dans une législation qui n'assure point la situation du conjoint survivant, la prohibition absolue des donations entre époux peut présenter des inconvénients.

Tel était le code civil, avant la promulgation de la loi du 9 mai 1891.

C'est, sans doute, parce qu'ils prenaient soin d'assurer la situation du conjoint survivant que les codes civils italien et espagnol ont cru pouvoir s'en tenir à la règle de la prohibition absolue.

Il est incontestable que, chez nous, la loi du 19 mai 1891 aura pour conséquence de rendre moins fréquentes les libéralités entre époux, pendant le mariage.

4003. Quoi qu'il en soit, ces différences de législation donnent un intérêt tout particulier à la détermination du caractère qu'il faut reconnaitre aux solutions législatives des problèmes, envisagés par le code civil dans les art. 1096, 1094 et 1098.

C'est, en effet, du caractère qu'il convient de leur reconnaître que dépendent les décisions à adopter, en cas de conflit de législation dans le règlement des questions que tranchent ces textes.

S'il faut y voir des règles de capacité, le principe est bien simple. Il faut uniquement s'en tenir à la législation nationale de l'époux donateur, puisque c'est à la loi personnelle de régler, en tout pays, les questions de capacité.

Il en est tout autrement, s'il faut y voir des règles de disponibilité.

(1) V. en ce sens Lehr, *Dr. civ. anglais*, n. 186. Mais si, d'après le droit strict, la prohibition est absolue, on admet, en équité, la possibilité de certaines donations entre époux.

(2) *Sic*, Lehr, *Dr. civ. germanique*, II, n. 1171.

(3) V. l'art. 1246 du C. civ. autrichien.

Or, c'est ce dernier caractère qu'on s'accorde à leur reconnaître.

On en conclut que la loi, applicable aux donations entre époux que se font des étrangers en France, est la loi même qui règle la dévolution de la succession du disposant, c'est-à-dire, d'après la jurisprudence française, la loi française, quand il s'agit d'immeubles situés en France, la loi étrangère, quand il s'agit de meubles ou d'immeubles situés à l'étranger.

Telle est la distinction que la cour de cassation a appliqué à des donations qu'un Italien avait faites à son conjoint au cours du mariage. Elle a estimé que, pour les immeubles situés en France, ces donations étaient valables, en dépit de la loi italienne qui prohibe et déclare nulle toute donation entre époux au cours du mariage [1].

N° 2. Des règles applicables aux donations faites entre époux pendant le mariage.

4004. Les règles applicables aux dispositions, faites entre époux pendant le mariage, dépendent essentiellement de la nature qu'on doit leur reconnaître.

Nous aurons donc à nous demander quelle est la nature de ces dispositions et à nous attacher à cette nature pour déterminer les règles de fond et de forme qu'on doit leur appliquer.

Nous préciserons, ensuite, les différentes particularités par lesquelles le législateur a donné une physionomie spéciale à ces dispositions.

A. *De la nature des donations faites entre époux pendant le mariage.*

4005. L'art. 893 ne reconnait que deux modes de disposer à titre gratuit : la donation entre vifs et le testament. Ce texte, nous l'avons déjà noté, proscrit un troisième mode de disposer, admis en droit romain et dans notre ancien droit : la donation à cause de mort. On ne peut donc songer à attribuer ce caractère à la donation entre époux.

[1] *Sic*, Cass., 8 mai 1894, D., 94. 1. 356. — V. sur la question la dissertation de M. de Loynes, sous l'arrêt attaqué de Paris, 27 mai 1892, D., 92. 2. 553.

D'un autre côté, bien que la donation entre époux soit révocable, sa nature contractuelle ne permet pas de la ranger dans la catégorie des donations testamentaires. Il faut donc dire qu'elle est une donation entre vifs.

C'est, d'ailleurs, ce qui résulte de l'art. 1096 qui la désigne sous ce nom, et de la loi du 21 juin 1843 qui la soumet aux mêmes formes solennelles que la donation entre vifs.

Aujourd'hui, on peut dire que la question n'est plus discutée, ni en doctrine, ni en jurisprudence [1].

4006. Si telle est la nature des dispositions entre époux pendant le mariage, on doit en conclure que toutes les règles de fond et de forme des donations entre vifs leur sont applicables, par cela seul que le législateur n'a pas cru devoir les écarter.

4007. Et d'abord, il ne paraît pas douteux que la capacité de l'époux, disposant entre vifs au profit de son conjoint pendant le mariage, doit être la capacité de donner entre vifs.

Nous devons en conclure que l'époux mineur, même âgé de plus de 16 ans, ne peut pas disposer par acte entre vifs au profit de son conjoint. Nous appliquons, en d'autres termes, les dispositions de l'art. 904 qui refuse au mineur toute capacité de donner entre vifs [2].

Nous devons en conclure également que l'époux, pourvu d'un conseil judiciaire, ne peut faire une donation à son conjoint sans l'assistance de son conseil [3].

Nous devons en conclure, enfin, que la femme dotale ne pourrait faire à son mari donation de ses biens dotaux [4].

4008. Il est également incontestable que l'époux donataire est immédiatement saisi, par l'effet de l'acceptation, du droit que la donation lui confère.

(1) *Sic*, Demolombe, *Don.*, VI, n. 460; Aubry et Rau, VIII, p. 106, § 744, texte et notes 8 et 9; Laurent, XV, n. 314; Huc, VI, n. 470.

(2) *Sic*, Cass., 12 avril 1843, S., 43. 1. 273, D. *Rép.*, v° *Disp.*, n. 282. — Dans le même sens Demolombe, *Don.*, VI, n. 462; Aubry et Rau, VIII, p. 108, § 744; Laurent, XV, n. 337; Huc, VI, n. 470.

(3) *Sic*, Demolombe, *Don.*, VI, n. 646 et les auteurs cités à la note précédente. — V. cep. Bruxelles, 3 avril 1886, S., 88. 4. 13.

(4) V. les auteurs cités aux notes précédentes.

Ainsi, quand la donation a pour objet des biens présents, l'époux donataire en devient immédiatement propriétaire par le seul effet de son acceptation.

Il ne saurait donc, lors du décès de l'époux donateur, être astreint à une demande en délivrance [1].

D'autre part, les créanciers de l'époux donateur ne pourront plus saisir les biens donnés, si, du moins, le donataire a rempli les formalités prescrites par la loi, pour rendre son droit opposable aux tiers [2].

4009. Les donations entre époux doivent être, le cas échéant, réduites comme donations entre vifs, par conséquent, après les donations testamentaires et après les donations entre vifs de date postérieure.

Nous croyons que cette règle doit être appliquée, même aux donations de biens à venir [3].

Il y a toutefois des dissidences sur ce dernier point [4].

4010. Enfin, les donations entre époux sont soumises aux mêmes causes de révocation que les donations entre vifs, en dehors, du moins, de la révocation pour cause de survenance d'enfants qu'écarte spécialement l'art. 1096, *in fine* [5].

4011. Ce que nous venons de constater pour les règles de fond, nous devons également le constater pour les règles de forme de la donation entre vifs.

Aussi devons-nous, sans hésitation, décider que les donations entre époux sont soumises :

1° Aux prescriptions de l'art. 931, en ce qui concerne la forme [6];

2° A la nécessité d'une acceptation *expresse*, faite dans la

(1) Cass., 5 avril 1836, S., 37. 1. 35, D. *Rép.*, v° *Disp.*, n. 2154. — Demolombe, *Don.*, VI, n. 461; Laurent, XV, n. 338; Aubry et Rau, VIII, p. 109, § 744.

(2) Cass., 10 avril 1838, S., 38. 1. 289, D. *Rép.*, v° *Disp.*, n. 2398. — V. dans le même sens les auteurs cités à la note précédente.

(3) V. sur la question Laurent, XV, n. 340 ; Demolombe, *Don.*, VI, n. 467. — V. également ci-dessus, I, n. 991.

(4) V. notamment Aubry et Rau, VIII, p. 109, § 744.

(5) *Sic*, Demolombe, *Don.*, VI, n. 483 et 486 ; Aubry et Rau, VIII, p. 105, § 744. — V. également Bordeaux, 27 novembre 1890, D., 92. 2. 539.

(6) *Sic*, Demolombe, *Don.*, VI, n. 445 ; Aubry et Rau, VI, p. 101, § 744 ; Laurent, XV, n. 317.

forme réglée par l'art. 932 : l'art. 1087 n'est applicable qu'aux donations faites *par contrat de mariage* [1];

3° A la formalité de l'état estimatif, si elles portent sur des objets mobiliers corporels et que, d'ailleurs, elles soient des donations de biens présents [2];

5° Enfin, à la formalité de la transcription, quand elles ont pour objet des immeubles susceptibles d'hypothèques et qu'il ne s'agit point d'une donation de biens à venir [3].

4012. En ce qui concerne spécialement la transcription, on peut, tout d'abord, se demander quel avantage l'époux donataire trouve à y procéder? L'effet principal de l'accomplissement de cette formalité est, dans les cas ordinaires, de rendre le droit du donataire opposable aux ayants cause à titre particulier du donateur, par exemple, à ceux auxquels ce dernier vendrait le bien donné, postérieurement à la donation. Or, ici, la transcription ne saurait procurer cet avantage au donataire, car la donation est révocable; le donateur peut la révoquer tacitement en aliénant le bien donné, et la transcription ne saurait le priver de ce droit; elle sera donc inutile.

La conclusion est cependant inexacte. Elle ne tient pas compte de ce fait que la transcription n'assure pas seulement l'avantage dont on parle. Elle entraine, en effet, d'autres conséquences dont l'époux donataire a intérêt à s'assurer le bénéfice : notamment, elle lui sera utile pour empêcher les créanciers chirographaires du donateur de saisir le bien donné, ou pour empêcher l'hypothèque judiciaire, résultant des condamnations prononcées contre le donateur, de s'imprimer sur l'immeuble donné.

B. *Des particularités que présente la donation entre époux.*

4013. Les donations, faites entre époux pendant le mariage, se distinguent des donations entre vifs ordinaires par trois

(1) *Sic*, Demolombe, *Don.*, VI, n. 446; Aubry et Rau, *loc. cit.*; Laurent, XV, n. 318.

(2) *Sic*, Laurent, XV, n. 320 et 321; Aubry et Rau, *eodem*; Demolombe, *Don.*, VI, n. 448.

(3) Demolombe, *Don.*, VI, n. 446; Laurent, XV, n. 318; Aubry et Rau, VIII, p. 101, § 744.

particularités, dont deux résultent de l'art. 1096 et la troisième de l'art. 947 du Code civil.

a. *L'art. 1096-1° et 2°.*

4014. Aux termes de l'art. 1096 :

« *Toutes donations faites entre époux pendant le mariage,* » *quoique qualifiées entre vifs, seront toujours révocables. —* » *La révocation pourra être faite par la femme, sans y être* » *autorisée par le mari ni par la justice. — Ces donations ne* » *seront point révoquées par la survenance d'enfants* ».

Nous laissons de côté, pour le moment, les dispositions du dernier paragraphe de ce texte et nous nous bornons à l'explication des deux premiers.

Il en résulte que les donations entre époux pendant le mariage sont toujours révocables. La loi craint qu'elles ne soient le résultat d'une influence abusive.

Dans l'association conjugale, il y a, presque toujours, un des époux qui domine l'autre : ordinairement c'est le mari. S'il a abusé de sa prépondérance pour arracher une donation à son conjoint, la loi permet à celui-ci de revenir sur ce qu'il a fait, en révoquant la donation. Le donateur n'a pas à indiquer les motifs qui le portent à changer de détermination : la loi l'en fait juge souverain; il n'a pas d'autre contrôle à subir que celui de sa conscience.

Si c'est la femme, elle peut exercer son droit de révocation sans autorisation. La loi ne pouvait pas raisonnablement exiger l'autorisation du mari, puisque la révocation est dirigée contre lui. Elle n'a pas davantage cru devoir exiger l'autorisation de la justice, parce que la nécessité de l'obtenir aurait souvent paralysé le droit de révocation de la femme, qui peut avoir intérêt à agir en secret, pour ne pas irriter son mari. En un mot, la loi a dispensé ici la femme de toute autorisation, pour qu'elle pût agir avec une entière indépendance, pour que sa détermination ne fût pas subordonnée à une volonté étrangère, *ne ex alieno penderet arbitrio.*

4015. Ce droit de révocation, que la loi accorde ainsi aux époux pour toutes les donations qu'ils peuvent se consentir au cours du mariage, est, du reste, absolument général. La loi le pose dans les termes les plus larges et les motifs, dont elle s'inspire sur ce point, ne sont pas moins généraux que son texte.

Quelle que soit la forme qu'affecte une libéralité, dès l'instant qu'elle est faite entre époux au cours du mariage, elle est révocable.

C'est donc avec raison que la jurisprudance a cru devoir appliquer la règle de l'art. **1096-1°** aux assurances sur la vie que l'un des époux contracte au profit de l'autre pendant le cours du mariage [1].

4016. A s'en tenir aux motifs et aux considérations qui l'expliquent, il paraît difficile de ne point considérer le principe de la révocabilité des donations entre époux comme une véritable règle d'ordre public, dont les particuliers ne pourraient restreindre la portée. Aussi faudrait-il déclarer nulle toute clause, par laquelle l'époux donateur renoncerait à son droit de révocation, ou qui aurait pour résultat d'entraver arbitrairement l'exercice de ce droit [2].

4017. D'ailleurs, le droit de révocation est exclusivement attaché à la personne de l'époux donateur. D'où il suit qu'il ne pourrait pas être exercé de son chef par ses créanciers agissant en vertu de l'art. **1166** [3], ni même après sa mort par ses héritiers [4]. La donation devient donc irrévocable, lorsque le donateur est mort sans l'avoir révoquée.

4018. Mais, d'un autre côté, l'époux donateur peut *toujours*, dit la loi, exercer son droit de révocation : *toujours*, par conséquent, même après la mort de l'époux donataire [5].

4019. Régulièrement l'époux donateur, qui aura sur-

[1] *Sic*, Cass., 25 février 1893, S., 94. 1. 65, D., 93. 1. 401. — Orléans, 17 janv. 1894, S., 94. 2. 76.

[2] Cass., 22 janvier 1873, S., 73. 1. 57, D., 73. 1. 473. — Dans le même sens Aubry et Rau, VIII, p. 104, § 744 ; Laurent, XV, n. 315.

[3] *Sic*, Toulouse, 20 mai 1886, S., 86. 2. 238, D., 86. 2. 40. — Dans le même sens Aubry et Rau, VIII, p. 116, § 744 ; Demolombe, *Don.*, VI, n. 477 ; Laurent, XV, n. 334.

[4] *Sic*, Dijon, 10 avril 1867, S., 68. 2. 11, D., 67. 2. 228. — Dans le même sens Laurent, XV, n. 334 ; Aubry et Rau, VIII, p. 116, § 744, note 38.

[5] *Sic*, Toulouse, 20 mai 1886, S., 86. 2. 238, D., 87. 2. 40. — Demolombe, *Don.*, VI, n. 469 ; Aubry et Rau, VIII, p. 113, § 744 ; Laurent, XV, n. 330.

vécu à son conjoint, ne manquera guère d'user de son droit de révocation.

Cela posé, il eût peut-être été plus simple de décider que la donation est révoquée, de plein droit, par le prédécès de l'époux donataire. Mais notre législateur ne l'a pas fait, et l'interprète n'a pas le droit de le faire à sa place. La jurisprudence est fixée en ce sens [1] et c'est aussi l'opinion de nombre d'auteurs [2].

La solution contraire compte cependant de nombreux partisans dans la doctrine [3]. Ceux-ci invoquent principalement l'autorité de la tradition. Ils peuvent, en outre, argumenter aujourd'hui de l'art. 1 *in fine* de la loi du 5 août 1881, *sur la taxe des actes notariés,* ainsi conçu : « Pour les actes dont l'exécution est subordonnée au décès, tels que les testaments et *donations entre époux pendant le mariage* ».....

4020. Dans les explications qui précèdent, il est d'évidence que nous avons entendu parler seulement des donations de biens présents. Il est, en effet, sans difficulté que les donations de biens à venir et de biens présents et à venir, faites entre époux *constante matrimonio,* deviennent caduques par le prédécès de l'époux donataire : c'est le droit commun pour les donations de cette nature [4].

4021. La loi n'a rien dit de la forme que devait revêtir la révocation des donations entre époux. On en doit conclure que, conformément au droit commun, cette révocation peut être expresse ou tacite.

Tous les auteurs s'accordent à le reconnaître [5].

4022. La révocation expresse doit être faite dans l'une des formes indiquées par l'art. 1035, en d'autres termes, les actes, portant révocation de donations faites entre époux pen-

[1] Cass., 18 juin 1845, S., 45. 1. 638, D., 45. 1. 275. — Toulouse, 20 mai 1886, précité.

[2] *Sic,* Demolombe, *Don.,* VI, n. 469; Aubry et Rau, VIII, p. 110, § 744; Laurent, XV, *Don.,* VI, n. 339.

[3] V. notamment Coin-Delisle, sur l'art. 1096, n. 6.

[4] *Sic,* Aubry et Rau, VIII, p. 113, § 744; Demolombe, *Don.* VI, p. 469; Laurent, XV, 339.

[5] *Sic,* Demolombe, *Don.,* VI, n. 478; Aubry et Rau, VIII, p. 114, § 744; Laurent, XV, n. 331; Huc, VI, n. 471.

dant le mariage, doivent être rédigés dans les mêmes conditions que les actes portant révocation de testament.

Elle doit donc être contenue, ou dans un testament, ou dans un acte notarié.

Cette solution, sur l'exactitude de laquelle on pouvait élever des doutes très graves avant la promulgation de la loi du 21 juin 1843, a été législativement consacrée par l'art. 2 de cette loi.

C'est l'opinion de tous les auteurs [1].

Il résulte, en effet, de l'art. 2 de la loi du 21 juin 1843 que, comme la révocation d'un testament, la révocation expresse d'une donation entre époux, pendant le mariage, figure parmi les actes notariés, pour lesquels la présence du second notaire ou des deux témoins instrumentaires est requise à peine de nullité.

Faite par acte notarié, la révocation expresse d'une donation entre époux est donc soumise à la même forme que la révocation expresse d'un testament; toutes deux ne pourraient être faites par acte notarié ordinaire; il faut que l'acte notarié qui les contient soit rédigé conformément à l'art. 2 de la loi du 21 juin 1843.

Dans ces conditions, est-il possible d'admettre que, faite par acte sous seing privé, la révocation expresse ne soit pas soumise à la même forme que la révocation expresse d'un testament faite dans les mêmes conditions, c'est-à-dire à la forme du testament olographe ?

4023. Il a même été jugé que la révocation expresse d'une donation entre époux pouvait résulter d'une clause, portant révocation de tous testaments antérieurs [2].

Mais cela ne peut être vrai qu'autant que les circonstances de la cause permettent de donner une semblable portée à une clause révocatoire ainsi conçue. D'une façon absolue, on ne peut dire que, par elle-même, une clause de ce genre entraîne de semblables effets.

[1] *Sic*, Demolombe, *Don.*, VI, n. 478; Aubry et Rau, VIII, p. 114, § 744; Laurent, XV, n. 331.

[2] V. en ce sens, Toulouse, 21 juin 1862, S., 63. 2. 41.

On s'accorde à le reconnaître [1].

4024. La révocation tacite résulte de tout acte accompli par l'époux donateur et qui suppose nécessairement, chez lui, la volonté de révoquer la donation [2].

Telle sera, presque nécessairement, l'aliénation à titre onéreux ou gratuit de la chose donnée : telle pourrait être aussi l'effet d'une constitution d'hypothèque sur les biens donnés.

Ce sera naturellement aux juges du fait qu'il appartiendra de rechercher à ce point de vue l'intention du donateur, sans que leur décision puisse, d'ailleurs, être soumise à la censure de la cour de cassation [3].

4025. Mais il est bien entendu que la portée des actes. emportant révocation tacite des donations entre époux doit dépendre, dans une large mesure, de la nature des donations qu'il s'agit de révoquer. C'est ainsi qu'une donation de biens à venir ne saurait être, en principe, révoquée par l'aliénation à titre onéreux d'objets compris dans cette donation. Par de semblables aliénations, le donateur ne manifeste pas nécessairement l'intention de révoquer sa donation, il use plutôt de la réserve qu'implique nécessairement la donation de biens à venir.

4026. Expresse ou tacite, la révocation détruit le titre du donataire ; elle rétroagit donc : le donataire est censé n'avoir jamais eu la propriété de la chose donnée. En conséquence. les aliénations et les constitutions de droits réels, par lui consenties, sont considérées comme non avenues [4].

4027. Le caractère de révocabilité, qui distingue les donations entre époux, suffit à expliquer la disposition de l'art. 1097.

Aux termes de ce texte :

« *Les époux ne pourront, pendant le mariage, se faire, ni* » *par acte entre vifs, ni par testament, aucune donation mu-* » *tuelle et réciproque par un seul et même acte* ».

[1] *Sic*, Cass., 17 juillet 1837, S., 37. 1. 913, D. *Rép.*, v° *Dispos.*, n. 2143. — Dans le même sens Demolombe, *Don.*, VI, n. 479 ; Laurent, XV, n. 331.

[2] *Sic*, Demolombe, *Don.*, VI, n. 480 et 482 ; Aubry et Rau, VIII, p. 114, § 744 ; Laurent, XV, n. 332 et 333.

[3] V. notamment en ce sens Cass., 16 juin 1857, S., 57. 1. 754, D., 57. 1. 284.

[4] *Sic*, Demolombe, *Don.*, VI, n. 484.

Ce texte est le pendant de l'art. 968, et s'explique par les mêmes motifs [1].

4028. Il ne faudrait pas évidemment exagérer la portée de l'art. 1097 et l'appliquer à des donations faites par actes séparés, quand bien même elles seraient faites simultanément. Dès qu'elles ne sont point faites dans un seul et même acte, l'art. 1097 cesse d'être applicable [2].

4029. Mais, dès qu'on se trouve en présence d'un acte contenant une donation mutuelle et réciproque, l'application de l'art. 1097 s'impose, quelle que soit cette donation, et quel que soit l'acte qui la contienne [3].

b. *L'art. 1097-3°.*

4030. Les donations, faites entre époux pendant le mariage, ne sont pas révocables pour cause de survenance d'enfant.

Il était inutile de les soumettre à cette révocation qui a lieu de plein droit, puisque le donateur jouit de la faculté de les révoquer *ad nutum*. D'ailleurs, il convenait d'éviter que l'un des époux fût intéressé à n'avoir pas d'enfants.

c. *L'art. 947.*

4031. La règle *Donner et retenir ne vaut* ne s'applique pas aux donations faites entre époux pendant le mariage. L'art. 947 du code civil le décide expressément. Révocables au gré du donateur, il n'y avait pas lieu de leur appliquer des dispositions, qui sont de simples conséquences du principe de l'irrévocabilité des donations.

Ainsi la donation, faite par l'un des époux à l'autre pendant le mariage, pourra comprendre des biens à venir, ou cumulativement des biens présents et à venir, ou bien être consentie sous des conditions potestatives de la part du donateur.

[1] V. ci-dessus, n. 1849 s.

[2] Aubry et Rau, VIII, p. 102, § 744; Demolombe, *Don.*, VI, n. 450; Laurent, XV, n. 323.

[3] V. une application intéressante de cette règle dans un arrêt de la cour d'Agen du 21 mai 1860 sous Cass., 15 juillet 1863, S., 63. 1. 439, D., 60. 1. 73. — Nous avons vu également que, malgré des résistances, on l'appliquait au partage d'ascendants.

SECTION II

DE LA QUOTITÉ DISPONIBLE ENTRE ÉPOUX

4032. Comme presque toutes les législations, le code civil établit un disponible spécial entre époux. En d'autres termes, la portion de biens, dont une personne peut disposer au profit de son conjoint, n'est pas, ordinairement au moins, la même que celle dont elle peut disposer au profit d'un étranger. Nous entendons ici par *étranger* toute personne autre que le conjoint du disposant, même ses enfants. Ce langage, singulier en apparence, est emprunté à l'art. 1094 et consacré par la doctrine.

Les art. 913 à 916 déterminent le disponible entre étrangers, ou disponible ordinaire, qui forme le droit commun. Les art. 1094 et 1098 déterminent le disponible entre époux, qui est un disponible d'exception; il est tantôt plus fort, tantôt plus faible que le disponible ordinaire.

4033. Notons, avant d'entrer en matière, que, pour la détermination du disponible entre époux, comme pour celle du disponible ordinaire, la loi se réfère à l'époque du décès du disposant; elle tient compte de l'état de sa fortune à ce moment suprême et de la qualité des héritiers qu'il laisse.

Notons aussi que les héritiers, en faveur desquels la loi limite le disponible entre époux, et qui pourront, le cas échéant, demander la réduction des donations excessives faites au conjoint, sont les mêmes que ceux au profit desquels elle limite le disponible ordinaire : ce sont les descendants et les ascendants du disposant.

En d'autres termes, ce qui varie, suivant qu'une personne dispose au profit de son conjoint ou au profit d'étrangers, c'est le *disponible* et, par suite, la *réserve*, mais non les héritiers réservataires; ils sont toujours les mêmes, quel que soit le bénéficiaire de la disposition; seulement le taux de leur réserve varie, suivant que le défunt a disposé au profit de son conjoint ou au profit d'étrangers. De là résulte une conséquence importante : c'est que, lorsque le disposant ne laisse ni descendants ni ascendants, tous ses biens sont disponibles au profit de son conjoint, comme au profit de tout autre.

Cela posé, le disponible entre époux est réglé par la loi d'une manière différente, suivant que le disposant laisse ou ne laisse pas d'enfants d'un précédent mariage.

Nous allons successivement nous occuper de chacune de ces deux hypothèses.

Nous verrons ensuite quelle est la sanction des règles légales.

§ I. *Du disponible entre époux lorsque le disposant ne laisse pas d'enfants d'un précédent mariage.*

4034. Deux hypothèses doivent être distinguées : c'est d'abord celle où l'époux donataire laisse des ascendants comme réservataires; c'est ensuite celle où il laisse des descendants.

Nous les examinerons successivement.

Nous verrons ensuite les difficultés qui naissent du concours du disponible spécial de l'art. 1094 et du disponible ordinaire des art. 913 et 915 du C. civ.

A. *Du disponible entre époux quand l'époux donateur ne laisse que des ascendants.*

4035. Lorsque l'époux donateur ne laisse comme héritiers réservataires que des ascendants, il a pu valablement disposer, au profit de son conjoint, de tout ce dont il aurait pu disposer au profit d'un étranger, et, en outre, de l'usufruit de la portion réservée à ses ascendants.

C'est ce que dit l'alinéa 1 de l'art. 1094.

Aux termes de ce texte :

« *L'époux pourra, soit par contrat de mariage, soit pendant* » *le mariage, pour le cas où il ne laisserait point d'enfants* » *ni descendants, disposer en faveur de l'autre époux, en pro-* » *priété, de tout ce dont il pourrait disposer en faveur d'un* » *étranger, et, en outre, de l'usufruit de la totalité de la por-* » *tion dont la loi prohibe la disposition au préjudice des héri-* » *tiers* ».

Ainsi l'époux donateur laisse un ou plusieurs ascendants dans une seule ligne. A un étranger, il aurait pu valablement donner les trois quarts de ses biens (art. 915); il a pu, d'après notre texte, valablement disposer de la même quotité au profit de son conjoint, et, en outre, de l'usufruit du quart réservé à ses ascendants. Ceux-ci pourront donc se trouver réduits, pour leur réserve, à un droit de nue propriété sur des biens dont le conjoint du défunt sera usufruitier. Or, normalement, les ascendants de l'époux prédécédé seront plus âgés que son conjoint survivant, et, par suite, il soupireront vainement après l'usufruit.

Aussi cette disposition est-elle justement critiquée [1].

Malleville n'a pas tort de dire : « Il est véritablement dérisoire de renvoyer les ascendants, pour la jouissance de leur légitime, à la mort de leurs gendres ou brus, qui ont ordinairement de moins qu'eux l'âge d'une génération ».

Demolombe n'est pas moins sévère dans ses critiques : « Qu'on supprime donc la réserve des ascendants, dit-il [2], si on croit devoir le faire. Mais si on la maintient, il faut la maintenir sérieuse et efficace ! Or, est-ce une réserve efficace et sérieuse à offrir aux ascendants que la nue propriété grevée de l'usufruit de leur bru ou de leur gendre ».

L'ascendant, qui voudra tirer quelque parti de sa réserve en sera réduit à vendre sa nue propriété, dont il ne trouvera le plus souvent qu'un vil prix : une nue propriété se vend généralement mal, surtout quand l'usufruitier est jeune [3].

[1] V. notamment Laurent, XV, n. 314; Huc, VI, n. 475; Demolombe. *Don.*, VI, n. 495.

[2] Demolombe, *Don.*, VI, n. 495.

[3] Les justes critiques qui ont été dirigées contre les dispositions de l'art. 1094 ont ému le législateur. Dans sa séance du 20 février 1893, la chambre des députés a adopté une proposition de loi ainsi conçue :

Art. 1er. Le premier paragraphe de l'art. 1094 du Code est ainsi modifié :

« L'époux pourra, soit par contrat de mariage, soit pendant le mariage, pour le cas il ne laisserait ni enfants ni descendants, disposer en faveur de l'autre époux, en propriété, de tout ce dont il pourrait disposer au profit d'un étranger ».

Art. 2. « Conserveront leur plein et entier effet, les dispositions constatées par contrat de mariage antérieurs à la promulgation de la présente loi, contenant donation de l'usufruit de la totalité ou de partie de la portion dont la loi prohibe la disposition au préjudice des ascendants ».

Ce projet a été transmis au sénat et on doit reconnaître qu'il fait droit à toutes

4036. De la combinaison de l'art. 1094-1° avec l'art. 914 résulte cette conséquence singulière que la portion non disponible des biens, dont l'art. 1094-1° permet à chacun des époux de donner l'usufruit à son conjoint, ne comprend pas, en cas de minorité de l'époux donateur, toute la portion de biens, dont cet époux ne peut disposer à cause de son état de minorité, mais seulement la portion réservée aux ascendants.

Les auteurs [1] et les arrêts [2] s'accordent à le reconnaître.

Il en résulte que, si l'époux donateur laisse comme héritiers des ascendants en concours avec des frères et sœurs, ceux-ci seront mieux traités que les ascendants.

Cela accentue encore le désaccord, déjà signalé entre les textes du titre des donations, qui donnent une réserve aux ascendants, et ceux du titre des successions, qui appellent les frères et sœurs du défunt, quoique non réservataires, à concourir avec les père et mère de celui-ci et même à exclure les ascendants d'un degré supérieur.

4037. C'est évidemment aux juges du fait qu'il appartient, dans l'hypothèse prévue par l'art. 1094-1°, de préciser l'étendue des libéralités laissées par l'un des époux à l'autre.

Les auteurs et les arrêts s'accordent à reconnaître que point n'est besoin d'une disposition expresse, pour que l'usufruit de la réserve des ascendants soit compris dans la libéralité adressée par l'un des époux à son conjoint [3].

Nombre d'arrêts décident même que cette attribution résulte, au profit de l'époux donataire, de ce seul fait que la disposition, dont il est gratifié, est universelle [4].

les critiques qu'on a pu diriger contre les dispositions actuelles de l'art. 1094-1° du C. civ.

(1) *Sic*, Demolombe, *Don.*, VI, n. 497; Aubry et Rau, VII, p. 255, § 689; Laurent, XV, n. 345; Huc, VI, n. 476 et les auteurs cités dans Fuzier-Herman, sur l'art. 1094, n. 4.

(2) *Sic*, Cass., 9 février 1880, S., 80. 1. 217, D., 80. 1. 202. — Toulouse, 27 novembre 1841, S., 42. 2. 124, D. *Rép.*, v° *Disposit.*, n. 804; Orléans, 15 mai 1879, S., 79. 2. 217, D., 79. 2. 121.

(3) Cass., 24 avril 1854, S., 54. 1. 430, D., 54. 1. 256. — Dans le même sens Demolombe, *Don.*, VI, n. 504 s.; Aubry et Rau, VII, p. 257, § 689; Huc, VI, n. 476, ainsi que les auteurs cités dans Fuzier-Herman, sur l'art. 1094, n. 10.

(4) *Sic*, Cass., 19 mars 1862, S., 62. 1. 1073, D., 63. 1. 27 et 15 mai 1865, S., 65. 1. 377, D., 65. 1. 431; Riom, 19 janvier 1887, S., 87. 2. 28. — V. cep. Toulouse, 24 août 1868, S., 69. 2. 119, D., 68. 2. 179.

Mais rien n'empêcherait les juges du fond de décider le contraire, par interprétation de la volonté du disposant [1].

4038. L'art. 1094 al. 1 se termine par ces mots : *au préjudice des* HÉRITIERS. Les héritiers dont il s'agit ne peuvent être que des *ascendants,* puisque la loi suppose ici l'absence de descendants, et qu'il n'y a pas d'autres héritiers réservataires que les descendants et les ascendants. Alors pourquoi n'avoir pas dit : *au préjudice des ascendants?* Notre disposition cadrait parfaitement avec l'art. 16 du projet, qui attribuait une réserve à certains collatéraux : par le mot *héritiers,* la loi visait les ascendants et, en outre, les collatéraux ayant un droit de réserve. Mais on sait que le droit de réserve des collatéraux n'a pas trouvé place dans la rédaction définitive de la loi. Cette modification aurait dû amener, dans l'art. 1094 al. 1, la substitution du mot *ascendants* au mot *héritiers;* on a oublié ce détail.

B. *Du Disponible entre époux quand l'époux donateur laisse des descendants.*

4039. Lorsque l'époux donateur laisse des enfants ou descendants issus de son mariage avec l'époux donataire, la quotité disponible est alors réglée par l'art. 1094, al. 2.

Aux termes de ce texte :

« *Et pour le cas où l'époux donateur laisserait des enfants* » *ou descendants, il pourra donner à l'autre époux ou un* » *quart en propriété et un autre quart en usufruit, ou la* » *moitié de tous ses biens en usufruit seulement* ».

Ainsi le défunt laisse des enfants et un patrimoine évalué 100,000 fr., dettes déduites ; il a pu valablement disposer au profit de son conjoint d'un quart, soit 25,000 fr., en pleine propriété, et d'un autre quart, 25,000 fr. également, en usufruit, ou bien d'une moitié, 50,000 fr., en usufruit seulement.

Notre disposition paraît, de prime abord, établir au profit du conjoint une alternative singulière, pour ne pas dire *ridicule,* ou absurde, comme certains auteurs ont pu le dire.

[1] Sic, Cass., 21 avril 1890, D., 90. 1. 446.

Le premier terme de l'alternative comprend un quart en pleine propriété, plus un quart en usufruit. Le deuxième terme comprend une moitié en usufruit seulement. Or, n'était-il pas évident, d'après la règle *Qui peut le plus peut le moins,* que celui qui a le droit de donner une moitié en usufruit plus un quart en nue propriété, peut à plus forte raison donner une moitié en usufruit seulement ?

C'était bien évident, en effet, et nous convenons volontiers que, si la loi n'avait voulu exprimer que cette idée, elle aurait dit au moins une naïveté.

Mais sa disposition a une portée plus étendue. Il s'agit de fixer les limites du disponible, c'est-à-dire de préciser ce qui est permis. Il en résulte nécessairement que les textes défendent tout ce qu'ils n'autorisent pas. Dès lors, la disposition de l'art. 1094-2° signifie que, si le disposant veut donner seulement de l'usufruit, il ne peut pas, convertissant en usufruit la nue propriété dont il ne dispose pas, donner plus de la moitié.

Ainsi, une disposition en usufruit seulement, portant sur les trois quarts des biens, excèderait la limite légale, et devrait être réduite à la moitié. Cependant, il se peut que les trois quarts en usufruit, dont le défunt a disposé au profit de son conjoint, n'aient pas une valeur supérieure à un quart en propriété plus un quart en usufruit. Or, si la loi ne s'était pas expliquée, les juges auraient pu maintenir une semblable disposittion comme n'excédant pas la limite légale. C'est précisément ce qu'a voulu empêcher le législateur.

En somme, la disposition de l'art. 1094, al. 2 doit être interprétée ainsi : un époux peut valablement, pour le cas où il laisserait des enfants lors de son décès, disposer au profit de son conjoint d'un quart en propriété et d'un quart en usufruit, et, s'il ne veut donner que de l'usufruit, il ne pas disposer de plus de la moitié.

4040. La loi établit donc dans l'art. 1094 deux disponibles distincts : l'un en propriété, l'autre en usufruit. D'où il faut conclure, sans hésiter, que l'art. 917 ne reçoit pas ici son application.

Ainsi, un époux a disposé, au profit de son conjoint, des

trois quarts de ses biens en usufruit; il meurt laissant des enfants issus du mariage. La donation devra être réduite à la moitié en usufruit.

Le conjoint survivant n'aura pas le droit de dire à ses enfants : « Si vous ne voulez pas exécuter complétement la disposition faite à mon profit, abandonnez-moi, aux termes de l'art. **917**, un quart en pleine propriété et un quart en usufruit ». Cette prétention, si elle était fondée, détruirait toute l'utilité de la disposition finale de l'art. **1094**. Etablissant un disponible spécial en usufruit, cette disposition est, d'ailleurs, inconciliable, sinon avec le texte, du moins avec l'esprit de l'art. **917.** On ne doit point oublier, en effet, que les solutions de l'art. **917** s'expliquent par la préoccupation d'éviter les difficultés, auxquelles pourrait donner lieu la comparaison d'une donation faite *en usufruit,* avec un disponible fixé en *pleine propriété,* comme l'est celui des art. **913** et **915**. Or, cette difficulté ne peut pas se présenter, lorsqu'il existe un disponible spécial en usufruit : ce qui est précisément notre hypothèse.

La doctrine et la jurisprudence paraissent se fixer en ce sens [1].

4041. Même solution, si la disposition excessive, faite au profit du conjoint, consiste en une rente viagère. Les enfants pourraient demander qu'elle fût réduite à une somme égale au revenu de la moitié des biens, sans pouvoir être obligés d'abandonner au conjoint un quart en propriété et un quart en usufruit [2].

4042. Si l'on compare le disponible spécial, établi par l'art. **1094**, avec le disponible ordinaire, établi par les art. **913** et **915**, on voit que le premier est tantôt plus fort que le second, et tantôt plus faible.

Il est plus fort quand le disposant ne laisse que des ascendants (art. **1094** al. **1**).

Il est plus fort aussi quand le disposant laisse trois enfants

[1] *Sic,* Cass., 30 juin 1885, S., 85. 1. 352, D., 86. 1. 255. — Orléans, 15 mai 1879, S., 79. 2. 217, D., 79. 1. 121. — Dans le même sens Demolombe, *Don.*, VI, n. 501 et 502; Laurent, XV, n. 356 et 357; Huc, VI, n. 477.

[2] *Sic,* Demolombe, *Don.*, VI, n. 503-4°.

ou un plus grand nombre : le disponible ordinaire est alors d'un quart en propriété (art. 913), tandis que le disponible au profit du conjoint comprend, en outre, *un quart en usufruit.*

Il est plus faible, au contraire, si le disposant ne laisse qu'un seul enfant : en effet, il reste toujours d'un quart en propriété et d'un quart en usufruit; tandis que le disponible au profit d'un étranger est, en pareil cas, de la moitié en propriété (art. 913).

Quand le disposant laisse deux enfants, il est assez difficile de dire quel est celui des deux disponibles qui est le plus élevé. En effet, le disponible ordinaire est, dans ce cas, d'un tiers en propriété (art. 913), et le disponible au profit du conjoint, toujours d'un quart en propriété et d'un quart en usufruit. Pour apprécier la valeur relative de ces deux disponibles, il faut nécessairement les réduire au même dénominateur, car il est indispensable que deux quantités aient une commune mesure pour qu'on puisse les comparer l'une à l'autre. Mais précisément l'on manque de base certaine pour effectuer cette opération. La valeur de l'usufruit et, par suite, celle de la nue propriété dépendent de la durée de la vie de l'usufruitier. Or, c'est là un point qu'on ne peut apprécier qu'approximativement, au moyen d'un calcul de probabilités dont les tables de mortalité fourniront les éléments.

D'après la base établie par la loi du 22 frimaire de l'an VII au point de vue de la perception des droits d'enregistrement, on devrait considérer l'usufruit comme valant la moitié de la pleine propriété : ce qui équivaut à dire que l'usufruit vaut la nue propriété, ou que la pleine propriété vaut deux usufruits. D'après cette base d'évaluation, on trouve que le tiers en propriété, qui forme le disponible de l'art. 913 quand il y a deux enfants, équivaut à 2/3 en usufruit; on constate également que le tiers en propriété plus le quart en usufruit de l'art. 1094 équivaut à 3/4, toujours en usufruit. La quotité disponible de l'art. 1094 excèderait donc celle de l'art. 913 de la différence qui existe entre 3/4 et 2/3, c'est-à-dire de 1/12e en usufruit, ou 1/24e en pleine propriété.

4043. Ainsi, la comparaison de l'art. 1094 avec les art. 913 et 915 démontre que le disponible au profit du conjoint est, en général, plus fort que le disponible au profit d'un étranger.

Dans une seule hypothèse, il est plus faible : c'est l'hypothèse où le disposant ne laisse qu'un enfant ; l'art. 913 lui permet, en pareil cas, de donner la moitié de ses biens en propriété à un étranger, tandis que l'art. 1094 ne l'autorise à donner à son conjoint qu'un quart en propriété et un quart en usufruit, par conséquent, un quart en nue propriété de moins qu'à un étranger.

Ce dernier résultat a paru si extraordinaire à certains auteurs qu'ils l'ont déclaré inacceptable, et ils ont fait de véritables tours de force pour échapper au texte de la loi qui semble l'imposer. Il n'est pas possible, a-t-on dit, que la qualité d'époux soit, tantôt un titre de faveur, tantôt un titre de défaveur. Il n'est pas possible surtout qu'elle soit un titre de défaveur dans un cas unique, qui est précisément l'un de ceux où il semble que la loi aurait dû se montrer généreuse envers le conjoint : celui où il n'y a qu'un seul enfant du mariage. Comment comprendre que, dans ce cas, et dans ce seul cas, on ne puisse donner à son conjoint autant qu'à un étranger?

La raison exige donc impérieusement que l'on considère l'art. 1094 comme ayant été écrit en vue d'étendre au profit du conjoint le disponible du droit commun, mais non de le restreindre : ce qui permet de faire bénéficier le conjoint du disponible ordinaire dans l'hypothèse où celui-ci est plus fort que le disponible exceptionnel.

Et, comme il faut bien, à tout prix, trouver un moyen de mettre le texte de la loi d'accord avec ce que l'on suppose être son esprit, on prétend que la loi ne se sert pas dans l'art. 1095 de termes limitatifs ; elle ne dit pas que le conjoint NE *pourra donner* QUE..., mais bien qu'il *pourra donner...*, expressions qui ne sont pas restrictives [1].

4044. Mauvaises raisons, à notre avis. Le texte de la loi est clair, et, quant à son esprit, il est au moins douteux ; il faut donc s'en tenir au texte.

[1] En ce sens Benech, *Quotité disp. entre époux*, p. 101 s. ; Aubry et Rau, VII, p. 256, § 689, texte et note 5 ; Boissonade, *Essai sur les don. entre époux*, p. 198.

Nous disons que le texte est clair.

En effet, la loi, dans l'art. **1094** al. **2**, fixe le disponible entre époux, sans se préoccuper du nombre des enfants (on va voir à l'instant pourquoi), et il est clair que les mots *pourra donner* sont l'équivalent de ceux-ci : *ne pourra donner que*. — En matière de disponibilité, tout ce qui n'est pas permis est défendu : les limites que le législateur fixe sont des limites qu'on ne peut pas dépasser ; un texte est limitatif par cela seul qu'il établit une limite.

Nous ajoutons que l'esprit de la loi est au moins douteux. Quand le législateur règle le disponible ordinaire, il ne se place pas au point de vue du donataire, mais uniquement à celui du donateur et de ses héritiers. Au contraire, le législateur prend en grande considération la personne du donataire, quand il règle le disponible entre époux ; ce qui le préoccupe surtout, en pareil cas, c'est de permettre à l'époux qui prédécèdera d'assurer à l'autre, pendant son veuvage, une situation à peu près équivalente à celle qu'il avait durant le mariage. Or, les besoins du conjoint survivant ne varient pas avec le nombre de ses enfants, et on comprend fort bien que, pour ce cas, le législateur ait fixé le disponible d'une manière invariable.

La jurisprudence a toujours résolu la question dans ce sens [1] et c'est aussi la solution à laquelle la doctrine paraît aujourd'hui se rallier, après de fortes oscillations [2].

C. *Concours du disponible exceptionnel de l'art.* 1094 *avec le disponible ordinaire des art.* 913 *et* 915.

4045. Le disponible ordinaire des art. **913** et **915** et le disponible exceptionnel de l'art. **1094** peuvent-ils être cumulés ? En d'autres termes, est-il permis de disposer à la fois, et du disponible des art. **913** et **915** au profit d'un étranger, et du disponible de l'art. **1094** au profit de son conjoint ?

(1) *Sic*, Cass., 3 déc. 1844, S., 45. 1. 277, D. *Rép.*, v° *Disp.*, n. 828 et 4 janv. 1869, S., 69. 1. 145, D., 69. 1. 10.

(2) *Sic*, Demolombe, *Don.*, VI, n. 499 s. ; Laurent, XV, n. 348 ; Huc, VI, n. 478 ainsi que les auteurs cités dans Fuzier-Herman, sur l'art. 1094, n. 25.

La négative est admise par tout le monde, sans difficulté.

Le cumul conduirait, en effet, à des résultats manifestement inacceptables, que le législateur n'a pu avoir la volonté de sanctionner.

Ainsi, supposons que le défunt laisse un seul enfant : s'il a pu valablement disposer d'une moitié de ses biens au profit d'un étranger (art. 913), et d'un quart en propriété plus d'un quart en usufruit au profit de son conjoint (art. 1094), que restera-t-il à l'enfant pour sa réserve?

Un quart en nue propriété !

Ce serait dérisoire et personne n'a jamais songé à l'admettre [1].

4046. De là, on aurait tort de conclure qu'il n'est pas permis à une personne, qui a des héritiers réservataires, de disposer au profit d'étrangers et au profit de son conjoint tout à la fois.

Mais la difficulté, et elle est considérable, consiste à savoir quelle est la limite que ces diverses libéralités réunies ne pourront pas dépasser.

Il s'agit de combiner entre elles les dispositions de l'art. 1094 d'une part, et les dispositions des art. 913 et 915, d'autre part. Plusieurs auteurs parlent de *collision* entre ces divers textes, c'est dire que leur combinaison n'est pas chose facile.

4047. Pour faire cette combinaison, supposons d'abord la quotité disponible ordinaire supérieure à la quotité disponible spéciale de l'art. 1094.

Nous supposerons ensuite celle-ci plus forte que la quotité disponible ordinaire.

4048. Lorsque la quotité disponible spéciale de l'art. 1094 est inférieure à la quotité disponible ordinaire, leur combinaison n'entraîne pas de grandes difficultés.

Il s'agit, par exemple, d'un époux qui n'a qu'un seul enfant.

Il est incontestable que cet époux peut disposer de la quotité disponible la plus forte.

(1) V. notamment Cass., 21 novembre 1841, S., 42. 1. 897, D. 43. 1. 21. — V. également Demolombe, *Don.*, VI, n. 509; Aubry et Rau, VII, p. 261, § 689; Laurent, XV, n. 359; Huc, VI, n. 480, ainsi que les auteurs cités dans Fuzier-Herman, sur l'art. 1094, n. 32.

Il est, d'autre part, non moins certain qu'il ne peut rien donner à son conjoint, au delà de la quotité disponible de l'art. 1094.

De ces deux règles découle la solution de toutes les hypothèses susceptibles de se présenter.

L'époux donateur a-t-il d'abord donné à un étranger la quotité disponible ordinaire?

Il ne peut plus rien donner à son conjoint, pas plus qu'à tout autre personne.

A-t-il d'abord donné à son conjoint la quotité disponible de l'art. 1094?

Il est bien certain qu'il peut donner à un étranger ce qui reste disponible, c'est-à-dire, suivant les cas, le quart ou moitié en nue propriété [1].

4049. La seule difficulté consiste à savoir qui peut demander la réduction des libéralités excessives reçues par le conjoint donataire.

Précisons la difficulté par l'indication d'une espèce.

Primus a, par contrat de mariage, fait à Prima une donation de la moitié de ses biens. Il meurt laissant un enfant et, par testament, il a laissé son disponible à Secundus. Prima a reçu au delà de la quotité disponible fixée par l'art. 1094. La libéralité par elle reçue est donc réductible aux limites de cette quotité.

Mais qui pourra agir en réduction?

Le réservataire et le réservataire seul.

Quant à Secundus on ne saurait l'autoriser à agir. Vainement prétendrait-il que c'est, en réalité, à son détriment que la quotité disponible de l'art. 1094 est dépassée, puisque, nanti de sa réserve, le réservataire n'a point à se plaindre.

On lui répondrait, et la réponse est décisive, que les légataires ou donataires ne peuvent, ni agir en réduction, ni profiter de la réduction [2].

C'est donc aux réservataires et aux réservataires seuls qu'il

[1] *Sic*, Cass., 14 juin 1893, D., 94. 1. 65. — Paris, 10 déc. 1864, S., 65. 2. 25, D., 65. 2. 106. — Toulouse, 20 déc. 1871, S., 72. 2. 97, D., 73. 2. 171. — Dans le même sens Aubry et Rau, VII, p. 263, § 689; Demolombe, *Don.*, VI, n. 512.

[2] V. l'art. 921 C. civ.

appartiendra de faire réduire les libéralités excessives adressées par leur auteur à son conjoint. Seuls, également, ils pourront profiter des résultats de leur action [1].

4050. Nous avons supposé une libéralité faite par contrat de mariage au profit de Prima. S'il s'agissait, en effet, d'une libéralité faite pendant le mariage, l'art. 1096 introduirait, dans la question, un autre ordre d'idées. Il faudrait examiner si, en faisant une libéralité à un tiers, le *de cujus* n'a point entendu révoquer, en tout ou en partie, les avantages faits à son conjoint.

Nous avons ici seulement à rappeler la difficulté [2].

4051. Arrivons au cas où la quotité disponible de l'art. 1094 dépasse la quotité disponible ordinaire. C'est alors que la combinaison de ces quotités ne va point sans difficulté.

Pour examiner la question dans tous ses détails, il est nécessaire de distinguer les trois cas suivants :

1° La libéralité adressée à l'époux est postérieure à la libéralité reçue par l'étranger ;

2° Les deux libéralités sont simultanées ;

3° La libéralité reçue par l'époux est antérieure.

4052. Prenons la première hypothèse. Primus a donné sa quotité disponible ordinaire. Ayant trois enfants, par exemple, il a disposé au profit d'un étranger ou de l'un de ses enfants du quart de ses biens ; peut-il encore disposer au profit de son conjoint du quart de ses biens en usufruit ?

L'affirmative ne semble pas douteuse. Les réservataires ne peuvent se plaindre. La quotité disponible la plus forte n'est point dépassée et, d'autre part, chacun des bénéficiaires ne reçoit que ce qu'il peut recevoir.

On l'a contesté cependant.

C'est l'esprit de la loi qu'on invoque.

En augmentant au profit du conjoint la quotité disponible de droit commun, le législateur a obéi à la préoccupation d'assurer au survivant des époux une situation équivalente à celle que lui faisait la vie commune. De là, la quotité dispo-

(1) *Sic*, Demolombe, *Don.*, VI, n. 514.

(2) V. ci-dessus, n. 4024 s.

nible spéciale de l'art. 1094, fixée, en tout cas, à la moitié de l'usufruit des biens du prémourant.

Or, si celui-ci ne donne point à son conjoint la totalité de la quotité disponible de l'art. 1094, il montre, d'une façon manifeste, qu'il n'obéit point aux préoccupations qui ont guidé le législateur. A quoi bon, dès lors, lui donner un disponible spécial pour faire une libéralité que le disponible ordinaire lui aurait parfaitement permis d'effectuer? Ce n'est point le cas d'appliquer l'art. 1094 [1].

Cette doctrine, dite de l'unité et de l'indivisibilité de la quotité disponible de l'art. 1094, est aujourd'hui généralement repoussée.

Elle restreint trop arbitrairement la portée d'application de l'art. 1094, pour que nous hésitions à nous ranger à l'opinion contraire qui prévaut en doctrine et en jurisprudence [2].

4053. Supposons maintenant les libéralités simultanées; ce sont ou des legs ou des donations contenues dans un même acte. Primus, qui laisse trois enfants, a légué à un étranger la propriété du quart de ses biens et à sa femme, Prima, l'usufruit du quart.

Nous pensons que, là encore, comme dans l'hypothèse précédente, les libéralités doivent être intégralement exécutées.

D'une part, en effet, la quotité disponible la plus forte n'a point été dépassée. D'autre part, chacun des gratifiés n'a rien reçu au-delà de ce qu'il pouvait recevoir.

Or, quelle serait le résultat d'une réduction?

Ce serait de faire réduire et l'étranger et l'époux. L'art. 926 est, en effet, formel. La réduction de libéralités testamentaires ou de donations portant la même date doit se faire au marc le franc. Voilà donc des gratifiés qui seraient réduits, alors qu'ils n'ont rien reçu au delà de ce qu'ils pouvaient recevoir.

Il est évident que ces conclusions se heurtent à la doctrine de

(1) En ce sens Laurent, XV, n. 363 s.

(2) V. notamment Cass., 18 nov. 1840, S., 41. 1. 90, D. *Rép.*, v° *Disp.*, n. 808. — Dans le même sens Demolombe, *Don.*, VI, n. 516 et les autorités qu'il cite; Aubry et Rau, VII, p. 267, § 689.

l'unité et de l'indivisibilité de la quotité disponible. Mais cette doctrine nous l'avons écartée dans l'hypothèse précédente et les mêmes motifs doivent nous conduire à la repousser ici.

4054. Mais, dit-on, n'arrive-t-on pas ainsi, indirectement au moins, à faire profiter les tiers de l'augmentation que l'art. 1094 apporte à la quotité disponible ordinaire, en faveur de l'époux?

Nous ne le pensons point.

Puisqu'il s'agit, nous l'avons supposé, de libéralités portant une même date, on ne peut pas dire qu'au moment où il donne à un autre qu'à son époux, le disposant a déjà épuisé sa quotité disponible et, partant, qu'il fait profiter un tiers de l'augmentation, apportée par l'art. 1094 à cette quotité disponible en faveur de l'époux gratifié.

Ce serait oublier qu'au moment où il dispose, le *de cujus* envisage nécessairement, en ce qui concerne chacun de ses gratifiés, la quotité disponible spéciale à chacun d'eux. Aux tiers, il donne dans les limites de la quotité disponible ordinaire; à l'époux, il donne dans les limites de la quotité de l'art. 1094.

Or, dès l'instant qu'il respecte les limites respectives de ces deux quotités et que, d'autre part, la quotité disponible la plus forte n'est point dépassée, il nous paraît vraiment impossible d'admettre qu'une réduction soit possible.

Quant à distinguer, comme on a proposé de le faire, suivant l'ordre des libéralités, c'est oublier trop manifestement que toutes les libéralités testamentaires n'ont qu'une seule et même date : la mort du testateur. N'est-ce pas, en effet, ce que prouve avec évidence l'art. 926 du C. civ., en décidant que, s'il y a lieu à réduction, toutes les libéralités testamentaires sont atteintes en même temps? Comment, dès lors, justifier une distinction basée sur un ordre dont la loi ne tient pas le moindre compte (1)?

(1) *Sic*, Cass., 3 juin 1863, S., 63. 1. 417, D., 64. 1. 32; 4 janv. 1869, S., 69. 1. 145, D., 69. 1. 10. Dans le même sens Demolombe, *Don.*, VI, n. 517 s.; Aubry et Rau, VII, p. 268, § 689 et les auteurs cités dans Fuzier-Herman, sur l'art. 1094, n. 37, texte et note 32.

4055. Arrivons à l'hypothèse qui soulève le plus de difficultés. La libéralité reçue par l'époux est antérieure à celles qu'ont reçues les tiers, et nous la supposons irrévocable, pour écarter les difficultés spéciales tenant à l'application de l'art. 1096.

En pareil cas, la jurisprudence paraît fixée en ce sens que c'est sur la quotité disponible ordinaire que doit s'imputer la libéralité reçue par l'époux. Elle en conclut que, si cette libéralité l'épuise, rien ne reste plus disponible au profit des tiers [1].

4056. Nous ne pouvons qu'approuver cette jurisprudence lorsque la disposition faite au profit de l'époux est faite en pleine propriété. Il s'agit par exemple d'un époux qui, par contrat de mariage, a donné à son conjoint la pleine propriété du quart de ses biens. Il meurt, laissant trois enfants. La libéralité faite au conjoint épuisant la quotité disponible ordinaire, nous en concluons que toutes les libéralités par lui faites à des tiers ou à ses enfants ne sauraient être exécutées, même dans la mesure de la quotité disponible de l'art. 1094, c'est-à-dire jusqu'à concurrence d'un quart en usufruit. Et, en effet, l'augmentation que ce texte apporte à la quotité disponible ordinaire, c'est en faveur de l'époux, et uniquement en faveur de l'époux. Permettre à un étranger d'en profiter, c'est aller manifestement à l'encontre de l'esprit de la loi [2].

4057. Mais lorsque la disposition faite au profit du conjoint est une disposition en usufruit, nous pensons que des doutes sérieux peuvent s'émettre contre le maintien de la même opinion.

Il s'agit, par exemple, d'un époux qui, par contrat de mariage, a fait à son conjoint donation de l'usufruit de la moitié des biens qu'il laissera à son décès. Il meurt, laissant trois enfants, et, par testament, il a légué pas préciput à l'un d'entre eux la nue propriété du quart de ses biens.

(1) Cass., 7 janv. 1824, S. chr., D. *Rép.*, v° *Dispos.*, n. 829 et 24 août 1846, S. 47. 1. 39, D. 46. 1. 382 et les arrêts cités dans Fuzier-Herman, sur l'art. 1094, n. 69.

(2) *Sic*, Demolombe, *Don.*, VI, n. 521 ; Aubry et Rau, VII, p. 266, § 689. — Voyez cependant en sens contraire les auteurs cités dans Fuzier-Herman, sur l'art. 1094, n. 73.

On a soutenu que ce legs ne saurait être exécuté.

L'argument capital, c'est toujours que l'augmentation, apportée à la quotité disponible ordinaire par l'art. 1094, n'existe qu'au profit de l'époux. C'est violer manifestement l'esprit de la loi que d'en faire profiter un autre que lui. Or, fait-on remarquer, si le disposant avait donné à un autre qu'à son conjoint l'usufruit de la moitié des biens qu'il laissera à son décès, sa quotité disponible se trouverait épuisée (art. 913 et 917). Son conjoint seul aurait pu recevoir quelque chose encore, mais, dans notre espèce, ce n'est point l'époux mais un des enfants qui a intérêt à se prévaloir des dispositions de l'art. 1094. La prétention de l'enfant doit être nécessairement écartée.

4058. Cette argumentation ne paraît cependant point irrésistible. On peut, en effet, faire remarquer que, dès l'instant qu'il a fait une donation d'usufruit à son conjoint, le *de cujus* a nécessairement envisagée non la quotité disponible de l'art. 913 mais celle de l'art. 1094.

Transformer la donation qu'il a faite en donation de pleine propriété, dire que, comme telle, elle épuise la quotité disponible ordinaire, c'est aller manifestement, nous semble-t-il, à l'encontre des intentions du disposant! Il a entendu donner à son conjoint dans les limites du disponible fixé part l'art. 1094, sans vouloir, pour cela, se priver de son disponible ordinaire, dans la mesure, du reste, où ces deux disponibles peuvent se combiner.

On objecte qu'on en arrive ainsi à faire profiter les tiers de l'extension donnée au disponible ordinaire par l'art. 1094.

C'est rien moins qu'exact.

Qu'est-ce donc, en définitive, que le supplément ajouté par l'art. 1094 au disponible ordinaire?

Il consiste, en dernière analyse, en ce que l'époux donataire peut prendre ou retenir l'usufruit de biens non disponibles. Or, lorsque c'est l'époux qui prend cet usufruit, lorsque c'est sur sa tête et en sa faveur qu'il est créé, n'est-on pas fondé à prétendre que c'est lui, et lui seul, qui profite de l'augmentation apportée au disponible ordinaire.

Nombre d'auteurs se prononcent en ce sens (1) et c'est également ce qui a été maintes fois jugé (2).

La jurisprudence de la cour de cassation a cependant consacré pendant longtemps l'opinion contraire (3). Toutefois des décisions récentes semblent affirmer qu'un revirement s'est produit dans sa jurisprudence (4).

On ne peut qu'y applaudir.

4059. L'opinion que nous venons de combattre arrive à des résultats, si manifestement contraires aux intentions du disposant, qu'on a vu la pratique s'ingénier à trouver des combinaisons permettant d'échapper aux conséquences de la doctrine qui a longtemps prévalu devant la cour suprême.

De ces expédients le plus employé consiste, pour le disposant, à refaire par testament la libéralité déjà faite par contrat de mariage à son conjoint. Celui-ci renonce à la première libéralité pour s'en tenir à la seconde. Celle-ci peut alors se combiner avec certaines donations ou certains legs qui eussent été sans effet, si le conjoint s'en était tenu à la première libéralité faite à son profit.

La jurisprudence a validé des combinaisons de ce genre (5). Mais il est bien entendu que la renonciation du conjoint ne peut valablement intervenir qu'après la mort du donateur (6).

4060. Dans tous les cas, le conjoint, qui a disposé en faveur de son conjoint de la quotité disponible en usufruit, ne peut plus, quand il laisse des enfants, disposer d'autre chose que d'une fraction de nue propriété. C'est dans les limites de cette fraction de nue propriété, restée disponible, que s'exécuteront les libéralités faites par le disposant.

(1) *Sic*, Demolombe, *Don.*, VI, n. 525 s.; Aubry et Rau, VII, p. 263, § 689, texte et note 25, ainsi que les auteurs cités dans Fuzier-Herman, sur l'art. 1094-4°, n. 75.

(2) *Sic*, Riom, 21 mai 1853, S., 53. 2. 591, D., 54. 5. 571 et les arrêts cités dans Fuzier-Herman, sur l'art. 1094, n. 74.

(3) V. notamment Cass., 11 janvier 1853, S., 53. 1. 65, D., 63. 1. 17; 2 août 1853, S., 53. 1. 728, D., 53, 1. 300. — V. également Agen, 10 juillet 1854. S., 54. 2. 448, D., 55. 5. 333.

(4) V. notamment Cass., 14 juillet 1893, D., 94. 1. 65.

(5) V. notamment Cass., 3 juin 1863, S., 63. 1. 417, D., 64. 1. 32. — V. également Rouen, 18 mai 1876. S., 77. 2. 139. D., 78. 2. 110.

(6) Agen, 12 décembre 1866, S., 68. 2. 37, D., 67. 2. 17.

Pas de difficulté quand il s'agira de libéralités faites en nue propriété ou même en pleine propriété.

4061. Mais que décider si les libéralités sont des libéralités d'usufruit, si, par exemple, après avoir donné par contrat de mariage à son conjoint la moitié de son patrimoine en usufruit, le disposant meurt laissant trois enfants et un testament par lequel il lègue à un étranger l'usufruit du quart de ses biens?

Il est d'évidence que ce légataire ne pourra demander l'exécution de la libéralité qui lui a été faite.

Mais pourra-t-il demander qu'on lui délivre de la nue propriété jusqu'à due concurrence de ce qui restait disponible, et les juges pourraient-ils admettre une semblable prétention, par interprétation de la volonté du disposant ?

Nous ne croyons pas qu'une prétention de ce genre soit admissible.

Sans doute, nous l'avons vu, les juges ont, en ce qui concerne l'interprétation des testaments, de très larges pouvoirs.

Mais ils ne peuvent aller jusqu'à dénaturer les intentions du testateur, ou même jusqu'à lui supposer des intentions que ne révèlent point les termes de la disposition.

Or, c'est bien là ce qu'ils feraient si, par interprétation d'une volonté présumée par eux chez le disposant, ils arrivaient à changer l'objet même du legs, à donner de la nue propriété à un légataire d'usufruit.

C'est en ce sens que s'est prononcée la cour suprême [1].

4062. Si nous résumons les développements ci-dessus, nous arrivons à formuler ces trois règles dont l'application permet de résoudre la plupart des difficultés susceptibles de se présenter :

1° L'ensemble des libéralités, faites par le défunt tant à son conjoint qu'à un étranger, doit être réduit aux limites du disponible le plus élevé, qui est ordinairement celui de l'art. 1094.

2° Chaque gratifié ne peut recevoir au delà du disponible qui lui est spécial. En d'autres termes, si, d'après notre

[1] *Sic*, Cass., 14 juin 1893, D., 94. 1. 65.

première règle, les libéralités, dans leur ensemble, ne peuvent pas dépasser le disponible *absolu*, d'après la seconde, chaque libéralité en particulier ne peut pas dépasser le disponible *relatif*, c'est-à-dire le disponible afférent à chaque gratifié.

3° L'usufruit, dont l'art. 1094 permet de grever la réserve des héritiers, ne peut être établi qu'au profit du conjoint. Il s'agit, en effet, d'une faveur spéciale que la loi lui accorde. D'ailleurs, l'usufruit établi sur une tête autre que la sienne pourrait constituer pour les héritiers réservataires une charge beaucoup plus lourde, le poids de la charge dépendant de l'âge et de la force de l'usufruitier.

4063. Nous en aurions fini avec les difficultés qui résultent du concours des quotités disponibles des art. 913 et 1094, s'il ne nous restait à examiner certaines questions que peut soulever la réduction des libéralités reçues par le conjoint et par des tiers, lorsque ces libéralités sont effectivement réductibles.

Tout le monde reconnaît qu'il faut, en principe, s'en tenir aux règles prescrites par les art. 923 s. du C. civ. Ces règles constituent le droit commun, en matière de réduction.

Elles restent donc nécessairement applicables par cela seul que le législateur n'y a point dérogé.

4064. L'application de l'art. 926 a cependant soulevé d'assez sérieuses difficultés.

Lorsque des libéralités testamentaires [1] dépassent la quotité disponible, elles doivent, nous dit ce texte, être réduites au marc le franc, c'est-à-dire subir une réduction proportionnelle.

Supposons donc qu'il y ait lieu de réduire des libéralités testamentaires excessives, laissées par le testateur à son conjoint et à des tiers.

C'est le cas prévu par l'art. 926. Mais comment, dans notre hypothèse, procéder à la réduction proportionnelle qu'ordonne ce texte?

Cela est très simple quand la quotité disponible est la même pour tous les légataires.

[1] Il en serait de même de libéralités entre vifs faites par le même acte.

Cela devient très compliqué quand il en est autrement, c'est-à-dire s'il s'agit de réduire proportionnellement des libéralités qui ne sont pas soumises à la loi d'un même maximum. Or, dans notre hypothèse, tel est bien le cas, semble-t-il, puisque le maximum de certains des legs est fixé par les art. **913** s., alors que le maximum des autres est fixé, d'une façon différente, par l'art. 1094.

Aussi nombre d'auteurs se sont-ils ingéniés à trouver des combinaisons de nature à sauvegarder les droits des légataires dont le disponible est le plus fort, sans d'ailleurs nuire aux légataires dont le disponible est le plus faible [1].

4065. Mais, à notre avis, ces difficultés ne sont pas de nature à se présenter. C'est une des règles de notre matière que le supplément en usufruit, ajouté par l'article 1094 à la quotité disponible ordinaire, est une faveur personnelle à l'époux. Lui seul peut la réclamer, lui seul même peut en profiter. On doit en conclure que, dans tous les cas, ce supplément ne saurait faire partie de la masse sur laquelle doit s'opérer la réduction proportionnelle.

Et alors deux alternatives sont possibles :

Ou bien l'époux a disposé en faveur de son conjoint du supplément octroyé par l'art. 1094 ou, au contraire, il n'en a point disposé.

4066. Dans le premier cas, le conjoint légataire doit nécessairement être admis à prélever ce supplément, puisque c'est le seul moyen de l'en faire bénéficier exclusivement.

Toute difficulté cesse alors, car, ce prélèvement effectué, la masse, sur laquelle la réduction doit se faire proportionnellement, devient, pour l'époux comme pour les autres légataires, la quotité disponible de droit commun des art. **913** s. du C. civ.

4067. Dans le second cas, il ne peut être question d'invoquer l'art. 1094 et de parler du supplément que ce texte apporte au disponible ordinaire, puisque le testateur n'en a point disposé. Si l'époux est légataire, ce ne peut être que sur le disponible de droit commun.

[1] V. notamment Coin-Delisle, sur l'art. 1094, n. 18 ; Marcadé, art. 1100, n. 111 ; Troplong, IV, n. 2614-2619.

En définitive, en cas de libéralités testamentaires adressées à l'époux et à des étrangers, l'art. 1094 n'intervient nécessairement qu'autant que les libéralités sont faites en usufruit ou tout au moins à la fois en pleine propriété et en usufruit.

D'ailleurs, lorsqu'il intervient, c'est toujours pour permettre au conjoint légataire de prélever le supplément qu'il ajoute, pour celui-ci, au disponible de droit commun.

4068. Appliquons les principes que nous venons de dégager.

Primus meurt laissant trois enfants. Il a légué à sa femme Prima l'usufruit de la demi de ses biens et à un de ses enfants par préciput le quart de ses biens.

Il est certain qu'en pareil cas, les libéralités sont excessives et qu'il y a lieu a réduction.

Comment celle-ci va-t-elle être effectuée?

Pour nous, rien de plus simple.

Prima prélèvera un quart en usufruit. Ce quart n'est, en effet, disponible qu'à ses yeux et à son profit exclusif : au regard de l'autre légataire, il est dans la réserve et, partant, radicalement indisponible.

Ensuite Prima et l'enfant légataire viendront au marc le franc sur la quotité disponible ordinaire, Prima pour le surplus de son legs d'usufruit, l'enfant pour son legs du quart en pleine propriété, et chacun d'eux subira sur l'objet de son legs une réduction proportionnelle.

Supposons une fortune de 80,000 fr. L'époux légataire prélèvera d'abord son legs d'usufruit sur 20,000 fr. Reste la quotité disponible ordinaire du quart, puisque nous avons supposé trois enfants. C'est cette quotité disponible de 20,000 fr. que devront se partager proportionnellement l'époux pour le surplus de son legs : un quart en usufruit, et l'enfant pour la totalité du sien : un quart en pleine propriété [1].

4069. Nous avons jusqu'à présent supposé que les dispositions d'usufruit, faites au profit de l'époux, affectaient tout ou partie des biens du testateur.

(1) *Sic.* Demolombe, *Don.*, VI, n. 540 s. ; Aubry et Rau, VIII, p. 270, § 690.

Le contraire est possible.

Il se peut que l'usufruit légué à l'époux porte sur certains biens non désignés, qu'il porte seulement sur les meubles ou sur les immeubles.

Dans toutes ces hypothèses, s'impose toujours l'application des règles précédemment dégagées. Sans doute, cette application est alors compliquée par des difficultés de calcul, parfois fort délicates. Elle suppose, en effet, une comparaison nécessaire de la valeur estimative des biens grevés d'usufruit avec celle des autres biens laissés par le *de cujus*. Elle n'en est pas moins certaine [1].

4070. Dans tous les cas, où la nécessité de procéder à une réduction entraîne l'évaluation d'un usufruit, celle-ci doit se faire eu égard aux circonstances particulières de la cause. La profession, l'âge, l'état de santé de l'usufruit doivent également intervenir.

Ce qui est certain c'est qu'on ne saurait être lié par les dispositions de la loi du 22 frimaire an VII [2].

§ II. *De la quotité disponible entre époux lorsque le disposant laisse des enfants d'un précédent mariage.*

4071. La présence d'enfants du premier lit, souvenir vivant de l'union dissoute, est une cause de défaveur pour le veuf ou la veuve qui aspire à une nouvelle union. Un moyen se présente à lui pour racheter cette défaveur : c'est d'offrir une compensation pécuniaire au nouveau conjoint qu'il recherche, de lui faire une donation en vue du futur mariage et comme prix en quelque sorte de ce mariage. Cette donation, il est vrai, sera nécessairement faite aux dépens des enfants du premier lit du disposant ; les biens donnés seront perdus pour eux, puisqu'ils ne sont pas héritiers du nouveau conjoint. Il semble qu'il y ait là de quoi faire reculer le donateur. Mais rien n'arrête les veufs, et surtout les veuves, qui ont envie de se remarier. L'expérience a prouvé qu'ils ne sont

[1] Aubry et Rau, VII, p. 270, § 690. — V. également Demolombe, *Don.*, VI, n. 543.

[2] *Sic*, Aubry et Rau, VIII, p. 271, § 690 ; Demolombe, *Don.*, VI, n. 547.

que trop disposés à sacrifier l'intérêt de leurs enfants à celui de leur nouveau conjoint; l'amour conjugal, ou peut-être seulement l'amour du mariage, étouffe souvent en eux l'amour paternel.

Il y avait là pour les enfants du premier lit un danger grave, contre lequel notre législateur a cherché à les prémunir en augmentant leur réserve par rapport au nouveau conjoint, en resserrant dans d'étroites limites le disponible à l'égard de celui-ci.

C'est dans cette vue qu'a été édicté l'art. 1098 du C. civ.

Aux termes de ce texte :

« *L'homme ou la femme qui, ayant des enfants d'un autre* » *lit, contractera un second ou subséquent mariage, ne pourra* » *donner à son nouvel époux qu'une part d'enfant légitime le* » *moins prenant, et sans que, dans aucun cas, ces donations* » *puissent excéder le quart des biens* ».

4072. Après avoir dégagé l'origine de ce texte, nous aurons successivement à préciser sa portée d'application, à déterminer le montant de la quotité disponible qu'il fixe, enfin à nous prononcer sur la nature qu'il convient de reconnaître à ses dispositions.

N° 1. Historique.

4073. L'art. 1098 tire son origine du droit romain et de notre ancien droit.

Le droit romain contenait sur cette matière deux dispositions importantes.

1° D'après la loi *Fœminæ quæ*[1], la *veuve* ayant des enfants d'un premier lit, qui convolait après le délai du deuil, était obligée de conserver tous les biens qu'elle tenait de la libéralité de son premier mari, pour les transmettre à ses enfants du premier lit. Cette disposition fut plus tard étendue aux veufs, parce qu'on reconnut que, dans leurs nouvelles unions, ils ne se montraient pas plus raisonnables que les veuves. Dans le principe, l'époux remarié avait le droit de répartir comme il l'entendait, entre ses enfants du premier lit, les biens qu'il était tenu de leur conserver. Mais Justinien sup-

[1] C'est la loi 3, C., *De secundis nuptiis*, V, 9.

prima cette faculté. A dater de cette époque, le droit de l'époux remarié sur les biens dont il s'agit se trouva réduit à un simple usufruit.

2° Ce n'était pas assez d'assurer aux enfants du premier lit la conservation des biens que leur auteur devait à la libéralité de son premier conjoint.

Il fallait, en outre, empêcher que leur auteur ne pût les dépouiller de ses autres biens, en les donnant à son nouveau conjoint. C'est ce que firent les empereurs Léon et Anthémius par la constitution *Hac edictali* [1], décidant que le père ou la mère, *pater materve,* ne pourrait donner à son nouvel époux, *novercæ vel vitrico,* qu'une part d'enfant le moins prenant.

4074. Les dispositions du droit romain passèrent dans nos pays de droit écrit. Mais elles ne furent pas admises en pays de coutume.

Au seizième siècle, un évènement qui est demeuré célèbre dans les annales juridiques, en fit regretter l'absence. La dame Anne d'Aligre, veuve et mère de huit enfants, réussit à se faire épouser en secondes noces par un homme jeune encore, Georges de Clermont; une donation considérable fut le prix de cette union désassortie.

Le chancelier de l'Hôpital saisit cette occasion, pour proposer à l'agrément du roi François II une disposition, qui est devenue l'édit de juillet 1560, connu sous le nom d'*Edit des secondes noces*.

Le préambule de l'édit vaut la peine d'être cité :

« Comme les femmes veuves ayant enfants sont souvent invitées et sollicitées à nouvelles noces, et, ne connaissant pas être recherchées plus pour leurs biens que pour leur personne, elles abandonnent leurs biens à leurs nouveaux maris, sous prétexte et faveur du mariage, leur font des donations immenses, mettent en oubli les devoirs de la nature envers leurs enfants, de l'amour desquels tant s'en faut qu'elles s'en dussent éloigner par la mort des pères : que les voyant destitués des secours et aide de leur père, elles devraient par tous moyens s'exer-

[1] C'est la loi 6, C., *De secundis nuptiis*, V, 9.

cer à leur faire l'office de père et de mère; desquelles donations, outre les querelles et divisions entre mari et enfants, s'ensuit la désolation des bonnes familles et conséquemment diminution de la fortune de l'état public; à quoi les empereurs ont voulu pourvoir par plusieurs bonnes lois et constitions sur ce par eux faites...

4075. L'édit comprenait deux chefs.

Le premier reproduisait à peu près les dispositions de la loi *Hac edictali*. Bien qu'il ne parlât que des femmes veuves, la jurisprudence, s'inspirant de l'esprit de la loi plutôt que de ses termes, étendit sa disposition aux hommes veufs, « qui ne devaient pas, dit Ricard, se plaindre de cette extension, attendu qu'elle ne les regarde qu'en tant qu'ils témoignent autant de faiblesse que les femmes ».

Le deuxième chef de l'édit n'était guère que la reproduction de la loi *Fœminæ*.

Ces dispositions parurent si sages que la plupart des coutumes les adoptèrent lors de leur réformation.

4076. L'art. 176 du projet du code civil reproduisait, sauf quelques modifications, les deux chefs de l'édit.

Mais, dans la rédaction définitive, le premier seul a été maintenu.

Le deuxième, qui obligeait l'époux remarié à conserver à ses enfants du premier lit les biens provenant de la libéralité de son premier conjoint, a été écarté. Il a paru sans doute en opposition, d'une part, avec le principe de l'art. 732, qui dispose que la loi ne considère pas l'origine des biens pour en régler la succession, et, d'autre part, avec le principe de l'art. 745, qui appelle tous les enfants à succéder également à leur auteur, encore qu'ils soient issus de différents mariages.

On voit, en résumé, que l'art. 1098 a sa source dans la loi *Hac edictali* et dans l'édit de juillet 1560.

N° 2. Portée d'application de l'art. 1098.

4077. Nettement restrictif, l'art. 1098 ne saurait être étendu au delà de ses termes mêmes. Il s'applique au veuf et à la veuve, qui contracte un *nouveau* mariage, *ayant des enfants d'un autre lit*.

La présence d'un seul enfant d'un autre lit entraînerait l'application de l'art. 1098. Il faut dire avec la loi romaine : *Non est sine* LIBERIS *cui vel unus filius unave filia est* (1).

4078. En parlant d'enfants, terme générique, la loi montre évidemment qu'elle entend mettre sur la même ligne tous les descendants légitimes.

En conséquence, la présence de petits-enfants, issus d'enfants d'un premier mariage, entraîne, pour l'époux qui se remarie, l'application de l'art. 1098.

Mais, en ce cas, les petits-enfants ne doivent être comptés, lorsqu'il s'agit de fixer la réserve, que pour l'enfant qu'ils représentent dans la succession du disposant (2).

4079. Les mots *enfants* D'UN AUTRE LIT, employés par la loi, témoignent qu'elle songe seulement à des enfants légitimes : et cette interprétation est confirmée, du reste, par la partie finale de l'art., qui parle d'une part d'enfant *légitime*.

On doit évidemment mettre les enfants légitimés sur la même ligne que les enfants légitimes (3).

4080. Mais la présence, lors du mariage, d'un ou de plusieurs enfants naturels ou même adoptifs appartenant à l'un des époux, ne suffirait point pour entraîner l'application de l'art. 1098 (4).

4081. Les restrictions, apportées par l'art. 1098 aux libéralités que peuvent se consentir les époux, doivent être étendues même aux libéralités entre futurs époux, si, d'ailleurs, il est établi que ces libéralités ont bien été faites en faveur d'un mariage, déjà projeté au moment de la passation de l'acte qui les contient (5).

4082. Mais c'est là la seule extension que comporte l'art. 1098. Aussi est-ce avec raison qu'on a refusé de l'étendre aux libéralités que ferait, au profit d'une concubine, un homme ayant des enfants d'un précédent mariage.

(1) *Sic*, Huc, VI, n. 485, et tous les auteurs.

(2) *Sic*, Aubry et Rau, VII, p. 480, § 690, et les auteurs cités dans Fuzier-Herman, sur l'art. 1098, n. 6.

(3) Art. 333 du Code civil.

(4) En ce sens Paris, 5 juillet 1851, D., 56. 2. 289. — Dans le même sens Huc, VI, n. 185; Laurent, XV, n. 386; Aubry et Rau, VII, n. 356 et les auteurs cités dans Fuzier-Herman, sur l'art. 1098, n. 4.

(5) Demolombe, *Don.*, VI, n. 571; Aubry et Rau, VII, p. 273, § 690.

4083. Les restrictions établies par l'art. 1098 n'existent qu'à l'égard du nouveau conjoint.

En faveur de tous autres, l'époux remarié peut donc disposer dans les termes du droit commun.

4084. Il est également certain que les restrictions dont il s'agit ne sont, en aucune façon, réciproques : le nouveau conjoint peut donc disposer au profit de son époux dans les limites autorisées par l'art. 1094, pourvu qu'il n'ait pas lui-même d'enfants d'un précédent mariage.

Il est d'ailleurs incontestable que le disponible spécial de de l'art. 1098 ne saurait être cumulé avec le disponible des art. 913 et 915 [1].

4085. Mais, dès qu'il s'agit d'une libéralité faite par l'époux remarié à son nouveau conjoint, quelle que soit sa forme [2] et encore qu'elle serait réciproque entre les deux époux [3], elle ne saurait dépasser les limites fixées par l'article 1098.

N° 3. Montant du disponible spécial fixé par l'art. 1098.

4086. La quotité disponible spéciale de l'art. 1098 est égale à « une part d'enfant légitime le moins prenant », sans pouvoir cependant jamais excéder le quart des biens.

Ainsi, la loi part de ce principe : que le nouveau conjoint doit être assimilé à un enfant, et qu'il peut recevoir, par conséquent, autant qu'un enfant.

Mais ce principe souffre deux restrictions.

La première consiste en ce que, si un ou plusieurs enfants ont été avantagés, la part du nouvel époux ne pourra être supérieure à celle de l'enfant qui prend le moins.

D'après la deuxième, la part du nouveau conjoint ne pourra jamais dépasser le quart des biens.

Etudions le principe et les deux restrictions qu'il comporte.

[1] *Sic*, Cass., 2 fév. 1819, S. chr., D. *Rép.*, v° *Disp.*, n. 925. — Dans le même sens Demolombe, *Don.*, VI, n. 568 et 569; Laurent, XV, n. 392.

[2] V. notamment Cass., 13 juin 1855, S., 55. 1. 513, D., 55. 1. 321 : 13 avril 1858, S., 58. 1. 426, D., 58. 1. 406. — Pau, 3 juin 1871, S., 71. 2. 252, D., 72. 2. 149. — Dans le même sens Aubry et Rau, VII, p. 274, § 690, et les auteurs cités dans Fuzier-Herman, sur l'art. 1098, n. 9.

[3] *Sic*, Bordeaux, 16 août 1853, S., 55. 2. 753, D., 54. 2. 22. — Demolombe, *Don.*, VI, n. 575.

A. *Le principe.*

4087. En principe, le *veuf ou la veuve, qui se remarie, ayant des enfants de son union dissoute, peut donner à son nouveau conjoint une part d'enfant.*

Le montant de la part d'enfant ne peut être exactement connu qu'au décès de l'époux remarié. Il s'agit, en effet, d'une question de *disponibilité*, et nous savons que tout dépend, en cette matière, de l'état de choses existant lors du décès du disposant. Il faudra donc avoir égard au nombre d'enfants légitimes laissés par le disposant à l'époque de son décès, en y comprenant même ceux issus du nouveau mariage.

Toutefois, on aura seulement égard aux enfants qui viennent à la succession du disposant. On ne comptera donc pas les renonçants et les indignes.

Quant aux petits-enfants issus d'un enfant prédécédé, on ne les comptera que pour la tête de leur père.

Le nouvel époux sera considéré comme un enfant de plus, et la part d'enfant sera calculée d'après cette base.

Ainsi, un veuf, ayant deux enfants de son premier lit, se remarie; outre ces deux enfants, il en laisse à son décès trois autres issus de sa nouvelle union : total cinq enfants légitimes. La part d'enfant, dont il a pu valablement disposer au profit de sa nouvelle épouse est d'un sixième, celle-ci étant comptée comme un enfant de plus : ce qui porte le nombre des enfants à six.

4088. Toutes les libéralités faites au nouveau conjoint tombent, d'ailleurs, sous le coup de l'art. 1098, aussi bien les avantages directs que les avantages indirects, notamment ceux qui pourraient résulter pour les époux des stipulations relatives à leur régime matrimonial. Les art. 1496 et 1527 du code civil fournissent en ce sens un argument décisif [1].

4089. Mais toutes aussi sont autorisées dans les limites que détermine l'art. 1098 : donations de biens présents, donations

[1] *Sic*, Cass., 13 avril 1858, S., 58. 1. 426, D., 58. 1. 406. — Pau. 3 juin 1871, S., 71. 2. 252, D., 72. 5. 149. — Dans le même sens Aubry et Rau, VII. p. 274. § 690 et les auteurs cités dans Fuzier-Herman, sur l'art. 1098, n. 9.

de biens à venir, legs. Ce n'est pas la forme de la disposition que la loi réglemente, mais seulement sa quotité.

4090. D'ailleurs, en fixant à une *part d'enfant* la quotité disponible au profit du nouvel époux, la loi n'a pas entendu assigner à la donation qui peut lui être faite une formule particulière. En d'autres termes, il n'est pas nécessaire que le disposant dise : « Je donne ou je lègue *une part d'enfant* ».

La donation peut donc valablement porter sur une somme d'argent, sur un immeuble, sur des biens quelconques, sous la seule condition de ne pas excéder une part d'enfant.

4091. Toutefois la donation d'une *part d'enfant* est très usitée. Elle constitue une donation de biens à venir, si la disposition a été faite par acte entre vifs, et un legs à titre universel, si elle a été faite par testament; car une semblable donation porte sur l'ensemble des biens que le disposant laissera à son décès [1].

D'où il faut conclure :

1° Que le donataire n'est saisi d'aucun bien pendant la vie du disposant;

2° Que la donation devient caduque par le prédécès du donataire (arg. art. 1039, 1082, 1086 et 1089);

3° Que, si le donataire survit au donateur, il a le droit de figurer au partage de sa succession, concurremment avec les enfants, et doit supporter une part proportionnelle des dettes du disposant.

B. *Première restriction.*

4092. La loi précise la première restriction qu'elle apporte à son principe, en disant que la part du nouveau conjoint ne peut dépasser celle de l'enfant *le moins prenant*.

Ces mots signifient que, si, parmi les enfants du disposant, un ou plusieurs ont été avantagés par des dispositions préciputaires, le nouveau conjoint ne pourra pas recevoir plus que l'enfant qui prend le moins. En d'autres termes, le montant des donations préciputaires, faites par le disposant au

[1] *Sic*. Aubry et Rau, VII, p. 287, § 690; Demolombe, *Don.*, VI, n. 590; Laurent, XV, n. 389.

de profit d'un ou de plusieurs de ses enfants, doit être prélevé sur la masse, et la part d'enfant du nouveau conjoint calculée seulement sur ce qui reste, une fois ce prélèvement opéré [1].

4093. Il y aurait lieu de prélever aussi sur la masse, préalablement au calcul de la part d'enfant, la portion de biens revenant aux enfants naturels reconnus que pourrait avoir le disposant [2].

C. Deuxième restriction.

4094. Les donations faites au nouveau conjoint ne peuvent, en aucun cas, excéder le quart des biens du disposant.

Ainsi, une veuve, ayant un seul enfant de son premier mariage, en contracte un nouveau, et elle ne laisse à son décès que cet enfant. La part d'enfant, calculée d'après les règles ci-dessus, serait de la moitié des biens; mais les donations faites au nouveau conjoint ne pourront pas atteindre cette limite. Ici s'appliquera notre deuxième restriction : les libéralités ne pourront pas dépasser le quart.

4095. Cette deuxième restriction est un renchérissement sur la sévérité de l'édit des secondes noces.

Il importe de le constater, car cette considération ne doit pas être sans influence sur la solution de la question suivante : il s'agit de savoir si le veuf ou la veuve, qui, ayant des enfants de sa première union, se remarie plusieurs fois successivement, peut valablement donner à chacun de ses nouveaux conjoints la quotité disponible fixée par l'art. 1098 (à la condition bien entendu que l'ensemble des libéralités n'excède pas la limite fixée par l'art. 1094), ou si tous les nouveaux conjoints successifs ne peuvent recevoir, à eux tous, que cette quotité. En d'autres termes, la quotité disponible de l'art. 1098 peut-elle être donnée autant de fois qu'il y a de subséquents mariages, ou bien une seule fois à tous les nouveaux conjoints réunis ?

C'est dans ce dernier sens que la question était résolue sous l'empire de l'édit de 1560 [3], et c'est dans ce sens encore

(1) *Sic*, Paris, 19 juillet 1833, S., 33. 2. 397, D. *Rép.*, v° *Dispos.*, n. 916. — Aubry et Rau, VII, p. 281, § 690; Laurent, XV, n. 388.

(2) *Sic*, Aubry et Rau, VII, p. 280, § 690.

(3) V. notamment Pothier, *Contr. de mariage*, n. 566.

qu'elle nous semble devoir l'être aujourd'hui, puisque notre législateur s'est montré plus sévère que l'édit. Les travaux préparatoires de la loi confirment pleinement cette interprétation, qui est généralement admise. Elle semble bien, du reste, résulter du texte même de l'art. 1098. Il y est question, en effet, d'une part d'enfant à attribuer en cas de second ou *subséquent* mariage, c'est-à-dire en cas de plusieurs mariages successifs [1].

N° 4. Nature de la disposition de l'art. 1098.

4096. On dit souvent que l'art. 1098 a été écrit en haine des seconds mariages. Cette manière de voir ne nous parait pas exacte. Nous ne connaissons aucun texte, d'où l'on puisse induire avec certitude que notre législateur voit les seconds mariages d'un œil défavorable. Ceux que l'on cite d'ordinaire sont susceptibles de recevoir une toute autre interprétation : on peut les considérer comme inspirés par une pensée de protection pour les enfants du premier lit, auxquels il y a lieu de craindre que le second mariage ne porte préjudice.

Il en est ainsi de l'art. 1098.

Le législateur redoute, non sans raison, que l'époux qui convole en secondes noces ne se laisse aller trop facilement à dépouiller ses enfants du premier lit au profit de son nouveau conjoint.

Pour parer à ce danger, il attribue aux enfants du premier lit une réserve plus forte à l'égard du nouveau conjoint qu'à l'égard de tous autres. Ce n'est donc pas une *incapacité* personnelle de recevoir que la loi édicte contre le nouveau conjoint, en haine de son union, c'est une *indisponibilité* qu'elle établit en faveur des enfants du premier lit [2].

De là, nombre de conséquences que nous allons successivement examiner.

4097. Et d'abord, toute question d'indisponibilité se réglant d'après l'état de choses existant au décès du disposant,

[1] *Sic*, Demolombe, *Don.*, VI, n. 572; Aubry et Rau, § 690, note 16; Laurent, XV, n. 387; Huc, VI, n. 485, p. 630. — V. cependant Colmet de Santerre.

[2] *Sic*, Demolombe, *Don.*, VI, n. 552.

c'est à cette époque qu'il faut se reporter pour décider si les libéralités faites au nouveau conjoint tombent sous le coup de l'art. 1098.

Ainsi l'époux qui a convolé avait des enfants de sa première union au moment où il a contracté la seconde, mais tous sont morts avant lui; l'art. 1098 ne recevra pas son application.

Sur ce point, la rédaction du texte de la loi laisse à désirer; car il parle de l'époux qui se remarie *ayant des enfants d'un autre lit* : il sous-entend, sans doute, que ces enfants vivront encore lors du décès de leur auteur.

4098. Mais, si l'action en réduction, autorisée par l'art. 1098, ne peut s'ouvrir que dans la personne des enfants du premier lit, ils n'en auront pas toujours le profit exclusif. Ils seront, en effet, tenus de le partager avec les enfants, auxquels le nouveau mariage aurait donné naissance, avec leurs frères utérins ou consanguins.

C'est une conséquence nécessaire du principe posé par l'art. 745, qui attribue à tous les enfants du défunt un droit égal sur ses biens, alors même qu'ils sont issus de différents mariages [1].

4099. Il faut même, croyons-nous, aller plus loin, et décider que, une fois ouverte dans la personne des enfants du premier lit, l'action en réduction peut être intentée par les enfants du nouveau mariage, si ceux du premier refusent ou négligent de le faire. Il serait inconséquent de leur reconnaître le droit de profiter de l'action en réduction, sans leur donner les moyens de l'exercer.

C'était la solution admise par Pothier [2].

On ne l'a pas bien fortement ébranlée, à notre avis, en objectant que l'art. 1496, dans le cas particulier qu'il prévoit, dit : « les enfants *du premier lit* de l'autre époux auront l'action en retranchement »; d'où l'on induit que cette action est refusée aux autres enfants [3].

(1) *Sic*, Bordeaux, 16 août 1853, S., 55. 2. 753, D., 54. 2. 22. — Bourges, 28 décembre 1891, S., 92. 2. 69, D., 93. 2. 169. — Dans le même sens Aubry et Rau, VII. p. 284, § 690; Huc, VI, n. 485, p. 631.

(2) Pothier, *Du Cont. de Mariage*, n. 567.

(3) *Sic*, Marcadé, sur l'art. 1098, n. 5.

Cet argument perd presque toute sa valeur, si l'on remarque qu'il s'agit là d'un simple argument *a contrario*, ce qui le discrédite déjà; on peut observer, en outre, qu'il est tiré d'une disposition dans laquelle le législateur se préoccupait exclusivement de décider s'il y avait lieu à réduction, et non de résoudre la question de savoir par qui l'action en réduction peut être intentée. Aussi a-t-il pu être rédigé, avec une certaine négligence, à ce dernier point de vue.

La jurisprudence paraît fixée en ce sens [1], et c'est aussi l'opinion dominante en doctrine [2].

4100. Les enfants du premier lit ne peuvent pas, du vivant de leur auteur, renoncer au droit de faire réduire les donations qu'il a faites à son nouveau conjoint, pour le cas où elles se trouveraient excéder la quotité disponible fixée par l'art. 1098. Cette renonciation constituerait un pacte sur succession future, tombant sous le coup de la prohibition générale des art. 791, 1130 et 1600 du code civil.

4101. Les enfants du premier lit n'ont, du vivant de leur auteur, aucune action pour faire réduire les libéralités, même les plus excessives, par lui faites à son nouveau conjoint. En effet, l'action en réduction, sanction du droit de réserve, ne prend naissance qu'au jour où s'ouvre le droit à la réserve, c'est-à-dire au décès du disposant.

4102. Après la mort de leur auteur, les enfants du premier lit ne peuvent se prévaloir de l'art. 1098 qu'autant qu'ils se portent héritiers du disposant; car il s'agit d'un droit de réserve; or, il faut être héritier pour avoir droit à la réserve et à l'action en réduction qui en est la sanction, *non habet legitimam nisi qui heres est*. Ce droit sera donc refusé aux enfants renonçants ou indignes [3].

4103. Enfin, du moment que l'action exercée en vertu de l'art. 1098 est une véritable action en réduction, elle est soumise aux règles établies par les art. 920 et s. du code civil [4].

(1) *Sic*, Caen, 3 août 1872 sous Cass., 1er juillet 1873, S., 74. 1. 17, D., 74. 1. 26.

(2) *Sic*, Demolombe, *Don.*, VI, n. 601; Laurent, XV, n. 480; Aubry et Rau, VII, § 690, texte et note 46; Huc, VI, n. 485, p. 631.

(3) *Sic*, Aubry et Rau, VII, p. 280, § 690; Demolombe, *Don.*, VI, n. 564 et les auteurs cités dans Fuzier-Herman, sur l'art. 1098, n. 29.

(4) *Sic*, Demolombe, *Don.*, VI, n. 605; Huc, VI, n. 485 *in fine*.

On doit notamment en conclure que les fruits de la portion, sujette à restitution, ne sont dus par l'époux donataire qu'à compter du jour de la demande, quand celle-ci a été formée plus d'une année après la mort du donataire [1].

§ III. *Sanction des dispositions qui précèdent.*

4104. La prohibition de s'avantager au delà des limites de la quotité disponible est gênante pour les époux, et il était facile de prévoir qu'ils chercheraient souvent dans la pratique à l'éluder. Le législateur devait, pour couronner son œuvre, déjouer par avance toutes les combinaisons qui pourraient être tentées à cette fin. Les plus usitées ont été, de tout temps, la libéralité indirecte, la libéralité déguisée et la libéralité faite à personne interposée.

De là, l'art. 1099, qui est ainsi conçu :

« *Les époux ne pourront se donner indirectement au-delà* » *de ce qui leur est permis par les dispositions ci-dessus. —* » *Toute donation, ou déguisée, ou faite à personnes interpo-* » *sées, sera nulle* ».

4105. A bien prendre, la donation déguisée et la donation faite à personne interposée ne sont que des cas particuliers de libéralités *indirectes*, expression qui comprend, dans son sens le plus large, toute donation faite *per viam obliquam et indirectam*. Mais le législateur, opposant ici les donations déguisées et faites à personne interposée aux libéralités indirectes, il en résulte qu'il prend l'expression *libéralité indirecte* dans un sens restreint.

D'après cela, la libéralité *indirecte* est celle qui résulte d'un acte fait ostensiblement, sans fraude ni déguisement. Tel serait le cas où, deux époux étant colégataires conjoints, l'un d'eux renoncerait au legs pour en faire acquérir le bénéfice exclusif à l'autre. Celui qui fait une libéralité indirecte ne dissimule, ni la nature de l'acte, ni la personne du donataire [2].

4106. Au contraire, la libéralité *déguisée* est celle qui se

[1] *Sic*, Cass., 20 avril 1880, D., 80. 1. 428.

[2] V. des exemples de libéralités indirectes, I, n. 1221 s.

cache sous l'apparence d'un contrat à titre onéreux ou qui est faite par un acte simulé.

Ainsi un mari déclare, dans son contrat de mariage, avoir reçu de sa femme une dot de 100,000 francs, alors que celle-ci ne lui a rien apporté; il y a une libéralité déguisée. Le mari se reconnaît, en effet, débiteur d'une dot qu'il ne doit point : ce qui constitue une simulation.

4107. Quant à la libéralité faite *à personne interposée*, nous savons que c'est une libéralité adressée à un intermédiaire, donataire apparent, chargé par un pacte secret de restituer à celui que le disposant veut gratifier, son conjoint, dans l'espèce proposée.

4108. La libéralité déguisée et la libéralité faite à personne interposée présentent, l'une et l'autre, de grandes difficultés de preuves. Il est, d'ailleurs, certain que, constituant des fraudes à la loi, elles s'établissent par tous modes de preuve, par témoins, même par simples présomptions [1].

4109. En supposant qu'on puisse en établir l'existence, quel sera le sort de ces diverses libéralités ?

Les libéralités *indirectes* ne se cachent pas; elles se font au grand jour; leur existence sera donc facilement découverte. Notre législateur a trouvé suffisant de leur appliquer la même règle qu'aux libéralités directes : elles seront, comme ces dernières, réductibles à la quotité disponible en cas d'excès. C'est la règle que pose le premier paragraphe de l'art. 1099.

4110. Il n'en est pas de même des libéralités *déguisées* ou *faites à personnes interposées* : elles se dissimulent sous un voile qu'il ne sera pas toujours facile de déchirer; fréquemment, la combinaison de celui qui a employé ce moyen détourné pour éluder la loi réussira, parce qu'il ne sera pas possible de restituer à l'acte sa véritable nature, son véritable caractère, de démontrer l'existence de la simulation ou de l'interposition de personne.

Aussi la loi se montre-t-elle plus sévère : l'art. 1099, al. 2, dit : « Toute donation, ou déguisée, ou faite à personnes interposées, sera *nulle* », et non pas seulement réductible.

En formulant cette sanction d'une extrême rigueur, la loi

[1] V. notamment Alger, 19 janvier 1893, D., 94. 2. 183.

espère détourner les disposants d'une fraude, qu'elle considère comme très dangereuse pour le succès de sa prohibition, à cause de ses nombreuses chances de réussite.

4111. L'art. 1099 peut donc être paraphrasé de la manière suivante. La loi dit aux époux : « Ce que je vous défends de faire directement par les art. 1094 et 1098 (vous avantager au delà des limites de la quotité disponible), je vous défends aussi de le faire par un moyen détourné. Si vous violez cette dernière prohibition, je serais plus ou moins sévère suivant les cas. Le détour par vous employé consiste-t-il dans une libéralité indirecte? C'est là une innocente supercherie dont je découvrirai facilement l'existence; je me bornerai à vous traiter comme si vous aviez fait une donation directe : la libéralité sera donc seulement réductible si elle excède la quotité disponible. Mais si vous avez recours à la libéralité déguisée ou faite à personne interposée, prenez garde! vous jouez le tout pour le tout. Votre fraude réussira peut-être, car il n'est pas certain qu'elle soit découverte; alors vous aurez éludé ma prohibition. Mais, si les intéressés parviennent à déchirer le voile dont vous avez couvert la libéralité (et je leur donnerai tous les moyens possibles pour arriver à ce résultat), je ne me bornerai pas à déclarer la libéralité réductible, elle sera nulle pour le tout ».

4112. L'interprétation que nous venons de donner de l'art. 1099 est conforme à la jurisprudence constante de la cour de cassation [1].

Mais quelques arrêts et nombre d'auteurs ont donné à l'art. 1099 une interprétation toute différente de celle que nous venons d'indiquer. Les donations déguisées ou faites à personnes interposées seraient seulement réductibles à la quotité disponible, en cas d'excès, de même que les donations indirectes; quand l'art. 1099 *in fine* dit que ces donations sont nulles, il faut, dit-on, sous-entendre : *pour ce qui excède la quotité disponible* [2].

[1] V. notamment Cass., 23 mai 1882, S., 83. 1. 72, D., 83. 1. 407 et 22 juillet 1884, S., 85. 1. 112, D., 85. 1. 164. — Rennes, 7 avril 1892, D., 92. 2. 245 et les arrêts cités dans Fuzier-Herman, sur l'art. 1099, n. 30, 31 et 32.

[2] En ce sens Toulouse, 26 février 1861, S., 61. 2. 327, D., 61. 2. 58. — Greno-

Cette interprétation de l'art. 1099 nous paraît inadmissible. Non seulement la restriction qu'elle y introduit est contraire au texte de la loi, qui prononce la nullité dans des termes absolus, mais elle aboutit, en définitive, à considérer l'al. 2 de l'art. 1099 comme une répétition, et une répétition en termes fort peu satisfaisants, de la disposition contenue dans l'alinéa 1.

Nous convenons volontiers, d'ailleurs, qu'il sera souvent difficile en pratique de distinguer une donation indirecte d'une donation déguisée. Mais la difficulté que peut éprouver le juge pour appliquer une distinction ne nous paraît pas être un motif suffisant pour la repousser, lorsque les termes de la loi commandent de l'admettre [1].

4113. La loi statuant en termes absolus, nous n'hésitons nullement à étendre la nullité qu'elle prononce à toutes les donations déguisées ou faites à personnes interposées.

Nous ne pensons donc nullement qu'on ne doive l'appliquer à ces donations qu'autant qu'elles dépasseraient la quotité disponible [2], ou qu'autant que le disposant aurait intentionnellement dépassé cette quotité [3].

Ce sont là autant de distinctions qu'on a proposées, mais qui nous paraissent contraires, et au texte, et à l'esprit de la loi [4].

4114. Le législateur établit ici, comme il l'a déjà fait, dans l'art. 911, au sujet d'un cas analogue, certaines présomptions légales d'interposition de personnes, qui dispensent de toute preuve ceux au profit de qui elles sont établies, et n'admettent pas la preuve contraire de la part de ceux contre qui elles

ble, 21 mars 1870, S., 70. 2. 240, D., 70. 2. 190. — Dans le même sens Duranton, IX, n. 831 ; Coin-Delisle, sur l'art. 1099, n. 14.

(1) *Sic*, Demolombe, *Don.*, VI, n. 614 ; Laurent, XV, n. 404 s. et les auteurs cités dans Fuzier-Herman, sur l'art. 1099, n. 27.

(2) *Sic*, Dijon, 10 avril 1867, S., 68. 2. 11, D., 67. 2. 228. — Montpellier, 4 décembre 1867, S., 68. 2. 256. — Bordeaux, 16 février 1874, S., 74. 2. 206.

(3) *Sic*, Aubry et Rau, VII, p. 276, § 696, texte et note 24.

(4) V. notamment Cass., 11 mars 1862, S., 62. 1. 401, D., 62. 1. 277 et 22 juillet 1884, S., 85. 1. 112, D., 85. 1. 164. — Montpellier, 28 février 1876, S., 76. 2. 241, D., 79. 2. 249. — Orléans, 2 juillet 1891, D., 93. 2. 38. — Dans le même sens Demolombe, *Don.*, VI, n. 614 ; Laurent, XV, n. 404 s.

sont dirigées. Ces présomptions résultent de l'art. 1100 du C. civ.

Aux termes de ce texte :

« *Seront réputées faites à des personnes interposées, les* » *donations de l'un des époux aux enfants ou à l'un des en-* » *fants de l'autre époux issus d'un autre mariage, et celles* » *faites par le donateur aux parents dont l'autre époux sera* » *héritier présomptif au jour de la donation, encore que ce* » *dernier n'ait point survécu à son parent donataire* ».

4115. Ainsi la loi considère d'abord comme personnes interposées, par rapport au conjoint du donateur, *les enfants de ce conjoint issus* D'UN AUTRE MARIAGE, mais non ceux issus de son mariage avec le donateur.

En d'autres termes, la donation que l'un des époux fait à un enfant d'un autre lit de son conjoint, par conséquent, à un enfant qui n'est pas le sien, est réputée s'adresser au conjoint auteur de cet enfant.

Mais il n'en est pas de même de celle qu'il fait à un enfant de ce conjoint qui est aussi le sien, c'est-à-dire à un enfant issu de son mariage avec ce conjoint. La première est inspirée, la loi du moins le suppose, par l'amour conjugal, la deuxième par l'amour paternel.

D'ailleurs, la présomption d'interposition de personne, appliquée aux enfants du mariage, aurait abouti à les frapper d'une incapacité personnelle de recevoir de leur père et de leur mère : ce qui n'aurait eu aucune raison d'être.

4116. On s'accorde à reconnaître que, par enfants, il faut entendre tous les descendants, à quelque degré qu'ils soient, que le conjoint du disposant a eus d'un précédent mariage [1].

4117. On va même jusqu'à décider que l'enfant naturel doit être mis sur la même ligne que l'enfant issu d'un précédent mariage [2].

C'est peut-être oublier qu'en matière de présomption légale on doit s'en tenir rigoureusement aux termes de la loi [3].

[1] *Sic*, Agen, 5 décembre 1849, S., 50. 2. 74, D., 50. 2. 104. — Dans le même sens, Demolombe, *Don.*, VI, n. 619; Laurent, XV, n. 409; Huc, II, n. 487-1°.

[2] En ce sens Cass., 25 juill. 1881, S., 82. 1. 417, D., 82. 1. 177. — *Sic*, Aubry et Rau, VII, p. 280, § 690; Demolombe, *Don.*, VI, n. 619; Huc, VI, n. 487-2°.

[3] *Sic*, Laurent, XV, n. 409.

4118. A côté des enfants issus d'un autre mariage, la loi place les *personnes dont le conjoint du donateur est héritier présomptif au jour de la donation.*

Aux yeux de la loi, la donation, que je fais à une personne dont mon conjoint est héritier présomptif, est destinée à ce conjoint : je donne en vue de le faire profiter de la donation, quand il recueillera la succession du donataire, dans laquelle il trouvera le bien donné.

Il faut et il suffit que la qualité d'héritier présomptif du donataire existe chez le conjoint *au jour de la donation*, sans qu'il y ait lieu de se préoccuper de savoir si elle existe au jour du décès du donataire, car la loi interprète la volonté du donateur, et elle ne peut l'interpréter que d'après l'état de chose existant lors de la donation.

4119. Tels sont les seuls cas dans lesquels l'interposition de personne est présumée de plein droit.

En fait, elle peut exister dans bien d'autres hypothèses ; mais alors les intéressés, qui en allèguent l'existence, devront en fournir la preuve : ce qu'ils pourront d'ailleurs faire par tous les moyens possibles. C'est le droit commun quand il s'agit de démasquer une fraude [1].

4120. Mais, quand elle existe, la présomption d'interposition de personne de l'art. 1100 est absolue, comme celle de l'art. 911.

C'est, pour employer le langage de l'école, une présomption *juris et de jure*, c'est-à-dire une présomption qu'on ne saurait combattre par la preuve contraire [2].

4121. Tout ce qu'on peut admettre, c'est que cette présomption cesserait d'être applicable, si la libéralité adressée à la personne, présumée interposée, lui était faite dans des conditions telles qu'il est certain que le conjoint du disposant ne saurait en profiter.

Tel serait, par exemple, le cas d'un legs, adressé par un époux à un enfant que son conjoint a eu d'un précédent mariage, si ce legs ne devait recevoir son exécution qu'au

(1) Cass., 27 mars 1816, S. chr., D. *Rép.*, v° *Disp.*, n. 2053; Aubry et Rau, VII, p. 280, § 690; Laurent, XV, n. 411.

(2) *Sic*, Lyon, 14 mai 1880, S., 81. 2. 38. — Aubry et Rau, VII, p. 280, § 690.

jour du décès de ce conjoint. Il est alors impossible que ce dernier puisse profiter d'une semblable libéralité et, partant, la présomption de l'art. 1100 devient inapplicable [1].

Il en serait de même d'une donation faite à l'enfant du conjoint après la mort de celui-ci.

4122. Reste une question.

Il est incontestable que les art. 1099 et 1100 servent de sanction à l'art. 1098 qui les précède immédiatement.

Mais servent-ils en outre de sanction aux art. 1094 et 1096 ?

L'affirmative est admise par la jurisprudence et la presqu'unanimité des auteurs [2].

On argumente surtout en ce sens de l'art. 1099, qui dispose : « *Les époux* ne pourront se donner indirectement au-delà de ce qui leur est permis *par les dispositions ci-dessus* ». Le législateur ne se serait vraisemblement pas exprimé de la sorte, s'il n'avait songé qu'au cas prévu par l'art. 1098.

D'abord, au lieu de dire : *Les époux...*, il aurait dit probablement : *L'époux ayant des enfants d'un autre lit;* car l'art. 1098 ne limite pas le droit de disposer pour *les époux*, mais seulement pour celui qui a des enfants d'un précédent mariage.

Et puis, à la place des mots *par les dispositions ci-dessus*, il aurait plutôt employé ceux-ci : *par l'article précédent*.

L'art. 1099 se réfère donc, dit-on, à toutes les dispositions qui le précèdent; il sert de sanction, non seulement à l'art. 1098, mais aussi à l'art. 1094, qui fixe le disponible entre époux n'ayant pas d'enfants d'un précédent mariage.

Il vise, en outre, l'art. 1096, en tant que celui-ci défend aux époux de se faire des donations *irrévocables :* les époux pourraient songer à éluder cette dernière prohibition, comme celle de l'art. 1098 ou celle de l'art. 1094, par le moyen d'une donation déguisée ou faite à personne interposée, dont il serait, le plus souvent, fort difficile d'établir le véri-

(1) *Sic*, Caen, 13 novembre 1847, S., 48. 2. 677, D., 49. 1. 72. — Dans le même sens, Laurent XV, n. 411. Voyez également, I, n. 569.

(2) V. notamment Montpellier, 28 fév. 1876, S., 76. 2. 241, D., 79. 2. 249. — Lyon, 14 mai 1880, S., 81. 2. 38. — *Sic*, Demolombe, *Don.*, VI, n. 607 ; Laurent, XV, n. 408 et les auteurs cités dans Fuzier-Herman, sur l'art. 1099, n. 2.

table caractère ; pour les détourner de cette idée, la loi frappe la donation de nullité.

4123. Nous pensons avec quelques auteurs qu'il y a lieu de distinguer [1].

Nous admettons bien que les art. 1099 et 1100 se réfèrent à l'art. 1094, mais nous ne croyons pas qu'ils servent aussi de sanction à l'art. 1096. Les mots AU DELA *de ce qui leur est permis par les dispositions ci-dessus* annoncent que la loi ne songe ici qu'aux dispositions limitant la faculté de disposer entre époux. La sanction qu'elle établit s'applique donc à l'art. 1094, qui est conçu dans cet ordre d'idées aussi bien que l'art. 1098. Mais nous ne pensons point que cette sanction doive être étendue à l'art. 1096 qui détermine seulement le caractère des donations faites entre époux *constante matrimonio,* en les déclarant révocables.

4124. Admettant que les art. 1099 et 1100 sanctionnent non seulement les dispositions des art. 1098 et 1094, mais encore celle de l'art. 1096, la jurisprudence a été amenée à se montrer plus sévère pour la nullité qui sanctionne la règle de l'art. 1096 que pour celle qui sanctionne les dispositions des art. 1098 et 1094.

C'est, en effet, uniquement dans l'intérêt des réservataires que sont écrites les dispositions des art. 1098 et 1094 : eux seuls peuvent les invoquer et ils ne peuvent, du reste, s'en prévaloir qu'après la mort du donateur. En tant qu'ils sanctionnent les dispositions des art. 1094 et 1098, les art. 1099 et 1100 ne peuvent donc être invoqués que par les réservataires [2].

4125. Au contraire, ce n'est pas spécialement dans l'intérêt des réservataires qu'est écrite la règle de l'art. 1096. Elle est écrite dans l'intérêt du donateur lui-même et de ses héritiers, quels qu'ils soient. On doit donc en conclure que, dès l'instant qu'ils sanctionnent la règle de la révocabilité des donations entre époux faites au cours du mariage, les art. 1099 et 1100 peuvent être invoqués non seulement par les réserva-

[1] V. en ce sens Huc, VI, n. 587-69.

[2] *Sic,* Cass., 25 juill. 1881, S., 82. 1. 49. D., 82. 1. 178 et 22 juill. 1884, S., 85. 1. 112. D., 85. 1. 164.

taires mais par tous les intéressés, le donateur lui-même et tous ses héritiers, même non réservataires [1].

APPENDICE

DE LA LÉGISLATION FISCALE DES DONATIONS ENTRE ÉPOUX

4126. Il convient de parler successivement des donations faites par contrat de mariage et des donations faites pendant le mariage.

Nous n'avons, du reste, que quelques mots à dire des unes et des autres.

§ I. *Des donations entre époux par contrat de mariage.*

4127. Comme toutes les donations faites par contrat de mariage, les donations que se font les futurs époux doivent être soigneusement distinguées, suivant qu'elle sont, ou non, subordonnées à l'événement du décès.

4128. S'il s'agit d'une donation subordonnée à l'événement du décès, on doit lui appliquer la législation des donations éventuelles [2] et décider, en conséquence, qu'elle entraînera :

1° Le paiement d'un droit fixe de 7 fr. 50 qui sera perçu lors de l'enregistrement du contrat de mariage [3] :

2° Le paiement d'un droit de mutation *mortis causa* exigible lors du décès du donateur.

4129. S'il s'agit d'une donation non éventuelle, la législation fiscale qui lui sera applicable sera celle des donations entre vifs ordinaires, sauf le bénéfice d'un tarif réduit de moitié : 1 fr. 50 p. 100 pour les meubles et 3 p. 100 pour les immeubles [4], au lieu de 3 et 4 fr. 50 p. 100.

Cette réduction de moitié est spéciale au droit de mutation

(1) *Sic*, Cass., 16 avril 1850, S., 50. 1. 591, D., 50. 1. 153. — Montpellier, 28 fév. 1876, S., 76. 2. 241, D., 79. 2. 259.

(2) V. ci-dessus n. 3989 et suivants.

(3) C'est, en effet, un de ces avantages subordonnés au décès, soumis comme tels au droit fixe que l'art. 4 de la loi du 28 juillet 1872 a porté à 7 fr. 50.

(4) Ce tarif de 3 p. 100 comprend le droit de transcription. — Avec les décimes, les droits sont respectivement de 1.87 1/2 et de 3.75 pour 100.

entre vifs et on s'accorde à décider que, pour les donations éventuelles, le donataire ne peut demander une réduction de moitié dans le tarif du droit de mutation *mortis causa* (1).

§ II. *Des donations entre époux pendant le mariage.*

4130. On a beaucoup discuté pour déterminer la nature qu'il fallait reconnaître à la donation de biens présents entre époux.

A raison de la faculté de révocation que conservait toujours l'époux donateur, on a soutenu que les donations entre époux ne pouvaient jamais être qu'éventuelles, puisqu'elles ne pouvaient jamais devenir définitives avant le décès du donateur. De là, on concluait que, lors de leur passation, elles ne rendaient exigible qu'un droit fixe de 7 fr. 50, et que, quant au droit proportionnel, son exigibilité se trouvait reportée au décès du donateur et que ce droit devait être un droit de mutation *mortis causa*.

Mais cette manière de voir n'a pas prévalu et ne pouvait prévaloir. Sans doute, la donation entre époux pendant le mariage ne devient définitive qu'à la mort du donateur, puisque, jusqu'à ce moment, celui-ci peut la révoquer. Il n'en est pas moins vrai qu'on ne saurait considérer la condition de révocation qui affecte la donation entre époux comme une condition suspensive. C'est une condition résolutoire et, partant, une condition qui n'empêche nullement la donation d'avoir une existence actuelle. C'est en ce sens qu'est fixée la jurisprudence (2) et c'est aussi l'opinion des auteurs (3).

4131. Nous devons en conclure que, du jour de la donation, le donataire encourt le droit proportionnel de 3 p. 100, qui doit être augmenté du droit de transcription s'il s'agit d'une donation de biens susceptibles d'hypothèque, au total : 4 fr. 50 p. 100 (4).

(1) *Sic*, Cass., 23 mars et 7 juillet 1840, S., 40. 1. 473, D. *Rép.*, v° *Enregist.*, n. 3841 et 3868. — V. également D., *Sup. au Rép.*, v° *Enregist.*, n. 2099.

(2) *Sic*, Cass., 31 août 1853, S., 53. 1. 765, D., 53. 1. 288. — Dans le même sens Trib. Avignon, 4 avril 1878, *Rép. pér. enregistr.*, n. 5023.

(3) V. notamment Naquet, II, n. 963 ; Demante, II, n. 606.

(4) Avec les décimes, ces droits sont respectivement de 3,75 et de 5,62 1/2 p. 100.

Nous devons en conclure également que, lors de la révocation, un nouveau droit proportionnel doit être perçu, car la révocation emporte rétrocession [1].

L'administration paraît cependant se prononcer en sens contraire et ne perçoit qu'un droit fixe sur la révocation [2].

4132. Toutes les solutions que nous venons de donner supposent le caractère actuel de la donation entre époux.

Mais la plupart du temps, les donations entre époux, faites pendant le mariage, sont simplement éventuelles.

A ce titre, elles sont donc presque toujours soumises à la législation fiscale des donations éventuelles.

Mais, nous le répétons, il devrait en être autrement si le caractère actuel de la donation entre époux se dégageait des circonstances et des faits de la cause.

[1] *Sic*, Demante, II, n. 606 ; Naquet, II, n. 963.
[2] *Solution adm. enregist.* du 27 octobre 1877, *Rép. pér.*, n. 4978.

FIN DU TOME DEUXIÈME

TABLE DES MATIÈRES

CONTENUES DANS LE TOME II

TABLE

DES ARTICLES DU CODE CIVIL

ET DES LOIS SPÉCIALES EXPLIQUÉS DANS LE TOME II

I. CODE CIVIL

Articles du Code civil	Numéros.
896	3048 s.
897	3213 s.
898	3057 s.
899	3166.
967	1825 s.
968	1849 s.
969	1858 s.
970	1877 s.
971	2001 s.
972	2019 s.
973	2079 s.
974	2097 s.
975	2190 s.
976	2122 s.
977	2146.
978	2162 s.
979	2169 s.
980	2182 s.
981	2211.
982	2211.
983	2212.
984	2213.
985	2214 et 2215.
986	2214 et 2215.
987	2216.
988	2218.
989	2217.
990	2219.
991	2219.
992	2219.
993	2219.
994	2220.
995	2219.
996	2221.
997	2221.
998	2221.
999	2228 s.
1000	2236.
1001	1819, 2018.
1002	2256 s.
1003	2288 s.
1004	2312 s.
1005	2318.
1006	2320 s.
1007	2334 s.
1008	2342 s.
1009	2372 s.
1010	2386 s.
1011	2402 s.
1012	2411.
1013	2417.
1014	2428 s.
1015	2451 s.
1016	2461 s.
1017	2470 s.
1018	2542 s.
1019	2549 s.
1020	2558 s.
1021	2513 s.
1022	2565 s.
1023	2536 s.
1024	2572 s.
1025	2579.
1026	2614 s.
1027	2630 s.
1028	2599.
1029	2600 s.
1030	2605.

II. LOIS SPÉCIALES

19.412. — Bordeaux, Ve Cadoret, impr., rue Montméjan, 17.

www.ingramcontent.com/pod-product-compliance
Lightning Source LLC
LaVergne TN
LVHW020956300926
849160LV00007B/169